新개정판

키워드로 여는
일본의 響

김용안 저

제이앤씨
Publishing Company

머리말

언젠가 일본 공영방송에서 신록의 계절에 플룻 연주자와 쿄오토의 와가시和菓子 장인匠人을 녹색이 우거진 절에 동시에 초청한 적이 있다. 물론 플룻 연주를 시키고 거기서 연상되는 감각들을 떡으로 디자인하여 담으려는 시도였다. 다소 당혹감을 가지고 이 프로그램을 보던 나는 이내 충격에 빠지고 말았다. 와가시 장인은 연주를 감상하고 플룻 연주자는 연주가 끝난 후 당시의 시간과 장소에서 연상되는 발제發題를 하였고 이어 와가시 장인은 발제를 받아서 떡을 디자인했다. 그리고 그 디자인을 토대로 작품처럼 떡을 빚어냈고 생성된 떡은 기대에 보답하듯 오롯이 살아있는 표정으로 모습을 드러냈던 것이다. 오랜 전통이 새로운 감각의 수혈을 받아서 또 하나의 아름다움의 결정結晶으로 맺어지는 현장이었다. 무모하다 싶은 이러한 노력들을 통해서 플룻과 쿄오토京都의 떡에는 의미의 회로가 생겨나고 떡은 어느새 공감각을 담아내는 그릇의 역할도 하게 된 것이다. 결국 황당한 하나의 발상으로 플룻이라는 악기와는 전혀 무관했던 쿄오토의 떡이, 그 악기의 아름다운 선율과 향기 넘치는 신록의 풍광을 담은 떡으로 거듭나고 있었던 것이다.

자신들이 관계하고 있는 모든 유형, 무형의 존재들을 미적 감각에 맞게 형상화하려는 일본인들의 노력의 결실이 처음에는 이렇듯 황당함이란 출생비밀을 가지고 있다는 사실과 수많은 역동적인 시도와 거듭된 장인정신의 절차탁마切磋琢磨를 통해서 설득력과 다양함을 얻어 가는 일본문화의 탄생과 진화의 요체를 이 방송의 프로그램은 압축파일로 보여주었다.

하나의 음식도 멋으로 즐기고 맛으로 먹는 일본인은 쓰는 말조차 남을 배려한 가면을 쓴 말인 타테마에建前가 있는가 하면 진정한 자기 속마음인 혼네本音가 있다. 그러니까 이것을 음식에 비유한다면 타테마에는 멋이고 혼네는 맛인 것이다.

봄의 후지산과 벚꽃

일본문화의 상징인 멋과 맛이라는 말은 20여년 동안 일본을 전공해온 필자에게는 일본을 투시하는 접안렌즈이며 일본이라는 실체로 들어가는 화두이고 나아가 궁극적으로는 일본을 규정하는 명제이기도 하다. 본 서적도 그런 일환에서 생겨난 것이다.

본 책에서는 〈일본을 있는 그대로 보기〉라는 자세로 일관했다. 가능한 한 감정을 배제하고 일본인이 주장하거나 행하고 있는 실체를 가감없는 시선을 통해서 접근하려했다. 그런 식의 일본접근도 필요할 때가 되었고 결국은 그것이 일본을 좀 더 심층적으로 인식하는데 기여한다는 확신에서였다.

따라서 표기도 기존의 일본어 표기법을 무시하고 가능한 한 일본어에 가깝도록 했다. 내용은 일본인의 의식주, 관혼상제, 연중행사를 비롯해서 전통예술과 문학, 역사, 정치, 경제, 스포츠 등의 키워드를 중심으로 단순한 내용소개뿐만이 아니라, 그 말이 만들어지기까지의 배경과 의미까지도 담았기 때문에 일본에 흥미를 가지고 있는 일반인들은 물론, 전공하는 대학생, 현장에서 일본을 가르치는 교원들에게도 훌륭한 참고 도서가 되리라 믿는다.

아울러 이 책이 출판되기까지 수고를 아끼지 않은 제이앤씨 출판사 직원 여러분과 바쁜 가운데서도 열심히 원고를 교정해준 김미승군과 양재란군에게도 깊은 감사를 드리며 이 책이 일본문화를 이해하는데 조금이나마 보탬이 되었으면 한다.

책제목은 〈키워드로 여는 일본의 響〉으로 했는데 7년 전 기획했을 때부터 〈키워드로 연다〉라는 화두는 이 책의 종자種子였고 〈일본의 향響〉이라는 말은 줄기였다. 종합적으로 일본을 공부하면서 일본이라는 생명체가 발하는 소리와 울림과 여운이 있고 그것을 열어서 느끼지 않으면 피상적인 접근에 머물고 말 것이라는 느낌이 너무 강했기 때문이다.

저자 김용안

토가쿠시 戸隠

이 책의 일본어 발음의 우리말 표기는 기존의 표기법을 완전히 무시했다.

기존의 발음법이 오래 전에 만들어졌으며 일본어 발음을 잘 반영하지 못하고 있다는 확신에서이다. 예컨대, 일본의 지명 중에 千葉라는 말이 있는데 기존 표기법으로는 〈지바〉라고 표현하고 있지만 〈치바〉가 훨씬 원음에 가까운 표현이다. 우리는 훌륭한 표기법을 갖고 있으면서도 잘못된 관행과 표기법에 너무 완고하게 안주하고 있다. 이제는 일본어 표기법도 대폭 바뀌어야 한다고 생각한다. 이 책은 이런 발상으로 표기하는 것을 원칙으로 삼았다.

1. 하네루옹撥音의 발음을 일본사람들은 뒷말에 따라서 〈n, ng, m, N〉 등으로 발음하고 있다. 따라서 본서에서도 뒷말의 발음에 따라 변하는 撥音의 발음을 그대로 표기했으며 撥音은 발음이 〈ㄴ, ㅇ, ㅁ〉 등으로 바뀔 수 있다.

    예) 니혼징·니홍고·니홈마

2. 소쿠옹促音의 발음도 일본사람들은 뒷말에 따라서 〈t, s, k, p〉 등으로 발음하고 있다. 따라서 본서에서도 뒷말의 발음에 따라 변하는 促音의 발음을 그대로 표기했으며 促音은 발음이 〈ㅅ, ㅂ, ㄱ〉 등으로 바뀔 수 있다.

    예) 킷테·킵푸·킥카·킷사

3. 장음도 그대로 우리말에 가깝도록 표기했다. 예컨대 東京은 기존의 〈도쿄〉에서 본 책에서는 〈토오쿄오〉로 표기했다. 따라서 大阪도 〈오사카〉가 아니라 〈오오사카〉로 했다. 〈오오사카〉라는 훌륭한 표기법을 두고 잘못된 발음인 〈오사카〉에 집착하는 것은 넌센스이기 때문이다. 또한 장음의 발음도 일본인에 가깝게 발음하는 방식으로 바꾸었다.

    예) 明治를 〈메이지〉가 아니라 〈메에지〉로 표기했다. 京都도 〈쿄우토〉가 아니라 〈쿄오토〉로 표기했다.

4. 한자 표기는 괄호를 특별히 쓰지 않고 옆에 표시했으며 뒤와 연결될 때에 괄호 안은 없는 것으로 간주한다.

    예) 정원의 감상은 직접 정원 속을 거닐며 운치를 맛볼 수 있는 회유식(카이유우시키/回遊式)이 있는가 하면 앉아서 작품을 감상하듯 바라보는 감상식(칸소오시키/感想式)이 있다.

5. 일본어의 띄어쓰기는 하지 않는 것을 원칙으로 했으나 6음절 이상의 말이나 혼동의 우려가 있는 말은 띄어썼다. 그리고 관련단어가 여러개 존재할 경우 형평성을 고려하여 4음절이라도 띄어쓰기를 하였다. 굳어진 고유명사는 그냥 붙여쓰기로 했다.

키워드로 여는 일본의 響
목 차

머리말 / 1
일러두기 / 3

🌸 A : 일본인의 의식주

part1. 일본인의 의생활 017

1.1. 일본의 키모노着物 17
1.1.1. 키모노의 역사 17
1.1.2. 키모노의 기본 형태 18
1.1.3. 허리띠〈오비帶〉 18
1.1.4. 키모노의 의미 19
1.1.5. 키모노의 기법 20
1.1.6. 키모노의 종류 22
1.1.6.1. 히후被布 22
1.1.6.2. 우치카케打掛 22
1.1.6.3. 후리소데振袖 22
1.1.6.4. 토메소데留袖 23
1.1.6.5. 이로무지色無地 24
1.1.6.6. 쥬우니히토에十二単 24
1.1.6.7. 호오몽기訪問着 25
1.1.6.8. 미치유키道行き 25
1.1.6.9. 츠케사게付け下げ 25
1.1.6.10. 코몽小紋 25
1.1.6.11. 츠무기紬 26
1.1.6.12. 로絽 26
1.1.6.13. 하카마袴 26
1.1.6.14. 한텐袢纏 28
1.1.6.15. 하오리羽織 28
1.1.6.16. 유카타浴衣 29
1.1.6.17. 탄젱丹前 30
1.1.6.18. 상복〈모후쿠喪服〉 30
1.1.6.19. 색깔 있는 상복〈이로모후쿠色喪服〉 30
1.1.6.20. 코트コート 31
1.1.6.21. 잠옷〈네마키寝巻〉 31
1.1.7. 키모노의 특징 32
1.1.8. 키모노 입기 33
1.1.9. 후리소데의 매너 동작〈타치이 후루마이立居振舞〉 35

part2. 일본인의 식생활 036

2.1. 명절 요리〈오세치 요리お節料理〉 37
2.1.1. 오세치 요리의 의미 38
2.1.2. 찬합에 음식 담기〈오쥬우 즈메お重詰〉의 순서 39
2.1.3. 떡국〈오조오니お雑煮〉 40
2.1.4. 카가미모치〈鏡餅〉 41
2.2. 카이세키 요리〈懐石料理〉 41
2.3. 쇼오징 요리〈精進料理〉 44
2.3.1. 쇼오징 요리의 메뉴 45
2.4. 초밥〈스시/寿司・鮨・鮓〉 46
2.5. 덮밥 요리〈돔부리・동/丼〉 52
2.6. 라면 55
2.7. 우메보시梅干し 55
2.8. 회〈사시미刺身〉 58
2.8.1. 회〈사시미刺身〉의 양상 58
2.8.2. 사시미의 역사 58
2.8.3. 사시미의 등장 59
2.8.4. 우치미와 사시미打ち身と刺身 59
2.9. 낫토오〈納豆〉 60
2.9.1. 낫토오〈納豆〉의 양상 60
2.9.2. 낫토오〈納豆〉의 제조방법 61
2.9.3. 낫토오와 위생 61
2.9.4. 낫토오 먹는 방법 62
2.9.5. 낫토오의 종류 62
2.10. 오코노미야키〈お好み焼き〉 63
2.11. 스키야키鋤焼 64
2.12. 오챠お茶 65
2.12.1. 센노 리큐우千利休의 와비챠佗び茶 65
2.12.2. 다도〈사도오・챠도오茶道〉 66
2.12.2.1. 다도의 역사 66
2.12.2.2. 다회〈챠카이/茶会〉 69
2.12.2.3. 다회의 종류/다사 칠식〈챠지 시치시키茶事七式〉 70
2.12.2.4. 다회의 과정 70
2.12.2.5. 차를 타고 마시기 72
2.13.1. 차의 종류 75
2.13.1.1. 무 발효차 76
2.13.1.2. 반 발효차 76
2.13.1.3. 완전 발효차 77

part3. 일본인의 주생활	077

3.1. 일본주택의 역사 79
3.2. 타타미疊 80
3.3. 자시키座敷 82
3.4. 토코노마床の間 82
3.5. 일본의 주택사정 83
3.6. 호설지대의 전통주택 갓쇼오즈쿠리合掌造り 83

B : 일본인의 관혼상제

part4. 결혼結婚	087

4.1. 혼담〈엔당緣談〉 87
4.2. 약혼예물 교환〈유이노오結納〉 88
4.3. 약혼식〈콩야쿠시키婚約式〉 91
4.4. 결혼식〈켁콘시키結婚式〉 91
4.4.1. 결혼식의 종류 92
4.4.1.1. 신도식 결혼〈신젱켁콩神前婚〉 92
4.4.1.2. 불교식 결혼〈부츠젱켁콩仏前結婚式〉 94
4.4.2. 이별 의식〈데다치노 기레에出立ちの儀礼〉 96
4.4.3. 혼례 복장 96
4.4.4. 피로연〈히로오엥披露宴〉 97
4.4.4.1. 피로연의 진행 98
4.4.4.2. 옷 갈아입기〈오이로 나오시お色直し〉 100
4.5. 일본인 결혼의 여러 형태 100
4.5.1. 맞선결혼〈오미아이켁콩御見合い結婚〉 100
4.5.2. 근친혼〈킨싱콩近親婚〉 102
4.5.3. 정략결혼〈세에랴쿠켁콩政略結婚〉 103
4.5.4. 만혼〈방콩晩婚〉・연하 남자와의 결혼 103
4.5.5. 화려한 결혼〈하데콩派手婚〉과 수수한 결혼〈지미콩地味婚〉 105
4.6. 초대 손님 106

part5. 장례식〈소오시키葬式〉	107

5.1. 불교식 장례 절차 107
5.1.1. 위독〈키토쿠危篤〉 107
5.1.2. 임종〈린쥬우臨終〉 108
5.1.3. 마지막 물〈마츠고노 미즈末期の水〉 108
5.1.4. 보시〈오후세お布施〉 109
5.1.5. 사체 씻기〈유캉湯灌〉 109
5.1.6. 수의 입히기〈시니 쇼조쿠死装束〉 109
5.1.7. 제단 만들기〈마쿠라 카자리枕飾り〉 109
5.1.8. 임종 후 독경〈마쿠라 교오枕経〉 110
5.1.9. 납관〈노오캉納棺〉 110
5.1.10. 밤샘 독경〈츠야 도쿄오通夜読経〉 111
5.1.11. 장의〈소오기葬儀〉・고별식〈코쿠베츠시키告別式〉 113
5.1.12. 유골 수습〈슈우코츠収骨〉・뼈들어 올리기〈코츠아게骨揚〉・재 모으기〈하이요세灰寄せ〉 115
5.1.13. 유골 맞이〈코츠 무카에骨向かえ〉 115
5.1.14. 법요〈호오요오法要/츄우잉 쿠요오中陰供養〉 116
5.1.15. 납골〈노오코츠納骨〉과 매골〈마이코츠埋骨〉 116
5.1.16. 49제〈호오요오法要〉와 제사〈넹카이 쿠요오年回供養〉 117
5.2. 기타 장례식 118
5.3. 성묘〈오하카 마이리お墓参り〉 120

part6. 성인식	120

6.1. 장례식에서 성인식까지의 통과의례 과정 120
6.2. 성인식의 유래 121
6.3. 최근의 성인식 행태 121

C : 일본의 전통예능

part7. 카부키歌舞伎	123

7.1. 여장 남배우〈온나가타女形〉의 명배우 열전 126
7.2. 무대의 효과 127
7.2.1. 막〈마쿠幕〉과 연출 용어 128
7.2.2. 카부키의 무대〈부타이舞台〉구성 129
7.3. 카부키의 종류 130
7.3.1. 시대물〈지다이모노時代物〉 130
7.3.2. 사건물〈세와모노世話物〉 131
7.3.3. 생활물〈키제와모노生世話物〉 131
7.3.3.1. 영웅물〈아라고토荒事〉 131
7.3.3.2. 연애물〈와고토和事〉 131
7.3.4. 노컷 공연〈토오시通し〉과 발췌 공연〈미토리見取り〉 132
7.4. 이름 세습〈슈우메에襲名〉 135
7.5. 명 카부키 감상 136
7.5.1. 『소네자키 신쥬曽根崎心中』 136
7.5.2. 『요시츠네 셈본 자쿠라義経千本桜』 137
7.5.3. 『스가와라 덴쥬 테나라이 카가미菅原伝授手習鑑』 139

part8. 노오能   141

8.1. 노오能의 역사 142
8.2. 노오能와 요오쿄쿠謠曲 146
8.3. 무대 배우의 복장 147
8.4. 노오 무대 149
8.5. 노오能의 탈〈노오멩能面〉 150
  8.5.1. 신성 탈〈오키나멩翁面〉 151
  8.5.2. 노인 탈〈죠오노멩尉面〉 152
  8.5.3. 귀신 탈〈키짐멩鬼神面〉 152

8.5.4. 찡그린 얼굴의 탈〈시카미顰〉 152
8.5.5. 원한 탈〈온료오怨靈〉 152
8.5.6. 여자 탈〈온나멩女面〉 152
8.5.7. 남자 탈〈오토코멩男面〉 153
8.6. 걸작 노오能 감상 154
  8.6.1. 『다듬이질하는 여인/키누타砧』・제아미世阿弥 작 154
  8.6.2. 『테에카定家』・콤파루젠치쿠金春禅竹 작 155
  8.6.3. 제비 붓꽃〈카키츠바타杜若〉 156

part9. 쿄오겡狂言   156

9.1. 노오能와 쿄오겡狂言의 다른 점 159
9.2. 명작 쿄오겡狂言 감상 160
  9.2.1. 부채〈스에히로가리末広がり〉 160

9.2.2. 달팽이〈카규우蝸牛〉 161
9.2.3. 나리히라모치〈業平餠〉 161
9.2.4. 부스〈附子〉 162

part10. 분라쿠文楽   162

10.1. 분라쿠文楽의 기원 164
  10.1.1. 타케모토 기다유우竹本義太夫 165
  10.1.2. 치카마츠 몬자에몽近松門左衛門 166
  10.1.3. 타케竹・토요豊의 시대 167
  10.1.4. 현재의 분라쿠文楽 167
10.2. 분라쿠 공연 목록의 변천 167
10.3. 분라쿠를 구성하는 요소 169
  10.3.1. 기다유우義太夫 169
  10.3.2. 샤미셍三味線 169

  10.3.3. 인형 조종자 169
  10.3.4. 인형의 구조 170
  10.3.4.1. 인형 얼굴의 종류 170
  10.3.5. 공연 무대 172
10.4. 분라쿠文楽의 약속과 반즈케 172
10.5. 분라쿠의 극을 만드는 요소 173
10.6. 명 분라쿠 감상 174
  10.6.1. 숫세 카게키요出世景清 174
  10.6.2. 요즘 카와라의 의리〈近頃河原の達引〉 175

part11. 라쿠고落語   176

11.1. 라쿠고落語의 역사 176

part12. 기타 예능   178

12.1. 코오당講談 178
12.2. 만자이漫才 179

12.3. 나니와부시浪花節 180

D : 일본인의 연중행사

part13. 국경일〈코쿠민노 슈쿠지츠国民の祝日〉   183

13.1. 일본의 국경일 183
13.2. 정월〈오쇼오가츠お正月〉 186
13.3. 오봉お盆 188
13.3.1. 봉 춤〈봉오도리盆踊り〉 189
13.3.2. 고잔노 오쿠리비五山送り火 189
13.3.3. 음식 보시〈세가키施餓鬼/세가키에施餓鬼会〉 190

13.3.4. 우라봉盂蘭盆 190
13.3.5. 하츠봉/니이봉/님봉/아라봉初盆・新盆 191
13.3.6. 우라봉에盂蘭盆会 191
13.4. 오츄우겡お中元 191
13.5. 오세에보歳暮 192

part14. 일본의 옛 전통 명절   192

14.1. 1월 7일 사람의 날〈진지츠人日〉 193
14.2. 3월 3일 복숭아 명절〈모모노섹쿠桃の節句・히나 마츠리雛祭り〉 194
14.3. 5월 5일 창포 명절〈쇼오부노섹쿠菖蒲の節句・탕고端午〉 195

14.4. 7월 7일 별 명절〈호시마츠리星祭・타나바타・시치세키七夕〉 197
14.5. 9월 9일 국화 명절〈키쿠노섹쿠菊の節句・쵸오요오重陽〉 198

E : 일본인 의식의 형상화

part16. 엥기모노縁起もの　　　　　　　　　　201

16.1. 칠복신〈시치후쿠신七福神〉 202
　16.1.1. 에비스恵比寿 202
　16.1.2. 다이코쿠텡大黒天 202
　16.1.3. 비샤몬텡毘沙門天 203
　16.1.4. 벤자이텡弁財天 203
　16.1.5. 쥬로오징寿老人 203
　16.1.6. 후쿠로쿠쥬福禄寿 203
　16.1.7. 호테에布袋 204
16.2. 새해의 엥기모노縁起物 204
　16.2.1. 연하장〈넹가죠오年賀状〉 205
　16.2.2. 새해 첫 꿈의 엥기모노初夢の縁起物 205
　16.2.3. 보물선 안에 들어 있는 물건 206
　16.2.4. 하고이타羽子板・하마유미破魔弓 206
　16.2.5. 도미〈타이鯛〉 208
　16.2.6. 간지〈에토/干支〉 208
　16.2.6.1. 10간〈10干〉 208
　16.2.6.2. 12지〈12支〉 208
16.3. 후쿠스케福助 208
16.4. 행운의 고양이〈마네키네코招き猫〉 209
16.5. 달마〈다루마達磨〉 209
　16.5.1. 타카사키 다루마高崎達磨 210
16.6. 오카메福女 210
16.7. 길상 글자〈엥기모지縁起文字〉・초복 엥기모노招福縁起もの 210
　16.7.1. 만원사례 봉투〈오오이리 부쿠로/大入り袋〉 211
　16.7.2. 학〈鶴/츠루〉 211
　16.7.3. 옹〈오키나/翁〉 212
　16.7.4. 타카라즈쿠시宝尽くし 212

16.7.5. 부채〈오오기扇〉 212
16.7.6. 노시熨斗 213
　16.7.6.1. 노시 봉투〈노시 부쿠로/熨斗袋〉 213
16.7.7. 오토시다마お年玉 213
16.7.8. 쇼오웅祥雲 213
16.7.9. 류우스이流水 213
16.7.10. 갈퀴〈쿠마데熊手〉 214
16.7.11. 텐진사마天神様 214
16.7.12. 에마絵馬 215
16.7.13. 동물의 부적 215
16.7.14. 개구리〈카에루蛙〉 215
16.7.15. 원숭이〈사루猿〉 215
　16.7.15.1. 닉코오日光 원숭이〈사루猿〉 216
16.7.16. 올빼미〈후쿠로오梟〉 216
16.7.17. 너구리〈타누키狸〉 216
16.7.18. 용〈류우/타츠竜〉 216
16.8. 액 제거・마 제거/야쿠요케厄除け・마요케魔除け 217
　16.8.1. 사자〈시시/獅子〉 217
　16.8.1.1. 사자춤〈시시마이獅子舞〉 217
　16.8.2. 해태상〈코마이누狛犬〉 217
　16.8.3. 개 장난감〈이누바리코犬張り子〉 217
　16.8.4. 귀신 기와〈오니가와라鬼瓦〉 218
　16.8.5. 텡구天狗 218
　16.8.6. 부뚜막 신〈카마도가미かまど神〉 218
　16.8.7. 후도오묘오오오不動明王 218
　16.8.8. 샤치호코鯱 218
　16.8.9. 엔니치縁日 219
　16.8.10. 인연〈엥縁〉 219

part17. 일본의 인형　　　　　　　　　　220

17.1. 인형의 역사 220
17.2. 인형의 종류 222
　17.2.1. 관상용 인형 223
　17.2.2. 제례용 인형 223
　17.2.3. 기타 인형 223

17.2.4. 고쇼 닝교오御所人形 224
17.2.5. 의상 인형〈이쇼오 닝교오衣装人形〉 224
17.2.6. 이치마츠 닝교오市松人形 225
17.2.7. 키메코미 인형木目込人形 226

part18. 일본의 성〈오시로お城〉　　　　　　　　　　227

18.1. 축성 과정 227
18.2. 일본의 성의 수 227
18.3. 성城의 분류 228
18.4. 성역〈나와바리縄張り〉의 분류 228
18.5. 성역〈나와바리縄張り〉의 구성 요소 230
　18.5.1. 성곽〈쿠루와郭〉 230

18.5.2. 성의 출입구〈코구치虎口〉 230
18.5.3. 제방〈우마다시馬出〉 231
18.5.4. 요코야横矢 232
18.6. 성곽의 구성 요소 232
18.6.1. 천수각/텐슈카쿠天守閣 232
18.6.2. 누각/야구라櫓 233

18.6.3. 성문/죠오몽城門 233
18.6.4. 마스가타枡形 234
18.6.5. 어전〈고텡御殿〉 234
18.6.6. 창고〈쿠라蔵〉 234
18.6.7. 다리〈하시橋〉 234
18.6.8. 돌담〈이시가키石垣〉 235
18.6.9. 도루이土塁 235
18.6.10. 해자〈호리堀〉 235

18.6.11. 담〈헤에塀〉 236
18.6.12. 벽〈카베壁〉 236
18.6.13. 협창〈하자마狭間〉 236
18.7. 성의 공격〈시로 제메城攻め〉 236
18.7.1. 성 포위 전술〈효오로오 제메兵糧攻め〉 237
18.7.2. 물차단 공격〈미즈 제메水攻め〉 237
18.7.3. 불 공격〈히 제메火攻め〉 237

part19. 일본 정원   238
19.1. 일본 정원의 역사 238
19.2. 일본 정원의 종류와 일본인의 미학 239
19.2.1. 츠키야마 린센築山臨川 정원-자연의 모사 240
19.2.2. 선종禅宗의 카레 산스이枯山水식 정원-세키테에石庭 242

19.2.3. 챠시츠茶室와 함께 발달한 정원-챠테에茶庭 243
19.3. 정원 감상 245
19.4. 일본 정원의 사상적 배경 245
19.5. 일본의 3대 정원 247
19.6. 정원과 관련된 키워드 247

part20. 마츠리祭   249
20.1. 마츠리 행사의 순서와 절차 251
20.1.1. 신을 영접하기〈카미 무카에神迎え〉 251
20.1.2. 신과 사람과의 합일〈신징 고오이츠神人合一〉 253
20.1.3. 신을 배웅하기〈카미 오쿠리神送り〉 253
20.1.4. 일본의 마츠리 3제三題 253
20.2. 현대 마츠리의 양상 254
20.3. 일본의 주요 마츠리 254
20.3.1. 토오쿄오東京의 칸다 마츠리神田祭 254

20.3.2. 쿄오토京都의 기옴 마츠리祇園祭り 255
20.3.3. 오오사카大阪의 텐짐 마츠리天神祭 257
20.3.4. 센소오지浅草寺의 산쟈 마츠리三社祭 258
20.3.5. 나가사키長崎의 오쿤치おくんち 259
20.3.6. 동북지방의 3대 마츠리 259
20.3.6.1. 센다이仙台의 타나바타 마츠리七夕祭 259
20.3.6.2. 아오모리青森의 네부타 마츠리ねぶた祭 260
20.3.6.3. 아키타秋田의 칸토오 마츠리竿灯祭 261

F : 정형화된 생활문화

part21. 전통 풍류문화   265
21.1. 풍류 문화 265
21.1.1. 꽃꽂이〈이케바나生花 · 카도오花道〉 265
21.1.2. 분재〈본사이盆栽〉 267
21.1.3. 백인 한수 카드찾기 놀이〈햐쿠닝잇슈百人一首〉 268
21.1.4. 연회〈엥카이宴会〉 268
21.2. 일본 전통국악〈호오가쿠邦楽〉 269
21.2.1. 샤미셍三味線 269
21.2.2. 비파〈비와琵琶〉 270

21.2.3. 샤쿠하치尺八 270
21.2.4. 코토琴 271
21.3. 전통 대중미술 271
21.3.1. 우키요에浮世絵 271
21.3.1.1. 우키요에 판화가 만들어지는 과정 273
21.3.1.2. 우키요에 판화의 첫인쇄와 나중인쇄 273
21.3.1.3. 우키요에 판화와 출판규제 274

part22. 대중문화   275
22.1. 불꽃놀이〈하나비 타이카이花火大会〉 275
22.2. 꽃놀이〈하나미花見〉 275
22.3. 단풍 놀이〈모미지가리紅葉狩り〉 277
22.4. 종이 접기〈오리가미折り紙〉 278
22.5. 파칭코 278
22.6. 엥카演歌 280
22.7. 카라오케 282
22.8. 온천温泉 · 노천탕〈로템부로露天風呂〉 282

22.8.1. 남녀 혼탕 285
22.8.2. 센토오銭湯 286
22.8.3. 보자기〈후로시키風呂敷〉 286
22.9. 노렝暖簾 287
22.10. 카몽家紋 288
22.11. 만화〈망가漫画〉 290
22.11.1. 『소년 점프』 291
22.12. 애니메이션〈아니메〉 292

22.12.1. 도라에몽 292
22.12.2. 치비마루코쨩 293
22.13. 민화〈밍와民話〉294
22.13.1. 모모타로오桃太郎 294
22.13.2. 혀 잘린 참새〈시타키리 스즈메舌切り雀〉295
22.13.3. 삿갓 보살〈카사지조오笠地蔵〉295
22.13.4. 혹부리 영감〈코부토리 지이상瘤取り爺さん〉296

22.13.5. 원숭이와 게의 싸움〈사루카니 갓셍猿蟹合戦〉296
22.13.6. 학의 은혜 갚기〈츠르노 옹가에시鶴の恩返し〉297
22.13.7. 우라시마타로오浦島太郎 297
22.13.8. 잇쓴보오시一寸法師 298
22.13.9. 카치카치야마かちかちやま 299
22.13.10. 카구야히메かぐや姫 299

G : 일본인의 생활과 말

23.1. 인사 301
23.1.1. 인사〈아이사츠挨拶〉301
23.1.2. 절〈오지기お辞儀〉302
23.2. 속담〈코토와자諺〉・관용구〈캉요오쿠慣用句〉303
23.2.1. 속담 303
23.2.2. 관용구〈캉요오쿠慣用句〉304
23.2.3. 이로와 우타 304
22.2.3.1. 아메츠치노 코토바天地の詞 304
23.2.3.2. 타이니노우타 305
23.2.3.3. 이로와우타いろは歌 305
23.3. 일본 문화의 척도를 나타내는 전통적인 말 306
23.3.1. 은혜와 은혜 갚기〈온토 옹가에시恩と恩返し〉306
23.3.2. 폐〈메에와쿠迷惑〉308
23.3.3. 예의범절 교육〈시츠케 쿄오이쿠躾教育〉308
23.3.4. 훈육〈오케에코お稽古〉309
23.3.5. 본심과 배려〈혼네本音와 타테마에建前〉309
23.3.6. 사전 교섭〈네마와시根回し〉310
23.3.7. 일생의 단 한번의 만남〈이치고이치에一期一会〉311
23.3.8. 이치닝마에一人前 311
23.3.9. 집단 따돌림〈무라하치부村八分〉312
23.3.10. 최선 다하기〈잇쇼오 켐메에一生懸命〉313
23.3.11. 할복〈셉푸쿠切腹〉313
23.3.12. 동반자살〈신쥬우心中〉315
23.3.13. 무사도〈부시도오武士道〉316
23.3.14. 집단주의 318
23.3.15. 오야붕親分/코붕子分 319
23.3.16. 오세지お世辞 320
23.3.17. 의리 인정〈기리닌죠오義理人情〉320
23.3.17.1. 의리와 인정의 상극 321
23.3.17.2. 치카마츠近松의 작품에 나타난 의리 인정 321
23.3.17.3. 현대의 의리 인정 321
23.3.18. 맞장구와 끄덕임〈아이즈치와 우나즈키〉322
23.3.19. 완곡 표현〈엥쿄쿠효오겡婉曲表現〉322
23.3.20. 마루와 바츠 322

23.3.21. 내부인과 아웃 사이더〈우치토 소토〉322
23.3.22. 단체 속의 개인주의〈칸진슈기個人主義〉323
23.3.23. 체면〈세켄테에世間体〉323
23.4. 사회현상 속의 말 324
23.4.1. 이지메イジメ 324
23.4.2. 오타쿠 현상 325
23.4.3. 가정 내 폭력〈카테에나이 보오료쿠家庭内暴力〉326
23.4.4. 자살〈지사츠自殺〉327
23.4.5. 학력편중 사회〈가쿠레키헨쵸오 샤카이〉327
23.4.6. 학원난립의 시대〈란쥬쿠지다이乱塾時代〉327
23.5. 일본 조쿠族의 족보〈조쿠후족譜〉328
23.5.1. 사양족〈샤요오조쿠斜陽族〉328
23.5.2. 사용족〈샤요오조쿠社用族〉328
23.5.3. 태양족〈타이요오조쿠太陽族〉329
23.5.4. 단지족〈단치조쿠団地族〉329
23.5.5. 동시족〈도오지조쿠同時族〉329
23.5.6. 폭주족〈보오소오조쿠暴走族〉330
23.5.7. 미유키족 330
23.5.8. 전자기타족エレキギター族 331
23.5.9. 히피족〈힙피이조쿠ヒッピー族〉331
23.5.10. 안논족〈안논조쿠アンノン一族〉332
23.5.11. 창가족〈마도기와조쿠窓際族〉332
23.5.12. 황혼족〈유우구레조쿠夕暮れ族〉332
23.5.13. 죽순족〈타케노코조쿠筍族〉332
23.5.14. 크리스탈족〈크리스타르조쿠クリスタル族〉333
23.5.15. 삼단어족〈신당고조쿠三単語族〉334
23.5.16. 뉴 하프족〈뉴우하아후조쿠ニューハーフ族〉334
23.5.17. 오타쿠족〈오타쿠조쿠オタク族〉335
23.5.18. 팀머〈치이마아チーマー〉336
23.5.19. 아무러족〈아무라아조쿠アムラー族〉337
23.5.20. 갸르〈gal/ギャル〉337
23.5.21. 코갸르〈コギャル〉338
23.5.22. 히키코모리〈引き籠り〉339

H : 일본의 종교와 신화

part24. 일본에서의 신 341

24.1. 신과 음악과 춤사위 341
24.2. 신도〈신토오神道〉 342
　24.2.1. 불교유입과 신도〈신토오神道〉 344
　24.2.2. 신토오神道에서의 신의 실체 345
24.3. 일상생활 속에서 신의 대량생산과 대량소비 348
　24.3.1. 신인융합神人融合의 제전으로서의 마츠리 349

24.3.2. 연중행사 속에서의 신 349
24.3.3. 코토다마 신앙言靈信仰 351
24.3.4. 자연신 353
24.3.5. 직능의 신 355
24.3.6. 신이 된 위대한 인물 358

part25. 일본의 건국 신화 361

part26. 키미가요君が代 363

part27. 일장기〈히노마루日の丸〉 363

I : 일본의 지명과 지방

part28. 일본지명의 어원 365

28.1. 현재 행정구역〈토도오후켕都道府県〉의 어원 365
　28.1.1. 혹카이도오北海道 366
　28.1.2. 동북지방〈토오호쿠 치호오東北地方〉 367
　28.1.3. 관동지방〈칸토오 치호오関東地方〉 369
　28.1.4. 중부지방〈쥬우부 치호오中部地方〉 372
　　28.1.4.1. 코오싱에츠 치호오甲信越地方 372
　　28.1.4.2. 호쿠리쿠 치호오北陸地方 373
　　28.1.4.3. 토오카이 치호오東海地方 374
　28.1.5. 킹키 치호오近畿地方 376
　28.1.6. 츄우고쿠 치호오中国地方 379
　28.1.7. 시코쿠四国 381
　28.1.8. 큐우슈우九州 383
　28.1.9. 오키나와沖縄 386
28.2. 옛 지방〈고키 시치도오五畿七道〉의 어원 388
　28.2.1. 고키五畿 388

28.2.2. 시치도오七道 388
　28.2.2.1. 토오산도오東山道 389
　28.2.2.2. 호쿠리쿠도오北陸道 390
　28.2.2.3. 토오카이도오東海道 391
　28.2.2.4. 키나이畿内 393
　28.2.2.5. 상인도오山陰道 393
　28.2.2.6. 상요도오山陽道 394
　28.2.2.7. 낭카이도오南海道 395
　28.2.2.8. 사이카이도오西海道 396
28.2.3. 고카이도오五街道 397
　28.2.3.1. 토오카이도오東海道 397
　28.2.3.2. 나카센도오中山道 398
　28.2.3.3. 코오슈우 카이도오甲州街道 398
　28.2.3.4. 닉코오 카이도오日光街道 398
　28.2.3.5. 오오슈우 카이도오奥州街道 399

J : 일본의 경제

part29. 일본 경제 403

29.1. 일본 경제의 궤적 403
　29.1.1. 패전 후의 경제적 혼란과 회복 403
　29.1.2. 전후 일본 경제의 부흥 404
　29.1.3. 고도성장의 이유 404
　29.1.4. 버블의 발생과 붕괴 405
　29.1.5. 제로금리 정책 406
　29.1.6. 불량채권 처리 406
　29.1.7. 소비세〈쇼오히제에消費税〉의 도입 406
29.2. 일본 경제의 현상 407
　29.2.1. 세계에서 가장 빠른 고령화 407

29.2.2. 늘어나는 수명 떨어지는 출생률 408
29.2.3. 고령화에 대한 대책 408
29.2.4. 종신고용제終身雇用制와 충성심忠誠心의 붕괴 408
29.2.5. 인사 전환〈하이치뎅킹配置転換〉·해고リストラ·단신 부임単身赴任 409
29.2.6. 임금〈칭깅賃金〉 410
29.2.7. 짐무 경기〈짐무 케에키神武景気〉 410
29.2.8. 이와토 경기〈이와토 케에키岩戸景気〉 410
29.2.9. 이자나기 경기〈이자나기 케에키いざなぎ景気〉 411

K : 일본 문학

30.1. 일본의 한자 전래 417
30.2. 상고 시대의 문학 418
  30.2.1. 운문 문학 418
  30.2.1.1. 망요오슈우〈万葉集〉 418
  30.2.1.1.1. 망요오가나〈万葉仮名〉 418
  30.2.1.1.2. 망요오슈우 노래의 종류 418
  30.2.1.1.3. 노래의 내용상의 분류 419
  30.2.1.1.4. 노래의 형식상의 분류 419
  30.2.1.1.5. 노래의 시기상의 분류 419
  30.2.1.1.6. 아즈마우타〈東歌〉・사키모리우타〈防人歌〉 422
  30.2.1.2. 카이후우소오〈懐風藻〉 422
  3.2.2. 산문 문학 422
  30.2.2.1. 『코지키〈古事記〉』・『니혼쇼키〈日本書紀〉』 422
  30.2.2.2. 『후도키〈風土記〉』 423
30.3. 중고 시대의 문학 423
  30.3.1. 운문 문학 423
  30.3.1.1. 『코킹 와카슈우〈古今和歌集〉』 423
  30.3.1.1.1. 노래의 시대분류 424
  30.3.2. 산문 문학 425
  30.3.2.1. 이야기소설 문학〈物語〉 425
  30.3.2.1.1. 『타케토리 모노가타리〈竹取物語〉』 425
  30.3.2.1.2. 『이세 모노가타리〈伊勢物語〉』 425
  30.3.2.1.3. 『야마토 모노가타리〈大和物語〉』 426
  30.3.2.1.4. 『우츠호 모노가타리〈宇津保物語〉』 426
  30.3.2.1.5. 『오치쿠보 모노가타리〈落窪物語〉』 426
  30.3.2.1.6. 『겐지 모노가타리〈源氏物語〉』 427
  30.3.2.1.6.1. 작가 무라사키 시키부〈紫式部〉 428
  30.3.2.1.6.2. 작품 구조 428
  30.3.2.1.7. 『하마마츠 츄우나공 모노가타리〈浜松中納言物語〉』・『요와노 네자메〈夜半の寝覚め〉』・『사고로모 모노가타리〈狭衣物語〉』・『토리카에바야 모노가타리〈とりかへばや物語〉』 428
  30.3.2.1.8. 『츠츠미 츄우나공 모노가타리〈堤中納言物語〉』 429
  30.3.2.2. 역사 소설〈歴史物語〉 429
  30.3.2.2.1. 『에에가 모노가타리〈栄華物語〉』 429
  30.3.2.2.2. 『오오카가미〈大鏡〉』 429
  30.3.2.3. 설화〈説話〉 429
  30.3.2.4. 일기 문학 430
  30.3.2.4.1. 『토사 일기〈土佐日記〉』 430
  30.3.2.4.2. 『카게로오 일기〈蜻蛉日記〉』 430
  30.3.2.4.3. 『이즈미 시키부 일기〈和泉式部日記〉』 430
  30.3.2.4.4. 『무라사키 시키부 일기〈紫式部日記〉』 430
  30.3.2.4.5. 『사라시나 일기〈更級日記〉』 431
  30.3.2.5. 수필随筆・『마쿠라노 소오시〈枕草子〉』 431
  30.3.3. 중세 문학 431
  30.3.3.1. 운문 문학 431
  30.3.3.1.1. 『싱코킹 와카슈우〈新古今和歌集〉』 431

30.3.3.1.2. 연가〈렝가連歌〉 433
30.3.3.2. 산문 문학 434
  30.3.3.2.1. 수필〈随筆〉 434
  30.3.3.2.1.1. 『호오죠오키〈方丈記〉』 434
  30.3.3.2.1.2. 『츠레즈레구사〈徒然草〉』 435
  30.3.3.2.1. 이야기 소설〈모노가타리物語〉 436
  30.3.3.2.1.1. 기코 모노가타리〈擬古物語〉 436
  30.3.3.2.1.2. 오토기조오시〈お伽草子〉 436
  30.3.3.2.1.3. 궁키 모노가타리〈軍記物語〉 436
  3.3.3.2.1.4. 설화 문학 438
30.4. 근세 문학 438
  30.4.1. 운문 문학 438
  30.4.1.1. 하이카이〈俳諧〉 438
  30.4.1.1.1. 테에몽의 하이카이〈貞門の俳諧〉 438
  30.4.1.1.2. 탄링의 하이카이〈談林の俳諧〉 439
  30.4.1.1.3. 쇼오몽의 하이카이〈蕉門の俳諧〉 439
  30.4.1.1.4. 하이카이의 미적 이념〈俳諧の美的理念〉 440
  30.4.1.2. 하이쿠〈俳句〉 441
  30.4.2.1. 명 하이쿠 감상〈名俳句の鑑賞〉 441
  30.4.1.3. 센류우川柳 444
  30.4.1.4. 쿄오카狂歌 444
  30.4.2. 산문 문학 445
  30.4.2.1. 카나 이야기소설〈카나조오시仮名草子〉 445
  30.4.2.2. 세상 이야기소설〈우키요조오시浮世草子〉 445
  30.4.2.3. 하치몬지야봉〈八文字屋本〉 446
  30.4.2.4. 글 이야기소설〈요미홍読本〉 447
  30.4.2.5. 그림 이야기소설〈쿠사조오시草双紙〉 447
  30.4.2.6. 노란색 표지 이야기소설〈키뵤오시黄表紙〉 447
  30.4.2.7. 그림 이야기소설 합권〈고오캉合巻〉 448
  30.4.2.8. 풍류 이야기소설〈샤레봉洒落本〉 448
  30.4.2.9. 근세소설 문학의 미적 이념〈近世小説の美的理念〉 448
  30.4.2.10. 골계 이야기소설〈콕케에봉滑稽本〉 449
  30.4.2.11. 인정 이야기소설〈닌죠오봉人情本〉 449
30.5. 근대 문학 449
  30.5.1. 운문 문학 449
  30.5.1.1. 근대시〈近代詩〉 449
  30.5.1.1.1. 신체시〈新体詩〉 449
  30.5.1.1.2. 낭만시〈浪漫詩〉 449
  30.5.1.1.3. 상징시〈象徴詩〉 450
  30.5.1.1.4. 구어 자유시〈口語自由詩〉 450
  30.5.1.1.5. 탐미파 시〈眈美派の詩〉 450
  30.5.1.1.6. 이상주의 시〈理想主義の詩〉 451
  30.5.1.1.7. 민중파 시〈民衆派の詩〉 451
  30.5.1.1.8. 근대시의 완성〈近代詩の完成〉 451
  30.5.1.1.9. 현대시의 여명〈現代詩への動き〉 452
  30.5.1.1.10. 프롤레타리아 시〈プロレタリアの詩〉 452
  30.5.1.1.11. 모더니즘 시〈モダニズムの詩〉 452

30.5.1.1.12. 『사계파』 시〈四季派の詩〉 452
30.5.1.1.13. 『역정파』 시〈歴程派の詩〉 453
30.5.1.1.14. 전후 시〈戦後の詩〉 453
30.5.1.2. 탕카〈短歌〉 453
30.5.1.2.1. 탕카혁신 운동〈短歌の革新運動〉 453
30.5.1.2.2. 묘오죠오파 탕카〈明星派の短歌〉 454
30.5.1.2.3. 네기시 탕카카이〈根岸短歌会〉 454
30.5.1.2.4. 자연주의적 경향의 탕카〈自然主義的傾向の短歌〉 454
30.5.1.2.5. 탐미파 탕카〈耽美派の短歌〉 454
30.5.1.2.6. 아라라기파 탕카〈アララギ派の短歌〉 454
30.5.1.2.7. 반 아라라기파 탕카〈反アララギ派の短歌〉 455
30.5.1.2.8. 쇼오와 탕카〈昭和の短歌〉 455
30.5.1.2.9. 전후 탕카〈戦後の短歌〉 455
30.5.1.2. 하이쿠〈俳句〉 455
30.5.1.2.1. 하이쿠 혁신 운동〈俳句の革新運動〉 455
30.5.1.2.2. 신경향 하이쿠〈新傾向の俳句〉 456
30.5.1.2.3. 호토토기스파〈ホトトギス派〉 456
30.5.1.2.4. 쇼오와 하이쿠〈昭和の俳句〉 456
30.5.1.2.5. 전후 하이쿠〈戦後の俳句〉 456
30.5.2. 산문 문학 456
30.5.2.1. 계몽 문학〈啓蒙文学〉 456
30.5.2.1.1. 게사쿠 문학〈戯作文学〉 457
30.5.2.1.2. 번역 소설〈翻訳小説〉 457
30.5.2.1.3. 정치 소설〈政治小説〉 457
30.5.2.2. 사실주의 문학〈写実主義文学〉 457
30.5.2.3. 의 고전주의 문학〈擬古典主義文学〉 458
30.5.2.4. 낭만주의 문학〈ロマン主義文学〉 458
30.5.2.5. 자연주의 문학〈自然主義文学〉 459

30.5.2.6. 반 자연주의 문학〈反自然主義〉 460
30.5.2.6.1. 고답파〈高踏派〉・여유파〈余裕派〉 460
30.5.2.6.2. 탐미파 문학〈耽美文学〉 461
30.5.2.6.3. 시라카바파 문학〈白樺派文学〉 462
30.5.2.7. 신 현실주의 문학〈新現実主義文学〉 463
30.5.2.7.1. 신사조파 문학〈新思潮派文学〉 463
30.5.2.7.2. 기적파 문학〈奇蹟文学〉 464
30.5.2.8. 프롤레타리아 문학〈プロレタリア文学〉 464
30.5.2.9. 예술파 문학〈芸術派文学〉 465
30.5.2.9.1. 신감각파 문학〈新感覚文学〉 465
30.5.2.9.2. 신흥 예술파〈新興芸術派〉 466
30.5.2.9.3. 신 심리주의 문학〈新心理主義文学〉 466
30.5.2.10. 1935년대〈쇼오와 10년대〉의 문학 467
30.5.2.10.1. 전향 문학〈転向文学〉 467
30.5.2.10.2. 기성작가의 활약 467
30.5.2.10.3. 『일본 낭만파 문학〈日本浪曼派文学〉』과 『인민문고 문학〈人民文庫文学〉』 467
30.5.2.10.4. 전쟁 문학과 국책 문학〈戦争文学と国策文学〉 468
30.5.2.11. 전후의 문학 468
30.5.2.11.1. 신 게사쿠파 문학〈新戯作派文学〉 468
30.5.2.11.2. 풍속소설〈風俗小説〉 468
30.5.2.11.3. 전후파 문학〈戦後派文学〉 469
30.5.2.11.4. 신일본 문학파〈新日本文学派〉 469
30.5.2.11.5. 전쟁 문학〈戦争文学〉・원폭 문학〈原爆文学〉 469
30.5.2.11.6. 제3의 신인〈第3の新人〉 470
30.5.2.12. 1950년대〈쇼오와 30년대〉의 문학 470
30.5.2.13. 현대 문학의 동향〈現代文学の動向〉 471

🍀ㄴ : 일본의 역사

part31. 일본의 시대별 역사

31.1. 즐문토기 시대〈縄文土器時代 1만년전~BC300〉 473
31.2. 야요이 시대〈弥生時代 BC300~AD300〉 473
31.3. 야마토 시대・고분 시대〈大和時代・古墳時代 AD300~AD710〉 474
31.3.1. 기마민족 정복 왕조론과 천황 474
31.3.2. 불교의 전래〈仏教の伝来〉 475
31.3.3. 쇼오토쿠 타이시〈聖徳太子〉와 그 후 475
31.4. 나라 시대의 정변〈奈良時代の政変〉 477
31.5. 헤이안 천도〈平安京への遷都〉 478
31.5.1. 헤이안 시대의 미인상〈平安時代の美人像〉 479
31.5.2. 후지와라씨에 의한 섭정〈藤原氏のよる摂関政治〉 479
31.5.2.1. 섭관정치〈摂関政治〉 479
31.5.3. 호오겡의 난〈保元の乱〉 482
31.5.4. 헤에지의 난〈平治の乱〉 482
31.5.5. 겜페에의 난〈源平の乱〉 483
31.6. 카마쿠라 막부〈鎌倉幕府〉 484
31.6.1. 죠오큐의 난〈承久の乱〉 485
31.6.2. 카마쿠라 시대의 신불교〈鎌倉時代の新仏教〉 486

31.6.2.1. 정토종〈죠오도슈우浄土宗〉 486
31.6.2.2. 정토진종〈죠오도신슈우浄土真宗〉 486
31.6.2.3. 시종〈지슈우時宗〉 486
31.6.2.4. 일연종〈니치렌슈우日蓮宗〉 486
31.6.2.5. 선종〈젠슈우禅宗〉 487
31.6.2.5.1. 임제종〈린자이슈우臨済宗〉 487
31.6.2.5.2. 조동종〈소오토오슈우曹洞宗〉 487
31.7. 무로마치 막부〈室町幕府〉 487
31.8. 전국 시대의 개막과 일본 통일〈戦国時代の開幕と日本統一〉 489
31.8.1. 오오닝의 난〈応仁の乱〉 489
31.8.2. 우에스기 켄싱〈上杉謙信〉과 타케다 싱겡〈武田信玄〉 490
31.8.3. 오다 노부나가의 대두〈織田信長の台頭〉 490
31.8.4. 혼노오지의 변〈本能寺の変〉 491
31.8.4.1. 혼노오지의 모반을 일으킨 이유 491
31.8.5. 토요토미 히데요시〈豊臣秀吉〉 492
31.8.6. 토쿠가와 이에야스의 야심〈徳川家康の野心〉 494
31.8.7. 세키가하라 전투〈関が原の戦い〉 494

31.8.8. 노부나가와 히데요시와 이에야스의 3人3色 496
31.8.8.1. 오다 노부나가織田信長 496
31.8.8.2. 토요토미 히데요시豊臣秀吉 498
31.8.8.3. 토쿠가와 이에야스德川家康 502
31.9. 에도 시대의 정치〈江戸時代の政治〉 505
31.9.1. 동물 보호령〈生類憐れみの令〉 507
31.9.2. 에도 시대의 3대 개혁 507
31.9.2.1. 쿄오호오 개혁〈享保の改革/1716~1745〉 507
31.9.2.2. 칸세에 개혁〈寛政の改革/1787~1793〉 507
31.9.2.3. 템포오 개혁〈天保の改革/1842~1844〉 507
31.9.3. 에도 시대 문화〈江戸時代の文化〉 508
31.9.4. 에도 시대의 3대 기근〈江戸時代の3大飢饉〉 508
31.9.5. 일본의 개국〈日本の開国〉 509
31.9.6. 사카모토 료오마〈坂本龍馬〉 511
31.9.6.1. 센츄우 핫사쿠〈船中八策〉 511
31.9.6.2. 사카모토 료오마의 암살설 512

31.10. 메에지 정부의 출범〈明治政府の出帆〉 512
31.10.1. 메에지 정부의 정치 개혁〈明治政府の政治改革〉 514
31.10.1.1. 교육 개혁 515
31.10.1.2. 군사 개혁 515
31.10.1.3. 세제 개혁 515
31.10.2. 문명 개화〈文明開化〉 516
31.10.3. 세에난 전쟁〈西南戦争〉/최대 최후의 사족〈士族〉의 반란 517
31.10.4. 일본 전체가 들끓었던 자유민권 운동 518
31.10.5. 독일이 견본이 되었던 아시아 최초의 헌법 518
31.10.6. 청일 전쟁의 승리로 제국주의 국가대열에 합류 519
31.10.7. 한국 침략 합병 520
31.10.8. 5·15사건 521
31.10.9. 2·26사건 521

M : 일본의 정치·외교

part32. 일본의 천황제   525

32.1. 만세 일계〈반세에익케에万世一系〉 528
32.2. 천황과 문화 유산〈天皇と文化遺産〉 528
32.2.1. 지배 이데올로기로서 신격화된 천황 529
32.2.1.1. 천황의 연호제 531
32.2.1.2. 기나긴 동면을 깬 천황의 등장 532
32.2.1.3. 메에지明治 천황 533

32.2.1.4. 타이쇼오大正 천황 534
32.2.1.5. 카미카제神風 특공대特攻隊 535
32.2.1.6. 천황의 신하와 군대 536
32.2.1.7. 맥아더와 쇼오와昭和 천황 538
32.2.1.8. 포로가 된 마사코 539

part33. 일본국 헌법   540

part34. 일본 정치의 특색   541

34.1. 「안보」투쟁과 자민당의 장기집권 541
34.2. 총리대신의 선출과 내각 구성 541
34.3. 내각의 운영 545
34.4. 55년 체제의 해소 546
34.5. 국회의 양원제와 선거제도 546
34.5.1. 참의원 의원과 통상선거 546
34.5.2. 중의원 의원과 총선거 547
34.6. 정당 조성금 548
34.7. 의원의 임기 548
34.8. 파벌〈하바츠派閥〉 548
34.9. 관료 제도 549
34.10. 점령군 GHQ(General Headquarters)의 개입과

요시다〈吉田〉 내각의 탄생 550
34.11. 일본의 외교 551
34.11.1. 미일 관계 551
34.11.2. 아시아 제국과의 관계 551
34.11.3. 러일 관계 551
34.11.4. 국제연합 552
34.12. 전수방위專守防衛와 안전보장 조약 552
34.13. 자위대와 방위력의 확대 553
34.14. 일본의 지방자체단체 553
34.15. 일본 지방자치단체 「30% 자치」 553
34.16. 「주종·상하」관계에서 「대등·협력」관계로 554

N : 일본의 사법 제도

part35. 일본의 사법 제도   555

35.1. 사법의 조직 556

35.2. 재판의 방법 556

O : 일본의 스포츠

part36. 큰 씨름〈오오즈모오大相撲〉 559

36.1. 씨름판 규정〈도효오 키테에土俵規定〉559
  36.1.1. 씨름판〈도효오土俵〉559
  36.1.2. 오름단의 흙 가마〈아가리단노 타와라上がり段の俵〉560
  36.1.3. 뱀눈 모래〈쟈노메노 스나蛇の目の砂〉561
  36.1.4. 도효오〈土俵〉만들기 과정 561
  36.1.5. 덕 가마〈토쿠 다와라德俵〉561
  36.1.6. 츠리야네〈吊屋根〉562
  36.1.7. 미즈히키 마쿠〈水引幕〉562
  36.1.8. 시부사〈四房〉562
  36.1.9. 물 563
  36.1.10. 종이 563
  36.1.11. 소금 563
36.2. 씨름선수의 규정〈리키시 키테에力士規定〉564
36.3. 승부 규정〈쇼부 키테에勝負規定〉565
36.4. 심판 규칙〈심팡 키소쿠審判規則〉565
36.5. 심판위원〈심팡이잉審判委員〉568

36.6. 대기석 선수〈히카에 리키시控え力士〉568
36.7. 금지기술 반칙〈킨지테 한소쿠禁手反則〉569
36.8. 스모오 지식 569
  36.8.1. 심판 이야기〈교오지 모노가타리行司物語〉569
  36.8.2. 씨름의 계급 569
  36.8.3. 씨름의 역사 571
  36.8.4. 스모오〈相撲〉홈바쇼〈本場所〉572
  36.8.5. 씨름선수〈리키시力士〉572
  36.8.6. 오야카타〈親方〉573
  36.8.7. 세키토리〈関取〉573
  36.8.8. 씨름 랭킹〈스모오반즈케相撲 番付〉573
  36.8.9. 유미토리시키〈弓取式〉574
  36.8.10. 별〈호시星〉575
  36.8.11. 승리의 수상 동작〈테가타나오 키르手刀を切る〉575
  36.8.12. 흥행 마지막 날〈센슈우라쿠千秋楽〉576
  36.8.13. 씨름의 승부 기술 576

part37. 유도〈쥬우도오柔道〉 579

part38. 공수도〈카라테도오空手道〉 580

part39. 합기도〈아이키도오合気道〉 581

part40. 검도〈켄도오剣道〉 582

part41. 마술〈마쥬츠馬術〉 584

part42. 인술〈닌쥬츠忍術〉 586

part43. 고교야구 코오시엔〈甲子園〉대회 587

part34. 일본 프로야구 589

44.1. 일본 프로야구 센트럴리그 각 팀 프로필〈창단 순서〉589
44.2. 일본 프로야구 퍼시픽리그 각 팀 프로필〈창단 순서〉589

part45. 일본 프로축구 1·2부 리그 590

찾아보기 / 591
참고문헌 / 606

키워드로 여는
일본의 響

일본인의 의식주 A

일본인의 의생활 part.01

1.1. 일본의 키모노着物

1.1.1. 키모노의 역사

📷 관두의

일본의 민족의상 〈키모노着物〉의 뿌리를 거슬러 올라가면, 즐문토기(죠오몬繩文) 시대에는 통형의 옷감에 구멍을 뚫었을 뿐인 관두의(칸토오이貫頭衣)라고 불리는, 헐렁한 드레스와 같은 것을 입고 있었다. 이 시대 후기에는 상의와 하의의 둘로 분리되어 남성은 바지 형태, 여성은 롱스커트 같은 것을 입게 되었는데 이때까지는 양복과 같은 이미지였다. 야마토大和 시대에는 중국의 영향으로 의복도 대륙풍으로 흐르다가 나라奈良 시대의 후기에 들어 일본의 독자적인 풍토에 맞는 실루엣이 탄생한다. 여성은 지금의 키모노의 원형이라 해도 좋을 긴소매와 옷자락을 갖추게 된다.

헤에안平安 시대에는 보다 현대에 가까운 형태의 키모노가 생겨난다. 귀족 여자는 많은 옷깃을 겹친 12단을 착용, 서민은 검소한 키모노에 가는 띠를 두른 모습으로 생활하였다. 그리고 헤에안 시대의 귀족사회가 무가사회로 전이되면서 의복은 활동성이 중시되고 심플하게 되었다. 그래서 소매 길이가 짧은 코소데小袖가 중심이었고 띠도 홀쭉한 것을 앞에서 여미는 형태였다.

에도江戸 시대에 들어서 서민들도 경제력을 갖게 되면서, 키모노는 띠의 소재나 모양뿐만이 아니라 띠를 묶는 방법, 머리 모양, 소품의 세공 등에 혁신적인 변화가

생겼다. 염색의 유우젠조메友禅染나 키모노 직물의 니시징오리西陣織가 화려한 전성기를 구가하기 시작한 것도 이 무렵이다. 그것이 에도 시대의 기나긴 쇄국으로 인해, 한층 더 일본의 독자적인 문화로서 발전되면서 일본 전통의상의 기반이 완성된다. 에도 시대가 끝나고 메에지明治가 되어 양장이 도입되면서 차츰 서양 스타일의 생활습관도 도입되어 정착되었다. 1910년대 중반에는 서양식 의복생활이 자리 잡는다. 따라서 키모노는 중요한 관혼상제의 의식이나 사치를 즐기는 의복의 상징으로 변화해 왔다. 이처럼 키모노는 일본의 역사 흐름과 함께 호흡하고 진화해오며 일본 문화를 대표하는 옷으로 정착되었다.

니시징오리에서의 키모노 패션쇼

1.1.2. 키모노의 기본 형태

일본의상의 최초의 형태는 관두의로 목 부분에 구멍이 있어 머리를 넣는 키모노였다. 후에 불편하다 하여 앞을 가로로 가르고 앞쪽으로도 입을 수 있도록 고안하였다. 그리고 옆선의 트인 부분은 맞물려 박고 소매를 붙이게 되었다. 현대 키모노의 기본 형태는 발목까지 내려오는 치마길이에 소매는 길고 넓으며 목 부분이 V자로 패여 있고 단추나 끈이 없이 왼쪽 옷자락으로 오른쪽 옷자락을 덮어 허리에 오비를 둘러 묶는다. 목적에 따라 옷감의 종류, 모양, 색깔, 입는 법 등이 다르고 기혼여성과 미혼여성, 또 정식방문인지 가벼운 외출인지에 따라서도 옷 모양이 달라진다.

1.1.3. 허리띠〈오비帶〉

허리띠로 작달막한 일본인의 체구를 눈가림하여 보다 예쁘게 보이게 하기 위한 미적 욕구에서 비롯된 아이디어이다. 원래의 키모노는 좁다란 띠를 둘러 앞에서 묶었으나 임진왜란 무렵 일본인들이 한복의 넓은 옷고름과 선교사들의 사제복의 영향을 받아 허리에 새끼를 꼰 듯한 띠를 두르고 오른쪽 허리춤 부위에 아름답게 매듭지어 늘어뜨린 모양을 접목시키는 허리띠〈오비帶〉가 퍼지게 되었다. 오비는 간편한 〈나고야名古屋 오비〉가 가장 많이 이용되고 있는데, 폭이 15cm, 길이가 350cm에서 450cm 정도이다. 또 오비 묶는 법이 간단하고 손쉽게 할 수 있어 여행할 때도 편리한 츠쿠리 오비 등이 있다. 오비의 3대

키모노着物 오비帶를 착용한 모습

색상기법으로는 손으로 직접 수를 놓은 무늬와 입체감과 독특한 따스함을 주는 자수(시슈우刺繡)와 옷감에 색상을 들이는 기법으로 무궁무진한 무늬와 색상을 창출할 수 있는 염색(소메染め)과 수공이나 기계로 짠 것으로 중후감과 격조감이 있어 예복으로 최고로 꼽는 화려한 오리織り 등이 있다. 문양으

로는 구상 문양(구조오 몽요오具像文樣)·정창원 문양(쇼오소오임 몽요오正倉院文樣)·길상 문양(킷쇼오 몽요오吉祥文樣) 등이 있다. 이 오비는 겉은 문양이 있지만 안감은 무늬가 없고 오비로 나비와 꽃 등의 수많은 모양을 만들어 입는다.

📷 구상 문양具像文樣

📷 정창원 문양正倉院文樣　　　　　📷 카부키 문양歌舞伎文樣　　📷 길상 문양吉祥文樣

1.1.4. 키모노의 의미

키모노着物는 무늬·색상·소재·직물·염색 등 미적 요소와 기술적 요소, 장인적 요소가 집약되어 나타나는 일본적인 미의 총체이다. 따라서 키모노의 변천사는 일본의 변천사라고 해도 과언이 아니다. 키모노는 서양식 양복과는 달리 남방의 개방적 요소를 기본으로 한다. 거기에 고온다습한 여름과 추운 겨울을 동시에 어우를 수 있는 포용성과 작은 키를 커버해줄 수 있는 기능성을 가미해서 진화시켜온 의복체계이다.

일반적으로 키모노하면 광의로는 한자에서 알 수 있듯이 일본인들이 입는 모든 옷의 총칭으로 〈입을 것〉을 의미한다. 그들은 또한 이것을 순수 일본 옷이라는 의미로 와후쿠和服라고도 총칭했다. 협의로는 하오리(羽織/방한, 방진을 위해 일본 옷 위에 덧입는 짧은 겉옷)나 나가기(長着/서양의 코트처럼 앞을 여미어 띠로 매는 원피스나 도포 스타일의 키모노)를 가리키며 양복과 대비되는 의미로 흔히 여성이 정장으로 차려 입는 전통적인 고유의상을 지칭한다.

일반적으로 이러한 키모노의 형태를 띤 의복은 나라奈良 시대에 성립되었다.

키모노의 원류는 코소데小袖인데 이 코소데는 우치기袿와 같이 오오소데大袖 밑에 입는 속옷이었다. 이것이 헤에안 시대 말기까지 남녀 속옷으로 사용되었으나 카마쿠라 시대에 상의를 입는 습관이 없어져 속옷인 코소데가 겉옷인 상의로 정착된다. 무로마치 시대에는 지금까지 남녀가 착용했던 바 지식 하카마(袴/겉에 입는 주름 잡힌 하의)를 생략한 약식차림(키나가시着流)으로 변하여 일반적인 풍습이 되었고 결국에는 하카마와 오오소데를 생략한 약식차림의 코소데가 키모노의 원형이라고 할 수 있다.

키모노는 시대에 따라서 그 길이가 변화해 왔다. 그러나 길이만 변화할 뿐 허리를 감아 띠를 매는 기본적인 형태에는 근본적인 변함이 없었다.

키모노는 원래 몸을 감싸고 보호하는 의미뿐만 아니라 죽은 사람의 혼을 부르다거나 소원성취·감사참배라든가 유물 나누기에서 나타나는 것처럼 혼을 감싸는 것으로도 여겨졌다. 그리고 종래에는 입는 사람의 성별차·연령·계 층·지위나 신분 등을 나타내는 기호이기도 했으며 그것 때문에 소매형태, 재 질, 직물, 염색 문양, 봉제 등에 차별화가 이루어졌고 다양한 양식이나 기술이 격식으로 나타났다. 따라서 사람들은 격식에 걸맞은 옷을 입어야 했다.

📷 사무에

코소데는 그 용도에 따라 평상복, 외출용의 코소데 외에 한텡袢纏·유카타浴衣·네마키寝卷·도테 라褞袍·탄젠丹前 등으로 나눈다. 남자 옷은 나가기長着·하오리羽織·하카마袴·유카타浴衣·탄젠丹 前 등으로 구성되고, 여자옷은 나가기·하오리·유카타·히후被布 등으로 구성된다. 그리고 키모노 는 입는 용도에 따라서 잔치 때 입는 하레기晴着와 보통 때 입는 후당기普段着·케기褻着 등으로 나누 며 일할 때 입는 노라기野良着, 사무에作務衣 등으로 나눈다.

1.1.5. 키모노의 기법

키모노는 천의 기법이 염색과 직물로 되어 있는데 일반적으로 염색은 하레기(晴れ着/경사 때 입는 키모노)가 중심이고, 직물은 후당기(普段着/ 보통 때 입는 키모노)가 중심이다. 호오몽기(訪問着/약식 예복으로

방문시 입는 옷)는 역시 사교복이기에 염색이 중심이며 화려하다.

옷감은 실크로 씨실을 세게 꼬아서 더운물에 넣어 오그라들게 하는 기법인 치리멘縮緬, 무늬가 있게 짠 광택이 있는 고급 실크인 린즈綸子, 옷감에 가문을 새겨 넣은 몽이쇼오紋意匠, 누에고치에서 실을 뽑은 견직물인 츠무기紬 등이 대표적이다.

염색 기법은 유우젠조메友禪染가 대표적인데 다채로운 색상의 인물·화조花鳥를 화려하게 염색하는 무늬 염색의 일종이다. 원래는 손으로 그리고 채색하였는데 1800년대 말부터 형지를 사용하는 염색기법으로 바뀌었다.

가장 유명한 3대 유우젱이 있는데 쿄오토京都의 쿄오 유우젱京友禪, 카나자와金沢의 카가 유우젱加賀友禪, 토오쿄오東京의 토오쿄오 유우젱東京友禪이 그것이다.

그리고 방염에 초를 사용한 염색법이 있는데 초로 무늬를 덮고 염색한 다음 초를 제거함으로써 무늬를 나타나게 하는 방법으로 그 위에 자수나 금·은박으로 변화를 준 것으로 이를 로오케츠조메蠟纈染라고 한다. 전에는 키모노에 가문의 문양이 들어간 것 중, 3개 이상 들어간 미츠몸三つ紋만이 정식의 예복으로 치부되었는데 지금은 하나만 들어간 히토츠몬一つ紋도 예복의 정장으로 간주되고 있다. 무늬는 보통 무늬모양만 남기고 그 외 부분은 다른 색으로 염색하는 기법인 소메누키染拔로 하는데 봉제해 박아넣는 누이몬縫い紋도 있다.

 신부의 화려함의 대명사 우치카케打掛け

三大友禪

[東京友禪]	[加賀友禪]	[京友禪]

藍、鼠など無彩系の渋い色調の江戸好み。 落ち着いた沈静の色の加賀五彩（臙、黄土、藍、草、古代紫）。 紅や金の華やかな色彩に、刺繍も入るのが特徴。

王の線き模様をはじめ、波の桃も好まれる。 自然を写した模様が多い。反対色でぼかし、黒の点を打って虫食い菜を描く。 雅な曲線を持つ片喰文様や描き疋田も。

京禪、横ぼともにきっぱりとしているのが特色。 京友禪とは反対に、中を濃くぼかし、先ぼかし。 京友禪は中を濃く外は淡くぼかすことが多い。

 키모노 염색의 명가·3대 유우젱

▽스소모요오裾模様 : 소메누키에 검은 옷감의 양 가슴과 등, 양 소매의 5군데에 가문을 붙이고 깃에만 무늬를 붙이는 깃무늬.
▽치리멘縮緬 : 견직물의 한 가지로 씨실을 세게 꼰 생사로 짜서 뜨거운 물에 넣어 오글쪼글 하게 만든 직물.
▽린즈綸子 : 고운 생사로 무늬 있게 짠 두껍고 광택이 있는 고급 견직물.
▽돈스緞子 : 광택과 화려한 무늬가 있는 수자직繻子織 견직물의 일종.
▽슈스오리繻子織 : 날실과 씨실이 네 올 이상 건너 한 올씩 교차되게 짠 직물. 촉감이 좋고 광택이 있다.
▽몽이쇼오紋意匠 : 정장 키모노에 새겨 넣는 가문家紋의 문양디자인.

1.1.6. 키모노의 종류

1.1.6.1. 히후被布

여성용으로 하오리와 같은 목적의 외출복이다. 앞이 막혀 있으며, 하오리 위에 덧입을 때가 많아 하오리보다 기장을 5cm 정도 더 길게 한다.

1.1.6.2. 우치카케打掛

나가기 위에 걸쳐 입는 춤이 긴 옷으로 원래는 무사부인이 가을에서 봄까지 걸쳐 입는 옷이었다. 에도 시대에는 유복한 서민가정에서도 혼례의상으로 입었고 현재에는 화려한 신부의상의 대명사이다.

1.1.6.3. 후리소데振袖

키모노 가운데 가장 화려한 것이 후리소데로 미혼여성의 제1예복이며 그녀들이 가장 동경하는 예복이기도 하다. 소매의 길이에 따라 대 후리소데(약 115cm)·중 후리소데(약 105 cm)·소 후리소데(약 85cm)로 다양하다. 원래는 길이와 관계없이 편하게 입는 아동용이었지만 에도 시대에 장식이 발달하면서 젊은 여성도 입게 되었고 길이도 길어지게 되었다. 긴소매는 미신과 관계가 있으며 고대부터 일본인은 삶의 주기에 반드시 두 번 정도는 재앙이 찾아온다는 야쿠도시(厄年/남자는 25·42·61세, 여자는 19·33·37세가 그런 해이며 특히, 남자 42세, 여자 33세는 대재앙이 온다고 하여 그 전해와 이듬해에 특히 몸조심을 했다)를 맞게 되는데 그 불운은 친척이나 친구에게까지 전이된다고 믿었다. 그래서 야쿠도시에 해당하는 사람들은 각별히 주의하며 신년에 진쟈神社와 절에서는 야쿠도시에 들어가는 사람들의 띠를 나열한 팻말을 붙인다. 후리소데의 긴소매는 불운을 쫓아버리는 상징으로 여겨지며 19세에 접어드는 여성이 야쿠도시에 해당이 되는데 20세의 여자가 성인의 날에 불운을 피하고자 후리소데 키모노를 입었다. 후리소데 키모노는 발랄한 여성을 상징하며 그 긴소매는 충동적으로 흔들리는 경향이 있는데 그것은 원하는 남성을 받아들인다는 의미로 해석되기도 했다. 거절의 말로 〈소매 없는 것은 흔들리지 않는다〉

📷 후리소데

📷 후리소데 차림

라는 말이 있듯이 〈소매를 흔든다〉는 것은 호의적인 대답을 나타내는 것이며 남성의 요구에 OK한다는 사인이 되기도 한다. 또한 긴소매는 독신여성의 상징이기도 하다. 홍 후리소데本振袖라고도 하는데 옛날에는 신부의 정장(하나요메 이쇼오花嫁衣裝)일 때도 있었으며, 현재는 성인식·사은회·결혼식 피로연 등 격식을 차린 장소에 맞는 옷차림이고, 중 후리소데는 새해 첫 다회(하츠가마初釜)나 파티에, 소후리소데는 가벼운 하레기晴れ着 감각으로 파티나 다과회 등에 참석할 때 맞는 옷차림이다.

옷감은 치리멘縮緬, 린즈綸子, 돈스緞子, 몽이쇼오紋意匠 등의 광택이 있는 것이 많고 화려함을 연출한다. 송죽매(쇼오치쿠바이松竹梅)라든가 학과 거북 등 길상문양이 새겨지고 옷 전체 무늬가 연속된 하나의 그림으로 되는 기법인 에바모요오絵羽模様, 당(카라唐)문양을 단순화한 유우소쿠有職 등이 만들어져 있어 상당히 화려하고 고전적인 것이 많은데 최근에는 모던감각을 살린 개성적인 것도 많이 등장하고 있다.

1.1.6.4. 토메소데留袖

기혼자의 제1정장으로 격조가 높은 키모노이다. 결혼식이나 피로연에 참석하는 신랑 신부의 양친, 친척, 중매부인 등 기혼부인들이 착용한다.

토메소데는 쿠로 토메소데黒留袖와 이로 토메소데色留袖가 있는데 먼저 쿠로 토메소데는 무늬를 상반신에는 달지 않고 옷단에서 옷깃까지는 에바하오리 모양으로 이루어져 있다. 상반신은 반드시 소매누키에 검은 옷감의 양가슴과 등, 양소매의 다섯 군데에 가문 문양을 붙이고 깃에만 무늬를 붙이는 깃무늬(스소모요오裾模様)형태의 키모노이다. 후리소데의 전체 문양에 대해서 깃만의 문양은 어른다운 안정감을 준다.

예전에 토메소데는 흰 속 키모노를 겹쳐서 착용했지만 요즘에는 옷이 두 겹으로 된 것같이 보이기 위하여 깃, 소매, 옷단 따위만을 이중으로 하는 것으로 처리해서 간소화하고 있다.

옛날 무가武家에서는 쿠로 토메소데를 입고 시집을 가, 유부녀가 되고 나서는 소매를 짧게 잘랐다고 해서 이름을 토메라고 붙였다고 하는 설이 있다. 이 옷은 나이 어린 기혼자는 무늬가 약간 위쪽으로 되어 있는 것을 선택하면 젊음을 연출할 수 있고 나이가 든 연배는 무늬가 아래쪽으로 치우친 것을 선택하면 좀 더 차분한 느낌을 줄 수 있다. 최근에는 이 옷의 형태로도 개성을 연출하는데 깃무늬의 대부분은 송·죽·매·학·거북을 비롯한 길상(킷쇼오吉祥)문양과 정창원(쇼오소오잉正倉院)문양 등이 격조가 높다.

이로 토메소데는 쿠로 토메소데

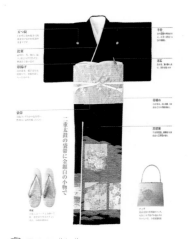

📷 쿠로 토메소데

📷 쿠로 토메소데 차림　　📷 이로 토메소데 차림

23

와 마찬가지로 격조가 높은 깃무늬의 옷이다. 같은 바느질로 바탕이 칼라인 것을 이로 토메소데라고 하는데 쿠로 토메소데 쪽이 격이 더 높다. 이로 토메소데는 문양 수에 따라 착용범위가 넓어진다. 가문의 문양이 5개 들어간 다섯 문양이라면 쿠로 토메소데와 같은 격으로 입을 수 있다. 기혼·미혼 관계없이 여성 예복으로 격조 높은 것이다. 다섯 개 문양(이츠츠몽五紋)은 정장이 되고 3개 문양, 1개 문양 등은 격이 떨어져 쿠로 토메소데에 이은 예복이 된다. 최대의 특징은 기혼자뿐만 아니라 미혼자도 입을 수 있다는 것이다. 옷 색깔을 자유로이 선택할 수가 있기 때문에 다양한 개성이나 이미지를 연출할 수 있고 결혼식·피로연·파티 등 폭넓게 착용할 수가 있다. 쿠로 토메소데와 같이 무늬는 상반신에 넣지 않고 옷단에서 옷깃까지 넣어 착용할 수 있을 뿐만 아니라 화려한 바탕색과 격조를 살려서 사교용으로도 입을 수 있다. 요즘에는 주빈이나 초대 손님이 이로 토메소데를 입는 것이 유행이다.

1.1.6.5. 이로무지色無地

무늬가 없는 키모노로 경사, 조사에까지 입을 수 있어 용도가 다양하다. 오비를 통해서 개성을 연출할 수 있고 검은 색은 상복이 되지만 화려한 색의 바탕무늬에 광택이 들어가 두드러지는 키모노는 축하석에 어울리며 수수한 색으로 눈에 띄지 않는 것은 상복으로도 입을 수 있다. 이로무지에 문양이 들어가면 약식예복이 된다. 무난한 색은 맞추는 오비나 소품에 따라 화려하거나 수수하게 꾸밀 수 있는 장점 때문에 한 벌로도 요긴하게 쓸 수 있다. 이로무지는 오글쪼글한 비단 또는 무늬가 들어간 옷감에 색을 들인 글자 그대로 전체적으로 문양이 없는 키모노이다. 하나의 가문 문양이 있으면 약식 정장이 되고 세 개 이상이면 가문 문양이 없는 호오몽기訪問着보다 격식 있는 준準정장이 된다. 경사에는 입학식, 졸업식, 시치고상(7·5·3/남자는 3·5세, 여자는 3·7세가 되는 11월 15일에 우지가미氏神에 참배하는 일), 맞선 등에 참석하는 부모가 착용하고 이 경우에는 한 개의 가문 문양이 있는 약식 정장이 기본이다. 조사弔事에는 무늬 없는 다섯 개 가문 문양이 있는 것이 정장이지만 수수한 무지라면 장례식 철야(츠야通夜)나 사자 공양불사(호오지法事)에도 출석할 수가 있다.

📷 이로무지

1.1.6.6. 쥬우니히토에十二單

여기서 쥬우니12라는 말은 옷을 많이 껴입는다는 뜻으로 반드시 열 두겹의 옷은 아니었다. 보통은 8겹에서 20겹으로 자그마치 무게가 열 겹에 20kg 정도였다고 한다. 하지만 매일 입는 것은 아니었고 조정에서 근무하는 여성(뇨오보오女房/황후를 모시고 그녀의 식사나 바느질일도 했는데 황후의 교육이나 말상대가 되어주는 것도 중요한 일이었다)이나 상류귀족 여성들의 정장이었다.

📷 쥬우니히토에

1.1.6.7. 호오몽기 訪問着

호오몽기는 이로 토메소데나 후리소데 다음가는 격식을 차린 약식예복으로 기혼·미혼에 관계없이 착용할 수 있고 사교복으로 친구의 결혼식, 표창식, 각종 파티, 새해축하 모임, 맞선, 예물교환식, 윗사람 방문 등 폭넓게 입는다. 여러 경우에 다양하게 입을 수 있기 때문에 키모노 가운데 색상과 종류가 가장 풍부하고 선택 폭도 그만큼 넓은 편이다. 화려한 색상과 자유로운 무늬가 특징인데 후리소데와 마찬가지로 키모노 전체가 하나의 그림이 되는 에바모요오 기법을 사용하며 이 호오몽기는 흰 색감을 한번 가봉하고 나서 밑그림을 그리고 다시 솔기를 뜯어 밑그림을 따라 염색한다. 그림 전체, 또는 바느질 선을 따라서 전체적으로 무늬가 연결되어 있다.

📷 호오몽기

1.1.6.8. 미치유키 道行き

추운 계절에 방한과 동시에 먼지 막이용으로 상의로 걸쳐 입는 것이 미치유키이다. 원래는 거리를 걸을 때 키모노의 화려함을 감추기 위해서 혹은 먼지막이로 사용했던 것이다. 목깃이 네모로 파져있다. 비슷한 종류로 히후 하카마被布袴와 코트, 그리고 그보다 더 자유스러운 하오리가 있다. 하오리는 실내에서도 착용이 가능하다.

1.1.6.9. 츠케사게 付け下げ

호오몽기 다음가는 약식예복으로 호오몽기에 준하는 사교복인데 입고 나가는 장소도 호오몽기와 같다. 2차 대전 후 키모노 제작의 간략화에 따라 만들어졌다고 하는 설과 전쟁 중 화려한 키모노가 금지되었기 때문에 고안된 것이라는 두 가지 설이 있지만 근대에 와서 만들어진 키모노인 것만은 확실하다.

호오몽기와 다른 점은 무늬인데 호오몽기가 전체 하나의 그림인데 반해, 츠케사게는 어깨, 소매, 깃에 독립된 문양이 놓이게 된다. 호오몽기에 비해 전반적으로 무늬가 단순하고 수수한 느낌을 주는 만큼 옷감에 다양한 멋을 추구하는 것이 많고 다양한 코디네이트를 할 수 있어 키모노를 사랑하는 사람들이 많이 선택한다.

📷 츠케사게

1.1.6.10. 코몽 小紋

키모노 가운데 가장 캐주얼한 복장이다. 호오몽기나 츠케사게 정도는 아니지만 새해 첫 참배나 반동창회, 생일파티, 친구와의 식사 때 어울리는 옷차림이다. 옷을 맞추기 위

📷 코몽

📷 코몽 차림 **25**

해 형태를 뜬 카타조메型染め라는 형지型紙를 한 장으로 해서 그것을 이어 붙인 것이다. 색상이나 종류가 다양하고 다채로운 유우젱友禅 염색은 린즈綸子로 염색되기 때문에 광택이 있고 화려한 분위기를 연출한다.

1.1.6.11. 츠무기紬

츠무기는 누에고치나 솜에서 손으로 실을 뽑아 짠 것으로 염색보다는 질이 떨어져 격식을 차린 장소에서는 입을 수가 없다. 하지만 오히려 형식에 얽매이지 않고 자유로운 분위기를 연출할 수 있다. 이것은 각 지방에 명산물이 많은데 이바라키현茨城県의 유우키 츠무기結城紬는 솜에서 실을 뽑아내는 것으로 유명하다. 누에고치에서 기계로 실을 뽑아 여러 조각을 짜 맞추는 것으로는 카고시마현鹿児島県의 오오시마 츠무기大島紬가 유명하다. 둘 다 신축성이 뛰어나서 착용감이 좋은 것으로 명성이 높으며 특히 오오시마 츠무기는 차분하고 안정감을 주는 것으로 유명하다.

츠무기

1.1.6.12. 로絽

로 평직에서 약간 변화를 준 카라미 직법絡み織으로 성기게 짠 독특한 옷으로 통풍성이 뛰어나다. 장마가 거치고 난 한 여름에 가장 입기 좋은 옷이다. 그리고 이 옷은 여름용의 후리소데, 토메소데, 호오몽기, 상복 등에도 사용되어진다. 옷감은 비쳐 보이기 때문에 외관상으로도 시원함이 느껴지는 소재이다.

로

1.1.6.13. 하카마袴

허리 아래에 입는 품이 넓은 하의이며, 앞에 주름이 아랫단까지 있는데 한국의 통치마처럼 생긴 것과 너른 바지처럼 양가랑이가 갈라진 것이 있다. 헤이안 시대 이후에는 관직에 따라서 하카마를 입는 규칙이 엄격했다. 최근에는 졸업식 시즌이 되면 많이 눈에 띄는 옷차림인데 메이지 시대에는 한 때 여학생의 교복이기도 했다. 지금은 졸업식을 제외하곤 거의 눈에 띠지 않는다. 예전에는 감색이나 어두운 적갈색이 일반적이었으나 최근에는 그린이나 황금색 같은 연한 색깔로 바뀌고 있으며 멋을 낸 것이 많이 등장하고 있다. 코디네이션은 5문양이 들어간 이로무지가 정식인데, 3문양, 1문양도 무방하다. 후리소데를 받쳐 입으면 화려하고 야가스리(矢絣/화살깃 모양의 비백무늬)의 코몽小紋과 함께 입으면 학생 분위기를 한껏 낼 수 있다.

에도 시대에는 하카마袴에도 여러 종류가 생겨났다. 무사는 평복차림에도 하카마를 입는 것이 통례였으나, 집에 있거나 퇴

하카마袴 차림의 다양한 연출

임하였을 경우에는 착용하지 않는 경우도 많았다. 이에 비해 서민들은 격식을 차릴 때에만 착용하여, 하카마가 남자의 의례용 복식으로 자리 잡은 때도 있었다.

하카마의 종류가 많아지면서 보통 소수 위에 입는 것을 히라 하카마平袴라 하였다. 이것은 당(마치襠)이 낮아 길이가 긴 소수에 입기 알맞게 만들어진 것으로, 처음에는 〈상인용〉이라 하여 말을 타는 무가에서는 착용하지 않았으나, 1780년경에는 무가에서도 착용하게 되었다. 그 결과 역으로 무가의 승마에 적합하도록 당이 높은 우마노리 하카마馬乘袴가 고안되었다. 우마노리 하카마는 당과 옆구리의 상인(아이비키相引)이 높은 점, 자락에 검은 빌로드 선이 둘러진 점이 특색이었다. 이 밖에 히라 하카마와 같은 형식에 우마노리 하카마처럼 자락에 선이 둘러진 노 하카마野袴, 보행의 편리를 위해 자락을 좁게 만든 소데보소 하카마裾細袴 등이 있다. 그리고 소데보소 하카마 자락에 조이는 끈을 달아 무릎아래 부위까지 당겨서 묶어 한층 더 활동의 편리함을 도모한 답입고(후미코미 하카마踏込袴), 무릎 아래를 각반처럼 좁게 만들어 무릎 아래와 자락 부리를 끈으로 묶도록 만든 이가 하카마伊賀袴, 경삼軽衫의 무릎 아래와 자락부리를 묶은 끈을 고하제 도메小鈎留め로 처리하여 입는 재부裁付 등이 있었다.

노 하카마野袴는 무사가 가마를 타고 여행할 때나 에도 성내에 들어오는 상인들이 착용하였다. 답입고(후미코미 하카마踏込袴)와 경삼軽衫, 재부裁付는 주로 하급 무사의 여행용으로 착용되었는데, 경삼은 통이 좁은 남자 하의인 잠방이(모모히키股引)가 널리 착용될 때까지는 요리사, 목수, 이발사처럼 바쁘게 서서 일을 하거나 초부木樵, 포수처럼 산야를 돌아다니는 사람들도 착용하였다.

옷감은 하카마의 종류에 따라 여러 가지가 있으며 히라 하카마平袴에는 다우茶宇, 선태평仙台平, 당잔唐桟, 잔류桟留 등의 줄무늬가 있는 직물이나 돈스緞子와 같은 문직물紋織物, 혹은 호박琥珀, 갈포葛布와 같은 무지無地가 사용되었으나, 우마노리 하카마나 노 하카마에는 비단錦과 같은 화려한 것도 사용되었다. 답입고와 경삼, 재부는 가죽이나 무지에 줄무늬가 있는 무명을 사용하였다. 과거에는 서민 중에서도 주인과 고용인, 우두머리와 제자의 구별이 있었으므로 의복에도 그 차가 생기게 되었다. 하오리에 대한 합피 한텡法被袢纏, 작업복으로서의 하라가케 모모히키腹掛股引 등이 그것이다.

합피 한텡法被袢纏은 하오리와 거의 같은 형태이나 홑 무명으로 만들어졌으며 대부분 가게이름이나 가문 부위만 바탕색으로 남겨두고 딴 부위를 염색한 것이다. 직인은 하라가케 모모히기腹掛股引 위에 걸쳐 입어 하나의 유행을 낳게 하였다. 또 이것을 무가의 고용인이나 가마꾼도 착용하였는데, 막부나 영주로부터 녹봉을 타는 가마꾼은 소매가 길고 그 모양이 특수하게 생긴 육척간판陸尺看板의 자락을 대帯에 끼워 입었다. 가마꾼이 착용하는 합피나 간판에는 어떤 연유에서인지 문어 문양이 들어가게 되었다.

한편 남성이 키모노를 입는 것은 현대에서는 주로 편히 쉬기 위한 실내용으로 한정되지만 설날 같은 때 자택에 손님을 초대하여 대접할 때도 입곤 한다. 남성의 정장은 키모노, 하오리, 마타고로 이루어지며 모두 수수한 색깔로 기혼·미혼의 구별이 없다. 후리소데는 무가와 귀족집안의 복식에 영향을 미친데 비하여 주로 일반 서민 사이에 많이 사용되어 온 것으로는 탄젱丹前과 유카타浴衣가 있다. 유카타는 가장 간편한 실내복으로 면으로 만들어진 것인데 이것은 특히 여름철에 입으면 시원하고 편리하며 세탁 또한 간편하므로 널리 애용되고 있다.

1.1.6.14. 한텡袢纏

한텡은 하오리 대용으로 썼으며 위가 코트처럼 생겼고 가벼운 천으로 되어 있으며, 바지는 몸에 붙게 되어 있어 매우 편한 활동복이다. 겨드랑이에는 당襠이 없고, 깃은 젖혀지지 않으며, 대개 반깃半襟으로 하여 끈이 달려 있지 않은 옷으로 옷감으로는 무명과 츠무기(紬견직물)가 사용되었고, 솜을 넣어서 방한용으로 착용하기도 했다. 덧깃은 검은 색의 하치죠오 지마에서 생산되는 실크 평직인 하치죠오八丈, 공단(슈스繻子)이 사용되었고, 남녀가 모두 입었으며, 기장을 길게 한 쵸오 한텡長袢纏도 있다.

점포이름이나 가문이름의 부위만 염색을 하지 않은 시루시 한텡印袢纏은 입고 있는 사람의 직업을 나타내며 깃이나 등에 점포이름이 인쇄되거나 〈복福〉자 등이 새겨져 있다. 이것은 오봉お盆이나 세모歳暮 때에 주인이 종업원에게 나누어주었으며 에도 시대에는 음식점이나 선술집의 주방장・생선가게의 주인・목수・어부・미장이・정원사・마츠리 참가자 등이 입었고 현재에도 그 모습은 많이 남아 있다. 그밖에 길이가 짧은 박쥐 한텡(코오모리 한텡蝙蝠袢纏), 아기를 업을 때 위에 입는 넨네코 한텡ねんねこ袢纏, 소매가 없는 어린이용 방한 옷으로 카메노코 한텡亀の子袢纏 등이 있다.

📷 시루시 한텡

1.1.6.15. 하오리羽織

하오리는 동복胴服에서 연유된 것으로 추정된다. 그러나 회화 자료 등에 의하면 무로마치 중기 이후와 에도 초기에 걸쳐 소수 위에 걸치는 보조의로는 몇 가지의 종류가 있었고, 또 귀천 없이 함께 착용되었으므로 반드시 동복이라고만은 할 수 없지만, 형태상 동복에 가까우며, 교오토의 토요쿠니 진쟈豊国神社에 소장된 토요토미 히데요시가 착용한 것으로 전해지는 사릉紗綾의 동복은 하오리와 똑같이 만들어졌다. 따라서 동복이 도복道服으로도 표기되어 온 것처럼 본래 야외에서 방진防塵, 방한을 위해 착용되었던 것이 자유롭게 입고 벗을 수 있는 편리함 때문에 보조의로 착용하게 되었다. 〈하

📷 하오리羽織

오루羽織る)라는 일본어의 〈걸처 입는다〉는 의미로 그 명칭이 사용된 것이다. 하오리는 처음 생길 때부터 여러 가지 형식이 있었는데 에도 시대에는 형태에 따라 박쥐 하오리·소매없는 하오리·붓사키 하오리·통수 하오리·화재 하오리·가죽 하오리·단 하오리 등의 별칭이 생겼다. 하오리가 예장용 복식으로 되면서 방진과 방우防雨의 목적을 가진 외의外衣가 따로 생기게 되었다. 근세까지 무사·상인·농민은 모두 비옷으로 도롱이(미노簔)를 사용하였지만, 근세 초기에는 일본에 도래한 서구인의 망토를 모방하여 고안한 옷으로 캅파合羽를 사용했다. 캅파는 스페인어 〈Capa〉가 어원으로 종이에 기름을 먹여 만든 것이 그 시초라 할 수 있다. 캅파는 소매가 있어 앞에서 여미도록 된 것과 소매가 없는 망토식으로 된 둥근 캅파의 두 종류가 있었다. 옷감으로는 오동나무 기름을 먹인 감색종이로 만든 것이나 천황淺黃 또는 감紺, 검은 색 무명이나 갈포葛布 등이 주로 사용되었다. 캅파는 긴 캅파(나가 캅파長合羽)와 둥근 캅파(마루 캅파丸合羽)의 두 가지로 나뉘는데 긴 캅파는 무가의 시녀들이 처음 입기 시작했다. 이전에 여성들은 비가 오면 주로 무명으로 만든 유카타를 걸쳤으며, 에도 중기 이후가 되어서야 남자 캅파와 같은 흑색무명과 오려戾絽의 캅파를 입게 되었다. 형태는 남자용과 키모노식으로 깃을 단 것, 그리고 흑 수자繻子의 덧깃을 단 것도 있었다. 둥근 캅파는 일명 까까머리 캅파(보오즈 캅파坊主合羽)라고도 하며 에도 말기에는 히키 마와시引き回し라고도 하였다. 여행자의 우의, 방한용으로서 널리 쓰였다. 주로 감색무명 줄무늬와 병(카스리絣/작은 무늬가 붓으로 터치한 것처럼 인쇄된 것)으로 만들어졌으며, 그 중에는 겉과 안 사이에 오동기름을 먹인 캅파지合羽紙를 방수용으로 끼워 넣은 것도 있다. 에도 말기에는 무명 캅파의 보급으로 인해 종이 캅파는 무가의 고용인들까지도 잘 입지 않았으나, 영주 행렬 때 뒤에 따르는 종자들이 입는 붉은 종이 캅파는 막부 말까지 착용되었다. 또 캅파에서 파생한 것으로 히후被布라는 것이 있다. 모양은 캅파와 비슷한 것으로 에도 중기부터 귀족들 사이에서 외출복으로 사용되기 시작하였으나, 후일에는 자시키 캅파座敷合羽라 하여 치리멘縮緬과 린즈綸子 등으로 만들어 실내의 방한용으로 착용되기도 하였다. 후기에는 일반 노인이나 화가, 의사들에게도 착용되었으며, 또 무가의 후실 등 여성도 입게 되었다. 메에지 이후에는 여아들도 착용하게 되었으며 점차 남성복식에서 여성복식으로 바뀌게 되었다.

1.1.6.16. 유카타浴衣

나가기와 같은 형태로 남녀가 함께 입는 옷이다. 원래는 목욕 후에 입는 무명 홑옷이었으나 요즘에는 주로 여성용 가정복·불공드리는 날인 엔니치緣日·불꽃놀이·마츠리 등에 입고 외출한다. 소재는 기본적으로 평직의 무명이고 색깔은 남색이나 백색이 중심이다. 무늬는 나팔꽃이라든가 나비 등이 그려지는 것이 일반적인데 최근에는 소재도 무늬도 다양화되고 있고 약간 비치는 느낌을 주는 것도 있어 청량감을 주기도 하며 흡습성이 뛰어나고 주름이 잘 안 생기

유카타浴衣 차림

는 합성섬유도 등장하고 있다. 오비는 반폭오비라든가 헤코 오비(兵児帯/원래는 사츠마薩摩의 어린이兵児가 착용했기 때문에 이런 이름이 붙음)를 합쳐 상반신은 여유 있게 하반신은 날씬하게 멋을 낼 수가 있다.

1.1.6.17. 탄젱丹前

겹자가기와 같은 형태로, 평상복이나 유카타 위에 껴입는 겨울용 가정복이다.

탄젱은 소매 폭이 넓으며 보통의 상의보다 전체적으로 크게 만들어 솜을 두껍게 넣은 방한용의 약식복인데, 남녀가 모두 착용하였으며, 상류층에서는 두껍게 솜을 넣은 히로소데広袖의 키모노로 침구로도 사용하는 도테라褞袍를 착용했다. 츠무

탄젱丹前

기와 무명의 줄무늬에 흑색 치리멘, 흑색수자繻子로 덧깃을 대고 소매 부리와 자락을 겉의 천보다 약간 더 내어 단으로 한 후이厚衻가 특징이었다. 보통은 겨울에 집안에서 의복 위에 걸치거나, 또는 겹쳐 입었는데, 직인의 우두머리 등은 유카타 위에 이것을 입고 외출하기도 하였다.

1.1.6.18. 상복〈모후쿠喪服〉

장례식의 정장인 상복은 무늬 없는 검은 옷감에 가문 문양 5개가 들어간 5문양이 기본이다. 미혼, 기혼을 불문하고 입는 것으로 고별식 때에는 누구를 막론하고 이 검은 상복을 입어야 하며 죽은 사람의 가족이나 가까운 사람은 장례의 모든 행사에 이 정장을 입어야 한다. 상복, 문상객의 예복으로 옛날에는 흰색을 입었으나 지금은 바뀌었다. 옷감소재는 관서지방은 표면에 약간의 주름이 있는 치리멘縮緬, 관동지방에서는 생사로 짜서 촉감이 좋고 광택이 있는 평직 옷감인 하부타에羽二重가 주로 사용된다. 오비는 흑무지에 문양이 새겨지는 것으로 부드럽고 광택이 있는 슈스繻子라든가 단스緞子의 나고야 오비名古屋帯, 혹은 후쿠로 오비袋帯가 중심이다. 대표적인 문양으로는 반야심경, 사야형紗綾型, 본지梵字 등이 있고 나가쥬방, 버선, 반깃은 흰색이지만 띠매듭이 아래로 처지지 않게 하는 오비아게·띠가 풀어지지 않도록 하는 오비시메·신발인 조오리·핸드백은 모두 검정색이다.

상복喪服

1.1.6.19. 색깔 있는 상복〈이로모후쿠色喪服〉

고별식 전날 밤샘은 이로무지라든가 수수한 코몽小紋, 혹은 키모노 이외의 반상복(약식의 상복)을 입는다. 친족은 3주기 정도까지는 정장의 상복, 7주기 이후부터는 약식의 상복을 입는다. 색깔은 적색계통은 피하고 쥐색, 보라색, 녹색, 연한 검정색 등의 수수한 색이어야 하며 옷감은 광택이 없고 무늬가 없는 것이 일반적이다. 혹시 있더라도 길상吉祥문양은 피하는 것이 예의이다.

1.1.6.20. 코트〈コート〉

방한 코트라든가 비를 막아주는 목적의 코트에서 출발한 이 옷은 멋을 내기 위한 목적으로도 개발되고 있다. 코트 디자인의 포인트는 깃의 형태로 입는 사람의 연령, 체형에 따라 달라질 수 있다.

1.1.6.21. 잠옷〈네마키寢卷〉

잠옷은 일본식 것으로는 유카타가 가장 많이 사용되고 있다. 유카타란 유카타 비라湯帷子의 약어이고 근세 이전에 목욕탕은 증기탕 또는 뜨거운 물을 덮어쓰는 방식이었기 때문에 헤이안 시대 이후 상류층 사람들은 목욕할 때 나체가 아니라 유카타 비라라고 불리는 홑옷을 걸치고 있었다. 그 후 목욕탕에서 나온 후에도 입게 되고 에도 시대 이후 여름밤 축제 외출복으로서 널리 애용되었는데, 최근에는 잠옷겸용으로도 입고 있다. 젊은 여성에게는 그다지 환영받고 있지 않으나, 남성에게 유카타는 파자마〈인도의 헐렁한 바지에서 나왔다고 하며 주로 잠옷으로 이용된다〉로는 얻을 수 없는 귀가 후의 편안한 옷으로서 뿌리깊게 애용되고 있다. 잠옷으로 입을 때는 필요한 띠, 또는 끈을 별도로 사용하는 것과 잠옷에 부착되어 있는 것이 있다. 부인용으로는 다테마키伊達卷, 남자용으로는 가는 띠, 아이용으로는 가는 끈을 뒤에 부착시켜 앞에서 매도록 되어있는 것이다. 주로 잠옷에 쓰이는 천은 무명을 중심으로 견, 합성섬유 등의 색이 없는 천, 격자무늬, 줄무늬, 프린트 모양 등의 종류가 많고, 방한용으로는 면, 융 등도 사용되고, 최근에는 흡습성이 많고 내세탁성이 좋은 타올지나 면저지도 사용되고 있으며 착용감〈특히 접촉감〉이 부드러운 이중 가제 잠옷도 시판되고 있다.

전통적 옷인 유카타 외에 서양에서 전래한 네마키寢卷로는 네글리제와 파자마가 있다. 네글리제는 본래 라틴어에서 온 말이고 어원은 〈주의하지 않는다〉・〈마음대로〉라는 뜻이다. 긴장하며 입는 옷과는 대조적으로 편하게 입을 수 있는 옷이고 옛날에는 의식용 이외의 평상복을 총칭해서 사용했던 말이다. 가볍고 부드러운 소재를 사용하고 레이스와 프릴 등의 장식이 많은 실내복, 화장복, 또는 침실복을 말한다. 보통은 깃이 없고, 반소매, 무릎까지의 길이로 몸통은 헐렁하게 만들어지고, 허리를 조이지 않는 것이었으나 리본과 새시로 조이기도 하여 차츰 디자인도 화려하게 발전해왔다. 실내복

加賀友禅で囲んだ加賀紋の洒落紋

日向加賀紋の洒落紋

繍いの陰紋に刺繍の洒落紋

絞りの丸に墨描きの洒落紋

刺繍の洒落紋

2色づかいの繍いの洒落紋(桐紋)

刺繍の洒落紋

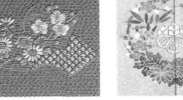
加賀友禅で囲んだ加賀紋の洒落紋

키모노 가문 문양의 종류

으로 쓰이는 것은 주로 가슴이 트인 것이라든가, 소매부리, 자락 등에 프릴이나 레이스를 조화시킨 우아한 감각의 것도 있고, 소재도 부드러운 천이 일반적이고 화학섬유, 견, 면, 융 등도 사용되고 있다. 색도 백색이나 분홍, 파랑 등의 연한 색이 많다. 일본에서는 이런 종류의 드레스가 상당히 보급되어 왔으나 실내복이라고 하기보다는 잠옷으로서 착용되는 일이 많다.

파자마는 취침 시 또는 실내복으로서 남녀의 구별 없이 착용할 수 있는 양식의 의복이고, 상의와 하의가 한 벌이 되어 슬리핑 슈츠라고도 불리고 있다. 원래 기원은 고대 훈족이 사용한 승마용 긴 바지에서 시작되었으나 인도로 흘러가서 파자마라는 이름이 붙었다. 후에 19세기경 영국인들이 상의와 바지를 짝지은 면 파자마를 잠옷전용으로 착용하는 습관을 인도로부터 받아들였고 이것이 일본으로 전해졌다.

<u>1.1.7.</u> 키모노의 특징

①나가기는 보통 나비의 천을 직사각형으로 재단하여 목이 들어갈 만한 깃고대를 파고 어깨로부터 앞뒤로 늘어뜨려 길을 삼고, 팔에서 앞뒤로 늘어뜨려 소매를 삼아 배래를 꿰매고 앞뒷길에 소매를 붙인다.

②속옷(주방襦袢)은 섶을 달지 않고 깃을 앞자락까지 달며, 소매는 소매나비 전부를 소맷부리로 하는 히로소데이다.

③하오리는 품에 여유를 주기 위해 양옆에 다른 천을 대고 서양풍을 본뜬 깃을 앞길 겉쪽으로 접었으며 가슴에 끈을 달아서 맨다.

④남성용 훈도시, 여성용의 고시마키 등은 모두 직사각형의 단순한 천에 끈만 달았다.

⑤전체적으로 몸에 붙지 않고 직선적인 재봉으로 품에 여유가 있으며, 머리부터 뒤집어써서 입는 형은 없고, 앞은 전부 트여 있어 좌우를 포개어서 여민다.

⑥어깨선은 어깨처짐이 없이 직선이므로 입었을 때 여유분이 겨드랑이 밑으로 주름져 늘어진다.

⑦오비로 품의 여유분을 허리에 죄어 맨다.

⑧깃고대·소맷부리·아랫자락을 모두 넓게 터놓았으며, 가랑이가 달린 의류를 입지 않는다.

⑨앞자락을 겹쳐서 여밀 뿐 잠그개가 없고 오비를 매어 고정만 시키기에 흐트러지기 쉽다.

⑩어깨선, 소매선은 솔기가 직선이므로 소매·깃달이·옆솔기·섶달이 등을 반듯하게 개켜서 넣어 두어 접은 자국이 있는 것이 좋은 옷이다.

⑪형태는 일정하고 개성은 천, 빛깔, 무늬 등으로 나타내므로 종류가 천차만별이며 이것들을 서로 배합시켜 입음으로써 개성적인 조화를 만들어낸다.

⑫예장·나들이옷·일상복 등이 남자용 하카마를 제외하고는 남녀 모두가 모양에 차이가 없다.

⑬여자용 나가기는 기장을 신장과 같게 만들어, 입을 때 허리에 접어 지른 후 오비로 고정시키므로, 특히 흐트러지기 쉽다.

1.1.8. 키모노 입기

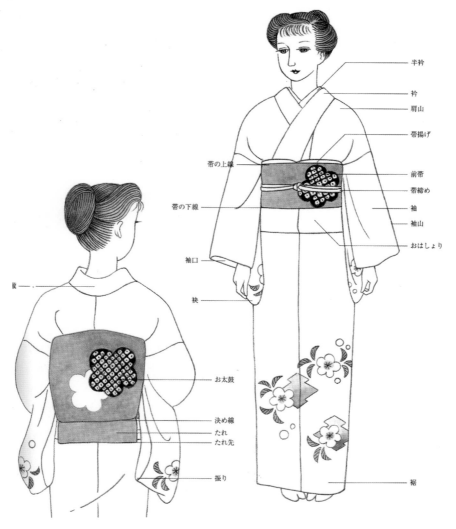

📷 키모노의 각부 명칭

깃	에리	襟·衿	소매	소데	袖	소매자락	타모토	袂
옷섶	오쿠미	衽	옷의 아랫자락	스소	裾	띠	오비	帯
띠의 풀어짐 방지	오비시메	帯び締め	옷의 길	미고로	身頃	처짐방지	오비아게	帯揚げ

우선 맨 먼저 일본 버선을 신고, 속옷인 쥬방을 정확하게 입는다. 이때, 끈은 지나치게 단단히 매지 않도록 한다.

①키모노를 걸쳐, 속옷인 지반 혹은 쥬방襦袢의 소매를 키모노의 소매에 통하게 한다. 등솔기가 등 중심에 오도록 맞추어, 쥬방과 키모노의 깃이 일치하게끔 클립으로 고정시킨다.

②손으로 깃을 잡고 잡은 채로 손을 아래로 떨어뜨린다. 팔을 가볍게 늘여 위치를 고정하고, 일단 키모노를 들어 올리고 나서 옷자락을 바닥 가까이까지 내린다.

③허리뼈의 위치에 옷깃이 오도록 하여 키모노를 펼쳐, 먼저 정면이 되는 겉섶부분의 폭을 정한다. 키모노의 단이 허리뼈의 연장선에 올 정도가 가장 좋다.

④폭을 정한대로 조심스레 겉섶을 연다. 다음에 안자락을 몸에 맞춰서 폭을 정하고 오른손으로 잡고 있는 옷깃의 아랫부분을 10cm정도 끌어 올려 소매의 선을 비스듬하게 한다.

⑤겉섶을 포개고, 왼손으로 잡고 있는 옷깃의 아랫부분을 5cm 정도 올리고 흐트러지지 않도록 누른다. 허리 둘레에 생긴 주름은 위쪽으로 빼서 정리해 준다.

⑥허리에 하나의 끈을 맨다. 몸 앞에 끈을 대고, 등으로 돌려서 교차시킨 후에 앞으로 묶어 준다.

⑦허리 둘레에 생긴 주름을 펴준다. 키모노의 겨드랑이에서 옆 솔기 부분에 튼 아귀인 미야츠 구치身八ㄱ口에 손을 넣어서 끈에 키모노가 접혀 들어갔는지 확인하고, 길이를 키에 맞추고 그 여분을 허리 위에서 올려 꺾어, 중동 끈으로 매어 두거나 키모노의 느슨해진 부분을 팽팽하게 당겨주는 오하쇼리를 한다.

⑧가슴 아래의 오하쇼리도 평평하게 정돈하고, 주름은 겨드랑이 아래로 민다. 양 소매 단을 각각 손으로 쥐고, 소맷부리를 가볍게 잡아당긴다.

⑨양쪽의 옷깃이 제대로 교차하고 있는지 체크하고 그렇지 않은 경우는 미야츠 구치에 손을 넣어 정리한다. 가슴 앞쪽은 너무 많이 열리지 않도록 주의한다.

⑩가슴 아래에 두 번째 끈을 맨다. 오하쇼리가 둥글게 말리지 않도록 잘 펼쳐주고 겉섶에 겹쳐지는 부분이 수평이 되도록 매만진다.

⑪오비를 허리에 대고 등 쪽으로 두른다. 신축성이 있으므로 지나치게 단단하게 매지 않도록 한다.

⑫앞가슴과 등쪽으로 주름이나 느슨함이 없는지 확인하고 있는 경우에는 겨드랑이 아래로 밀어서 정돈한다.

하다 쥬방　　키츠케 오비

오비이타

나가쥬방　　스소 요케　　타비

다테에리伊達襟

반금半衿

조오리草履

게타下駄

오비토메帯止め

오비시메帯締め

오비아게帯上げ

1.1.9. 후리소데의 매너 동작〈타치이 후루마이立居振舞〉

후리소데를 착용하면 서는 자세, 앉는 자세, 식사 예절, 승·하차시 등등 평상복을 입을 때와는 차이나는 것이 너무 많다. 매너를 알고 후리소데를 입는 것과 그렇지 않는 경우 후리소데의 모습에는 상당한 차이가 있고 후리소데를 입더라도 우아하고 품위 있게 보이는 경우와 어색해 보이는 경우가 생기는 것이다.

①서는 자세〈세에리츠立立〉

등은 꼿꼿이 한다. 이때 너무 의식한 나머지 배를 내밀지 않도록 한다. 턱을 살짝 당기고 허리를 약간 당기는 듯한 느낌으로 어깨는 힘을 빼고 양손은 자연스럽게 앞으로 모은다. 중요 포인트는 발끝을 절대로 벌리지 않도록 하고, 한쪽 발을 반 발자국 정도 앞으로 내밀어 반대 발에 발끝을 모은다. 키모노의 소매는 사이가 너무 벌어지지 않게 주의한다.

②앉는 자세〈세에자正座〉: 상체는 정립正立과 같다.

의자에 앉았을 때 가장 신경이 쓰이는 부분이 후리소데의 앞자락이 벌어지는 것이다. 의자의 좌측에 서서 왼손으로 자락을 들어 올려 오른 손으로 앞자락을 누르고 몸의 좌측부터 앉으면 앞자락이 흐트러지는 것을 방지할 수 있다. 등 쪽에 있는 오비가 눌리지 않도록 가볍게 앉아 등을 펴고 양 무릎을 붙인다. 시선은 타타미 길이 2장 정도 앞쪽에 시선을 둔다.

③앉아 돌기〈스왓테 마와리 カタ座っての回り方〉

키모노를 입고 앉은 채로 오른쪽 방향으로 돌려고 하는 경우는 키모노의 여민 부분이 흐트러지지 않도록 오른손으로 눌러준다. 도는 방향은 다른 사람에게 등을 향하지 않게 하고 엉덩이를 향하지 않도록 상좌방향으로 돈다. 앉아서 문 여는 법은 방석에 앉거나 하차시 하는 동작과 같다.

④식사 예절

커피나 홍차를 마실 경우는 차받침은 들지 않고 찻잔만 들고 먹는 것이 정식이지만, 테이블 위치가 낮을 때는 차받침을 같이 들고 마시는 쪽이 우아하게 보인다. 단 일본차의 경우는 차받침은 들지 않고 오른손으로 찻잔을 들고 왼손으로 가볍게 찻잔을 돌려가며 마신다. 또한, 식사를 할 때는 냅킨을 능숙하게 사용하는 것이 포인트다.

⑤차 승하차

우선 탈 때는 옷자락을 왼손으로 잡고 탈 위치를 확인하고 나서 앞을 오른손으로 누르면서 허리를 구부려 몸을 돌려 그대로 차안으로, 내릴 때는 탈 때와 마찬가지로 옷자락을 쥐고 몸을 앞쪽으로 돌려 양발을 모아 그대로 내린다.

일본인의 식생활   part.02

일본인은 흔히 요리를 맛으로 먹기도 하지만 멋으로도 먹고 의미로도 먹는다고 한다. 따라서 일본 요리에는 일본인이 갖고 있는 미적 감각과 정서와 생활 감각이 그대로 용해되어 있다고 할 수 있다. 일본 요리 형태는 일상 가정의 식사에서 전통적인 행사에서의 식사, 연회석의 식사 등으로 나눌 수 있는데 그것의 일부는 전통으로 남아있기도 하고 일부는 진화하기도 한다. 외국에서는 템푸라, 스시, 스키야키 등이 대표적인 일본 요리로 알려져 있지만 오히려 전통적인 행사 식사나 연회석의 요리가 일본적인 색채가 강하여 일본 요리의 특징이라고 볼 수 있다.

옛날부터 일본 요리를 오미·오색·오법(五味·五色·五法)의 요리라고 했으며 이를 통해 그 특징이 고루 표현된다. 오미(고미五味)란 다섯 가지의 맛인 달고(아마이甘い)·시고(습파이酸い)·맵고(카라이辛い)·쓰고(니가이苦い)·짠(숍파이鹹い)것을 말하며, 오색(고시키五色)은 다섯 가지 색깔로 희고白·노랗고黃·붉고赤·푸르고靑·검은黑것을 나타내고, 오법(고호오五法)은 다섯 가지의 요리법으로 날 것 그대로(나마生)·졸이고(니루煮る)·굽고(야쿠焼く)·튀기고(아게루揚げる)·찌는(무스蒸す) 것 등을 일컫는다. 이 방식을 통해서 음식소재가 갖고 있는 최고의 맛을 구현하면서 향과 색을 소중히 여기고 춘하추동의 계절감을 음식에 살려내는 것이다.

또한 음식재료가 갖고 있는 최고의 맛의 유효기간을 순旬이라고 하는데 그 최상의 맛을 구현하기 위해서 시간과 장소에 신경을 쓰며, 요리를 담는 그릇인 우츠와器는 요리에 따라서, 혹은 계절에 따라서 색·형태·재료에 세심한 배려를 하여 최상의 조화를 이끌어 내려고 노력한다.

그리고 조미료를 치는 순서도 정해져 있다. 사토오(설탕砂糖)→시오(소금塩)→스(초酢)→쇼오유(간장醬油)→미소(된장味噌)의 차례로 이는 일본글자 카나仮名의 사·시·스·세·소의 순서인 것이다.

일본인이 즐겨 먹는 대표음식은 다음과 같다.

나베 료오리鍋料理(찌개·탕요리와 국〈시루·지루〉)

앙코오 나베鮟鱇鍋 아귀탕	이시카리 나베石狩鍋 연어탕	챵코 나베 씨름선수용찌개
우시 나베·규우 나베牛鍋 소고기찌개	오야코 나베親子鍋 닭·계란찌개	카키 나베かき鍋 굴탕
사쿠라 나베桜鍋 말고기탕	치리 나베ちり鍋 어패류·야채찌개	도죠오 나베泥鰌鍋 미꾸라지탕
도테 나베土手鍋 야채된장찌개	하시라 나베柱鍋 가리비 조개탕	하마구리 나베蛤鍋 대합조개탕
보탄 나베牡丹鍋 멧돼지탕	모츠 나베もつ鍋 내장탕	
요세 나베寄せ鍋 닭고기·어패류·카마보코·야채·두부 등으로 만든 찌개		
타노시미 나베楽しみ鍋 좋아하는 재료를 넣고 끓이는 탕		

소바蕎麦

카케 소바 뜨거운 국물 모밀	자루 소바笊蕎麦 채에 얹은 찬 국물에 김을 뿌려 말아먹는 모밀
키츠네 소바狐蕎麦 유부모밀	타누키 소바狸蕎麦 튀김찌끼, 파모밀
오카메 소바 카마보코·표고버섯 모밀	고모쿠 소바五目蕎麦 야채·계란·버섯 등의 재료를 넣고 끓인 모밀
츄우카 소바 중국풍의 모밀	토시코시 소바年越し蕎麦 섣달그믐에 해를 넘기며 먹는 모밀
템푸라 소바天麩羅蕎麦 튀김 모밀	요타카 소바夜鷹蕎麦 밤에 거리에서 팔고 다니는 모밀
하나마키 소바花巻蕎麦 김을 문질러 뿌린 모밀	미소카 소바三十日蕎麦 월말을 기념하여 먹는 모밀
야키 소바焼蕎麦 찐 중화면을 고기, 야채와 함께 볶은 요리	
츠키미 소바月見蕎麦 모밀 위에 계란을 얹어 노른자는 달, 흰자는 구름처럼 보여서 붙인 이름	
아라레 소바霰蕎麦·아와유키 소바泡雪蕎麦 더운 모밀에 계란 흰자위로 거품을 만들어 얹은 모밀	

2.1. 명절 요리〈오세치 요리お節料理〉

오세치お節라는 말은 원래 오섹쿠お節句가 변화한 것으로 일본의 5대 명절(세치니치節日)때에 신전神殿에 바치는 요리를 총칭하는 말이었다. 현재는 정월에 먹는 요리를 지칭하여 오세치라 하는데, 특히 찬합(쥬우바코重箱)에 담긴 정월 요리를 가리켜 오세치, 혹은 오세치 료오리お節料理라고 한다.

일본에서는 양력 1월 1일부터 3일까지 가족들이 모여 성대하게 신년을 축하하며 기념한다. 이 날을 통해서 새로운 마음으로 신을 맞이하고 사람을 맞이하는 것이다. 우선 신을 맞이하기 위해서 섣달 그믐에는 대청소(오오소오지大掃除)를 하고 집안을 말끔히 청소하는 한편 문밖에는 카도마츠門松를 설치하는 등 분주하다.

특히 설 기간 중에는 쌀로 밥을 짓거나 특별히 요리를 하지 않고 미리 만든 특별 음식인 오세치 요리를 먹는다. 신이 내방하는 기간 중에는 취사를 하는 등의 소음이나 냄새를 풍기지 않는 등 경건하게 보내는 풍습이 있기 때문이다. 이 오세치 요리는 국물이 없으며 쉬거나 쉽게 상하는 음식이 아니기 때문에 3일 동안에 손님이 방문하면 찬합에 이미 만들어진 요리를 차려내기만 하면 되고 명절 내내 취사를 하는 등의 일이 없기 때문에 여성들은 그 기간 동안 가사노동으로부터 해방되는 셈이다. 하지만 섣달그믐에는 요리 만들랴, 대청소하랴, 너무나도 바쁘게 보내는 나머지 요통으로 고생을 하는 여성도 많다.

📷 안주와 함께 첫 번째 찬합에 담기는 오세치 요리1

이 오세치 요리의 시작은 에도 시대 후반으로 비교적 짧은 역사를 가지고 있으며, 이 시대에 한창 건강한 서민문화가 꽃을 피웠는데 이 서민문화의 활기찬 멋과 유머에 찬 풍류가 고스란히 오세치 요리로 농축되어 있어 당시 일본인의 사상이나 염원을 오세치를 통해서 읽어낼 수 있다. 젊은 사람들은 고기를 많이 써서 볼륨을 다양하게 하거나 건강을 생각해서 야채를 늘리는 등의 갖가지 개성을 살린 다양한 오세치 버전이 등장하였으며 현재도 가정별로 진화되고 있는 중이다. 하지만 연말의 바쁜 가운데에서 음식을 만드는 향기가 집안을 진동하는 때가 되면 마음이 들뜨고 거기서 나오는 향기에서 느끼는 향수는 변함이 없다.

2.1.1. 오세치 요리의 의미

오세치 요리에는 새해 첫 음식이기 때문에 길흉화복을 잘 따지는 일본인답게 주로 일본어 발음에서 비롯된 각종의 좋은 의미를 만재하고 있다.

📷 두 번째 찬합에 담기는 구이, 튀김, 찜의 오세치 요리2

▽ **검정콩**〈쿠로마메黒豆〉 : 건강하게(마메니まめに) 살아 갈 수 있도록 기원하는 배려.

▽ **말린 청어알**〈카즈노코数の子〉 : 수없이 많은 청어알처럼 자손 번영을 기원하는 배려.

▽ **마른 멸치볶음**〈타즈쿠리田作り〉 : 밭을 만든다(타즈쿠리田作り)는 글자 그대로 풍년, 풍작을 기원.

▽ **다시마**〈콤부昆布〉 : 기뻐하다(요로코부喜ぶ)의 의미로 집안에 경사가 이어지길 기원.

▽ **으깨 말린 밤**〈카치구리かちぐり〉 : 승리한다(카츠勝つ)라는 의미로 일년내내 일이 잘 풀리거나 건승하고 승진하기

를 기원. 출전이나 수험 때 승리를 기원하는 음식으로도 쓰임.

▽도미〈타이鯛〉 : 축하하다〈메데타이目出度い〉라는 의미의 말로 경사를 기원하는 축하용 생선.

▽킴피라 우엉〈金平ごぼう〉 : 에도 초기에 탄생한 요리로 당시 사카다 킴피라坂田金平의 무용전武勇伝이 인형극으로 공전의 히트를 기록하면서 호걸 킴피라를 본떠서 양분이 듬뿍 담긴 우엉 요리를 킴피라 우엉이라 부르게 되었다. 강하고 튼튼하기를 기원하는 것이다.

▽토란〈사토이모里芋〉 : 토란은 줄줄이 알이 맺히므로 자손번영을 기원하는 의미를 담고 있다.

▽홍백 생채〈코오하쿠 나마스紅白なます〉 : 축하용의 상서로운 의미와 평화의 기원을 담은 청실홍실 형태를 본 떠 만든 무와 당근의 생채 요리로 위에는 연어알을 얹는다.

▽홍백 어묵〈코오하쿠 카마보코〉 : 어묵은 처음에는 대나무 꼬치형태를 하고 있었으나, 에도 시대에 다양하게 아이디어가 가해져서 축하용으로는 빼놓을 수 없는 존재가 되었다. 홍백은 축하용의 상서롭고 조화로운 색깔로 오세치의 가장 기본색채이다.

▽밤떡〈쿠리킨통栗きんとん〉 : 요즘의 밤떡은 꿀에 잰 밤에 팥소를 섞어 둥글게 한 것으로 메에지 시대에 만들어진 것이다. 여기서 킨통金団은 황금의 떡(당고団子)이라는 의미로 치자나무의 열매로 황금색으로 물들여 완성한다. 화려한 황금색으로 호화롭게 보이기 때문에 오세치의 주요 메뉴가 되었다.

▽연근〈랭콩蓮根〉 : 구멍이 송송 나있는 연근을 먹으면 연근의 구멍을 통해 앞날을 볼 수 있는 지혜의 눈을 갖는다는 의미를 담고 있다.

▽텟셍에비〈鉄線蝦〉 : 부채 모양의 새우 요리로, 끝부분이 퍼져나가 번창을 뜻하는 부채의 의미와 새우의 장수의 의미를 함께 담은 것.

▽등자나무〈다이다이橙〉 : 대대로〈다이다이代々〉의 의미로 자손대대 번영의 뜻을 담고 있다.

▽2색 달걀〈니쇼쿠타마고二色卵・니시키타마고錦卵〉 : 달걀의 흰자, 노른자를 2색으로 분리해서 만든 요리로 두 가지 색깔이 특징인데 이것은 일본어로 하면 니시키2色로 비단(니시키錦)과 발음이 똑같다. 따라서 호화로운 비단과 같이 멋지게 번창한다는 의미를 부여하고 있는 것이다.

▽생선살 계란말이 다테마키〈伊達巻〉 : 다테伊達란 화려함을 형용하는 말이다. 화려하고 멋있는 계란말이로 정월의 잔치기분을 내는 요리라는 의미로 사용되었다. 색이나 형태로 오세치 요리에 등장한 것이다. 어묵을 만들 때 쫄깃쫄깃하게 하기 위하여 흰자위를 사용하는데 이러다 보면 노른자위가 너무 남아돌아 그것을 활용하기 위하여 고안해낸 것이다. 이름은 키모노着物에서 사용하는 〈다테마키〉와 줄무늬가 닮았기 때문에 붙여진 이름이며 이와 같이 오세치는 무병・무재해를 기원하고 자손번영의 염원을 기원하는 의미를 음식의 이름에 담아 이용한 에도인들의 재치와 유머와 생활의 아이디어가 넘치는 요리이다.

2.1.2. 찬합에 음식 담기〈오쥬우 즈메お重詰〉의 순서

첫 번째의 찬합이 술안주(이와이자카나祝肴), 두 번째가 회나 야채의 무침 요리(스노모노酢の物), 테마키,

세 번째가 구이(야키모노焼物), 네 번째(숫자 4를 안 쓰고 요늉를 씀)가 조림 요리, 다섯 번째가 히카에노 쥬우控えの重라 해서 삼간다는 뜻으로 보통 손님에게는 접대하지 않는다. 그러나 지역이나 가풍에 따라서 약간 다를 수도 있다. 그리고 핵가족화된 요즈음에는 본격적인 5단의 찬합 요리가 아니고 3단의 찬합으로 하는 경우가 많다. 그 경우에는 1단이 화려한 술안주祝肴, 2단에는 일반무침이나 전어무침(코하다노스小鰭の酢), 그리고 3단에는 조림을 넣는다. 최근에는 슈퍼나 백화점, 편의점 등에서도 판매하고 있는데 서민들의 기호에서 생겨난 특성상 형식에 구애받지 않고 새해를 축하하는 마음, 가족의 안녕과 번영을 기원하는 마음만 들어 있으면 그것으로 충분하다고 생각하는 일본인이 많다.

三の重

세 번째 찬합에 담기는 조림류의 오세치 요리3

위와 같이 재료 하나하나에 깊은 뜻이 담겨져 있는 오세치 요리는 정월이 되면 가게나 호텔 등에서 사먹기도 하고 슈퍼마켓이나 백화점 전문점에서 미리 예약을 받기도 하는데, 이는 전부 손수 만들어야 하는 오세치 요리를 만들지 못하는 주부들이 점점 늘고 있기 때문이다.

2.1.3. 떡국〈오조오니お雑煮〉

정월 요리로 떡국은 빼놓을 수 없는 요리인데 일본의 떡국은 채소, 버섯, 고기 등을 넣어 끓인 맑은 장국이나 된장국에 찹쌀떡을 구워 넣은 것으로 신년을 축하하는 의미를 담고 있다.

일본 전국 각지에는 지방색을 띤 많은 떡국이 있는데 크게 토오쿄오東京를 중심으로 한 관동식関東式과 쿄오토토京都를 중심으로 한 관서식関西式으로 나눌 수 있다. 관동식은 네모난 찹쌀떡을 사용하고 국물재료는 간장이 중심이다. 거기에 비해서 관서식은 둥근 떡을 주로 사용하고 국물도 된장을 비롯해서 각양각색이다.

関東風雑煮

관동풍 떡국

관서풍 떡국

떡을 먹는 것은 쌀의 신이 깃든 음식을 먹음으로써 신비한 힘을 얻을 수 있다는 믿음에서 출발한다. 인간의 삶과 밀접한 떡은 신에게 공양하는 먹거리였으며 그것이 복을 부르고, 삶을 보다 윤택하게 한다는 믿음에서 떡을 장식하기도 하고 그 떡으로 음식을 해서 먹기도 했다. 하지만 찹쌀떡을 국물과 같이 먹기 때문에 떡국을 먹다가 질식해 죽는 사고가 빈발하고 있어 그 믿음을 무색케 하고 있다.

2.1.4. 카가미모치〈鏡餅〉

크고 작은 둥근 떡을 겹쳐서 새해의 신(오토시お年 가미사마神樣)에게 차려놓고 신성한 공간인 방안의 토코노마床の間에 장식한다. 옛날 거울은 모두 원형으로 영혼을 상징하는 신기(싱키鏡餅·징기神器)였기 때문에 그런 이름이 붙여졌다. 또한 인간의 심장 모양인 둥근 떡을 바치면 생명력을 얻는다고 했으며, 크고 작은 것을 겹쳐 놓는 것은 달陰과 해陽를 겹쳐놓은 것을 의미하며, 맨 위에 밀감·곶감·다시마·등자나무를 얹었다.

쌀이 좋기로 유명한 니이가타현新潟県의 벼농사를 짓는 집에서는 가뭄이 들지 않도록 기원하는 마음을 담아 새끼줄에 소나무를 엮어 떡을 꽂은 후 문설주에 장식해 두었다가 3월에 수로의 입구에 이 소나무를 세우고 풍작을 기원한다. 장식해 둔 떡이 딱딱해지면 깨서 튀기거나 구워서 먹는다. 떡과 함께 술과 귤을 장식하는 카고시마현鹿児島県에서는 아이들의 건강을 빌며 문설주에 떡을 매다는데 이때 남자아이의 경우엔 예전에 군대를 지휘할 때 쓰던 굼바이軍配 비슷한 모양으로 만든 떡을, 그리고 여자아이의 경우엔 복 주머니 비슷한 모양으로 만든 떡을 장식한다.

 카가미모치鏡餅

 관련 키워드

▽**카가미 비라키**〈鏡開き〉: 장식해 놓은 딱딱해진 떡을 내려서 깨어 먹는 행위로 칼을 대지 않고 망치로 때려 조각 난 떡을 구워먹는다. 무사 집안에서는 갑옷과 투구를 갖추어 입은 다음에 했으며 원래는 20일이었는데 3대 쇼오궁将軍인 이에미츠家光가 죽은 1651년 1월 11일 이후부터는 11일로 앞당겨졌다고 한다. 이 행사는 공식적인 정월의 끝을 의미함과 동시에 새해의 본격적인 활동이 시작됨을 의미한다. 그리고 이 떡을 먹으면 1년간 병에 걸리지 않는다고 하며 특히 이가 튼튼해진다고 한다.

▽**시메나와**しめ縄**와 시데**四手: 집 안에 신을 모셔두는 공간인 카미다나神棚에는 청결함의 상징인 굵은 새끼줄을 장식하는데 이것을 시메나와라 하고, 이는 구름을 상징하며 장식을 보는 방향에서 굵은 쪽을 오른쪽, 가는 쪽을 왼쪽으로 장식했으며 거기에 평행사변형의 흰 종이(시데四手)를 꽂아 늘어뜨렸다. 이 흰종이는 번개를 상징하며 시메나와와 시데 위에 신이 존재한다고 믿었다. 여기에 징구우神宮나 진쟈神社에서 구입한 오후다お札를 함께 장식한다. 시메나와는 뱀이 교미하는 모습으로 해석하는 사람도 있다.

2.2. 카이세키 요리〈懷石料理〉

차를 함께 마시는 벗(챠유우茶友)을 초대하여 초대한 목적에 따라 차를 대접하면서 아울러 제공하는 식사대접의 한 방식이다. 주로 절에서 유래된 것으로 옛날 선승은 하루 두 끼만을 먹는 등 규율(싱기清

規/절에서 지키는 일상규칙)이 엄격했기 때문에 저녁이 되어 공복감을 느끼면 그때 돌을 따뜻하게(온쟈쿠温石)해서 배에 대고 배고픔을 참았다는 데서 가슴에 돌을 품는다는 의미의 요리로 이름이 붙여진 것이다. 극히 질박하고 간소하며 한순간의 공복을 달래는 정도의 요리가 원래의 의미다. 다도에서 제공되는 차는 맛이 진한 차(코이차濃茶)다. 따라서 공복에서는 차의 진한 맛을 느낄 수 없으므로 첫 자리(쇼자初座/정식 다도의 전·후 두 순서 중, 앞 순서)의 단계에서 일시요기(무시 오사에虫押·무시 야시나이虫養ひ)로 대접하는 음식이다.

대개, 왐모리椀盛り라는 주요리에는 고기와 생선 등이 간이 된 야채와 함께 정교하게 맛을 낸 맑은 국물 속에 들어 있다. 이 요리의 내용물들은 입을 즐겁게 할뿐만 아니라, 보는 눈도 즐겁게 하도록 차려진다. 보통 기준이 되는 정오의 차에서는 일즙삼채一汁三菜인데 여기서 〈즙〉은 국을 일컫는 말이고, 〈채〉는 반찬을 일컫는 말이다. 국은 된장국味噌汁, 반찬 3가지는 주로 흰 살 생선회나 무침(무코오즈케向附), 조림(니모노煮物), 구이(야키모노燒物/먹기 쉽도록 뼈를 발라낸 후에 구운 생선 요리)가 그것이다. 그리고 그 외에 밥, 주인이 특별히 내는 술안주(시이자카나强い肴)가 있고, 그 다음 가벼운 마실 거리(코스이모노小吸物)가 있는데 이는 말 그대로의 뜻으로는 젓가락을 씻는다는 의미로 하시 아라이箸洗い라고도 하며 실제로는 한 가지 요리를 먹고 그 다음 요리가 나오기 전에 나오는 채소나 생선 등을 넣고 끓인 맑은 장국을 말한다. 술안주(핫슨八寸)는 요리가 담겨져 나오는 사각의 접시의 크기에서 비롯된 말이다. 접시의 가로 세로가 모두 26.4cm(핫승8寸)이다. 이 요리가 술안주로 나오는 마지막 요리로 구성되어 있다. 그리고 절임(코오노모노香の物/츠케모노의 일종)과 나무로 된 주전자에 나오는 것이 누룽지(오코게お焦げ)가 들어있는 뜨거운 승늉인 유토오湯桶이다. 손님이 식사를 마치면 맛챠抹茶와 떡인 와가시和菓子가 제공된다. 맛챠는 최고 품질의 찻잎으로 만들어진 녹색

📷 카이세키 요리懷石料理

<懷石料理の流れ>
基本は飯と一汁一菜で、最初に折敷(お膳)に飯、向付(刺し身やあえ物、酢の物など)、汁が並びます。次に椀盛(煮物)、焼き物、強肴、八寸と続き、湯桶、香物で締めくくります。向付と椀盛以外はひとつの器に全員の料理を盛り合わせ、箸を添えて客が取り回します。

飯・汁・向付
炊きたてをまずひと口、の意味を込めてやわらかめのご飯をごく少量盛ります。その右に汁、奥に向付を置きます。

椀盛
ふたを開けたときの美しさに気を配ります。椀だねは季節感を大切にし、大きく見栄えよく盛ります。

焼き物
魚の切り身を焼いたものが一般的。人数分が皿に盛られ、客が向付の器を取り皿にして取ります。

強肴
一汁三菜のあと、お酒をすすめるために出される炊き合わせや酢の物、あえ物、珍味類などです。

八寸

湯桶・香物
いり米やおこげを湯桶に入れ、湯を注いだものを椀に注ぎます。香物にはたくあんが欠かせません。

<八寸>
一汁三菜、強肴が出されたあと、主人と客が酒の杯をやりとりする際に肴として出されるものです。もともとは一辺が八寸(約24cm)の器に盛ったことからついた名。海の幸と山の幸を2種類盛りますが、この2種類は調理法、色、形などを対照的に作ります。

📷 카이세키 요리의 순서와 메뉴

분말차로 다도에서 쓰이는 것이다. 떡이나 과자인 와가시和菓子를 먹고 맛챠를 마시는 것으로 이 요리의 절차는 끝나게 된다.

여름의 이른 아침의 다회(아사챠朝茶), 저녁 6시에 개최되는 다회(요바나시夜咄), 등불의 잔영殘影을 감상하는 엄동설 새벽에 개최되는 다회(아카츠키曉) 등에서는 1즙2채1汁2菜로 1즙3채에서 구이 요리가 빠진다. 이것은 니노젠二の膳·산노젠三の膳·고노젠五の膳 등의 한창 사치가 극에 달하던 모모야마 시대桃山時代에 와비차(佗茶/간소하고 정적靜寂의 경지를 중시하는 차)에 걸맞은 소박한 식사를 대접하기 위해 센노 리큐우千利休가 만든 식사법이다. 이 요리는 계절의 변화(우츠리카와리移り変わり)에 민감한 일본인의 취향을 반영한 것으로 계절감을 상당히 중시한다. 따라서 재료는 슌노모노(旬の物/계절에서 음식재료가 절정의 맛을 간직하는 시기)를 사용하고 계절 초에 막 나온 재료인 하시리모노走り物는 사용하지 않는다. 그리고 요리는 집의 치장과는 달리 필요이상의 인공적 가미를 하지 않는 것을 원칙으로 한다. 재료가 갖는 자연미를 살리고 그 자연미 이상의 맛을 끌어내고자 하는 것이 이 요리의 이상이기 때문이다. 쿄오토京都의 풍토에서 태어난 진한 차의 미묘한 맛을 충분히 감상하기 위해서는 요리는 되도록 자연의 맛을 살린 담백한 것이 아니면 안 되는 것이다. 이것은 수백년간 일본인의 미각에 의해서 정교하게 다듬어진 것으로 소박함과 세련됨의 두 가지 상충하는 모순의 가치를 화합시켜 실현해내는 것을 목표로 한다. 그리고 어패류는 날 것을 그대로 사용하지는 않는다. 회를 사용해도 미리 소금을 약하게 치거나 다시마로 묶어 살짝 데치거나 하며 맛국물(카케지루掛け汁)도 초간장(니하이즈二杯酢), 매실초(바이니쿠즈梅肉酢) 등을 사용한다. 그리고 재료에는 두부, 히료오즈(飛竜頭/으깬 두부에 잘게 썬 야채를 섞어 둥글게 만든 덩어리), 좁쌀가루 반죽(아와부粟麩), 튀김 반죽(아게부揚麩), 유바(湯葉/두유를 가열하여 표면에 생긴 얇은 막을 건져 올려 만든 것), 표고버섯, 말린 고비나물(호시젬마이干し薇) 등을 사용한다. 이는 산국山国인 쿄오토의 풍토가 배어든 모습이다. 카이세키 요리는 무침向附, 밥飯, 국汁에서 시작하여 숭늉, 절임香の物으로 끝나는 일종의 서양의 코스 요리와 같은 것으로 각각이 별도의 요리로는 독립하지 않으며 작게는 서로 보완하고 크게는 서로 조화를 이루면서 만들어 나간다. 그리고 또 하나 빼놓을 수 없는 것이 요리와, 그것을 담는 그릇器과, 그릇에 담기(모리츠케盛り付け)이다. 밥과 국과 조림은 칠기에 담지만 무침, 구이, 술안주용 젓갈, 절임 등은 도자기에 담는다. 그릇과 음식과 담아진 모습이 서로를 돋보이게 하는 원원효과를 매우 중시하는 것도 이 요리의 한 방편인 것이다.

아즈치·모모야마 시대(安土·桃山時代 1590~1603)에는 관료와 무사들의 예법이 엄격하였는데 카이세키 요리는 그 식사예법에 따라 확립되었다. 다도에서 만들어진 세련된 스타일의 요리로 간결함과 정숙함의 와비佗び와 자연스럽게 풍기는 우아함의 사비寂び의 개념을 구체화한다. 따라서 그에 맞는 세련된 매너가 요구된다. 우선, 밥은 그릇의 1/5 정도 밖에 들어 있지 않지만 먹을 만큼 먹을 수는 있도록 되어 있다. 술은 흥을 돋울 만큼 가볍게 마시고, 무코오즈케는 술이 나오기 전에 먹어서는 안 된다.

키워드로 여는 일본의 響

 관련 키워드

▽ **첫자리〈쇼자初座〉** : 정식 다도의 전·후 두 단계 중 전 단계로서 숯불피우기(스미테마에炭手前)와 카이세키懷石가 중심이다. 카이세키 요리를 먹고 다실을 나와 휴식을 취할 때까지의 기간으로 손님은 일단 다실을 떠나 휴식(나카다치中立)을 취하면서 다음 단계인 고자後者를 기다린다.

▽ **스노모노酢の物** : 식초로 간을 한 어패류나 해조류, 혹은 야채 요리.

▽ **코오노모노香の物** : 야채를 소금에 절이거나 절임을 쌀겨 등으로 재어 둔 것.

▽ **시이자카나強肴** : 술안주용 젓갈.

▽ **완모리椀盛** : 야채, 닭고기, 어패류 등을 적절히 섞어 큰 그릇에 담은 국물 혹은 조림.

▽ **유오케湯桶** : 식후에 마실 숭늉을 넣어 두는 주전자 모양의 나무통.

▽ **핫승八寸** : 토란, 당근, 우엉, 연근, 표고 그밖에 계절의 야채인 송이버섯, 죽순, 새우, 생선 등을 조리하여 가로·세로 26.4cm의 큰 접시에 담아내는 요리.

▽ **무코오즈케向附** : 상위에 차려진 밥과 국의 너머에 차려진 음식으로 보통 회나 생선, 채소 등의 무침이 차려진다.

▽ **류우기流儀** : 방식·법식·양식

▽ **바이니쿠즈梅肉酢** : 으깬 우메보시에 설탕, 다시국물, 술을 첨가한 요리.

▽ **히료오즈飛竜頭** : 으깬 두부에 잘게 썬 야채를 섞어 둥글게 만든 덩어리.

2.3. 쇼오징 요리〈精進料理〉

일체의 육류 등의 동물성 식품을 피하고 식물성 재료만을 사용하는 요리를 일컫는다.

불교용어의 정진(쇼오징精進)은 지속적, 적극적으로 오로지 도를 구하는 활동을 의미하는데 일본에서는 금기(모노이미物忌み)라는 의미로 술과 고기를 먹지 않는 소극적인 의미로 사용되었다. 살생유택의 계율에 따라 식물성 음식만을 먹게 된 데서 유래한 음식으로 야채, 콩, 두부, 유부, 낫토오, 표고버섯, 박고지, 다시마 등을 사용한다. 기름이나 전분을 많이 사용하고 식물성 식품만을 재료로 한 요리로는 튀김을 그 예로 들 수 있다. 단백질은 주로 대두와 그 가공품, 지방은 참깨나 호두 등 각종 식물성 기름, 비타민은 야채, 미네랄은 해조류 등을 공급원으로 하고 있으며 철저하게 영양은 대체물질로 공급받고 있다.

일본에서는 정진 기간에 들어가기 전에 쇼오징 가타메精進固め라고 하여 고기를 먹어두고, 쇼오징 오토시精進落とし라 하여 금욕기간을 풀고 고기를 먹기 시작한다. 일본에서 정진이라는 말은 헤에안 시대의 수필문학인 『마쿠라노 소오시枕草子』에 등장하기 시작했다. 이는 그 시대에 이 말이 상식으로 등장하고 있음을 대변하고 있는 것이며 이 요리는 이런 풍토에서 나왔다. 일본에서 선종(젠슈우禪宗)이나 도오겡道元을 시조로 하는 조동종(소오토오슈우曹東宗) 등에서의 식사는 현재도 국 하나 반찬 하나인 일즙일채一汁一菜에 절임(코오노모노香の物) 정도가 메뉴이다. 카마쿠라 시대鎌倉時代에는 중국의 식사법과 선종의 전래로 식사예의를 중시하였고 사원을 중심으로 쇼오징 요리精進料理가 발달하였다. 무로마치 시대室町時代에는 무가의 예법이 정해지고 음식의 접대 형식이 정해지면서 그 형식을 받아들인 선사禪寺의 객선客膳 요리가 정해졌다. 이것이 쇼오징 요리의 시초이다. 쇼오징 요리에는 야채 외에

44

 쇼오징 요리

두부와 두부 속에 잘 다져진 야채, 다시마 등을 넣어 튀긴 요리인 두부튀김이 있는데, 이것은 맛이 기러기 고기 맛과 비슷하다고 해서 감모도키雁擬き라고 한다. 또한 가지튀김(나스노 시기야키なすの鴫焼) 등 닭·짐승·물고기를 모방한 이름의 식품이 많다. 이것은 승방생활에서 생긴 것인지, 일반속세에서 생긴 이름이 그렇게 된 것인지 분명하지는 않지만 고기 맛에 대한 강한 향수나 갈망이 담겨진 것은 틀림없는 것 같다.

2.3.1. 쇼오징 요리의 메뉴

▽야마토이모노 챠왐무시 : 챠왐무시라는 것은 일반적으로 야채를 넣고 부드럽게 찐 계란이다. 그러나 쇼오징 요리에서는 계란 대신에 산마(야마토이모大和芋)나 순무(카부蕪) 등이 들어간다.

▽나마유바 후초마키 즈시 : 두유를 끓여 그 표면에 생긴 얇은 막을 걷어 말린 식품이다. 이것은 끓이는 요리에 넣거나 김밥 말이에 김 대신에 사용된다.

▽코오야도오후 : 말린 두부로 쇼오징 요리를 만드는데 없어서는 안 될 재료로, 끓이거나 튀기는데 사용된다.

▽뎅가쿠田楽 : 두부는 절의 스님들이나 정진 요리를 먹는 사람들에게 있어서는 단백질 공급원으로 중요하다. 된장 소스를 칠한 구워진 두부를 말한다.

▽고마도오후 : 가장 전형적인 쇼오징 요리로 깨로 양념된 칡(쿠즈)으로 되어 있으며, 두부와 다소 비슷한 감촉이다.

▽쇼오징아게 : 해산물이나 야채만을 사용한 튀김 요리이다.

 관련 키워드

▽캅포오割烹 요리 : 割(사쿠·칼로 식재를 가르는 일) + 烹(니루·불로 식재를 끓이는 일) / 일본 요리의 총칭.
▽카이세키会席 요리 : 혼젱 요리를 간략화 한 것
▽혼젱本膳 요리 : 정식 일본 요리.
▽요리 용어

자르다(키르切る)	잘게 썰다(키자무刻む)	채썰다(셍기르千切る)
껍질을 벗기다(무쿠剝く)	강판으로 갈다(오로스下ろす)	으깨다(츠브스潰す)
갈아서 으깨다(する)	졸이다(니르煮る)	튀기다(아게르揚げる)
볶다(이타메르炒める)	찌다(무스·후카스蒸す)	굽다(야쿠焼く)
물기 빼다(미즈오 키르水を切る)	물에 담가두다(사라스さらす)	약한 불로 굽다(아부르炙る)
데치다(유데르茹でる)	밥을 짓다(타쿠炊く)	그릇에 담다(모리코무盛り込む)
펄펄 끓이다(니타테루煮立てる)	곱빼기(오오모리大盛り)	한 그릇 더(오카와리お代わり)
붇다(후야케루ふやける/호토비루ほとびる)	태우다(코가스こがす)	설다(나마니에다なまにえだ)

▽식기용어

나무 밥공기〈메시왕飯椀〉	사기 밥공기〈메시왕飯碗〉	국 그릇〈시루왕汁椀〉
큰 공기〈다이왕大椀〉	주전자형 그릇〈챠츠기茶次〉	작은 국물 그릇〈코즈이모노 왕小吸物椀〉
사발〈하치鉢〉	작은 사발〈코바치小鉢〉	덮밥용 사발〈돔부리 바치丼鉢〉
큰 접시〈오오자라大皿〉	중간 접시〈나카자라中皿〉	작은 접시〈코자라小皿〉
개인용 접시〈토리 자라取り皿〉	술 주전자〈토소키屠蘇器〉	주전자〈쵸오시銚子〉
주전자〈사케츠기酒注ぎ〉	손잡이 없는 술병〈토쿠리德利〉	냄비형 찌개그릇〈도나베土鍋〉
젓가락 받침〈하시오키箸置〉	커피잔〈コーヒー椀〉	

2.4. 초밥〈스시/寿司・鮨・鮓〉

고기 모양을 살린 스가타 즈시

　초밥을 나타내는 글자인 〈지鮨〉에서 〈지旨〉라는 글자는 〈숙성, 발효시킨다〉는 의미이고 〈자鮓〉에서 〈사乍〉라는 글자는 〈얇게 저민다〉는 뜻을 가진 말이다. 즉, 초밥은 〈물고기를 얇게 저며서 숙성, 발효시킨다〉는 뜻을 갖고 있다. 초밥의 기원은 동남아라고 하며 지금도 그곳의 산 속에서는 물고기를 보존하기 위해 우리나라의 식해와 같은 형태로 만들어서 먹고 있다고 한다. 이것이 중국에 전래되었는데 중국에 전래된 초밥은 그 후 크게 발전하였으며 송나라 때에는 초밥재료가 물고기뿐만 아니라 육류, 채소류, 심지어는 곤충까지 포함되었다고 한다. 그리고 한 때는 초밥의 다양한 응용버전이 삽시간에 중국대륙을 휩쓸었다고 한다. 상당한 열기로 퍼져가던 초밥이 북방민족인 원나라의 정복시대가 되면서 역사의 수수께끼처럼 자취를 감추게 된다. 이건 지금도 음식문화에서 불가사의의 하나로 여겨지고 있다. 하지만 현재에도 중국에는 초밥과 형태는 다르지만 우리의 젓갈처럼 어패류를 발효시킨 것이 존재하고 있다. 어쨌든 이것이 스시〈鮨・鮓〉라는 이름과 함께 일본으로 유입되면서 일본에서 찬란하게 꽃을 피우지만 도중경로인 한국에는 전래된 흔적이 없다. 그런 점을 생각한다면 전래되기 전에 이미 일본에서 초밥이 발달했었는지 모른다는 견해도 가능한데 즐문토기(죠오몬 도키繩文土器)시대에 벼가 곳곳에서 발견되고는 있지만 초밥의 화석은 발견되지 않고 있으므로 그 견해는 설득력을 얻지 못하고 있다. 추측할 수 있는 것은 일본인이 흔히 말하는 도래인(토라이징渡来人)이 한반도를 경유하여 이름과 함께 가지고 갔던 것으로 그것이 일본인 특유의 기호취미를 자극하여 일본인 취향에 맞게 유형화되어 정착하게 된 것으로는 볼 수 있다. 당시의 한자음으로 지鮨・자鮓가 〈시〉와 〈키〉로

상─전갱이 초밥 / 중─꽁치 초밥 / 하─정어리 초밥

읽혔던 것으로 보아 〈스시〉라는 말은 당시의 일본고유 언어인 〈야마토 코토바大和言葉〉였을 것으로 추정된다. 〈시다〉는 뜻의 〈습파이〉라는 일본어가 야마토 코토바로는 〈스시〉였기 때문에 이것이 어원이 되었다는 것은 설득력을 갖는다. 하지만 당시의 초밥인 오오미(近江/지금의 시가현滋賀県 비와호수琵琶湖)지방의 붕어 초밥(부나즈시鮒ずし)이라든가 근처의 미와 진쟈三輪神社에 전해지는 미꾸라지(도죠오鰌)・메기(나마즈鯰) 초밥은 강렬하고 기괴한 맛이었을 텐데 과연 시기만했는지의 의문이 간다. 그

리고 〈달다〉, 〈쓰다〉라는 말이 들어간 음식이름은 없었는데 어째서

📷 나가라강의 은어 낚시 전경

〈시다〉라는 말이 들어간 이름만이 남았을까 하는 의문도 여전히 남아있다. 712년의 문헌으로 10권으로 된 율령 법전인 『요오로오 리츠료오養老律令』에는 전복(아와비鮑) 초밥・홍합(이가이貽貝) 초밥을 세금으로 낸 기록이 나타난다. 그리고 그 뒤에도 이 초밥은 여러 문헌에서 나타나는데 원조인 중국과 달리 잉어(코이鯉) 초밥은 나타나지 않는 반면, 은어(아유鮎) 초밥은 자주 나타나지만 그 당시에 어떻게 초밥을 먹었는지에 대한 의문은 역시 풀리지 않는다. 그러나 확실한 것은 자그마치 일 년이나 큰 돌에 재어놓았던 붕어 초밥은 이미 죽처럼 곰삭은 밥은 버리고 붕어만 먹었을 것으로 추정된다. 당시의 스시는 우리의 젓갈류처럼 물고기가 주였고 밥은 물고기를 삭히기 위한 보조재료에 불과했을 것으로 추정되며 지금도 시가현 비와호수 일대에는 아직 초밥이 이러한 전통으로 남아 있다.

이어 중간단계에서 유행한 것이 생성 초밥(세에세에노 스시生成の寿司)인데 이것은 담근 지 열흘정도 지난 초밥이며 담가두고 일 년 정도 숙성시킨 숙성 초밥(우레 즈시熟れずし)에서 즉석 초밥인 밥 초밥(메시 즈시飯ずし)으로 가는 바로 전 단계에 나타난 것이다. 토쿠가와德川시대에는 쇼오궁将軍에게 대대로 은어(아유鮎)가 스시로 만들어져 헌상된 예가 나타난다. 아이치현愛知県 서부에 있는 오와리尾張의 나가라강長良川에서 잡은 은어가 스시로 이용된 것인데 지금의 동경東京인 당시의 에도江戸까지 도착하는 데 약 10일이 소요되었다고 한다.

일본 대중문화의 르네상스 시대라는 붕카・분세에키(文化・文政期1804~1829)에는 밥 초밥 단계인 주먹 초밥(니기리 즈시握り寿司)이라는 것이 등장하면서 스시는 밥이 위주가 되고 생선이 보조가 되는 완전 역전현상이 일어난다. 스시가 반찬에서 밥으로 바뀌는 결정적인 신분변동이 일어난 것이며 스시가 완전한 변종을 이루는 데는 1000년 이상이나 걸린 셈이다. 이 사건은 종래의 스시문화를 완전히 환골탈태시키는 계기가 되었다. 생선이 갖고 있는 무궁무진하고도 오묘한 맛의 세계가 한꺼번에 스시의 세계로 편입되게 된 것이다. 바야흐로 스시에도 르네상스시기가 도래한 것이다. 발상을 전환함으로써 얻어지는 부수효과는 스시에 보편성을 부여함으로써 일본을 벗어나 세계의 음식으로 도약하는 계기로 발전한다. 발상의 전환이 새로운 세계, 열린 세계로의 도약을 의미하게 된다는 사실이 스시에서도 입증된 셈이다. 마치 탕카(短歌/57577)가 자신의 노래 말에서 아랫 구인 시모노쿠(下の句/77)를 떼어버리면서 하이쿠(俳句/575)로 완전히 변종하며 여러 나라에서 인기를 얻은 것과 비슷한 과정인 것이다.

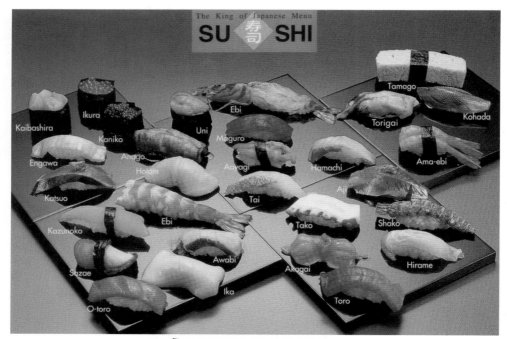

The King of Japanese Menu
SU 寿 SHI 司

Tamago
Ikura
Ebi
Kohada
Kaibashira
Torigai
Uni
Maguro
Kaniko
Engawa
Anago
Ama-ebi
Hoiate
Aoyagi
Hamachi
Katsuo
Aji
Tai
Ebi
Tako
Shako
Kazunoko
Awabi
Hirame
Sazae
Akagai
Ika
O-toro
Toro

📷 해산물의 타네를 얹은 니기리 즈시握り寿司

　밥 초밥인 스시는 원래 관서(칸사이關西)지방에서 먼저 발달했다. 우선 관서지방의 스시는 위에 덮는 생선(타네 혹은 네타)을 지붕에 까는 얇은 나뭇조각처럼 눌러 만들었다하여 코케라 즈시 혹은 케라 즈시라고 했다. 그리고 이어서 손으로 꾹꾹 눌러 스시를 만들었는데 그것이 곧 오시 즈시押し寿司이며 이것이 상자에 담아 누른 초밥인 하코 즈시箱寿司로 발전했다. 곧 일본 스시의 역사는 결국 칸사이 즈시關西寿司의 발전사인 것이다.

　한편 관동(칸토오關東)지방에서는 에도마에江戶前라는 말이 유행하게 되는데 이것은 에도 앞바다에서 잡히는 생선을 일컫는 말이었다. 처음에 초밥을 주도하게 된 물고기는 장어였다. 에도성 앞의 얕은 바다를 메우고 토지를 조성 할 때 마장터 앞이 늪지대로 바뀌었는데 그곳에는 민물장어가 많이 서식하고 있어서 인부들을 위한 점심식사로 그곳에서 잡은 장어를 굵게 토막 내서 대나무 꼬치에 끼워 맛간장을 발라 구운 것이 공전의 히트를 한 것이다. 이것이 현재의 카바야키蒲燒인데 그 구이 생김새가 마치 약초인 부들(카바蒲)의 이삭처럼 생겼다고 해서 카바야키라고 이름이 붙여졌으며 이를 계기로 민물장어의 카바야키라는 것이 유행하게 되었다. 그후 에도 앞바다, 즉 동경만에서 잡은 생선으로 니기리 즈시를 만들어 팔게 되었는데, 이 니기리 즈시의 압도적인 인기에 편승하여 에도마에라는 말이 주먹 초밥의 고유명사로 바뀌게 되었다. 나중에 에도마에 즈시와 니기리 즈시는 동의어가 되다가 마침내는 보통명사화되었다.

　한편 당시에 오오사카의 하코 즈시는 만든 그 자리에서 먹는 하야 즈시早鮨로 바뀌어 유행하고 있었다. 이 시기에 이미 에도에서도 평판이 자자한 에독코江戶っ子들이 눈앞에서 만든 스시를 그 자리에서 먹는 것을 선호하면서 폭발적인 인기를 얻었는데 이것이 유행하면서 관서지방에서도 순식간에 이런 형태가 붐으로 나타나게 된다. 이미 1800년도 중반에는 마츠가 스시松が寿し, 요헤에 즈시与兵衛ずし, 케누키 스시毛抜き鮨라는 3대 초밥집이 등장하면서 이들이 초밥의 문화를 완전히 바꾸었기 때문에 결국은 이들이 니기리 즈시의 창시자가 아닌가 하는 설도 있고, 후쿠이福井출신의 요헤에가 어린 시절 에도로 상경하여 여러 직업을 전전하다가 돈을 모아 료오고쿠両国에 작은 초밥집을 차린 것이 원조라는 말도 있는데 그 때 인기에 편승해서 가격을 올렸다가 막부로부터 처벌받은 기록이 남아있다 고도 한다. 당시의 초밥은 물론 관서지방의 오시 즈시가 원조였으며 밥으로는 현재와 같은 설탕과 식초로 맛을 낸 흰밥이 아니고 표고버섯 볶음이나, 김을 첨가한다든가, 흰 살 생선을 잘게 썬 것을 추가하는 밥을 썼다. 크기도 무척 커서 어른이 세 개 정도 먹으면 배가 불렀으며 초밥 위에 얹는 생선 숫자가 상당히 적고 당시는 냉장기술이 없 었기에 생선을 소금에 절이거나 식초에 담가두거나 했다. 그리고 에도 시 대에는 사람이 번화한 곳에는 반드시 포장마차 형태의 초밥집이 있었는데 메밀(소바蕎麦), 튀김(템푸라), 우동을 판매하는 포장마차보다 훨씬 인기가 있 었다. 그러다가 마침내 훌륭한 내부시설을 갖춘 초밥집(스시야寿司屋)이 등 장하게 되었고 그 초밥집은 단골고객도 있었다. 하지만 손님이 가게에서 먹는 것이 아니라 잔치나 행락이나 연극 구경에 미리 주문을 받아 배달하 는 형식을 취했다. 따라서 점포에는 고객 소유의 찬합이 있었으며 거기에 주문받은 초밥을 담고 찬합뚜껑에는 조릿대 잎에 집안 문양인 가문(카몽家 紋)을 새겨서 배달했다. 또한 그 당시에 고객은 서서 초밥을 먹었고 요리사 는 앉아서 요리를 했다. 그리고 그 때에는 밖에는 포장마차식, 안에는 카운 터식으로 절충식이 많았는데 나중에는 현재의 카운터식으로 전부 바뀌었 다. 에도마에 즈시의 보급에 결정적인 역할을 한 포장마차식은 2차 대전과 함께 공중위생을 위협한다고 해서 한 때 해체되기도 했었다.

📷 상 오니기리 즈시-삼각 초밥
하 마키 즈시-김 초밥

이어 1000년이상이나 되는 역사를 갖고 있는 칸사이 즈시가 200년의 역 사만을 갖고 있는 에도마에 즈시에 압도당하는 데는 결정적인 역사의 전환 점이 있었다. 에도마에 즈시 즉, 니기리 즈시가 인기를 얻고 있을 당초에는 그것이 전국을 석권할 만큼 폭발적이었는데 무슨 이유에서인지 차츰 인기 가 시들해지면서 칸사이 지방에서 초밥하면 누른 초밥(오시 즈시押し寿司), 상자 초밥(하코 즈시箱寿司), 김 초밥(마키 즈시巻き寿司), 다섯재료 초밥(5모쿠 즈시五目寿司), 향토 즈시 등이 일반적이었고 생선 초밥 (니기리 즈시握り寿司)은 토오쿄오의 지방 요리로 전락하고 만다. 그러던 중 1923년 관동 대지진의 발발 로 에도마에 초밥집은 거의 궤멸되다시피 한다. 이 사건으로 초밥집 요리사들이 관서지방을 비롯해 서 전국 각지로 흩어지며 그들이 에도마에 즈시를 전국에 파급시키는 결과를 초래했다. 전쟁 중에는 국가의 엄격한 통제 하에 물자가 배급되는 시기로 쌀 한 홉의 교환권으로 우리의 김 초밥같은 노리마

키 즈시를 포함하여 10개 정도를 초밥집에서 교환할 수가 있었다. 이어 전후에 냉동기술이 발달하고 교역량이 늘어나면서 초밥의 재료도 늘어나 일본의 경제발전과 함께 초밥은 전 세계에 널리 알려지게 된다. 결국 관동대지진이 니기리 즈시의 세계화에 공헌했다는 것은 역사의 아이러니가 아닐 수 없다.

〈요리를 하지 않는 것이야말로 요리의 이상〉이라는 또 하나의 역설적인 일본인의 요리관은 초밥에서도 유감없이 힘을 발하고 있다. 1년의 숙성기간이라는 초밥의 원조에서 즉석 요리의 초밥으로 변모하는데도 역시 1000년이라는 세월이 필요했다. 처음에 자연에 맡기던 발효의 효능을 인간의 구미에 맞게 인공미로 치환해서 세계인들이 선호하도록 객관성을 확보하는 그들과 스시의 변천은 아직도 진행형이라 할 수 있다. 다른 문화와 마찬가지로 초밥에서도 완성태는 존재하지 않는다. 끝없이 모색하거나 변모하는 시도만이 있을 뿐이다. 그리고 스시라는 말을 한자로 스시寿司라고 쓰는데 이는 목숨을 맡기고 먹는다는 뜻으로 건강식이라는 말이다. 얼핏 보면 말장난 같지만 이런 문화에도 집요하게 이름을 고려하고 그 이름에 끝없이 의미를 실으려는 그들의 의도가 엿보인다.

스시는 만드는 방법에 따라 여러 가지로 나눌 수 있는데 가장 인기 있는 것이 역시 니기리 즈시이고 그 다음이 치라시 즈시, 그 다음이 마키 즈시, 그리고 이나리 즈시이다. 우선 치라시 즈시ちらし寿司는 우리의 회덮밥과 같은 종류인데 관서지방과 관동지방이 무척 다르다. 칸사이 치라시는 일반적으로 고모크 즈시五目寿司라 하며 주로 식물성 재료를 많이 넣는다. 그리고 마키 즈시는 우리의 김밥처럼 안에 재료를 넣고 김 등으로 둘둘 말아서 만드는데 관서지방은 굵고 큰 것을 특징으로 한다. 이나리 즈시稲荷寿司는 우리의 유부 초밥과 흡사하다.

 치라시 즈시ちらし寿司1 　　 치라시 즈시ちらし寿司2 　　　　이나리 즈시稲荷寿司
　　－회덮 초밥－　　　　　　　　 －유채꽃과 현미의 비빔 초밥－　　　　 －유부 초밥－

관련 키워드

▽초밥용 밥〈샤리〉 : 부처의 사리가 흰색이어서 붙여진 이름.
▽타네 : 초밥에 얹는 재료로 네타라고도 하는데 이것은 타네보다는 천한 말투이다.
▽생강〈가리〉 : 입가심(쿠치나오시口直し)용으로 주로 진한 맛의 생선에서 옅은 맛의 생선으로 옮겨갈 때 먹음.
▽오차〈お茶/아가리〉 : 역시 입가심용으로 마시는 차. 아가리는 화류계에서 온 말이다.
▽와사비〈山葵/나미다〉 : 생선비린내를 제거하고 살균력도 있으며 진하면 눈물이 나오기에 나미다로 별칭한다.
▽간장〈무라사키/쇼오유醬油〉 : 생선 비린내를 제거하고 맛을 돋우는 역할을 한다. 색깔상 스시 전문용어로는 무라사키라고 부른다.

▽교쿠 : 한자玉의 발음에서 왔다. 계란말이(卵焼き)를 지칭한다.
▽오이〈캅파〉 : 전설상의 동물인 캅파가 오이를 좋아했다고 해서 오이를 일컫는다.
▽오도리〈쿠마에비〉 : 새우의 일종인 쿠마에비를 산 채로 초밥 위에 얹은 것으로 살아서 펄펄 뛰기에 이런 이름이 붙었다.
▽마루즈케丸づけ/카타미즈케片身づけ : 생선 한 마리를 통째로 타네로 얹은 것을 마루즈케, 반 마리를 얹은 것을 카타미즈케라고 한다.

※ 생선 초밥의 생선재료인 **타네**는 다음과 같다.

전어	このしろ	鮗
도미	かすごだい	春子鯛
공미리	さより	鱵
꽁치	さんま	秋刀魚
다랑어	まぐろ	鮪
날개 다랑어	びんなが	鬢長
참돔	まだい	真鯛
어린 돔	しまだい	縞鯛
양태	こち	鯒
큰 넙치	おひょう	大鮃
삼치	さわら	鰆
새끼방어	はまち・いなだ	
농어	すずき	鱸
중치 방어	ふっこ	
쥐노래미	あいなめ・あぶらめ	鮎並
대구	たら	鱈
벤자리	いさき	伊佐木
데친 오징어	にいか	煮烏賊
대합	はまぐり	蛤
문어	たこ	蛸
굴	かき	牡蛎
중간 크기 담회색 새우	たいしょうえび	大正海老
보리 새우	あまえび	甘海老
뼈오징어	まいか / すみいか	真烏賊 / 墨烏賊
소라	さざえ	栄螺
뱅어	しらうお	白魚
해삼	なまこ・いりこ・きんこ	海鼠
아귀 내장	あんきも	鮟肝
새조개	とりがい	鳥貝
게알	かにこ	蟹子
키조개	たいらがい・タイラギ・エボシガイ	平貝
끝이 뽀족한 오징어	やりいか・けんさきいか・さやなが	槍烏賊

어린 전어	しんこ	新子
전갱이	あじ	鰺
보리멸	きす	鱚
청어	にしん	鰊
흑 다랑어	くろまぐろ	黒鮪
청새치	かじき	梶木
감성돔	くろだい	黒鯛
옥돔	あまだい	甘鯛
불락	めばる	鮴
돌가자미	いしがれい	石鰈
병어	まながつお	真名鰹
잿방어	かんぱち	勘八
갓난 새끼 방어	こっぱ	
부시리	ひらまさ	平政
복어	ふぐ	鰒
문절망둑	はぜ	鯊
갯장어	はも	鱧
익힌 가리비	にぼたて	煮帆立
떡 조개	とこぶし	常節
갯 가재	しゃこ	蝦蛄
새우(中)	くるまえび	車海老
줄무늬 새우	くまえび・くるまえび	熊海老
빨간 새우	ぼたんえび	牡丹海老
송어	ます	鱒
새고막	あかがい	赤貝
우렁쉥이	ほや	海鞘
은어	あゆ	鮎
불똥 꼴뚜기	ほたるいか	蛍烏賊
연어알	いくら	
대구알	たらこ	鱈子
연어알 젓	すじこ・すずこ	筋子
청어알이 슬린 미역	こもちわかめ	持若布

중치 전어	こはだ	小肌
고등어	さば	鯖
정어리	いわし	鰯
청어	さっぱ	飯借
눈다랭이	めばち	目撥
가다랭이	かつお	鰹
돌돔	いしだい	石鯛
쏨뱅이	めぬけ	目抜
넙치	ひらめ	鮃
노랑 가자미	ほしがれい	
방어	ぶり	鰤
꼬치고기	かます	
새끼 농어	せいご	鱸
줄전어	しまあじ	縞鰺
갈치	たちうお	太刀魚
숭어	ぼら	鯔
붕장어	あなご	穴子
가리비	ほたてがい	帆立貝
전복	あわび	鮑
민물 장어	うなぎ	鰻
왕 새우	いせえび・しまえび・かまくらえび	伊勢海老
점박이 새우	しばえび	芝海老
오징어	するめ・いか	鯣烏賊
연어	さけ / サーモン	鮭
게	かに	蟹
고래	くじら	鯨
섬게	うに	海胆
왕우럭 조개	みるがい	海松貝
말린 청어알	かずのこ	鯑
개량 조갯살	あおやぎ	青柳
함박 조개	ほっきがい・うばがい	北寄貝

▽ 마키쏠き의 종류

雲丹(うに)巻(ま)き	鉄火(てっか)巻き	いくら巻き	かっぱ巻き	納豆巻き	ネギとろ巻き
섬게알 김 초밥	참치 김 초밥	연어알 김 초밥	오이 김 초밥	낫토오 김 초밥	참치와 파 김 초밥

📷 다양한 마키즈시

2.5. 덮밥 요리〈돔부리 · 동/丼〉

우리의 재래식 사발같은 도자기인 동(후카바치동深鉢どん)에 밥을 담고 그 위에 양념을 스며들게 하거나 조리한 재료를 얹어 먹는 음식의 총칭이다. 미국에 패스트 후드인 햄버거문화가 있다면 그에 해당하는 일본식 간편한 식사 방법은 도시락(오벤토오御弁当)과 일명 삼각 초밥(오니기리御握り), 그리고 덮밥(돔부리どんぶり)종류일 것이다. 이것이 요즘 바쁜 현대인의 생활과 맞아 떨어져 급속하게 확산되었다. 흰 밥 위에 반찬을 얹어 국물은 생략하고 대신 차를 마신다. 먹는 요리로 느긋하게 즐기는 식사패턴이 아니라 시간에 쫓기는 생활패턴 속에서 후딱 한 끼를 해결하는 식사로서는 더없이 간편하고 스피디한 방식이며 손쉽게 응용할 수 있기 때문에 여전히 돔부리는 간편한 방식만큼이나 빠르게 진화되고 있는 중이다. 이름도 쇠고기 조림을 얹으면 가장 일반적인 규우동牛丼, 튀김을 얹으면 텐동天丼, 장어를 얹으면 우나동鰻丼, 닭고기와 달걀을 얹으면 오야코동親子丼, 참치회를 초밥에 얹으면 텍카동鉄火丼이다. 만드는 방법만큼이나 작명하기도 쉽고 먹기도 쉽다. 이런 형식을 벗어던지는 간편한 식사방식이 촌음을 다투는 현대 일본인과 부합되어 새로운 버전의 출현이 줄을 잇고 있다. 그리고 우나쥬우鰻重, 텐쥬우天重 등 쥬우重란 말이 붙은 음식도 있는데 이는 밥을 담는 용기를 나타내는 쥬우바코 가타(重箱型/우리의 찬합과 같은 것)라는 말에서 비롯된 것으로 찬합에 음식을 층층 담는다는 의미를 담고 있다.

먹는 방식은 우리처럼 숟가락으로 골고루 비벼서 먹는 것이 아니고 젓가락으로만 먹기 때문에 양념이 골고루 배어드는 것이 중요하다.

원래 이 돔부리라는 말은 도자기의 사발을 일컫는 말이었다. 돔부리鉢의 약칭으로 단순히 동丼이란 말로도 쓴다. 한편 그릇의 의미와는 별도로 점원의 복대에 찬 돈지갑의 의미로도 이 말은 사용되었다. 돔부리는 처음에는 반찬이나 츠케모노漬け物, 혹은 떡을 담는 그릇으로 사용되었는데 에도 시대 중기쯤 되면 이것이 영업용 식당의 밥그릇으로 이용되면서 모밀집, 혹은 우동집의 카케소바(掛蕎뜨거운 국물을 부어먹는 모밀)나 우동 그릇으로 이용되기도 했다. 나중에는 장어구이와 밥을 함께 얹어 먹는 장어 덮밥의 그릇으로도 사용되어 덮밥용기로 급속히 확산되었다. 이것저것 반찬을 놓지 않아도 되

고 나중에 계산할 때는 그릇 수로 따지면 간편했기 때문이다.

형상은 우물같은 큰 사발의 밥에 양념을 얹은 것이 마치 우물에 무엇인가를 던져 넣은 것 같은 모습이며, 우물에 무언가를 던지는 소리가 일본어로 〈도붕ど̄ぶん〉하는 우리의 〈첨벙〉 소리와 같기 때문에 붙여진 이름으로 일본인들이 항상 좋아하는 카케코토바(掛詞/동음 이의어를 이용해, 한 가지 말에 두 가지 의미를 싣는 것)에서 온 것임을 알 수 있다. 다시 말해서 도붕이라는 의성어(기옹고擬音語)와 돔부리라는 의태어(기타이고擬態語)가 중첩된 의미로 작용했다고 보는 것인데 이는 일본인의 말을 만드는 속성으로 보아 설득력을 갖고 있다. 이름은 이렇듯 항상 우연에서 만들어진 것이 많다.

한편 우리 국그릇을 의미하는 탕발湯鉢이 일본으로 건너가면서 일본화된 발음이 되었다는 설도 있는데 역사적인 흐름으로 보아 이것도 가능성이 있는 말이다.

돔부리는 원래 법가의 음식으로 흰밥 위에 각종 채소와 어류 말린 것에 김을 부수어 뿌린 다음 그 위에 국물을 부어먹었던 것이 그 시초였다. 이것이 귀족이나 무사들의 사냥이나 들놀이 음식으로 애용되었고 또 간단한 요기로 보편화되면서 곁다리 밥이라 하여 방반(호오항傍飯)이라 불리기도 했다. 『본조식감本朝識鑑』과 같은 일본의 문헌에서는 돔부리의 뿌리를 중국의 골동반骨董飯으로 보고 있다. 골동반은 여러 가지 음식을 섞어 놓은 밥으로 거기에 국물을 부은 골동갱이 돔부리의 뿌리가 되었다는 것이다.

일본에서는 우나기동이 돔부리의 원조라 할 수 있다. 에도江戶 시대에 오오쿠보 이마스케라는 사람이 우나기(민물장어)를 매우 좋아하여 거의 매일 배달시켜 먹었는데, 당시 배달원은 더운밥과 보온을 한 장어를 따로 배달하였다. 그는 배달원에게 사발에 더운밥을 담고, 그 가운데다 장어를 얹으면 따로 보온할 필요가 없지 않느냐고 일러주었다. 바로 그것이 장어 덮밥(우나기동/줄여서 우나동)의 시작이었다.

🔖 이쿠라동—연어알 덮밥

🔖 오야코동—연어고기·알 덮밥

카레라이스는 흔히 인도 요리라고 생각하지만 정작 인도에서는 카레라는 말이 남부지방의 일부에서 생선이나 야채를 조린 국물이라는 의미로 쓰인다. 〈마사라〉라는 카레와 비슷한 종류가 있기는 하지만 조리방법이나 재료가 전혀 다르다. 일본에 카레를 전한 것은 1859년 개항 때의 영국인인데 카레라이스는 당시의 덮밥 붐과 맞물려 일본에서는 독자적으로 발달하게 되었다. 일본에서의 카레라이스는 밥에 반찬을 얹어먹는 일본 돔부리 요리의 응용형이었던 셈이다. 이와 같이, 돔부리는 응용과 변형을 즐기는 일본 문화의 속성이 잘 드러나 있는 음식이다.

최근에는 중국 요리를 밥 위에 얹은 츄우카동中華丼, 그리고 뼈를 발라낸 갈비에 한국식 양념을 얹은 카루비동ヵ ルビ丼 등이 인기를 얻고 있다.

소고기 덮밥 전문점인 요시노야吉野屋는 24시간 영업을 하며 가격파괴의 캐치프레이즈를 걸고 전국에 체인점을 개설하고 심지어는 뉴욕 등 외국에까지 진출을 하고 있으며, 빵이나 소바, 오니기리 등으로 간단히 식사를 하는 샐러리맨들도 여기에 들러서 밥을 먹기 때문에 덕분에 오히려 쌀의 소비가 느는데 한몫을 했다. 미리 쿠폰을 사고 식당 안에서 먹을 것이냐 혹은 밖

덮밥 보급에 앞장서며 24시간 영업하는 요시노야吉野屋는 미국에도 점포 네트워크를 가동하고 있다.

에서 먹을 것이냐를 결정하고 주문을 한 뒤, 음식이 나오기를 기다리면 된다. 보통이 380엥円(660kcal), 곱빼기 (오오모리/大盛り)가 480엥円(750kcal), 특(토쿠모리特盛)이 630엥円(940kcal)이다. 가격파괴가 유행인 일본의 장기불황 현상인 디플레이션 현상과 맞물려 선풍적인 인기를 끌자 비슷한 체인점인 마츠야松屋 등이 범람하고 있다.

최근에는 튀김 덮밥을 전문으로 하는 텐동의 체인점도 인기를 끌고 있다. 이것은 보통이 한 그릇에 500엥円정도이다. 또한 타치구이立ち喰い라고 해서 좁은 공간에서 서서 먹는 가격 파괴점이 눈에 띄게 늘어나고 있다. 이곳의 메뉴는 면과 밥을 합쳐 500엥円 정도로 매우 싼값이지만 고객은 주로 남자뿐이다.

덮밥 체인점 · 마츠야松屋

  관련 키워드

▽오야코동親子丼 : 닭고기와 파 등을 양념으로 해서 삶아 계란을 얹은 것이다. 부모인 닭과 자식인 달걀이 함께 요리되었기 때문에 이런 이름이 붙여졌는데 식당에 따라 닭고기 대신 오리고기를 사용하기도 한다. 닭고기 대신 소고기나 돼지고기를 사용하면 타닌동他人丼이 된다. 순수한 닭과 계란사이가 아니라 타인이 섞여 들어갔다는 발상이다. 최근에는 연어고기를 밥 위에 얹고 연어알을 그 위에 얹은 것도 오야코동이라고 부르고 있다.

▽카츠동カツ丼 : 돈까스 덮밥. 간장간의 소스를 한 돈까스를 썰어 밥 위에 얹어 먹는 요리.

▽산쇼쿠동三色丼 : 다진 닭고기와 계란, 시금치 등의 세 가지 색깔과 맛을 즐기는 덮밥.

▽키지야키동雉焼丼 : 따뜻한 밥 위에 말랑말랑한 닭다리에 꽈리고추를 넣어 고소하면서도 매콤한 덮밥.

▽야나가와후우동柳川風丼 : 양념 계란 장어 덮밥.

▽츄우카동中華丼 : 중화 요리 팔보채 덮밥.

▽카이카동開花丼 : 개화기의 인기음식. 소고기 혹은 돼지고기 양파 덮밥.

▽네기토로동ネギトロ丼 : 파 양념의 참치 계란 덮밥.

▽에비동エビ丼 : 새우 덮밥.

▽이쿠라동イクラ丼 : 연어알 덮밥.

▽타마동玉丼 : 파와 계란 양념 덮밥.

2.6. 라면

📷 미소 라면

📷 하카타 라면

중국식 소바면(츄우카소바). 닭뼈나 돼지뼈를 우린 국물에 삶은 중국풍의 면을 넣고 양념을 얹어서 함께 먹는다. 스프의 맛에 따라서 간장 라면·된장 라면·소금 라면 등으로 나누고 양념의 소재에 따라서 챠슈우 멘, 멤마 라멘 등 다양한 종류가 있다. 도입 역사는 여러 설이 있지만 청일전쟁, 러일전쟁에 따른 인적 교류에 의한 영향이라고 보는 설이 지배적이며 갑자기 대중적인 인기를 끌게 되었다. 1912년쯤에는 토오쿄오 시내에도 중국 요리집이 거의 없었는데 1922년쯤부터 각 구區별로 작은 규모의 중국요리점이 점차 생겨나게 되었다. 값이 싼데다 노동자의 주머니 사정이 좋아져서 1923년 관동대지진 이후에는 라면형태의 지나 소바가 크게 유행하여 종래의 메밀 국수집인 소바집을 능가할 정도였다. 또한 〈밤에 우는 소바·우동〉 전통의 연장일까, 포장마차(야타이屋台)를 끌고 밤에 장사를 하는 형태가 인기를 끌어 챠르라메라는 나팔을 불며 장사를 하는 형태도 나타나기 시작했다. 라면이 보급되고 인기가 상승함에 따라서 소바 집의 메뉴로 추가되기도 했다. 차츰 혹카이도오北海道의 된장 라면이나 큐우슈우九州의 통코츠 라면 등 지방과 결부된 특색도 나타나기 시작했다.

수도관을 막은 삽포로 라면

라면하면 삽포로이고 삽포로 하면 라면이다. 현재 삽포로 시내에만 약 700개 이상의 라면식당이 성업 중이며 진한 국물이 크게 호응을 받아 돼지 기름을 정제한 반고체의 라드가 주로 사용된다고 한다. 하지만 이것이 추운 겨울에는 쉽게 응고되어 하수관을 막는다고 한다. 시와 라면업계는 해결책 마련에 골머리이다.

2.7. 우메보시梅干し

매화꽃이 늦겨울과 초봄에 걸쳐 아련한 담홍색으로 일본열도에 상륙하면 일본인은 그 은은한 향기에 취하며 곧 들이닥칠 벚꽃의 환상에 젖는다. 매화꽃 전선(우메젠셍梅前線)과 벚꽃 전선(사쿠라젠셍桜前線)이 앞서거니, 뒤서거니 하면서 열도를 지나갈 때 일본인은 그것을 노래로 주워 담기도 하고 분재, 꽃꽂이 방식의 변주로 담아내기도 하면서 그들과의 진정한 교감을 꿈꾼다. 이것은 상고 시대의 망요오슈우万葉集이래 줄곧 이어져 왔던 지치지 않는 전통이다.

일본인의 매실과의 친분은 이렇게 시작되었다.

매실은 너무 열매가 많이 달리면 4월말부터 5월 초순에 걸쳐 스스로 낙과해서 자신의 능력 이상으로 달려있는 열매는 떨어뜨린다. 자기 몸을 잘 아는 매실이 스스로 섭생을 조정해나가는 것이다.

덜 익은 청매실에는 독이 있다고 알려져 있다. 그 원인이 바로 아미다린이라는 청산배당체靑酸配糖体인데 이 아미다린이 효소의 작용으로 분해되어 청산이 되기 때문이다. 이 청산은 청매실의 열매살 속에서 병충해로부터 열매살을 지키다가 익어감에 따라 씨로 옮아간다. 다음세대를 지키기 위한 매실 나름의 지혜인 것이다. 따라서 매실종자는 해충에게 침범당하는 일이 없다.

임진왜란 때 우리나라의 동의보감 저자인 허준도 극찬했을 정도로 일본인의 매실절임에 대한 사랑은 거의 중독 수준이다.

📷 우메보시梅干し

매실절임이란 일본어로는 우메보시梅干し라고 하는데 일본을 대표하는 일본식 절임인 츠케모노의 일종이다. 매실 열매를 소금에 절이고 햇볕에 말려서 붉은 자소라는 식물로 붉게 물을 들인 다음, 매실식초에 담가 만든다. 일본인은 음식을 맛으로도 즐기지만 색으로 즐기는 것으로도 유명하다. 붉은 자소는 잎을 갈아 뭉개어 천으로 짜면 시커먼 즙밖에는 나오지 않는데 이를 안트칸 색소라고 하며 이것이 매실의 구연산과 만나게 되면 적홍색의 아름다운 반란이 일어난다. 자소 잎은 그 자체가 생선이나 육식 식사에 중독예방 효과가 있으며 이것이 매실의 구연산과 합세하여 약효는 배가되고 색깔은 아름다운 변신을 하는 것이다. 일본인은 이것을 더욱 아름답게 하기 위해서 장마가 걷히는 입하 전 18일을 도요오土用라 하여 그 기간에 햇볕과 공기에 몇 번이고 쬐어 만든다. 일본인에게 붉은 색은 상서로운 색깔로 이것이 밥의 흰색과 홍백의 조화를 이루기 때문에 더욱 사랑하는 것이다.

최근에는 색소인 자소를 이용하면 손이 많이 가고 비용도 그에 따라 상승하기 때문에 콜타르계라는 색소를 이용하는 경우가 늘고 있는데, 이는 암 발생 위험이 따른다는 보고도 있다. 특히 그 색소계의 104호는 돌연변이를 유발하는 색소로 학계에 보고되고 있지만 일본에서는 그 사용량이 줄지 않고 있으며 인공 색소를 내기 위해 연간 3,500kg이나 소요된다고 한다. 자소로 염색된 우메보시는 밤이슬에 3~4일 동안 놔두면 색깔이 변하지만 색소를 쓴 것은 변하지 않는다.

이 우메보시는 식욕증진이나 정장整腸작용이 있기 때문에 옛날부터 중요한 보존식으로 만들어져 왔다. 저장성이 높고 담근 다음에 반년이 지난 뒤 먹을 수 있지만 여러 해 보존 한 것이 오히려 맛이 들어 좋다고 한다. 〈우메보시도 3년이 넘으면 약이다〉라는 속담이 있는데 최근에는 그것이 사실로 판명되었다. 4년 숙성한 우메보시를 분석해 보면 그곳에 있던 염분이 거의 검출되지 않는다. 따라서 오래 숙성된 우메보시는 신장병이나 고혈압인 사람에게 아무리 먹여도 문제가 없다. 하코네箱根에 있는 한 가구점 사장 집에서는 1860년에 담갔다는 제조 연월일표시와 함께 들어있던 우메보시가 발견되었는데 140년만에 개봉해 본 이 우메보시의 색깔은 금다색에 소금은 결정되어 있었고 차조기 잎은 바싹 말라 흩어져 있었으며, 맛은 생각대로 혀가 녹을듯 하였다고 하는데 지금도 100년이나 120년이 넘는 우메보시를 갖고 있는 사람이 많다고 한다.

식품으로서의 기원은 오래되어서 분명하지는 않지만 일반인이 먹게 된 것은 근세 후기로 전국적으로 보급된 것은 메에지明治 이후의 현상이다. 미약하긴 하지만 약간의 방부효과를 가지고 있기 때문에 삼각 초밥의 한가운데에 넣거나 도시락의 한가운데에 넣어서 〈일장기 도시락〉을 만들어 여행할 때 휴대했다. 그 뒤 우메보시는 건강의 상징으로 정착해 왔으며 민간요법으로도 다양하게 개발되어 왔다. 원래는 각 가정이 손수 만든 보존식으로 초여름에 가정의 연중행사라고도 할 수 있는 작업이었는데 메에지 말기에는 청·일, 러·일의 양전쟁의 군량으로 우메보시의 수요를 높이기 위해 상품으로서도 생산되기 시작했다. 하지만 허준이 목격한 것을 보면 임진왜란 때도 이미 군에서는 사용한 것으로 보인다. 당시에 와카야마현和歌山県이 군수를 충당하는 대량생산을 축으로 특산지로 형성되어 나중에는 전국 우메보시의 60%를 생산하는 산지로 성장했고 굼마현群馬県, 토쿠시마현徳島県도 명산지로 되어 있다.

일본인은 매실로 우메보시 외에 매실식초, 매실엑기스 등을 만들어 이용하고 있다.

매실은 해열작용, 감기예방, 식중독예방, 디프테리아, 포도상구균, 폐렴구균, 물바꿈 설사, 감기, 식욕부진, 기침이나 가래, 백일해, 변비, 피로회복에도 약효가 보고되고 있는데 국제적으로 인정받은 것은 1953년 영국의 클레브스박사가 생리·병리 연구에 〈구연산 사이클〉을 연구한 것이 계기가 되었다. 그는 구연산 사이클의 역산으로 매실이 세포노화나 혈관경화를 막고 피로회복에 많은 도움이 되는 것을 입증했다. 식사를 통하여 얻어지는 당이 체내에서 소화되고 흡수되면 포도당이란 분자가 되는데 그 과정에서 유산乳酸이 발생하여 이것이 노화의 원인이 된다. 유산은 우리들의 신체를 조직하고 있는 단백질과 결합하여 유산단백이 되어 세포나 혈관을 굳게 한다. 이 때 구연산 등의 식물성 산미를 섭취하면 오키자루 초산이 되어 유산의 과잉생산이 완전히 제어되고 유산은 훌륭하게 탄산가스와 물로 분해되어 몸 밖으로 배설된다. 피로할 때 구연산이 함유된 매실 엑기스를 먹으면 15분쯤 뒤에 산뜻하고 개운한 기분이 된다. 몸속의 지방도 구연산을 먹음으로써 체내에서 연소분해되어 비만 방지에 도움이 된다. 이러한 매실 절임이나 엑기스는 먹을 때는 신맛이지만 알칼리성이 강한 식품이다.

매실엑기스를 과립형으로 만든 것이 매단인데 오오사카大阪에서는 초·중·고 수학여행이나 임간학교 등의 여행에서는 차멀미와 식중독 예방을 위해 반드시 상비할 것을 의무화 하고 있다고 한다.

1974년 5월 4일 여성등반대 12명이 8,156m의 네팔 마나슬루 등정에 성공했을 때 당시의 식품담당이었던 나카시마 무츠미는 20kg의 우메보시를 가지고 가서 톡톡히 효과를 보았다고 한다. 등산식품에 대해 제법 연구를 한 그녀는 정상 가까이서 필요한 음식은 먹고 싶은 것, 먹을 수 있는 식품이 최고였다는 사실을 예상하고 준비해서 적중했다고 한다. 그녀들은 그곳에서 주먹 초밥에 우메보시를 먹었던 것이다.

마츠모토 고오사이는 87세로 천수를 다하면서 〈너희들도 매일 우메보시를 먹어라. 젊은이는 무엇보다 몸을 소중히 하지 않으면 안 된다. 우메보시의 신맛으로 몸의 긴장을 유지하라〉고 했다고 한다. 식품영양학계의 권위 모리시타 게에이치 박사는 일이 있을 때마다 〈건강을 지키려면 하루에 우메보시 3개 이상은 먹어야 한다〉고 권유하고 있다.

매실 씨는 소금에 절이면 싹을 틔울 수가 없다. 일본인들은 매실 절임 속의 씨를 어질 인仁자로 표현하며 부처님이라 부르고 있다. 지상의 모든 동식물이 자손의 번영을 원하고 있으나 매실 씨만은 인간의 건강을 위해서 자신을 바쳐 희생하는 것이다. 이에 매실 절임업자들은 매년 5월에 매실공양을 한다. 매실의 아름다운 희생을 추모하는 것이다. 이는 매우 일본다운 발상이다.

📷 매실 공양

2.8. 회〈사시미刺身〉

2.8.1. 회〈사시미刺身〉의 양상

회(사시미刺身)란 신선한 어패류를 산채로 회를 쳐서 간장, 식초 등의 조미료에 와사비, 생강 등을 곁들여 먹는 요리의 총칭이다. 곁들인 음식(츠마)으로 채친 무와 청자조 잎, 갯방풍 등의 야채와 미역, 갈래곰보 등의 해조류를 첨가하는 경우가 많다. 또한 말고기회(바사시馬刺し), 닭고기회(토리사시鷄刺し), 간회(레바사시), 콘냐쿠회, 생유바(두유를 끓일 때 표면에 생기는 엷은 막)와 같은 육류나 식물성 식품 등 어패류 이외의 먹거리도 생으로 먹을 때는 사시미라고 부르는 경우가 있다. 회(사시미)는 먹거리가 갖고 있는 자연그대로의 맛을 최대한 살린 식품이다.

📷 잿방어회〈캄파치사시미〉   📷 말의 간으로 만든 회〈레바사시〉   📷 말고기회〈바사시〉

2.8.2. 사시미의 역사

신선한 짐승고기나 새고기, 물고기 등을 회쳐서 날로 먹는 행위는 인류의 역사와 함께 시작되었다고 할 수 있는데 인류가 살아가는 각각의 환경에 따라서 생식의 습관은 남기도 하고 없어지기도

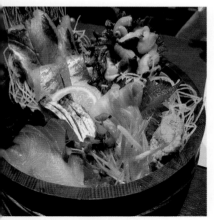

모둠회(사시미노 요세아와세刺身の寄せ合わせ)

했다. 일본은 4면이 바다로 둘러싸여 있어 신선한 어패류를 언제든지 얻을 수 있는 천혜의 환경 때문에 어패류를 생식하는 습성이 남았다. 사시미의 시조는 무침(나마스膾·鱠)형태였다. 이 무침은 신선한 물고기나 육고기를 회쳐서 양념한 요리로 나마스라는 어원은 확실하지는 않지만 〈나마시시生肉〉, 〈나마스키生切〉가 변화한 것이라는 설이 있다. 일반적으로 〈나마스生酢〉로 표기되기도 하는데 그것은 조미료로 식초를 사용하게 된 것에 대한 배려이긴 하지만 옛날에는 반드시 조미료로 식초만 국한되지 않았으므로 무리한 표현으로도 볼 수 있다. 이 전통적인 무침이 발전된 형태가 회라고 볼 수 있는 것이다.

또한 나마스鱠라는 말은 고대 중국의 나마스膾라는 표기가 선행하므로 중국에서 일본으로 전해졌다는 가능성을 생각할 수도 있지만 원래부터 회는 만드는 방식이 단순한 요리이기 때문에 일본에서 독자적으로 발전했을 가능성이 있고 더구나 중국에서 고기나 야채를 날로 먹는 습관은 역병의 유행이라는 위험이 있어 일찍이 폐지되었기 때문에 독자 발생했다고 보는 편이 설득력이 더하다.

2.8.3. 사시미의 등장

문헌상에 최초로 등장하는 것은 1399년의 『스즈카케 키鈴鹿家記』라는 책으로, 그곳에는 「사시미指身·코이鯉·이리자케イリ酒·와사비ワサビ」라는 기록이 등장한다. 간장이 보급되기 이전에는 생강초나 계자초 혹은 이리자케(煎り酒/가다랑어, 우메보시, 술, 물 등을 넣어 펄펄 끓인 것) 등이 무침의 양념으로 사용되었으므로 그런 기록이 남아 있는 것이다.

회(사시미)가 의미상 합당한 〈키리미切り身〉가 아니고 어감이 다른 〈사시미刺身〉로 부르게 된 유래는 생선을 회를 쳐놓으면 회로 바뀐 생선의 이름이 무엇인지 모르기 때문에 그 고기의 꼬리를 회에 꽂아서(사시테刺して) 보이도록 했기 때문이라는 설이 있다. 일설에 의하면 〈토막내다切る〉는 말은 기피어(이미코토바忌詞)이기에 피하고 비슷한 뜻을 가진 사스刺す를 쓰게 되었다는 설도 있다.

어쨌든 얼마 안가서 회는 먹거리를 얇게 회를 쳐서 담아 먹기 직전에 양념을 찍어서 먹는 요리로 인식되게 되었고 『시죠오류우 호오쵸오 가키四条流包丁書』(1489년)에는 해파리를 회친 것이나 심지어는 꿩이나 산새의 소금 절임을 뜨거운 물로 소금기를 빼서 얇게 저민 것을 회라고 부르기도 했다.

2.8.4. 우치미와 사시미打ち身と刺身

사시미와 아주 흡사한 요리로 〈우치미〉가 있다. 문헌에 의하면 사시미와 혼동된 경우도 있었는데 이들은 한결같이 사시미보다 크게 토막을 내고 지느러미뿐만 아니라 껍질이나 살을 발라내고 남은

키워드로 여는 일본의 響

등뼈부분까지 그릇에 담았다. 게다가 조리법도 굉장히 다채롭고 복잡했다. 그러나 대상은 도미나 잉어에 국한되었고, 이보다 간편한 사시미가 보급되자 무로마치 말기에는 둘의 구별이 거의 없어져 에도 시대에 들어서면서 우치미는 요리명으로는 자취를 감추게 되었다.

요리로서의 사시미는 에도 시대에 에도에서 단숨에 꽃피웠다. 원래 쿄오토는 잉어 같은 담수어를 제외하면 신선한 어패류를 얻기 힘들기 때문에 소위 에도 앞바다의 신선한 어패류가 지천으로 깔린 에도에서 사시미와 같은 신선한 어패류의 요리가 발달하게 되는 것은 당연한 귀결이었다. 에도 말기에는 쿄오토나 오오사카에서는 계절에 관계없이 도미만을 사용하는데다가 요리법이나 담는 법이 난잡하다는 비판마저 들을 정도로 차이가 컸다. 하지만 근대에 들어서자 유통의 발달과 냉장고 설비의 보급, 냉동기술의 발달로 일본 전국 항구나 해안에서 신선한 회를 먹을 수가 있게 되었다. 그리고 현재는 일본 요리의 대표격으로 스시와 함께 국외로 진출하여 모듬회(사시미노 요세아와세刺身の寄せ合わせ) 등이 「sashimi」로 통하게 되었다. 영어권의 어시장이나 생선가게에서는 회로 먹을 수 있는 생선을 지칭하여 「Sashimi Quality」로 부르고 표시하게 된 것도 일반적인 추세가 되고 있다.

2.9. 낫토오〈納豆〉

2.9.1. 낫토오〈納豆〉의 양상

히말라야, 중국의 운남성에서 일본에 이르는 온대지역에서 볼 수 있는 식품인데 일본에서는 콩이 주로 말 먹이로 쓰였는데, 임진왜란 때 삶은 콩을 말 등에 얹어 가다가 말의 체온으로 자연발효가 된 콩의 고소함과 허기 때문에 병사와 말이 나누어 먹었다는 기록이 있다.

일본에서는 특히 관동지방 이북과 남부 큐우슈우에서 사랑받고 있다. 특유의 냄새 탓인지 그 외의 지방, 특히 관서지방과 시코쿠지방에서는 그다지 소비되고 있지 않았지만 제조법이나 균의 개량으로 냄새가 적어지고 포함된 성분 속에 있는 낫토오 키나제의 건강증진효과가 TV등의 매스컴으로 전해지게 된 결과, 1990년대 후반에는 거의 일본 전역에서 소비되게 되었다. 또한 비타민 K와 콩 단백질도 풍부하여 중요한 단백질원이 되고 있으며 총무청 통계국의 전국 물가통계조사의 조사품목으로도 선정되어 있다. 다만 일부 매스컴에서 주장하는 것처럼 낫토오 키나제가 직접 체내의 혈전을 용해시키는 등의 현상은 그 분자가 너무 큰 관계로 불가능하다는 사실까지 밝혀졌다. 소비촉진을 위한 비과학적인 선동까지 있어 물의를 일으켰던 것이다.

🔸 낫토오納豆

낫토오는 일본 먹거리에 익숙하지 않은 사람에게 일본식에 대해 거부감을 느끼게 하는 대표적인 식품의 하나인데 거기에 낫토오균이 탄저균과 같은 속종屬種이기 때문에 잘못 먹었다가는 탄저병에 감염된다고 오해하는 사람마저 있었다.

일본에서는 7월 10일을 〈낫토오의 날〉로 정하고 있는데 이것은 1981년 관서지방에서 낫토오 소비 확대를 위해서 관서 낫토오 공업협동조합이 나(7)토(10)라는 언어연상유희(고로아와세語呂合わせ)로 제정

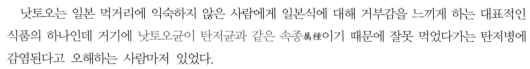

60

한 것이다. 1992년에는 전국 낫토오 공업협동조합 연합회가 새삼 낫토오의 날을 제정했다. 그러나 낫토오와 낫토오로 만든 국이 겨울 계절어로 취급되고 있는 점이나 〈낫토오 계절에는 의사가 필요없다〉는 속담처럼 원래 낫토오의 시기는 겨울이 상식이다. 그 때문에 7월을 낫토오의 날로 결정한 것에는 이론도 만만치 않다.

2007년 1월 7일에 방영된 관서 텔레비전·후지텔레비전 교양프로그램 〈발굴 있다, 있어, 대사전 2〉에서 낫토오 섭취는 다이어트에 효과가 있다고 소개되었다. 그후 많은 소비자가 이것을 믿고 앞다투어 낫토오를 사들였기 때문에 한때 품귀현상마저 일어났다. 그러나 프로그램에서 소개된 데이터는 날조되었던 것으로 나중에 판명되었다.

2.9.2. 낫토오〈納豆〉의 제조방법

전통적인 낫토오 제조방법은 삶은 콩大豆을 볏짚으로 싸서 40도 정도의 보온상태로 약 하루 정도 보관하면 된다. 볏짚에 붙어 있던 낫토오균이 콩으로 이동하여 증식함으로써 발효가 일어나고 낫토오가 완성되는 것이다. 최근에는 대량소비에 부응하기 위하여, 혹은 전통적인 제조법으로는 질 좋은 볏짚을 확보하기 어려운 점도 있어서 순수 배양한 낫토오균을 이용하는 제조가 주류를 이루고 있다. 즉, 삶은 콩을 발포 스티롤 용기나 종이팩에 넣고 여기에 순수 배양한 낫토오균의 분산액을 뿌린다. 이것을 적당한 온도로 보관하면 낫토오균이 증식하여 발효된다.

2.9.3. 낫토오와 위생

요즘 시판되는 낫토오의 대부분은 순수 배양된 낫토오균을 종균(타네킹種菌)으로 이용한 제조법에 의해서 제조되고 있다.

볏짚을 이용한 전통적인 제조법에 의해 생산된 낫토오도 미량이나마 제조, 유통되고 있다. 이 제조법에서의 낫토오균은 고온에 견딜 수 있는 포자막을 쓰고 볏짚에 부착되어 있으므로 100℃의 펄펄 끓는 물에 몇 분간 담가두면 대부분의 잡균이 사멸되고 포자막 속의 낫토오균만 살아남게 된다. 그 다음 콩을 볏짚에 얹어서 37~42℃로 보관하면 낫토오균이 포자막에서 발아하여 증식을 시작한다. 그리고 특유의 왕성한 번식력으로 포자막 속의 다른 균보다 먼저 영양이 되는 물질을 소비하여 다른 미생물의 번식을 억제한다.

낫토오균은 산酸에 약하고 유산균활동으로 생겨나는 유산에 의해서 활동에 지장을 받는 경우가 있다. 또한 기술개발의 결과로 보급된, 냄새가 약한 타입의 낫토오에서는 활동이 그다지 왕성하지 않은 균주가 사용되어 환경에 따라서 잡균이 번식할 여지가 있다. 또한 낫토오균의 천적으로 세균 기생성 바이러스인 〈박테리어 화지〉가 있고 〈화지〉의 활동 후에 잡균이 번식하는 경우도 있을 수 있다. 특히 낫토오균 번식전의 삶은 콩에는 잡균이 굉장히 번식하기 쉬우므로 가정에서는 이런 점 등에 세심한 배려를 하고 있다.

낫토오를 싫어하는 사람가운데는 낫토오를 가리켜 〈썩은 삶은 콩〉등으로 부르는 케이스도 있는데 부패와 발효의 차이는 오직 미생물작용의 결과가 유해한 것인가, 유익한 것인가라는 가치판단에 근거한다. 따라서 식품으로 위생적으로 제조되고 대다수의 일본인에게 사랑받고 영양적으로 가치가 높은 낫토오는 뛰어난 발효식품이라는 사실만은 분명하다.

일본청주를 제조할 때에는 열에 강한 포자막을 형성하고 게다가 번식력마저 왕성한 낫토오균이 원료인 쌀에 잘못 섞이면 청주를 양조해내는 효모보다도 먼저 번식하여 효모양성에 치명타를 가할 수 있으므로 일본 청주제조에는 달갑지 않은 끈질긴 잡균이 되는 것이다. 양조업자의 식탁에 일본청주를 담그는 기간 중에 낫토오를 금기하는 것은 바로 이 때문이다.

2.9.4. 낫토오 먹는 방법

가장 전형적인 먹는 방법은 소위 〈낫토오 밥〉 형태로 쌀로 지은 밥과 낫토오를 함께 먹는 법이다. 간장과 겨자를 밥 위에 얹고 휘휘 젓다가 끈적끈적한 실이 나타나고 나서 먹는 것이 일반적이다. 계란이나 메추리알, 파, 생강, 무즙, 다랑어포 등 여러 식품을 섞어서 먹는 경우도 많다. 혹카이도와 토오호쿠 지방의 일부에서는 설탕을 섞어서 먹는 사람도 있다. 심지어는 마요네즈를 섞는 사람도 있다. 지방에 따라서는 밥에 얹거나 섞지 않고 낫토오만을 먹는 사람도 있다.

낫토오를 넣고 비빌 때에는 우선 잘 비비고 나서 간장이나 양념을 넣고 다시 한 번 비비는 것이 가장 맛있게 먹는 방법이다. 이것은 양념을 먼저 넣으면 수분이 많아져서 글루타민산을 포함하는 끈적끈적한 성분이 나오게 하는데 방해가 되기 때문이다. 또한 파나 겨자를 넣으면 낫토오의 암모니아 악취를 억제하는 효과가 있어 훌륭한 양념이 된다. 모밀에 넣는 파나 와사비의 효과와 마찬가지로 파나 겨자를 도중에 넣지 않고 마지막에 조금 섞는 편이 효과가 있다고 생각하는 사람도 있다. 또한 잘 섞으면 폴리타민산을 글루타민산으로 바꿀 수가 있으므로 깊은 맛을 즐기려면 충분히 비빈 다음 먹는 것이 좋다.

그리고 그 외에 일본식 스파게티의 토핑, 오코노미야키의 재료, 카레라이스에 넣기도 한다. 또한 낫토오를 으깨서 된장국에 넣은 〈낫토오 국〉은 에도 시대까지는 〈낫토오 밥〉보다도 흔하게 식탁에 올랐다. 낫토오를 가열하면 냄새가 심해지지만 낫토오 템푸라의 경우 기름에 튀김으로써 냄새가 날아가고 또한 튀김옷으로 냄새를 막을 수 있어서 오히려 먹기에 편하다.

2.9.5. 낫토오의 종류

▽ 말린 낫토오〈호시낫토오干し納豆〉

이바라키현茨城県의 특산물로 낫토오를 햇볕에 말려서 장기간 보존을 가능케 한 식품. 낫토오는

건조시켜도 낫토오균은 사멸되지 않는다. 원래는 보존식이었지만 요즘은 해외여행 갈 때 낫토오를 현지에서는 구입할 수 없으므로 휴대하는 경우가 많다. 먹을 때는 그대로 먹든가 뜨거운 물에 담가서 원래대로 환원시키는 오챠즈케お茶漬け로 해서 먹는다.

▽ 튀김 낫토오〈아게낫토오揚げ納豆〉

말린 낫토오와 비슷한데 이것은 낫토오를 기름에 튀겨 특유의 끈적함을 제거한 것. 이 방법은 낫토오 특유의 냄새도 많이 제거할 수 있다. 하지만 튀겨도 낫토오균이 사멸되지 않도록 하는 특별한 제조기술이 필요하다. 먹을 때는 간장, 소금, 매실, 고추 등의 가미를 곁들이거나 가미하지 않고 그대로 술안주로 이용하는 경우도 있다. 일본항공의 일본 국내선에서는 이것을 술안주로 제공하는 경우도 있다.

▽ 소보로낫토오

이바라기현茨城県 특산물로 소보로 낫토오라고도 한다. 낫토오에 무말랭이 양념을 해서 섞은 것으로 그대로 술안주로 하기도 하고 밥에 얹어 먹기도 한다.

▽ 실 낫토오〈이토히키낫토오糸引き納豆〉와 젓갈 낫토오〈시오카라낫토오塩辛納豆〉

요즘은 낫토오하면 낫토오균을 발효시킨, 소위 실 낫토오를 지칭하는데 그 외에도 누룩균을 발효시킨 다음 건조시키고 나서 숙성시킨 젓갈 낫토오라고 불리는 낫토오도 있다.

▽ 히키와리낫토오

부순 콩으로 만든 낫토오로 보통 낫토오보다 발효가 빠르고 소화가 좋다. 아키타현秋田県에서 만드는 수법이다.

▽ 아마낫토오甘納豆

아마 낫토오는 1857년에 개발된 와가시和菓子형태로 오오사카大阪에서 낫토오하면 이 아마낫토오를 지칭하는 경우도 있다.

2.10. 오코노미야키〈お好み焼き〉

철판 요리의 하나로 물에 푼 밀가루를 기본으로 고기나 어패류 및 야채를 재료로 철판 위에서 우리의 부침개처럼 평평하게 부쳐서 소스를 쳐서 먹는 요리인데 부치는 방법과 재료는 지역에 따라 다르다.

이것의 기원은 불교의식용 떡인 후노야키(麩の焼/물에 푼 밀가루를 얇게 부친 부침개에 된장이나 설탕을 바른 요리)라고 전해진다. 그 후 에도 시대에서 메에지 시대로 가는 와중에 된장 대신에 엿을 말아 만든 스케소오 야키라는 와가시和菓子가 탄생하게 되는데 이것은 토오쿄오와 오오사카에서 대유행하게 되고 메에지 시대에는 몬쟈야키와 돈동야키가 생겨난다.

1923년 관동대지진이 일어나자 식량부족으로 이것은 부식에서 주식의 위치를 차지하게 되는데 1925년대가 되면 토오쿄오에서는 우스타 소스를 발라먹는 몬쟈야키나 잇센 요오쇼쿠一銭洋食가 식량

부족을 보충하는 방안으로 인기를 끌게 된다. 그것이 오오사카로 전래되어 콘냐쿠나 콩을 넣어 간장을 양념으로 먹는 베타야키와 쵸보야키가 탄생하게 되고 그것이 각종 철판 요리로 파생되어 오오사카나 히로시마에서 현재의 오코노미야키라고 부르는 스타일로 발전하게 된다.

한편 발상에 대해서는 히로시마의 쿠레시마吳市로 귀국한 해군 승무원이 이탈리아에서 먹은 피자를 이미지로 해서 만든 요리가 호평을 받아 그 후 출신지인 오오사카에 돌아와서 보급시켰다는 설이 있다.

오코노미야키로서의 명칭이 성립된 것은 1935년경으로 그 당시는 밀가루를 물에 풀어 부침을 만들어 단순하게 맛을 낸 대중품이었는데 점차 돼지고기나 소고기 혹은 어패류, 계란 등 여러 가지 식재료를 취향에 맞게 넣기 시작했던 것이 기원이라고 한다.

2.11. 스키야키 鋤燒

일반적으로 스키야키는 얇게 썬 소고기가 사용되고 파, 쑥갓, 표고버섯, 두부 등의 식재(자쿠라고 불리기도 한다)가 첨가된다. 맛을 내는 데는 간장과 설탕이 기본이 된다. 날달걀을 넣어서 먹는 경우도 있다. 샤부샤부에 쓰이는 얇게 저민 소고기는 뜨거운 국물에 살짝 담그는 것만으로 먹을 수 있을 정도로 얇지만 스키야키용의 고기는 이것보다는 두껍다.

일본에서는 에도 말기까지 불교의 계율 때문에 소고기를 먹는 경우는 일반적으로 거의 없었지만 스키야키라고 칭하는 말은 있었다.

가장 오래된 것으로는 1643년에 간행된 요리서『요리 이야기料理物語』에「스기야키杉やき」가 등장하고 있는데 이것은 도미 등의 어패류와 야채를 삼나무인 스기 상자에 넣어 된장으로 맛을 내서 끓인 요리였다. 이어 1801년의 요리서『요리 지침서料理早指南』의 〈스키야키鋤やき〉라는 항목에는 〈농기구인 가래(스키鋤) 위에 닭고기를 얹어 색깔이 바뀔 때까지 알맞게 구워서(야키) 먹으면 좋다〉라고 기술되어 있다. 또한 1804년의『요리 담합집料理談合集』, 1829년의『고래고기 조리법鯨肉調味方』 등에도 구체적인 기술이 나타나는데 이것들은 모두 쓰다버린 농기구인 가래를 불에 쪼여 오리고기나 고래고기 등을 구웠던 일종의 야키니쿠 형태였다. 된장으로 간을 해서 끓인 〈스기야키「杉やき」〉와 조류나 어패류의 야키니쿠 형태였던 〈스키야키「鋤やき」〉의 두 흐름이 쇠고기 스키야키의 기원이라고 볼 수 있는 것이다. 또한 선호하는 고깃살(스키미「すき身」)의 고기를 사용했기 때문에 스키야키라고 부르게 되었다는 설도 있다. 1859년에는 요코하마가 개항되면서, 거류지의 외국인이 소고기를 선호하게 되고 지방으로부터 소고기가 반입되게 된다. 이와 같은 상황에서 1862년 요코하마 이리후네쵸 오入船町에서 이자카야를 경영하고 있던 이세쿠마라는 사람이 소고기 전골집을 개업한다. 1868년에는 외국인을 위해 토오쿄오 시바芝에 소 도축장이 생겨나게 되고 이후 토오쿄오에서는 소고기 전골집이 유행하게 되었으며 소고기 요리는 문명개화의 상징이 된다. 개화기 소설가 카나가키 로붕仮名垣魯

仮은 이 상황을 소설 『아구라 나베』(『安愚楽鍋』1871년)로 묘사하고 있다. 이런 관동지방의 규우나베에 대해서 관서지방에서는 이보다 먼저 구운 쇠고기를 설탕을 넣은 간장국물로 조리하는 스키야키가 행해지고 점차 관동지방에서도 스키야키라는 호칭이 정착되어 갔다. 또한 일부에서는 스키야키「すき焼き」란 말의 어원으로서 「skillet(주물로 만든 후라이팬)」이 와전된 것으로도 보고 있다.

2.12. 오차お茶

2.12.1. 센노 리큐우千利休의 와비차侘茶

센노 리큐우千利休는 당시 중국풍의 차 문화에 불교의 선禪을 접목시켜 독특한 차문화를 만든 사람이다. 흔히 리큐우의 다도는 4규7칙4規7則이며 보통 4시간이 소요된다. 〈4규〉는 와케에세에쟈쿠和敬清寂이다. 이것은 만난 사람은 반드시 헤어지며 마침내는 필멸하고 마는 인생의 숙명을 전제로 하고 있다. 이런 숙명을 안은 인간의 삶에서 상대와의 어울림을 우선하는 〈화和〉와 상대를 우러르는 〈경敬〉의 정신이야말로 절대 필요한 덕목이다. 그리고 〈청清〉은 말 그대로 깨끗하고 잡티가 없는 것이며 〈적寂〉은 번뇌로부터 벗어나 막히지 않는 차분한 마음을 말한다. 〈화경和敬〉과 〈적심寂心〉은 명과 암이고 빛과 그림자이며 삶과 죽음의 청결함을 담고 있다.

전국 시대에 살면서 인생무상과 허무를 뼈저리게 느꼈던 리큐우는 다도에 그 철학을 구현해가며 마음을 비우고 살아가며 죽어서도 깨끗함을 남기는 일을 추구했다. 바로 이것이 리큐우가 지향했던 다도의 세계이다. 체념과 비움의 철학이 느림의 미학을 통해 구현됨으로써 깨달음의 경지로 연결되는 것이다. 그것은 겹겹이 쌓인 형식미를 거쳐 가면서 도달되는 경지이며 손님을 모심으로써 자신을 발견해 가는 독특한 커뮤니케이션 형태이다. 접대를 통해 상대방도 만나고 궁극적으로는 자기 자신과도 만나는 것이다. 그 만남의 공간에서 혹시 방해가 되는 것은 과감하게 없애기 위해 자신과 공간을 완전히 청결하게 한다. 이를 구현하기 위하여 가능한 한 좁은 공간을 엄격한 규칙으로 다듬어간다. 위의 〈4규〉를 구현하기 위한 7가지 실천방안인 7칙7則은 다음과 같다.

① 차는 맛있게 끓여야〈茶は服のよきように点て〉 손님을 초대하여 차를 대접하는 만큼 모름지기 차는 찻물을 알맞게 넣고 맛있게 타야 한다.

② 숯불은 알맞게 물이 끓도록 배려해야〈炭は湯のわくように置き〉 솔바람 소리(마츠노카제松の風)는 숯불의 힘이 만들어내는 물 끓는

니치니치 코레 코오지츠(日々是好日/비든 바람이든 맑든 흐리든 낙이 있든 없든 그것을 그냥 그 나름대로 즐기려는 풍류를 족자와 꽃꽂이가 대변하고 있다.)

소리이다. 숯불도 알맞아야 차 맛이 제대로 나는 법이다. 물 끓는 소리에 깨달음의 의미가 내포되어 있다.

③꽃은 들에 피어있는 것처럼〈花は野にあるように〉 꽃은 기교를 부리지 않고 자연 그대로 꽂는다.

④여름은 시원하고 겨울은 따뜻하게〈夏は涼しく冬は暖かに〉 손님을 맞는 기본자세이며 최상으로 모시기 위한 배려를 나타이다.

⑤정해진 시각보다는 빠르게〈刻限ははやめに〉 시간의 여백과 느림의 미학을 구현하기 위하여 약속한 시각보다 미리미리 준비하여 여유를 갖고 다도에 임한다.

⑥비가 오지 않아도 우산 준비〈降らずとも傘の用意〉 긴 안목과 세심한 배려로 만전에 준비를 꾀하는 차 준비의 마음가짐이다.

⑦손님끼리 서로 배려하도록〈相客に心せよ〉 다도의 주체가 화합이라는 점을 감안하면 화합을 할 수 있는 상대방을 선택하고 선택했으면 최선을 다한다.

꽃꽂이(들에 핀 것처럼)

2.12.2. 다도〈사도오 · 챠도오茶道〉

다실을 꾸미고 차 도구를 준비하여 차를 끓여 예를 갖추어 마시는 일체의 과정을 말한다.

오카쿠라 텐싱岡倉天心은 유명한 자신의 저서 『챠노홍茶の本』에서 〈다도란 잡다하고 번잡한 일상생활에서 미를 숭배하는 것을 근간으로 하는 의식〉이라고 했다. 이 다도에는 차 도구, 다실, 차를 사이에 두고 마주하는 주인과 손님의 자세, 마음, 그리고 차향 등 모든 것에서 향기를 느끼려고 하는 마음가짐이다. 따라서 지고至高의 미를 얻기 위하여 지고의 선을 다하는 것이 바로 다도의 예법이다. 이치고 이치에一期一会라는 말은 차를 대접하는 마음가짐을 표현한 것인데 단적으로 다도란 무엇인가를 농축한 말이기도 하다. 그 말은 차를 접대하는 순간이 일생에 두 번 되풀이 되는 일이 없기 때문에 차의 접대마다 최고의 차접대를 위해서 그 순간에 최선을 다한다는 말이다.

1.12.2.1. 다도의 역사

차의 종류는 다양하지만 차나무는 오직 하나인 동백나무과科의 동백나무속束에 속하는 나무이다. 일본에 차가 유래된 역사적인 기록을 보면 805년 사이쵸오最澄가 당나라에서 차 종자를 들여와 오오미〈近江/시가현滋賀県 비와 호수琵琶湖 근처〉의 사카모토阪本에 심었다는 기록이 있다. 806년에는 크으카이空海가 차의 종자를 가지고 와서 나가사키長崎에 파종했다는 기록도 있는데 지금도 히요시 차밭日吉茶園이 현존하고 있어 이를 뒷받침하고 있다. 당시에는 차가 지금처럼 음용이 아니라 약용으로 쓰였으며 당나라 차는 잎을 조금씩 빻아 뜨거운 물에 달여 마시는 〈탄차磚茶〉라고 불렸다.

이를 사가천황(嵯峨天皇 786~842)의 시대에 귀족들 사이에서도 즐겨 마셨다는 기록이 있다. 그 천황이 815년에 오오미의 카라사키唐崎에 갔을 때 승려인 에에츄우永忠가 차를 대접했다는 기록이 있고 그는 키나이畿内, 오오미, 탐바(丹羽/지금의 쿄오토京都), 하리마(播磨/지금의 효오고현兵庫県 남부) 등의 여러 지역에 차의 재배를 권장하였다.

이런 사실로 그는 귀족사회에 차를 전파한 사람으로 기록되고 있다. 차문화가 일본에 도입된 것은 9세기 경 당나라로 파견되었던 일본의 견당사(켄토오시遣唐使)가 중국에서 들여와 사원, 궁정에서 차를 마시게 된 것이 시초였다.

차카부키茶歌舞伎—에에사이榮西

투차鬪茶

일본의 차문화가 본격적으로 발전하기 시작한 것은 카마쿠라鎌倉 시대로 당시 중국의 유학승인 에에사이榮西가 약으로서의 차의 매력에 감동, 차의 종자를 갖고 일본에 와서 히젠지방(肥前/지금의 큐우슈우九州)에 심었는데 이것이 훌륭하게 성공하였으며 그는 또한 차를 달여서 쇼오궁將軍이었던 미나모토노 사네토모源實朝의 숙취를 치료했다는 기록도 있다. 카마쿠라 말기에는 투차(토오챠鬪茶)라고 해서 토가노오栂尾에서 재배한 차를 최고의 차인 혼챠本茶라하고 다른 지방에서 재배한 차를 히챠非茶라하여 맛을 보고 어떤 차인지를 알아맞히는 유희가 당시 바사라婆娑羅라고 부르는 신흥무사 사이에서 성행했었다. 당시에는 차도구도 중국제품을 선호하는 등 호화스럽고 값비싼 도구를 사용하였고 경품도 상당한 것을 걸어두고 행해졌다. 그러다가 와비차侘茶가 유행하면서 자취를 감추게 되었는데 현재에도 투차형식은 차카부키茶歌舞伎라는 형태로 일부 남아 있다.

무로마치室町 시대에 이르러서는 차가 본격적으로 일본화되면서 서원書院의 다도형식을 취하고 차를 마시는 인구도 귀족, 승려에서 서민까지 확산된다. 이 서원의 다도형식은 아시카가 요시마사足利義政가 깅카쿠지銀閣寺에 동산(히가시 야마東山)산장을 세워서 다도회를 개최한 것이 전형적인 것으로 거기에서 썼던 많은 유물이 현존하고 있다.

쥬코오珠光라는 사람은 나라奈良 쇼오묘오지称名寺라는 절의 승려였는데 그는 당시까지 호화스런 서원의 다도와는 달리 간소하고 소박한 시골집 풍의 집에서 다도회를 개최하여 〈초암草庵의 차〉란 유행을 만들어 낸다. 그는 일설에 의하면 아시카가의 타타미疊 18장짜리 방의 1/4 크기인 타타미 4장반의 다실을 만들었다고 한다. 그 뒤 다도는 렝가連歌와 밀접한 관계를 유지하면서 함께 발전해나가기 시작한다.

오오닝의 난(応仁の乱 1467～1477)이 발발하고 난 다음에 쥬코오의 제자인 타케노 죠오오오武野紹鷗는 노래의 세계에서 다도의 세계로 발을 들여놓은 사람인데 그는 오오사카大阪의 사카이堺라는 곳에서 가죽을 파는 집주인이었다. 바로 그가 렝가連歌라는 노래의 세계와 다도의 세계를 접목시킨 사람으로 주목받게 된다. 그의 뒤를 이어 나타난 사람이 역시 사카이堺출신의 센노 리큐우千利休이다. 그는 다도에 소박함을 접목시켜 와비차를 완성시킨 사람이다.

센노 리큐우千利休는 다도가 추구하는 미의식, 즉 선禪을 바탕으로 하여 고요한 가운데 느끼는 차분함과 질박하고 여유로운 멋인 와비侘를 다도에 접목시켜 전혀 새로운 버전의 다도세계를 창출해나갔다. 그는 넓은 공간의 산만함을 작은 공간으로 응축시킴으로써 자신에 대한 개안開眼의 공간을 확립해나간다. 그는 다도 속에 선의 세계가 존재하며 궁극적으로는 다도와 선의 세계가 일치한다고 믿었다. 다도의 세계는 와카和歌, 건축 정원의 지식, 미술을 보는 눈, 그리고 그것을 통괄하는 힘, 연출하는 능력, 상상하는 힘, 거기에다 가장 중요한 것은 마음이라고 생각했다. 마음은 곧 선禪이므로 선을 통해서 깨달음의 경지로 가는 것이 리큐우의 와비다도의 지향점이자 방향이었다.

  역사는 무로마치 막부가 쓰러지고 오다 노부나가織田信長의 세상이 된다. 그는 센노 리큐우 등을 불러 다도에 몰두했다. 날마다 전쟁에 날이 새는 줄 모르던 그가 천하통일의 대사업을 앞두고 염두에 두었던 것은 문화부흥이었다. 그래서 그는 손쉽게 접근할 수 있었던 다도의 세계에 관심을 두었다. 그는 또한 다도 명기컬렉션에 남다른 취미로 명기사냥을 즐겨했다. 토요토미 히데요시豊臣秀吉도 다도에 열중했는데 그는 공예에도 관심을 가졌고 좋은 다기茶器에 천하제일이라는 이름 붙이기를 좋아했다. 리큐우는 차 마시는 실내를 타타미 한 장 반 크기까지 줄이면서 초암草庵의 차를 극도의 검소한 형태로 발전시키고 있었다. 오다 노부나가는 당시 다도의 명인인 리큐우를 쌀 3,000석의 차 스승으로 대접했다. 이때부터 가장 강력한 후원자를 만난 리큐우의 다도가 본격적으로 형성되기 시작한다. 그는 당시에 유행하던 다이스노챠台子の茶의 번잡한 격식을 과감하게 생략하거나 간소화시켜 이른바 와비차侘茶의 기초를 만들어 간다. 오다 노부나가가 혼노오지本能寺에서 쓰러지고 리큐우는 히데요시로부터 다도의 천하제일이라는 칭호를 얻고 리큐우의 전성시대를 열어간다. 하지만 차 스승으로 대접받던 리큐우는 1591년 주군인 히데요시로부터 할복을 명령받고 할복하고 만다.

🐢 우라센케裏千家

  토쿠가와 이에야스德川家康는 노부나가나 히데요시처럼 다도에 신경을 쓰지 않았는데 3대 쇼오궁將軍 이에미츠家光 때에는 교양으로 장려하게 된다. 일설에 의하면 토쿠가와의 차 접대에서 토쿠가와의 잔에 독을 탈 것을 노부나가信長에게 명받았지만 리큐우가 단연코 거부했다는 사실을 알고 토쿠가와 집안은 평생 리큐우의 후손을 돌보게 되었다는 설도 있다.

  결국 이 와비차侘茶는 리큐우의 손자인 소오탕宗旦에 의해서 완성된다. 쿄오토京都에는 소오탕의 손자가 후싱앙不審庵, 콘니치앙今日庵, 캉큐우안官休庵 등의 3개의 셍케千家를 만들어 가는데 후싱앙은 밖에 있었고 안에는 콘니치앙이 있어 교오토 사람들이 후싱앙을 밖을 의미하는 오모테상, 콘니치앙

을 안을 의미하는 우라상이라 부르게 되었는데 그것이 바로 오늘날 오모테 센케表千家, 우라 센케裏
千家, 무샤노코오지 센케(武者小路千家/소오탕의 둘째 아들인 센노 소오슈千宗守가 쿄오토의 무샤노코오지武者小路로
분가했기 때문에 붙여진 이름)라고 부르게 된 것이다.

유파는 이에모토家元라는 신神이나 절대군주, 혹은 제왕과 같은 존재를 정점으로 하여 엄격한 계급
체계로 구성되는데 위의 3종가를 비롯 야부노우치 류우藪内流, 엔슈우 류우遠州流, 세키슈우 류우石州流
등 여러 유파가 있다. 메에지 이후 서양문화의 유입으로 한 때 쇠퇴하였으나 전통문화로서의 가치에
대한 재인식이 이루어져 대중화에 성공, 학교교육 과정에 도입되기도 하는 등 저변인구를 늘려갔다.
이제 와비차라는 다도는 다도를 대변하는 보통명사가 되고 말았다.

그 뒤, 시대의 우여곡절에 영향을 받으면서도 다도는 계속해서 발전해 왔다. 이제 현대의 기계문명
속에서 센케의 다도가 주목받는 시기가 되었다. 과거 한 때 일본인들 사이에서 은둔이 유행하던
시기가 있었는데 이제 다도에서는 그런 소극적인 도피가 아니라, 자신과 적극적으로 마주보며 자신을
응시하고 돌파하는 공간으로 만들어 가고 있는 것이다.

2.12.2.2. 다회(챠카이/茶会)

차손님으로 초대받아 그 집에 가서 가벼운 식사와 함께 차를 나누는 시간은 대략 4~5시간정도이
다. 초대하는 사람인 테에슈亭主는 미리 계절과 분위기를 고려하여 초대한 당일의 주제를 결정하고
그에 맞게 족자(카케지쿠掛け軸)와 꽃꽂이(이케바나生け花), 그리고 떡(와가시和菓子)과 간단한 식사인 챠 카
이세키茶懷石를 준비한다. 일상생활이지만 그 일상에서 벗어나 차를 함께 하는 벗과 차도구와 차와
분위기와 마음 등 모든 것에 특별함을 부여하는 것이다. 일상생활에서 벗어나 특별한 주제를 가지고
특별하게 차를 마시며 의사를 소통하는 것이 원래 다회의 목적이자 의미였다. 다실 안에서는 일상에
서와는 달리 상하귀천이 없으며 취미, 취향, 다도 전반에 관한 모든 생각이 일치됨을 확인하는 자리
이다.

차를 대접하는 주인과 초대받은 손님이 초대받은 주제를 통해서 하나가 되는 특별한 커뮤니케이션
인 것이다. 이 모임에서는 차향과 차 도구, 다실, 족자, 꽃꽂이 등이 모두 대화의 대상이 되고 상찬을
통해서 합일되는 경지를 찾아가게 된다. 따라서 주인과 손님 모두가 차에 대한 전반적인 지식과
미를 음미할 수 있는 안목과 교양을 갖추어야 하는 것이 암묵적인 전제이다.

다도에 관한 한 일본은 종교에 가깝고 한국은 풍류에 가깝다고 한다. 우라 센케는 다실에 들어갈
때에는 오른발부터 들어가고 나갈 때는 왼발부터 나간다. 오모테 센케는 그 반대이다. 그리고 차를
마실 때는 반지나 귀걸이 등을 하면 안 된다. 차를 마시다가 찻잔을 상하게 하거나 이상한 잡음이
나서 소통을 방해할지도 모르기 때문이다. 그리고 차향에 방해가 되므로 향수를 뿌려서도 안 된다.
이렇듯 다도에 임하는 사람들은 배려해야할 것들이 많다.

🎞 이케바나生花

🎞 차 뜨기(챠노스쿠이茶の掬い)

🎞 와가시和菓子

2.12.2.3. 다회의 종류/다사 칠식〈챠지 시치시키茶事七式〉

🎞 밤 다회·요바나시(夜咄)

①새벽 다회曉の茶事　먼동이 트는 시간을 즐기면서 하는 다회.
②아침 다회朝の茶事　주로 여름에 아침날씨를 화제로 하는 다회.
③낮 다회正午の茶事　낮에 간단한 식사를 곁들여서 하는 다회.
④밤 다회夜咄の茶事　밤의 정취를 화제로 주로 겨울에 하는 다회.
⑤여운 다회跡見の茶事　손님이 다녀간 뒤 그가 남긴 자취의 여흥을 즐기는 다회.
⑥불시 다회不時の茶事　갑자기 찾아온 손님을 위해 베풀어지는 다회.
⑦개봉 다회炉開き茶事　그 해에 새로 딴 잎을 단지에 보관하였다가 손님 앞에서 개봉하는 다회.

　하지만 위 다회는 15~20년 이상을 다도에 정진해온 다도인들이 상대방의 결혼 축하나, 환갑축하, 자녀입학 축하나 고인의 제삿날(메에니치命日) 등을 기념할겸 하는 다회로 보통사람들은 잘 하지 않는다.

2.12.2.4. 다회의 과정

　차는 주로 분말차(맛챠抹茶)를 사용하는데 차 한잔을 입푸쿠一服라고 하는 것은 옛날 약용으로 썼기 때문이다. 초대한 주인은 정원에 물 뿌리기를 한다. 정갈한 공간으로 만들며 마음도 함께 정화되는 것이다. 손님은 툇마루 같은 코시카케 마치아이腰掛け待合에서 기다리면서 주인과 말을 주고받지 않는다. 언어 이상의 것으로 서로 소통하는 것이기 때문이다. 손님은 다실의 정원인 로지露地에 들어서면서 자신의 일상과 결별하고 새로운 세계로 들어선다. 츠쿠바이蹲에서는 몸과 마음을 동시에 씻는다. 몸을 숙이며 들어가게 되어 있는 좁은 입구인 니지리구치躙口는 계급여하를 막론하고 다실에서는 누구나 겸손하고 평등하며 무구無垢의 세계로 들어가는 행위를 상징한다. 이것을 어떤 사람은 자궁으로 풀이하기도 한다. 새로이 거듭난다는 의미를 갖고 있는 것이기도 하기 때문이다. 그리고 다실에는 전등이 없으며 자연햇살로 밝힌다. 좀 어두우니까 더 예민해지고 조심스러워지는 것이다. 숯불과 함께 피워지는 향으로 인간의 5감은 매우 예민해진다. 식사는 옛날에 스님이 먹었던 가벼운 카이세키 요리懷石料理와 간단한 다과로 한다. 식사와 다과가 끝난 다음 손님은 밖으로 나와서 쉬고(나카다치中立), 주인은 안에서 차를 준비하는데 이때에도 가능한 한 언어는 삼간다. 다시 다실 안으로 들어가면 주인은 진한 차와 연한 차를 접대한다. 진한 차를 탈 때는 숨도 쉬지 말라는 말이 있다. 그만큼 타타미畳 2장에서 하는 주인과 손님의 1:1 진한 차 접대는 극도의 긴장이 요구된다. 차 접대의 성공여 부는 진한 차를 얼마나 잘 타는가에 있다. 진한 차를 마시기 전에는 우리의 양갱 같은 팥소가 들은 떡(와가시和菓子)을 먹고 연한 차를 마실 때에는 히가시干菓子라는 마른 사탕같은 과자를 먹는다. 연한 차일 때는 긴장을 풀고 다기茶器와 같은 이야기를 나누기도 한다.

세속의 때묻은 손과 마음을 씻는 츠쿠바이蹲   무구無垢의 세계로 들어가는 니지리구치躙口

일본인은 다기에 그것을 만든 사람의 혼이 깃들어 있다고 생각한다. 따라서 특히 찻잔茶碗 중심에 입을 대고 마시는 것은 실례이므로 돌려서 마신다. 센노 리큐우는 특히 조선도자기만큼 아름다운 것은 없다며 찻잔으로 조선 도자기를 사랑했다고 한다. 그 찻잔은 지금까지 일상적인 도자기로 알려 졌었는데 최근에 그것이 제사그릇의 일종인 제기였음이 밝혀졌다고 한다.

순서는 대개 다음과 같다.
①다실의 안쪽 출입구로 주인이 먼저 입실.
②60Cm의 정사각형의 작은 문으로 몸을 구부려야 들어갈 수 있는 니지리구치를 통해 손님 입실.
③주인과 손님이 인사를 나누고 정해진 자리에 앉는다.
④주인이 화덕에 숯불을 지피고 향을 피운다.

⑤카이세키 요리懷石料理와 다과를 먹는다.

⑥손님은 정원에 나가 잠시 쉬고 주인은 차를 준비한다.

⑦손님이 다시 들어오면 주인은 진한 차와 연한 차를 차례로 낸다.

⑧차를 마시며 담소를 나누지만 번잡한 세상사에 대한 얘기는 삼가 한다.

2.12.2.5. 차를 타고 마시기

정원이나 절 등의 경내에서는 임시의 자리를 마련하여 행하는 노다테野点의 형식도 있지만 다도에서 다실은 없어서는 안 되는 존재이다. 그리고 이 다실이이라는 좁은 공간이야말로 차문화를 이끌어 온 주체였다. 차를 끓여 타는(타테루点てる/한 점에 집중시켜 차를 끓인다는 의미로 쓰는 말이다) 작법을 테마에 点前라 하고 그 순서는 연한 차의 경우 찻잔(챠왕茶碗)에 맛챠抹茶를 넣고 솥(카마釜)의 뜨거운 물을 붓고 챠셍茶筅으로 빙빙 저어서 거품을 낸다. 연녹색의 거품이 잘 생겨서 완성되면 마지막으로 히라가나平仮名의 〈노の〉라는 일본 글자 형태로 마무리를 한다.

초대된 손님은 이 분말차(맛챠抹茶)가 카페인이 많이 들어 있기 때문에 차를 접대 받기 전에 떡을 먹게 되는데 그 떡은 반드시 이름이 있고 그 이름은 토코노마의 벽에 걸려 있는 족자掛け軸와 바닥에 장식된 꽃과 함께 계절과 거기에 맞는 손님접대의 주제가 함께 구현되어 나타난다. 떡은 흰 종이(카이시懐紙/품에 끼워 필요할 때 쓰는 종이)위에 얹어 먹는다. 차가 나오면 〈잘 마시겠습니다〉라는 일본어인 〈오테마에 쵸오다이 이타시마스·お点前頂戴致します〉라며 차를 가져온 사람인 주인(테에슈/亭主)이나 한토오(飯頭/半東주인의 보조역)에게 절을 하고 찻잔을 받는다. 마시는 방법은 오른 손으로 찻잔을 들어 왼손 바닥 위에 얹고 찻잔의 정면이 자신을 향하고 있으므로 오른손으로 두 번쯤 가볍게 시계방향으로 돌려 마신다. 정면을 피해서 마시는 것은 겸손한 마음의 표시이다. 다 마시고 난 뒤에는 손끝으로 찻잔을 가볍게 씻은 다음 손은 카이시로 닦는다. 그리고 찻잔의 정면이 자기 앞으로 오도록 해서 놓는다. 다도는 단순히 차를 마시는 것만이 아니고 찻잔을 비롯해서 차도구, 다실 분위기, 다실로 들어가는 좁은 길인 로지路地 등 주인과 손님간의 마음의 교류가 우선이다.

카이세키보다 가벼운 점심点心

챠카이세키茶懷石

사야마차의 노다테野点·埼玉県

〈여러 가지 차도구〉
① 차완茶碗1 ② 차완茶碗2
③ 차센茶筅1 ④ 차센茶筅2
⑤ 미즈사시水指 ⑥ 나츠메棗
⑦ 카마釜 ⑧ 큐우스急須와 도빙土瓶
⑨ 챠이레茶入れ
⑩ 꽃꽂이/하나이레花入れ
⑪ 챠샤쿠茶杓
⑫ 후쿠사袱紗
⑬ 향합/코오고오香合
⑭ 무궁화와 토코노마床の間
⑮ 이케바나生け花

① ②

카케모노—족자
좌: 明歷々露堂々
(메에 레키레키 로 도오도오/모든 것이 거짓없이 선명하게 나타나 있는 모습/들꽃 하나 솔바람 한 줄기에도 자연의 섭리가 나타나 있다)
우: 万里一條鉄
(반리 이치죠오 테츠/현상은 변하더라도 실상은 영원불변이라는 말로 다도에서는 오로지 다도에 집중해서 정진한다는 말)

③ ④

⑤ ⑥ ⑦ ⑧

⑨ ⑩ ⑪

⑫ ⑬ ⑭ ⑮

관련 키워드

▽차도구의 배합〈챠도오구노 토리 아와세茶道具の取り合わせ〉

▽보통 찻잔〈유노미湯呑み〉　　　▽다도 찻잔〈챠왕茶碗〉　　　▽솥〈카마釜〉

▽꽃꽂이〈하나이레花入れ〉　　　▽꽃꽂이〈이케바나生け花〉　　　▽물버림 그릇〈켄스이建水〉

▽뚜껑 받침〈후타오키蓋置き〉　　▽물 그릇〈미즈사시水指〉　　　▽분말차 수저〈챠샤쿠茶杓〉

▽족자〈카케모노掛け物〉　　　　▽청결 수건〈후쿠사袱紗 여:赤실크 · 남紫:실크 29×27㎝〉

▽차 젓기 솔〈챠셍茶筅〉　　　　▽대추모양 차 용기〈나츠메棗〉　　▽막대기형 손잡이 차 주전자〈큐우스急須〉

▽아치형 손잡이 차 주전자〈도빙土瓶〉　▽차 끓임 도구〈스미 도오구炭道具〉　▽차 끓이는 방〈미즈야水屋〉

▽다회〈챠노유茶の湯〉　　　　　▽새해 첫 다회〈하츠가마初釜〉　　　▽차 정원〈로지露地〉

▽차 타는 방법〈테마에点前/한 점에 집중해서 차를 탄다는 의미〉　　　　▽손 씻는 곳〈츠쿠바이蹲/쵸오즈바치手水鉢〉

▽손님용 툇마루〈코시카케腰掛け〉　　▽주인〈테에슈亭主〉　　　　　▽주인의 보조역〈한토오半東〉

▽주객〈쇼오카쿠正客〉　　　　　▽정원 휴게소〈요리츠키寄り付き〉　　▽차 접대 기다리기〈마치아이待合〉

▽멋있게 꾸미기〈바사리婆娑羅〉　▽향합〈코오고오香合〉　　　　　▽후로사키 병풍〈風炉先屏風〉

다도茶道의 미학美学

◇다도는 정신의 기하학이다.

다도의 원리는 보통 의미에서 말하는 미적 생활에 대한 단순한 실천이 아니다. 그것은 미美 속에 종교, 윤리를 포함하고 하늘과 땅 사이에 눈에 보이지 않는 미의 세계를 구축構築하려는 시도이다. 그것은 바로 정신의 기하학이다.

다도는 다실이라는 소우주 속에서 이루어지는 무용舞踊이다. 펜과 선으로 그어진 정지된 기하학의 도형이 아니라 어디까지나 유연한 속에서 생성되는 자유로운 조형이 그 속에서 창조되는 것이다.

장짓문을 열고 그곳으로 들어가 물 끓는 차 주전자 앞에 앉으면 순서에 따라 차가 끓여진다. 찻물 끓는 소리가 어렴풋이 들리고 창밖에 바람소리는 들릴락 말락 한다. 연록색의 포말이 퍼지고 그 색깔과 냄새에 빨려들듯하는 순간에 손님은 그 차를 음미하고 주인과는 아주 짧은 대화가 교환되는 경우도 있지만 주인이 누구인지, 손님은 누구인지 모두가 거의 무언의 드라마로 이행된다. 그것은 소우주 속의 자유로운 춤이고 미美의 드라마인 것이다.

◇반역을 통한 창조

일본의 건축은 개방을 특징으로 한다. 몬순형인 기후에다가 강수량이 많고 춘하추동의 계절구분이 뚜렷한데다가 봄에서 여름까지는 무수히 쏟아지는 비로 인해 고온다습의 계절이 도래하고 그에 따라 수목은 울창하게 자라며 벌레들까지도 득실대고 여름에 발생하는 습윤한 공기는 병을 낳고 모든 것을 썩기 쉽게 하는 상태로 만든다. 따라서 통풍이 잘되는 개방형의 공간이 되지 않으면 건강을 위협받는다. 〈개방〉은 일본 주거의 주선율인 것이다. 그 개방을 선도하는 첨병들이 바로 후스마襖나 쇼오지障子 등 소위 장지문이라 하는 것들이다.

이런 상식에 반기를 든 것이 바로 1582~1584년경이다. 바로 다실에 벽을 설치하고 벽으로 닫힌 공간 속으로 다도를 집어넣은 사건이다. 이것은 일본 건축에 대한 전인미답의 반란행위였던 것이다. 하지만 그 반란 속에는 창조행위가 숨어있었다. 그것은 공간을 극단적으로 좁게 하는 것이었다. 벽으로 둘러싸인 소공간의 출현은 다도의식의 내면화를 고도로 진행시켜 나가게 된다. 벽이란 외부세계와의 차단행위이다. 희미한 빛이 들어오는 폐쇄적인 공간은 폐쇄적이기 때문에 그 한계를 넘어 무한의 우주공간을 만들어 낸다. 세계의 어느 곳에 공간을 협소하게 함으로써 무한의 공간을 포착하려는 발상이 존재하겠는가? 차정원인 로지路地라는 공간이 겹겹의 다양한 장치를 통하여 외부공간과의 여과장치로 작용하고 있다면 외부와 극도로 차별화된 다실이라는 내부는 무한의 공간을 창출한다. 바로 이러한 패러독스의 공간이 리큐우가 의도한 정신세계였던 것이다.

◇다도는 절묘한 거리의 미학이다.

다도의 무대가 되는 다실은 앉는 사람의 마음을 차분하게 하도록 고안되어 있다. 다도(챠지茶事)가 베풀어지는 4시간(후타코쿠二刻)사이에 사람과 사람이 서로 마음을 열수 있는 공간이다. 다실 속에서의 사람과 사람의 거리(마아이間合)는 미묘하기 짝이 없다. 너무 가까우면 경계심을 일으키고 너무 떨어지면 소원해져서 아무것도 전달되지 않는다. 거리감이 과민하거나 산만하지 않도록 절묘한 공간의 미학이 조화롭게 구축되어 있는 것이다. 그것은 다음과 같은 소도구들로 이루어진다.

창이나 발이 주는 자연 빛의 효과에 천정의 디자인, 벽의 흙, 기둥 하나의 굵기가 주는 시각의 효과는 기본적인 세트역할을 하는 무대이고 그 무대에 출연을 기다려왔던 배우들처럼 토코노마에 족자와 꽃꽂이가 장식되고 숯불이 피워지고 찻주전자의 찻물이 끓으면 다실은 삶의 향기가 충만한 최선의 공간으로 탈바꿈한다. 그건 단순한 구조물이 아니라 감각으로만 느껴지는 감성의 장소이다. 타타미에 앉은 고객의 눈높이에 맞춰 모든 장식(시츠라이設い)이 구현된다. 다실은 주인이 혼자서 접대하는데 지나치게 좁거나 넓지 않도록 기능을 최대한으로 살린 가장 합리적인 공간인 것이다.

◇안목을 통한 재발견

다도에서는 질박함이 호화찬란함을 능가할 수 있다. 그것이 와비차侘び茶가 갖는 쾌감이다.

금박 자기磁器의 호화찬란한 킨란데金襴手 찻잔이나 고급 옻칠의 유려한 마키에蒔絵나 나츠메(차 담는 그릇)보다는 소박한 흙으로 빚은 찻잔이 훨씬 마음에 울려퍼지는 뭔가가 있다. 보는 안목이 확실하다면 차 도구는 가치를 훨씬 넘어선 미의 발견을 가능하게 한다. 리큐우가 완성시킨 와비차 사상의 덕택이다. 리큐우가 발견한 조선의 이도井戸는 원래는 제사용 그릇인 생활잡기였다. 그것이 유연한 발상과 예리한 선택의 시선에 의해서 새로운 가치를 발하는 것이다.

잡기를 명기로 전환시키는 가치관의 역전. 별것 아닌 것도 고도의 안목에 의한 세심한 선택에 의해 다실 속으로 호출받음으로써 새삼 별도의 인식을 불러일으키는 차의 세계에서 말하는 미타테見立て, 이것은 아트디렉션의 세계와도 상통한다.

차도구는 기본적으로 사람과 사람의 마음을 통하게 해주는 것이 아니면 안 된다. 주인이 차도구를 만났을 때 느꼈던 참을 수 없는 쾌감은 차도구에 향기로 남아 있다가 시공간을 달리해서도 그것을 향유하는 손님도 참을 수 없는 쾌감으로 전이된다. 이 공감이 바로 와비다도의 재발견인 것이다. 다도의 즐거움은 갤러리의 유리를 넘어 감상하는 것과는 달리 손의 감촉으로 느끼면서 손님과 도구의 아름다움을 공감하는 점에 있다.

이치자 콘류우(一座建立/이치고 이치에를 소중히 여기는 다인들이 그 정신과 의의를 최대한으로 살려 시기와 장소에 구현해 가는 행위)의 상징인 진한 차를 담는 찻잔은 손님의 손바닥에서 손바닥으로 건네짐을 통하여 일동이 마음을 통합하여 하나가 된다. 이치자 콘류우의 역할을 다하는 중요한 도구인 것이다. 기나긴 세월동안 수없이 많은 다회로 찻잔은 사람의 손에서 손으로 지나온 것이다. 언제 어디에서 누구의 손이 어떤 생각을 담아서 구웠는지, 그리고 어떤 사람이 이 찻잔을 즐겼는지 그런 사연을 고스란히 담은 찻잔은 손에 들고 마시는 것만으로 매력에 푹 빠질 수 있는 것이다.

◇다실과 로지路地의 절묘한 조화

다도에 있어서 정원인 로지路地가 갖는 의미는 실로 크다. 다도는 성스러운 행위이고 다실은 성스러운 공간이다. 일상의 속된 세계에서 성스런 공간으로 들어가기 위해서는 일상의 잡념을 떨쳐버리고 마음을 비우는 여과적 장소가 필요하며 바로 이런 경지를 만드는 장소가 로지이다. 이것은 일종의 통과의례라고 볼 수 있는데 다도에는 이 통과의례를 위한 장치가 많이 마련되어 있다. 우선 요리츠키寄付き라는 공간에 손님이 모이고 의복을 단정하게 한 다음 조용히 툇마루腰掛待合에서 주인의 인사를 기다린다. 인사가 끝나는 대로 징검돌길을 건너 중문을 지나 안쪽 로지로 향한다. 이 중문은 안쪽 차 정원과 바깥쪽 차 정원에 세워진 벽과 같은 존재이다. 츠쿠바이蹲는 차 정원에서 가장 중요한 장치이다. 세속의 때를 털고 닦아내는 장치이기 때문이다. 그리고 마지막으로 기다리는 것이 니지리구치躙口인데 여전히 남아 있을지 모를 계급의식이나 에고이즘이나 자만 같은 것들과 결별하며 새로운 세계로 진입하는 길목이 바로 이곳이며 이곳은 하나의 완성이자 새로운 출발인 것이다.

이곳에서 행해지는 움직임의 일련의 행위는 つたう・くぐる・またぐ・つくばう・にじる 등이다. 옛날부터 성스러운 장소에 들어서기 위한 통과의례를 나타내는 동사들이었다.

다도에서 빼놓을 수 없이 중요한 것은 〈지금〉을 떠받치고 있는 시간과 공간이다. 두 번 다시 생길 수 없는 〈지금〉을 생생하게 포착하여 주인과 손님이 그것을 공유하는 것이 다도이며, 집착을 버리고 자연과 동화되고 우주의 섭리를 헤아리는 것이야말로 바로 다도의 〈지금〉이라는 순간인 것이다.

2.13.1. 차의 종류

일본에서 흔히 마시는 차는 녹차인데 최근에는 많이 다양해졌다.

차의 구별은 우선 발효여부에 따라 무 발효차(료쿠챠綠茶)・반 발효차(우우론챠烏竜茶)・완전 발효차

(코오챠紅茶) 등으로 구분된다. 산지에 따른 구별로는 시즈오카현静岡県의 카와네챠川根茶, 사이타마현埼玉県의 사야마챠狭山茶 등이 있으며 차 잎을 따는 시기에 따른 일번차一番茶·이번차二番茶·삼번차三番茶와 음용하는 시기에 따른 봄차春茶·여름차夏茶·가을차秋茶·겨울차寒茶로 구분한다. 차를 만드는 방법으로는 중국차는 가마솥에 넣고 볶아 만드는데 비해 일본은 대개 증기로 쪄서 만든다.

2.13.1.1. 무 발효차

1. 분말차〈맛챠抹茶〉: 찻잎을 곱게 갈아 뜨거운 물에 풀어 마시는 차로, 찻잎을 함께 먹는다. 가장 연한 새싹芽만을 따서 말린 다음 쪄서 맷돌로 갈아만든 가루차로 최고급차이다.

2. 잎차
① 센챠煎茶 : 찻잎을 잘게 썰어 말린 후, 뜨거운 물에 우려 마시는 차를 말하며, 일본차의 약 80%가 이 센챠이다.
② 교쿠로玉露 : 그늘에서 비료 등의 영양공급을 충분히 하여 키운 고급 녹차이다. 값도 비싸고 맛과 향이 강해서 적은 양을 마신다. 고급 센챠나 교쿠로는 60℃ 정도의 미지근한 물로 차를 타는 것이 가장 좋다.
③ 반챠番茶 : 오래된 큰 찻잎으로 만든 차이며, 중저가품의 차를 의미한다.
④ 메챠芽茶 : 센챠煎茶나 교쿠로玉露를 만들면서 새싹芽을 가려내어서 만든 차이다. 맛과 향이 강하며 카페인 등 자극성분도 많다.
⑤ 쿠기챠茎茶 : 줄기(쿠기茎)부분을 모아서 만든 차이다.
⑥ 겜마이차玄米茶 : 센챠나 반챠에 볶은 현미를 섞어 넣은 차이다.
⑦ 호오지챠焙じ茶 : 반챠를 볶아서 달인 차로서 카페인이나 폴리페놀 등 자극물질이 적고 맛이 시원하여 자극적인 맛을 싫어하는 사람이나 어린이들에게도 권할 수 있는 차이다.

2.13.1.2. 반 발효차

▽오룡차〈우우론챠烏龍茶〉

중국의 복건성(푸젠성福建省)에서 제조한 것이 주를 이루는데 차 잎을 햇볕에 약간 말리므로 잎 속에 있는 성분의 일부가 산화되어 좋은 향기를 나게 한다. 막 향기가 날 때쯤 해서 가마솥에 넣고 볶아 산화를 정지시키는 것이다. 따라서 발효가 반쯤 이루어지기 때문에 반 발효차라고도 한다. 이 차는 연간 1만 가량 일본으로 수입되고 있다. 일본인의 1인당 연간 차 소비량이 1kg인 것을 생각하면 상당한 양이다. 이것은 한자로 표기하면 오룡烏龍으로 푸젠성에 무이산武夷山이라는 산계가 있는데 그곳은 항상 검은 구름이 용처럼 하늘을 뒤덮고 있는 상태여서 그 모양을 묘사한 말이라는 설도 있고 반쯤 말린 차 잎의 모양이 검은 용을 닮았다고 해서 붙여진 이름이라는 설도 있다.

2.13.3.3. 완전 발효차

▽홍차〈코오차紅茶〉

　차나무의 어린 차 잎을 따서 발효시키면 홍갈색으로 변화되며 아름다운 향을 내는데 이것을 건조한 것으로 차로 탔을 때는 맑은 홍색을 띠기 때문에 이런 이름이 붙여졌다. 주로 인도, 스리랑카 등에서 생산된다.

일본인의 주생활　　　　　　　　　part.03

　일본주택에서 특히 주목받는 것은 접객용의 객실(자시키座敷)이 중시되는데 이것은 촌락 공동체에 있어서 잔치를 위한 공간이다. 집에 카미다나神棚나 부츠당仏壇을 설치하고 주인의 자리가 정해지는 것은 조상숭배와 가부장제와 관계가 밀접하다. 또한 일본전통주택은 습기가 많은 풍토 때문에 개방적이고 농업이 중심이었기 때문에 토방(도마土間)이 많다. 또한 옷이나 식생활에 비해서 금기가 많았고 신분이나 격식에 따른 제약이 많았다. 많은 문화가 서양화되면서 주택문화도 서구의 문화를 받아들였지만 기와지붕·목조·타타미·붙박이장(오시이레押入れ), 장지문(후스마襖) 등의 기본적인 요소는 변함이 없다.

📷 미야마쵸오美山町의 전통가옥 마을·京都

　일본주택의 가장 큰 특징은 목조인데다 부서지기 쉽고 타기 쉽다는 것이다. 이것은 역으로 손쉽게 부수고 재빨리 지을 수 있는 장점이 있다는 반증인데 자연재해가 심한 편인 일본에서 견고한 주택문화가 발전했을 법한데도 오히려 다시 짓는 것에 중점을 둔다는 것은 자연재해의 불가항력을 더 많이 염두에 둔 것이라고 볼 수 있는 것이다. 이것은 다시 말해서 자연이 정복의 대상이 아니고 더불어 살거나 체념하는 종교관의 발현인 셈이다.

　서양인이 자신의 집을 성처럼 생각하는데 반해서 일본인은 주택을 누추한 거처わびずまい로〈비와 이슬을 긋는 곳〉이라든가〈다섯 척의 몸을 들여놓을 수만 있다면 만족이다〉라고 생각해왔다.

　일본 주택의 또 하나의 특징은 개방적이고 융통성이 풍부한 점이다. 칸막이가 특별히 없고 공간을 늘리거나 줄일 수 있다. 따라서 각방의 독립성이 약하고 프라이버시가 존중되지 않는 점도 있으며 이것이 일본인에게 개인주의가 발달하지 않는 하나의 요인이라고 주장하는 학자도 있다. 서양은 부

부를 가정의 핵으로 하는데 비해서 일본은 가부장이나 부모·자식관계를 축으로 하는 주택구조이다. 또한 주택은 외양(오모테 무키表向き)과 내부(오쿠 무키奧向き)로 나눌 수 있는데 그 중에서도 외양을 중시하는 편이다. 현관을 멋지게 꾸민다든가 보통 사용하지 않는 객실에 돈을 많이 들인다든가 하는 것은 바로 그런 발상이다. 봉건사회가 오래 지속되면서 주택은 신분이나 격식의 표현이기도 했다. 그들에게 현관은 녹봉의 수준을 나타냈고 높은 사람을 초청하기 위해서는 훌륭한 응접실이 요구되었던 것이다. 일본이 서양화되면서부터는 응접실을 서양식으로 꾸미는 것이 유행하게 된다. 그러는 와중에서 가장 희생양이 되었던 것은 침실이나 부엌이었다. 돈을 들인 외양의 공간과 희생이 되었던 내부의 공간을 접합시킨 것이 일본의 주택인 것이다.

 개방의 구조로 계절과 공유하는 정원, 전통 창문과 툇마루

관련 키워드

▽단독주택 익코다테 一戶建	▽1층집 히라야 平屋	▽아파트 만숀 マンション
▽천장밑찬장 템부쿠로 天袋	▽붙박이장 오시이레 押入れ	▽툇마루 엥가와 緣側
▽생울타리 이케가키 生け垣	▽지붕 야네 屋根	

▽비덧문 아마도 雨戶	방위防雨·방범防犯용의 두꺼운 덧문. 토부쿠로戶袋도 함께 총칭함.
▽문지방 시키이 敷居	문을 열고 닫을 수 있는 레일을 깐 아래쪽. 윗쪽은 카모이鴨居라고 한다.
▽개방 화덕 이로리 囲炉裏	민가에서 마루 바닥의 일부분을 4각형으로 오려내서 불을 지피도록 만든 곳.
▽수평목 나게시 長押	기둥과 기둥 사이를 잇는 수평목.
▽가로 기둥 토코 바시라 床柱	토코노마의 가로기둥.
▽평상난로 코타츠 火燵	전기로 데워지는 히터가 달려있는 상에 모포를 덮고 그 위에 상판을 깐 열기구. 일본의 겨울 실내는 춥기 때문에 그 모포 속에 발을 넣고 일상생활을 한다.
▽장지문1 쇼오지 障子	격자 문양의 문에 우리의 창호지처럼 일본식 종이를 바른 미닫이문.
장지문2 후스마 襖	칸막이(시키리仕切り)나 벽의 대용으로 만든 문으로, 미닫이문으로 여닫게 되어 있다. 문을 닫으면 캄캄하다. 장지문은 채광採光을, 후스마는 차단을 목적으로 한 것이다.

▽집세〈야칭家賃〉/주인〈오오야大家〉/보증금〈시키킹敷金〉/사례금〈레에킹礼金〉/복덕방 수수료〈테스으료오手数料〉

▽일본에서는 방을 빌릴 때는 보통 월세의 1~3배에 해당하는 보증금과 월세와 같은 복덕방 수수료와 사례금을 물어야 하고 보증인 인감과 주민표가 필요하다. 나중에 해약할 때 보증금은 파손된 기물비를 제외하고 찾을 수 있다

3.1. 일본주택의 역사

일본주택의 역사를 살펴보면 메에지 중기에는 서양문화의 모방일변도에서 국수주의 풍조가 생기다가 양쪽의 장점만을 섭취하는 절충식이 나타나는데 재래식 주택에 서양풍의 응접실을 설치하는 이른바 양식 응접실(요오후우洋風 오오세츠마応接間)이 그 대표적인 것이다. 메에지 후기에는 재래주택의 기능면에 대한 비판이 일어나면서 방에서 방으로 이동할 때 복도를 이용하도록 하여 다른 방을 거쳐야만 하는 종래의 프라이버시를 침해하는 방식을 극복한 복도형 주택(츄우로오카 가타 쥬우타쿠中廊下型住宅)이 제창된다.

📷 전형적인 농가주택

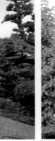
📷 현대풍으로 개량된 주택

1910년대에는 이른바 문화주택이 생겨났다. 이것은 단란한 한 가족이라는 주제 아래, 집의 중심에 거실을 배치하고 그 거실 남향에 정원을 배치하여 바라보도록 했으며 입식의 부엌과 식당과도 통하게 했고 가족 각방의 구획을 명확히 하여 프라이버시를 살리는 기능 중시와 함께 쾌적함을 중시하는 발상이 구현되었다. 1923년 대지진이 일어난 다음 해에는 도오중카이同潤会라는 재단법인이 생겨나고 이것이 1955년에는 일본주택공단이 되어 주택보급에 획기적인 공헌을 하게 된다. 식당과 부엌의 개념을 도입한 2DK방식이 도입되고 공영아파트에는 없었던 욕실이 설치되었으며 부엌에는 스테인레스의 조리대가 설치되고 화장실도 서양식으로 바꾸고 토코노마를 폐지하였다. 그리고

📷 미네쵸오 부락 · 京都

새시, 부엌세트, 실린더형의 자물쇠 등이 채용된다. 또한 공영주택보다는 값이 비싸지만 종래의 2DK방식에 거실을 추가한 2LDK방식에 도시중산층이 몰려들며 단지団地라는 말이 생겨나게 된다. 이

방식에는 모든 방이 거실에서 통하도록 되어 있어서 복도가 생략되게 되었고 침실과 욕실은 일본식이었으며 구두를 벗고 올라가는 습관도 그대로이고 현관은 극도로 좁아졌다.

경제 성장으로 일반인도 자기 집을 짓기 시작하면서 우리의 아파트에 해당하는 맨션을 짓기 시작하는데 이 공단의 양식이 일반주택에도 널리 영향을 끼치며 전후 주택의 모델이 된다. 전후 주택의 두드러진 특징은 첫째가 주택의 합리화이다. 값비싼 택지 때문에 좁은 공간에 가능한 한 많은 요구를 담으며 조금의 여유공간이라도 완전히 없앤 것이 특징이다. 그러면서도 새시, 부엌세트, 수세식 화장실, 환기통, 실린더 자물쇠 등의 주택의 근대화는 꾀했다. 두 번째는 기능성을 들 수 있는데 우선 건평을 DK 또는 LDK의 공간과 침실의 공간으로 크게 나누고 식당과 침실의 분리를 꾀함과 동시에 전자를 입식, 후자를 좌식으로 하고 있다. 이것으로 취사·식사·세탁 등의 일상생활이 능률적으로 처리될 수 있었고 침실에는 침대를 들이지 않아서 몇 사람이라도 잘 수가 있게끔 했다. 리빙룸은 단란한 가족이 쉴 수 있는 공간이기도 했지만 응접실도 겸하게 되었다.

🔍 전형적인 3LDK 방 배치

 관련 키워드

▽3LDK/맨 앞의 숫자 3은 침실의 개수이고, L은 LIVING ROOM을 나타내는 거실이며, D는 DINING ROOM을 나타내는 식탁을 놓을 수 있는 공간이고, K는 KITCHEN으로 부엌을 나타낸다. 일본의 집 단위는 전부 이것으로 나타낸다.

3.2. 타타미疊

🔍 타타미疊와 시키리仕切り로 이루어진 개방형 공간

일본식 방인 와시츠和室와 양식 방인 요오시츠洋室의 구별준거인 타타미는 일본주택을 크게 규정 지어온 전통적인 바닥재이다. 볏짚을 겹으로 쌓아 실로 꿰어 단단하게 한 바닥에 왕골(이구사藺草)로 짠 돗자리를 타타미 거죽에 씌워서, 흑색·갈색·녹색 등의 헝겊으로 둘레를 친 것. 방바닥에 빈틈없이 깔아, 앉는 도구와 바닥재를 겸하게 했다. 타타미란 겹으로 쌓는다는 뜻으로 옛날에는 멍석이나 돗자리를 겹으로 해서 깔개로 사용했는데 헤에안 시대 초기 그것을 합해서 박아 헝겊으로 둘레를 쳐서 만들고 타타미라든가 쵸오疊라고 불렀다. 크기도 다양했고, 두께도 두꺼운 타타미와 그 반두께의 얇은 타타미가 있었는데 계급에 따라 둘레의 색깔이

타타미疊와 이로리囲炉裏와 쇼오지障子가 보이는 실내 풍경

나 문양이 결정되어 행사마다 새로 설치되 곤 했으며 헤에안 시대 후기에는 타타미를 상설하는 부분이 만들어졌다. 카마쿠라 시 대 무가라든가 승려의 주택에서는 방의 가 운데 부분을 남기고 타타미를 빙 둘러서 까는 형태가 유행했고 무로마치 시대에 들 어서 비로소 방 전체에 깔게 되었다. 무가 나 승려의 주택인 서원주택(쇼인즈쿠리書院 造)에서는 기둥의 중심에서 중심까지 규준 으로 하는 심심제心心制였기 때문에 방의 크기에 따라서 타타미의 치수도 약간 달랐 다. 에도 시대에 서민의 집에도 타타미를 깔게 되었고 기둥사이를 규준으로 하는 내

측제가 도입되어 타타미의 치수는 통일되었으며 호환성을 갖게 되었다. 다만, 쿄오마京間·츄우쿄오 마中京間·칸토오마関東間라고 해서 지역에 따라 다소 차이가 있었다. 특히 쿄오마가 보급된 지역에서 는 이사할 때 타타미·장지문 등을 떼어서 가재도구와 함께 가지고 갔다. 어느 집, 어느 방에도 딱 들어 맞았기 때문이다. 이어 유통경제의 발달과 함께 다양한 생활도구에 이르기까지 규격화가 시행되고 분업을 발달시켜 일본공업화의 전제가 되었다. 또한 타타미를 깐 객실의 등장은 주객主客의 평준화에 따른 진정한 의미의 사교가 등장하는 계기를 만들었다. 렝가連歌·다도茶道 등의 문화는 이것과 깊은 관련이 있고 사람 수에 대해 융통성을 갖게 된 타타미 공간은 연회를 포함한 접객공간으 로 거듭난 것이다. 메에지 이후, 봉급생활자가 문화를 주도하면서 만든 것이 무사의 주택양식을 이어 받은 접객위주의 방 배치와 프라이버시 침해의 주택문화라는 비난을 받자, 이를 해결하기 위하여 복도식(로오카시키廊下式)이나 응접실을 만든다. 또한 집의 크기를 타타미 숫자로 나타내는 습성이 생겼 기 때문에 셋집(샤쿠야借家)은 가능한 한 많이 타타미를 까는데 힘썼고 도시의 영세민주택에까지 타타 미 깔기가 일반화되었다. 메에지 이전, 일본 동부 농가의 대부분은 흙바닥(도마土間)만 있는 주택이었 고 일본 서부에서도 객실을 가진 주택은 드물었으며 객실의 보급은 메에지 이후의 일이었다. 그것도 객실은 평소에는 사용되지 않고 관혼상제 때에만 사용하고 타타미를 치우는 경우도 많았다. 2차 대전 후 주택의 서양화가 진행되었지만 일본식 방은 그대로 남아 있었다. 그 이유는 일본식방이 갖는 다용성·융통성으로, 가령 서양식 가구를 배치한다고 해도 타타미생활을 답습하고 있는 가정이 대부분이었다. 이런 타타미가 갖고 있는 성격이 토끼장(우사기코야ウサギ小屋)이라 불리는 협소한 일반주 택공간을 가능하게 했다. 타타미공간이 옛날보다 적어진 것이 오늘날 영아가 옛날만큼 바닥을 기지

않고 갑자기 서게 되는 것과 관련이 있다고 한다. 이것은 병 때문에 누워 있는 노인이 특히 많은 일본을 역으로 설명하는 것일 수도 있다. 노령화 사회에서 타타미의 재검토가 시급한 과제로 떠오르고 있는 것이다.

3.3. 자시키座敷

접객, 혹은 주연의 자리를 의미한다. 무로마치 말기에 일어나 에도 초기에 완성된 주택건축의 양식인 쇼인즈쿠리書院造는 일본식 주택양식으로 현재까지 영향을 끼치고 있다. 여기에서는 접객공간이 독립되어 있으며 훌륭하게 만들어진다. 주접객 공간을 높게 만들고 기둥은 각져 있으며 타타미를 깔고 기둥사이에는 장지문(쇼오지障子)과 후스마襖를 설치하고 바깥쪽은 비덧문(아마도雨戸)을 설치한다.

📷 객실·자시키座敷

3.4. 토코노마床の間

근세 이후, 객실에 타타미 한 개 넓이를 확보하여 바닥을 한 단 높여서 정면의 벽에는 족자를 걸도록 만든 장치로 일본주택의 상징으로 되어 있다. 무로마치 시대 승방의 벽에 불화를 걸고 앞에 경전을 펼칠 수 있는 책상을 놓고 향로, 화병, 촛대를 장식한 것이 고정된 오시이타押板의 시작이라고 한다. 토코노마는 근세 초두에 정형화되었다. 위치상으로는 그 앞이 주군이나 귀인의 자리로 격식화되어 있다. 다실, 혹은 다실이 마련된 건물인 스키야数寄屋에도 서화를 장식하는 낮은 공간을 토코노마라고 했는데 그 형식은 자유였다. 에도 시대, 서민에게는 토코노마를 만드는 것이 금지되었는데 18세기 중엽부터는 서민의 집에서도 스키야 풍의 토코노마가 만들어졌다. 당시 질박함을 소중히 여겼던 에도 시대의 주택 속에서 거의 유일한 장식의 공간이었기 때문에 토코노마의 상징성은 높았다. 메에지 이후 도시의 봉급생활자는 무사의 생활양식과 함께 토코노마를 계승하고 객실(자시키座敷)을 캬쿠마客間라고 불렀는데 관혼상제를 제외하고는 부하가 상사의 집으로 가는 것이 의례였기 때문에 토코노마 앞에 앉는 가장의 권위는 허용되지 않았고 오히려 아무나 가

📷 족자掛け軸가 보이는 토코노마床の間

질 수 없는 토코노마를 가졌다는 의식에 편승해서 외적인 권위만을 누릴 수 있었던 것이다. 그러다가 가장이 족자를 걸고 주부가 꽃꽂이를 하는 이른바 국민문화 형성기의 규범적 가족상이 되었다. 2차 대전 후에는 일본주택의 봉건적인 상징으로 비판받음과 동시에 도시주택의 협소함과 생활가구의 현 저한 증가가 토코노마의 입지를 어렵게 했지만 아직도 많은 주택에서는 그것이 잔류되어 있고 예컨대 현관의 신발장 위로 대치공간을 만들기도 하고 있다.

3.5. 일본의 주택사정

일본의 대도시권의 주택 사정은 코오高·엥遠· 쿄오狹라는 말로 표현된다. 글자 그대로 땅값이 비 싸기 때문에 도심에서 멀리 떨어진 교외로 나가고, 집을 마련했다고 해도 좁은 집밖에는 가질 수 없다 는 의미를 압축한 말이다. 가령, 동경권에서 70㎡의 신축 맨션을 구입할 경우 80년대 버블경제 때는 일 반 근로자세대의 연봉의 8.5배였는데, 90년대 이후 버블이 꺼짐으로써 집값도 떨어지긴 했지만 연봉의 6.4배라는 비싼 값이다. 정부가 목표로 하고 있는 5배 이내는 아직 실현되지 않고 있다. 많은 샐러리 맨들은 싼 집을 찾아 도심권에서 자꾸 먼 곳으로 집

📷 건물 사이에 있는 나카니와中庭

을 구입해 나가다보니 편도(카타미치片道) 1시간이상이나 걸리는 곳에서 힘든 출퇴근을 하고 있다. 2003년 통계를 보면, 총 거주 주택이 5,389만채로 총세대수 4,725만세대를 상회하고 있어 외견상, 주택보급률이 괜찮은 것 같지만 지방의 빈집(아키야空家)을 제외하면 실제 거주주택은 4,725만호이고, 그중 소유주택은 2,866만호로 60.6%, 셋집(샤쿠야/카리야借家)은 1,717만호로 36.3%나 된다. 그리고 그 가운데 단독주택(익코다테一戶建て)은 56.5%, 아파트 등 공동주택이 4.5%였다. 주택 한 채 당 면적 은 일본이 토끼장으로 비유되는 것처럼 92.8㎡이다. 참고로 미국은 162.0㎡, 프랑스는 105.5㎡, 독일은 94.8㎡로 그들에게 못 미치고 있다.

3.6. 호설지대의 전통주택 갓쇼오즈쿠리合掌造リ

일본에서 눈이 많이 내리는 호설 지대에서 볼 수 있는 주택건축 양식으로 기후현岐阜県의 시라카와 고오白川郷와 토야마현富山県의 고카야마五箇山에 남아 있는 건축군은 유네스코 세계문화유산으로 등

록되어 있다.

특징으로는 억새 지붕(카야부키茅葺)의 경사가 급한 키리즈마즈쿠리 지붕(切妻屋根/지붕형상의 하나로 마치 책을 엎어놓은 듯한 지붕의 형태)이 큰 특징을 이루고 있다. 지붕의 형태가 합장을 할 때의 손의 모양과 닮았다고 해서 갓쇼오즈쿠리合掌造り라는 이름이 붙었다고 한다.

지붕의 골조인 코야구미小屋組는 시라카와고오白川郷와 고카야마五箇山의 것이 유명하지만 본래는 일본의 민가에서 널리 볼 수 있는 구조이다.

억새 지붕에서는 비가 새는 것을 방지하기 위해서 급경사의 지붕이 필요하므로 갓쇼오즈쿠리가 유리하며 이 형태는 호설 지대에서 눈이 쌓일 때 지붕의 하중을 받쳐주는 데도 유용하다. 시라카와의 갓쇼오즈쿠리는 에도 시대에서 메에지 시대에 걸쳐서 만들어졌다.

선승들이 책을 읽기 좋도록 만든 쇼인즈쿠리書院造 형태나 와카, 다도, 꽃꽂이 등 풍류의 장소를 염두에 둔 스키야즈쿠리数寄屋造り 등 상류층의 주택에서 사용되는 지붕의 골조인 와고야和小屋와는 크게 다르다. 즉 와고야는 마룻대(무나기棟木)가 용마루(오모야母屋)를 밑에부터 직선방향으로 떠받치고 있는 형태인데 반해 갓쇼오즈쿠리에서는 양쪽에서 사람 인(人)자 형태의 서로 기댄 모습으로 마룻대가 만나 용마루를 떠받치는 모습을 하고 있다. 이것은 일반적으로 사스(扠首/일명 트러스구조라고도 함)구조라고 불리며 대들보에 가하는 마게 모멘트(재목이 하중에 못 이겨 휘려는 성질)를 줄여주고 대신 그와는 반대의 힘으로 양끝에서 당기는 힘의 구조인 인장력引張力을 집중시켜주는 점에서 목재에게는 더없이 뛰어난 구조이다.

갓쇼오즈쿠리 건축에서는 버팀목용 기둥이 없는 넓은 공간의 다락방이 생겨난다. 에도 시대 중기 무렵 양잠업이 활성화하자 이 공간에 양잠용 선반을 설치하게 된다. 원래 구조상 경사가 완만한 지붕은 만들기 어려운 갓쇼오즈쿠리이므로 3층, 4층에 양잠선반을 크게 만들기 위해서 지붕 전체는 더 높이 솟을 수밖에 없었다.

 시라카와고오白川郷의 갓쇼오즈쿠리合掌造り・岐阜県

억새 지붕의 교체는 30년에서 40년 정도에 한번 행해진다. 또한 눈이 지붕에서 떨어질 때 억새도 함께 떨어지는 경우가 있으므로 보수작업은 1년에 한두번 정도 필요하다. 억새 지붕의 지붕교체 작업은 지역주민의 동력제공에 의한 공동 작업으로 이루어진다. 이 구조를 유이結라고 부른다.

▽**쇼인즈쿠리**書院造 : 무로마치에서 에도 말기에 걸쳐 완성된 주택양식. 선승들이 책을 읽기 좋도록 만든 형태이며 접객공간
　이 독립되어 설치되는 등의 화려한 건축의 상징.

▽**스키야즈쿠리**数寄屋造り : 와카, 다도, 꽃꽂이 등 풍류를 염두에 둔 건축양식.

▽**지붕의 여러 종류**＜屋根の種類＞

▽초가 지붕 : 와라부키藁葺き/볏집 지붕 : 이나부키稲葺き/억새 지붕 : 카야부키茅葺き/갈대 지붕 : 아시부키葦葺き

▽기와 지붕 : 카와라부키瓦葺き/평기와와 둥근기와를 교대로 얹은 지붕 : 홈부키本葺き

▽판자 지붕 : 이타부키板葺き/얇은 널판 지붕 : 코케라부키柿葺き

▽노송나무껍질 지붕 : 히와다부키桧皮葺き/소나무 껍질 지붕 : 마츠카와부키松皮葺き

▽양철 지붕 : 토탐부키トタン葺き

📷 日本の四季折々の歳時風俗 1

①카도마츠 정월
②정월 보름小正月에 장식들을 모아 태우며 정월 기분을 씻는다·돈도야키(1월)
③진자와 석양이 만드는 순간의 향연·奈良県(1월)
④갑작스런 눈의 내방과 동백의 의연함冬·京都
⑤분수처럼 터지는 벚꽃의 만개·三重県(3월말)
⑥절과 자목련이 연출하는 주옥같은 시간(봄)· 兵庫県
⑦신쇼쿠神職들의 액막이 행사(4월)
⑧코이노보리鯉幟와 바람이 만드는 풍물시(5월)· 奈良県
⑨낭교오 나가시人形流し/인형에 숨을 불어넣거나 몸에 문지른 다음 물에 흘려보내는 액막이 행사
⑩쇼오소오잉正倉院과 사루스베리百日紅(초가을)· 奈良県
⑪미코들의 춤과 마츠오 타이샤松尾大社(11월)

①

②

③

④

⑤

⑥

⑦

⑧

⑨

⑩

⑪

결혼結婚   part.04

　일본의 결혼풍습이야말로 일본의 현상을 극명하게 보여주는 예라고 할 수 있다. 과거에는 가문과 가문의 친소관계나 이용관계를 고려한 정치공학적인 결혼형태가 유행했으나 요즘에는 수억 엥을 들인 초호화판 결혼이 있는가 하면, 예식장비·신혼여행비가 없어서 가족끼리 조촐하게 치르는 결혼식까지 경제력과 결부된 다양한 결혼형태도 존재한다.

　요즘은 결혼 자체를 일상생활의 한 부분으로 여기고 거기서 즐거움이나 의의를 찾으려는 젊은이들도 많아지고 있다. 〈아이디어 결혼식〉이 그것인데 이것은 보통의 결혼식과는 다른 개성 있는 결혼식을 말한다. 예를 들면 수중 결혼식이라든가 산꼭대기에서 하는 산정 결혼식 등으로 세계적 추세에 편승한 결과라고도 볼 수 있다.

　일본에서 전통적으로 하는 혼례의 수순을 살펴본다.

4.1. 혼담〈엔당緣談〉

　옛날에는 결혼은 가문의 문제로서 개인의 의사와 취향은 고려대상이 아니었다. 그러던 것이 최근에는 맞선을 수십 번이나 본 사람이 나오는가 하면 인터넷을 이용한 만남도 있고 결혼정보회사(켁콤방크結婚バンク)도 많다. 혼담은 자신이 위치하고 있는 곳에서 벗어나 보다 광범위한 영역에서 새로운 상대를 만날 수 있고 상대방에 대해서 결정적인 정보를 확실히 알 수 있는 장점도 있다. 이 혼담에서 가장 결정적인 역할을 하는 사람은 중매인(나코오도仲人)이다. 중매인은 신망이 있고 비밀을 간직해줄 수 있

는 사람으로서 냉정한 판단력과 강력한 추진력이 있는 사람이 선호되고 있다.

4.2. 약혼예물 교환〈유이노오結納〉

맞선이든 연애결혼이든 두 사람의 결혼 의지가 확고해지면 약혼을 하는데 약혼은 결국 사회로부터 두 사람이 인정받는 행위이므로 여기에는 증인과 증거가 되는 서류와 물건 등이 필요하게 된다. 그 때 주고받는 예물로 일본에서는 유이노오結納가 일반적이고 이것은 신랑·신부 양측이 돈이나 직물, 술과 안주 등의 물건을 교환하는 것을 말한다. 이는 우리의 함 제도와 비슷하다. 우리와 비슷하게 일본에서 혼례婚礼는 크게 세 부분의 의식으로 나뉘는데, 약혼식이라고 할 수 있는 유이노오結納, 그리고 결혼식과 피로연(히로오엥披露宴)이 그것이다. 유이노오 의식은 결혼 6개월 전부터 늦어도 3개월 전 안에 이루어지며 우리나라의 경우 대개 신랑측으로부터 사주단자四柱單子를 받고 예단礼緞을 서로 교환하는데, 일본에서는 몇 가지 상징성을 띤 물건과 돈을 신랑측이 신부측에게 전달하고 신부측은 답례로 작은 정성을 보낸다. 유이노오結納라는 말은 처음에 〈이이이레言納〉에서 〈유이이레結納〉로 바뀌고 그 중 뒷 글자인 이레納가 음독音讀으로 바뀌면서 〈유이노오〉라는 말로 정착되었다. 그

📷 유이노오結納를 받는 모습

📷 예물 유이노오힝結納品

예물을 〈유이노오힝結納品〉이라 하는데, 기본이 9품목이고 조금 줄여서 할 때는 7, 5, 3가지로 품목수品數는 짝수가 아닌 홀수로 준비한다. 부부의 연緣이 나누어 딱 떨어지듯이 끊어지지 않도록 하자는 일본인다운 배려가 숨어 있는 것이다. 일본인들의 의식의 유형화·형식화는 바로 여기서도 보인다. 그리고 이 예물은 상서로운 의미를 담고 있어 그 물건을 주고받는 것은 의미를 주고받는 것이며 이로써 약혼은 정식적인 것이 된다.

이 약혼은 지역에 따라 다르며 크게 관동식과 관서식으로 나눌 수 있다. 관동식은 예물을 하나의 판에 올려놓기 때문에 그 위에 장식하는 미즈히키가 평면적인데 반해서 관서식은 한판 위에 하나의 예물이 장식되고 물건에 제약이 없기 때문에 미즈히키 장식도 입체적이다. 물건의 명칭은 일본 각 지역의 풍습에 따라서 조금씩 다르나 기본 형식은 대개 갖추어져 있다. 기본 9가지 품목은 대개 다음과 같다.

①노시熨斗/얇게 펴서 말린 전복을 놓고 그 위에 부부의 장수長壽를 기원하는 의미로 미즈히키水引로 만든 학鶴을 장식한다. 지방에 따라서는 쵸오노시長熨斗라는 말을 쓰기도 한다. 미즈히키는 가는 실 여러 개를 합쳐 풀을 먹여 말리고 중앙에서 색을 발라 말린

끈을 말한다. 선물을 포장 할 때 두르며 경사에는 홍・백・금・은 따
위를 쓰고 조사에는 흑・백을 사용한다.

📷 미즈히키水引

②코소데료오小袖料/예전에 예복을 보내서 생긴 말인데, 지금은 간단하게
유이노오킹結納金이라고 해서 보통 100만엥 정도를 봉투에 넣고, 그 위
에 장수와 건강, 그리고 소나무의 초록색처럼 영원히 번영하라는 의미
로 소나무(마츠松)를 장식한다. 지역에 따라 호오킹寶金, 옴비료오御帯料,
유이노오료오結納料라는 말을 쓰기도 한다. 옛날에는 여성의 노동력의 댓가로 키모노라든가 오비・
하카마 등이 보내졌고 요즘은 그것이 현금으로 바뀌었는데 현재는 민며느리 제도(요메토리콩嫁取り婚)
도 아닌 만큼 옛날의 의미는 퇴색되었다. 금액은 통상 남자 월급의 2~3배가 일반적이다.

③타르료오太留料/타르란 원래 잔치에 쓰기 위한 술을 담은 나무통을 지칭하는 것이었는데 지금은
나무술통 모양의 작은 장식과 2~3만엥 정도의 돈을 넣는다. 그리고 그 위에는 지조와 결백을
상징하는 대나무를 장식한다. 지방에 따라서는 카나이 키타류우家内喜多留, 키타류우喜多留 등의 말
을 쓴다.

④고토부키 스르메壽留女/말린 오징어. 씹으면 씹을수록 맛을 내며 오래되어도 변치 않는 말린 오징
어처럼 좋은 부부, 변치 않는 부부가 되기를 기원하는 의미를 담은 예물이다.

⑤콤부子生婦/말린 다시마. 자식을 잘 낳기를 기원하는 마음을 담은 예물이다.

⑥토모시라가友白髮/부부가 흰 머리가 되도록 같이 오래 살기를 기원하는 의미에서 마(아사麻)로 만든
흰 실을 준비하거나 노부부老夫婦 인형을 놓는다. 지방에서는 타카사고高砂라는 말로도 쓴다.

⑦스에히로末広/흰 부채인데, 부채 살이 넓게 퍼지는 것처럼 가정의 번영과 행복을 기원하는 염원을
담은 예물. 그 위에는 거북이(카메亀)를 장식한다.

⑧마츠우오료오松魚料/카츠오부시鰹節를 일컫는 말인데 가다랭이를 말려서 얇게 저민 것이다. 예전에
는 축하할 일이 있을 때 이것을 선물했으나 지금은 2~3만엥 정도의 돈으로 대신한다. 이 위에는
인내를 뜻하는 매화를 장식한다.

⑨유비와結美和/약혼 반지인데 아름다움과 조화로움의 결실이란 의미로 썼다. 지방에 따라서는 優美
和・結美環 등으로 쓰기도 한다.

9가지 품목을 다 준비하려면 큰 돈이 들기 때문에 흔히 3품목만 넣어서 약식으로 하는 경우도
있다. 이런 경우는 유이노오킹・노시・스에히로만 들어간다. 준비된 예물은 길일吉日인 타이앙大安
의 오전 중에 나코오도(중매를 선 사람)가 신랑집에서 받아 신부집으로 가져간다. 신부집에서는 이것을
받아 방의 한 편에 있는 토코노마床の間에 장식한다. 유이노오는 남녀 각각이 서로의 맹세로 볼 것인
가, 남자의 결혼 요청에 대한 여자의 승낙으로 해석 할 것인가에 따라 그 답례도 정식으로 할 수도
있고 단순하게 받았다는 사인만을 해줄 수도 있다.

관동지방에서는 전에는 남성에게 받은 금액의 반액 정도를 여성 쪽에서 답례로 했었는데 요즘에는

유이노오 중에서 반지에 대한 답례로 양복이나 시계를 선물하는 풍습이 늘고 있다. 츄우부中部나 킹키近畿지방에서는 색깔 바꾸기(이로가에色替)라고 하며 나중에 양복 대금이나 유이노오킹의 10%를 답례로 한다. 관서지방에서는 예물 답례(유이노오 가에시結納返し)를 중매인을 통해서 신랑측에 보낸다. 여기에는 유이노오킹・노시・스에히로 등 약식의 3품목만 들어있고 돈은 남자가 양복이나 키모노를 마련해 입을 정도로 한다. 보통 유이노오의 금액은 1994년 통계에 의하면 남자가 평균 77.9만엥 여자의 답례는 10.0만엥이었다고 한다.

유이노오를 전달하는 과정에서 신랑의 가족 이름도 표기해서 보내는 것이 예의이다.

중매인이 신랑측으로부터 예물을 받아 신부댁에 전달하는 방식의 순서를 살펴보면 다음과 같다.

① 신랑집에서는 중매인을 맞아 벚꽃 차(사쿠라유桜湯)를 준비하고 신랑과 부모가 정중하게 예의를 갖추며 신부댁에 예물(유이노오)을 전달할 것을 부탁한다.

② 중매인은 축하의 말을 하며 유이노오의 전달자로서 대임을 다 할 것을 승낙하고 예물을 확인하여 상자에 담고 보자기에 싸서 신부집으로 향한다.

③ 신부측에서는 자신도 예물과 기념품을 보낼 경우 와키토코脇床를 준비한다. 현관에서의 영접은 신부의 형제나 친척이 담당하고 응접실까지 안내한다.

④ 중매인은 신랑측에서 받은 예물을 토코노마에 장식한다.

⑤ 신부와 부모가 입실하여 물건을 받는다. 과거에는 가문家門간에 이루어졌던 행사이기 때문에 부모가 받았는데 지금은 당사자가 중시되는 시대이므로 신부가 직접 받는다.

⑥ 신부가 받아 목록을 보고 부모에게도 보여주고 나서는 원래의 위치로 돌려놓고 예의를 표시한다.

⑦ 신부측 답례품을 중매인에게 전달하고 그것을 생략할 경우에는 수령증受書을 써준다.

⑧ 중매인을 대접한다. 중매인은 축하 주안상을 가볍게 받고 신부측으로부터 받은 답례품 혹은 수령증을 상자에 담고 보자기에 싸서 신랑집으로 가져간다.

⑨ 중매인은 신랑댁에 되돌아가서 신부가 예물을 받았다고 보고하고 신부에게서 받은 답례품이나 수령증을 건넨다.

⑩ 신랑과 부모는 중매인에게 감사의 말을 전한다. 양쪽 모두가 접대하는 것은 중매인에게 부담이 되므로 한쪽에서는 술값(슈코오료오酒肴料)으로 현금을 준다. 기본적인 풍습이 이렇지만 신랑이 직접 가져가기도 하고, 양가 집안이 모여서 식사를 하며 서로 교환하기도 하는 등 방법은 다양하다.

신부집에서는 받은 예물을 결혼식 전까지 토코노마에 진열해 놓거나 결혼식까지는 대개 3개월의 시간이 있으므로 먼지가 앉고 더러워지기 쉬우므로 일단 다시 상자에 넣었다가 결혼식의 초대장을 부칠 때에 다시 장식한다. 그리고 이 예물은 약혼의 증거물이기 때문에 결혼 후에는 불필요하므로 처분할 때는 적어도 목록만은 남긴다. 식이 끝나면 먹을 수 있는 것은 먹고, 나머지는 정월正月에 장식할 물건으로 고쳐서 보관하거나, 그대로 진쟈神社에 돈을 내고 보관을 의뢰하기도 하고 지방에 따라서는 신부가 결혼 후에 가지고 가는 경우도 있다.

그러나 사실 월급만 가지고 생활하는 사람들은 어찌 보면 호화판인 이런 결혼식을 자기 힘으로 치르기가 힘들기 때문에 부모의 도움을 기대하기 힘든 경우, 아주 간소하게 하거나 아니면 뉴우세키 入籍라고 해서 호적에 이름만 올리고 사진관에서 웨딩드레스를 입고 결혼 기념사진을 찍는 것으로 대신하기도 한다.

4.3. 약혼식〈콩야쿠시키|婚約式〉

①복장

남자가 양복이면 블랙계통의 정장슈츠이고 키모노라면 가문(카몽家紋)이 세 개 들어간 3문양이나 한 개 들어간 1문양의 하오리羽織와 하카마袴차림이 보통이다. 여성의 경우 낮의 양장이라면 세미 에프터눈, 밤의 드레스라면 칵테일 드레스가 기본이다. 일본식이라면 호오몽기訪問着가 가장 무난하고 신부의 경우는 유우젠友禅 염색의 후리소데振袖가 일반적이고, 부모나 입회인이면 이로무지色無地나 츠케사게付下를 입는다.

②약혼 기념품의 교환

신랑이 신부에게 주는 물건으로는 반지가 가장 일반적이고 목걸이, 블로치, 키모노 옷감(탐모노反物), 양복지 등이 있고 신부는 그 반액 정도로 시계, 양복, 악기, 서적 등을 선물한다. 정성스런 예물이므로 봉서지(후우쇼시封書紙)에 담아서 금·은실의 미즈히키水引 10줄로 깔끔하게 매듭 지어 목록과 함께 예물을 무가공의 나무판(시라키다이白木台)이나 헤기봉升木盆에 담아 보낸다.

약혼식은 신랑, 신부 두 사람이 입장하여 앉고 사회자가 개식사를 하고 두 사람이 서약을 한 다음 선서에 서명 날인 한다. 그리고 증인이 서명 날인하고 두 사람의 약혼을 선언한다. 이어 참석자가 축사를 하고 두 당사자가 답례를 하고 포부를 밝힌 다음, 증인 한사람의 선창으로 건배를 하고 회식을 시작한다. 그리고 약혼식에 드는 비용은 반반 부담(셉팡折半)하는 것이 관례이다. 비용에는 식장비, 음식비, 중매인의 교통비(나코오도 쿠루마다이仲人車代)에 통지서 발송에 드는 인쇄비, 우편료 등이 있다. 그 중 교통비는 홍백의 미즈히키 금줄로 엮은 금 봉투에 넣는 것이 기본이다.

4.4. 결혼식〈켁콘시키|結婚式〉

결혼은 옛날에는 주로 신부가 신랑의 집으로 시집을 가는 식의 결혼(요메토리콩嫁取婚)이 주류를 이루었기에 그 시대는 주거와 기본적인 생활용품은 신랑이 책임지고 신부는 자신의 몸치장과 노동과 그 용품을 두는 수납 공간인 간단한 가구(요메이리 도오구嫁入り道具)를 준비하면 되었다. 비용은 현재에는 남녀평등으로 반반씩 부담하는 것이 원칙이지만, 지금도 결혼식과 피로연에 대한 비용은 전액

신랑이 부담하는 곳도 있다. 구체적으로는 공동의 지출인 결혼식 비용·신혼여행·중매인에 대한
사례금 등은 반반 부담으로 하고 피로연에 드는 비용은 각각 초대한 사람 수만큼 부담하며 신혼살림
에 필요한 금액은 평등하게 부담한다. 그리고 미용과 옷을 빌린 대금 등은 이용한 사람이 부담하는
것을 원칙으로 한다. 단 웨딩드레스에 필요한 부케의 값은 신랑측이 전액 부담한다. 그것은 식장에
입장하는 신부에게 신랑이 꽃을 선사한다는 부라이들 부케에서 기원한다.

4.4.1. 결혼식의 종류

📷 메에지 징구우明治神宮에서의 신도식 결혼 행진

4.4.1.1. 신도식 결혼〈신정켁콩神前結婚〉

일본 신 앞에서 하는 결혼식으로 가장 일반적인 결혼식이다. 전에는 그 엄숙함으로 진쟈神社의 신뎅
神殿에서 행해졌다. 요즘은 호텔이나 요정 같은 곳에 임시 신전을 만들고 거기에서 행한다. 분위기가
엄숙한 만큼 중매인의 역할이 가장 큰 곳이다. 오늘날의 형태는 타이쇼오大正천황이 토오쿄오東京
다이징구우大神宮에서 1910년에 행한 결혼식이 모델이라고 전해진다. 예식을 신셍 타마구시 하이레
에神饌玉串拜礼라고 하는데 여기서 신셍神饌은 신에게 바치는 벼·쌀·술·고기·물 등을 가리키며
결혼식의 순서는 다음과 같다.

① 입장

신랑, 중매인, 신부, 중매인 부인, 신랑측 부모,
신부측 부모, 신랑측 친척, 신부측 친척 등의 순서
로 입장한다.

② 착석

신랑 신부가 맨 앞 중앙 신전을 향하여 오른쪽에

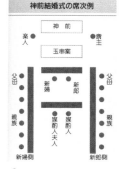

📷 신도식 결혼 좌석 배치　　📷 신도식 결혼神前結婚

신랑이 앉고 왼쪽에 신부가 앉는다. 신랑측 양부모와 친척은 오른쪽에, 신부측 양부모와 친척은 왼쪽에 서로 마주보고 앉는다. 중매인은 신랑 뒤쪽에, 중매인 부인은 신부 뒤쪽에 앉는다.

신도식 결혼식의 순서

입장

③재계 의식〈슈우후츠노 기修祓の儀〉

재주(사이슈斎主)가 입장하고 자리에 앉으면 진행자인 전의(뎅기典儀)가 결혼식의 개회를 알린다. 재주가 먼지 털이로 몸을 재계하는 의식인 오하라이お祓い를 행한다.

④헌찬의식 축사 아뢰기〈노리토 소오죠오祝詞奏上〉

일동이 자리에 앉으면 재주가 앞으로 나아가서 신 앞에 바다채(우미노사치海の幸), 산채(야마노사치山の幸)를 차려놓고 제례를 지내는 행위인 헌찬 의식을 행한다. 이어 결혼을 보고하고 신의 가호를 기원하는 노리토祝詞가 헌상되고 일동은 다시 일어나서 경청한다. 그리고 진쟈神社에서 봉사하는 미혼여성인 미코巫女의 춤이 바쳐진다.

재계 의식

⑤삼배의식〈상콘노 기三献の儀〉

보통 산상쿠도노 하이三三九度の杯라고 하는데 전쟁에 나가는 출진出陣이나 돌아오는 귀대帰陣 등 축하 기원의 연회로 술을 석 잔에 세 번씩, 9번을 마시는 행위를 일컫는 의식이다. 소・중・대의 술잔으로 서로 9잔의 술인 미키神酒를 마시고 부부의 연(치기리契)을 맺는 의식을 말한다. 합환주 의식은 종족 보존과 자식의 번창을 기원하는 의미에서 오래 전부터 전해 내려온 것이다. 암수 한 쌍의 나비가 정을 주고받다가 드디어 누에고치를 만드는 것을 상징한다. 첫잔인 〈다이익콩第一献〉은 신랑 → 신부 → 신랑의 순서로 행해지고 둘째 잔은 신부 → 신랑 → 신부의 순서로 셋째 잔은 첫째 잔과 마찬가지로 미코巫女가 따라주는 술을 마신다.

미코巫女의 춤

삼배 의식에 쓰이는 잔

삼배 의식

⑥반지〈유비와指輪〉 교환

미리 맡겨둔 반지를 미코가 상(삼보오三方/신불에게 공양물을 얹어 바치는 칠을 하지 않은 상으로 다리에는 구멍이 무늬 모양으로 뚫려 있음)에 얹어서 들고 들어오면 신랑이 먼저 신부에게 끼워주고 나중에 신부가 신랑에게 끼워준다.

⑦선서 아뢰기〈세에시 소오죠오誓詞奏上〉

신랑 신부는 타마구시앙(玉串案/비쭈기나무인 사카키榊의 美称)앞으로 가서 두 번 고개 숙여 절을 한 다음에 신랑이 선서를 읽고 자신의 이름을 말하면 신부도 뒤이어 자신의 이름을 말한다. 다 읽은 다음에는 둘둘 말아서 타마구시앙 앞에 놓고 자리로 간다.

반지 교환

⑧비쭈기 나무 배례〈타마구시 하이레에玉串拝礼〉

타마구시는 비쭈기 나무의 가지에 종이수술(시데四手)을 단것으로 신과 사람의 뜻을 이어주는 역할을 한다고 전해진다. 신랑 신부는 이 타마구시를 갖고 타마구시앙 앞에

선서 아뢰기

나아가 이것을 바친다. 그리고 두 번 고개 숙여 절하고 두 번
박수를 친 다음 한번 고개 숙여 절하는 니하이 니하쿠슈 이치하
이二拜二拍手一拜를 하고 자리로 돌아온다. 똑같은 행위를 중매
인도 한다.

비쭈기 나무 배례　　　비쭈기 나무 헌상

⑨친척 건배〈신조쿠 하이노 기親族杯の儀〉

참석자 전원에게 돌려진 잔에 미코巫女가 술을 따르고 사회
자의 신호에 따라 일제히 서서 술을 마신다.

⑩퇴장

퇴장

아악이 연주되는 가운데 신 앞에 바쳐진 물건들이 내려지고 재주가 술을 한잔
할 때 모든 사람들은 절을 한번하고 재주의 덕담이 어우러지는 가운데 퇴장한다.

4.4.1.2. 불교식 결혼〈부츠젱켁콩仏前結婚式〉

불교식 결혼은 전생에서부터 인연이 있어서 남녀가 연을 맺게 된 것을 조상에 감사하고 내세에까
지 인연을 맺고자 맹세하는 결혼식이다. 절 또는 호텔이나 결혼식장 등에 마련된 불전에서 하거나
자기 집 불전에서 행하는 경우도 있다. 불교에서 전생에 부부의 연을 맺은 남녀가 부처님의 인도로
하나가 되는 것이라고 믿기 때문에 부처님 앞에서 결혼을 보고하고 감사드리며 부부의 영원한 사랑을
맹세하는 것이다. 식의 형태는 종파에 따라서 다르지만 조동종(소오토오슈우曹洞宗)의 예는 다음과
같다.

①입장

먼저 양부모와 친척이 입장을 하고 사회자의 지시에 따라 자리에 앉는다.

다음에 신랑과 신부가 각각 중매인과 중매인 부인을 동행하며 입장한다. 마지막에 시키시(式師/
법회의 식문을 읽는 역승)가 지샤(侍者/시중드는 사람)와 함께 입장한다.

②헌향 3배〈켕코오 삼바이献香三拜〉

사회자로부터 개식사가 있고 시키시式師가 불전에서 향을 올리고 삼배한다. 모두 식사式辞에
맞추어서 합장하고 삼배한다. 그리고 시키시가 불전 앞에서 두 사람이 부부가 된 것을 밝히는
성혼선언문격인 계백문(케에뱌쿠몽啓白文)을 낭독한다.

③세에스이 칸죠오〈洒水灌頂〉

신랑 신부에게 생명의 물을 뿌리며 두 사람의 심신을 깨끗이 하는 의식이다. 이 때 신랑 신부는
불전 앞에 깊이 고개를 숙이고 합장하며 이를 받는다.

④염주 수여〈쥬즈 쥬요数珠授与〉

지샤侍者의 손에 의해서 불전에서 염주가 내려지고 그 염주는 시키시式師에 의해서 신랑 신부가
합장을 하고 있는 손에 걸어진다. 신랑 신부는 합장을 풀 때에 염주를 왼쪽 손목에 다시 건다.
이때 반지 교환이 이루어진다.

94

⑤상키 라이몽三帰礼文

모두 일어나서 상키 라이몽이라는 맹세의 말을 외친다. 우선 처음 첫 구를 시키시式師가 선창하고 둘째 구부터 일동이 합장을 하고 외친다. 참가자 앞에는 식장 측에서 준비한 서표(시오리栞)가 있어 그것을 읽는다.

⑥합환주〈사카즈키 고토杯事〉

신랑 신부가 부부의 연을 맺는 술을 교환하는 의식이다. 참가자 전원이 술잔의 술을 올려 건배한다.

⑦맹세의 말〈치카이노 코토바誓の言葉〉

신랑이 결혼 서약문을 큰소리로 낭독하고 마지막으로 자신의 이름을 외친다. 신부도 신랑에 이어서 자신의 이름을 외친다. 그 뒤 신랑과 신부가 서약문에 날인하고 시키시에게 건넨다. 그리고 양 가족에게 서약문을 보여준다.

⑧시키시 훈사〈지쿵示誨〉 일동삼배一同三拝

시키시가 경사스럽게 부부가 된 것에 축복의 말(지쿵示誨)을 하고 이어 전원이 시키시에 맞추어 불전에 3배를 한다.

⑨퇴장

사회자에 의해 폐식사가 이루어지고 입장의 역순으로 퇴장한다.

결혼식 전후에 불단이나 묘에 가서 참배하고 조상에게 그 취지를 보고한다. 오늘날에는 불교식 결혼은 신도식 결혼과 마찬가지로 합환 의식을 행하는데 승려 자신이 결혼하는 경우는 집에 돌아가서 합환주 의식을 행하는 경우도 있다.

그밖에 일본에서는 기독교식, 서양식의 결혼 등이 있는데 이것은 우리와 대체로 비슷하다. 기독교 결혼식은 두 사람의 애정에 의해 성립되며 반드시 신의 축복을 받는 것이어야 한다고 믿는다. 다른 형태의 결혼식과 마찬가지로 기독교의 결혼식에서도 중매인 부부가 시중을 들어주지만, 중매인이 신자가 아닌 경우, 따로 신자의 증인을 세우며 중매인은 피로연 때만 그 역할을 수행한다. 한 가지 다른 것은 혼인식 자리에서 결혼 신고서에 신랑 신부가 직접 날인하고 입회인 대표도 직접 날인을 한 다음 참석자에게 보여주는 것이다. 참석자는 전원이 증인이 되고 그 대표는 대개 중매인이 된다. 그리고 건배의 순서가 있는 것도 우리와 다르며 경우에 따라서는 그 자리가 피로연이 되기도 한다. 결혼식이 끝난 다음에는 양가의 대기실 칸막이가 없어지고 양가의 가족이 소개된다. 예전에는 중매인이 소개했는데 요즘에는 양가의 아버지가 하는 것이 보통이다.

예전에는 자택에서 결혼식이 있었다. 거기에서는 합환주 의식이 주류였는데 이 예식을 이끄는 것은 주로 중매인이었다. 결혼이 주로 가문과 가문의 결합으로 간주되던 때에는 당사자의 의견은 무시되기 일쑤였다. 심지어는 정략결혼(세에랴쿠켁콩政略結婚)이라는 말까지 있었다. 이런 결혼은 결국 먼 곳에서 상대를 고르게 되고 서로 뜻대로 왕래할 수 없었기에 비극도 많이 낳았다.

그리고 옛날 교통이 불편하고 가난했던 시절에는 마을 단위로 결혼을 자급자족할 수밖에 없었는데 결혼하면 신랑이 신부집에 기거하며 신부는 친정집에서, 신랑은 자신의 집으로 출퇴근하면서 일을 했다. 일손이 부족하던 때의 결혼풍습으로 이른바 통근결혼(카요이콩通婚)이었던 것이다. 그러다 자식이 생기면 신랑집으로 들어가는 식이었다. 민속학자들은 이것을 데릴사위결혼(무코이리콩婿入り婚)이라고 규정짓고 있다. 그리고 그 뒤에는 결혼 후 곧바로 신부가 신랑 집으로 가서 살게 되었는데 이것을 요메이리콩嫁入り婚이라고 한다. 결국 결혼 제도가 바뀐 것으로 이것은 직계의 남자에게서 가문을 이어갈 상속인(카토쿠家督)을 찾는 무가 사회의 풍습을 이어받은 것이다. 연애결혼이 상식이 된 오늘날에도 결혼은 신랑집으로 시집가는 것이라는 고정관념도 다 여기서 비롯된 것이다.

4.4.2. 이별 의식〈데다치노 기레에出立ちの儀礼〉

옛날에 먼 곳으로 여행할 때 짚불을 피우거나 그릇을 깨는 풍습이 있었는데 이것은 교통이 불편했던 당시에는 그 이별이 영원한 것일 수도 있었기 때문이다. 장례식에도 이런 풍습이 있었는데 결혼식에도 이런 풍습이 남아 있는 것은 시집가는 행위가 한번 가게 되면 친정으로 다시는 돌아 올 수 없는 것으로 여겨졌기 때문이다. 당시 여자에게는 결혼이 사지死地에 갈 만큼 가혹한 것이었던 것이다. 일부 지방에서는 가마솥 뚜껑을 머리에 얹었다고 하는데 이것도 한번 시집가면 그 집 귀신이 되라는 우리의 풍습과 일치한다.

4.4.3. 혼례 복장

혼례 의상에는 특별한 규칙은 없다. 신도식이나 불교식은 모두 키모노가 어울리며 특히 신부의 경우는 우치카케打掛け 혹은 후리소데振袖이다. 백색은 청순무구함을 나타내는 색으로 자신이 시집가는 가문의 가풍으로 물들인다는 마음을 보여주는 의미라고 전해지고 있다. 흰색 예복(시로무쿠白無垢)은 우치카케打掛け · 키모노着物 · 오비帯 등의 소품을 모두 흰색으로 하고 흰색의 츠노카쿠시(角隠し/원래는 죠오도 신슈우에서 신도 여성이 절에 참배할 때 쓴 모자 대용. 지금은 결혼식 때 신부가 사용. 신부는 뿔이 있어 그것을 감추어야 하기 때문에 그것을 썼다는 속설이 있다. 길이 72㎝, 폭 12㎝의 시라기누白絹, 속은 모미紅絹. 앞머리에 쓰고 뒤에서는 둘로 접어 상투 위에 얹었다)만을 쓴다. 우치카케는 길상문양이나 유직문양(유쇼쿠몽요오有職文様)을 나타낸 돈스緞子옷감에 흰 무늬가 들어간 린즈綸子를 쓰고, 머리 형태는 붕킹 타카시마다文金高島田이며 머리 장식은 빗과 비녀(코오가이笄)이외에는 하지 않는다.

격식이 높고 청초한 흰색 우치카케에 비해서 컬러 우치카케는 보다 화려한 의상이다. 금란 당직 · 사금 등의 호화로운 직물이나 손으로 그린 유우젠友禅 직물에 금은박이나 자수로 경하스런 무늬의 길상문양이라든가 유직문양이다. 색깔도 빨간색 · 보라

📷 피로연에서의 신랑 신부 옷 갈아입기〈오이로 나오시お色直し〉

색·녹색·노란색·흑색 등 여러 가지이며 개성과 옷의 품격에 맞추어 골라 입는다. 우치카케의 띠인 카케시타掛け下는 백색 혹은 빨간색 등의 색깔 있는 것을 사용하고 오비아게는 빨간색이나 금은 등을 사용할 수 있는데 우치카케를 보다 돋보이게 하는 색깔로 한다. 머리 장식은 산호나 진주 등을 박은 빗을 사용하고 비녀를 꽂아 더욱 돋보이게 한다.

4.4.4. 피로연〈히로오엥披露宴〉

원래 히로오披露라는 말은 새로 사회조직의 일원이 된 사람이 그 사회로부터 승인을 얻기 위하여 행한 의례적인 접대행위였다. 특히 마을에 새로 전입한 사람이 이것을 소홀히 했다가는 승인을 받기는커녕 상당히 불편을 겪어야 했다. 따라서 이 히로오에는 마을의 유력자의 증인이 필요했고 성대하게 하지 않으면 안 되었다. 이것이 결혼에 도입되어 친족이나 마을사람들에게 결혼했다는 사실을 밝히는 것이 피로연이다.

예전에 집에서 결혼식이 있을 때에는 결혼식에 이어 밤부터 다음 날까지 이루어지거나 며칠 동안 계속되기도 했다. 그리고 결혼식 때 수고했던 사람들을 위해 잔치도 있었는데 이것을 도마 씻기(마나이타 아라이俎板洗い)라고 해서 술이 만취가 되도록 피로연을 했었다. 음식을 함께 나눔으로써 새로운 관계구축을 시도했던 것이다. 피로연의 요리는 혼젱 요리本膳料理가 기본으로 살아 있는 상서로운 동물인 도미라든가 짚으로 만든 학과 거북이가 장식되는 지방도 많았다. 그리고 새벽 떡(요아케노 모치夜明けの餅)이라고 해서 피로연 도중에 떡을 찧는 풍습도 많았으며 손님이 돌아간 뒤에는 짚신 술(와라지 자케鞋酒)이라고 해서 남은 술을 모조리 마시는 습관도 있었다. 피로연을 마치면 다음 날에는 인사를 하며 마을을 돌면서 신부를 동네에 공개하는 습관이 있었다. 자리배치(세키지席次)는 디너식인 경우 길게 늘어서서 앉는 〈나가시流し〉방식과 둥글게 앉는 〈치라시散らし〉방식이 있다.

4.4.4.1. 피로연의 진행

정해진 규칙은 없지만 일반적인 피로연은 다음과 같다.

① 초대 손님의 입장

양가 부모와 중매인 부부가 초대 손님을 맞이한다. 이때 주최 측과 초대 측이 입구가 붐비지 않도록 하며 인사를 나눈다. 양가 부모는 초대 손님에 이어 자리에 앉아 신랑 신부가 입장하기를 기다린다.

② 신랑 신부 입장

신랑 신부와 중매인 부부는 식장 안내인의 안내에 따라 중매인, 신랑, 신부, 중매인 부인의 순서로 입장하고 식장 내의 사람들은 박수로 맞이한다.

③ 시작의 말

신랑, 신부, 중매인 부부가 자리에 앉고 박수가 그치면 사회자가 시작의 말을 한다.

④ 중매인 인사

사회자가 중매인을 소개하고 중매인은 일어나서 결혼식이 끝난 것에 대한 보고와 신랑 신부와 양가를 소개한다. 그 때 신랑 신부와 양가 부모는 일어나서 예의를 표하고 인사가 끝나면 모두 함께 인사한다.

⑤ 주빈 축사

몇 명의 정해진 양쪽의 주빈이 일어나서 축사와 신혼 생활의 격려를 한다. 이 때 양가와 신랑 신부는 일어나서 경청하는 것이 원칙이다.

⑥ 웨딩케이크 커팅

전반부의 하이라이트라고 할 수 있는 케이크 커팅은 신부가 홍백의 리본이 달린 칼을 오른손으로 쥐고 신랑이 가볍게 거드는 형식을 취한다.

⑦ 건배

주빈의 축하 메시지(온도音頭)에 맞추어 모두 잔을 들고 건배한다.

⑧ 식사 환담

식사가 배달되면 환담을 나누고 신랑 신부도 모두 식사를 한다. 신부 옷 갈아입기(오이로 나오시お色直し/옷 갈아입기를 할 경우 식사 개시나 축전 공개 등 여흥이 있을 때 하는 케이스가 일반적인데 옷 갈아입는 시간은 되도록이면 짧게, 횟수도 많이 줄이는 경향이다)가 있으면 이 때 자리를 뜨게(츄우자中座)된다.

⑨ 내빈 축사

양가 내빈이 2～3명씩 축하의 메시지를 전한다.

⑩ 축전祝電공개 여흥

사회자가 결혼 축전을 몇 개 골라 읽는다. 이때는 친한 친구가 나서서 여흥을 한다.

⑪ 캔들 서비스

신랑 신부가 옷을 갈아입고 난 뒤에 각 테이블에 놓인 초에 불을 붙이는 의식이다.

⑫양가 부모에게 꽃다발 증정

신랑이 신부의 부모에게, 신부가 신랑의 부모에게 꽃다발을 증정한다. 이것은 앞으로 잘 부탁한다는 의미로 전달되는 것이다. 그리고 이 의식은 연회의 마무리의 의미로 행해진다.

⑬가족 대표의 감사 인사

신랑의 아버지가 중매인과 참석자에게 인사를 한다. 인사가 끝난 다음에는 양 가족과 중매인과 신랑 신부가 초청 인사들에게 고개 숙여 인사한다.

⑭폐연의 인사

사회자가 참석자에게 감사의 인사를 전하고 신랑 신부의 허니문 여행과 신혼집에 관한 안내를 한다.

⑮초청 인사 퇴장

입장 순서 때와 마찬가지로 주최 측은 금병풍 앞에 서서 인사를 한다.

관련 키워드

▽**히키다시 모노**〈引き出しもの〉

결혼의 주최측이 초대 손님에게 제공하는 답례품. 옛날에는 말을 정원에 끌고 와서 선물을 주었기 때문에 그런 말이 생겼다고 하며 미리 객석에 놓거나 피로연이 끝난 다음에 출구에서 나누어주기도 한다. 보통 기념품과 떡의 2품목 합쳐 5천엥 정도가 평균이고 둘의 금액비는 3:2가 보통이다.

▽**나코오도**仲人**와 바이샤쿠닝**媒酌人**의 차이**

원래 혼담을 주선하고 맞선 때부터 결혼까지 양쪽을 오가며 사자使者역할을 하는 것을 나코오도라 하고, 결혼식 당일에 신랑 신부의 합환주 의식에 입회인으로서 참가하는 사람을 바이샤쿠닝이라 했다. 현재는 그 두 역할을 한사람이 이어서 하는 경우가 많기 때문에 구별이 없어진 셈이다.

로쿠요오六曜

결혼식을 비롯해서 행사의 날짜를 잡는데(히도리日取り) 크게 주목받는 것은 타이앙大安·부츠메츠仏滅 등과 같은 날이다. 이것은 록카六暇라고도 불린다. 이것은 원래 중국 당나라 시대에〈로쿠닌 지카六壬時課〉라는 시간의 길흉을 따지는 점이었다. 그것이 14세기에 일본에 들어와서 변화되고 에도 시대 후기부터 일반에게 널리 유행되어 오늘에 이른 것이다. 구분하면 다음과 같다.

센쇼오	先勝	오전이 길흄하고 일을 서둘러 결단하면 길흄.
토모비키	友引	정오만이 흉凶이고 오전과 오후는 길흄.
셈부	先負	오후가 길흄하고 평정을 유지하면 길흄. 공무는 흉凶이고 서둘러도 흉凶.
부츠메츠	仏滅	하루 종일 흉凶이고 만사가 흉凶이며 결판이 나지 않음.
타이앙	大安	하루 종일 길흄. 결혼·사업 등 만사형통.
샤쿠	赤口	정오만 길흄하고 공무·소송·계약 등은 흉凶.

결혼에는 타이앙大安이 길일吉日이고 토모비키友引·센쇼오先勝가 다음 가는 길일이며 셈부先負·샤쿠赤口·부츠메츠仏滅 등이 손 타는 날로 되어 있다. 그러나 이것에 대한 과학적 근거는 없다. 이것은 역법가운데에서도 가장 역사가 일천하고 기원도 잘 알려지지 않았다. 계산하는 방법은 음력 1월 1일을 센쇼오先勝로 해서 순서대로 로쿠요오6曜를 맞추어 나가는 것이다. 2월 1일은 토모비키友引부터, 3월 1일은 셈부先負부터 시작하는 것을 보면 약간은 유희적인 요소도 있는 것 같지만 일본인들은 이를 거의 전적으로 신뢰하고 있다.

4.4.4.2. 옷 갈아입기〈오이로 나오시お色直し〉

젊은 여성에게 있어서 순백의 웨딩드레스는 영원한 동경이다. 순백의 웨딩드레스는 청초 무구의 이미지가 들어있고 청순한 신부다움을 나타내주기 때문이다. 그러나 기독교의 버진로드라는 이름에도 있는 것처럼 구미歐美에서는 처녀는 특별한 영혼의 힘이 존재한다고 생각되어졌고 신부도 처녀가 선호되었다. 이런 연유에서 순결을 나타내기 위하여 흰 드레스를 입게 되었다고 한다. 또한 발까지 치렁치렁한 드레스와 베일을 쓰고 장갑까지 끼는 것은 신 앞에서 맨 피부를 드러내지 않기 위한 신중한 배려였다.

옷 갈아입기인 오이로 나오시御色直し는 신전에서 시로무쿠를 입고 식후에 색깔 있는 것을 입는 옛날부터 내려오는 습관에 의한 것이다. 원래는 혼례식보다 단계가 낮은 것을 입는 것이 원칙이었다.

일본식 옷 갈아입기는 홍 후리소데라든가 중 후리소데를 입는다. 예식 때 시로무쿠를 입었다면 옷 갈아입기는 화려한 것으로, 컬러 우치카케를 입었다면 색깔을 바꾼다.

신랑의 복장은 키모노와 하오리는 쿠로바네 니쥬우노 소메누키黑羽二重の染め抜き에 격식을 차린 다섯 문양(이츠츠몬 츠키쥬つ紋付き)이 찍혀진 것이 알맞고 하카마는 센다이 히라仙台平의 검정이나 갈색의 줄무늬로 승마 하카마가 격식을 차린 옷차림이다.

한편 일본식 시로무쿠도 순백색인데 일본에서는 이것이 무색을 나타내며 신부는 그것을 입음으로써 일체 무의 상태로 되고 이 상태에서 시집의 가풍을 전적으로 이어받고 따르겠다는 의미가 있는 것이다. 또한 신을 섬길 때 입는 제복의 의미라고도 전해지고 있다. 따라서 옷 갈아입기는 시집의 가풍으로 물든다는 의미에서 입는 것이었다. 갈아입기 위해 신랑 신부가 일단 자리를 뜨기(츄우자中座) 때문에 두 사람이 긴장을 푸는 기회도 될 수 있다. 복장은 신부의 경우 우치카케를 입었다면 첫 번째는 홍 후리소데本振袖, 다음은 롱 드레스 등의 순서인데 이것에 대한 엄격한 규칙도 없고 최근에는 격식에 매이지 않으려는 경향이 강하므로 키모노의 중 후리소데 혹은 호오몽기 등도 입는다. 신랑은 예식 때 키모노를 입었다면 턱시도오라든가 다크 슈트로 갈아입고 양복을 입었다면 거꾸로 하오리羽織나 하카마袴 등을 입는 것이 보통이다.

4.5. 일본인 결혼의 여러 형태

일본인의 결혼 풍습도 많이 변화되어 왔으며 현재 결혼 양태는 사회 현상을 많이 반영하고 있다. 일본인의 특징적인 결혼 풍습을 알아본다.

4.5.1. 맞선결혼〈오미아이켁콩御見合い結婚〉

맞선결혼은 역사적으로 거슬러 올라가면 왕족이나 귀족(쿠게公家)들 사이에서 그들만의 리그를 만들며 기득권의 보호를 위해 행해졌는데 전국戰國시대에 들어서면 자식들의 결혼은 운명을 결정짓거나 미래가 그것에 의해 재단되거나 하기 때문에 결혼 자체의 의미보다는 의도적인 혈통 만들기・가문만들기・친족 만들기 등의 기득권 층의 역학구도를 만들어 가는 수단으로 이용되었다. 소위 정략결혼(세에랴쿠켁공政略結婚)이 바로 그것이다. 신분이 고정되고 세습되던 에도 시대에도 무사계급이 자신의 가문을 유지하고 세력을 확장해 나가기 위해서는 무사가문(부케武家)과 무사가문간의 결탁이 필수불가결했다. 이를 위해 이용된 방법 중 하나가 바로 중매결혼이었다. 즉 중매는 자신의 가문을 존속시키고 번영시키기 위한 방편이었다. 당시의 서민들은 연애로 결혼을 했는데 메에지 시대에 들어서는 계층을 불문하고 중매에 의한 결혼이 확산되었다. 중매결혼의 방식은 메에지 정부의 정책과 부합되어 1945년까지 사회의 주류를 이루었으나 2차 대전 이후 새로운 가족제도가 생겨나면서 결혼 방식도 크게 변화되어 1960년대 후반에는 중매결혼보다 연애결혼(렝아이켁콩恋愛結婚)을 더 선호하게 되었다. 최근에는 연애결혼과 중매결혼의 비율이 대략 9:1정도가 되고 있으며 결혼할 의사가 있는 35세 미만의 독신남녀를 대상으로 한 조사에 따르면 남성의 66.8%, 여성의 73.4%가 연애결혼을 희망하고 있고 그 비율은 해마다 증가하고 있다. 중매결혼은 나코오도仲人라고 불리는 중매인이 결혼하고 싶어 하는 남녀를 서로 소개하고 본인들의 마음에 들면 결혼하기까지 도와준다. 여기서 중매인은 혈연・학연, 혹은 지연이 있는 주변의 덕망 있는 인사로서 결혼을 성립시키는 역할뿐만 아니고 결혼식에도 참가하고 결혼 후에도 중매 부모(나코오도오야仲人親)가 되어 부모의 역할을 하기도 한다.

　맞선을 위해서 부모는 적령기의 딸에게 맞선 사진을 권하여 찍게 한다. 사진은 상반신과 전신의 두 장을 찍게 하는 것이 보통이다. 사진관에서 찍은 사진과 자연스럽게 찍은 스냅 사진으로 하면 경중이 조화되어 보다 자신의 참모습을 알릴 수가 있는 것이다. 그리고 사진 뒤에는 보통 촬영 일자와 이름을 기입한다. 맞선을 위한 사진이 완성되면 딸의 어머니는 부탁하고자 하는 사람에게 그 사진과 함께 딸의 이력서와 신상명세서를 주고 딸의 좋은 배필을 찾아주도록 부탁한다. 신상명세서에는 가족이나 가까운 친척에 대해서 쓴다. 자료를 줄 때는 자신의 사람 됨됨이(히토나리스나り)를 솔직하게(자쿠바란니)알리는데 주력하고 자신을 부풀리거나(미에오 하르見えを張る)하면 나중에 문제(모메고토もめごと)가 야기될 수 있으므로 이런 행동은 가능한 한 삼가 한다. 부탁 받은 사람은 자신의 지인 중에 가장 적당하다고 여겨지는 청년이 있으면 처녀의 사진을 보이고 그 처녀와 가정에 대해 이야기한다. 그런 후 서로 만나보고 싶다고 생각하면 맞선(오미아이お見合い)을 보게 된다. 이 맞선에서 취미나 미래에 대한 포부 등을 서로 이야기하고 상대가 자신의 결혼상대로서 합당한지를 판단한다. 맞선을 보고 거절하는 경우도 있지만, 양쪽이 상대에게 좀 더 관심이 있으면 교제에 들어간다. 그 결론은 중매인에게 보고하게 되고 쌍방이 결혼에 대해 동의하게 되면 약혼하게 된다.

츠노카쿠시와 결혼 예복

4.5.2. 근친혼〈킨싱콩近親婚〉

근친혼이란 사촌 간을 포함한 친척끼리의 결혼을 말하며 혈족결혼(케츠조쿠켁콩血族結婚), 또는 근친결혼(킨싱켁콩近親結婚)이라고도 한다. 어떤 사회에서나 근친자의 통혼은 금기로서 금지되어 있는데, 근친혼의 범위 및 위반에 대한 처벌은 나라에 따라 다르다.

일본은 근친혼이나 근친 상간에 대해서 경악할 정도로 관대하고 포용적이다. 나라奈良시대 이전 즉『코지키古事記』·『니혼쇼키日本書紀』에는 왕족에서 이종 형제자매의 결혼이 많이 등장하고 있다. 게다가 이종 간의 결혼은 사촌간의 결혼과 마찬가지로 혈통의 순수함을 존중하는 입장에서 장려되기까지 했다. 고대의 소가씨蘇我氏 및 헤에안平安 시대 이후에 계속된 황실과 후지와라씨藤原氏와의 혼인도 근친혼의 연속이었다. 과거에 농업 후계자 확보 등의 현실적인 요구로 친족 간의 결혼이 적지 않게 행해진 것은 주지의 사실이고 조카와 삼촌의 내연관계도 자주 있던 일이며 이것도 지역 사회나 친족 내에서 별다른 저항감 없이 용인된 예도 존재한다.

전후 개정 민법에서는 4촌끼리의 결혼까지 법적으로 금지하고 있으나 전쟁 전에는 친사촌·고종사촌·외종사촌·이종사촌 등 구별 없이 사촌간의 결혼을 금기시하지 않았고 숙질간의 결혼도 가능하였다. 이것은 촌수로 말하면 3촌까지 결혼이 가능하다는 것으로 금혼의 대상이 되는 것은 부모, 형제자매의 2촌 이내의 근친에 국한되었다. 심지어 고대의 미개 사회에서는 고종사촌이나 외종사촌간의 결혼을 바람직한 것으로 여겼던 기록도 나타난다.

일본은 2차 대전에서 전사한 형을 대신해서 동생이 형수와 사는 것을 미덕으로 장려하기도 했다. 우리나라에서도 그런 이야기는 간혹 있었는데 그것은 가문의 재산이 다른 곳으로 유출되는 상황을 막기 위한 방편이었다. 과거 노벨평화상을 수상한 바 있던 사토오 에에사쿠佐藤榮作수상의 부인이 사촌여동생이었다는 사실도 일본인이 근친혼에 대해 관용적이라는 것을 입증하고 있다. 또 작가 시마자키 토오송島崎藤村은 상처를 했을 때 자신을 도우러 온 형의 딸을 임신시키고 그 사실을 『신생新生』이라는 소설로 발표까지 하지만 그는 사회에서 매장되기는커녕 그 뒤로도 계속 승승장구한다.

츠노카쿠시角隠し차림의 신부

일본에서 근친혼이 많은 이유로는 친족 관계에서는 사회적 수준이 비슷하기 때문에 위험 요소가 적고 결혼을 통해서 더욱 친분이 두터워질 수도 있으며 결혼 비용이 적게 든다는 경제적인 관점과 수많은 섬이나 높은 산악지대로 둘러싸인 지리조건 상, 먼데서 결혼 상대를 찾기보다는 좁은 땅에서 자급자족하는 경우가 비일비재했고 그것이 근친혼에 대해 둔감하게 된 것은 물론 습관화되기까지 했다는 사실을 지적하고 있다.

이 근친혼은 기형아를 많이 배출한다는 점에서 문제점을 지적하는 학자도 많다. 어느 학자는 기형아를 배출하는 병인 세계 워너증후군의 80.5%가 일본인이 차지하고 있다는 것을 발표하기도 하여 근친 상간의 폐해를 지적하기도 하였다. 뭐니 뭐니 해도 근친혼이 가장 성행했던 일본 왕실에서 저능아나 병약자의 왕이 많았던 것은 공공연한 비밀이다.

4.5.3. 정략결혼〈세에랴쿠켁콩政略結婚〉

가장이나 친권자가 당사자의 의견을 무시하고 자신의 정치적·사회적·경제적 이익을 위해서 자녀들을 혼인시키는 행위로 헤에안 시대의 후지와라藤原씨를 정점으로 전국 시대는 물론 에도 시대에도 많이 행해졌다.

정략결혼은 동맹을 맺어 전쟁 회피를 꾀하거나 침략을 추진하기도 하고, 또는 경제적 지원을 얻거나 군주의 계승권을 얻어내기 위한 것 등의 다양한 목적으로 시도되었다.

일본의 전국 시대에서는 오다 노부나가의 여동생인 오이치ぉ市의 경우가 있는데 그녀는 정략결혼의 대표적인 예로 회자되곤 한다. 오다 노부나가織田信長는 자신의 여동생인 오이치를 동맹을 목적으로 당시 북 오오미(北近江/현 시가현滋賀県)의 아자이 나가마사浅井長政와 정략결혼을 시킨다. 오이치와 나가마사는 아들 둘과 딸 셋을 낳고 주위가 모두 부러워할 정도로 사이가 무척 좋았다고 한다. 그러나 노부나가와 나가마사 사이에 관계가 악화되어 결국 나가마사는 할복하고 오이치는 다시 오빠인 노부나가 곁에서 살게 되지만, 첫째 아들인 맘푸쿠 마루万福丸의 목숨만이라도 살리려는 오이치의 오빠에 대한 간절한 탄원에도 불구하고 참살되었고 둘째 아들인 만쥬 마루万寿丸는 출가했으며 자신의 세 딸 중의 챠챠(나중에 요도도노)는 토요토미 히데요시의 측실이 되고 둘째인 오하츠ぉ初는 쿄오고쿠 타카츠구京極高次의 정실이 되었고 셋째 딸인 오에요ぉ江与는 에도 막부 2대 쇼오궁将軍인 토쿠가와 히데타다德川秀忠의 정실이 된다.

한편 토요토미 히데요시豊臣秀吉는 토쿠가와 이에야스德川家康를 회유시키기 위해서 이에야스와 자신의 여동생 아사히 히메旭姫를 결혼시켰고 토쿠가와 이에야스는 자신의 6살 난 손녀 딸 셍히메千姫와 히데요시의 아들 히데요리秀頼를 결혼시키기도 했다.

에도 시대에 들어서서는 정략결혼을 통하여 다이묘오끼리의 결속이 강화되는 것을 막기 위하여 부케쇼 핫토武家諸法度를 발동하여 강하게 규제하고 있다.

4.5.4. 만혼〈방콩晩婚〉·연하 남자와의 결혼

일본은 세계에서도 유수한 만혼의 나라이며 부부의 평균 초혼 연령의 추이를 보면, 1950년대에는 남자 25.9세, 여자 23.0세이던 것이 1970년 중반 이후 남녀 모두 꾸준히 상승하여 1996년에는 남성 28.5세, 여성 26.4세로 불과 50년 사이에 약 3세나 높아졌으며 지금도 이 추세는 진행형이다. 또한 여성의 초혼 연령이 하늘 높은 줄 모르고 높아지고 있고 아예 결혼을 포기하고 독신으로 살아가고자 하는 사람도 부쩍 늘고 있다. 초혼 연령을 학력별로 보면 남성의 경우에는 학력의 차이에 의한 평균 초혼 연령에 큰 차이가 없는데 반해, 여성의 경우에는 학력이 높아짐에 따라 평균 초혼 연령이 높아지고 있다.

평균 초혼 연령의 추이를 결혼 전의 취업 상태나 직업 별로 보면, 남녀 모두가 자영업 및 전문직·관리직 및 사무·판매·서비스에 종사하고 있는 경우, 평균 초혼 연령이 해마다 높아지고 있는데 반해, 공장 등의 현장 노동·파트타임·임시고용 및 무직 등은 초혼 연령에 변화를 보이지 않고 있다. 남녀 모두 전문직 등 일정한 직업에 종사하는 사람이 초혼 연령이 높아지는 경향이 있는 것이다. 이들 중 심한 경우는 이른바 독신 귀족으로서 결혼을 아예 기피하는 추세로 굳어져 가고 있다. 하지만 미혼 남녀의 약 90%가 〈머지않아 결혼할 생각〉이라며 결혼을 긍정하는 긍정파가 아직은 절대 우세이지만 이것도 급격한 추세로 감소하고 있다. 또한 〈결혼 긍정파〉 중에서도 〈어느 정도의 연령까지는 결혼할 생각〉이라는 이른바 〈연령 중시파〉가 1987년에는 남성 60.4%, 여성 54.1%이던 것이 1997년에는 남성 48.6%, 여성 42.9%로 남녀 모두 감소했다. 〈이상적인 상대를 만날 때까지 결혼하지 않아도 상관없다〉, 혹은 〈결혼하고 싶은 나이가 바로 결혼적령기〉라는 이른바 〈이상 중시파〉가 증가하고 있는 것이다. 이는 소위 〈적령기〉에 구애받는 일없이 결혼에 관해서 연령보다도 이상적인 상대를 찾아내는 것을 중시하는 경향이 강해지고 있음을 알 수 있다. 이상 중시파가 많다는 것은 독신자를 많이 양산한다는 말인데 엄청난 결혼비용, 결혼 후의 출산 부담, 자녀 양육의 어려움, 행복한 결혼의 보장이 안 되는 일본 풍토 등의 방해 요인이 수급 불균형이라는 악재를 낳고 있어 결혼은 더욱 어려워지고 있다. 여기서 수급의 불균형이라 함은 이상과 현실의 괴리의 문제를 말하는데 여성 쪽에서는 〈수입과 계층〉이 함께 보장되는 남자다운 남자(경제력과 포용력)의 절대수가 부족하다는 것이고 남성 쪽에서는 스스로가 글로벌 사회의 치열한 경쟁과 신분의 불안 속에서 여성다운 여성(상냥하고 부드러움을 갖춘)의 절대수가 부족하다는 것을 절감하고 있다. 이로 인해 사태는 엉뚱하게 연상의 남성과 연하의 여자가 만들어온 전통적인 결혼모델의 붕괴로 이어지고 있다. 이것은 이미 수치로 나타나고 있는데 초혼 부부의 연령차이의 추이를 보면, 결혼 연령의 상승에 따라 남편과 아내의 연령 차이는 줄어드는 경향을 보이고 있으며, 1970년의 2.7세 차가 1994년에는 2.3세 차가 되고 있다. 특히 동갑 및 아내 연상의 비율이 증가하고 있고, 1998년에는 동갑 부부가 약 20%, 아내 연상 부부가 20%를 넘어 양쪽을 합하면 초혼 부부의 40%에 달하고 있다. 즉 양자 모두 30년 전의 2배나 되고 있어 〈연상 여인과의 결혼〉이 결혼의 새로운 모델로 등장하고 있다는 사실을 뒷받침하고 있다. 가까운 예로 9살 연상 아내, 오치아이 노부코落合信子가 헌신적인 내조로 남편을 정상에 올려놓았다는 프로야구 오치아이 히로미츠落合博滿선수, 8살 연상인 뉴스 캐스터 코오노 케에코河野景子와 결혼한 스모오 스타 타카노 하나貴乃花를 들 수 있다. 특히 오치아이의 아내는『악처가 남편을 성공시킨다』는 책에서 자신의 내조 경험을 밝힌 바 있다.

4.5.5. 화려한 결혼〈하데콩派手婚〉과 수수한 결혼〈지미콩地味婚〉

한 은행의 1996년 조사에 의하면 예물교환인 유이노오結納, 결혼식, 피로연, 허니문, 살림집 얻기 등에 드는 총비용은 평균 794만2000엥이었다고 한다. 그 중에서 호텔에서 호화 결혼식을 올리고 신혼여행은 해외로 가는 하데콩이라 불리는 커플의 평균 결혼 총비용은 984만4000엥으로 엄청나다. 따라서 결혼 당사자가 결혼비용을 마련하는 경우는 드물고 부모로부터 원조를 받는 경우가 허다하다.

하지만 한편에서는 버블 붕괴 이후 이런 전통결혼을 부정하며 결혼식이나 피로연 등을 일체 하지 않고 혼인신고만으로 끝내는 커플도 늘고 있는데 이런 결혼을 지미콩이라 한다. 이런 식의 결혼에 대해 〈부모나 주위에 대한 결례이고 인생 최대 경사에 대한 계획성 결핍이다〉라는 등등의 비판의 목소리도 만만치 않다. 지미콩은 1995년에 나가세 마사토시永瀬正敏와 코이즈미 쿄오코小泉今日子커플과 카라사와 토시아키唐沢寿明와 야마구치 토모코山口智子의 두 쌍의 연예인이 반지 하나만으로 결혼식을 올려 지미콩의 모범이 되며 유행을 낳기 시작했다.

  관련 키워드

▽암마리조쿠アンマリ族 : 능력이 되면서 결혼하지 않고unmarried 독신생활을 즐기는 여성.

▽오메데타콩おめでた婚 : 혼전임신이 되어 할 수 없이 하는 결혼. 같은 뜻의〈데키챳타콩できちゃった婚〉의 부정적인 이미지를 불식하고 긍정적인 이미지를 나타내기 위해 만들어진 말. 비슷한 말로 자식도 갖고 결혼도 해서〈이중으로 행복하다〉는 뜻을 담아〈다브르 합피콩ダブルハッピー婚〉이라는 말도 있고 자식을 얻고 하는 결혼이라는 뜻으로〈사즈카리콩授かり婚〉이란 말도 있다.

▽게에므콩ゲーム婚 : 인터넷 상으로 게임을 즐기다가 취미의 부합으로 골인하는 결혼. 상대방의 지위나 외형을 따지지 않는 점에서 이상적인 결혼으로 보는 사람도 있다.

▽파소콩パソ婚 : 컴퓨터 채팅을 하다가 만나서 하는 결혼으로 외국인을 만나면〈코쿠사이 파소콩国際パソ婚〉이 된다.

▽카쿠사콩格差婚 : 수입이나 집안, 명성 등에 격차가 큰 커플의 결혼. 여배우 후지와라 노리카藤原紀香와 탤런트 진나이 토모노리陣内智則의 결혼식 피로연에서 진나이陣内가 자신은 자신보다 명성과 수입이 월등하게 높은 여자와 결혼하게 되었다며 이것을 카쿠사콩이라고 밝힌 것이 계기가 되어 남성이 돈 많은 여자와 결혼하는 갸쿠다마逆玉와 동의어로 쓰이게 되었다.

▽벳쿄콩別居婚 : 처음에 동거하다가 마음이 맞지 않아 따로 사는 별거와는 전혀 달리, 처음부터 따로 살면서 서로의 라이프스타일을 손상시키지 않으면서 영위하는 결혼.

▽시콩試婚 : 1960~70년대에 있었던 동거(도오세에同棲)와는 달리 결혼 전에 마음이 맞는지 동거해보는 것으로 여자가 주로 주된 위치에서 채점하는 채점자인 점에서 동거와 다르다.

▽코토부키 타이샤寿退社 : 여성이 결혼으로 인해 다니던 회사를 퇴직하는 것.

▽지지츠콩事実婚 : 혼인신고는 하지 않지만 사실상의 혼인상태인 것. 부부 별성으로 남고 싶은 등의 이유로 유행한다.

▽아이노스愛の巣 : 신혼부부의 보금자리를 일컫는 말.

▽키죠鬼女 : 기혼여성(키콘죠세에既婚女性)을 줄여서 말하는 표현.

▽슈우마츠콩週末婚 : 어쩔 수 없이 주말에만 함께하는 주말부부도 지칭하지만 별다른 이유 없이 주말에만 부부가 되는 젊은이도 지칭한다.

▽나리타리콩成田離婚 : 후지TV에서 1997년에 방송된 드라마 제목인데 신혼여행 갔다가 돌아오는 길에 나리타 공항에서 하는 이혼을 말한다.

▽3高 : 1980년대 高学歴・高収入・高身長의 남성. 여성이 결혼상대로 원하는 남성형.

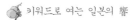

▽3C : 버블 붕괴 후 여성들은, 충분한 수입으로 쾌적함Comfortable을 보장하고 가치관이 일치하여 서로 잘 통하며 Communicative, 가사나 육아 등에 협력적인Cooperative 상대방을 결혼상대로 선호한다. 오구라 치카코小倉千加子가 이를 3C로 유형화했다.

4.6. 초대 손님

일본에서는 초청을 받지 못하면 결혼예식에 참석할 수 없다. 결혼 당사자와 친척이든 아는 사이이든 임의적으로 결혼식에 배석할 수 있는 것이 아니고, 초대장을 받아야만 참석 할 수 있다. 그리고 결혼 청첩장에는 반드시 참석여부를 확인하는 내용이 들어있다. 그렇게 해서 결혼 당사자들은 최종적으로 참석자를 확인한 후 식장을 예약하게 된다. 일본의 결혼식은 식을 올릴 때에는 당사자 가족과 일부 친인척으로 대개 10명 정도가 식장에 참석한다. 초대장을 받고 결혼식에 참가하는 것은 식장이 아니고 피로연이다. 결혼 피로연의 초대장이 오면 가능한 한 빨리 출·결의 대답을 해야 한다.

초대장을 받았을 경우의 구체적인 설명은 다음과 같다.

①출석의 경우

답신용 엽서의 〈결석〉을 지우고 〈출석〉과 〈주소〉의 〈어御〉·〈방명芳名〉의 〈방芳〉 등의 존경어를 지운다. 주소와 이름을 기입하고 여백의 공간에 〈결혼 축하합니다·ご結婚おめでとうございます〉〈기꺼이 출석하겠습니다·喜んで出席いたします〉 등 한마디의 축하의 메시지를 더한다. 표면에 상대방의 주소 아래 행行이나 앞이라고 인쇄되어 있으면 이것을 선으로 긋고 〈님樣〉이라고 고쳐 쓴다.

②결석의 경우

사과의 말과 동시에 한마디의 이유를 첨기한다. 단, 결석의 이유가 가족의 병이나 불행 등의 경우에는 그런 사정을 구체적으로 쓰지 않고 〈형편에 의해〉라고 애매하게 표현한다.

③출석의 대답을 낸 뒤 갑자기 사정이 나빠질 경우

곧바로 전화로 사과와 함께 결석 의사를 밝힌다. 결혼식 당일이라도 갑자기 사정이 여의치 않을 경우는 당사자에게 꼭 알려야 한다.

④겉봉의 주소 쓰는 법

겉봉의 주소는 모필이나 붓펜·싸인펜 등을 사용한다. 모필의 경우는 진한 먹으로 분명히 쓰고, 선이 가는 볼펜이나 만년필 등은 사용하지 않는다. 겉봉의 주소는 〈결혼 축〉, 〈축 결혼〉 등으로 쓴다.

⑤연명으로 축하금을 보내는 경우의 겉봉주소 쓰는 법

두 명 이상 쓰는 경우, 우측으로부터 연령이나 지위의 순서로 이름을 쓴다. 단 소포의 왼쪽 어깨에 주소를 쓰는 경우는 좌측으로부터의 순서가 되므로 주의한다. 그룹이나 회에서 주는 경우는 〈~회〉·〈~일동〉 등으로 쓴다. 특별히 그룹의 명칭이 없는 경우는 중앙에 대표자의 이름을 쓰고 왼쪽 옆에 〈~외 일동〉이라고 쓴다.

결혼 절차상, 식은 원래 남자 집에서 올리는 것이 보통이었고 옛날에는 가마를 타고 시집을 갔다. 그리고 날이 저물면 신부는 하얀 면모자(와타 보오시綿帽子)를 쓰고 하얀 키모노着物를 입고 가마보다 나중에 나온 것으로 새장처럼 둥근 형을 한 나무로 만든 바구니 같은 탈 것인 카고駕籠에 탄 채로 호롱불을 밝히며 시집의 마루까지 타고 들어갔다. 신랑과 마주앉아 축하 술을 대·중·소의 잔에 따라 소·중·대의 순서로 마시는 상콩즈献의 예를 올린다. 신부 의상(하나요메 이쇼오花嫁衣裳)은 하얀 키모노 위에 입은 금실·은실로 수놓은 후리소데振袖였다.

결혼의 피로연은 전문 결혼식장이나, 호텔, 레스토랑 등이 주로 이용된다. 피로연에서의 좌석 배치는 기자회견을 하듯 신랑 신부는 단상의 테이블에 앉아있고, 손님들은 주인공을 향하여 앉아있는 모습이다. 연宴에서는 신부가 입고 있던 결혼예복을 색이 선명한 키모노나 드레스로 갈아입는 등 몇 차례의 의상을 바꿔 입고 나오는 의식이 행해진다. 이것은 무로마치室町 시대에 시작된 풍습으로 성스러운 식을 끝내고 세속의 생활로 돌아가서 '이제부터 두 사람이 보통의 생활을 시작합니다.'라는 의미가 담겨져 있다. 이에 이은 신랑 신부의 '첫 공동작업' 케이크 절단식이 있고, 하객들의 덕담(여기서는 자르다, 헤어지다, 되돌리다 등의 이혼을 연상시키는 말을 사용하지 않는다. 경사스러운 자리는 행복을 상징하는 말과 물건으로 감싸주어야 한다는 것이 일본인들의 예의범절이기 때문이다), 부모님께 꽃다발 증정, 신랑 측 부모의 감사인사를 마지막으로 피로연은 막을 내리며 이로써 모든 결혼식은 끝이 난다.

 장례식〈소오시키葬式〉 part.05

5.1. 불교식 장례 절차

모든 장례의 94%를 차지한다. 그렇지만 그것도 텐다이슈우天台宗·싱곤슈우真言宗·죠오도슈우浄土宗·젠슈우禅宗·니치렌슈우日蓮宗·나라 북교오奈良仏教 등 종파에 따라서 의식이 상당히 다르다. 다만 제단을 만들고 승려가 독경을 하고 분향을 하며 배례하는 형식만은 똑같다. 전반적으로 공통된 형식의 순서를 알아본다.

5.1.1. 위독〈키토쿠危篤〉

의사를 호출하고 만나게 할 사람을 부르고 유언을 하게 하려면 세 사람이 입회 하에 적는다.

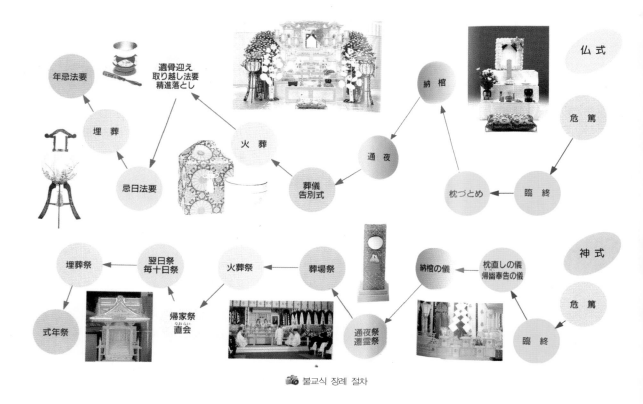

📷 불교식 장례 절차

5.1.2. 임종〈린쥬우臨終〉

의사는 당사자가 호흡을 멈추고 심장 박동이 멈추면 임종을 선언한다.

이것은 윤회(린네輪廻)의 4과정인 쇼오우生有・혼누本有・시우死有・츄우우中有가운데서 죽음의 순간인 시우死有를 가리킨다. 이때부터 사망한 사람은 의식만이 존재하는 츄우우中有・中陰로 이행되는 것이다.

5.1.3. 마지막 물〈마츠고노 미즈末期の水〉

석가가 입적할 때 물을 구했다는 것에서 유래한다.

보통 시체는 머리가 북쪽으로 향하게 눕힌다. 이것은 석가가 입적할 때의 방향을 그대로 본뜬 것이다. 그러나 서방 정토설에 의해서 서쪽으로 눕히는 경우도 있다. 절에 대한 교섭은 임종 직후에 절의 주지 스님에게 전화로 하기도 하고 직접 찾아가기도 한다. 직접 찾아가는 경우는 둘이서 가는 것이 상례이다. 그리고 절은 망자가 단골로 찾았던 절인 보리사(보다이지菩提寺)로 하는 것이 보통이다.

5.1.4. 보시〈오후세お布施〉

승려의 정신적인 보시인 독경 등에 대해서 신자가 절에 재물로 보시하는 것을 의미한다. 보통 사후의 이름인 카이묘오戒名 위에 붙는 원(잉院)은 황족이 출가할 때 호칭으로 붙는 것이고, 전(도노殿)은 무가(부케武家)가 출가할 때 붙는 것이었으나 절이나 진쟈神社에 건물을 기증하거나 물질적인 공헌이 큰 사람에게 주어진 것으로 계명을 돈 주고 사는 것으로 인식된 것은 잘못이었다.

5.1.5. 사체 씻기〈유캉湯灌〉

납관하기 전에 시체(이타이遺体)를 깨끗이 하고 주검 화장(시 케쇼오死化粧)하는 것. 사카사 미즈(逆水/ 찬물을 먼저 뜨거운 물을 나중에 붓는다. 보통 기뻤던 평시와는 달리 순서를 거꾸로 한다)로 발부터 씻으며 가까운 친척이 하는 것이 관례이다. 병원 등에서 사망하면 세에시키淸拭라고 해서 알코올로 닦는데 최근에는 불교식에서도 알코올로 닦는다.

5.1.6. 수의 입히기〈시니 쇼오조쿠死装束〉

시체를 깨끗이 하는 의식이 끝나면 죽은 사람이 죽음의 여행을 떠나는 차림으로 만들어 주기 위한 옷 갈아입히기를 한다. 쿄오 카타비라(経帷子/흰 마로 된 수의)·텍코오 캬향(手甲脚絆/손과 발을 싸는 여행용 각반)·콩고오 즈에(金剛杖/8각 또는 4각의 목제 지팡이) 등을 갖는 헨로(遍路/명승 쿠우카이空海가 시코쿠四国지방 88개소를 순례했던 곳을 순회하며 참배하는 일)차림이다. 보통은 장의사에서 구입하는데 최근에는 애용하던 옷을 그대로 입히고 쿄오 카타비라를 덧입히는 정도이고 나머지 용품은 관에 그대로 넣어준다.

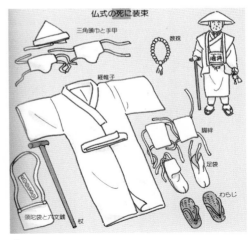

📷 수의〈시니 쇼오조쿠死装束〉

5.1.7. 제단 만들기〈마쿠라 카자리枕飾り〉

시체를 영안실에 안치하면 향대·촛대·징(카네鉦)·제물(쿠모츠供物)·꽃 등을 차려 놓는 간이 제단을 만드는 행위를 마쿠라 카자리枕飾り라고 한다. 이런 제물들은 각 가정의 불단이나 카미다나神棚 등에 있는데 보통 그것을 이용한다. 그리고 초상이 났을 때는 불단의 문을 닫고 카미다나를 백지 등으로 덮어둔다.

5.1.8. 임종 후 독경〈마쿠라 교오枕経〉

임종 후 최초로 행하는 독경. 이것으로 비로소 죽은 자가 정식으로 죽은 자가 되는 중요한 법요이다.

5.1.9. 납관〈노오캉納棺〉

이불에서 관으로 넣어지는 행위. 뚜껑을 덮지만 못은 치지 않는다. 납관은 임종에서부터 죽은 사람 옆에서 밤을 새우는 행위인 츠야通夜 사이의 적당한 시기에 이루어지게 된다. 이때도 독경을 하는데 임종 후에 머리맡(마쿠라枕)독경을 했다면 납관 독경은 생략하기도 한다. 보통 납관은 흰 이불 혹은 모포를 깐 관에 가까운 친척이나 지인 3~4명이 넣는다. 쿄오 카타비라 등의 전통 의상을 입히지 않았다면 이 때 시체 위에 그것을 덮어준다. 염주(쥬즈数珠)는 손에 쥐어주고 짚신(와라지鞋·조오리草履) 등의 소품은 가지런히 시체의 발밑에 둔다. 그리고 카미다나 덮기를 한다. 신도에서는 죽음을 부정타는 것으로 보기 때문에 카미다나의 문을 닫고 이음매의 틈을 흰 종이로 바르고 신체(고신타이ご神体/신령을 상징하는 신성한 물체, 거울·검 등이었다)를 감춘다. 이것은 키忌라는 기간이 끝나는 키아케忌明け까지 하며 부정 탐이 신체에 감염되는 것을 막기 위한 배려인 것이다. 그리고 칸죠棺書라고 해서 승려가 쓴 나무아미다부츠(南無阿弥陀仏/아미다부츠의 말씀에 따른다는 뜻이며 이것을 흔히 염불이라 하고 이것에 의해 극락정토에 간다고 믿는다)표찰을 관속에 넣거나 관 뚜껑의 안쪽 면에 붙인다. 그리고 거기에 있는 모든 사람들이 함께 도와서 관에 쓰는 이불을 덮는다.

 관련 키워드

▷카미다나神棚 : 집안에 다이징구우大神宮 등의 심푸(神符/재액을 물리치고 행복을 기원하기 위해 카미다나에 안치하는 호부)를 모시는 선반.

▷부츠당仏壇 : 불상이나 조상의 위패를 안치하고 절을 하기 위해서 만든 단.

▷윤회〈린네輪廻〉의 시우四有 : 중생이 윤회 전생하는 과정의 한 사이클을 넷으로 나누어 설명하는 것

츄우우中有 : 죽고 나서 다음 삶을 받을 때까지의 기간.

쇼오우生有 : 태어나는 순간. 각각의 세계로 삶을 받는 기간.

혼누本有 : 삶을 받고 나서 죽을 때까지의 일생의 기간.

시우死有 : 죽는 순간.

▷49제〈시쥬우쿠니치四十九日〉

사람이 죽고 난 다음의 49일간. 전생에서의 업보에 의해 다음 생애로 거듭날 때까지의 기간. 보통 이 기간 동안 죽은 자의 영혼이 떠돈다고 생각한다. 츄우우中有라고도 한다.

▷상주〈모슈喪主〉·상복〈모후쿠喪服〉

📖 **키忌와 후쿠服**

상(모喪)은 죽은 사람을 애도하여 몸을 근신하는 의례를 의미하는데 엄밀히 말하면 일본에서는 그 기간에 행동에 상당히 제약을 받는 키忌와 제약이 심하지 않은 후쿠服로 나누고 있다. 〈키〉는 개인의 죽음이 그의 근친자에게 파급되는 것을 부정타는 것(케가레穢れ)으로 파악하는 신도적神道的 발상으로 그 부정 탐이 다른 사람에게 파급되지 않도록 외출이나 신사神社 출입을 삼가는 등 스스로 근신하는 것을 의미한다. 이미 1874년에는 다이죠오캉 후코쿠太政官布告가 발령되어 〈키〉와 〈후쿠〉의 기간이 정해졌다. 그 포고는 사망자가 부모인 경우, 〈키〉의 기간은 50일이고 〈후쿠〉의 기간이 13개월, 백부나 백모인 경우는 〈키〉가 20일이고 〈후쿠〉가 90일이다.

현재 이것이 전혀 법률적 기능을 하고 있지 않는데 장례를 행하는 가정에서 카미다나 덮기(카미다나 호오지神棚封じ)·불단의 문닫기(부츠단노 토비라 토지仏壇の扉閉じ)나 결혼 등 경사에 참가하지 않는 것 등은 〈키〉이고 정월에 축하 행사를 하지 않거나 차 마시는 것을 끊거나(챠 다치茶断ち)·채식을 하는 것(쇼오징精進) 등은 〈후쿠〉로 간주되어 오고 있다. 최대 공약수인 49제까지가 후쿠이다. 즉 외출을 할 때에는 화려한 차림이나 튀는 행동은 하지 않고 잔치석상에 참여하지 않으며 일주기까지 연하장을 보내지 않거나 연하 인사나 순례를 하지 않고 신사참배를 하지 않는다.

5.1.10. 밤샘 독경〈츠야 도쿄오通夜読経〉

불교에서 츠야通夜란 밤을 새우면서 근행勤行하는 것을 말한다. 그러나 일반적으로 장례 전날 밤에 친척이나 아는 사람이 죽은 사람 옆에서 하루 밤을 지내고 이별을 아쉬워함과 동시에 죽은 사람을 위로하는 행위를 지칭한다. 하지만 현재는 밤을 새우는 일은 거의 사라지고 한츠야半通夜라고 해서 밤 10시가 지나면 마친다. 최근에는 다음 날 문상할 수 없는 사람들을 위한 고별식의 의미도 갖게 되어 성대화하는 경향이 있다. 이것은 크게 3가지로 나눈다.
①승려에 의한 독경
②유족, 조문객에 의한 분향(쇼오코오焼香)
③조문객과 도우미에게 술과 야식을 제공하는 츠야 부르마이(通夜ぶるまい) 등이 그것이다.

보통 이 날은 죽은 다음 날이자 고별식 전날로 잡는 것이 원칙인데 승려, 장례식장, 화장터 그리고 일진(히가라日柄)을 고려해서 잡으며 록키六輝 중에 토모비키友引날은 꺼린다. 글자 의미대로 〈죽은 사람에게 친구를 끌어 들인다〉는 의미가 있기 때문이다. 그리고 다음날은 고별식이 된다. 준비는 집에서 할 경우 칸막이를 제거하고 관과 제단을 두는 메인 장소를 정한다. 그리고 집안의 화려한 장식 등은 반지(한시半紙/세로 24cm, 가로 35cm의 일본 종이)로 덮고 관청에 신고하며 모자라는 집기 등은 마을 회(쵸오나이카이町内숧)에서 빌린다. 그리고 승려가 이용할 수 있는 대기실, 그밖에 조문객을 받는 접수처, 조문객의 짐을 맡는 곳, 주차장 등을 준비한다. 제단은 본존을 가운데에 두고 그 앞에 등(토오아카리灯明)과 꽃(크게供花·供華)으로 장식하고 징과 경전을 두는 경탁経卓을 준비하며 제사용 기기와 물품을 준비한다. 여기에 관(히츠기棺)과 영정(이에에遺影)·위패(이하이位牌)·조문객이 향을 피우는 향대 등을 준비한다. 집밖에는 역에서 집까지 안내하는 손 안내 표지(유비사시 후타指さしふた) 등을 준비하고 접수처에서는 목적별로 방명록(호오메에쵸오芳名帳)·부조금 기록장(코오덴쵸오香典帳)·헌화(크게供花)·제물 기록장(크모츠쵸오供物帳) 등을 준비한다.

밤샘 손님 대접을 위한 요리인 〈츠야 부르마이〉는 지역에 따라서 상가喪家의 부엌을 쓰지 않고 근처에서 가져오는 요리(모치요리持寄り)와 출장 요리(시다시仕出) 등 다양하다. 원래 상가집 요리는 육식이나 물고기 등을 사용하지 않고 채식 요리(쇼오진 료오리精進料理)가 보통인데 최근에는 대도시를 중심으로 그런 터부가 사라지고 초밥이나 회가 나오는 경우도 흔하다. 그리고 초밥(스시오리寿司折り)・사탕・청주 등이 밤샘 공양 세트(츠야 쿠요오 셋토通夜供養セット)로 만들어져 건네지는 경우도 있다. 조문객의 부의금(코오뎅香典)을 받은 접수 담당(우케츠케 가카리受付係り)은 방명록을 쓰게 하고 곧 봉투를 회계 담당(카이케에 가카리会計係り)에게 건넨다. 승려가 나타나면 접대 담당(셋타이 가카리接待係り)이 대기실로 안내하여 다과를 베풀고 상주와 인사를 나누고 그 날의 순서를 말한다. 그리고 제단을 보여주고 고칠 것이 있으면 고친다.

보통 순서는 승려에 의한 독경 → 분향 → 상주 인사 → 수고인 접대 등으로 진행된다.

〈수고인 접대〉는 상주가 직접 하지 않는다. 승려가 접대에 참가하지 않을 때에는 간단한 차로 대접하고 식사비 대신으로 오젠료오お膳料를 건넨다.

일본에서 보통 부의금이라 하면 바치는 향 대신에 주는 돈이라고 알려져 있다. 죽은 사람은 〈코오지키香食〉라고 해서 향을 먹는다는 생각을 했던 것이다. 따라서 코오뎅(香典・香奠)은 그 향 대신에 불전에 바치는 것이라는 의미로 옛날에는 쌀이나 떡을 갖고 갔으며 상가 집에서는 그 양을 자랑하기도 했지만 지금은 현금이 거의 대부분을 차지한다. 다른 물건은 쿠모츠供物라고 하는데 향이 아닌 제물을 가리키고 불교식에서는 쌀・야채・과일・해산물 등이었다. 불교에서는 부처님의 위대함을 보이기 위해 제단이나 사원의 실내, 혹은 승려의 의복 등을 화려하게 장식하는 쇼오공莊嚴을 항상 염두에 두고 있다. 따라서 제물도 원추형으로 형성하여 걸 맞는 그릇에 얹어 제단에 장식했다.

부의금은 대개 시판하는 부의금 봉투(후슈우기 부쿠로不祝儀袋)에 넣어서 겉에 성명을 쓰고 접수 기장을 쓸 때에도 ≪영전에 바쳐 주십시오/ご靈前(れいぜん)にお供(そな)えください。≫라는 말과 함께 낸다. 그리고 ≪상심이 크셨겠습니다/この度(たび)はご愁傷(しゅうしょう)のことと存(ぞん)じます≫라는 간결한 인사말을 건넨다. 그리고 이 부의금은 밤샘 때 내는 것이 보통이나 그 때가 여의치 않으면 장례식 때나 고별식 때 내도 된다. 그리고 밤샘에 참가 할 때에는 죽은 사람에 대한 예의가 아니라며 가급적이면 사담은 하지 않는다. 그리고 부의금은 친척의 경우가 3〜5만엥円, 친한 친구의 경우가 1〜3만엥円, 아는 사람이나 친구인 경우는 5천엥円에서 1만엥円 정도이고, 직장 상사는 1만엥에서 3만엥, 친한 직장동료는 1만엥 전후, 그리고 보통은 5천엥 전후, 단체로 할 때는 2천엥 전후가 보통이다.

부의금 봉투
〈후슈우기 부쿠로不祝儀袋・고코오뎅御香奠〉

5.1.11. 장의〈소오기[葬儀]〉·고별식〈코쿠베츠시키[告別式]〉

보통 장의(소오기[葬儀])는 토오시[導師]라고 불리는 승려가 주재하는 종교 의례이며 죽은 사람을 불제자로 하는 쥬카이[受戒]와 현세에 대한 죽은 자의 집착을 끊는 인도오[引導]를 건네는 의식으로 구성된다. 다만 둘 다를 행하지 않고 죽은 자를 그리워하며 불교의 가르침을 외치고 불교의 은덕에 감사하는 경우도 있다. 이에 대해 고별식(코쿠베츠시키[告別式])은 상가[喪家]가 대처 사회적인 관계 속에서 행하는 죽은 사람과의 이별 의식이다. 최근에는 장의와 구별 없이 연속으로 행해지는 경우가 많다. 이 식순은 대개 다음과 같다.

①승려 입장

　　정식으로는 뉴우도오[入堂]이다. 모두 무릎 꿇기(세에자[正座])로 맞이한다. 인도오[引導]행사가 있는 종파에서 승려는 토오시[導師]라고 불린다.

②개식 선언

　　사회자가 개식을 선언한다.

📷 접수

③고인 소개

　　상주 대표 혹은 장례 위원장이 고인의 약력을 소개한다.

④독경 및 종교적인 조문〈토무라이[弔い]〉 의식

　　인도오[引導]는 고인의 공로나 삶을 한시 형식으로 읊고 고인의 혼의 현세에 대한 집착을 끊는 행위를 한다.

⑤조사〈쵸오지[弔辞]〉

　　2~3명이 애도의 말을 하고 조전(쵸오뎅[弔電])을 2~3통 소개한다.

📷 고별식[告別式]

⑥독경〈도쿄오[読経]〉과 분향〈쇼오코오[焼香]〉

　　독경을 한 다음 몇 명을 지명해서 분향을 한다.

⑦장례식 종료〈소오기 하이시키[葬儀閉式]〉및 고별식 개회〈코쿠베츠시키 카이시키[告別式開式]〉선언

　　장례식에 이어 고별식에 들어가는 것을 밝힌다.

⑧일반 문상객이 분향하고 승려는 퇴장하며 음악이 나온다.

⑨승려가 분향이 끝나는 대로 퇴장할 때 모두가 무릎을 꿇고 예의를 표한다.

⑩상주 혹은 친족이 대표 인사를 한다.

⑪폐식 선언을 사회자가 행한다.

📷 출관[出棺]

업무분담을 위해서 담당을 운영한다.

접수 담당(우케츠케 가카리受付係) · 부의금 담당(코오뎅 가카리香典係) · 유족 연락 담당(이조쿠 렌라쿠 가카리遺族連絡係) · 승려 접대 담당(소오료 셋타이 가카리僧侶接待係) · 조문객 안내 담당(산레츠샤 안나이 가카리参列者案内係) · 조문객 접대 담당(산레츠샤 셋타이 가카리参列者接待係) · 사회 진행 담당(시카이 싱코오 가카리司会進行係) · 자동차 주차 담당(지도오샤 츄우샤 가카리自動車駐車係) 등이 그것이다.

고별식이 끝나고 관이 제단에서 내려지면 뚜껑을 열고 제단에 바쳐진 꽃을 한 송이, 한 송이 고인의 주변에 깐다. 고인을 좀 더 아름답게 보내고 싶다는 소원의 행동이다. 이것을 와카레 바나別れ花라고 한다. 이때 안경, 좌우명 등 고인의 애용품 등을 함께 넣는데 금속 제품 등 잘 안타는 물건은 넣지 않고 나중에 유골 항아리(코츠츠보骨壺)에 넣든가 별도로 오동나무 상자에 넣어서 유골 항아리에 넣는다. 그리고 뚜껑을 닫고 상주 · 유족 · 친척 · 친구 등에 의한 마지막 이별을 하고 상주부터 가까운 친척 순으로 머리 쪽의 관부터 못을 치며(크기우치釘打) 발쪽으로 내려온다. 못은 작은 돌(산즈노 카와三途の川라는 강을 고인이 헤매지 않고 건너기를 기원하는 뜻이 담겨 있다. 이 강은 사자死者가 죽은지 7일째 되는 날 저승으로 건너는 강인데 완급을 달리하는 3개의 여울이 있어 생전의 소행에 따라 가는 길이 다르다고 한다. 강변에서는 다츠에바奪衣婆와 켕에오오懸衣翁의 2귀신이 죽은 자의 옷을 빼앗는다고 한다)로 두 번 씩 치고 마무리는 장의사에서 한다. 고인과의 마지막 이별 행위가 되는 셈이다. 이어 출관(슈캉出棺)을 하게 되는데 출관은 친척 중 젊은이와 친구나 지인 중에서 5~6명이 관을 메고 고인의 발끝이 앞으로 가게 해서 영구차(레에큐우샤靈柩車)로 운반하게 된다. 가정집에서 출관할 때는 현관으로 나가지 않고 정원 끝 비상구를 이용하거나 하는데 요즘에는 현관 이외의 출구는 구하기 어려우므로

다츠에바(脱衣婆)

그 관습에 구애받지 않는 경향이 있다. 현관을 나섰을 때는 고인이 쓰던 밥 그릇을 깨뜨려 혼에 대한 예의를 갖추는데 이 행위의 불교적인 근거는 없다. 영구차는 운전수와 장의사 담당자 이외는 타지 않는다. 집에 남은 사람 집 지키기 담당(루스타쿠 가카리留守宅係)은 시체가 안치되었던

켕에오오(懸衣翁)

장소를 깨끗이 비로 쓸며 청소한다. 혼이 다시 돌아오는 것을 막기 위함이다. 그리고 집안의 가구를 원 위치로 돌려놓는데 화려한 장식은 49제(키아케忌明け)까지는 보이지 않도록 한 채 그대로 둔다. 그리고 현관에 소금을 뿌려 화장장에서 돌아오는 사람이 밟고 들어오도록 한다. 그리고 유골을 맞이하기 위해서 흰 천을 깐 작은 책상에 촛대 · 양초 · 꽃 · 징 등을 장식한 제단후 장식(사이당 아토카자리祭壇後飾り)인 임시 불단(카리노 부츠당仮の仏壇)을 서쪽이나 북쪽에 마련한다. 시체를 화장터의 로炉 속에 넣으면 그 앞에 위패를 놓고 꽃을 장식하고 분향한다. 이어 화장 직전의 의식을 한다. 장의葬儀 전체를 마무리하는 의식이다. 이것을 오사메노 시키納めの式 혹은 렌사이斂祭라고도 한다. 이 때 독경(독교오読経)을 하기도 한다.

그리고 화장(카소오火葬)에 들어가는데 부처가 된 죽은 사람의 시체를 소각하는 것이며 이를 다비茶毘라고도 한다. 화장이 끝나기까지는 한 시간에서 시간 반 정도 걸리는데 이 때 상주는 동행한 사람들을 접대한다. 대기실에는 보통 퐁트 시설과 컵이 마련되어 있다.

5.1.12. 유골 수습〈슈우코츠收骨〉·뼈들어 올리기〈코츠아게骨揚〉· 재 모으기〈하이요세灰寄せ〉

〈유골 수습하기〉(슈우코츠收骨)는 붓샤리(仏舎利석가의 유골)신앙에서 온 것이다.

🔖 노도 보토케喉仏

둘이서 한 조가 되어 대나무와 나무를 조립한 약간 긴 젓가락으로 다리 쪽의 뼈부터 한 조각의 뼈를 주워 유골 항아리(코츠츠보骨壷)에 담는다. 자기 차례가 끝나면 다음 사람에게 넘긴다. 그 모습이 단좌한 부처님을 닮아서 인후갑상 연골뼈(노도 보토케喉仏)라고 불리는 뼈는 마지막으로 고인과 가장 혈연이 깊은 사람이 수습한다. 관동지방에서는 웬만한 뼈를 모두 수습하는데 반해서 관서지방에서는 주요한 뼈만을 수습하기 때문에 항아리도 작다. 분골을 희망하면 분골을 넣는 항아리를 주문해서 받을 수 있다. 유골 항아리는 흰 상자에 넣어서 흰 천으로 싸서 화장장의 담당자에 의해서 상주에게 전해지는데 이와 동시에 기입 및 도장 찍힌 매장 허가증을 받는다. 이것은 납골 때 필요하기 때문에 소중하게 보관한다. 간혹 이 유골은 묘지로 가지고 가서 직접 매골하는데 대부분의 경우는 집으로 가지고 가서 유골 맞이 행사를 하고 집에 마련해 둔 제단에 당분간 보관하는 것이 관례이다.

🔖 유골 항아리(코츠츠보骨壷)

5.1.13. 유골 맞이〈코츠 무카에骨向かえ〉·〈캉코츠 에코오還骨回向〉

집에서 유골을 맞이한다. 〈제단후 장식〉에 유골을 안치하고 승려가 독경을 하는 경우도 있다.

죽은 지 첫 7일에 법요를 행하고 이어 승려, 장례에 참가한 사람들과 장례 위원으로 수고했던 사람들을 초청하여 쇼오징 오토시精進落とし라하여 그 사람들에게 감사하는 모임을 갖는다. 그리고 7일 째마다 제단에 제물을 차리고 절을 한다. 그리고 상주는 친척이라든가 장례일 대표, 승려 등을 찾아가서 감사의 인사를 하고 절에는 보시(오후세お布施)를 건넨다. 그 밖의 사람들에게는 답례의 편지를 띄운다. 답례품을 주는 코오뎅 가에시香典返し는 49제가 끝난 다음에 한다. 그리고 49제가 끝나면 적당한 날을 잡아서 유골을 매장하고 일주기(넹카이키年回忌·넹카이 쿠요오年回供養)로 이어진다.

장례가 끝나면 고인의 유품을 정리하고 고인의 유품가운데서 친척에게 나누어주는 카타미와케形見分け를 하는데 이것도 역시 49제가 끝난 다음에 실시한다. 이 때 귀금속 및 고액의 유품은 상속의 문제로 분쟁의 우려가 있으므로 어느 정도 의견 일치가 이루어지기 전에는 나누는 것을 보류한다. 재산 상속은 우선 유언(이공遺言)이 있는가를 먼저 확인한다. 그 재산은 상속세(소오조쿠제에相続税)가 부과되는데 모든 재산에 부과되는 것은 아니다. 그것은 생명보험금과 퇴직금처럼 과세 대상액에서 일부가 공제되는 것, 장례비용과 같이 태반이 공제되는 것 등으로 구분할 수 있다. 그리고 고인의 재산 중에 차입금이 많아 마이너스가 된다고 해서 그냥 방치할 경우 단순 승인(탄쥰 쇼오닝單純承認)으로 인정되어 전액을 갚지 않으면 안 되는 사태가 발생한다. 상속 개시 시점에서 3개월 이내에 가정

재판소에 신고하면 상속받는 재산 내에서 변제하는 한정 승인(겐테에 쇼오닝限定承認)으로 인정받을 수 있다.

5.1.14. 법요〈호오요오法要/츄우잉 쿠요오中陰供養〉

장례가 끝난 후 49일까지인 츄우잉中陰기간에 행해지는 독경 등의 의식이 있는데 이는 죽은 사람의 성불을 돕는 의식이다. 원래는 인도의 윤회(린네輪廻)사상을 받은 것으로 종파에 따라 의미는 다르다. 이 법요는 첫 칠일(쇼나노카初七日)에서 49일(시치나노카七七日)까지 7일째마다 하는 츄우잉호오요오中陰法要・츄우잉쿠요오中陰供養가 있고 그 뒤 백일(햑카니치百か日)을 거쳐서 일주기에서 33주기 혹은 50주기에 이르는 넹키호오요오年忌法要에 이른다.

이중 첫 칠일과 만츄우잉滿中陰인 고인이 성불이 되는 〈49일 법요〉, 혹은 35일째인 〈이츠나노카五七日〉에는 친척이나 지인을 초청하여 승려에게 독경을 부탁하고 고인이 좋아하던 음식을 차려놓고 가족 단위로 제를 올린다. 그리고 매년 고인이 유명을 달리한 달과 날에 행하는 법사를 쇼오츠키 메에니치祥月命日라 하고 각 달의 죽은 날에 행하는 츠키메에니치月命日가 있다. 그리고 죽은 후에 처음으로 맞이하는 오봉을 니이봉新盆이라 하여 혼맞이 불(무카에비迎え火)을 붙여서 그 불을 오봉 제등에 걸어놓고 오봉 중에는 내내 켜지게 한다. 불전에는 떡과 과일 등의 제물(쿠모츠供物)을 바쳐놓고 승려를 불러 독경을 읊게 하는 등 예의를 갖추어 공양한다.

📷 49제 기일中陰法要

5.1.15. 납골〈노오코츠納骨〉과 매골〈마이코츠埋骨〉

유골 맞이에 의해서 자택에 돌아와 제단에 안치된 유골은 절이나 공동 묘지(레에엥靈園) 등의 납골당에 납골하거나 묘지에 매장(마이코츠埋骨)하거나 한다. 그러나 집으로 모시지 않고 화장하면 즉시 납골당이나 묘지로 가져가는 경우도 있고 몇 년 동안이나 자택에

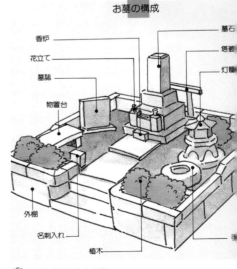

📷 묘지墓의 구성과 명칭

두는 경우도 있다. 납골이나 매장을 49일 후로 하는 것은 성불이 되고 나서 매장한다는 불교의 이치에 따른 것이다. 그러면서 고인이 성불, 혹은 죽은 사람이 된 사실을 심리적으로 담담하게 받아들이는 시기가 바로 그 때인 것이다. 납골·매장을 행할 때에는 가까운 사람이 먼저 가서 납골당이나 묘 앞에서 향의 분말을 뿌리는 분향(막코오抹香)이 아닌 향을 피우는 분향(셍코오線香)을 행한다. 또한 신불에 대한 공양(츠이젱 쿠요오追善供養)으로서 불탑을 형상화한 나무판에 계명(카이묘오戒名)을 새긴

🎞 불단仏壇과 묘지墓의 니이봉新盆 장식

탑 모양의 소토바후塔婆를 세우는 경우도 있다. 그리고 나서는 집안의 제단을 정리하고 불단의 문을 열고 위패가 있는 종교에서는 위패를 절에 부탁해서 새 것으로 교체한다.

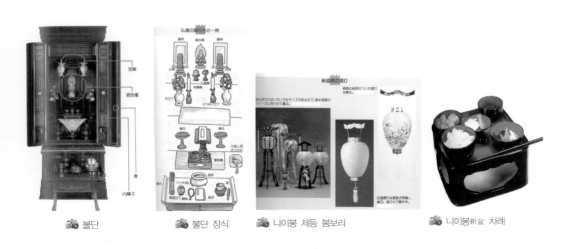

🎞 불단   🎞 불단 장식   🎞 니이봉 제등 봄보리   🎞 니이봉新盆 차례

5.1.16. 49제(호오요오法要)와 제사(넹카이 쿠요오年回供養)

49일의 법요 후는 키아케忌明け가 되어 이후는 일주기로 시작하여 3, 5, 7⋯⋯ 홀수 해에 33주기까지 연회 제사인 법요가 이어진다.

키워드로 여는 일본의 響

불교에서 죽음의 의미와 장례의 의미

불교에서 죽음은 무상(무죠오無常)・고통의 대표적인 상징사례로 등장한다.

모든 생명은 죽음을 매개로 윤회전생(린네텐세에輪廻転生)을 반복하는데 깨달음(사토리悟り)에 의해 열반(네향涅槃)의 경지에 도달함으로써 이 질곡에서 벗어날 수 있다고 보았다. 그 열반의 경지에 도달하여 윤회로부터 해탈(게다츠解脱)한 존재가 바로 부처인데 각 종파의 공통적인 생각을 분석해 보면 죽음을 일단 성불하는 계기로 받아들이고 있다. 정토종(죠오도슈우浄土宗)에서는 〈사람은 죽어서 정토에 들어가 부처가 되어 깨달음을 펼쳐간다. 부처가 되는 것은 정토에 가셔야 비로소 가능해진다〉로 되어 있는데 이것이 바로 그 전형적인 사례이다. 또한 선종禪宗과 같이 깨달음을 얻기 위해서 일정의 개인적인 노력이 필요하다고 생각하는 종파가운데에서도 죽어서 쥬카이受戒 의식을 받으면 〈당장 부처의 위치에 들어간다〉고 설명하는 등, 죽음과 죽음에 따르는 의식을 통해 성불할 수 있다고 말하고 있다.

이런 논리로 본다면 불교에서는 장례가 〈살아있는 자가 부처로 바뀌는 것에 관한 의식〉이라고 할 수 있다. 따라서 쥬카이受戒 의식을 행하는 종파에서는 장례를 쥬카이의 중심으로 보고 있다. 또한 실제로 죽은 후의 이름인 계명(카이묘오戒名)은 계를 받은 불 제자(부츠데시仏弟子)가 된 사람에게만 주어진 이름이었다. 그리고 장례 도중에 모인 사람에게 성대한 술과 음식, 그리고 금품을 제공하는 것은 상주가 성불이 된 죽은 사람을 대신하여 공덕을 베푸는(호도코스施す)행위로 간주하고 있다. 따라서 이러한 다양한 공덕을 베푸는 주체가 된다는 의미로 불교식 장례에서는 상주를 세슈施主라고 부른다. 그러므로 누구나 부처가 될 수 있다고 보는 종파에서는 장례를 죽은 사람의 부처로의 변신을 기뻐하고 감사하는 집회라고 할 수 있다. 요컨대 불교 교단으로 보면 불교식 장례는 교의나 종단의 취지를 확인하고 넓힐 수 있는 가장 좋은 기회이다.

5.2. 기타 장례식

이밖에 장례식에는 신식神式, 기독교식, 무 종교식 등이 있다. 신식은 신소오사이神葬祭라고도 불리는데 죽은 사람으로부터 혼이 몸에서 빠져나와 레에지(靈璽/불교의 위패에 해당)라는 물체로 전이된다고 본다. 이것을 센레에사이遷靈祭라 하고 혼이 빠져나간 시신인 나키가라亡骸를 보내는 것을 소오죠오사이葬場祭라고 하며 대개는 이 둘로 이루어져 있다. 신도(신토오神道)에서는 사람의 본질은 혼이고 죽은 몸에서 혼이 빠져나와 소레에싱祖靈神이 되어 자손을 지킨다고 믿는다. 이 신도식 장례는 혼이 나간 망자를 제사 지내는 동시에 죽은 자의 혼을 진혼하고 조상의 영혼祖靈으로 인도하는 의식이다. 한 가지 주목할 점은 죽음이 불교에서는 성불할 수 있는 계기인데 반해서 신도에서는 부정 탐이라고 본다는 것이다. 그래서 의식을 하기 전에 손을 씻거나(테아라이手洗い)・참배 전 손과 얼굴 씻기(쵸오즈手水)・신에게 빌며 죄나 재난을 털기(오하라이お祓い)・수신 재계(슈우바츠修祓) 등이 등장한다. 그리고 의식이 끝난 후에는 소금을 뿌리기도 한다. 그리고 장례식은 신사神社에서 하지 않는다. 또한 상을 당한 사람은 절대로 진쟈 입구인 토리이鳥居를 넘지 않는다. 신도에서는 사이슈斎主라고 불리는 사람이 불교식의 승려가 하는 일을 하는데 가장 다른 점은 승려가 상주와 자주 상담을 하는데 비해서 상주와 사이슈는 직접 접촉하는 기회가 거의 없다. 그리고 불교식에서는 합장에 해당하는 말이 신도의 배례법에서는 카시와데柏手이다. 다만 고인의 영혼에 대한 배례나 장의에 대해서는 소리를 작게 하는 시노비테忍び手라는 박수를 친다.

기독교식은 죽는 것을 〈하늘에 초대받았다거나〉〈키텡帰天〉이라고 하며 죽음에 의해서 천국에서 영원히 생명을 얻을 수 있다고 생각한다. 따라서 슬픔의 의식이라기보다는 기쁨의 의식인 것이다.

그러나 일본화된 기독교식 장례 의식은 불교식, 혹은 신도식의 요소도 반영하고 있다. 하지만 고인에 대해 고개를 숙이지 않는다거나 죽음을 부정탐으로 보지 않는 것 등 근본적으로는 많이 다르다. 기독교 의식에서는 장의와 고별식을 거의 교회에서 실시한다. 기독교식에서는 신교(프로테스탄토)와 구교(카소릭교), 그리스 정교(기리샤 세에쿄오) 등에서는 세례라든가 장의 등 식순, 식문式文 등이 정해져 있는데 일본에서의 기독교식은 불교식과 가까운 진행 방식을 취하고 있어 일본화되어 있음을 알 수 있다. 그 대표적인 예로 관 앞에서의 기도회가 관전 기도회(칸젱 키토오카이棺前祈祷会) 등으로 불렸지만 지금은 전야식(쩽야시키前夜式)이 되고 카톨릭교에서는 〈츠야사이通夜祭〉라고 글자 그대로 불교용어를 사용하고 있다. 기독교식의 대표적인 헌화 순서도 원래는 장례식 도중에 행해지던 것이 아니었다. 한술 더 떠서 간혹 불교식의 분향마저 행하는 곳도 있다. 하지만 일본화된 것은 기독교 교의의 근본적인 원리에 관계된 것은 아니다. 따라서 죽은 자에게 제물을 바친다거나 유체 숭배적 행위도 없고 조사(쵸오지弔辞)도 죽은 자에게 하는 것이 아니고 장의에 모인 사람들에게 한다.

일본에서 연간 사망자 수는 80만 명인데 그 중 70%전후는 병원에서 죽음을 맞이한다. 장의의 주체는 죽은 사람이고 그 때 상주는 죽어서 부재상태인 주인공의 대리인이고, 관계하는 종교인은 장의 속에서 종교를 주재하는 사회자일 뿐이다. 그리고 어디까지나 죽음을 맞이한 사람은 고인으로서 남아있는 사람의 고통과 슬픔을 완화하고 다음의 일상으로 이끌어주는 시스템으로 기능한다. 장의는 살아있는 사람이 다른 사람의 죽음이라고 하는 비일상적인 사건을 응시하고 수용하며 단념하는 비일상적인 장이고 시간이다.

귀족과는 별도로 당카 세에도檀家制度에 의해서 불교식 장례가 보급되는 에도 초기까지는 죽은 서민의 시체는 산이나 들의 적당한 장소에 내다버렸다는 설이 유력하다. 화장도 역시 메에지 이후에 일어난 것으로 일반화된 것은 2차 대전 때 일이다. 지금의 유체처리나 장례 방식은 근세 이후에 성립된 것이다.

한편 무 종교파는 츠야通夜, 전야제적인 모임과 고별식, 그리고 그 뒤의 법요적인 것 등으로 구성된다. 그리고 자연장은 기성의 묘지에 매장하지 않는 것을 주안으로 한 것으로 현실적으로는 유체를 화장하고 유골이나 재를 죽은 사람이 사랑한 산이나 들, 바다 등에 뿌리는 상코츠散骨를 행한다. 결국 이것은 자연 회귀를 의미한다. 그러나 일본에서 묘지·장의에 관한 법률에는 유체나 유골의 매장은 묘지 이외에서 행해서는 안 된다고 되어있고 또한 형법 제190조는 사체나 유골 등의 손괴와 유기는 금한다고 되어 있다. 따라서 종래 유골이나 재를 산이나 강, 바다 등에 뿌리는 산골을 행하는 자연장은 할 수 없는 것으로 되어 있었는데 법에 대한 탄력적인 해석이나 시민 의지로 결성된 〈장송의 자유를 추진하는 모임〉에 의해서 1991년 10월부터는 사가미다나相模灘에서 유해의 재를 바다에 뿌리고·있다. 그리고 재를 뿌리는 재생의 숲(사이세에

📷 아오야마 레에엥青山靈園 · 東京

노 모리再生の森)라든가 레에엥霊園의 한쪽 구석에는 뼈를 뿌리는 장소가 마련되어 있는데 수원지 근처에서는 지방 자치단체의 금지의 요청이 거세기 때문에 그것도 불가능하다. 일본에서는 매장(마이소오埋葬)의 97%정도가 화장하고 뼈를 묻는 방법을 취하고 있는데 그냥 시신을 묻는 토장(도소오土葬)은 지방 자치단체들이 조례로 이를 금하고 있기 때문에 거의 불가능한 상태이다.

5.3. 성묘〈오하카 마이리お墓参り〉

1. 묘지에 도착하면 우선 손을 깨끗이 한다.
2. 묘 앞에서 합장 배례한다.
3. 묘의 청소는 물을 좍좍 끼얹기보다는 묘석, 토대, 꽃받침 등을 깨끗하게 걸레로 닦아낸다. 그리고 잡초를 정중하게 뽑는다.
4. 꽃과 차례 음식을 묘 앞에 차려 놓는다. 음식은 고인이 즐겨했던 것으로 하고 과일과 떡 등의 먹거리는 반지半紙로 접어서 묘석 위에 놓는다.

📷 성묘

5. 물은 국자로 끼얹는데 이것은 죽은 자에 대한 물 공양의 의미를 담고 있다.
6. 향을 피운다. 양초에 불을 붙이고 양초의 불에서 향으로 옮긴다.
7. 손을 합장한 다음 웅크리고 묘에 절을 한다. 순번은 고인과 가까운 사람부터이다.
8. 향이 2/3가량 탈 때까지 묘 앞에 머무는 것이 예의이며 고인을 그리워하며 선조에게 감사하는 마음을 갖는다.
9. 절할 때의 마음가짐의 인사는 다음과 같이 한다.
   〈조상님 편히 잠드소서.(ご先祖様、どうぞ安らかに。)〉
   〈선조님께서 지켜주셔서 행복합니다. 감사합니다.(ご先祖様に守られて幸せです。有り難うございます。)〉

성인식 part.06

6.1. 장례식에서 성인식까지의 통과의례 과정

▽**우부가미**産神 : 출산을 주재하는 신. 지방에 따라서는 이 신이 산에 살고 있다 해서 출산 시 말을 타고 맞으러 가기도 하고 어떤 지방에서는 화장실에 있다 해서 평소에 화장실을 깨끗이 하면 예쁜 아기를 낳는다고 했으며 이 신은 아이의 성장을 도와준다고 했다. 아이가 자다가도 웃는 것은

바로 이 신이 조정하기 때문이라는 것이다. 그리고 아이의 머리를 깎을 때는 목 뒷덜미의 머리는 남겼는데 이유는 아이가 넘어지거나 연못에 빠졌을 때 신이 그 머리를 잡아 구해준다고 믿었기 때문이다.

▽ **미야마이리**宮参り : 아이가 태어나 처음으로 우부스나産土에게 참배하는 행위.

▽ **크이조메**食初 : 생후 100일에서 120일까지 사이에 밥을 먹이는 행사.

▽ **시치고상**七五三 : 남자 아이 3살・5살, 여자 아이 3살・7살 되는 11월 15일에 진쟈에 가서 건강한 성장을 감사하고 앞으로도 건강하게 자랄 것을 기원하는 행위.

▽ **쥬우삼마이리**十三参り : 코쿠조오 보살虚空蔵菩薩은 복덕과 지혜를 주는 신으로 여겨져 13살이 되는 해에 참배하며 지혜를 받는 행위. 13살은 과거에는 정신적으로나 육체적으로 어른으로 가는 중요한 시기이므로 이때를 택했다.

📷 코쿠조오 보사츠虚空蔵菩薩

6.2. 성인식의 유래

예전에 성인식의 대부분은 13~15세 전후에 행해졌다. 바로 이 때 어린이 이름에서 어른 이름으로 바꾸는 곳도 있었으며 마을의 유력자를 양 부모로 의뢰하는 경우도 있었다. 그들을 〈나즈케 오야〉・〈에보시 오야〉・〈훈도시 오야〉라고 부르며 평생 동안 양 부모로 모셨다. 성인식 때 이름을 바꾸고 에보시烏帽子를 쓰거나 훈도시褌를 착용했기 때문이다. 그런 풍습이 거의 사라진 오늘날에도 성인식을 〈훈도시 이와이〉라고 부르는 것은 이런 이유 때문이다. 과거에는 이 성인식을 계기로 남자는 〈와카모노 구미〉, 여자는 〈무스메 구미〉라는 전국적인 단체에 가입했다. 가입 시 남자는 쌀 가마를 메거나 돌을 짊어지는 등 혹독한 훈련을 해야 했다. 이 단체에 가입하면 어엿한 성인(이치님마에一人前)으로서 결혼할 수도 있었고 마츠리에 참가할 수도 있었으며 마을의 일이 서툴더라도 하나의 성인으로 취급받았다. 결혼을 하면 이 단체로부터는 자동 탈퇴가 된다.

6.3. 최근의 성인식 행태

일본에서는 만 20세가 되는 남녀가 〈어른〉이 된 것을 축하해 주는 성인식이 해마다 공민관 등에서 열린다. 어른 편입을 축하해 주자는 의미이다.

그러나 최근에 빈번하게 나타나고 있는 경향이 2004년에도 예외없이 나타났다. 음주와 폭력, 고성방가 등으로 성인식이 얼룩졌던 것이다. 12일 오오사카부大阪府 카타노시交野市에서 열린 성인식에서는 갓 성인이 된 남성이 객석에서 뛰쳐나와 축사를 하고 있던 시장의 얼굴에 생크림 케이크를 던지는 소동이 벌어졌다. 또 수도권의 카와사키시川崎市에서는 새내기 성인대표로 나선 사립대 남학생이 신발을 신은 채 탁자에 올라가 "이런 성인식은 필요 없다", "성인식이 정치인들의 선전장이냐?"며 대표의 연설문이 담긴 통을 객석을 향해 던졌다. 11일 시즈오카현靜岡県 이토오시伊東市의 성인식에서는 술에 취한 새내기 성인들이 연단에 올라가 시민 헌장이 적힌 현수막을 끌어내리고 꽃병을 내던졌다. 이토오시측은 "상식밖의 행동"이라며 고소할 방침이라고 밝혔다. 치바현千葉県에서도 성인식을 마친 남성이 술집에서 행패를 부리다 출동한 경관을 때리는 등 일본 전역에서 새내기 성인들의 비행이 잇따랐다. 일본의 성인식은 2차 대전 패전 뒤 실의에 빠진 젊은이들에게 용기를 주자는 취지에서 시행됐으나 해마다 물의가 빚어지면서 폐지론이 거세지고 있다.

📷 성인식 장면

 성인식의 의미

성인이 된 것을 축하하는 자리가 갓 주인공이 된 미성숙한 성인들의 난동으로 아수라장이 되곤하는 일본의 현실은 참으로 아이러니하다. 이 때문에 과거 평균수명이 짧았던 시대에 결정된 만 20세의 성인제도는 평균수명이 많이 늘어난 요즘에는 성인의 연령을 30세나 35세로 상향조정해야 한다는 일부의 의견이 차츰 설득력을 얻어 가고 있다.

이와 함께 문제가 되는 것이 성인식을 정치적으로 이용하려는 지방자치 단체이다.

그렇지만 일부 가정에서는 아버지가 새로 성인이 된 아들에게 카드를 만들어 주며 바르게 쓰도록 지도하는 한편, 아버지가 근사한 술집으로 아들을 손수 데리고 가서 스스로 견본이 되어 술을 멋있게 취하는 방법을 보여주는 예가 있어 화제가 된 적이 있다.

〈세살버릇 여든까지 간다〉는 속담처럼 술 취하는 습관도 매우 중요하다. 선배들에게 반강제로 배워 만취된 상태에서 거리에서 쓰러지거나 질질 끌려 다니는 등 일부 대학가에서 벌어지는 천박한 술 문화를 통해 많은 청년이 성인의 세계로 접어드는 우리나라로서는 일본의 예를 타산지석으로 삼아 새로 성인이 되는 사람들에게 책임 의식 부여와 축하의 의미를 담은 통과의례로서의 바람직한 성인식이 필요하지 않을까 한다.

그런 의미에서 일본의 성인식은 발상 자체가 훌륭한 통과의례의 의미를 지니고 있으면서도 현실은 엉뚱한 방향으로 흐르고 있어 제도 자체의 리모델링이 시급한 실정이다.

카부키歌舞伎 part.07

📷 카부키 극장歌舞伎座·긴자銀座

카부키를 볼 수 있는 곳은 많이 있는데 우선 관람 좌석수가 1,000석 이상 되는 곳에 연중 공연이 수개월 동안 이루어지는 극장으로는 ①토오쿄오東京 카부키자歌舞伎座·②나고야名古屋 고엔자御園座·③쿄오토京都 미나미자南座·④오오사카大阪 쇼오치쿠자松竹座·⑤후쿠오카福岡 하카타자博多座 등을 들 수 있다. 이 밖에도 이벤트성 카부키로 승부하여 성공하는 곳도 상당히 많이 있는데 카가와현香川 県 코토히라 쵸오琴平町의 카나마루자金丸座는 733석인데 전부 신발을 벗고 들어가는 사지키(桟敷/마루판을 깔아서 흙바닥보다 높게 만든 관람석), 마스세키(桝席/됫박처럼 구획된 자리에 4명이 앉게 되어 있는 구조)로 되어 있어 에도 시대의 분위기를 만끽할 수 있다. 그리고 아사쿠사浅草 스미다隅田 공원에는 2000년에 에도 시대의 극장을 재현한 〈헤에세에平成 나카무라자中村座〉가 785석의 마스세키桝席를 갖추고 새로 등장했다. 큰 극장에서는 맛볼 수 없는 일체감, 박진감, 친근감 등이 부산물로 따라오기 때문에 나름대로의 승부수를 갖고 있는 셈이다. 또한 시부야渋谷의 시어터·코쿤에서는 신선한 감각으로 연출을 시도하여 많은 젊은 관객을 모아 미래의 가능성을 확인하기도 했다. 한편 무대에 연못을 만들어 물을 뿌리거나(홈미즈本水), 흙탕을 만들어 뿌리거나(혼도로本泥) 하여 관객들을 유인하는 곳도 있는데 특히 작은 극장에서는 넘치는 현장감과 박진감

📷 나카무라 극장中村座

📷 (좌)마스세키桝席 (우)쿄오토에 있는 오쿠니의 동상

으로 카부키에 흠뻑 빠져들 수 있다.

카부키歌舞伎의 〈歌〉는 음악, 〈舞〉는 춤, 〈伎〉는 연기를 의미한다. 그러나 이것은 이두식의 표기를 즐기는 일본인들의 속성을 반영한 아테지(当て字/한자 본래의 의미와는 달리 음과 훈을 빌려 상황에 꿰맞춘 표현)이다.

어원語源은 동사인 〈카타부쿠傾く〉의 〈상식에서 벗어나다・이색적이다〉에서 온 것이다. 토요토미 히데요시豊臣秀吉가 천하를 거머쥘 무렵인 16세기 말에는 화려한 의상을 입고 거리를 활보하는 사람들이 유행처럼 출현했는데 이들은 세상의 규범을 훌훌 벗어던졌다. 일반인들은 이들을 〈상궤를 벗어난 사람들〉이란 의미를 담아 〈카타부키 모노傾き者〉라고 불렀다. 이 풍속을 춤으로 반영한 것이 카부키의 시조로 불리는 이즈모出雲의 여성, 오쿠니阿国였다. 이즈모 타이샤(出雲大社/혹은 이즈모 오오야시로라고도 함)의 무녀(미코巫女)인 이 여인은 쿄오토京都로 상경하여 진쟈神社의 경내라든가 시죠오가와라(四条河原/지금 오쿠니의 동상이 서 있음) 등에서 야야코오도리(ややこ踊り/남장을 하고 가슴에 십자가를 매달고 춤을 춤)와 넴부츠오도리(念仏踊り/검은 승려복을 걸치고 목에 새빨간 끈으로 가슴에 늘어뜨린 징을 치면서 염불을 하는 춤) 등을 추면서 상당한 인기를 끌었다. 오쿠니는 남장을 하고 카타부키 모노傾き者의 차림을 하고 유녀(유우죠遊女)와 희롱하는 장면을 춤으로 보여 주었다. 쿄오토 거리와 키타노 진쟈北野神社에서는 이즈모 타이샤의 미코라며 선전을 해대고 그것이 흥행에 대성공으로 이어지자 폭발적인 인기를 얻게 된다. 결국 이것을 계기로 일본인이 흔히 쓰는 카부키라는 글자가 의미의 조합으로 아테지当て字인 〈카부키歌舞伎〉로 탄생했다. 지금은 남자배우가 여자의 역할을 도맡아 하지만 원조는 이렇듯 여자가 남장을 하고 연기를 했던 것이다. 연기상의 완전한 트렌스젠더가 있었던 것이다. 여기에는 그럴만한 이유가 있었다. 〈카타부키 오도리傾き踊り〉가 유행하면서 창녀들도 그 춤을 흉내내기 시작했고 유우죠 카부키遊女歌舞伎가 등장하게 되었던 것이다. 창녀들에게 남장을 시키고 시죠오가와라四条河原에 설치된 무대에서 춤을 추게 했고 이것으로 기생집(기로오妓楼)은 수입이 크게 확대되면서 그 수입을 오도리에 피드백시켰다. 당시로서는 최신 악기인 샤미센三味線을 사용하고 호랑이나 표범 가죽을 사용하는 등, 돈을 닥치는 대로 투자하여 구입한 사치 도구와 분장까지 크게 어필하여 관객들이 구름처럼 몰렸다. 이처럼 카부키는 첫 단추가 드러내기 좋아하는 피로본능披露本能과 사치근성으로 끼워졌다. 이 춤을 통해서 창녀들은 관객을 자신의 손님으로 확보하게 된다. 공연이 끝나면 서로 여자를 차지하기 위해서 승려나 무사가 싸우는 해프닝까지 벌어졌다. 토쿠가와 막부는 계속되는 풍기문란으로 사회문제까지 야기하던 카부키를 1629년에 금지시켰다. 이에 대타로 등장한 것이 미소년 카부키(와카슈우 카부키若衆歌舞伎)인데 이것도 미소년들이 성적노리개가 되자, 1652년에 다시 금지처분을 당하

게 된다. 그나마 그때까지 지속된 것도 3대 쇼궁 토쿠가와 이에미츠德川家光가 와카슈우 카부키를 좋아했기 때문이다. 그는 에도성 안에서 카부키를 공연시킬 정도로 좋아했다. 이에미츠가 죽자, 막부는 그것을 기다리기나 했던 것처럼 이듬해 곧바로 카부키를 금지시켰다. 그 후에 등장하게 된 것이 성인 남자만이 연기를 하는 야로오 카부키野郎歌舞伎이며 이것이 오늘날 카부키의 원형이다. 막부는 미소년 카부키의 상징이었던 〈마에가미前髪를 자를 것〉과 〈노래와 춤보다는 연극을 중심으로 할 것〉 등을 재개의 조건으로 걸었다. 하지만 성인 남자의 춤만으로는 흥행이 될 수 없으므로 연기력으로 승부하지 않을 수 없는 요인도 함께 작용하여 연기력과 이벤트성을 가미하게 된다.

시바라쿠暫의 한 장면

마침내는 성sex을 넘나드는 연기를 하는 셈이어서 남자가 연기하는 여성상女性像에 독특한 혼을 담지 않으면 안 되었다. 이 때 많은 배우들이 출연하게 되었으며 타마가와 치노죠오玉川千乃丞는 40세가 넘어서도 후리소데를 입고 젊은 여인 연기를 했는데 이 무렵부터 용모를 넘어 기예로 관객을 매료시키려는 경향이 나타난다. 그리고 짧은 무용과 촌극이 연극으로 바뀌고 무대에서 막을 사용하게 되었으며 복잡한 줄거리의 각본도 생기고 드라마성이 가미되어 관객들은 볼거리와 아울러 드라마를 즐기게 된다.

17년 간 계속된 겐로크(元禄 1688~1704)시대는 카부키의 제1발전기에 해당한다. 카미가타(上方/쿄오토京都와 오오사카大阪를 지칭)와 에도(江戸/

렌지시連獅子의 한 장면

東京의 옛 이름)에서는 거의 동시에 애정물(와고토和事/카부키에서 남녀의 연애·정사의 연출양식)과 영웅물(아라고토荒事/카부키에서 괴력의 용맹스런 무사나 초인적인 귀신의 거칠고 과장된 연기 양식)의 상반된 특색이 생겨나 각각 독자의 양식으로 발전해갔다.

이 시대에 카미가타는 겐로크의 중심으로, 소설은 우키요조오시浮世草子의 이하라 사이카쿠井原西鶴, 음악은 타케모토 기다유우竹本義太夫, 인형극은 닝교오죠오루리人形浄瑠璃의 치카마츠 몬자에몽近松門左衛門, 배우로는 사카타 토오쥬우로오坂田藤十郎, 하이징俳人으로는 마츠오 바쇼오松尾芭蕉 등 각 분야를 황금분할하여 대활약을 펼치는 바야흐로 문예부흥기였다.

이 시대에 카미가타에서는 이른바 케에세에 가이(傾城買い/절색인 창녀의 몸을 사는 것)가 유행하였다. 따라서 신분이 있는 사람이 절색의 창녀와 사랑에 빠져 몰락해가는 남자의 고통을 그린 연기가 케에세에 가이傾城買い라는 와고토로 대유행을 했는데 그때의 명인이 바로 사카타 토오쥬우로오坂田藤十郎였다. 에도는 토쿠가와 막부가 열린 이래 85년 동안 눈부신 발전을 거듭하고 있었다. 이 시대의

넘치는 활기와 에너지는 영웅숭배의 분위기를 만들었다. 이런 풍조에서 생겨난 것이 바로 이치카와 단쥬우로오市川団十郎였다. 그는 45세에 이쿠시마 한로쿠生島半六에게 칼로 찔려 횡사하고 만다. 2대 단쥬우로오는 16세 때 아버지의 횡사를 맞이하는데 그는 아버지의 이름을 이어받아 눈부신 활약을 하며 아버지의 영웅물(아라고토)을 세련된 경지로 이끌며 카미가타의 애정물(와고토)에도 관여하면서 에도 카부키의 리더가 되었다.

7.1. 여장 남배우〈온나가타女形〉의 명배우 열전

여자연기를 하는 남자배우인 온나가타(女形 혹은 오야마お 山)의 시조는 이 시대에 활약한 카미가타 출신의 초대 요시 자와 아야메芳沢あやめ였다. 그는 사카타 토오쥬우로오坂田藤 十郎의 상대역이었다. 자신의 『아야메 연기』라는 책에서 〈평소에도 여자로서 살 것〉·〈가쿠야(楽屋/배우들이 출연을 준비 하는 무대 뒤편의 방)에서도 여장 배우라는 사실을 잊어서는 안 되고 도시락도 남 앞에서 먹어서는 안 된다〉라는 등의 여 자 연기 배우로서의 마음가짐을 적고 있다. 그 20년 뒤에 탄생한 것이 초대 세가와 키쿠노죠오瀬川菊之丞이다. 그는 온나가타의 연기를 예술적인 경지에 이를 정도로 연마했 다. 이 이름은 막부말기까지 면면히 이어져 명 연기자를 지 칭하는 대명사가 되었다.

스케로쿠助六에서 열연하는 오노에 키쿠고로오尾上菊五郎

세가와 가문과 쌍벽을 이루는 이와이 한시로오岩井半四郎의 4, 5대 연기자는 아쿠바悪婆라는 장르를 확립시켰다. 이것은 시정에 살면서 세련된 멋으로 강함과 견고함을 간직하며 성적매력도 있는 데다 가 대의라면 악에 빠지는 것도 마다하지 않는 여성상을 연기하는 것이었다. 당시까지 여장 배우에게 는 악의 요소가 없었다. 배우 역할의 폭을 확장한 것이 바로 이 배우였던 것이다. 메에지 이후의 여장 배우로 대표적인 존재가 5대인 나카무라 우타에몽中村歌衛門이다. 그는 막부 말기부터 메에지 시대에 활약한 타치야쿠(立役/착한 남자역) 명연기자인 나카무라 시캉中村芝翫의 양자로서 10대 후반의 젊은 나이에 9대 이치카와 단쥬우로오市川団十郎의 『스케로쿠助六』에서 주인공 스케로쿠의 애인 아게마키揚巻역할을 하는 등 일찍부터 두각을 나타냈다. 그는 특히 『메에보쿠 센다이 하기伽羅先代萩』 의 마사오카政岡, 『셋슈우 갑포오가 츠지摂州合邦辻』의 타마테 고젠玉手御前 등 격식을 필요로 하는 역을 장기로 했다. 그리고 신작新作 카부키에도 손길을 뻗쳐 『키리히토하桐一葉』, 『호토토기스 코죠오 노 라쿠게츠杜宇孤城落月』의 요도기미淀君 역할이 아타리야쿠(当り役/평이 좋은 역)였다. 6대 오노에 바 이코오尾上梅幸는 9대 단쥬우로오団十郎와 〈당기쿠団菊〉라고 병칭될 정도로 명배우인 5대 오노에 키쿠

고로오尾上菊五郎의 양자이다. 당시로서는 상당한 장신으로 세와모노(世話物/카부키·인형극·소설 등에서 당대의 세태·풍속·인정을 배경으로 당대의 사건에서 취재한 것)에서 장기를 발휘했다. 15대 이치무라 우자에몽市村羽左衛門과의 콤비연기는 크게 히트하여 『키라레 요사부로오切られ与三郎』의 오토미お富역과 요사부로오与三郎역, 『쿠모니마고오 우에노노 하츠하나天衣紛上野初花』의 미치토세三千歳역과 나오자무라이直侍역, 『카사네かさね』의 카사네累역과 요우에몽与右衛門역 등의 뛰어난 연기는 지금도 전설로 회자되고 있다. 우타에몽과 바이코오는 현대 온나가타의 원류라고 할 수 있다.

반도오 타마사부로오坂東玉三郎
오야마로서는 170cm를 훌쩍 넘는
늘씬한 몸매에 빼어난 미모를 자랑한다.

  관련 키워드

▷온나가타 · 오야마女形 : 여자역할을 하는 남자 배우.
▷타테 오야마立女形 : 최고위의 여자 연기 배우.
▷케에세에傾城 : 격이 높은 창녀역.
▷와카 오야마若女形 : 젊은 여인역할을 하는 배우. 노파역(후케오 야마老女形)의 대역.
▷세와 오야마世話お山 : 빈곤한 집안 출신으로 몸을 팔거나 병고에 시달리거나 이별장면 등에 등장하는 여인 역.

7.2. 무대의 효과

카부키는 태생의 기본이 볼거리(미세모노見世物)였다. 따라서 거기에 펼쳐지는 것들은 모두 비주얼 본능에서 출발한다. 무대부터 배우의 연기, 의상에 이르기까지 모든 것들이 볼거리를 염두에 둔 것들이다. 내일의 생명을 기약할 수 없는 소위 동서東西대립의 초긴장 상태인 토쿠가와 가문德川家 대對 토요토미 가문豊臣家의 불안 속에서 의상이나 무대를 화려하고 돋보이게 하기 위하여 장식하고 춤추는 현실주의의 풍류정신이야말로 카부키의 태생의 정신이었던 것이다. 이즈모의 오쿠니는 바로 이때 출현했다. 그것들은 색다른 형태異形·이색풍異風·이단異端적인 모양으로 〈카타부키傾き〉를 거쳐 「카부키歌舞伎」에 이르렀다.

우선 의상을 예로 들면 『스케로쿠 유카리노 에도 자쿠라助六由緣江戸桜』의 아게마키揚巻역을 들 수 있는데 그 여인은 처음 등장할 때 두벌의 우치카케打掛를 몸에 걸치고 등장한다. 검은 바탕에 새우와 등자나무 장식이 달려있어 위엄이 넘치며 그 무게는 자그마치 20kg이나 된다. 도마라 불리는 마에오비前帯는 카도마츠門松와 하고이타羽子板 문양으로 정월을 나타내고, 아래 치마단은 카엔다이코火焔太鼓에 맘마쿠幔幕 벚꽃 분위기로 3월, 그 다음 마에오비는 잉어의 폭포 오르기로 5월을 나타낸다. 그러나 2차 등장 때 몸에 걸치는 마에오비는 모란에 탄자쿠短冊로 7월, 마지막에

쿄오가노 무스메 도오죠오지
京鹿子娘道成寺에서 키요히메淸姫

📷 후나벵케에船弁慶의 한 장면

는 국화문양으로 9월 등의 다섯 명절(고섹쿠五節句)이 망라되어 있다. 이것은 연출 상 꼭 필요한 것은 아니었고 풍류와 보여주기를 위한 배려였던 것이다. 북카에리 (打っ返り/고정 실을 빼내 상반신의 의상을 상체에서 허리 밑으로 내려 순간적으로 분장하는 연기) 와 히키누키(引拔き/옷에 장치한 실을 빼내 재빨리 의상을 바꾸는 연기)가 있는데 이것도 속옷으로 새로운 장면을 연출하는 연기의 일종이다. 『쿄오가노 무스메 도오죠오 지京鹿子娘道成寺』에서 키요히메淸姬는 1시간 내에 8번이나 옷을 갈아입는다. 『카 나데혼 츄우싱구라仮名手本忠臣蔵』에서는 캄페에勘平가 죽음을 목전에 두고 장황하 게 본심을 털어놓는 〈모도리もどり〉라는 연출에서 카타하다(片肌/어깨에서 옷을 내려 늘어뜨리는 연기)를 보여주는 데 그것도 의상에 변화를 주는 연출이다. 그러나 이것 도 역시 배우의 성격표현의 수단이라기보다는 연기자의 개인적 취향에 의한 디자 인이다. 그리고 가발도 한 몫을 하는데 캄페에의 상투가 뿌리째 기울기도 하고 상투가 풀리는 경우도 있으며 아게마키揚巻는 다테효오고伊達兵庫라는 머리 위를 크게 따 올리는 머리 형태로 비녀 18개와 빗 3자루가 꽂혀있다. 무대도 봄마와시 (회전무대盆回し), 세리セリ, 하나미치花道 등으로 카부키 400여년의 기나긴 장정은 얼마나 스펙터클하고 기발하고 재미있게 보여줄 것인가를 연구해온 역사이다.

7.2.1. 막〈마쿠/幕〉과 연출 용어

카부키에서 막은 연출 상 중요한 역할을 한다.
▷죠오시키마쿠定式幕 : 흑색·녹색·홍색의 3색으로 된 옆으로 당겨서 여는 막인 히키마쿠引幕로 고전극을 공연할 때 쓴다.
▷돈쵸오緞帳 : 위에서 내리는 막으로 신작新作 카부키에 주로 쓰인다.
▷아사기마쿠淺葱幕 : 순간적으로 무대 면에 강한 인상을 주기 위하여 쓰는 막 이다.
▷쿠로마쿠黒幕 : 밤의 어둠을 상징한다.
▷마쿠노우치 벤토오幕の内弁当 : 휴식시간을 마쿠아이幕間라 하며 막간에 먹는 도시락을 지칭한다.

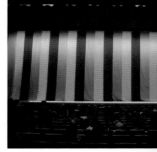

📷 국립극장의 죠오시키 마쿠定式幕

▷키柝와 츠케 : 키는 개막과 폐막에 치는 딱따기 소리이며 정식명칭은 효오시기拍子木이다.
　츠케는 미에(見得/배우가 절정에 이른 감정을 전이시키거나 관객에게 강한 인상을 심어주기 위해서 갑자기 동작을 멈추고 색다른 표정이나 자세를 취하는 일)를 좀 더 돋보이게 하기 위해서 치는 효과음인데 판자를 딱따기 로 때려서 나타낸다.
▷쿠로미스 옹가쿠黒御簾音楽 : 무대 왼쪽에 마련된 막 속에서 연주하는 음악. 나가우타長唄와 다채로 운 악기를 사용하여 물소리·파도소리·진쟈·산 속의 정경·등장인물의 움직임이나 심리상황을

음악으로 표현하고 무대를 달군다.

▷사지키세키桟敷席 : 관객들이 앉아서 떡이나 도시락을 먹고 술을 마시기도 하면서 여유 있게 연극을 즐기는 자리.

▷쿠로고黑衣 : 전신을 검은 의상으로 덮고 무대 진행이나 배우를 돕는 역할. 카부키에서는 검은색은 무無를 의미하며 무대에 있어도 보이지 않는다는 무언의 약속이 되어있다.

▷하나미치花道 : 무대에서 객석으로 통해 직각으로 뻗은 직각 통로로 등장인물의 등·퇴장을 비롯해서 배우의 연기를 클로즈업시키는 길로 사용되고 있다. 때로는 그곳이 강, 바다, 공중이 되기도 한다.

▷세리迫와 습퐁鼈 : 세리는 무대장치나 등장인물을 태운 채로 올렸다 내렸다 하는 장치이다. 무대 변환의 묘를 통해 시각미를 풍부하게 하기 위한 장치로 하나미치에 있는 코제리小ぜり를 습퐁이라고 하며 망령이나 요괴, 초인적인 인물 등이 등장할 때 사용한다.

📷 하나미치花道

▷회전 무대(마와리부타이回り舞台) : 대도구를 장식한 채로 무대가 돌고 다음 장면이 나타나는 장치. 옛날에는 사람의 동력으로 이동했는데 지금은 전동이다. 앞·뒤가 바뀌는 무대가 되는 것을 〈잇테코이行ってこい〉, 삼각형 형태로 되어 있어서 순차적으로 무대장치가 돌면서 바뀌는 것을 〈삼포오카자리三方飾り〉라고 한다.

7.2.2. 카부키의 무대〈부타이|舞台〉구성

처음에는 대나무발이나 멍석으로 둘러 친 한쪽 구석에 가설무대를 설치하고 구경은 땅바닥에 앉아서 했다. 부분적으로는 지붕으로 덮은 무대보다 높은 관람석인 사지키桟敷가 있었다. 모든 객석이 지붕을 덮게 된 것은 카부키가 연극으로서 본격적으로 발달하게 된 1700년대 중반 무렵이었다.

무대를 향하여 오른쪽은 카미테上手, 왼쪽은 시모테下手라고 한다. 막은 좌우로 당겨서 여닫는 히키마쿠引幕가 기본이다. 진쟈神社나 절(지잉寺院)의 경내에서 제례 때 흥행하는 대중극장인 미야치시바이(宮地芝居/코시바이小芝居라고도 한다)에서는 위에서 아래로 내리는 돈쵸오를 사용한다. 죠오시키 마쿠定式幕는 1633년 사루와카 칸자부로오猿若勘三郎가 막부가 새로 건축한 배에 대한 축하의 노래를 부름으로써 막부로부터 백삼포白三布·흑이포黑二布를 하사 받아 카부키 막으로 사용한 것이 기원이다. 이것이 계기가 되어 나중에는 갈색茶·흑색黑·녹색綠의 3색이 카부키의 컬러로 불리게 된 것이다. 그리고 슈우메에(襲名/전통예능이나 공예에서 부모나 스승으로부터 이름을 물려받는 행위)나 츠이젠(追善/죽은 사람의 명복을 기원하는 독경)때에 후원자(히이키贔屓)로부터 이름이 들어간 막을 기증 받았는데 그것을 〈오쿠리마쿠贈り幕〉라고 하며 코오죠오(口上/카부키 등에서 출연자를 소개하는 것)때에 사용하기도 한다.

관련 키워드

▷야구라오 아게루櫓を上げる : 극장을 마련하여 흥행을 시작하다.
▷야타이쿠즈시屋台崩し : 집이 붕괴되는 것을 통째로 보여주는 무대장치.
▷시치상七三 : 아게마쿠에서 7, 무대에서 3의 위치에 있는 하나미치 위. 배우가 멈춰서 대사를 연기하거나 춤을 추는 곳.

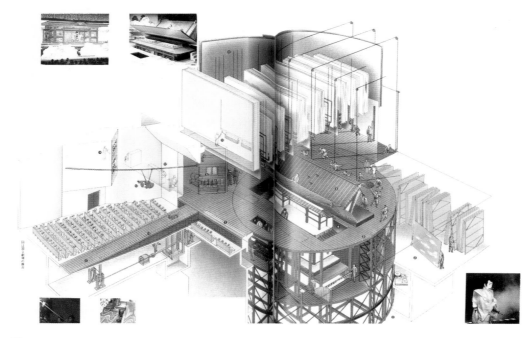

📷 카부키 무대

7.3. 카부키의 종류

7.3.1. 시대물〈지다이모노時代物〉

에도 시대 이전의 옛날 역사의 사건을 소재로 한 작품의 총칭. 이 시대는 무가사회에서 일어난 사건을 각색하는 것은 금지되어 있었기 때문에 시대를 과거로 바꾸어서 각색했다. 주로 겐지源氏와 헤에케平家와의 전쟁과 왕조시대에서 취재한 것이 주축이 되었다. 대사는 무가(부케武家)의 언어가 주축을 이루고 있다.

📷 겐지 모노가타리源氏物語의 한 장면

7.3.2. 사건물〈세와모노世話物〉

세상 이야기(세켄노하나시世間の話)의 세와世話란 말에서 나왔듯이 에도 시대 서민의 일상생활에서 일어난 사건을 취재했다. 에도 시대에는 살인이나 동반자살, 방화나 도둑이 들면 극작가(쿄오겐 사쿠샤狂言作者)가 그것을 취재해서 연극대본을 썼다. 동반자살물(신쥬우모노心中物)가 대표적이다.

7.3.3. 생활물〈키제와모노生世話物〉

특히 서민생활을 그린 극이고 리얼리티가 강하며 사실적으로 묘사한 각본과 연출이 특색이다. 카부키는 등장인물의 선악과 인품이 드러나 있다. 그 역할의 본질을 야쿠가라役柄라고 한다. 남자역은 타치야쿠立役라고 하는데 그 종류로는 아라고토荒事와 와고토和事가 있다.

7.3.3.1. 영웅물〈아라고토荒事〉

이치카와 단쥬우로오市川団十郎가 창시한 연기양식. 괴력이나 용감한 인물이 비극적으로 죽음을 당해 초자연적인 존재가 되어 복수를 위해 돌아온 귀신의 영웅 역으로 카미가타(上方/쿄오토와 오오사카)의 와고토和事에 대한 에도江戸카부키를 상징한다.

 요시츠네 셈본자쿠라〈아라고토〉　 시바라쿠〈아라고토〉

관련 키워드

▷쿠마도리隈取 : 카부키의 특수한 안면분장법. 얼굴의 근육을 따라서 과장되게 분장하며 특히 아라고토에서는 없어선 안 되는 분장법이다. 정의·악·초인적인 힘을 가진 역할을 강조하기 위하여 홍·청·묵 등의 그림도구를 사용하여 일정한 형태로 안면을 채색해서 등장인물의 성격을 클로즈업시킨다. 특히 아라고토의 주인공은 흰색을 칠한 바탕 위에 빨강으로 쿠마도리를 하여 용감무쌍함을 나타내고, 악한은 흰색 바탕에 남색으로 칠하여 악역의 성격을 돋보이게 한다.
▷오시구마押し隈 : 배우의 쿠마도리 화장을 종이나 천에 문질러 복사한 것. 액막이로 쓰임.
▷롭포오六方 : 배우가 입장 통로인 하나미치에서 막이 있는 곳까지 갈 때 손을 흔들고 발걸음을 과장해서 걷는 행위.
▷츠라네連ね : 주로 아라고토의 주역배우가 자신의 이름을 크게 외치고 어떤 사실에 대한 의견·유래 등을 카케 코토바(掛詞/동음 이의어를 이용하여 한마디로 두 가지 이상의 뜻을 표현하는 것)로 표현하는 긴 대사.

쿠마도리隈取화장
분장을 통하여 배우가 자신의 현실을 화장 속에 묻으며 카부키 세계로 변신하는 중이다.

7.3.3.2. 연애물〈와고토和事〉

사카타 토오쥬우로오坂田藤十郎가 창시한 사실적이고 부드러운 연기 양식.

관련 키워드

▷니마이메二枚目 : 카부키 등에서 두 번째로 이름이 나온 데서 연유했는데 그들은 연애 갈등의 중심적인 역할을 했다. 특히 빼어난 미남이었다.

▷삼마이메三枚目 : 카부키에서 우스꽝스러운 연기를 하는 배우. 지금도 미남을 니마이메라하고 유머가 있는 사람을 삼마이메라 한다.

▷카타키야쿠敵役 : 악역.

▷타치야쿠立役 : 여성역인 오야마의 상대 남자역.

▷북카에리打っ返り : 카부키에서 매어 있는 실을 뽑아 상반신의 의상을 허리춤 아래로 늘어뜨려 의상을 바꾸는 연기.

▷히키누키引抜 : 배우가 신속하게 겉옷을 벗고 속에 입은 의상을 드러내는 연기.

▷카타하다누기片肌脱ぎ : 한쪽 저고리의 어깨를 벗어 살을 드러내는 연기.

▷신이나 부처의 흉내〈심부츠노마네神仏の真似〉
위의 여러 요소를 동반하여 비현실적이고 환상적인 극 공간을 창출한다.

📷 〈와고토〉(좌) 쿠루와 분쇼오廓文章
　　(우) 후타츠 쵸오쵸오 쿠루와 닛키双蝶々曲輪日記

7.3.4. 노컷 공연〈토오시通し〉과 발췌 공연〈미토리見取り〉

토오시는 희곡을 생략없이 공연하는 형식이다. 카부키는 커트없이 공연하면 10시간 이상이나 걸리는 것도 있다. 현대에는 토오시라고는 해도 희곡 중에 본래의 이야기와는 상관없는 부분을 생략한 것이 많다. 1988년 카부키 극장 100주년을 기념하여 『스가와라 덴쥬 테나라이 카가미菅原伝授手習鑑』가 공연되었는데 낮 공연(히루노부皇の部)이 「카모즈츠미加茂堤」·「필법전수(힙포오덴쥬筆法伝授)」·「도오묘오지道明寺」이고, 밤 공연(요루노부夜の部)이 「쿠루마비키車引」·「가노이와이賀の祝」·「테라코야寺小屋」였다. 내용은 스가와라노 미치자네菅原道真가 후지와라藤原씨와의 정권다툼에서 패한 뒤, 다자이후大宰府에 좌천된 사건을 취재한 작품인데 미치자네의 일가와 가신을 둘러싼 사람들의 비극을 그리고 있다. 이 작품은 인형 죠오루리人形浄瑠璃에서 카부키로 편입된 3대 명작중의 하나로 손꼽히고 있다.

에도 시대에는 원래 4개의 큰 카부키 공연장이 있었는데 야마무라자山村座는 풍기문란의 물의를 일으켜 영구히 폐쇄되었고, 나카무라자中村座·이치무라자市村座·모리무라자森村座의 3극장(자座)만이 공연을 허락 받았다.

이 시대는 카부키에 두 가지 큰 특색이 있었다. 인형극인 인형 죠오루리人形浄瑠璃의 히트작이 카부키로 유입되기 시작한 것이다. 치카마츠 몬자에몽近松門左衛門의 『코쿠셍야캇셍国性爺合戦』이 대 히트 한 이래, 카부키에서도 공연을 하기

📷 도오죠오지道成寺의 한 장면

📷 스가와라 덴쥬 테나라이 카가미의 한 장면

시작하여 3극장座 모두가 이 작품을 공연했다. 치카마츠 사후에는 인형극은 합작제도로 바뀌고 문학성에서 극장성으로 변환하게 된다. 인형극의 공연목록이 카부키에서도 공연되게 되었고 『스가와라 덴쥬 테나라이 카가미菅原伝授手習鑑』・『요시츠네 셈본 자쿠라義経千本桜』・『카나데혼 츄우싱구라仮名手本忠臣蔵』의 3대 명작이 카부키의 레퍼토리로 확립되었다. 거기에 샤미셍이라는 악기를 사용하는 등 다채로운 음악이 도입되었다. 카미가타에서 유행했던 음악이 에도에도 유행하게 되었고 미야코지 붕고노 죠오宮古路豊後掾도 1732년에 에도로 올라와 이치무라 극장座에서 선정적인 음악으로 선풍적인 인기를 끌며 관객을 매료시켰다. 붕킹文金풍의 머리형에 나가하오리長羽織의 스타일도 의표를 찌르는 것이었으며 당시 젊은이들 사이에 동반자살(신쥬우心中)이나 가출(이에데家出)이 유행한 것도 급기야는 붕고노 죠오의 책임이라고 탄압을 받게 되었다. 그 뒤로는 카미가타와 에도가 활발하게 교류하며 카부키의 발전도 새로운 양상으로 전개된다.

1800년대 초반은 카부키가 원숙한 경지로 발전해가기도 하지만 퇴폐의 일로를 걷기도 한다. 이 시대에 출현한 두 거장이 츠루야 남보쿠鶴屋南北와 카와타케 모쿠아미河竹黙阿弥였다. 츠루야 남보쿠가 극작가로 활약한 시대에는 리얼하고 에로틱하며 그로테스크한 넌센스를 관중들이 즐겼다. 그는 당시의 속어를 많이 구사하는 등 생생한 에도 분위기를 담아내고 있다. 그리고 과거의 레퍼토리를 이어받음과 동시에 재빠른 변신(하야가와리早替わり)을 한다. 공중타기(츄우노리宙乗り) 등의 비정형의 화려한 연출(케렝)과 피비린내 나는 자극적인 장면, 농후한 정사장면(누레바濡場) 등 여러 가지 아이디어를 다양하게 구사했다. 이 시대에는 『칸진쵸오勧進帳』 등을 만든 7대 단쥬우로오団十郎, 변신 무용(헹게부요오変化舞踊/한 사람의 배우가 여러 사람의 역할로 분장하여 춤을 춤)의 호적수인 3대 나카무라 우타에몽中村歌右衛門과 반도오 미츠고로오坂東三津五郎 등 기라성 같은 명배우가 속출했다. 7대 단쥬우로오団十郎는 이치카와市川의 권위를 과시하기 위하여 『후와不破』・『나루카미鳴神』・『시바라쿠暫』・『후도오不動』・『우와나리女男女』・『조오히키象引』・『칸진쵸오勧進帳』・『스케로쿠助六』・『오시모도시押戻』・『우이로오우리外郎売』・『야노네矢の根』・『캉우関羽』・『카게키요影清』・『나나츠멩七つ面』・『케누키毛抜』・『게다츠解脱』・『쟈야나기蛇柳』・『카마히게鎌髭』 등의 카부키 18번 목록을 정했다.

그 뒤를 이어 1800년대 말을 화려하게 장식한 것이 카와타케 모쿠아미河竹黙阿弥였다. 그는 작품 수 360여 편이 말해주듯이 에도 카부키의 도매상이라고 일컬어질 정도였다. 그는 소위 〈당기쿠 극장団菊座〉・〈9대 단쥬우로오団十郎〉・〈5대 키쿠고로오菊五郎〉・〈초대 이치카와 사단지市川左断次〉 등의 명극장・명배우만을 위한 극본을 썼다. 그는 카부키 쿄오겡은 물론 장기리모노(散切物/신문명의 풍속으로 머리를 깎지도 않고 묶지도 않으며 그냥 늘어뜨리는 풍습이 유행하던 시대의 풍속을 담은 카부키)라든가 무용극 등 종횡으로 활약했다. 그리고 그는 7・5조의 아름다움을 살려 대사를 썼기 때문에 그가 쓴 극본의 대사를 들으면 음악처럼 울려퍼지며 여운이 남는다. 에도 말기에는 나카무라 극장座과 이치무라 극장座이

요시노카와吉野川의 한 장면

소실되고 모리타 극장森田座으로 합쳐진 3극장座은 아사쿠사浅草로의 이전을 명령 받았는데 모리타 극장의 12대 모리타 캉야森田勘弥는 모리타 극장의 〈모리森〉라는 글자가 좋지 않다며 〈모리守〉라는 말로 바꾸었다. 그는 여기서 한 걸음 더 나아가 중앙 진출을 계획하며 신토미 극장新富座을 개설했다. 그리고 그것은 1899년 카부 키자座가 개설되기까지 일류 극장으로서 역할을 다했다. 신토미 극장은 한 때 소실 되었지만 1878년에 당시 유행의 첨단을 걸었던 가스등을 달고, 개관식에는 관계자 모두가 연미복을 입고 나타났다. 유럽을 배우자는 열풍을 타고 캉야는 정치가, 관료에게 접근하며 카부키의 지위향상을 위해 동분서주하였다. 결국 그 결실이 이노우에 후작井上侯爵의 저택에서 열린 천황이 직접 극을 관람하는 텐랑게키天覧劇 로 발전하게 된다. 1887년에 『칸진쵸오勧進帳』·『테라코야寺小屋』 등은 메에지 천 황, 황후, 황태후, 정부 고관, 외국 사절단이 보는 앞에서 공연되었다. 에도 시대에

칸진초오勧進帳의 한 장면

잡예(지금 유희/카와라모노河原者)라고 천시 받으며 카부키 배우가 외출할 때는 삿갓을 눌러 쓰고 얼굴을 가리고 다녔던 것을 생각하면 놀라울 정도의 벼락 출세인 것이다. 한편 9대 단쥬우 로오九団十郎는 역사적 사실을 중시하고 당시의 풍속을 있는 그대로 재현하는 것을 목적으로 하는 카부 키 혁신운동인 카츠레키活歴운동을 전개, 에도 시대를 재현함에 있어서 고증의 어려움을 벗어나고

재미를 꾀하는 묘수를 발휘했다. 1897년에는 캉야가 죽고 1903년과 1904년에는 3대 명배우가 죽는 등 카부키 역사는 새로운 국면을 맞이하게 된다.

한편 극장은 신토미 극장座이 급격히 쇠퇴하고 〈카부키 극장座〉과 1911년에 세워진 〈제국 극장〉이 배우를 양분하게 되었으며 이때 젊은 기수 키쿠고로오菊五郎와 키치에몽吉右衛門은 이치무라 극장市村座에서 인기를 끌게 된다. 또 관서지방에서 활약하던 쇼오치쿠松竹가 급성장하며 토오쿄오로 상경하여 1925년경에는 모든 카부키 배우를 산하에 거느리게 된다. 2차 대전 때에는 카부키를 일반 극작가가 쓰는 이른바 「신카부키新歌舞伎」도 등장하게 된다.

그 후 관동대지진과 2차 대전을 거치고 나서 카부키는 키쿠키치菊吉와 10대 단쥬우로오団十郎를 중심으로 한 〈키쿠고로오 극단菊五郎劇団〉과, 우타에몽歌右衛門과 17대 나카무라 칸자부로오中村勘三郎를 중심으로 한 〈키치에몽 극단吉右衛門劇団〉으로 재편되어 현재의 카부키를 이끌고 있다.

📷 카게키요景淸의 한 장면

미토리見取り는 〈에리토리 미토리選り取り見取り〉에서 나온 말로 희곡 속의 재미있는 부분, 인기 있는 부분만을 발췌해서 공연하는 것이다. 1998년 1월에 제15대 카타오카 니자에몽片岡仁左衛門의 슈우메에 히로오(襲名披露/이름을 물려주며 그 기념으로 행하는 첫 공연)가 행해졌다. 공연목록은 『코토부키 소가노 타이멩寿曽我対面』·『쿄오가노 코무스메 도오죠오지京鹿子娘道成寺』·「코오죠오ロ上」·「테라코야寺子屋」였다.

📷 도오죠오지道成寺의 한 장면

『코토부키 소가노 타이멩寿曽我対面』은 카마쿠라 시대에 있었던 소가曽我형제의 원수 갚기를 제재로 한 작품이다. 에도 시대에는 1월에는 소가물을 하는 것이 관례로 되어 있다. 『쿄오가노 코무스메 도오죠오지京鹿子娘道成寺』는 무용이다. 대개 일본무용이 들어가는 경우도 있다. 「코오죠오ロ上」는 여러 가지가 있는데 이 경우에는 카타오카의 이름을 부여받는 축하연인 것이다.

📷 12代 市川団十郎와 7代 市川新之助부자의 이름 세습 공연

📷 市川新之助의 7살 첫 무대

7.4. 이름 세습〈슈우메에襲名〉

선대 혹은 조상의 개인이름을 계승하는 것으로 일반적으로는 무가·농가·상가에서 가독(카토쿠家督)을 물려받은 사람이 그 시점에서 선조 혹은 아버지의 개인명을 이어

받아 개명하는 습관이 널리 행해졌다. 호주의 이름도 그 집안을 상징하는 것으로 가독의 일부로서 상속되었다. 카부키라든가 라쿠고落語 등의 전통예능과 다도·꽃꽂이·도자기·씨름 등의 대중문화 분야에서는 이름이 가문의 권위나 전통 혹은 개인의 기술을 나타내고 그 자격을 가진 사람이 계승한다. 그리고 이름을 계승할 때는 성대한 피로식을 개최한다. 이 경우 계승하는 사람과 선조의 혈연관계는 그다지 중요하게 여겨지지 않는다.

7.5. 명 카부키 감상

7.5.1. 『소네자키 신쥬우曾根崎心中』

치카마츠 몬자에몽近松門左衛門의 51세 때의 작품이다.

1703년 오오사카大阪의 타케모토 극장竹本座에서 첫 공연初演을 가졌다. 1719년에는 에도江戸의 나카무라 극장中村座에서 카부키화한 작품으로 초연을 했다.

1703년 4월 7일 새벽 무렵에 소네자키曾根崎의 텐진天神 숲에서 오하츠お初와 토쿠베에德兵衛의 동반자살 사건이 있었다. 그 한 달 후인 5월 7일에 치카마츠는 『소네자키 신쥬우曾根崎心中』라는 제목하에 공연을 했다. 치카마츠의 작품으로는 처음으로 쓰인 사건물世話物이었고 이것은 에도 시대의 리얼리즘의 확립이라는 중대한 역할을 했다. 당시 카미가타 극단에서는 시정의 핫뉴스가 그대로 극으로 꾸며지는 세와쿄오겡世話狂言이 유행이었다.

이 작품이 이전의 세와 쿄오겡과 다른 점은 지금까지 작가인 치카마츠는 작중인물과는 괴리된 철저한 제3자의 입장을 취하고 있었는데 이 작품에서는 완전하게 주인공의 시선으로 사건을 대하고 사랑을 한다는 점이다. 그 감정은 독자에게도 그대로 전이되어 열광적인 찬사를 받게 된다.

초연 이후 카부키에서는 그다지 공연되지 않았으나 에도 심바시新橋 연무장演舞場에서 2대 나카무라 간지로오中村雁治郎와 나카무라 센쟈쿠中村扇雀 부자의 청신한 연기가 절찬되고 크게 주목을 받으면서 공연되기 시작하여 1,000회의 기록을 세울 정도로 인기가 절정이었다.

✹ 〈대강의 줄거리〉 ✹

간장집 히라노야平野屋의 점원인 토쿠베에德兵衛는 템망야天満屋의 기생 오하츠お初와 깊은 사랑을 나누게 된다. 그러던 어느 날 토쿠베에는 자신의 가게 주인이자 숙부가 권하는 혼담 앞에서 주인에 대한 의리와 연인과의 인정 사이에서 번민한다. 결국 그는 의리보다는 사랑을 택한다. 한편 오하츠는 시골출신의 손님을 따라 오오사카大阪 33개소의 관음사찰을 순례하던 중 어느 찻집에 들러 쉬고 있는데 그곳에 마침 토쿠베에가 와 있었다. 그는 숙부의 혼담요구를 거절했기 때문에 가게에서 쫓겨나 잠시 피신하는 중이라며 슬퍼했다. 이 사정을 들은 오하츠는 그를 달래지만 그는 주인의 명을 거절했기 때문에 당장 은銀 두 관을 주인이자 숙부에게 반납하고 그 가게를 떠나지 않으면 안 되는 사정에 몰려있다. 곧 자신이 평생 모은 돈을 주인에게 갚으려는데 친구인 기름집의 쿠헤에지九平次의 잔꾀에 말려 그 돈을 몽땅 떼이고 만다. 그가 이쿠다마 진쟈生玉神社에서 친구를 우연히 만나 차용증서를 들이대며 돈 갚을 것을 요구하자, 오히려 친구인 쿠헤에지는 잃어버린 자신의 도장을 이용하여 날조된 차용증서를 만들어 빌리지도 않은 돈을 달란다며 오명을 뒤집어씌운다. 비상구마저 없이 막다른 골목으로 몰린 토쿠베에는 야밤에 오하츠의 옷(우치카케) 속에 숨어 템망야의 마루 밑으로 잠입한다. 그 곳에 찾아온 쿠헤에지가 툇마루에 걸터 앉아있던 오하츠에게 토쿠베에의 욕을 하자, 둘은 발의 신호로 동반자살 할 것을 결심한다. 모두 잠든 심야에 둘은 몰래 템망야를 빠져나와 동반자살하기 위해 소네자키 숲으로 간다. 먼동이 터 가는 심야의 끝자락에서 두 사람을 죽음으로 몰고 가는 애틋하고 아련한 정서는 보는 사람으로 하여금 죽음이 아름다움의 극치인 것 같은 착각마저 들게 한다.

🎥 신쥬우心中를 약속하는
오하츠와 토쿠베에

7.5.2. 『요시츠네 셈본 자쿠라義経千本桜』

2세 타케다 이즈모竹田出雲・미요시 쇼오라쿠三好松洛・나미키 센류우並木千柳 등이 합작한 작품이다. 1747년 11월 오오사카 타케모토 극장座에서 초연, 이듬해 5월에는 에도의 나카무라 극장座에서 카부키로 만들어 첫 공연을 했다.

일본인의 마음속에 가장 아련하게 살아있는 비련의 주인공은 단연 미나모토노 요시츠네源義経이다. 그는 탁월한 명장으로서 당시에 하늘을 찌르는 권세를 자랑하

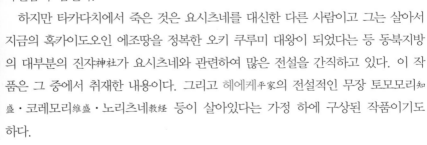

🎥 소네자키 숲으로 자살하러 가는 모습

던 헤에케平家를 멸망시킨 큰 공을 세우고도 카지와라梶原부자의 모함에 의해서 형에게 쫓기다가 오오슈우奧州의 타카다치高館에서 한 많은 생을 마감한다. 이 작품은 미나모토노 요시츠네源義経가 헤에케平家를 토벌하는 전승을 올렸지만 형인 요리토모頼朝에게 배척당해 쫓기는 이야기이다. 게다가 그에게 복수를 기도하는 타이라平가문의 사람들마저 등장시키고 있어 극은 한층 긴장감과 박진감이 넘친다.

🎥 義経千本桜의 한 장면

하지만 타카다치에서 죽은 것은 요시츠네를 대신한 다른 사람이고 그는 살아서 지금의 혹카이도오인 에조땅을 정복한 오키 쿠루미 대왕이 되었다는 등 동북지방의 대부분의 진쟈神社가 요시츠네와 관련하여 많은 전설을 간직하고 있다. 이 작품은 그 중에서 취재한 내용이다. 그리고 헤에케平家의 전설적인 무장 토모모리知盛・코레모리維盛・노리츠네教経 등이 살아있다는 가정 하에 구상된 작품이기도 하다.

✿ 〈제3막〉 스시야すし屋 ✿

요시노吉野에서 곤타權太의 부인인 오셍은 찻집을 운영하고 있다. 타이라노 코레모리平維盛의 처 와카바노 나이시若葉內侍와 로쿠다이 키미六代君가 젊은 무사인 코킹고小金吾를 데리고 그곳에 도착한다. 그곳에 한 나그네가 합류하면서 짐을 교묘하게 바꿔치기하며 20량을 가로챈다. 그 나그네가 곤타이고 그 지방에서 명물인 츠르베 스시집의 아들인데 그는 으르렁이란 별명을 가진 무뢰한이기 때문에 아버지로부터 내쫓긴다. 곤타는 아버지 야자에몽弥左衛門이 집을 비운 사이, 딸인 오사토お里와 하인인 미스케弥助가 정사를 나누는 동안, 어머니를 속여 돈을 뜯어내고 그 돈을 초밥 통에 감춘다. 한편 아버지는 쫓기던 중 살해당한 코킹고의 목을 가져와서는 다른 초밥 통에 감춘다. 그 뒤, 미스케가 자신이 사실은 타이라노 코레모리라고 실토하는 장면이 나온다. 와카바와 로쿠다이가 숙소를 구하며 이 집으로 오는 바람에 코레모리 일가족이 재회하지만 카지와라 카게토키梶原景時가 범인을 찾으러 온다는 소식을 듣고 은신처로 숨어든다. 그것을 들은 곤타는 그들 뒤를 쫓아가서 코레모리의 목과 와카바, 그리고 로쿠다이를 생포해서 카지와라에게 바치고 상을 받는다. 카지와라가 목의 검사를 마치고 기뻐서 돌아간 후 아버지가 아들인 곤타를 찌르는데 사실 그 목은 이미 살해되었던 코킹고의 것이고 와카바와 로쿠다이는 자신의 처와 자식이라고 고백한다. 상으로 받은 요리토모頼朝가 착용했던 하오리에서는 가사와 염주가 나오고 출가하라는 요리토모의 마음을 읽고 코레모리는 삭발하고 중이 된다. 이미 카지와라는 카마쿠라에 있는 요리토모가 자신의 생명의 은인인 시게모리重盛의 아들인 코레모리를 구하기 위하여 파견한 인물이었던 것이다. 그리고 카지와라는 곤타의 목숨을 건 도박을 다 알고 있었던 것이다. 결국 곤타는 착한 마음으로 돌아가 죽는다.

✿ 〈제4막〉 카와츠라 호오강 야카타川連法眼館 ✿

요시츠네義経는 고시라카와 법황後白河法皇에게 하츠네 장구(하츠네노 츠즈미初音の鼓)를 하사받는다. 「장구를 쳐라(츠즈미오 우테鼓を打て)」, 곧 「형 요리토모頼朝를 쳐라(요리토모오 우테頼朝を打て)」라는 암시였던 것이다. 그리고 이 장구는 애첩 시즈카 고젱静御前에게 맡겨진다. 한편 장구의 가죽으로 사용된 부모 여우를 그리워한 나머지, 새끼 여우는 오오슈우奥州에 있는 사토오 타다노부佐藤忠信로 변신하여 시즈카를 수호하고 있다. 전쟁에서 승리하고도 중상모략으로 형으로부터 공격을 받고 있던 요시츠네가 큐우슈우로 피신하려고 오오사카의 서쪽 아마가사키尼ヶ崎에서 배를 타려하지만 실패하고 나라奈良의 요시노산吉野山으로 피신한다. 애첩 시즈카는 요시츠네를 그리워하여 타다노부를 데리고 요시츠네가 은신해있는 요시노산 승병대장인 카와츠라 호오강川連法眼의 집에 당도한다. 그 곳에는 이미 전투에서의 상처가 아문 진짜 타다노부가 와 있었다. 요시츠네는 타다노부가 두 사람이 존재하는 것에 의심을 품고 진상을 규명하라고 시즈카에게 지시한다. 시즈키가 하츠네 장구를 치자 이상하게도 타다노부가 나타난다. 그리고 자신이 실은 여우라는 점, 장구로 쓰인 가죽의 수컷과 암컷이 실제 자신의 부모인 점, 부모의 은혜를 못 잊어 타다노부로 변신하여 북을 따라 이곳으로 왔다는 사실을 듣고, 그 심정에 감동을 받은 요시츠네는 아버지 요시토모義朝가 횡사하고 어머니 토키와常磐와 생이

별을 한 자신의 처지가 클로즈업되면서 동병상련 여우에게 자신이 목숨처럼 아끼는 장구를 준다. 여우는 크게 기뻐하며 오늘밤 악당 승려들의 야습이 있을 것이라고 전하는 한편 스스로도 신통력을 발휘하여 요시츠네를 돕는다. 결과는 과거사의 후일담이지만 삶과 죽음, 인간과 동물, 신과 인간 등이 자유롭게 교통하며 연인에 대한 로맨틱한 사랑, 부모에 대한 애절한 사랑 등을 애틋하고 아름다운 것으로 승화시켜 표현하고 있다.

📷 사토오 타다노부에서 여우의 실체를 드러낸 장면

일본 국민의 마음속의 비련의 영웅인 요시츠네가 벚꽃이 만발한 요시노산을 배경으로 등장하는 시대물로 망자가 된 헤에케 무사들이 한 맺힌 채 살아 있는 사람으로 등장하는 것과 함께 세월 따라 풍화되지 않고 아련한 정서로 남아 있다.

7.5.3. 『스가와라 덴쥬 테나라이 카가미菅原伝授手習鑑』

타케다 이즈모竹田出雲・미요시 쇼오라쿠三好松洛・나미키 센류우並木千柳의 합작품이다.

📷 스가와라 덴쥬 테나라이 카가미

1746년 8월 오오사카 타케모토 극장座에서 첫 공연을 했고 쿄오토京都의 나카무라 극장中村座에서 카부키로 만들어 첫 공연을 했다. 『요시츠네 셈본자쿠라義経千本桜』・『카나데혼 츄우싱구라仮名手本忠臣蔵』와 함께 기다유우 쿄오겡義太夫狂言의 3대 걸작으로 일컬어지고 있다. 후지와라노 토키히라藤原時平와의 정쟁政争에서 패한 스가와라노 미치자네菅原道真가 유배지인 큐우슈우九州 다자이후大宰府에서 키타노北野에 있는 템망 지자이 텐징天満自在天神으로 모셔지기까지의 이야기를 중심으로 이야기가 진행되고 있다. 스가와라를 섬기고 있던 시라 타유우白太夫에게는 우메오오마루梅王丸・마츠오오마루松王丸・사쿠라마루桜丸의 3아들이 있었다. 그 3아들 중 우메는 아버지를 이어 스가와라를 모시고, 사쿠라는 토키요 친왕斎世親王을 모시지만 마츠는 스가와라를 고발해서 지방으로 좌천시킨 후지와라노 토키히라를 모시게 되어 배은망덕한 악인으로 찍히게 된다. 비극은 여기서부터 출발한다.

이 카부키는 세 아들의 세 가지 양상으로 부모자식 간의 이별의 형태를 그리고 있다.

2막(니담메/二段目)은 「도오묘오지道明寺」에서 스가와라와 그의 양딸인 카리야 히메刈屋姫의 생 이별(이키와카레生別れ), 3막인 「사타무라佐太村」에서 시라 타유우白太夫와 사쿠라마루桜丸의 사별, 4막인 「서당(테라코야寺子屋)」에서는 마츠오오마루松王丸와 목이 잘리는 그의 아들 코타로오小太郎의 목 이별(쿠비

노와카레首の別れ) 등이 묘사된 왕조 시대의 대표적인 작품이다.

❋ 제4막 「서당〈테라코야寺子屋〉」 ❋

학문의 신이며 서도書道의 신인 스가와라로부터 서도를 배운 스가와라의 옛 신하 타케베 겐조오武部源蔵부부는 서당인 테라코야를 쿄오토京都의 세리요오芹生에 열고 있다. 그들은 유배당한 주군 스가와라의 유일한 아들인 칸 슈우사이菅秀才를 감추고 있다. 바로 그곳에 스가와라의 정적인 토키히라공時平公의 부하 순도오 겜바春藤玄蕃가 들이닥치며 슈우사이의 목을 내놓으라고 한다. 슈우사이는 목을 잘리지 않으면 안 되는 처지에 놓인다. 바로 그 날, 서당에 입문한 코타로오小太郎의 목이 대신 베어진다. 누구의 목인지를 확인하러 온 검시관인 마츠오오마루松王丸는 그 목이 진짜 슈우사이秀才의 목이라고 감정하고 돌아간다. 기뻐하는 타케베 부부 앞에 코타로오小太郎의 어머니 치요千代가 돌아와서는 「도움이 되셨는지요?」라고 말한다. 놀란 부부 앞에 다시 나타난 마츠오오마루松王丸는 실은 코타로오小太郎가 자신의 아들이라고 밝힌다. 스가와라 주군에 대한 보은을 위해서 마츠오오마루와 치요부부가 자기아들을 대신 바친 것이다. 코타로오가 부모의 사정을 알고 웃으면서 자신의 목을 내밀었다는 이야기를 들고 타케베 부부는 깊은 슬픔에 오열한다. 고통과 슬픔 속에 마츠오오 부부는 자식을 묻으러 떠난다.

이것은 일본을 대표하는 비극으로 일본사람들의 정서와 합치되는 가장 인기 있는 목록 중의 하나이다.

📷 스가와라 덴쥬 테나라이 카가미菅原伝授手習鑑

노오能 part.08

무대에 가면을 쓰고 나온 배우가 노래와 박자·반주 음악에 맞추어서 몽환적인 연기를 벌여나가는 극이다. 따라서 노오에는 창唱(우타이謠)·춤(마이舞)·박자와 반주음악(하야시囃子)·피리(후에笛)·소고(코즈츠미小鼓)·큰 북(오오즈츠미大鼓)·태고(타이코太鼓)가 필요하고 그 외의 장식이나 가면을 비롯해 무대 위의 장치 등이 600여년이나 걸쳐 연마되어져 온 것이기 때문에 그것들은 거의 완벽한 형태로 정제되어 있어 관객은 그 높은 완성도에 넋을 잃곤 한다. 전체 음향과, 가면에 의해서 지워진 현실과 절제된 무대의 분위기가 무한한 몽상의 세계로 안내하여 관객에게는 가면의 움직이지 않는 표정이 움직이거나 달빛에 비친 강이 보이기도 한다. 관객은 연기

노오 가면

자의 연기와 반주자의 소리와 무대의 공간에 의해서 몽환의 분위기에 빠져든다. 노오는 그런 인간의 심성에 호소하는 극으로, 극히 절제되고 완성도 높은 분위기로 연출해내는 극이다. 그리고 창唱(우타이謠)에 의해서 연기자는 연기를 하고 관객은 그 창에 의해서 어떤 장면인가를 파악한다. 창은 한마디로 몽환의 세계로 안내하는 이정표이자, 악보인 셈이다.

노오의 고향이라고 할 수 있는 곳은 나라奈良의 카스가 다이샤春日大社·코오후쿠지興福寺인데 봄밤에 장작을 피우고 그곳 반냐般若의 잔디에서 행해지는 타키기노오薪能와 겨울의 카스가 와카미야 마츠리(春日若宮祭/일명 옴마츠리)

(좌)타키기노오의 한 장면 (우)세미마루蟬丸의 한 장면

는 지금도 현존하는 귀중한 중세의 마츠리의 유산이다. 카스가 와카미야 마츠리에서는 무악舞楽·세에노오細男·야마토 춤大和舞·뎅가쿠田楽·사루가쿠猿楽와 같은 일본예능의 다양한 봉납(奉納/절이나 진쟈에 바치는 행위)이 호오라쿠(法楽/불전에 음악을 연주하여 공양하는 일)형태로 행해지고 있으며 다음 날 같은 장소에 무대를 설치하여 이번에는 신전을 뒤로 하이샤背후에서 행해지는 고엥(後宴/큰 연회 뒤에 행해지는 소연회) 등은 노오의 중세 흔적이다. 와카미야 마츠리에 봉납되는 미야시로 아가리御社上り의 노오 등은 무로마치 시대의 노오의 한 전형이다.

카스가 진쟈에서의 타키기노오

141

노오는 난간통로(하시가카리橋掛)와 정사각형의 3칸짜리 마루(이타노마板の間)만 있으면 되고 커다란 장치가 되는 대도구나 조명, 효과음 같은 사실적인 무대장치는 사용하지 않는다. 극도로 간략화되고 절제된 츠쿠리모노作り物라고 불리는 도구가 필요에 따라 사용될 뿐이다.

8.1. 노오能의 역사

에도 시대까지 노오能는 쿄오겡狂言과 함께 총칭해서 〈사루가쿠猿楽〉라고 했으며 노오는 〈사루가쿠 노 노오猿楽の能〉라고 했다. 원래 사루가쿠는 나라奈良시대 초에 아악雅楽이나 무악舞楽과 함께 중국에서 전래되어 온 당나라의 잡예雜芸였던 산악(상가쿠散楽)에서 유래한 것으로 되어 있다. 여기서 〈散〉이라는 말은 비천함卑이라는 의미였다. 즉, 궁정에서 행하는 아악(가가쿠雅楽)의 상대어인 상가쿠散楽는 카루와자軽業・곡예(쿄쿠게에曲芸)・마술(테지나手品)・환술(겐쥬츠幻術)・난무(랍푸乱舞)나 우스꽝스러운 흉내 등이 주류였던 쿄오겡이라는 장르의 원류적인 예술을 내용으로 하고 있었다. 당시 후진국이었던 일본은 이 상가쿠散楽를 궁중에서 교습했다. 782년에 상가쿠토(散楽戸/궁중의 산악 교습소散楽教習所)가 폐지됨으로써 절이나 진쟈의 제례의 예芸, 민간의 대도예大道芸로서 세상에 확산되고 헤에안 시대에는 그 상가쿠散楽의 〈상散〉이란 발음이 원숭이(사루)와 닮아 〈사루가쿠猿楽〉라고 불리게 된다. 이 시기에는 노오가 불교와도 깊은 인연을 맺게 되는데 궁정학자였던 후지와라노 아키히라藤原明衡가 쓴 『신사루가쿠키新猿楽記』에는 당시에 행해졌던 공연목록이 나타나 있으며 그 공연목록 서두부분에 〈슈시呪師〉가 등장한다. 이 슈시呪師는 절의 슈쇼오에(修正会/정월 초하루부터 3~7일간 사원에서 행해지는 국가 융성을 기원하는 법회)나 슈니에(修二会/3월에 행해지는 국가 융성을 기원하는 법회)에서 주술에 의해서 악귀를 쫓는 승려였다. 그리고 섣달 그믐날 악귀를 쫓는 궁중행사인 츠이나시키追儺式의 비샤몽毘沙門이나 귀신 등의 역할을 사루가쿠시猿楽師가 대행하는 사이에 불법仏法의 피가 노오에 대부분 수혈되게 되었다.

📷 노오 무대

헤에안 시대 중기 이후가 되자 카루쿠치軽口와 흉내를 중심으로 한 촌극적인 경향이 강하게 나타난다. 헤에안 시대 후기에는 대사원의 법회의 여흥으로 유승遊僧・사원 소속의 사루가쿠시猿楽師에 의해서 공연된 〈엔넨노노오延年の能〉 등의 잡예가 인기를 끌게 되었다. 그 중에서 「후류우風流」・「렌지連事」는 카마쿠라 중기에 나타난 소박한 극 형식을 취한 것이었다. 농촌에서는 허리에 찬 북(요오코腰鼓)・사사라(반주용으로 쓰이는 대나무 끝을 잘게 쪼개서 묶은 일본 민속 악기)・피리(후에笛) 등으로 모심기를 격려하던 가쿠게에楽芸에 상가쿠의 카루와자軽業나 곡예曲芸 등을 받아들여 성장한 뎅가쿠(田楽/풍작을 기원하는 농촌행사에서 발전된 예능) 등이 유행했는데 특히 이것은 위정자의 강한 지지를 받았다. 한편 절이나 진쟈神社에 부속되어 국토안온·천하태평의 기도회인〈오키나 사루가쿠翁猿楽〉를 공연하는 것을 본 업무로 하는 사루가쿠 극단座도 카마쿠라 시대에는 여러 지방으로 확산되어 갔다. 카마쿠라 후기부터 무로마치 초기에는 칸진 뎅가쿠勧進田楽를 개최하고 있던 쿄오토京都의 혼자本座·나라奈良의 니이자新座 등 두 극장의 뎅가쿠田楽가 있었고, 이에 대해 흉내기술을 주축으로 한 야마토 사루가쿠大和猿楽의 4극단(시자四座/유우자키結崎·토비外山·엠마이円満井·사카도坂戸, 나중에는 칸제観西·호오쇼오宝生·콤파루金春·콩고오金剛 등 4극단 체제로 바뀜)과 가무歌舞에 중점을 두는 오오미 사루가쿠近江猿楽의 3극단(카미산자上三座/현 시가현 북쪽의 야마시나山科·시모사카下坂·히에에比叡의 3극장 체제)이 있었다. 그중 야마토 사루가쿠에서 캉아미 키요츠구観阿弥清次가 출현하여 사루가쿠의 커다란 개혁을 시행한다. 그는 42세 되던 해인 1374년에 쿄오토京都의 이마쿠마 진쟈今熊神社에서 12살 된 아들 제아미世阿弥와 함께 공연하는 데 그 사루가쿠를 본 아시카가 요시미츠足利義満는 이후 죽을 때까지 사루가쿠의 변함없는 애호가가 된다. 그와 더불어 사루가쿠 전체의 지위도 비약적으로 높아지고 그 위치는 점차 뎅가쿠田楽를 압도해 간다. 1384년 5월에 순회공연 중 사망한 캉아미의 뒤를 이어 새로운 노오를 위해 획기적으로 노력한 사람은 제아미世阿弥이다. 그는 야마토 사루가쿠의 4극단 중의 하나인 유우자키 극단結崎座의 대부(타유우大夫/주인공 역할을 할 수 있는 연기자, 에도 시대에는 이에모토家元나 각 항藩의 노오배우 중 격조 높은 자)가 되어 맹활약한다.

그는 「타카사고高砂」·「아오이노우에葵上」·「토오루融」와 같은 옛 작품의 합본을 손질함과 동시에 「유미야와타弓八幡」·「오이 마츠老松」·「타다노리忠度」·「키요츠네清経」·「요리마사頼政」·「사네모리実盛」·「이즈츠井筒」·「히가키桧垣」·「한죠班女」·「코이노오모니恋重荷」·「타이마当麻」·「키누타砧」 등과 같은 명작에 손을 대고 있다.

📷 키요츠네清経의 한 장면

그들은 모방을 축으로 한 대사극적인 「지넹코지自然居士」·「소토바코마치卒都婆小町」로 대표되는 아버지 캉아미의 작풍과는 달리 가무歌舞를 축으로 유현幽玄하고 여정 넘치는 「몽환 노오(무겐노오夢幻能)」를 지향했다. 이것은 당시 막부로부터 지원을 받고 있던 오오미 사루가쿠, 뎅가쿠田楽의 달인 조오아미増阿弥가 갖고 있던 예풍을 받아들인 것이다. 야마토 사루가쿠의 열세를 만회하기 위해서 혼신의 노력을 기울인 제아미의 노력이 돋보이는 대목이다. 아시카가 요시모치足利義持가 쇼오궁将軍이었을 때 제아미는 노오 예술론인 『후우시카뎅風姿花伝』이라는 책을 완성시킨다. 이 무렵부터는 뎅가쿠와 사루가쿠의 극을 노오라고 부르는 것이 일반화되었다. 제아미는 그 뒤 많은 저서를 내며 동생과 아들, 그리고 사위인 콤파루 젠치쿠金春禅竹 등에게 전해준다. 아시카가 요시노리足利義教 시대에는

📷 후나벵케에船弁慶

조카인 옹아미音阿弥가 크게 히트하지만 차남인 모토요시元能는 출가하고, 장남인 모토마사元雅는 급사하는데다가 자기 자신도 사도佐渡로 유배를 떠나는 신세가 된다. 1464년 4월에 아시카가 요시마사足利義政가 옹아미音阿弥·마사모리正盛부자에게 개최시킨 칸진 사루가쿠勸進猿楽 노오는 3일간에 26막이 공연되었다고 한다. 당시에 노오와 노오 사이에 「카쿠레미노カクレミノ」·「하치 타타키ハチタタキ」·「모기(카蚊)」 등의 쿄오겡 23편이 함께 공연되었다. 이때 우사기 다유우兎大夫·츠치 다유우槌大夫라는 명 쿄오겐사도 등장하는데 바로 이 시점에서 노오와 쿄오겡의 위치와 좌표가 정해진 것으로 추측된다. 그 뒤 칸제 코지로오観世小次郎와 그 아들 나가토시長後나 젠치쿠禅竹의 손자 콤파루 젬포오金春禅鳳 등은 그때까지 가무를 중심으로 하는 유현 노오와는 달리 이야기성

📷 제아미의 몽환노오의 한 장면

이 풍부하고 활극적이며 화려한 여러 가지의 신작 노오를 만들어 새로운 관객층의 확보를 통해 노오의 활로를 모색해 나갔다. 이 때 등장한 노오가 「후나벵케에船弁慶」·「모미지가리紅葉狩」·「쵸오료오張良」·「류우코龍虎」 등이다.

작중인물도 주인공역(시테)과 주인공의 보조역(시테즈레), 조연(와키)과, 곡에 따라서는 쿄오겡 전문배우(쿄오겡카타狂言方)까지 등장한다. 그리고 알기 쉬운 이야기 전개와 많은 관객을 대상으로 공연할 수 있는 쇼 타입의 노오가 속속 등장하여 노오의 발전에 한 획을 긋는다. 한편 노오의 대본인 요오쿄쿠謠曲를 노래로 즐기는 창(우타이謠)이 귀족·무가武家·서민(쵸오닝町人) 사이에 보급되기 시작했으며 무로마치 말기에 와키카타(脇方/협역으로 가면을 쓰지 않음)는 점차적으로 와키ワキ역할만을 전문으로 하게 되었고, 쿄오겡 전문배우인 쿄오겡카타狂言方가 연기하는 막간 쿄오겡(아이쿄오겡間狂言)의 이가타리(居語り/무대의 중앙에 앉아서 협역의 물음에 대답하는 역할을 하는 것)도 이 시기에 확립되었다.

전국戦国 시대에는 절대적인 막부가 힘을 잃고 절과 진쟈도 함께 힘을 잃어, 노오 명가의 대부도 유력한 지방 영주인 다이묘오大名를 따라 전국 각지로 흩어지게 된다.

오다 노부나가織田信長는 탐바丹波 사루가쿠의 우메와카 다유우梅若大夫를 후원했지만 천하통일을 이루어낸 토요토미 히데요시는 스스로 노오 무대에 뛰어들 정도로 노오를 애호하고 야마토 사루가쿠의 4극단座에 대해서 다이묘오들이 배당미를 부담시키는 제도를 만드는 등 보호와 통제를 가했다. 따라서 4극단의 배우들은 생활이 안정되어 예술에 전념할 수 있게 되었다. 그리고 그는 특히 콤파루 극단金春座을 절대적으로 신뢰하고 후원했다. 이 모모야마桃山 시대에는 일본의 미술사상 특필할만한 현란하고 화려한 작풍이 융성기를 맞이했는데 그것을 반영하여 노오가쿠의 의상도 화려함과 현란함을 더하게 되고 노오의 가면 제작에도 에도의 마고지로오孫次郎·시모츠마 쇼오징下間少進·데메 제캉出目是閑과 같은 명인이 배출되어 신성 탈(오키나멩翁面)·귀신 탈(키짐멩鬼神面)·노인 탈

📷 하고로모羽衣의 한 장면1

(죠오노멩尉面) · 여인 탈(온나멩女面) · 남자 탈(오토코멩男面) · 원한 탈(온료오멩怨靈面)과 그 외의 특수 탈과 같은 현행의 노오의 탈 모양의 가면이 대개 이 때 완성되었으며 노오 극장(노오가쿠도오能樂堂)의 양식화도 이 때 거의 완성되었다.

한편 토쿠가와 이에야스德川家康가 사루가쿠에 호감을 갖게 된 것은 히데요시보다 전의 일로 하마마츠浜松시대에는 칸제 다유우觀世大夫 모토타다元忠 · 타다치카身愛 부자를 원호했다. 막부를 개설하고부터는 히데요시의 보호정책을 계승하고 칸제 다유우觀世大夫를 4극단座의 총수(힛토오筆頭)로 앉혔다. 4극단의 배우는 1609년에 오오사카에서 슴푸(駿府/지금의 시즈오카静岡)로 옮겨지고 이에야스가 사망한 후에는 이에모토家元 혹은 그에 준하는 배우를 에도에 거주하게 했으므로 에도가 4극단의 본거지가 되었다.

노오가 막부의 의식에 사용되는 음악인 시키가쿠式樂가 되고 2, 3대 쇼오궁에 의해서 장려됨으로써 지방의 유력한 다이묘오나 지방의 번(항藩)에서도 노오 배우를 고용하면서 노오 배우에 대한 기예나 연기상의 요구도 엄격해지고 그 결과 코가키(小書/곡명의 왼쪽에 작은 글씨로 써넣는 데서 이런 명칭이 생겼다)라고 부르는 여러 가지 연출상의 아이디어도 속출하게 되는데 전체적인 상연시간의 길이와 무도武道와도 닮은 긴장감을 가진 중후한 연기방식도 정착되어 나가게 되었다. 또한 이 시대에는 키타시치다유우北七大夫가 새롭게 키타류우喜多流를 수립하고 5극단의 체제(칸제觀西 · 호오쇼오宝生 · 콤파루金春 · 콩고오金剛 · 키타喜多)를 정립한다.

하고로모羽衣의 한 장면2

그리고 노오가 무가의 시키가쿠가 되고 나서는 쿄오토京都 · 오오사카大坂 등 몇몇의 예외를 제외하고는 노오나 쿄오겡은 일반서민과는 거리가 먼 예술이 되고 말았다. 1년에 겨우 몇 번 정도밖에 열리지 않는 칸진 노오勸進能나 마치이리 노오(町入能/에도성 안에서 개최된 서민 초청 노오) 등의 아주 제한된 기회밖에 없었던 것이다. 그러나 창(우타이謠)은 출판업의 발달로 책이 간행되고 보급되어 전국각지에 동호인이 생겨난다. 에도 후기에는 하야시(囃子/피리 · 큰북 · 샤미센 등 각종 악기를 사용하여 박자를 맞추고 정서를 자아내는 일)를 동반하지 않고 여흥으로 부르는 창의 일종인 코우타이小謠가 유행했는데 이를 반영하여 코우타이 노래집이 발간되었고 그 노래에 맞추어 춤을 배우는 연무 · 연기(시마이仕舞)레슨이 전국적으로 유행하게 되었다.

노오의 최대의 위기는 메에지 유신기였다. 에도 시대에는 무가의 시키가쿠式樂로서 쇼오궁將軍과 지방영주인 다이묘오大名들로부터 든든한 후원을 받아온 노오가쿠시能樂師들이 막번(바쿠한幕藩)체제의 붕괴에 따라 그 지지기반을 잃고 대부분이 폐업이나 전직을 하지 않을 수 없었다. 그런 와중에서 우메와카 미노루梅若實는 메에지 시대의 노오가쿠를 구출해낸 사람이다. 우메와카 로쿠로오梅若六郎는 전전대와 전대의 2대에 걸쳐 예술원 회원을 배출했고 현존의 로쿠로오六郎는 현대 청년에 어울리는 경쾌한 무대와 가문전통의 진취적인 기질을 담고 긴 기간 동안 공연되지 않았던 악곡을 발굴, 복원하기도 하였으며 현재도 가장 주목받고 있는 노오가쿠시이다.

📖 제아미世阿弥와 『후우시 카뎅風姿花伝』

셰익스피어 보다 200년 전에 태어난 제아미는 노오能를 창시한 아버지 캉아미観阿弥의 〈관객은 신이다〉라는 말을 모토로 받아들이면서 쇼오궁 아시카가 요시미츠足義満의 전폭적인 비호를 받아 노오能에 어떤 귀족적인 것에도 뒤지지 않을 만큼 세련되고 우아한 미를 구축해 나갔다.

선택된 단 한사람에게 노오의 진실을 알리기 위해 집필한 제아미의 이 비전서는 단순히 연극에만 머물지 않고 광의의 예술론, 교육론, 인생론으로도 의의가 크다.

제아미는 〈기본적으로 노오의 마음이 계승되는 것은 노오의 가문이다. 그렇다고 해서 후계자는 반드시 혈연으로 이어질 필요는 없다. 노오의 마음을 이해하는 것은 오직 노오의 후계자〉라고 단언하고 있다.

그 비전서 속의 가장 중요한 내용은 다음과 같다.

〈초심을 잊지 말 것 · 初心忘るべからず〉

연기의 길로 접어 들어섰을 때의 서툴고 미숙함을 잊지마라. 한 단계를 넘어 다른 단계로 성숙하면 거기서 또 다른 초심을 만난다. 그리고 그것을 극복해가면서 또 다른 초심을 만나게 된다. 이 초심들의 축적이 무한한 예술의 가능성으로 연결된다.

그리고 이것은 자신이 목표했던 초심의 이상이나 열의를 끝까지 잊지 말라는 경구警句의 예술론으로도 해석된다.

〈감추는 것이 꽃 · 秘すれば花〉

감춤으로써 관객의 허를 찌르는 기습적인 전법을 구사할 수 있는 연기 효과가 노오의 매력이다.

꽃이야말로 제아미가 평생 도박처럼 추구한 미학의 결정체이고 매력의 집적회로集積回路이다. 꽃은 그 자체가 흥미이고 드문 가치이다.

〈마음은 100% 움직이고 연기는 30% 자제할 것 · 動十分心, 動七分身〉

이런 마음가짐으로 연기를 하면 그 여백이 무한의 움직임을 창출한다.

강한 연기를 할 때에는 부드러운 마음을 가지고 하며 우아한 연기를 할 때는 강함을 잊어서는 안 된다.

〈연기자는 자신의 모습을 볼 수 없다. 특히 뒷 모습은 더욱 그렇다 · 리켄노 켕離見の見〉

무대를 둘러 싼 모든 관객의 시선이 닿는 곳에 연기자가 자신의 마음의 눈의 위치를 놓고 완벽한 연기를 완성시켜라.

표현을 아끼고 여백을 둠으로써 아름다움을 전하려는 노오의 기본발상은 제아미 당시보다 현대에 더욱 절실하다. 감추기는커녕 무엇이든지 드러내려 하고 여백과 기다림이 없으며 자극만을 추구하는 인스턴트 시대인 현대라는 관점에서 보더라도 유보해둔 시간과 관객과의 절묘한 타이밍의 소중함을 제아미의 혜안은 꿰뚫고 있었던 것이다.

8.2. 노오能와 요오쿄쿠謠曲

노오란 협의로는 사루가쿠猿楽의 노오를 지칭하는데 광의로는 중세의 대표적인 연극의 형태를 총칭한다. 이 사루가쿠 노오는 뎅가쿠 노오田楽能가 일치감치 사라짐에 따라 근근이 절이나 진쟈神社의 법회에 부속된 마츠리 등에 그 명목이 남아있거나 민속예능 속에 남아 있는 것에 불과하다. 하지만 노오가쿠의 노오는 주변의 모든 예능의 장점을 섭취해서 거의 600여년 이라는 세월의 검증기간과 정정기간을 거쳤기 때문에 매우 세련된 예술로서 정착하게 된 것이다.

노오란 한 마디로 말해서 저명한 설화를 입체화 · 시각화 · 음악화 하고 거기에 풍류의 요소를 가미한 것이라고 할 수 있다. 요오쿄쿠謠曲란 그처럼 종합된 예능의 한 요소이고 무대에 올릴 것을 전제로 해서 작사 · 작곡한 것인데 노오의 노래 말 대사(시쇼오詞章)의 총칭이다. 중세의 노래 말 대사에는 엥쿄쿠宴曲 외에 이마요오今様 · 시라뵤오시白拍子 · 코우타小唄 등이 있었지만 가장 긴 생명력을 가진

것은 요오쿄쿠였다. 집대성기에는 이것이 〈노오노홍能の本〉, 〈노오홍能本〉이라고 불리어졌다.

현행곡은 약 240여종으로 거의 대부분이 무로마치 시대에 만들어진 것이다. 노오의 정식 연주양식이 상연 순서로 정해진 것을 고반다테五番立て라고 하는데 이것은 와키노오脇能・슈라노오修羅能・카즈라노오鬘能・욤밤메노오四番目能・키리노오切能 등의 5가지 분류가 일반적이며 에도 시대 이후에 완성되었다.

▽와키노오脇能 : 정식공연의 노오의 첫 무대에서 행해지는 노오. 신이 태평성대를 축하하는 춤을 춘다.

▽슈라노오修羅能 : 두 번째의 무대. 생전에 투쟁을 했던 무사가 죽어서 수라도에 떨어져 고생하는 모습이고 복식複式 무겐노오夢幻能가 대부분이다.

▽카즈라노오鬘能 : 세 번째 무대에서 행해지는 가발을 쓰고 나오는 여성을 주인공으로 하는 무대. 나그네 앞에서 주인공이 시골사람의 모습으로 나타났다가 나중에 본성을 나타내며 우아한 춤을 춘다.

▽욤밤메노오四番目能 : 네 번째 무대에서 행해지는 노오.

▽키리노오切能 : 다섯 번째 마지막 무대의 노오. 귀신, 텡구天狗 등을 주인공으로 하는 것이 보통이고 왕이나 귀족의 귀신이 춤을 추는 노오도 있다.

 노오能 감상鑑賞의 난해함

〈참을 수 없다. 밖으로 나가겠다〉고 말한 것은 저명한 조각가 닥킹이었으며, 영화 『페페루모코』를 감독한 명장 듀 비비에는 〈내가 재판관이라면 징역 5년 대신에 노오를 5년간 보도록 언도하겠다〉고 했다고 한다. 화가인 부나르는 자기 부인에게 〈자네가 가면 좋겠어, 좋은 수행이 될 거야〉라고 말하자 부인은 〈노오를 보고 있다간 단 하루 만에 죽어버릴지도 몰라!〉라고 대답했다고 한다. 씨름 선수인 카가미 사토鏡里가 요코즈나橫綱가 되자, 그의 친구가 아첨삼아 < 요코즈나도 정신수양겸 노오를 보면 좋을 것이다〉라고 이야기 했을 때 요코즈나는 〈아 절대 안돼!〉라고 손 사례를 쳤다고 한다. 이 처럼 노오는 자칫 지루해지기 쉽고 몰입하기 난해한 연극이다.

8.3. 무대 배우의 복장

노오의 배우가 입는 옷은 보통 쇼오조쿠裝束라고 하며 의상衣裳이라고는 하지 않는다. 이유는 입는다는 의미보다는 분장한다는 의미가 기본으로 깔려있기 때문이다. 지금도 금실・은실로 채색되어 염직 미술의 극치를 달리는 현란함과 복잡한 내면의 반영인 노오 가면이 갖는 심오함이 배우의 복장의 기본이다. 종류는 다음과 같다.

▷카라오리唐織 : 노오의 옷차림으로 우아한 여자 겉옷.

▷아츠이타厚板 : 노오에서 무사나 귀신이 걸치는 옷.

▷누이하쿠縫箔 : 노오에서 금실・은실을 사용해서 화려하게 여러 가지 모양을 수놓은 것.

▷스리하쿠摺箔 : 노오의 복장 중에 금박·은박을 박은 코소데小袖.

▷미즈고로모水衣 : 얇은 견사의 웃옷. 시테가 입으면 어부나 벌목꾼, 와키가 입으면 승려 옷.

▷쵸오켕長絹 : 노오시直衣와 같은 형태의 히토에单衣로 흰색·물색·붉은 색 등의 옷감 위에 금실로 모양을 박은 것.

▷카리기누狩衣 : 귀족들이 입었던 사냥복이었는데 예복으로도 쓰였다.

▷합피法被 : 넓은 소매의 가슴 끈이 없는 상의. 금실로 화려한 문양을 아로새겨 넣은 옷. 갑옷차림의 무장을 비롯해 텡구天狗나 혹은 귀신류의 분장에 사용한다.

▷항기리半切 : 하카마의 한 종류로 금란金襴·돈스緞子 금·은 등으로 큰 문양을 넣은 것이며 귀신 이나 무사의 영혼을 나타내는 옷에 사용한다.

▷사시누키指貫 : 사냥복 등을 착용할 때 걸치는 하카마.

▷코시오비腰帯 : 하카마라든가 코소데 를 스커트형으로 입을 때 매는 띠.

▷츄우케에中啓 : 노오배우가 갖고 연 기하는 부채. 접어도 반쯤은 열려 있 는 것처럼 만든 부채.

▷캄무리冠 : 노오배우가 쓰는 족도리.

▷요오타이要帯 : 노오배우 복장의 허 리띠.

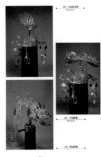

📷 캄무리冠

📷 쇼오조쿠装束

📷 요오타이要帯

📷 츄우케에中啓

이들 옷의 용도는 여러 가지 세밀하게 규칙으로 묶여있다. 그리고 새로운 옷은 현재로선 개발되지 않고 있기 때문에 규칙은 언제까지나 지켜지고 있으며 가면을 하고 있어 옷이나 행동 하나 하나가 모두 기호체계이고 언어이다. 그렇기 때문에 누가 배우가 되더라도 세밀하고 엄격하게 지켜지는 규칙에 따라서 연기를 할 수는 있다. 하지만 밖으로부터의 제약의 의미로서의 규칙이 강하면 강할수록 연기자의 표현의지도 그에 대한 강한 저항력을 갖지 않으면 안 되고 따라서 내압內壓도 강해진다. 내적인 압력의 강도와 제약의 강도의 엄격한 균형이 연기로 나타나는 것이다. 카리기누를 입었을 때의 주인공의 신체는 금속의 갑옷이라도 입은 것처럼 움직임이 둔중하고 부자유스럽다. 그것은 나무로 만든 가면의 질감과의 균형이라는 점도 작용하지만 그것을 역으로 내압을 고양하고 움직임의 확실함과 미묘함을 실현시켜 가려는 눈물겨운 노력의 소산이기도 한 것이다. 역시 노오가 흥미를 유발하는 부분은 엄격한 규칙과 규칙을 뛰어넘으려는 배우의 연기력에 있다. 노오의 배우는 반드시 부채를 가지고 나타나는데 이 부채도 역시 배우의 언어를 일부 대신하는 도구이다. 그것이 때로는 칼이 되기도 하고 무기가 되기도 하며 배우의 희로애락의 감정을 움직임으로 나타낸다. 기분이 좋을 때는 어깨를 들썩거리기도 하고 우울할 때는 그만큼 움직임이 대폭 감소하기도 한다. 그는 가면을 씀으로써 현실의 얼굴을 지우고 노오의 세계로 접어들게 되는 것이다.

8.4. 노오 무대

①키징구치貴人口 : 귀인의 등·퇴장용 출입구지만, 현재는 사용되고 있지 않다.
②키리토구치切戸口 : 지우타이地謠·후견인 등의 등·퇴장에 사용되어진다. 오쿠뵤오구치臆病口, 또는 와스레구치忘れ口라고도 한다.
③카가미이타鏡板 : 노오무대 뒤의 벽면으로 노송이 그려져 있다.
④아토자後座 : 무대 안쪽에 연주하는 사람(하야시카타囃子方)과 후견인(코오케닝後見人)이 앉는 자리. 무대바닥이 세로로 깔린 데 비해 여기는 가로로 깔려 있어 요코자橫座라고도 한다.
⑤지우타이자地謠座 : 무대를 향하여 오른쪽 무대 뒤쪽에 마련된 부분. 여기에 지우타이地謠가 앉기 때문에 이런 이름이 붙었다. 배우가 연기하고 춤추도록 뒤에 앉아 노래 부르는 사람을 지우타이라고 한다.
⑥무대〈부타이舞台〉 : 네 개의 큰 기둥으로 둘러싸인 가로·세로 약 6m의 정사각형의 무대. 연기의 대부분은 여기서 행해지고 바닥의 마루는 세로로 깔려 있다.
⑦와키바시라ワキ柱 : 정사각형의 네 기둥 중에서 객석에서 무대를 볼 때 오른쪽 앞 기둥. 조연 배우가 그곳에서 연기를 주로 하는 곳. 다이짐바시라大柱라고도 한다.
⑧후에바시라笛柱 : 정사각형의 네 기둥 중에서 객석에서 무대를 볼 때 오른쪽 뒷 기둥.

 노오 무대能舞台

피리를 부는 사람이 근처에 앉아 있어서 그런 이름이 붙었다. 『도오죠오지道成寺』의 종을 매달 끈을 매달기 위해 금고리가 달려 있다.

⑨시테바시라シテ柱 : 객석에서 볼 때 정사각형의 네 기둥 중에 왼쪽 뒷기둥. 하시가카리橋掛り와 만나는 곳으로 주로 주인공이 그곳을 거점으로 연기하기 때문에 이런 이름이 붙여졌다. 주인공이 무대에 들어와 그 기둥 옆에서 최초의 발성을 한다.

⑩메츠케바시라目付柱 : 정사각형의 네 기둥 중에서 객석에서 무대를 볼 때 왼쪽 앞 기둥. 연기자는 이 기둥을 항상 표적으로 해서 자신의 위치를 확인한다.

⑪코오켐바시라後見柱 : 후견인이 앉는 근처에 있다. 쿄오겜바시라狂言柱라고도 한다.

⑫하시가카리橋掛り : 무대를 보아 왼쪽에 아토자後座에서 연결된 난간이 달린 긴 복도. 여기서 연기도 행해지기 때문에 무대의 연장이라고 볼 수 있다. 연기자나 하야시카타囃子方, 커다란 소품 등의 등장에 사용된다.

⑬아게마쿠揚幕 : 하시가카리橋掛り 속에 걸려있는 막. 이 막을 올리고 내리기도 하고 한쪽 끝을 걷어 올려 배우가 출입한다. 다섯 가지 색깔의 세로 줄무늬 막으로, 무대로의 출입에는 본막, 반막, 편막의 세 가지 방식의 올리는 법이 있다.

⑭이치노마츠一の松・니노마츠二の松・산노마츠三の松(오른 쪽부터) : 하시가카리橋掛り 앞의 시라스에는 소나무가 심어져 있어 연기상에서 목표가 된다. 원근감을 강조시키기 위해 본 무대에서 멀수록 작게 되어있다.

⑯시라스白州 : 노오 무대와 객석이 별채였던 시절의 흔적이 남아 있는 옥석을 깐 곳. 무대 둘레 세 방향과 하시가카리의 양측 무대와 관객석(켄죠見所)을 떼어놓고 하얀 옥석이 깔려져 있다. 실외에 있을 때에는 무대나 하시가카리에 반사광을 가져오는 역할도 있다.

⑰시라스하시고白洲梯子 : 옛날 다이묘오 등으로부터 상을 받을 때 연기자는 이쪽으로 내려왔다. 지금은 사용되지 않는다.

야스쿠니 진쟈 내에 설치된 노오 무

⑱키자하시階 : 무대 중앙에 있는 시라스白州로 내려오는 계단. 옛날에는 지샤부교오寺社奉行가 여기를 오르내리며 노오의 개시를 선언하거나 했는데 현재는 사용하지 않는다.

8.5. 노오能의 탈〈노오멩能面〉

노오의 탈은 배우의 현실을 지우고 무대 위의 현실을 재생하기 위해서 쓰이는 소도구이다.

노오 배우의 혼이고, 연출에서 옷, 연기의 모든 것을 통괄하는 이념이기도 하다. 풍부한 표정을 감춘 중간표정과 격한 감정이 용솟음치는 순간 표정의 가면, 이렇듯 가면은 예술품이기도 하고 그렇지 않기도 하다. 노오의 탈에 의해서 시야의 태반을 상실한 노오배우가 자기최면에 빠져들기 쉬운 점, 바로 이것이 무겐노오夢幻能로 이어지는 데 결정적으로 유리한 방향으로 작용하게 된다.

시대를 거치면서 각 유파(류우기流儀)사이에 대립 의식이 싹트면서 각 가문의 유파는 바로 노오 가면이라는 말까지 나올 정도가 되었다. 가장 오래된 유파인 콤파류우金春流와 가장 늦은 유파인 키타류우喜多流는 「코오모테小面」를 유현미幽玄美의 중심으로 견지해오고 있다. 호오쇼오류우寶生流는 「후시키조오節木增」, 칸세에류우觀世流는 「와카온나若女」, 콩고오류우金剛流는 모모야마桃山의 다유우 大夫가 죽은 아내의 모습을 조각했다는 「마고지로오孫次郎」를 대표가면으로 하고 있다.

| 와카온나若女 | 시카미顰 | 코토비데小飛出 | 코쿠시키죠오黑式尉 | 우바姥 |

〈노오能의 탈仮面〉

고혈을 짜낸다는 말이 있다. 노오의 탈은 글자 그대로 노오 연기자의 땀과 기름과 피와 마음을 빨아먹고 살아가는 것이다. 뛰어난 노오 가면은 연기자를 항복시키려하고 연기자는 노오 가면을 완전히 길들여 쓰려하고 있다. 배우와 갈등의 누적을 거치고 역대 관객의 시선을 응축시킨 노오 가면도 진화되어 왔다고 볼 수 있다. 쿄오겡의 명인이자 가면을 만들기도 하는 사람인 노무라 만조오野村万蔵가 무대에 오른 「조오(增/기품 있는 여인 탈)」를 보고 〈훌륭한 노오가면이다, 저 가면의 복사를 뜰 수 없겠나?〉하고 간청했을 때 옆에 있던 배우가 〈실은 저 가면은 당신이 만든 것이다〉라고 대답했다고 한다. 노오 가면은 많은 무대를 거치면서 본인이 몰라볼 정도로 변모해 가는 것이다.

노오 가면은 기본적으로 60가지 정도가 있는데 발생 당시에 왜 생겼는지는 분명하지가 않다. 옛날 노오 가면은 신앙적인 의미가 강했기 때문에 신상神像이나 고유의 신앙 면의 영향이 강했다.

오늘날 사용되고 있는 각종 노오 가면의 종류를 대별하면 오키나翁·로오징老人·온나멘女面·키징鬼神·온료오怨靈 등으로 나뉜다.

8.5.1. 신성 탈〈오키나멩翁面〉

노오 가면 중 오키나멩翁面은 발생이 가장 오래된 것으로 오키나翁·삼바소오三番叟·치치노 죠오父尉·엠메에카쟈延命冠者 등의 4면面이 있다. 어느 것이나 신의 얼굴과 닮아 노오의 탈 중에서 가장 신성시되고 있다. 모든 얼굴이 깡마른 얼굴이 아니라 통통하게 살이 찐 얼굴이며 눈은 히라가나의 ヘ자의 모양을 하고 있다.

8.5.2. 노인 탈〈죠오노멩尉面〉

노인의 가면을 보통은 죠오노멩尉面이라고 한다. 머리 부분에 털을 붙인 탈이 많은데 이 탈은 머리를 딴 것이 특징이다. 그리고 광대뼈를 높이하고 깡마른 얼굴로 만들어 노인답게 보이게 하고 치열은 가지런하다. 코오시죠오小牛尉・상코오죠오三光尉・이시오오죠오石王尉 등이 있다.

8.5.3. 귀신 탈〈키짐멩鬼神面〉

노오의 탈에는 순간표정과 같은 분노라든가 힘을 나타내는 탈이 있다. 귀신 탈은 순간표정으로 만들어진다. 오키나翁계의 탈도 웃음을 띠고 있으므로 순간표정이라고 할 수는 있다.

8.5.4. 찡그린 얼굴의 탈〈시카미顰〉

코베시미小べし見는 입을 다문 형태를 띠고 있으며 텡구天狗・지옥의 귀신을 나타내고 야캉野干・사자후(시시구치獅子口)・천둥(이카즈치雷)・오오토비데大飛出 등은 입을 벌리고 있으며 천둥의 신이다. 아쿠죠오悪尉의 〈악悪〉은 강하다는 의미이고 죠오尉는 노인의 의미이므로 〈아쿠죠오悪尉〉는 강한 노인을 의미한다.

8.5.5. 원한 탈〈온료오怨靈〉

전쟁에서 원한의 죽음을 맞이하거나 질투로 미쳐죽어 그 혼이 원혼이 되어 재앙을 받는 종류의 탈이다. 남성의 영혼을 나타내는 것으로는 아야카시怪士・타카카와즈鷹蛙・야세오토코痩男 등이 있고 여성의 영혼을 나타내는 것으로는 료오노온나靈女・하시히메嬌姫・한냐般若・야맘바山姥 등이 있다. 원혼의 탈에는 눈에 가느다란 금테 등을 둘러 어딘가 괴상함을 느끼게 하는 특징이 있다.

8.5.6. 여자 탈〈온나멩女面〉

온나멩女面은 노오 가면의 대표라고 일컬어지고 있다. 노오 가면의 특징을 나타내는 말 중에 중간표정中間表情이라는 말이 있다. 얼굴에 희로애락이 분명하지 않고 적당히 얼버무린 표정을 일컫는 말이다. 예컨대 희로애락이 한 표정 안에 응축된 대표적인 노오 가면이 온나멩이다. 노오 가면을 밝게 하거나 어둡게 함으로써 밝음・쓸쓸함의 변화가 생기도록 만들어진 것이다. 말하자면 노오의 탈이 백지의 캔버스와 같은 구실을 하고 있다. 원래 노오 가면은 무표정이었는데 그것이 연출 상의 필요에 의해서 중간표정으로 바뀌었다. 가면은 원래 귀신을 가정해서 만들어진 것으로 신이 인간으로 변한 경우는 순간표정이 아니고 무표정이었던 것이다. 이 온나멩女面은 연출의 필요상 연령별,

품격별 종류에 따라 여러 종류가 생겨났다. 가장 낮은 나이의 젊은 코오모테小面·마고 지로오孫次郎·와카온나若女·조오增·샤쿠미曲見·후카이深井 등으로 나뉜다. 순진함을 나타내는 단정한 머리의 코 오모테小面, 요염한 맘비万眉, 신성함을 나타내는 조오增, 산전수전을 다 겪은 샤쿠미曲見·후카이深井 등이 그것이다.

<h3>8.5.7. 남자 탈〈오토코멩男面〉</h3>

여자 탈과 마찬가지로 남자 탈도 신들린 대상의 의미로 만들어지기 시작했다.

무장을 나타내는 헤에다平太는 코밑의 털을 팍 튀겨 올려서 용맹스런 무장을 나타내고 있다. 아리와라노 나리하라(在原業平/수려한 용모에 재치와 지식이 뛰어나고 와카의 명수로 자유분방하게 살았던 전형적인 바람둥이 미남)를 모델로 했다는 츄우죠오中将는 기품과 부드러움을 표현하기 위해 검은 눈썹을 달고 있으며 입과 턱은 여자탈의 형식을 취하고 있다. 카츠시키喝食는 젠지禅寺에서 요리를 관장하는 소년 흉내를 내며 머리 형태를 단발머리 형태(오캅파)와 은행잎 형태로 그리고 있다. 그 외에도 귀족들을 나타내는 츄우죠오中将·이마와카今若·쥬우로쿠十六, 인생을 고뇌하는 칸탕邯鄲, 풍류를 일삼는 카츠시키喝食, 소년을 나타내는 도오지童子·쇼오죠오猩々, 맹인인 요와보시弱法師·세미마루蟬丸 등 다양한 가면이 있다.

칸탕邯鄲은 미간에 팔자형 주름을 그려 사색에 잠긴 철학청년을 나타내고, 요와보시弱法師는 두발의 흐트러짐을 강조하고, 세미마루蟬丸는 머리를 갓머리 형태로 만들어 같은 맹인 소년이라도 품위를 달리하고 있다.

그밖에 특수가면이 있는데 카게키요景清·슝캉俊寬 등은 오로지 그 인물만을 위한 가면이다. 샤카釈迦는 불상의 석가를 모델로 한 것으로 이것은 단 한 공연인 「다이에大会」라는 극에서만 사용한다. 그리고 히타멩直面이라는 것이 있는데 이것은 가면이 아니고 인간의 얼굴을 나타낸다. 인간의 맨 얼굴을 히타멩이라고 한 것은 인간의 얼굴도 하나의 가면으로 생각했기 때문이다. 원래 가면극 이전에는 맨 얼굴로 가면을 대신했다. 노오의 가면이 종교적인 의미뿐만 아니라 미적 표현의 도구로 사고가 확장되기 시작했을 때 노오 가면이 맨 얼굴을 대신했다. 그러니까 맨 얼굴은 얼굴에 종교의 의미와 미를 담기 위한 도구로 사용되기 전까지만 하더라도 일종의 가면으로 생각되어진 것이다. 그래서 노오 가면의 역사에 히타멩直面도 하나의 모양새로 간직되어지고 있는 것이다.

8.6. 걸작 노오能 감상

8.6.1. 『다듬이질하는 여인/키누타砧』·제아미世阿弥 작

✳ 〈전편〉 ✳

소송을 위해 상경해서 3년이나 돌아오지 않는 남편(전편 협역/마에와키)으로부터 큐우슈우九써의 초가집(아시야芦屋)으로 연말에는 돌아온다는 전갈을 갖고 주인의 시녀인 유우기리(夕霧보조역/츠레)가 나타난다. 시녀의 도시 삶을 부러워하고 누추한 자신의 집을 원망하는 처(전편 주인공/시테)는 전에 중국(모로코시唐土)에서 멀리 호국胡国으로 잡혀간 남편 소무蘇武를 사모하여 부인이 친 다듬이 소리가 만리를 건너 소무蘇武에게까지 들렸다는 고사를 생각 해낸다. 그리고 자신도 다듬이질을 하면서 가을을 보낸다. 가을도 깊어 갈 무렵 금년에도 돌아오지 않는다는 남편으로부터의 전갈이 도착하자 부인은 낙담한 나머지 결국은 죽고 만다.

✳ 〈후편〉 ✳

다듬이질하는 여인(키누타砧)

귀향한 남편(후편 협역/아토와키)이 부인의 죽음을 애도하고 가래나무를 활에 걸어 부인의 영혼을 불러낸다. 남편에 대해 집착이 강한 나머지 지옥(쟈잉邪淫)에 떨어진 부인의 영혼(후편 주인공/아토 시테)이 나타나 아직도 사위지 않은 남편에의 사모와 원한의 정을 호소한다. 결국 남편의 공양에 의해서 부인은 성불한다.

제아미世阿弥작인 이 작품은 에도 전기에는 노래로서 전파되고 있었지만 노오로서 공연된 적은 없다. 남편을 옆에서 모시는 시녀와 그녀의 도시의 세련됨과 젊음, 이에 비해서 아득히 먼 곳에서 고독을 벗 삼아 남편을 기다리는 늙은 부인, 그리고 누추한 시골집의 대조가 고독을 더욱 처절하게 한다. 자존심에 상처를 받은 고독한 부인은 다듬이질로 자신을 지탱해갈 수밖에 없다. 제아미는 노오의 노래 속에서 꼬박 3개월간을 여인으로 하여금 그리움의 화신으로 다듬이질만을 하게하며 비현실의 세계에 살게 하고 있다. 자신의 감정을 타인에게 말할 수도 없고 감정의 원인이 되고 있는 남편에게 해결을 위한 뭔가의 행동을 취할 수도 없다. 고독한 인간은 누구든지 이 자신을 지키기 위한 비생산적인 자학행위를 많든 적든 한번쯤은 경험해본 일이 있고 지금도 그 자장 속에서 벗어날 수 없는지도 모른다. 그런 의미에서 이 노오는 지극히 인간적인 고독의 양상과도 통한다.

원초적인 인간의 그리움 속에 비상구가 없는 절대 고독의 여인의 심상풍경을 가을밤의 처연한 계절감각을 배경으로 순수하고 투명한 노래로 형상화했다. 무엇보다도 제아미의 뛰어난 감각은 다듬이질을 하면서 오로지 혼자인 여인이 달을 보고 바람을 듣고 고독을 느끼는 행위를 주인공의 노래를 통해서만 묘사하고 있다. 이것은 곧 관객에게 그대로 전이되고 관객의 마음에도 또 하나의 심상풍경을 만든다. 주인공의 인공적인 문예세계가 노오라는 회로를 통해서 관객의 심상풍경으로 자연스럽게 전이되는 것이다.

8.6.2. 『테에카定家』 · 콤파루 젠치쿠金春禅竹 작

✿ 〈전편〉 ✿

여행 중의 승려(협역)가 셈본千本부근에서 겨울비를 만나 근처의 아즈마야四阿에서 비를 긋고 있다. 바로 그곳에 그 지방 여인(전편 주인공/마에시테)이 나타나 이곳이 후지와라노 사다이에(藤原定家/일명 후지와라노 테에카라고도 하며 현란하고 정교한 노래로 쿄오고쿠 추우나공京極中納言이라고도 불리는 명가인)와 인연이 있는 정자라고 유래를 설명하고 승려들을 쇼쿠시 나이신노오(式子内親王/카마쿠라 초기의 명가인 고시라카와 텐노오後白河天皇의 셋째 공주)의 묘로 안내한다. 그리고 여인은 테에카定家와 공주(나이신노오内親王)와의 사랑 이야기를 한다. 테에카의 사랑의 집념은 죽은 후에도 칡이 되어 공주의 무덤을 휘감고 있다고 말을 계속한 여인은 무덤 근처에서 모습을 감춘다.

📷 테에카定家의 한 장면

✿ 〈후편〉 ✿

승려가 극락왕생을 빌자 공주의 망령(후편 주인공)이 무덤 속에서 테에카의 칡에 온 몸이 묶인 채 고통스런 모습으로 나타나서 아픔을 호소한다. 승려가 부처님의 가호는 초목에까지 미친다고 설파하는 야쿠소오 유힝薬草喩品을 외우자 칡이 약간 느슨해지며 공주는 비틀거리며 무덤에서 걸어 나온다. 그리고 사랑했던 과거를 그리며 보은의 춤을 춘다. 춤이 끝나고 원래의 묘지 속으로 돌아가자 다시 칡이 무성하게 무덤을 덮는다.

젠치쿠는 당시로서는 매우 교양이 뛰어나고 미적 감각이 탁월한 사람이었다. 그는 『겐지 모노가타리源氏物語』 · 『싱코킹 와카슈우新古今和歌集』를 충분히 읽고 소화시킨 사람으로 와비侘び · 사비寂び를 중시한 히가시야마 붕카東山文化시대의 사람답게 『바쇼오芭蕉』라는 작품에서는 달빛 · 서리 · 이슬 · 얼음 등 색깔을 느끼게 하지 않는 흰색을 중첩시켜가며 무상감을 무색의 세계로 묘사하고 있다. 젠치쿠의 섬세한 미적 센스는 싱코킹新古今적 세계와 통한다.

실제로 위 작품에 등장하는 공주는 테에카보다는 훨씬 연상이고 둘은 도저히 이루어질 수 없는 사이였다. 젠치쿠의 미적 상상력이 만든 허구인 것이다. 이것은 곧 〈미녀의 번민하는 모습은 노오의 제재로서는 최고중의 최고다〉라는 스승인 제아미의 지론을 훨씬 능가하는 상상력이었다. 이 작품은 노오의 표현 가능성의 세계를 확대시켰다. 그는 배우의 말이 아니라 육체를 통해서 표현되는 것에 주목했다. 그리고 배우의 춤이라든가 연기행위가 제아미의 노오에서는 확실한 이유가 존재하는데 비해 젠치쿠의 노오에서는 모호하기 짝이 없다. 애매모호함과 함께 관객이 무대 속으로 빨려 들어가 어떤 비약을 경험하지 않으면 쉽게 납득이 되지 않는 특징을 갖고 있다.

공주가 추는 죠노마이序の舞는 춤 가운데에서도 가장 우아하고 부드럽게 추는 춤이라는 평이지만 그 춤에 대한 명확한 이유가 없다. 뚜렷한 이유 없음과 슬프도록 우아한 동작의 상관관계가 바로 젠치쿠의 노오의 세계를 단적으로 표현하는 것일 것이다.

8.6.3. 제비 붓꽃〈카키츠바타杜若〉

전국을 여행중인 승려가 미카와三河지방의 야츠하시八橋에 들러 그곳의 명물인 제비 붓꽃의 향기에 취해 넋을 잃고 바라 보고 있는데 그 지방의 여인이 나타나 「이 곳은 『이세모노가타리伊勢物語』의 주인공 아리와라노 나리히라在原業平의 연고지로 나리히라도 예전에 이곳에서 만발한 제비 붓꽃에 매료된 나머지 〈늘 입는 평상복같이 친숙한 집사람을 쿄오토京都에 두고 온 것이 새삼 슬퍼지는구나〉 라는 노래를 지었다」고 설명한 후, 이 제비 붓꽃이 나리히라가 남긴 유품이라는 사실도 아울러 말한다. 그리고 하룻밤 묵어갈 것을 권유한다. 승려

📷 카키츠바타

📷 카키츠바타杜若의 한 장면

도 이 노래가 유명하여 그녀의 제의를 받아들여 그녀의 암자로 들어간다. 여인은 나리히라의 관(우이캄무리初冠)·나리히라의 옛 애인이었던 타카코高子의 화려한 의상인 쵸오켕長絹·장식용 큰 칼(카자리타치飾太刀) 등의 치장을 하고 나타나 자신은 붓꽃의 요정임을 설명하고 나리히라가 가무의 천재였고 지금은 극락의 가무보살의 화신으로 그의 노래는 초목도 구원을 받는다고 말하며 자신도 그 공덕에 의해 성불하고 싶다면서 수려한 춤을 춘 후 새벽녘에 성불에 성공한다.

 쿄오겡狂言   part.**09**

고전 익살극이나 코미디를 의미하는 〈쿄오겡狂言〉이란 말은 원래는 중국에서 온 말로 『망요오슈우万葉集』 속에서는 타와고토라고 읽혀지며 망언 또는 농담이라는 의미로 쓰이고 있다. 이것이 쿄오겡 이라고 읽혀진 것은 백씨문집(白氏文集/당나라 백거이白居易의 문집) 속의 「쿄오겡키고狂言綺語」라는 말이 『와칸 로오에에슈우和漢朗詠集』에 인용되고 나서부터라고 전해진다. 〈쿄오겡키고〉라는 말이 주로 불

교 입장에서 이야기 등을 거짓으로 꾸며 가장한 것이라고 폄하하여 부정적으로 평가하고 있었는데 점차 〈쿄오겡〉이란 말이 단독으로 상식을 벗어난 말이라든가 말의 유희 등을 의미하게 되었다. 헤에안 시대에 상가쿠散樂는 골계滑稽를 강조함과 동시에 〈散〉이란 말의 음이 〈サル〉에 가깝기 때문인지 〈사루가쿠猿樂〉라고 불리게 된다. 그리고 『겐지 모노가타리源氏物語』가 등장한 이래, 궁정학자였던 후지와라노 아키히라藤原明衡가 쓴 『신 사루가쿠키新猿樂記』에는 당시의 공연목록이 기록되어 있는데 파계한 여승이 아기를 낳는다거나 동국지방 사람들이 상경해서 허둥대는 모습을 우스꽝스럽게 묘사하고 있다. 쿄오겡의 윤곽이 이미 이 시대에 많이 나타나고 있는 것이다. 이것이 본격적인 골계(콕케에滑稽)의 예능으로 자리 잡은 것은 남북조 시대(남보쿠쵸오 지다이南北朝時代1336-1393)이다. 1334년 탕고(丹後 지금의 쿄오토 북부)의 코쿠분지国分寺 재건再建에 기록된 문서 중 2番 〈오카시咲〉에는 「칵쿠우보오오覚空坊・쟈쿠죠오보오寂浄坊・라쿠즘보오오樂順坊」라는 세 명의 등장인물이 나오는데 이것이 1番과 3番의 츠라네(連事/말이나 노래가사를 길게 뽑아 창을 하는 것)와 같은 비중을 가진 골계극으로 추측된다. 나중에는 제아미도 쿄오겡 배우를 「오카시」라고 칭하는 등 이 시대에 이미 사루가쿠의 막간극으로 쿄오겡적인 극이 공연되고 있었

📷 후세나이쿄오布施無経

다. 그리고 무로마치室町시대에는 〈쿄오겡狂言〉이 본격적으로 형성되는 시기로 〈쿄오겡〉은 노오能와 함께 공연되는 무대 예술의 명칭, 즉 노오와 노오 사이의 막간극으로 사용되면서 자신의 위치를 확고히 한다. 하지만 이 시대에 사루가쿠 노오의 골격이 확립되고 오늘날까지 면면히 이어지는 야마토 사루가쿠가 칸제觀世・콤파루金春・호오쇼오宝生・콩고오金剛 등의 4극단座이 완성되어 승승장구하는데 비해 쿄오겡은 춤의 요소는 포함하고 있다고는 해도 우스꽝스런 연기(시구사仕種)나 익살(슈쿠秀句=샤레洒落) 등의 언어유희를 중심으로 한 소극(쇼오게키笑劇)으로서 애드립으로 연기되는 등 노오만큼 예술적으로 승화되지는 않았다. 잦은 전쟁에서 언제 죽을지 모르는 무사가 정권을 장악하고 불교사상이 충만해 있던 시대에서 가벼운 웃음거리보다는 심각하고 장중한 것이 크게 평가받았을 것이다. 확실히 이 시대는 노오 극장이 제 위치를 찾아 명확하게 확립된 반면, 쿄오겡은 종속적인 입장으로 병합・흡수되는 분위기였다. 그러던 중 1464년 4월에 칸제다유우 마사모리觀世大夫正盛가 아시카가 요시마사足利義政의 후원으로 흥행한 타다스 가와라 칸진 사루가쿠糺河原勧進猿樂는 사상 유례 없는 흥행을 기록했는데 3일간에 행해진 쿄오겡의 목록만해도 20편에 달하는 것으로 보아 이 시대에는 이미 배우들 사이에 상당한 양의 쿄오겡 패턴이 형성되고 있음을 알 수 있다. 그리고 막부의 보호아래, 오오쿠라류우(大蔵流/쿄오겡의 한 유파. 시조는 콤파루 젠치쿠의 막내아들인 콤파루 시로오지로오金春四郎次郎)와 사기류우(鷺流/쿄오겡의 한 유파. 시조는 로오아미路阿弥)가 황금분할을 하고 있던 쿄오겡은 쿄오토京都・오와리尾張・카가加賀 등에서는 이즈미류우(和泉流/야마와키 이즈미山脇和泉가 시조)가 세력을 펼치고 있었다. 한편 카스가 진자春日神社에서는 난토네기류우南都禰宜流가 생겨났는데 곧 오오쿠라류우大蔵流에 흡수되고 만다. 그리고 이 시대에 군소 쿄오겡 연기자들은 새로운 예능

창조에 정열을 불태우며 카부키 쪽으로 투항하는 사람도 있었다. 에도 시대의 쿄오겐 유파 가운데에서는 지위로는 사기류우鷺流가 우위였지만 세력으로는 오오쿠라 류우大藏流가 우위를 점했다. 19세기 오오쿠라 야에몽(大藏弥右衛門 일명 토라히로)이 쿄오겐 165편을 집대성하여 수록한 『토라히로봉虎寬本』을 쓰는데 이것은 현행의 연출과 거의 대동소이하다. 이미 쿄오겐이 고정화되어 전승기에 들어섰음을 보여주고 있는 것이다. 이 때가 되어 비로소 막부(바쿠후幕府)및 지방 번(항藩)의 비호를 받는 쿄오겐의 배우들은 세습이 이루어지고 안정된 경제 기반 위에서 예술이 대대로 전승되어 간다.

한편으로 이 시대에는 쿄오겐이 왜곡된다. 막부의 시키가쿠式樂가 된 노오가쿠能樂 4극단座 체제 속에서 제외된 쿄오겐 연기자(쿄오겐시狂言師)들이 근세 초기의 카부키 성립 때 기획에 참가했기 때문에 카부키의 공연목록에도 〈쿄오겐狂言〉이라는 말이 들어가게 된다. 원래는 무사의 전유물이고 일반인들은 접근하기 힘든 예능이었는데 민중 연극의 대명사인 카부키의 공연목록의 제목으로 단골 삽입되면서 일반대중에게는 카부키의 제목으로서 오히려 더 알려지게 된다. 한 때 〈노오가쿠노 쿄오겐能樂の狂言〉이라는 말이 등장하여 〈카부키노 쿄오겐歌舞伎の狂言〉이 아님을 부각시키려는 노력도 있었는데 오히려 이것은 노오와 쿄오겐을 한꺼번에 부르는 호칭으로도 오해되었다.

역사적인 에도의 막번체제 붕괴는 쿄오겐의 정부와의 밀착관계의 와해를 뜻하는 것이고 이것은 쿄오겐에 막대한 피해를 주게 된다. 그러나 쿄오겐의 평가도 차츰 높아지면서 여전히 카부키에서도 쿄오겐이라는 말이 사용되고 있기는 했지만 1955년쯤부터는 쿄오겐이라면 노오 쿄오겐을 지칭하게 되었다. 근년에 들어와서야 복권이 이루어진 셈이다. 노오와 쿄오겐은 메에지 유신 직후까지는 〈사루가쿠猿樂〉라고 불리었다. 그러다가 메에지 유신 직후 노오는 급격히 쇠퇴의 길을 걷게 된다. 하지만 외교를 재개한 메에지 정부가 외국 사절에게 보이는 예능으로 노오가쿠를 지정했고 노오가쿠는 이를 계기로 눈부시게 발달하게 된다.

1881년에는 화족(카조쿠華族/작위를 받은 사람과 그 가족으로 1947년에 폐지됨)을 중심으로 재벌이나 학자가 중심이 되어 노오가쿠샤能樂社를 설립하면서 노오가쿠能樂라는 말이 정착되었다. 노오가쿠라는 말이 사용된 것은, 메에지 신정부가 외국사절에게 보여주는 일본을 대표하는 무대예술로 사루가쿠猿樂를 지정했는데 그 말이 사루(원숭이)를 연상하게 되어 좋지않아 바꾸게 되었다는 설이 지배적이다.

한편 〈남자는 3년에 한번 한쪽 뺨으로 웃는다(오토코와 산넨니 카타호오男は三年に片頰)〉라는 웃음을 극도로 아끼는 에도 시대의 봉건적인 도덕률이 계승되어 귀족이나 신사들도 노오나 노래(우타이謠)를 배우고 그 후원자가 되지만 쿄오겐은 무관심의 대상이 되었다. 당시에는 노오가 끝나고 쿄오겐이 시작되면 객석은 인사를 나누거나 잡담 등으로 시끄러워 대사를 들을 수가 없을 정도였다. 오오쿠라 류우大藏流의 1대 쿄오겐 연기자인 야마모토 토오지로오山本東次郎와 2대 시게야마 츄우자부로오茂山忠三郎는 연기 도중 조용한 이야기로 〈하지 말자, 도저히 용서 할 수 없다. 이런 시끄러운 곳에서는 할 수 없다. 그만두고 돌아가자〉라는 대화를 나누고는 무대에서 내려왔다고 한다. 이 시대가 쿄오겐에게 있어서는 굴욕적인 고난기였던 것이다. 이미 무로마치室町 초기에는 노오가 장중한 가무극으로서 모습을 갖추었는데 쿄오겐은 사루가쿠猿樂에서 보이는 우스꽝스런 촌극으로 그다지 본질적인 성장은 했다고 볼 수 없고 그것이 희극으로 불릴 수 있을 만큼 성장하는 데에는 2세기 정도의 시간이 더 필요했다. 그 사이 거의 무대장치를 하지 않은 살풍경의 썰렁한 노오 무대에서 노오와 교대로 공연되는 역사를 걸어왔기 때문에 실질적인 대화극으로 발전할 수 없었고 노오극 형태의 영향 하에서 성장했다. 따라서 대화로 줄거리를 풀어가는 성질상 발단은 등장인물이 자기소개를 하고 도중에 길을 걷다가 상대방 집에 도착하는 등 대개 노오와 같이 패턴화된 것이 많았다. 『찻집 주인/츠으엥通圓』은 전체 구성이 노오의 패러디이고 『보오시보리棒縛』·『후미니나이文荷』·『호오시가 하하法師ヶ母』 등은 일부를 패러디한 것이다. 그러나 『후나벵케에船弁慶』와 같은 막간 쿄오겡은 폭풍우 속에서 악전고투하는 선원의 모습을 보여주며 장 연결로서의 역할뿐만 아니라 줄거리 전개상의 중요하고 재미있는 볼거리 장면을 제공하기도 한다.

9.1. 노오能와 쿄오겡狂言의 다른 점

같은 무대를 사용하며 같은 내용의 걸어가는 연기를 하더라도 노오가 불과 몇 걸음을 아주 천천히 반복해서 앞뒤를 왔다 갔다 하는데 비해 쿄오겡은 본 무대를 휘저으며 나노리자名乗リ座에서 메츠케目付, 와키자脇座를 거쳐 다시 나노리자名乗リ座로 경쾌하게 삼각형으로 걷는다. 우는 동작도 노오가 손바닥을 눈가에 천천히 갖다 대는 데 반해 쿄오겡의 귀신 등은 양손을 뒤에 붙이고 으흐흑흑 소리를 내며 얼굴을 위아래로 격정적으로 흔들어 댄다. 이처럼 노오의 연기가 구심적求心的이고 상징적象徵的이며 중후重厚한 것인데 반해 쿄오겡은 개방적開放的이며 구상적具象的이고 경묘輕妙하다. 공연시간도 노오가 80분 정도가 보통인데 반해 쿄오겡은 30분을 넘지 않는다. 그리고 노오가 『겐지모노 가타리源氏物語』·『헤에케 모노가타리平家物語』·『이세모노 가타리伊勢物語』 등의 일본 고전이나 중국의 고전, 한시, 유명한 전설 등의 유려한 미사여구 등 불교사상을 근거로 우아한 세계를 만들고 노래로 받아들인 것이 많은 반면, 쿄오겡은 실생활의 우스갯거리와 밀접한 싱싱한 구어체가 질펀한 해학을 만들고 있다.

네옹교쿠寢音曲의 한 장면

그리고 가장 중요한 것은 작중인물이다. 노오가 귀족이나 영웅 혹은 역사적 인물 등이 등장하는데 비해 쿄오겡에는 마당쇠의 두목 격인 타로오카쟈太郎冠者 혹은 주인, 지위가 높아봤자 다이묘오大名 정도이다. 흔히 노오는 비극적이고 쿄오겡은 희극적이다. 노오의 정서는 비극이지만 해피엔드가 많은데 비해, 쿄오겡은 코미디가 아닌 14, 5편을 제외하고는 거의 희극이 주를 이룬다. 한편 노오는 『카게키요影淸』·『산쇼오즈笑』만이 희극이다. 그리고 둘은 배우의 연기라든가 전반적인 구성은 비슷하더라도 현실인식이나 불교관에서 현저한 차이를 보인다. 노오는 망령이나 귀신이 등장하지 않으면 성립이 안 되지만 쿄오겡은 거의 유령의 존재를 믿지 않는다. 예컨대『부아쿠武悪』에서는 유령이 되어 주인 앞에서 나가라는 말을 듣고 부아쿠는「나는 한번도 유령이 된 적이 없다」라고 말하자 타로오카쟈太郎冠者가「이런 놈 봤나?」「유령이 되어 본 놈이 누가 있나? 들은 것도 있을 테니 적당히 꾸며서 나가봐!」라는 말을 한다. 그리고『셋풍節分』이나

📷 부아쿠武悪

『바쿠치 쥬우오오博奕十王』에 나오는 귀신이나 염라대왕도 인간이나 죽은 사람에게 농락당하며 슬퍼한다. 그리고 노오에서는 승려의 기도가 신통력을 발휘하며 항상 위력을 떨치는데 쿄오겡에서는『후세나이쿄오無布施経』·『네가와리寝替』·『슈우론宗論』등에 등장하는 주지의 물욕物欲, 색욕色欲, 권세욕権勢欲이 풍자의 대상이 되어 조롱당하고 있다. 쿄오겡의 이런 현실적 정신과 반불교적 정신은 당당하고 의연하다. 쿄오겡에는 사실의 문학적인 윤색을 일삼는 노오와는 달리 난세를 살아가는 사람들의 모습이 가감 없이 그 모습 그대로 투영되고 있다. 무로마치 시대는 극과 극을 달리던 시대였다. 시골에서의 잦은 하층민의 봉기가 빈발한 가운데에서 히가시 야마東山에 호화찬란한 은각사銀閣寺가 서고, 전란에 허덕이면서도 다도나 꽃꽂이가 성립된다. 이런 카오스적인 시대에 노오와 쿄오겡이 각각 역할 분담하는 것은 시대적 요청이었을지도 모른다.

9.2. 명작 쿄오겡狂言 감상

9.2.1. 부채〈스에히로가리末広がり〉

운 좋은 사람(카호오샤果報者)이 천하태평의 경사스런 시대가 도래했으므로 많은 손님을 불러 모아 잔치를 벌이려고 한다. 그리고 선물로 부채(스에히로가리末広がり)를 준비하고 싶어 한다. 그래서 마당쇠를 불러 읍내에서 부채를 사오라고 명령한다. 그러나 마당쇠는 부채가 무엇인지 몰라 읍내를 서성대기만 한다. 바로 그때 읍내 사람이 나타나서 사정을 듣는다. 그 남자는 자신이 바로 부채 장사라고 속이며 낡은 우산을 부채라며 비싼 값에 판다. 우산은 주인이 가르쳐준 부채의 특징을 갖추고 있는 것이다. 기뻐서 구입하는 마당쇠에게 그 남자는 주인의 비위를 맞추는 노래 장단까지 가르쳐준다. 마당쇠는 서둘러 돌아가 주인에게 우산을 보여준다. 주인이 물건을 살펴보고 스에 히로가리란 것은 부채인데 이것은 우산이 아니냐며 꾸짖고는 집에서 쫓아낸다. 당황한 마당쇠는 읍내에서 배운 주인의 비위를 맞추는 육자배기를 생각해 내고 한 곡조 뽑는다. 그러자 주인은 그 육자배기에 흥이 겨워 마당쇠를 용서하고 다시 집안으로 들인다.

📷 스에히로가리末広がり

9.2.2. 달팽이〈카규우蝸牛〉

야마부시(山伏/산에서 노숙하는 중)는 아침 일찍 여행을 떠난 탓인지 졸려서 적당히 대나무 숲에서 휴식을 취한다. 장면이 바뀌고 주인과 마당쇠가 등장한다. 장수를 누리는 할아버지를 더 장수하게끔 하기 위해서는 달팽이를 복용하면 좋다는 말을 들었다면서 마당쇠에게 달팽이를 잡아오라고 명령한다. 달팽이가 무엇인지 모르는 마당쇠는 대나무 숲 속에 가면 반드시 있을 거라는 말에 그곳에 가보니 낮잠을 자고 있는 자가 있었다. 혹시 달팽이가 아닌가하고 살펴보니 주인이 말한 대로의 특징을 갖고 있었다. 틀림없이 달팽이라고 확신한 마당쇠는 노숙 중에게 함께 갈 곳이 있다며 동행을 부탁한다. 노숙 중은 웃으면서 그 착각을 잠시 즐기려고 달팽이는 육자배기가 없으면 움직이지 않는다며 마당쇠에게 육자배기를 부르게 한다. 둘이 육자배기에 들떠 질펀하게 놀고 있는 그곳으로 너무 늦어지는 마당쇠를 찾으러 주인이 온다. 노숙 중과 마당쇠가 한마당 신명나게 놀고 있는 모습을 보고 주인은 마당쇠를 꾸짖는데 육자배기에 열을 올리고 있는 마당쇠는 그 소리가 귀에 들어오지 않는다. 화가 머리끝까지 치밀었지만 마침내는 주인마저 곧 육자배기에 스스로 빠져들어 세 사람이 흥겹게 놀이마당을 펼친다.

카규우蝸牛

9.2.3. 나리히라모치〈業平餅〉

아리와라노 나리히라(주인공 · 在原業平)가 수행원(즈이징 · 隨身)과 심부름 동자(치고稚児)와 우산을 든 시종을 데리고 스미요시(住吉/오오사카 남부)의 타마츠시마 묘오징玉津島明神에 참배하러 가는 도중에 찻집에서 휴식을 취한다. 찻집 주인에게 나리히라라는 이름을 대고 먹을 것을 청구하자 다과상(삼보오/三方)에 떡이 나오고 대금이 청구된다. 마침 가진 돈이 없던 나리히라가 돈 대신 와카를 읊으려 하자 주인은 기어코 돈을 요구한다. 그러자 나리히라는 여러 가지 떡 이름을 대고 와카를 읊으며 한숨을 짓는다. 주인은 떡 값을 받지 않는 대신에 자신의 딸을 쿄오토의 귀부인(쿄오죠로오쿄女﨟)으로 만들어주면 좋겠다고 부탁한다. 승낙을 한 나리히라는 주인이 딸을 데리러 간 사이에 떡을 마구 먹어댄다. 그러나 주인이 딸을 나리히라에게 맡기고 사라진 후 딸의 머리 덮개(카즈키被衣)를 벗겨보니 너무나 못생겨서 놀란다. 나리히라는 주인의 딸을 우산을 든 시종에게 밀어붙이려 하지만 시종은 도망쳐버리고 나리히라도 사모하며 달려드는 딸을 넘어뜨리고 도망친다.

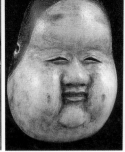

나리히라모치|業平餅

9.2.4. 부스〈附子〉

부근에 사는 사람이라고 밝히는 어떤 남자가 집을 비우게 되어서 타로오카쟈太郎冠者와 지로오카쟈次郎冠者를 불러 〈집보기〉를 분부한다. 남자는 통을 하나 두 남자 앞에 놓고 〈이것은 부스라는 것으로 아주 소중하니 잘 보도록 해라, 특히 이 부스는 맹독이니 그것에서 나오는 바람을 쐬지 않도록 각별히 주의하라〉며 당부하고 밖으로 나간다.

📷 부스附子

두 사람은 주인이 없는 집에서 심심해서 수다를 늘어놓고 있노라니 부스 쪽에서 바람이 불어왔다. 기겁을 하여 물러서는 두 사람. 그러나 그런 맹독을 주인이 취급하는 것도 이상하다. 타로오카쟈는 부스를 확인하고 싶어져서 지로오카쟈의 만류도 뿌리치고 마침내 마개를 떼어버린다. 그러자 속에는 웬걸 조청상태의 흑설탕이 들어 있다. 그 먹음직스러움에 타로오카쟈는 참지 못하고 먹기 시작한다. 불안에 떨며 보고 있는 지로오카쟈 앞에서 〈죽겠다〉며 웅크리는 타로오카쟈. 하지만 너무나 맛이 있어서 죽겠다는 타로오카쟈의 연기였다. 둘은 앞 다투어 이 귀중한 설탕을 몽땅 먹어 치운다. 그런데 어떻게 할 것인가? 변명을 하기 위해서는 저 토코노마床の間의 족자를 찢고 템목쿠天目 찻잔을 깨뜨리면 된다고 타로오카쟈는 말한다. 지로오카쟈는 사정도 모른 채 둘이서 그 파괴행위에 가담한다. 주인이 돌아오자 둘이서 큰 소리로 울어 댄다. 주인이 이상히 여기자 소중한 집 보기에 졸지말자고 둘이서 씨름을 하다가 족자를 떨어뜨려 망치고 찻잔을 깨뜨렸으므로 자살하려고 부스 안의 것을 몽땅 먹어버렸는데 아직 죽지 않고 살아 있다며 울어댄다. 화가 머리끝까지 난 주인은 두 사람을 몰아부친다.

분라쿠文樂   part.10

분라쿠는 변사(다유우太夫)와 악기(샤미센三味線)에 의한 창唱(기다유우義太夫), 그리고 인형의 삼위일체(상교오三業)로 이루어진다. 그 중의 샤미센三味線은 중국의 삼현三弦을 뿌리로 한다. 삼현이 오키나와의 류우큐우琉球에 전해져 산싱三線이 되고 몸통에 뱀가죽을 둘렀기 때문에 한때 쟈비셍蛇皮線이라고도 불렸다. 이것이 1500년대에 일본 본토로 전해지고 약 1세기에 걸쳐서 악기 개량이 이루어졌는데 이 때 뱀가죽에서 동물가죽으로 바뀜과 동시에 손잡이(사오胴棹/몸통과 손잡이 부분)·실糸·채(바치撥) 등에 아이디어가 가해지는 등 진화되어 왔다. 그리고 최근에 샤미센은 손잡이(사오棹)의 폭에 의해서 크게 후토자오太棹·츄우자오中棹·호소자오細棹의 세 종류로 분류된다. 후토자오太棹는 기다유우義太

夫, 츄우자오中棹는 토키와즈常磐津·키요모토清元·신나이新内·미야조노宮園, 호소자오細棹는 나가우타長唄·하우타端唄·코우타小唄·카토오河東·오기에尾木江 등에 사용된다. 그러나 실제로는 유파에 따라서 세부가 미묘하게 다르고 샤미셍의 종류도 훨씬 다양하다.

인형의 시선과 표정

극장 음악으로서는 카부키가 나가우타長唄와 인형 죠오루리浄瑠璃가 기다유우부시義太夫節와 연결되어 거의 동시에 진행되며 발달했다.

한편 인형은 샤미셍三味線과는 비교가 안 될 정도로 오래 전부터 존재했으며 그것이 점점 진화하여 중세에는 예인이 배출되고 요오쿄쿠謡曲를 부르면서 인형을 조종했다는 기록도 있으므로 근세가 되어 죠오루리浄瑠璃와 맺어지는 바탕이 되었던 인형은 그 기원이 상당히 오래될 것으로 추측된다. 인형은 괴뢰(카이라이傀儡/쿠구츠)라고 하며 인형을 조종하는 사람을 카이라이시傀儡師 혹은 쿠구츠 마와시라고 부른다. 이 카이라이시는 주로 니시노미야西宮에 본거를 두고 있었기 때문에 관서지방에서 인형과 죠오루리浄瑠璃가 만나게 되는 요소를 처음부터 간직하고 있었다. 그들은 예인(게에닝/芸人/유랑극단)이나 집시처럼 인파가 많은 진쟈神社, 불당(북카쿠仏閣), 강이나 항만港湾 등에서 묘기를 보이며 거리를 전전하는 카도즈케門付 광대로서 활동하며 돈을 벌었다. 여자광대는 창녀도 겸한 사람이 했으므로 쿠구츠메傀儡女라는 이름이 붙었다. 당시에는 작은 상자를 목에 걸고 그 속에서 인형을 꺼내 춤추게 하는 것이 카이라이시의 역할이기도 했다. 인형에는 손조종 인형(테 쿠구츠手傀儡)과 실조종 인형(이토아야츠리 쿠구츠懸糸傀儡)의 두 종류가 있었는데 두 가지 모두 죠오루리와 섹쿄오부시說経節가 제휴하게 되고 기다유우부시義太夫節가 인형과 제휴하여 인형 죠오루리人形浄瑠璃를 만들어 폭발적인 인기를 끈 것은 우연이나 돌연적인 창의에 의한 것이 아니고 그 때까지의 긴 시연試演, 실험을 통해서 얻은 것이다.

죠오루리浄瑠璃는 타케모토 기다유우竹本義太夫의 출현을 기점으로 하며 그 전에는 코 죠오루리古浄瑠璃라고 칭한다. 그리고 이것은 주로 쿄오토京都·오오사카大坂·에도江戸의 3도都에서 발달했는데 옛날 미카와三河지방에 전해져 온 죠오루리 히메浄瑠璃姫와 우시와카마루(牛若丸/미나모토노 요시츠네源義経의 어릴 적 이름)의 연애 이야기가 핵심이 되어 여러 유파가 생겨났다.

기다유우부시義太夫節

> **분라쿠의 특징**
>
> 세계의 인형극은 손조종·손가락조종·실조종·막대기조종·그림자인형·태엽인형·투사그림 등 7가지로 분류할 수 있는데 분라쿠는 그중 손조종에 속한다. 분라쿠의 두드러진 특징은 ①300여년의 역사를 가지고 있으며 ②어른을 대상으로한 인형극이고 ③3사람이 조종하는 정교한 것이며 ④기다유우의 창에 의해 드라마가 전개되어 간다는 점이다.

10.1. 분라쿠文樂의 기원

아와지淡路의 죠오루리浄瑠璃연사인 키다유우嘉太夫가 자신의 아호인 분라쿠켕文樂軒으로 오오사카大坂에 작은 극장을 만들고 첫무대를 올렸다. 1804년에는 이나리 진쟈稻荷神社 내에 상설극장을 설치하고 흥행을 시작한다. 초대 때는 극장이 개설되고 2대 때는 기초가 다져지며 3대 때는 성대하게 발전하게 된다. 그러나 이 분라쿠 극장文樂座은 이후에 인재를 등용하는데 실패하고 경영난에 봉착하여 쇼오치쿠松竹의 산하로 흡수된다. 오늘날 인형 죠오루리浄瑠璃를 분라쿠文樂라고 부르는 이유는 옛날에는 분라쿠켕文樂軒의 연극이라고 불렸고 1872년부터는 분라쿠자文樂座라는 이름이 사용되었으며 초대의 키다유우嘉太夫의 아호가 분라쿠켕文樂軒이었고 3대의 아호가 분라쿠옹文樂翁이었던 점에서 유래한다. 개인의 아호명, 극장명이 보통명사로서 통용되게 된 것이다. 한편 쇼오치쿠松竹에서는 배우를 채용하는 등의 일을 변사太夫·악기三味線·인형人形 등의 프로 동업자들로 이루어진 친목단체의 서열에 의해서 하는 것이 아니라 실력에 의해서 하는 등의 일대 개혁을 단행한다. 이어 1926년에는 대화재로 분라쿠 극장文樂座이 완전히 소실되고 만다. 초대부터 축적된 인형·의상·그림간판·대본 등 각종 자료가 들어있는 창고 두개가 이때에 전소되면서 막대한 피해를 입는다. 그나마 쇼오치쿠가 동서로 극장을 나누어 갖고 있었으므로 도오톰보리道頓堀의 벤텐 극장弁天座, 쿄오토京都의 미나미 극장南座에서는 흥행을 계속 할 수가 있었다. 1930년에는 욧츠바시四ッ橋에 분라쿠 극장文樂座이 완성되어 그 근거지가 되었다. 그러나 1945년에 공습으로 불에 타 이듬 해에는 임시건물을 지어 그곳에서 공연을 하게 된다. 1947년에는 쇼오와昭和천황이 분라쿠文樂를 관람하고 코진 다유우古靭大夫가 타이쇼오大正천황의 둘째아들 치치부노미야秩父宮로부터 토요타케 야마시로노 쇼오죠오豊竹山城少掾란 죠오이掾位를 하사 받게 되는데 이것은 명인에게 주는 최고의 권위이다. 그러나 이 때 일본을 강타한 노동운동으로 조합파(組合派/상와 카이三和会)와 회사파(会社派/치나미 카이因会) 등으로 갈리어 격렬하게 대립한다. 그러는 와중에서 회사파는 명인급이 타계하거나 은퇴하고 쇼오치쿠는 경영난에 봉착한다. 조합파도 과중한 부담을 안고 공연을 하는 등 그대로 가다가는 공멸할 위기에 처해 결국은 모두 합쳐 「재단법인 분라쿠협회文樂協会」를 탄생시킨다. 이 재단은 국가·오오사카후大阪府·오오사카시大阪市·니홍 호오소오 쿄오카이日本放送協会 등이 만든 조성금으로 운영된다. 그리고 토오쿄오의 미야케자카三宅坂에 국립극장이 개장된 것은 1966년이고 오오사카大阪에 국립극장이 개장된 것은 1974년이다.

10.1.1. 타케모토 기다유우竹本義太夫

오오사카大坂의 텐노오지天王寺의 야스이 텐징安居天神 옆에 사는 고로베에五郎兵衛라고 불리는 건장한 청년이 시미즈 리베에淸水理兵衛의 문하생으로 들어간다. 시미즈淸水는 근처 요정의 주인이었는데 요정 일부를 연습장으로 쓰고 있던 이노우에 하리마노죠오井上播磨掾의 제자가 되었으며 나중에는 2세 하리마播磨라는 이름으로 불리게 된다. 이때가 1671년으로 고로베에의 나이가 21세였다. 그는 열심히 수행하고 천재적인 기질까지 가세하여 시미즈 고로베에淸水五郎兵衛라는 예명을 쓰다가, 스승의 이름을 계승하여 리다유우理太夫라는 이름을 쓰게 된다. 이어 그는 우지 키다유우宇治嘉太夫의 문하에 들어가서 우지 류우宇治流를 배운다. 그리고 그는 그곳에서 벗어나 전국 각지를 여행하면서 새로운 길을 모색하던 중 1684년에 오오사카 도오톰보리道頓堀에 나타난다. 이 때 리다유우理太夫의 나이 35세였다. 그는 샤미셍의 대가 오자키 공에몽尾崎権右衛門, 그리고 흥행원인 타케모토 쇼오베에竹本庄兵衛와 마음을 터놓는 사이가 된다.

📷 국립 분라쿠 극장

📷 인형 극장의 무대, 유카(샤미센 연주와 변사)와 객석

그는 그곳에서 리다유우理太夫라는 예명을 버리고 새로운 예명을 모색한다. 자신의 예능에서 새로운 전환점을 맞이하기 위해서였다. 우선 타케모토 쇼오베에竹本庄兵衛에서 한자를 받아 〈타케모토竹本〉, 그리고 〈의〉를 중시하는 의미에서 〈기다유우義太夫〉로 한다. 이런 과정을 거쳐 도오톰보리道頓堀 서쪽에 있는 나니와자浪花座라는 장소에 연극 타케모토자竹本座라는 깃발을 올리게 된다. 신예 기다유우義太夫에 맞서서 다음 해에는 우지 카가노죠오宇治加賀掾가 도오톰보리道頓堀에 입성한다. 카가노죠오加賀掾는 기다유우義太夫보다 16세나 많은 50세였다. 게다가 타케모토 쇼오베에竹本庄兵衛가 전에는 카가노죠오 이치 극장加賀掾一座의 자금 주였다가 이제는 기다유우義太夫를 돌보면서 자연스럽게 양자의 경쟁구도가 생겨났다. 드디어 시작된 경연의 첫 경쟁은 기다유우義太夫가 이기고 둘째는 카가노죠오加賀掾가 승리한다. 그러나 카가노죠오 이치 극장加賀掾一座은 화재를 만나서 물러서지 않을 수 없게 된다. 기다유우義太夫는 이후 인기를 얻고 1703년에 치카마츠 몬자에몽近松門左衛門의 『소네자키 신쥬우曽根崎心中』의 상연이 공전의 히트를 하면서 지위를 확고하게 굳히게 된다. 하지만 이 성공이 나올 때까지 순풍에 돛을 단 것만은 아니었다. 기다유우義太夫의 경영보다는 예술 우선의지가 항상 적자에서 허덕이게 했다. 당시에 인형극에서 인기를 끌던 움직이는 인형인 카라쿠리라든가 테즈마(手妻/인형마술의 일종)를 섞어보면 어떨까 하는 제안도 쇄도했지만 그는 단연코 거부했다. 한편 이치자一座의 타케모토 우네메竹本釆女가 극장을 벗어나 딴 살림인 토요타케 극장豊竹座을 차렸다. 타케모토 극단竹本座에 대한 정면 도전이었다. 그러나 기다유우는 끝까지 굴하지 않고 타케모토 극단竹本座을 사수했다. 1705년에는 타케다 이즈모竹田出

雲가 극장경영을 하고 기다유우義太夫는 예도에 전념했으며 치카마츠 몬자에몽을 극장전속(자츠케座付け)작가로 영입하여 이른바 황금분할의 새로운 체제를 공고하게 구축해나간다.

10.1.2. 치카마츠 몬자에몽近松門左衛門

타케모토 기다유우(竹本義太夫/1651年生)와 그보다 두 살 아래인 치카마츠 몬자에몽(近松門左衛門/1653年生)은 거의 동세대 사람이다. 그는 31세에 우지 키다유우宇治嘉太夫가 연출한 『요츠기소가世継曾我』를 쓴다. 그리고 그것은 뒤이어 타케모토 극단竹本座의 창단공연(하타아게旗揚げ)으로 개정 공연된다. 그는 이어 40세가 되면서 그보다 6살 위인 사카타 토오쥬우로오坂田藤十郎를 위해서 카부키 쿄오겡歌舞伎狂言을 쓴다. 그 후 10년 정도 그는 죠오루리浄瑠璃와는 인연을 끊고 지내다가 1704년에 우네메采女의 토요타케 극단豊竹座이 설립되자 다시 죠오루리浄瑠璃의 극장전속座付け작가가 되면서 정력적인 집필을 시작한다. 이즈모出雲의 아버지 타케다 오오미竹田近江는 움직이는 인형인 카라쿠리의 성공으로 도오톰보리道頓堀의 흥행의 대가가 되는데 오오미는 기다유우義太夫로부터 물려받은 타케모토 극단竹本座의 운영을 아들인 이즈모에게 맡긴다. 극단 운영에서 완전히 자유로워진 이때부터 치카마츠는 다시 한 번 죠오루리浄瑠璃 작가로서의 의지를 불태우기 시작한다. 1703년에 히트한 『소네자키 신쥬우曾根崎心中』를 계기로 경영은 타케다 이즈모竹田出雲, 극단 전속座付け작가는 치카마츠 몬자에몽, 기다유우는 예도에 전념하게 된다. 앞서 언급했듯이 역할의 황금분할인 것이다.

그 후 치카마츠 몬자에몽의 작품은 시대물 79편, 사건물 24편, 그 중에 동반자살(신쥬우心中)이 15편, 간통물 7편에 카부키 각본은 약 40편으로 추정된다. 인형극 죠오루리 103편 중에 초대 기다유우와 제휴한 것이 71편, 2대 기다유우와 제휴한 것이 27편으로 기록되고 있다. 그는 기다유우보다 10년이나 더 살면서 많은 작품을 남겼다.

분라쿠文楽/소네자키 신쥬우曾根崎心中
〈좌〉〈토쿠씨, 저도 함께 죽겠어요〉라며 발로 신호를 보내고 있는 오하츠의 굳센 의지에 고개를 끄덕이는 토쿠베에.
〈우〉서로 사랑하는 토쿠베에德兵衛와 오하츠お初의 텐짐모리天神森에서의 만남

10.1.3. 타케竹·토요豊의 시대

타케모토 극단竹本座이 역할을 황금분할하며 승승장구할 때 우네메采女가 토요타케 와카다유우豊竹若太夫라고 개명하고 토요타케 극단豊竹座을 열어 1704년 개장공연을 하지만 흥행에 실패하고 전국을 떠돌다가 다시 타케모토 극단竹本座에 돌아와서는 1708년에 인형에 타츠마츠 하치로베에辰松八郎兵衛, 작자의 키노 카이옹紀海音 등과 함께 토요타케 극단豊竹座을 재건한다.

그 후 1771년 타케모토 극장竹本座이 카부키 연극의 가건물이 되고 1765년 토요타케 극장豊竹座이 다른 사람의 손으로 넘어갈 때까지 64년간 소위 타케竹·토요豊의 시대가 인형극을 주도한다. 타케모토 극단竹本座은 평범하고 견실한 극풍을 가진 「서풍西風」으로, 사실적이고 화려한 극풍의 토요타케 극단豊竹座은 「동풍東風」이라 불렀다. 이 시대는 양 극단의 경쟁을 바탕으로 굵직한 명작들이 많이 배출된 시기였다.

10.1.4. 현재의 분라쿠文楽

분라쿠는 생길 때부터 스승(시쇼오師匠)과 제자의 관계 속에서 혹독한 훈련으로 전통을 이어가며 피나는 노력을 하고 그것을 이겨낸 사람에게는 최고위직인 몬시타紋下라는 권위가 주어진다. 협회가 발족되고 부터는 다유우太夫·샤미센三味線·닝교오人形의 3부분이 전문직으로 철저히 분업화되어 있으며 협회에서는 연수생을 받아들여 철저하게 교육시키고 현재는 연수생 출신이 40%를 넘고 있다.

카부키에는 문벌이 있지만 분라쿠는 실력주의의 세계이다. 다른 전통예능과는 달리 펼치는 기예에 따라서 출세로 이어지기도 하고 실력 있는 자가 리더가 될 수도 있다는 불문율이 지켜지고 있다.

10.2. 분라쿠 공연 목록의 변천

16세기말부터 17세기 초에 성립된 죠오루리 연극은 비슷한 시기에 만들어진 카부키가 전적으로 연기자의 육체적, 기술적인 매력을 전제로 성립되는 데 반해 대사와 변사(다유우太夫)의 연기가 무엇보다도 중시된다. 죠오루리를 포함 한 「대사」가 「평곡(헤에케비와平家琵琶)」을 원류로 하고 있다고 전해지는 것처럼 초기의 인형극은 궁키 모노가타리軍記物語가 압도적이었다. 이어 신불神仏의 영험담, 절과 진쟈寺社의 연기담縁起譚, 혹은 오토기조오시(お伽草子/무로마치 시대에 만들어진 단편소설로 시대 사상과 세상 풍습을 담은 공상적·교훈적·동화적인 작품군) 등에서 받아 들였는데 그 중에서 우시와카 마루牛若丸와 죠오루리浄瑠璃 공주의 사랑이야기를 각색한 『쥬우니단 소오시十二段草紙 ＝죠오루리 히메 모노가타리浄瑠璃姫物語』가 공전의 히트를 함으로써 민중

📷 코쿠셍야 캇셍国性爺合戦

의 오락으로써 지위가 확립되고 〈죠오루리〉라는 명칭도 생겨난다.

종류는 시대물이 압도적으로 많다. 귀족이나 무사계급의 사건을 취급한 작품을 시대물, 혹은 지다이 쿄오겡時代狂言이라고 한다. 시대로는 신대神代·나라奈良·헤에 안平安·카마쿠라鎌倉·무로마치室町 등 다양하지만 겜페에源平시대가 압도적으로 많다. 토쿠가와 시대는 쇼오궁 가문將軍家이나 정치적인 사건을 사실 그대로 각색하는 것이 금지되어 있었으므로 그것들을 카마쿠라鎌倉나 무로마치室町 등의 사건이나 인물로 윤색하는 경우가 많았다. 에도 시대 서민들의 생활이나 풍속을 배경으로 서민의 사건, 사랑, 인정의 갈등 등을 묘사한 작품을 세와물世話物, 세와죠오루리世話浄瑠璃, 세와쿄오겡世話狂言이라고 하는데 1704년 치카마츠 몬자에몽近松門左衛門의 『소네자키 신쥬우曽根崎心中』가 최초의 작품이다. 이것은 사실을 기본으로 해서 템포도 빠르며 이야기도 인형의 움직임도 정형화된 양식이 그다지 없다. 사실미가 특히 뛰어난 작품을 「마세와真世話」라고 한다.

 에혼 타이코오키絵本太攻記

  관련 키워드

▷케에고토景事 : 유려한 서정적, 서경적 글을 풍부한 곡절로 연주하는 음악적인 소품을 케에고토景事라고 한다. 케에지라고도 읽고 「후시고토節事」라고도 한다.

▷토오시 쿄오겡通し狂言 : 시대물 세와 죠오루리時代世話浄瑠璃 작품을 노컷으로 5막五段目의 대단원까지 상연하는 것을 토오시 쿄오겡通し狂言이라고 한다.

▷미도리見取り : 시대극을 서두부터 대단원까지 또는 3~4막까지 생활물이라든가 다른 시대물을 끼워서 장면타개로 1막을 첨가해서 붙이는 것을 츠케모노付物라고 하는데 그것만을 모아서 공연하는 것을 미도리라고 한다. 이것은 볼만한 것을 고르고 고른다는 〈에리도리 미도리選りどり見どり〉에서 온 말이다. 새로운 것은 없고 기존의 인기작가의 작품만을 반복해서 공연하게 되어 관객들의 관심은 줄거리의 드라마성 보다는 3분야인 다유우太夫·샤미셍三味線·닝교오人形 등의 예술 감상으로 이어졌다. 파격적인 것으로 관객동원을 위해서 각 죠오루리浄瑠璃의 명장면만을 발췌해서 들을 만한 것, 볼만한 것만을 공연하다보니 인형극의 본질인 희곡, 음악의 긴밀한 구조와 일관된 구성 등이 혼란을 야기하게 되었다.

▷5단 구성 : 발생 당시는 원조가 되었던 작품 『쥬우니단 소오시十二段草子』에서처럼 처음에는 12막이 기본이었고 코죠오루리古浄瑠璃에서는 6막이 주류를 이루었는데 타케모토 기다유우本義太夫와 치카마츠 몬자에몽近松門左衛門에 의해서 5막이 확립되었다.

▷챠리바茶利場 : 인형극 중에서 우스꽝스러운 장면을 챠리바라고 한다.

▷키리切 : 인형극 각단의 후반의 희곡으로 중핵을 이루는 절정부분이며 키리바切場라고도 한다.

▷하비端場와 타테하비立端場 : 인형극 각 단의 서두 부분으로 사건의 배경이라든가 등장인물들을 개략적으로 설명하는 부분으로 박자도 빠르고 음악적으로도 한 템포 높이 연주된다.

▷카케아이掛け合い : 기다유우 부시義太夫節에서는 원칙적으로 한 사람이 모든 부분을 표현하는데 인형의 역할에 맞추어서 여러 명의 다유우太夫로 연주하는 것을 카케아이라고 한다.

▷스죠오루리素浄瑠璃 : 옛날에는 샤미셍三味線없이 말하는 것을 스 죠오루리라고 했는데 현재에는 인형이 없이 다유우太夫와 샤미셍三味線만으로 연주하는 것을 스 죠오루리라고 한다.

10.3. 분라쿠를 구성하는 요소

10.3.1. 기다유우義太夫

변사(기다유우義太夫)가 말하는 데에는 각본이 필요하다. 그 각본을 적은 것을 유카홍床本이라고 한다. 구성은 생활물이 3막, 시대물이 5막으로 되어 있는 것이 많다. 그리고 그것은 지地·코토바詞·후시節 등 셋으로 이루어지는데 지地는 서경묘사이고, 코토바詞는 대사이며, 후시節는 가락이다. 역시 여기에서도 가장 중요한 것은 기다유우義太夫가 말하는 내용이 심금을 울리는가, 아닌가하는 것이다. 그래서 「정(죠오情)을 말하는 데는 죠오루리淨瑠璃인 것이다」라는 기다유우義太夫의 가르침은 금과옥조로 통한다. 정하면 情愛·情実·愛情·恩情·厚情·真情·同情·薄情·無情 등의 가장 인간적인 것으로 모든 인간사는 이것으로 이루어진다.

10.3.2. 샤미셍三味線

흔히 기다유우를 남편, 샤미셍을 부인으로 묘사한다. 그러니까 기다유우義太夫를 보조하는 의미에서 새롭게 태어난 생명선이 바로 샤미셍三味線인 것이다. 분라쿠에서는 듣고 있는 사람들의 육신이 샤미센 줄로 빨려 들어가는 듯한 쾌감을 느끼는데 이 샤미센의 줄은 힘의 줄보다 생명의 줄이란 의미를 갖는다. 샤미센의 줄은 때로는 호쾌하기도 하지만 섬세하기도 하여 천변만화(셈뼁방카千変万化)하면서 집요하게 관객을 극의 세계로 끌어들인다.

📷 샤미셍의 명칭

10.3.3. 인형 조종자

인형은 세 사람이 조종하는데 세 사람이 호흡을 맞춰가며 조종하기에는 고도의 기술을 요한다. 그리고 희로애락의 감정은 조종자를 통하여 인형에게 전이되므로 결국은 조종자의 손을 통해서 혼이 주입되는 것이다. 인형 죠오루리의 초창기에는 하나의 인형을 한 사람이 조종하는 히토리즈카이一人遣い가 유행했는데 대본에 쓰인 등장인물의 움직임이 복잡해짐에 따라 인형의 기구에도 많은 개량이 있었다.

①주 조종자(오모즈카이主遣い) : 인형 동체의 잔등이 띠 아래에 왼손을 넣어 도구시胴串를 가지고 인형의 가장 중요한 부분인 목을 움직이고 오른손은 인형의 오른손을 움직인다. 가장 베테랑으로 검은 가면을 쓰지 않는다.

②왼쪽 조종자(히다리즈카이左遣い) : 인형의 왼쪽으로 돌며 자신의 오른손으로 인형의 왼손에 달린 사시가네差金라는 긴 막대를 쥐고 조종한다. 검은 가면을 쓴다.

③발 조종자(아시즈카이足遣い) : 몸을 낮춰서 인형의 발을 움직인다. 검은 가면을 쓴다.

📷 인형 목의 구조

그리고 분라쿠의 후견역後見役을 하는 사람을 카이샤쿠介錯라 하고 바로 그 사람이 인형의 발소리를 내거나 한다. 무대는 인형을 조종하는 사람이 선 채로 인형을 조종하기 때문에 무대를 약 84cm 정도 높게 장치하여 인형을 조종하는 사람의 발이 객석에서 보이지 않도록 하고 있다. 그리고 주조종자는 높이 20cm에서 50cm 정도의 무대 나막신(부타이게타舞台下駄)을 신는데 바닥에는 짚신이 부착되어 있어 소리가 나지 않는다.

10.3.4. 인형의 구조

📷 분라쿠 인형 조종자

인형의 머리는 나무로 내부가 파져있고 눈, 눈썹, 입 등의 움직임의 장치는 모두 이 속에 내장되어 있다. 목에는 인간의 목 부분에 해당하는 〈노도키喉木〉와 〈도구시胴串〉라고 불리는 막대기가 달려 있다. 인형 조종자는 도구시胴串 중앙에 파진 골을 따라 움직이는 〈히키셍引栓〉을 당겨서 목을 위아래로 움직인다. 보통 상태에서는 목은 아래로 축 늘어져있는데 인형 조종자가 히키셍을 당기면 목은 턱을 올린다. 히키셍을 늘어뜨리면 목은 아래쪽을 향하기 때문에 「끄덕임 줄/우나즈키노 이토領きの糸」이라고도 한다. 혹시 무대에서 끊어지기라도 한다면 목은 축 늘어지기 때문에 가장 소중한 생명줄이다. 또한 눈과 눈썹, 입 등의 조작은 도구시胴串 옆이나 뒤에 부착된 장치를 사용한다.

10.3.4.1. 인형 얼굴의 종류

현재 분라쿠에서는 약 40종의 300여개의 얼굴(쿠비首)이 사용된다. 인형극이 만들어질 당시에는 새롭게 쓰인 극이 공연될 때마다 각각 역할에 걸맞은 얼굴이 만들어졌는데 점차 옛 작품이 재연되거나 연출될 때 연기의 유형화가 이루어지면서 같은 역할에는 전에 사용되었던 얼굴을 다시 사용하게 되었다.

①온나 가타女形

주역 인형보다 움직임이 단순하며 주로 연령에 따라 「낭자(무스메娘)」와 「아주머니(후케오야마老女形)」로 나뉜다. 그 나이의 경계선은 18세로 현대의 기준과는 사뭇 다르다. 14, 5세에 결혼하는 에도 시대의 풍습에 비추어보면 당연한 것일 것이다. 따라서 「낭자娘」는 12, 3세부터 18세까지의 미혼 여성이나 간혹 젊은 부인으로 나온다. 분라쿠의 가장 아름답고 귀여운 존재이다. 원칙적으로 「무스메娘」는 장치는 없고 무표정한 채 생각에 잠겨있다. 아주머니老女形는 주로 기혼 여성 역할에 쓰이고 있고 아래를 보고 있으며 차분한 표정이다. 기혼의 경우는 눈썹을 그리지 않고 눈썹이 있던 자리를

분시치文七   케비이시檢非達使   요캉   단시치団七

코오메에孔明   겐타源太   후케 오야마老女形   무스메娘

푸르게 그리고 약간 벌린 입술에서는 오하구로お歯黒로 화장한 이가 보인다. 후케오야마老女形는 연령의 제한은 없는데 어느 정도 나이가 지나면 「노파(바바婆)」로 바뀐다.

②타치야쿠立役

분라쿠를 대표하는 주연급의 얼굴은 뭐니 뭐니 해도 〈분시치文七〉다. 선이 굵은 남성적인 얼굴인데 내면적으로 고뇌를 느끼고 있고 거기에 무던히 참는 비극의 주인공이다. 치올라 간 눈꼬리에 눈썹도 치올라갔으며 흰색이 주된 색깔인데 역할이나 장면에 따라서는 달걀색 혹은 연한 달걀색이 사용되기도 한다.

다음으로 〈케비이시檢非達使〉를 들 수 있는데 분시치에 비하면 스케일은 크지 않지만 강직한 사람의 역할로 특히 한일자로 다문 입술형상에는 강직한 의지를 담고 있다. 조종할 때에는 턱을 사용하는 것이 어렵다고 한다. 분시치와는 달리 이 얼굴은 절대로 적의 역할로 사용하는 경우는 없다.

〈코오메에孔明〉는 초인적인 통찰력에 총명함과 기품을 겸비한 주역배우에 사용한다. 분시치나 케비이시보다 나이가 많은 40대 후반과 50대이며 차분함, 자애로움과 일말의 우수마저 담고 있다. 이런 일련의 주역에 대항하는 역할로 〈단시치団七〉를 들 수 있는데 그는 뻔뻔한 용모에 시대극의 호쾌한 난폭자 역할로 사용되고 있다. 눈썹과 눈, 입의 움직임이 풍부하고 다채로워 비교적 움직임이 적은 분시치나 케비이시와 좋은 대조를 이룬다. 이런 주역 급에 대해서 〈다라스케陀羅助〉는 눈이 가늘고 예리하며 입가에는 냉소가 돈다. 시대극으로는 완고하고 철저한 무사, 생활극으로는 혐오스러운 쵸오닝町人역할로 등장한다. 〈와카오토코若男〉는 눈이나 눈썹의 움직임이 없다. 성인이 되기 전의 세파에 더렵혀지지 않은 귀공자나 첫사랑에 가슴을 두근거리는 소년의 역할을 한다. 그리고 분라쿠에서 또 하나 빼놓을 수 없는 역할은 노인역이다. 동그랗게 뜬 큰 눈, 겁 없이 오만한 얼굴을 한 전형적인 적敵역할의 얼굴이다.

10.3.5. 공연 무대

공연무대는 가장 중심이 되는 곳이 36cm 정도 깊이로 파져있는데 이 바닥을 〈후나조코船底〉라 고 한다. 그리고 무대 위로 48cm 정도 높이에 난 간을 설치하고 그 곳을 바닥으로 한다. 뒤쪽 무대 는 보통 집으로 사용되는데 이곳은 바닥보다 36cm 높은 곳에 난간을 설치한다. 이것은 객석 의 관객과 무대 위의 인형이 평행에 가깝도록 배 려한데서 탄생한 것이다. 인형의 중량은 가장 가 벼운 여자 인형이라도 수kg이고, 갑옷이나 투구 를 부착한 시대물의 주역 인형은 10kg에서 20kg

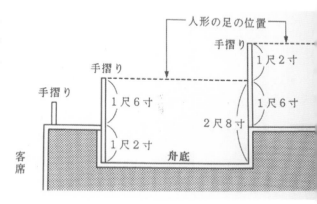

분라쿠의 무대 단면도

에 달하는 것도 있다. 주 조종자는 자신의 왼손 하나로 그것을 떠받치면서 동시에 그 왼손을 통하여 생명을 불어넣어야 하는 매우 고되고 어려운 역할이다.

10.4. 분라쿠文樂의 약속과 반즈케

우선 이름의 문제인데 다유우太夫의 경우는 〈타케모토竹本〉나 〈토요타케豊竹〉라는 성에 이름을

이모세야마 온나 테에킹妹背山婦女庭訓의 한 장면

172

붙인다. 샤미셍三味線은 현재 〈타케자와竹沢〉·〈츠르자와鶴沢〉·〈노자와野沢〉·〈토요자와豊沢〉라는 성을 붙인다. 〈사와沢〉라는 글자는 죠오루리浄瑠璃에 최초로 샤미셍三味線을 도입한 사와즈미 켕교오沢住検校의 이름에서 딴 것이다. 인형은 〈요시다吉田〉 혹은 〈키리타케桐竹〉이다. 카부키와 마찬가지로 이름 세습(슈우메에襲名)제도도 있기는 하지만 분라쿠文楽에서는 실력위주이기 때문에 이름은 주로 새 이름을 쓴다. 글자는 칸테에류우 글자勘亭流文字가 사용되는데 씨름과 마찬가지로 글자의 크기로 서열을 나타낸다. 가장 윗단이 다유우太夫이고, 그 다음이 샤미셍三味線, 그리고 공연목록의 순서이다.

10.5. 분라쿠의 극을 만드는 요소

▷이야기〈모노가타리物語〉 : 등장인물이 자신의 경험이나 본심을 이야기 할 때는 거의 모노가타리에 의존한다.

▷사실 밝히기〈나노리名乗り〉 : 같은 이야기에서도 자신의 정체나 숨겨진 사실을 밝히는 것으로 이것은 주로 중반 이후에 배치되고 내용도 심화되어 간다.

▷치명적인 상처〈테오이手負い〉 : 이것은 거의 죽음을 모면할 수 없는 부상을 가리킨다. 등장인물은 죽음을 목전에 두고 그때까지 밝히지 않았던 마음 속을 처음으로 토로한다. 상처의 아픔을 참으면서 하는 연기가 변사의 대사도 인형도 볼만한 대목이다.

▷반전〈모도리戻り〉 : 극 전반부에서는 악인이라고 생각되었던 인물이 죽을 부상을 당하여 선심으로 돌아오거나 또는 그 때까지의 행위는 위장이고 실은 선행을 즐겨하는 인간형이라는 사실을 처음으로 알게 되는 시점을 모도리라고 한다.

▷할복〈셉푸쿠切腹〉 : 분라쿠의 할복은 형식미보다도 의식으로서 작자는 등장인물을 할복하지 않을 수 없는 상황으로 몰아가는데 고심한다.

▷카게바라陰腹 : 할복을 한 사실을 억지로 참으면서 행동하는 것이 카게바라陰腹로 단지 고통을 참는 것뿐만이 아니고 그 사실을 주위에서 눈치채지 않도록 하기 위해 고도의 기술을 필요로 한다.

▷대역〈미가와리身代わり-1〉 : 분라쿠에서는 누군가가 생명을 버릴 경우에는 그를 희생으로 해서 또 다른 누군가를 돕는다는 의미에서 대역을 목적으로 하는 경우가 많다.

▷대역〈미가와리身代わり-2〉 : 스스로 생명을 끊기보다 더 괴로운 것은 주군을 위해 다른 생명을 바치는 것으로 거의가 자기 자식을 대역으로 제공하는 경우이다. 대역이 될 사람을 생각해서 참수는 마지막까지 고뇌한다. 그 갈등이 크기 때문에 극의 제재로서 자주 사용된다.

▷목 진위 조사〈쿠비직켕首実検〉 : 대역의 목, 즉 가짜목이 조사되어지는 〈쿠비직켕

📷 소네자키 신쥬우曽根崎心中

首実検)은 극적 긴장감이 최고조에 달함을 보여주는 장면이 된다.

▷비극의 절정〈슈우탐바秋嘆場〉 : 극적인 절정을 넘기고 무대 위의 모든 인물이 그 때까지 억누르고 있던 감정을 폭발시켜 오열하거나 하면서 극적인 슬픔에 빠지다가 대단원으로 가는 흐름을 슈우탐 바라고 한다. 이것은 일반적인 분라쿠의 흐름이다.

▷노인의 슬픔〈로오진노 나게키老人の嘆き〉 : 죠오루리 작자는 등장인물로 하여금 어떻게 본심을 밝히게 하는가로 부심하는데 그 가운데에서도 노인은 감정의 표출이 심하고 어느 정도 의리의 틀을 벗어 나는 인물로 묘사된다.

▷쿠도키 : 온나가타女形가 절실하게 자신의 한을 말하고 행동으로 옮기는 행위를 쿠도키라 한다.

▷극적인 상봉〈오오세逢瀬〉 : 사랑하는 젊은 남녀의 만남은 기나긴 여러 가지 장애를 넘어 극적으로 이루어진다.

▷적과의 사랑〈테키도오시노 코이敵同士の恋〉 : 서로 적으로 갈라진 남녀의 사랑의 아픔.

▷화류계 여인의 사랑〈유우죠노 코이遊女の恋〉 : 화류계(이로마치色町)에 몸담고 있는 여자는 애절한 신세 일수록 한층 남자에게 정성을 다한다.

▷인연 끊기〈엥키리縁切り〉 : 남자를 위해 어쩔 수 없이 연을 끊기 위하여 마음에도 없는 정나미 떨어 지는 말을 입에 담는 화류계 여인의 마음은 고통으로 가득하다.

▷정사〈신쥬우心中〉 : 남녀의 정사情死는 당시에 가장 이목을 집중시킨 사건으로 그 사건이 터지기만 하면 거의 발생 직후 공연목록으로 각색되었다.

▷화류계 여인과 마누라〈유우죠토 뇨오보오遊女と女房〉 : 유곽에 드나드는 남자에겐 기다리는 화류계의 여인이 있는가 하면 가정에는 정을 느낄 수 없는 부인이 있다. 그녀들은 한결같이 정숙하고 부지런 하게 남편을 섬기며 가정을 지키고 있다. 그리고 항상 그런 그녀를 분노케 하는 장면이 있다.

▷수수께끼 해결〈나조토키謎解き〉 : 사건이 복잡하게 뒤얽힌 시대물의 경우, 대단원 근처에서 어느 인 물의 입을 통해서 모든 수수께끼가 풀린다.

▷단락 마무리〈당키리段切り〉 : 첫 무대(이치당一段)의 종곡부에 들어서면 연주는 속도를 더하고 음곡으 로서의 대단원을 맞이한다. 이야기도 무대와의 동시성이 희박해지고 과거의 사건을 회고하는 이야 기물의 요소가 강해진다.

10.6. 명 분라쿠 감상

10.6.1. 숫세 카게키요出世景淸

헤에케平家멸망 후에도 살아남은 카게키요景淸는 요리토모頼朝를 토벌하여 가문의 원한을 풀 기회 를 노리고 있다. 앗사 타다구우시熱田大宮司는 딸인 오노노히메小野姫를 카게키요에게 짝지워 주며 힘을 얻는다. 한편 키요미즈데라清水寺의 관세음을 믿는 카게키요는 참배하는 중에 키요미즈 언덕의 화류계 여인 아코야阿古屋와 깊은 사랑에 빠져 자식을 둘이나 낳게 된다.

아코야의 오빠 이바노 쥬우조오伊庭十蔵는 카게키요를 잡아서 상을 받으려고 여동생에게 밀고를 권고한다. 처음에는 응하지 않았던 아코야였지만 오노노 히메로부터 온 편지에 질투를 느껴 마침내 오빠에게 동의하고 만다. 갑자기 기습을 받은 카게키요는 병사를 물리치고 어딘가로 사라진다. 카게키요로부터 소식이 끊겨 애를 태우던 오노노 히메는 상경하던 중 잡혀 로쿠죠오가와라六条河原로 연행되어 간다. 카지와라 카게토키梶原景時와 카게스에景秀부자는 카게키요를 유인해내려고 오노노 히메를 고문하며 추궁한다. 입을 열지 않는 오노노 히메에게 화가 머리끝까지 치민 카지와라가 불고문을 하려 하자, 카게키요가 자신의 이름을 대면서 나타나, 당당하게 로쿠하라六波羅의 감옥으로 연행된다. 두 명의 자식을 데리고 나타난 아코야는 카게키요에게 사과하러 오지만 허락을 받지 못한다. 절망한 아코야는 자식 둘과 함께 자결한다. 그것을 본 용감무쌍한 카게키요도 한탄하며 슬퍼한다. 감옥을 부수고 이바노를 살해한 카게키요는 다시 감옥으로 돌아와 관음경을 읽는다. 치카마츠 몬자에몬近松門左衛門 작품이다. 타케모토 기다유우가 치카마츠 몬자에몽과 손잡고 만들어낸 최초의 작품으로 당시에 인기가 있었다.

10.6.2. 요즘 카와라의 의리〈近頃河原の達引〉

우물집 자식인 뎀베에伝兵衛와 기온祇園의 유녀 오슝お俊은 서로 사랑하는 사이가 되어 그녀를 돈을 주고 유곽에서 빼오기로 비밀리에 약속을 한다. 그러나 오슝을 짝사랑하고 있던 남자가 싸움을 걸어와 뎀베에는 뜻밖에 상대방을 찔러 살해하고 행방불명이 된다. 그 후 오슝은 사건에 휘말리지 않기 위하여 친정으로 돌아와 있다. 진솔한 효심으로 장님인 어머니를 지극하게 모시며 여동생을 끔찍하게 생각하면서 원숭이 쇼를 직업으로 하는 요지로오는 오슝의 신세를 걱정하여 뎀베에와 헤어지게 하려고 이혼장(노키죠오退き状)을 쓰게 한다. 야음을 틈타 돌아온 뎀베에게 요지로오는 이혼장을 들이댄다. 하지만 문맹인 엄마와 오빠가 이혼장이라고 믿고 있던 것은 죽음을 결심한 오슝의 유언장(카키오키書置き)이었다. 뎀베에는 마음 속으로 기뻐하는 한편 그녀를 끌어들이고 싶지 않은 나머지 혼자 죽을 결심을 한다. 오슝은 일편단심(이치즈一途), 사랑을 호소하며 자살(지가이自害)하려고 한다. 이

요즘 카와라의 의리近頃河原の達引

모습을 보고 있던 어머니는 딸의 진심을 확인하고 둘이 도망쳐서 살 것을 권한다. 요지로오는 두 사람의 새로운 출발(카도데門出)을 축하하는 오하츠お初, 토쿠베에德兵衛의 축언을 원숭이에게 연기시키고 다른 사람 눈에 띄지 않도록 갓을 두 사람의 손에 쥐어주며 전송한다.

라쿠고落語 part.11

라쿠고는 대화체를 중심으로 등장인물이 혼자서 역할을 나누어서 연기를 하는 데 연기를 하는 라쿠고카落語家는 무대에 마련된 방석에 앉아서 한다. 그가 오른 쪽을 향하면 상위자, 왼쪽을 향하면 하위자라는 약속이 되어 있으며 상위자와 하위자의 대화를 혼자서 연기한다.

그중 전자는 경험이 풍부하고 높은 식견을 갖고 있는데 반해 후자는 무식한 데다가 우스꽝스러운 질문을 하여 거기서 발생되는 오해나 골계 때문에 웃음이 유발되는 구조이다. 부채와 손수건 정도를 소도구로 몸짓, 손짓으로 두 사람 역할을 하는데 얼굴의 표정까지 가세하여 관중들을 즐겁게 한다. 전반적으로 우스꽝스러운 스토리를 이야기해 나가며 마지막으로 결말을 짓는 만담예술 요세게에寄席芸의 하나이다. 여기서 요세란 라쿠고落語・코오당講談・죠오루리浄瑠璃・나니와부시浪花節・테지나手品・옹쿄쿠音曲 등 대중연예의 흥행장을 말한다.

柳家小さん야나기야 코상

단순히 〈이야기はなし〉・〈오토시바나시落し噺〉라고 불리던 것이 〈라쿠고落語〉로 정착된 것은 메에지 이후이다. 원칙적으로 구연자는 키모노 차림으로 품에 갖고 있는 손수건과 휴대하는 부채 이외에 소도구를 사용하지 않는다. 구성은 〈마쿠라〉라고 불리는 도입부로 출발하여 자연스럽게 본론으로 들어가고 마지막으로 〈사게〉라든가 〈오치〉라고 불리는 특수한 비약이나 반전을 가진 결말로 끝을 맺는다. 종류에 따라서는 이 〈오치〉를 생략하고 인정의 모습을 담은 〈인정 이야기〉, 음곡을 들려주기 위한 〈음 이야기〉 혹은 유명 연극의 주역을 흉내 낸 대사를 들려주기도 하고 연극 자체를 패러디해서 들려주는 극화(시바이바나시芝居話し), 특수한 효과로 유령을 연출하는 괴담(카이담바나시怪談バナシ) 등 반드시 코미디를 동반하지 않는 대부분의 장르도 현대에서는 〈라쿠고落語〉로 총칭하고 있다. 라쿠고가 현대적인 골격을 갖추게 된 것은 1923년 관동대지진 이후인데 당시 급속히 변화하는 세태・풍속과 내용 사이에 괴리가 발생하여 고전화의 길을 걷지 않을 수가 없게 되어 일정한 형태로 정착을 하게 된다. 하지만 이런 풍조 가운데에서도 현대 생활양식 속에서 그 제재를 구하려는 움직임도 있는데 통상 이것을 〈신작 라쿠고〉라고 부른다.

11.1. 라쿠고落語의 역사

16세기말 아즈치安土・모모야마桃山 시대의 전국戦国 다이묘오 측근에 오토기슈우お伽衆라고 불리는 주군 옆에서 이야기꾼 역할을 하는 사람들이 있었다. 에도 시대에 들어서면서 「어제는 오늘 이야기昨日は今日の物語」와 교오토京都에서는 세에간지誓願寺의 승려 안라쿠 안사쿠뎅安楽庵策伝에 의해 집대

성된「세에스이쇼오醒睡笑」 등 이야기꾼인 오토기슈우의 우스갯소리를 모은 서적이 연이어 출판된다. 17세기 말에서 겐로크元禄 무렵에는 쿄오토京都의 츠유노 고로베에露の五郎兵衛, 에도江戸의 시카노 부자에몽鹿野武左衛門, 오오사카大坂의 요네자와 히코하치米沢彦八 등의 3명의 명인이 등장 인기를 끌었다.

📷 카츠라 코난지桂小南治

그들은 주로 진쟈의 경내 등에 갈대발을 친 오두막을 설치하고 요즘의 낚시 의자(쇼오기/床机) 같은 것에 앉아 청중 앞에서 연기하며 인기를 끌었다. 당시에는 츠지 바나시辻噺라고 해서 길거리에서 행인을 청중으로 군담軍談·강담講談 등을 하며 동전을 구걸하는 사람이 있었는데 이를 츠지 고오샤쿠辻講釈라고도 했으며 그들도 라쿠고의 원조가 된다. 그중 고로베에는 현재의 라쿠고의 원형과 같은 것도 포함하는 책을 남기고 있고 히코하치가 쓴「히코하치의 이야기」는 지금도 연기되고 있다. 또한 오오사카大阪에서는 카루구치軽ロ라고 해서 연기자의 음색이나 몸짓을 흉내 내거나 우스꽝스러운 이야기를 연기하는 길거리 연예인이 등장하여 인기를 끌었다. 이들이「카루구치 바나시軽ロバナシ」라고 불리며 인기를 끌었던 카미가타上方에 비해 에도에서는 시카노 부자에몽이 대중을 선동한다는 〈데마ﾃﾏ소동〉에 휘말려 이즈伊豆 오오시마大島로 유배되는 뜻밖의 사건이 발생하며 후계자가 끊기는 재난을 당하고 만다.

📷 코콘테에 신쇼오古今亭志ん生

에도 라쿠고가 다시 활기를 찾은 것은 그로부터 100년 후로 1786년 우테에 엠바鳥亭馬馬가 무코오 지마向島의 요정料亭인 무사시노야武蔵屋에서「제1회 이야기대회」를 개최하고 난 다음 아마추어 애호가들이 모여 자작 이야기를 스스로 연기하는 모임을 개최하는 것이 유행하게 된다. 에도 시대에 시민문화가 보급되면서 〈에도 코바나시江戸小話〉라는 라쿠고의 서두부분에 사용되는 짧은 이야기는 〈오토시 바나시落し噺〉라고 불리며 일약 붐을 일으킨다. 그 배경에는 서민사이에서 대인기를 누렸던 샤레봉洒落本이라든가 키뵤오시黄表紙·쿄오카狂歌·센류우川柳 등 웃음의 문학이 확산되어 라쿠고가 들어설 만한 풍토가 이미 형성되어 있었기 때문이다. 그리고 이 라쿠고는 1925년 라디오 방송이 개시되자 전파에서도 소개되며 더한

📷 상유우테에 킴바三遊亭金馬

📷 슘프테에 류우쿄오 春風亭柳橋

층 활약을 보인다. 전파를 타는 라쿠고는 그 때까지 에도어江戸語나 카미가타어上方語에 치중되어 있던 라쿠고보다 표준어를 구사하여 알기 쉬운 라쿠고로 바뀌기 시작한다.

이어 6대 슝프테에 류우쿄오春風亭柳橋라든가 3대 상유우테에 킴바三遊亭金馬와 같은 명만담가가 인기인으로 등장하는 한편, 카츠라 분라쿠桂文楽・코콘테에 신쇼오古今亭志ん生와 같은 전통적인 화술에 입각한 명인이 속속 배출되는 등 다양화해 간다.

📷 명인들의 라쿠고 CD

오늘날의 라쿠고는 그 제재의 이야기성이 너무나 중시되는 나머지 라쿠고카가 단순히 골계를 말하는 화자話者로 되어 가는 경향이 강하다. 라쿠고에서 초보자는 젠자前座라고 부르며 제일 먼저 출연한다. 그리고 그 나름대로 가치가 있어 마우치真打ち라고 불리는 라쿠고 명인은 마지막에 출연하여 무대를 마무리 짓는다. 거의 모두가 방석에 앉아 연예를 펼치는데 이 자리를 코오자高座라고 한다.

 라쿠고 걸작 타네

『아타고야마愛宕山』
기왓장 던지기 놀이가 있습니다. 어떤 놀이인가하면 기와를 던져서 과녁을 맞히는 시시한 놀이입니다만 옛날 부자들은 기와대신 동전을 던졌다고 합니다.
〈그러니 벼랑 아래로 던진 동전이 많이 있겠지? 어떻게 주을 수는 없을까?〉
〈별거 아냐. 내가 주워오지.〉
〈주워오다니! 50미터나 넘어 무리야.〉
〈괜찮아 맡겨둬〉라고 말하며 우산을 펼쳐 낙하산 삼아 뛰어 내립니다.
〈야, 괜찮아? 상처는 입지 않았어?〉
〈괜찮고말고! 우와 대단해! 여기저기 동전이 지천이야.〉
〈동전도 좋지만 어떻게 올라올래?〉
〈아뿔싸! 그걸 생각 못했네.〉
어쨌든 당시에 아타고산은 멧돼지, 사슴, 늑대 등이 많아서 그곳에서 마냥 생각에 잠길 수는 없었습니다. 남자는 무슨 생각을 했는지 입고 있던 옷을 훌훌 벗어서 하오리, 키모노, 나가쥬방, 띠, 훈도시를 길게 묶어 로프로 만들어서 끝에는 돌을 묶어 휙 하고 던져 올립니다. 그게 보기 좋게 사가嵯峨 대나무에 걸렸습니다. 그리고는 휙휙 로프를 당겨서 간신히 뛰어내렸던 곳으로 올라왔습니다.
〈야, 대단하다. 그런데 돈은?〉
〈아뿔싸! 두고 왔어.〉

기타 예능 part.12

12.1. 코오당講談

라쿠고와 어깨를 나란히 하는 일본 특유의 화술話術예능으로 겐로크元禄시대에 『타이헤에키太平記』

를 강연한 나와 세에자에몽名和清左衛門을 시조로 한다. 코오당에서는 샤쿠다이釈台라고 불리는 작은 책상 앞에 앉아 하리셍張扇이라 불리는 부채로 책상을 쳐서 박자를 맞추어 가며 주로 정치·재판에 관한 이야기, 무용담, 싸움, 주군 원수 갚기, 협객전侠客伝, 남녀 연애담 등의 이야기거리를 읽어서 들려준다. 처음에는 「코오샤쿠講釈」라 했지만 메에지에 들어서면서 「코오당」이라고 불렀다. 전성기 는 1910～20년까지이고 타카라이 바킹宝井馬琴·이치류우사이 테에장一竜斎貞山 등을 배출했다. 1980 년대는 여성도 코오단시講談師로서 활약하는 사람이 나타나 다시 주목을 끌기도 했다.

기원은 전국 시대의 이야기꾼인 〈오토기슈우〉라고 전해지는데 흥행장 연예로서의 코오당의 원형은 에도 시대이다. 1700년대 초반에는 상설 소극장(요세寄席)에서 연기하며 코오샤쿠講釈라 불렸는데 1810년대부터는 거의 정형이 탄생했으며 몇 개의 유파가 탄생하고 인기목록은 카부키歌舞伎나 인형극 죠오루리浄瑠璃무대에 올려지는 경우도 있었다. 이 코오 샤쿠는 메에지가 되어 코오당講談이라 부르게 되었다. 이어 에도 시대에서 메 에지에 걸쳐 전성기를 구가하는데 메에지 말기에는 타츠카와立川 문고 등 코오 당의 내용이 기재된 「코오담봉講談本」이 인기를 끌며 신문이나 잡지에도 연재 되기 시작한다. 그러나 만자이漫才 등 다른 대중연예와 대중미디어의 발달로 쇠퇴의 길을 걷게 된다. 2차 대전 후에는 GHQ에 의해서 봉건제도의 옹호나 복수復讐의 찬미 등의 요소가 있다며 일부 공연목록이 금지처분을 받기도 했다. 그러나 금지가 해제된 후에도 TV가 등장하는 등 다양화된 대중의 기호에 따 르지 못하고 뒤처지는 상태가 계속되었다.

코오단시講談師 타카라이 바킹宝井馬琴

라쿠고落語와 코오당講談의 차이

일반적으로 라쿠고에는 끝부분에 오치라는 반전(돈뎅 가에시)이 있는데 코오당은 존재하지 않는다. 또한 라쿠고는 라쿠고 카가 등장인물이나 때로는 동물로 완전히 연기하는 반면에 코오당은 제3자의 시점에서 작은 책상에 코오샤쿠 봉을 놓고 읽으면서 이야기를 전개시켜 나간다.

그리고 라쿠고에서는 선배를 시쇼오師匠 라고 부르는데 반해 코오당은 센세에先生라고 부르고 공연목록을 라쿠고는 다시 모노出し物라고 하는데 비해 코오당은 요미모노読み物라고 부른다. 그러나 라쿠고나 코오당 모두 형식에 구애받지 않는 경우가 많아 반드시 확실하게 구별하기는 어렵다.

12.2. 만자이漫才

13, 14세기쯤 초봄, 새해가 밝으면 관서지방에서 카자오리 에보시風折烏帽子라는 모자를 쓰고 스오 오素襖를 입고 허리춤에 찬 북을 치며 악귀를 쫓고, 그 해의 번영과 신년을 축하하는 노래를 부르고 춤을 추며 쌀과 돈을 청했던 사람들을 만자이万歳라고 했는데 바로 이것이 만자이의 기원이다.

1920년대에 무성 영화의 변사에 의해 시작된 만담이 힌트가 되고 1933년 요시모토 코오교오(吉本興

業/오오사카에 본거지를 두고 있는 일본 최대의 예능회사. 원래는 TV프로그램 제작회사였는데 각종 연예인과 개그맨 프로모터로 유명)의 선전부가 만자이라는 이름을 붙여 부르기 시작했다.

만자이에서는 보통 타유우太夫와 사이조오才蔵의 2인 1조의 두 사람이 등장하는데 사이조오가 하는 시시한 유우머인 다쟈레駄洒落를 타유우가 꾸짖으면서 관객을 웃긴다. 만자이는 그것의 현대판 버전이고 1920년대에 관서지방에서 시작되어 발전되어 왔다. 상연목록(다시모노出し物)은 따로 작가가 있는 경우도 있지만 대부분 자작공연이 주를 이룬다. 또한 최근에는 두 사람뿐만이 아니고 여럿이 출연하는 경우도 있고 악기 등 밴드가 출연하는 경우도 있다. 시대의 발전과 더불어 만자이도 영향을 받아 최근에는 젊은 콤비에 의한 템포가 빠른 만자이가 인기를 얻고 있다.

만자이를 행하는 만담가를 만자이시漫才師라고 부르고 관서지방의 만자이를 카미가타 만자이라고 부른다. 주로 바보역의 보케惚け와 추궁역의 측코미突っ込み의 2명이 연기하는 재치문답의 예능인데 3명이상의 그룹으로 연기되는 경우도 있다. 배경음악이 사용되는 경우도 있고 연기자 자신이 악기를 연주하는 경우도 있다.

 바보 역(보케)과 추궁 역(측코미)

> 두 명의 연기자는 보케 역과 측코미 역이라고 불리는 두 개의 역할로 나눌 수가 있다. 보케 역은 화제 속에서 재미있는 것을 말할 것이라 기대되는 역할이다. 말 속에서 분명한 잘못이나 착각 등을 넣어서 웃음을 유발하는 연기를 행하고 농담 등을 주로 한다. 한편 그 상대방은 보케 역의 잘못을 재빨리 지적하고 그 과정에서 관객들의 웃음을 자아내게 하는 역할을 담당한다. 보케의 머리를 손바닥이나 가벼운 도구로 때리거나 가슴 언저리를 손등으로 치면서 지적하는 경우가 많다. 이 역할을 추궁 역(측코미ツッコミ)이라고 부른다.
> 원래는 〈측코미와 토보케〉라고 소개되었는데 나중에 〈측코미토 보케〉라고 바뀌다가 〈측코미 보케〉로 바뀌었다. 바보 역에 대해서 측코미의 참견하는 행위를 〈측코미오 이레루〉라고 한다. 바로 이 타이밍 자체가 관객의 웃음을 유도하는 경우가 적지 않다. 또한 참견하는 행위를 통해서 바보역이 진행하는 화제에 매듭을 짓고 구성상에 시원한 리듬을 자아내는 효과도 있다.
> 이야기의 진행은 둘 중의 하나가 한다. 측코미가 진행하는 경우는 나카가와 케中川家의 츠요시剛·레에지礼二 형제, 쇼오와昭和의의 이루·코이루 콤비, 유메지夢路 이토시·키미嘉味 코이시 형제 등이 있다. 역으로 보케 역이 진행하는 만자이시는 빅키즈(측코미 담당의 키베 노부히코木部信彦 /보케 담당의 스치 히로마사須知裕雅 콤비), 미야가와 다이스케·하나코 부부 등이 그들이다. 하긴, 타나카 다이마루·라켓토, 타나카 카우스·보탕, 오오루 한신·쿄진, 토미이즈 켕健·마사雅, 오카 켄타·유우타 등은 역할분담이 고정된 것이 아니고 흐름에 의해서 역할을 바꾸는 경우도 있다.

12.3. 나니와부시浪花節

나니와부시란 코오샤쿠 모노가타리講釈物語·연극 문예작품 등을 재료로 하고 샤미셍三味線을 반주로 독특한 박자나 억양(후시 마와시節回し)으로 노래 부르고 말하는 연기로 혼자서 한다. 메에지 시대 초기에 시작된 연예로 로오쿄쿠浪曲라고도 부른다. 처음에는 우카레부시·쵸보쿠레·총가레부시 등으로 불리었다. 에도 중기에 오오사카에서 온 나니와 이노스케浪花伊助가 새로 판매한 예능이 공전의 히트를 하자, 그 이름을 본 따서 「나니와부시浪花節」라는 이름이 붙여졌다.

그가 시조이고 메에지 시대에 들어서 토오츄우켕 쿠모에몽桃中軒雲右衛門과 2대 히로사와 토라조오広沢虎造의 활약으로 2차 대전 전까지 전성기를 맞이하며 발전되었다. 의리·인정·권선징악을 내용으로 하는 것이 많아 나니와부시적이라는 말이 생겨났는데 의리나 인정에 치우친다는 의미를 담고 있다.

3이라는 매직넘버와 그 절묘한 조화를 애용하는 일본

고금동서를 막론하고 3은 매직 넘버로 통하고 있는데 특히 고대 그리스, 로마 시대에 발달한 커뮤니케이션론의 원천인 수사법의 이론에도 3을 기본으로 한 3분법이 자주 활용되었다.

수사법이 활용되는 현장을 법정, 의회, 의식으로 규정하거나 스피치에서는 서론, 본론, 결론이라는 3부분으로 이루어지는 구성법이 장려되고 있었던 것이다.

흔히 일본의 현대를 가리켜 황금분할의 균분 등식의 시대라는 표현을 한다. 천황은 권위를 갖고 수상은 권력을 가지며 재계를 부를 갖는 데 그들은 서로 남의 것을 탐하지 않는 것이 불문율이고 이것이 일본사회를 안정시키는 합리적인 묵계라는 것이다. 일본은 이런 3이라는 절묘한 조화에 의해 지탱되고 있다는 말이다.

역사적으로 보아도 3이라는 숫자는 곳곳에서 발견된다. 우선 천황을 상징하는 3종의 신기인 거울(야타노 카가미八咫鏡)·검(아마노 무라 쿠모노 츠루기天叢雲剣)·옥(야사카니노 마가타마八尺瓊曲玉)이 바로 그것이다. 1960년대 일본의 경제성장을 이끌었던 컬러텔레비전, 에어컨, 승용차의 수요도 신 3종의 신기였다.

에도 시대에는 쌀 1만석이상의 생산을 하는 다이묘오를 셋으로 분류하였는데 그들이 바로 심팡親藩·후다이譜代·토자마外様였다. 이에야스의 아들들이 만든 오와리尾張·키이紀伊·미토水戸의 고상케御三家를 필두로 한 심팡과 이에야스家康가 미카와三河의 슈고守護 다이묘오大名였던 때부터 이에야스를 섬겼던 후다이譜代 다이묘오와 세키가 하라関が原전투 이후에 부하가 된 토자마外様 다이묘오가 바로 그것이다. 그중 에도 막부의 중요관직은 여러 가지 정치 역학구도상 후다이가 도맡았다. 심팡은 토쿠가 가문이긴 하지만 너무 비대해지는 것이 문제였고 토자마는 다이묘오의 성분을 판단하기 어려웠기 때문이다. 이것이 회사까지 이어져 회사의 중역을 심팡·후다이·토자마로 분류하는 경우가 있다. 체인점에서 토자마에 해당하는 점포가 의외로 매상이 높아도 발언권이 제한받는 등의 일이 일어날 때는 이 불문율이 원용된 예이다.

또한 에도 시대에는 3과 관련된 여러 가지 풍습이 있었는데 산쥬우노 오시에三従の教え도 바로 그것이다. 집에서는 아버지께, 시집가서는 남편에게, 남편이 죽으면 자식에게 복종하라는 의미였다. 아울러 이혼할 때 이혼장이 3줄 반으로 쓰였기 때문에 미쿠다리항三行半이라고 불리는 이혼제도가 있었는데 에도 시대에 이혼할 때는 남편이 하는 것이 보통이었다. 부인이 이혼을 원하면 스스로 카마쿠라鎌倉의 토오케에지東慶寺라든가 굼마현群馬県의 만토쿠지万徳寺 등의 카케코미데라駆込寺에 들어갔는데 그것으로 이혼을 인정받았다.

▽3K

블루칼라 업종에서 힘들다(Kitsui·きつい) / 더럽다(Kitanai·汚い)/ 위험하다(Kiken·危険)를 지칭하며 이들은 이른바 〈3K직장〉이라고도 불린다. 우리의 3D(Difficult, Dirty, Dangerous)업종에 해당한다.

1980년대에는 거대한 재정적자를 낸 주범으로 국철(코쿠테츠国鉄)·건강보험(켕코오호켕健康保険)·쌀(코메米)등이 지칭되었다. 한 때는 화장실에 대한 불만을 「더럽다(キタナイ汚い)」·「어둡다(쿠라이暗い)」·「악취가 난다(쿠사이臭い)」 등으로 나타냈는데 이것이 타인에게 모멸감을 주는 「더럽다(キタナイ汚い)」·「냄새난다(쿠사이臭い)」·「재수없다(키모치 와루이気持ち悪い)」라는 의미로 쓰였다.

▽新3K

21세기에 들어서서 IT서비스업계의 불만을 표출한 말로 〈일이 고되다(きつい)·제시간에 귀가할 수 없다(帰れない)·월급이 짜다(給料が安い) 등이 그것이다. 여기에 〈휴가가 없다(休暇が取れない)·규칙이 까다롭다(規則が厳しい)·화장이 먹지 않는다(化粧がのらない)·결혼이 불가능하다(結婚できない) 등을 합쳐 7K로 부르는 경향도 있다.

키워드로 여는 일본의 響

📷 日本の四季折々の歳時風俗 2

①인형공양人形供養　淡嶋神社·和歌山県

　바늘공양 등 스스로의 희생을 통해서 인간생활에 도움을 준 모든 것들에 대해 공양을 한다.

②입춘 전날(세츠붕節分) 콩뿌리기 행사/재액은 밖으로, 복은 안쪽으로!(3월)

③신록新緑에 잠긴 불심仏心과 빈즈루사마賓頭盧樣(4월)

④해수욕장 개장(우미 비라키海開き)(6월말)

⑤타나바타 마츠리/탄자쿠短冊에 소원을 적어 조릿대 나무에 걸어 견우성·직녀성까지 도달하기를!(7월)

⑥바람을 소리로 즐기며 더위를 달래는 에도 후우링風鈴(8월)

⑦산사를 찾아나선 히감바나彼岸花(9월)

⑧단풍과 햇빛과 여백·京都

⑨모두가 떠난 이슥한 가을에 나홀로 진한 삶의 빛으로 홀연히 나타난 사장카山茶花(늦가을~초겨울)

⑩온천성분의 결정인 명반을 채취하는 유노하나 고야(湯の華小屋)

⑪족욕탕(아시유足湯)

②　③　④　⑤

⑥　⑦　⑧

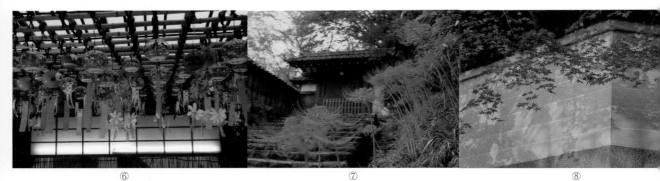

⑨　⑩　⑪

182

 국경일〈코쿠민노 슈쿠지츠国民の祝日〉 part.**13**

13.1. 일본의 국경일

우리의 국경일을 일본에서는 코쿠민노 슈쿠지츠国民の祝日라고 한다. 국경일에 관한
사무는 관방장관실에서 주도한다. 국경일에 관한 법률은 1948년 제정된 법률 178호에
의하고 그 일부는 2005년 5월 20일에 제43호로 개정하고 2007년 1월 1일부터 시행한
다. 그 법은 다음과 같다.

제1조 자유와 평화를 쉼 없이 추구하는 일본 국민은 아름다운 풍습을 기르고, 보다
　　　좋은 사회, 보다 풍요로운 생활을 구축하기 위해서 여기에 국민 모두가 축하
　　　하고 감사하며 혹은 기념하는 날을 정해서 이것을 국민의 경축일이라 칭한다.
제2조 국민의 경축일은 다음과 같이 정한다.
제3조 국민의 경축일은 휴일로 한다.
　　　국경일이 일요일일 경우에는 그날 이후의 가장 가까운 국경일이 아닌 날을
　　　휴일로 한다. 그 전 날 및 다음 날이 국경일일 경우(국경일이 아닌 날에 한한다)는
　　　휴일로 한다.

일본의 국경일 일정

명칭	날 짜	취 지
元 日	1月1日	새해를 축하한다.
成人の日	1月の第2月曜日	어른이 됨을 자각케 하고 자립의지의 청년을 축하하며 격려한다.
建国記念の日	2月11日	건국을 기념하고 나라를 사랑하는 마음을 기른다.
春分の日	春分日	자연을 기리고 생물을 소중히 여긴다.
昭和の日	4月29日	격동의 나날을 거쳐 부흥을 이루어낸 쇼오와 시대를 회고한다.
憲法記念日	5月3日	일본국 헌법 시행을 기념하고 국가의 성장을 기약한다.
みどりの日	5月4日	자연과 친하게 지내며 그 은혜에 감사하고 풍요로운 마음을 기른다.
こどもの日	5月5日	어린이의 인격을 존중하고 그들의 행복을 꾀하며 어머니에게 감사한다.
海の日	7月の第3月曜日	바다의 은혜에 감사함과 동시에 해양국 일본의 번영을 기원한다.
敬老の日	9月の第3月曜日	기나긴 세월에 걸쳐 사회에 기여한 노인을 공경하고 장수를 축하한다.
秋分の日	秋分日	선조를 공경하고 죽은 사람들을 추모한다.
体育の日	10月の第2月曜日	스포츠를 사랑하고 건강한 심신을 단련한다.
文化の日	11月3日	자유와 평화를 사랑하고 문화를 권장한다.
勤労感謝の日	11月23日	노동을 존중하고 생산을 축하하며 국민 서로가 감사한다.
天皇誕生日	12月23日	현 헤에세에 천황탄생일을 축하한다.

▷정월 초하루〈간지츠元日〉 : 일본 최대의 민족인 야마토 민족의 행사. 특히 초등학교의 카키조메書き初め행사에 쓰이는 글자인 간탕元旦은 새해아침을 일컫는 말로써 그 중 단旦은 지평선 위로 해가 뜨는 모습을 형상화한 말.

▷성인의 날〈세에진노 히成人の日〉 : 만 20세가 된 성인 남녀를 축하하는 날. 정확하게는 전년도 4월 2일부터 그해 4월1일까지 성인이 된 사람이 기념 식전에 참가대상이 되는 소위 학령방식을 취하고 있다. 〈해피먼데이 제도〉에 따라 2000년부터 1월의 둘째 월요일(그해의 1월 8일부터 14일까지의 월요일에 해당)이 되었다. 이 날은 각 시쵸오송市町村에서 새로 성인이 된 사람들을 초청하여 성인식을 거행한다.

▷건국기념일〈켕코쿠키넨노 히建国記念の日〉 : 짐무 천황神武天皇 즉위일에 설정한 기념일. 1872년에 설정해서 시행되었다. 2차 대전 패전을 계기로 1948년에 폐지되었다가, 1967년부터 다시 시행되었다. 그 사이에는 자민당 중의원들의 입법과 당시의 제1야당이었던 사회당의 반대로 9차례에 걸쳐 법안제출과 폐기라는 우여곡절을 거친 끝에 の라는 말을 추가하는 선에서 합의를 보았다.

▷춘분〈슘분노 히春分の日〉 : 자연을 찬양하고 생물을 사랑하는 날. 1948년 공포·시행된 경축일에 관한 법률에 의해서 제정되었다. 밤과 낮의 길이가 같은 날이라고는 하나, 정확하게는 낮이 더 길다. 천문학의 계산상, 윤년과 그 이듬해는 3월 20일이 되고 다른 해는 21일이 된다.

▷쇼오와의 날〈쇼오와노 히昭和の日〉 : 죽은 쇼오와昭和 천황의 생일. 천황 사망 후 한 때는 미도리노 히緑の日였지만, 2007년부터 국민경축일에 관한 법률의 일부개정으로 추가된 날이다.

▷헌법 기념일〈켐포오키넴비憲法記念日〉 : 일본국 헌법의 시행을 기념하는 날. 1947년 일본국 헌법이 시행된 것을 기념하는 날로 1948년부터 시행되었다.

▷미도리노 히緑の日 : 자연의 은혜에 감사하고 풍요로운 마음을 기르는 날. 1989년부터 2006년까지

는 4월 29일 이었는데 2007년부터 5월 4일로 바뀌었다. 1989년 1월 7일에 쇼오와 천황이 사망함에 따라 천황탄생 기념일은 현 천황의 탄생일인 12월 23일로 이전됨에 따라 폐지될 뻔했으나 이미 골든 위크로 정착되어 국민에 대한 영향을 고려하여 날짜를 변경하여 부활시켰다.

▷어린이 날〈코도모노 히子供の日〉 : 어린이의 인격을 존중하고 어린이의 행복을 꾀하는 취지로 제정된 날. 이날은 이미 1910년대에 〈아동애호 데이〉로 존속되었고 국회 청원 때에도 5월 5일을 선호하는 의견이 많아서 이 날로 확정되었다. 한편 3월 3일 히나마츠리가 국경일이 아닌 것에 대해 남녀평등을 해친다는 주장도 있지만 최근에는 이 비판이 거의 없어졌다.

▷바다의 날〈우미노 히海の日〉 : 원래는 7월에 휴일이 없었기에 설정한 날로 7월 20일이었다. 바다의 은혜에 감사하고 해양국 일본의 번영을 기원하는 날이며 1996년부터 시행하기 시작했다. 2003년부터 7월 셋째 주의 월요일로 변경되었다. 1876년 메에지 천황의 동북지방 순례 때 당시에는 군함이 없었으므로 등대 순시선인 〈메에지마루 호〉를 타고 순시를 하여 7월 20일에 요코하마 항에 돌아온 것을 기념하여 이 날로 정했다고 한다.

▷경노의 날〈케에로오노 히敬老の日〉 : 노인을 공경하기 위해 만든 날로 1966년부터 시행하기 시작했다. 일본의 저임금 노동정책에 의한 수출품에 대한 구미의 격한 비난에 대해 일본이 취한 정책의 일환이었다. 실시 당시에는 9월 15일이었으나 2003년부터 셋째 월요일로 되었다. 원래는 효오고 현兵庫県에서 농한기의 9월 중순인 15일에 노인의 날을 만들어 경로회를 개최했던 것이 시초라고 한다.

▷추분의 날〈슈우분노 히秋分の日〉 : 선조를 공양하고 죽은 사람을 추모하는 날. 역시 이날도 낮의 길이가 약간 길다고 한다. 천문대의 계산상으로는 2011년까지는 9월 23일인데 2012년과 2044년까지는 윤년에 한해서 9월 22일이 추분이고 평년은 9월 23일이 추분이 된다.

▷체육의 날〈타이이쿠노 히体育の日〉 : 1964년 토오쿄오 올림픽 개최를 기념한 날로 1966년에 제정되었다. 원래는 개최일이었던 10월 10일이었는데 2000년부터 10월 둘째 월요일로 바뀌었다.

올림픽 개최의 날로 10월 10일은 약간은 늦은 날인데 그날로 잡은 것은 가을비 전선(아키사메젠센秋雨前線)이 지나간 뒤의 쾌청한 가을 날(하레노 토쿠이비晴れの特異日)로 실제 1999년부터 34년 동안 체육의 날에 동경지방에 1mm 이상의 비가 내린 날은 불과 5차례밖에 안된다고 한다. 그런데 날짜를 바꾸고 나서는 비가 잦다고 한다.

▷문화의 날〈붕카노 히文化の日〉 : 메에지 천황의 탄생 기념일. 문화헌법의 의미를 기념하는 날. 1946년 일본국 헌법이 공포된 날로 죽은 메에지 천황의 탄생일이기도 하다. 이날도 쾌청한 가을날인데 황거에서는 문화훈장을 수여하고 문화청 주최로 예술제도 개최된다. 일부 박물관 가운데에는 무료로 개방하는 곳도 있다.

▷노동 감사절〈킨로오칸샤노 히勤労感謝の日〉 : 제2차 대전 전의 니이나메사이(新嘗祭/천황이 햅쌀로 밥을 지어 천지신에게 바치고 그것을 먹는 행사)를 그대로 노동 감사절로 바꾼 것이다. 이것은 원래 음력 11월 2일 토끼날에 시행되었다. 1873년 양력으로 바뀌면서 그날을 양력으로 환산하면 이듬해 1월이

되므로 양력 11월 둘째 토끼날로 정해졌다. 바로 그날이 11월 23일이었다.

▷ 천황탄생 기념일〈텐노오탄죠오 키넴비天皇誕生記念日〉: 현 헤에세에平成 천황 탄생기념일. 전쟁 전에는 당나라 현종의 탄생일을 천장절이라고 부른 것을 본 따서 천장절天長節이라고 불리기도 했다.

11월 대형연휴 프로젝트

2007년 5월에 체육의 날과 노동 감사절을 각각 11월 1일과 11월 5일로 옮기고 11월 3일의 문화의 날과 합쳐서 가을에 대형연휴를 만드는 구상이 여당에서 부상했다. 현재는 구상단계이지만 이 구상이 실현되면 국경일 사이에 끼워진 11월 2일과 4일이 휴일이 된다. 그 결과 최저 5연휴, 요일 배열에 따라서는 최대 9연휴가 되어 실버 위크Silver week가 될 전망이다.

13.2. 정월〈오쇼오가츠お正月〉

일본에서는 1월 1일인 정월 초하루를 국경일로 하고 있는데 실제로는 적어도 3일까지(경우에 따라서는 그 이후의 2~3일간)을 〈정월〉이라고 부르고 사실상의 국경일과 똑같은 상태가 된다.

정월(쇼오가츠正月)이란 원래 1월의 별칭인데 현재는 1월 1일부터 1월 3일까지(상가니치三が日), 또는 마츠노우치(松の内/카도마츠門松라는 소나무를 장식하는 기간으로 원래는 15일까지였으나 일부지역을 제외하고 7일까지)를 지칭하는 경우가 많다. 또한 20일까지를 정월로 보는 경우도 있고 1월 20일을 하츠카 쇼오가츠二十日正月라고 해서 이 날을 정월의 끝으로 보며, 그 전해의 12월 8일은 쇼오가츠 고토 하지메正月事始め라고 해서 정월 준비를 시작한다.

📷 카도마츠

1월 1일을 간지츠元日, 새해 아침을 간탕元旦이라고 부르는데 이는 지평선위로 태양이 떠오르는 모습을 나타낸 형상이다. 새해 첫날은 국경일로 되어 있는데 관공서는 12월 29일부터 1월 3일까지를 휴일로 하고 있고 일반기업도 이에 따르는 경우가 많다. 은행 등 금융기관은 12월 31일부터 1월 3일까지를 휴일로 하는 경우가 많고 시스템 유지를 위해 길어지는 경우도 있다. 그 때문에 대중교통은 이 기간 중에는 평일에도 휴일스케줄로 운행하는 경향이 있다. 한편 소매업에서는 1970년대에는 〈마츠노우치〉까지 쉬는 점포가 많았는데 24시간 영업을 하는 편의점이 등장하는

📷 대청소(스스바라이煤払い)

등의 생활양식 변화에 따라 개점일이 앞당겨지고 1990년대 이후에는 정월 초하루만 휴일로 하고 2일부터 단시간체제로 영업을 하는 점포가 많아졌다. 대형점 등의 점포에 따라서는 정월 초하루도 단시간체제이긴 하지만 영업을 하는 곳도 많아졌다. 대부분의 경우는 1월 4일부터 정상영업을 한다.

과거에는 여름의 오봉과 함께 6개월마다 죽은 조상에게 차례지내는 행사의 일환이었다. 그러나

불교의 영향이 강해짐에 따라 여름의 오봉은 불교행사인 우라봉과 습합하여 선조공양의 행사로 하고, 정월은 토시가미年神를 맞아 그 해의 풍작을 기원하는 카미마츠리로 규정짓기도 한다. 그리고 세는 나이로는 1월 1일에 한살 더 먹게 되니까 정월은 무사하게 한살을 더 먹은 것에 대한 축하의 의미도 있었지만 지금은 만 나이를 사용하게 되어 단순하게 해가 바뀐 것을 축하하는 행사가 되었다.

 관련 키워드

▽토시코시소바年越しそば : 섣달 그믐날에 장수를 기원하며 먹는 모밀.

▽오오소오지大掃除 : 새해의 신을 맞이하기 위해 섣달 그믐에 하는 대청소.

▽간지츠元日 : 새해 첫날. 이날 연하장이 모두 배달된다.

▽간탕〈元旦〉 : 새해 아침. 〈旦〉이라는 글자모양이 지평선 위에 뜨는 해를 상징.

▽오섹쿠お節句 : 예전부터 내려오는 5개의 명절로 진지츠〈人日·1월7일〉·죠오시〈上巳·3월3일〉·탕고〈端午·5월5일〉·타나바타〈七夕·7월7일〉·쵸오요오〈重陽·9월9일〉 등이 그것이다.

▽카도마츠門松 : 새해에 신을 맞이하기 위해 문 앞에 세우는 장식 소나무. 새해의 신이 그곳에 머문다고 생각한다.

정월은 저승으로 향해 가는 나그네 길의 이정표〈正月は/冥土の旅の/一里塚〉—休禅師
　　정월의 카도마츠는 저승으로 가는 길의 이정표〈경하스럽기도 하지만 저승에 한발 더 가니 그렇지 않기도 하다〉

▽하츠모오데初詣 : 새해 첫 참배. 섣달 그믐날 밤부터 새해 첫날 사이에 하는 것이 원칙인데 사정이 여의치 않으면 카도마츠가 장식되는 마츠노우치松の内라고 부르는 7일까지 해도 된다고 한다. 참배할 때는 반드시 테미즈手水라는 물로 손과 입을 씻고 심신을 깨끗이 한 다음, 절과 진쟈神社에 신자들이 돈을 넣는 통인 사이셈 바코賽錢箱에 돈을 던져 넣고 방울을 울리고 2번 예의를 표하고 나서 2번 박수치고 1번 예를 표한다. 옛날에는 그 해의 띠 동물의 길한 방향의 진쟈에 가서 참배하거나 밤을 새우며 새해를 맞이하기도 했다.

▽하마야破魔矢 : 정월의 엥기모노로 절이나 진쟈에서 수여받는 활이다. 하마 유미破魔弓로도 불린다. 예전에 정월에 남자 아이가 있는 집에 활과 화살세트가 완구로 보내진 예가 있는데 나중에 일년의 행운을 쏴 맞춰 그 행운을 자기 것으로 만드는 엥기모노로 첫 참배 때 절이나 진쟈에서 수여받았다.

▽세뱃돈〈오토시다마お年玉〉 : 지금은 대개 돈이지만 예전에는 떡餅玉을 주는 경우도 있어서 다마玉란 말이 붙었다고 하며, 하사품이라는 뜻으로 타마모노賜物라는 의미에서 왔다고도 하고 새해를 주도하는 신(타마시이魂)이 주는 것이라는 뜻도 있다고 한다.

▽정초의 어린이 놀이/팽이〈코마独楽〉/연날리기〈타코아게凧あげ〉/하네츠키羽根突/주사위〈스고로쿠双六〉/카드 놀이〈카루타骨牌〉/와카 암송 카드게임〈햐쿠닝잇슈百人一首〉 등 다양한 놀이문화가 있었다.

▽새해 첫 정한수〈와카미즈若水〉 : 새해 첫날 아침 일찍 우물에서 물을 길어 카미다나에 바치는 행사나 길어온 물자체를 지칭한다. 이 물은 액을 제거한다고 믿어 그 물로 밥을 짓거나 양치질을 하거나 차를 끓이기도 했다. 그리고 정초에는 사람을 만나기 전에 물을 길러가고 혹시 사람을 만나도 말을 걸지 않는 것이 관례였으며 물을 퍼올릴 때는 〈황금의 물을 뜹니다〉라는 등의 덕담을 외쳤다고 한다.

▽사방에 절〈시호오하이四方拜〉 : 헤이안 시대 초기에 궁중에서 시작되고 이것을 귀족, 서민 등이 모방한 것으로 사방에 절을 하며 일년동안의 풍작과 무병을 기원한다.

▽새해 첫 글씨 쓰기〈카키조메書き初め〉 : 새해가 되어 최초로 붓으로 글씨를 쓰거나 그림을 그리는 행위. 보통 1월 2일에 행한다. 킷쇼吉書·시히츠試筆·하츠스즈리初硯라고도 부른다. 정한수〈와카미즈若水〉로 먹을 갈고 길한 방향을 보며 시가를 쓰는 습관이 있었다. 쓰는 내용은 〈長生殿裏春秋富, 不老門前日月遲/장생 전 뒤뜰에는 기나긴 세월이 지천이고 불로문 앞에는 세월이 늦게 흐르는 구나〉라는 한시가 많았고 원래는 궁중에서 행하던 의식이었는데 에도 시대 이후 서민으로 확산되었다. 이렇게 쓴 것은 사기쵸오에서 태우고 그 불꽃이 높이 오르면 오를수록 글씨가 능숙해진다고 한다.

▽쥐불 놀이〈사기쵸오左義長/돈도야키どんど焼き〉 : 1월 14일 밤, 또는 1월 15일 아침에 벼 벤 자국이 남은 논 같은 곳에 기다란 대나무 3~4그루를 함께 세우고 거기에 그해에 장식했던 소나무 장식〈카도마츠門松〉이나 시메나와 장식, 카키조메에서 쓴 글씨 등을 모두 모아 태운다. 이불에 떡을 구워 먹으면 그해의 병마를 없앤다고 한다.

민속학에서는 카도마츠나 시메나와로 맞은 신을 태움으로써 불꽃과 함께 보낸다는 의미가 있다고 한다.

이를 달리 돈도, 돈도야키, 톤도야키, 돈토야키라고도 하는데 방위신으로 그해의 복과 덕을 관장하는 토시도쿠진(歲德神/대부분의 달력 겉 페이지에 장식되는 왕비와 같은 아름다운 여신의 모습)을 모시는 습관이 주체였던 지역에서는 그렇게 불리고 이즈모지방의 풍습이 발상이 되었다고 한다. 돈도는 폭죽 터지는 소리로 일부 문헌에는 爆竹(폭죽)이라는 한자어에 후리가나로 쓰기도 한다. 한편, 어린이의 축제로 어린이들은 시메나와 등을 수합하는데 일조한다.

▽길흉방향 참배〈에호오 마이리恵方詣り〉: 정월 초하루에 그해의 길 방향(에호오恵方)에 있는 절이나 진쟈를 참배하는 행위. 오늘날에는 폐지되었지만 당시에는 꼭 가야할 방향이 점괘 상 나쁜 방향이었다면 이 난점을 보완하기 위해 여러 가지 방안이 마련되었다. 이것을 방향 전환(카타타가에/카타치가에方違え)이라고 하는데 음양도에 근거하여 헤이안 시대 이후에 행해진 풍습의 하나이다. 한 때는 카타이미方忌み라고도 불렀다. 외출이나 조정의 정치, 전쟁의 개시 등에 그 방향의 길흉을 점치고 그 방향이 나쁘면 다른 방향으로 나아갔다가 목적지로 향함으로써 목적지의 방향이 나쁘지 않도록 했다.

▽오토소お屠蘇 : 원래 중국에서 전해오는 불노장수의 약으로 월계수, 산초, 도라지 등의 약초 분말을 미링이나 청주에 타서 설날에 마시는 술이다. 최근에는 팩에 담은 약을 팔고 있다. 붉은 색을 칠한 잔을 세게 겹친 것에 소나무 같은 장식을 한 주전자가 사용된다. 세 번에 나누어서 따르고 연소자부터 마신다.

오토소

 정월 초 스포츠 행사

새해의 힘찬 출발의 의미를 담은 마라톤 행사가 눈에 뜨인다. 새해 첫 날에는 전국 일본 실업단 대항 역전대회가 열리고 이튿날에는 토오쿄오 ↔ 하코네箱根간 왕복 대학역전 경주대회 중 하코네까지 가는 경기(오오테마치大手町에서 하코네箱根의 아시노호수芦ノ湖까지 108㎞)가 열리고 3일에는 토오쿄오까지 되돌아오는 경기(109.9㎞)가 열린다. 그리고 천황배 전일본 축구선수권 대회 결승이 열린다.

13.3. 오봉お盆

오봉은 음력 7월 15일을 중심으로 일본에서 행해진 죽은 조상의 영혼을 추모하는 일련의 행사이다. 현재는 대부분 지방에서 양력 8월 15일 전후의 2~3일의 기간이 일반적이다.

일반적으로 불교행사로 인식되어 있지만 불교 교의로는 설명할 수 없는 부분도 많고 일본 고유의 민속행사에 불교행사인 우라봉盂蘭盆이 습합하여 현재의 형태가 생겨났다고 볼 수 있다.

불교용어인 우라봉의 생략형으로 봉盆, 오봉お盆으로 불린다. 봉盆이란 글자 그대로 제물을 담는 용기도 의미하기 때문에 제물을 갖추어 차례를 지내는 대상인 쇼오료오(精靈/죽은 조상의 영혼)의 대명사이기도 하고 우라봉과 혼동되어 습합한 것으로 보는 설도 있다. 현재에도 죽은 조상을 본사마라고 부르는 지역도 있다.

봉의 명확한 기원은 알려져 있지 않으나 1년에 2번 초봄과 초가을의 보름날에 선조의 영혼이 자손의 곁으로 찾아와서 교류하는 행사가 있었는데, 초봄에 찾아오는 조상의 영혼이 토시가미로 신격화되어 정월축제가 되고 초가을에 찾아오는 조상의 영혼이 우라봉과 습합하여 불교행사로 정착되었다고 한다.

이 오봉은 관용구로 사용되기도 한다. 오봉과 정월이 함께 닥친 것 같다(본토 쇼오가츠가 잇쇼니 키타요오 盆と正月が一緒に来たよう)라는 말은 매우 바쁘다는 것과 기쁨이 두 배라는 말의 숙어이다.

13.3.1. 봉 춤〈봉오도리盆踊り〉

대개 16일 저녁에 절이나 진쟈의 경내에 젊은 남녀가 모여서 춤을 추는 것을 봉 춤이라 한다. 이것은 지옥의 고통을 벗어난 죽은 사람들이 즐거워서 춤을 추는 형상 이라고 한다. 오봉의 클라이맥스인 것이다. 음력 7월 15일 밤(쥬우고야十五夜)이나 다 음날인 16일 밤(이자요이十六夜)의 둘 중의 하루는 만월이 되어 날이 흐리지만 않다면 밤 내내 춤을 출 수가 있었다.

봉춤盆踊り

최근 장소는 절이나 진쟈의 경내에 국한하지 않아 종교성을 띠지 않는 행사로 행하는 경우도 많다. 전형적인 것은 역전광장 등 사람이 많이 모이는 광장에 특별무 대(야구라櫓)를 설치하고 노점상들을 불러 모아 지역 친목을 목적으로 거행하는 것이다. 오봉 때는 귀향하는 사람도 많으므로 그들이 오랜만에 얼굴을 마주보며 친목을 다지는 기능도 하게 된다.

13.3.3. 고잔노 오쿠리비五山送り火

매년 8월 16일에 쿄오토시에 있는 뇨이가 타케如意ヶ岳에서 행해지는 불놀이(카카리비かかり火)로 이 지역 사람들은 이 산에 경칭을 붙여 〈다이몬지상〉이라며 신성시 하고 있다.

5개의 산 정상부근에 화통을 마련하여 차례로 불을 지르는데 그 형상과 장소와 점화시각은 다음과 같다.

①큰 〈대〉자 다이몬지大文字/죠오도지浄土寺・뇨이가 타케如意ヶ岳/오후 8시 정각 점화.

②〈묘〉와 〈법〉이라는 한자 묘호오妙法/니시야마西山・히가시야마東山/오후 8시 10분 점화.

③〈배〉 후나가타舟形/후나야마舟山/오후 8시 15분 점화.

④큰 〈대〉자 다이몬지大文字/사다이몬지야마左大文字山 /오후 8시 15분 점화.

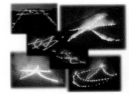

고잔노 오쿠리비五山送り火

⑤〈토리이〉 토리이 가타鳥居形/사가 토리이모토嵯峨鳥居本・만다라산曼陀羅山/오후 8시 20분 점화.

이상의 5개산에서 불꽃이 올라가면 오쇼라이お精霊상이라고 불리는 조상의 영혼은 다시 저 세상으로 보내지는 것이다. 특히 큰 대大자를 물그릇에 비춰서 마시면 건강해진다고 한다.

그리고 쿄오토 이외의 사람들이 다이몬지 야키大文字焼き로 부르는 경우가 있으나 쿄오토 사람들은 이에 대해 오다 노부나가織田信長의 히예산(히에에장比叡山) 방화몰살사건(노부나가가 조직적으로 집요하게 반 항하는 승려세력을 말살하기 위하여 히예산에 불을 질러 3,000여명을 불에 타 죽게 한 사건)을 연상하여 강한 혐오감을 갖는다.

13.3.3. 음식 보시〈세가키施餓鬼/세가키에施餓鬼会〉

사후에 아귀도에 떨어진 중생을 위하여 음식을 보시하여 그 영혼을 공양하는 의례.

일본에서 오봉의 경우, 오쇼라이お精靈사마라고 불리는 각 가정의 조상의 영혼이 일 년에 한번 그 집의 불단으로 돌아오는데 그 기간을 오봉이라하고 바로 그 기간 중에 음식을 차려놓고 매일 차례를 지낸다. 그와 동시에 후손을 남기지 않고 죽은 혼(무엠보토케無緣仏)이 되어 성불하지 못하고 속세를 떠도는 악귀에게도 세가키다나施餓鬼棚나 쇼오료오우마精靈馬를 설치하는 풍습이 있다.

13.3.4. 우라봉盂蘭盆

「우라봉 에쿄오盂蘭盆会経」에 의하면 석가모니 10대 제자의 한사람으로 신통력이 제일 뛰어난 모쿠렌 손쟈目連尊者가 신통력으로 죽은 어머니의 행방을 찾으니, 그 어머니는 아귀도餓鬼道에 떨어져 피골이 상접한 몸으로 지옥과 같은 고통을 겪고 있었다. 그래서 자신의 신통력으로 어머니에게 음식을 공양하려하자 음식은커녕 먹으려는 물조차 불꽃으로 바뀌며 좀처럼 식음을 할 수 없게 된다. 모쿠렝은 석가모니에게 어머니를 구할 방도가 없는지 묻자, 석가 왈 〈네 어머니의 죄는 무겁다. 생전에 다른 사람에게 보시를 전혀 하지 않고 이기적이었기 때문에 아귀도에 떨어졌다〉며 〈대부분의 승려가 수행을 마치는 우기雨季인 7월 15일에 음식을 장만하여 독경을 하고 진심으로 공양하라〉라고 했다. 모쿠렝이 재빨리 지시대로 하자 모쿠렝의 어머니는 아귀의 고통에서 벗어났다고 한다. 이것이 우라봉의 기원이다. (하지만 이것은 후세에 중국에서 창작된 위조경전이라는 설이 유력하다.)

한편 「큐우바츠 엥쿠 다라니쿄오救拔焔口陀羅尼経」에 의하면, 석가모니 10대 제자 중에 석가모니의 설법을 가장 잘 듣기로 소문난 아난 손쟈阿難尊者가 조용한 곳에서 좌선 명상에 잠겨 있자, 엥쿠焔口라는 아귀가 나타났다. 깡마른데다가 입에서 불을 뿜고 머리는 산발을 한 채 눈은 퀭하고 흉측한 몰골이었다. 그 아귀가 미남인 아난에게 〈너는 3일 후에 죽어서 나처럼 흉측한 아귀로 변할 것이다〉라고 했다. 기겁을 한 아난이 어떻게 하면 그 운명을 벗어날 수 있겠냐고 아귀에게 물었다. 아귀는 〈우리들 아귀도에 빠져 고통을 받고 있는 모든 중생에게 음식을 베풀고 불법승의 3보(仏・法・僧の三宝)를 베풀면 너의 목숨은 구원을 받고 아울러 우리들도 이 고난을 벗어날 것이다〉라고 했다. 그러나 돈이 없었던 아난은 석가모니에게 구원을 청했다. 그러자 석가모니는 〈관세음보살의 비주秘呪가 있다. 식기를 하나 준비하여 가지 온지키 다라니加持飮食陀羅尼를 외우며 기도하면 그 음식이 무한대로 늘어나 모든 아귀가 충분히 공복을 채우고 무량무수의 고난을 이겨내고 음식을 베푼 자는 목숨을 연명하고 그 공덕으로 불도에 정진할 수 있을 것이다〉라고 대답했다. 아난이 재빨리 그렇게 하자 아난은 구원을 받았다. 이것이 아귀도의 기원이다.

13.3.5. 하츠봉/니이봉/님봉/아라봉初盆 · 新盆

사람이 죽고 49일의 법요가 끝나고 나서 처음으로 맞이하는 오봉을 하츠봉이라 하며 여러 별칭이 있다. 이때는 음식을 성대하게 차리고 공양한다. 하츠봉을 맞은 집은 문 앞이나 묘지에 백색 제등(쵸오칭提灯)을 달고 하츠봉 이외의 묘지에는 흰색과 적색이 들어간 제등을 달아 예를 표한다.

13.3.6. 우라봉에盂蘭盆会

안거의 마지막 날인 음력 7월 15일을 우라봉 혹은 우라바나라고 부르고 부모나 죽은 조상의 영혼을 공양하여 토오켕(倒懸/손발이 묶인 채 거꾸로 매달림)의 고통에서 구출하는 행사이다.

안거〈앙고安居〉

각자 활동하고 있던 승려들이 일정기간 한 곳에 모여 수행하는 것, 혹은 그 기간을 지칭한다.

본래 목적은 우기에는 초목이 우거지고 곤충, 뱀 등의 많은 작은 동물들이 활동하기 때문에 밖을 다니는 수행을 멈추고 한 곳에 정주함으로써 작은 생물체에 대해 일어날 수 있는 살생을 예방하는 일이다. 우기雨期가 있는 여름에 했기 때문에 게앙고夏安居、우앙고雨安居라고 했다. 석가모니가 살아 있을 때 시작되었고 그 후 불교의 전래와 함께 전해지고 여름뿐만 아니라 겨울에도 행하게 되었다. 이것을 동안거(토오앙고冬安居)라고 한다. 안거의 회수는 불교계에서는 경험의 지수로 통하며 그 후 승려 승진의 기준이 되기도 하여 매우 중요시 되었다.

현재에도 선종(젠슈우禅宗)에서는 수행승이 안거를 행하고 안거에 들어가는 켓세에結制에서 안거가 끝나는 게게解夏까지의 기간에는 절 밖으로 한발도 나가지 않고 수행에만 전념한다.

13.4. 오츄우겡お中元

오츄우겡お中元은 도교(도오쿄오道教)에서 7월 15일에 땅의 신에게 제사지내는 것을 말하는 데 이것이 불교의 우라봉盂蘭盆과 습합하여 연중행사로 되었다. 이 때 사망한 사람을 공양하기 때문에 친척 · 지인知人이 쌀, 우동, 소면, 떡 등의 식품을 갖고 오는 습성이 생겨났다. 세모는 그 해 말에 살아있는 부모의 건강을 축원하여 자식이 과자, 쌀, 어패류 등의 식품을 가지고 감으로써 시작된 것이다. 메에지 이후가 되어 이 주고 받기는 점점 확산되어 단골거래처(토쿠이사키得意先) · 상사 · 신세를 진 사람에게 선물을 보내는 풍습으로 정착되었

🎏 미츠코시 백화점의 오츄우겡 세일 포스터

고 답례(오카에시お返し)를 하는 풍습도 행해져 손으로 만든 〈테즈쿠리手作り〉 물건이 상품으로 바뀌었다. 이것을 한층 과장시킨 것이 상점의 츄우겡 · 세모 대매출(오오우리다시大売り出し)이고 백화점이 생겨나자, 한층 번창하게 된다. 현재는 백화점이나 슈퍼 등에 선물용 특별매장이 설치되는 등 매장을 통해서 배달하는 형식이 일반적이고, 텔레비전 · 전단광고 · 직접 메일의 선전전, 기업에 대한 세일이

나 벽보에 의한 영업활동 등 치열한 경쟁전이 펼쳐지고 있다. 선물(조오토오힝贈答品)은 주로 식료품, 일용품이 중심이 되었지만 생활향상과 함께 값이 비싼 물건도 등장하고 있고, 지방 직송품이나, 외국 제품도 선물로 이용되고 있다. 한편으로는 불필요한 선물에 대한 반품이나 그 물건을 사주는 행위도 일어나고 있다. 일본인의 선물에는 신세를 진 사람에 대한 감사, 은혜에 대한 의리, 친형제나 친구사이에서의 호의의 교환, 체면유지를 위한 사교, 반대급부를 기대하는 투자 등의 다양한 의미를 갖는다. 물질적인 것에 국한하지 않는 것도 하나의 특징이고 그 물건에 대한 어떤 형태의 답례가 기대되기도 하며 교환에는 균형의 원칙이 작용하고 있다.

13.5. 오세에보歲暮

세에보歲暮는 일본에서 글자 그대로 1년의 마무리를 알리는 계절어이다.

이 연말에 일본에서는 일반적으로 그동안 관계를 맺고 있던 사람들에게 감사를 표하는 세에보마와리歲暮周り라 불리는 연중행사가 열린다. 이 때 선물을 하는 풍습이 있는데 이 선물자체를 오세에보라 하기도 하고 선물하는 습관을 오세에보라 부르기도 한다.

원래는 직접 방문하여 선물을 전달했으나 최근에는 백화점 등의 택배를 이용하는 경우가 많다. 그래서 이 기간에 백화점 등은 굉장히 붐비며 이런 현상을 (오)세에보쇼오셍(御)歲暮商戰이라고 부른다.

미즈히키水引

이 때 선물로 선택되는 상품은 새해를 맞이하는데 필요한 상품인 경우가 많다. 구체적으로는 어느 정도 보존이 가능한 맥주나 위스키 등의 알코올 음료, 커피, 햄, 소시지 등의 식품이 많다. 최근에는 냉동기술이 발달하여 어패류나 소고기 등이 선물로 등장하는 경우도 늘고 있다. 또한 세제나 비누 등 생활필수품을 보내는 경우도 일반적이다. 또한 선물을 받는 쪽에서 상품의 선택을 할 수 있도록 상품권이나 교환권을 보내는 경우도 있다. 이때에 보내는 선물에는 홍백색의 나비형태의 매듭을 사용한 미즈히키(水引/풀 먹인 다양한 색실)와 노시아와비(熨斗アワビ/4각형의 종이를 길게 6각형으로 주름지어 접은 것) 등의 장식 또는 그 형태를 본뜬 마크를 찍거나 해서 보낸다.

노시아와비熨斗アワビ

일본의 옛 전통 명절 part.14

일본에는 다양한 사계절 속에 그만큼 다양한 〈명절〉을 갖고 있다. 이 명절은 중국에서 나라奈良 시대에 전해져온 풍습이었다. 그것을 쌀농사를 중심으로 한 일본인의 생활리듬에 절묘하게 조합시켰

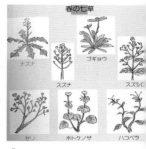

春の七草

📷 나나구사七草

기 때문에 명절은 일본인의 계절행사로서 깊이 뿌리를 내리고 현대에 이른 것이다. 옛날에는 특히 많은 명절이 있었는데 이 가운데 현대까지 전해지는 5명절은 에도 시대에 그 때까지의 명절을 근거로 공적인 기념일로 제정한 것이다. 5명절에는 3월 3일, 5월 5일 등 홀수가 겹치는 날이 선택되었는데 이것도 중국의 영향이다. 다만 1월 1일은 별도로 하고 대신에 1월 7일을 5명절에 편입시켰다. 그리고 1월 7일은 일곱 가지 나물, 3월 3일은 복숭아, 5월 5일은 창포, 7월 7일은 대나무, 9월 9일은 국화로 반드시 그 계절의 초목으로 장식되는 것이 특징이다.

📖 다섯 명절(고섹쿠五節句)은 다음과 같다.

1月 7日	진지츠人日	7나물의 명절〈나나구사노 섹쿠七草の節句〉
3月 3日	죠오시・죠오미上巳	복숭아 명절〈모모노 섹쿠桃の節句/ひなまつり〉
5月 5日	탕고端午	창포 명절〈쇼오부노 섹쿠菖蒲の節句〉
7月 7日	타나바타・시치세키七夕	별 명절〈호시 마츠리星祭〉
9月 9日	쵸오요오重陽	국화 명절〈키쿠노 섹쿠菊の節句〉

14.1. 1월 7일 사람의 날〈진지츠人日〉

1月7日　人日の節句

人日

새해의 첫 부분으로 일년의 건강을 기원하는 날에 봄의 내방을 예감케 하는 새싹으로 죽을 만들어 일 년의 무병건강(무뵤오 소쿠사이無病息災)을 기원한다.

「7가지 나물」로 만든 죽을 먹는 날로 알려진 1월 7일. 이 날은 5명절 가운데 가장 최초인 사람의 날(진지츠노섹쿠人日の節句)에 해당된다. 옛날 중국에서는 정월 초하루부터 6일까지의 각 날에 가축을 적용시켜 점을 치는 풍습이 있었다. 정월 초하루에 닭, 이튿날에 개, 사흘에 양, 나흘에 멧돼지, 닷새에는 소, 엿새에는 말, 그런 식으로 점을 쳐나가고 각 날에 점의 대상이 되는 가축을 소중히 다루었다. 그리고 신년 7일째는 사람을 중히 여기는 〈진지츠人日〉라는 명절이 생겼다. 이 날은 7종류의 새싹을 넣은 죽에 따뜻한 맑은 장국(스이모노吸物)을 먹고 일년간의 무병건강을 기원하는 날이었다.

현대까지 전해지는 1월 7일에 7가지 나물죽(나나구사 가유/七種粥)을 먹는 습관은 원래 일본에 있었던 7가지의 식재로 만들어 건강을 기원하는 풍습과 정월에 새싹을 뜯는 풍습이 중국에서 건너온 「인일人日」이라는 풍습과 혼합되어 사람들 사이에 뿌리내리게 된 것이다.

14.2. 3월 3일 복숭아 명절〈모모노섹쿠桃の節句・히나 마츠리雛祭り〉

흐르는 강물에 자신의 몸에 붙은 액을 흘려보내는 중국의 풍습과 인형을 자신의 대역으로 삼아 더러움이나 액을 털어버리는 〈하라이祓い풍습〉이 융합되어 일본의 독특한 히나

마츠리雛祭り가 생겨났다. 3월 3일은 5명절 중에 두 번째인 「죠오시上巳 명절」에 해당된다. 중국에서는 이 날 물가에서 몸을 깨끗이 하고 연회를 개최하여 재액을 털어 버리는 풍습이 있었다. 이런 중국의 명절 행사와 일본에 고대로부터 전해오는 〈부정 털어버리기/미소기 하라이禊祓い〉사상이나 인형을 강물에 띄워 보내는 〈히토가타 나가시人形流し풍습〉이 혼합되어 일본의 독특한 죠오시上巳 명절이 되었다. 죠오시上巳는 죠오미라고도 읽으며 원래는 3월 최초의 뱀날을 의미했지만 상당히 오랜 옛날부터 3월 3일에 행해지게 되었다. 일본에서는 이 명절에 사람의 형태를 초목이나 종이로 만들어 그것으로 몸을 문지르며 자신의 액을 인형으로 옮기고 그 인형을 물에 띄워 액땜으로 했다. 이 문지르던 것을 「인형」이라 불렀다. 이 인형이 후세의 히나 인형의 시초로 생각된다.

📷 7단 히나 인형雛人形

악귀제거나 액막이의 의미로 시작된 죠오시의 명절은 결국 에도 시대에 들어서 여자아이의 행복을 기원하는 화려하고 아름다운 여성의 축제로서 꽃을 피웠다. 이 축제의 주역은 히나 인형(히나닝교오雛人形)이다. 제일 윗 단에 장식되는 여자 히나와 남자 히나는 다이리비나內裏雛 혹은 신노오비나라고 불렸다. 여기에 3인 관녀(산닝칸죠三人官女)라든가 5인 바야시(고닝바야시五人囃子), 시종 그리고 잡역부를 합하여 15명을 규율로 하고 이를 표준적인 한 세트로 여기고 있다.

히나 마츠리가 서민사이에도 정착하게 되자 수많은 인형이 만들어지고 대도시에는 히나 인형 시장이 서게 되었다. 시장에서 팔리는 인형에도 여러 가지 유행이 있고 크기라든가 얼굴 생김새, 의상 등은 그때그때 사람들의 기호와 함께 변천되어 갔다. 크게 인기를 끌었던 히나 인형도 유행이 변하면 순식간에 싸늘하게 푸대접을 받곤 했다. 그러한 흥망의 모습이 센류우川柳라든가 코미디에 자주 등장하곤 한다. 히나 인형은 시대의 기호를 반영하는 거울이었던 것이다.

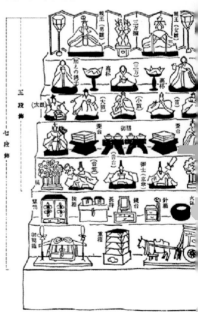

📷 7단 히나 인형의 기본형태

히나 장식의 또 하나의 주역은 히나 도구이다. 이것은 전에 무가에서 사용되어진 결혼도구를 축소 모형으로 한 것이다. 에도 시대 다이묘오의 결혼에는 통상적으로 혼례도구와 같은 디자인을 한 히나 도구가 마련되었다. 따라서 그 제작에는 많은 노력이 들었고 다이묘오大名가문에서는 여자아이가 태어나면 곧 히나도구 준비에 착수했다고 전해진다. 평화의 시대가 계속 되는 가운데에서 화려한 세계를 동경한 일반인도 이 풍조에 물들어 앞 다투어 아름다운 히나 도구를 만들게 되었다. 그렇기 때문에 히나 도구의 기술에도 한층 박차가 가해져 너무 과열된 나머지 막부가 금지령을 내릴 정도였다고 한다. 에도 시대의 여자어린이는 히나 마츠리에 친구들을 초청하여 히나 도구로 소꿉장난을 하였다고 한다. 이것은 성장하여 시집가는 날을 위한 집안일의 훈련이라는 의미도 있었다. 화려한 히나 도구는 행복한 결혼의 꿈과 동경의 상징이기도 했다.

14.3. 5월 5일 창포 명절〈쇼오부노섹쿠菖蒲の節句 · 탕고端午〉

창포를 이용한 악귀추방 명절은 에도 시대 무사집안의 남자아이의 성장과 출세를 기원하는 쇼오부尚武의 명절이 되었다. 용감하고 화려한 5월 장식은 사무라이 시대인 에도에서 시작되어 점차 각지로 확산되어 오늘날 같은 일본의 초여름의 귀중한 행사가 되었다. 현대에는 〈어린이 날〉로서 남자 어린이의 명절이다. 이 날은 원래 다섯 명절의 단오명절에 해당한다. 단오端午의 단端은 〈처음〉이라는 의미로 단오는 오월의 첫 오午의 날이었다. 그것이 일본어로 고午라는 글자 음이 고五와 통하기 때문에 나라奈良 시대 이후부터 5월 5일이 단오명절로 정착되었다. 단오명절은 그 시기가 한창인 창포를 여러 가지 형태로 많이 사용하기 때문에 창포의 명절이라고도 불린다. 창포에는 옛날부터 건강을 유지시키며 그 강한 향기가 악귀를 쫓는

힘이 있고 욕조에 넣으면 더러움을 씻어준다고 믿어왔다. 그리고 단오를 상징하는 창포菖蒲와 상무尚武가 모두 쇼오부라는 일본어 발음으로 이날은 무사의 대물림을 축하하는 자리이기도 했다. 이 상무라는 말의 현대적인 해석은 남자아이가 많은 곤란을 이기고 강건하게 성장한다는 의미인 것이다. 창포는 소위 허브처럼 그 잎에서 나오는 향기가 활용되었다. 창포탕에 목욕하고 창포술을 마시며 창포베개를 베고 자는 등 단오명절은 온통 창포를 쓰는 날이었다. 또한 이러한 약효의 활용뿐만이 아니라 집 처마

고가츠 닝교오五月人形

에 창포를 장식하여 악귀를 쫓는 풍습도 옛날부터 존재했다. 5월은 봄에서 여름으로의 환절기이기 때문에 쉽게 피로하거나 병에 걸리기 쉬운 계절이다. 또한 모내기(타우에田植え)라고 하는 벼농사에서는 가장 중요한 행사가 열리기 때문에 거기에 대비해서 기력을 충분히 기를 필요가 있었다. 단오명절에는 그런 시기를 능숙하게 이겨내는 지혜가 담겨 있다. 5월에 들어서면 마을 여기저기 하늘에 잉어 깃발이 허공에서 헤엄치는 모습을 발견할 수 있다. 단오명절 장식에는 기치나 잉어깃발(코이노보리鯉幟)과 같은 실외장식과 갑옷과 5월 인형, 실내깃발과 같은 실내장식의 두 종류가 있다. 양쪽을 모두 장식하는 집이 있는가 하면 두 쪽 중의 한 쪽을 장식하는 집도 있으며 장식방법에도 각각 지방의 특색이 보인다. 관서지방의 실내장식에서는 징야陣屋의 제등을 반드시 장식하고 나고야를 중심으로 한 지역에서는 갑옷과 투구 대신에 갑옷 차림의 꼬마대장을 중심에 놓는 경우가 많다. 또한 관동지방에서 자주 장식되는 천연두를 제거한다는 쇼오키鍾馗인형은 관서지방에서는 그다지 볼 수 없다. 처음에는 하늘의 신을 초청하기 위하여 집밖에 세웠던 무사들의 도구(갑옷/요로이鎧・투구/카부토兜)나 깃발이에도 중기부터 실내 장식으로도 만들어졌고 갑옷의 장식으로 사용되었던 인형도 독립되어 다양한 5월 인형이 만들어졌다. 그리고 이 장식은 외가에서 만들어주는 것이 관례였는데 요즘은 실내장식은 외가, 실외장식은 친가에서 부담하는 것이 관례이다. 이 잉어깃발은 대개 4월 중순에 걸어서 5월 중순에 날씨가 좋은 날에 거두어들인다. 잉어는 청결한 자태와 함께 생명력이 강한 물고기이다. 급류 타는 잉어는, 황하의 급류를 완전히 거슬러 올라간 잉어가 용이 되어 승천한다는 중국의 고사에서 나온 이야기이다. 등용문도 바로 여기서 나온 말이다. 어떤 시련이 있더라도 그것을 딛고 훌륭한 사람이 되도록 자식의 출세를 기원한다는 의미를 담아 세워진 것이다. 또한 집밖에 세운 것은 원래는 하늘로부터의 신의 강림을 기원하는 표시이다. 그리고 최근에는 깃발은 거의가 나일론이나 폴리에스텔로 만들어지는데 이는 가벼워서 잘 나부끼고 비에 젖어도 곧 마르기 때문이다. 색이 바래는 것을 막거나 오래 보관하기 위해서 밤이나 비 오는 날에는 내리기도 한다. 세탁도 가능하지만 황금의 잉어나 금박 등의 새 타입은 손으로 살짝 눌러 빨아 그늘에 말리기도 한다.

📷 코이노보리鯉幟1

📷 코이노보리鯉幟2

단오에 먹는 떡

카시와모치柏餅와 치마키粽

 관련 키워드

▽치마키粽 : 단오절에 먹는 떡. 옛날에는 띠(치가야白茅)라는 식물의 잎에 말아서(마키巻き)그런 이름이 붙었다고 한다. 찹쌀(모치고메餅米)・멥쌀(우르치마이粳米)・칡가루 등의 재료로 긴 원추형으로 만들어 조릿대 잎 등으로 말고 골풀로 묶어서 찐 떡. 중국의 멱라汨羅강에 투신한 굴원屈原의 기일이 5월 5일이므로 그 누이가 동생을 추모하기 위하여 떡을 던졌는데 교룡蛟龍이 중간에서 채어갔기 때문에 그것을 방지하기 위해 조릿대 잎으로 말았다고 한다.

▽카시와모치柏餅 : 떡갈나무(카시와柏) 잎에 싸서 먹는 둥근 모양의 떡이었기 때문에 이런 이름이 되었다.

14.4. 7월 7일 별 명절〈호시마츠리星祭・타나바타・시치세키七夕〉

여름밤 하늘 아래 나무 가지에 소원을 쓴 종이 탄자쿠(短冊/원래 와카를 쓰던 종이로 세로 36cm, 폭 6cm의 금은박이 되어 있거나 밑그림이 그려져 있고 문양이 있는 것도 있다)를 묶은 대나무나 조릿대를 세워 〈견우〉와 〈직녀〉의 두 별의 만남을 기원하고 또한 베틀의 명수인 〈직녀〉에게 베틀기술의 숙달을 빌었다.

7월 7일은 〈타나바타七夕〉이다. 별의 제전이라고 불리는 이 날은 5명절 중의 하나로 종이를 묶은 대나무라든가 조릿대가 장식되는 풍경은 여름의 풍물시로 되어있다. 탄자쿠에는 다양한 소원을 쓰고 밤하늘에 빛나는 직녀성과 견우성에 바친다. 이러한 풍속은 나라奈良시대에 중국에서 일본으로 들어온 것으로 전해진다. 전설에 의하면 은하수(아마노카와天の河)를 사이에 두고 빛나는 이 별은 일 년에 딱 한번 7월 7일 밤에만 만나는 것이 허락된 부부별로 되어있다. 일본의 타나바타 마츠리는 중국에서 온 풍습과 원래 일본에 있었던 강가에서 베틀을 짜며 신을 맞이하는 타나바타 츠메棚機津女의 전설이 혼합되어 타나바타라는 명절 행사가 되었다. 당초에는 베틀의 명수인 직녀에게 감동한 여성이 수예의 숙달을 기원하며 아름다운 실과 금은의 바늘 등을 밤하늘의 두별에 바치는 제례였다.

그것이 시대와 함께 널리 세상에 퍼지고 무로마치室町 시대에는

📷 히라츠카平塚의 타나바타七夕 마츠리祭・神奈川県

나무에 와카를 매달고 벼루·붓·먹 등을 계절의 물건과 함께 차려놓고 기술의 숙달을 기원하게 되었다. 또한 타나바타 장식을 세우는 풍습은 에도 시대에 서민 사이에 확산되어 현재에까지 이르고 있다. 에도 시대에는 서민에게 습자(테나라이手習)가 보급되고 서도의 숙달을 기원한 적도 많았다고 한다. 현재에는 기예뿐만이 아니라 여러 가지 소원이 종이에 쓰여 7석의 대나무 장식을 화려하게 수놓고 있다.

14.5. 9월 9일 국화 명절〈키쿠노섹쿠菊の節句·쵸오요오重陽〉

9월 9일은 5명절의 마지막을 마무리하는 중양절이다. 이 날은 9라는 양陽의 홀수 숫자(키스우奇数)가 두번 겹쳐지기 때문에 경사스런 날로 되었다. 〈쵸오쿠重九〉라고도 불리는 이 날은 또한 국화의 명절로도 알려져 있다. 청아한 향기의 국화꽃에서 영원한 생명을 발견한 옛날 사람들은 9월 9일 명절에는 다양한 형태로 국화를 이용하여 불로장생을 기원하였다. 중국에서는 이 날에 언덕에 올라 언덕 위에서 가을 산야를 바라보며 주연을 여는 풍습이 있었다. 주연에서는 머리에 붉은 산초(카와 하지카미川薑)열매가 달린 가지를 꽂고 국화 술을 마시며 장수와 함께 사악한 악귀를 쫓아 재앙을 막는 것을 기원했다고 한다. 이는 붉은 산초의 열매는 체내에 독기를 제거하는 묘약이고 국화는 장수의 영약이라고 생각되어 왔

📷 국화 명절

기 때문이다. 일본에서도 템무 천왕天武天皇 때부터 국화연회가 열리게 되었고 헤이안 시대에는 〈키쿠와타菊綿〉라는 풍습도 행해졌다. 〈키쿠와타菊綿〉는 〈키쿠노 키세와타菊のきせ綿〉라고도 하며 8일에 국화꽃 위에 풀 솜〈마와타真綿〉을 씌워 두고 다음 9일 아침에 국화 이슬에 적신 솜으로 피부를 문지르면 젊음을 유지할 수가 있다고 전해져 헤이안 시대에 궁녀들 사이에서 활발하게 행해졌다.

12월의 별칭十二ヶ月の異称   part. 15

1. 1월/무츠키睦月

서로 왕래하며 화목하게(무츠마지쿠睦まじく)사는 달. 무츠비 츠키의 약칭. 모오슝孟春이라고도 한다. 여기서 맹孟은 처음의 의미로 이른 봄의 뜻이다.

2. 2월/키사라기如月

키사라기衣更着의 뜻으로 이때는 날씨가 추워서 윗옷을 더(사라更) 껴입는 달. 또한 키사라기生更ぎ의 뜻으로 초목이 갱생更生하는 달이라는 의미로도 쓰였다.

3. 3월/야요이弥生

이야 오이弥生가 와전된 말. 초목이 드디어(이요이요いよいよ) 우거지는(오이시게루生い茂る)달. 사쿠라 즈키桜月, 하나미 즈키花見月라고도 한다.

4. 4월/우즈키卯月

우츠기 츠키卯木月의 약칭으로 병꽃 나무(우츠기卯木)의 꽃이 피는 달. 보리를 수확하는 달의 의미로 바쿠슈우麦秋라고도 한다. 여름이 시작되는 모오카孟夏라고도 한다.

5. 5월/사츠키皐月

사나에 츠키早苗月의 약칭으로 못자리의 모(사나에早苗)를 옮겨 심는 달.
봄장마인 사미다레五月雨 때문에 달을 못 보는 달이라는 의미로 츠키 미즈 즈키月不見月라고도 한다.

6. 6월/미나즈키水無月

미나즈키 속의 〈나〉라는 말은 격조사 〈の〉가 바뀐 말로 물의 달〈미즈노 츠키水の月〉의 의미. 논에 물을 대는 달. 천둥이 많은 달이라는 의미로 나루카미 즈키鳴神月라고도 한다.

7. 7월/후미즈키文月

후후미 즈키含月라는 의미로 벼가 이삭을 품는(후후무含む) 달. 7석夕에 시가의 노래(후미文)를 바치는 달. 부모의 묘에 참배 가는 달이라는 의미로 오야 즈키親月라고도 한다.
여랑화가 피는 달이라는 의미로 오미나에시 즈키女郎花月라고도 한다.

8. 8월/하즈키葉月

호와리 즈키穂発月라고 해서 벼가 이삭을 늘어뜨리는 달. 또는 하오치 즈키葉落月의 약어로 잎이 지는 달이라고도 한다.

9. 9월/나가츠키長月

요나가 츠키夜長月의 약어로 밤이 긴 달. 또는 이나카리 츠키稲씨月라 해서 벼를 베는 달. 이로도리 즈키色取月라해서 나뭇잎의 색상이 변하는 달.

10. 10월/칸나즈키神無月

모든 신이 이즈모 오오야시로出雲大社로 출장 갔기 때문에 다른 지역에서는 신이 없는 달이고 이즈모 지방은 신이 있는 달로 카미아리 즈키神有月라고 했다. 따뜻하고 봄과 같은 화창한 날씨가 계속되어 코하루小春라고도 한다.

11. 11월/시모츠키霜月

서리가 많이 내리는 달. 이즈모에 모였던 신이 고향으로 돌아가는 달의 의미로 카미카에리 즈키神帰月라고도 한다.

12. 12월/시와스師走

잘 뛰지 않는 스승조차도 뛰는 바쁜 달이라는 의미로 시와스라고 한다.

 하레晴れ와 케褻

> 옛날부터 일본인은 보통 일상생활을 케褻라고 불렀고 이에 대해 진쟈의 제례祭礼나 절의 법회法会, 정월이나 각종 명절節句, 오봉お盆 등의 연중행사와 관혼상제를 행하는 날을 〈하레晴れ〉라고 불렀다.
> 단조로운 생활에 변화를 주고 구별을 명확하게 하기 위해서 만든 조치였다.
> 〈하레〉 때는 일상생활에서 벗어나 특별한 하루를 보낸다. 특별한 키모노(하레기晴れ着)를 입거나 신성한 먹거리인 팥밥(세키항赤飯)이나 떡을 먹거나 술을 마시며 축하하고 특별한 날이라는 사실을 드러내고 즐겼다.
> 이에 대해 보통 날은 〈케〉인데 이것이 순조롭지 않은 것을 특히 〈케가레気枯れ〉라 했고 이것은 더러움이나 죽음을 상징하는 케가레穢れ와 발음이 같아, 죽음이나 병 등을 케가레로 여겼다.
> 일본에서는 신화가 생겨난 때부터 케가레를 몹시 꺼려하고 신에게 가까이 갈 때에는 그에 걸맞은 몸을 만들기 위하여 목욕재계(미소기禊)하고 몸의 더러움을 씻기 위하여 오하라이お祓い를 했다. 그리고 이 케가레를 제거한 상태가 바로 〈하레〉였던 것이다.
> 지금은 〈하레〉와 〈케〉라는 사고방식은 점차 없어져가고 있지만 하레의 날에 입는다는 의미의 복장(하레기晴れ着)이나 차림(하레스가타晴れ姿), 화려한 무대(하레부타이晴れ舞台) 등은 남아 있다.

일본인 의식의 형상화

E

(좌)토리노이치酉の市1・(우)치토세아메千歲飴

가내안전이나 사업번창 등의 소원을 성취시켜 준다는 〈엥기모노緣起もの〉는 옛날부터 전설이나 고사, 설화 등과 얽혀 생겨나고 서민 생활 속에서 민간신앙의 하나로서 발전되어 왔다.

엥기모노의 사전의 정의를 보면 〈절이나 진쟈神社의 유래나 신불神仏의 영험담 등을 설파한 것, 혹은 길흉을 이끌어 가는 전조〉라고 되어 있다. 인간에게 일어나는 모든 일이 어떤 힘에 의해서 이끌린다는 생각인 것이다.

「개운 연기 독본(카이웅 엥기 도쿠홍開運緣起読本)」을 인용하여 요약하면 엥기라는 말은 불교용어의 인연 생기(인넨세에키因緣生起)라는 말의 약어로서 직접적인 원인因과 간접적인 조건緣과의 조합에 의해서 다양한 결과를 일으킨다生起는 것을 의미한다. 즉 인연에 의해서 생겨나는 연緣과 기起를 따서 엥기緣起로 한 것이다.

〈엥기모노緣起もの〉라고 하면 오늘날에는 〈물건〉을 지칭하는데 원래 〈유래나 효능을 쓴 글〉을 가리켰다. 〈어떤 효능은 어떤 인연이 있어서 어떤 결과를 낳았다〉는 내용을 적은 글이 엥기모노로 에도 시대에 서민들 사이에 확산되어 갔다. 그런 가운데서 나오는 물건이 주목을 받아 완구 등으로 만들어져 교체되고 나중에는 완구뿐만이 아니고 고헤에 카츠기御幣かつぎ・노보리 카츠기幟担ぎ 등도 출현하여 그런 식으로 판매되는 일체의 모든 것이 엥기모노가 되었다. 엥기라는 것은 신불神仏과 연緣을

불러일으키는 동기가 되기 위한 신의 하사품이었는데 최근에는 그것과 관계없이 취미나 인테리어로 하는 사람들이 많아졌고 엥기모노 전문점도 인기를 끌고 있는 추세이다.

가장 인기 있는 엥기모노를 보면 다음과 같다.

16.1. 칠복신〈시치후쿠신七福神〉

칠복신은 그 기원은 분명하지 않지만 무로마치 시대 복덕을 가져와 준다는 좋은 인연의 신이란 신앙에서 비롯되었다고 한다. 「七」이라는 생각은 불교의 경전에서 말하는 「칠난 즉멸/시치난 소쿠메츠七難即滅 · 칠복 즉생/시치후쿠 소쿠세에七福即生」, 즉 7개의 재난을 멸하고 7개의 행복을 이끄는 복덕이 있다는 가르침에 근거한 설이 기원이라는 말이 있는데 중국의 죽림7현에 근거를 두고 있다는 말도 있다.

그 각각의 프로필은 다음과 같다.

📷 엥후쿠지圓福寺의 7복신福神像 · 神奈川県

📷 연하장 속의 칠복신

16.1.1. 에비스惠比寿

일본 태생으로 풍어(호오료오豊漁)와 사업번창의 신. 바람에 접힌 에보시烏帽子를 쓰고 왼손에 도미(타이鯛)를 안고 오른손에 낚싯대를 쥔 모습으로 바다의 이미지인 어업의 신이다. 어획한 물고기는 쌀과도 바꿀 수 있었기 때문에 상업 번창의 신으로도 숭앙받게 되었다. 옛날 어부의 망에 신상神像과 같은 것이 걸려 그것으로 제사지낸 후, 풍어를 맞이했다는 것이 기원이다. 이른바 바다로부터의 표착물이 어민의 신이 된 것이다. 에비스의 스가 須라는 글자로 쓰이는 경우도 있으며 〈융戎 · 이夷〉라는 표기로도 사용되고 있다.

📷 에비스惠比寿

16.1.2. 다이코쿠텡大黒天

인도 출신으로 풍작 · 복덕 · 개운의 신이다. 두건을 쓰고 커다란 자루를 왼쪽 어깨에 둘러메고 오른 손에 요술 방망이(우치데노 코즈치打ち出の小槌)를 쥐고 쌀 가마 위에 타고 있는 모습으로 풍작 · 복덕의 신이다.

📷 다이코쿠텡大黒天

방망이를 휘두르면 재화와 보물이 들어온다고 한다. 이즈모出雲의 오오쿠니누시노 미코토大国主命의 다이코쿠大黒와 옛날부터 서로 통하고 있었기 때문에 동일시되었으며 이것을 기원으로 보고있다.

16.1.3. 비샤몬텡毘沙門天

인도 출신으로 위광(이코오威光) · 액 제거 · 재운財運의 신이다.

갑옷을 입고 오른손에는 보탑宝塔, 왼손에는 창과 보물 방망이를 쥔 무사의 차림을 하고 있다. 무력으로 악귀를 쫓고 재운을 가져온다는 신. 전투의 신이 어째서 복을 가져오는지는 아직 수수께끼로 남아 있다. 전국 시대에 장수들이 전투 전에 참배하고 승전을 기원했다.

📷 비샤몬텡毘沙門天

16.1.4. 벤자이텡弁財天

인도출신으로 예능 · 학예 · 지혜의 신이며 홍일점인 백색 미인의 신이다. 비파(비와琵琶)를 안고 있는 모습에서 음악 · 기예의 신으로서 받들어지고 있다. 또한 학문의 신, 지혜의 신이라고도 불리고 있으며 이 경우는 재산의 「弁財天」이 아니고 재능의 「弁才天」으로 표기되는 경우가 많다.

📷 벤자이텡弁財天

16.1.5. 쥬로오징寿老人

인도 출신으로 인망 · 장수 · 생명 연장의 신이다.

백발의 보통 노인의 모습을 하고 있다. 손에 〈복덕〉이라고 쓴 두루마리가 묶여진 지팡이를 쥐고 있으며 사슴을 데리고 있다. 이 사슴은 1,500살이 넘는 검은 사슴玄鹿으로 장수의 심볼이기도 한데 장수하면 지혜가 생기므로 지혜의 신이라고도 한다.

📷 쥬로오징寿老人

16.1.6. 후쿠로쿠쥬福禄寿

중국 출신으로 복덕 · 원만 · 장수의 신이다.

머리가 긴 중국의 선인仙人으로 장수의 상징인 학을 거느리고 있다. 〈복福〉은 행복, 〈녹禄〉은 출세 · 재보, 〈수寿〉는 장수라며 인간의 욕망을 셋으로 나누어 정리한 것이다. 일본에서는 하나의 신을 일컫는데 중국에서는

📷 후쿠로쿠쥬福禄寿

3명이 한 조를 이루는 신을 일컫는다.

16.1.7. 호테에布袋

중국 출신으로 재보(자이호오財宝), 복덕을 가져오는 신이다.

유일한 실재 인물로 당대의 선승에서 유래했다고 한다. 미륵불이 환생할 때까지 미륵불의 분신으로 전국을 누비는 탁발승托鉢僧이다. 몸은 뚱뚱하고 부푼 배는 앞으로 쑥 나오고 천으로 만든 큰 자루를 짊어지고 있다. 자루 안에는 쌀이 들어 있다고도 하고 방랑생활을 위한 일용품이나 지혜가 잔뜩 들어 있다고도 한다.

 호테에布袋

16.2. 새해의 엥기모노縁起物

소나무는 상서로운 상록수로 엄동 겨울에도 변함이 없어 불로장수를 상징한다.

대나무는 쑥쑥 올곧게 자라는 성질을 갖고 있다.

매화는 모든 꽃보다 먼저 피고, 향기는 사랑을 받는다.

정월의 풍물지에 「정월에는 연(타코凧)을 띄우자」라는 노래가 있으며 연을 날리는 시기는 지방에 따라서 다르고 민간 신앙으로서 뿌리 깊다. 하늘과 땅을 연결시켜주는 한 가닥의 연실, 그것은 지상의 염원을 하늘에 전달하는 마음의 표현이기도 하다.

새해의 엥기모노縁起物1 에토干

시메나와標縄와 시데四手

각종 엥기모노

연(타코凧)

새해의 엥기모노縁起物2

204

16.2.1. 연하장〈넹가죠오年賀狀〉

1871년에 우편 제도가 생기고 그 4년 후에 한 장짜리로 된 엽서가 발매되기 시작했으며 1900년에는 연하우편 특별취급 제도가 시행되었다. 세뱃돈 격인 오토시다마ぉ年玉가 부착된 연하엽서의 발매는 1949년부터였고 그 해의 발매부수

연하장年賀狀

카도마츠門松

는 1억 5,000만장이었다. 2001년에는 39억 2,845만장의 엽서가 판매되었다. 또한 2002년에는 컴퓨터인쇄용으로 무늬가 없는 잉크젯용 종이의 인기가 급증하여 그것만의 판매가 전년보다 64%가 증가한 약 11억장이었다. 연하장은 신년인사 외에 새해 1년간의 꿈이나 포부를 전하기도 한다. 이것은 그 전해 12월 25일까지 우체통에 넣기만 하면 새해 아침에 배달되어지기 때문에 연말에는 너도나도 연하장 쓰기에 여념이 없다. 이 연하장은 복권도 겸하고 있어 당첨되면 선물도 푸짐하다.

연하장과 일본

애정, 우정, 연하장(아이죠오愛情, 유우죠오友情, 넹가죠오年賀狀)라는 노래로 시작되는 연말의 또 하나의 색다른 풍물시인 일본의 연하장 매출은 전자 메일 등의 유행으로 한 때 주춤했으나 2007년 민영화된 〈일본 유정日本郵政〉의 대대적인 판촉행사로 2008년에는 4년만에 전년대비 5.8% 증가한 40억 2,104만 통이 팔렸다.

예년에는 14일이었던 연하장 추첨일(오토시다마노 츄우셈비ぉ年玉の抽選日)을 27일로 연기하고 연하장도 18일까지 계속해서 판매했다. 〈연하장은 마츠노 우치(松の内/장식 소나무가 장식되는 기간으로 보통 7일에)〉라는 상식을 뒤엎는 민영회사의 공격적 경영이 주효한 것으로 보고 있다.

참고로 우편물 취급에 관한 〈내국 우편 약관〉에 의하면 연하장은 28일까지 우체통에 넣으면 정월 초하루에 배달하는 것으로 되어 있지만 실제로는 2007년에 배달이 늦은 경우가 4,700만통에 달하고, 28일까지 우체통에 넣은 엽서 중 정월 초하루에 배달되지 못한 엽서가 700만통에 달해서 클레임이 쇄도했다고 한다. 그런 점을 보완하기 위해서 〈설날에 우편물이 도착되도록 하려면 25일까지는 우체통에 넣자〉는 캠페인을 일찌감치 실시하여 설날에 성공적으로 배달된 엽서는 전년대비 6.5% 늘어난 20억 3,300만통이었다.

16.2.2. 새해 첫 꿈의 엥기모노初夢の縁起物

무로마치 시대 세모부터 연말에 걸쳐서 「오타카라, 오타카라/おたから, おたから」라며 보물선(타카라부네/宝船)을 팔러 다니는 사람이 있었다. 이 보물선을 정월 초이튿날에 베개 밑에 깔고 자면 첫 꿈으로 길몽을 꿀 수 있고 그 해에는 복과 덕이 많이 찾아와 모든 일이 술술 풀린다고 해서 이것이

🎞 보물선〈타카라부네宝船〉

엥기모노로 취급되었다. 혹시 흉몽을 꾸면 이 배를 강에 흘려버렸다. 배의 돛 문양인 〈바쿠獏〉라는 글자가 보이는 경우가 있는 데 이것은 바쿠가 상상 속의 동물로 악몽을 먹는다고 전해지고 있기 때문이다. 보물선의 그림 옆에 히라가나로 「なかきよの とおのねふりの みなめざめ, なみのりふねの おとのよ きかな」라고 되어 있는데 이것을 카이붕(回文/와카, 렝가, 하이쿠 등에서 위에서 읽어도 아래서 읽어도 같은 문장이 되는 것)이라고 하며 바로 읽어도 거꾸로 읽어도 똑같은 문구가 된다. 이것은 〈기나긴 밤 먼 잠에서 모두 깨어 파도 타고 가는 뱃소리 좋도다〉라는 해석이 된다.

이 새해 첫 꿈에 1.후지富士, 2.타카鷹, 3.나스茄子라는 것이 있는데 후지산富士山은 일본 최고의 웅대한 신의 산으로 재액을 제거하고 사업의 번창을 이루어 준다고 믿고 있다. 독수리鷹는 새의 왕자로 날카로운 발톱으로 먹이를 잡고 행운을 잡는 새로 여겨지고 있다. 가지는 일본어로 나스茄子라고 해서 「이루어진다(나스成す)」와 통하며 소원이 이루어진다고 믿고 있다.

16.2.3. 보물선 안에 들어 있는 물건

초기에 판매된 보물선의 그림에는 돛도, 노도 없이 다만 벼를 쌓아놓은 심플한 것이었는데 진화하면서 돛을 단 배가 되고 쌀 가마, 금전 통(센료오바코千両箱), 요술 방망이, 비상금 박스 (훈도오分銅), 열쇠나 산호 등 온갖 재물들을 가득 싣게 되었다. 거기에 뱃전에 넘치듯 7복신이 타면 이익은 배로 늘어나고 새해에 어울리는 그림이 된다.

🎞 타카라 부네

16.2.4. 하고이타羽子板 · 하마유미破魔弓

🎞 하마유미破魔弓　하고이타羽子板

장식 소나무(카도마츠門松)라든가 거울떡(카가미모치鏡 餅) 등 새해를 축하하는 정월의 장식은 여러 가지가 있는데 그 중에서도 가장 화려한 것은 하고이타羽子板 와 하마유미破魔弓이다. 처음 설을 맞이하는 아기의 성장을 기원하며 여자아기에게는 하고이타가, 남자 아이에게는 하마유미가 주어졌다. 에도 시대에 다이 묘오大名라든가 귀족들 사이에서는 여자 아이가 태어

🎞 하고이타羽子板

🎞 하마유미破魔弓

난 집안에 처음 맞이하는 정월의 축하로서 상대 집안의 가문을 표면에 붙인 아름다운 장식 하고이타를 선물하는 풍습이 있었다. 금·은박을 입히는 등의 정교한 세공을 한 하고이타가 〈사기쵸오左義長 하고이타羽子板〉이다. 하고이타를 선물하 는 풍습은 이어 서민町人 사이에서도 확산되었다. 연말에 시중 여기저기에 선 하고이타 시장은 에도

의 명물이 되었다. 특히 후기의 에도 시대에 생겨난 하고이타는 서민들의 인기를 얻어 관서지방에까지 확산되었다. 하고이타에는 관상용의 호화찬란한 것과 실제로 놀기 위해서 만들어진 간단한 것이 있다. 이 하고이타는 원래는 여자어린이 사이에 활발하게 행해지는 신춘의 놀이인 하네츠키羽根つき의 도구였으며 궁정의 정월 행사였다. 이 하네츠키는 원래 신춘의 악귀를 쫓는 주술에서 생겨

하고이타 · 후지무스메藤娘

난 놀이이다. 이것은 중국에서 생겨나 무로마치 시대에 일본에 건너왔다고 생각되는데 에도 시대에는 정월에 하네츠키를 하면 여름에 모기에 물리는 일이 없다고 믿어져 왔다. 아이들의 가벼운 정월 놀이도구로는 값이 싼 야키에焼き絵와 그림물감으로 채색한 그림 하고이타가 잘 팔리고 카루타, 주사위나 남자 어린이의 연과 함께 1950년대까지는 이것이 대표적인 정월 풍습을 만들었다. 그러나 1960년의 놀이문화의 급격한 변화와 함께 하네츠키 놀이도 쇠퇴하여 겨울하늘에 딱딱 소리를 내며 하는 하네츠키 놀이의

하고이타羽子板를 만드는 모습

소리는 거의 자취를 감추게 되었다. 이 하네츠키는 에도의 여자 어린이가 노는 것이 허락된 유일한 스포츠이기도 했다. 감상용의 그림을 박아넣은 하고이타의 경우, 첫 정월의 축하로서 보내진 것뿐만 아니라 연기자의 초상화(니가오에似顔絵)가 달린 것, 카부키 배우의 얼굴을 그린 오시에押絵로 만든 호화로운 오시에 하고이타 등은 현대에서 말하는 스타의 브로마이드처럼 여성들의 소중한 보물이기도 했다. 지금은 오시에 하고이타와 함께 남자 어린이의 하마유미가 정월의 장식으로 많은 수요가 있다.

아사쿠사浅草 특별 장(하고이타羽子板 이치市)

▽오시에押絵 : 꽃 · 새 · 인물 등의 형태를 두꺼운 종이로 만들고 이것을 아름다운 천으로 감고 속에는 솜을 채워서 높낮이를 만들고 나무판에 붙이는 것.
▽야키에焼き絵 : 불로 달군 인두나 약품을 바른 백금 침으로 종이 · 목재 · 상아 등에 그림 문양 등을 새겨 넣은 그림.
▽하마유미破魔弓 : 마귀를 쫓는 제사용의 활. 나중에는 남자 어린이의 장난감으로 되었다. 가늘고 긴 나무판에 화살 장식을 붙이고 그 밑에 오시에의 싸움 인형(이쿠사닝교오戦人形)을 붙여 정월의 선물로 사용했다.
▽야쿠요케厄除け : 액을 제거하는 것.
▽야쿠바라이厄払い : 신이나 부처에게 빌며 액을 털어버리는 행위.
▽야쿠도시厄年 : 남자25 · 42 · 61세, 여자는 19 · 33 · 37세가 위험하고, 특히 남자 42세와 여자 33세는 타이야쿠大厄라고 해서 전 해(마에 야쿠前厄)와 다음 해(아토 야쿠後厄)에 특히 더 조심했다고 한다.

16.2.5. 도미〈타이鯛〉

도미라는 물고기가 〈타이〉이기 때문에 일본어의 축하하다(메데타이 메데타이 메데타이나め でたい めでたい めでたいな)에서 축하용 물고기의 단골이 되었다.

📷 타이鯛

16.2.6. 간지〈에토/干支〉

16.2.6.1. 10간〈10干〉

10干12支를 일컬어 간지라고 한다. 십간은 키木, 히火, 츠치土, 카네金, 미즈 水의 5행에 양陽을 나타내는 형에 〈에兄〉, 음陰을 나타내는 동생에 〈토弟〉를 붙여서 이름을 지었다. 키노에甲, 키노토乙, 히노에丙, 히노토丁, 츠치노에戊, 츠치노토己, 카노에庚, 카노토辛, 미즈노에壬, 미즈노토癸에다가 12지를 짜 맞추어 키노에네甲子, 키노토우시乙丑 등 60종으로 경우의 수를 만들어 연월일에 맞추어서 활용한 것이다.

📷 12지支

16.2.6.2. 12지〈12支〉

〈네子/우시丑/토라寅/우卯/타츠辰/미巳/우마午/히츠지未/사루申/토리酉/이누戌/이노시시亥〉

중국의 역법에서 12궁에 각각 짐승을 할당한 것에 근거한다고 한다.

그리고 자子는 쥐〈네즈으미鼠〉, 축丑은 소〈우시牛〉, 인寅은 호랑이〈토라虎〉, 묘卯는 토끼〈우사기 兎〉, 진辰은 용〈류우龍〉, 사巳는 뱀〈헤비蛇〉, 오午는 말〈우마馬〉, 미未는 양〈히츠지羊〉, 신申은 원숭이 〈사루猿〉, 유酉는 닭〈니와토리鷄〉, 술戌은 개〈이누犬〉, 해亥는 멧돼지〈이노시시猪〉를 나타내며 각각 은 방향과 시각을 나타낸다.

16.3. 후쿠스케福助

머리가 상당히 크고 귓불이 유난히 크며 무사의 카미시모裃 차림으로 무릎을 꿇고 〈어서오십시오〉라는 인사를 하는 후쿠스케 인형은 엥기모노 중 사업번창의 심벌로 여겨 지고 있다. 그 유래로는 첫째 쿄오토京都의 양복점에 머리가 크고 몸집이 작은 주인이 있었는데 이 사람이 자수성가해서 가난한 사람을 구제하는 데 힘썼고, 서민들이 답례로 주인의 모습을 본 뜬 후쿠스케 인형을 만들어 모셨다는 설이 있고, 둘째는 사타로오라는 설이 있다. 그는 오오사카大坂의 농가에서 태어나 머리가 크고 장신으로, 에도江戶의 료오

📷 후쿠스케

고쿠両国의 곡예나 쇼에 나가 행운도 함께 얻어 부를 쌓았는데 그에게 덕을 보려고 사람들이 후쿠스 케 인형을 만들어 팔기 시작했다고 한다. 셋째는 1780년대 시가현滋賀県 이부키伊吹산 기슭에 모구사

야もぐさ屋라는 가게에 후쿠스케라는 종업원(반토오番頭)이 있었는데 그는 항상 부채를 놓지 않고 진지한 태도로 손님을 맞이해서 그 집은 늘 만원이었다고 한다. 이것이 평판이 좋아 가게 앞에 인형으로 크게 만들어 세워놓았다고 한다. 지금도 이부키도오伊吹堂 본가에 높이 2미터의 인형이 보관되어 있다.

16.4. 행운의 고양이〈마네키네코招き猫〉

손을 들어 돈을 부르고 개운開運을 부르는 고양이 상이다.

이것에 대한 유래는 많지만 토오쿄오 세타가야쿠世田谷区 고오토쿠지豪德寺라는 설이 가장 유력하다. 히코네彦根 영주 이이 나오타카井伊直孝가 독수리 사냥에서 돌아오는 길에 절 문 앞을 통과할 때, 고양이 한 마리가 자신을 보고 손짓하기에 이상히 여겨 절 안으로 들어가 휴식을 취하는 순간, 격렬한 천둥과 함께 비가 쏟아지기 시작했다. 덕분에 낙뢰의 화를 면했다면서 자신은 히코네 성주인데 앞으로도 안심하고 참배를 올 수 있겠다며 자리를 떴다고 한다. 이런 인연으로 이 절은 이이井伊가문의 절이 되고 고양이와 함께 사업번영·가내안녕을 위한 수호신으로 지금도 사랑받고 있다고 한다. 현재 행운의 고양이 생산은 도자기로 유명한 아이치현愛知県의 토코나메시常滑市가 전국1위를 차지한다.

올리고 있는 왼손은 손님을 부르는 것이고 오른손은 돈을 부르는 것이라고 한다. 색깔도 여러 가지인데 흰색은 보통의 개운초복開運招福을 의미하고, 검은 색은 마귀나 재액을 제거하며, 붉은 색은 병을 제거하고, 핑크는 연애운, 노랑색은 금전운, 실버는 장수를 의미한다고 한다.

📷 행운의 고양이

16.5. 달마〈다루마達磨〉

복福다루마의 발상지라고 전해지는 굼마현群馬県 타카사키高崎의 쇼오린지少林寺의 유래기에 의하면 달마대사는 천몇백년 전, 인도 남부에서 태어난 실재 인물로 그는 중국에 건너가 좌선을 하면서 깨달음을 얻었다고 한다. 좌선의 모습을 본떠 만든 이 달마는 넘어져도 일어나는 7전 8기의 개운의 엥기모노로서 사랑을 받고 있다. 달마가 벽면을 보고 9년 동안 좌선座禅에 정진하면서 손발이 썩어 문드러졌다는 전설이 있고 그것을 완구로 만든 것이 원조라 한다. 선거 당선 때 등에서 눈을 넣는 것을 자주 볼 수 있는데 가장 정통한 방법은 우선 인형을 볼 때 오른쪽에 숯으로 눈을 그려 넣고 선거에 돌입한 다음, 당선이 되었을 때 왼쪽 눈을 그려넣는 방식이다.

📷 개운 복 다루마

16.5.1. 타카사키 다루마高崎達磨

타카사키 다루마 인형은 농한기의 부업으로서 시작되었는데 현재는 전국의 80%를 차지한다. 손으로 그리는 얼굴의 디자인은 눈썹이 학, 수염은 거북이다. 그릴 때 붓은 솔잎이며, 코 부분은 매화나무 잎이 숨겨져 있다. 옷의 붉은 빛은 사악한 마귀를 쫓는다고 한다.

📷 타카사키高崎의 다루마達磨인형

16.6. 오카메福女

이 오카메는「오타후쿠ぉ多福」라고도 불린다. 글자만을 갖고 언급한다면 복을 많이 가져온다는 의미와 통한다. 눈은 가늘고 풍선처럼 부풀은 뺨, 작은 입으로 미인이라고는 할 수 없지만 친숙함을 느끼게 하는 이 얼굴은 요리집, 모밀 국수집, 단 것을 파는 집에 장식되어 분위기를 만들어 낸다. 일설에 의하면 후쿠스케福助와 오카메福女는 부부라는 이야기도 있다. 횻토코(한쪽 눈이 작고 입이 튀어나온 남자의 우스꽝스러운 가면)와 가끔은 콤비를 이루어 등장한다.

📷 오카메福女

📷 오타후쿠ぉ多福

16.7. 길상 글자〈엥기모자縁起文字〉・초복 엥기모노招福縁起もの

복을 가져오는 의미를 포함한 글자를 장식화 하거나 문양화해서 가구나 의상, 도기 등에 디자인으로서 새겨 넣는 경우가 많다. 여기 사용되는 문자로 가장 많은 것은「寿」・「福」이다. 그리고 에도 시대에 생겨난 카부키의 칸테에류우(勘亭流/카부키의 간판 또는 공연목록을 적는데 사용되는 서풍)와 요세모지寄席文字가 있다. 굵은 붓으로 빈틈없이 안쪽을 둥글게 구부리듯이 쓴 이 글자는 검은 부분이 손님, 흰 부분이 타타미라는 양식으로 자리를 메우고 빈 좌석이 없다는 엥기의 의미를 띠고 나타난 것이다.

📷 칸테에류우勘亭流   요세모지寄席文字

16.7.1. 만원사례 봉투〈오오이리 부쿠로/大入り袋〉

이것은 손님이 많이 입장한 연극 흥행주가 그 축하로서 연기자나 종업원에게 제시하는 봉투로 안에는 돈이 들어 있다. 그 돈은 최저일 때는 고엥5円이 들어 있어 「좋은 것과 인연이 있기를〈고엥가 아리마스 요오니ご縁がありますように〉」이라는 의미와 시쥬우고엥45円이 들어 있어서 「시종 좋은 인연이 있기를〈시쥬우 고엥가 이리마스 요오니始終ご縁がありますように〉」이라는 의미를 담아 익살스럽게 관련짓는 경우도 있다.

 오오이리 부쿠로

관련 키워드

연중행사와 관련된 숫자단어 유희〈고로 아와세/語呂合わせ〉

▽ 4월 6일/신문 읽는 날〈요무노 히〉　　　　　　　　　　4월 22일/부부금슬 좋은 날〈요이 후우후노 히〉
▽ 5월 17일/장기 기증자의 날〈17이 영어의 doner의 발음과 같아서 生命きずなの日〉
　 5월 30일/쓰레기 제로의 날〈고미 제로노 히〉
▽ 6월 4일/충치 뽑는 날〈무시바노 히〉　　　　　　　　　6월 16일/마즙 얹은 보리밥 먹는 날〈무기토로노 히〉
▽ 8월 1일/폐의 날〈하이肺노 히〉　　　　　　　　　　　 8월 8일/주산 컨테스트〈주판 알 튀기는 소리/파치파치〉
　 8월 10일/건강 심장의 날〈하토노 히〉
▽ 9월 2일/복권의 날〈타카라쿠지宝くじ노 히〉　　　　　　9월 9일/구급의 날〈큐우큐우救急노 히〉
▽10월 8일/나무의 날〈十과 八을 합치면 나무 목木이 되므로 키木노 히〉　　　　　 10월 10일/눈의 날〈모양〉
　 10월 20일/재활용의 날〈10과 20의 글자 모양이 한 바퀴 두 바퀴이므로 리사이쿠르Recycle노 히〉
▽11월 5일/좋은 사과의 날〈이이 링고노 히〉　　　　　　　 11월 8일/좋은 이의 날〈이이하노 히〉
　 11월 12일/좋은 피부의 날〈이이 히후노 히〉
▽ 1월 10일/110번의 날〈햐쿠토오반노 히〉
　 1월 22일/재즈의 날〈1월의 J와 22가 Z자와 비슷해서 쟈즈노 히〉
▽ 2월 9일/의복의 날〈후쿠服노 히〉　　　　　　　　　　　2월 23일/후지산의 날〈후지산富士山노 히〉
▽ 3월 3일/귀의 날〈미미노 히〉
▽ 매월 29일/고기 세일〈니쿠노 히〉의 날　　　　　　　　　매월 23일/ 편지 쓰는 날〈후미노 히〉
▽ 4649요로시쿠　　　　▽39상큐우　　　　▽084오하요오　　　　▽783 640 나야미 무요오: 걱정할 필요없다

16.7.2. 학〈鶴/츠루〉

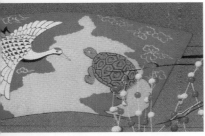
 학과 거북의 길상 문양

「학은 천년, 거북이는 만년」이라고 하듯이 학은 장수의 상서로운 새로 옛날부터 의상, 공예품 등의 제재로 많이 도입되고 있다. 날개를 펼친 학의 모습은 둥근 원 속에 잘 들어가기 때문에 「츠루마루鶴丸」의 디자인으로도 많이 보인다.

종이학〈셈바즈루千羽鶴〉은 종이접기로 접은 종이학을 천 마리 만들어 실로 꿰어 다발로 묶은 것이다. 장수의 심벌이기도 한 종이학을 천 마리 접음으로써 병의 쾌유와 장수가 이루어진다고 믿고 환자에

📷 나가사키長崎 원폭 기념관의 천마리학千羽鶴

대한 선물로 자주 사용된다.

원폭에서 피폭당한 사사키 사다코(佐々木禎子1943-1955)가 자신의 연명을 기원하며 만든 데서 평화의 심벌로 되었다. 세계에서 보내진 종이학이 히로시마 평화 기념공원에 있는 원폭 어린이의 상像 주위에 모여 있다.

또 한번 은퇴했던 프로레슬러 하시모토 싱야(橋本真也1965-2005)가 팬들로부터 받은 100만마리 이상의 종이학에 감동받아 복귀를 결의하는 등 사람들의 다양한 소원이 담긴 도구로서 이용되고 있다. 요즘은 만드는 데 시간이 많이 걸리는 사람들을 위해서 완성된 종이학을 통신판매로 팔고 있다.

📷 히로시마 원폭 어린이 상原爆子の像

16.7.3. 옹〈오키나/翁〉

「함께 머리가 파뿌리가 될 때까지」라는 노인과 할머니(오오나/媼)의 다정한 포즈의 인형은 속세에서 타카사고高砂라고 불리며 천하태평을 축복하거나, 혼례 등을 축하하는 코우타小謠에 사용되기도 하며 천년 장수를 거듭한 노송의 화신으로 전해지고 있다. 오키나는 부부화합과 불로장생의 상징으로 옛날부터 사람들의 사랑을 받아 오고 있다.

16.7.4. 타카라즈쿠시宝尽くし

📷 타카사고高砂

길書하다고 생각되는 보물을 도안한 디자인으로 기원은 고대 인도였다. 그 후 중국을 거쳐 일본에서는 무로마치 시대에 성립되었다. 나라에 따라서 보물 내용이나 상징하는 의미가 다른 데 일본에서는 칠보로서 다음과 같은 것이 있다. 「타카라부쿠로宝袋」·「호오교쿠宝玉」·「코즈치小槌」·「훈도오分銅」·「타카라노마키宝巻」·「카기鍵」·「카쿠레미노隠れ蓑」, 그 외에도 「상고珊瑚」·「사이카쿠 하이犀角杯」·「쵸오시丁子」 등이 그것이다.

16.7.5. 부채〈오오기扇〉

오오기扇나 센스扇子는 모두 부채로, 바람을 일으키는 도구인데 그 바람에 의해서 마魔나 액을 쫓아내는 풍속이 있다. 특히 오오기扇는 끝이 넓기 때문에 별명으로 「스에히로末広」라고 부르며 미래의 번성을 의미하고 여름 초복의 엥기로도

📷 부채〈오오기扇〉

알려져 있다.

16.7.6. 노시熨斗

경사스런 일이나 선물 등에 없어서는 안 될 것이 〈노시 가미熨斗紙〉·〈노시 부쿠로熨斗袋〉이다. 원래 〈노시〉란 전복의 육질을 가늘게 썰어서 길게 늘인 것으로 「아와 노시鮑熨斗」라고 전해지고 있던 것을 나중에 노시라고 생략해서 부르게 되었다. 여기서 노시라는 말은 일본어로 늘인다는 노바시伸ばし라는 말이 줄어서 된 것이다. 노바스伸ばす라는 말의 의미는 〈끝까지 오랫동안 발전하기를〉이라는 염원을 담은 말의 표현으로 노시로 장식된 선물 모두가 상대를 축복하기 위한 의미를 담고 있다.

📷 노시 봉투熨斗袋

16.7.6.1. 노시 봉투〈노시 부쿠로熨斗袋〉

경사나 축하 등에 돈을 넣는 작은 주머니로 오토시다마 부쿠로 혹은 포치 부쿠로라고도 한다. 포치라는 말은 「코렙포치これっぽち」라는 말에서 나왔는데 드릴 것은 이것이 〈고작〉이라는 말로 〈정말로 보잘 것 없는 것이지만 받아 달라〉는 의미로 쓰인 것이다.

16.7.7. 오토시다마お年玉

옛날 새해의 신으로부터 받았던 것으로 떡을 나누어 준 것이 시초였다. 무로마치 시대에는 연이나 하고이타(羽子板/정초에 치며 노는 놀이기구)를 주었는데 지금은 돈을 건네는 것이 보통이다. 돈은 드러낸 채로 건네주는 것이 아니라 세뱃돈 봉투(오토시다마 부쿠로/お年玉袋)에 넣어서 건네주는 것이 보통이다.

📷 오토시 다마 봉투

16.7.8. 쇼오웅祥雲

중국에서는 구름이 생기는 시간 등으로 길흉을 판단했다고 하는데 좋은 일을 야기하는 구름을 쇼오웅瑞雲·祥雲이라 부르고 천둥을 동반하는 구름을 카이웅怪雲이라고 불렀다. 구름을 표현하는데 있어 대표적인 구름인 영지운(레에시웅靈芝雲)은 수목의 근원에서 오는 만년 버섯이라는 별명을 갖고 있으며 원숭이의 의자(코시카케/腰掛け)라는 별명도 아울러 갖고 있다.

16.7.9. 류우스이流水

자연 현상을 소재로 한 도형은 옛날부터 길상을 원하는 문양이나 장식 등의 디자인으로서 많이 받아들여지고 있다. 그 중에서도 흐르는 물이나 파도를 다룬 것이 특히 많다.

일반적인 것으로는 잘 균형이 잡힌 세에카이하青海波가 있는데 같은 원을 서로 엇갈려 겹치게 한 부채꼴 형태가 인기가 있다. 형태가 없는 물인데도 조용히 흐르는 물, 큰 파도와 작은 파도가 거칠게 소용돌이치는 파도는 강력함의 상징이다.

📷 류우스이流水

16.7.10. 갈퀴〈쿠마데熊手〉

〈사업번창〉·〈복이나 부를 긁어모으는〉 장식인 쿠마데는 토리노 이치 (酉の市/11월 토리노 히酉の日에 오오토리 진쟈에서 행해지는 마츠리)에서 판매되는 엥기모노이다. 원래는 농민이 가을 수확을 축하하며 감사의 표시로 닭을 바친 〈토리마츠리鳥祭〉가 〈토리노이치酉の市〉가 된 것이라고 한다. 「칵코메(복을 긁어모은다는 엥기모노 쿠마데의 일종)」의 쿠마데 장식도 에도 중기에는 오카메 탈과 새끼줄만의 간소한 것이었는데 메에지 무렵부터는 칠복신·센료오바코千両箱·오오방코방大判小判·후쿠센福銭·쌀　가마·송죽매 등 축하의 의미를 가진 엥기모노가 많이 첨가되었다. 토리노 이치

📷 (좌)쿠마데熊手　(우)토리노이치酉の市

발상의 진쟈로서 유명한 것은 토오쿄오 아사쿠사의 오오토리 진쟈鷲神社가 있는데 오오토리 사마라고 불리며 사랑받고 있다.

📷 토리노이치酉の市2

16.7.11. 텐진사마天神樣

텐징天神의 의미는 하늘로부터 내려온 신이라는 의미로 「텐진사마」라고 불리고 있다. 스가와라노 미치자네菅原道真를 추모하여 제사지내던 곳으로 학문의 신, 서도書道의 신이며 풍수해로부터 농업을

지키는 신으로 모셔지고 있다.

16.7.12. 에마絵馬

〈에마〉란 마구간의 형태를 지닌 나무판에
그림이나 글자를 써서 건강이나 행복을 신에
게 기원하는 것이다. 말이라는 글자가 사용
되어지는 것처럼 원류는 살아 있는 말을 신
에게 바치는 신앙에서 시작되어 나중에는 목
판에 말 그림을 그려서 바치거나 걸게 되었
다. 〈소원을 매단다〉는 의미와도 통하게 되
었다. 기원 내용은 사적인 것이 많고 교통안
전·합격기원·진학성취 등 다양하며 그 소
원과 어울리는 그림 문양이 표현된다.

寿 (埼玉·奇居)

📷 (좌)에마絵馬 (우)메에지 징구우明治神宮에 에마絵馬가 걸린 모습

16.7.13. 동물의 부적

동물의 부적은 고로語呂에서 출발한다. 고로語呂는 일종의 언어유희로 동음이의어를 이용하여 유리
한 쪽으로 해석하는 일이다.

16.7.14. 개구리〈카에루蛙〉

토오쿄오의 시나가와品川 진쟈는 에마에 개구리가 그려져 있는데 그것을 후지
카에루富士かえる라고 해서 〈부지 카에루無事かえる〉라고 믿고 해석한다.
　교통안전交通安全+무사히 돌아온다=〈부지 카에루無事かえる〉
　행운 기원運이라=〈오카네가 카에루お金がかえる〉
　장수 기원長寿祈願=젊음을 되찾다〈와카 가에루若がえる〉

📷 개구리〈카에루蛙〉

16.7.15. 원숭이〈사루猿〉

시바마타柴又 타이샤쿠텡帝釈天완구는 대나무 장대를 꽉 쥔 원숭이를 튕겨 올리
면 위로 올라가는 원숭이가 악운을 떨친다고 믿고 있다.
토오쿄오의 히에 진쟈日枝神社의 원숭이는 〈카미자루神猿〉라고 불리며 이 원숭
이는 부부원만·가정원만을 가져오는 엥기모노로 알려져 있다.

📷 히에진쟈 카미자루

215

📷 토오쇼오구우東照宮의 키카자루·이와자루·미자루

16.7.15.1. 닉코오日光 원숭이〈사루猿〉

닉코오日光 토오쇼오구우東照宮의 〈듣지 않고聞かざる·발설하지 않고言わざる·보지 않는다見ざる〉는 의미를 상징하는 세 원숭이는 중국에서 전해진 경신庚申신앙의 상징이라고 한다. 신중하게 인생을 살아가면 안전하고 행복한 인생이 보장된다는 교훈을 갖고 있다.

16.7.16. 올빼미〈후쿠로오梟〉

〈후쿠로오〉는 일본어로 후 쿠로오不苦労, 즉 고생하지 않는다, 후쿠 쿠루福来, 즉 복이 온다는 개운의 심벌이다. 올빼미는 그리스 신화에서는 〈지혜의 여신〉으로 지혜·학문의 상징으로 되어 있어 학자 등으로부터 신앙의 대상으로 되어 있다. 그리고 서점·도서관의 심벌로도 자주 활용되고 있다. 그 외에도 목이 잘 돌기 때문에 사업 번창, 밤눈이 밝고 시야가 좋기 때문에 미래가 밝다는 등의 의미로도 믿고 있다.

📷 올빼미梟

16.7.17. 너구리〈타누키狸〉

일본어로 「다른 사람을 제친다/타오 누쿠他を抜く」라는 의미로 승부처·입신출세의 의미로 사랑 받고 있다. 이자카야居酒屋의 입간판에서도 자주 보이는데 술을 좋아하는 너구리가 〈술을 맘껏 드시라〉는 유혹의 의미를 담고 있는 것이다. 음식점 등의 가게 앞의 간판에 배가 잔뜩 부른 모습은 「요리를 맘껏 드시라」는 내용을 담고 있다.

📷 너구리〈타누키狸〉

도자기로 제작된 「너구리」가 쓴 갓은 나쁜 일이나 재난을 피하기 위한 호신용, 은행 통장은 다른 사람으로부터의 신용, 술병(토쿠리德利)은 덕이 들어온다는 의미를 담고 있으며 큰 눈은 사물을 바로 보고, 부풀은 배는 배짱 두둑하게 결단을 내릴 수 있다는 의미를 포함하고 있다.

16.7.18. 용〈류우/타츠龍〉

용은 고대 인간이 만들어낸 상상의 동물이다. 길상을 상징하는 신화라든가 전설에서 유래되고 사람들의 기원이나 소망을 담고 있다. 〈용은 물에서 나온다〉고 알려져 있듯이 물과는 인연이 깊은 존재로서 농업에 있어서도 〈물을 받는〉 상징으로서 믿어지고 있다.

16.8. 액 제거 · 마 제거/야쿠 요케厄除け · 마 요케魔除け

16.8.1. 사자〈시시/獅子〉

사자상은 세계 각지에서 보이는데 재해나 재액을 방지하고, 복과 덕을 가져오는 존재로 믿어지는 경우가 많다.

16.8.1.1. 사자 춤〈시시마이獅子舞〉

정월 현관 앞에서 추는 사자 춤은 가정의 악령을 쫓아내고 행복한 해로 만들기 위한 염원을 담고 있다. 오키나와沖繩에서는 〈사자〉라는 한자를 방언으로 「시이시」・「시이사아」라고 부른다. 시이사아는 기와 지붕을 잇는 사람이 일을 맡긴 것에 대한 예의로 손장난으로 만든 것에서 비롯되었다고 한다. 이것이 〈마 요케〉로 재난을 막아주는 수호신이 된 것이다.

시이사아 상은 중국에서 온 것이라고 전해지고 있다. 중국, 대만, 홍콩 등에서는 비슷한 사자상을 얼마든지 볼 수가 있는데 나라에 따라서 각각 다르다. 하지만 목적은 마귀 쫓는 용도로 똑같다.

사자 춤〈시시마이獅子舞〉

16.8.2. 해태상〈코마이누狛犬〉

일본 진쟈의 문 앞에 장식되어 있는 〈개〉라고도 하고 〈사자〉라고도 하는 것이 있는데 이는 우리나라 고려에서 전해진 것이라고 한다. 우리나라의 삽살개〈삽(액운)살(쫓는) 개〉에서 유래되었다는 설이 있다. 이것은 코마이누라고 불리는데 신역神域을 보호하는 목적으로 설치되었다. 좌우 두 마리가 한 쌍으로 왼쪽 것이 입을 벌리고 있는 것으로 〈아케에阿吽型〉, 오른쪽 것이 입을 다물고 있는 것으로 〈웅케에吽阿型〉라고 한다.

해태상〈코마이누狛犬〉

16.8.3. 개 장난감〈이누바리코犬張り子〉

에도 시대부터 대표적인 향토 완구로 속이 빈 개 모양의 인형으로 아이들이 쑥쑥 자라도록 하는 기원이 담겨있으며 순탄한 아기 성장과 액 제거의 엥기모노이다.

토오쿄오 타이토오쿠台東区의 토리코에鳥越 진쟈神社에는 머리에는 죽세공의 소쿠리가 씌워진 개 인형이 있는데 개 〈견犬〉자에 대나무 〈죽竹〉자를 씌우면 웃을 〈소笑〉가 된다는 익살을 담은 것이다.

이누바리코犬張り子

217

16.8.4. 귀신 기와〈오니가와라鬼瓦〉

오니가와라의 발상은 쿄오토京都, 나라奈良 등의 사원에서 시작되어 에도 후기에는 일반 민중에도 나타나게 되었다. 건물을 재해로부터 보호하는 마요케와 초복招福의 염원을 담아서 만들어진 것이다. 그러나 요즘은 기와의 형태도 귀신 얼굴의 형태뿐만 아니라 다이고쿠텡이나 물흐름 무늬, 잉어 등 엥기문양이 도입되어 다양해졌다.

📷 오니가와라鬼瓦

16.8.5. 텡구天狗

텡구는 상상 속의 괴물로 주로 산에 살며 하늘을 날아다니는 등 신통력을 갖고 있다고 한다. 악마 제거·액 제거 등의 신으로 모셔지고 있다. 산에서 거주하고 붉은 얼굴에 코가 길고 높다. 일반 사회에서「저 사람은 코가 높다」라든가「텡구가 된다」라는 말은 거만한 사람을 지칭한다.

📷 텡구天狗의 다양한 버전

16.8.6. 부뚜막 신〈카마도가미かまど神〉

〈카마도가미かまど神〉·〈카마가미かま神〉라고 부르는 탈을 집안에 장식하여 화재 방지, 악마를 제거하는 풍습이 동북지방 일부에 있다. 기원은 분명하지 않지만 에도 중기부터 집을 지을 때 부뚜막 위에나 기둥에 걸어서 수호신으로 모시는 신앙인 것이다. 입이 뾰로통한 애교만점의 〈횻토코〉는 불을 지르는 얼굴을 나타내고 있는 것으로 히오토코火男가 횻토코가 되었으며 부뚜막신의 일종이라고 한다.

📷 횻토코 가면

16.8.7. 후도오묘오오오不動明王

화재를 등에 지고 무서운 얼굴로 오른손에는 검劍, 왼손에는 적을 제압하기 위한 밧줄羂索을 갖고 있는 후도오묘오오오不動明王는 악마 제거, 재난, 병 제거의 수호신이다.

📷 후도오묘오오오
不動明王

16.8.8. 샤치호코鯱

성곽의 용마루 양끝에 장식하는 호랑이 모양의 머리에 가시가 돋친 상상의 물고기로 화재를 예방하는 효과가 있다고 한다.

또한 치미(시비鴟尾)도 있는데 용마루 양끝에 장식하는 물고기 꼬리모양의 장

📷 샤치호코鯱

식을 치미라고 한다.

16.8.9. 엔니치縁日

특정 신이나 부처의 탄생일·사망일, 혹은 특별한 사건이 있었던 날을 가리킨다. 신이나 부처가 세상 사람들과 연을 맺은 날로 진쟈·절 등에서는 그 각각의 역사 기록인 〈엥기縁起〉에 각각 엔니치에 얽힌 공덕을 기록하고 또 그 날에는 제례나 공양 등의 행사를 열어 사람들을 신불과 인연을 맺게 한다. 그 날짜는 일정하지 않고 각각 신불의 역사에 의해 결정되었는데 대부분은 특정의 인연이 있는 날이라든가, 10간 12지에 의해서 정해진다. 에도 후기에 번성했던 민간 행사로 특히 에도 말기에는 놀라울 정도의 엔니치가 많이 있었다. 매달 5일에는 스이텡구우水天宮, 8일에는 야쿠시薬師, 18일에는 칸농観音, 28일에는 후도오송不動尊의 엔니치가 있었다. 그러나 현대에는 엔니치라고 하면 특정한 진쟈·사원 등이 번화가로서의 기능을 하는 특정한 날이다. 엔니치에는 절이나 진쟈 경내의 많은 노점상에서 진귀한 것이나 곡예 등을 보여주는 미세모노 코야見せ物小屋가 생기고 거리에서 다이도오게이닝大道芸人 등도 합세하여 비일상적인 세계를 만들어 사람들을 현실세계에서 해방시킨다. 여기에서 열리는 특별시장은 생활 물자의 매매와는 달리, 가짜나 유사품이라는 것을 미리 알고 놀이 삼아 그것들을 사는 일종의 게임 같은 것으로 흥미진진하다. 일상 생활의 상식을 뒤집는 흥미로움이 흥행장으로 엔니치를 달구기 때문에 합리화된 생활 세계로부터의 반역의 장이라고도 할 수 있다.

16.8.10. 인연〈엥縁〉

연縁이란 대중 문화적으로는 〈남녀의 만남은 예측 불허의 이상하면서도 흥미로운 것/縁は異なもの味なもの〉이라는 속담이나 〈이혼/리엥離縁〉 등에서 볼 수 있듯이 특히 인간의 만남에서 주로 쓰이는 말이다. 사회학적으로는 인간의 사회 관계·결합의 원리를 나타내는 용어로 혈연·지연·사연 등으로 나누어진다. 그러나 일본어에서 〈연〉에는 〈인연〉·〈관계〉와 같은 의미를 포함하고 심지어는 〈걸려 넘어지는 돌조차도 나오는 인연이 있다(츠마즈쿠 이시모 엔노 하시/躓く石も縁の端)는 속담이 있는 것처럼 지극히 우연한 만남조차 〈인연에 의한〉 숙명적인 만남으로 치부하는 경우가 많다. 이것은 일본인의 인간관계를 규정짓는 특징의 하나가 되고 있다.

이런 가운데 일본 문화의 원류에는 사회로부터 인연을 단절당하거나, 혹은 〈엥키리 데라縁切寺〉에서 볼 수 있듯 스스로 자기와 관계된 모든 인연을 끊음으로써 세속의 인간 관계로부터 자유로운 〈무연無縁의 원리〉도 동시에 존재하고 있다는 사실을 문화 학자들은 일본 문화를 푸는 단서로 지적하곤 한다.

관련 키워드

▽엥키리 데라緣切寺

　여성이 이혼을 제기할 수 없었던 시절, 남편과의 강제 결혼을 고통스럽게 생각한 나머지, 집을 뛰쳐나온 여자를 도와 전 남편이나 그 외의 사람으로부터 어떤 이의도 제기할 수 없게 하는 특권을 가진 절로 카마쿠라鎌倉의 토오케에지東慶寺 등이 있었다. 카케코미 데라駆け込み寺, 엥키리 아마데라緣切尼寺 등으로도 불린다.

📷 키타 카마쿠라北鎌倉의 토오케에지東慶寺

일본의 인형　　　　　　　　　　　part. 17

17.1. 인형의 역사

　인형은 협의로는 인간의 모습을, 광의로는 인간 이외의 동물이나 가공의 생물을 포함하여 그들의 모습과 흡사하게 만들어진 것을 지칭한다. 인형의 시작은 빗살무늬 토기(죠오몬繩文) 시대의 토우(도구우土偶)라든가 고분(코훈古墳)시대의 하니와埴輪에서 찾을 수 있겠지만 인형에 대해서 상세하게 알려지기 시작한 것은 헤에안平安 시대 이후로 역병을 쫓기 위하여 길가에 세워둔 쿠사 히토가타草人形라든가 사람의 대역으로 재액을 떠맡는 인형을 만들어 자신의 몸을 깨끗이 하는 등 신앙에 관련된 것이 많았다. 이런 인형으로는 히토가타ひとがた・나데모노撫で物・아마가츠天児 등이 있었으나 당시에는 이것을 인형이라고 부르지는 않았고 〈히토가타〉・〈카타시로形代〉・〈히토노 카타〉라고 불렀다. 이 시대에는 쿠구츠傀儡라고 불리는 유랑극단(타비 게에닝旅芸人)이 있어 인형으로 하여금 춤추게 하고 거리의 사람들에게 돈을 받았다. 그 외에 여자아이가 소꿉장난을 하며 노는 인형이 있었는데 그것은 히나雛라고 불리었다. 이 인형은 귀족 소년・소녀의 모습을 본뜨고 의상을 입힌 아름다운 인형이었다. 이것은 후세에 만들어지는 종이 인형(카미 히나紙雛)의 원조다. 이 인형 놀이에 맞춰 소꿉놀이 도구로 궁중(고뎅御殿)모습이나

📷 태엽 장치의 카라쿠리 인형

접시 등의 식기까지 있었다. 한편 남자 어린이의 인형도 있었는데 수레를 탄 인형, 경마 인형(쿠라베 우마競馬), 씨름을 하는 인형 등이 그것이었다. 나라奈良의 혹케지法華寺에서는 법화경(혹케교오法華経)에 나오는 이야기의 모습을 많은 인형에 담아 신자들에게 참배하게 했다. 무로마치室町 시대時代에는 인형 조종자(쿠구츠시/傀儡子)들의 유력한 단체가 결성되어 셋츠(摂津 현재의 코오베)의 니시노미야西宮에

히나 닝교오雛人形의 오다이리 사마お内裏樣

본거지를 두고 전국 각처를 돌다가 샤미셍三味線이 출현하자 그것과 합쳐져
인형극이 탄생한다. 그 외에 에도 시대에는 연회석에 초대받아 여흥으로
공연하기도 하고 각 집을 돌며 구걸하는 인형 조종자도 있었다. 여기서 주
로 쓰인 인형은 테즈마 닝교오(手妻人形/야마모토 히다노죠오山本飛驒掾가 개발한
한 손으로 조종하는 인형), 노로마 닝교오(野呂松人形/인형극의 막간 쿄오겡으로 연기하
는 우스꽝스런 인형으로 머리는 납작하고 얼굴은 검푸른 천한 모습을 하고 있다), 고반 닝교
오(碁盤人形/인형 몸속에 양손을 넣어 조종하여 바둑판 위에서 춤추게 하는 것) 등이었다.

치요가미千代紙

또한 인형 내부에 태엽장치(젬마이 지카케發条仕掛け)를 하여 인형 스스로가 움
직이게 하는 인형 예능도 이미 생겨나고 있었다. 이 중 차お茶를 운반하는
인형, 도약(카라쿠리단 가에리からくり段返り)인형은 인형 스스로가 계단을 공중
제비(톰보 가에리蜻蛉返り)하면서 내려온다. 에도 시대에는 죽세공을 이용하여
큰 인형을 제작하거나 인간의 모습을 빼닮은 인형을 제작하기도 했다. 오늘
날 같은 히나 인형이 언제 시작되었는지는 분명치 않으나 에도 전기의 히나
인형은 간소했었고 종이로 만든 인형뿐이었다. 그것이 조금씩 발전하면서

하리코 종이 인형

천황 부부가 앉은 모습의 다이리 비나内裏雛를 놓고 그 앞에는 술잔, 주전자, 냄비모양의 주전자(히사게
提), 쟁반(츠이가사네衝重)그림을 새겨 넣은 찬합 같은 그릇인 에비츠絵櫃 등을 진열했다. 에도 중기에
히나 마츠리 인형은 나날이 화려함이 더해져 단段도 3단·5단·7단으로 만들고 빨간 양탄자를 깔았
다. 그리고 천황 부부 이외에 3명의 궁녀(즈이징隨身/산닝칸죠三人官女), 5명의 악기 연주자인 고닝바야시
五人囃子, 그리고 소금 만드는 사람의 무용을 그린 인형을 장식했다. 에도 말기가 되면서 각 가정에서
는 경쟁적으로 이런 장식을 한다. 한편 쿄오토京都나 오오사카大阪에서는 2단 장식으로 상단은 천황부
부를 장식했는데 이는 상상외로 컸다. 뒤이어 쿄오토의 인형사인 히나야 지로오자에몽雛屋次郎左衛門
이 고안한 〈지로오 자에몸 비나次郎左衛門びな〉, 에도 인형사인 하라 후나츠키原舟月가 고안한 〈코킹
비나古今びな〉가 유행했다. 오늘날의 일반적인 히나 인형은 후자에서 뿌리내린 것이다. 에도, 쿄오토,

오오사카에서는 각 명절이 되면 인형시장이 서거나, 사람이 거리에 메고 다니면서 인형을 팔았다. 단오 명절의 장식도 에도 시대부터 시작되었으며 에노보리(絵幟/그림을 그린 깃발, 5월5일에 마귀와 천연두를 쫓는 신神인 쇼오키鍾馗 등을 내다 걸었다)와 후키나가시(吹き流し/코이노보리와 함께 내건 기치)를 코이노보리鯉幟와 함께 집밖에 거는 한편, 투구와 무사 인형은 각각 받침 위에 얹어 점포 앞이나 마당에 전시한다. 에도 후기에는 실내 장식으로 유행했다. 이 시대에는 깎은 나무인형에 헝겊을 바르는 키메코미木目込 인형, 사가嵯峨 인형 등 소위 코오닝교오京人形가 많이 제작되었다.

일본 전통 종이인 와시和紙와 치요가미千代紙로 만든 것으로 소박하지만 다양한 인형은 유복한 무가武家나 상가商家의 자녀에게 소중하게 애용되었다. 대표적인 놀이 방법으로 인형을 의인화하여 일상생활을 재현하는 〈소꿉놀이〉

🎦 (좌)카라쿠리 인형 (우)코케시小芥子 인형

라든가 근대의 헝겊으로 만든 〈문화인형 놀이〉가 보급되었다. 인형의 옷을 바꾸거나 퍼즐 등의 놀이인 〈옷 갈아 입히기 놀이(키세카에 아소비着せ変え遊び)〉 등이 전후에 일본에 확산되었다. 현대에서 이 놀이는 합성수지로 만든 인형이 대역을 맡게 되었다. 옷의 착탈은 인형 뒷면에 있는 매직 테잎이나 스냅을 사용한다. 1960년대부터는 생활의 서양화와 함께 등장한 스칼렛짱 인형, 리카짱 인형, 바아비이 인형 등이 이런 형태의 놀이 인형으로 인기를 모았다.

17.2. 인형의 종류

일본인에게 있어 인형은 오랜 과거부터 하나의 문화였다. 인형은 때로는 사람들의 외경의 대상이거나 신앙의 대상이기도 했으며 아이들의 좋은 놀이 상대이고 아름다운 완구의 대상이기도 했다. 또한 사계절 명절의 풍습에서 생겨난 〈히나 마츠리〉라든가 〈단오절〉 등에서 많은 명절 인형이 탄생하는 등 독자의 인형 문화가 형성되었다. 기나긴 역사에서 다양한 인형이 만들어졌지만 어느 시대나 일본인의 인형을 사랑하는 마음에는 변함이 없었다. 일본인에게 있어 인형은 단순한 장식이나 놀이도구가 아니고 항상 생명이 있는 것으로 여겨져 왔으며 여러모로 발전되어 왔다. 그런 이유로 인형을 움직일 수 있게 고안한 카라쿠리絡繰인형도 등장했다. 눈이 많이 오는 동북지방에는 대나무밖에 없어 대나무를 깎아서 인형을 만들었는데 그것이 코케시小芥子 인형이다. 인형은 이렇듯 풍토와도 함께 발달했다.

🎦 시오리 인형栞人形

현대의 인형은 주로 제례 등의 종교 행사나 전통 행사, 분라쿠 등의 인형극에서 사용되는 외에 완구, 기념품, 예술 작품 등 다양한 분야에서 이용되고 있다.

화지和紙가 주원료인 하리코 인형은 주로 쿄토, 오오사카, 후쿠시마 등에서 만들어졌다.

리카창 인형

허리와 무릎과 발목 등의 3부분을 움직일 수 있는 인형으로 미츠오레 닝교오三つ 折れ人形를 들 수 있는데 나체 인형을 사다가 가정에서 의상을 만들어 입히는 인형 으로 부녀자나 아이들이 즐겨 갖고 놀았다. 이 형태는 일본에서 예부터 가장 중요하게 여기는 인형이 완구였으며 이것은 각 지방의 특색을 살려 〈향토 인형郷土人形〉으로 정착 되어 완구 역할을 톡톡히 해냈다. 재료는 나무나 흙을 소재로 고훈(胡粉/일본화나 일본인형에 쓰이는 안료의 일종) 등으로 채색을 한 인형이 많았다. 정교한 것은 미술품으로 인정받는 것도 있었다.

에도 시대에 보급된 여자 어린이용의 인형으로 아네사마 인형姉様人形도 있다.

인형은 그 가치나 목적에 따라 여러가지로 분류할 수 있다.

17.2.1. 관상용 인형

전통적인 미술 공예품으로 가치가 있는 것으로 조형되어진다. 특색이 있는 공예품의 인형 등은 유리 케이스에 넣어 인테리어로 장식하는 경우도 있다. 일본에서는 히나 마츠리나 단오절 같은 전통 행사에 특별히 제작된 미술적 가치가 높은 인형을 장식하는 것이 풍습이다.

단오절에 사용된 무사인형

17.2.2. 제례용 인형

옛날에 인형은 다른 사람을 저주하기 위한 저주의 도구, 인간 대신에 재액을 짊어지는 대상물로 사용되었다. 전자의 예로 밀짚 인형이나 흙 인형, 후자의 예로는 일본 종이로 만든 나가시 인형 등을 예로 들 수 있다. 후자 가운데 현대에 신토오神道의 오오하라에(大祓/6월30일, 12월31일에 행하는 액막이 행사) 등에서 사용되는 일본 종이로 만든 인형은 통상 같은 글자이면서 〈히토가타〉로 부르거나 〈카타시로〉라고 부르기도 한다.

17.2.3. 기타 인형

그 밖에 옷가게나 의료품을 판매하는 곳의 쇼윈도에 전시한 후지야不二家의 베코짱, 사토오 제약佐藤製薬의 사토짱, 쿠이 다오레의 쿠이다오레 타로오(くいだおれ太郎/ 2008년 7월 쿠이다오레가 폐점하면서 역사의 뒤안길로 사라지게 되었다.), 쟈팡의 사와야카 치치오야さわやか親父 등이 있다.

밭이나 논 등의 참새나 까마귀 등을 쫓는데 사용하는 허수아비 인형이 있는데

오오사카의 쿠이다오레 타로오 인형

최근에는 쓰다만 마네킹을 사용하거나 수십 개의 인형을 전시하거나 인형에 다양한 의복을 입히는 등의 아이디어를 겨루는 콘테스트를 여는 자치단체도 있다. 그밖에 교통안전을 위해 공사현장에 반원형으로 손을 흔드는 깜빡이 인형이나 속도 위반을 경계하는 교통 경찰관의 인형 등이 있으며 고고학에서 토우나 하니와 등이 있다.

유명한 전통 일본 인형의 종류는 다음과 같다.

17.2.4. 고쇼 닝교오御所人形

에도 시대에 발달한 인형 형태의 하나로 어린아이의 나신을 나무로 깎아 안료용 물감을 칠해 연마한 인형이다. 이 인형의 특징은 아기의 천진무구한 모습을 살리는데 중점을 둔 것으로 머리 크기 3개만큼의 어린이의 나신으로 흰 피부, 큰 머리, 오동통한 몸매가 특징이다.

교오토의 고쇼御所나 정치귀족들이 지방의 다이묘오로부터 받은 선물의 답례품으로 사용했기 때문에 고쇼 인형이라는 이름이 붙었다. 이 인형의 소재는 오동 나무가 사용되고 조각한 나무에 안료를 수차례에 걸쳐

 고쇼 닝교오御所人形의 여러 버전

발라서 매끄러운 피부로 마무리한다. 벌거벗은 모습이나 호화로운 옷을 입은 모습, 영웅이나 호걸의 모습 등 인형의 기본은 <벌거벗은 아이>형태이다. 그리고 얼굴의 모습은 남녀의 구별이 없으며 순진한 모습일수록 가치가 높았다.

17.2.5. 의상 인형<이쇼오 닝교오衣裝人形>

의상 인형은 에도 시대에 무가의 자녀가 시집을 갈 때 혼례 도구로서도 지참하는 풍습이 있었고 인형을 재난의 대역으로 삼는 중요한 역할도 했다. 의상 인형은 다양한 의상으로 제작되어 그 모습에서 신분이나 직업이 나누어진다. 예를 들면 「마이코舞妓」・「후지무스메藤娘」・「마치무스메町娘」・「부케무스메武家娘」・「히메기미姬君」・「시오쿠미汐汲」 등이 그것인데 액막이 대신으로 보내어지기 때문에 가능한 한 신분이 높고 자태가 우아한 인형이 혼례 도구로 권장되었다. 인형사人形師인 오야마 지로오 사부로오의 이름을 따서 오야마 인형이라고 부르기도 했다.

 이쇼오 닝교오衣裝人形

일본 인형 가운데에서도 명절 인형은 전통적으로 그 손이나 다리, 머리, 머리 가발, 의상의 부위별로 전문적으로 제작을 담당하는 인형 공예사가 분업을 하고 있다. 제작할 때에 인형은 순번으로

인형 공예사의 손에 의해서 짜맞춰 진다. 마지막으로 의상인 키모노를 입히는 단계에서는 인형 옷 입히는 사람인 닝교오 키츠케시人形着付師의 손에 의해서 완성까지 마무리가 되어 진다. 일반적으로 이야기하는 유우소쿠有職人形인형은 이와 같은 제작 수순을 밟은 것이다. 주로 쿄오토와 토오쿄오에서 제작된다. 재료는 주로 나무 등을 다발로 묶어 포즈를 만들고 거기에 의상을 입힌 인형으로 오시에(押絵/화조나 인물 등의 모양을 그린 판지 위에 솜을 깔고 예쁜 형겊을 씌워 널판 위에 붙인 그림)와 나무조각 인형(키보리 닝교오/木彫人形)이 있으며 이 인형은 당시의 배우·유녀·젊은 남창 등의 인물을 모사한 것이 많다. 이 인형의 특징은 머리와 의상에 있다. 의상은 하나로 봉제한 것으로 세부까지 손질이 되어 있다. 머리는 인형사가 만든 모양의 틀을 본뜬 것으로 그 위에 안료를 칠한다. 또한 몸통은 작은 목재나 짚으로 속을 채운 것으로 여러 형태가 있으나 변함없이 공통된 부분은 머리, 팔다리, 의상을 따로 만들어 조합을 한다는 것이다.

특히 타케다 인형竹田人形은 눈썹이 역 팔자로 치올라간 사나운 눈매에 오뚝한 콧날, 입은 히라가나 へ자로 굳게 다문 채 선 모습이 카부키의 미에(見得/배우가 절정에 이른 감정을 관객에게 강하게 전달하기 위해 한순간 동작을 멈추고 색다른 표정이나 자세를 취하는 일)를 연상시키는 표정이다.

후지 무스메藤娘

17.2.6. 이치마츠 닝교오市松人形

옷을 갈아입힐 수 있는 인형의 일종이다. 아즈마 인형東人形과 쿄오 인형京人形으로 나누고 특히 쿄오토, 오오사카 지방에서는 〈이치마 상〉이라는 애칭으로 친숙하게 불리고 있다. 이들을 야마토 인형이라고 부르기도 한다. 점토나 나무로 만든 머리와 손발에 안료를 바르고 톱밥으로 채운 뒤 형겊으로 동체 겉을 붙인 인형으로 나체인 상태로 팔리고 인형에 입힐 옷은 구매자가 만든다. 이것은 여자 아이의 놀이도구 외에 재봉의 연습대로도 사용되었다. 크기는 작게는 20cm에서 크게는 80cm를 넘는 것이 있는데 주로 40cm 전후의 것이 일반적이다.

타케다 인형竹田人形

이치마츠 닝교오市松人形

여자 어린이용이 있고 남자 어린이용이 있는데 여자 어린이용은 오캇파(앞머리를 빗어내려 일자형으로 깎은 것) 형태이며 남자어린이 것은 머릿결을 붓으로 그린 것이 일반적이다.

이치마츠 인형이라는 것은 얼굴생김새가 에도 시대 중기의 카부키 배우 사노카와 이치마츠佐野川市松를 닮았기 때문에 그렇게 되었다는 설과 당시 이치마츠라는 아이가 많았으므로 어린이 인형이라는 의미로 그렇게 되었다는 설, 이치마츠 문양(두 가지 색의 작은 정사각형을 서로 엇갈려서 교대로 배합한 것)의 의상이 입혀서 팔렸기 때문에 이런 이름이 붙었다는 설이 있다.

에도에서 인형하면 거의 이치마츠 인형을 가리켰는데 아이들의 인형으로 망가지기 쉬운 점 때문에 점점 합성수지나 소프트 비닐로 만든 인형에 쫓겨 관상용으로 용도가 바뀌어 갔다. 관상용으로 만들어진 이치마츠 인형은 옷을 갈아 입힐 수가 없다. 1927년에는 인형 대사로 미국에 선물로 보내졌는데 한 때 인기가 있었지만 장난감으로서의 복권은 이루어지지 않았다.

현재 시판되고 있는 이치마츠 인형은 히나 인형 옆에 놓인 것으로 머리 부분은 석고, 몸체는 폴리우레탄으로 만들어진 것이 많다. 이 타입은 좌대에 고정된 입상立像으로 옷을 갈아입힐 수 없다. 앉거나 갈아입힐 수 있는 타입은 전문 인형 작가의 손에 의해 만들어지는 전통 공예품으로 제작, 판매되고 있다.

17.2.7. 키메코미 인형木目込人形

점토 혹은 나무로 만든 인형으로 의복의 모양이나 주름을 인형 본체에 새겨 넣어 인형이 마치 옷을 입은 것처럼 만든 인형. 세세한 무늬로 옷의 끝자락을 새겨 넣는 작업을 〈키메코무〉라고 부르고 명사형으로 키메코미 인형이라고 부르게 되었다. 전신은 점토로 만들어진 것과 머리를 따로 만들고 완성된 동체에 끼워 넣는 것 등이 있는데 머리를 따로 만드는 경우도 눈에는 유리를 박지않고 그려넣는 경우가 많다. 히나 인형이나 칠복신과

 키메코미 인형木目込人形 　와시 인형和紙人形의 응용버전

같은 사람의 형태를 띤 것 외에 12개의 띠나 관상용 테마리手鞠 등도 있다

키메코미 띠 인형　　　　　마츠야마松山 향토 인형鄕土人形　　　　　　테마리手鞠

일본의 성〈오시로お城〉 part.18

성곽의 정의로 흔히 「성城」이라는 한자가 이용되는데, 이 「성城」이라는 글자가 흙(土)변에, 된다(成) 라는 의미의 글자로 이루어져 있어 성은 흙으로 이루어진 것이라는 말이 된다. 즉 흙으로 만든 누각 을 지칭하는 것이다. 그러나 근세에 와서는 돌로 이루어져 있기 때문에 이 정의는 맞지 않는다. 일반적으로는 적의 공격에 대해서 영내의 땅이나 주민을 지키는 시설을 〈시로城〉라 한다.

18.1. 축성 과정

축성에는 다음과 같은 요소가 있다.

(1)성터 고르기〈지셍地選〉 : 성의 위치에 대한 지리적 조건의 선택

(2)성역 규정〈나와바리繩張〉 : 어떻게 적의 공격을 막을 것인가에 대한 구상.

(3)토목 공사〈후싱普請〉 : 작은 성채, 돌담, 해자(호리堀) 등의 건축을 한다.

(4)건축 공사〈사쿠지作事〉 : 텐슈카쿠天守閣·야구라櫓·죠오몽城門·토리데取手 등의 공사를 사쿠지라 한다. 그리고 그들은 다음과 같다.

📷 오오사카성의 텐슈카쿠 모형도

▷텐슈카쿠天守閣 : 성곽의 홈 마루本丸에 있는 최대·최고의 누각. 전시戰時에는 전망 대 사령탑 또는 마지막 근거지가 되고 평화시에는 영주의 권세의 상징이다.

▷야구라櫓 : 적을 관찰하거나 사격하기 위하여 성문, 성벽 위에 설치된 높은 누각.

▷홈마루本丸 : 성의 중심부에 있고 텐슈카쿠를 떠받치고 있는 가장 중요한 성곽.

▷토리데取手 : 본성 이외의 요소 요소에 설치된 작은 요새. 토리데砦라고도 씀.

▷호오루이堡塁 : 적의 습격을 막기 위해서 돌·흙·모래·콘크리트 등으로 단단하게 굳힌 견고한 구축물로 토리데와 같은 뜻으로 쓰인다.

📷 나고야성의 야구라

18.2. 일본의 성의 수

고대에서 근세 사이에 건축된 성의 숫자는 성城·요새(요오가이要害)·누각(토리데砦)·보루(호오루이堡 塁)·군영(징야陣屋)·성책(죠오사쿠城柵)·챠시(아이누어의 성채)·구스크(류우큐우어의 성채) 등 방비를 목적 으로 만든 성채가 2만 5천 이상이나 된다고 한다. 일설에는 4만개가 넘는다고도 한다.

18.3. 성城의 분류

성 분류의 방법에는 여러 가지가 있는데 지형적인 분류에 의하면 다음과 같다.

▷산성〈야마지로山城〉

험준한 산의 능선에 세워져 요새가 잘 내려다보이는 산 위에 지어진 성.

▷언덕성〈오카지로丘城〉

나지막한 언덕 위에 지어진 성.

▷평산성〈히라야마지로平山城〉

나지막한 산이나 구릉과 평지를 포괄한 산성과 평성의 절충식 성.

▷평성〈히라지로平城〉

근세에 들어와서 많이 발견되는 성으로 평지에 세워져 도랑과 돌담으로 방어되고 있는 성.

▷바다성〈우미지로海城〉

바다 방어에 이용되는 성.

▷수성〈미즈지로水城〉

호수나 늪을 방어선으로 이용하는 성.

18.4. 성역〈나와바리繩張り〉의 분류

▷**윤곽식**〈링카쿠시키輪郭式〉·**위곽식**〈이카쿠시키囲郭式〉

히라지로平城 형태에서 많이 보이는 성으로 홈 마루를 중심으로 동심원 형태 혹은 회(回)자 형태로 제1외곽성(니노마루二の丸), 제2외곽성(산노마루三の丸)을 배치한 구성으로 되어 있다.

예〉오오사카성大阪城·나고야성名古屋城·슴푸성駿府城·야마가타성山形城

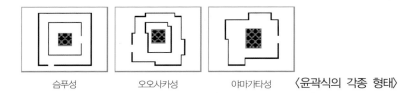

| 슴푸성 | 오오사카성 | 야마가타성 | 〈윤곽식의 각종 형태〉 |

▷**연곽식**〈렝카쿠시키連郭式〉

산자락에 지어진 산성에 많이 보이고 홈 마루를 중심으로 앞뒤 혹은 한 쪽에 직선형태로 성곽이 배치되어 있다.

예〉마츠야마성松山城·센다이성仙台城·미토성水戸城·히코네성彦根城

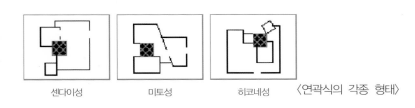

| 센다이성 | 미토성 | 히코네성 | 〈연곽식의 각종 형태〉 |

▷ **사다리식** 〈테에카쿠시키梯郭式〉

　홈 마루에 뒷박처럼 사각져서 돌아가게 된 코구치虎口/小口형식의 출구 부분에 제1 외곽성을 설치하고 제1외곽성의 코구치 형식의 출구부분에 제2외곽성을 배치하는 방식으로 구성되어 있다. 히라야마성平山城의 형태에서 볼 수 있다.

　예〉 쿠마모토성熊本城 · 와카마츠성若松城 · 하기성萩城

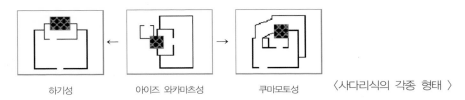

| 하기성 | ← 아이즈 와카마츠성 → | 쿠마모토성 | 〈사다리식의 각종 형태 〉 |

▷ **병렬식** 〈헤에카쿠시키並郭式〉

　홈 마루와 제1외곽성을 나란히 배치하고 그 둘레에 제2외곽성을 배치한다.

　예〉 시마바라성島原城

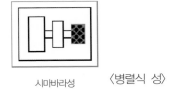

시마바라성　　〈병렬식 성〉

▷ **나선형** 〈라센시키螺旋式〉

　홈 마루를 중심으로 나선형으로 성곽을 배치하는 성.

　예〉 에도성江戸城 · 히메지성姫路城

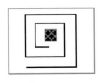

히메지성　　〈나선형식 성〉

18.5. 성역〈나와바리繩張り〉의 구성 요소

성내에 배치된 작은 구획으로 그 역할이나 기능에 의해서 배치된다.

18.5.1. 성곽〈쿠루와郭〉

▷홈마루本丸 : 성의 중심이 되는 성곽으로 텐슈카쿠나 누각, 망대櫓 등이 설치된다.

▷텐슈구루와天守曲輪 : 텐슈를 중핵으로 소텐슈나 망대 혹은 창고 등이 배치된다.

▷니노마루二の丸 : 홈 마루 둘레 혹은 인접해서 배치되고 성주가 거주하는 덴샤殿舍, 성내의 지방관 청인 한쵸오藩庁 등 각 관청이 설치된다.

▷산노마루三の丸 : 제1외곽성의 바깥쪽, 혹은 인접해서 배치되고 중신들의 가옥인 야쿠타쿠役宅, 승 마연습장인 바바馬場, 말 기르는 축사인 우마야厩 등이 있다.

▷니시노마루西の丸 : 성주의 은거 장소 혹은 세자의 저택이 있고 흔히 홈 마루의 서쪽에 있다.

▷츠메노마루詰の丸 : 전쟁 시 마지막 거점으로 보통 홈 마루 뒤쪽에 있는 산에 세워지며 본성이 함락 당할 것 같으면 들어가 농성에 돌입하기 위한 곳이다.

▷오비구루와曲輪 : 커다란 성곽의 바깥쪽을 가늘고 길게 둘러친 성곽.

18.5.2. 성의 출입구〈코구치虎口〉

성의 출입구를 코구치라 하고 적의 침입을 방지하기 위한 여러가지가 고안되어 있다.

▷일자 출입구/이치몬지 코구치一文字虎口

성의 출입구 앞, 혹은 뒤에 한일자〈一〉의 차단벽을 설치하여 적의 직진 공격을 막거나 밖에서 안이 보이지 않도록 하고 있다.

▷말 출입구/우마다시 코구치馬出虎口

성문 앞에 차단벽을 쌓아서 군대나 말의 출입을 적이 알지 못하도록 하는 축대.

▷토모에 입구/토모에 코구치巴虎口

한자 토모에巴라는 글자 형태의 굴곡진 출입구로서 적이 직진으로 공격해오는 것을 막기 위한 장치로 고안된 것이다.

▷이중 병행 입구/나라비 코구치並虎口

두개의 출입구를 인접시켜 설치한 형태의 성문 출입구.

▷무코구치/無虎口

토담이나 돌담을 굴곡으로 설치함으로써 입구가 보이지 않도록 한 성문 출입구.

▷엇갈림 입구/쿠이치가이 코구치食い違い虎口

좌우로 못이나 토벽을 엇갈리게 해서 S형의 통로를 만들어 입구로 한 성문 출입구.

▷됫박형 입구/마스가타 코구치枡形虎口

사각형의 못이나 토벽을 배치하여 출입구로 한 것으로 둘의 출입구가 서로 통하도록 만든 형태의 입구.

18.5.3. 제방/우마다시馬出

성문 앞에 배치된 작은 제방 형태의 성곽으로 적의 공격을 대비하여 출입구를 방어하고 아군병사의 출입을 도와주는 시설

▷아즈치 우마다시的土馬出

성의 출입구 앞에 한일자형의 흙벽을 쌓은 것. 도이土居, 혹은 도테土手라고도 함.

▷마루 우마다시丸馬出

아즈치 우마다시와 같이 출입구 앞에 반원형의 흙벽을 쌓은 제방.

▷카쿠 우마다시角馬出

사각형의 우마다시이고 근세 성곽의 대부분이 이 카쿠 우마다시이다.

▷겹 우마다시重馬出

우마다시가 앞뒤로 겹쳐져 있고 성안에 됫박형의 공간이 없을 때 만들어진다.

▷십자형 우마다시/츠지 우마다시辻馬出

두 출입구의 방향이 서로 직각으로 교차할 때 하나의 우마다시로 양쪽을 지킬 수 있다.

▷만지 우마다시卍馬出

토벽과 못을 만卍자형태로 굴곡시켜 만든 우마다시.

18.5.4. 요코야横矢

요코 가카리라고도 하며 출입구라든가 토벽 혹은 돌담으로 접근하는 적을 측면에서 공격하기 위해 설치된 굴곡으로 사각지대를 없애기 위해 다양한 아이디어로 많이 만들어져 있다.

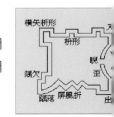

📷 요코야横矢

18.6. 성곽의 구성 요소

18.6.1. 천수각/텐슈카쿠天守閣

성의 중심이 되는 건조물로 중세에는 적의 공격을 탐지하고 전투의 지휘를 하기 위하여 조망성이 중시되었는데 근세에는 권위의 상징으로서 위엄성이 중시되었다.

📷 오오사카성大阪城

❁ 현재도 남아 있는 천수각 ❁

히로사키성弘前城/마츠모토성松本城/마루오카성丸岡城/이누야마성犬山城/히코네성彦根城/히메지성姫路
城/마츠에성松江城/빗츄우마츠야마성備中松山城/마루가메성丸亀城/마츠야마성松山城/우와지마성宇和島城
/코오치성高知城

📷 타카시마성高島城

히메지성姫路城

히로사키성弘前城

📷 오카야마성岡山城

나고야성名古屋城

히로시마성広島城

18.6.2. 누각/야구라櫓

 적 탐지, 혹은 무기라든가 식료품을 저장하기 위한 건조물로 중세에는 〈矢倉〉혹
은 〈矢蔵〉라고 썼다. 와타시 야구라渡櫓/야바시리 야구라矢走櫓 등이 있다.

18.6.3. 성문/죠오몽城門

출입구의 방비를 튼튼하게 하기 위해서 성의 출입구에 세워진 건조물로 적의 공격을 가장 많이
받는 곳이다.

무나몽棟門/야구라몽櫓門/카라몽唐門/코오라이몽高麗門/야쿠이몽薬医門/나가야몽長屋門/코오몽拱門/
카부키몽冠木門/이시몽石門/우즈미몽埋門 등이 있다.

📷 무나몽	야구라몽	카라몽	코오라이몽	야쿠이몽
나가야몽	쿄오몽	카부키몽	이시몽	우즈미몽

18.6.4. 마스가타枡形

출입구의 방어시설로 만든 누각으로 사각형의 사방을 둘러싸고 있는 공간이다. 뒷박형태의 마스가타 코구치枡形虎口는 가장 발달한 출입구로 근세 성곽에서는 모든 성이 이 형태를 취하고 있다.

18.6.5. 어전〈고텡御殿〉

성주가 거처하는 공간으로 중세에는 성 밖에 공간이 설치되어 있었는데 전국시대에는 성 밖에서는 위험하기 때문에 성안에 세우게 되었다.

18.6.6. 창고〈쿠라蔵〉

보관하는 물건에 따라서, 화약 창고(엔쇼오구라焔硝蔵)·금고(카네구라金蔵)·쌀 창고(코메구라米倉)·소금 창고(시오구라塩蔵)·무기 창고(부구쿠라武具蔵) 등이 있다.

18.6.7. 다리〈하시橋〉

성안과 성밖 혹은 성곽과 성곽을 연결하기 위한 다리이다.

토교(도 바시土橋)·목교(키 바시木橋)·석교(이시 바시石橋)·길교(하네 바시桔橋)·인교(히키 바시引き橋) 등이 있다.

📷 토교	목교	석교	길교	인교

18.6.8. 돌담〈이시가키石垣〉

적의 침입을 막기 위해 돌을 쌓아 벽으로 만든 것으로 돌을 쌓는 방법에 따라서 분류한다. 노즈라野面積・우치코미 하기打込みハギ・키리코미 하기切り込みハギ・란 즈미乱積み・누노 즈미布積み 등이 있으며 시대와 함께 변화하고 있다.

노 즈라　　　　우치코미 하기　　　키리코미 하기　　　누노 즈미

18.6.9. 도루이土塁

도이土居라고도 하며 못을 만들 때 파낸 흙을 성안에 혹은 성곽에 쌓아 올려 낮은 언덕을 만든 것이다. 따라서 토벽과 못은 대칭을 이루고 있고 크게는 타타키 도이敲土居・시바 도이芝土居・하치마키 도이鉢巻土居・코시마키 도이腰巻土居・미즈 타타키水敲き 등이 있다.

타타키 도이　　시바 도이　　하치마키 도이　　코시마키 도이　　미즈 타타키

18.6.10. 해자〈호리堀〉

토벽, 돌담과 함께 적의 공격을 막기 위한 중요한 방어 시설로 방위력을 출입구에 집중할 수가 있다. 근세 성곽은 거의가 물 해자이다.

마른 해자(카라 보리空堀), 깎아 만든 해자(호리 키리堀切), 둔덩 세운 해자(타테 보리竪堀), 고랑 해자(우네 보리畝堀), 격자 해자(쇼오지 보리障子堀), 물 해자(미즈 보리水堀) 등이 있는데 이 중 물 해자는 만든 모양에 따라 다시 상자 해자(하코 보리箱堀), 야겜 보리薬研堀, 카타야겜 보리片薬研堀, 케누케 보리毛抜堀 등으로 나뉘며 우치 보리内堀는 성의 내부에 있는 인공 물 해자이고, 소토 보리外堀는 성의 외부에 있는 물 해자이다.

카라 보리　　호리 키리　　타테 보리　　우네 보리　　쇼오지 보리　　미즈 보리

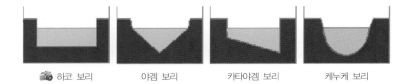

하코 보리   야겜 보리   카타야겜 보리   케누케 보리

18.6.11. 담〈헤에塀〉

방어 시설로서 토벽 위에 설치된 것으로 성의 칸막이로서의 의미가 있다. 나무판자는 불에 약하기 때문에 옻칠을 한 것이나 흙으로 만든 도베에土塀 등이 있다.

18.6.12. 벽〈카베壁〉

▽마카베 츠쿠리真壁造

벽 위에 옻칠을 하고 기둥이나 가로 목(나게시長押)을 노출시킨 것

▽오오카베 츠쿠리大壁造

기둥이나 가로 목 등 모두를 칠해서 표면을 부드럽게 한 것.

▽시타미 이타바리下見板張

칠한 토벽 하부에 판자를 댄 것으로 토벽이 떨어지는 것을 방지하고 있다.

18.6.13. 협창〈하자마狹間〉

담이나 건물 외벽 등에 설치된 활이나 철포를 발사하기 위한 작은 창으로, 사용하는 무기에 따라서 화살 협창(야 바자마矢狹間), 철포 협창(텝포오 바자마鉄砲狹間), 대포 협창(타이호오 바자마大砲狹間) 등이 있는데 이것은 구조적으로 성 안쪽은 넓고 바깥쪽은 좁게 되어 있다.

하자마

18.7. 성의 공격〈시로 제메城攻め〉

전국 시대에는 성을 어떻게 공략하는가가 명장과 범장을 구별하는 기준이 되었다. 따라서 성 공격의 전술이 다양하게 연구되었다. 다음은 성 공격시 반드시 필요한 정보들이다.

1. 적과 아군의 병력 차
2. 성의 지형, 방어력의 정도
3. 성을 지키고 있는 장군의 기량
4. 성안에 있는 병사의 사기

5. 성안의 무기의 종류와 양
6. 물, 식량의 보유량과 공급의 수준
7. 성을 지키고 있는 병사에 대한 원군의 유무

18.7.1. 성 포위 전술〈효오로오 제메兵糧攻め〉

📷 구마모토성熊本城

성을 완전히 포위하여 보급루트를 끊고 성안의 물자가 바닥나는 것을 기다리는 것이 이 전술이다. 식수의 수원을 끊으면 더욱 효과적이다. 공격 측의 병력 손실이 적기 때문에 이 방법이 애용되었다. 따라서 성을 지을 때는 평시부터 식량의 저장, 수원의 확보에 대한 충분한 배려가 전제 조건이었다.

📷 구마모토성 우물

카가와현香川県에 있는 마루가메성丸亀城내에는 9개의 우물이 있었는데 우물 하나의 깊이가 자그마치 66m에 달하는 것도 있었다고 한다. 또한 효오고현兵庫県에 있는 히메지성姫路城에는 33개의 우물이 있었는데 그 중 하나는 깊이가 30미터나 되는 것이 있었으며, 쿠마모토성熊本城에는 120개의 우물이 있었다고 전해지고 있다. 깊은 우물을 파지 않을 경우에는 성안의 샘물(와키 시미즈湧き清水)을 이용하거나 물통(요오스이 오케用水桶)을 설치하여 빗물을 담았다. 계곡에서 물을 끌어들일 때는 관(토이樋)을 땅에 묻어 사용했다. 물과 함께 중요한 쌀창고(코메구라米倉)와 소금창고(시오구라塩蔵) 등의 창고를 주요지점에 설치하고 평상시에 작은 성에서는 수개월, 큰 성에서는 여러 해 동안 쓸 식량을 준비하는 것이 기본이었다.

18.7.2. 물차단 공격〈미즈 제메水攻め〉

성 공격의 한 방편으로 적의 용수로를 차단하여 성내의 병사들을 고갈시켜 항복하게 하는 전술이다. 저지대의 성에 대해서는 성 주위에 높은 제방을 쌓아 물길을 바꾸며 성을 고갈시켰다.

18.7.3. 불 공격〈히 제메火攻め〉

야키우치라고도 하며 불을 질러 공격을 하는 방법이다.

일본 정원   part.**19**

19.1. 일본 정원의 역사

일본의 독자적인 문화 예술의 하나인 일본 정원은 문헌에 남아 있는 기록에 의하면 수천 년의 역사를 가지고 있다. 일본 정원의 원초적인 형태로 추측되는 것으로는 「환상열석環狀列石」이나 「신지神池・신도神島」, 「반좌(이와쿠라磐座)・반경(이와사카磐境)」이다. 이들을 그대로 정원의 형태라고 보는 것은 무리가 있지만 일본 정원의 사상적인 배경이나 종교적 의미를 추측하는 데는 상당한 단초가 되어준다. 일본의 정원은 항상 돌과의 역학관계에서 시작하지 않으면 안 된다.

일본 정원은 돌을 고리 모양으로 둥글게 늘어놓기도 하고, 세우기도 한 형태에서 시작된다. 그러나 이러한 돌의 배치 즉 이시구미石組는 제례에 사용된 설치물로 보이고 이런 이시구미를 일본 정원의 모형이라 생각하는 데도 약간의 무리는 있다. 아마 이 시기의 이시구미는 정원보다는 자연이나 각종 신에 대한 숭배의 의미가 컸을 것이다. 하긴 이 시기에는 정원이라는 형태나 의식 자체가 없었을지도 모른다. 고리 모양으로 둥글고 가지런하게 정렬한 돌이나 산의 정상, 혹은 중턱에 우람하게 서 있는 바위 등이 신앙의 대상으로 숭배되었던 것은 사실이다. 이러한 자연숭배 사상이 구현되어 현존하는 정원의 이시구미 형태로 변천한 것으로 볼 수도 있다. 이른바 신의 세계와 인간의 세계를 연결한다는 것이 일본 정원의 기본 발상인 것이다. 이러한 변천 과정에서 중요한 역할을 한 것이 당시에 선진국이었던 대륙과 한반도로부터 유입된 고도의 문화, 종교, 철학 등이다. 그러한 사상을 배경 삼아 일본적인 것을 가미하여 일본의 독자적인 정원으로 심화, 발전시킨 것이다. 일본 정원의 형태와 돌 배치의 배경에는 자연에 대한 외경과 종교, 사상이 깃들어 있다. 일본인은 시대에 따라 그려내고 싶었던 이상향의 추상적 표현을 표방하면서도 그 저변에는 자연을 가능한 한 가공하지 않는 것을 이상으로 여겼다. 이 상충된

타테이시立石

각종 이와쿠라磐座의 다양한 표정들

이념 속에서 주제가 어느 시기는 호쾌하게, 어느 시기에는 섬세하고 부드럽게 표현되어 보는 사람들로 하여금 다양한 감동을 느끼게 해왔다.

헤에안平安 시대와 카마쿠라鎌倉 시대에는 신성함을 중시하여 연못이 정원의 중심이었는데 무로마치室町 시대와 모모야마桃山 시대 같은 중세 말기에는 선종禪宗이 발달함에 따라 암석을 중심으로 만든 돌 정원(세키테에오石庭)이 유행한다. 이것은 선종의 기본정신인 허례허식을 가능한 한 억제한 상태에서 고도의 세련된 정신문화를 살리는데 초점이 두어졌기 때문이다. 이 시대는 인공적으로 노력을 가한 아기자기한 조경 보다는 자연 그대로를 옮겨 놓은 듯한 정원을 만들려고 한 것이다. 그 후 에도 시대에 이르러 현재까지 보존되어 있는 정원이 많이 만들어졌고, 종래의 연못을 정리한 세 갈래 흐름인 〈정토식 정원〉·〈고산수 정원〉·〈로지〉 등이 출현하게 된다.

📷 카미가모 진쟈

일본의 정원의 절대적인 중심소재는 돌과 바위이다. 돌과 바위가 다른 건축소재에서는 그다지 주목받지 못하는데 반해 유독 정원의 소재로서 인기를 끄는 이유는 그것이 신이 강림하는 곳으로 신성시되고 있기 때문이다. 그 신앙의 원천은 카미가모上賀茂 진쟈神社이다. 우선 이 진쟈의 정북 쪽에 카미야마神山라는 산의 정상에 있는 바위를 통해서 신이 강림하고 그 다음에 마루야마丸山를 통해서, 그 다음은 진쟈神社의 본전으로 내려온다는 것이다. 이렇게 신앙의 대상이 된 바위를 이와쿠라(磐座/신을 모시기 위하여 마련된 돌로 이와사카岩境와 함께 원초적으로는 우리의 고인돌처럼 고대의 제사설비였다)라고 한다. 높은 산에 노출된 큰 바위는 거의가 이와쿠라로 모셔지고 있다. 산의 바위나 수목樹木, 혹은 산 그 자체에 신의 영혼이 하늘에서 내려왔다는 유형의 믿음을 갖고 있는 진쟈를 수직 강림형(스이쵸

📷 이시구미

쿠 고오링 가타垂直降臨型)이라고 하며 진쟈 안에 돌을 나르고 흙을 파서, 여러 개의 큰 돌들을 고정시켜 만든 이와쿠라가 있는데 이시구미石組는 이렇게 해서 탄생하는 것이다.

19.2. 일본 정원의 종류와 일본인의 미학

일본 정원의 기본골격은 바위가 모여 있는 방식에 따라 결정되며, 여기에 교목과 관목뿐 아니라 모래, 인공 언덕, 연못, 냇물流水 등이 일본 특유의 미학으로 배치된다. 일본인들의 성격구조와 일본 정원의 구조는 같은 성향을 지니고 있다고 할 수 있다. 일본의 정원은 일반적으로 입체식이냐, 평면 식이냐의 두 종류로 나뉘는데, 언덕과 연못으로 구성된 입체식인 츠키야마築山와 평면식인 히라니와平庭가 그것이다.

주로 저택의 정원에는 입체식 정원이 사용되었으며, 제한된 협소한 공간에서는 평면식 정원이 만들어졌고 중세말기 이후에 이 평면식 정원은 다도와 다실이 발달하면서 널리 퍼지게 되었다. 이것은 정원의 새로운 기풍을 만들어 에도 시대까지 이어지는 또 하나의 양식을 만들어 낸다. 입체적인 츠키야마築山형식은 쿄오토의 텐류우지天龍寺가 대표적이고, 평면식 정원인 카레산스이枯山水식은 쿄오토의 료오안지龍安寺가 대표적이며, 일본 정원의 모든 특징들을 고루 갖고 있는 쿄오토의 가츠라별궁桂離宮은 샤케이借景식 정원으로 정원 밖의 멀리 보이는 풍광 자체를 정원의 일부인 것처럼 만든 것이다.

하마 리큐우浜離宮 은사정원1(恩賜庭園) · 東京

리쿠기엥六義園 · 東京

19.2.1. 츠키야마 린센築山臨川 정원－자연의 모사模写

사이호오지西芳寺1 · 京都

흙이나 돌을 쌓아서 산의 모양을 만들고, 물을 흐르게 하여 연못이나 시냇물의 모양을 만들어 자연의 경관을 그대로 카피한 양식을 츠키야마 린센築山臨川식이라 한다.

이 정원 양식은 아스카飛鳥 시대, 나라奈良 시대부터 유행하였으므로 일본 정원 양식의 원조라고 볼 수 있다. 실제로 이 방식은 그 뒤 정원조경의 기본적인 규범역할을 하고 있다. 그리고 헤에안 시대에는 특정 명승지를 모사模写하는 수법이 유행했다. 후지산을 비롯한 전국의 영산靈山이 츠키야마의 모델이 된 것은 돌에 신이 강림한다는 이와쿠라로 상징되는 종교적 의미의 표현양식인 것이다. 츠키야마築山가 전국의 영산의 모사라고 한다면 린센臨川은 바다 및 호수를 재현한 것이다. 자연 속에 바다와 강을 표현하기 위해 필요한 냇물을 류우스이流水라고 하는데 이를 위해서는 당연히 수원지에서 연못까지의 급수로와 오래 된 물을 빼내기 위한 배수로가 필요하게 된다. 이들 몇가지 요소가 이 정원 방식에서는 매우 중요한 요소가 되고 있다.

츠키야마 린센식은 주로 헤에안平安 시대의 후지와라藤原 정권에 의해 만들어졌는데 그들은 자신들의 안정된 정권과 권력을 과시하기 위하여 호사스러운 정원을 만들었다. 때마침 이 시기에는 석가의 가르침이 쇠퇴하여 말법(맙포오末法/석가 입적 후에 불교 유포기간을 3기로 나눌 때의 마지막 말기로 불교의 가르침이 쇠퇴하여 수행하는 행위도, 깨우침을 받는 행위도 없어지고 교법만이 남는다는 불교 발상으로 사람들은 공포에 빠지고 불도자는 열심히 구도를 했다) 이 도래한다는 시기로 말법에 대한 공포와 극락정토에 귀의를 염원하는 정토사상이 주류를 이루던 시대였다. 이 시대에 불교적 상상 속에서 극락 정토를 정원으로 표현하려는 욕망이 정원의 미학으로 발전하였다. 그 대표적인 것이 보오도오잉平等院인데 특징은 큰 연못과 아치형 다리와 중앙에 섬이 있는 것이다. 극락의 궁전을 모델로 했다는 호오오오도오鳳凰堂는

📷 사이호오지2·京都

국보로 지정되어 있다. 이 절은 원래 겐지모노 가타리源氏物語의 주인공의 모델이라고 전해지는 미나모토노 토오루源融의 별장이었다. 흐르는 물을 집안으로 끌어들여 흐르게 하는 야리미즈遣り水라는 형식을 취하는 가하면 정원의 연못에서 뱃놀이를 할 수 있을 정도로 저택이나 사찰에 큰 정원이 있는 곳도 있었다. 이 방식의 절로는 쿄오토의 텐류우지天龍寺가 있는데 쇼오궁 아시카가 타카우지足利尊氏가 고다이고오後醍醐 천황天皇의 명복을 빌기 위하여 세운 절이었다. 또한 무소 소오세키夢窓疎石가 만든 쿄오토의 사이호오지西芳寺의 정원은 정원전체가 이끼로 덮여 있어 코케데라苔寺로도 유명하다.

📷 호오오오도오鳳凰堂·京都

카쥬우지勧修寺·京都

📷 오오사와노 이케大沢池·京都

코다이지高台寺·京都

텐류우지天龍寺 · 京都

헤에안 징구우平安神宮 · 京都

19.2.2. 선종禪宗의 카레 산스이枯山水식 정원—세키테에石庭

중세로 들어서면 귀족문화가 무사문화로 바뀌고 당시 유행하던 선종禪宗이 정원 문화의 사상적 배경으로 등장한다. 나무 한 그루, 풀 한 포기 심지 않고 돌과 모래로만 산수를 표현하는 카레 산스이枯山水양식의 정원은 상징의 공간이다. 하얀 모래는 흐르는 물과 바다, 혹은 구름을, 검은 바위는 산과 폭포를 상징한다. 이 흑백으로의 대담한 생략은 중국의 수묵화의 영향이기도 하다. 이런 방식의 정원은 단순히 관상용의 공간이 아니라 선문답의 장이기도 하고 깨달음에 이르는 수련의 장이기도 했다.

카레 산스이枯山水式식 정원은 산과 물이 표현되지만 말라 있기 때문에 카레枯라는 말을 쓴다. 여기서는 소재가 함유하고 있는 각각의 질감이 전체적인 조화 속에서 자신 고유의 이미지를 벗고 상징적인 의미로 비약함으로써 자연은 색다른 표정으로 다가옴은 물론이거니와 완전히 새로운 세계로 끌어들이는 기호체계의 역할도 아울러 함께 한다. 이른바 초월적인 감각과 감성의 세계의 창출이다.

다이토쿠지大德寺 다이셍잉大仙院정원이나 쿄오토의 료오안지(龍安寺/1450년에 호소카와 카츠모토細川勝元가 창건한 절로 호소카와씨 대대의 묘소가 있다)정원에서는 평지에 일체의 초목이 없이 15개의 돌을 배치해 산수의 자연경관을 표시하는 등 초감각적인 무無의 경지를 표현했다. 카레 산스이식 정원은 무엇보다도 대담한 생략을 통하여 간결하게 물체의 형태를 표현해서 어떤 사물을 설명하고자 하는 조형이다. 정원석도 가능하면 적게 사용하고 면적도 협소하기 때문에 사용하고 있는 재료에 심오한 의미를 함유시키고 있다. 그리고

료오안지龍安寺 · 京都

정원석의 형태, 돌 표면의 갈라진 모양이나 색조를 이용해 섬세한 정신과 감상을 구상하여 돌의 배치나 구성을 연출해내고 있다. 그것은 마치 정원석과 소량의 수목, 그 외의 재료를 사용하여 공간에 그림을 그리고 있는 것과 같은 느낌을 주는 정원의 구성방법으로 발상의 획기적인 전환을 통한 창조적 미의 창출로서 이른바 선종의 질박함의 형상화로도 주목을 받고 있다.

📷 묘오렌지妙蓮寺·京都

19.2.3. 챠시츠茶室와 함께 발달한 정원—챠테에茶庭

16세기 후반에 들어 전란의 정국이 토요토미 히데요시豊臣秀吉에 의해서 비교적 안정되는 시기를 모모야마 시대라고 하는데 이 시대는 센노 리큐우千利休와 토요토미가 차 문화에 관심을 가지면서 정원에 다실을 꾸미고 다실과 통하는 통로를 만드는 수법이 정원 제조에 도입되었으며 그로 인해 다실(챠시츠茶室)과 그곳에 이르는 좁은 길을 조경하는 수법이 개발된다. 다실은 일종의 수양하는 자리를 꾸미는 간소한 건축으로, 그곳에 이르는 길을 중심으로 좁은 공간에 꾸며지는 챠테에茶庭는 자연을 간소하게 재현한 일종의 정원이라고 볼 수 있다.

조경법으로는 징검돌(토비이시飛石)이나 돌 포장 수법을 구사하는데 이것은 폭풍에 씻겨 곳곳에 암석이 드러나 있는 산길을 나타내며, 물통(미즈오케水桶)이나 돌로 만든 물그릇으로 샘을 상징하고, 마른 소나무잎을 깔아 지표를 나타내는 등 제한된 공간 속에 깊은 산골의 정서를 담으려고 한다. 때로는 오래된 사찰이나 경내에 있을 법한 석탑이나 석등을 옮겨다 놓아 고찰古刹의 분위기를 재생시키는 시도도 이루어진다. 이른바 이런 공간 연출을 통해 속세를 벗어나 고즈넉한 분위기를 창출하여 자연스럽게 다도에 임할 수 있게 한다. 카부키歌舞伎의 하나미치花道나 노오能에서 하시가카리橋掛り와 같은 역할을 한다고 볼 수 있다. 즉 세속을 벗고 신성한 공간으로 들어가는 공간의 역할을 하는 것이다.

📷 카츠라 별궁桂離宮 로지路地

당시의 정원에는 챠세키(茶席/차 마시는 장소), 챠테에茶庭라고 하는 특수한 양식의 건물과 정원이 고안되고, 이 챠세키·챠테에의 발생과 발달을 계기로 지금까지의 정원 양식에 큰 변화가 나타나게 된다.

챠테에는 로지露地라고도 일컬어지는데, 종교의 정신적 기

📷 우라센케裏千家 츠쿠바이蹲   우라센케裏千家 마치아이待合

반을 갖는 형식으로 생각할 수 있을 뿐만 아니라, 지금까지 만들어져온 츠키야마 린센식 정원이나 카레 산스이식 정원과는 형태도 근본적으로 차이가 난다. 로지 안은 심신을 정화하는 장소로 깨끗한 물로 입안을 씻어내고 손을 깨끗이 하도록 수반을 놓고 돌을 깔아 길을 만들었다. 그리고 그곳을 걷기 쉽도록 징검다리나 돌로 포장을 했는데, 비가 내린 후에도 신발에 흙이 묻지 않고 통행할 수 있도록 실생활의 편익을 고려해 고안된 것이다. 지금까지 진쟈神社나 절佛閣의 참배 길(산도오參道)에 사용되던 석등의 상징적 의미가 변화되어 정원의 석등은 야간의 조명과 장식적 목적으로 설치되게 된다. 그리고 이러한 로지, 챠테에가 일반인의 관심을 끌게 되면서 일반 주택 정원의 구성요소로도 사용되게 되었으며, 그와 같은 경향은 대단히 빠른 속도로 유행하게 된다.

에도 시대 이후 만들어진 정원에서는 대정원의 경우 정원 내부의 길에 징검다리를 놓고 돌 포장을 했으며, 챠세키나 잠시 걸터앉아 환담을 나누는 곳인 마치아이待合 코시카케腰掛를 만들었던 것은 로지테에露地庭의 영향, 즉 차테에의 영향을 받은 결과라고 하겠다.

일본의 공간의 미학 다도의 미학

속된 세계에서 성스런 공간으로 인도되기 위해 일본의 공간구성에서 중요한 모멘트가 되는 것은, 냇물처럼 자연스러운 흐름 속에서의 통과의례적인 공간이 마련되어 있다는 점이다. 이 공간은 외부에도 내부에도 속하지 않는 무연고 공간으로 두 세계를 이어주는 것이다. 일본의 공간구성에는 항상 그러한 중간영역이 준비되어 있다. 따라서 다도는 차 정원을 만들었을 때 이미 그 완성을 본 것이나 마찬가지이다.

후시미伏見의 이나리稻荷 진쟈神社에서 겹겹이 보이는 토리이鳥居와 끊이지 않고 계속되는 참배 길도 시간과 공간을 초월하기 위한 장소이다. 그 나름대로의 마음을 비워내는 장치로서의 정적静寂의 공간인 것이다.

일본에는 옛날부터 우츠ウツ라는 관념을 나타내는 말이 전해오고 있다. 우츠란 속이 텅 비었다는 카라空를 의미하기도 하고 카라虛를 나타내기도 한다. 우츠의 파생어인 우츠와器는 속이 비었기 때문에 뭔가에 의해 채워지는 것이다. 그것은 공허한 것이 갖고 있는 가능성의 표시이다.

한편 우츠로히ウツロヒ・우츠로이ウツロイ의 〈우츠〉는 우츠르移る・우츠스映す・우츠시득し로 전개되는 데 우츠르移る는 고정화되지 않고 변천하는 것을 의미한다. 그리고 우츠스映す는 빛 또는 그림자가 비춰지는 것을 의미한다. 뭔가 특별한 것을 다른 것으로 비추는 것이다. 그리고 우츠시득し란 그런 것들을 뭔가의 방법으로 정착시키는 것이다. 이처럼 〈우츠로히〉는 이들 모두의 이미지를 내포하는 것을 의미하고 〈우츠〉라는 공허한 것에 숨겨져 있는 무한의 가능성을 나타내는 것이다.

일본 공간의 특성은 항상 〈우츠〉라는 상태에 있는 것이 바람직하다고 생각되어 왔다.

다실이야말로 바로 우츠라는 상태에 놓인 공간이다. 왜냐하면 다도에 있어서 가장 중요한 〈지금〉이라는 시간과 공간은 다실이 우츠 상태에 있는 경우에만 포착될 수 있기 때문이다. 그것은 고정화되지 않는 상황이 시간을 비추고 자연과 동화되어 보이지 않는 세계와의 교신이 마음에 정착되기 때문이다.

일본의 공간은 항상 고정화되는 것을 경계했다. 공간은 고정화되었을 때부터 썩기 시작하여 결국에는 죽음을 맞이한다고 생각했기 때문이다.

다실에서 가장 중요한 것은 주인의 마음을 〈지금〉이라는 시간과 공간으로 실현시키는 데에 있다. 그리고 그 시공의 개념 하에서 아름답게 모양새를 만드는 것이 도구이고 작법이고 마음이다. 그 점을 생각하면 다실은 〈선행된 미의 세계〉가 아니라 〈지금〉이라는 연출 감각으로 주인의 마음이 도구를 통해서 정리되었을 때 비로소 본연의 그 모습을 드러내는 것이다. 〈우치다 시게루〉

19.3. 정원 감상

정원의 감상은 직접 정원 속을 거닐며 운치를 맛볼 수 있는 회유식(카이유우시키回遊式)과 앉아서 작품을 감상하듯 바라보는 감상식(칸소오시키感想式)이 있다. 에도 시대에는 당시까지 전통으로 유래되어오던 정원을 통합하는 방식으로 만들어졌는데 이 시대에 가장 주목할 만한 특징이 바로 이 회유식 정원이다. 중앙에 연못을 배치하고 챠테에茶庭, 챠시츠茶室, 다리, 등롱(토오로오灯籠) 등을 배치하여 길을 따라 경치를 감상하는 정원이다. 이 방식으로는 각 지방의 다이묘오大名를 위한 정원과 쿄오토의 가츠라 별궁桂離宮정원과 토오쿄오의 황거皇居의 정원이 손꼽힌다. 회유식 정원은 수천에서 수만 평의 넓은 면적을 가진 정원으로 부지에 츠키야마, 연못, 시냇물 그리고 기타 정원시설이 배치되고, 건물도 주체가 되는 본관을 중심으로 별당, 다실이 들어선 정원(챠테에茶庭) 등이 곳곳에 설치되는 구성을 이룬다. 이러한 정원은 전체적인 조화를 이루고 있을 뿐 아니라 그 안의 각 건물에서 정원을 바라볼 수 있도록 건물을 중심으로 정원구성이 이루어진다. 각 건물과 정원이 만나는 공간을 정원의 구역, 국부라고 하며 회유식 정원의 특징은 이와 같은 구역별로 색다른 정원 양식이 되어 있어 시리즈식으로 훌륭한 정원 경관을 형성할 수 있도록 빈틈없이 구성되어 있는 데 있다.

호코오지宝鏡寺・京都

쿄오코치鏡湖池의 설경・京都

감상식 정원이란 주 건물의 중심이 되는 마루, 또는 타타미疊를 깐 방이나 건물의 복도를 약간씩 이동해 가면서 정원을 감상하도록 만들어진 형태를 말한다. 따라서 이런 종류의 정원은 앉아서 감상할 수 있는 마루 앞에 모든 것이 완벽하게 만들어진 형태가 대부분이다. 주택 정원의 경우 건물의 정면, 남쪽 면에 위치하는 경우가 대부분이며, 사원 등의 특수한 건축물의 경우에는 건물의 뒤편, 서원 또는 객전客殿 등에 앉아 바라볼 수 있는 위치에 정원을 조성한다.

19.4. 일본 정원의 사상적 배경

일본의 정원은 좋으면 무조건 수용하는 일본인의 종교의식처럼 불교, 도교, 음양, 신토오神道 등의 여러 종교요소가 자연스럽게 용해되어 일본 정원이라는 통합된 모습으로 나타나고 있다. 정원에 산을 만들고 돌을 배치하여 거기에서 신을 본다. 또한 정원에 연못을 파고 연못 안에 섬을 만들어 돌을 배치하고는 거기에서도 신을 본다. 복수의 종교 사상이 잘 조화되고 통일되어 정원이라는 포용 공간을 만들어 가는 것이다.

하마리큐우浜離宮 온시테에엥2恩賜庭園 · 東京 　　　　아다치 미술관 정원足立美術館庭園 · 島根県

일본 정원의 사상적인 배경은 가장 큰 줄기로는 정토(죠오도浄土)사상과 신선(신센神仙)사상 두 가지이며, 이 두 사상에 의해 일본 정원의 양식, 형태가 형성되었다고 할 수 있다.

일본 정원에 있어서 정토사상은 극락정토를 건물과 정원 공간에 표현하는 방식으로 영향을 미쳤다. 그 가장 단적인 예가 헤에안 시대에 축조된 보오도오잉平等院이다. 여래상이 안치된 호오오오도오鳳凰堂를 중심으로 전개된 연못은 연지(하스이케蓮池)를 표현하며, 보오도오잉은 건물과 정원으로 극락정토를 나타내고 있다. 이는 아미타(아미다阿弥陀)신앙의 사상에서 발상된 정원건축의 양식으로 이 사상과 형식은 후세에까지 계속 계승된다. 또 이 사상은 돌을 이용해서 삼존불(산존부츠三尊仏)의 형태를 표현하는 시도까지 발전하게 된다.

중국에서 전해져온 신선설神仙説도 정원조성에 영향을 미쳤다. 큰 바다에 신선이 살고 불로불사不老不死의 영약靈薬이 있다는 전설에 따라, 정원에 연못을 만들고 그 안에 신선이 거처하는 신선도神仙島를 표현하고자 시도한다. 삼보오잉三宝院, 니죠오성二条城, 코오라쿠엥後楽園의 정원, 리츠링 공원栗林公園, 가츠라 별궁桂離宮, 슈우가쿠인

다이셍잉大仙院 　　　음양석陰陽石 　　　니죠오성二条城 · 京都

246

별궁修学院離宮 등이 모두 신선사상에 의거한 정원양식이다. 또 다이셍잉大仙院의 정원도 카레 산스이식 정원에 신선도를 표현하고자 한 것으로 보고 있다. 이런 사상의 표현은 나름대로 응용버전이 속출한다. 즉 신선도를 만드는 수법이 보다 현실적인 정원 제조 수법으로 변모해 학과 거북이를 상징하는 섬이 일본 정원에 단골로 나타난다. 학은 천 년, 거북이는 만 년으로 동물 중 가장 긴 수명을 가지고 있다는 신선도의 사상과 접목시킨 것이다. 또 거의 모든 섬에 소나무를 심는데, 이는 소나무의 수명이 길고 아름다운 자태를 가졌기 때문이기도 하지만 동시에 불로불사의 신선사상과 연결시켜 섬에 소나무를 심어 신선도를 구현해 나간 것이다. 이런 경향이 더욱 확장되어 에도 시대에 이르면 정원 안에 음양석(음요오세키陰陽石)을 놓고 남녀화합을 상징하고 자손번영을 나타내는 사상으로 변화하여 나타나기도 한다.

19.5. 일본의 3대 정원

일본의 3대 정원으로는 우선 이바라키현茨城県 미토시水戸市에 있는 카이라쿠엥偕楽園이 있는데 1842년에 당시의 영주藩主인 토쿠가와 나리아키德川斉昭가 만들었다. 매화꽃의 명소로 정원 내에는 토키와 진쟈常磐神社가 있다. 그리고 이시카와현石川県 카나자와시金沢市의 켄로쿠엥兼六園이 꼽힌다. 1837년에 마에다 나리야스前田斉泰가 정원을 넓혀 현재의 형태를 만들었다. 광대하고宏大・그윽한 정취가 있고(유우스이幽邃)・사람의 힘으로 만들었으며人力・고색창연하고蒼古・샘물이 있는 데다 가水泉・조망이 좋다眺望는 등의 6개 경관이 갖추어져 있다고 해서 이 이름이 붙여졌다. 마지막으로 오카야마현岡山県의 코오라쿠엥後楽園이 있는데 이는 이케다 츠나마사池田綱政가 겐로쿠元禄시대에 만든 정원으로 회유식 정원의 전형적인 발상으로 만들어진 것이다.

19.6. 정원과 관련된 키워드

▷지와리地割 : 정원의 근본설계라고 할 만한 것으로 정원의 설계에 따른 연못의 모양이나 섬의 배치 방법.

▷아즈마야東屋 : 정원 속에 휴식이나 조망을 위해 만든 와비 형식의 간이 건물.

🌸 일본 정원의 사계

봄—다이죠오잉大乗院・나라奈良

여름—리츠링 공원栗林公園・카가와香川

가을—산젱잉三千院・쿄오토京都

겨울—켄로쿠엥兼六園・카나자와金沢

▷이시 도오로오石灯籠 : 신불에게 등불을 바치는 돌로 만든 등롱.

▷이케니와池庭 : 연못이 있는 정원.

▷이시바시石橋 : 연못정원 혹은 수묵정원에서 물 흐름에 걸쳐 놓은 다리.

▷이즈츠井筒 : 우물의 지상부에 나무, 혹은 돌로 원형이나 사각형으로 둘레를 만든 것.

▷이와쿠라盤座 : 진쟈 제사 초기에 자연석을 신앙의 대상으로 했다. 그 신앙의 대상이 된 것은 큰 산의 거석군이었다.

▷이시구미, 이와구미石組 : 일본 정원에서 돌을 쌓거나 짜는 작업.

▷이와사카磐境 : 아마츠 이와사카라는 명칭이 정식이다. 신이 거주하는 공간으로 돌을 원형으로 하거나 길게 나열시켜 신성한 제사의 장소로 만든 것.

▷음양색〈옹요오세키陰陽石〉: 가족화합, 자손번영, 풍작을 기원하는 남녀의 성기를 상징하는 돌.

▷우치미즈打水 : 다회 등에서 로지露地에 손님을 들이기 전에 물을 뿌리는 행위.

▷카이유우 시키廻遊式 : 카마쿠라 시대 이후와 에도 시대에 많이 만들어진 츠키야마 린센식 정원의 형식으로 정원 속의 길을 걸으면서 감상하는 정원 형식.

▷음양도〈옴묘오도오陰陽道〉: 음양오행설에 근거한 속신. 고대 중국인의 세계관으로 이 세상 모든 것이 음과 양의 둘로 되어 있고 그 생성발전은 木・火・土・金・水의 다섯 요소로 이루어진다는 사고방식.

▷타치쵸오즈 바치立手水鉢 : 선 채로 사용하는 손을 씻는 그릇.

▷타테이시立石 : 돌을 쌓는 수법으로 돌을 세우는 것. 누운 돌은 후세이시伏せ石라고 한다. 이것은 일본 정원의 돌을 쌓는 수법으로 이 돌의 앉히는 방법에 의해서 그 정원의 평가가 달라질 정도로 매우 중요한 위치를 차지하고 있다.

▷챠시츠茶室 : 차 대접을 행하는 방. 처음에는 서원書院에 화로를 놓고 차를 끓이는 방식이 시작되었지만 다도의 세계에서 와비, 사비차가 유행하자 현재의 다도에서 일체의 사치를 배제한 소박한 초암풍草庵風의 다실이 세워

📷 코오라쿠엥・岡山

📷 타테이시〈니시다씨 교쿠셍엥西田氏玉泉園〉・石川

📷 키요스미테에엥清澄庭園의 토비이시飛び石・東京

지고 이 공간을 챠시츠로 부르게 되었다.

▷챠니와, 챠테에茶庭 : 다실에 딸린 정원으로 로지라고도 한다. 다실 자체가 점차 사비, 와비의 세계로 들어서면서 차정원도 심산유곡의 풍정을 나타내게 되었다.

▷쵸오즈바치手水鉢 : 차 정원 안에 손을 씻거나 양치질을 하기 위해 물을 넣어두는 그릇.

▷츠키야마築山 : 정원 안에 만든 인공적인 산.

▷츠쿠바이蹲踞 : 차 마시는 자리茶席 가까이에 설치된 손 씻는 그릇이나 정원에 장식된 돌 등을 포함한 디자인 장식의 총칭.

▷토비이시飛石 : 정원을 걸을 때 편리하게 만들어진 징검돌. 최초에는 실용적인 면만이 고려되었는데 나중에는 실용과 정경의 양면이 고려되었다.

▷니지리구치躙口 : 차석茶席의 출입구의 하나로 센노 리큐우千利休가 어부들이 무릎 걸음으로 출입하는 것을 보고 고안했다. 높이 60cm 정도로 누구나 고개를 숙여 출입해야 한다.

▷린셍林泉 : 정원의 오래된 호칭으로 헤에안 시대부터 그렇게 불렀다.

▷로지露地 : 차 정원에 설치된 것으로 다실이 본격적으로 성립되었을 때 다실로만의 왕래가 전적으로 필요했기 때문에 통과 도로라는 의미가 있고, 리큐우 이전의 차 정원의 경우에는 로지路地 혹은 로지路次라는 글자가 사용되었다. 와비, 사비의 견지에서 보면 심산유곡深山幽谷의 경치의 견본이 되어야했기에 많은 수목이 심어져 있다.

▷와비侘び : 다도에 있어서 정신적인 이념을 나타내는 말로 표면적으로 화려한 것, 요란스러운 것을 부정하고 조용하고 차분한 것을 추구하는 것으로 내면의 세련되고 그윽한 정취(코탄사枯淡さ)나 깨끗한 매너를 나타내는 것을 좋은 것으로 본다.

▷사비寂 : 오래되고 정취가 있는 것으로 창고蒼古라는 느낌과 통한다. 차 정원의 로지에 대해서 쓰이는 경우가 많다.

▷야쿠이시役石 : 차 정원의 로지에 설치된 돌로 각각의 역할이 있다.

 # 마츠리祭 part.20

원래 마츠리는 고대일본의 제정일치 시대에 천황이 신의 명령에 의해 나라를 통치하는 것을 의미하였다. 이 시대에 신은 인간에게 명령하고 보고 받는 존재로 인간과는 공유하는 부분이 거의 없는 초월적 존재였다. 그러나 점점 일본인은 많은 제사활동을 통해서 신과 접하며 신에 대한 인식을 새롭게 해나간다. 신을 인간적으로 해석하는 것이 바로 그것인데 일본인의 특징이 강하게 나타나는 요소이다. 보이지 않는 것에 대한 형상화와 그것에 대한 일본인 나름의 해석이 마츠리를 만들어내게 된 원인인

것이다. 마츠리는 신과 인간의 한 마당의 질펀한 교류이고 소통이며 그것을 통해 결국은 인간과 인간의 화합과 결속을 이끌어내는 일본인의 신명나는 잔치이다. 따라서 마츠리에는 성대함, 화려함, 북적거림이 있고 그것들이 지역사랑과 향토애와 관광자원과 지역경제의 부흥이란 결실로 맺어지기도 한다.

마츠리는 지역 풍습을 계승하는 역할도 하지만 새로운 시대 감각을 계속 담아내며 진화해 간다. 가장 엄숙한 제사행위에서 가장 대중적인 이벤트까지를 아우르는 마츠리야말로 일본인의 존재가 잘 반영된 일본적 산물이라 할 수 있다.

일본어의 마츠리라는 말은 마츠우라マツウラ라는 말과 동의어로, 섬긴다(츠카에루仕える)는 의미와 대접한다(모테나시饗応)는 의미를 함께 갖고 있다. 존경하는 대상(토오토이 카타尊方)인 신의 옆에서 신을 섬기고 대접하는 행위가 마츠리의 기본인 것이다.

야나기타 쿠니오柳田国男는 마츠리祭와 제례(사이레에祭礼)를 구별하여 썼다. 그는 구경꾼이 있고 공개적으로 행하는 것을 제례祭礼라고 했다. 신에게 제물을 바치며 그 신을 섬기는 것이 마츠리의 기본이라면, 정월의 차례를 비롯해 각 가정에서 행하는 연중행사도 넓은 의미의 마츠리이고 이 연중행사는 밖에서 열리는 경우는 없었다. 이에 비해 신제神祭를 기본으로 해서 공개적으로 열리며, 제사의 의미가 약간 희석된 것이 제례祭礼였다. 일반적으로 제례는 진쟈神社에서 행해지고 마츠리는 각 가정에서 행해지는 것이 주였다. 하지만 이제는 공개적으로 행해지는 제례와 각 가정에서 연중행사격으로 열리는 마츠리를 모두 묶어 마츠리로 불리게 된 것이다. 일본인은 원래 신과 죽은 조상(소셍祖先)의 구별이 애매모호하고 사람이 죽어 제사를 받게 되면 신도 되고 부처도 된다고 생각해왔고 신도식 제사(신지神事/신에게 제사지내는 것), 불교식 제사(부츠지仏事)의 제사방법과도 공통되는 부분이 많다. 마츠리의 목적은 사람들에게 자애를 베푸는 신이나 조상신을 맞아 그 신과 일체가 되는 행사로 절대적이고 강력한 신의 영험한 힘을 나누어 갖는 행사이다. 이것을 신인합일(신징 고오이츠神人合一)이라고 한다. 일본에서는 신이라고 해도 자혜만을 베푸는 존재만이 아니고 병을 가져오는 신도, 자연재해를 가져오는 재액의 신도 있다.

따라서 우리의 살풀이처럼 마츠리는 은혜를 주는 신과의 신인교류(신징 코오류우神人交流), 신에 대한 향응접대를 비롯해서 재액의 신을 추방하는 신지神事와 때로는 신을 죽이는 행사도 마츠리였다.

결국 마츠리란 넓은 의미로 종교적 의례 전반을 가리키는 말로서 경사뿐만 아니라 장례나 제사, 병을 치료하는 의례, 재앙을 야기하는 신을 달래는 의례, 부정을 씻는 의례 등, 신과 인간과의 소통의 종합적인 관계를 포함하는 말이었다. 마츠리의 현대적인 해석은 〈마츠루祭る/종교적 행위를 하다〉라는 뜻의 어원을 가지며, 영어의 ceremony · rite · festival에 해당되고 제례, 의식뿐만이 아니라 식전, 축제라는 뜻이기도 하다.

신과 인간의 합일이 대부분인 마츠리에서 인간이 신에게 바쳤던 음식을 먹는 행사인 나오라이直会가 있는데 그것이 곧 이를 상징한다. 이 말은 원래 〈나메루嘗める〉 · 〈타베루食べる〉 · 〈나후라이ナフライ〉가 어원으로 신에게 바친 음식인 징쿠神供를 신과 인간이 함께 먹는 것을 의미했다. 정월에 먹는 떡국을 나오라이ナォラィ・노오레이ノゥレィ 등으로 부르는 지방이 있다. 정월에는 징쿠로서의 떡국을 신과 함께 먹는 것이 연중행사의 대표격이었던 것이다. 그러나 이런 형태도 여러 가지로 흡수되거나 없어지면서 마츠리의 양상도 변해 왔다. 신을 영접하는 마츠리에는 일정한 순서와 규칙이 있다. 그것이 바로 ①신을 맞이하기(카미 무카에神迎え) ②신과 인간의 합일(신징 고오이츠神人合一) ③신을 전송하기(카미 오쿠리神送り) 등이다. 모든 마츠리가 이 순서로 행해지는데 어느 것에 역점을 두는가는 마츠리에 따라서 다양하지만 순서를 생략하여 ②번, 혹은 ③번만을 행하는 경우도 있다.

20.1. 마츠리 행사의 순서와 절차

마츠리가 시작되면 부정 탐을 방지하기 위하여 주위를 청결히 하고 신을 모셔다가 음식과 음악으로 신을 즐겁게 한 뒤에 인간들의 소원을 아뢴다. 그것이 끝난 다음, 다시 신들을 흥겹게 하며 신과 인간이 함께 즐기는 순서로 전체가 구성된다.

우선 마츠리의 중심이 되는 장소에 실내 또는 실외 제단을 준비하고 잡된 요소들을 물리치고 제단을 깨끗하게 하는 일을 하라이祓い라고 한다. 이 하라이 행위는 제단 주위에 물을 뿌리거나 신성한 나뭇가지나 고헤에御幣/비쭈기 나무나 대나무에 백색 혹은 금·은 5색 종이를 접어 끼운 것)를 흔들어서 부정을 씻는 단계이다. 다음이 목욕재계(미소기禊)인데 이것은 마츠리를

고헤에御幣

주관하는 사람 가운데 직접 신과 소통하는 역할을 하는 사람이 자신의 몸을 깨끗하게 하기 위하여 바닷물이나 강물에 들어가거나 깨끗한 물속에 들어가서 몸을 씻는 것을 말한다. 그리고 나서 마츠리를 받을 신을 모셔 들인 다음, 신에게 정성껏 준비한 음식물을 대접하는데 이를 신셍神饌이라 한다. 신셍은 쌀, 술, 소금, 물을 기본으로 하며 채소, 과일, 어패류, 떡 등이 첨가된다. 신에게 바치는 뜻에서 제단에 올려 제를 지낸 다음, 마츠리에 참여한 사람들이 나누어 먹는데 이를 나오라이直会라 한다. 뒤이어 신을 가마나 수레에 옮겨 싣고 행렬을 벌인다. 이 때 미코시神輿와 다시山車가 이용되는데, 미코시는 신을 모시고 여러 사람이 메고 다닐 수 있도록 만든 작은 가마로 소위 이동용 신전이라고 일컫는데 토오쿄오東京 산쟈 마츠리三社祭의 경우 이 미코시의 무게가 자그마치 1톤이나 된다. 다시는 여러 사람이 끌 수 있도록 바퀴를 달아 만든 수레이다.

20.1.1. 신을 영접하기〈카미 무카에神迎え〉

신령이 붙는 대상을 요리시로依り代라 하고 신령이 붙는 사람을 요리마시ヨリマシ라고 한다. 대개 하타幡多・노보리幟・호코鉾・수목・암석・인형 등이 보통 요리시로인데 가장 많이 보급된 형태는 종이로 만든 고헤에御幣이다. 소박한 옛날 형태로서 보편적이었던 것은 비쭈기 나무(사카키榊), 소나무(마츠松) 등의 상록수(토키와기常磐木)로서 겨울에도 녹색을 띠고 영원불변성을 느끼게 하는 것이 목적이

었다. 또한 암석이나 돌에 의해서 도드라져 보이는 일정의 장소를 이와쿠라盤座라든가 이와사키盤境라고 하는데 이것도 신령이 붙는 요리시로가 되었다. 신타이산神体山이라고 불리는 엄숙한 형태의 산도 그것이다. 볼록한 형태뿐만 아니고 오목한 형태의 움푹 패인 배 모양을 한 곳에도 신이 붙는다고 믿었다. 신령은 도깨비불처럼 둥근 영혼으로 날아온다는 믿음에서 오목한 형태이면 안정된다고 생각했기 때문이다. 신령이 붙은 장소를 카무쿠라神座라 하고 여기에서 쿠라라는 말은 내부가 비어있는 용기를 뜻하기도 했다. 하지만 신이 가장 즐겨 붙는 것은 기둥형태라고 믿었다. 따라서 신을 셀 때에 히토 하시라一柱, 후타 하시라二柱, 미 하시라三柱라고 하는 것은 거기서 연유한다. 또한 기둥이나 창의 뾰족한 형태의 물건은 남근을 상징하고, 오목한 형태의 산이라든가 무덤 흙더미는 여음을 상징하는 것이었기 때문에 양쪽이 합체된 장소도 신이 들리는 장소로서 많이 선택되었다. 요리시로 주위에는 비쭈기 나무, 붓순나무(시키미榊), 대나무, 조릿대나무 등의 식물로 울타리처럼 만들고 새끼줄(시메나와注連縄)을 쳐서 구획을 짓는다. 이 말 속에 시메しめ라는 말은 〈점유한다〉는 의미로 신령이 이곳을 점하고 있다는 표시이다. 과거에 일본인은 신이나 조상신을 필요한 곳에 수시로 불러서 임시시설을 마련하고 그곳에 제를 올렸다. 그러던 것이 언제부터인가 상설의 사전(샤뎅社殿)을 설치하고 신이 항상 이 사전 속에 상주한다는 생각으로 바뀌었다. 그렇기 때문에 진쟈 속에는 신전을 갖지 않는 진쟈가 있다. 예컨대 나라현奈良県 사쿠라이시桜井市의 오오미와 진쟈大神神社는 하이뎅拝殿만으로 본전이 없고 본전에 해당되는 것은 신체산인 467m의 미와야마三輪山이다. 마츠리 할 때 진쟈에 기치나 깃발 등을 세우는 것도 신전이 없던 때의 흔적이라고 말할 수 있다. 그리고 아직도 연중행사로서 각 집안의 행사인 정월이나 오봉お盆 때에 임시로 쇼오가츠 다나正月棚라든가 본 다나盆棚를 만들어 카미다나神棚라든가 부츠단(불단仏壇)과 같은 상설 제사장이 생기기 이전의 옛날 형태를 간직하고 있는 지방도 있다. 마츠리에는 임시로 가설된 신전으로서 가건물인 카리코야仮小屋나 오카리야御仮屋 등이 등장하는데 이것도 옛날 형식이 남아 있는 흔적이다.

이즈모 타이샤出雲大社에 장식된 시메나와しめ縄

미와야마三輪山

오오미와 진쟈大神神社 · 奈良

20.1.2. 신과 사람과의 합일〈신징 고오이츠神人合一〉

신과 사람과 일체가 되고 신의 강력한 혼을 나누어 갖는 방법은 각양각색이다. 그 하나가 신이 사람으로 전이되어 전이된 사람의 입을 통하여 신의 의지를 파악하는 것이다. 신과 사람이 의지를 교환하는 노리토祝詞가 있는데 원래 〈노루のる〉는 위에서 아래로 선언한다는 의미가 중심이었지만 신이 인간에게 내리는 축복의 언어와 그 신에 대한 인간의 충성과 칭송의 언어를 포함한 말이었다.

신의 의지를 직접 파악하는 방법으로서는 타쿠셍託宣이 있다. 이것은 신의 계시이고 일본의 옛 마츠리는 타쿠셍이 매우 중요한 기본목표였다. 히로시마현広島県의 코오징 카구라荒神神楽라든가 시마네현島根県의 오오모토 카구라大元神楽에서는 무시무시한 신들림이 있은 다음 타쿠셍이 있었다. 이 타쿠셍의 내용은 금년의 작황의 좋고 나쁨과 기후의 변동, 마을에 재액이 있고 없음에 대한 것이었다. 신인합일의 방법에는 경기를 하여 신의 뜻을 읽어 내거나 점을 치는 방법도 있었다. 씨름 밀치기(오시아이押し合い) · 배 경기(우치아이打ち合い) · 싸움(켕카喧嘩) · 서로 뺏기(심포오神宝/경기를 뜻하기도 하지만 액 쫓기와 신의 영력을 나누어주는 것을 뜻하기도 함) · 줄다리기 · 걸으면서 활쏘기(부샤步射) · 경마 등의 경기를 통해서 신의 의지를 추측하려 했다. 하긴 부샤步射같은 궁제弓祭, 줄다리기 등은 거의가 점치기로만 해석되고 있는데 승패나 점과는 관계없는 의례적인 것도 많고 사악한 신을 쫓는 하라우祓う 등의 특별한 의도에서 나온 것도 많다. 어느 것이든 마츠리의 경기는 겨루는 두 집단의 대항에 의미가 있는 것이 아니라 집단의 흥분을 자아내기 위한 수단이었다. 이런 가운데 집단 최면의 분위기가 조성되는 흥분의 도가니(루츠보) 속에서 신을 맞이하여 신과 집단이 일체가 되는 것으로 이를 통해서 사람들 스스로가 힘이 세졌다고 생각하게 된다.

20.1.3. 신을 배웅하기〈카미 오쿠리神送り〉

신인합일 후에는 신을 배웅하기가 순서이다. 일본의 신은 원래 상주하지 않고 일시적으로 내왕하고 신인교류 후에는 총총히 되돌아간다. 그리고 신이 내림 할 때는 야간 그것도 심야에 국한되었다.

20.1.4. 일본의 마츠리 3제三題

일본 마츠리의 세 가지 형태는 주로 둘러메기(카츠기担ぎ) · 끌기(히키曳き) · 춤추기(오도리踊り)이다.

한편, 마츠리에서는 집단구령을 외치는 경우가 흔한 데 그중에서 가장 많은 구호는 〈왔쇼이! 왔쇼이!〉이다. 당연히 우리말에서 건너간 〈신이 내려왔다는 의미〉이다.

마츠리 3제

20.2. 현대 마츠리의 양상

협의의 마츠리의 현대적인 의미는 공개적이며 경사스럽고 축하하는 내용의 종교적 의식과 축제를 말한다. 따라서 많은 사람들로 붐비며 술이나 음료를 대량으로 소비하는 신나는 놀이판이라는 뜻으로 오마츠리 사와기お祭り騒ぎ라는 말이 나왔다. 엄숙한 제사에서 한마당 질펀한 놀이판으로 바뀐 문화적 반전의 대표적인 사례이다. 이제는 이 마츠리를 통해서 한 몫을 챙기려는 회사들에 의해서 특별 판매기간으로 〈~마츠리〉라는 식으로 변질되기까지 했다.

마츠리는 주관하는 주체에 따라서 크게 두 가지로 나뉜다. 그 첫째가 마을이나 마을의 연합체에서 주관하는 마츠리이다. 이것은 지역을 개척한 씨족의 신이나 특별한 신화를 지닌 수호신을 중심으로 전개된다. 이 가운데에는 전국적으로 유명한 진쟈에서 주관하는 마츠리가 있는데 이것은 진쟈의 풍부한 재력동원으로 화려하고 규모가 크며 절차도 상당히 복잡하다. 여기에 비해 마을 단위의 마츠리는 준비 과정에서는 많은 사람이 참여하지만 규모나 참가자가 진쟈 단위의 마츠리에 비할 바가 못 되며 진행 내용도 단순하다.

마츠리는 주최하는 사람들에게는 결국 신을 기쁘게 해주는 역할을 최우선적으로 진행하며 긍정적으로 자신의 삶의 의미를 되새기게 되고 참여하는 모든 사람은 동질성과 소속감을 느끼게 된다. 목적이 신과의 합일이지만 인간과 인간의 합일이 진행과정에서 자연스럽게 체화된다. 그리고 그 속에 복잡한 회로처럼 만들어진 격식을 함께 따르다 보면 대립이나 반목이 해결되기도 하고 심리적으로 공동체라는 사실을 심어주며 하나의 세계관으로 주관자를 재통합하는 기능을 갖고 있다.

20.3. 일본의 주요 마츠리

20.3.1. 토오쿄오東京의 칸다 마츠리神田祭

매년 5월 14일과 15일 양일 간 토오쿄오의 시타마치下町인 칸다 진쟈神田神社에서 행해지는 마츠리로, 미코시神輿 축제이다. 에도 시대에는 장군(쇼오궁将軍)이 나와서 행사를 참관할 정도로 중요한 행사였다. 이 마츠리의 주신主神은 칸다 묘오징神田明神인데 에도성의 수호신이자 쇼오궁 토쿠가와德川의 수호신으로 신앙 대상이 되어 왔다. 오늘날에는 칸다 묘오징은 칸다의 수호신으로 칸다 마츠리의 주신이 되고 있으며, 산노오 마츠리山王祭와 1년씩 교대로 실시되어오고 있고 산노오 마츠리가 무가武家의 마츠리인데 반해 이 마츠리는 서민들의 마츠리로 인기를 모았다. 「텡카 마츠리天下祭」라고도 불리며 쇼오궁을 뵈러 가는 영예를 얻고자 하는 사람들이 호화로운 다시山車·옥대エ台를 만들어 한 때 번창했지만 관동 대지진으로 소실되었다. 이후, 크고 작은 가마神輿 200여개와 칸다 바야시(神田囃し/흥을 돋우기 위해서 피리, 북, 장구 등으로 반주하는 음악)로 대체되어 소박하면서도 화려했던 축제로

📷 칸다 마츠리神田祭・東京

📷 산노오 마츠리山王祭・東京

면면히 이어지고 있다.

20.3.2. 쿄오토京都의 기옴 마츠리祇園祭り

7월이 되면, 마을에서 〈콘치키칭コンチキチン, 콩콘치키칭コンコンチキチン〉이라는 기옴 바야시(祇園囃し/흥을 돋우려고 박자를 맞추고 연주하는 음악)가 들려온다. 쿄오토의 여름을 알리는 기옴 마츠리의 개막의 소리이다. 기옴 마츠리는 이름 그대로 불교적인 제례祭礼가 기원이 되었다고 전해진다. 역병이 창궐했던 869년 6월 7일 우라베 히로마로占部比良麻累呂의 명에 의해 당시 지방의 개수인 66개의 창을 세우고, 14일은 미코시神輿를 신셍엥神泉苑으로 보내 진혼제인 최초의 기옴 고료오에祇園御靈会가 행해졌다. 당시에 천재지변이나 역병 등 재난의 발생은 정치적 음모에 의해 희생된 사람이나 비명에 죽은 사람들의 영혼이 저주한 것이라고 믿었다. 그래서 그 영혼을 달래고 위로하여 재앙을 벗어나기 위한 제사를 드렸는데 그것이 바로 고료오에御靈会이다. 고료오御靈란 원한 맺힌 영혼인 온료오怨靈를 진혼할 때 부르는 방법으로 악령의 위력을 병마퇴치의 신으로 바꾼 것이다. 이

📷 기옴 마츠리祇園祭り의 야마보코山鉾・京都

온료오에怨靈숲는 그 뒤 기온샤祇園社의 흥륭과 함께 기온노 온료오에祇園の怨靈숲라고 불리고 나중에 기옴 마츠리라고 불리게 된 것이다. 오오닝의 난(応仁の乱1467~77)이후에 힘을 얻은 서민들의 손에 의해서 야마보코山鉾는 보다 화려한 것이 되었다. 도시의 마츠리에는 기옴 마츠리·텐노오 마츠리가 압도적으로 많은데 원조는 야사카 기옹에八坂祇園숲에 있고 이것이 전국으로 확산된 것이다.

🎥 야사카 진쟈八坂神社의 라이트업 광경·京都

사람들은 수많은 신, 동식물의 정령(쇼오료오精靈), 역병신(야쿠뵤오가미疫病神), 당시 비명에 죽은 영혼, 그리고 불교의 여래나 보살 등을 기원의 대상으로 생각하고 역병퇴치를 기원했다. 그 후 역병이 만연할 때마다 기옹고료에祇園御靈숲가 행해졌다. 그 중에서도 효과가 있다는 신이나 부처를 선정하여 제사를 드렸는데 그중 야사카 진쟈八坂神社의 무용武勇의 신神인 스사노 오노미코토素殘鳴尊와 기온정사(기온쇼오쟈祇園精舍)의 수호신인 고즈텐노牛頭天王를 제신祭神으로 하여 제사지냈다.

거의 1개월에 걸치는 축제는 16일의 요이야마宵山 전야제(사키노마츠리先の祭り)에 이어 17일 아침에 이어지는 야마보코山鉾순례(야마보코 쥰코오山鉾巡行/신을 태운 바퀴 달린 가마의 지붕에 창을 꽂은 가마행렬)가 절정을 이룬다. 야마보코 순례는 오전 9시 시죠오四条·카라스마루烏丸를 9기의 호코鉾와 23기의 야마山가 큰북·징(쇼오오鉦)·피리로 이루어진 기옴 바야시와 함께 출발, 시죠오도오리四条通·카와라마치河原町·오이케도오리御池通 등을 순행한다. 그 중 오이케도오리御池通에

📷 기옴 마츠리祇園祭り·京都

는 유료 관람석이 마련되고 11시쯤에 종료된다. 일본의 신은 왕래하는 신이다. 산과 바다로부터 인간 세상으로 찾아오는 나그네(캬쿠징·마레비토/客人·まれびと)이다. 인간 세상에 있는 동안 신은 휴게소라 할 수 있는 오타비쇼お旅所에 머문다. 미코시神輿는 신이 오타비쇼로 이동할 때 타는 것이며, 미코시아라이神輿洗い는 미코시神輿를 깨끗하고 정갈하게 하는 행사이다. 부정이 타지 않도록 깨끗하게 된 미코시에 신이 옮겨지고 신의 분령(분레에分靈)으로서 오타비쇼까지 온다. 그리고 24일까지 신은 오타비쇼에 머문다. 즉 인간이 사는 마을 속에 인간과 함께 있는 것이다. 24일의 캉고오사이還幸祭에서는 신이 다시 자기가 있던 곳인 혼샤本社로 돌아간다. 그리고 7일간 오타비쇼에 체재했던 신을 환송하는 퍼레이드가 24일 낮에 행해지는 하나카사 순행花傘巡行, 즉 뒤풀이(아토노마츠리後のまつり)인 것이다. 기옴 마츠리의 트레이드 마크라고 할 수 있는 것은 야마보코이다. 32개의 야마보코의 행렬에서 언제나

제일 선두에 서는 것은 높이 25m의 긴 창의 모습을 한 나기나타 호코長刀鉾이다. 맨 마지막은 미나미 칸농야마南観音山가 장식한다. 나머지 야마山나 호코鉾는 매년 제비뽑기를 하여 정해진 순서에 따라 행렬한다. 여기서 야마와 호코는 야마보코의 약칭이다. 특히 사거리에서 십여톤이나 되는 수레를 방향 전환하는 일은 행렬 중에서 가장 극적인 장면이다. 회전하고자 하는 쪽에 대나무를 깔고 물을 적신다. 그리고 잡아당기면서 조금씩 방향전환을 한다. 행렬에서 돌아오면 야마는 그 날로 전부 분해하고 호코도 다음날 중으로 완전히 모습을 감춘다. 그리고 20일을 전후로 하여 마을 사람과 악기 연주자인 하야시 카타嚹し方가 각각 마츠리를 마무리하는 아시 아라이足洗い라는 연회를 연다. 마을 사람들은 이로써 한달 동안의 마츠리를 끝내고 일상생활로 돌아가는 것이다.

20.3.3. 오오사카大阪의 텐짐 마츠리天神祭

텐진사이天神祭라고도 하는 텐짐 마츠리는 학문의 신인 스가와라노 미치자네菅原道真를 섬기는 오오 사카大阪 템망구우天満宮의 행사이다. 951년 진쟈 근처의 강가에서 카미보코神鉾를 흘려보내고, 그것이 도착한 곳에 제단을 쌓고 부정을 씻어내기 위해 목욕재개를 했을 때 주위 사람들이 배를 준비해서 맞이한 것이 마츠리의 시작이다. 현재는 7월 24일 오오카와大川에서 호코나가시鉾流 신지神事를 시작으로 마츠리가 시작된다. 나무로 만든 카미보코神鉾를 든 신동神童과 참석자(구부닝供奉人) 약 300명의 행렬이 템망구우를 출발, 옛날 와카마츠若松 마을 강가에 있는 제사장祭祀場으로 향한다. 부정을 제거 (미나즈키노 하라이水無月の祓い)하는 엄숙한 의식을 치르고 도오지마 강堂島川에서 카미보코를 흘려보낸다. 이는 마츠리의 무사와 안전, 그리고 마을의 번영을 기원하며 마츠리의 개막을 알리는 개막식이다. 그 날에는 10대의 트럭을 2그룹으로 나누어 복제 인형을 태우고 징과 북을 울리면서 오오사카 시내를 퍼레이드하면서 마츠리 분위기를 한껏 북돋운다. 모요오시 다이코催太鼓를 힘차게 울리면서 마츠리의 준비가 완료되었음을 알리고, 사자 춤(시시마이獅子舞)과 우산 춤(카사오도리傘踊り), 제례용 수레(단지리地 車) 등의 순서로 진쟈에 들어간다. 25일에는 미치자네의 탄생을 축하하는 엄숙한 대제大祭를 드리고 지붕 위에 봉황을 단 가마(고호오렌御鳳輦)에 템 망구우의 신령을 모신다. 오후 4시경 모요오 시 다이코催太鼓를 선두로 신의 행차인 리쿠 토교陸度御가 시작된다. 먼저 왕조풍속의 화려한 의상을 입은 3천명의 대행렬이 〈체에사 쟈아쵸-사쟈-〉라는 구령과 함께 행진하 는데 행렬의 제1진은 모요오시 다이코, 카미 보코, 단지리, 사자 춤 등으로 이어진다. 제2 진은 헤에안 시대平安時代 당시 귀족계급들이 이용했던 우차(깃샤牛車)나 수레를 재현한 오

🎥 오오카와大川에서의 수상제水上祭 · 텐짐 마츠리 · 大阪

257

하구르마御羽車가 50명 정도의 인원에 의해 끌려간다. 이어서 이 행렬의 중심이 되는 스가와라노 미치자네菅原道真의 신령神靈을 봉안奉安한 가마, 고호오렝御鳳輦이 등장한다. 이 가마(미코시神輿)는 윗부분이 봉황으로 장식되어 있고 고대 풍속 그대로 옷을 입은 사람들이 어깨에 메고 행진한다. 제3진은 호오토리 미코시鳳神輿와 타마 미코시玉神輿이다. 구령과 함께 높이 치켜올리는 장면은 박력이 넘친다. 오후 6시가 지나면 대단원인 후나토교船渡御가 시작된다. 신령을 모신 고호오렝이 선박御鳳輦船에 안치된다. 봉안선박奉安船과 뒤에 추종하는 선박供奉船들이 텐진다리를 출발하여 오오카와大川로 향한다. 한편 신령을 맞이하기 위한 봉배선奉拜船이 히쇼린飛翔船에서 출발, 오오카와까지 내려온다.

강변에는 많은 불빛과 등불이 밝혀지고 수백척의 배들이 오오카와를 왕래하면서 클라이맥스를 맞이한다. 고호오렝 배에서는 장엄한 제사인 수상제(스이죠오사이水上祭)가 시작된다. 다른 배에서는 전통예능이 상연되기도 하고 장단(텐짐 바야시天神囃子)이 연주된다. 고호오렝과 미코시를 실은 봉안선, 동행한 단체들의 선박은 히쇼다에서, 신령을 맞이한 선박奉拜船은 템만링天満橋에서 되돌아 템망구우天満宮로 돌아온다. 템망구우에서는 캉고사이還御祭가 행해짐으로 감동과 낭만이 넘친 이틀간의 마츠리가 막을 내리게 된다.

텐짐 마츠리天神祭り・大阪

20.3.4. 센소오지浅草寺의 산쟈 마츠리三社祭

무사시노 쿠니武蔵国의 대가람인 센소오지浅草寺의 최초 기록은 1192년의 아즈마 카가미吾妻鏡까지 거슬러 올라간다. 기나긴 역사를 가진 절이다. 이 센소오지의 수호신인 진수신(친쥬노카미鎮守の神)을 모신 진쟈가 아사쿠사 진쟈浅草神社이다. 옛날에는 산쟈콩겡三社権現이라고 했다. 오랜 옛날 아사쿠사浅草 포구에서 고기를 잡던 히노쿠마 하마나리桧前浜成, 히노쿠마 타케나리桧前竹成 형제가 고기잡이 그물망에 걸렸던 불상을 하지 마츠치土師真中知라는 사람에게 보여주었더니 그것은 귀중한 관음상이라고 말하므로 아사쿠사에 절을 창건했는데 이것이 센소오지의 기원이다. 아사쿠사 진쟈는 센소오지라는 절의 창건에 공이 큰 세 사람을 모시는 신사이다. 아사쿠사 진쟈가 고대의 전통을 보유하고 있는 것으로 빈자사라編木라고 하는 제사가 있다. 일반적으로 뎅가쿠 오도리田楽踊り라고 불리는 것으로 법씨 뿌리기라든가 사자 춤이 행해진다. 현재의 산쟈 마츠리는 5월 18일 부근의 일요일을 중심으로 4일간 행해지고 행사일정은 해마다 바뀐다. 일요일 아침 6시에 미코시가 미야를 출발하고 전날 정오에 각 쵸오町에서 모인 미코시 100기가 센소오지 뒤쪽에 모여 1시에 센소오지를 출발, 연합 가마 둘러메기가 시작된다. 이 외에 테코마이手古舞・키야리木遣・에도 사토 카구라江戸里神楽 등의 행사로 에도 정서를 듬뿍 담은 마츠리이다.

 산쟈 마츠리三社祭 · 東京

20.3.5. 나가사키長崎의 오쿤치おくんち

큐우슈우의 서북부에는 「오쿤치御九日」라고 불리는 마츠리가 많다. 음력 9월 9일을 주로 한 가을 축제로 특히 한 달 늦춰지는 (츠키오쿠레月遅れ) 날짜인 양력 10월 9일에 열리는 나가사키長崎 스와진쟈諏訪神社의 오쿤치가 가장 유명하다. 스와진쟈의 오쿤치는 1626년 9월 9일에 유다테 카구라湯立神楽라는 깨끗한 더운 물을 신에게 바치는 봉납 행사에서 시작된 것인데 오늘날 봉납 춤은 1634년부터 시작된 것이고 이 나가사키 봉납 행위는 관청의 보호 하에 해마다 성대하게 행해졌다. 춤을 바치는 마을을 오도리마치踊り町라고 하고 그 마을을 나타내는 카사호코傘鉾를 선두에 세우고 각 마을이 각각 취향에 맞는 아이디어를 짜내어

 오쿤치おくんち · 長崎県

용춤(쟈오도리龍踊り) · 고래 물 뿌리기 · 네덜란드 만담 · 콕코데쇼오 등 국제성이 풍부한 이벤트와 춤을 봉납한다. 스와진쟈를 비롯한 각 공연장에서는 「못테코-이」, 「못테코-이」라는 앙코르를 받으면서 여러 번 열기 넘치는 춤을 춘다. 77개 쵸오町가 1년에 11개 쵸오町씩 7년에 한 바퀴 도는 식으로 봉납하는데 참가를 포기하는 마을도 매년 여러 개에 달한다. 7일 오전 7시와 9일 오전 8시에 스와진쟈에서 벌어지는 봉납 춤이 최고의 볼거리로 3일간 이 지방은 온통 춤 일색으로 채색된다.

20.3.6. 동북지방의 3대 마츠리

20.3.6.1. 센다이仙台의 타나바타 마츠리七夕祭

매년 8월 6일에서 8일 사이에 열리며 전국 타나바타 마츠리七夕祭 가운데 가장 유명한 대대적인

7월 7석(타나바타七夕)행사이다. 17세기경 센다이仙台의 영주였던 다테 마사무네伊達正宗에 의해 시작되었다고 하는데 오늘날 같은 대규모의 축제가 된 것은 센다이에서 동북 산업박람회가 열린 이후이다. 시 중심가에는 오색의 깃발용 기치(후키나가시吹き流し)와 축하용 화환, 종이학 등이 긴 대나무 장대에 장식되어 거리는 타나바타 분위기에 잠긴다. 타나바타 춤 퍼레이드가 행해질 무렵에는 거리는 인파로 절정을 이룬다.

📷 타나바타 마츠리七夕祭 · 센다이

20.3.6.2. 아오모리青森의 네부타 마츠리ねぶた祭

매년 8월 2일부터 7일까지 행해지는 네무리 나가시眠り流し인데 이것은 칠석에 등롱을 강이나 바다로 떠내려 보내는 행사이다. 가을 수확 전에 일의 방해가 되는 졸음을 쫓는다는 의미로 종이 인형을 바다에 띄워 신을 배웅한다. 짚으로 만든 배 형태에 등롱·인형이나 장식 대나무를 바다 물에 띄워 보낸다. 동북東北지방에서 시작되었는데 큐우슈우九州까지 확산되었다. 오넴부리, 네부토 나가시라고도 불린다. 여름의 무더위와 졸음을 쫓고 풍작을 기원하는 의미를 담고 있다. 이는 지금부터 약 1천 2백년전 사카노우에노 타무라마로坂上田村麻呂가 전쟁을 할 때 적을 유인하기 위해 사용한 것이 기원이라 한다. 카부키나 신화 등의 용감무쌍한 명장면을 다이나믹하게 표현한 인형·등롱의 퍼레이드로 피리, 큰북 등의 네바타 가락에 맞춰 흥겹게 춤을 춘다. 동북지방을 상징하는 항구마을의 성대한 축제로 광란과 환희가 넘친다. 유사한 것으로 히로사키弘前의 네푸타ねぶた와 노시로能代의 네부 나가시ねぶながし가 있다. 〈네부타〉란 커다란 나무나 대나무에 종이를 붙인 엄청나게 큰 등롱(나무, 돌, 금속 따위로 만든 테두리 안에 불을 붙이게 한 기구)을 말한다. 큰 북의 용감하고 힘찬 리듬과 눈부시게 화려하고 아름다운 피리소리, 그리고 사람들이 「랏세라ラッセラ!」라는 소리를 지르며 거리를 춤추며 행진한다. 하네토라는 가운에 화려한 X자형으로 엇갈리게 매는 멜빵인 타스키襷차림의 대집단이 열광하는 가운데, 호화찬란한 색의 거대한 무사인형이 어둠 속에서 선명하게 등장하는 장면이 이 마츠리의 절정이다.

〈네부타〉의 어원은 네무타이(졸립다眠たい)라고 전해진다. 동북 각지에서는 예로부터 악령을 물리치고 한여름의 졸음을 깨우는 네무리 나가시眠り流し가 행하여지고 있었지만 이것이 대형화된 것은 에도江戸시대부터다. 불을 밝힌 커다란 네부타 인형이 만들어지게 되었고, 현재의 마츠리로 발전했다. 마지막 날 밤은 네부타를 배에 태우고 화려한 네부타와 힘찬 놀이장단인 하야시囃로 악령을 불러와 멀리로 쫓아버리기 위한 해상운행이

📷 네부타 마츠리ねぶた祭 · 아오모리青森

불꽃놀이(하나비 타이카이花火大会)와 함께 실시된다.

20.3.6.3. 아키타秋田의 칸토오 마츠리竿灯祭

매년 8월 5일부터 7일까지 3일 동안 행해지는 일명 네무리 나가시眠り流し 라고도 하는 아키타시秋田市 행사로, 여름의 졸음을 흘려보내 재앙을 방지하며 무병 식재(무뵤오 소쿠사이無病息災)를 기원한다. 칸토오竿灯란 높이 10m 정도의 긴 대나무 장대에다가 여러 개의 횡죽을 끼워 46개 내지 48개의 등불을 매단 것을 말하는데 무게는 약 60kg 정도 된다. 칸토오의 역사는 깊고 풍작을 기원하는 바람에서 생겨난 것이다. 5일 아침에는 일찍 각 마을 대표가 하치만 진쟈八幡神社로 가서 칸토오 끝에 다는 신장대를 받아 가지고 와서 위세 좋은 젊은이들이 교대로 짊어지고 회장으로 향한다, 50대나 되는 수레에다 일제히 불을 켠 칸토오가 모이면 마츠리 장소는 찬란한 불야성을 이룬다. 또한 칸토오의 신선한 묘기가 연출되면 바람에 전체가 살랑이는 벼이삭처럼 보인다.

칸토오 마츠리竿灯祭 · 秋田

📷 오미코시(お神輿)의 생성 과정

일본에서 해마다 정기적으로 실시되는 대표적인 마츠리의 종류

月	日	마츠리 이름과 내용 / 열리는 장소
1	3일	타마 세세리(공 뺏기)/ 후쿠오카 미야자키구우福岡筥崎宮
	6일~7일	달마 인형 시장(達磨市)/ 굼마현 타카자키시群馬県高崎市
	7일	횃불제(大善寺の鬼夜)/ 후쿠오카 쿠루메시福岡久留米市
	9~11일	상가번영 기원제/ 大阪 이마이먀 토오카 에비스 진쟈今宮十日戎神社
	15일	액막이 횃불제/ 福島 미시마마치노 사이노카미三島町の塞の神
		전통 궁도대회(토시야)/ 京都 산쥬우산켄도오三十三間堂
	17일	신불혼효 대염불 대회/ 山梨 무쇼노 다이넴부츠無生野大念仏
2	상순 일주일간	삽포로 눈축제/ 札幌市 雪祭り 각종 눈조각과 하이테크 조명
	3일or4일	입춘 전날 전국적인 세츠붕節分행사/ 볶은 콩으로 귀신쫓기
	6일	귀신퇴치/ 京都市廬山寺 오니 호오라쿠鬼法楽
	15일~16일	눈움막집 축제/ 秋田県横手市 움막과 조명이 만드는 동화세계 구현
	16일~17일	오곡풍년 기원제/ 秋田県 요코테시横手市 요코테 본뎅
	17~20일	봄 부르기와 풍년 기원제/ 青森県 하치노헤八戸신라新羅진쟈엠부리
3	3일	여자어린이를 위한 축제/ 전국적인 히나마츠리雛祭り
	1~4일	물긷기 축제/ 奈良 토오다이지東大寺
4	음력 8일	부처 출생 기념축제 仏陀誕生祭り/ 전국의 절
	14~15일	가마 둘러매기, 사자 춤, 카라쿠리 인형/ 岐阜県 타카야마 축제高山祭り
	16~17일	봄의 내방축하 철쭉 축제/ 栃木県日光 二荒山神社 야요이 마츠리弥生祭り
5	3~4일	福神퍼레이드, 노래자랑, 촌극/ 福岡市 하카타博多 돈타쿠(휴일)
	15일	등꽃과 접시꽃 우차행진/ 京都 카모진쟈賀茂神社 아오이葵 축제
	17~18일	갑옷차림의 무사들의 행진/ 栃木県 도오쇼구우東照宮의 武士 축제
	제3토/일요전후4일	가마 둘러매기/ 東京 아사쿠사진쟈浅草神社의 산쟈三社마츠리
	부정기 5월 말쯤	인형연극의 수레행진/ 茨城県 히타치 후우류우 모노日立風流物
6	14일 전후 3일간	무사 퍼레이드와 카가加賀지방 전통행사/ 金沢 햐쿠망고쿠 축제百万石祭
	14일	모심기 축제/ 大阪 스미요시 타이샤住吉大社 오타우에 신지御田植神事
7	1~15일	호쾌한 가마행진/ 福岡市 하카타 기옹야마가사博多 祇園山笠 축제
	7일/일부는 8월	칠월칠석축제 타나바타 마츠리七夕
	13~16일/일부8월	혼을 초대하여 춤추고 음식대접하는 오봉마츠리お盆(ぼん)祭り
	14일	폭포배경의 횃불축제/ 和歌山県 나치노 히 마츠리 那智の火祭
	중순쯤	전통 관현악기의 연주와 宮島순회/ 広島県 이츠쿠시마 관현제厳島神社管絃祭
	1~29일	유행병 퇴치의 축제/京都 야사카 진쟈 기옴마츠리八坂神社祇園祭り
	23~25일	질주하는 갑옷무사의 승마행렬/ 福島県 아이마노 마오이相馬野馬追
	24~25일	菅原道真의 진혼 여름의 액막이/ 大阪 텐짐 마츠리天満宮 天神祭り
8	1~7일	용감하고 화려한 무사와 등롱 퍼레이드/ 青森県 네부타 마츠리
	4~7일	47개의 등灯을 매단 장대를 조정하는 묘기/ 秋田県 칸토오 마츠리竿灯祭り
	6~8일	봉황과 용 형태의 100척의 배행진/ 宮城県 시오가마 미나토 마츠리塩釜みなと祭
	12~15일	요시코의 곡조에 맞춘 오봉춤/ 徳島県 아와오도리 축제阿波舞踊祭り
	16일	뇨이가타케산如意岳에 다이몬지大文字 봉송불 축제/ 京都
9	14~16일	야부사메 마츠리流鏑馬祭り/ 鎌倉 츠루가오카 하치망구우鶴岡八幡宮
10	7~9일	오쿤치 마츠리おくんち祭り/ 長崎 스와진쟈諏訪神社
	10일	황금벌판에서 풍년축제 야바타캉코 오도리山畑のかんこ踊り/ 三重県
	11~13일	니치렌슈우日蓮宗 법회의식 御会式祭り/ 東京 홈몬지本門寺
	17일	徳川家康 権現神에 제사 가을 축제/ 栃木県 日光 東照宮 秋祭り
	22일	平安遷都에서 明治 시대까지 풍속/ 京都 平安神宮 지다이 마츠리時代祭り
11	3일	하코네 다이묘오 행렬 축제大名行列祭り/ 카나가 하코네神奈川箱根
	3~4일	금사자, 요리미츠 갑옷행렬/ 佐賀県 카라츠진쟈唐津神社 오쿤치 마츠리 おくんち祭り
	15일	전국적으로 七, 五, 三祭り
12	17일	와카미야 영혼 앞의 횃불제/ 奈良県 春日大社 春日若宮 おん祭り
	24일	이세 신이 출장가기 전에 펼치는 기예/ 三重県 伊勢大神楽

263

마츠리 세계의 멋과 풍류

①다이몬지大文字·京都
②사이다이지西大寺 에요오会陽·岡山
③타카야마 마츠리高山祭1·岐阜
④타카야마 마츠리高山祭2·岐阜
⑤카라츠 오쿤치唐津おくんち·佐賀
⑥햐쿠모노 조로이 센닝 무샤 교오레츠 百物揃千人武者行列
⑦닉코오日光 토오쇼오구우東照宮·栃木
⑧치치부秩父요요마츠리夜祭·埼玉
⑨아오이 마츠리葵祭·京都
⑩삽포로札幌 눈 축제 유키 마츠리雪祭·北海道
⑪아소노 온다 마츠리阿蘇おんだ祭·熊本
⑫야요이 마츠리弥生祭·栃木

①   ②

③   ④   ⑤

⑥   ⑦   ⑧

⑨   ⑩   ⑪   ⑫

정형화된 생활문화

F

전통 풍류문화 part.21

21.1. 풍류문화

21.1.1. 꽃꽂이〈이케바나生花 · 카도오花道〉

🔖 꽃꽂이〈이케바나生花〉

일본전통 예능의 하나로 풀 · 나무 · 꽃 등을 꽃병에 담아 감상하는 행위이다. 원래는 접대를 위한 예술이라는 의미에서 접객예술, 생활공간 인테리어라는 의미로 생활예술로 여겨졌다.

많은 유파가 있고 대개 유파의 정통한 전통을 이어가는 이에모토家元제도를 취하고 있다. 중세의 객실장식(자시키 카자리座敷飾り)이었던 릭카立花 혹은 타테바나에서 시작되어 그것을 간략화한 근세의 〈이케바나〉가 이를 계승하고 있다. 하지만 꽃을 꽂는 습관은 고대이후의 역사와 폭넓은 민속적 기반을 갖고 있다. 특정한 꽃, 혹은 개화라는 현상이나, 나무를 신성한 것으로 여겨 신앙의 대상으로 하는 것에서 출발하여 꽃이나 나무 혹은 나무 가지를 신이 깃드는 요리시로依り代로서 제단을 만드는 것과 같은 의미로 여겨졌던 것이다.

이와 같이 꽃꽂이 이전의 각종 장식물은 현재에도 일본각지의 민속행사에서 민속전승의 형태로 계승되고 있다. 또한 세계 각지의 신앙이나 의례에도 똑같은 것을 인정할 수가 있으며 불교행사에서 죽은 사람에게 꽃을 바치는 쿠게供花의 풍습 등은 일본민속과도 복잡한 습합관계를 보이고 있다. 그러니까 꽃꽂이의

키워드로 여는 일본의 響

형성은 그와 같이 신에게 바쳐지는 꽃을 인간과의 회합장소의 장식으로 전화하는 것으로 시작되었다. 그런 과정에서도 중세의 릭카는 의례적인 색채가 강하고 또한 이에 종사하는 사람도 승려가 많았다. 오늘날 카도오花道의 유파 가운데 불교계에 속하는 것은 그 역사가 중세까지 거슬러 올라가는 것이 많다. 그리고 중세의 릭카는 규모가 엄청나게 큰 것이 많았고 주로 사원이나 무가·귀족의 저택에 특별히 장식하는 것이 많았으며 그 솜씨(데키바에)를 겨루는 릭카카이立花会도 행해졌다. 17세기 초에 궁정에서 유행한 릭카카이는 역사적으로도 널리 알려져 있다. 에도 시대가 되어 일반서민인 쵸오닝町人의 가정에도 응접실(자시키座敷)이 보급됨에 따라 서민사이에서도 꽃꽂이를 이용하는 사람들이 늘어났다. 이때에 쵸오닌들의 생활공간에 맞게 축소되고 오늘날의 〈이케바나〉에 가까운 형태가 주류를 이루게 되었다. 그리고 다른 한편으로는 〈이케바나〉가 다실의 꽃인 〈챠바나茶花〉의 계보를 잇는 것으로 생각되어지고 있다. 근세에 들어서 꽃재배나 원예취미가 풍부한 꽃꽂이재료를 제공하게 되고 이것이 〈이케바나〉의 대중화를 지원하게 된다. 근대가 되어 조형성·예술성을 강조하는 운동이 일어나고 접객성·생활성을 초월한 〈전위前衛 이케바나〉가 등장하며 하나의 흐름을 만들었다. 다른 한편으로는 일상생활에 가까운 예능으로 젊은 여성이나 주부의 문화강좌로 거대한 인원이 모이며 대중화 시대인 현대를 맞이하게 된다. 현대는 일반적으로 전통예능이라는 의식은 희박하고 가정의 인테리어로 여겨지고 있다. 따라서 근년의 주택문화에 꽃꽂이를 하는 장소에도 변화가 보이고 현관 신발장 위에 꽃꽂이가 놓이는 것은 그 변화의 좋은 예이다. 그만큼 꽃꽂이도 현대에 적응하고 있는 것이다.

계절 변화에 따른 꽃꽂이의 다양한 연출과 색다른 표정들

세에카生花는 에도 시대가 낳은 대표적인 꽃꽂이 문화이다.

꽃을 꽂는다는 일본어는 이케루生ける라는 말로 에도 시대 중기에 손님을 접대하는 꽃꽂이로 출발하여 주로 일본식방인 화실和室의 토코노마床の間에 장식되었다. 꽃꽂이에서 꽃을 꽂는 기구는 대지를 상징하며 풀이나 꽃의 아름다움보다는 꽃이 자라는 생명력을 표현하려 한다. 여기서도 일본인의 정형을 좋아하는 모습을 엿볼 수가 있다. 즉 대지에서 자생하는 꽃이라는 구체적인 소재를 가지고 생명력이라는 추상을 표현해내는 것이다. 고품격·유려함·단정함은 이런 꽃꽂이의 특징이자 주제이다.

사가고류嵯峨御流에서는 천天·지地·인人의 직각이등변 삼각형으로 구성되는 것이 법칙이고 아랫부분을 하나로 묶는 것을 원칙으로 하고 있다. 하늘天의 줄기를 타이体, 땅地의 줄기를 토메留め, 사람

人의 줄기를 요오用라고 한다. 이것이 삼위일체가 되어 산사이노 칵카즈オ의格花를 이룬다.

5행격(고교오카쿠五行格)은 체体, 유留, 용用의 천지인의 꽃모양을 구성하는 중요한 가지의 명칭인 야쿠에다役枝에 「더한듯 안한듯(소에테 소와즈添えて添わず)」하는 기술과 「과욕을 삼가는(히카에控え)」기술을 발휘하여 동서남북 방위와 5행(목·화·토·금·수의 5원소)을 살려내고 있다. 이를 구현하는 방법이 있는데 그것이 바로 진真·행行·초草이다. 여기서 〈진〉은 사람이 직립 부동하는 자세로 엄정한 자세의 꽃꽂이다. 〈행〉은 사람이 보행하는 자세로 약간은 동적이다. 〈초〉는 달리는 자세로 변화무쌍하고 격한 움직임이 있는 자세이다.

21.1.2. 분재〈본사이盆栽〉

분재를 세계 유일의 존재로 여기는 사람들은 보통 1309년에 사이온지 킹히라西園寺公衡가 자신의 영달을 위해 기원성취의 예물로 바친 카스가 진쟈春日神社의 그림에 나타난 봉케에盆景가 그 시초라고 주장한다. 그것이 설득력을 담보하고 있는 것은 이미 중국 당나라에서 미니어처 식물이 유행하고 그것이 일본으로 전래되었기 때문이다. 이것이 일본에서 성쇠를 거듭하면서 한편으로는 세련미가 가해지다가 에도 말기에서 메에지 초기에는 돌연 대중화의 바람이 불며 대중성을 확보한다. 분재는 메에지의 저명한 정치가에서부터 가난한 연립형 주택에 사는 노인들에게까지 광범위한 오락의 대상이었다. 분재의 특이함은 그 기묘한 사회적인 평가에서도 드러나고 있다. 다도, 꽃꽂이 등은 서민수준임에도 전통적인 일본문화의 일환으로 높은 평가를 받고 있는데 반해 분재는 열광적인 지지자를 제외하고는 뒷골목 한량의 이색적인 도락道楽으로 가치가 폄하되었다. 그리고 이 분재만은 다른 문화와는 달리 종가 형태로 발달시키지 못했다. 그 후 이 분재는 국가주의와 결부되어 1926년에서 1940년까지 전성기를 맞이한다.

분재는 인식방법에 따라 두 가지로 나눈다. 그 첫째가 공간의 축소와 시간의 응축이 어우러져서 형상화된 것으로 그것을 통해 일본인의 인생관을 읽어

📷 분재에 응축된 시간과 축소된 공간

📷 분재 5엽송의 유려한 자태 속에 깃든 인공(제도)·자연(인간)

낼 수 있는 일본 문화론적 코드의 관점이다. 둘째가 그것에 깃들어 있는 인공과 자연의 관계가 그대로 제도와 인간의 관계를 함유하고 있는 것으로 인식하는 사회·인간학적인 관점이다.

21.1.3. 백인 한수 카드찾기 놀이〈햐쿠닝잇슈百人一首〉

유희로서의 백인 한수(햐쿠닝잇슈百人一首)는 100종의 유명한 노래를 기록한 딱지를 윗구만 소리 내어 읽고 그것에 이어지는 아랫구를 기록한 딱지를 수십 장의 카드 속에서 먼저 집어내기 경쟁을 하는 놀이이다. 〈노래 카루타〉라고도 하며 옛날에는 와카의 윗구를 쓴 딱지와 아랫구를 쓴 딱지를 맞춰서 집는 놀이로 존재했었다. 에도 초기에 만들어진 햐쿠닝잇슈는 상류계급의 자녀의 교양으로 와카를 외우게 하는 교육적인 방편이었다. 현재 햐쿠닝잇슈는 후지와라노 사다이에藤原定家가 선정했다는 〈오구라 햐쿠닝잇슈小倉百人一首〉가 가장 보편적이다. 메에지 시대에 햐쿠닝잇슈가 크게 유행하였을 때도 거의 오구라 햐쿠닝잇슈가 주류를 이루고 있었다.

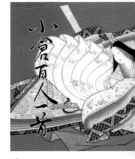

📷 오구라 백인 한수 장면

한편 햐쿠닝잇슈가 시집갈 때 가져가는 도구의 하나로 추가되어 일본의 전통을 짊어진 우아한 정월의 놀이로 뿌리를 내리기 시작했다. 또한 일본적인 시선집의 전형으로 햐쿠닝잇슈의 형식이 이용되어 각 지역 햐쿠닝잇슈나 근대판 햐쿠닝잇슈 등의 버전이 속속 등장하게 되었다.

📷 백인 한수 놀이의 장면

21.1.4. 연회〈엥카이宴会〉

연회의 기원은 『후도키風土記』·『망요오슈우万葉集』 등의 기술에서 보이는 것처럼 고대 일본의 〈우타게〉·〈우타가키〉·〈카가이〉 등으로 거슬러 올라간다. 한결같이 산이나 바닷가 혹은 들판과 같은 특정의 성스런 자연공간에서 특정한 때에 개최되는 가무음식, 때로는 성적 교섭을 동반한 모임이었던 것이다. 이후, 마츠리에서 제사 술 마시기인 〈나오라이直会〉 등 주로 향연적·축제적 측면으로 전개되어 나갔다. 엥카이에 동반하는 술도 원래는 신에게 제사지내는 날만 음용이 허용되었던 오 미키御神酒이고 신과 인간의 향연에 있어서 없어서는 안될 존재였다. 현대사회에서는 관혼상제에 따르는 행사를 제외하곤 제사 혹은 종교적 행사로서의 측면은 거의 상실되고 회사에서 단골거래처를 접대하기 위해서 행해지는 연회나 사내에서 망년회(보오넹카이忘年会)·신년회(신넹카이新年会) 등으로 대표되는 세속적인 행사로 되어 있지만 거기에도 전통과 결부되는 의례적인 성격이 보인다.

21.2. 일본 전통국악〈호오가쿠邦樂〉

21.2.1. 샤미셍三味線

목제 상자에 가죽을 씌운 몸통에 줄을 부착시킨 일본의 현악기로 예술음악에서 대중음악에 이르기까지 폭넓게 사용되는 일본의 대표적인 악기이다. 이 샤미셍의 원형은 중국의 산셍三絃으로 오키나와沖繩로 건너와 뱀가죽을 씌운 산싱(三絃·쟈비셍蛇皮線)이 되고 16세기에 일본 본토로 전래되었는데 큰 뱀이 없는 일본 본토에서는 고양이 혹은 개가죽을 씌워 독특한 음을 내는 샤미셍이 되었다. 전래 당시 같은 종류의 악기인 비파의 연주자가 이 악기를 사용했기 때문에 연주하는 채인 바치의 형태가 크게 되어 있고, 바치로 현을 치듯이 연주하는 방식과 비파처럼 거친 소리를 낼 수 있도록 한 개의 현(저음현)을 위쪽의 브릿지에서 떼어내어 손잡이 부분에 약하게 걸쳐 흔들리도록 해서 비잉하는 소음이 나오게 한 사브리라는 장치를 부착시킨 것이 특징이다. 큐우슈우九州지방에서 민요로 사용되는 〈곳탄〉이라는 악기도 같은 종류로 가죽 부분을 판자로 만든 것이다. 손잡이의 굵기에 따라서 후토자오太棹·츄우자오中棹·호소자오細棹 등의 3종류가 있고 가장 굵은 후토자오는 인형극의 한 유파인 기다유우義太夫에, 츄우자오는 역시 인형극의 유파인 토키와즈부시常磐津節와 키요모토清元에, 호소자오는 카부키 춤곡인 나가우타長唄, 샤미셍 전용곡인 하우타端唄, 코우타小唄 등에 사용되어지는 것이 보통이다. 17세기에 성립된 샤미셍 전용곡으로 맹인이 만든 지우타地唄에 사용된 것을 시작으로 18세기에 카부키 무대의 왼쪽 편 음악인 시모자下座음악의 주요악기로 사용되면서 대중예능의 세계로 급격하게 파고들기 시작했다. 주로 노래의 반주로 사용되는데 현대 일본국악(호오가쿠邦樂)에서는 독주곡 등 순수 기악곡도 많이 만들어지고 있다. 심지어는 엥카풍의 가요곡 등에서도 양악기와 혼합되어 일본적인 메아리를 추가하기 위해서 꼭 필요한 악기로 사용되고 있다.

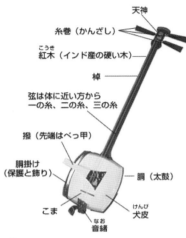

天神
糸巻 (かんざし)
紅木 (インド産の硬い木)
棹
弦は体に近い方から
一の糸、二の糸、三の糸
撥 (先端はべっ甲)
胴掛け (保護と飾り)
こま
音緒
犬皮
胴 (太鼓)

📷 샤미셍三味線 명칭

📷 쟈비셍蛇皮線

  관련 키워드

▽호오가쿠邦樂 : 일반적으로 일본국악의 총칭인데 보통은 양악의 상대적인 호칭으로 쓰이며 양악 이외의 일본전통 음악을 지칭한다. 사용하는 악기의 종류에 따라서 다음과 같이 분류할 수 있다.

▽아악(가가쿠雅樂) : 궁정의 행사 때 연주되는 의식음악. 옛날에 한국·중국에서 들어온 음악으로 일본음악의 가장 오래된 모습을 간직하고 있다고 할 수 있다.

▽쇼오묘오声明 : 불교 전례典礼음악으로 성악, 불교전래와 함께 수입되어 그 후 일본음악에 큰 영향을 끼쳤다.

▽샤미셍과 쟈비셍의 차이

*	샤미셍三味線	쟈비셍蛇皮線
손잡이棹	길다	짧다
가죽皮	고양이 혹은 개 가죽	비단뱀 가죽
채ばち	상아 목재	대나무를 가늘고 얇게 깎은 것

21.2.2. 비파〈비와琵琶〉

전국 시대이후 전쟁이야기 등이 비파의 연주로 읊는 음악으로 발달했다.

한국·중국·일본의 현악기의 하나로 목제의 몸통 상부에 짧은 목이 달려있고 4줄(혹은 5줄)이며 몸통은 가지모양으로 평평하고 길이는 60cm~106cm이다. 일본에서는 주로 바치撥라하여 은행잎모양의 채로 연주한다. 기원은 페르시아, 아라비아이며 인도·서역·중국·한반도를 거쳐 나라 시대에 일본에 들어왔다. 시대·용법·생김새에 따라서 가쿠 비와樂琵琶·모오소오 비와盲僧琵琶·헤에케 비와平家琵琶·사츠마 비와薩摩琵琶·치쿠젬 비와筑前琵琶 등이 있다.

📷 칠기 5현 비파琵琶　📷 헤에케 비파平家琵琶

 　관련 키워드　

▽가쿠 비와樂琵琶 : 보통 106cm 이상으로 다른 비파에 비해서 크며 사이바라催馬樂연주에 필요하다.
▽모오소오 비와盲僧琵琶 : 큐우슈우지방을 중심으로 맹인 승려가 풍작을 기원하며 연주했다.
▽사츠마 비와薩摩琵琶 : 무로마치 시대에 사츠마에서 연주하기 시작했으며 남성적이고 웅장하다.
▽치쿠젬 비와筑前琵琶 : 크기가 작고 우아하며 여성적인 악기이다.

21.2.3. 샤쿠하치尺八

세로로 부는 일본전통악기로 길이가 1척 8촌(1尺8寸/54.5㎝)이므로 샤쿠하치尺八라했다. 대나무로 만들어졌으며 세로로 불어서 연주한다. 종류로는 나라 시대에 당나라에서 전래된 고대 샤쿠하치가 있는데 이를 가가쿠雅樂 샤쿠하치라하고 쇼오소오잉正倉院 샤쿠하치라고도 한다. 그밖에 히토요기리一節切샤쿠하치·후케普化샤쿠하치·타코오多孔샤쿠하치 등이 있는데, 샤쿠하치라하면 보통은 후케 샤쿠하치를 지칭하며 흔히 그 악기가 연주된다. 구멍은 전면이 4개, 뒷면이 1개로 되어 있다. 현재 요시오카 타츠미吉岡竜見라는 샤쿠하치 명인이 많은 편·작곡을 통해 일본음악을 세계에 알리고 있으며 서양음악과의 접목에도 많은 관심을 갖고 있다.

📷샤쿠하치
尺八

21.2.4. 코토琴

코토는 순수하게 기악 독주곡으로 연주되기도 하고 다른 악기와 중주곡의 형태로 연주되기도 한다. 에도 시대에는 코토, 샤쿠하치, 샤미셍과 함께 편성되는 상교쿠三曲의 형태로 연주되기도 했다. 코토는 연주만을 하기도 하지만 우리의 가야금병창처럼 연주하면서 노래하기도 한다. 곡의 구성은 처음이 마에우타前歌로 아악적인 분위기가 느껴

코토琴

지고 파도와 새를 연상시킨다. 이어 테고토手事라 불리는 간주가 이어지는데 이 부분에서는 악기의 기교가 최대한으로 발휘되고 음색이 맘껏 살아난다. 뒤이어 아토우타後歌의 부분은 테고토 다음으로 연주되는 부분으로 마무리의 차분함이 깃든 음악이다. 토미모토 세에에富元清英는 이 부분의 명인으로 활약하고 있다.

21.3. 전통 대중미술

21.3.1. 우키요에浮世絵

1865년 프랑스 화가 브라크몽이 일본에서 보내져온 도자기의 포장지로 사용된 호쿠사이北斎의 만화의 한 조각을 발견하고, 마네·도가 등의 친구에게 돌렸는데 이것이 인상파 탄생의 발단이 되었다는 에피소드는 유명하다. 또한 1867년 파리의 제2박람회에 출품된 이래 해외에서 높이 평가되기도 했지만 이 우키요에는 정작 일본 자국 내에서는 고작 회고취미의 애완물에 지나지 않았다. 미술사적으로도 〈에도 하층계급의 미술〉로 무시되었다. 2차 대전 당시까지 연약하고 비국민적이라고 멸시당하던 이 서민미술이 드디어 널리 시민권을 획득하게 되었다. 에도 300년 근세서민이 길러내고 메에지 근대문명의 발달과 함께 소멸된 우키요에는 요즘의 신문·잡지·그림책·포스터·블로마이드·전단 등과 같은 일상생활의 소모품으로서 대량생산되어온 상품이었으므로 보고 나면 휴지가 되고 마는 존재였다. 그렇기 때문에 남아있는 것은 적다. 하지만 기나긴 세월 다종다양의 우키요에가 생산되었기 때문에 여전히 방대한 양이 남아있고 소중하게 보존해온 사람도 있다. 그 가운데에서 해외에서의 평가에 뒷받침되고 있는 형태로 미술적으로 크게 평가받고 있는 것은 빙산의 일각이며 지금도 빛을 받지 못하고

후지富士 36경
〈우타가와 히로시게歌川広重 작〉

아사쿠사 카미나리몽浅草雷門
〈우타가와 히로시게歌川広重 작〉

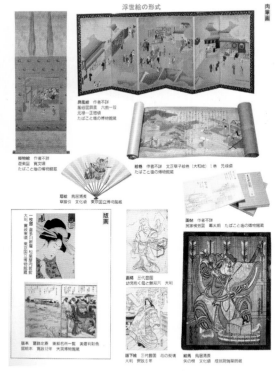

우키요에浮世絵의 형식

3미인
〈키타가와 우타마로喜多川歌麿 작〉

카부키 배우 이치카와 에비조오
〈토오슈우사이 샤라쿠東洲斎写楽 작〉

잠들어 있는 것이 부지기수인 것이 현재의 실정이다.

〈우키요에浮世絵〉 속의 우키요라는 말은 중세이전 서민들이 계속되는 전란에 휘말려 빈곤이 극에 달하고 생활이 비참했을 때 불교의 염세적인 사상의 영향으로 현세는 〈우키요憂き世〉로 무상의 세계라고 생각되어졌고 내세의 극락정토로 가는 것이 사람들의 바람이었다. 15세기 후반에 와서야 오오닝의 난応仁の乱의 전쟁참화가 잦아들고 평화가 찾아들었다. 서민은 현세의 찰나의 순간만이 행복이 있을 뿐이라고 느끼기나 한 것처럼 향락을 쫓으며 〈우키요憂き世〉는 어느 틈엔가 들떠서(우키우키浮き浮き), 편하게 살아가는 〈우키요浮世〉가 되었던 것이다. 그리고 말은 변화하여 〈우키요浮世〉란 신 유행, 당세풍이라는 의미를 갖게 되었고 이 말이 처음으로 등장한 것이 1641년의 카나조오시 계열 이야기인 『소조로 모노가타리』이며 1682년 이하라 사이카쿠井原西鶴의 소설 『호색일대남(코오쇼쿠 이치다이 오토코好色一代男)』에는 우키요에라는 말이 이미 등장하여 이 그림이 일반화되었음을 입증하고 있다. 이 무렵 〈우키요浮き世〉라는 말은 유행어가 되어 〈우키요 고자〉·〈우키요 긴챠쿠〉·〈우키요 부쿠로〉·〈우키요 보오시〉·〈우키요 가사〉 등 유행하는 신제품의 이름 앞에 붙어서 최신 유행을 나타내었고 이것이 시대의 첨단을 달리는 새로운 유행어였다. 우키요에는 육필화와 판화로 나눌 수 있다. 그러나 일반적으로 우키요에라고 하면 목판화로 된 다양함과 참신함의 세계로 서양인이 평가한 것을 주로 따르고 있는데 이는 육필화는 숫자도 적고 진위의 판정이 어려워 연구가 늦어지기 때문이다. 육필 우키요에는 화가(에시絵師)가 한필, 한필 정성을 다하여 자신의 화필로 직접 그린 직필화이다. 주로 부유한 계층으로부터 의뢰를 받아 그렸으며, 한정 제작으로 아무나 살 수 없는 값이 비싼 것이었다. 이런 종류로는 토코노마床の間에서 감상하기 위해 그려진 카케후쿠掛幅가 많다. 육필화는 그 형식상 병풍화屏風絵·말이그림絵巻·화첩画帖·걸이그림掛け物絵·부채그림扇絵·에마絵馬·판밑그림版下絵 등이 있다. 우키요에 판화는 블로마이드형 인쇄(이치마이 즈리一枚摺り)와 책자형 판본의 둘로 나뉜다. 책자형 인쇄는 케에쵸오 시대(慶長期·1596-1615)에 쿄오토에서 스미노쿠라 소앙角倉素庵에 의해서 사가봉嵯峨本에 처음으로 『이세모노 가타리伊勢物語』의 치졸한 삽화가 들어간 것이 시작이었다

고 한다. 이것을 계기로 이하라 사이카쿠를 비롯한 카나 조오시의 삽화 그림책이 만들어졌다. 엠보오 시대(延宝期·1673-1681)에 처음으로 우키요에 화가 히시카와 모로노부菱川師宣라는 이름으로 책자형 삽화에서 감상용 블로마이드형 인쇄가 등장되었다. 이어 정치·경제의 중심지인 에도로 무대를 옮기면서 상업출판물로 성장하고 쇠퇴했다. 상품이기 때문에 육필 우키요에와는 달리 대중의 기호에 따라야했고 따라서 조각·인쇄기술도 발달하고 사용되는 안료도 진화했으며 시대에 부합하는 화가도 명멸하곤 했다.

富嶽 36경〈카츠시카 호쿠사이|葛飾北斎 작〉

21.3.1.1. 우키요에 판화가 만들어지는 과정

상품인 우키요에 판화는 출판사(함모토版元)·화가(에시絵師)·조각사(호리시彫師)·인쇄사(스리시摺り師) 등의 4자 협동으로 이루어진다. 제작 순서는 다음과 같다.
①출판사는 기획을 세우고 화가에게 그림을 의뢰한다.
②화가는 숯 한 가지 색으로 선 그리기에 의한 밑그림을 그린다.
③출판사는 밑그림을 검색담당관인 그림 이야기 소설 담당(에조오시 가카리絵草子係り)의 나누시名主에게 제출하여 출판허가의 날인을 받고 조각사에게 제출한다.
④조각사는 밑그림을 벚나무 판목에 뒤집어 붙이고 주판主版을 조각한다. 이 때 화가가 그린 밑그림은 조각도로 조각되며 소멸된다. 우키요에 판화는 채색된 원화의 복제가 아니고 화가는 판화로 할 목적으로 판화용 그림을 그린다.

로오고쿠両国 설 풍경〈우타가와 히로시게歐川広重 작〉

⑤인쇄사는 주판의 선그림을 10장정도 인쇄하여 화가에게 넘긴다.
⑥화가는 각 색판별로 색을 지정한다. 그리고 키모노 모양 등 자세한 부분을 그려 넣는다.
⑦조각사는 지시에 따라서 색판을 조각한다.
⑧인쇄사는 시험인쇄를 한다.
⑨인쇄사는 화가의 OK사인이 떨어지면 200장(인쇄사 하루의 양)을 인쇄한다. 많이 팔릴 것 같으면 처음부터 200장 이상을 생산한다.
⑩판매대행회사인 에조오시야絵草紙屋에서 판매를 개시한다.

21.3.1.2. 우키요에 판화의 첫인쇄와 나중인쇄

첫인쇄(하츠즈리初摺)와 나중인쇄(아토즈리後摺)라는 말은 우키요에가 예술작품으로서 감상되고 나서 그 인쇄의 품질을 품평하는 기준으로 사용되게 되었다. 우키요에가 단순한 인쇄물이었을 때는 인쇄문제는 그다지 불거지지 않았지만 메에지 말기가 되어 유럽화가들의 예술판화의 감정기준으로 바뀐 다음부터는 인쇄의 비중이 커졌다. 에도 시대에는 추가 주문인쇄는 인쇄사 한사람에게 맡기는 것이 관례였다. 나중인쇄는 충실히 인쇄할 의무가 없었고 긴급을 요하는 경우에는 진한색깔에서 연한색으로 바꾸어가는 기법인 보카시나 색판을 적게 하거나 생략하는 경우가 빈번했으며 마련된 색깔만으로 마무리하는 경우가 많았다. 또한 상품가치를 높이려는 출판사의 의도에 의해 예컨대, 쓸쓸한 가을 경치에서 밝은 봄 경치로 하기도 하고 평범한 화면을 화려하고 튀는 색깔로 고치기도 했다. 이런 간단한 고침을 통하여 놀라울 정도로 완전히 딴판의 작품이 되는 경우도 많았다. 나중인쇄를 포함해서 의도적으로 바꾼 것을 이방異版이라고 한다. 작품에 현대판화처럼 번호가 표시되는 것도 아니고 화가 직필의 사인이 있는 것도

윗 그림은 아래 그림과는 달리 산과 강에 명암의 변화를 주어 효과를 나타내고 있다.

아니었다. 따라서 첫인쇄인가 아닌가는 주판이 선명한지 출판이 세련되었는지, 색판이 손상을 입지 않았는지 여러 동일 작품을 놓고 검토할 수밖에 없었다.

21.3.1.3. 우키요에 판화와 출판 규제

토쿠가와德川막부는 체제 보전을 위해서 정치비판의 언동에는 극단적으로 신경을 곤두세웠다. 특히 당시 매스컴 역할이라 할만한 우키요에 출판에는 내용까지 규제를 가했다.

쿄오호오 시대(享保期·1716-1736)에는 금지 내용까지 구체화되었다.

①막부체제에 비판하는 언론·사상·이교異教를 판행하는 행위

②오다 노부나가·토요토미 히데요시 정권 이후의 무가에 대해서 기술하는 행위

③사회에서 일어난 사건이나 유행의 보도 혹은 막부를 비판하는 행위

④돈을 들인 호화판 인쇄물

⑤춘화나 호색물 등 풍기상 바람직하지 않은 내용물

출판사는 서민의 요망에 따라서 자주 금지령을 어겼기 때문에 서민대상으로 금령을 공포하는 오후레가키御触書로 기강숙정을 꾀하며 출판사·게샤쿠샤戱作者·우키요에 화가를 처벌했다. 예를 들면 카로歌麿가 금령을 어겨 수갑을 차는 벌인 테구사리手鎖 50일에 처해졌고, 출판업자 츠타야 쥬우자부로오蔦屋重三郎는 샤레봉洒落本인『시카케붕코仕懸文庫』등을 출판해서 재산의 반에 대한 몰수처분을 받았으며, 우타가와 쿠니요시歌川国芳는 무사그림, 배우그림의 내용으로 취조를 받는 등 탄압이 심했다. 우키요에는 봉건제 하에서 언론의 자유가 없었던 서민이 굳세고 힘차게 표현했던 휴머니즘의 산 역사이다.

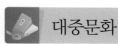 대중문화 part.22

22.1. 불꽃놀이〈하나비 타이카이花火大会〉

불꽃의 유래는 화급을 알리는 수단이었던 봉화였다고 한다. 그러나 봉화의 멋없는 소리와 연기에서 어떻게 해서 그토록 공중에 아름다운 꽃을 피우게 되었는지는 알려져 있지 않다. 흑색화약에 발색제를 조합하는 부분은 어느 나라나 같은데 불꽃의 철학이나 사상은 국가나름의 문화 차이를 그대로 반영하고 있다. 일본의 불꽃놀이는 역사와 전통을 자랑하는 예술이며 불꽃놀이사〈하나비시花火師〉도 목숨을 거는 면모를 갖고 있다. 스미다강隅田川의 납량계절의 개시를 축하하고, 수해사고의 방지를 기원하는 토오쿄오의 료오고쿠両国불꽃 놀이의 카와 비라키川開き에서는 유명한 화약가게인 타마야玉屋 · 카기야鍵屋를 연호하는 목소리가 뒤따른다. 막부말기의 『토오토 사이지키東都歳時記』에서는 칠월칠석행사에 대해서는 많은 지면을 할애하고 있지만 불꽃놀이에 대해서는 〈10일 밤 예년에 있던 대로 행사가 있었다〉라고 씌어져 있을 뿐 전혀 배려가 없었다. 인파로 료오고쿠의 다리가 주저앉았다는 이 민중의 행사도 시대에 따라서는 인

📷 불꽃놀이花火大会 · 宮島

기의 정도 차가 있었는지 모른다. 에도 시대라면 260여년 간을 균일하게 생각하는 사고방식에 오히려 문제가 있는지도 모른다. 전쟁의 다급함을 알리는 신호가 도시인의 마음의 교류로 반전되었지만 그 아름다움은 기술의 발전과 함께 계속 진화할 것이다.

22.2. 꽃놀이〈하나미花見〉

봄을 나타내는 일본의 옛말 중에 사쿠라 도키桜時라는 것이 있다. 옛날부터 벚꽃에 특별한 애착을 갖고 있는 일본인 특유의 풍류를 나타낸 말인데 그 벚꽃을 마음껏 즐기며 봄을 예찬하려는 것이 바로 일본인의 꽃놀이다. 벚꽃은 사무라이문화와 결부되어 산화할 때의 아름다움의 미학이나 입학식에 연결되는 향수와 함께 연회 준비로서의 의미를 갖고 있다. 꽃의 명소는 벚꽃에 국한하지 않고 매화 · 모란 · 등꽃 · 철쭉 · 꽃창포 · 국화 등 일본인의 생활 속에서 계절 변화에 따른 유람의 장소로 되어 왔는데 자연을 대상화하고 그곳에서 즐기는 쵸오닌町人문화의 전통은 에도의 벚꽃명소 우에노上野의 꽃구경처럼 막까지 둘러친 격식 있는 꽃구경과 마음 내키는 대로 마시고 먹는 것을 즐기는 아스카 야마飛鳥山/東京의 北区에 있는 언덕〉의 꽃구경 등을 만들어냈다. 콘다 야스노스케権田保之助는 꽃

놀이에 대해서 벚꽃을 인식의 대상으로서가 아니라 그 아래서 술을 마시고 도시락을 먹고 꽃으로 장식된 천하의 봄을 뱃속에 넣고 마음 껏 춤추며 자기 자신이 꽃이 되는 것이라고 했다. 오늘날 남을 의식 하지 않고 남의 눈치를 살필 것도 없는 집단의 연회는 돈이 들지 않는 만큼 장소를 잡는데 고생하고 깔개를 경계로 하는 의식 속에서 각각 동지적인 공동체의식을 가꾸어나가고 있는 것이다.

격식이 높은 곳에서는 관앵회(캉오오카이觀桜会)라고 해서 황실이나 수상이 각계의 저명한 인사나 각국의 대사 등 수 천명을 초대하여 베푸는 성대한 것이 있는가 하면 일반적으로 행하는 꽃구경은 가족 이나 마을, 혹은 직장에서 마음이 맞는 친구끼리 즐기는 서민적인 것도 있다. 서민의 꽃놀이에 꼭 따라붙는 연회에서는 꽃가지가 탐스 러운 나무아래 멍석이나 비닐깔개를 깔고 요리, 술, 카라오케를 준 비해 와서 먹고, 마시고, 노래 부르고, 춤추며 흥청댄다. 토오쿄오의 우에노 공원上野公園같은 명소는 그 연회자리를 마련하기 위하여 자 리쟁탈전(진토리갓센陣取り合戦)이 격렬하게 행해진다. 각 그룹의 선발 대가 전날부터 밀어닥쳐 전망이 좋은 장소를 두고 다투는 것은 거의 광적이다.

<상>아스카 야마의 꽃놀이 <하>진쟈에서의 꽃놀이

하나미/ 벚꽃 길 산책

하나미/ 벚꽃 연회

꽃놀이의 역사는 오래되었고 헤에안 시대인 812년에 궁중에서 행해진 벚꽃의 연회가 그 시작이라 고 한다. 토요토미 히데요시가 1598년에 쿄오토京都의 다이고지醍醐寺에서 행한 <다이고의 꽃구경>은 그 호화로움으로 가장 유명한데 꽃구경이 서민의 행사가 된 것은 에도 시대에 들어서부터이고 유명한 우키요에浮世絵 작가인 카츠시카 호쿠사이葛飾北斎의 <후가쿠 산쥬우록케에富嶽三十六景>는 꽃구경을 즐기는 에도서민의 모습이 선명하게 그려져 있다.

벚꽃의 명소로 유명한 곳은 일본 최고의 나라현奈良県의 요시노산吉野山으로 요시노 셈본자쿠라吉野

千本桜라고 불리는 수많은 벚꽃나무가 산중턱에서 정상까지 심어져 있으며 봄에는 산 전체가 벚꽃으로 묻히고 만다. 또한 쿄오토의 아라시산嵐山이나 제아미의 가면극 노오能의 대본인 요오쿄쿠의 무대로서 〈사쿠라가와桜川〉로 알려진 이바라키현茨城県 사쿠라강桜川 등도 많은 상춘객으로 붐빈다.

 우키요에 속의 하나미〈富嶽三十六景・御殿山のフジ〉　　 요시노야마吉野山의 벚꽃

▽요자쿠라夜桜 : 밤 벚꽃　　　　　　　▽타케나와酣 : 한창 무르익을 무렵
▽사쿠라젠셍桜前線 : 벚꽃 전선　　　　▽우메젠셍梅前線 : 매화꽃 전선
▽모미지젠셍紅葉前線 : 단풍 전선　　　▽이치부자키~큐우부자키 : 10%개화~90%개화
▽시다레자쿠라枝垂れ桜 : 수양 벚나무　▽망카이満開 : 만개

22.3. 단풍 놀이〈모미지가리紅葉狩り〉

단풍 구경〈모미지가리紅葉狩り〉

　봄의 꽃놀이에 해당되는 가을행사가 단풍 사냥이다. 일본에는 가을에 단풍이 드는 나무가 많기 때문에 산자수명山紫水明한 풍토와 어울려 아름다운 곳이 많다.
　봄꽃구경과 더불어 단풍구경도 원래는 궁중에서 행해진 행사였는데 점차 단풍을 찾아 먼 곳으로 가게 되었다. 단풍이 아름다운 곳은 역시 쿄오토로 벚꽃의 명소이기도 한 아라시야마嵐山, 계곡 전체가 단풍으로 물드는 사가노嵯峨野 근처의 토가노오栂尾, 그리고 인가에서 떨어져 가을의 풍정을 즐길 수 있는 오오하라大原가 인기가 있다.

22.4. 종이 접기〈오리가미折り紙〉

한 장의 종이를 접어 개서 다양한 형태의 모양을 만드는 종이 접기는 일본에서는 고대 신앙습속인 〈하라이祓い〉의 종이 인형(카타시로形代)을 종이로 만든 것이 그 시초라고 한다. 의례용 종이 접기는 무로마치 시대에 발달, 현재에도 작법의 하나로 사용되고 있는데 일반적으로는 놀이용 종이접기 만들기를 지칭한다. 접는 학이나 배, 개구리 등의 인물, 동물, 식물, 물건의 형태를 한 장의 종이로 접어가는 수법은 이미 에도 시대에 70종류나 등장하고 있다. 널리 보급된 것은 메에지, 쇼오와 시대의 유치원이나 초등학교의 공작교재로 취급되고 나서부터이다. 15㎝크기의 정사각형의 종이접기를 중심으로 문구점, 싼 과자를 파는 다가시야駄菓子屋 등에서 시판되게 되었다. 누리에塗り絵・치요가미千代紙

 치요가미千代紙

등 여자 어린이들의 일상적인 종이 완구로 1960년대까지 상당한 인기를 끌었는데 놀이의 변화에 의해서 수예공작 교재용의 종이접기가 주류를 이루었다. 한편으로는 보다 정교하고 자유로운 발상의 〈창작 종이접기〉 애호가도 늘어나 창작 종이접기 콩쿠르 행사도 개최되는 등 국제적인 종이접기 친선교류도 행해지고 있다. 아이들의 놀이로서는 한 때 텔레비전 유아교육 프로그램으로 〈마루노 오리가미〉 등도 소개되었는데 70년대 이후 디자인이나 사이즈도 다양화되어 패션 잡화의 페이퍼 그래프트로서 새로운 수요가 창출되고 있다.

관련 키워드

▽하라이祓い : 신에게 기도하며 죄・재난・부정 타는 것 등을 씻는 행위.
▽누리에塗り絵 : 아동용 놀이기구의 하나로 그림 모양의 윤곽만을 그린 종이로 여기에 색을 칠하며 놀았다.
▽치요가미千代紙 : 여러 가지 모양을 인쇄한 수공용 일본 종이.
▽셈바즈루千羽鶴 : 종이로 접은 학을 여러 개의 실로 꿰어 소원을 비는데 썼다.
▽센님바리千人針 : 한 조각의 헝겊을 천명의 여인이 빨간 실로 한 뜸씩 뜬 것으로 출정하는 병사의 무운과 안태를 빌었다. 병사는 그것을 총알박이로 썼다고 한다.

 센님바리千人針

22.5. 파칭코

일본에서 파칭코만큼 대중에게 사랑받고 깊은 인기를 얻고 있는 레저는 없다. 어려운 기술도 필요

없고 시간 제약도 없는데다가 용돈 정도로 즐길 수 있고 잘하면 경품까지 챙길 수가 있기 때문이다. 여가 개발센터의 조사에 의하면 최근 감소추세이긴 하지만 파칭코를 즐기는 인구는 2,860만명에 이를 정도이고 매상액은 자그마치 연간 22조 9,800억엥(2008년 통계)에 달할 정도의 거대시장이라고 한다. 파칭코는 〈코린트 게임〉이 원형이라고 하는데 2차 대전 전에는 〈가챵코〉라고 불리는 어린이들의 놀이도구였다. 패전 후의 역사는 나고야名古屋에서부터 시작된다. 전쟁 중의 나고야 주변에는 비행기 제조공장이나 부품공장이 밀집해 있었다. 비행기 제조에는 베어링이나 알루미늄 판을 사용하는데 패전에 의해서 이들 자재가 쓸모없게 되었다. 이 때 착상된 것이 파칭코 제작이다. 베어링은 그대로 구슬로 사용할 수 있었고 나고야는 더구나 베니어판 산지이기도 했다. 그렇게 해서 거리에 파칭코가 출현한 것은 나고야가 1946년, 토오쿄오가 1947년이었다. 전쟁에 불타고 암시장이 활개치던 시대였다. 딱히 오락이라고는 영화가 고작이어서 순식간에 손님이 몰리고 파칭코 점은 우후죽순처럼 생겨났다. 그 당시 파칭코 기계는 별명인 〈7・5・3식〉에서 알 수 있는 것처럼 구멍의 장소에 따라서 구슬이 나오는 숫자가 달라, 7개가 나오기도 하고 3개가 나오기도 하는 구조였다. 그것이 〈올식〉으로 바뀌고 〈연발식〉으로 바뀌면서 도박의 강도가 높아졌다. 이에 경찰이 규제에 나섰고 1955년에는 연발식이 금지되어 파칭코의 인기는 하강곡선을 그린다. 그러다가 1964년부터 등장하기 시작한 튤립형의 파칭코는 연발식의 허가와 함께 서민의 인기를 모으기 시작했다. 또한 무인기無人機 형태의 파칭코 기계의 개발로 점포당 기계대수가 현저하게 늘어났다. 기술혁신은 거기서 멈추지 않았다. 60년대 후반에 들어서자 기계의 자동화, 시스템화가 시작되었다. 즉 산업구조의 변화에 따라서 일손부족과 함께 인건비가 대폭 상승한 결과, 여기에 대응하는 〈자본의 논리〉가 유발시킨 기술혁신이었던 것이다. 급기야는 컴퓨터를 도입하고 파칭코 기계의 자동집중 제어방식에 의한 시스템화를 실현시켜 간다. 또한 80년에 중앙의 넘버가 갖추어지면 구슬이 마구 쏟아지는 기계인 휘버식 파칭코 기계가 출현하자, 그 스피드감이 어필하여 고객이 대폭으로 늘어났다. 그 때까지 1만점 전후로 추산되던 파칭코 점이 82년쯤부터 급증하여 2005년에는 1만 5,165점포에 이르게 되었다. 게다가 BG음악도 매상고와 관련이 있다고 하여 자동화되고 시스템화되었으며 소음이 소용돌이치는 기계장치 속에서 최면이나 환각처럼 빠져들어 구슬을 튕겨 올리고 있는 풍경이야말로 현재의 일본을 상징하는 것이고 가장 일본적인 레저라고 할 수 있을 것이다.

🐾 파칭코

파칭코는 토오쿄오풍과 오오사카풍이 있다. 토오쿄오는 건전오락의 원칙을 지키려는데 반해 오오사카는 도박이라는 본심을 숨기려하지 않는다. 경품만을 교환하는 손님은 겨우 10%이고 90%는 환금하는 것이 현실인데 토오쿄오는 금박을 입힌 금화 등의 고급품을 경품으로 걸면서까지 환금목표의 도박을 저지하려고 한다. 오오사카에서도 학자・예술가 등을 동원하여 의혹의 눈총을 받기 쉬운 인상을 불식시키려고 노력하면서 토오쿄오식으로의 전환을 모색하고 있으나 〈오오사카 장애인・미망인복지협회〉라는 간판을 내건 환금업자의 점포를 파칭코점에 인접시켜 환금을 합법화하거나 손쉽게 하는 등의 노골적인

📷 파칭코 입구

📷 파칭코의 쇠구슬

모습은 변함이 없다. 동서의 차이와 함께 현대일본의 파칭코는 컴퓨터도 합세하여 내·외 시설의 딜럭스화와 소비되는 돈의 다액화라는 일반적인 흐름이 있다. 최근에는 오피스 레이디의 모습도 흔히 보이고 대중화가 진행되고 있지만 인기를 끄는 〈일발대〉·〈휘버대〉·〈파치스로대〉에서는 한 시간을 즐기는데 자그마치 1만엥의 지폐가 필요하다. 잘만하면 불과 수백 엥으로 몇 시간을 즐기고 돌아갈 때는 담배나 초콜릿 등의 선물도 가지고 갈 수 있다는 것은 옛날이야기이다. 노인·여성전용 코너도 가끔은 눈에 뜨이지만 수만 엥 투자를 각오로 파칭코의 경영방침과 승부하려는 스타일이 주류를 이루고 있다.

22.6. 엥카演歌

일본 대중음악의 한 분야. 이 엥카는 자유 민권운동을 선전하기 위한 민권가요가 기원이었는데 1888년 히사다 오니이시久田鬼石가 엥카 장사단(엥카 소오시당演歌壯士團)을 결성할 무렵부터 노래에 의한 연설이라는 의미에서 연가라는 말이 생겨났으며 장사가(소오시카壯士歌)라고도 불리었다. 여기서 장사라는 의미는 신정부에 대한 불만을 가두나 연극소극장에서 산발적으로 호소한 젊은이들을 지칭하는 말로 그들은 울부짖는 듯한 노래를 했다. 그들 작사 작곡의 〈다이너마이트 부시〉는 토사土佐의 속요와 학교 창가(쇼오카唱歌)의 특징을 겸비하고 있었고 그 노래를 모태로 해서 〈유카이 부시愉快節〉·〈킴부 부시欣舞節〉 등의 가사를 바꾼 노래가 등장했다. 또한 국회개설이나 청일전쟁의 시사문제를 풍자한 가사가 히트했으며 1900년에는 공창公娼폐지를 풍자한 〈스트라이크 부시〉 등이 유행했다. 당시에는 거리에서 팔고 다니는 가사집이 엥카시演歌師의 주요한 수입원이었다. 1902년에 엥카 장사단이 해체되고 소에다 아젬보오添田唖蝉坊가 두각을 나타내며 그의 〈랍파 부시ラッパ節〉가 러일전쟁 중에 대유행을 했다. 그 뒤로 직접적인 정부비판은 서서히 후퇴하고 서민의 생활애환을 다루게 되었는데 이 무렵 창가唱歌·기숙사 노래(료오카寮歌/주로 구제旧制 고등학교 기숙사 노래가 많았다)·군가 등의 양악계통의 노래에 가사를 바꾼 노래가 등장했다. 1907년에는 무성영화의 반주에서 힌트를 얻은 바이

올린이 도입되고 나서부터는 하이칼라 이미지가 강해지고 고학생이 아르바이트로 불러 생원노래 (쇼세에 부시書生節)라고 불리게 되었다. 또한 가사도 반항적인 색채가 퇴색하고 비련 등의 감상적인 내용을 다루게 되어 급기야는 강경파에게서 비난이 쏟아졌다. 서커스의 취주악대인 진타가 자주 연주한 곡 〈천연의 미(텐넨노비天然の美)〉에 어떤 엽기적인 사건을 감상적인 가사로 노래한 〈야밤의 추억(요와노 츠이오쿠夜半の追憶)〉이 대표적인 곡이다.

소에다 아젬보오
添田唖蝉坊

한편 아젬보오 등은 여전히 거리에서 노래부르는 것을 직업으로 하고 있었지만 1911년대에 들어서는 노래의 주요한 미디어는 레코드로 옮아가고 있었다. 현재 엥카의 기원으로 되어 있는 것은 나카야마 심페에中山晋平작곡・노구치 우죠오野口雨情작사의 〈센도오고우타船頭小唄〉였는데 그 염세적인 내용이 대지진을 초래했다고 이야기될 정도로 한순간을 풍미했다.

1910년대 중반으로 들어서면 스스로 만든 선율을 사용하는 엥카시도 등장했다. 아젬보오의 아들 사츠키와 손을 잡고 가두에서 노래부르던 톳토리 슝요오鳥取春陽는 자신의 노래 〈새장의 새(카고노도리籠の鳥)〉가 공전의 히트를 기록하게 되고 이것이 영화화된다. 그는 거리의 엥카와 레코드 엥카를 접목시키는 다리역할을 한다. 또한 녹음기술 향상에 따른 관현악 연주의 유행가가 나타나고 1925년대의 레코드 가요의 기초가 된다. 1925년대에는 후쿠오카福岡태생으로 주로 유년시절을 한국에서 보낸 코가 마사오古賀政男가 혜성

나카야마 심페에中山晋平

처럼 등장한다. 그는 당시 한국가요의 요소를 일본으로 가지고 갔으며 지금도 한국계 엥카가수가 많이 활동하는 것 외에 홍콩, 대만계의 가수가 있는 것을 보면 일본가요가 동아시아의 가요라고 해도 될 정도이다. 그는 〈술은 눈물인가, 한숨인가酒は涙か溜息か〉・〈그림자를 사모하여影を慕いて〉 등으로 한 시대를 리드해나간다. 당시 그의 노래는 엥카艶歌・코가古賀멜로디라고 불리었다. 그 뒤를 이어 작곡가로는 코세키 유우지古関裕而・만죠오 메타다시万城目正, 작사가로는 나가타 미키히코長田幹彦・시마다 요시후미島田芳文 등이 대표적이었고 전후에는 엔도오 미노루遠藤実・요시다 타다시吉田正・후나무라 토오루船村徹 등이 대표적인 작곡가로 팝의 영향을 받은 엥카를 만들었다. 작사가로는 사에키 타카오佐伯孝夫・호시노 테츠로오星野哲郎 등이 많은 명작을 남겼다. 셈 마사오千昌夫의 〈별그림자의 왈츠星影のワ

노구치 우죠오野口雨情

ルツ〉・미야코 하루미都はるみ의 〈사랑한 사람好きになった人〉・모리 싱이치森進一의 〈항구의 블루스港町のブルース〉・코야나기 루미코小柳ルミ子의 〈세토오의 신부瀬戸の花嫁〉・이시카와石川 사유리의 〈츠가루해협 겨울풍경〉 등이 히트 반열에 올랐고 또한 무라타 히데오村田英雄・미나미 하루오三波春夫처럼 나니와부시계에서 진출한 가수도 있는가 하면 키타지마 사부로오北島三郎와 같이 민요를 살린 후시마와시를 특징으로 하는 가수도 50, 60년대에 등장했다. 최고의 국민가수로는 미소라 히바리美空ひばり

톳토리 슝요오鳥取春陽

코가 마시오古賀政男

를 들 수 있으며 그녀의 노래 〈흐르는 강물처럼/카와노 나가레노 요오니川の流れのように〉은 일본국민이 21세기에 남기고 싶은 최고의 노래로 꼽히기도 했다.

항구, 눈물, 비가 엥카의 3대 요소로 불릴 정도로 개인의 비련, 이별, 망향 등이 녹아 들어간 가사가 많으며 엥카라고는 해도 다양한 창법과 양식이 존재한다. 1980년 대에는 젊은이들의 엥카 이탈현상이 두드러져 국민적인 가요의 자리는 내주었지만 노래방에서는 여전히 인기가 있다.

미소라 히바리美空ひばり

22.7. 카라오케

녹음이 끝난 반주와 마이크로부터 입력된 노래를 합성 증폭시키는 장치이다. 소리 만 있는 오케스트라라는 의미로 빌 공空자의 일본어 발음인 〈카라〉와 오케스트라의 약어인 〈오케〉라 는 말의 합성어이다. 이것의 전 단계로서 술집에서 손님이 프로가수의 캠페인용 카라오케 장치를 사용해서 노래한 것과, 마이크 입력단자가 부착된 쥬크박스에 〈노래없는 가요곡〉을 걸고 노래한 것, 피아노 등의 연주를 녹음한 테이프를 걸고 부르는 형태가 있었다.

1970년대 초에 에코머신을 내장한 업무용 카라오케 장치와 가이드멜로디가 붙은 소프트가 만들어 지고 그것이 술집을 중심으로 보급되어 갔다. 그 후 70년대 후반에 가정용, 80년대 중반에 카라오케 복스가 개발되었다. 소프트 형태는 당초 카세트 테이프였지만 80년대에 들어서 CD, 비디오디스크로 발전되어 갔다. 카라오케는 원래 술집에서 중년남성이 엥카를 부르는 도구였다. 80년대는 특히 카라 오케 출현 후에 남녀노소가 술이 없어도 여러 장르의 노래를 부르게 되었다. 카라오케는 원래 노래를 좋아하는 일본인에게 자기도취를 동반하는 자기표현의 기회를 제공한 것으로 많은 사람들이 타인 앞에서 솔로라든가 듀엣을 부르게 되었다. 카라오케는 장소를 공유함으로써 집단주의를 만족시키고 선곡과 퍼포먼스에 의한 개개인의 자기표현을 보증한다. 그러나 근린소음의 원천·소년소녀의 비행 의 온상으로 사회문제가 되기도 하는 측면이 있기는 하지만 일본인의 사교의 장치로서, 그리고 대중 음악을 지탱해주는 장치로서 중요한 위치를 점하고 있다. 근년 메이커라든가 카라오케 상사는 한 국·중국·동남아 등으로 하드웨어·소프트웨어를 수출하고 있다.

22.8. 온천温泉 · 노천탕〈로템부로露天風呂〉

일본인은 세계 여러 나라 중에서 가장 온천을 즐기는 국민이다. 섬나라 특유의 습한 기후의 필요조 건과 자그마치 16,695개소에 달하는 충분조건이 만들어낸 결과이다.

온천은 대지환희의 상징이고 노천온천은 자연혜택의 극치이다. 각박한 일상생활 속에서 스트레스 가 쌓이는 현대인은 자연회귀, 동경이 그 어느 때보다 더 큰 욕구로 나타난다. 자연에서 솟아오르는 처녀지인 노천 온천에 인간도 태어난 그대로의 발가벗은 모습으로 뛰어들게 되면 완전히 자연으로 회귀한 상태가 된다. 말 그대로 합일의 경지이며 자연과 인간의 스킨십인 것이다. 이런 기분은 노천 온천이 아니고서는 연출해낼 수가 없다.

📷 〈상〉 후타마타二股라듐 온천・北海道
　　〈하〉 뉴우토오乳頭 온천・秋田県

📷 〈상〉 오쿠유사와奥湯沢 카이카케貝掛 온천・新潟県
　　〈하〉 사나게猿投 온천・愛知県

　유럽의 온천은 물의 온도가 낮고 각각 함유 성분이 다양하며 그 대부분이 진하기 때문에 입욕보다는 음용으로 적합하다고 한다. 그러나 일본의 온천은 물의 온도가 43℃를 웃도는 고온천이 많고, 질도 좋고 양도 풍부하며 산성, 알칼리성이 강해서 의료 효과가 크기에 입욕하기에 알맞은 조건을 갖추고 있다.

　일본인은 처음에 치료의 목적으로 이용하여 이용객도 귀족에 국한되어 있었으나 점점 일반서민도 이용하게 되었는데 나중에는 온천장에서 바둑, 장기를 두는 등 오락 혹은 친교의 장이 되면서 에도 시대는 생활과 아주 밀접한 장소로 가까워지게 되었다. 원래 온천법에서 말하는 온천이란 인공적으

로 가열하지 않고 물의 온도가 섭씨 25℃ 이상 되어야 하며 몇 가지
원소 물질이 녹아 있어야 한다. 일본에서는 백로·학·곰·멧돼지·
사슴·원숭 등 부상을 당한 동물들도 이용하고 있는 것으로 알려
져 있다. 온천이 따뜻한 것 이상으로 약효가 있다는 것을 동물들은
본능적으로 알고 있는 것이다. 과학적 지식이 부족한 옛날에는 인간
에게 있어서는 일종의 신앙의 터였다고 한다. 일본 온천도 역사와

온천을 즐기는 일본 원숭이

전통을 자랑하는 소위 예술계의 명인처럼 명탕(메에토오名湯)이라는 것이 있는데 일본의 삼고탕三古湯으
로 유명한 곳은 코오베神戶의 아리마 온천有馬温泉·키이紀伊의 시라하마 온천白浜温泉·마츠야마松山의
도오고 온천道後温泉 등을 꼽는다. 이들 온천은 시대를 초월하여 피로를 푸는 장소로, 당시의 풍류에
젖어 옛날 정취를 맛볼 수 있는 장소로 유명하다. 또한 옛날부터 노
천 목욕탕이 일본에는 많이 있어 왔는데 자연의 아름다운 풍광을 즐
기면서 목욕을 할 수 있다는 장점이 있다. 특히 가을의 단풍을 감상
하면서 와카和歌라도 한 수 읊으며 노천 온천을 즐길 수 있는 유명한
곳으로 굼마현群馬県의 타카라가와宝川 온천이 있는데 일본에서도 손
꼽히는 한꺼번에 천명이나 들어갈 수 있는 깊고 넓은 마카탕이라든가
80평이나 되는 여성 전용탕 등 온천의 다양함으로 승부하고 있다.
그밖에 단풍으로 유명한 온천은 혹카이도오北海道의 토카치다케十勝岳

타테야마 렘포오立山連峰가 보이는 로템부로·富山

온천, 굼마켕群馬県의 시마四万 온천, 아키타秋田県의 후케노유蒸ノ湯
온천 등이 있다.

　한편 한 겨울, 엄동설의 추위 속에서 순백의 세계에 파묻히거나
떨어지는 눈의 율동을 함께 누릴 수 있는 온천으로는 일곱 개의 온천
이 솟는 나가노현長野県의 시치미七味 온천, 수빙樹氷, 몬스터 등이 유
명하고, 젊은이나 가족 단위 관광에 인기가 있는 야마가타현山形県의
자오오蔵王 온천은 주변이 온통 원시림으로 둘러싸여 있어서 가을에
는 아름다운 단풍을, 겨울에는 한 폭의 수묵화를 연상케 하는 경치를
감상할 수 있다. 그리고 설경을 만끽하며 목욕을 할 수 있는 곳은
토치기현栃木県의 카니유加仁湯 온천 등이 있다.

아리마 온천有馬温泉·兵庫県

　최근에 온천지는 다양한 오락의 장으로서 새롭게 거듭나고 있다.
예컨대 그 지역의 사적이나 먹거리, 그리고 젊은이들을 겨냥해서 행글라이더, 번지점프 등을 함께
즐길 수 있는 지역도 늘어나고 있다. 또한 소득수준 향상에 따른 여행의 대중화시대와 장수시대,
건강지향의 시대를 맞아 온천이 건강의 회복, 유지, 증진의 역할이 기대되는 장소로 각광받고 있다.

　오랜 습관으로 정착된 입욕법으로는 〈고온욕〉이 있는데 이것은 만성 류머티즘이나 신경통환자에
게 효능이 있는 것으로 알려져 있다. 〈지속탕〉은 흥분을 가라앉히고 혈압을 떨어뜨리는 효과가 있는

데 이것은 미지근한 탕에 오랫동안 입욕하는 것을 말한다. 오오이타현大分県의 지고쿠地獄온천은 지속탕 가운데에서도 13℃로 특히 차다. 그리고 높은 곳에서 가는 줄기로 떨어지는 온천 폭포를 몸으로 맞는 〈맞는 탕〉이 있는데 이것은 견통에 효험이 있다. 또한 온천 열로 뜨거워진 모래로 찜질을 하는 「모래욕」도 있으며 이것은 가고시마현鹿児島県의 시루스나指砂온천 등이 유명하다.

📷 이나토리稲取 온천·静岡県

22.8.1. 남녀 혼탕

노천 온천은 원래 남녀 혼탕이 자연스러웠다. 남녀의 구별이 확실해진 것은 남자 탓이었다. 여자의 나체를 빤히 핥듯이 쳐다보는 남자, 혹은 가까이 접근하거나 힐끔힐끔 엿보기도 하는 남자들 때문에 그 대원칙이 무너진 것이다. 일본남자들은 술에 취하면 유치해진다고 한다. 그저 자연스러운 신사다운 태도를 견지한다면 남녀의 혼탕은 원래의 자연스런 모습으로 부활될지도 모른다. 남자들이 〈훔쳐보았다〉며 울며 호소하는 여성도 있고 〈남자들이 물속에서 잠수해 왔기 때문에 놀랐다. 확실한 칸막이가 없으면 안 되겠다〉는 등의 불평이 이어져 노천 목욕탕을 닫았다는 이야기도 있다. 하지만 아직도 치료를 위한 노천온천에서는 남녀 혼욕이 있다. 그러나 이용객은 대부분이 할머니와 할아버지이다. 일본법에는 〈다른 사람이 통상복을 입지 않은 장소를 몰래 훔쳐보는 자

📷 남녀 혼탕의 로템부로·鹿児島県

는 구류 또는 과태료에 처한다〉고 되어 있다. 여성이 부끄러워서 도저히 밖으로 나갈 수 없었다라고 호소하면 불법 감금죄로 3개월 이상 5년 이하의 징역이 되는 경우가 있다. 에도 시대에는 남녀 혼탕이 한창 유행했었으나 한때 남녀 혼욕 금지령이 내려졌던 때도 있었다. 1854년에 미국의 페리제독의 2차 도항 때 동행했던 화가 하이네는 이즈伊豆의 시모다下田라는 곳의 남녀 혼탕을 보고 아연실색하며 〈나는 일본전체가 이렇지는 않을 거라고 생각한다〉라고 보고서에 썼다고 한다. 1868년에는 메에지明治정부가 해외 창구역할을 하고 있던 요코하마横浜, 오오사카大阪, 토오쿄오東京 등에 춘화 판매금지, 남녀 성기모조품 판매금지 등과 함께 혼욕 금지령을 내렸다고 한다. 아마 당시의 행정관은 일본특유의 풍속인 혼욕을 음란한 것으로 치부한 것 같다. 하지만 온천에는 남녀탕을 따로 만드는 개조비도 만만치 않고 부모들이 자녀들을 데려오며 따지는 바람에 일부는 금지령을 취소하는 등의 혼선이 있었다. 1890년에는 〈공중욕탕법〉·〈온천법〉이 시행되었는데 그 법에서는 공중위생법에 근거하여

위생분야만을 단속할 뿐 남녀 혼욕은 자유라는 취지의 내용이 있었다.

일본인은 온천을 이용하여 달걀·치마키·물두부·온천죽·낫토오·커피·온천소주·온천밥·온천모밀·온천에 삶은 게·데친 나물 등을 해서 먹으며 온천을 즐긴다.

22.8.2. 센토오錢湯

돈을 받고 목욕을 시켜주던 곳으로 절 안의 목욕시설인 시욕施浴이 기원이라고 한다.

가장 번창했던 시기는 에도 시대였는데 당시 에도江戶와 오오사카大坂 등의 대도시에서는 정보교환의 장소, 사교의 장소로서 도시생활에는 없어서는 안 될 장소였다. 한 때는 그 곳에서 술이나 음식을 팔기도 했고 여성들이 성적인 서비스를 하기도 했으며, 서민들의 오락, 향락, 사교시설로 〈우키요부로浮世風呂〉 등으로 대표되는 도시문화를 낳은 장소가 되었다. 메에지 시대이후에는 구습의 민간풍습 개선정책이 센토오에도 영향

📷 센토오錢湯의 휴게실

을 미쳐 이곳은 유흥의 장소에서 공중위생시설로 거듭나게 된다. 그 뒤 전후 고도성장기인 쇼오와昭和 시대에는 그 숫자가 현저하게 증가하여 1964에는 정점에 달했지만 각 가정에 목욕탕을 설치하면서 손님이 격감, 전·폐업이 속출했다. 그 뒤 살아남기 위한 변신을 거듭하여 미용·건강효과·마사지·영화상영 등을 겸한 레저시설로 탈바꿈한 곳도 적지 않다. 현재 이 시설은 생활필수시설과 레저시설 사이에서 그 존재형태를 어떻게 이끌어갈지 심각하게 모색하고 있다.

22.8.3. 보자기〈후로시키風呂敷〉

현존하는 가장 오래된 보자기는 나라 시대, 쇼오소오잉正倉院의 물건을 쌌다는 기록으로 남아 있는 것이다. 당시에는 츠츠미(帳·裏) 등으로 표기하고 모두 싼다는 의미로 수납용으로 사용되었다. 그때는 포장용으로 끈이 달려 있어서 자루와 같은 것이 아니라 보자기로 된 것이었다. 헤에안 시대에는 코로모 즈츠미古路毛都々美라고 해서 주로 의상을 쌌던 것으로 알려지고 있다.

이 보자기가 목욕탕에서 사용된 것은 무로마치室町 시대로 당시 쇼오궁 아시카가 요시미츠足利義満는 쿄오토에 세운 저택의 부지에 큰 욕실을 만들어 전국 다이묘오大名들에게 접대삼아 목욕을 하게 했다. 이 때 다이묘오들이 벗어 놓은 의복을 혼동하지 않도록 가문의 문양이 들어간 보자기로 의복을 싸두게 했다.

📷 보자기(후로시키風呂敷)의 다양한 용도와 색다른 연출

목욕(오후로お風呂)을 하고 난 다음에는 이 보자기 위에서 보자기를 발닦이(아시후키)로 깔고서(시키敷き) 옷을 입었다고 하는데 이것이 보자기(후로시키風呂敷)의 유래라고 한다. 에도 시대에 서민의 사교의 장소로 인기를 끌었던 센토오에서 남성은 유훈도시湯褌, 여성은 코시마키腰巻로 갈아입고 목욕을 즐겼는데 당시에는 탈의 바구니도 없었고 벗은 옷을 보자기에 싸서 보관했으며 목욕하고 난 다음에는 보자기에 유훈도시나 코시마키를 싸가지고 집에 돌아왔다고 한다.

상업이 급속도로 발달하며 안정기에 접어선 겐로크元禄 시대에 센토오銭湯에서 사용되어지기 시작한 보자기는 상업에 없어서는 안 될 필수도구로 양복점(고후쿠야吳服屋)은 직물을 쌌고, 보따리 장수(코마모노야小間物屋)는 화장품을 쌌다. 또한 책을 대여하는 보따리 장수(카시홍야貸本屋)는 책을 싸서 등에 지고 거리를 활보했다.

이 무렵 서민들 사이에서는 여행이 유행했다. 이때 보자기는 이세伊勢참배, 닉코오日光참배 등의 여행 가방으로서도 널리 사용되게 되었다. 꽃구경, 뱃놀이, 단풍구경 등에도 가방대신 보자기가 사용되었다. 무가나 상가 등의 부유한 가정에서는 시집갈 때 남색으로 염색을 한 보자기를 준비했는데 길상문양에 가문의 전통문양을 염색해 넣어 이불이나 의류 등 도구를 싸기도 하고 신부의 도구로서 지참하기도 했다.

📷 보자기의 외출外出

22.9. 노렝暖簾

일본의 건물이나 방의 입구에 경계로 늘어뜨리는 천布을 말한다. 특히 상점의 입구에 드리워진 가게이름이나 카몬家紋 등이 그려진 것을 나타낸다. 원래는 직접 바람이나 빛이 들어오는 것을 막거나 추위막이(사무사 요케寒さよけ)로 부착하기 시작한 것이 기원이다. 이자카야居酒屋 등에서는 천 대신에 거친 줄을 늘어뜨리는 곳도 있는데 이것은 나와노렝繩暖簾이라 한다.

2차대전 전에는 식당이나 술집에서는 손님이 나갈 때 안주(사카나肴)를 집어먹던 더러운 손을 노렝에 닦고 가는 습관이 있었으며 당시에 가게를 낸 사람들은 〈노렝이

📷 노렝暖簾

287

더러워질 정도로 잘 나가는 가게〉가 소원이었다.

노렝은 영업중이라는 의미로 가게를 닫으면 노렝을 떼어서 집안에 거둬들인다. 그런 의미에서 가게 이름을 노렘메에(暖簾名 또는 노렝暖簾)라 부르고 이 노렝이 상점의 신용과 격식을 나타내게 되었다. 한편 스캔들 등이 원인으로 가게의 신용·명성 등이 손상을 입었을 경우에는 〈노렝에 상처가 났다〉라고 표현한다.

종업원이나 가족의 누군가가 같은 이름의 가게를 낼 수 있게 되면 노렝와케暖簾分け라고 한다. 일본의 회계학의 용어에서는 구입처·단골거래처와의 관계나 신용, 명성 등 경제적 가치가 있는 사실관계를 노렝다이暖簾代라고 한다.

22.10. 카몽家紋

옛날부터 일본인은 기물이나 무기 혹은 사냥도구나 심지어는 자신의 몸에 문양을 그려왔다. 이것은 단순한 장식이 아니고 주술적인 의미도 포함되어 있었다. 예를 들어 〈무훈을 떨칠 수 있기를〉·〈많은 사냥감을 얻을 수 있기를〉·〈건강하게 지낼 수 있기를〉 등등의 염원을 문양에 담았던 것이다.

역사적으로는 즐문토기에 줄무늬를 그려 넣거나 야요이弥生 시대에는 청동기에 문양을 그려 넣고 있다. 『위지 왜인전(기시와진뎅魏志倭人伝)』에 〈사람들은 얼굴이나 몸에 문신을 했으며 물에 들어가서 물고기를 잡을 때에는 이것이 물고기로부터 자신을 보호하는 역할을 했다〉고 기록되어 있다. 이런 토착문양 외에 당나라에서 들어온 문양(카라하나唐花·카라쿠사唐草)도 보인다.

역사는 이어 견당사遣唐使를 통해서 대륙과의 교류가 빈번하게 이루어지면서 영향을 받다가 견당사가 폐지되면서부터는 일본 고유의 문화가 발전하게 되는데 문양도 마찬가지 길을 걷는다.

기존의 대륙전래의 문양과 일본고유의 문양에, 헤이안 시대에 귀족이 사랑한 풀, 꽃, 동물들의 문양이 가세되면서 일본인의 미의식에 맞는 문양이 만들어진 것이다. 이른바 유우쇼쿠 문양有職文樣이 바로 그것이다. 이는 바로 헤이안 시대의 귀족들의 의상이나 가구 등에 쓰였던 문양이고 이런 기품있고 우아한 도안이 일본 문양의 기조가 되는데 이것이 발전하여 점점 가문의 격을 나타내는 붐이 일어 귀족 사이에 확산되어 간다.

(상)겐지源氏가문의 카몽 (하)헤이씨平氏가문의 카몽

천황가 문양

카몽의 형상1

카몽家紋은 성(묘오지名字)과 관계가 깊고 카몽을 알기위해서는 그 전제로 성名字을 알지 않으면 안 된다.

고대 일본에는 씨(우지氏)와 성(카바네姓)이라는 개념이 있었다. 이 둘은 현재는 혼용되고 있지만 옛날에는 확연히 구별되어 있었다. 우선 우지氏는 친족집단을 나타내는 칭호이다. 이 우지를 통해 지명地名이나 직업 혹은 천황으로부터 하사받은 사실 등을 알 수 있다. 흔히 4대 성씨라고 하는 겐페에토오키즈源平藤橘는 천황으로부터 받은 우지이다.

카바네姓는 각 씨족, 혹은 개인에게 주어진 칭호이다. 이것도 직업이나 격식을 나타낸다. 684년에 제정된 야쿠

📷 카몽의 형상2

사노 카바네(八色の姓/마히토真人・아송朝臣・스쿠네宿禰・이미키忌寸・미치노시道師・오미臣・무라지連・이나기稲置 등의 8개의 성을 일컬음)에 의해 정리되었고 나라・헤에안 시대에는 카바네의 대부분이 아송朝臣으로 바뀌어 카바네는 급격하게 그 의미를 상실하게 된다. 또한 같은 우지는 기하급수적으로 늘어나고 전국에 흩어져 살게 되면서 같은 우지라도 세분할 필요성이 대두되었다. 이것은 미나모토씨・타이라씨・후지와라씨 등에게서 현저하게 나타난다. 그래서 거처를 마련하고 있는 지방이나 저택이 있는 장소의 이름을 붙이게 되었다. 이것이 시대를 거쳐가면서 귀족이나 무가의 성으로 바뀐 것이며 이를 상징하는 것이 카몽이 되었다.

📖 겐페에토오키츠源平藤橘

나라・헤에안 시대를 풍미한 명문 4가문을 일컫는 말이다. 역사적인 순서는 후지와라씨, 타치바나씨, 타이라씨, 미나모토씨이다. 이들 가문은 궁정이나 정치에 깊은 관여를 하였고 한때 번영의 극을 달렸다. 그들은 공영관계가 아니라 상대를 끌어내리거나 심지어는 전쟁을 하는 적대 관계로 흥하거나 망해갔다.

미나모토씨源氏와 타이라씨平氏는 천황가의 자제, 손, 혹은 증손자들이 신적강하臣籍降下한 사람들이다. 이른바 황족이 우지를 받아 천황의 신하가 된 예이다. 후지와라씨藤原氏의 조상은 천황의 가신家臣이었고 타치바나씨橘氏의 조상은 황족을 남편으로 둔 여성으로 이른바 황족의 외척인 셈이다. 그 외에 우지를 하사받은 황족으로는 템무 천황天武天皇의 후예로 훙야씨文屋氏, 헤에제에 천황平城天皇의 손자로 아리와라씨在原氏 등이 있다.

현재의 미나모토・타이라・후지와라・타치바나 등의 성은 〈겐페에토오키츠〉와는 관계가 없는 경우가 많다. 이것은 메에지 시대에 신분에 관계없이 성을 쓸 수 있도록 하고 나서 얻은 경우가 많기 때문이다.

겐지源氏는 헤에안 전기 사가 천황嵯峨天皇이 황태자들에게 미나모토源라는 우지氏를 하사하고 신적臣籍으로 내린 것에서 기원한다. 그 의미는 〈황실과 근원이 같다〉는 뜻이다.

겐지와의 치열한 전쟁 후에 단노우라에서 멸문한 타이라 가문平氏은 캄무 천황桓武天皇이 손자에게 하사한 성이다. 따라서 황태자의 신분에서 하사받은 미나모토씨가 황손의 신분에서 하사받은 타이라씨보다 우위를 점한다는 평이 있다.

후지와라藤原씨는 나카토미노 카마타리中臣鎌足가 텐지 천황天智天皇으로부터 공적을 인정받아 하사 받은 성이다. 다른 3성에 비해 낮은데도 불구하고 후지와라노 미치나가는 번영의 극을 달렸다.

타치바나씨의 조상은 비다츠 천황敏達天皇의 혈족에게 시집간 미치요三千代이다.

22.11. 만화〈망가漫画〉

일본에서 만화는 대체로 〈호쿠사이 만화北斎漫画〉를 기원으로 보고 있다. 그것은 우키요에浮世絵로 명성을 떨치고 있던 카츠시카 호쿠사이葛飾北斎가 1814년에 만들어 낸 이야기 그림이다.

당시 만화란 일반 회화를 가리키는 홍에本絵에 대해서 가벼운 마음으로 그린 그림이라는 의미였다. 인쇄발달과 함께 만화잡지가 처음으로 등장한 것은 1862년 요코하마横浜거류지에서 영국인 워그먼 찰스가 창간한 『재팬 펀치』였다. 이것은 일본에서 발행된 최초의 구미잡지이기도 했다. 그런데 이 영향은 실로 커서 1874년에는 카나가키 로붕神奈垣魯文에 의해 일본최초의 만화잡지 『그림신문일본지絵新聞日本地』가 생겨나고 막부말기의 신문도 앞 다투어 만화를 게재하게 되었다. 그리고 당시에는 〈펀치〉라는 말에서 왜곡된 〈폰치〉·〈폰치에〉라는 말이 만화를 지칭하게 되었다. 골계적인 풍자·풍속화였던 만화가 독자의 형식을 획득하게 된 것은 키타자와

은하철도999
아름다운 소년과 미녀 메테
우주적 로망과 인간애를 추

라쿠텐北沢楽天 등이 활약한 1920년대이다. 키타자와가 주필로 있던 『시사신보(지지심포오時事新報)』의 일요일 부록으로 21년에 창간한 『시사만화(지지망가時事漫画)』가 신문만화의 붐을 일으켰다. 그런 가운데서 장편 만화인 오카모토 입페에岡本一平의 『사람의 일생(히토노잇쇼오人の一生)』〈朝日新聞 21년〉, 미야오 시게오宮尾しげを의 『탕고 구시스케 망유우키団子串助漫遊記』〈東京毎夕新聞 23년〉, 아소오 유타카麻生豊의 『게으른 아버지/농키나 토오상』 등의 이야기성이 풍부하고 연속성을 갖는 인기 연재만화가 등장하여 주인공이 시대의 우상이 되기도 했다. 이는 1923년에 소개된 『지그스와 매기』의 영향을 간과 할 수 없다. 현대 만화에 직접 영향을 준 역사는 이 시대부터 시작된다. 패전 후에는 테즈카 오사무手塚治虫의 등장으로 현대 만화가 전기를 맞이하게 되는데 데뷔작인 『아마쨩의 일기』〈小国民新聞46년〉는 4커트 작품으로 이것을 단행본으로 만든 『신보물섬新宝島』은 40만부나 팔리면서 스토리 만화의 기초를 만드는데 크게 공헌했다. 그는 이어 단행본 만화의 신경지를 구축해나가는데 만일 그가 없었다면 일본의 만화계는 지금과 같은 융성이 없었을 것이다. 1928

테즈카 오사무手塚治虫 만화의 캐릭터들

년에 태어나 타카라즈카시宝塚市에서 자란 테즈카 오사무는 디즈니의 만화영화, 독일의 표현주의, 미국의 SF영화, 타카라즈카의 소녀가극, 욧츠바시四つ橋 전기과학관의 프라네타리움, 항큐우阪急백화점, 타카라즈카 호텔 등 다양한 스펙트럼의 도시대중문화를 모두 흡수하여 전후에 그것을 한꺼번에 발산시켰다. 현재 대중문화로서의 만화의 틀을 만든 것은 단연 테즈카 오사무이다. 1950년대 후반에

는 소녀만화가 하나의 장르로 확립되고, 1957년에는 대여점 만화에서 극화가 발생되며 1959년에 소년주간지의 등장, 1963년에 TV만화영화 번개 아톰(테츠왕아토무鉄腕アトム/후지텔레비전계)의 방송개시, 1960년대의 청년 만화 잡지의 연이은 창간 등으로 독자의 세대적인 확대와 대량화가 속속 진행되어 갔다. 1990년 1월 『소년 점프』는 최대부수인 530만부를 자랑했고 1989년의 만화잡지 발행본의 추정 발행 수는 19억부에 달했으며 추정 매출액은 4,692억엔 정도로 이것은 출판계 전체의 각각 30%, 20%에 달했다.

이어 텔레비전 애니메이션이나 비디오, 컴퓨터게임 등으로 멀티미디어화가 진행되며 만화의 영향은 문학, 영화, 광고 등 폭넓은 표현장르를 망라하고 있다.

일본에서 만화는 보통 중고생을 중심으로 40대까지를 독자로 보고 있다. 이것은 스토리만화, 소녀 만화, 애니메이션, 청년만화 등의 새로운 분야를 거의 나홀로 개척한 천재작가 테즈카 오사무의 영향 이 절대적이었다. 그와 동시에 출·퇴근시간에 대중교통 속에서의 일본인의 독서열기, 높은 식자율, 단시간 내에 정보수집이 용이한 점, 한자를 혼용하는 교착어의 다중 읽기를 하는 일본어와 만화의 표현구조의 공통점 등이 만화가 일본에서 성장할 수 있었던 환경으로 언급되고 있다.

22.11.1. 『소년 점프』

1968년 8월, 슈우에에샤集英社에 의해서 격월간으로 창간된 소년 취향의 만화잡지. 59년 에 창간된 『소년 잡지』·『소년 선데이』, 63년에 창간된 『소년 킹』 등의 선행 잡지가 한창 전성기를 구가하고 있는 와중에 창간되었기 때문에 유명작가도 없는데다, 신인들만의 고전 을 면치 못하는 출발이었다. 그러나 그런 가운데에서도 나가이 타케시永井豪의 〈파렴치 학 원〉, 미야모토 히로시宮本ひろ志의 〈남자 한 마리 꼬마대장〉이 히트를 하고 69년에는 주간週 刊잡지로, 78년에는 69년에 창간한 『소년 챔피언』과 나란히 200만부를 돌파하면서 그 뒤

📷 소년 점프

80년에는 300만부를 넘어 만화잡지의 최고정점에 섰으며 75년 슈퍼카 붐을 낳았던 이케자 와 사토시池沢さとし의 〈서키트의 늑대〉를 비롯하여 79년 유데 타마고의 〈근육맨/킨니쿠망〉, 80년에 토리야마 아키라鳥山明의 〈Dr.슬럼프〉, 81년에 타카하시 요오이치高橋陽一의 〈캡틴 날개〉 등의 히트 작을 연쇄적으로 내놓았다. 현재는 500만부 이상을 발행하는 괴물 잡지로 성장하였는데, 편집자 들이 독자들에게 ①당신의 가슴을 따스하게 해주는 것은 무엇입니까? ②당신에게 중요한 것 은 무엇입니까? ③당신을 가장 행복하게 해주는 것은 무엇입니까? 라는 앙케이트를 해서 답으 로 나온 〈①우정 ②노력 ③승리〉를 테마로 하는 단순 명쾌한 내용, 앙케이트의 결과를 중시하 는 만화영화와의 제휴 등 적극적인 미디어전략으로 초·중학생에서 성인에 이르기까지 폭 넓은 독자층을 확보하고 있다.

이 만화 속에서 독자들에게 〈가장 재미있었던 세 가지 만화〉에 속하지 못하면 그 만화는 곧 사라 지고 만다. 그런 처절한 적자생존을 견디어 온 〈세가지 만화시리즈〉는 막대한 이윤을 창출했다.

79년 이후에는 『영 점프』·『비즈니스 점프』 등 이른바 〈점프 브랜드〉가 명실 공히 거대화된 만화 산업을 리드하는 역할을 하고 있다.

테즈카 오사무手塚治虫

곤충학자인 그는 어렸을 적부터 글을 쓰고 삽화를 그려 자신의 참고 서적으로 만들었다. 그는 또한 임상경험은 전혀 없지만 의학 박사 학위까지 소유하고 있었다. 과학, 역사, 종교, 우주탐험 등을 두루두루 섭렵하며 타고난 가공할만한 지식 섭렵 태도와 타카라즈카란 천혜의 낭만적인 공간이 기적을 창출한 것이다. 그는 애칭이 딱정벌레인 오사무시였다. 그는 〈백설공주〉를 50번, 〈아기사슴 밤비〉를 80번을 보았을 정도로 월트디즈니 만화의 광적인 팬인데다가 1년에 365편의 영화를 볼 정도로 영화광이었다.

그는 자신의 만화 캐릭터로 슈퍼히어로로 대신에 죄악과 책임감, 의혹과 신앙, 죽음과 재생 등과 같은 문제로 고투를 벌이는 인간을 그렸으며 스토리에 긴장과 흥분을 가미하기 위하여 영화의 테크닉을 구사하였다.

당시, 둔중하고 정적인 코믹만화에 길들여 있던 독자들은 신선한 충격에 휩싸인다.

〈번개 아톰〉을 연재 중이던 1950년대와 1960년대에는 인기와 창조력이 절정에 달한다. 그는 하루에 서너 시간밖에 자지 못하면서 한 달에 10여 편의 만화를 만들어대는 일 중독자였다. 편집자들은 그의 집 앞에서 진을 쳤고 때로는 원고를 차지하기 위해서 주먹다짐으로 발전하기도 했다. 그는 완벽주의자였기에 완성된 작품을 편집자 앞에서 사정없이 찢어버리며 편집자들을 경악시키기도 했다. 그는 또한 디즈니 만화영화를 이상으로 하여 최소한의 비용으로 〈번개 아톰〉을 만든다. 전형적인 표정과 포즈를 반복 사용할 수 있는 〈애니메이션 뱅크〉를 고안하며 필요경비를 줄여가면서 만든 그의 〈무시 프로덕션〉은 한 때 400명의 직원으로 불어나지만 늘어나는 적자로 프로덕션 사장을 사임한다.

그는 어린이와 같은 따스한 심성의 소유자이면서도 동시에 경쟁심이 너무 강하여 다른 작가의 성공을 지켜보지 못했다. 편집증세까지 있어 판매수치에 지나치게 신경을 쓰며 숫자에 조금이라도 차이가 나면 안달복달했다. 또한 그는 신인들의 아이디어를 차용하여 자신의 작품 속에 편입시키는 것을 부끄럽게 여기지 않았다. 그는 1989년 2월 9일에 60세로 사망하였고 1994년에는 그가 태어나 토오쿄오로 이주하기 전 24세까지 살았던 타카라즈카에 박물관이 설립되었다.

▶ 테즈카 오사무 박물관·타카라즈카시宝塚市

22.12. 애니메이션〈아니메〉

22.12.1. 도라에몽

파란색 로봇고양이와 그의 열 살배기 친구 노비타는 1979년부터 방영되기 시작하여 많은 일본 어린이들이 그의 포로가 되고 말았다. 원래 이것은 1969년 12월에 네 권의 교육잡지의 만화로 출발했다. 이어진 단행본은 1억권 이상이 팔려나갔다. 노비타는 4학년 아동으로 학교에서 성적은 꼴찌이며 하루의 대부분을 복도에서 벌을 서며 보내고 집에서는 숙제나 방청소를 안 하고 아침에 늦잠을 자서 늘 어머니에게 잔소리를 듣는다. 또한 다른 어린이들에게 놀림을 받기 일쑤이다. 그럼에도 주위사람들에게 칭찬과 사랑받기를 원하는 노비타는 자신을 근본적으로 바꾸려는 노력은 하지 않는다. 그러면서 변화가 필요하면 도라에몽을 불러 손쉽게 해결하려한다.

원래 도라에몽은 노비타를 미래로부터 구출하기 위해 특별한 임무를 띠고 21세기에서 온 시간이동로봇이다. 노비타가 악처아래 파산자가 되어 빚을 지고 마는데 그 빚이 100년 후의 후손으로 대물림된다는 사실을 노비타의 3대 손자가 알고 이 사태를 막기 위해 도라에몽을 보낸다는 내용이다.

📷 도라에몽

등장인물인 스네오는 거만하고 계산적이며 노비타는 친절하고 평범하지만 이용당하기 쉬운 중산층이고 자이안은 충동적이고 거칠지만 숭고한 자질을 가진 하류층이다.

이 만화에는 기발한 상상을 담은 도구가 많이 등장한다. 〈휴대용 헬리콥터〉, 〈어디든지 문〉, 〈시간 보자기〉 등이 그것이다. 노비타와 그의 친구들은 공터의 하수관더미 위에 앉아있거나 졸기도 한다. 그곳은 어른들의 기대와 압박으로부터의 피난처이자 모험을 향한 출발점이기도 하다.

이 만화의 제작자인 후지모토 히로시는 〈만화의 주인공이 성공하면 그 만화는 흥미를 잃기 시작한다, 그래서 그 주인공은 이발소 간판에 있는 줄무늬처럼 되어야 한다, 즉 계속해서 움직이는 것처럼 보이되 실제는 제자리에 있어야 한다〉 라고 말한다.

도라에몽의 노비타는 주인공이기도 하지만 독자자신이기도 한 것이다. 꿈이 메마른 곳에서도 꿈이 돋아나고 재미가 증발한 곳에서도 재미가 샘솟을 수 있다는 데서 일본 어린이들이 그렇게 그 속에 매몰되었던 것이다.

22.12.2. 치비마루코짱

1986년 소녀 만화 잡지 〈리본〉에 연재되었던 사쿠라 모모코의 만화를 원작으로 한 〈치비마루코짱〉은 1970년대 시즈오카를 배경으로 한 초등학교 3학년 여학생이 겪는 이야기를 담고 있다. 이곳은 작가의 고향이기도 하다.

📷 치비마루코짱

마루코는 숙제하기를 싫어하고 늦잠에는 선수이다. 자기보다 모든 면에서 월등한 언니를 이기기 위하여 항상 꾀를 내지만 번번이 실패하고 만다. 결국 의지가 약하고 무기력한 아버지와 함께 자신의 길을 찾으려 노력한다.

이 작품은 1969년의 〈사자에상〉과 흔히 비교된다. 〈사자에상〉이 전통적인 가족관 하에서 아이들은 잘못을 저지르고 있지만 어른들은 실직자나 노숙자라 하더라도 존경받고 있다. 하지만 〈치비마루코짱〉은 아버지와 할아버지의 권위가 붕괴되어 친구의 위치로 전락하고 만다.

1990년 10월에는 시청률이 39.9%로 30분 만화 방송 중 전체 1위를 차지했으며 1990년과 1991년에는 연말연시 극장가를 강타하여 흥행 10위권 안에 진입하였다. 작가의 휴식 후에 후지 TV에 다시 등장한 마루코쨩은 1995년에도 인기는 여전히 식지 않았고 영원한 초등학교 3학년이다.

미야자키 하야오宮崎駿

지브리 미술관·東京

미야자키 하야오는 토오쿄오출신으로 애니메이션 작가이자 영화가 겸 만화가이다. 그의 아버지는 전투기의 부속을 만드는 회사의 중역이었지만 어머니는 척수결핵을 앓고 있어 그가 어릴 적 늘 병상에 누워 있었다. 지각 있는 여성이자 독서광이었던 그의 어머니는 일본의 패전 후 광신적인 민족주의자에서 열렬한 민주주의자로 약삭빠르게 기회주의적 변신을 하는 지식인들을 경멸했다. 나중에 미야자키는 자신이 어머니의 따지기 좋아하고 의심을 잘하는 성격을 물려받았다고 밝히기도 했다.

1963년에 그는 토오에에東映 애니메이션 제작회사의 말단직원으로 들어간다. 그곳에서 그는 성실한 태도로 상사의 마음에 들었는데 상사 중의 하나가 타카하타 이사오高畑勳였다. 1968년에는 〈태양의 왕자 호루스의 대모험〉을 제작, 발표했을 때 평론가들은 〈세계의 한구석에서는 지금 디즈니를 능가하는 상업 만화제작소가 있고 그것이 급속도로 성장하고 있다〉라고 평했다. 이어 그는 〈알프스의 소녀 하이디〉·〈루팡 3세〉·〈바람의 계곡 나우시카〉 등을 연이어 제작한다. 주제는 비슷하지만 등장할 때마다 새로운 영상언어와 상상력으로 진화하여 많은 관객을 확보해나간다.

그는 신과 인간의 관계, 선과 악의 끝없는 대결과 삶의 본질을 탐구하였다. 특히 〈바람의 계곡 나우시카〉는 7억4천만엥의 배급수입을 올려 애니메이션이 일반영화보다 많은 관객을 동원시킬 수 있다는 가능성을 확인시켰다.

애니메이션 제작회사인 스튜디오 지브리에는 50여명의 애니메이터를 비롯하여 100여명의 직원이 일하고 있으며 미야자키는 거기서 영화감독 겸 대표이사로 활동하고 있다. 또한 그는 자신이 기획한 미타카三鷹의 지브리 미술관의 관장이기도 하다.

그의 작품은 세계 여러 나라의 문화를 모자이크한 느낌이 강하다. 1898년의 〈마녀의 배달꾼〉은 이탈리아 풍경과 스칸디나비아의 정취가 서린 항구에, 샌프란시스코의 전차가 등장한다. 〈천공의 성 라퓨터〉는 걸리버 여행기의 풍정이 서려있다. 이런 이유로 그의 작품의 인기는 국적과 세대를 초월한다.

그는 10년간 일본의 가장 성공적인 상업적 영화제작자였음에도 불구하고 여전히 구습타파를 주장하는 이상주의자이며 사회평론가이다. 그는 어느 잡지와의 인터뷰에서 〈일본인들은 오늘날 자신의 마음을 의지할 곳이 하나도 없다. 그들은 자신의 타고난 본성과 정신적인 배경으로부터 자신들을 소외시키고 있다. 아이들을 위한 나의 영화가 무엇보다도 이 세계가 심오하고 다양하며 아름다운 곳이라는 생각을 심어주었으면 한다. 나는 아이들에게 이 세상에 태어나게 된 것이 행운이라고 말해주고 싶다〉라고 밝히고 있으며 타카하타는, 〈미야자키는 환상에 대한 놀라운 감수성을 가지고 있으며 작품의 줄거리가 그가 원하는 환상적으로 기울든, 내가 의도한 사실주의로 기울든 간에 우리는 관객이 정말로 실제 일어날 수 있는 일을 보고 있다는 느낌을 받게 하고 싶다. 우리는 관객이 믿을 수 있는 작품을 만들고 싶다〉고 밝히고 있다.

22.13. 민화〈밍와民話〉

22.13.1. 모모타로오桃太郎

옛날옛날 아이가 없는 노부부가 살고 있었는데 어느 날 냇가에 할머니가 빨래 갔다가 큰 복숭아가 떠내려 오는 것을 발견하고 집에 가져와 먹으려고 쪼개는 순간 그 속에서 남자아이가 나타나 모모타로오라고 이름짓고 길렀다. 성장한 모모타로오

모모타로오桃太郎

는 귀신섬의 귀신이 사람을 괴롭힌다는 이야기를 듣고 귀신 퇴치를 결의한다. 부모로부터 수수경단을 이별 선물로 받아 가는 도중에 만난 개, 원숭이, 꿩 등에게 나누어주고는 그들을 부하로 거느린다. 귀신 섬에서 귀신과 싸워 멋지게 승리하고는 귀신으로부터 뺏은 보물을 갖고 돌아와 행복하게 살았다고 한다.

> 태평양전쟁 때에는 모모타로오는 군국주의 사상을 배경으로 용감함의 비유로 회자되었다. 이 경우 미국, 영국을 귀신으로 하는 〈귀축미영鬼畜米英〉이 슬로건으로 이용되었다.

22.13.2. 혀 잘린 참새〈시타키리 스즈메舌切り雀〉

오토기바나시의 하나로 할아버지의 도움으로 귀염을 받고 있던 참새는 할머니가 빨래에 사용하려던 풀을 먹어버리고는, 혀를 잘려 도망친다. 그 참새를 찾아 할아버지가 산으로 가자 참새들이 은혜갚기 일환으로 음식을 대접하고 춤을 춰주기도 한다. 선물로 크고 작은 고리짝 중 어느 것을 가질 것인가에 대한 질문에 작은 것을 갖고 돌아와 속을 들여다보니 동전이 가득했다. 욕심쟁이인 할머니는  큰 고리짝을 받으려고 참새의 숙소를 들이닥쳐 큰 것을 강제로 빼앗다시피 하여 돌아오는 길에 열어보니 속에는 요괴가 가득 차있어 할머니는 기겁을 하여 기절하고 만다.(요괴에 잡혀 먹혔다는 설도 있다)

> 구두쇠ケチ에 심술궂은 할머니(이지와루나 오바아상意地悪なお祖母さん)의 모습에 가감없는 서민의 초상이 나타나 있다. 이야기의 원전은 잔혹하고 그로테스크한 내용을 담고 있다. 할머니가 참새가 사는 곳을 몇 사람에게 묻자 그 사람들은 가르쳐주는 대신에 할머니에게 말의 피나 소의 오줌을 마시게 하는 장면이 등장한다. 이것들이 메에지 시대 이후에 어린이 버전으로 바뀌면서 과격한 부분은 삭제되고 형태도 바뀌었다.

22.13.3. 삿갓 보살〈카사지조오笠地蔵〉

어느 눈이 많이 내리는 지방에 가난한 노부부가 살고 있었다. 연말도 다가오고 신년을 맞이해야 하는데 떡값조차 없는 상황이다. 그래서 할아버지는 손수 만든 갓을 팔러 읍내로 나가지만 갓은 하나도 팔리지 않았다. 눈보라가 칠 기미가 보여 할아버지는 갓을 파는 것을 포기하고 집으로 돌아온다. 돌아오는 길에 눈보라 속에서 할아버지는 6개의 지장보살이 눈보라를 맨몸으로 맞고 있는 것을 보고 5개의 보살에게 삿갓을 씌워주고 나머지 하나의 보살에게는 손수건을 씌워주고 집으로 돌아온다.

📷 삿갓 보살

그날 밤 집밖에서 무언가가 떨어지는 소리가 난다. 그래서 밖을 보니 떡을 비롯해서 많은 먹거리, 온갖 재물이 가득 쌓여 있다. 노부부는 손수건을 쓴 보살을 필두로 6개의 보살이 지나가는 것을 목격한다. 이 선물 덕분에 노부부는 행복하게 지냈다고 한다.

> 호설지대(고오세츠 치타이豪雪地帯)인 야마가타현山形県 신죠오시新庄市의 설국 특유의 인정이 넘치는 민화. 여러 가지 버전이 있다.

22.13.4. 혹부리 영감〈코부토리 지이상瘤取り爺さん〉

어느 곳에 뺨에 큰 혹을 달고 있는 영감이 둘 있었다. 둘 다 큰 혹 때문에 고생이 이만저만이 아니었다. 한쪽은 욕심이 없고 다른 쪽은 욕심쟁이였다. 어느 날 밤 욕심 없는 노인이 밤늦게 귀신의 연회에 잡혀가 춤을 추자 귀신들은 그 춤사위에 감동하여 술과 음식을 권하고 다음 날 밤도 춤을 출 것을 명하면서 다시오면 돌려주겠다고 상처도 내지 않고 혹을 떼었다. 그것을 들은 이웃의 노인은 그렇다면 자신의 혹도  떼었으면 좋겠다며 밤늦게 그 장소로 가니 똑같이 귀신들이 연회를 하고 있었다. 이웃집 영감도 춤을 추는데 귀신이 무서워 추는 춤이 귀신들을 흥겹게 하지 못하였

🔖 혹부리 영감

다. 결국 귀신들은 화가 나서 먼저 떼어놓은 혹을 욕심쟁이 영감에게 달아주고 사라졌다. 그 뒤부터 욕심 없는 영감은 거추장스런 혹이 없어져 날아갈듯 편해졌지만 욕심쟁이 영감은 무거운 혹을 두 개나 달고 고통을 겪어야 했다.

> 춤사위 대신 낚시비법을 전수하는 혹부리 영감도 있는 등 버전은 다양하다.

22.13.5. 원숭이와 게의 싸움〈사루카니 갓셍猿蟹合戦〉

게가 주먹초밥을 갖고 걸어가는데 영악한 원숭이가 그곳에서 주운 감씨와 교환하자고 제안해왔다. 게는 처음에는 망설였지만 씨를 심으면 자라서 감이 많이 열려 오랫동안 이익을 준다고 원숭이가 설득했기 때문에 주먹밥과 감씨를 교환한다. 게는 급히  집으로 돌아가서 〈빨리 싹을 내어라. 감씨여, 나오지 않으면 가위로 싹둑 잘라 버릴테야.〉라고 노래 부르며 그 씨앗을 심자 단번에 감나무는 자라서 감이 많이 열렸다.

🔖 사루카니 갓셍猿蟹合戦

그곳에 원숭이가 와서 감을 딸 수 없는 게 대신에 자기가 따주겠다며 나무에 올라갔는데 영악한 원숭이는 따서 먹기만 할 뿐 게에게는 전혀 주지 않는다. 게가 빨리 달라고 재촉하자 원숭이는 파랗고 딱딱한 감을 게에게 던져 게는 그 쇼크로 아이를 낳다가 죽고 말았다.

그 자식들은 부모의 적을 물리치기 위해 밤과 벌과 절구와 소똥과 함께 원숭이의 집으로 밀어 닥친다. 그들 각자가 밤은 이로리 속에, 벌은 물통에, 소똥은 봉당에, 절구는 지붕에 숨는다.

원숭이가 집으로 돌아와 이로리에 몸을 따뜻하게 하려하자, 튕겨 나온 밤을 몸에 맞고 원숭이는 화상을 입는다. 급히 물로 식히려하자, 벌에 쏘이고 깜짝 놀라 집에서 도망치려하는 찰나 소똥에 미끄러지고 절구가 지붕에서 떨어져 원숭이는 깔려죽게 되어 게들은 멋지게 부모의 원수를 갚을 수 있었다.

사도佐渡와 에치고越後 일대에 널리 퍼진 이야기로 시대배경은 에도 시대 농민분규(햐쿠쇼오익키百姓一揆)가 심했던 때이다. 원숭이는 탐관오리(아쿠다이킹惡代官)를 상징하고, 게는 순박하지만 핍박받는 농민의 상징이다. 현대판 버전에서는 게나 원숭이는 상처를 입는 정도이고 원숭이는 반성하여 평화롭게 살아간다고 개작된 것이 많다. 적 토벌이야기는 너무나 잔혹해서 아이들 교육상 바람직하지 않다는 의견 때문이다. 제목이 〈게와 원숭이의 싸움〉에서 〈게와 원숭이의 이야기〉로 바뀌어 등장하는 것도 이런 차원이다.

22.13.6. 학의 은혜 갚기〈츠르노 옹가에시鶴の恩返し〉

옛날 옛날 어느 곳에 노부부가 살고 있었다. 어느 겨울 눈 내리는 밤에 할아버지가 장작을 내다팔고 돌아오는 길에 덫에 걸린 한 마리의 학을 발견한다. 불쌍하게 여긴 그는 학을 덫에서 풀어 준다. 눈이 엄청나게 내려 쌓이는 그날 밤 아름다운 여인이 그 부부의 집으로 온다. 길을 잃었으므로 하루 밤을 재워달라고 간청하는 여인을 흔쾌히 받아들여 주었다. 그 다음 날도 다음 날도 눈은 좀처럼 멈추지 않고 여인은 노부부집에 머무르게 된다. 여인은 몸을 아끼지 않고 부부를 돌보고 그 부부는 매우 기뻐한다. 어느 날 여인이 〈옷감을 짜고 싶은데 실을 사왔으면 좋겠다〉고 하자 할아버지가 실을 사온

📷 학의 은혜갚기

다. 일을 시작하는 순간 여인은 절대로 방을 들여다보지 말아달라는 말을 부부에게 남긴다. 옷감을 한필 다 짜자, 그것을 부부에게 내밀며 〈이것을 팔아 실을 사달라〉며 부부에게 맡긴다. 여인이 짠 옷감은 아름다워 순식간에 소문이 파다하게 퍼진다. 그리고 노부부는 부자가 된다. 노부부는 처음에는 여인이 말한 대로 옷감 짜는 것을 보지 않았지만 마침내는 호기심이 발동하여 보고 만다. 거기에는 여인의 모습은 온데간데없고 한 마리의 학이 있었다. 학은 옷감에 자신의 깃털을 짜넣어 그것을 노부부에게 팔게 했던 것이다. 옷감 짜기를 마친 여인은 자신이 할아버지에게 도움을 받은 학이라고 고백하고는 양손을 벌려 학이 되어 이별을 아쉬워하는 노부부를 남겨놓고 하늘로 날아간다.

설국을 배경으로 만들어졌다. 욕심에 눈이 어두워진 인간의 모습이 아름다운 학의 여인과 대비되어 투명하게 묘사되고 있다. 전후에 이것을 제재로 한 키노시타 쥰지木下順二의 극본인 『유우즈루夕鶴』가 롱런하며 인간의 심금을 울렸다. 이와 흡사한 이야기는 일본전국에 걸쳐 발견되고 학이 노부부의 딸이 되거나 학이 도와준 사람이 노부부가 아니고 젊은이이며 인간으로 변한 학이 젊은이와 살림을 차리는 등 버전이 많다.

22.13.7. 우라시마타로오浦島太郎

우라시마타로오는 어부였다. 어느 날 타로오는 아이들이 거북을 못살게 구는 것을 보고 거북을 구해주자, 거북은 답례로 용궁으로 데려가 주겠다고 제의한다. 타로오는 거북의 등에 타고 용궁으로 들어간다.

용궁에는 공주가 있어서 타로오를 환대해준다. 시간가는 줄 모르

📷 우라시마타로오

고 지내다가 타로오가 집으로 돌아가겠다고 하자, 공주는 만류하다가 그것이 무리라는 사실을 알고 보물상자(타마테바코玉手箱)를 주고는 절대 열어보지 말라며 타로오에게 그것을 건넨다. 타로오가 거북의 등에 타고 해변으로 돌아오지만 타로오가 알고 있던 사람은 그 어느 누구도 없었다. 이상하게 여긴 타로오가 그 보물상자를 여니 속에서 연기가 나왔다. 그리고 연기를 뒤집어 쓴 타로오는 노인이 되었다. 용궁에서 타로오가 지낸 나날은 겨우 몇일에 불과했지만 지상에서는 700년의 시간이 흘러 버린 것이다.

> 나라奈良시대의 망요오슈우万葉集나 니혼쇼키日本書紀에 이야기의 원형이 존재하는 가장 오래된 민화이다. 지금도 쿄오토후京都府 요사군与謝郡에 있는 우라진쟈宇良神社에서는 우라시마타로오를 신으로 모시고 있다.

우라시마타로오 상태

> 용궁에서 귀향했을 때 전혀 모르는 땅으로 변해버린 우라시마타로오와 비슷한 입장을 일컬어 이렇게 표현한다. 여성의 경우는 하나코 상태라고 표현한다. 외국에 살며 일본의 유행이나 화제에 전혀 끼어들 수 없는 상태나 장기 출장지에서 돌아와 본사의 변모에 허둥대거나 매스컴과 접하지 않아 시사뉴스나 연속드라마의 진행에 대해서 화제에 끼어들 수 없는 상태나 최첨단 테크놀로지 세계를 따라 잡지 못하고 뒤쳐진 세대가 자학적으로 표현 말이다. 정신병원에 입원했다가 퇴원한 사람이나 장기복역자 등도 이와 비슷한 경우에 해당한다.

22.13.8. 잇쓴보오시一寸法師

아이가 없는 노부부가 자식을 갖게 해달라고 스미요시의 신에게 기원하자 노파에게 아이가 생겼다. 그러나 태어난 아이는 신장이 겨우 3cm(잇쓴一寸) 밖에 되지 않았고 몇년이 지나도 자라지 않았다. 그래서 아이에게 잇쓴보오시라는 이름이 붙게 되었다.

어느 날 아들은 무사가 되기 위해 쿄오토로 가겠다고 말하고 그는 밥그릇을 배처럼 타고 젓가락으로 노를 저어가며 바늘을 칼 대신 차고 여행길에 올랐다. 이윽고 쿄오토에서 큰 저택을 발견하고 그곳에서 일하게 된다. 그 집의 딸과 궁중참배의 여행을

잇쓴보오시

할 때 귀신이 그 여인을 유괴하려온다. 잇쓴보오시가 딸을 구하려하자 귀신은 잇쓴보오시를 삼킨다. 잇쓴보오시가 뱃속을 바늘로 찌르자 귀신은 통증을 멈추게 해달라며 항복한다. 잇쓴보오시를 뱉어내고 갖고 있던 요술 방망이를 놓고 산으로 도망친다. 잇쓴보오시는 방망이를 휘둘러 자신의 몸집을 182cm로 키우고 딸과 결혼한다. 요술방망이로 먹거리와 온갖 금은재화를 얻어 죽을 때까지 행복하게 산다.

> 다른 버전도 많다. 잇쓴보오시가 전혀 자라지 않으므로 노부부가 도깨비가 아닐까하고 기분 나쁘게 생각했기 때문에 잇쓴보오시는 집에서 나왔다는 버전도 있고, 쿄오토에서 잇쓴보오시가 살았던 곳이 재상의 집이라는 버전도 있다. 이 버전에서 잇쓴보오시는 재상의 딸에 첫눈에 반하고 부인으로 만들고 싶다고 생각했지만 키가 너무 작아 뜻을 이루지 못했다. 그래서 꾀를 짜냈다. 카미다나에 바치고 있던 쌀알을 가지고 와서 자고 있는 딸의 입에 묻히고 자신은 빈 차봉지를 들고 우는 흉내를 냈다. 그것을 본 재상에게 자신이 모아두었던 쌀을 딸이 빼앗았다고 거짓말을 하자 재상은 그것을 믿고 딸을

죽이려하자 잇쑴보오시는 그것을 수습하고 딸과 함께 집을 나선다. 둘이 탄 배는 이상한 섬에 도착한다. 그곳에서 귀신을 만나고 귀신은 잇쑴보오시를 삼켜버린다. 그러나 잇쑴보오시는 작은 체구의 장점을 살려서 귀신의 눈을 통해 밖으로 나온다. 그것을 반복하는 사이에 귀신은 완전히 잇쑴보오시를 무서워하게 되고 갖고 있던 요술방망이를 놓고 가버린다. 잇쑴보오시의 소문은 퍼져서 궁중에서는 그를 불러 츄우나공이라는 벼슬까지 내린다.

22.13.9. 카치카치야마かちかちやま

옛날 어느 곳에 밭을 일구며 살아가는 노부부가 있었다.

노부부가 밭을 일구고 있으면 매일 고약한 너구리가 와서 흉작을 기원하는 노래를 부르며 놀리는데다가 모처럼 뿌린 씨앗이나 감자를 휘집어서 먹어치우므로 애를 먹던 노인은 덫을 놓아 너구리를 잡아 할머니에게 너구리국을 끓이라고 해놓고는 밭으로 간다. 그런데 너구리는 일을 돕겠다며 할머니를 속여 포박을 풀자 할머니를 때려죽이고 할머니로 변하여 할아버지에게 노파의 고기로 끓인 국을 먹게 한 다음 정체를 드러내고 비웃으며 산으로 돌아간다. 노부부와 친하게 지냈던 토끼가 이 소식을 할아버지에게 듣고 의기소침한 할아버지를 대신해서 너구리를 처벌하러 너구리의 집으로 향한다. 토끼는

📷 카치카치 야마

친숙하게 너구리에게 접근하여 돈벌이 하자며 땔감을 베러가자고 유혹한다. 토끼는 너구리의 뒤를 걸어가며 너구리가 짊어진 장작더미에 부싯돌로 불을 붙여 큰 부상을 입힌다. 토끼가 부싯돌을 부딪혀가며 내는 소리를 들은 너구리가 〈딱딱소리는 뭐야?〉라며 묻자, 토끼가 〈딱딱산かちかちやま의 딱딱새야〉라며 대답한 것이 제목의 유래이다. 이어 병문안을 가장하여 너구리에게 가서 화상약이라고 속여 겨자를 건네고 그것을 바른 너구리는 통증으로 동동 구른다. 마지막으로 토끼는 너구리의 먹보적 기질을 이용하여 고기잡으러 가자고 꼬드겨 자신이 나무배에 타자 너구리도 함께 가겠다고 하므로 진흙으로 배를 만드는 방법을 가르쳐 준다. 둘은 각각 자신의 배에 타고 바다로 간다. 토끼가 배의 가장자리를 툭툭 때리자 너구리도 흉내를 낸다. 결국 진흙 배는 침몰하고 너구리가 필사적으로 떠오르려하자 토끼가 노로 때려서 가라앉게 하여 익사시키고는 노파의 원수를 갚는다.

너구리는 그 발음 상. 타누키의 〈타오누쿠〉라는 승리의 의미로 쓰여 사람들의 애호를 받는 엥기모노인데도 민화에서는 인간을 못살게 구는 나쁜 동물로 등장한다. 원 이야기가 이렇듯 너구리가 할머니를 죽이고 그것으로 국을 끓여 할아버지에게 먹게 하는 잔인한 이야기이지만 어린이에 맞게 윤색한 버전도 많다.

22.13.10. 카구야히메かぐや姫

어렸을 적 대나무 가지에서 발견한 카구야히메가 그것을 데려다 키운 할머니 할아버지 덕에 눈부시게 아름답게 성장하여 뭇남성들의 가슴을 설레게 하며 5나라의 왕자들의 구애를 물리치고 고향인 달나라로 돌아가려 한다.

카구야히메가 슬프게 말한다. "실은 저는 달나라에서 왔습니다. 다음 보름달 밤에 달로 돌아가지 않으면 안됩니다." "싫다. 아무데도 가지 말아다오." 할아버지와 할머니는 카구야히메를 끌어안았다. 그리고 할아버지는 임금님께 카구야히메가 달로 돌아간다는 사실을 알리고 보내지 않도록 해달라고 부탁한다. 드디어 보름날 밤이 되었다. 저택의 주위에는 카구야히메를 지키려는 임금님의 무사들로 가득하다. 하늘 한 가운데에 달이 가장 둥글게 되었을 때 눈부신 빛이 비추고 선녀들이 춤을 추며 하늘하늘 내려왔다. 이상하게도 빛을 본 무사들은 움직일 수가 없다. 카구야히메는 선녀들에게 갔다. "카구야히메, 가버리는 거냐?" 할아버지와 할머니는 정신없이 마당으로 뛰어나왔다.

📷 카구야히메

"달나라로 돌아가야 합니다. 가끔, 달을 보며 제 생각을 해주세요. 두 분 다 부디 잘 지내세요."라고 말하고 카구야히메는 선녀들과 같이 달빛 속으로 사라져갔다.

> 현존하는 최고의 이야기소설인 『타케토리 모노가타리竹取物語』이다. 인간의 도달할 수 없는 부질없는 욕망과 카구야히메가 날아간 달의 세계가 선명하게 대비되어 이 이야기를 더욱 처연하고 아름답게 하고 있다. 670년대에 쓰인 것이지만 지금도 호소력이 있는 이야기이다.

📷 호설豪雪지대의 설벽(유키카베雪壁).
설벽의 높이가 자그마치 20m이상인 곳도 많다.

키워드로 여는 일본의 響

일본인의
생활과 말

G

 말과 인사와 일본인　　　　　　　　　part. **23**

23.1. 인사

23.1.1. 인사〈아이사츠挨拶〉

　타인을 만났을 때 주고받는 말이나 동작까지도 인사에 포함된다.

　아이挨라는 말도 사츠拶라는 말도 〈몸을 가까이하여 민다〉라는 의미로, 서로 주고받는 행위를 통해서 인간관계를 유지하는 행위라는 의미를 갖고 있다. 또한 이 말은 원래는 선종禪宗에서 이치아이 이치사츠一挨一拶라고 해서 선문답(오시몬도오押し問答)의 주고받음을 통해서 상대 승려의 깨달음의 정도를 파악했다는 데서 유래되었다.

　일본인은 인사를 잘한다. 확실히 아침에 일어나서 저녁에 잘 때까지 일상생활의 다양한 장면에서 상투적으로 사용하는 전형적인 인사말이 다채롭게 마련되어 있다. 하지만 인사를 교환하는 것은 어떤 의미에서는 이야기를 주고받는 동료라고 인정하는 선에서의 상대이고, 공원에서 만난다든가 차에서 동석하는 사람에게는 여간해서 말을 걸지 않는다. 부외자部外者·타인(요소모노よそ者)으로 취급하는 것이다. 일본인을 폐쇄적이라고 하는 이유가 여기에 있다.

　일본의 인사말은 돌려 표현하는 경우나 과장이 많다. 예컨대 가장 많이 쓰이는 〈아리가타이ありがたい〉라는 말이 〈아리あり+가타이難い〉라는 말로 〈존재하기 어렵다/있기 어렵다〉는 뜻이다. 다시 말해서 〈있기 어려운 일을 당신이 나에게 해주었기 때문에 고맙다〉는 말이다. 그리고 〈스미마셍濟みません〉이란 말도 상대방에게 결제할 무엇, 예컨대 빚을 진 무엇을 해결하지 못했다는 의미로 갚지 못해서 미안하다는

의미이다. 그리고 남의 집 실내에 들어설 때는 〈오쟈마 시마스お邪魔します〉라는 말을 쓰는데 그것도 〈사악한 마귀가 될 정도로 당신에게 많은 폐를 끼치겠다〉고 미리 양해를 구하는 것이다. 과장의 예는 더욱 많다. 서양에는 없다는 〈いただきます〉라는 말도 〈잘 먹겠다〉는 뜻인데 〈당신이 차린 음식을 머리 위로 잘 받들어서 정성스레 먹겠다〉는 뜻이다. 그리고 먹고 나서 흔히 말하는 〈고치소오 사마데시타ご馳走さまでした〉라는 말 속에 〈달릴 치馳〉〈달릴 주走〉라는 같은 말을 중복해서 쓴 이유는 〈안주인께서 음식장만 하느라 동분서주東奔西走했으며 그래서 진수성찬〉이었다는 말이다. 그것에 대한 주인의 댓구(아이즈치相づち)도 가히 쌍벽을 이룬다. 〈오소마츠사마お粗末様〉라는 말이 그것인데 조잡이 극에 달했다는 말이니까 〈조잡하기 이를 데 없었다〉는 의미이다. 과히 과장과 돌려 표현하기가 극한수준의 말들임을 알 수 있다. 과장과 돌려 표현을 한다는 것은 그만큼 인사문화가 간단치 않음을 나타내는 것인데 오르테가에 의하면 인간과 인간이 만나는 것이 가장 위험한 것으로 인사라는 것은 그 위험 요소를 미리 제거하기 위한 수단에서 비롯되었다고 한다.

타와라 마치俵万智의 〈사무이네토・하나시 카케레바・사무이네토・코타에루 히토노・이루 아타타 카사/寒いねと・話しかければ・寒いねと・答える人の・いるあたたかさ〉라는 말은 〈춥군요・말을 걸면・춥군요라고・대답하는 사람이・있는 따스함〉이란 일본의 인사말을 일본노래인 탕카〈短歌57577〉로 표현한 말로 이는 일본어 인사말의 커뮤니케이션을 가장 단적이고 극적으로 표현한 말이다. 추위가 인사를 주고받음으로써 따스함으로 바뀌는 것이다. 이것이 일본인의 인사의 가장 기본목표인 것이다.

일본어의 인사말은 단순히 인사만을 의미하는 것이 아니라 그 인사말을 주고받는 사람의 인간관계까지도 나타낸다. 예컨대 아침인사인 〈오하요오(고자이마스)おはよう(ございます)〉라는 말은 친소 관계없이 누구에게나 쓸 수 있지만 낮 인사인 〈콘니치와こんにちは〉라는 말은 친한 사람 사이에는 쓰지 않는 말이므로 이것을 계속해서 쓴다는 것은 인간관계 속에서 일정한 거리를 계속 두겠다는 뜻으로까지 생각할 수가 있다.

그리고 인사말에서는 많은 것이 생략된다. 〈콘니치와・콤방와・사요오나라こんにちは・こんばんは・さようなら〉라는 말들의 서두부 다음에는 〈어떠십니까・어떻습니까・또 봅시다いかがですか・どうですか・また、会いましょう〉라는 물음부가 생략되어 있다. 서두부를 생략하는 우리말과는 달리 물음부가 모두 생략되었다. 그리고 〈도오조・도오모どうぞ・どうも〉라는 말과 같이 뒤의 말을 생략하고서도 남녀노소(로오냐쿠난뇨老若男女)누구에게나 쓸 수 있는 전천후 인사말도 있다.

23.1.2. 절〈오지기お辞儀〉

일본인끼리는 「오지기」를 하는 것이 보통이다. 원래 이 말은 어떤 일을 행할 때 가장 좋은 시기라는 의미인 〈오지기お時宜〉로 헤이안 시대부터 사용되다가 카마쿠라・무로마치 시대에는 다양한 의미로 파생되었다. 안성맞춤의 시기, 절호의 기회 등이 그것인데 거기에서 차츰 시간의 의미가 희석되고 상황에 대한 생각이나 마음가짐, 나아가서 상황의 본질을 파악하는 자세 등을 의미하게 되었다. 그리

고 적극적으로 일에 관여하는 의향이라는 의미로 바뀌고 궁극적으로는 그 의향이라는 말이 상대방에 대한 걱정, 배려가 되어 중세 말기에는 인사라는 의미로 바뀌게 된 것이다. 이 말이 인사와 함께 고개 숙여 예의를 표현한다는 의미로 한정되게 된 것은 에도 후기이다.

오지기의 방법은 서있는 채로는 다리를 모으고 똑바로 서서 상체를 굽히고 머리를 숙인다. 가벼운 목례인 에샤쿠会釈에서 몸을 90도로 숙여 인사하는 오지기까지 정중함의 정도에 따라서 머리를 숙이는 각도가 다양하다. 타타미 방에서는 반드시 앉아서 인사를 한다. 정좌(세에자正座)의 자세에서 몸을 숙이고 양손을 앞바닥에 가지런히 모아놓고 고개를 숙인다. 일본인도 악수를 하는 경우가 있는데 일본인과 외국인, 입후보자와 유권자, 탤런트와 팬 등의 특수한 경우에 국한되어 있다.

일본인의 앉는 방법은 타타미疊 위에서는 정좌가 일반적으로, 남자들은 책상다리(아구라오 카쿠・胡座をかく)를 한다. 그러나 이것은 남성들이 앉는 방식으로 여성도 가끔 책상다리를 하는 경우가 있지만 여성들은 오래 앉기 힘든 정좌보다는 다리를 옆으로 비스듬히 앉는 요코 즈와리橫座り가 일반적이다.

 관련 키워드

▷에샤쿠会釈

이것은 원래 불교용어인 〈와에 츠으샤쿠和会通釈〉의 약어로 서로 모순되는 교류끼리를 조합照合하여 저변에 있는 공통되는 진실의 의미를 분명히 한다는 의미를 갖고 있는데 이 의미가 중세에서는 〈여러 가지 상황을 고려하는 것〉으로 바뀌다가 〈예의에 맞는 태도를 취하다〉・〈애교있게 대응하다〉라는 의미로 바뀌었다. 현재 사용되고 있는 가벼운 인사라는 의미는 에도 시대 이후의 일이다.

23.2. 속담〈코토와지諺〉・관용구〈캉요오쿠慣用句〉

23.2.1. 속담

야나기타 쿠니오柳田国男의 견해에 의하면 코토와자諺라는 말은 말의 기예, 즉 코토노 와자ことの技라는 측면이 있다고 한다. 그것은 오랫동안 숙성되고 갈고 다듬어져서 간결하면서도 면도날 같은 예리한 뜻을 포함하고 있다는 말이다. 그 말속에는 그것을 뒷받침할 만한 일정한 구조가 내재되어 있다.

우선 첫째구조가 운율이다. 7・5조가 많다. 〈땅이 바뀌면 풍습도 바뀐다/所変われば 品変わる〉・〈친구에 따라서 인품이 결정된다/朱に変われば 赤くなる〉・〈말 잘 하는 사람이 일은 못한다/話上手の 仕事下手〉・〈좋아해야 능숙해 진다/好きこそものの 上手なれ〉 그리고 5・5조의 〈화급한 일로 다른 것을 돌볼 겨를이 없다/背に腹は 代えられぬ〉도 있는가 하면 〈좋은 일이 겹치는 법은 없다/あちらたてれば こちらが立たぬ〉 등의 7・7조도 있다.

둘째가 〈~한다면〉이라는 구문이 자주 사용되는 것도 주목할 만하다. 그것은 전후관계가 인과관계로 이루어져 있다는 말이다. 인과관계만큼 설득력이 있는 말도 드물다.

셋째가 대비의 레토릭이다. 위에서 토코로所와 시나品가, 죠오즈上手와 헤타下手가 서로 강렬하게 댓구로 이어져 있다. 상당히 인상을 강하게 부각시키기 위한 장치인 것이다.

그리고 신체에 관한 것이 많다. 인간과 인간이 만들어 가는 사회에서 가장 할 말이 많은 것이 신체에 관한 것일 것이다.

또 숫자에 관한 속담이 많다. 〈지렁이도 밟으면 꿈틀한다/一寸の虫にも五分の魂〉·〈참고 견디면 성공할 날이 있다/石の上にも三年〉·〈세살버릇 여든까지 간다/三つ子の魂百まで〉·〈칠전팔기/七転び八起き〉 등이 그것이다. 숫자가 가진 이미지 환기력을 〈예芸〉로 받아들인 것이다.

우리는 문자로 기록하고 그것을 읽음으로써 쓰인 내용을 언제든지 추체험할 수 있는 문자문화에 젖어 있다. 그러나 문자를 갖고 있지 않은 사회를 상상해보면 그곳에는 모든 경험이나 지혜의 주고받기가 개개인의 기억을 근간으로 하지 않으면 안 된다. 발성되자마자 동시에 사라져가는 목소리를 커뮤니케이션의 매체로 하는 문화에서는 상투어구(키마리 몽쿠極まり文句)나 반복反復·댓구쳐句·리듬 등을 가진 기억하기 쉬운 사고가 그 사회에 있어서 지식의 공유재산으로 되어간다. 그런 것이 자주 사용되어 반들거리는 난간의 광택처럼 반짝이는 지혜로 정착된 것이다. 그리고 그것은 오랜 생활의 지혜를 담은 것이기에 마음에 울려 퍼지는 여운이 있는 것이다. 기발함과 간결함을 담아 순식간에 여러 사람의 입에 회자되는 텔레비전 광고카피가 여러 가지로 속담과 비슷한 형태이긴 하지만 결정적으로 다른 것은 생명이 짧다는 것이다. 현대라는 시대는 그것이 갖고 있는 스피드의 속성상 지혜를 숙성시키는 속담은 만들어지기 쉽지않은 풍토이다.

23.2.2. 관용구〈캉요오쿠慣用句〉

2개 이상의 단어가 합쳐져서 그 단어의 뜻과는 다른 제3의 뜻을 나타내는 말들이 있다.

〈화가 나다/頭に来る〉·〈딴전을 부리다/道草を食う〉·〈입 바른 소리를 하다/歯に衣を着せぬ〉 등의 이런 것들은 짧은 표현 속에서 설득력과 함축된 의미의 적재를 자랑으로 한다. 관용구는 기나긴 세월에 걸쳐서 입이라는 통로로 전해지면서 일본인의 생활과 성향·발상 등이 이 짧은 표현 속에 용해되어 있다. 세키노 야마関の山는 한계나 고작이란 뜻을 나타내는데 이것은 미에현三重県의 세키関라고 하는 마을의 야사카 진쟈八坂神社의 제례에 사용되어진 다시山車가 상당히 호화롭고 고급이었는데 그 이상으로는 만들 수 없다는 말에서 나왔다고 한다.

23.2.3. 이로와 우타

22.2.3.1. 아메츠치노 코토바天地の詞

헤에안 초기에 글자를 익히는 노래의 하나로 〈타이니노 우타たゐにの歌〉·〈이로와 우타いろは歌〉에 앞서서 만들어진 것이다. 48글자로 되어있고 「え」가 두 번 겹치는 것은 당시 ア行의 エ와 ヤ행의 エ의 발음에 구별이 있었던 것을 나타내고 있다. 그러나 노래의 뜻은 이어지지 않는다.

あめ/つち/ほし/そら/やま/かは/みね/たに/くも/きり/むろ/こけ/ひと/いぬ/うへ/するゑ/ゆわ/さる/お
ふせよ/えのえを/なれゐて/(天・地・星・空・山・川・峰・谷・雲・霧・室・苔・人・犬・
上・末・硫黄・猿・生ふせよ、榎の枝を，馴れ居て)

23.2.3.2. 타이니노우타

헤에안 중기에 아메츠치노 코토바天地の詞에 이어 47글자로 카나가 중복되지 않도록 모두를 쓴
5・7조의 노래로 미나모토노 타메노리源為憲의 『쿠치 즈사미口遊』에 보인다.

大為爾伊天奈徒武和礼遠曾支末之呂乃宇知恵倍留古良毛波保世与衣不禰加計奴

たゐにいで・なつむわれをぞ・きみめすと・あさりおひゆく・やましろの/うちゑへる・こらもは/ほ
せよえ・ふねかけぬ

田居に出で菜摘む我をぞ君召すと求食り追い行く山城の打酔へる子ら藻は干せよえ舟繋けぬ

이 노래도 뜻은 불분명하다.

23.2.3.3. 이로와우타いろは歌

헤에안 중기에 만들어진 47글자의 카나를 중복하지 않고 전부 사용하는 7・5조의 글자 연습
노래이다.

반야경열반경涅槃経에 있는 「諸行無常 是生滅法 生滅滅已 寂滅為楽」을 의역한 것이라고 한다.
홍법대사弘法大師(空海)의 작품이라는 설이 있었는데 나중에 부정되었다.

いろはにほへと・ちりぬるを・わかよたれそ・つねならむ・うゐのおくやま・けふこえて・あ
さきゆめみし・ゑひもせず

▽현대어역

色は匂へど・散りぬるを・我が世誰ぞ・常ならむ・有為の奥山・今日越えて・浅き夢見
じ・酔ひもせず

꽃이 아무리 아름답게 피어도 곧 지고 만다. 인간조차 언제 무엇이 일어날지 모른다.
헛된 것에 휘둘리지 않게 된 요즘 헛된 꿈도 꾸지 않고 방황하는 일도 없어졌도다.

▽노래의 의미

인생은 허무한 것이다. 그러나 도를 닦아 진리를 깨우치게 되면 극락세계처럼 즐거우며
번뇌가 사라진다.

▽ **토리나우타**とりな歌 : 메에지 시대 신문「요로즈 쵸오호오万朝報」가 옛날부터 전해오는 이로와 우타를 모집해서 전한 작품.

とりなくこゑす・ゆめさませ・みようあけわたる・ひんかしを・そらいろはれて・おきつへに・ほふむれゐぬるも・やのうち〈새 우는 소리에 꿈이 깨었다. 보라, 환하게 밝은 동녘하늘을, 하늘 빛 맑고 바다에는 범선이 떼를 지어 가는구나. 어스름 속을.〉

▽ **이로와가루타**いろはがるた : 이것은 에도 시대 후반에 시작되었다고 전해지는 카루타의 일종으로 이로와 47글자에 쿄자를 덧붙여 48글자를 시작 글자로 해서 속담을 쓴 읽기표찰이나 속담내용을 그림으로 만든 그림표찰의 모두 96장을 한 조로 해서 정월에 노는 도구이다.

　카루타는 원래 남만(남방南蛮)문화의 하나로서 일본에 들어온 카드놀이로, 일부는 도박에도 이용되어 에도 시대에는 금지되기도 했다. 카루타라는 말은 영어의 card 라는 말에 해당되는 포르투갈어인 carta에서 유래된 말로 보통 歌留多(카루타)라거나 骨牌(카루타)라는 말로 쓴다.

▽ **경기 카루타** : 오구라 햐쿠닝 잇슈우小倉百人一首 혹은 오구라 햐쿠닌슈우라고도 한다.

　카드놀이로 총 100장 중 50장을 정렬해 놓고 와카 윗구(카미노쿠上の句)를 큰소리로 외치고 거기에 맞는 아랫구(시모노쿠下の句)가 적혀있는 카드를 경쟁 속에서 먼저 집는 경기이다. 이 경기인구는 전국의 약 100만 명이라고 한다. 새해가 되면 시가현滋賀県의 오오츠大津시 오오미 징구우近江神宮에서 전국 챔피언을 결정하는 명인위와 퀸을 뽑는 대회가 치러진다. 첫 글자가 읽혀지는 순간에 카드를 노려「백분의 일 초만에 결정되는 타타미 위의 격투기」라고 불린다.

📷 카루타 놀이

23.4. 일본 문화의 척도를 나타내는 전통적인 말

23.3.1. 은혜와 은혜 갚기〈온토 옹가에시恩と恩返し〉

　루스 베네딕트는 일본인의 사회적 결합이나 인간적 유대관계를 지탱해주는 조직적인 원리는 은혜와 은혜 갚기로 이루어진다고 했다. 이것이 인간관계의 정형을 만들고 계층적인 질서를 유지하는 일본의 룰이며 일종의 모법과 같은 것으로 부모에게는 효도를, 상사에게는 충성으로 이어진다고 했다. 그는 이어 일본은 수치를 기조로 하는 문화이고 이것과 상대되는 것으로 죄를 기조로 하는 서양의 기독교 문화가 있다고 했다. 그 문화는 죄의 고백을 통해서 내면적인 죄를 자각하고 스스로가 선행을 다져가지만 수치를 기조로 하는 일본문화는 죄보다는 죄의 알려짐을 두려워하거나 외면적인 강제력에 의해 선행을 해나가는 문화이며 이 문화는 행운을 기원하는 기복祈福의식은 있지만 속죄贖罪의식은 없으므로 자신의 행동을 스스로가 판단하기보다는 타인이 어떻게 생각하는가, 타인이 어떻게 판단하는가에 따라 자기의 방침을 결정한다. 이것이 일본문화의 저류를 지배하고 규정짓는 요소가 되고 있다.

의리는 두개의 경우가 있는데 주군에 대한 의리와 세상에 대한 의리가 그것이다. 전자가 주군에 대한 의무·근친에 대한 의무·타인에 대한 의무이고 후자는 남으로부터 모욕이나 실패, 비방 등을 받았을 때 그 오명을 씻을 의무·보복 혹은 복수의 의무·자신의 실패나 무식을 인정하지 않는 의무·일본인의 예의범절을 준수하는 의무·신분에 어울리지 않는 생활을 하지 않는 의무·함부로 감정을 표출하지 않을 의무 등으로 이어진다고 한다. 이것이 미증유의 국민적인 위기를 맞이한 2차 대전에서 무한의 의무를 지는 국민은 최후의 일각까지 싸워야 한다고 전의를 불태웠지만, 그런 국민을 무시하고 천황이 항복의 명령을 내리자, 즉각 그것이 최고의 법도가 되어 전국민이 일사불란하게 항복을 운명으로 받아들였다.

일본인의 수치의식과 속죄의식의 현주소

2007년 7월 27일 워싱턴에서 열린 미·일 정상회담에서 위안부 문제와 관련해 참으로 어처구니없는 해프닝이 벌어졌다. 당시 아베 일본 총리는 당시 부시 미국 대통령에게 위안부 분들을 매우 곤란한 상황 속에서 쓰라리고 힘든 일을 겪게 한 데 대해 인간으로서, 총리로서 마음으로부터 동정하고 있으며 죄송스러운 마음"이라고 사과했다. 이에 부시 대통령은 (사과를) 받아들인다"고 했다. 일본 총리는 어째서 과거의 위안부 할머니들이 아니라 미국 대통령에게 사과하며, 또 미국 대통령은 무슨 자격으로 그 사과를 받아들인다는 말인가? 예컨대 못된 며느리가 구경꾼이 지켜보는 가운데 느닷없이 시어머니의 따귀를 갈기고서는 그것을 지켜보던 구경꾼에 사과를 하고 구경꾼은 그 사과를 받아들인다는 말과 다름없다. 참으로 기가 막히고 어이없는 장군멍군이었다.

2차 대전 당시 일본군에 끌려가 집단 성폭행과 강제 낙태, 전기 고문의 만행을 당한 피해자 20만명은 21세기에 들어서도 이런 어이없는 우롱을 당한 것이다.

당시의 아베 총리는 과거 관방장관 시절 일본군 위안부에 대해 허구이며 언론이 만들어 낸 얘기"라고 했었다. 총리가 된 다음에는 위안부를 강제 동원했다는 증거가 없다"고 했던 장본인이다. 아베 총리는 이렇게 사실을 왜곡하고 묵살로 일관하더니 미국 하원下院에 일본군 위안부 결의안이 제출되자 갑자기 전전긍긍하기 시작했다. 부시 대통령에게 전화를 걸어 설명을 하는가 하면 미국에 가서는 부시 대통령에게 사과하기 앞서 의회 지도자들에게도 어설픈 해명을 했다. 오죽하면 일본의 자국 아사히朝日 신문이 사설에서 사과 방법이 정말로 기묘하다"며 총리가 사죄해야 마땅한 위안부 피해자에 대해서는 (사죄한 것이) 아니지 않는가? 그동안 신경 쓰지 않더니 미국에서 문제가 되니까 당장 사죄하는 것은 어찌된 일이냐?"고 했다.

당시 부시 대통령은 (아베 총리의) 솔직함을 평가한다"고 했다. 아베 총리는 위안부를 강제 동원한 증거가 없다는 입장에서 사실상 한 치도 물러서지 않고 있었다. 위안부 동원에 일본 관헌官憲의 개입을 인정한 코오노河野 담화談話를 계승한다면서도 협의의 강제성 증거는 없다"는 토를 달고 있다. 일본 최고재판소가 27일 일본군의 중국 위안부 납치·감금·강간을 인정했지만 아베 총리는 꿈쩍도 하지 않았다. 아베 총리의 본심(혼네本音)은 위안부는 돈 벌려고 자발적으로 나선 것일 것이다. 그는 10년 전 역사 교육을 생각하는 젊은 의원 모임' 사무국장 시절 위안부 문제에 대해 한국엔 원래 기생집이 많다"고 했던 사람이다. 이렇듯 아베 총리의 본심이 바뀌었다는 증거는 아무데도 없었다. 그렇다면 당시 부시 대통령이 본 당시 아베 총리의 솔직함은 어떤 솔직함인가?

이런 기묘한 해프닝이 21세기에서도 그것도 세계의 유수의 국가 정상들이 주고받은 웃지 못할 희극이었으며, 황당한 다쟈레駄洒落였다.

정녕 일본인의 DNA 속에는 시선을 의식하는 수치의식은 있어도 진정으로 뉘우치는 속죄의식은 없다는 것이 또 한번 입증된 사례이다.

23.3.2. 폐〈메에와쿠迷惑〉

메에와쿠라는 말의 원래의 의미는 망설이고 주저하는 모양으로 분명하지 않은 것을 가리킨다. 불교용어에서 온 말로 확실한 판단을 하지 않고 어정쩡한 모양이라는 말에서 나왔는데 가르침의 옳고 그름에 주저한다거나 명예나 이익에 눈이 어두우면 판단이 흐려진다는 뜻에 그 근원이 있지만 결국 이것이 일본화되면서 그 의미에서 약간 변질되어 〈곤란하다〉든가 〈형편이 좋지 않다〉든가 〈불쌍하다〉는 의미로 정착되어 쓰이게 되었다.

현재는 일본에서 〈폐〉라는 의미로 쓰인다. 남을 망설이고 주저하게 하는 것 등은 결국 폐가 된다는 의미이다. 그리고 일본인들과의 인간관계에서 금과옥조처럼 쓰이는 가장 기본이 되는 철학이 바로 〈폐를 끼치지 말라迷惑をかけるな〉는 말이다. 일본인의 질서라든가 규칙 등은 이 철학아래서 유지된다. 자기행위에 앞서서 남을 생각한다거나 그 행위의 영향관계를 고려한다는 것은 확실히 고도의 세련된 심사숙고에서 비롯되는 것도 사실이다. 이것은 어떻게 보면 상당히 실천하기에 어려운 작업이고 거기다가 철저한 예절교육인 시츠케 교육에 부담이 되기도 한다. 그래서 그것에 대한 반작용으로 이지메라든가 집단 따돌림으로 발전하기도 하는데 이것 또한 전통과 역사를 자랑한다.

23.3.3. 예의범절 교육〈시츠케 쿄오이쿠躾教育〉

시츠케躾는 일본인이 만든 글자이다. 글자처럼 몸이 아름다워지려면 교육이 필요하다는 의미에서 예의범절(레에기사호오礼儀作法)이란 의미를 담고 있다. 항상 개인보다는 단체를 중시하고 어떤 행위보다는 그것이 사회에 알려지는 것을 중시하는 일본이라는 사회에서 하나의 구성원으로 살아가는데 필요한 소양교육이 그것이다. 일본인에게는 마음속에 그려진 내적인 미학도 중요하지만 그것에 수반하는 형식미인 어떤 정형화된 멋과 규격화된 아름다움을 추구하는 경향이 있다. 그러니까 실체를 갖고 있는 모든 구체적인 모양의 조형미처럼 일본 전통문화는 무형이나 추상의 문화도 어떤 정형화된 미를 머릿속에 그리고 있으며 하나의 미숙한 인간을 그곳에 도달하도록 교육시키는 것이 바로 시츠케 교육이다. 이 교육은 넓은 의미에서 사람이 스스로의 행동방식이라든가 사물을 보는 눈, 느끼는 생각을 내면화하고 습관화하는 과정으로 본다. 이것은 중세이후에 무가사회에서 비롯되었다고 보는 견해가 유력하다. 그러나 시츠케 실シッケ糸, 만들기 시츠케作り物のシッケ, 시츠케 봉사シッケ奉公, 시츠케 약속シッケ約束 등에서 보이는 바와 같이 생활방식, 노동, 교제, 윤리, 신앙에 이르기까지 한 인간이 살아가는데 필요한 지식을 터득하는 것으로 어른이나 친척에게서 배우는 것뿐만 아니라 스스로가 터득하는 것도 시츠케에 포함시켰다. 우선 이 교육의 전초기지가 막부가 만든 학문소(가쿠몬죠学問所)를 비롯해 지방영주는 지방서당인 번교(항코오藩校)를 설립하여 지방무사인 번사(한시藩士)를 교육하고 그밖에 향학이나 개인이 경영하는 가숙(카쥬쿠家塾), 그리고 글방인 테라코야寺子屋 등이 생겨 신관·승려·떠돌이 무사인 로오닝浪人 등이 서민들에게 읽기·쓰기·주산 등을 주로 가르쳐서 식자층 확산에 눈부신 공헌을 하였다.

시츠케 교육은 교육 그 자체보다는 전통일본 속에서 살아가는 가치관을 심어주는 것을 더 큰 과제로 삼는다. 따라서 일본에서 아름답게 살기 위해서는 어떻게 해야 하는가의 가치관이 형성되도록 은연중에 교육시키는 것이 시츠케 교육의 실체이다.

이것은 독립된 개성과 개개인의 창조력을 중시하는 교육이 아니라 전체의 질서 속에서 하나하나의 부품으로 잘 작동되어 전체의 질서가 잘 돌아간다는 대전제가 기본철학으로 되어있는 내면의 키워드이다.

23.3.4. 훈육〈오케에코お稽古〉

케에코라는 말은 다양한 의미가 있는데 가장 보편적인 것은 수행·연습의 뜻을 갖고 있다. 특히 무예·예능에 대한 것이 많다. 민속예능이나 제례의 풍습의 케에코는 각각 독자의 전승을 위한 조직을 갖고 있어 선배인 어른이 젊은이를 지도, 후견하는 것이 일반적이다.

연령에 따라 간단한 것에서 어려운 것으로 담당하는 기예나 악기가 결정되어 있어서 상당한 기술을 요하는 능력을 갖추면 당당한 한사람의 예능인으로 평가받게 되는데 여기에는 나이와 계층이 있다. 그리고 케에코가 자신의 행위라든가 예의범절을 수양하는 장이 되는 경우도 많고 단순한 예의 습득뿐만 아니라 엄격한 훈련을 견디어냄으로써 얻어지는 정신수양·인격향상이라는 면도 중시된다. 이것은 노오能라든가 카부키歌舞伎 등의 전통적인 직업으로 전승되는 고전예능의 세계에서도 거의 마찬가지로 더위 훈육(도요오게에코土用稽古), 추위 훈육(캉게에코寒稽古) 등 특히 기후적으로 악조건인 시기에 집중적으로 케에코를 이어가는 경우도 있다. 모든 예능의 케에코가 서민에게 확산된 것은 근세 중기부터이고 그 이유로는 경제적인 여유와 이에모토 제도家元制度가 정착된 것에서 찾을 수 있다.

2차 대전 전에는 여자가 고등교육을 받는 것은 좋지 않다는 풍조가 유행하여 유복한 가정에서는 시집가기 전의 수행으로 집에서 코토琴·꽃꽂이·다도 등을 익히게 했다. 현재는 피아노·발레 등도 케에코로 간주되고 전통적인 기예의 습득과 같은 비중으로 다루어진다. 이것도 결국은 어떤 정형화된 형식미를 추구하는 일본인들의 생각을 잘 반영한 것이다.

📷 추위 훈육의 한 장면

23.3.5. 본심과 배려〈혼네本音와 타테마에建前〉

일본인은 자신의 속마음을 그냥 드러내놓고 말하는 것을 위험하다고 생각하거나 성숙하지 못하다고 생각한다. 그래서 언어화되는 분위기를 고려한 포장언어와 상당 부분 언어화되지 않기도 하는 본심이란 두개의 코드가 존재한다. 이렇듯 언어로 드러나지 않는 내부 속내의 기호가 혼네本音이고 그것을 감싸고 있으며 주변과의 조화를 고려한 보호막 혹은 외투라고 할 수 있는 것이 타테마에建前인 것이다.

예컨대 새색시가 국을 엉망으로 끓였을 때 새신랑은 속으로는 해괴한 맛에 몸서리가 쳐지더라도 말로는 〈국맛이 사랑스럽고 개성이 넘친다〉는 말을 한다면 여기서 미처 언어화되지 못한 속마음은 혼네이고 언어화된 부분은 타테마에인 것이다. 이 타테마에는 혼네를 위장하기 위한 카게무샤影武者와 같은 존재이다. 전국 시대에 〈호오코오지方広寺 대불건립을 위해서〉라며 히데요시가 전국에 칼수거령을 내렸지만, 혼네는 봉기나 반란을 막기 위한 무기압수였고 대불건립은 타테마에였던 것이다.

타테마에는 집단 혹은, 사회논리로 명분이나 원칙의 측면이 강하고 가끔은 이념과도 관계한다. 그에 비해 혼네는 소집단의 논리로 본심이나 속셈의 측면 강하고 때로는 에고이즘에 뿌리를 내리고 있다.

일본인과 교류를 하는 사람들은 이 두 가지의 구별에 익숙하지 못해 낭패를 당하는 경우가 많으며 일본인과의 교류가 피곤하며 도대체 속뜻이 무엇인지 알기 어렵고 그래서 애매하다고 주장하는 사람들이 속출한다. 그러니까 그 타테마에를 보고 혼네를 읽어내기 위해서는 일본인과의 교류의 축적을 필요로 한다. 예컨대, 〈다음에 놀러 오세요/今度ぜひ遊びに来てください〉라는 말은 놀러 오라는 말이 아니다. 〈근처에 오실 때는 들러 주세요/お近くにおいでの節はどうぞお立ちよりください〉라는 말도 그냥 의례상 하는 말이다. 그 말에 〈그럼 언제 가면 될까요/じゃ、いつ行きましょうか〉라고 질문한다면 상대방을 매우 당혹스럽게 할 염려가 있다. 혼네와 타테마에의 구별이 엄격하게 요구되는 장면이다. 또한 〈확실히 말씀하신 그대로 입니다만, 한번 검토해보겠습니다/たしかにおっしゃるどおりだと思いますが、一応検討してみます〉라는 말도 흔히 외국인은 긍정적인 대답으로 인식하기 쉬운데 이것은 완곡한 부정이므로 언뜻 구별하기 어려운 점 때문에 일본인은 태도가 애매모호하다고 말하는 경우가 많다. 표정으로는 복종하지만 뱃속으로는 이미 배신을 하고 있는 일본인의 행태를 집약한 사자성어인 면종복배(멘쥬우 후쿠하이面従腹背)도 흔히 회자되는 일본인의 자화상이다.

23.3.6. 사전 교섭〈네마와시根回し〉

흔히 일본인을 합리적이라고 하는데, 의견을 모으는 태도나 합의를 도출하는 태도는 합리적이거나 냉철한 일본인의 보통 태도와는 거리가 있다. 그것은 다분히 법에 대한 기본인식과 태도에 기인한다. 법은 국민이 만든 것이라는 인식보다는 웃어른이 만들어서 지키지 않으면 안 되는 존재이기에 웃어른이 가까이할 수 없는 존재인 것처럼 법도 냉정하고 무섭고 가능하다면 가까이 가지 않도록 하는 심리가 그 배경으로 작용하고 있는 것이다. 그리고 텔레비전 드라마라든가 영화에서 법정장면이 적은 것도 일본인에게는 법정에서의 논쟁이 그만큼 흥미를 유발하는 것이 아니라는 사실이 이를 반증하고 있다. 게다가 〈법과 정의가 동전의 양면처럼 서로 공존하는 것이 아니라 매우 모순될 때도 많기 때문에 천하의 대법이라도 정의와는 무관계한 존재이다〉라고 생각한다.

〈츄우싱구라忠臣蔵〉가 일본에서 영원한 인기테마인 것은 그것이 법적으로 따진다면 한낱 에도성에서의 다이묘오들의 사소한 다툼에서 비롯되고 이어지는 집단 복수극이고 생명을 경시하는 만행의 연속이지만 그 모든 것을 초월해서 존재하는 정의가 이끌어낸 완벽한 형식미일 것이다.

일본인의 의식 속에서는 내적으로 합리적인 것보다는 외적으로 완벽한 형태를 선호한다.

일본인이 어떤 정형화된 형식을 중요시 여기는 것은 회의나 합의를 도출하는 태도에 있어서도 극명하게 드러난다. 합의도 만장일치 형식을 중요시하고 다수결은 아무래도 불충분한 장치라고 생각하는 것이 일반적이다. 일본에서는 사람과 사람이 이견을 좁히는데 있어서 감정의 앙금이 남아있거나 반대의견이 잔존한 채로 완전한 합의를 도출하지 않고 다수결에 의존하는 것은 도자기에 비유한다면 티가 남는다는 것과 마찬가지로 생각한다. 따라서 사전의견 조율이 완벽하게 이루어져서 감정의 찌꺼기를 깨끗이 정리하는 일이 합의를 도출해내는데 있어서는 반드시 필요한 통과의례로 여기며 이런 과정을 통해서 의견은 합리적이고 이상적인 형태로 다듬어지고 바로 그 패턴화된 행동이 네마와시이다. 이것은 거목을 옮겨 심을 때 뿌리를 파 내려가 잔 뿌리를 제거하고 남은 큰 뿌리를 새끼로 묶어 옮겨심기를 쉽게 하기 위한 사전정지 작업의 의미에서 비롯된 것으로 막상 회의장에서는 그 합의를 확인하는 자리인 것이다. 이 공식은 여러 분야에서도 적용된다. 결제문화도 그러하다. 어느 날 사전 언급 없이 불쑥 결제판을 내밀면 상사로부터 무례하다는 오해를 받기 쉽고 그것은 곧 낭패로 이어지게 마련이다. 이것은 폐쇄적인 일본사회에서 또 하나의 방패막이로도 사용되는 경우가 허다하다. 일본에 상륙하는 기업이 살아남기 위해서는 이 통과의례를 거쳐야하는데 이 네마와시가 말처럼 쉬운 것은 아니다.

23.3.7. 일생의 단 한번의 만남〈이치고이치에一期一会〉

다회의 접대의 마음가짐에서 나온 말로 센노 리큐우千利休의 제자 소오지宗二가 『야마노우에노 소오지키山上宗二記』에서 주장한 말로 그 속에는 「이치고니 이치도노 에一期に一度の会」라고 나타나 있다. 일생 단 한번밖에 없는 기회로 차를 대접할 때는 그런 마음가짐으로 최선을 다한다는 뜻이다.

23.3.8. 이치닝마에一人前

사회에서 일정한 기준에 달한 구성원에 대한 말로 히토리마에라든가 잇쵸오마에一丁前라고도 부른다. 예컨대 농촌 같은 부락사회에서는 특정의 작업기술 습득과 체력 혹은 육체의 성장이 일정한 기본의 기준이었다. 남자의 경우 한 가마의 쌀을 짊어지거나 하루에 약 300평(1反) 논을 일굴 수 있을 것, 새끼를 하루에 얼마 정도 꼴 수 있을 것, 여자의 경우는 하루에 무명실로 성인이 입을 수 있을 정도의 옷감을 짤 것 등의 기준이 마을의 관습으로 정해져 있었다. 이런 기준에 도달한 사람은 마을로부터 어엿한 한사람의 남자, 혹은 여자로 평가되었다. 이런 기준은 남자는 마을의 공동 노동이나 혹은 마을 이외의 임금노동을 사정할 때 기준이 되었으며, 여자의 경우는 며느리를 구할 때 평가기준이 되었다. 이들 이외의 기준으로 남자는 만 15세의 경우를 목표로 삼아 이때는 성년식이 열렸으며 마을청년조직으로 마을 내의 경비·소방·제례 등을 분담하는 한편 친목을 도모하기도 하는 와카슈구미若衆組의 당당한 일원이 되었다. 만 15세는 마을의 임원으로부터는 가동인원으로 간주되고, 에도 시대 농민 분규(햐쿠쇼오 익키百姓一揆)때에 15세에서 60세 남자의 출동이 요청된 것도 일반 농민사이에서 이런 관념이 있었기 때문이다. 이것은 일반적으로 획일적인 기준이었기 때문에 사람에 따라서 달랐으며 예컨대 어업에서는 15세는 반명분(한님마에半人前)의 임금밖에는 못 받았고 15세에 단체에 가입을 하더라도 2, 3년 간은 코와카슈小若衆라고 해서 잡역을 맡아서 하며 선배로부터 각종 훈련을 받았으며 17, 8세가 되어서야 어엿한 젊은이가 되었는데 이는 지방마다 조금씩 차이가 있었다. 여자의 경우도 정해진 나이가 되어 한 사람의 성인이 되는 관념은 남자보다 희박했다. 전에는 여성이 사회적인 노동을 하는 경우가 적었기 때문이다. 여성의 경우는 첫 월경(쇼쵸오初潮)이 중요한 기준이었다.

23.3.9. 집단 따돌림〈무라하치부村八分〉

이것은 무라하치부村八分·무라바나시村バナシ·무라하즈시村ハズシ 등으로 불린다. 부락내부에서 행해지는 교제를 거부하여 동료로부터 제외당하는 제재이다.

원래 ①冠 ②婚 ③葬 ④祭 ⑤建築 ⑥病 ⑦水害 ⑧旅行 ⑨出産 ⑩火災 등의 10가지 규약으로 서로 참가하는 덕목이 있었는데 10가지 교제 중 장례식과 화재의 둘을 제외한 8가지 교제를 끊는다는 점에서 하치부八分라는 말이 만들어졌다는 속설이 있다.

하치부라는 어원이 배척이라는 말로 상징되는 것처럼 원래는 부락사회로부터 특정의 마을 사람을 배척하는데 있었다. 마을 사람이 부락 내의 교제를 눈에 띄게 제한 받음으로써 부락 내에서 배제나 차별을 받는다. 일상적으로 발동되는 것은 아니지만 부락 내에서 도벽·폭행·실화 등의 형사적인 범죄와 마을 규약 합의 사항(모오시아와세申し合わせ) 등의 위반, 공동 작업에서의 태만(케타이懈怠), 생활태도에 대한 반감 등에 근거해서 발동되었다. 다시 말해서 무라하치부는 부락생활질서를 교란했다고 생각되어지는 사람을 배제하는 시스템인 것이다.

실제 무라하치부는 절교의 정도에도 완급이 있어 모든 것을 절교하는 경우도 있지만 일반적으로는 약간의 교제를 남기는 방법을 취했다. 무라하치부를 당하면 마을 사람들로부터 교제를 거부당해 생활상에 상당한 제약을 받게 된다. 그 해소를 위해서는 가능한 한 빠른 시일 내에 중개자를 통해서 일정한 시기가 지나면 사죄를 한다. 결국은 그것으로 제재가 풀리고 부락내의 교제가 정상으로 돌아온다. 그리고 사죄에 의해 구제되었으며 영구적으로 배제하는 경우는 없었다. 이것은 현대사회에서 형태를 바꾸어 존속하고 있는데 때로는 사회문제가 되는 경우도 있다. 마음에 들지 않는 사람을 배제하는 마음이 뿌리 깊고 음습한 제재 관행으로 맥을 유지하고 있는 것이다.

 관련 키워드

▽이야 가라세厭がらせ : 상대방이 싫어하는 것을 일부러 말하거나 하는 행위.
▽나카마 하즈레仲間外れ : 따돌림

23.3.10. 최선 다하기〈잇쇼오 켐메에一生懸命〉

원래는 하사 받은 영지를 지킨다는 뜻의 잇쇼오 켐메에一荘懸命였다. 이것이 좀 더 확장된 의미인 한 곳에 목숨을 건다는 의미로 잇쇼 켐메에一所懸命가 되었다가 나중에는 목숨을 걸고 필사적으로 목표를 가지고 한다는 잇쇼오 켐메에一生懸命로 바뀌었다. 열심히 최선을 다해서 노력한다는 의미로 정착된 것이다.

23.3.11. 할복〈셉푸쿠切腹〉

스스로 배를 갈라 죽는 행위로 캅푸쿠割腹, 토후쿠屠腹, 하라키리腹切り라고도 불리며 에도 시대 이후 무사의 명예를 담보로 하는 형벌로 여겨졌다.

역사적으로는 『하리마 후도키播磨風土記 715』에서 여성인 오우미노 카미淡海神가 배를 가르고 못에 빠져 죽었다는 기술이 있는데 그것이 할복의 문헌으로는 최초의 것이다. 이어 988년에 후지와라노 야스스케藤原保輔가 생포되었을

🀄 〈셉푸쿠切腹〉츄우싱구라忠臣藏 6막/여기서 착오에 의한 할복이 비극으로 묘사되고 있다.

때, 배를 갈라 내장을 꺼내서 절명했다는 이야기가 있고, 1170년에 미나모토노 타메토모源為朝, 1186년에 사토오 타다노부佐藤忠信 등의 할복이 궁키 모노가타리軍記物語에 기록되어 유포되었으며 이것이 점점 일반화되어 특히 무사들의 자살은 곧 할복으로 한정되었다. 카이샤쿠介錯라고 부르며 할복하는 사람 뒤에서 목을 치는 것은 1455년 치바 타네노부千葉胤宣가 피신해있던 타고성이 함락(타고 카이죠오多胡開城)되었을 때에 할복하며 엔죠오지 나오토키圓城寺直時에게 목을 치게 했는데 그 때부터 널리 유행되었고, 에도 시대에는 카이샤쿠가 주체가 되었으며 결국에는 참수와 다를 바 없게 되었다. 순사(준시殉死)로서 주군이 죽으면 따라서 할복하는 츠이후쿠追腹는 1392년 호소카와 츠네히사細川常久가 병사할 때 할복한 미시마 게키三嶋外記 이후 1663년 토쿠가와 막부가 금지령을 내릴 때까지 계속

되었다. 1868년 코오베 사건으로 오카야마岡山 한시藩士였던 타키겐 자부로오瀧善三郎의 할복이 재일 외교관의 견문록에 의해 해외에 전해지면서 할복이 일본인의 하라키리腹切り로 해외에 알려지게 된다. 1873년 할복 폐지 이후에도 할복에 의한 자살은 남녀불문하고 끊이질 않았고 1970년에 소설가 미시마 유키오三島由紀夫의 할복은 세계적인 충격을 던졌다. 문예·회화·연극·영화 등에서도 할복을 많이 다루고 있다.

할복과 무사도

근세 이전의 할복의 사례를 보면 일부의 예외를 제외하고는 주로 적에게 포박되어 참수당하는 것을 피하기 위한 자결이 대부분이었다. 하지만 전쟁에 패했다 해서 즉시 자결하는 것이 아니고 지하에 잠입하여 재기를 노리는 무사도 상당히 많았다.

장렬한 할복에 대해서는 외경畏敬을 갖고 바라보는 시각도 있지만 할복 자체는 어디까지나 자결 그 이상도 그 이하도 아니었다. 당시는 무사의 처형이 대부분 참수형이었고 신분 있는 무사라 해도 적에게 포박되면 참수형이든가, 감금당한 후에 적당한 방법으로 살해당하는 모살謀殺 형태가 대부분이었다.

할복에 대한 의식이 본격적으로 싹튼 것은 토요토미 히데요시豊臣秀吉가 센노 리큐우千利休에게 할복을 명령하고 나서부터이다.

할복이 습속으로 정착하게 된 이유로는 니토베 이나조오新渡戶稲造가 『무사도武士道』라는 책 속에서 〈복부에는 인간의 영혼과 애정이 깃들어 있다는 고대의 해부학적 신앙 하에 장렬하게 배를 가르는 것이 무사도를 관철시키는 자살방법으로서 적절하다〉고 지적한 것이 가장 설득력을 담보하고 있다.

할복의 종류로서는 주군을 따라 죽는 오이 바라(追腹/츠이 후쿠라고도 함), 직무상 책임이나 의리를 관철시키기 위한 츠메 바라詰腹, 원통함에 못 이겨 하는 무넴 바라無念腹, 또한 패군의 장수가 적군의 포로가 되는 치욕을 피하기 위하여 하는 할복이나 농성군의 장수가 성안의 병사나 가족의 목숨을 구하기 위하여 거래형태로 행하는 할

에도 시대의 무사의 할복

복 등이 있었다. 사회가 안정된 에도 시대에 들어서면서 동기의 순수함도 상실되고 가문의 존속이나 가문의 명예를 높이기 위하여 행하는 할복이 아키나이 바라商腹 등으로 시니컬하게 불리자, 에도 막부는 즉각 순사殉死를 금지시켰다.

할복의 방법은 배를 한일一자로 가르는 일자형 할복(이치몬지 바라一文字腹), 일자형 할복을 한 다음에 다시 세로로 명치에서 배꼽까지 아래로 가르는 십자형 할복(쥬우몬지 바라十文字腹)이 있었다. 하긴 실제 체력적으로 십자형 할복까지는 고통이 너무 심하여 대개 도중에 목을 찔러 절명하는 경우가 많았다. 그리고 급기야는 고통의 시간을 최소화하고자 할복과 함께 목을 쳐서 떨어뜨리는 카이샤쿠介錯라는 방법이 확립되었다. 할복은 근세부터 자살 외의 처형 방법으로 채용되지만 이 경우, 자신의 죄를 스스로 처리하기 때문에 주군으로부터 〈죽음을 하사받는다〉는 생각에서 명예로운 죽음으로 여겨졌다. 이것에 대해서 참수(잔슈斬首), 하리츠케(磔/기둥에 매달고 좌우에서 옆구리를 창으로 찔러 죽이는 형벌) 등은 무사들에게는 불명예의 형벌로 여겨졌다. 처형 수단으로서 할복은 1873년에 폐지되고 이후 일본에서 사형은 교수형이 주로 이용되었다.

전국 시대나 에도 시대 초기에는 할복인이, 할복인의 목을 쳐주는 무사(카이샤쿠닝介錯人)나 검사檢死役에게 목을 보여주는 등 할복의 보조를 행하는 사람을 이용하지 않고, 스스로 자신의 배를 십자모양으로 가르거나 내장을 꺼내는 등의 과격한 방법(하지만 이것은 내장까지 도달하기 전에 실신하기 때문에 의학상으로는 불가능하다)도 사용되었다는 기록이 궁키물軍記物에서 산견된다.

근세에 들어서 무사신분에 대한 처형으로 할복이 확립되자, 할복에도 메뉴얼이 등장한다.

할복하는 사람인 할복인(셉푸쿠닝切腹人)과 카이샤쿠닝介錯人에 의한 할복이 그것이다. 복부를 가르는 것만으로는 사망까지 시간이 걸리고 죽는 자에게는 말할 수 없는 고통이 수반되기 때문에 보통은 할복을 시작하자마자 목 치기 무사가 목을 쳐준다. 에도 시대에는 할복은 복잡하고 세련된 의식으로 변하고 카이샤쿠가 동반하는 셉푸쿠의 메뉴얼이 18세기 초쯤 확립되었다.

카이샤쿠는 통상 정부正副의 3사람이 관여한다. 각각 목을 치는 〈오오가이샤쿠大介錯〉, 단도를 얹은 삼보오라는 상을 갖고 나오는 〈소에카이샤쿠添介錯〉, 목을 검사檢死하는 〈코가이샤쿠小介錯〉 등의 3역이 바로 그들이다.

에도 시대 중기에는 셉푸쿠 자체도 형해화形骸化되어 삼보오의 상에 칼 대신 부채를 얹고 그 부채에 손을 대려는 순간에 카이샤쿠인이 목을 치는 방법인 센스 바라扇子腹가 일반적이었다.

어떤 무사는 〈나는 할복하는 법을 모른다. 어떻게 하면 되겠는가?〉라고 물었다는 일화도 있다. 막부 말기에는 전면적으로는 아니지만 본래의 할복이 부활했다는 기록도 있다.

할복의 장소는 다이묘오 급의 신분인 경우는 의뢰인의 저택 내부. 그보다 약간 신분이 낮은 경우는 의뢰인의 정원 앞, 더 신분이 낮은 경우는 감옥에서 행해졌다. 또한 아시가루 이하의 신분이나 서민에게는 할복이 허용되지 않았다.

할복의 순서는 다음과 같다.

우선 할복의 명령이 떨어지면 할복인에게 그 취지가 전달된다. 할복 전의 준비로 할복하는 사람은 목욕을 하고 몸을 정결히 한다. 이 때 사용하는 물은 세수대야 속에 찬물을 먼저 담고 거기에 더운 물로 조절하는 방식으로 보통 때와 반대이며 사체를 씻는 의식인 유캉湯潅과 같다. 이어 머리를 묶는데 보통 때 보다 높이 묶고 보통 때와 반대로 튼다. 복장은 시로무지의 코소데에 연노랑의 무늬가 없는 마麻로 만든 카미시모裃이며 코소데는 목을 쳐서 떨어뜨리기 쉽도록 뒤 깃을 이어붙인 것으로 결정되어 있다. 그리고 시체에게 입히는 것과 같이 왼쪽 깃을 앞으로 오도록 섶을 여몄다.

셉푸쿠의 장소는 거꾸로 뒤집은 두장의 타타미(흑색의 타타미에 흰 테를 두른 것)를 놓고 그 위에 연 노랑색 혹은 청색의 천을 간 다음, 경우에 따라서는 흰 모래를 뿌리는 경우도 있었다. 그리고 뒤쪽에는 거꾸로 병풍을 세운다. 할복하는 사람 앞에는 잔을 2개(위에는 초벌구이 잔, 아래는 칠기잔)와 더운 물에 말은 밥, 아채 소금절임, 소금, 된장, 거꾸로 놓은 젓가락이 곁들여진다. 이것이 할복하는 사람의 마지막 식사가 된다. 그리고 이어 검사檢死역의 자리가 할복하는 사람의 맞은편에 설치된다. 목 치기 무사는 2~3명인 경우가 많다. 목 치기 무사는 단칼에 목을 쳐서 떨어뜨릴 만큼 검술에 뛰어난 자가 아니면 안 되었고 서툰 검객이 나섰다가 실수를 하면 몇 번이고 목을 쳐야 하는 참혹한 사태가 발생하기에 목 치기 무사는 의뢰인의 무사 중 가장 고수가 하는 것이 원칙이었고 카이샤쿠의 실패는 의뢰인 집안의 씻을 수 없는 수치가 되었다. 따라서 의뢰인 집안에 무술이 뛰어난 자가 없을 경우에는 다른 집에서 빌려오기도 했다.

할복하는 사람이 소정의 방법으로 4번의 술을 마시고 식판운반 담당자는 식판을 물리고 할복에 사용하는 단도를 상에 담아 가지고 온다. 이 때 할복인이 술을 더 달라고 해도 술에 취하면 법도에 어긋난다며 거절당한다. 할복에는 검은색 단검이 사용된다.

📷 할복용 단검

정正 목치기 무사는 할복인에게 자신의 이름을 밝히고 예를 표한다. 이어 그는 할복인의 뒤로 돌아가 목 치기용 칼을 물로 씻고는 목을 칠 자세를 취한다. 할복인은 검사역에게 예의를 표한다. 할복인이 배를 찌를 때 카이샤쿠인은 피부 한 꺼풀만 남기고 목을 치는 것이 예의로 여겨졌다. 목이 땅에 떨어져 땅을 오염시키는 것을 막기 위한 배려와 〈신체를 분할하는 것은 불효〉라는 유교 사상의 영향 때문이다. 하지만 지방에 따라서는 약간의 차이가 있었다. 토사土佐에서는 가죽을 하나도 남기지 않은 채 목을 절단하는 것을 원하는 경우도 있었고 할복인이 아예 목을 절단하는 것을 희망하는 경우도 있었다.

목 치기가 끝나면 앞뒤 하얗게 바른 병풍을 둘러 사체가 보이지 않도록 했다. 부副 목치기 무사가 목을 검사역에게 보이고 할복인의 절명을 확인하면 마침내 할복의식은 끝난다.

23.3.12. 동반자살〈신쥬우心中〉

신쥬우는 에도 초기에는 남녀 사랑의 확인을 위한 행위로 여겨졌다. 예컨대 남녀의 사랑을 맹세한 서약서(세에시誓紙)·단발(담바츠斷髮)·문신(이레즈미入れ墨)을 하는 행위를 「신쥬우 다테루心中だてる」·「신쥬우 스루心中する」라고 한다. 그것이 에도 시대 중반부터 둘도 없는 생명을 걸게 되었기 때문에 「신쥬우 시心中死」 혹은 「신쥬우 죠오시心中情死」라고 불리게 되었고 카부키歌舞伎·인형극 죠오루리 淨瑠璃에서 유행하게 되면서 신쥬우는 정사 신쥬우로 의미가 정착되게 된 것이다. 여기에서도 죽음으

로써 애정을 다하거나 지켜내는 것으로 〈죽음으로서 부활시킨다〉는 일본고유의 사생관이 흐르고 있다. 아토오이 신쥬우後追心中, 무리 신쥬우無理心中 등이 있었다.

막부에서는 이 신쥬우心中가 한자 忠과 통하기 때문에 이 말의 사용을 금지시키는 대신 〈아이타이 지니相対死〉라고 부르게 했으며 이를 행한 사람들을 죄인 취급했다. 신쥬유로 죽은 경우는 유골수습이나 장례를 금지시켰고 실패한 사람은 히닝(非人/최하위 계층, 죄인의 송치, 형벌로 죽은 자를 묻는 일 등을 했다)신분으로 전락시켰다. 1722년에는 이와 관계된 공연물을 금지시켰다.

〈신쥬우心中〉소네자키 신쥬우曾根崎心中의 토쿠베에에德兵衛와 오하츠お初

 관련 키워드

▷죠오시情死 : 서로 사랑하는 남녀가 이 세상에서 못 이룬 사랑이 내세에서 이루어지기 바라며 하는 동반자살.
▷잇카 신쥬우一家心中 : 가족 동반자살. 자살을 생각 했을 때 혼자 남겨진 아이(간혹 부모)들을 불쌍하다고 생각하여 아이(간혹 부모)를 죽이고 자살하는 행위. 카조쿠 신쥬우家族心中・오야코 신쥬우親子心中.
▷무리 신쥬우無理心中 : 상대방과의 합의 없이 하는 동반 자살로 주모자가 상대방을 죽인다. 특히 부모가 아이의 인권이나 의지를 무시하는 케이스가 많아 심각한 사회문제가 되고 있다.
▷넷토 신쥬우ネット心中 : 자살 사이트에서 만나 모르는 상대방 다수와 함께 자살하는 행위로 신종 동반자살 행위.

23.3.13. 무사도〈부시도오武士道〉

일본인의 사생관에 가장 크게 영향을 끼친 것은 불교였다. 죠오도슈우浄土宗는「엔리 에도厭離穢土 공구 죠오도欣求浄土」라고 해서 더럽혀진 이 세상을 떠나 극락정토에서 환생해야 한다고 주장했다. 또한 젠슈우禅宗의 일파인 소오토오슈우曹洞宗의 일본 개조開祖인 도오겐道元은 그의 저서 『쇼오보오겐조오正法眼蔵』에서 〈삶과 죽음을 삶과 죽음에 맡긴다〉며 생사의 문제에 집착하지 않고 죽을 때는 삶에 대한 집착을 버리고 죽음에 철저하고, 살아 있을 때는 삶에 철저해서 한순간 한순간에 전력을 다하여 살아갈 것을 역설해 카마쿠라 시대 이후에 내일 당장 죽을지도 모르는 무사들에게 마음의 버팀목이 되었다. 에도 시대에 들어서서 관료화된 무사들의 복고의 움직임으로 활발하게 〈무사도〉가 대두되었다. 에도 중기에 큐우슈우九州 사가항佐賀藩에서 만든 무사의 언행비평서인 『하가쿠레葉隠 1716년』에서는 〈무사도라는 것은 죽는 일을 발견하는 것〉이라는 극단적인 말을 하고 있다. 이것은 젠슈우의 말을 한 걸음 더 강조해서 죽음에 철저한 것이 완전한 삶으로 이어진다는 생각을 보여주는 것이다. 이것을 더 현현화시키고 이미지화시키며 비주얼화하고 의식화시킨 것이 무사도에서 말하는 〈셉푸쿠切腹〉이고 이를 통해 장렬하게 죽는 것을 연출하고 자기자신과 가문의 이름을 살리면서 유족에 대한 보장을 얻어낸다. 이것이 바로 셉푸쿠라는 의례이고 또한 제도이다.

무사도와 죽음의 미학

▽『츄우싱구라忠臣蔵』의 무사도와 죽음의 미학

종래에 카부키나 인형극의 인기공연목록이었던『츄우싱구라忠臣蔵』는 최근에 새해 초가 되면 TV 드라마로 방영되는 등 최고의 흥행카드이며 성공보증수표인 아타리 쿄오겡当たり狂言으로 인기가 높다. 이것은 300여년전에 주군을 위해 장렬하게 목숨을 바친 무사들의 실화를 바탕으로 한 것이다. 당시에는 큰 사건이 발생하면 그것을 제재로 한 카부키나 죠오루리浄瑠璃로 상연되곤 했는데 이 것은 어디까지나 막부에서 일어난 정치적인 사건이었으므로 이것을 극화하는 것

🎞 츄우싱구라忠臣蔵

이 금지되었다. 사건이 일어난지 47년 후에『카나데혼 츄우싱구라仮名手本忠臣蔵』라는 사건을 패러디한 극으로 상연되기 시작해서 폭발적인 인기를 끌었다. 지금도 전혀 풍화되지 않고 인기를 끄는 이유는 흥행 보증수표(도쿠진 토오湯独参湯)이기 때문에 좋은 배우를 쓸 수 있고 좋은 배우를 쓰기 때문에 인기를 이어가는 측면도 있지만 주군에 대해서 의리를 다해 목숨을 바쳤던 사건의 본질이 사람의 마음을 사로잡았기 때문이다. 그들의 묘지가 있는 토오쿄오 미나토구港区 타카나와高輪의 셍가쿠지泉岳寺에는 일년내내 향불을 피우며 추도하는 추모객의 발길이 끊어지지 않고 있다.

사건의 대략적인 내용은 다음과 같다. 1701년 3월 14일에 에도막부의 신년 하례식에 천황의 칙사를 대접하는 중책을 맡은 지방 아코오번赤穂藩의 소영주인 아사노 타쿠미노카미浅野内匠頭는 이 방면의 전문가인 키라 코오즈노스케吉良上野介라는 영주로부터 지도를 받게 되는데 고지식한 그는 관행처럼 되어 있는 뇌물을 바치지 않았다가(다른 여러 가지 설이 있으며 뇌물은 그중의 하나이다) 키라로부터 모욕적인 언사를 듣게 된다. 그러자 막부의 최고책임자인 쇼오궁将軍이 거처하는 에도성의 마츠노 다이로오카松の大廊下라는 복도에서 칼을 꺼내서는 안된다는 불문율을 깨고 칼을 뽑아 키라의 이마와 오른쪽 등에 상처를 입히는 일을 저지른다. 그 자리에서 체포당한 아사노는 사건당일에 할복을 강요받는다. 결국 그는 막부의 법에 따라 영토를 몰수당하고 할복한다. 이에 비해 키라는 무죄로 전혀 처벌을 받지 않는다. 졸지에 주군을

🎞 47명의 무덤이 있는 셍가쿠지

잃은 아코오번의 아사노 수하인 오오이시 쿠라노스케大石内蔵助 이하 47명의 무사는 그 후 겉으로는 술주정뱅이나 미치광이처럼 처신하여 그들에게 쏟아지는 세상의 온갖 비난을 감수하면서 극비리에 주군의 복수극을 향해 매진한다. 이듬해 마침내 폭설이 내리는 12월 14일에 삼엄한 경계를 뚫고 주군 할복의 원인을 제공했던 키라를 참살하고 그의 목을 주군의 무덤 앞에 바친다. 당시에 이것은 의거로 받아들여져 막부의 고위관리까지 구명의 의지를 불태웠으나 불가항력으로 법에 따라 모두 할복하게 된다. 47명의 무사 중에는 오오이시의 16세 된 아들도 있었다.

츄우싱구라忠臣蔵가 법적으로 따진다면 한낱 에도성에서의 다이묘오들의 사소한 다툼에서 비롯되고 이어지는 집단 복수극이고 생명을 경시하는 만행의 연속이며 현대의 법 감각에서 본다면 살인죄에 주거 침입죄·소요죄·협박죄·건조물, 기물 파손죄·흉기준비 집합죄·사체유기죄가 적용되는 데다가 폭력단의 폭력행위 처벌에 관한 법률위반 등의 처벌이 가중되는 죄목이라고 하는데 그래도 일본인이 열광하는 것은 법과 따로 존재하는 정의가 그곳에 도사리

고 있기 때문이다. 그 모든 것을 초월해서 존재하는 정의가 이끌어낸 완벽한 형식미일 것이다. 억울한 주군을 위해서 철저하게 자신을 소모해버리고 장렬하고 완벽하게 신화하는 행위를 일본인은 티 하나 없는 명품도자기 작품을 대하듯이 그 사건을 대하는 것이다.

사람들은 흔히 일본인의 장인정신을 이야기한다. 여기서는 바로 이 장인정신이 완벽하고 치열하게 아름다운 집단의 죽음을 주조해내는 것이다. 하지만 관점을 달리하면 여기서 무사들은 아름다운 할복에 동원된 소도구들일 뿐이다.

▽『**아베 일족**阿部一族』**을 통해서 보는 무사죽음의 가치관**

일본 근대작가의 거두인 고답파 모리 오오가이森鷗外의 『아베 일족阿部一族』에도 무사의 죽음을 둘러싼 이야기가 등장한다. 지방 영주의 주군이 죽자, 측근 무사들이 전부 순사(쥰시殉死)를 허락받아 할복하는데 아베라는 무사만은 그 대열에서 제외되었다. 이에 아베는 분노와 수치를 느꼈지만 허락 없이 순사하는 것은 모반(무홍謀叛)으로 받아들여지기 쉬웠다. 결국에는 궁리 끝에 할복하고 전 영주의 명복을 빌기로 하지만 이것이 영주 집안에 대한 반항으로 받아들여지게 된다. 급기야는 이것이 빌미가 되어 영주와 아베의 집안싸움으로 번지고 끝내 아베 일가는 전원이 최후를 맞이하고 만다.

무사의 죽음이 의리와 정의와 완벽한 매너로 미학으로까지 칭송되고 있지만 인간생명의 존엄성이라는 인류의 보편적인 가치체계에서 본다면 병적인 도착과 편집적인 집착에 지나지 않는다.

무사의 다양한 죽음형태를 미풍양속으로까지 받아들이던 과거 에도 시대의 집단적인 망상이자 병적인 모순을 군의관 작가인 모리 오오가이는 면도날 같은 시선으로 해부해서 보여주고 있는 것이다.

그의 외과 수술적인 이 작품은 당시 왜곡된 관념이나 가치관을 맹목적으로 추종하는 세태에 경종을 울렸다.

23.3.14. 집단주의

E.O 라이샤워 교수는 일본인과 유럽인의 차이 중에서 가장 현저한 것은 일본인의 집단중시라고 보고 있다. 확실히 일본인의 집단중시는 2차 대전 때에 옥이 아름답게 부서지는 것처럼 명예나 충의를 중시하여 미련 없이 죽는 교쿠사이玉砕와 같은 집단자결의 비극이나 1억명의 일본인이 한마음이라는 일억일심一億一心의 슬로건, 나아가서는 오늘날 샐러리맨 사회 등에서의 집단적인 화(와和)의 중시, 그리고 학생들의 교복에 이르기까지 깊게 뿌리내려 있다. 「모난 돌이 정 맞는다(데루쿠이와 우타레루出る杭は打たれる)」라는 속담은 일본인의 집단주의를 극명하게 나타내고 있다. 집단에 이의를 제기하거나 등을 돌린 사람은 무라하치부라는 처벌을 당했다. 예외도 없는 것은 아니었으나 일본사회에서는 개인의 주장보다는 집단 속에서의 개인을 염두에 두고 개인은 집단이 있기 때문에 살 수 있다고 생각했다.

이 집단주의는 주로 벼농사를 중심으로 한 일본의 야요이弥生시대까지 거슬러 올라간다. 수렵 문화와는 달리 벼농사는 혼자가 아니라 집단으로 모심기라든가 수확을 할 필요가 있었던 것이다. 또한 유교에서 충효를 중시하는 도덕은 에도 시대 정치 이데올로기와 맞아떨어져 급속히 확산되었다. 이 것은 가족에도 그대로 적용되어 가정 내에서 가장은 절대적인 권력을 갖고 있었고 가족 구성원은 모두 복종한다. 가정이라는 집단의 질서가 우선된 증거이다. 그리고 출퇴근의 만원전철에 지하철도 운영회사가 여러 종류여서 갈아 탈 때마다 정산을 해야 하는 등 번거로움이 많은데도 불구하고 그들은 전체의 질서를 위해서 잘 참아내고 있다.

이것은 급기야는 군국주의 일본을 낳았으며 현재도 오랜 불황에 시달리는 일본이 개혁을 부르짖으면서도 좀처럼 그 개혁이 단행될 수 없는 것은 개인의 아이디어가 받아들여지기 보다는 집단적으로 움직여야 하는 일본인의 본능적인 생각이 움직임을 둔화시키기 때문이라고 볼 수 있다. 그렇기 때문에 다양화되고 개인의 창의력이 중시되는 현대사회에서 일본인의 집단주의는 심각한 위기를 맞고 있기도 하다.

 관련 키워드

▽**가센**瓦全 : 기와瓦가 되어 안전하게 남는다는 의미로 자기 몸만을 보신하는 행위

23.3.15. 오야붕親分/코붕子分

제도 비슷한 친족관계의 일종으로 실제 친자관계와는 별도로 가족집단 밖에서 맺어지는 친자관계와 비슷한 사회관계를 가리키는 말인데 양자에 의한 친자관계와 결혼으로 만들어지는 부부와 그의 부모와 맺어지는 친자관계와는 구별된다. 그리고 이 관계는 사회적 지위의 상하에 근거하는 전인적인 비호·봉사관계가 인정되는 점이 특징이다. 전통적인 부락사회를 이해하는 열쇠로서 지금까지 민속학이나 사회학에서 많은 연구업적이 있는데 현대 도시사회에서도 직인職人들의 오야카타親方제도나 야쿠자 혹은 흥행 판매집단(코오구시香具師·야시野師) 등의 오야붕·코붕 관계가 일반적인 이미지로 두드러진다. 〈가족적 경영〉을 특징으로 하는 일본의 기업사회를 생각하면 간접적이긴 하지만 이 원리는 현대 일본문화의 기층과 관계가 있다고 할 수 있다.

야쿠자

원래 야쿠자八九三는 카드놀이의 일종인 삼마이三枚라는 커브도박에서 유래한다.

이 카드놀이는 3장의 패가 합해서 10이 되거나 20이 되면 무득점이 된다. 〈8·9·3〉의 조합이 20으로 무득점이 되기 때문에 이 무득점의 조합을 야쿠자라고 부른 것이 시초이다. 그 의미가 원용되어 쓸모없는 것이나 가치가 없는 것을 의미하게 되고 건달이나 노름꾼 등 불한당不汗黨을 의미하게 되었다.

야쿠자의 기원은 16세기 전국戰國 시대 말기로, 하극상 시대에 등장했던 농민 출신의 용병들이다. 도박판을 관장하거나, 노동력 알선 등의 일을 하던 이들은 중앙정부의 통치가 미치지 않는 하층사회에서 일정한 권력을 유지했다. 메에지유신 전후의 혼란기에는 번藩이나 정부에 협력하여 미성숙 단계의 정치적 권력을 보충하는 역할을 했다. 중앙권력의 입장에서 야쿠자 집단의 전투력·실전경험·동원력·단결력은 매력적인 이용대상이었던 것이다.

근대의 야쿠자는 산업화의 창구인 항구에서 태어났다. 1900년 전후, 와카마츠항若松港에서 부두 노동자를 중심으로 형성된 의사擬似가족적 노동조합이 그 원형이고, 점차 그것이 코오베·오오사카·요코하마 등지로 확산된다. 거의가 피차별 계급 출신(부락민과 일부 조선인 포함)인 그들은 공동생활을 하면서 받은 일당으로 도박판을 벌였고, 공권력이 미치지 않는 사회 저변부 내에서 일어나는 각종 이해관계와 갈등에 개입하여 그것을 조정하고 대가를 받았다.

야쿠자가 주력업종인 노동력 공급업 다음으로 진출한 분야는 연예 종사자를 상대로 한 연예 흥행업이었다. 근대 초기에 일반대중에게 개방된 공연장은 건달이나 주정꾼이 모이는 소란스럽고 위험한 공간이었다. 야쿠자는 이곳의 치안 관리인이 되어 안전한 일반 공연을 보장해주는 대신 공연 수익의 일부를 취했다.

사회구조·경제구조의 변화에 따라 야쿠자는 당초의 공동사회형 조직에서 점차 이익사회형 조직으로 변모해갔다. 자기

지역의 범주를 넘어 광역화함에 따라 당연히 토착세력과의 충돌이 불가피했으며 이것이 야쿠자에 대한 사회적 제재의 강화로 이어지게 된다.

흔히 야쿠자는 불법폭력조직으로 비도덕의 대명사이지만 전국 각지에 수백 개의 사무소를 둔 일본최대의 폭력조직 야마구치 구미山口組는 전성기인 1963년에는 18만4천명의 조직원을 거느렸었다. 당시 이는 일본의 자위대원보다 많은 숫자이며 그때 제2대 조장이던 타오카 카즈오는 코오베 경찰서의 〈1일 서장〉을 하기도 했다.

합리적이고 치밀하며 동양권에서 가장 먼저 근대화에 성공하고 참혹한 패전을 대번에 극복한 선진국인 일본이라는 나라의 외양이 양화陽画라면, 음습한 관행과 묵계와 익명 등으로 이루어지는 내부 일본의 치부가 비쭉 드러난 야쿠자라는 존재는 음화陰画라고 볼 수 있다.

23.3.16. 오세지お世辞

주로 대화 속에서 사용되어지는 사교적인 완곡어법의 일종이다. 상대의 자존심을 만족시켜 인간관계를 부드럽게 하고 그 결과로 비즈니스 등의 교섭이 잘 진행되는 등의 효과가 기대된다. 언어의 사교적 기능을 우선으로 하면서 실용적 기능의 예비행동의 의미를 아울러 포함하는 발신기호이기도 한 것이다.

길거리에서 담뱃불을 붙이고 있던 청소부가 마침 그곳을 지나가던 미모의 공작부인에게 〈아름다운 영부인이시여, 당신의 빛나는 눈빛으로 이 담배에 불을 붙여주십시오〉라고 말을 걸자 공작부인은 〈어머, 당신은 시인!〉이라는 화려한 수사가 들어간 뇌쇄적인 말(코로시몽쿠殺し文句)에 대해 일본인은 거부감을 느낀다. 일본인은 상대방이나 그의 확장자아(가족·소유물) 등을 칭찬할 때에도 조심스럽고 소극적인 말투로 일관한다. 그것이 일본인 문화에 가장 적합한 오세지라고 암암리에 느끼고 있는 것이다. 또한 진실이나 작은 성의마저 포함하지 않는 찬사는 〈속이 보인다見え透いている〉거나 〈마음에도 없으면서〉라고 비난받으며, 오세지와는 구별해서 비굴한 아첨(헤츠라이·오벡카)이라 부르기도 한다. 〈오세지를 잘 한다お世辞の才〉라고는 칭찬 받아도 〈아첨이 능숙하다へつらいが巧い〉라고는 거의 평하지 않는다.

 관련 키워드

▽가이코오 지레에와交辞令 : 상대방에게 호감을 주는 외교적 인사. 립서비스.
▽이이마와시言い回し : 돌려 표현하기.
▽코로시몽쿠殺し文句 : 남녀 사이에서 상대를 뇌쇄하는 말.

23.3.17. 의리 인정〈기리닌죠오義理人情〉

의리 인정이라는 관념은 봉건사회에서 확립되어 중시되었다. 그러나 현대에서도 연극·영화·엥카·로오쿄쿠浪曲 등에서 주된 소재로 취급되어 일본인의 공감을 불러일으키는 테마가 되고 있다.

23.3.17.1. 의리와 인정의 상극

의리 인정은 〈의리〉·〈인정〉이라는 두 가지 말이 합쳐진 것이다. 의리란 사회생활을 영위하는데 있어서 타인에 대한 도덕적인 룰이다. 즉, 부모·자식·주종관계·사제관계 등의 상하관계, 친구·이웃 등 대등한 관계에서 지키지 않으면 안되는 도의나 모럴이다. 예컨대 〈다른 사람에게 은혜를 입었다면 반드시 보답한다〉라는 것 등으로 그것을 지키지 않으면 의리가 없는 것이 된다. 이것에 대해서 인정은 인간이면 누구나 갖고 있는 자신과 가족에 대한 애정이다. 따라서 의리와 인정은 가끔 대립하는 존재이지만 일본에서는 인정보다 의리가 중시되어 왔다. 주군에 대한 의리로 자식을 죽이는 행위는 인정을 억누르고 의리를 관철한 전형적인 예이다. 이런 〈인정보다 의리 우선〉의 현상은 현대 일본의 회사사회에서도 여전히 살아있음이 증명되곤 한다. 불과 몇 년전까지만 해도 어떤 회사가 부정회계 등으로 스캔들에 휘말렸을 때 그 모든 내막을 알고 있는 실행주체의 핵심 인물군인 비서급이나 과장급 등의 중간 관리자들은, 비호와 보호의 상부상조의 관계(모치츠 모타레츠노 캉케에持ちつ持たれつの關係)에 의해 지탱되는 구조에서 윗사람에 대한 충의와 남겨진 가족에 대한 배려의 사이에서 고민하다가 마지막 선택을 스스로 방파제가 되는 자살로 마감하는 경우가 빈번하게 일어났다. 그들은 스스로 목숨을 끊음으로써 사건을 영원히 미궁에 빠뜨리고 회사에게는 무죄를, 상사에게는 면죄부를 선물하는 것이다. 이는 인정보다는 의리를 우선하는 모습이며 주군을 죽음으로 보필하여 주군의 은혜를 봉사로 갚는 무사도의 현대판 버전이라고 간주하는 사람도 많다. 자신의 안전을 보호하거나 비리를 척결하려는 의지의 발로인 내부고발이라는 발상은 일본에서는 드물다.

23.3.17.2. 치카마츠近松의 작품에 나타난 의리 인정

에도 시대 문예는 의리·인정을 제재로 한 작품이 많다. 그 가운데에서도 치카마츠 몬자에몽近松門左衛門은 동반자살물心中物에서 의리와 인정사이에서 고민(기리토 닌죠오노 이타 바사미義理と人情の板挟み)하는 인간을 묘사하여 폭발적인 인기를 끌었다. 치카마츠의 이야기는 처자가 있으면서도 유녀와 사랑에 빠진 상인이 사업을 돌보지 않는 바람에 파탄에 빠지고 그 정리로 유녀와 동반자살하는 내용이 주선율이다. 등장인물이 각각의 입장에서 의리와 인정사이에 갈등을 일으키고 그럭저럭 빠져나오기도 하지만 결국에는 동반자살하는 비극에 휘말려 들어가는 등장인물에 당시 사람들은 카타르시스를 느꼈던 것이다.

23.3.17.3. 현대의 의리 인정

근대적인 계약정신에 근거하여 만들어진 사회에 봉건시대와 같은 의리 인정은 불필요한 것도 사실인데 일상생활에서 상대방을 배려하는 마음에서 의리는 아직도 요구되는 덕목이다. 사회적인 교제를 중시하는 사람을 〈의리있는 사람/기리 가타이 히토義理堅い人〉으로 말하며 좋게 평가하고 백중인 오츄우겡お中元이나 세모(오세에보お歳暮)나 관혼상제 때 선물을 주고받는 나눔(스소와케裾分け)행위는 의리가 일본인의 생활에 깊숙하게 관여하고 있음을 나타낸다.

23.3.18. 맞장구와 끄덕임〈아이즈치와 우나즈키〉

일본인은 대화중에 맞장구나 끄덕임을 지나치다할 정도로 반복하는 습관이 있다. 「네에」라든가 「그렇군요」라든가 따위의 말보다는 머리나 상체를 앞으로 숙인다거나 하는 몸짓(미브리身振り)이 일상 회화에서 불과 몇 초 만에 한 번씩 관찰되는 정도이다. 그러나 모두 〈말씀대로다〉라든가 〈이해했다〉 라는 긍정의 의미로 행하는 것이 아니라 상대방의 이야기를 열심히 듣고 있다는 사인으로서 표시하는 경우가 많은 것은 주의할 점이다. 이것이 오해의 소지가 되어 다른 나라 사람들은 모두 긍정했다고 생각하는 경우도 있고, 반대로 제스처가 부족한 다른 나라 사람들과 대화를 나눌 때 일본인은 상대방 이 이야기를 잘 듣지 않는다고 불안해하는 경우도 있다.

23.3.19. 완곡 표현〈엥쿄쿠효오겡婉曲表現〉

일본인은 자신의 의사를 확고하게 가지고 있다고 하더라도 「나는 이렇게 생각한다」「나의 의견은 이렇다」라는 직접적인 표현은 피하고 「이렇게 되지는 않을까요こうなるのではないでしょうか」「이렇게 생 각하고 싶은데 어떠신지요?こう考えたいのですが、いかがでしょう」 등과 같이 완곡하게 애둘러 표현(이이마와 시言い回し)하는 것이 적당하거나 정중하다고 생각하는 경향이 강하다. 상대방에게 생각하거나 판단하 도록 하는 여지를 남겨두고 있다는 것을 표현에서 밝혀두고 또한 상대방에게서 돌아오는 반응을 참조하여 자신의 주장을 펼쳐가는 자세인 것이다. 자칫 줏대가 없다거나 애매한 표현이라는 비난도 있겠지만 상대방과의 대화라는 형식을 깨지 않고 존중한다는 정신이 담겨 있어 위의 맞장구나 끄덕임 과 통하는 이야기이다.

한 가지 재미있는 사실은 손님이 와서 오랫동안 머무르며 돌아갈 생각을 하지 않을 때에는 빗자루 를 거꾸로 세워놓는다고 한다. 아마 그 눈치 없는 손님을 빗자루로 쓸어버리고 싶은 염원의 표현인지 도 모른다. 이것을 발견한 손님은 기겁을 하여 그 집을 빠져나올 수밖에 없다. 완곡한 표현이 이렇듯 언어이상의 잔인한 형상으로 나타날 수도 있다.

23.3.20. 마루와 바츠

일본에서는 마루(○)와 바츠(×)가 갖는 의미는 명확하다. 마루는 우선 〈정답〉·〈합격〉·〈승 리〉·〈OK〉 등의 플러스 이미지이고 바츠는 〈실수〉·〈불합격〉·〈패배〉·〈불가능〉·〈이혼〉 등을 의미한다.

23.3.21. 내부인과 아웃 사이더〈우치토 소토〉

일본인과 교제할 때 복잡한 다민족국가가 아닌 것이 다양한 인간관계나 행동에 기초가 되어 있는

것을 간과해서는 안 된다. 대부분 수천 년 동안 혈연집단을 중심으로 한 사회가 유지되어 온 결과, 그 사회 그룹 내에서는 굳이 말을 하지 않아도 몸짓 하나로 서로 통한다든가 암묵적인 동조가 전제로 되어 있는 경우가 많다. 그것을 이해하는 사람은 우치 즉, 서로 통하는 사이이고 이해 못하는 사람은 소토로서 손님취급을 받게 된다. 이것은 외국인에 대해서도 마찬가지여서 일본의 습관이나 풍속을 이해하지 못하는 사람은 가이징外人으로 특별 취급하여 친절하게 대해주는 데 반해 일본사회에 깊숙이 관여하는 사람은 이상한 외국인(헨나 가이징へんな外人)으로 취급받는다.

23.3.22. 단체 속의 개인주의〈칸진슈기間人主義〉

유럽이나 미국 사회에서 기본은 개인주의인데 일본 사회는 이른바 칸진슈기間人主義라고 표현하는 사람이 많다. 독립된 인격체인 개인이 만드는 사회가 아니라 항상 사회 속에서 생활하는 한 사람으로서 사람과 사람사이에 존재하는 것을 기본으로 하는 사회라는 것이다. 어떤 사람에게 의견을 들어도 다른 사람들은 어떻게 생각하는지를 되물어오는 경우가 많다. 혼네와 타테마에라는 말이 있는데 이처럼 항상 타인이나 사회를 신경 쓰면서 살아가는 일본인의 생활가운데는 긍정도 부정도 아닌 애매한 대답이 굉장히 많다. 「곧そのうちに」, 「언젠가 또いずれまた」, 「생각해 보겠습니다考えてみます」, 「검토해 보겠습니다檢討してみます」 등은 어느 것이나 YES도 아니고 NO도 아니다. 어떤 때는 상사라든가 관계자의 양해를 얻어두는 사전교섭을 위한 임시의 YES이기도 하고, 어느 때는 단호히 거절하면 상대방의 기분을 상하게 하지 않을까 하는 배려에서 오는 완곡한 거부이기도 하다. 하지만 최근에는 국제 통상업무를 하는 사람들이 많이 늘어 대답을 확실하게 하는 방향으로 바뀌어가고 있다.

23.3.23. 체면〈세켄테에世間体〉

〈체면이 구겨졌다/世間体が悪い〉·〈세상에 얼굴을 들 수가 없다/世間に顔向けできない〉라며 주위 사람의 존재를 과민하게 의식하고 주위에 대한 체면·체제를 구기지 않게 행동하려는 이면에는 일본인의 특징적이라 할 수 있는 규범의식이 작용한다. 사회심리학자는 이것을 일종의 준거집단으로서 이해할 수 있다고 한다. 즉, 세상의 이목(세켄世間)은 일본인들의 일상행동이나 태도결정에 있어서 기준이나 근거가 되며, 역으로 일본인의 행동을 외면에서 규제하는 강제력이 되기도 한다. 보통이나 상식(세켄나미世間並)이 중시되는 것은 바로 이 때문이다. 이 외면적인 강제력의 원천은 루스베네딕트가 말한 〈수치의 문화〉와도 통하며 일본인 특유의 행동원리로도 되어 있다. 나아가 준거집단으로서의 체면은 개인의 주위에 동심원 형태로 확산되어 가는 사람들의 모임으로 이해할 수가 있지만 중요한 것은 〈때〉와 〈장소〉에 따라서 자유자재로 신축시킬 수 있는 개념인 것이다. 즉 통상, 세상의 이목이라는 의미의 세켕世間이라는 말에는 혈연을 기초한 친척(미우치身内), 동료(나카마우치仲間内)는 포함되지 않지만 〈세상이 시끄럽다世間がうるさい〉 속에 포함되는 세켕에는 아는 사람도 포함되어 있고, 〈세상을 시끄럽게 했다世間を騒がせた〉에서의 세켕에는 불특정 다수의 타인을 지칭하기도 한다. 이처럼 세켕이라는

말 그 자체는 신축이 가능한 개념이기 때문에 세켕의 상황에 따라서 자신의 행동도 바꾸지 않으면 안 된다. 따라서 이 말은 일본인의 상황논리의 기초가 되기도 한다.

23.4. 사회현상 속의 말

23.4.1. 이지메 イジメ

이지메의 기원은 다이묘오大名의 자제를 교육시키던 가정교사가 신분이 높은 제자를 효과적으로 교육시키기 위한 방편으로 이용했다는 설과 2차 대전 전의 일본군 이등병이라고 보는 설 등 그 기원은 끝이 없다. 1969년 카나가와현神奈川県 카와사키시川崎市의 남자 고교생이 중학교 때부터 이지메를 가해온 남자를 칼로 찔러 죽이고 목을 자른 사건이나, 70년 토오쿄오 코다이라시小平市의 사립 고교생이 이지메에 반항하다가 프로레슬링에서 하는 목조르기를 당하여 사망한 사건 등이 신문에 대서특필되어 사회의 큰 반향을 일으켰다. 그러나 이 무렵은 아직 이지메라기보다 예외적인 사건으로 받아들여지고 있었다. 이지메가 본격적으로 수면 위로 부각되게 된 것은 70년대 후반부터이다. 그것은 학교 내 폭력과 따로 생각할 수 없었다. 당시 학교에서는 교사에 대한 폭력이나 비행 청소년 그룹끼리의 폭력사건이 빈발했다.

1977년 사이타마현埼玉県의 중학교에서 한 신임 교장이 교사에게 달려드는 학생에게 〈문제 학생은 때려봤자 고쳐지지 않는다〉는 발언을 했다가 그 때까지 교사에게 억눌렸던 학생들의 불만이 폭발하여 수업방해, 도망, 학교건물 파괴 등의 소동을 일으키며 〈끝없는 폭력 교실〉이라고 보도 되었는데 이것을 계기로 사회적인 주의를 환기시키는 사건이 빈발하기 시작한다.

1978년에는 시가현滋賀県에서 중학교 3학년 남학생 둘이 이지메를 당한 보복(시카에시仕返)으로 동급생 3명을 살상하는 사건이 발생한다. 1980년에는 교내폭력이 사상 최대인 1,558건이나 발생했고 1만명 가까이가 보도처분을 받았다. 그리고 졸업식에 경찰이 출동하는 경우도 다반사가 되었다. 학교는 경찰의 힘을 빌리면서 세부교칙으로 학생을 묶기 시작했다. 이지메 사건이 빈번하게 신문에 보도되기 시작한 것은 학교가 그런 혼란에 빠진 시기와 궤를 같이 한다.

1983년에는 요코하마横浜 시내에서 중학생을 포함한 소년그룹에 의한 부랑자 습격사건이 일어났다. 이 사건으로 부랑자 3명이 사망하고 13명이 부상을 당했으며 어른들은 경악했다. 자기보다 약한 사람을 괴롭히는 이지메 구조가 아이들의 사회를 지배하고 있었으며 그것이 사건으로 드러난 것이다.

일본의 이지메 사건사事件史는 몇 단계로 나뉜다.

소년사건에 조예가 깊은 극작가인 야마자키 아키라山崎哲씨는 3단계로 나누었다.

제1단계는 70년대 말로 오오사카大阪의 남자 중학생 4명이 비행청소년 그룹에 대한 보복으로 점심식사에 배달하는 차에 극약을 집어넣은 사건이 일어났는데 이지메를 가하는 쪽과 당하는 쪽의 관계가 알기 쉽고 각각의 얼굴이 뚜렷했다. 바로 이 시기에 일상용어인 〈이지메〉라는 말이 학생의 문제행동 현상을 나타내는 학교 용어로 매스컴이나 학교 관계자에게 정착된 것이다. 1983년을 고비로 학교 내 폭력이 감소하자, 거꾸로 이지메가 급증하게 된다.

1985년부터 1990년까지가 제2단계로 등교거부가 급증하는 것도 바로 이 시기이다. 〈장례식 놀이〉로 알려진 나카노 후지미中野富士見 중학교 시카가와 히로후미鹿川裕史군의 자살 사건은 이 시기의 전형적인 사건이었다. 이지메를 가하는 그룹의 심한 이지메를 견디다 못한 히로시군이 그룹에서 벗어나려 하자, 가혹한 폭력과 괴롭힘을 당했다. 문제는 그가 당한 폭력이 얼마나 심각한지를 주위는 전혀 인식하지 못하고 있었다는 것이다. 교실 안에서 그의 장례식놀이가 행해질 정도의 악질적인 이지메가 행해졌어도 교사마저도 거기에 휩쓸릴 정도였다. 〈이대로는 생지옥이 되고 만다〉는 유서를 남기고 자살할 때까지 아무도 그의 기분을 동정하거나 하지 않았다. 이 무렵에 이지메 피해자는 주위에 도움을 청하지 못하고 자살로 몰리는 경우가 허다했다. 게다가 이전까지만 해도 이지메를 가하는 얼굴이 분명했었는데 이때부터는 누군가 분명하지 않고 불특정 다수로 확산된다. 그래서 이지메를 가하는 존재를 교사나 부모가 파악할 수 없게 되는 경우가 많아졌다.

1990년대에 들어서자, 야마가타현山形県의 코다마 유우헤에児玉有平군이 매트로 목이 눌려 사망한 사건이 발생한다. 이 사건 이후, 7명의 소년이 체포되거나 보도처분을 받는데 처음의 자백을 번복한 그들의 진술을 가정법원은 뒤집지 못하여 범인이 없는 이지메 살인 사건이 되고 만다. 이런 양상이 제3단계이다.

아이치현愛知県의 오오코오치 키요테루大河内清輝군은 중학교 2학년 학생이었는데 그도 비행 청소년 그룹의 일원으로 그룹 내 동료로부터 돈을 요구받았으며 집에서 돈을 가져오지 않으면 심한 폭력을 당하기 일쑤였다. 결국은 몰래 엄마 앞으로 차용증까지 쓰게 되어 금액이 자그마치 114만엥까지 되자, 결국 유서를 쓰고 자살하게 된다. 자살 내용으로는 〈고맙습니다〉·〈죄송합니다〉라는 내용만이 있을 뿐 분노나 고발은 없었다. 키요테루군의 일주기쯤에 이번에는 니이가타현新潟県의 중학교 1학년생인 이토오 준伊藤準군이 자살한다. 그의 유서에는 〈살아 있는 것이 무섭습니다. 그들은 내 인생을 송두리째 빼앗았습니다〉라고 되어 있었다.

1995년~1996년에 일본의 교육계는 연이어 터지는 이들 사건을 앞에 두고 크게 술렁거렸다. 문부성은 대규모 이지메 조사에 착수하기 시작했다. 문부성의 조사에 따르면 1999년 이지메 발생 건수는 전년도에 비해서 13.8%감소했으며 4년 연속 감소하고 있다. 하지만 교내폭력이나 등교하지 않는 학생은 계속 늘고 있다. 이지메가 폭력이나 등교하지 않는 행위와 결부된 만큼 현저하게 줄지는 않을 것이다.

23.4.2. 오타쿠 현상

만화영화·SF영화·컴퓨터 등 취미에 몰입하여 동호인 이외에는(특히 이성) 현저하게 사회성이 떨

어지는 내향적 소년·소녀를 유형적으로 오타쿠라고 부른다. 1883년 당시 23세의 작가 나카모리 아키오中森明夫가 동료끼리 서로를 오타쿠라고 부르기 시작한데서 유래했다고 한다. 이후 주로 그런 경향을 가진 자에게는 〈쟤는 오타쿠이니까/あいつはおたくだから〉 등의 차별적·자조적인 뉘앙스로 쓰였으며 90년대에는 〈오타쿠족〉 등의 의미로 본질을 미묘하게 비켜가면서 일반에게 유포된다. 오타쿠란 취미에 몰입하는 매니어라는 종래부터 인식된 타입에서 70년대 중기쯤부터 변질되어 생긴 유형이다. 종래와의 차이는 그들만의 유사疑似부분이 사회를 형성할 수 있을 정도로 수가 많고 대인관계 대부분이 그 소사회 내에서 조달되어진다는 점, 애호·몰입의 대상이 되는 장르의 매력이 종래의 낚시나 사진 등의 단순취미에서 국외자로서는 좀처럼 이해하기 어려운 점으로 세분화 또는 심화되어 가고 있다는 점이다. 그들은 고도성장 후기에 시스템화된 가정에서 경제적·시간적으로 유복함을 갖고 태어나 학력 편중화와 정보와 문화의 대량소비에 물들어 지역사회보다도 지식과 정보로 짜인 유사환경 속에서 자라난 세대이다.

생활의 리얼리티가 현저하게 줄어든 세대가 만화영화·SF 등 공상적 저변문화에 대한 지식의 공유를 기반으로 버전이 같고 코드가 같은 연대와 친숙함(나레아이馴れ合い)을 무기로 작은 서클 등으로 자폐해가는 구도이다. 이것은 문단·정치섹터 등에서 보이는 유형이 예술적·사상적으로 자기긍정을 상실하며 대중화한 현상으로서 이에 대한 사회의식론적 고찰의 필요성이 대두되고 있다.

상황은 좀 다르지만 태양족·야맘바족やまんば族·강구로족顔ぐろ族·갸르족ギャル族·코갸르족小ギャル族 등 차별화된 그들만의 언어와 풍습과 외모를 가진 자가 독특한 세계를 구축해 가는 것도 유행이 되고 있다.

23.4.3. 가정 내 폭력〈카테에나이 보오료쿠家庭内暴力〉

일본의 경우, 가정 내 폭력이란 가족 구성원 간의 폭력가운데 특히 미성년자가 부모나 그 가족에 대해 지속적으로 폭력을 휘두르는 행위에 한정되어 사용되어 왔다. 전형적인 케이스로는 15~16세의 사춘기 소년이 많고, 게다가 외면적으로는 상냥해 보이는 아이가 집으로 돌아오면 특히 가까이 있는 어머니에 대해 모욕적인 욕을 퍼붓거나 상식에 벗어난 폭력, 파괴행위를 하는 것이다. 작은 좌절감에서 시작되는 경우가 많으며 이것이 자신감 상실로 야기된 자기통제 곤란상태가 되어 이 책임을 부모에게 전가시키고 부모를 증오하며, 복수심을 가지고 부모를 예속시키려는 폭력으로 해석되는데 한편으로는 부모에 대한 어리광이나 의존하려는 경향도 보이고, 감정의 밸런스가 흐트러짐을 보이기도 한다. 또한 성격의 영향이 자기중심적·꾀병·인내성 결여·사회성 미숙 등의 특성으로 나타나기도 한다. 이 같은 현상은 출생률 저하(쇼오시카少子化)에 따른 가정 내에서 모성과잉과 부성결여로 인한 부모자녀 관계의 왜곡 등에서도 기인한다고 보는 견해가 지배적이다. 사례는 남자가 압도적으로 많다. 등교거부 내지는 불량행위, 또한 비행과 중복되어 나타나는 경우가 반 수 이상이 된다. 또한 정신병, 뇌장애 등과 관련된 증상도 있다. 가정 내 폭력은 1960년대부터 소년상담실 등에서,

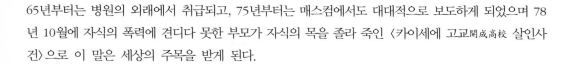

65년부터는 병원의 외래에서 취급되고, 75년부터는 매스컴에서도 대대적으로 보도하게 되었으며 78년 10월에 자식의 폭력에 견디다 못한 부모가 자식의 목을 졸라 죽인 〈카이세에 고교開成高校 살인사건〉으로 이 말은 세상의 주목을 받게 된다.

23.4.4. 자살〈지사츠自殺〉

일본은 자살이 많다고 하는데 인구 10만명당 자살률은 16.9명(1994년)으로 사망자 중 자살자의 비율은 2.4%이다. 러시아(37.9명), 헝가리(35.9명)에 비하면 세계 중간에 속한다. 일본인들의 〈죽음에 의해서 부활한다〉는 생각으로 자살은 그 자체가 깨끗한 행위로 간주되고, 죄악시되는 경우는 드물었다. 이것은 불교의 염세사상이 만든 역할이 크고 자살을 터부시하는 기독교 문화권의 사상과는 매우 다르다.

23.4.5. 학력편중 사회〈가쿠레키헨쵸오 샤카이〉

일류회사에 취직하려면 학력學歷이 매우 중요하다. 즉 일류대학을 졸업하는 것이 매우 중요한 조건이 됨과 동시에 입사 이후에도 출세에 영향을 주는 것이 현실이다. 이러한 일류대학을 들어가기 위해서는 일류고교에 들어가야 되고 이러한 학력문제는 에스컬레이트되어 지금은 초·중학교 학생까지 수험경쟁에 뛰어들고 있다. 이런 수험경쟁은 일류기업에 들어가고 평생 안정된 생활을 획득하기 위한 것이지만 이와 같은 학력사회에 대해서 교육은 왜곡되어 청소년의 비행화가 현저히 드러나 일부회사에서는 고용시 학력을 고려하지 않는 기업도 늘어나고 있다.

23.4.6. 학원 난립의 시대〈란쥬쿠지다이乱塾時代〉

전국에 있는 학습학원(가쿠슈우쥬쿠学習塾)은 5만개, 혹은 10만개라고 하지만 정확한 숫자는 파악되고 있지 않다. 학습학원은 누구나 규모에 관계없이 자유롭게 영업을 할 수 있고, 어떤 관청도 법적인 지도 권한을 갖고 있지 않기 때문에 상세한 실태파악은 어렵다. 학습학원이라고는 해도 대기업형의 진학학원 체인에서부터 개별지도를 특징으로 하는 거리의 보습학원에 인간교육을 목표로 하는 독특한 학원까지 천차만별이다. 진학학원 업계는 아동수의 감소시대를 맞이하여 경쟁이 날로 심해지는 가운데 일부의 독과점화가 진행되면서 폐쇄까지 몰리는 학원도 속출하고 있다. 살아남기 위해서는 명문 사립중학교 등에 얼마나 합격자를 배출하는가에 달려 있다. 〈학교 5일제로 아이들에게 여유를〉이라고 문부성이 피리를 불어도 춤을 출 수 없는 것이 진학학원 경영자의 진심이다. 학교교사로부터 자주 듣는 학습학원에 대한 평가는 〈학원에서 선수학습을 하기 때문에 학생이 학교에서 수업을 듣지 않아서 힘들다〉·〈밤늦게까지 아이들이 학원에 있는 것은 교육상 바람직하지 않다〉 등이다. 한편

학부형이 아이들을 학원에 보내는 이유로 〈아이들이 희망하기 때문에〉·〈집에서 공부를 돌봐줄 수 없기 때문에〉·〈학교수업만으로는 수험대비가 충분하지 않기 때문에〉 등의 순서였다. 어느 것이든 과도한 학원수강은 아이들의 발달에 필요한 놀이나 생활체험의 기회를 제약하게 되고 바람직한 인간 형성에 나쁜 영향을 끼친다는 우려의 목소리가 높다. 문부과학성은 최근까지 학원의 존재를 무시하는 태도를 취해 왔는데 아동수의 감소와 학교 5일제 완전실시가 목전의 현실인 점을 감안, 유명한 학원강사를 학교에 초청해서 강의를 하도록 하는 등 학교와 학원의 공존을 꾀하는 정책으로 전환하고 있다.

23.5. 일본 조쿠族의 족보〈조쿠후族譜〉

2차 대전이 끝나자 일본에서는 하위문화의 등장과 퇴장의 주기가 극도로 짧아진다. 수입된 것이나 자국에서 생성된 것의 모두가 해당되었다. 이는 스타일이나 행동, 태도에 있어서 사회전반에 공통적인 취향으로 나타나는 현상인데 이름을 붙이거나 형태화하기를 좋아하는 일본인들은 여기에도 예외없이 ~조쿠族'라는 이름을 붙여서 그들을 집단의미로 파악하고 있다. 이건 일반적인 종족의 개념과는 전혀 관계가 없지만 이런 이름이 붙여짐으로써 이름이 없었을 때와는 달리, 현상이 선명하게 파악되고 그 이름아래 놓인 사람들조차 이름을 의식하게 되어 일부 유행은 문화 전반에 걸쳐 광범위하고 지속적인 영향을 미치기도 했다. 그들의 족보를 추적해 본다.

23.5.1. 사양족〈샤요오조쿠斜陽族〉

1948년 사양족. 1947년 다자이 오사무太宰治의 소설 『사양斜陽』이 출생배경이다. 이 사양족은 예전에 군 장교였거나 귀족이었던 사람과, 전쟁에서 일본의 패배나 전후에 일본 사회의 급격한 변화로 인해 몰락한 사람들을 의미한다. 샌드위치맨으로 전락한 장군의 아들과 빈곤해지자 절망으로 자살한 사람들이 사양족의 전형들이다. 다자이 자신도 전후에 가세가 기운 귀족 가문 출신으로 1948년 6월에 타마多摩 저수지에 뛰어들어 자살했다.

다자이 오사

23.5.2. 사용족〈샤요오조쿠社用族〉

1951년 사용족(社用族). 초기 사양족과 일본어 발음이 똑같다. 이 사람들의 특징은 자기 돈과 회사 돈의 구별없이 회사의 접대비를 무차별적으로 마음껏 쓰며 한국전쟁으로 인한 경제 붐을 향유하던 사업가들이다. 전후 초기의 가난에서 벗어나기 위해 고군분투하던 사람들의 질투의 대상이 되었던 이들은 1990년대 초에 거품경제가 꺼지고 나서 주요 고객들과 거래처를 대상으로 무절제하게 이루어지는 접대에 대한 비판이 일어날 때까지 종종 비싼 술집이나 카페, 호텔 등을 돌며 화려하게 즐기며 살았다.

23.5.3. 태양족〈타이요오조쿠太陽族〉

1956년 이시하라 신타로오石原慎太郎의 베스트셀러『태양의 계절太陽の季節』에서 유래한 이 종족은 전후 초기의 혼돈 속에서 성장한, 방향을 잃은 젊은이들을 가리킨다. 그들은 전쟁 전의 가치관들을 경멸하고, 미국 스타일의 쾌락주의에 자신을 내던지며 무질서와 방종으로 일관한다. 그들은 아버지나 형들처럼 천황을 위해 죽거나 회사를 위해 노예처럼 일하는 것에 강한 거부감을 갖고 있다. 대신에 그들은『태양의 계절』의 주인공인 권투선수처럼 여자들을 찾아 긴자銀座를 배회하거나 이시하라 유우지로오石原裕次郎를 흉내 내어 해변으로 향한다. 이시하라 유우지로오는 신타로오의 잘생긴 동생이며, 가수이자 영화스타로 일약 유명인이 되었다. 그는 촬영을 하지 않을 때는 카마쿠라鎌倉의 작열하는 태양 아래서 요트경기나 수영 등을 즐기며 화려하게 노는 것으로 유명했다. 그들은 유우지로오 스타일의 알로하 셔츠를 입고, 스포츠 머리를 하였다. 대부분이 소위 〈월광족〉에 속해 있기도 했다. 이들은 밤에 해변 리조트를 어슬렁거리는 젊은이들이거나 나중에 야쿠자로 성장해가는 불량배들이었다.

태양족

23.5.4. 단지족〈단치조쿠団地族〉

1958년 〈주간 아사히〉 특별호에 처음으로 등장한 단지족은 대도시의 서민주택 지구에 사는 거주자를 비유한 말이다. 서민주택의 주민들은 시골이나 친밀한 이웃 간의 전통적인 삶의 속박에서는 자유롭지만 새로운 생활방식의 특징인 비인격성과 익명성으로 인해 고통 받는다. 가장 넓은 단지인 토오쿄오 북서쪽의 타카시마다이라高島平는 지붕 위에 올라가 조심스럽게 신발을 벗은 뒤 죽음을 향해 뛰어내려 이곳은 자살하기 좋은 장소로 악명이 높았다.

타카시마다이라 단지

23.5.5. 동시족〈도오지조쿠同時族〉

1958년 일본 의과대학의 교수인 키타 후미오가 만들어낸 말로 한 번에 한가지 일에 집중하지 못하고, 언제나 동시에 두 세가지 일들을 해야 하는 사람들을 일컫는다. 그가 작명한 〈동시 신경증〉의 주원인은 텔레비전이었다.

23.5.6. 폭주족〈보오소오조쿠暴走族〉

1959년의 번개족雷族이 원조이다. 일본 최초의 오토바이족인 번개족은 머리에 기름을 바르고 머플러를 휘날리며 미치광이들처럼 오토바이를 탔으며, 〈와일드 원〉에 나오는 말론 브랜도와 그의 친구들의 스타일을 모방했다. 그러나 로커빌리 붐처럼 그들도 상징적으로 보였지만 이들이 대중매체의 조명을 받은 순간은 잠깐이었다.

1970년대 중반에 이들은 폭주족으로 화려하게 부활한다. 3만 명이나 되는 폭주족들은 새벽에 거리를 폭주하며 엄청난 엔진의 굉음과 클랙슨을 울려 대고 사람들의 단잠을 깨워 평화를 사랑하는 준법 시민들이 오토바이를 때려 부수고 그들을 죽이고 싶은 기분이 들게 했다. 폭주족을 싫어하는 일부 사람들은 폭주하는 오토바이 도로에 철도의 침목을 던져 놓거나 오토바이 주인들이 술집에 들어가서 동료들과 술을 마시며 흥청거리는 동안 엔진을 박살내기도 했다.

정상적인 사회에서 미움을 산 오토바이족들은 자신들만의 패션과 상징과 의식으로 하위문화를 발전시켜나갔다. 그들은 스프레이로 벽과 지하도에 무리의 이름인 검은 황제, 학살, 스펙터, 조커스, 앨리 캣츠 등을 써놓고 해골이나 전갈 같은 자신들이 좋아하는 상징이 새겨진 깃발을 휘날리고 다녔다. 또한 자신들의 터프가이적인 면모를 과시하기 위해서 〈펀치 파마〉라고 불리는 헤어스타일을, 자신들의 무리를 과시하기 위해서는 헤드밴드를, 경찰의 심문으로부터 신분을 숨기기 위해 외과용 마스크를 착용했다.

이렇듯 정복군처럼 깃발을 휘날리며 떼를 지어 이동해 다니지만 폭주족은 미국의 오토바이 폭주족들처럼 강간과 약탈을 하는 등 해를 끼치는 일은 거의 없었다. 일본의 오토바이 폭주족들은 부유해 보이는 어수룩한 사람과 그의 전리품 같은 여자 친구가 탄 멋진 스포츠카를 레스토랑 주차장에서 사방으로 둘러싸기를 즐겼다. 그들은 차 주위에서 담배를 피우고 술을 마시면서 놀지만 이 때 남자는 차 안에 갇힌 채 울분을 터뜨린다.

전문적인 범죄를 꿈꾸는 오토바이족들은 야쿠자와 결탁하기도 했다. 그러나 대부분의 오토바이족들은 주로 놀고, 과시하며, 사소한 해만 끼쳤을 뿐이었다. 경찰이 1979년에 새로운 교통법으로 단속을 시작하자 대다수 오토바이족들은 대항하여 싸우기보다는 소리없이 사라져 갔다.

23.5.7. 미유키족

미유키족. 1964년 주말에 긴자銀座의 미유키 거리에서 자주 모였다 해서 유래된 이 종족은 주로 미국의 캐주얼 의류를 취급하는 일본 의상 메이커 밴에서 나온 패션에 심취한 대학생들이다. 밴 재킷과 단추 달린 무명 셔츠, 흰 양말 차림의 푼돈 깨나 있는 건달인 미유키족은 서양인들의 눈에는 의상 카탈로그에 실려 있는 모델들 못지않게 보일지 몰라도 나이든 푸른색 셔츠에 회색 정장이라는 개념을 갖고 있는 일본인들의 눈에는 다른 행성에서 온 외계인처럼 보였다.

멋쟁이 미유키족 남자들은 비슷한 유형의 셔츠와 재킷을 입지 않으며, 드라이기를 사용하지 않고 짧은 머리를 단정하고 간편하게 아이비 룩Ivy Look으로 처리하며, M5 향수를 몸에 뿌리지도 않았다. 그들은 냉담한 반항아들로 킹스턴 트리오와 일본과 미국의 다른 포크 가수들의 노래를 들었다. 미유키족이 좋아하는 액세서리는 밴스티커가 한쪽에 붙어 있는 기타 케이스였다. 미유키족은 〈헤어 해브 올더 플라워즈 강〉을 부르거나, 스카이라인 지티를 타고 드라이브하며, 햄버거 가게에 가서 햄버거와 쉐이크 먹기를 좋아했다. 그들이 주로 모이는 긴자에서 미유키족은 외모나 태도, 또는 일본에서 가장 비싼 땅에서 빈둥대는 것 때문에 경찰의 관심을 끌기 시작했다. 1964년 9월에 경찰은 단속을 시작했고, 그들의 학구적인 외모는 그 후 몇 년 동안 지속되었지만 미유키족은 그 뒤 영원히 사라져 다시는 돌아오지 않았다.

23.5.8. 전자기타족〈에레키 기타아조쿠エレキギター族〉

1965년 전자기타족은 벤처즈와 비틀즈, 그리고 1960년대 중반 전자기타 붐을 타고 등장한 10여개의 일본 그룹에 탐닉했다. 성인들은 그 음악이 일본적이지 않고, 장발의 비틀즈는 불결하게 보인다고 매도했다. 그러나 젊은이들은 이에 신경쓰지 않고 전자 음악을 일본의 대중음악의 영구적인 한 부분으로 만들었다.

23.5.9. 히피족〈힙피이조쿠ヒッピー族〉

히피족은 미국에서 수입되어 한 번도 뿌리를 제대로 내리지 못했다. 1967년에 일본의 히피들은 노타이의 티셔츠와 청바지를 입었고 장발을 했지만 극소수만이 이에 동조하다가 도중에 사라졌다. 이렇게 된 데에는 첫째, 이들에게는 마약이 없었다. 일본의 거리에서 가능한 마약은 기껏해야 스피드였고 마약 중독자들은 남의 눈에 띄지 않게 숨어야 했다. 즉 마약 중독자들은 한가로운 장발족이 아니었다. 둘째, 유흥가가 많은 신주쿠新宿가 이들에게 대용되긴 했지만 헤이트 애시베리(미국 샌프란시스코의 한 지구로 1960년대 히피문화의 중심지)같은 장소가 이들에겐 없었다. 1960년대 후반에 많은 대학생들이 현실도피를 하긴 했지만 신주쿠의 커피숍에 앉아 수입된 지미 헨드릭스의 음악을 듣는 것이 고작이었다.

젊은이들이 즐겨 찾던 시부야(渋谷/토오쿄오의 부도심지로 25세미만의 집결 지역)의 세이부西武백화점에서는 〈비인〉이라고 불리는 히피 패션 코너를 새로 만들었다. 히피가 되고 싶은 사람들은 다시키(아프리카의 민족의상으로 선명한 빛깔의 덮어쓰는 옷)와 평화를 상징하는 장식품을 비롯한 히피 의상과 액세서리를 사기 위해 그곳에 모여들었다. 다른 백화점들도 속속 이 히피 붐에 끼어들었다. 그러나 소매점을 운영하는 탐욕스런 자본가들에게 농락당하고 있다는 사실을 인식하는 고객들은 거의 없었다. 이런 점에서 히피족 일원들은 그들의 선배인 미유키족들과 흡사했으며, 이는 다수의 무리에 섞이고 싶은 패션 경향이었을 뿐이었다. 그들은 히피족의 세력이 약해지자 금세 다음의 새로운 것을 찾아 떠났다.

23.5.10. 안논족〈안논조쿠アンノン族〉

1977년에 안논족들은 1970년대 후반에 패션을 좌지우지한 두 여성 잡지 〈앙·앙〉과 〈논·논〉의 기사를 맹목적으로 추종했던 젊은 여성들이었다. 이 잡지들이 시시한 작은 시골 마을이나 비포장도로의 관광지를 추천하면 수많은 독자들은 사진에 나온 옷들을 갖춰 입고 그곳으로 몰려갔다. 그래서 이를 비난하는 사람들은 〈안논 공해公害〉에 대해서 언급하기 시작했다.

23.5.11. 창가족〈마도기와조쿠窓際族〉

1977년에 〈혹카이도 신문〉에서 처음으로 언급된 창가족은, 1960년대 벼락 호경기 시절에 대거 고용되었다가 1970년대 후반 경제사정이 나빠지자 순식간에 유휴 인력이 된 샐러리맨을 가리킨다. 창가족은 유휴 노동자들의 책상을 창가에 놓아둔 관행을 가리킨다. 남는 일손들이 한가하게 시간을 때우면서 창밖의 경치를 바라보게 함으로써 회사의 보다 생산적인 인력들이 방해를 받지 않도록 하기 위함이었다.

1990년대 들어서 회사는 잉여 인력을 자회사로 쫓아버리거나 명예퇴직을 제안하는 등 보다 효율적인 방법을 강구해나가지만, 그 당시는 창가족이 관행이었다.

23.5.12. 황혼족〈유우구레조쿠夕暮れ族〉

1979년 황혼족은 『황혼이 올 때까지夕暮れまで』라는 요시유키 준노스케吉行淳之介의 베스트셀러 소설의 제목에서 유래했다. 이들은 가정을 버리고 불륜을 저지른 남자들과 여자들이다. 무엇을 해도 상관하지 않는 1980년대가 되자 전통적인 도덕은 무너졌다. 불륜은 일상용어가 되고, 많은 소설과 잡지와 TV 드라마의 주제가 되었다. 섹스 산업은 재빨리 이 추세를 이용했다. 콜걸 중개업자들은 주간지와 연예신문에 광고를 실어 〈손쉬운 유부녀〉, 〈아르바이트 유부녀〉, 〈가·터·벨트 유부녀〉 등 등의 선전문구로 고객을 모았다.

23.5.13. 죽순족〈타케노코조쿠筍族〉

1979년 여름, 타케노코(죽순)라는 작은 옷가게가 토오쿄오의 서부 중심에 있는 젊은이들의 패션 중심지인 하라주쿠原宿에서 개업한다. 그 상점에는 히피의 유니섹스 의상을 특징으로 하여 통바지와 발목까지 내려오는 헐렁한 코트, 플라밍고 핑크와 할로윈 펌프킨 오렌지와 같은 밝은 색상들로 가득 찬 옷들을 취급했다. 가을이 되자 타케노코 패션을 입은 아이들이 오모테산도오表参道라는 넓은 가로 수 길에 줄지어 있는 쇼핑 거리에서 춤을 추기 시작했다. 그곳은 옷가게에서 엎어지면 코 닿을 거리에 있는 곳이었다. 그들의 의상은 억압을 풀어주고 환락으로 이끌게 했으며, 당시 오모테 산도오 무대를 장악했던 멕시코 댄서들의 틀에 박힌 남성적인 모습과 대비되는 순수함이었다. 1980년 타케노코족은 이렇게 탄생했다.

잡지 〈앵글〉이 그 춤꾼들의 이야기를 전재하자, 그들은 1980년 한 해에 언론의 총아가 되었다. 10여개의 TV방송국, 신문, 잡지의 기자들과 카메라맨들이 일요일마다 요요기代々木公園 공원 근처의 보행자 전용 산책길에 몰려들었다. 그곳은 그들이 오모테산도오에서 경찰의 제지를 받은 후에 이동하는 장소였다. 언론의 떼거지들과 함께 구경꾼들이 몰려들었고, 그 중에는 때마침 카메라를 갖고 그곳에 와 있던 모든 외국인 관광객들도 포함되었다. 이런 관심에 용기를 얻은 타케노코족은 폭발적으로 성장하여 유사 종족이 30개쯤 생겨났고, 각 종족마다 10명에서 30명에 이르는 멤버들이 있었다. 타케노코 의상을 입은 그 아이들은 지극히 평범한 아이들이었고, 지극히 평범한 팝 사운드(YMO, ELO, 올리비아 뉴튼 존, 놀란스 등을 좋아했다)에 맞추어 춤을 추었다. 그러나 타케노코족에게는 무엇인가 오싹한 것이 있었다. 그들이 의식적으로 기뻐서 날뛰는 모습은 컬트적이어서 마치 신흥종교의 종교행위 같았다.

📷 오모테산도오의 패션명품관

타케노코족의 이 세기말적 매력은 토킹 헤즈의 리드 싱어인 데이빗 바이언의 관심을 끌었다. 그는 그 춤꾼들의 재빠른 동작을 그룹의 싱글곡 〈원스 인 어 라이프타임〉의 뮤직비디오에 넣었다. 또한 댄서인 오키타 히로유키와 히로아키는 잡지의 표지 모델과 10대들의 동경의 대상으로 잠시 동안 인기를 누렸다. 그러나 타케노코족의 행동이 점점 틀에 박히고, 진부해지자 언론의 관심은 시들해지고 그 부족들도 방황하기 시작했다. 또한 색소로 물들인 것 같았던 다른 여러 부족의 일원들도 방황하기 시작했다. 오늘날 타케노코족은 사람들의 기억 속과 사진첩 안에서만 존재한다.

23.5.14. 크리스탈족〈크리스타르조쿠クリスタル族〉

1980년 크리스탈족은 타나카 야스오田中康夫의 베스트셀러『어쩐지 크리스탈なんとなく, クリスタル』 이후에 이름 붙여진 이름이다. 토오쿄오 인근에 위치한 최신 콘도에 살면서 시간제로 패션모델을 하고 유명 디자이너의 옷을 구입하는데 엄청난 돈을 쓰는 여대생인 그 소설의 여주인공처럼 크리스탈족에 속하는 자들은 화려한 물질주의자들이자 최신 유행을 따르는 자들이다. 피에르 가르뎅과 입센 로랑을 숭배하고 서양의 유행과 패션을 따르기 위해 서양 잡지를 구독한다. 또한 미국의 최신 영화와 비디오를 소개하고 외국 팝 스타들의 인터뷰, 그리고 영어를 유창하게 하는 DJ 타카하시 가츠야가 출연하는 늦은 밤의 TV 프로그램을 본다.

크리스탈족들은 그들의 대화에서 외래어 사용을 즐겼다. 타나카의 소설은 본문에 442개의 외래어를 설명하는 주석이 있어 화제가 되었다. 그 중에는 유명 상표 이름, 레스토랑 이름, 그리고 아이덴티티와 프레서 등과 같은 당시에는 일반인들이 뜻을 알 수 없는 단어들이 은어들처럼 사용되었다.

그 소설은 기성세대의 많은 구성원들을 당혹스럽게 만들고 그들의 기분을 거슬렀다. 그들은 등장인물들이 무엇을 얘기하는지 이해할 수가 없었고 그들의 서구적인 생활양식은 낯설게만 보였다. 크리스탈족들 조차 〈어쩐지 크리스탈〉은 너무 과장됐다고 여겼다. 그 세대의 일원인 고오타리 유우지 神足裕司는 〈역시 보통의 유리〉라는 패러디 소설을 발표했다. 그 소설의 여주인공은 〈어쩐지 크리스탈〉에서처럼 미군 방송의 자극적인 락 음악과 함께 아침을 여는 대신, 낡아빠진 놋쇠 주전자에 덮인 물로 세수하며 하루를 시작한다.

23.5.15. 삼단어족〈산당고조쿠三単語族〉

1981년의 소위 3단어족 구성원들은 10대 소녀들이다. 그들의 전체 대화는 세 단어들로 이루어진 것이 많다. 겨짓말ウソ!・정말ホント?・귀여워カワイイ!가 그것들이다. 느린 어조와 과장된 불신(거짓말!), 회의(정말?), 그리고 탄성(귀여워!)의 표현으로 이들은 자신들의 의사를 적절히 나타냈다. 이전에 남성들만이 사용하던 거칠고, 냉소적인 말을 사용하는 10대 소녀들 사이의 경향은 아직도 남아 있으나 그것이 갖는 시대적 중요성은 이미 지나가 버렸다.

23.5.16. 뉴 하프족〈뉴우하아후조쿠ニュ—ハ—フ族〉

1988년에는 뉴 하프가 출현한다. 1988년 5월, 인기 있는 정오의 TV 프로그램에 〈맘껏 웃읍시다〉라는 새로운 코너가 시작됐다. 1980년대 시청자들에게 가장 친근한 TV 인사들 중 하나인 코미디언 타모리가 매주 월요일 첫눈에 아주 매력적인 일본 여성들을 시청자들에게 소개했다. 하지만 완벽한 헤어스타일과 멋진 의상, 여성다운 웃음, 가냘프지만 곡선을 갖춘 몸매를 가진 이 여자들은..... 실은 남자들이었다! 그들은 성전환자, 일본 방송매체의 표현을 빌리자면 〈뉴 하프〉, 즉 미스터 레이디였다.

〈맘껏 웃읍시다〉가 이들을 등장시킨 최초의 쇼는 아니었다. 1980년대 초 성 전환한 가수 마츠바라 루미코松原留美子는 늦은 밤의 TV 쇼에 자주 등장했고 그것은 뉴 하프 붐이 일어나는 계기가 되었다. 그러나 타모리의 프로그램은 대낮에 방영되는 것이었고 대부분 가정주부들이 주된 시청자들이었다. 그리고 이 시간은 뉴 하프가 사회의 주류에서 논의되는 직접적인 계기가 되었다. 그 프로그램에서 타모리와 그의 스탭들은 25명의 뉴 하프와 인터뷰했다. 그들 중 많은 수는 다양한 종류의 섹스 산업에 종사하고 있었지만 몇몇은 연예계에 진출하기를 간절히 원하고 있었다. 그들 중의 하나인 히카리는 후지 TV 토론 프로그램의 정규 출연자가 되었고, 후에는 콜롬비아 레코드사에서 CD를 냈다. 곧 수십 종의 잡지들이 뉴 하프를 소재로 한 노골적인 이야기를 싣기 시작했다. 그것들에는 뉴 하프가 말하는 그들의 수술, 애정생활, 그리고 남자들을 기쁘게 하는 테크닉 등이 포함돼 있었다. 늦은 밤의 프로그램들은 노래하고, 춤추고, 그들의 당혹스런 호스트들에게 무엇이 그들을 하프로 만들었는지 보여주는 뉴 하프 탤런트들을 등장시켰다.

뉴 하프에 대한 열광은 1980년대 말과 1990년대 초의 동성연애에 대한 대중매체의 관심과도 동반되었다. 이 두 가지는 대중의 마음 속에 떨어질 수 없는 관계로 뒤얽혀 들어갔고 자신들은 여성이지 동성연애자가 아니라는 뉴 하프들의 항의도 소용없었다. 뉴 하프의 수술을 받기 전과 후의 사진을 게재한 잡지들은 곧 독자들을 직접 신주쿠의 일번가로 데리고 갔다. 그리고 심야 쇼의 카메라와 리포터들도 뒤질세라 몰려들었다.

그러나 이를 둘러싼 언론의 호기심이 천박하고, 외설적인 것만은 아니었다. 여성 월간지 〈크레아〉는 1991년 1월호의 대부분을 일본의 동성연애에 대한 심도 있는 고찰에 할애했다. 그 잡지에서는 게이 가수인 미카와 켕이치美川憲一와의 인터뷰와 더불어 게이 주인공들을 작품에 자주 등장시키는 만화가이자 젊은 여성들에게 인기 높은 사쿠라자와 에리카桜沢えりか의 사회아래 세 명의 게이와의 원탁토론도 곁들여졌다.

타카라즈카 극단의 〈베르사이유의 장미〉와 중성적 대중문화인 〈맘껏 웃읍시다〉의 주부 시청자를 비롯한 여성층이 열광했다. 그녀들은 게이가 주제이거나 게스트로 나오는 TV프로그램과 게이를 줄거리와 등장인물로 하는 만화에 열중했을 뿐만 아니라, 신주쿠의 게이 바를 탐색하기도 하였다. 1992년 나카지마 다케지로오中島竹次郎의 〈오코게〉에서 시미즈 미사는 게이 남자친구들에게 아파트를 빌려주는 역할을 연기했다. 그 영화는 예술 전용관에서 장기간 상영되었고, 비정상적인 현상으로 취급되었던 언론의 게이들의 생활에 대한 취재를 주류 문화 속에 편입시켰다.

그러나 게이 붐은 모든 유행이 그렇듯이 소리없이 사그라졌다. 미카와 같은 화려하고도 부동의 재능을 가진 게이 탤런트의 활약에도 불구하고, 최근 몇 년 전부터 텔레비전의 주인공들은 변태성욕자들의 바를 배경으로 하지 않고 있다. 그리고 언론도 언급하지 않는다. 현재 뉴 하프는 완전히 사라졌다. 그렇다면 진짜 게이들은? 남성 중심적인 일본 사회 아래서 그들 소수는 노골적인 억압에 직면해 있다.

23.5.17. 오타쿠족〈오타쿠조쿠オタク族〉

1989년 오타쿠족. 처음에는 만화나 애니메이션의 애호자에서 출발했기에 협의의 의미로는 그 분야에 몰두하는 자를 지칭하지만 광의의 오타쿠를 지칭하는 경우 중, 〈사회일반이 가치를 이해하기 어려운 하위문화에 몰두하며 커뮤니케이션 능력이 현저히 떨어지는 사람〉이라는 네거티브 의견이 있는가 하면 〈특정분야에 세심한 관심과 심오한 지식을 갖고 있는 일종의 전문가〉라는 긍정적인 주장까지 있으며 지금도 평가는 변화하고 있다.

일본인으로서 아카데믹한 학술분야에 몰두하는 사람은 오타쿠라고 부르지 않으나 간혹 이학, 공학계, 클래식음악, 현대음악, 현대미술 등의 극단적인 애호자를 오타쿠라고 지칭하는 경우도 있다.

어원으로는 동호인끼리 만나서 자기의견을 밝히고 〈댁께서는 ~에 대해서 어떻게 생각하나요?〉라는 말 중의 댁(오타쿠お宅)이라는 말에서 나왔다. 일본의 오타쿠족은 〈천재〉 혹은 〈조롱 받는 사회적인

낙오자〉라는 극단적인 두 얼굴을 갖고 있다. 그러나 애니메이션이나 만화컴퓨터 게임과 같은 하나의 분야에 심취하여 전문가를 뺨치는 점에서는 공통이며 처음에는 미혼의 일본인 남성으로 국한되었지만 최근에는 기혼남성, 일본여성, 외국인까지 확장되고 있는 추세이다. 미야자키 하야오의 작품 목록을 줄줄 외며 일본 만화와 애니메이션을 좋아하는 외국 팬들은 스스로를 자랑스럽게 오타쿠라고 부르기도 한다.

그러나 일본에서의 그것은 아주 심각하고 다른 의미를 함축하고 있다.

1989년 한 식자공이 네 명의 어린 소녀들을 유괴하여 살해한 혐의로 체포되었다. 그는 시체들을 토막내어 소각하였을 뿐만 아니라, 비디오로 모든 과정을 녹화하여 그 테이프를 소녀들의 가족들에게 보냈다. 그는 만화와 포르노 비디오의 오타쿠였고 수많은 변태적인 작품들과 아동 포르노가 포함된 5,700여개의 비디오를 갖고 있었다. 이 사건은 대중의 관심을 오타쿠 현상에 쏠리게 하는 직접적인 계기가 되었다.

하지만 모든 오타쿠가 살인마인 것은 결코 아니다. 1992년 〈7인의 오타쿠〉라는 액션 코미디는 극악무도한 깡패두목으로부터 아기를 구해 그의 필리핀 출신 전처에게 돌려주기 위해 그들의 전문적인 지식을 사용하는 일곱 명의 영웅적인 오타쿠를 등장시켰다.

일반적으로 일본에서 오타쿠는 슈퍼맨 같은 복장을 한 무술가, 일요일이면 얼굴에 검댕이를 칠하고 숲 속을 뛰어다니는 서바이벌 게임 애호가, 혹은 SF에나 나올듯한 차를 몰고 거리를 질주하는 사람 등 기성사회에 적응하지 못하는 자들의 모임을 가리킨다.

〈7인의 오타쿠〉는 인기를 끌었음에도 흥행에는 성공하지 못했고 그런 상태에서 오타쿠 붐은 이미 시들고 있었다. 그러나 그것과 관계없이 오타쿠는 일본 문화의 한 부분으로 굳게 자리 잡은 지 오래이다.

23.5.18. 팀머〈치이마아チ-マ-〉

1992년 팀머. 시부야는 오랫동안 젊은이들의 사랑방 같은 장소였다. 그러다 경제의 거품이 빠지던 시절에 그곳은 체로키, 파예로스 등의 값비싼 차를 몰고 밤거리를 질주하는 부유한 젊은 층을 인근의 세타가야에서 끌어들이기 시작했고, 그들은 곧 RV로 알려졌다. 원래의 목적은 단지 여자들을 사냥하거나 그들의 자동차를 과시하려는 것이었지만, RV는 곧 갱들로 변하기 시작했다. 그 구성원들을 팀머라고 불렀다. 팀머는 지역 상인들과 행인들을 괴롭히거나 다른 팀머들과 구역 다툼을 벌이며 문제를 일으키기 시작했다.

이 팀머 현상이 언론과 방송매체의 관심을 끌자, 시부야는 토오쿄오 전역과 이웃 현縣들에서 온 10대들의 심야 천국이 되었다. 그리고 온갖 마약과 불법적인 각성제를 파는 마약 상인들까지 몰려들어 그 거리는 날로 번창하였다.

그러나 시부야가 토오쿄오의 소톰이 되는 기미가 보이자 곧 경찰의 단속이 시작되었다. 그곳에 몰리는 인파가 늘어남에 따라 팀머는 설자리를 잃고, 곧 시들어갔다. 팀머를 소멸시킨 결정적인 요인은 그 지역의 야쿠자로 알려졌다. 그들은 팀머를 자신들이 운영하는 사업의 위협 요소로 간주했던 것이다. 그러나 다른 한편으로 싹수가 보이는 팀머를 그들의 조직에 흡수하기도 했다. 오늘날에도 수많은 청소년들이 중심가 주변에 밤낮으로 모인다. 그러나 어디에서도 팀머를 발견할 수는 없다.

23.5.19. 아무러족〈아무라아조쿠アムラー族〉

🎤 아무로 나미에

1995년 말과 1996년 초에 오키나와 출신의 가수 아무로 나미에安室奈美惠가 엄청난 성공을 거두며 스타덤에 올랐다. 그러자 수백만의 10대 소녀들이 그들의 아버지들을 놀라게 만든 그 가수의 대담한 외양을 모방하기 시작했다. 깔끔한 세일러복을 입고 주중에는 학교에 가는 소녀들이 주말이 되면 몸매를 드러내고 배꼽을 드러내는 상의와 핫팬츠나 초미니 스커트, 그리고 무릎까지 올라오는 부츠를 신고 시부야와 다른 도심지를 활보했다. 그들의 기본적인 외양에는 여러 종류의 갈색으로 물들인 긴 머리, 작은 은 귀걸이들을 장식한 귀, 얇게 그린 눈썹, 이국적인 색깔의 눈, 그리고 진주색으로 칠한 입술 등이 포함되었다.

아무러가 이런 외양을 한 유일한, 그리고 최초의 인물은 아니었다. 그러나 그녀는 그것을 전체적으로 다시 규정했다. 그리고 그것을 부분적, 혹은 전체적으로 받아들인 여자들을 아무러라고 불렀다.

이러한 아무러에는 스타일을 넘어선 어떤 것이 있었다. 아무러는 또한 아무로의 가냘프지만 건강한 모습, 그녀의 폭발적인 리듬감, 영혼에 호소하는 듯한 가창력, 마음을 녹이는 미소, 그리고 자유분방한 오키나와에서의 성장에서 비롯되었다는 그녀의 솔직함 등을 찬양했다. 그녀가 매우 귀엽고, 상당히 멋있다고 10대들은 의견의 일치를 보았다. 그러한 결합은 그들이 보낼 수 있는 가장 높은 찬사였다.

그러나 아무러는 우상의 모습과 음악적 재능을 따라갈 수는 없었으므로 적어도 그들이 아무러임을 확인시켜 주는 태도와 장식 등을 하는 데 만족해야만 했다. 소녀들은 아무러가 될 수는 없었지만 그들 중 적지 않은 수가 가능한 한도 내에서 조금이라도 그녀를 흉내낼 수 있는 것에 행복해했다. 그리고 아무러의 아버지들은 다음 번의 우상은 적어도 배꼽을 감추고 나오기를 간절히 기도했다.

23.5.20. 갸르〈gal/ギャル〉

젊은 여성을 의미하는 걸(가르girl)가 와전된 말로 일본에서는 활발한 젊은 여성을 지칭하는 말이다. 1972년 여성용 청바지 갸르스Gals가 판매되고 나서부터 확산되었다. 당시에는 이 말이 뉴 패션으로 치장한 여성의 총칭이었지만 버블기를 지나면서 젊고 활발한 여성을 지칭하는 말로 사용되었다. 젊은 남성을 가이guy라고 부르는 것과 유사하다.

📷 갸르

1990년대에는 특히 이런 부류의 여고생을 코갸르라는 말로 부르는 경우가 많았는데

현재에는 그 세대의 여성이 그런 기호를 간직한 채 성장해버렸으므로 비 여고생을 포함하여 세대를 불문하는 호칭이 되었다. 여기에 상당하는 남성은 갸르오(ギャル男)나 오니이케에ぉ兄系라고 부른다. 〈egg〉·〈men's egg〉·〈Cawaii!〉등의 잡지가 크게 영향을 끼쳤다. 최근에는 서클(갸르사라고도 불린다)을 만들어 활동하는 사람도 많다.

23.5.21. 코갸르〈コギャル〉

1990년대 중반부터의 유행어. 1993년쯤부터 〈프라이데이〉등의 매체에 등장하기 시작하는 말인데 본격적으로 쓰이기 시작했던 것은 1996년부터이다.

갈색 염색머리에 밝은 메쉬를 넣은 머리 스타일과 교복을 입고 헐렁한 양말인 루즈 속스에 편한 구두인 로퍼를 신는다. 90년대 말에는 이미 고교를 졸업했는데도 교복을 입고 거리에 나서는 〈난챳테 코갸르〉도 존재했다. 당시에는 코갸르 붐이라고 해도 좋을 정도로 폭발적으로 유행했고 와이드쇼나 주간잡지를 비롯해 마스컴에서는 여고생·코갸르 특집이 연일 밤낮으로 성행했고 〈원조교제〉등과 맞물려 다양한 코갸르상이 구축되었다.

 루즈 속스

그러나 2000년대에 접어들자 이 〈코갸르〉라는 말자체가 마스컴에서 사라지고 현재는 거의 사어死語가 되어 버렸다. 다만, 가수 ORANGE RANGE가 노래가사로 쓰는 등 간혹 등장하기도 한다.

어원에 대해서는 여러 설이 분분하지만 본격적으로 사용하기 시작했던 것은 디스코 클럽에서이다. 입구를 단속하는 기도들이 심야입장 불가인 여고생과 성인 여성을 구별하기 위한 은어로 사용하였던 것이다. 〈겉모습은 갸르이지만 아직 멀었어. 외양만 갸르야〉라는 말에서 〈외양·갸르〉라고 부르게 되었고 그 〈외양(칵코오) 갸르〉라는 말이 줄어서 〈코갸르〉가 되었던 것이다. 나중에 마스컴이 〈코갸르〉의 〈코〉를 「코子」 혹은 「코小」로 오해한 결과 그런 말이 등장하게 되었다. 나중에는 〈중학생 갸르〉를 지칭하여 〈마고갸르孫ギャル〉까지 탄생하는데 오해가 오해를 낳는다는 말의 전형적인 예라 할 수 있다.

관련 키워드

▽야맘바ヤマンバ
어원은 야마우바山姥였는데 와전되어 야맘바가 되었다. 일본민화에서 소개되는 야맘바를 총칭한 말로 머리를 백발인 채 손질을 전혀 하지 않는 긴 머리에서 유래했다. 강구로라는 화장에 머리는 탈색시키거나 부분적으로 착색, 탈색을 한 메쉬로 헝클어진 머리 형태를 취하고 있다.

▽맘바マンバ
2003년부터 현재까지 계속 되고 있는 갸르 패션의 하나로 현재 일반적으로 갸르라고 부르는 것은 이 맘바이다. 모습은 야맘바가 진화한 형태이고 얼굴 색은 훨씬 검은데다가 눈 주위를 진한 흰색의 라인으로 칠하고 입술도 백색 그로스를 칠하는 등의 화장을 한다. 패션은 팬츠 룩보다는 극단적으로 짧은 미니스커트를 중심으로 코디하고 색상이나 무늬도 원색이나 화려한 모양이 특징이다. 피카츄 등의 복장을 한 사람은 특별히 키구루밍이라 불린다. 또한 바비인형과 같은 맘바 스타일은

밤바라고 부른다.

▽ 비빔바ビビンバ

갸르패션의 하나로 미성년자를 중심으로 맘바 혹은 B계의 모습을 하고 있다. 시부야를 중심으로 서식하고 일부는 갸르사(갸르들의 서클)를 만들어 활동하고 있다.

▽ 오갸르汚ギャル

몇날 며칠을 목욕도 하지 않고 속옷도 갈아입지 않는 불결한 갸르를 일컫는 말이다. 화장도 덧칠을 반복하기 때문에 맘바 이상으로 진하다. 속옷 속에 냅킨을 덧대고 그것을 교체한다. 집에 돌아가지 않고 외박을 반복하는 경우가 많다.

▽ 오네갸르オネギャル

고등학교를 졸업한 갸르를 지칭해서 2000년 경 자주 사용되는 말이었는데 그 후에 간단하게 〈갸르〉 또는 오네에케에お姉系 등으로 바뀌었다. 전체적으로 심플하게 차리는 것이 특징으로 원색을 중심으로 하는 갸르와는 판이하게 다르다.

▽ 센터가이センターGUY

시부야 센터가이街의 가이街와 남성을 지칭하는 가이Guy를 중첩시켜 만든 조어. 맘바와 같은 모습을 한 남성을 가리킨다. 잡지 〈men's egg〉가 그들을 다룬 특집코너인 〈헬로우 센터가이〉를 실었기 때문에 유행했다. 센터가이가 사용하는 유행어를 특히 가이고GUY語라 하고 맘바도 사용하며 모리오(モリ男、モリ汚)라고도 한다.

▽ 루-즈 속スルーズソックス

미국 원산의 등산용 양말을 일본 여고생이 학생복과 함께 착용하기 위해 개조한 헐렁한 양말.

▽ 아츠조코 구츠厚底靴

15cm 정도의 굽높이 구두. 하이힐처럼 뒷굽만 높은 것이 아니고 구두 전체가 높다.

▽ 강구로ガングロ

히야케 사롱日焼けサロン 등에서 검게 태운 얼굴, 혹은 검은 화운데이션 위에 덧칠 화장을 한 갸르 패션의 하나. 〈강강구로이〉라는 약어가 어원이다.(강구로顔黒에서 유래되었다는 설도 있다) 〈공구로〉라고도 한다. 그리고 원래 얼굴색이 검은 사람은 이에 해당되지 않는다. 머리는 갈색이나 금발로 염색하거나 부분적으로 염색하여 메쉬로 처리한 스타일이 많다. 시부야의 센터가이가 발상지이고 1999년에 도래한 백색미인의 상징인 미백 붐 때문에 종언을 고하지만 최근에도 매년 여름이 되면 도처에서 보이는 생명이 긴 패션이다.

▽ 갸르문자(갸르모지)ギャル文字

휴대전화의 메일 등 문자를 분해, 변형시킨 글자를 표현하는 놀이·수법 또는 그들 문자를 부르는 호칭. 〈헤타모지〉라고도 부른다. 변형대상이 되는 것은 주로 히라가나나 카타카나이지만 일부 한자의 변이나 방을 분해하여 표기하기도 한다. 굉장히 둥근 글씨나 모난 글씨 등 쓰는 글자도 이에 해당된다.

익숙하지 않은 사람에게는 게슈탈트 붕괴 현상(익숙한 것에 대해 갑자기 의심하며 전체로 보지 않고 개개의 부분만을 따로 떼어내어 보려는 현상)을 일으켜 판독이 곤란해지는 경우도 있다고 한다.

23.5.22. 히키코모리〈引き籠り〉

히키코모리는 집안에 틀어박혀 지내는 사람의 뜻으로 대화를 통한 의사소통이 거의 없고 자기혐오·우울증 비슷한 증세를 갖고 있다. 주로 인터넷과 게임에 몰입하면서 현실과 가상의 사이버 세계를 혼동하여 폭력을 휘두르거나 스스로 영웅시하며 자기만족을 꾀하기도 한다.

일본의 시민단체인 〈전국 히키코모리 가족연합회〉의 보고서에 따르면 히키코모리의 80% 가량이 20~30대이며 이중 8 대 2 정도로 남성이 여성에 비해 압도적으로 많다. 정도에 따라 3~4년, 심하면 10~20년 동안 두문불출하며 세상과 단절하는 경우도 있다. 치열한 경쟁에서의 낙오로 인한 사회 부적응 인간형이다.

일본 NHK 복지 네트워크의 최근 조사에 따르면 히키코모리는 160만명 정도 되는 것으로 추산한다. 거의 외출을 하지않는 광의의 히키코모리를 포함하면 전국 300만명 이상으로 파악하고 있다. 1970년대에 나타났으나 90년대 중반 이후 사회문제화되면서 주목받기 시작했다.

열등감으로 인한 적응부재에서 시작되다가 외부와의 유일한 창구인 인터넷에 중독증·의존증으로 빠져드는 경우가 많다. 이웃·친척들과 단절, 급속한 사회변화, 학력 지상주의에 따른 압박감, 대학을 나와도 취직하지 못하는 데 따른 부담감, 내성적인 성격 등이 원인으로 지적된다.

가벼운 증상에서 시작되다가 타인과의 교류가 점점 어려워지면서 중증으로 빠져드는데, 카운셀러 등과의 상담, 정신과 치료, 다양한 체험 프로그램 등이 해결책으로 제시되고 있으나 뾰족한 해법이 없는 것이 특징이다.

최근에는 이런 유형의 인간들의 범죄가 점점 빈발하고 있어 충격을 주고 있다. 특히 〈묻지마 살인〉 등이 대표적인 예인데 히키코모리 유형의 인간의 범죄에서 시작하여 일반인도 비슷한 범죄를 저지르고 있고 더욱 심각한 것은 침묵의 다수의 젊은이가 그들의 범죄에 심정적으로 동정하고 있다는 사실이다.

사이코 패스psychopath에 의한 살인 급증

치열한 경쟁사회에서 낙오되거나 각박한 현실에서 희망을 잃은채 적개심으로 충만하거나 그도저도 아니면서 게임하듯 악행을 일삼는 반사회적인 인격 장애자들의 살인행각이 줄을 잇고 있다. 아래 열거한 사건은 모두 2008년에 일어난 것들이다.

사건1 프리터フリ─タ─에 의한 살인사건
24세의 범인이 지나가는 행인을 대상으로 무차별 칼부림을 벌여 1명을 숨지게 하고 7명을 크게 다치게 한 사건이다. 범행 후 범인은 빨리 자신을 잡아보라고 경찰에 전화를 거는 등 상식을 뛰어넘는 엽기적인 모습을 보였다. 이 용의자는 초중고 시절 착실한 학생으로 게임광이었던 것으로 나타났다. 흉기를 휘두르며 행인들을 잇달아 쓰러뜨리는 주인공의 이번 범행 수법과 비슷했다. 고교 졸업 후 프리터(계약작=프라+아르바이터/현재 수백만명 추산)로 체포 당시 최신 휴대용 게임 소프트를 갖고 있었다.

사건2 오카야마岡山의 한 전철역 살인사건
오카야마의 한 전철역에서 18세된 청소년이 30대 회사원을 선로로 밀어 숨지게 한 사건이 발생했다. 용의자는 뚜렷한 이유 없이 아무나 죽이고 싶었다고 말해 일본 열도가 충격에 휩싸였다. 체포된 용의자는 고등학교를 갓 졸업한 가출 청소년이었다. 학업 성적도 우수하고 품행도 모범적이었다는 이 용의자는 교도소에 갈 수만 있다면 누구든지 죽이고 싶었을 뿐이라고 말했다. 치열한 경쟁 사회에 적응하지 못한 절망감이 청소년들을 충동적인 묻지마 살인으로 몰고 있는 것이다.

사건3 아키하바라秋葉原 토오리마通り魔 사건
2톤 트럭을 몰던 기사가 4거리에서 적신호를 무시하고 달리다가 택시와 충돌하자, 트럭에서 뛰어내려 차에 치어 쓰러진 사람과 구출하러 온 사람, 그리고 경찰에게 양날의 칼을 휘둘렀다. 이어 그는 비명을 지르며 지나가는 통행인들도 차례차례 찔렀다. 10분 남짓 동안에 일어난 사건으로 사망 3명, 부상 2명을 낸 참극이었다.
사건당일은 일요일이었으며 보행자천국인 사건현장은 참혹한 피바다였다.
〈생활에 지쳤다. 세상이 싫다. 사람을 죽이러 아키하바라에 왔다. 누구든지 상관없다〉라고 진술했다. 그는 여러 개의 칼을 갖고 있었고 휴대전화에는 〈아키하바라에서 사람을 죽이겠다. 차로 돌진해서 차를 쓸 수 없으면 칼을 사용한다. 모두들 안녕〉이라는 등등의 메시지가 누마즈沼津에서 아키하바라까지 가는 동안에 30건이나 기록되어 있었다.

일본에서의 신 part.24

24.1. 신과 음악과 춤사위

일본의 예능은 그 발생적 의의에서나 발전전개에서나 모두 신에게 제사지내는 신지神事나 마츠리祭り에서 나왔다. 원래 일본어에서 〈예능〉에 어울리는 것으로서는 손짓, 발 밟기 등 재미있고 웃기는 예능을 하며 신을 즐겁게 하는 행위로 와자 오기俳優가 있었고, 기술이 뛰어난 사람으로 와자 비토倡優가 있었으며, 상대가요의 일종으로 민간의 유행가·시사의 풍자나 이변의 전조를 부르고 정치적인 목적 등에서 유행시킨 노래로 와자 우타童謠 등이 있었다. 이 〈와자〉라는 말은 보통이 아닌 것, 신의 뜻이 담긴 것을 의미한다. 따라서 예능은 예능 그 자체이기 이전에 종교적·신앙적 행동전승이었고 이것이 예능화하여 춤(마이舞い)과 무용(오도리踊り)이 된 것이다. 이들 예능의 가장 기본적인 동작에서 춤은 신을 맞이하거나 신내림으로 신들린 사람이 행하는 시회施回의 동작이고 무용은 신의 배웅과 관련된 도약의 동작이었다. 밟기(후미踏み)라는 동작도 발의 밟는 힘으로써 땅의 신이나 영혼을 진정시킨다는 의미가 있다. 이와 함께 엎드리는 동작도 오늘날에는 대부분의 마츠리에서 전승되고 있으며 모노구루이物狂い도 춤의 한층 빠르고 격한 시회운동으로 신들림의 극한을 나타낸다.

결국 일본의 예능은 마츠리에서 신의 출현 동작과 신을 맞이하는 사람의 동작(와자態)

신토오의 본향
〈이즈모 오오야시로出雲大社〉

등이 모태가 되어 발생한 것이다. 일본의 마츠리는 신을 맞이하여 행하는 것이 원초적인 형태였으므로 처음에 카무쿠라神座에서 신을 맞이하는 모든 행위에서 다양한 예능이 생겨났다. 초대받은 신이 유니와斎庭에 내림하는 과정도 신의 행차(미치유키道行)로서 예능화했다. 또한 초대된 신의 휴식처로서의 카무쿠라는 발의 박자의 소리를 청아하게 울려 퍼지게 하는 무대로도 사용되었다. 또한 징이든 큰북이든 그런 음악 종류도 마츠리 때에는 장단이 맞추어졌다. 하야스囃す는 원래 후야스殖やす와 같이 혼을 분할시키는 것이어서 신령이 머무는 나무를 잘라 오는 것도, 그것을 운반하는 것도 모두 하야시囃し였다. 그것이 그 하야시를 중심으로 해서 뒤따라오는 행렬을 위하여 연주하거나 노래하는 음악을 하야시라고 부르게 된 것이다. 이렇듯 일본의 예능은 신에 의해서 발원되고 성장해왔으며 이것은 다양한 예술형태 속에서 재현되어 예술에서 현실의 외연을 한층 넓히거나 현실과 피안의 세계를 몽환화시켜 새로운 또 하나의 현실을 창조하기도 한다. 그 대표적인 예가 바로 노오이다. 신의 세계와 몽환의 세계가 만들어 내는 제2의 현실은 문학 작품에서도 흔히 엿볼 수 있는 대목이다.

구름과 번개의 형상화 시메나와標縄와 시데四手

24.2. 신도〈신토오神道〉

일본에서 발생한 민족신앙은 죽은 조상신이나 자연신에 대한 존경과 숭배를 중심으로 하는 옛 전통의 민간신앙이 외래사상인 불교·유교 등의 영향을 받으면서 이론화된 것이다. 헤에안平安 시대에는 불교와 신도가 조화를 이룬다는 심부츠 슈우고오神仏習合가 주류를 이루었는데 이것은 일본 고유신의 신앙과 불교신앙이 절충해서 융합·조화를 이루는 것으로 나라奈良 시대부터 이미 시작되었고 동의어인 심부츠 콩코오神仏混淆는 신도와 불교가 서로 조화를 이루어 융합한다는 말로 같이 쓰이고 있었다. 뒤이어 혼지 스이쟈쿠本地垂迹, 료오부 신토오両部神道 등이 유행했고 중세에는 신토오에 유불儒仏사상을 섭취시킨 이세 신토오伊勢神道, 에도 시대에는 음양오행과 텐도오天道·진도오人道의 유일사상을 주장한 스이카 신토오垂加神道와 불교색채를 배제하고 송유설宋儒説을 가미한 요시카와 신토오吉川神道 등이 유행했으며 메에지 이후에는 전국 진쟈神社조직을 신앙의 중심으로 하는 종교인, 일명 13파라는 진쟈 신토오神社神道와 진쟈 중심이 아니라 교파가 중심이 되어야한다는 사상 종교인 교오하 신토오教派神道로 나뉘어 전자는 2차 대전 종료까지 정부의 보호를 받았다. 하지만 과연 신토오가 종교인지 아닌지는 여전히 논의가 끊이질 않고 있다.

신토오에는 종교의 요건인 교의·성전·종단·포교 등의 명확한 것이 없기 때문이다. 신토오神道라고 하면 〈일본민족 고유의 신, 신령에 근거해서 발달하고 전개해온 종교의 총칭〉으로 이해되고 있으며 그 속에는 신이나 신령에 대한 신념이나 전통적인 제사뿐만 아니라 널리 생활 풍속과 전승되

어 있는 사고방식 등도 함께 포함된다.

옛날부터 내려오는 신토오는 일본 원시신앙인 농경신·토지신·조상신 숭배에 근거하고 있는 것이고 우지가미氏神 등으로도 불리었으며 씨족집단에 의해 모셔져왔다. 모셔지는 신은 셀 수 없을 정도로 많다는 의미의 야오요로즈노 카미八百万の上라고 불리며 다종다양하다. 원래부터 옛날에는 많은 신을 〈야오요로즈노 카미八百万神〉라고 불렀다. 『코지키古事記』의 신다이캉神代巻에는 「요로즈카미八百万神」라 기록되어 있고, 『니혼 쇼키日本書紀』의 스진 텐노오崇神天皇 7년 2월과 11월에는 「요로즈가미八十万神」「요로즈무레가미八百万群神」라고 쓰여있다. 고대 일본의 범신론적 관념을 투영하

타카세 진자高瀬神社 토리이鳥居
토리이는 하늘天子의 변형으로 새가 인간과 신을 소통시킨다고 한다.

는 호칭으로 『이즈모쿠니 후도키出雲国風土記』에는 「天神千五百万神, 地祇千五百万神」라고 표시하고 있고 『엥기시키延喜式』의 오오하라이 노리토大祓祝詞 등에도 「요로즈카미八百万神」라고 되어 있다. 이들은 신도에 있어서 신관념의 다양함을 상징하는 용어이며 신의 숫자는 이루 헤아릴 수 없이 많다는 이야기이다. 일본의 원시 신토오는 3, 4세기에 이르기까지 신전도 만들어지지 않았다. 4세기에 야마토정권이 일본을 거의 통일하고 고대국가를 세우자, 원시 신토오는 아마츠카미天つ神와 쿠니츠카미国つ神를 모시는 고대 신토오로 발전했다. 아마츠카미는 야마토정권의 신으로 천황이 최고의 사제가 되고 지방신인 쿠니츠카미의 상위에 위치했다. 또한 야마토 정권계의 신화에 각지의 씨족 신화가 유입되어 키키 신화記紀神話를 만들었다. 처음으로 신토오의 교리가 나타난 것은 헤에안 시대 중기가 되고 나서부터인데 불교의 천태종(텐다이슈우天台宗), 진언종(싱곤슈우真言宗)의 교리와 결부되어 만들어진 혼지 스이쟈쿠 세츠本地垂迹説가 그것이다. 이것은 혼지本地(인도의 부처·보살菩薩)가 일본에서 스이쟈쿠垂迹(다양한 신이 되어 나타남)한다는 설이다. 이것은 나라奈良시대부터 있었던 심부츠 슈우고오神仏習合를 불교를 중심으로 하고 신토오를 종으로 하는 슈부츠 쥬우싱主仏従神형태로 이론화한 것이다. 이것은 또한 일본 신도의 신이 원래의 몸인 부처와 보살이 중생구제를 위해서 모습을 바꾸어 변신해서 나타났다는 심부츠 도오타이 세츠神仏同体説와 병행하며 헤에안 시대에 시작되어 명맥을 유지하다가 메에지 초기에 신불분리 정책에 의해서 쇠퇴하였다. 중세·근세에 이르러서 이세 신토오伊勢神道·요시다 신토오吉田神道·혹코 신토오復古神道 등 신토오의 독자성을 주장하는 이론이 만들어지고 메에지가 되면 황실의 제사를 기준으로 진쟈神社의 제사·교의를 통일하고 신쇼쿠神職는 제사만을 행하고 국민 모두를 신의 자손으로 여기는 우지코氏子를 중심으로 하는 국가 신토오가 만들어진다. 전후에는 진쟈가 각각 종교법인이 되었고 1996년 문화청의 통계에 의하면 전국 각 진쟈가 신고한 신도수가 9,595만 명이라고 밝히고 있다. 하지만 당시 NHK의 여론조사에 의하면 〈신도를 믿고 있다〉고 응답한 사람이 3%에 불과했다. 교오하 신토오教派神道에는 콩코오 쿄오金光教, 오오모토 쿄오大本教, 미소기 쿄오禊教등 수백의 교단이 있는데 국가 신토오가 중심이었던 2차 대전 전戦前에는 이들에 대한 박해가 심했다. 민속 신토오는 밭의 신(하타케노카미畑の神), 부뚜막 신(카마도가미竈神), 광의 신(도조오신土蔵神), 도오소진(道祖神/도로의 악령을 막아 행인을 보호하는 신) 등을 가정이나 개인단위로 모시는 것으

로 생활습관과 결부되어 지금도 전국 각 지방에 많이 남아 있다.

일본인은 종교에 대해서는 관용적이어서 한사람이 여러 종교를 갖고 있어도 이상하게 생각하지 않는다. 좋다고 하면 두루두루 믿지만 종교의 교의에는 별로 관심이 없다. 이를 음식을 즐기는 사람에 비유한다면 미식가라기보다는 잡식가라고 할 수 있을 것이다. 이것은 유일신을 거부하고 초월적인 존재를 모두 신으로 섭취해 온 일본종교인 신토오에서 기인한 것이다. 대부분의 일본인은 탄생과 결혼의식은 신도에 의해서 하고, 장례식은 불교에 의해서 하며, 사후에는 불교식 이름인 카이묘오戒名를 가지는 사람도 있다.

일본인은 탄생과 결혼, 그리고 일상생활은 악귀를 쫓고 복을 기원하는 신토오에 의해서 복된 삶을 보장받고, 죽은 다음에는 극락정토라는 사후의 세계를 갖고 있는 불교에 귀의함으로써 사후의 세계를 보장받는다. 꿩먹고 알먹는 일본인다운 합리적인 종교관을 엿볼 수 있는 대목이다.

24.2.1. 불교유입과 신도〈신토오神道〉

불교가 처음 일본으로 유입되었을 당시 일본은 제정일치라는 시대 상황으로 일본종교인 신토오가 일본정치의 지배적 이데올로기를 점하고 있던 시대였다. 이런 상황에서 불교의 유입은 신토오의 절대적인 기득권을 송두리째 무효화시킬 수 있는 엄청난 폭발력의 뇌관이 아닐 수 없었다.

당시에 고대의 대호족은 모노노베物部氏씨였고, 계층상 통칭되는 지위는 무라지連였다. 천황의 친위군을 이끌며 무라지 지위를 가진 종족 중에서는 오오토모씨大伴氏와 모노노베씨物部氏가 최고의 유력

🐢 하코네 진쟈箱根神社 토리이鳥居

자였고 그 족장은 대대로 오오무라지大連에 취임했다. 한편, 소가蘇我씨는 아스카飛鳥시대부터의 호족豪族으로 특히 소가노 우마코蘇我馬子는 비다츠 천황敏達天皇이하의 4대 대신으로 불법흥륭에 진력하였다. 6세기 중반에 모노노베노 모리야物部守屋는 불교수용에 반대하다가 불교수용을 찬성하는 소가 우마코蘇我馬子와 치열한 전쟁을 벌이게 된다. 결국, 모노노베노 모리야는 소가 우마코와 황족의 연합군에게 대패, 사망하게 된다. 이 전쟁은 소가씨의 대승리로 끝나면서 불교가 새로운 지배계층의 통치논리로 이용되게 되지만 일본인 특유의 신에 대한 관점은 종교에 대한 관점으로 이어져 불교와 신토오의 융화조합이라는 해괴한 논리를 창출하게 된다. 이 또한 일본다운 발상이었다. 유일신의 불교와 범신론의 일본 신토오는 말 그대로 DNA가 서로 다른 종교

이다. 그렇지만 습합이라는 황당한 형태로 그 둘은 그 뒤 충돌 없이 공존하거나 때론 한 공간에 동거하기도 하고 한데 섞기기도 한다. 신토오는 일본 고유의 자연종교이고 이 신을 모시는 곳이 바로 진쟈神社이며, 불교는 부처를 모시는 유일신의 종교이고 그 사원은 절(오테라お寺)이다. 그러나 이 둘의 구분이 모호한 곳이 많다. 이른바 불교의 신도화·신도의 불교화가 이루어져, 절과 진쟈가 구분이 안가는 경우도 많으며 심지어는 〈징구우지神宮寺〉라는 신토오 법인체 내에 절이 부속 건물로

들어앉는 기묘한 광경을 연출하기도 한다. 대부분 기복祈福신앙의 밀교형태를 띤 신토오의 양상을 따라 일본 불교도 비슷한 진화과정을 거쳤기 때문이다. 그리고 불교 신자건, 신토오 신자건 굳이 자기가 어느 편의 신자라는 생각을 구별해서 갖지 않는 경우도 많다. 따라서 경전이나 교리에 관심이 없는 것도 마찬가지이다.

신토오에서 말하는 신은 무수히 많으며 처음에는 자연물이나 자연현상까지 신으로 여겼다. 그러다가 점점 죽은 조상을 모시는 방식으로 전환되었다. 따라서 신토오에는 특정한 교조敎祖도 없고 바이블도 없다. 이 종교는 19세기 이후에는 국교와 같은 취급을 받아 천황이 신격화된다. 이것을 계기로 신토오와 천황의 결탁이 현실로 드러나는 계기가 된 것이다.

그러나 패전 후에는 국가와의 관계를 끊고 각 지방의 진쟈가 종교로 발전되어 간다. 일본인은 출생 시, 아이가 태어나면 우부스나 진쟈産土神社에 첫 참배를 하는 오미야 마이리お宮参り를 한다. 또한 남자어린이가 3살, 5살 때, 여자어린이가 3살, 7살 되는 해에 향토신인 우지가미氏神에게 참배하는 행사인 시치고상七五三을 행한다. 그리고 결혼식을 진쟈나 징구우神宮의 신전에서 행하며, 진쟈에서 합격을 기원하고, 자동차를 운전하는 사람이 교통안전의 부적인 오마모리お守り를 구매하기도 한다. 또한 정월에는 일가족이 모여 유명한 진쟈에 첫 참배(하츠모오데初詣)를 하러 가며, 진쟈 별로 규정되어 있는 년 1회의 제전祭典에는 그 지역 주민이 많이 모여 가게도 문전성시를 이룬다. 이처럼 진쟈와의 인연은 깊으나 대부분의 국민은 교의에는 관심이 없고 일본인에 대한 사상적인 영향 또한 극히 미미하다.

24.2.2. 신토오神道에서의 신의 실체

신과 인간이 동격이냐 현격이냐의 구분은 종교를 분류하는 방식 중에서 자주 인용되는 논리인데 그 관점에서 보면 기독교는 대표적인 신인 현격교神人懸格敎이고, 신토오와 같은 종교는 대표적인 신인 동격교神人同格敎이다. 일본인의 종교 사상은 원래 신인 동격교 계神人同格敎系에 속하고 있기 때문에 동일 인간 속에서도 신의 현현顯現을 볼 수 있는 유파의 종교이다. 따라서 카미라는 말에는 자연적, 인적 방면과 아울러 신적 방면이 함께 존재할 수가 있었다.

일본문화에 정통하고 일본에 매료된 나머지 결국은 일본에 귀화하여 코이즈미 야쿠모小泉八雲라는 일본이름을 가진 라프카디오 헌(Lafcadio Hearn)은 『일본의 신토오神道라는 종교의 진쟈神社의 형태를 가리켜 진쟈라는 건물은 마치 무사들이 뺨을 가리는 투구를 쓴 기묘한 형상과 같은 모습이다. 그 모습의 배후에 있는 공허한 공간이야말로 물질적인 공간이라기보다는 상징적, 암시적, 시사적인 공간이다. 그리고 수 천년동안 수백만명이 이런 진쟈 앞에서 자신들의 의식 속에만 존재하는 위대한 죽은 자를 숭배하여 온 것이다. 그리고 눈으로는 보이지 않지만 이 건물 속에는 의식이 있는 사람이 살고 있다고 생각해 왔다. 그것을 영어로 단순히 Temple이나 Shrine이라는 말로 번역하면 일본인의 관념이나 함축된 뜻을 담아내지 못한다. 차라리 〈죽은 자의 영혼이 출입하는 방〉이라는 의미로

Haunted room이라든가 〈영혼의 방〉이라는 의미로 Spirit-chamber라고 하든가 〈영혼의 집〉이라는 의미로 Ghost-house로 번역해야 한다고 생각한다』고 했다. 그는 일본의 신토오라는 종교를 영혼을 잠재우거나 진혼하고 잘 다스리는 종교라고 생각한 것이다. 사람이 죽으면 영혼으로 남고 그 영혼을 진혼하는 종교, 이것이 바로 일본의 종교인 것이다. 이런 일련의 움직임은 모두 현실의 복을 빌기 위한 유일한 목적에서 비롯된다. 모든 초월자들과 관계를 원활하게 해두는 것은 내세나 영생을 위한 것이 아니고 현실의 삶에 재난이나 화를 막고 행복을 기원하기 위한 것이다.

　일본종교에서 이야기하는 대부분의 신은 영혼이다. 그리고 많은 신이 훌륭한 무사나 영웅 혹은 통치자나 유명한 스승으로 그들은 수백, 수천 년 전에 살았던, 사랑 받았던 인물이었으며 지금은 영혼이다. 옛날에 뭔가 특별히 위대한 일, 훌륭한 일, 현명한 일, 용감한 일을 한 사람은 살아생전 아무리 비천한 신분이었다 할지라도 누구든 사후에는 신으로 불린다. 그리고 동시에 상당히 부정하고 가혹한 운명을 맞은 사람이 사후에 신격화되는 경우도 있으며 지금도 특별한 상황아래서 스스로 목숨을 끊은 사람의 혼, 예컨대 불행한 연인의 혼에 대해서 사후에 영예를 부여하고 그 혼에 기도하는 경향이 서민 사이에서 보인다. 아마 이러한 경향을 낳은 옛날 습관의 기원 속에는 고뇌에 찬 영혼을 진정시키고 싶다는 염원이 작용하고 있었을 것이다. 훌륭한 사람으로 후세의 귀감

📷 메에지 징구우明治神宮 토리이鳥居

이 되는 인물은 말할 것도 없고 비운에 가버린 사람의 영혼까지도 모두 신의 범주에 넣어 진혼하는 행위는 죽음 이후의 세계와 보다 적극적인 화해를 시도하는 행위인 것이다. 일본인들은 자연의 모든 현상이 인간의 사후 세계와 인과관계로 맺어져 있다고 생각하고 있다. 그들은 한 맺힌 운명의 영혼을 그대로 두었다가는 그것이 무슨 화근으로 다가올지 모른다고 생각한다. 그 때문에 모든 화근이 될 만한 것을 다독거리고 추스르는 입장에서 신을 상상하고 대처하는 것이다. 두려운 존재나 어려운 존재, 인간의 힘을 벗어나는 모든 것을 신격화함으로써 그들 모두를 자신의 편으로 포용해 가는 것이다. 이것이 일본인의 신에 대한 관점이고 따라서 신격화하는 모든 대상이 많을 수밖에 없는 이유이다. 이 적극적인 화해는 모든 자연에 대한 긍정적인 해석으로 이어지고 자연 전체를 자애로운 대상으로 간주하기도 한다. 그리고 이 범신론적인 관점이, 극단적인 경우에는 살아있는 사람을 신으로 모시는 파격을 단행하기도 한다. 어떤 사람들은 생존 중에 그 사람의 혼을 위한 진쟈가 건립되고 신의 존재로 대우받았던 것이다.

　나라의 신으로는 아니더라도 그것보다 작은 단위의 마을을 수호하는 신으로서 키슈(紀州/현 와카야마현和歌山県)의 아리다군有田郡의 농민출신인 하마구치 고헤에浜口五兵衛라는 사람이 있었다. 어느 날 마을 축제가 있었는데 그 축제가 끝난 다음, 여흥으로 모든 동네사람들이 바닷가에 나가 즐기고 있을 때 그는 몸이 좋지 않아 계단식 논의 언덕 위에 자리 잡은 자신의 집에서 바다를 내려다보고 있었다. 바로 그 때 지진이 일어났다. 그것이 예사로운 지진이 아님을 직감한 그는 곧이어 닥칠 엄청난 해일(츠나미津波)을 예감한다. 바닷물에 수장되어버릴 마을 사람들을 불러들이기에는 이미 시간이 늦었음

을 간파하고 한창 가을에 무르익은 자기 논의 벼에 불을
지른다. 불을 보고 놀라 뛰어올라오면서 사람들이 그를 미
쳤다고 비아냥댔다. 하지만 그것도 잠시, 이윽고 엄청난
해일이 마을을 덮쳤다. 그제야 사태를 깨달은 사람들은 모
두 그 앞에 엎드렸으며 곧 그의 살신성인에 감탄했다. 그리
고 사람들은 그를 신으로 모셨다.

이렇듯 살아있는 사람이 초인적인 노력으로 살신성인하
면 신이 될 수 있는 곳이 일본이다. 신의 범주에 살아 있는
인간까지 포함하는 것이다. 이것이 일본인의 신에 대한 발
상이다. 그것은 지진, 태풍, 분화, 해일, 홍수 등의 천재지

야쿠도시厄年/여자33세, 남자42세가 되면 재앙이
온다고 해서 진자에 가서 악귀를 쫓는 행사를 한다.

변 등을 자주 동반하고 험준한 산과 섬으로 둘러싸인 자연환경 속에서 인간이 감내하기 어려운 고통
과 공포와 허무의 분야에 가상의 신을 내세워 그들에게 짐을 분담시킴으로써 현실의 질곡을 나누어
짊어지는 역할을 시켜온 것이다. 이런 맥락으로 일본의 신은 그 역할에 따라서 무한대로 이어진다.
이것이 곧 일본 신토오에서 말하는 무한대의 신이다.

이것은 일종의 역설의 역사이다. 수많은 재해 속에서 삶을 영위하는 일본인은 신이라는 보호장치
를 2중 혹은 3중으로 치면서 살아간다. 휴대용 신이라 할 수 있는 몸에 부적을 갖는 것도 부족해서
수호신을 항상 달고 다닌다. 이것은 인류가 자신의 미래구원이나 정신적인 구원을 종교를 통해서
추구해왔던 종교에 대한 일반적인 통념을 깨는 일탈적인 행위인 것이다. 신토오라는 종교는 현실의
안위를 최우선과제로 하는 현실을 위한 일종의 보험적인 행위의 성격을 띤다. 김용운은 일본인이
외래문화를 섭취하는 태도는 객관적인 인식을 목적으로 하는 것이 아니라 그 가운데서 자신에게
알맞는 것만을 주관적으로 섭취한다고 했다. 일본인은 외래의 종교를 받아들인다 해도 그 종교의
본질과는 상관없는 일본화된 종교를 가지기 일쑤이다. 예컨대 불교의 본질은 이상적인 인간상의 추
구이며 이것을 불교에서는 보리심(보다이싱菩提心)의 추구追求라고 하며 불교적 이상인을 붓타(부츠·호
토케仏)라고 부른다. 그러나 일본인은 생리적인 죽음에 의해서 붓타(호토케仏)가 되고 기복을 위하여
경이나 염불을 외는 행위를 보리심을 추구하는 것으로 간주한다. 이처럼 많은 문화가 일본화되면
일본인들의 사고방식에 의해서 본질은 와해되고 실체는 왜곡된다. 그밖에도 일본의 신토오에서 모시
는 신은 천연두를 유행시켰다고 생각되는 신인 토오콘노카미痘痕の神에서 인간에게 해악을 주는 포악
한 신인 아라부르카미荒ぶる神, 복점을 관장하는 신인 보쿠센노카미卜占の神, 원나라와 고려 연합군이
일본에 원정했을 때 때마침 태풍이 불어와 원의 배를 침몰시킨 데서 비롯된 그 바람을 일본을 지켜준
신이라 믿는 카미카제神風에 이르기까지 그 수는 헤아리기 어려울 정도로 많다. 그야말로 모든 것이
신이 될 수 있고 모든 것이 경외의 대상이 될 수 있는 것이다.

 우브스나가미産土神 · 친쥬노가미鎭守の神 · 우지가미氏神

▽우브스나가미産土神는 한마디로 말해서 인간의 삶과 죽음을 관장하는 신이다. 어떤 영혼이 생명을 얻어 사람이 될 때와 그 사람의 영혼이 육체에서 빠져나와 본래의 장소로 돌아갈 때 그 영혼을 유세幽世의 주재신(슈사이가미主宰神 · 大国主神)의 심판장에까지 안내하는 역할을 한다.

▽친쥬노가미鎭守の神는 현재 살고 있는 땅이나 조영물営造物을 통괄하는 수호신이다. 이 신은 동네 진쟈 안의 우거진 숲인 친쥬노모리鎭守の杜에 존재한다. 태어난 곳과 현재 거주하는 곳이 동일한 사람은 우브스나가미와 친쥬노가미가 같지만 태어난 땅을 벗어나 다른 곳에 살면 우브스나가미와 친쥬노가미가 다르다.

▽우지가미氏神는 원래 후지와라藤原씨는 카스가신春日神, 미나모토源씨는 하치만신八幡神 등으로 일족을 보호하는 신이었다. 이 신앙은 진쟈 신앙神社信仰의 주류가 씨족(이치몽一門) 등의 혈연집단의 수호신에서 지연집단의 수호신으로 이행하는 과정에서 널리 보급되었으며 현재는 지역신으로 바뀌어 친쥬노가미와 거의 동의어가 되었다. 이 신이 지켜주는 보호구역내의 사람들을 우지코氏子라하고 우지코의 구역은 길하나 차이로 다른 신으로 바뀔 수가 있다. 지금도 진쟈 본청에서는 자신의 주소를 대면 정확한 우지가미를 가르쳐준다. 그리고 진쟈 참배는 우선은 우지가미를 참배하는 것이 순서이다. 하츠모오데는 말할 것도 없고 일상의 감사까지 우지가미에게 하고 심지어는 나라 전체의 총 우지가미인 이세 징구우伊勢神宮에 참배하러 갈 때에도 우지가미에게 이를 보고하고 참배길의 안전과 가호를 빌며 무사히 귀환하면 또 우지가미에게 이 사실을 보고한다. 그야말로 우지가미에서 시작하여 우지가미로 끝나는 것이다.

24.3. 일상생활 속에서 신의 대량생산과 대량소비

(좌)부적(오마모리お守り) (우)부츠당仏壇

일본인은 독특한 사생관을 가지고 있다. 살아 있는 동안 인간으로서 할 일에 대해 최선을 다하고 나머지는 신에 맡긴다는 생각이 바로 그것이다. 각종 위험이 닥쳤을 때는 물론, 심지어는 주사위를 던져서 도박을 할 때에도 신의 도움을 청한다. 일상생활 속에서 시간과 공간의 일부를 신의 영역으로 할애하여 쉼없이 그곳을 넘나든다. 일본인의 일상생활에서 신이 있는 공간은 그곳에서 호소하고 한탄하고 간원하며 위안받고 귀의하며 심지어는 찌든 마음을 정화하기도 한다. 말 그대로 엄연한 또 하나의 현실이며 이를 제2의 현실이라고 해도 무방할 것이다.

이런 맥락에서 보면 일본에서 보통 사람들이 죽어서 신이 된다는 것은 어쩌면 당연한 일인지도 모른다. 죽은 사람들을 신으로 모시는 행위는 곳곳에서 발견할 수 있는데 특히 집안에 불상이나 위패를 안치하여 예배하는 단인 부츠당仏壇이나 집안에 다이징구우大神宮 등의 신을 제사지내는 카미다나神棚, 그리고 신을 모시는 작은 사당인 호코라祠 등을 만들어 마음의 의지로 삼거나 소통을 하거나 기원을 하기도 한다. 휴대용신인 부적(오마모리/お守り)을 구매하여 휴대하는 것은 물론, 에마絵馬를 구입하여 소원을 써서 걸기도 하고 진쟈나 절에서 받은 오후다お札를 집에 부착하여 이를 주택용 부적으로 삼기도 한다. 그리고 오미쿠지御神籤를 사서 운세를 점치기도 한다. 초현대식 도

카미다나神棚

시로 고층빌딩이 즐비한 신쥬쿠新宿 거리에서도 심심치 않게 점을 보는 사람들을 발견할 수 있다. 일본은 그야말로 신을 대량생산하고 대량으로 소비하는 신의 천국이라고 볼 수 있다.

24.3.1. 신인융합神人融合의 제전으로서의 마츠리

마츠리는 제정일치 시대의 산물로 당시에는 다스리는 일인 정치와 제사가 〈마츠리고토政事=祭事〉라는 말로 같은 의미를 갖고 있었다. 현재의 마츠리도 그 시대의 흔적으로 우선 신을 불러들이고 그 신을 맞이하여 잔치를 벌이고 그를 배웅하는 행사로 이루어진다.

일본사람들은 케〈ケ〉의 상태라고 부르는 일상생활을 영위한다. 그러다가 마츠리를 하기 위해서는 행사분위기인 하레〈ハレ〉를 만들고, 이 분위기에서 마츠리가 출현한다고 인식하고 있다. 마츠리의 어의나 본질은 옛날부터 많은 것이 제시되어 왔지만 가장 기본적인 것은 역시 마츠리에 참가하는 사람들이 근신함으로써 부정을 피하고 더러움을 털어내며 몸을 청결히하여 경사스러운 분위기, 즉 하레의 상태를 만들어 낸다는 의미를 담고 있다. 공동체의 일상생활 속에서 이렇게 만들어진 하레의 상태는 성스러운 질서를 만들고 그 가운데에서 신에게 제사지내는 신지神事, 곧 마츠리가 행해진다. 그리고 마츠리가 끝나면 다시 하레의 상태에서 케의 상태로 되돌아간다.

마츠리의 가장 중요한 키워드는 사람과 신이 함께 하나로 융합되는 〈신징 유우고오神人融合〉이다. 향연에서의 주객역전과 어유御遊 행사가 그것으로, 마츠리는 하레와 케, 성聖과 속俗의 대립적 연속성에서 행해지지만 결국은 신과 인간, 성과 속이 하나로 융합되는 경지를 만들어낸다. 엄격한 구별 속에서 혼연일체를 만들어 내는 역설은 일본인의 신을 대하는

📷 (좌)오후다お札 (우)에마絵馬

태도에서 그 근거를 찾을 수 있다. 그것은 과거의 신앙적인 마츠리에서 상점이나 백화점의 대매출과 이어지는 이벤트 마츠리의 성격으로 변환한 지금도 신과 인간의 융합이라는 점은 변함이 없다. 신과 인간이 하나가 되어 인간의 현실의 외연外延이 확대되는 것, 바로 이것이 일본의 마츠리에서 자행되고 있는 신의 모습이기도 하다.

📷 오미쿠지御神籤

24.3.2. 연중행사 속에서의 신

새해를 첫 참배(하츠모오데初詣)로 시작하는 일본인과 신은 일상생활에서 뗄 수 없는 불가분의 관계에 있다. 첫 참배는 새해가 밝아 절이나 진쟈에 가서 신에게 참배를 올리는 일인

카와사키 타이시川崎大師의 새해 첫 참배

카도 마츠門松

데 이 첫 참배 중 가장 인기가 있는 세 곳을 고상케御三家라고 한다. 액막이 대사로 유명한 카와사키 타이시川崎大師, 메에지 징구우明治神宮, 나리타산 신쇼오지成田山新勝寺 등이 그것이다.

진쟈나 절에 참배할 때는 합장을 하고 기원하는 상대의 고호오고오(御宝号/부처나 보살 이름, 예를 들어 일본 싱곤슈우真言宗의 개조開祖인 크우카이空海의 이름은 나무다이시 헨죠오 콩고오南無大師遍照金剛이다)를 한번 외치고 나서 소원을 빈다. 여기서 나무南無라는 말은 당신에게 귀의한다는 의미이다. 진쟈에서는 〈니하이 니하쿠슈 이치하이二拜二拍手一拝〉라고 해서 처음에 두 번 고개를 숙여 예를 표하고 두 번 박수를 친 다음, 마지막으로 다시 한 번 예의를 표한다. 기원은 그 사이에 행한다. 진쟈에서 박수를 치는 행위는 신을 불러오는 〈요비요세呼び寄せ〉의 신호인 것이다. 그리고 카도마츠門松라하여 소나무를 집 문 앞에 세우는데 원래 정월의 축하에는 그 해 서두에 오토시 가미お年神가 각 가정을 방문하여 행복을 주고 간다는 신앙에 근거하고 있다. 따라서 이것은 정월의 단순한 장식이 아니고 정월의 신을 맞이하기 위해 필요한 것이었다. 원래 이 카도 마츠로는 주로 수목이나 암석, 인형 등이 사용되다 나무로 바뀌었는데 처음에는 소나무에 국한하지 않고 상록수라면 뭐든지 괜찮았다. 그것이 지금처럼 소나무로 굳어진 것은 무로마치室町시대 이후이다. 이 나무는 신령이 깃드는 장소인 요리시로寄代역할을 했기 때문에 신 대신으로 받들었다. 이 장식의 준비는 12월 28일, 혹은 12월 30일까지는 마쳤는데 29일은 쿠다치苦立ち라고 해서 꺼렸고 31일은 이치요마츠一夜松라 해서 꺼렸다. 그리고 제거는 7일로 정월 7일이 지나면 〈마츠노 우치가 스기루土松の内が過ぎると〉라는 말이 있는 것처럼 소나무장식이 정초에 중요한 의미를 갖는 것을 나타냈다.

오봉お盆이라는 행사는 우라봉에盂蘭盆会의 약어略語로 불교의 중국적인 변용으로 보여진다. 모쿠렝目連이라는 사람이 부모의 은덕에 보답하기 위해서 상가이 로쿠도오三界六道를 유심히 살펴보았더니 자신의 죽은 어머니가 아귀도餓鬼道에 빠져 있는 것을 알았다. 곧 불타에게 구원을 요청하자 7월 15일에 부모를 위해 백미음식百味飲食을 차려놓고 승려에게 공양하면 부모가 구원받을 수 있다고 가르쳐준다. 그래서 모쿠렝이 우라봉에盂蘭盆会를 열어 죽은 어머니

코모다루菰樽 / 메에지 징구우에 봉납奉納된 청주

가 그 공덕에 의해 거꾸로 매달리는 벌인 토오켕倒懸에서 구원을 받았다고 하는데서 유래되었다고 한다. 불교에서 보면 여러 승려에게 음식을 바친다는 본래의 의미가 희석되고 시가키에施餓鬼会와

습합하여 죽은 자의 명복을 빌고 성불을 기원하는 츠이젠에코오追善回向를 중심으로 하고 있다. 이것이 일본에서는 음력 8월 15일에 오봉이라는 행사로 변용되었는데 메에지 시대에 모든 것이 양력 행사로 바뀌면서 양력 8월 15일에 죽은 조상의 영혼(쇼오료오精靈)을 초대하여 그 앞에서 봉춤(봉오도리盆踊り)을 추기도 하고 융숭한 대접을 하여 다시 돌아가도록 했다. 우선 오봉의 첫 날에 불을 피워 정령을 유계(유우카이幽界)에서 맞이한다. 그리고 집 안에는 특별히 봉 제단(봉카자리盆飾り)을 만들어 갖은 음식을 갖추어 차례를 지내고 그 영혼을 위로하기 위하여 봉춤을 춘다. 그리고 쇼오료오 나가시精靈流し라고 해서 오봉 15일 저녁이나 16일 아침 일찍 제물이나 등롱을 강이나 바다에 띄워서 죽은 자의 영혼인 정령을 유계로 되돌려 보내는 행사를 한다. 우리의 추석에 해당되는 예이지만 죽은 조상을 신으로 해서 그 조상신을 위해 몸을 경건하게 하고 온갖 정성을 다해 춤을 추며 음식을 장만하고 신을 접대하는 의식을 통해 신과 교접하고 있다는 자기위안과 함께 그 신의 세계에까지 자신의 현실의 외연을 넓히는 일본인의 생활상을 엿볼 수 있는 대목이다. 이와 같은 맥락으로 히강彼岸이 있는데 이것은 춘분과 추분을 한가운데로 끼고 양 3일간 즉 일주일간이다. 이 기간 동안 일본인은 이승의 세계에 살고 있으면서도 저승의 세계에 있다고 생각한다. 즉, 모든 번뇌를 끊고 절대적인 정적과 불교 이상의 상태인 네항涅槃의 세계로 현세를 바꾸어 생각하기도 하며 신으로 비롯된 세계를 상상의 세계에서 체험하기도 한다. 강 건너 저편 언덕, 다시 말해 생사의 바다를 건너 도달하는 이상의 깨달음의 세계를 상상하는 것이다. 따라서 이 시기에는 근신하며 가무를 삼가고, 이미 신이 된 죽은 조상을 생각하고, 성묘를 하거나 불법찬탄의 기회로 삼기도 한다. 히강에 대해서는 태양이 정동에 떠서 정서로 지는 춘분과 추분 날에 정토를 관상하고 왕생을 기원하는 불교행사라는 설에 대해서 태양신앙인 히노강日の願에서 히강日願으로 된 것으로 민속종교적인 성격을 갖는다는 설이 양립하고 있다.

24.3.3. 코토다마 신앙言靈信仰

코토다마 신앙도 일본의 신의 사상을 엿볼 수 있게 하는 대목이다. 코토다마란 말에 영력이 깃들어 있다는 말이다. 옛날 일본인은 사람과 같이 말에도 영력이 있어서 그 영력에 의해 현실이 좌우된다고 하는 신앙을 갖고 살아 왔다. 이런 말에 대한 신앙은 그 효험을 기대하여 신에게 기원하는 제사의식에서 행하는 행복을 기원하는 말인 노리토祝詞, 슈우겐祝言 등이 있었고 반대로 그 위험을 경계해서 사용을 자제하는 이미코토바忌み言葉 등이 있었는데 불길한 의미나 연상을 갖기 때문에 꺼리는 말로 예를 들면 결혼 때 「떠나다去る」·「끊다切る」·「돌아가다帰る」라는 등의 말은 절대로 하지 않는다. 이 신앙의 특색은 고대의 민속·종교 등에만 머물지 않고 와카를 중심으로 한 문학과 관련되어 후대에까지 큰 영향을 끼쳤다. 일본인들의 욕설이 적은 것과 말에 신중을 기하는 경향이 있는 것도 바로 이 신앙에서 비롯된 것이다.

▽토리이鳥居 : 신역神域과 속계俗界와의 경계에 설치된 경계문. 기원은 여러 가지가 있는데 아마테라스 오오미카미天照大御神가 동굴 속으로 잠입했을 때 그녀를 불러내기 위해 울게 했던 닭이 앉았던 홰를 본 따서 만들었다는 설, 인도불교의 토라나에서 왔다는 설, 조선의 홍살문에서 유래했다는 설, 〈들이다〉는 표현의 토오리이루通りいる에서 유래했다는 설이 있으나 정설은 없다. 토리이가 하늘 천자를 본떴으며 새가 하늘의 사신使神으로 인간과 천계를 소통시키는 역할을 한다고 믿는 사람도 있다.

▽시메나와注連縄와 시데四手 : 시메나와는 뱀이 얽혀 교접하는 것을 본뜬 것으로 나쁜 침입자를 위협하기 위해서 만들어진 것이며 청정한 구역에 부정한 것이 침입하지 못하도록 만든 경계선의 표시이다. 시메나와는 주력(쥬료쿠呪力)이 깃들어 있어 그 어떤 신도 범접하지 못한다고 한다. 시메나와에는 보통 시데를 늘어뜨리는데 그것은 경계를 두드러지게 하는 표시이다. 시데는 신의 의상을 나타내며 신이 깃든 요리시로이기도 하다. 또한 시메나와는 구름의 표시이며 시데는 번개의 상징으로 그것이 드리워진 공간은 하늘을 상징하고 하늘처럼 신성한 공간을 상징한다고 주장하는 사람도 있다.

▽사이셈바코賽銭箱 : 진쟈에는 사이셈바코賽銭箱가 있어서 그곳에 돈을 던지는데 그것을 사이셍이라 한다. 원래는 술이나 옷감, 쌀 등이 주였다. 이 돈은 진쟈의 경영에 사용되는 돈이지만 단순한 돈이 아니고 인형의 기원처럼 그 돈이 손바닥에서 떨어져 나가면서 참배자의 죄나 더러움을 씻어주는 이른바 속죄행위의 일환인 것이다.

▽테미즈샤手水舎 : 더러움을 최종적으로 씻어내는 존재는 신이지만 그 신을 만나기 전에 인간이 자신의 심신을 청결히 하는 공간이다. 옛날에 쿠마노熊野 홍구우 타이샤体宮大社는 강에 떠있는 섬 같은 곳에 세워졌는데 그곳까지는 다리가 없어서 참배자는 얕은 여울을 따라 걸어서 그곳까지 갈 수밖에 없었다. 그래서 자연스럽게 몸을 씻게 되었던 것인데 테미즈샤는 이것을 간략화시킨 형태라고 한다.

▽치기千木와 카츠오기鰹木 : 진쟈 본전 건물의 용마루에는 독특한 장식으로 X자형의 판자형 막대기와 긴 술통형으로 깎은 통나무가 가지런히 놓여져 있다. 전자가 치기이고 후자가 카츠오기이다. 이것은 오래된 진쟈 건축물에 국한되어 있는데 이세 징구우伊勢神宮처럼 치기의 끝이 수평으로 잘린 형태를 메치기女千木라 하며 이 경우는 카츠오기가 짝수이고, 이즈모 타이샤出雲大社처럼 치기의 끝이 수직으로 잘린 형태를 오치기男千木라고 하는데 이 경우는 카츠오기가 홀수이다.

▽미코巫女 : 신토오의 신을 모시는 여인. 과거에는 신의 말을 사람들에게 전하는 역할을 했지만 현재는 진쟈에 근무하며 주로 신쇼쿠의 보조 또는 진쟈에서 행하는 제례에서 신에게 바치는 가무인 카구라神楽에서 춤으로 봉사하는 여인을 지칭한다. 마이히메舞姫·미캉코御神子라고 부르는 경우도 있다.

▽신쇼쿠神職 : 신토오에서 신에게 바치는 제의나 사무를 관장하는 사람을 지칭한다. 칸누시神主는 원래는 진쟈에서 신쇼쿠의 장長을 가리켰는데 현재는 신쇼쿠와 똑같은 의미로 사용된다. 이 신쇼쿠는 계급이 있다. 최상위급을 죠오카이浄階라 하며 오랫동안 신토오의 연구에 공헌한 사람에게 주어지는 명예계급이다. 이어 메에카이明階가 있는데 규모가 큰 진쟈의 최고위인 구우지宮司가 되기 위해 필요한 자격이다. 이어 세에카이正階인데 일반 진쟈의 구우지, 규모가 큰 진쟈의 네기禰宜가 되기 위한 자격이다. 다음으로는 곤세에카이権正階가 있는데 네기가 되기 위해 필요한 자격이다. 일반 진쟈라면 이 계위로 구우지가 되는 경우도 있다. 마지막으로 쵹카이直階가 있는데 네기에 필요한 기초적인 계위이다.

📷 오오아라이大洗 이소자키
진쟈磯崎神社·茨城県

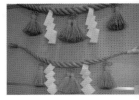

시메나와注連縄와 시데四手

사이셈 바코賽銭箱

메치기女千木(여신이 주재하는 진쟈)

오치기男千木(남신이 주재하는 진쟈)

 카츠라 하마桂浜의 용왕곶龍王岬·高知市

 후지산 정상의 토리이·富士山

 와타즈미和多都美 진쟈神社의 토리이鳥居·対馬

 시메나와 교체작업張り替え

 후타미 포구二見浦의
메오토 이와の夫婦岩·伊勢

 이츠쿠시마 진쟈嚴島神社의 토리이鳥居·宮島

다음은 일본에서 숭배되고 있는 다양한 신이다.

24.3.4. 자연신

1. 불의 신火の神

히노카구 츠치노 카미火之迦具土神인데 이 신은 이자나기노 카미伊耶那岐神와 이자나미노 카미伊耶那美神가 낳은 신으로 이자나미는 이 신을 낳다가 화상을 입어서 죽었다. 이에 화가 난 이자나기에게 이 불의 신은 참살당했다. 이 신은 성격이 포악하고 심술궂다. 그래서 이 신이 노하면 재앙이 일어나므로 평상시에 잘 다독거리는 것이다.

2. 물의 신水の神

아메노 키쿠마리노 카미天之水分神와 쿠니노 미쿠마리노 카미国之水分神, 전자는 비雨의 신이고 후자는 강의 신이다. 벼농사에 절대적인 신으로 논 곁에 모셔진다.

3. 흙의 신土の神

하니야 스비코노 카미波迩夜須毘古神와 하니야 스비메노 카미波迩夜須売古神이다. 그들은 이자나기노 카미의 임종 때 그의 똥에서 나온 신이다. 도자기업, 원예업, 토목 공사자 등에게 중요한 신으로 모셔진다.

4. 바람의 신風の神

옛날부터 바람은 신의 숨결에서 비롯되었다. 시나츠 히코노 카미志那都比古神는 바람을 주관하는 신이다. 바람은 혜택과 재앙을 가져온다. 그러므로 이 신을 진정시키는 진쟈가 일본 각지에 있다. 그 대표적인 것이 이세 징구우의 별궁에 있는 카자히노 미노 미야風日祈宮이다. 현재는 농민, 어민뿐만이 아니라 항공관계자들에게까지도 신으로 모셔지고 있다.

카자히노 미노미야風日祈宮・三

5. 천둥의 신雷の神

이자나기가 불의 신인 히노카구 츠치노 카미를 참살할 때 그 피에서 태어난 신이 바로 천둥의 신인 타케미 카즈치노 오노 카미建御雷之男神이다. 또한 이 신은 오오쿠니 누시노 카미大国主神의 아들 타케미 나카타노 카미建御名方神와 힘겨루기를 하였기 때문에 무신武神으로도 알려져 있다.

6. 태양의 신太陽の神

일본의 시조신인 아마테라스 오오미카미天照大神이다. 이자나기가 요모츠 쿠니黃泉国의 더러움을 제거하기 위해 목욕재계를 할 때 왼쪽 눈에서 만들어졌다. 여기서 아마테라스天照는 〈태양과 같은〉이란 뜻이다. 그 때문에 남동생인 스사노 오노 미코토須佐之男命가 난폭하게 굴자, 아마노 이와토天の岩屋 속에서 칩거하는데 이 때 온 세상이 캄캄해지고 각종 재난이 난무했다.

7. 달의 신月の神

이자나기노 카미가 목욕재계할 때 오른쪽 눈에서 만들어졌다. 이름은 츠쿠요미노 미코토月読命이다. 〈달을 읽는 행위〉, 다시 말해서 달이 차고 기우는 것을 관장하는 신으로 농사력에 관련된 농업의 신으로 신앙의 대상이 되고 있다.

아마테라스 오오미카미天照大

8. 산의 신山の神

이자나기伊耶那岐神와 이자나미伊耶那美神사이에 태어난 오오야마 츠미노 카미大山津見神이다. 이 이름은 위대한 산신령이라는 의미이다. 이 신은 자식이 많은 것으로도 유명하다. 흙, 안개, 계곡, 고개마루 등의 신이 그들이다. 이들은 일본신화에서 한결같이 중요한 역할을 하고 있다. 산이라는 것이 원래 생명을 잉태하는데서 유래한 것이다.

9. 들판의 신野の神

카야노 히메 카미鹿屋野比売神는 대표적인 들판의 신이다. 오오야마 츠미노 카미大山津見神의 부인이다. 별칭으로 쿠사노 히메草野姫, 노즈치노 카미野椎神, 이츠노 즈치嚴野槌 등이 있다.

10. 바다의 신海の神

이자나기와 이자나미가 낳은 오오와타 츠미노 카미大綿津見神로 바다를 주도하는 신이다. 여기서 〈와타〉는 위대한 〈바다의 신령〉을 의미한다.

이밖에 이자나기가 목욕재계할 때 태어난 소코츠 와타 츠미底津綿津見, 나카츠 와타 츠미中津綿津見, 우와츠 와타 츠미上津綿津見의 스미요시 타이샤住吉大社의 3신(미 하시라 三柱)이 있는데 각각 바다의 바닥과 중간, 해면을 관장하는 신이다.

스미요시 타이샤住吉大社 · 大阪

24.3.5. 직능의 신

1. 농업의 신

스사노 오노 미코토에게 참수당한 오오게츠 히메노 카미大宜都比売神의 죽은 시체의 머리에는 누에, 눈에는 벼, 귀에는 밤, 코에는 콩, 성기에는 보리, 꼬리에는 콩이 익어가고 있었다고 한다. 또한 우케 모치노 카미保食神가 츠쿠요미노 미코토月読命에게 살해당한 뒤, 그 사체에서 먹거리가 나왔다고 하는데 이들은 농업의 신으로 신앙의 대상이 되고 있다. 또한 이세 징구우의 외궁에 모셔져 있는 토오우 케노 오오카미豊受大神도 음식의 신인데 여기서 우케란 미케, 즉 신의 식사를 지칭한다.

2. 어업의 신

어업의 신으로 신앙의 대상이 되는 것 중에 오오쿠니 누시노 미카미의 아들인 코토시로 누시노 카미事代主神이다. 황위 계승을 요구하는 타카마노 하라의 사자에 대해서 아버지를 대신해서 황위계 승의 약속을 했는데 그 때 이즈모노 쿠니의 미호노 곶에서 낚시를 하고 있었기 때문에 낚시를 하고 있는 모습으로 표현되고 어업의 신으로 신앙의 대상이 되고 있다. 이는 에비스恵比寿로도 일반인에게 알려져 있다. 어민들은 옛날부터 바다를 별 세계로 생각하고 바다에서 해변으로 표착한 물건에 신령의 존재를 느끼고 그 표착물을 에비스라고 부르기도 했다.

3. 임업의 신

임업의 신으로 신앙의 대상이 되고 있는 것이 이소 타케루노 카미五十猛神이다. 이 신을 모시고 있는 와카야마현和歌山県의 이타키소伊太祁曽진자는 전국의 임업, 제재업 관계자의 신앙의 대상이 되고 있다.

4. 건축의 신

히코사시리노 미코토彦狭知命는 아마테라스 오오미 카미가 아마노 이와토에 칩거하고 있을 때 타오키 호오이노 미코토手置帆負命와 둘이서 목재를 모아서 미즈노 미아라 카瑞殿를 만들었다고 한다. 또한 짐무 천황神武天皇의 카지와라 징구우橿原神宮를 조영

카지와라 징구우橿原神宮 · 奈良県

할 때 두신의 자손이 정전을 만들었다는 설에서 토목 건축업자들로부터 두터운 신앙의 대상이 되고 있다.

5. 광산 금속 가공의 신

금속의 신으로 받들어지고 있는 카나야마 비코노 카미金山彦神와 카나야마 비메노 카미 金山姫神는 모두 대장간 직원이나 금속가공업자들로부터 두터운 신앙의 대상이 되고 있다. 이자나미가 토해낸 가건물로 만들어진 신인데 광석을 녹인 모습과 토사물이 닮았기 때문에 광산 금속의 신으로 받들어지고 있다. 광산을 지키고 금속가공 기술이나 금속제 품의 수호신으로 신앙의 대상이 되고 있다. 이 신은 전국적으로 모셔지고 있는데 그 본산이라 할 수 있는 곳이 기후현岐阜県 낭구우 타이샤南宮大社이다. 중세 이후에 전국의 많은 대장장이들의 칼이 봉납되었다.

낭구우 타이샤南宮大社

6. 요리의 신

요리인들의 수호신은 이와카무츠카리노 미코토磐鹿六雁命이다.

제12대 케에코오景行천황이 아와安房의 우키시마浮島궁으로 행차 나갈 때 무신이었던 이와카무츠카리노 미코토가 활시위를 갖고 바다에 뛰어들어 가다랑어를 낚아 올렸고 해변을 걸을 때 발에 채인 것을 집어 올리자 대합이었다. 이와카무츠카리노 미코토磐鹿六雁命가 이 둘의 회를 떠서 진상하자 천황은 요리의 기예를 칭찬하여 〈카시와데노 오오토 모노베膳大伴部〉라는 성을 하사했다고 한다. 이 카시와베膳部의 후예인 타카하시高橋씨가 대대로 천황의 식사를 관장하는 나이젠노 츠카사內膳司에 임명되어 궁중의 요리를 담당 하게 되었으며 이를 계기로 이와카무는 요리사들의 오야 가미祖神로서 신앙의 대상이 되고 있다.

타카베 진쟈高家神社 ·

이 신을 모시는 진쟈로 유명한 곳은 치바현千葉県의 타카베 진쟈高家神社, 토치기현栃木県의 타카하 시 진쟈高橋神社 등이 있다.

7. 주조의 신

술을 만드는 신으로 신앙의 대상이 된 것은 나라의 오오미와 진쟈大神神社와 쿄오토의 마츠오 타이샤松尾大社이다. 오오미와 진쟈에 모셔지고 있는 스쿠나비 코나노 카미少名毘 古那神는 의약의 신으로 알려져 있는데 옛날에는 술이 약이라는 생각이 있었기 때문이다.

오오미와 진쟈에서는 매년 11월 14일에 새 술 안전 기원대제를 행하고 있고 그 때 스기나무로 만든 사카바야시酒林가 교체된다. 양조장에서는 새 술이 완성될 때마다 그 신호로 점포 밖의 처마 끝에 사카바야시를 매단다.

한편 대륙에서 양조의 기술을 전했다고 하는 하카씨가 창건한 마츠오 타이샤松尾大社에 서는 경내에 있는 연명장수의 물(카메노이노 미즈亀井の水)이 유명하여 이 물을 양조 때 섞으

사카바야시酒林

면 술이 썩지 않는다고 하여 각지의 양조장에서는 마츠오노 사마松尾樣라는 여신을 모시고 있다. 양조장이 여인 금지구역이 된 것은 여인이 들어가면 마츠오노 사마가 질투를 하여 술을 부패시킨다고 전해졌기 때문이다.

마츠오 타이샤松尾大社·京都

8. 와가시和菓子 장인의 신

타지마 모리田道間守는 와가시 장인의 신으로 신앙의 대상이 되고 있다. 제11대 스이닌 천황垂仁天皇을 위해 항상 좋은 향기를 내뿜는다는 과일을 찾아 바다 저편의 토코요노 쿠니常世國로 여행을 떠난다. 거기에서 마침내 10년만에 발견한 과일을 천황에게 가져오지만 이미 천황은 세상을 뜬 뒤였다. 이것을 슬퍼한 타지마 모리는 이 열매의 반은 황후에게, 나머지 반은 천황이 묻혀 있는 능에 바치며 슬피 울다가 목숨을 끊었다고 한다. 그 외에도 당나라에서 처음으로 다학 연구서를 낸 리쿠우淕羽라는 인물은 차의 신으로 알려져 있다.

타지마 모리田道間守의 묘·奈良

9. 예능의 신芸能の神

이치키시마 히메노 미코토市杵島姫命는 아마테라스 오오미카미가 스사노오노 미코토의 토츠카十拳라는 검을 깨물어 부수어 날려버릴 때의 입김으로 태어난 무나카타宗像 3여신의 하나로 이 신은 바다의 신, 물의 신으로 옛날부터 이츠쿠시마 진쟈嚴島神社나 무나카타 타이샤宗像大社에서 모셔지고 있다. 이 이치키시마는 불교의 물의 신인 벤자이텡弁才天과 습합하여 일찍부터 둘은 동일시되어 왔다. 이 벤자이텡은 묘오온텡妙音天·비온텡美音天이라는 별칭도 있고 중세 때부터 가무·음곡을 관장하는 신으로 신앙의 대상이 되었으며 현재처럼 비파를 갖고 있는 여신으로 정착하여 예능자들의 수호신으로 신앙의 대상이 되고 있다.

이치키시마 히메노
미코토芸能の神

10. 보석의 신宝石の神

보석·옥석의 신은 타마노 오야노 미코토玉祖命이다. 아마노 이와토天岩屋에 칩거하고 있던 아마테라스 오오미 카미를 불러내기 위해 〈야사카니노 마가타마八尺瓊勾玉〉를 만든 신이다. 이것은 천황을 상징하는 3종의 신기의 하나이다.

이 신은 히무카노 쿠니日向國에 강림한 뒤 현재의 타마노오야 진쟈玉祖神社의 땅에 도착하여 츄우고쿠中國 지방을 다스렸다고 한다. 이 진쟈의 북쪽에 있는 타마노 이와야는 이 신의 분묘라고 전해진다. 야사카니노 마가타마를 만든 타마노 오야노 미코토는 보석, 안경, 렌즈, 카메라, 시계 등의 수호신으로 그 업종 사람들에게 두터운 신앙의 대상이 되고 있다.

타마노오야 진쟈玉祖神社·山口県

11. 의복의 신衣服の神·織物の神

의복이나 직물의 신으로 되어 있는 타나바타 츠히메棚機津姬는 아마테라스 오오미 카미가 아마노 이와토天の岩屋에 칩거하고 있을 때 신성한 직물인 캄미소神衣를 짠 여인신이다.

일본에서는 옛날부터 마을에서 격리된 바다나 강의 물가에서 신에게 바치는 옷감을 짜면서 신의 왕림을 기다리는 풍습이 있었으며 옷감 짜기 작업이 신성시되었다. 이 풍습과 중국의 견우와 직녀의 전설, 거기에다 키츠코오뎅乞巧奠이라는 여성의 수예가 능숙해지기를 기원하는 신지神事가 가세하여 현재의 타나바타七夕가 되었다.

12. 과학의 신科学の神

야고코로 오모이카네노 카미八意思兼神와 아메노 미나카누시노 카미天之御中主神 등은 과학기술을 수호하는 신으로 과학자나 엔지니어, 이과계 수험생에게 신앙의 대상이 되고 있다. 그는 여타 신들이 난제에 직면했을 때 묘책을 짜내어 해결책을 내놓았다. 아마테라스 오오미카미가 아마노 이와토에 칩거할 때나 양위할 때에도 지혜를 짜내어 사태를 좋은 방향으로 해결되도록 지혜를 짜낸 지혜의 신이다.

24.3.6. 신이 된 위대한 인물

1. 카키노모토노 히토마로柿本人麻呂

가인歌人으로서 뛰어난 노래를 많이 남긴 인물. 그는 또한 야마베 아카히토山部赤人, 소토오리 히메衣通姬와 함께 와카和歌 3신으로 불린다. 히토마로人麻呂는 히 토마루火止まる라 해서 불막이 신인 히요케火除け의 신이 되거나 히토 우마루人うまる라고 해서 안산(안잔安産)의 신으로 받들어지기도 한다.

2. 타이라노 마사카도平将門

헤에안 시대 중기 현재의 이바라키현茨城県의 서부를 근거지로 했던 무장. 939년에 중앙에 대해 반란을 일으켰다. 관동지방을 지배하며 스스로를 〈신황〉이라 칭하고 독립을 지향했지만 후지와라노 히데사토藤原秀郷, 타이라노 사다모리平貞盛의 연합군에 패배하여 참수되었다. 중앙의 지배에서 독립하려고 했던 정신을 관동지방의 민중들이 칭송하여 그를 영웅시했기 때문에 신앙의 대상이 되었다. 1303년부터 2년 사이에는 역병이 유행하였는데 이것이 마사카도의 저주였다며 사람들은 공포에 떨었고 그 뒤부터 마사카도의 영혼御靈을 소중하게 모시게 되었다고 전해진다. 토오쿄오의 칸다 묘오징神田明神, 이바라키현茨城県의 코쿠오오 진쟈国王神社 등이 마사카도를 모시는 진쟈이다.

타이라노 마사카도平将門의 묘
·東京

3. 사이토오 사네모리斎藤実盛

헤에안 말기에 현재의 사이타마현埼玉県의 쿠마타니시熊谷市를 통치하는 무장이었는
데 겐페에 갓생源平合戰 때 타이라씨에게 가담했다가 패했다. 볏단에 걸려 넘어졌을
때 피살되었다는 설이 있는데 그것을 분하게 여겨 벼를 갉아먹는 해충(사네모리충)이
되어 나타났다고 한다. 병충해 쫓기 행사(虫送り/해충을 구제驅除하기 위해 마을 사람이 많이
모여 종과 북을 치며 해충을 마을 밖으로 몰아내는 행사)를 행할 때 사네모리를 본뜬 짚 인형을
만들어 마을 밖까지 갖고 걸어간다.

타이라노 마사카도平将門
몸통의 묘지

4. 소가 형제曾我兄弟

카마쿠라鎌倉 시대에 이 소가형제는 아버지의 원수를 갚았는데 그 와중에서 생긴
에피소드가 소가 모노가타리曾我物語로 인기를 얻었으며 그 형제의 이름은 소가 쥬우로오 스케나리曾
我十郎祐成와 고로오 토키무네五郎時至이다. 형제가 아직 어렸을 때 아버지인 카와즈 사부로오 스케야
스河津三郎祐泰는 쿠도오 스케츠네工藤祐経와 분쟁 끝에 비운의 죽음을 맞이한다. 그 20년 후에 형제는
미나모토노 요리토모源頼朝를 모시고 있던 쿠도오의 잠자리를 습격하여 원수를 갚고 형은 그 자리에
서 죽고 동생은 잡혀서 살해된다.

이 이야기가 소설, 노오, 인형극, 카부키 등에서 인기를 모으자 각 지방에서 신앙으로 생겨났다.

5. 오다 노부나가織田信長

전국戰国 시대의 무장으로 일본 천하통일 직전 혼노오지 사변本能寺の変으로 생을 마감했다. 무력뿐
만 아니라 경제, 문화의 진흥에도 힘썼다. 메에지 시대가 되어서 토오쿄오東京와 야마가타山形의 켕쿤
샤建勲社에 모셔졌는데 나중에 쿄오토京都의 후나 오카야마船岡山로 옮겨졌다. 이것이 현재의 타케
이사오 진쟈建勲社이다.

6. 토요토미 히데요시豊臣秀吉

농민의 자식으로 한때 천하를 주름잡았던 인물. 사후에 쿄오토 동쪽 산인 아미다가
미네阿弥陀ヶ峰에 묻히고 호오코쿠 다이묘오징豊国大明神이라는 신호神号를 받았다. 그후
아미다가 미네에 사전社殿이 창건되었다. 토요토미씨 멸망 후 그 위세가 쇠퇴하였지만
메에지에 들어서자 히데요시의 공적이 재평가되어 1880년 현재의 토요쿠니 진쟈豊国神
社가 호오코오지方広寺경내에 세워졌다.

7. 사쿠라 소오고佐倉宗吾

에도 전기 시모오사노 쿠니(下総国/현 치바현千葉県)의 사쿠라佐倉에 있던 농민으로 정
의를 위해 자신의 몸을 바친 대표적인 인물이다.

토요쿠니 진쟈豊国神社

당시 사쿠라 항을 다스리고 있던 홋타 마사노부堀田正信가 부과한 세금이 무거워서 영지 내의 주민들은 고통을 당하고 있었다. 이것을 우려한 농민 사쿠라는 쇼오궁 토쿠가와 이에츠나德川家綱에게 직소를 한다. 이 직소에 의해서 세금은 경감되었지만 당시 직소는 극형에 처하도록 되어 있었기 때문에 소오고를 비롯하여 일족은 사형을 당하고 만다. 그후 홋타 마사노부의 몸에 기이한 일이 연달아 일어나고 급기야는 영지마저 몰수당하고 만다. 소오고 원령의 저주가 그렇게 만든 것이라는 이야기가 퍼진다. 그 때문에 마사노부의 자손인 마사스케正亮는 소오고를 모신 쿠치노 묘오징(현재의 쿠치노 미야 진쟈ㅁ/宮神社)을 창건한다. 자신을 희생시켜가며 농민을 지켰던 소오고의 이야기는 서적이나 카부키, 코오당 등에서 인기를 모으고 농민분규 때 카리스마적 영웅으로 회자되어 자유민권 운동의 선구자로서 메에지 시대에는 활동가로도 칭송받았다.

8. 토오고오 헤에하치로오東郷平八郎

메에지 쇼오와 초기의 해군으로 수많은 공적이 있는데 가장 유명한 것은 러일전쟁에서 발틱 함대를 궤멸시킨 해전이다. 국민적 영웅이었기 때문에 그 사후 토오쿄오 하라쥬쿠에 토오고오 진쟈東郷神社가 설립되었다. 그 외 군인으로서는 히로세 타케오 広瀬武夫가 히로세 진쟈(広瀬神社・오오이타현大分県 타케다시竹田市)에서, 노기 마레스케乃木 希典장군은 토오쿄오 미나토구의 노기 진쟈乃木神社에서 신으로 받들어지고 있다.

🍁 토오고오 진쟈東郷神社・東京

9. 스가와라노 미치자네菅原道真

학문의 신으로 유명한 다자이후大宰府의 템망구우天満宮의 제신은 스가와라노 미치자네菅原道真이다. 미치자네는 우다宇多 천황과 다이고醍醐 천황의 우대신이 되지만 후지와라노 토키히라藤原時平 등의 모략에 의해서 다자이후로 좌천되어 그곳에서 실의에 빠진 나머지 쓸쓸하게 생을 마감하게 된다. 그가 죽은 지 6년 후인 909년에 미치자네를 모함했던 토키히라가 39세로 죽고, 923년에는 다이고 천황의 황태자 야스아키라 신노오保明親王가 21세로 급사한다. 천황은 부랴부랴 죽은 미치자네를 원래의 우대신으로 추서하고 위계도 종 2품에서 정 2품으로 올리며 과거에 다자이후로 좌천시킨 칙서를 파기하고 미치자네의 명예를 회복시킨다. 하지

🍁 본전 앞의 홍매화와 토비 우메飛梅

만 미치자네의 원령은 쉽사리 사그러들지 않았다. 931년에는 궁중안의 세에료오뎅清涼殿이 벼락을 맞고 불타며 다이나공大納言 후지와라노 키요츠라藤原清貫 등이 즉사한다. 천황은 공포에 사로잡힌 나머지 3개월 후에 죽고 말았다. 미치자네의 원령이 천황을 죽였다고 사람들은 생각했다.

사람들은 미치자네의 원통한 영혼의 저주를 진정시키기 위하여 다자이후에 진쟈를 창건한다. 민중들은 미치자네를 인간으로서가 아니라 특별한 힘을 가진 〈텐진사마〉로 존경했다. 후에 미치자네의

생전의 한시漢詩나 서도의 재능을 섬겨 학문을 관장하는 신으로 널리 모시게 되었다. 다자이후에 좌천되기 전에 〈춘풍이 불면 향기를 전해주렴. 매화꽃이여 주인이 없다고 해서 봄을 잊지나 말게. 東風(こち)吹(ふ)かば にほひおこせよ 梅(うめ)の花(はな) あるじなしとて 春(はる)を忘(わす)るな〉라며 노래를 읊었는데 하루아침에 그 매화나무는 다자이후로 날아왔다고 한다. 그래서 〈토비 우메飛梅〉라고 이름 지어졌다. 그 외에 쿄오토의 키타노 템망구우北野天満宮도 미치자네를 모시는 진쟈로 유명하다. 이 키타노 템망구우는 쿄오토의 재난을 막기 위해 947년에 만들어졌다고 한다. 그리고 오오사카의 텐진 마츠리 天神祭는 미치자네를 신으로 섬기는 축제이다.

10. 토쿠가와 이에야스德川家康

토쿠가와 이에야스德川家康를 토오쇼오 다이공겐大権現으로 존칭해서 모시는 진쟈가 닉코오 토오쇼오구우日光東照宮이다. 이에야스의 유언으로 사후에는 스루가의 쿠노오산(쿠노오장久能山)에 매장되었다가 그후에 닉코오로 이장되어 모셔지고 있다. 이때 주어진 것이 신의 이름인 다이공겐이다. 이 신의 이름을 둘러싸고 토쿠가와 막부에 강한 영향력을 가진 승려 텡카이와 스으덴 사이에 싸움이 있었다. 다이공겐이라는 호를 추천한 텡카이에 대해서 스으덴은 다이묘오징이라는 호를 주장했다. 결국 이 싸움에서 이긴 텡카이는 그 이후 막부에서 강력한 영향력을 행사했다. 현재의 호화찬란한 사원은 3대 쇼오궁인 이에미츠家光에 의해서 만들어진 것이다. 건축물의 걸작으로 세계문화유산으로 등록되어 있다.

🔳 토오쇼오구우東照宮 요오메에몽陽明門

전국에서 이에야스를 신으로 모시고 있는 수많은 토오쇼오구우의 총본산은 닉코오인데 그 외에 시즈오카현静岡県의 쿠노오산久能山 토오쇼오구우, 굼마현群馬県의 세라타世良田 토오쇼오구우 등도 유명하다.

일본의 건국신화   part.25

태초에는 광활하고 기름기 많은 혼돈의 바다만이 존재하고 있었다. 하늘에서 이 바다를 내려다보고 있던 신령이 세상을 창조하기로 결정한다. 신령들은 많은 남신과 여신들을 만들어 냈는데 그중 주목할 만한 것이 이자나기(イザナぎ남신)와 이자나미(イザナミ여신)였다. 여기서 〈이자〉라는 말은 유혹한다(이자나우誘なふ)는 말이고 〈기〉와 〈미〉는 각각 남녀를 가리키는 말로 남녀가 서로 유혹하여 화합해서 세상의 만물창조의 의미를 가진 신의 등장을 일컫는 말이다. 신령들은 이자나기에게 세상을 창조하라며 보석으로 장식된 마법의 창을 준다. 이자나기가 창을 바다 속에 넣고 휘휘 돌리다가 이 혼돈의 바다에서 창을 꺼내자, 창끝에 바닷물 몇 방울이 응결되어 있었다. 그 방울들은 도로 바다 속으로

떨어져 오오야시마大八州가 되었다. 이것이 현재의 일본열도가 된 것이다. 그리고 이어 이자나기와 이자나미는 혼슈우本州·시코쿠四国·큐우슈우九州 등의 다른 섬들을 낳는다. 그 후에도 계속해서 이자나기와 이자나미는 흙과 돌(도세키土石)·강과 바다(카카이河海)·산과 들(상야山野)·먹거리(쇼쿠모츠食物) 등의 신을 낳는데 마지막으로 불火의 신을 낳던 중 이자나미가 그 불에 타서 죽게 된다. 이자나미는 죽어서 황천국(미요노쿠니黄泉国)에 가게 되는데 이자나미의 죽음을 슬퍼한 이자나기는 이자나미를 그리워하여 황천국까지 찾아간다. 거기에서 천신만고 끝에 이자나미를 만나 그녀를 데리고 나온다. 그러나 황천국을 다스리는 신의 명령어인 〈뒤돌아보지 말라〉는 말을 어기고 데리고 나오던 도중에 이자나미의 얼굴을 보고 만다. 결국 이자나미의 몸은 구더기가 생기며 천둥의 신으로 변했다가 죽음을 다스리는 신으로 되고 만다. 이자나기는 그 뒤 인간의 삶을 지배하는 신으로 거듭나게 된다. 이자나기가

📷 신화

죽음의 나라의 부정을 털어 내기 위한 의식인 목욕재개를 하던 중 마지막으로 좌우 눈과 코를 씻자 아마테라스 오오미 카미〈天照大神/이자나기노 미코토의 딸로 타카마노 하라高天原의 주신이며 일본 황실의 조상신(소신祖神)이다. 태양의 신으로 받들어지고 이세 코오 징구우伊勢皇神宮에서 제사지내며 황실숭경의 중심이 되고 있다〉와 츠키요미노 미코토月読命, 스사노 오노 미코토須佐之男命 등의 세명의 귀공자가 태어난다. 그 중 코에서 태어난 스사노오는 자신이 부여받은 땅(우나바라海原라고도 하고 네노쿠니根の国라고도 하며 아마노시타天の下라고도 한다)에서 통치는 하지 않고 밤낮을 울기만 하다가 추방당하고 만다. 결국은 누이인 아마테라스가 살고 있는 타카마노 하라高天原로 올라가는데 그 올라가는 기세가 너무 커서 천지가 흔들린다. 누나인 아마테라스가 깜짝 놀라 남장에 완전 무장을 하고 누이의 나라를 빼앗을 작정이냐며 동생을 나무란다. 동생은 다른 야욕은 없다며 누이에게 맹세를 하고 그곳에서 사는 것을 허락받는다. 하지만 그는 그곳의 밭을 망치고, 제례의 제사상을 더럽히며, 살아있는 말의 가죽을 벗기는 등 방탕한 생활을 계속한다. 이를 보다 못한 누나 아마테라스는 화가 나서 이와토石窟로 숨어버린다. 태양의 신이 숨어 버리자 세상은 암흑으로 변한다. 이에 스사노오는 다른 신들에게 머리와 손톱을 뽑히고 그곳에서 추방당한다. 아마테라스가 아마노 우즈메노 미코토天鈿女命의 춤에 의해서 동굴 밖으로 나오자 세상이 빛으로 넘친다. 스사노오는 결국 이즈모노 쿠니出雲国로 내려가 사람들을 괴롭히던 머리와 꼬리가 8개 달린 큰 뱀 야마타노 오로치八俣大蛇를 죽이고 그 뱀에서 나온 검을 아마테라스에게 바친다. 그리고 공녀貢女로 바쳐졌던 여인을 구하고 그녀와 결혼하여 스가노미야須賀宮에 살면서 여기에 나라를 세운다. 그리고 많은 이즈모出雲의 신의 조상신이 된다. 한편 스사노오를 돕기 위해 아마테라스는 그의 후손에게 벼를 가져다주고 농사짓는 법을 가르치게 한다. 그러던 중 돌연히 스사노오가 어디론가 사라져 버리자 타카마노 하라에서 아마테라스의 손자인 니니기노 미코토瓊瓊杵尊가 5부신과 함께 강림해서 그 땅을 다스리고, 그를 천황이라 부르게 되었다. 그리하여 초대 천황은 137년, 10대 천황이 168년간 장수한다. 〈일본 『코지키古事記』에서 발췌〉

키미가요君が代　part.26

일본국가國歌로 사용되어지는 노래로서 가사의 출전은 『코킹 와카슈우古今和歌集』로 옛날부터 축복예祝福芸로 사용되어져 온 것이다. 작곡은 오쿠 요시이사奧好義와 하야시 히로모리林広守로, 작곡연대는 1879년 1월로 알려져 있다. 첫 연주는 1879년 10월 29일 쿠나이쇼오宮内省 아악 대연습회에서였다. 이 키미가요에 붙여진 선율은 당시 4종류였다고 한다. 환톤작곡의 곡, 보육 창가로서 만들어진 〈조약돌〉 및 현행 키미가요의 곡, 일본 첫 음악교과서라고 불리는 초등학교 창가집 초편(쇼오가쿠 쇼오카 쇼헨小学唱歌集初編)에 실린 서양풍의 선율의 4종류가 그것이다. 1892년에 출판된 초등학교 창가(小学唱歌제1권)에는 현행곡이 게재되었고 해설에는 〈천황폐하 만세를 축하하는 가곡으로서 만들어진 것이다. 이 곡은 이제 우리의 국가로서 기념일, 제사일 등

키미가요君が代에 등장하는 사자레 이시〈작은 돌이 모여 큰 돌을 이루고 이끼 길 때가지 영원히〉라는 것이 키미가요의 내용이다.

에 일반에게 사용되어질 것이다〉 라고 되어 있어 이미 국가國歌로서 취급되고 있음을 알 수 있다. 그러나 아직 국가로 결정된 것은 아니었다. 2차 대전의 패전으로 천황을 찬양하는 〈키미가요〉는 자숙하는 분위기였으나 1950년의 공식행사에 재등장해서 1952년부터는 NHK방송 종료 때에 방송되게 되었다. 토오쿄오 올림픽을 앞두고 〈키미가요〉를 국가로 해야 한다는 검토가 이루어졌는데 〈공식제도 연락 조사회의〉는 법제화에 무리가 따른다는 결론을 내렸다. 그 때문에 논란의 장이 학교교육으로 바뀌어 77년의 〈학습지도 요령〉에서는 그 때까지 〈키미가요 제창〉이라고 해오던 것을 〈국가 제창〉으로 바꾸고 89년에는 〈학습지도 요령〉으로 학교의식 등에서 〈국가 제창〉을 의무화했다. 하지만 일장기와 함께 교육계에서의 반발도 만만치 않아 일부 학교에서는 국가 제창 찬성파와 반대파로 갈려 졸업식이 두 번 열리는 등의 혼선을 빚기도 했다.

일장기〈히노마루日の丸〉　part.27

하얀 바탕의 천의 중심에 태양을 의미하는 둥근 원을 그린 깃발로 닛쇼오키日章旗라고도 한다. 방사광放射光을 그려 넣은 욱일기(아사히노 하타旭日旗・미노 하타御の旗・아사히노 미하타朝日の御旗)도 있지만 보통은 전자를 의미한다. 기원은 분명하지 않지만 전국 시대 무장의 깃발 표시(하타 지루시旗印)라든가 군대를 지휘하는 군부채(군셍軍扇)에 사용된 기록이 있다. 1854년 막부에 의해서 일본선日本船에 히노마루 깃발을 게양하기로 결정되었다. 그리고 1870년에

아사히노 하타旭日旗

는 메에지 정부의 태정관 포고에 의해서 함선에 게양하는 히노마루의 디자인과 종류가 제정되었다. 이 포고에는 히노마루를 일본국기로 하는 것이 명문화되어 있지는 않지만 이후, 히노마루는 관습적으로 일본국기로 취급을 받게 된다.

일반 서민이 히노마루를 처음으로 사용한 것은 1872년 철도개통 때로 천황의 환영에 작은 깃발이 사용되었다. 히노마루가 본격적으로 보급된 것은 러일전쟁 이후로 학교에서의 의식, 창가 교과서 등이 큰 역할을 했다. 2차대전 중에는 전의고양戰意高揚의 수단으로 사용되었기 때문에 현재도 학교에서의 국기게양에 대해서는 반대의견이 팽팽하다.

히노마루 게양과 키미가요 제창 강제가 빚은 비극

1990년대부터 공립학교 교육현장에서 문부성(당시)의 지도로 국가(히노 마루日の丸)의 게양과 국가(키미가요君が代)의 제창이 사실상 의무화되었다. 이에 반대하는 사람들은 일본국 헌법의 사상과 양심의 자유에 반하는 지시라고 주장하여 심각한 사회문제가 되었다.

이 일환으로 히로시마현広島県 현립県立 세라世羅 고등학교 교장이 졸업식 전날인 1999년 2월 28일에 자살했다. 당시의 문부성과 현県교육위원회의 졸업식에서의 히노마루 게양과 키미가요 제창의 강제가 원인이었다. 당시의 문부성과 현県교육위원회, 자민당 현県의회 의원단과 우익단체가 보조를 맞추어 가며 〈졸업식 및 입학식 등에서 국기게양과 국가제창을 학습지도요령에 의해 실시할 것〉을 강권하고 자민당 현県 의원단은 〈식순에 국가제창이 들어있는가? 국가제창 때에 일어서지 않은 학생이 있었는가? 국기게양은 이루어지고 있는가? 그 방법은 어떠한가? 교장은 기념식사 도중에 과거의 전쟁책임 혹은 전쟁에서의 히노마루의 역할에 대해서 언급했는가?〉에 관한 사항을 철저하게 체크했으며 현県 교육위원회는 교사의 직무사항에 대해서도 보고하라고 시달했다고 한다.

이에 따라 히로시마의 현립 고교의 국가 제창률은 97년 18.6%에서 98년에는 88%로 급상승했다고 한다.

자살 당일에도 현교육위원회 담당자가 교장의 자택을 방문했으며 한술 더 떠서 교육위원회의 교육부차장까지도 지도차 그 교장자택을 방문하려가는 도중에 극적으로 자살이 일어났다고 한다.

일본의 지명과 지방

 일본지명의 어원 part.**28**

28.1. 현재 행정구역〈토도오후켕都道府県〉의 어원

일본은 4개의 큰 섬과 수많은 작은 섬들로 이루어져 있다. 이것을 일본열도(니혼렛토오日本列島)라고 한다. 가장 큰 섬은 혼슈우本州이고 혼슈우의 북쪽에는 혹카이도오北海道가, 남쪽에는 시코쿠四国와 큐우슈우九州가 있다. 큐우슈우의 남쪽 끝에는 오키나와沖縄가 있다. 이것은 다시 8개의 지방으로 나누는데 혹카이도오北海道, 토오호쿠東北, 칸토오関東, 츄우부中部, 킹키近畿, 츄우고쿠中国, 시코쿠四国, 큐우슈우九州지방이 그것이다.

다시 츄우부지방은 코오싱에츠甲信越, 호쿠리쿠北陸, 토오카이東海지방으로 편의상 나누며, 츄우고쿠지방은 상요오山陽, 상인山陰지방으로 나눈다. 또한 일본열도는 문화나 사회성격상 둘로 나눌 수 있다. 츄우부지방보다 동북쪽을 동일본(히가시닙퐁東日本), 남서쪽을 서일본(니시닙퐁西日本)이라 한다.

일본에서는 가장 큰 광역 행정구역이 1都1道2府43県인데 현재는 〈현県〉단위보다 큰 〈道州制〉를 채용하려는 움직임도 있다.

28.1.1. 홋카이도오北海道

　　<에조치蝦夷地>라고 불리어 왔는데 1869년에 에조蝦夷라는 글자를 음으로 읽어 <카이蝦夷>라 했
고, 거기에 북쪽이라는 <북北>을 얹고 <토오카이도오東海道>·<사이카이도오西海道> 등에서 본 떠
<道>를 붙였다. 면적은 78,515㎢이며 겨울추위가 매섭고 여름도 선선하다. 지형은 웅대하고 대규모
의 산지, 화산, 평야가 펼쳐져 있다. 농업은 낙농업형태이며 기계농업이 주를 이루고 있다. 홋카이도
오는 메에지가 되어서야 본격적인 개방이 시작되었으므로 인습에 얽매이지 않고 프런티어 정신이

강하며 개방적이고 자유로운 기풍이 강하다. 여성이 남성보다 적극적이고 연애의 고백도 여성이 먼저 하는 경우가 많다고 한다. 버터와 치즈, 아이누 보리彫り, 시샤모 등이 특산품이다.

토와다十和田 호수
·秋田県과 青森県

반다이산과 이나와시로猪苗代 호수 ·福島県

갓산月山 ·山形県

다이세츠잔大雪山 ·北海道

노시로能代 평야 ·岩手県

자오오蔵王 스키장 ·宮城県 ·山形県

타로오田老해안의 산노오이와三王岩 ·岩手県

고시키늪五色沼과
반다이산磐梯山 ·福島県

28.1.2. 동북지방〈토오호쿠 치호오東北地方〉

아오모리켕青森県

소나무가 일년내내 푸르게 우거졌다는 의미에서 붙여진 이름이다. 옛날에는 〈아오모리青盛〉라고도 썼다. 아이누어로 작은 언덕이라는 뜻의 〈아오모로이〉라는 말에서 나왔다고도 한다.

현 북쪽의 츠가루津軽사람은 사교적이고 붙임성이 강한데 비해 태평안 연안 쪽의 사람들은 말수가 적고 비사교적이다. 이 차이의 원인은 옛날 이곳이 츠가루항津軽潘과 남부항南部潘으로 나누어져 있었기 때문이다. 사과와 츠가루津軽칠기塗り가 특산품이다.

이와테켕岩手県

이와테산岩手山의 용암 등 바위가 노출된 땅이란 의미의 〈이와테땅〉이란 것에서 유래했다고 한다. 그밖에 귀신이 바위에 찍은 손 모양에서 유래되었다고도 한다.

이 지방 사람들은 소에 비유될 정도로 과묵하고 끈기가 강하다. 긴긴 겨울동안에는 눈이 많이 내려 집에 갇혀 지내는 경우가 다반사여서 사람들은 독서에 몰두하는 경우가 많아 사색적이고 보수적인 편이다. 따라서 예술가, 학자, 문학자는 많이 배출되었으나 정치가는 적은 편이다. 하지만 수상은 5명이나 배출되었는데 이 또한 자발적인 의지가 아니라 주위의 추천으로 추대된 경우가 많았다고 한다. 남부철기南部鉄器, 남부셈베가 특산품이다.

미야기켕宮城県

벼의 창고인 〈미야케屯倉〉가 있는 땅이란 말에서 유래했다고 한다. 그밖에 〈시오가마 징구우塩竈神宮〉에서 미야〈宮〉를 따고 〈타가죠오多賀城〉에서 기〈城〉를 땄다는 설도 있다.

동북지방의 다른 현과는 사뭇 다르다. 우선 기후도 다른 동북지방과는 달리 눈도 많지 않고 온난하며 쌀농사도 유명한 곳인데다가 세계 유수의 어장도 갖고 있어 현민들은 비교적 먹고 사는데 지장이 없었다. 따라서 사교적, 개방적이고 유유자적하며 프라이드도 강하다. 에도 시대는 다테 마사무네伊達正宗가 62만석의 큰 영지를 갖고 있었다. 센다이仙台(히라 · 된장 · 다가시), 타마무시玉虫칠기, 코케시 인형이 특산품이다.

아키타켕秋田県

물기가 항상 질퍽질퍽한 저습지인 〈아키츠타飽ツ田〉에서 전화된 것이라고 한다.

현민들은 향락적이고 저축률이 낮으며 술을 좋아하는 편이다. 이 지방의 사타케항佐竹藩은 쌀농사 장려정책으로 항상 배불리 먹을 수가 있었으며, 쿄오토와의 무역선 왕래로 사치품이 많이 유입되어 소비성향도 강한 편이다. 카와츠라川連칠기, 금은세공, 청주가 특산품이다.

야마가타켕山形県

산지가 가까운 땅이라는 의미를 나타내는 〈야마카타〉에서 유래했다고 한다.

성실하고 이지적인 현민성으로 정평이 나 있으며 일본에서 가장 빈곤한 요네자와항米沢藩이었지만 번교를 세워 유학교육에 힘쓴 결과 야마가타 출신의 OL은 성실하고 솔직하기로 유명하며, 이웃 아키타 현에서도 며느리는 야마가타에서 얻으라는 이야기까지 있다. 장기将棋의 말, 요네오리米織, 앵두, 굴 등이 특산품이다.

후쿠시마켕福島県

〈후쿠〉는 미칭(비쇼오美称)으로 붙여진 것이고, 〈시마〉는 분지로 고립된 언덕이라는 뜻으로 생긴 말이라고 한다.

현민은 보수적이고 애향심이 강하다. 이 지방의 대표격인 아이즈会津에 샐러리맨이 전근 왔다가면 3번 우는데, 이는 그 지방으로 전근오게 되어 울고 전근와서는 사람들의 정이 두터워 울고, 다른 곳으로 전근가게 되면 떠나기 아쉬워 운다고 한다. 아이즈会津칠기, 소오마 도자기相馬焼き, 복숭아, 배 등이 특산물이다.

28.1.3. 관동지방〈칸토오 치호오関東地方〉

이바라키켕茨城県

찔레꽃이 무성한 들판에서 유래되었다고 한다. 옛날에는 〈이바라키茨木〉라고 쓰였다.

이곳의 현민성으로는 3가지를 드는데 〈쉽게 화를 내고怒りっぽい〉・〈쉽게 잊어버리고忘れっぽい〉・〈쉽게 질리는飽きっぽい〉 성격이 바로 그것이다. 사쿠라다몽 사변桜田門外の変을 비롯해서 쇼오와의 혈맹단사건, 5・15사건, 2・26사건 등의 피비린내 나는 사건에는 미토항水戸藩사람들이 많이 개입되었는데 이는 의리가 있으며 시선을 의식하는 성격이 강한 면이 있기 때문이다. 낫토오, 양갱, 카사마笠間 도자기 등이 특산물이다.

토치기켕栃木県

침엽수인 토치기나무栃木가 우거진 땅이라는 뜻에서 붙여진 이름이라고 한다.

이 열매는 귀중한 식료품으로 쓰인다.

현민성으로는 부끄럼을 잘 타고 좀처럼 자신을 잘 드러내지 않으므로 무엇을 생각하는지 알 수 없으며 첫인상은 별로 좋은 편은 아니지만 교제하면 할수록 사귈 맛이 난다고 한다. 성실하고 견실하며 호인형이 많고 특히 남자끼리의 우정은 돈독하다고 한다. 역사적으로는 강대한 세력에 지배당한 적이 없어서 그런지 낙관적이고 자기주장이 약하며 대세에 따르려는 소극적인 태도가 두드러진다. 남성들이 출세욕이 적으며 믿음직하지 못한 구석이 강한 탓에 여성들이 오히려 대가 세다고 한다. 요시코益子자기, 게타, 박고지, 응회석 등이 특산물이다.

굼마켕群馬県

옛날에는 〈쿠루마車〉라고 불렀다. 〈쿠루마모치베車持部〉에서 유래되었다고 한다. 쿠루마모치베車持部는 야마토大和조정에서 천황이 타는 가마를 관리했다고 전해지는 조직이다.

도박과 굼마는 옛날부터 깊은 관련이 있어 왔다. 굼마 사람들은 과거에 지리적으로 가까운 에독코江戸っ子를 동경해왔고 화려한 것을 좋아 했다. 굼마인들은 도박에는 관용적이나 성에는 엄격하다. 그리고 의리인정이 강하고 친척과의 교류도 빈번하다. 에독코의 영향인지 성질이 급하고 쉽게 뜨거워지고 쉽게 식는 냄비 기질이다. 또한 남성들은 기세가 등등하지만 겉모습만 그렇고 실제는 거짓말을 못해 잘 속고 순수해서 상처도 쉽게 받는다. 전국 1위의 생산은 다루마達磨 인형과 콘냐쿠 이모 등이고 키류우桐生직물 등이 특산물이다.

📷 쿠사츠草津 온천・群馬県

사이타마켕埼玉県

조정에서 파견한 관리가 근무하는 코쿠후国府가 소재하고 있던 타마多摩 앞에 있는 땅이란 말로 〈사키타마先多摩〉에서 유래된 말이라고 하며 〈사키타마幸魂〉에서 유래했다고도 한다.

주민의 대대수가 타지 출신이며 토오쿄오로 출퇴근하는 사람들이 대다수여서 현민의식이 약하고 특히 남쪽인 토오쿄오와의 경계에 사는 사람들 가운데는 자신을 토오쿄오 사람이라고 생각하는 사람이 많다. 따라서 다른 사람들의 생각이나 새로운 가치관을 받아들이는 포용력이 있는 편이다. 그리고 개성이 강한 것으로 알려진 치치부秩父사람들은 혹독한 환경 탓으로 기질이 드세고 참을성도 강한 편이다. 특산품으로는 히나 인형, 광학렌즈, 브로커리, 사야마차狹山茶 등이 있다.

치바켕千葉県

갈대의 종류인 띠(치가야茅)가 우거진 지역이었기 때문에 〈치부茅生〉라는 말이 와전되면서 생긴 말이라고 하는데 다른 한편으로는 〈츠바端〉에서 온 것으로 〈끝의 땅〉이란 의미라고 한다.

현의 북쪽은 대도시 에도와 가까워서 타산적이고 빈틈없는 사람이 많은 편이고 현의 남쪽은 남국적이고 정열적으로 해녀가 많았으며 여성들의 생활력이 강한 편이다. 현 중앙부는 예전에 죄를 짓고 귀양 온 사람들이 많아 겁이 많고 보수적이다.

해수욕장이 80개소로 전국에서 가장 많고 땅콩, 소주, 간장, 토란, 시모오사下総인형, 쵸오시銚子치지미 등이 특산물이다.

토오쿄오토東京都

서쪽의 쿄오토京都에 대해서 동쪽의 서울이라는 의미로 붙여진 이름이다.

옛날부터 에독코 기질로 널리 알려졌는데 에독코의 기질은 정에 여리며涙もろく, 참견이 많고お節介で, 정의감이 강하고 의리가 있으며義理堅く, 남의 시선을 의식하며見栄っ張り, 돈에 집착하지 않았다.

지금은 거의 대다수가 도시인으로 시골의 혈연이나 지연을 끊은 채 타인을 간섭하기도 싫어하고 간섭당하는 것도 극히 꺼린다. 교제도 일정한 범위 이상으로는 발전하지 않는다. 그렇다고 싸늘한 인간관계만 있는 것이 아니고 밝고 사교적이며 정보량도 많아 팔방미인적인 면도 있지만 행동력은 부족하다. 잡지, 정기 간행물, 피혁제품 등이 전국 생산 1위이다.

쿠쥬우쿠리 해변九十九里浜・千

스미다강隅田川의 벚꽃・東京

토오쿄오 도청사 미니어쳐

긴자 미츠코시三越 백화점 앞・東京

카나가와켕神奈川県

철에 슨 녹이 함유되어 있는 강이라는 의미에서 〈카나가와金川〉, 그리고 강물의 원류를 알 수 없다는 뜻에서 〈카나가와上無川〉에서 유래되었다고도 한다.

도시적이며 요코하마橫浜는 토오쿄오보다 더 도시적이다. 비교적 현민의식이 부족한 편이지만 자기들이 거주하고 있는 이곳을 무척 사랑하는 편이다. 타인에 대해서 개방적이고 무엇이든 쉽게 받아들이며 새로운 것을 좋아하고 프라이드가 강한 〈하막코 기질浜っ子気質〉로 정평이 나있다. 경쟁심이나 인내심은 그다지 강하지 않다. 카와사키 공장가 사람들은 토오쿄오 시타마치下町기질로 인정을 중시하며, 히라츠카平塚에서 오다와라小田原까지의 해안선지대의 사람들은 밝은 편이며 북부의 사가미하라相模原사람들은 느긋한 편이다. 오다와라小田原어묵, 찐만두, 카마쿠라鎌倉칠기, 하코네箱根 목공예 제품 등이 특산물이다.

황거 앞 광장 소나무 군락·東京

토오쿄오대학 홍고오 캠퍼스·東京

하마리큐우浜離宮 은사恩賜정원·東京

케곤노타키華厳の滝·栃木県

하코네箱根에서 본 후지산富士山·神奈川県

요코하마橫浜 미나토 미라이港未来·神奈川県

28.1.4. 중부지방〈츄우부 치호오中部地方〉

중부지방은 편의상 다시 여러 지역으로 나누고 있다.

28.1.4.1. 코오싱에츠 치호오甲信越地方

야마나시켕山梨県

배나무가 많았던 것에서 유래되었다고 한다. 또한 산이 많은 〈야마나스山生〉라든가 암벽을 나타내는 〈나치〉가 산이란 의미의 〈야마〉와 붙어서 만들어진 〈야마나치〉가 변한 것이라고도 한다.

야마나시 사람들은 흔히 코오슈우 상인들의 악명과 동등한 것으로 비유된다. 돈에는 무섭고 지기 싫어하며 집념이 강하다. 〈코오슈우 놈들과 소통에는 주의를 게을리 마라〉는 말이 있을 정도로 평판이 나쁘다. 이것은 산악지대 근성과 다른 현에 대한 배려 부족, 특히 패전 직후 조악한 상품을 만들어 강매했던 사실과 성공한 코오슈우 상인들에 대한 질투가 복합된 것이다. 하지만 그 상인들은 지기 싫어하는 근성과 아이디어로 성공한 사람이 많으며 독립정신도 강하고 그들 사이에 〈사람은 성城이다〉라는 말이 있을 정도로 인간관계를 중시하며 상호부조 정신도 강하고 인간관계도 친밀하다. 그러나 폐쇄성은 여전히 현존하고 있다. 와인, 복숭아, 소가죽(인뎅印伝), 수정공예 등이 유명하다.

나가노켕長野県

산 사이에 끼어있고 길게 늘어선 분지의 모습을 나타낸 지명으로 되어 있다.

자연환경이 혹독한 곳인 만큼 사람들은 근면, 성실하고 참을성이 강하지만 지나치게 진지해서 농담이 통하지 않을 정도다. 한편으로는 합리적이고 이상주의적이며 토론을 좋아하는 성격도 갖고 있다. 나가노에서 강의하거나 할 때에는 쉽게 할 때보다 어렵게 이야기할 때 박수가 더 많이 나온다고 한다. 나가노 사람들이 토론을 좋아하게 된 것은 기나긴 겨울에 밖에 나갈 수 없어 집안에서 토론을 주로 했고 이곳의 생사가 국제적으로 유명해지자 세계경제에 관심을 가지면서 토론이 많아졌기 때문이다. 하지만 토론은 토론 자체로 끝나는 〈코타츠 문화〉로 평가 받는다. 합리적인 만큼 평등주의, 실력주의가 어필하는 곳이기도 하다. 츠케모노, 살구, 메밀, 사과, 노자와나, 키소木曾 노송나무 등이 특산물이다.

니이가타켕新潟県

시나노信濃강의 강입구에 새로운(니이新) 만(가타潟)이 생겼다는 것에서 유래되었다.

옛날부터 설국의 가혹한 환경을 견뎌왔기에 은근과 끈기가 강하다. 토오쿄오로 이주한 사람이 많은데 목욕탕, 두부집, 쌀집은 니이가타 출신이 많으며, 니이가타 여성은 남편과 가정을 끔찍이 여기고 순종적이어서 신부감으로는 최고라 한다. 그리고 특히 삼파쿠三白라 해서 흰 쌀, 흰 눈, 현민들의 흰 피부가 유명하다고 그들 스스로 선전한다. 향토애는 놀라울 정도로 강하지만 배타적이지 않고 남성은 정에 약하다. 사사笹당고, 쌀과자, 스키용구, 청주 등이 특산물이다.

📷 카와구치 호수河口湖의 오르골 미술관·山梨県   호타카다케穂高岳·長野県과 岐阜県   사도佐渡 섬·新潟県

28.1.4.2. 호쿠리쿠 치호오北陸地方

토야마켕富山県

쿠레하吳羽 구릉지의 바깥 산外山에 있는 땅이었기 때문에 이것을 의미가 좋은 글자로 바꾸어서 토야마가 되었다는 설이다.

토야마 사람들을 흔히 〈호쿠리쿠의 오오사카인〉이라 한다. 인색하기 짝이 없는 오오사카 사람 뺨친다는 말이다. 토야마 사람들은 오로지 일만하고 번 돈은 술이나 도박에 사용하지 않고 저금만 한다. 그러면서 투자나 자식교육에는 열성이다. 실력주의와 합리성이 강하면서도 권위나 전통적인 가치관은 존중한다. 토야마 사람이 이렇듯 근검, 절약을 하게 된 이유는 이곳에 뿌리를 내린 정토신종淨土眞宗의 영향과 토야마항이 10만석의 가난한 항이었으며, 농작물의 수해와 냉해 피해가 상당히 심했기 때문이다. 튜울립, 타카오카高岡칠기, 스키용구 등이 특산품이다.

이시카와켕石川県

테도리강手取川의 선상지에 돌이 많기 때문에 붙여진 이름이라고 한다.

과거 에도 시대의 카가加賀 100만석의 영광 탓인지 거드름이 많은 편이고 노력은 부족한 편이다. 호쿠리쿠 3현이 완전히 몰락했을 때 〈입만 살아 움직이는 에치젠(越前/후쿠이福井)〉, 〈생명력이 넘치며 뭔가 하려고 노력하는 엣츄우(越中/토야마富山)〉, 〈양반은 냉수를 마셔도 이를 쑤신다는 식의 거드름만 피우고 노력은 하지 않는 카가(加賀/이시카와石川)〉라고 비유하고 있다. 하지만 같은 이시카와 사람들 가운데 노토能登사람들은 상냥한 것으로 유명하다.

칠기로 만든 식기, 키가염색, 키가인형, 쿠타니九谷도자기, 와지마輪島칠기 등이 특산품이다.

후쿠이켕福井県

옛날에는 〈후쿠노이北の庄〉라고 했는데 〈후쿠北〉라는 글자가 패배 속에 들어있는 글자이기 때문에 좋은 의미의 글자인 〈후쿠福〉자가 사용된 〈후쿠이福居〉로, 그리고 결국에는 〈후쿠이福井〉로 바뀌었다.

후쿠이 사람들은 실리, 실익을 중시하는 사람들로서 유행이나 정보에 민감하고 변신이 빠르며 행동력까지 겸비하여 상인으로서 성공했다. 정토신종의 영향으로 친절하고 싸움은 가능한 한 피하려 한다. 에치젠越前 사람들은 근면하지만 와카사若狹 사람들은 낙천적이고 관서지방 사람과 성격이 비슷하다. 고급 견직물(하후타에羽二重), 에치젠(칠기·종이·섬게), 와카사칠기, 죽세공 인형 등이 유명하다.

토야마富山에서 본 타테야마렘포오立山連峰 · 富山県   켄로쿠엔兼六園 · 石川県   토오짐보오東尋坊 · 福井県

28.1.4.3. 토오카이 치호오東海地方

기후켕岐阜県

　　원래는 〈이노쿠치井口〉라고 했는데 오다 노부나가織田信長에 의해서 기후라고 바뀌었다. 중국의 천하통일을 이루어낸 주나라 문왕의 출신지인 기장岐山에서 〈기岐〉라는 글자를, 공자가 태어난 쿄쿠후曲에서 〈후阜〉라는 글자를 합성해서 만든 것이다.

　　이곳의 현민성을 대표하는 것으로 〈와쥬우 근성輪中根性〉이라는 것이 있는데 이것은 현을 흐르는 강의 잦은 범람으로부터 마을을 지켜내기 위한 인적 조직이나 구조를 가리킨다. 〈와쥬우〉 내의 사람들 사이에는 결속력이 크지만 다른 와쥬우 사람들에 대해서는 배타적이었다. 이것은 자신이 속한 와쥬우만이 살아남는 데만 급급했었던 것과 잦은 전란의 무대였기에 변신을 밥 먹듯이 하였으므로 이웃을 믿지 못하는 풍습이 굳어졌기 때문이다. 현내의 히다飛驒사람들은 소박하고 순수하며 첫인상とっつき은 좋은 편은 못되나 적을 만들지 않는 타입이고 집을 비울 때도 잠그지 않을 정도이다. 한편 미노美濃 사람들은 상재에 밝고 사교적이지만 사이가 좋았던 상대라도 간혹 서먹한 관계가 되면 사정없이 안면몰수 하는 타입이다. 기후제등提灯, 미노(종이 · 자기), 슝케에春慶칠기 등이 특산품이다.

시즈오카켕静岡県

　　시즈오카시에 있는 〈시즈하타야마賤機山〉라는 이름에서 유래되었다고 한다.

　　이 〈시즈하타〉는 원래는 〈시즈하타倭機〉라고 쓰고 역사상 상대의 〈직물麻〉의 뜻이다.

　　이곳은 온난하고 살기 좋은 기후여서 사람들도 밝고 느긋한 성격이다. 동일본과 서일본의 중간이어서 사람들의 교류가 잦은 탓으로 개방적이고 순응성이 강하다. 스루가駿河사람들은 이에야스의 슬하에서 살았기 때문에 사람들이 여유가 있고 금전관계도 악착같지 않다. 엔슈우遠州사람들은 씩씩한데다 속전속결인데 반해, 이즈伊豆사람들은 그럭저럭 겨우겨우 해나가는 타입이다. 하마마츠浜松에는 혼다, 야마하, 카와이, 스즈키 등 기라성 같은 기업이 있어 진취적이고 적극적이지만 이즈사람은

소극적이라는 평가이다. 차お茶, 밀감, 딸기, 양식장어, 와사비즈케 등이 특산물이다.

아이치켕愛知県

옛날에는 〈아유치〉라고 했다. 〈아유湧水〉에서 나왔다는 설도 있고 〈아유東〉로의 〈치道〉, 즉 〈동쪽으로 난 길〉이라는 의미에서 나왔다고 하는 설도 있다.

나고야를 중심으로 한 오와리尾張사람들은 견실하고 실리적이며 근면하여 〈위대한 촌놈〉이라고 불릴 정도이다. 보통 때는 인색하고 꼬박꼬박 저축하는 타입이지만 관혼상제에는 돈을 물 쓰듯 써서 〈딸이 셋이면 집안이 망한다〉라는 말이 있을 정도이다.

고향 산업에의 애착이 강해, 은행은 토오카이東海 은행(三菱東京UFJ銀行의 전신), 신문사는 츄우니치中日, 야구는 드래곤즈, 차車는 토요타, 백중お中元과 세모선물お歳暮은 마츠자카야松坂屋라는 말이 있을 정도이다. 금붕어, 세토瀬戸자기, 슈데에朱泥자기 등이 유명하다.

미에켕三重県

야마토타케루 노 미코토日本武尊가 여기에서 다리가 세 갈래로 휘어질 정도로 피곤했다는 고사에 의한 것으로 되어 있다. 그 외에도 〈미헤水辺〉가 바뀐 것이라는 설과 〈미헤神辺〉가 바뀌었다는 설이 있다.

따뜻한 기후에 자연이 비교적 잘 보존되어 있고 따라서 사람도 온화하다. 현민 사람들은 중용을 지키는 편이며 극단적인 사람이 적은 편이다. 이세伊勢의 마츠자카松阪는 미츠이三井를 비롯해 성공한 상인들도 많은데 현금거래로 이익을 붙이지 않는 정직한 상법으로 고객의 신뢰를 확보하는 것이 이세伊勢상인들의 상법으로 알려져 있다. 양초, 열쇠, 양식진주, 마츠자카松阪 쇠고기和牛, 시구레 대합조개時雨蛤가 특산물이다.

📷 토로瀞협곡 · 三重県과 奈良県과 和歌山県　　　　이즈반도伊豆半島 · 静岡県　　　　네자메노토코寝覚めの床 · 岐阜県

28.1.5. 킹키 치호오近畿地方

물가의 모래톱이란 뜻의 〈스가州処〉라는 말이 바뀌었다는 설이 있다. 그리고 또한 비와 호수琵琶湖에 정치망定置網을 깔았던 〈시키敷き〉에서 유래했다고도 한다.

이곳은 〈오오미 상인〉이 대명사처럼 수식어로 따라 다녔다. 오오미 상인들은 카마쿠라 시대부터 각지로 행상을 다녔고 에도 시대에는 쿄오토, 오오사카, 에도에 큰 점포를 냈다. 메에지 시대에는 히코네彦根 출신의 이이 나오스케井伊直弼가 역적으로 몰리자 이곳 사람들은 정치가나 군인이 되는 것을 꺼리며 상업에 매진한다. 이 상인들은 정직, 견실을 모토로 했지만 나중에는 상인들 욕심이 지나쳐 〈오오미 상인들은 남의 뼈까지 핥는다〉라는 악명까지

📷 비와琵琶호수 · 滋賀県

있었다. 지금은 오오미 상인들의 흔적은 거의 없고 쿄오토, 오오사카의 베드타운 역할로 근면하고 정직한 사람들이라는 평가를 받고 있다.

히에에장比叡山의 거대한 석탑에는 〈한곳을 비춰라 이것이 곧 국보이니라一隅を照らせ, 此が即ち国宝なり〉라는 글귀가 새겨져 있다. 평생을 사명처럼 한 곳에 매진하는 것이 가장 귀한 일이라는 코다와리こだわり 정신의 표본이다. 담수양식진주, 시가라키信楽자기, 오오즈에大津絵 등이 특산품이다.

〈쿄오京〉도 〈토都〉도 모두 수도를 나타내는 말. 중국의 수도란 말의 의미로 〈케에시京師〉에서 본뜬 것이다.

쿄오토인의 특성으로 비유되는 것이 〈쿄오토의 부부즈케〉라는 말인데 〈부부 오야가리야스〉에서 나온 말이다. 〈식사하세요〉라는 뜻인데 그 말을 그대로 믿고 혹시 거절하면 실례일까하여 식사를 했다가는 관례를 모르는 사람이라는 낙인이 찍힌다는 말이다. 쿄오토 사람은 완곡한 표현을 잘 쓴다. 혹시 부탁을 했을 때 〈생각해 보겠습니다〉라는 대답을 들었다면 당연히 거절의 표현이다. 혹시 쿄오토 사람에게 발림 말을 듣는다면 그것은 실은 완곡한 비꼼인 경우가 많다. 이렇게 된 이유는 많은 사람의 입·출입이 잦은 관광지며 상업지라는 점도 작용하고 역사적으로는 잘못 이야기했다가는 재앙을 불러올 수 있는 정변의 땅이라는 점에 기인한다. 또 쿄오토에는 〈3사람 건드리지마者に憎まれるな〉라는 경구가 있는데 그 3부류의 사람은 학자, 수행자, 기생을 말한다. 이들은 돈과 권력은 없지만 오직 자신의 일에 평생을 걸며 자존심 하나로 살아가는 사람이기 때문이다. 키요미즈清水도자

📷 키요미즈데라清水寺의 라이트 업 광경 · 京都

📷 료오안지龍安寺 · 京都

기, 니시징오리西陣織, 교오유우젠京友禪, 와후쿠和服, 오비帶, 키모노 옷감인 치리멘縮緬, 부채京扇子, 떡京菓子, 넥타이 등이 특산품이다.

니죠오성二条城 · 京都

야사카 진쟈(八坂神社) · 京都

닌나지仁和寺 · 京都

오오사카후大阪府

〈언덕坂〉이 있는 도시라는 뜻이다. 에도 시대에는 〈오오사카大坂〉라고 썼는데 〈사카坂〉라는 글자가 〈흙土에 반反한다〉는 의미를 담고 있기 때문에 조짐이 나빠서 바뀌었다.

오오사카는 덕지덕지こてこて라는 느낌이 있는 만큼 인간관계도 끈끈한 정을 바탕으로 하는 시타마치의 분위기를 좋아하는 것으로 정평이 나있지만 최근에는 그것도 완전히 바뀌었다. 오오사카 사람이 가장 낯가림을 하지 않는다지만 최근의 조사로는 사람을 처음만나는 것에 부담을 느낀다고 대답한 사람이 절반 가까이 될 정도이기에 정평이 무색할 정도로 많이 바뀌고 있다. 실상이 과거의 이미지와 사뭇 다른 것이다.

도오톤보리道頓堀 · 大阪

분라쿠文樂 인형, 시오콤부塩昆布, 보온병, 융단, 자전거 부품, 위스키 등이 특산품이다.

 ### 오오사카의 C급 식도락

오오사카에는 먹다죽은 귀신(쿠이다오레食い倒れ)이라는 별명이 있다. 그래서 이름에 걸맞게 여러 가지 특이한 요리를 준비하고 있는 식당이 즐비하다. 우선 모밀밥そばめし은 야키소바를 잘게 썬 다음, 밥과 함께 볶은 요리이다. 밥과 모밀을 함께 볶아 먹는 요리인 것이다. 〈토마토 카츠동〉은 계란 대신 사각으로 썬 토마토를 얹은 돈카츠이다. 오무라이스 같은 경우는 이름에 걸맞게 엄청나게 큰 사이즈를 자랑한다. 회전초밥으로 등장한 것이 회전 불고기回転焼肉이다. 초밥 대신 로스나 갈비 등이 돌고 있어 기호에 맞게 골라 먹는다. 금가루를 뿌린 타코야키도 등장했다.

 ### 관련 키워드

▽오오사카大阪/쿠이다오레食い倒れ　　▽에도江戸/ 노미다오레呑み倒れ · 카이다오레買い倒れ · 하키다오레履き倒れ
▽나고야名古屋/타메다오레貯め倒れ　　▽쿄오토京都/키다오레着倒れ　　▽코오베神戸/하키다오레履き倒れ

효오고켕兵庫県

전쟁에 대비해서 병기를 저장하는 병기고가 있었던 것에서 유래되었다고 한다.

효오고켕은 옛날에는 〈셋츠攝津〉·〈하리마播磨〉·〈탐바丹波〉·〈타지마旦馬〉·〈아와지淡路〉 등의 5개 지방으로 나뉘어 있었다. 이들은 지형, 기후가 각각 다르기 때문에 그곳 사람들마다 분위기의 특징이 있어 효오고 사람들은 5개의 얼굴을 갖고 있다는 명성을 얻었다. 우선 세토내해瀨戶內海 동쪽에 있는 셋츠 사람들은 원래는 온화하고 보수적이었지만 지금은 코오베의 영향으로 쾌활하고 외향적이며 하이칼라가 많고 외국인과 접하는 경우가 많아 국제 감각까지 뛰어나다. 특히 코오베 시민은 새로운 것을 좋아하고 경박함을 즐긴다. 코오베 태생의 문화로 남녀공학, 생협, 골프장, 영화흥행 등이 있다. 세토내해 서부의 하리마는 보수적이고 치장을 좋아하며, 산간부의 탐바와 북쪽의 타지마 사람들은 내향적이고 끈기가 있어 토오호쿠 사람과 닮았다는 소리를 들으며, 아와지 사람들은 단결심이 강하다. 양식 김과 청주 코오베 쇠고기神戶牛, 탐바舟波도자기, 히메지 가죽제품 등이 특산품이다.

📷 코오베神戶 하버랜드·兵庫県

나라켕奈良県

평평한(나다라나) 땅의 형세에서 〈나라야마平山〉를 형용한 지명에서 나왔다고 한다. 그리고 우리말의 〈나라〉에서 유래되었다는 설도 있다.

📷 토오다이지東大寺·奈良県

나라를 특징짓는 말로 〈나라 사람 자다가 망한다〉라는 말이 있는데 할 일없이 빈둥빈둥 잠만 자다가 신세 망친다는 말이다. 그만큼 나라 사람들은 게으르고 소극적이다. 오오사카 선착장의 상인들은 〈일꾼은 오오미에서, 양자는 나라에서〉라는 말을 한다고 한다. 고용인으로 나라사람은 적당하지 않다는 말이다. 나라 사람이 소극적인 이유는 풍요로운 환경 탓이다. 기후가 온화하고 토지는 비옥하며 지진이나 태풍의 피해도 적은데다가 문화재도 많다. 돈이 궁하면 쿄오토나 나라에 가서 벌면 그만이다. 하지만 〈다이부츠大仏 상법〉이라

📷 나라 사슴공원·奈良県

는 말이 있는 것처럼 교활하고 낯 두꺼운 상술이 비판을 받은 적도 있다. 남부나 동부의 산간부 사람들은 소박하고 성실하며 헝그리정신도 강하여 행동력도 있는 편이다. 나라즈케, 붓, 먹, 나라인형, 노오탈, 금붕어 등이 특산품이다.

와카야마켕和歌山県

키紀라는 지명의 하구부근의 지형을 나타낸 〈오카야마岡山〉에 명소인 와카노우라和歌浦를 합성한 것에서 유래되었다.

이곳 사람들의 전체적인 성격은 보수적이고 진지한 편이다. 옛날 키슈우항이 검약을 장려했던 전통의 여파로 검소한 사람들이 많은 편인데 남의 시선을 의식하는 성격

📷 나치那智폭포와 세에간토지
青岸渡寺·和歌山県

도 있어서 관혼상제는 화려한 편이다.

오오사카에 가까운 북쪽은 합리적인 것을 좋아하는 카미가타의 상인적 기질이 많고 예부터 쿠마노 진쟈로 이어지는 통로로 여기에서 이기적인 성격이 생겨나 현재까지 이르고 있다. 그러나 남쪽은 평야가 거의 없고 육로의 교통이 불편한 땅이므로 사람들의 시선은 바다로 쏠려 진취적이고 모험가적인 성격을 낳았으며 반골적이고 해외거주자가 많다. 에도 시대의 키노쿠니야 분자에몽紀伊国文左衛門은 북쪽의 상재와 남쪽의 모험심이 만들어낸 인재라고 할 수 있다. 감, 우메보시, 온슈우温州밀감, 카슈우紀州칠기, 나치那智 벼룻돌, 나치 바둑돌 등이 특산품이다.

📷 시라하마白浜 엔게츠섬円月島 · 和歌山県

28.1.6. 츄우고쿠 치호오中国地方

톳토리켕鳥取県

3세기쯤 야마토大和조정의 조직이 서서히 정착되자 직업으로 이름을 붙이는 것이 유행했는데 가령 어업을 하면 〈우미베海部〉, 제구의 거울을 만드는 직업은 〈카가미베鏡部〉라고 했고, 죽은 자의 혼을 운반하는 신성한 새인 고니를 잡는 사람들을 〈톳토리베鳥取部〉라고 했는데 그들이 많이 사는 곳이 바로 이곳이었다. 나중에는 〈톳토리 쿄오鳥取郷〉라고 하다가 톳토리현이 되었다고 한다.

톳토리 사람들의 성격은 내성적이고 소극적이며 마음이 좁은데다가 신경질적이라 한다. 하지만 진지하고 성실하며 끈기와 근면한 성격이 특징인데다가 소박하고 친절하다. 우선 이 지역은 이나바因幡를 중심으로 한 동부와 호오키伯耆를 중심으로 한 서부의 둘로 크게 나눌 수 있는데 기후 조건과 산업의 차이에서 기인한다. 이나바는 비와 눈이 많이 내리고 호오키는 다이셍大山에서 내려오는 바람이 거세다. 동부는 오로지 비를 막는 데만 신경을 쓰는 나머지 소극적인데 반해서 서부는 바람과 맞서는 적극성이 생겼다고 한다. 그리고 동부는 쌀농사를 중심으로 폐쇄적이고 보수적인데 반해 서부는 일찍이 철이나 솜이 생산되는 등 산업이 발달하여 개방적이고 외향적인 상인기질이 생겨났다고 한다. 배와 락쿄오, 돌코케시 인형, 인슈우因州종이가 특산품이다.

📷 이나바因幡의 하쿠토白兎 해안海岸 · 鳥取県

시마네켕島根県

〈시마島〉·〈네根〉 모두 암초岩礁를 나타내는 것으로 시마네 반도 부근의 해안의 모습을 나타낸 것이라고 한다.

시마네 사람들은 현동부의 이즈모出雲, 이와미石見, 오키노시마隠岐島 등 3지방의 성격이 판이하다. 우선 이즈모 사람들은 과묵하고 참을성이 강하며 진지하고 노력형이다. 내성적이고 자신은 없어 보이지만 실은 신의 역사를 비롯한 긴 역사에 대해 프라이드가 대단하다. 기나긴 역사 동안 폐쇄적인 지리조건 탓으로 배타적이고 봉건적이다. 이 지역 명문가의 주인가문에 〈門〉,〈郎〉 등이 많은 것도 그런 긍지가 반영된 것이다. 이는 〈이즈모 먼로주의〉라고 비판받기도 한다. 이와미 사람들은 밝은데

 아다치足立 美術館 庭園·島根県 　　킨타이쿄오錦帯橋·山口県 　　코오라쿠엥後楽園·岡山県

다가 맺고 끊음이 정확하며 자신의 의사를 직언하는 경우가 많다. 하지만 언불실행형의 이즈모 사람과는 달리 말의 성찬으로 끝나는 경우가 많다. 둘 다 출세욕이 없는 점은 공통이지만 오키섬 사람들은 출세욕이 강해서 섬을 한번 나오면 출세할 때까지 귀향하지 않고 목표를 향해 매진한다고 한다. 이즈모出雲모밀, 야쿠모八雲칠기, 셋슈우雪舟도자기 등이 특산품이다.

오카야마켕岡山県

나지막한 구릉의 지형에서 붙여진 이름이다. 오카야마성이 언덕(오카岡)에 위치하고 있었기 때문에 이 지명이 일반화되었다.

이 지역은 옛날부터 상공업이 발달하여 타 지역의 사람들과의 교류도 활발하였기 때문에 합리적이고 다른 사람보다 앞서는 기질에 사교적이고 쿨한 사람이 많은 편이다. 냉정한 만큼 자신의 장점과 단점을 꿰차고 있다. 이 지역신문인 상요오 신문에서는 이 지역의 장점으로 〈이지적 합리적〉·〈임기응변〉·〈앞서가는 진취적인 기상〉·〈근면〉·〈직실直実〉을, 단점으로는 〈얕은 꾀〉·〈자기중심적이어서 협동성 부족〉·〈지구력 부족〉·〈신념 부족〉 등을 들었다. 하지만 이런 성격은 해안과 평야지대이고, 고원지대는 인정이 있고 온화하며 성실하고 정열적이라는 평가를 받고 있다.

화문석, 명석, 사무용 작업복, 버섯, 백도白挑, 비젠備前도자기 등이 특산품이다.

히로시마켕広島県

오오타강太田川부근에 섬들이 퍼지는 듯한 모습에서 유래되었다고 한다. 그리고 모오리 테루모토毛利輝元가 이 지역에 성을 쌓을 때 모오리 가문의 조상인 오오에 히로모토大江広元에서 〈히로広〉와, 이 지역의 토호(도고오土豪)인 후쿠시마福島씨의 〈시마島〉가 합성되었다는 설도 있다.

이 지역사람들은 쉽게 뜨거워지고 쉽게 식는 경향이 있다. 예컨대 이 지역 야구팀인 히로시마 카프스를 응원할 때에도 승승장구하면 열광하지만 패하기 시작하면 격렬한 어조로 비판하며 구장을 찾지 않는다. 분규를 일으켜도 반응이 빨리 전해지지만 쉽게 냉정을 되찾기 때문에 성과가 없다고 한다. 모험심이 강하고 새로운 것을 선호하며 겉치장을 좋아하고 브랜드 지향이 강하고 놀기도 좋아하는 편이다. 메에지에서 쇼오와

 원폭 돔·広島県

시대까지 하와이나 미국본토로 이주해간 사람 수가 전국 최고였다. 도덕에 관한 생각은 진지하고 보수적이다. 여론 조사에서 거짓말이나 혼외정사, 도박 등이 나쁘다고 대답한 이 지역사람들의 숫자는 전국 평균을 훨씬 웃돈다고 한다. 타타미 거죽, 양식 굴, 송이버섯, 밤 양갱, 청주, 생굴 등이 특산물이다.

야마구치켕山口県

산지·삼림으로의 입구라는 말에서 유래되었다.

메에지 유신정부의 주역이었던 총리대신도 초대의 이토오 히로부미伊藤博文에서 사토오 에에사쿠佐藤栄作까지 7명이나 배출하고 있다. 그 7명의 재임연수를 합하면 자그마치 33년이나 된다. 이것이 긍지가 되어 이 지방 사람들은 중앙지향이 강하고 대정치를 선호한다. 곧잘 천하국가를 논하고 싶어 하지만 지나치게 관념적이고 현실적이지 않아 허풍에 호언장담의 경향이 강하다. 그리고 혼자서 일을 잘 못하고 집단적으로 하는 경향이 강하여 마음이 맞으면 인간관계를 소중히 여기며 정도 두텁다. 하지만 이런 경향은 많이 약해져서 국정과 현, 시쵸오송市町村의 정치 중 국정에 가장 관심이 크다고 대답한 사람 수가 전국평균보다 훨씬 적었다고 한다. 합성고무, 대리석세공, 여름감귤, 섬게, 복어, 어묵 등이 특산물이다.

28.1.7. 시코쿠四国

면적 18,783㎢로 3면이 혼슈우 남서부지방과 큐우슈우지방으로 둘러싸여있다. 중앙부에는 해발 1,000~2,000m의 산지가 있고 인구는 주로 해안가에 분산되어 있으며 산지의 반대쪽과의 교통은 불편하다. 세토내해를 바라보는 북쪽은 강수량이 적고 공업도시가 발달되어 있다. 태평양을 바라보는 남쪽은 온난하고 강수량이 많으며 어업이나 야채의 속성재배가 활발하다.

토쿠시마켕徳島県

요시노강吉野川의 하구에 섬처럼 생긴 모래톱이 많으며 그 섬에 좋은 의미를 담은 〈토쿠德〉라는 글자를 머리에 얹은 것에서 유래되었다.

예부터 이곳은 천연염료인 남藍의 생산지로 오오사카 상인과의 교류가 활발했다. 따라서 이곳은 오오사카 상인의 기질을 닮은 점이 적지 않다. 상인기질이라고는 해도 모험적이거나 지독함은 적고 상당히 견실하고 보수적이다. 일확천금을 꿈꾸기보다는 부지런히 일해서 저금하는 스타일이다. 에도 시대에 화학염료에 밀려 이 지역의 남의 생산이 몰락한 역사와 오오사카로 돈벌이 나간 사람들이 배워온 참을성과 검약정신이 그대로 이 지역 사람들의 특징으로 굳어졌다. 다만 코오치高知에 가까운 현 남부 사람들은 온화하고 친절하다. 양식 은어, 나루토 미역, 말린 새우, 죽순, 아와오도리阿波踊인형 등이 특산품이다.

📷 나루토 해협의 울돌목渦潮·徳島県

📷 세토 오오하시瀬戸大橋

카가와켕香川県

코오보쿠香木의 향기가 감도는 〈강川〉에서 유래되었다. 그리고 평탄한 풀밭을 의미하는 〈카가かが〉를 머리 글로 하는 〈카가와川〉에서 바뀌었다는 설도 있다.

이곳은 일본의 축소판이라는 말을 자주한다. 시코쿠에서도 가장 작은 현이고 전국에서도 면적상으로는 가장 작은 현이지만 인구밀도는 높은 편이다. 좁은 곳에서 사람들이 부대끼면서 살아가는 모습이 일본과 닮아 그런 대명사가 붙게된 것이다. 상자정원처럼 좁고 온난하고 풍광이 뛰어난 곳에서 사는 사람들의 기질은 상자정원처럼 빈틈없다고 한다. 하지만 교활하지 않고 합리적이며 자기 방어가 강한 쪽이다. 온난한 기후이므로 역경에는 취약한 편이나 그만큼 인생을 즐기는 편이다. 시코쿠의 현관으로 사람들의 입, 출입이 잦고 정보가 많이 유입되어 협동심과 호기심이 강한 편이다.

스포츠형 가죽장갑, 냉동조리식품, 올리브유, 진주, 하리코張子인형, 분재, 부채, 사누키讃岐우동 등이 특산품이다.

📷 사누키讃岐 평야의 이이노飯野산

에히메켕愛媛県

원래는 〈에히메兄媛〉로 장녀라는 뜻이다. 시코쿠四国 지방의 장녀라는 뜻으로 나중에는 좋은 의미를 가진 〈에愛〉라는 글자로 바뀌었다.

온화한 기후에 천재지변도 적은 곳인 만큼 사람들은 소박하고 정이 두터우며 유유자적하나 소극적인데다가 낯을 가리는 편이고 보수적이다.

특히 마츠야마를 중심으로 니이하마新居浜 등의 동쪽 이요伊予는 상인 기질이 두드러지고 우와지마宇和島 등의 남쪽 이요는 토사土佐에 가깝기 때문에 밝고 호방한 편이다. 하지만 이런 특징적인 성격도 세토대교瀬戸大橋가 서면서 달라졌으며 과거의 폐쇄적, 보수적, 소극적인 성격에서 도시적인 성격으로 변모해가고 있다. 에히메 밀감, 이요가스리伊予絣, 사쿠라이桜井칠기, 타올, 종이가 특산품이다.

📷 사다 미사키佐田岬 · 愛媛県

코오치켕高知県

카가미강鏡川과 고오노강江の川의 사이에 끼인 〈코오치 산河中山〉에서 유래되었다. 홍수가 많기 때문에 〈카와河〉라는 글자를 싫어하여 〈코오치야마高智山〉가 되고 나중에 〈코오치高知〉가 되었다.

이 지방 사람들의 현민성을 단적으로 나타낸 말이 남자의 〈이곳소오〉와 여자의 〈하치킹〉이다. 〈이곳소오〉라는 말은 완고頑固 · 고집強情 · 직정 경향直情傾向 · 호방豪放 · 지고는 못배김負けず嫌い · 제멋대로わがまま · 편벽偏屈 · 반골反骨과 같은 성격이다. 그러니까 한번 옳다고 생각하면 다른 사람 말에 귀를 기울이지 않고 끝까지 추진하지만 내키지 않으면 거들떠보지도 않는다. 그래서 사카모토 료오마坂本龍馬와 같이 정력적으로 활동했던 사람이 많은 반면 게으른 사람도 많은 편이다. 한편 〈하치킹〉이라고 불리는 여성은 개으름뱅이의 남자와 달리 노력하는 수완가가 많다. 하지만 뒤도 보지

📷 아시즈리 미사키足摺岬 · 高知県

않고 전진만 하는 고집과 행동력은 남자와도 닮았다. 이런 성격의 성향은 남국적인 기후풍토와 태평양을 향해 열린 지형에서 왔다고 한다.

하리야마 인형, 진주, 산호제품, 가다랑어, 부추, 가지, 호쿠라, 어묵 등이 특산품이다.

28.1.8. 큐우슈우九州

면적 42,154㎢로 혼슈우의 남서쪽에 있다. 화산이 많고 중앙부의 동서 약16㎞, 남북 24㎞, 둘레 120㎞나 되는 세계최대의 분화구를 가진 아소산阿蘇山이 있다. 기후는 온난하고 강수량이 많으며 남쪽은 따뜻하다. 매년 8,9월에는 태풍이 여러 차례나 통과하며 피해는 막대하다. 북부는 공업도시가 많고 남부는 농업이 주요한 산업이다.

📷 마이즈루舞鶴공원 · 福岡県

후쿠오카켕福岡県

쿠로다 나가마사黑田長政가 이 지역에 입성했을 때 붙여진 이름인데 쿠로다씨와 연고가 있는 히젱肥前 후쿠오카福岡에서 따온 이름이라고 한다.

이 현은 옛날에는 대륙과 연결되는 곳으로 국제적으로도 강한 면모를 갖추고 있었으나 현재는 후쿠오카시福岡市와 키타 큐우슈우시北九州市의 두 개 도시를 거느린 현으로 항상 새로운 것을 좋아하고 개방적이다. 큐우슈우지방치고는 종적사회의 요소가 적은 편이다. 화려한 것과 축제를 즐긴다. 키타 큐우슈우 주변은 외지로부터 온 공장 노동자들이 많고 성격이 거칠지만 소심한 면도 있다. 후쿠오카 주변은 도시적이다. 토오쿄오 지향이 강하고 실제 토오쿄오 사람과 별반 차이가 없는 사람이 많다. 하지만 하카타코博多っ子는 상냥한 반면 쿄오토 사람처럼 심보가 고약한底意地の悪い 면도 있다.

📷 오오호리大濠 공원과 후쿠오카福岡 시내 전경

과거에 탄광지대로 번영을 구가했던 치쿠호오筑豊는 소위 카와스지 기질(카와스지 키시츠川筋気質)이라 불리는 기풍이 있었다. 이 기질은 의리인정이 강하고 약자를 도와주고 강자를 누르는 보스기질을 말한다. 하카타(직물·인형), 야메차八女茶, 치쿠고筑後 종이 등이 특산품이다.

사가켕佐賀県

물가의 모래톱을 의미하는 〈스가州処〉에서 바뀐 것이라고 한다. 또한 그 지형에서 〈사카시이険しい〉나 〈사카坂〉에서 유래되었다.

이 지방 사람의 특징으로 자주 거론되는 것이 〈후우케몽〉·〈이후우몽〉인데 전자는 광기와 집념의 소유자風狂者라는 말이고, 후자는 이국자라는 말의 사투리이다. 어느 쪽이나 고집불통頑固一徹에 각이 진 사람을 일컫는다. 그런 말에서 풍기는 것은 좋은 이미지는 아니지만 실제로는 보수적이고 순응적이며 끈기 있게 노력하는 사람이 많다. 여기에 크게 영향을 끼친 것은 나베시마항鍋島藩의 지배와 무사

📷 니지노 마츠바라虹ノ松原해안과 카라츠唐津 · 佐賀県

도를 다룬 책 『하가쿠레』의 두 가지이다. 전자는 농업의 생산성을 높이기 위해 다른 항과의 교류를 끊고 농민들에게는 절대적인 복종과 금욕을 요구했으며, 후자는 무사로서 죽음을 발견하는 일의 규범으로 이 지역사람들에게 끼친 영향은 실로 크며 지금도 그 영향은 유효하다고 한다. 아리타有田도자기, 이마리伊万里도자기, 오기小城양갱, 마츠우라松浦즈케 등이 특산물이다.

나가사키켕長崎県

곳이 길게 튀어나온 지형의 생김새에서 붙여진 이름이다. 이 〈나가사키長崎〉라는 지명은 전국의 비슷하게 생긴 지형에 많다.

쇄국 시대로 악명 높았던 에도 시대에 유일하게 외국에 대해 열려있던 현이어서 사람들은 개방적이고 국제적이며 새로운 것을 좋아한다. 외국인이나 혼혈아와 별 무리 없이 지내는 것도 이 지역의 특징인데 2차 대전 때에는 푸른 눈의 외국인이 방공반장防空班長이었다고 한다. 인간관계에서 일본적인 종적 사회의 의식은 거의 없고 민주적이고 개인주의적 성향이 강하다. 보수성이 강한 큐우슈우에 속해 있으면서도 남녀동등권이 보장되어 있었다. 과거에 기독교 신자가 많았던 곳인 만큼 지금도 전국 평균의 3배에 해당하는 5.1%의 기독교도가 있다. 일본 신토오나 불교가 소원을 성취해준다고 믿는 사람이 전국에서 3위에 해당한다는 자료도 있어 종교심이 강한 곳이기도 하다. 카스테라, 전갱이, 꽁치, 방어, 산호, 어묵 등이 특산물이다.

운젠 후겐다케雲仙普賢岳 · 長崎県

쿠마모토켕熊本県

카토오 키요마사加藤清正의 입성에 의해서 〈쿠마모토熊本〉로 되었다. 옛날에는 〈쿠마모토隈本〉라고 쓰였고 〈오카노후모토岡の麓〉가 구부러진 길이라는 의미에서 유래되었다. 또한 〈쿠마〉는 〈코마〉가 바뀐 것으로 〈코마우도高麗人〉들의 본거지였다는 설도 있다.

이 지역 사람들의 성격으로 거론되는 것이 〈히고목코스肥後もっこす〉이다. 이 말의 뜻은 고집불통이며 정의감이 강하게 보여 호방한 듯 보이지만 실은 소심하다는 뜻이다. 예를 들면 과거의 군대 중에 쿠마모토의 제6사단과 제23사단이 역대 최강이라고 알려졌는데 그것은 가문이나 부모에게 부끄러움을 안기지 않으려는 강박관념의 소산이었다. 또한 반골정신이 강하고 이치에 맞지 않으면 강하게 반발하는 면도 있지만 한편으로는 보수적이고 권위와 권력에 약하다. 예컨대 현재 자위대는 전국어디서나 구인난에 시달리지만 쿠마모토에서만은 희망자를 어렵지 않게 구할 수 있다고 한다.

고집이 세고 강하게 보이고 싶어 하지만 권위에 약하여 체면에 신경 쓰는 소심함을 함께 갖고 있는 것이 〈히고목코스〉의 실체이

아소산阿蘇山 · 熊本県

다. 난蘭, 여름밀감, 멜론, 수박, 꿀, 쿠마球磨소주 등이 특산품이다.

오오이타켕大分県

〈오오키타大段氐〉가 바뀌었다는 설과 큰 밭에서 유래했다는 설이 있다.

이 지방 사람들의 특징으로 〈붉은 고양이 근성〉이란 말이 있다. 편협적이고 협동심이 부족하다는 말이다. 과거에 8개의 항藩으로 나누어졌던 때의 흔적이다. 다리하나 건너면 다른 항이 되는 상황으로 영주와 농민도 배타적이 되고 작은 항끼리 헐뜯거나 경쟁심이 불붙기도 하여 협동심이 양성될 여지가 없었다. 하지만 이 붉은 고양이 근성이 나쁘기만 한 것은 아니다. 경쟁심을 부추겨 적극적이고 자주독립의 기풍이 강하고 진취적인 기

벱푸 온천가 · 大分県

상이 넘친다. 이런 현민성을 살려 일촌일품一村一品運動의 운동을 벌이고 10주년째에는 미국 LA에 국제 시장을 열기도 했다. 마른 표고버섯, 죽세공, 진주, 히메다루마, 온다小鹿田도자기, 란타이藍胎칠기 등이 특산품이다.

미야자키켕宮崎県

여기에서 〈미야宮〉는 진쟈神社를, 〈자키崎〉는 평지에 튀어나온 높은 땅을 말한다. 대지의 끝에 진쟈가 섰다는 의미를 담고 있다.

이곳 사람들은 남국으로 기후가 온화하고 비옥한 토지에 사람들도 소박하고 온화하며 유유자적하는 호인들이 많다. 그런 이면에는 근성がっつ이 부족하여 참을성이 적다는 뜻의 〈노상〉이라는 말과 귀찮다는 뜻의 〈요다키이〉라는 말이 이 지역사람들의 대명사가 되기도 한다. 성취하는 것이 귀찮아서 참을 수가 없다고 생각되면 이곳 사람들은 주저없이 포기하고 만다. 그래서 나온 말이 토란줄기로 만든 목검(이

타카치호 협곡高千穗狭 · 宮崎県

모가라 보쿠토오芋幹木刀)이라는 불명예스러운 별호가 붙었다. 보기보다는 무르기 짝이 없다는 말이다. 한편 여성을 나타내는 말로 촌티나는 호박(히나타 카보챠日向かぼちゃ)이라는 별호가 붙었는데 호박이 외관보다는 맛이 좋다는 의미로 박색이지만 인간성이 좋다는 말이다. 토란, 잎담배, 피망, 선인장, 하니와도자기, 류우큐우琉球칠기가 특산품이다.

카고시마켕鹿児島県

이 지형에서 험하다는 것을 의미하는 〈카고시凝し〉에서 유래했다고 한다. 〈카구시마火島〉에서 화산 있는 섬이라는 의미로 그런 말이 나왔다고도 한다.

이곳 남성의 이상상理想像으로는 〈복케몽〉으로 이것은 근성이 있고 질실質実 · 강건한 사람을 지칭

한다. 그 말에는 성질이 급하고 화를 잘 내는 사람이라는 뜻도 포함되어 있다. 달변과 논리를 그다지 선호하지 않으며 아이들에게는 〈의〉라는 말을 입에 담지 못하게 했다. 말보다는 실천을 강조했기 때문이다. 그런 이유로 카고시마 사람들은 무뚝뚝하고無愛想 말재주가 없다ロ下手는 소리를 듣는다. 약간은 무서운 듯이 보이지만 내면은 동정심이 있고 상냥한 면도 있다. 이런 일련의 전통은 지금까지도 이어오고 있다.

한편 상승지향도 강해서 비교적 강한 면모 뒤에는 강한 자에게 복종도 쉽게 한다. 출세한 사람이 제등을 들고 맨 앞에 서서 걸으면 뒤에 후배가 따라 가므로 〈사츠마의 대제등〉이라고 불리는 말이 생겨났다. 오오시마大島츠무기, 사츠마薩摩 도자기, 사쿠라지마桜島무우, 야마카와山川즈케 등이 특산물이다.

사쿠라지마桜島 · 鹿児島県

28.1.9. 오키나와沖縄

면적 2,265㎢이고 동서 약 1,000㎞, 남북 약 400㎞의 해역에 분포된 크고 작은 섬들로 형성되어 있다. 온난한 아열대 기후로 덮여있다. 드맑은 바다는 산호로 덮여있으며 일본에서는 손꼽히는 관광지이다. 1945년부터 27년간 미국의 직접통치하에 있었지만 72년에 반환되었다. 현재 주일미군기지의 75%가 배치되어 있다.

오키나와켕沖縄県

오키沖에 어장을 나타내는 〈나바漁場〉가 붙은 이름이라고 한다. 고기잡이에 사용되는 〈우키나와浮縄〉에서 나왔다는 설도 있다.

이곳은 지리적으로는 다른 지역과 멀리 떨어져 있고 역사적으로는 17세기 초까지 류우큐우琉球 왕국이라는 독립된 국가였다. 태평양전쟁에서는 전인구의 1/3가량이 희생되었고 전후에는 미국의 통치하에 있었다.

이런 복잡한 역사 때문에 이 지역사람들은 지역의식이 강하다. NHK조사에서도 지역에 대한 애착이 가장 강하게

유부지마由布島 · 沖縄県

나타났다. 여기서는 타지역을 본토라고 부르며 본토사람들에 대한 불신감이 강해서 배타적으로 보일지 모르나 털어놓고 이야기하면 곧 친절한 본성을 드러내고 만다. 현 밖으로 나가면 언어에 신경을 쓰기 때문에 내향적으로 보이기도 한다. 이곳 사람들은 결코 첫인상으로 사람을 판단하지 않는다. 그리고 이곳은 혈연자를 묶는 〈문중門中〉이라는 독자의 제도가 있으며 지역 연대의식이 강하다. 또한 이곳 사람들은 느긋한 성격으로 약속시간에 늦는 것에 대해 별로 신경을 쓰지 않는다. 사탕수수, 양식해초, 파인애플, 담배, 류우큐우 가스리琉球絣, 도자기 등이 특산품이다.

일본 옛 지명과 현 지명의 대조도対照図

387

일본 3경

📷 마츠시마松島·宮城県   아마노 하시다테天橋立·京都府   미야지마宮島·広島県

28.2. 옛 지방〈고키 시치도오五畿七道〉의 어원

28.2.1. 고키五畿

야마시로山城·야마토大和·카와치河内·이즈미和泉·셋츠摂津의 키나이畿内 5개국을 일컬었다.

28.2.2. 시치도오七道

토오산도오東山道·호쿠리쿠도오北陸道·토오카이도오東海道·상인도오山陰道·상요오도오山陽道·낭카이도오南海道·사이카이도오西海道의 7도를 일컬었다.

🐢 히로사키弘前 5층탑·陸奥

🐢 야쿠시지薬師寺·大和   카미가모 진쟈上賀茂神社·京都   우지宇治의 한 찻집·山城

28.2.2.1. 토오산도오東山道

1) 무츠陸奧

현재의 후쿠시마福島·미야기宮城·이와테岩手·아오모리青森의 4개현에 해당된다.

〈미치노 오쿠道の奧〉의 〈오〉가 생략되고 〈미치〉가 〈무츠〉로 바뀐 것. 나중에 이와키磐城·이와시로岩代·리쿠젠陸前·리쿠츄우陸中·무츠陸奧로 나뉘었다. 〈오오슈우奧州〉라고도 한다.

2) 데와出羽

현재의 야마가타山形·아키타秋田현에 해당한다. 〈이데와出端〉에서 〈이〉가 생략되어 〈데와〉가 되었다. 나중에 〈우젠羽前〉·〈우고羽後〉로 나뉘었다. 〈우슈우羽州〉라고도 한다.

3) 시모츠케下野

현재의 토치기栃木현. 〈케노노 쿠니毛野国〉가 상, 하로 나뉘어 생긴 지방. 당시의 도읍지인 쿄오토에서 먼 쪽이기 때문에 〈시모츠케누노 쿠니下毛野国〉가 되었고 그것이 바뀌어서 만들어진 명칭. 원래 〈케毛〉는 〈케禾〉라는 곡물穀物을 가리키며 〈곡물이 수확되는 땅〉이라는 설이 유력하다. 〈야슈우野州〉라고도 한다.

4) 코오즈케上野

현재의 굼마群馬현. 〈케노노 쿠니毛野国〉가 상, 하로 나뉘어 생긴 지방. 도읍지인 쿄오토에서 가까운 쪽이기 때문에 〈고오즈케누노 쿠니上毛野国〉가 되었고 그것이 바뀌어서 만들어진 명칭. 〈죠오슈우上州〉라고도 한다.

5) 시나노信濃

현재 나가노長野현. 옛날에는 〈시나노科野〉라고 썼다. 〈시나科〉는 〈시나노 키科の木〉 혹은 〈시나사카級坂〉라는 계단언덕을 나타낸다는 설이 유력하다. 〈신슈우信州〉라고도 한다.

6) 히다飛驒

현재의 기후岐阜현 북부에 해당한다.

📷 긴장銀山온천·出羽

📷 츄우손지中尊寺의 金色堂·陸中

📷 젱코오지善光寺·信濃

📷 엔랴쿠지延曆寺·近江

389

지형이 옷의 〈주름(히다襞)〉과 닮았다고 해서 히다라는 이름이 붙여졌다고 하는 설과 길의 왼쪽이었기 때문에 〈히다리左〉에서 붙여진 이름이라고도 한다. 〈히슈우飛州〉라고도 한다.

7) 미노美濃

현재의 기후岐阜현 남쪽. 아오노青野・오오노大野・카쿠미노各務野의 3개의 평야가 있었기 때문에 붙여진 이름이라는 설이 유력하다. 〈노오슈우濃州〉라고도 한다.

8) 오오미近江

현재의 시가滋賀현. 〈비와코琵琶湖〉가 담수호로서 바다처럼 넓기 때문에 〈아와 우미淡海〉로 부르다가 바뀐 것이라고 한다. 〈고오슈우江州〉라고도 한다.

나타데라那谷寺・越前

28.2.2.2. 호쿠리쿠도오北陸道

9) 사도佐渡

현재 니이가타新潟현의 사도가시마佐渡島에 해당한다.

좁은 해협인 〈사도狭門〉에서 유래했다는 설이 유력하다. 옛날부터 유형지로 되어 독자의 지방을 형성하고 있었는데 니이가타현에 합병되었다. 〈사슈우佐州〉라고도 한다.

에에헤에지永平寺・越前

10) 에치고越後

현재의 사도가시마를 제외한 니이가타新潟현 전체를 가리킨다. 쿄오토에서 가장 멀기 때문에 〈코시노 미치노 시리〉라고 했다. 〈에치노 쿠니越の国〉라는 말은 쿄오토에 왕래할 때 넘지 않으면 안 되는 땅이라는 말에서 유래했다.

11) 엣츄우越中

현재 토야마富山현. 〈에츠노 쿠니越の国〉 중에서 중간에 있다고 해서 〈코시노미치노 나카〉라고 했다.

12) 노토能登

현재 이시카와石川현 북부와 노토반도能登半島에 해당한다. 이 지명은 배가

타카야마 카미산노 마치高山上三の町・

〈잘 나간다. 요쿠노루能く乗る〉라는 말에서 유래했다고 한다. 〈노오슈우能州〉라고도 한다.

13) 카가加賀

현재의 이시카와石川현의 남부에 해당한다. 〈밝게 빛난다輝く〉라는 의미나 〈거울鏡〉이라는 말에서 나왔다고 한다. 〈카슈우加州〉라고도 한다.

14) 에치젱越前

현재의 후쿠이福井현의 북부와 중부에 걸쳐있다. 〈에츠노 쿠니越の国〉 중에서 쿄오토에서 가장 가깝기 때문에 〈코시노 미치노 쿠니〉라고 한다.

15) 와카사若狭

현재 후쿠이福井현 남서부에 해당한다. 바다를 건너온 남녀가 언제까지고 젊음을 유지하고 있었기 때문에 유래되었다는 설이 있고 〈하카세崖瀬〉에서 유래되었다는 설도 있다.

28.2.2.3. 토오카이도오東海道

16) 히타치常陸

현재의 이바라키茨城현. 〈히타〉는 직접이라는 뜻으로 지카直로 쓰였고 〈치〉는 길(미치道)의 치에서 나온 말로 미치노쿠道奧에 직접 연결되는 길이라는 의미로 처음에는 죠오도오常道라고 쓰였는데 미치노쿠니가 무츠陸奧라고 불리게 되면서 〈히타치常陸〉라고 불리게 되었다고 한다.

17) 시모오사下総

현재의 치바千葉현 북부와 이바라키茨城현 남서부에 해당한다. 〈좋은 마麻가 생산되는 땅이라는 의미인 〈후사노 쿠니総の国〉가 상·하로 나뉘고 쿄오토에서 멀기 때문에 시모오사가 되었다. 〈호쿠소오北総〉라고도 한다. 여기서 후사라는 말은 마麻를 의미하고 있다.

18) 카즈사上総

현재의 치바千葉현 중부.

쿄오토에 가까운 쪽이기 때문에 카즈사가 되었다. 〈난소오南総〉라고도 한다.

19) 아와安房

현재 치바현의 남부. 카즈사에서 독립되었다. 아와阿波 출신사람이 이주해 와서 번영했기 때문에 이 이름이 붙여졌다고 한다. 〈보오슈우房州〉라고도 한다.

20) 무사시武蔵

현재의 토오쿄오東京와 사이타마埼玉 카나가와神奈川의 일부. 〈무사노 쿠니牟佐の国〉가 상·하로 나뉘어져 상上이 〈사카미牟佐上〉로, 하下가 〈무사시牟佐下〉가 되었다는 설과 〈미오사스 요오나(몸을 찌르는 듯이) 가시나무가 많은 고장〉이라는 의미로 쓰였다는 설이 있다. 〈부슈우武州〉라고도 한다.

21) 사가미相模

현재의 카나가와神奈川현.

〈사카미佐上〉가 변해서 되었다는 설과 하코네箱根에서 내려다보이는 〈사카미坂見〉에서 나왔다는 설이 있다. 〈소오슈우相州〉라고도 한다.

22) 카이甲斐

현재 야마나시山梨현. 그 지형에서 본뜬 산과 산 사이에서 유래하는

🌸 미노부산身延山 쿠온지久遠寺·甲府

🏯 카와고에河越·武蔵

391

말로 〈카히柯彼〉에서 나왔다고 한다. 〈코오슈우甲州〉라고도 한다.

23) 이즈伊豆

현재의 시즈오카靜岡현 동부 및 토오쿄오東京의 이즈 쇼토오伊豆諸島.

툭 튀어나온 지형을 나타내는 일본어인 〈이즈出〉에서 유래되었다고 한다. 또한 뜨거운 물이 분출되는 포구라는 의미로 〈유즈湯津〉에서 유래되었다고도 한다. 〈즈슈우豆州〉라고도 한다.

24) 스루가駿河

현재의 시즈오카현. 옛날에는 〈스루가須加〉·〈스루가珠流河〉·〈스루가尖河〉 등으로 썼다. 어원은 〈스르토 가와尖河〉에서 나왔다고 한다. 〈슨슈우駿州〉라고도 한다.

25) 토오토오미遠江

현재 시즈오카현 서부에 해당한다. 담수호였던 하마나 호수浜名湖가 오오미近江에서 멀었기 때문에 이런 이름이 붙었다고 한다. 지금은 해일로 이마기레今切라는 호수 입구가 바다로 이어져서 담수가 아니다. 〈엔슈우遠州〉라고도 한다.

26) 미카와三河

현재 아이치愛知현의 동부. 세개의 강이 있다고 해서 붙여진 이름.

〈산슈우三州〉·〈산슈우参州〉라고도 한다.

27) 오와리尾張

현재 아이치현 서부. 〈하리墾〉라는 개척을 의미하는 일본어에서 나왔다고 한다.

〈비슈우尾州〉·〈쵸오슈우張州〉라고도 한다.

28) 시마志摩

현재의 미에三重현 남부. 원래는 이세伊勢에 속했었는데 섬이 많은 지방을 시마로서 하나의 지방으로 한 것에서 유래한다. 〈시슈우志州〉라고도 한다.

📷 이세 징구우伊勢神宮·伊勢

29) 이세伊勢

현재 미에三重현의 중북부. 〈해변지방〉이라는 의미로 〈이소磯〉라는 말이 〈이세〉로 바뀌었다는 설이 유력하다.

30) 이가伊賀

현재 미에현의 북서부. 지형이 험난한 의미의 〈이카嚴·怒〉와 밤송이(이가毬)에서 나왔다고도 한다. 〈이슈우伊州〉나 〈가슈우賀州〉라고도 한다.

28.2.2.4. 키나이畿内

이미 28-2-1. 고키五畿에서 나왔으며 천황의 거처가 위치해 있던 5畿内를 말하며 다음과 같다.

31) 야마시로山城

현재 쿄오토京都의 남부.

산으로 둘러싸여 있어서 마치 산으로 만든 성과 같다고 하여 붙여진 이름이다.

〈산슈우山州〉·〈죠오슈우城州〉라고도 한다.

32) 야마토大和

현재의 나라奈良현. 원래는 〈야마토倭〉라고 썼는데 2글자가 의무화되어서 〈야마토大和〉 혹은 〈야마토大倭〉로 쓰이게 되었다. 산이 있는 땅을 의미하는 〈야마토山処〉에서 유래했다고 한다. 〈와슈우倭州〉라고도 한다.

33) 카와치河内

현재 오오사카大阪의 중동부. 카와는 요도가와淀川를 의미하고 이코마 야마生駒山와 요도 가와에 끼어서 강의 안쪽에 위치한다는 의미로 쓰였다. 〈카슈우河州〉라고도 한다.

34) 이즈미和泉

현재의 오오사카大阪 남부. 옛날에는 〈이즈미泉〉라고 한 글자로 썼는데 2글자가 의무화되는 바람에 〈和泉〉라고 썼다고 한다. 또한 깨끗한 물이 나온다고 해서 〈이즈미出水〉라고 했는데 거기에서 유래되었다고도 한다.

35) 셋츠摂津

현재 오오사카大阪 북서부와 효오고兵庫현 남동부. 옛날에는 츠노 쿠니津国라고 했다. 율령제로 그곳에 〈셋츠시사摂津職〉를 두었기 때문에 〈셋츠〉라고 되었다고 한다. 〈셋슈우摂州〉라고도 한다.

28.2.2.5. 상인도오山陰道

36) 탐바丹波

현재의 쿄오토와 효오고현의 일부. 〈타니와田庭·谷端〉에서 나왔다는 설이 유력하다.

여기에서 탕고丹後·타지마但馬가 분리되어 나왔다.

37) 탕고丹後

현재 쿄오토 북서부. 탐바에서 분리되어 나왔다. 쿄오토에서 먼 쪽이기 때문에 고後라는 말이 붙게 되었다.

38) 타지마但馬

현재의 효오고현 북부. 전설상의 인물인 타지 마모리田道間守가 불노초로 귤(타치바나橘)의 열매를 가지고 왔다고 해서 붙여진 이름

이즈모 오오야시로出雲大社·出雲

이다. 〈탄슈우但州〉라고도 한다.

39) 이나바因幡

현재의 톳토리鳥取현의 동부. 어원은 벼농사와 관련이 있는 〈이나바稲庭・稲場〉에서 전화된 것이라고 한다. 〈인슈우因州〉라고도 한다.

40) 호오키伯耆

현재의 톳토리鳥取현의 서부. 옛날에는 〈하하키伯耆〉라고 읽혔다. 그 지방에서 사철을 모을 때 사용하는 〈후이고〉에서 유래했다는 설이 있다. 〈하쿠슈우白州〉라고도 한다.

41) 이즈모出雲

현재의 시마네島根현의 동부. 접두어인 〈이〉에 〈츠마端〉라는 말을 붙인 〈이츠마〉가 변해서 된 것이라는 설 외에 아이누어인 갑岬과 만(이리에入り江)이 합쳐진 〈에츠모이〉가 어원이라는 설이 있다.

42) 이와미岩見

현재의 시마네島根현의 서부. 돌과 바위가 많은 지역인 〈이와무레石群〉라는 말에서 나왔다고 한다. 〈세키슈우石州〉라고도 한다.

43) 오키隠岐

현재 시마네島根현 북부의 여러 섬. 〈오키노 시마沖の島〉가 바뀌어서 〈오키隠岐〉로 되었다고 한다. 유형지로서 알려져 있다. 〈인슈우隠州〉라고도 한다.

28.2.2.6. 상요오도오山陽道

44) 하리마播磨

현재 효오고兵庫현 남서부. 〈하리墾〉와 〈마土地〉의 합성어로 개간지라는 의미를 담고 있다.

〈반슈우播州〉라고도 한다.

45) 미마사카美作

현재의 오카야마岡山현 북동부. 〈우마사케甘酒〉를 생산하는 곳. 혹은 미사카(미사카御坂・三坂)에서 나왔다고 한다. 〈사쿠슈우作州〉라고도 한다.

46) 비젱備前

현재의 오카야마岡山현 남동부. 옛날 〈키비노 쿠니吉備の国〉에서 분리되어 나온 지방. 교오토에서 가장 가깝기 때문에 비젱이

 미즈와카스 진자水若酢神社・隠岐

마츠에성松江城・出雲

토오슌지洞春寺 관음당観音堂・周防

되었다. 〈키비吉備〉는 곡식인 수수(키히)의 산지였던 데서 유래한다.

47) 빗츄우備中

현재 오카야마岡山현 서부. 옛날 〈키비노 쿠니吉備の国〉에서 분리되어 나온 지방. 쿄오토와의 중간 거리에 있었기 때문에 빗츄우라고 했다.

48) 빙고備後

현재 히로시마広島현의 동부. 옛날 〈키비노 쿠니吉備の国〉에서 분리되어 나온 지방. 쿄오토에서 먼 쪽이었기 때문에 빙고라고 했다.

49) 아키安芸

현재 히로시마広島현 서부. 습지를 의미하는 〈아쿠츠圷〉에서 유래되었다고 한다.

50) 스오오周防

현재 야마구치山口현 동부. 늪지인 〈사와沢〉가 변했다는 설이 있다. 〈보오슈우防州〉라고도 한다.

51) 나가토長門

현재의 야마구치山口현 북서부. 〈캄몬関門해협〉의 〈나가이 우나토長い海門〉에서 유래되었다고 한다. 〈쵸오슈우長州〉라고도 한다.

📷 쿠마노홍구우 타이샤熊野本宮大社 · 紀伊

28.2.2.7. 낭카이도오南海道

52) 키이紀伊

현재 와카야마和歌山현과 미에三重현의 일부. 수목이 울창해서 원래는 〈키노 쿠니木国〉라고 불렸는데 2글자 정책에 의해서 〈키이紀伊〉가 되었다. 〈키슈우紀州〉라고도 한다.

53) 아와지淡路

효오고兵庫현 아와지淡路섬. 〈아와阿波로 통하는 길〉이라는 의미에서 나왔다고 한다. 〈탄슈우淡州〉라고도 한다.

54) 아와阿波

현재 토쿠시마德島현. 곡물인 조(아와粟)의 생산이 많았기 때문에 〈아와노 쿠니粟の国〉에서 유래되었다고 한다.

55) 사누키讃岐

현재의 카가와香川현. 조정에 바치는 〈쵸오調〉로서 창인 〈호코사오矛竿〉를 주로 보냈기 때문에 〈사오츠키노 쿠니竿調の国〉라는 말에서 유래되었다는 설과 동서로 길게 뻗어있는 지형으로 〈사누키狭

📷 도오고 온천道後温泉 · 伊予

395

貫〉에서 유래되었다는 설이 있다. 〈산슈우讚州〉라고도 한다.

56) 이요伊予

현재 에히메愛媛현. 〈이야후타츠 나라비弥二표섬〉의 〈이야〉가 변해서 되었다는 설과 온천이 있어 〈이데유出湯〉에서 나왔다는 설이 있다. 〈요슈우予州〉라고도 한다.

57) 토사土佐

현재의 코오치高知현. 옛날에는 〈토사土左〉라고도 썼다. 좁은 수로를 나타내는 〈토門〉에 방향을 나타내는 〈사佐〉가 붙은 것이라고 전해지고 있다.

다자이후大宰府 템망구우天滿宮 ·筑前

28.2.2.8. 사이카이도오西海道

58) 치쿠젱筑前

현재 후쿠오카福岡현의 북서부. 〈치쿠시노 쿠니筑紫の国〉에서 분리된 지방. 쿄오토京都에서 가까운 쪽이기 때문에 치쿠젱이 되었다.

59) 치쿠고筑後

현재의 후쿠오카福岡현의 남부. 〈치쿠시노 쿠니筑紫の国〉에서 분리된 지방. 쿄오토에서 먼 쪽이기 때문에 치쿠고가 되었다.

60) 부젱豊前

현재의 오오이타大分현 북부와 후쿠오카福岡현 동부. 옛날 〈토요노 쿠니豊の国〉에서 분리되어 나왔다. 쿄오토에서 가까운 쪽이기 때문에 부젱이 되었다.

카라츠성唐津城 ·肥前

61) 붕고豊後

현재 오오이타大分현. 옛날 〈토요노 쿠니豊の国〉에서 분리되어 나왔다. 쿄오토에서 먼 쪽이기 때문에 붕고가 되었다.

62) 히젱肥前

현재의 사가佐賀현과 나가사키長崎현. 옛날 〈히노 쿠니火の国〉에서 분리된 지방. 쿄오토에 보다 가까운 쪽이기 때문에 히젱이 되었다. 히노쿠니는 불이 출현한 땅이라는 의미를 가진데서 나왔다.

63) 히고肥後

현재의 쿠마모토熊本현. 〈히노 쿠니火の国〉에서 분리된 나라. 쿄오토에 보다 먼 쪽이기 때문에 히고가 되었다.

64) 휴우가日向

현재의 미야자키宮崎현. 〈해가 뜨는 방향을 향하고 있다日の出る方

쿠마모토성熊本城 ·肥後 熊本

角に向かっている〉에서 유래했다고 한다. 결국은 〈히무카〉가 〈휴우가〉로 된 것이다. 〈닛슈우日州〉라고
도 한다.

65) 오오스미大隈

현재의 카고시마鹿児島현 동부. 휴우가에서 분리되어 온 지방. 〈오오大〉는 미칭美称이고 〈스미隈〉
는 끝이라는 의미로 최남단에 위치하고 있다는 것에서 유래했다. 〈구우슈우隅州〉라고도 한다.

66) 사츠마薩摩

현재 카고시마鹿児島현 서부. 〈사츠〉는 수렵에 관한 것을 나타내고 〈마〉는 지역을 나타내기 때문
에 사냥감이 많이 잡히는 땅을 의미한다. 다른 의미로 〈츠마〉는 끝을 나타내기 때문에 변경이라는
의미로도 사용된다. 〈삿슈우薩州〉라고도 한다.

67) 이키壱岐

현재 나가사키長崎현의 이키시마壱岐. 대륙으로 가는 도중에 〈쉬는 장소 이코우憩う〉라는 의미에서
나왔다고 한다. 〈이슈우壱州〉라고도 한다.

68) 츠시마対馬

현재 나가사키長崎현 츠시마. 배가 정박하기에 좋은 〈츠津〉가 많은 섬島이란 뜻에서 유래했다고
한다.

28.2.3. 고카이도오五街道

에도막부는 교통이나 유통을 중시하여 막부직할의 가도街道를 두었다. 토오카이도오東海道・나카
센도오中山道・코오슈우 카이도오甲州街道・닛코오 카이도오日光街道・오오슈우 카이도오奥州街道 등
의 5개 가도는 에도를 기점으로 한 중요한 가도이다. 5개 가도로 막부는 당시까지 각 지방영주가
다스리고 있던 길을 에도를 중심으로 하나의 체계로 정리했다. 5개 가도에서 제외된 길은 와키 오오
캉脇往還 또는 와키 카이도오脇街道라고 했다.

이러한 가도를 정비함으로써 여행은 서민에게 편리하게 되었다.

28.2.3.1. 토오카이도오東海道

에도江戸의 니홈바시日本橋와
쿄오토京都의 산죠오三条를 연
결하는 가도. 그 사이에는 53개
의 숙박업소가 있었다. 5카이도
오 중 가장 중요한 도로였다. 전
체길이 1,260리(약 500km)로 이
것은 지금 국도 1호선에 해당하

토오카이도오東海道

는 도로이다. 또한 오오츠大津에서 후시미伏見·요도淀·히라카타枚方·모리구치守口를 거쳐 오오사카大阪에 이르는 쿄오카이도오京街道도 토오카이도오의 연장선으로 보고 있다.

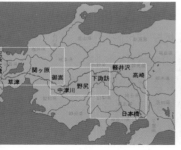

 나카센도오中山道   나카센도오中山道의 키소木曽에 있는 츠마고메 쥬크妻龍宿

28.2.3.2. 나카센도오中山道

에도江戸에서 시나노信濃를 지나 쿄오토京都를 연결하는 가도. 전체 길이가 약 1,350리(530km)로 그 사이에는 69개의 숙박업소가 있었다. 쿠사츠草津에서 토오카이도오東海道와 합류한다. 나카센도오中仙道라고도 쓰였지만 1716년에 막부에 의해서 나카센도오中山道로 통일되었다. 또, 키소 카이도오木曽街道라고도 한다.

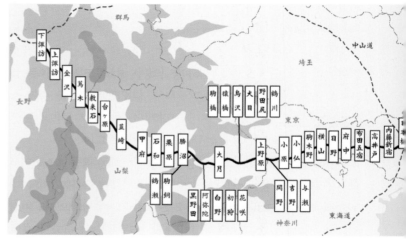

 코오슈우 카이도오甲州街道

28.2.3.3. 코오슈우 카이도오甲州街道

에도江戸와 코오후甲府를 연결하는 가도. 전체 길이가 약 550리(220km)였다. 약 44개의 숙박업소가 있었으며 세키쇼関所는 코보토케小仏와 츠루세鶴瀬에 있었다. 현재의 국도 20호선에 해당한다. 코오슈우 도오츄우甲州道中라고도 한다.

28.2.3.4. 닉코오 카이도오日光街道

에도江戸와 닉코오日光를 연결하는 가도. 닉코오 토오쇼오구우日光東照宮를 참배하는 데에 자주 사용되어졌다. 전체길이 약 360리(140km)로 센쥬千住와 우츠노미야宇都宮의 사이는 오오슈우 카이도오奥州街道와 겹쳐진다. 21개의 숙박업소가 있었다. 닉코오 도오츄우日光道中라고도 한다.

28.2.3.5. 오오슈우 카이도오奧州街道

에도江戸와 오오슈우 시라카와奧州白河를 연결하는 가도. 센쥬千住와 우츠노미야宇都宮 사이에는 닛코오 카이도오日光街道와 겹친다. 시라사와白沢와 시라카와白河 사이로 10개의 숙박업소가 있었다. 전체길이는 약 480리(190km)로 오오슈우 도오츄우奧州道中라고도 한다.

 관련 키워드

▷슈쿠바宿場 : 가도 길을 따라 중요한 지점에 있었고 숙박이나 사람과 말을 교대하거나 이어줄 수 있는 곳이었다. 가도를 사이에 두고 하타고야旅籠屋가 양쪽으로 죽 늘어서 있었고, 중심부에는 토이야바問屋場와 혼징本陣이 있었다. 슈쿠바의 말이나 잠자리 확보는 왕래하는 막부 공무원을 위한 의무였는데 공무원이 다니지 않을 때에는 일반 나그네로부터 돈을 받아 재울 수 있는 권리를 인정받고 있었다. 슈쿠바가 있는 장소는 슈쿠바 마치宿場町로 번화했다. 슈쿠에키宿駅 혹은 슈쿠宿라고도 했다.

▷메시모리 온나飯盛女 : 각 슈쿠바宿場의 하타고야旅籠屋에 고용되어진 유우죠遊女. 막부는 풍기문란을 막기 위하여 제한을 했지만 효과는 없었다. 줄여서 메시모리飯盛り라고도 한다.

▷하타고야旅籠屋 : 일반 나그네가 머물렀으며 음식까지 제공하는 야도야宿屋. 메시모리 온나飯盛女가 고용되어있는 경우가 많아 특히 메시모리 하타고飯盛旅籠라고 하는 경우도 있다.

▷히라 하타고야平旅籠屋 : 메시모리 온나飯盛女를 고용하지 않은 하타고야旅籠屋.

▷키칭야도木賃宿 : 손님은 연료비만을 지불하고 지참한 쌀로 직접 밥을 지어먹는 값이 싼 숙박업소. 나중에는 쌀을 제공하는 하타고야旅籠屋가 생겨났다. 키칭木賃은 연료비.

▷혼징本陣 : 신분이 높은 사람이 머무르는 숙박업소. 이곳에 숙소가 없을 때에는 이것에 준하는 와키혼징脇本陣을 이용한다. 오오하타고야大旅籠屋라고도 한다.

▷토이야바問屋場 : 슈쿠에키宿駅에서 사람과 말을 교대하거나 이어주는 등의 사무를 행하는 곳.

▷캄메 아라타메쇼貫目改所 : 막부에 의해서 토이야바問屋場에 설치한 기관. 가도를 왕래하는 화물의 중량을 검사했다.

▷보오바나棒端 : 슈쿠에키宿駅의 외곽에 경계를 표시하기 위하여 말뚝을 박아 놓은 것.

▷스케고오助郷 : 슈쿠바宿場의 사람과 말이 부족한 경우에 막부라든가 각 지방의 향藩에 의해서 사람과 말의 제공을 강제로 할당받은 부근의 농촌. 임시적인 조치였는데 결국은 상례화되고 농촌을 피폐화시키는 원인이 되었다.

▷세키쇼関所 : 통행인의 검사를 하는 기관. 에도 시대江戸時代의 세키쇼関所는 특히 이리텝포오니 데온나入り鉄砲に出女라고 해서 에도지방으로 무기가 불법으로 들어오는 것과 에도에 머무르게 한 영주의 부인이 에도를 빠져나가는 것을 엄중하게 규제했다.

토오카이도오東海道의 하코네箱根, 나카센도오中山道의 우스이碓氷, 오오슈우奧州의 상강三関 등이 유명하다.

▷테가타手形 : 세키쇼関所를 통과하는 데에 필요한 신분을 증명하는 서류. 오오라이 테가타往来手形・오오라이 킷테往来切手・츠으 테가타通手形라고도 한다. 또 여성은 특히 온나 테가타女手形라고 한다.

▷상강三関 : 오오슈우奧州에 있는 세 개의 세키쇼関所의 총칭. 나코소勿来・시라카와白河・넨주念珠를 합쳐 오오슈우상강奧州三関이라고도 한다.

▷이치리즈카一里塚 : 막부에 의해서 가도 길에 10리마다 설치된 흙더미. 표시로써 팽나무(에노키榎) 등을 심었으며 나그네
  에게 있어서 이정표 역할을 하게 되었다. 큰 일을 마무리하는 의미로도 사용되었다.
▷타테바立場 : 사람들이 가마를 세우고 쉬는 곳. 가지고 있던 지팡이를 세우고 쉰다는 의미에서 생겨났다. 나그네들도
  쉬었기 때문에 다실 등이 설비되어 있었다. 타테바建場라고도 쓴다.
  메에지明治이후에는 인력거 등의 정거장을 가리키게 되었다.
▷히캬쿠飛脚 : 편지며 화물 등을 먼 곳으로 우송하는 일을 했던 사람들. 매월 2·12·22일의 3회, 오오사카大阪를 출발해
  서 에도로 향하도록 되어 있어 이를 산도 히캬쿠三度飛脚라고 부른다.

※ 싱칸셍新幹線

2차 대전 전 3
번에 걸친 토오
쿄오東京에서 토
오카이도오東海
道, 상요오도오
山陽道, 큐우슈
우九州를 연결하

🎥 야마가타 싱칸셍

🎥 토오호쿠 싱칸셍

🎥 아키타 싱칸셍

는 〈고속 싱칸셍 계획〉을 이어받는 형태로 1959년 4월에 착
공, 64년 10월 1일에 개통(카이교오開業)한 토오카이도오 싱칸
셍을 시작으로 이후, 상요오山陽·토오호쿠東北·죠오에츠上
越 등 각 싱칸셍이 순차적으로 개통되었다. 궤도의 폭을 광궤
인 1,435㎜로 한 것 외에 많은 신기술 개발에 의하여 고속대
량수송을 실현하고 국철, JR 시대를 통해서 많은 수요를 창출
했다. 비즈니스를 위한 이용은 물론 연말연시·오봉お盆 등의
귀성객을 운송하는 중요한 동맥의 하나이다. 또한 땅값의 등
귀가 원인인 점도 있지만 싱칸셍을 사용한 원거리 통근 등의
새로운 생활 형태를 낳기도 했다. 하지만 목적지의 이동이라
는 면만을 강조한 나머지, 사람과 공간의 관계를 너무 단순화시킨 측면도 부정할 수 없으며 싱칸셍
건설을 둘러싸고 정치가가 자신의 출신지가 이익을 챙기도록 유도하거나 싱칸셍이 내는 소음공해에
관한 것 등 많은 문제점을 노출하고 있다. 싱칸셍 노선과 구간은 다음과 같다.

명 칭	이 름	구 간	개설연도	총연장
토오카이도오 싱칸셍東海道新幹線	노조미望み 히카리光	토오쿄오東京-나고야名古屋-쿄오토京都- 싱오오사키新大阪	1964년	553km
상요오 싱칸셍山陽新幹線	노조미望み 히카리光	싱오오사키新大阪-히메지姬路-오카야마岡山	1972년	180km
〃	〃	오카야마岡山-히로시마廣島-하카타博多	1975년	465km
토오호쿠 싱칸셍東北新幹線	하야테疾風	오오미야大宮-모리오카盛岡	1982년	505km
〃	〃	우에노上野-오오미야大宮	1985년	27km
〃	〃	토오쿄오東京-우에노上野	1991년	3.6km
〃	〃	모리오카盛岡-하치노헤八戶	2002년	96.6 km
죠오에츠 싱칸셍上越新幹線	아사히朝日	오오미야大宮-니이가타新潟	1982년	304km
나가노 싱칸셍長野新幹線	아사마淺間	타카사키高崎-나가노長野	1997년	117km
야마가타 싱칸셍山形新幹線	츠바사翼	후쿠시마福島-야마가타山形	1992년	87km
〃	〃	야마가타山形-신죠오新庄	1999년	62km
아키타 싱칸셍秋田新幹線	야마비코山靈	모리오카盛岡-아키타秋田	1997년	127km

현재 싱칸셍은 JR히가시니혼東日本·JR니시니혼西日本·JR토오카이東海 등에서 운영하고 있다.

①JR토오카이도오 싱칸셍東海道新幹線/토오쿄오~나고야~쿄오토~싱오오사카〈JR東海〉
②JR상요오 싱칸셍山陽新幹線/싱오오사카~히메지~오카야마~히로시마~하카타〈JR西日本〉
③JR토오호쿠 싱칸셍東北新幹線/토오쿄오~센다이~모리오카~하치노헤〈JR東日本〉
④JR아키타 싱칸셍秋田新幹線/토오쿄오~센다이~모리오카~아키타〈JR東日本〉
⑤JR야마가타 싱칸셍山形新幹線/토오쿄오~우츠노미야~야마가타~신죠오〈JR東日本〉
⑥JR죠오에츠 싱칸셍上越新幹線/토오쿄오~타카사키~나가오카~니이가타〈JR東日本〉
⑦JR나가노 싱칸셍長野新幹線/토오쿄오~오오미야~타카사키~나가노〈JR東日本〉

1) 에에단營團·토에에都營지하철/하루종일 자유권 1,000円/東京都
   내에서 지하철을 하루 종일 마음대로 탈 수 있는 승차권.
2) 자유권 1,000円＋JR=1,580円/동경 도내에서 지하철과 都營Bus
   와 JR을 하루종일 마음대로 탈 수 있다.
3) 자주색 순환선〈칸죠오셍環狀線〉오오에도셍大江戶線/ 平成 12년
   (2000년) 12월 12일 12시에 개통된 12호선.

📷 스이카/JR에서 발행하는 프리페이드 카드.
펭귄처럼 쑥쑥(스이스이) 잘 통과하는 카드라는
염원을 담아 이름을 붙였다.

토오쿄오東京都 지하철·JR 노선도〈로센즈路線図〉

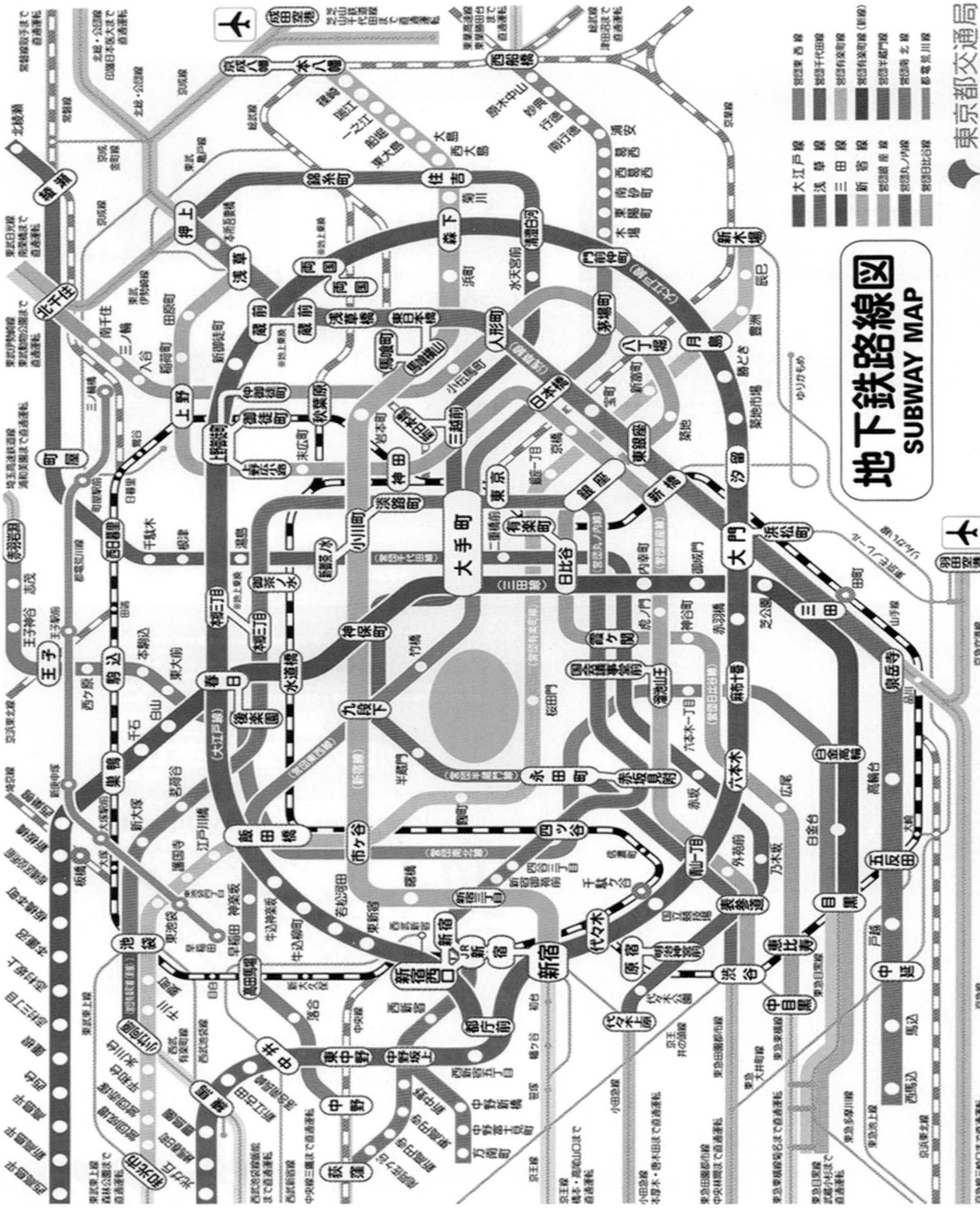

地下鉄路線図
SUBWAY MAP

大江戸線
浅草線
三田線
新宿線

東京都交通局

402

일본 경제   part.29

29.1. 일본 경제의 궤적

29.1.1. 패전 후의 경제적 혼란과 회복

패전 직후 일본 경제는 비참한 상황에 처해 있었다. 공업 생산은 전쟁 전의 1/10수준으로 떨어졌고 그 후에도 1/3수준으로까지 밖에는 회복되지 못했다. 당시의 국민 생활은 〈그저 굶지 않고 먹을 수만 있다면〉 하고 바라는 수준이었다. 엥겔계수는 전쟁 전에는 30%였던 것이 1946년에는 68%였다. 인플레이션(인후레インフレ)도 심각해서 1945년의 물가수준은 1937년의 4.4배였고 1948년에는 100배를 넘었다. 이때는 외국과의 무역도 거의 정지상태였다. 이와 같은 경제 혼란에 대해서 무엇보다도 생산력을 회복하고 인플레이션을 억제하는 정책이 우선시 되었다. 이러한 생산력 회복을 위해서 취해진 조치가 경사생산(케에샤 세에삼傾斜生產)방식이었다. 이것은 경제를 긴급하게 회복시키기 위하여 제안된 정책으로 석탄·철강·비료 등의 증산에 집중적으로 자원을 투자하고 이들의 생산 증가분을 순차적으로 다른 생산으로 돌리는 방식이었다. 또한 소비를 억제하고 중요한 물자 생산을 우선시키기 위해서 〈경제안정본부〉라는 강력한 기관을 설치, 물자별로 배급을 하는 등 통제적인 수단도 사용하였다. 소비를 억제시키기 위해서는 일정액 이상의 예금의 인출을 금지하는 것도 행해졌는데 이런 방법으로는 인플레이션을 억제할 수가 없었다.

경사생산 방식에 의한 생산의 증가 등으로 일본 경제는 1947년쯤부터 급격한 부흥기를 맞이하여 1948년에는 17.5%라는 최고의 경제 성장률을 달성하게 되었다. 그러나 이 회복이 〈국내 보조금과 미국으로부터의 원조인 두 다리로 서는 죽마 경제(타케우마 케에자이竹馬経済) 바로 그것〉이라고 단정지은 점령군 경제고문 덧지공사는 ①균형예산의 편성 ②엥화의 달러대비 360엥의 고정환율 ③단호한 긴축재정 등을 지시했다. 이 결과 1949년부터 불황의 기색이 두드러졌지만 인플레이션의 원인은 일소되었다. 그 후 50년에 발발한 한국전쟁에 의한 특수로 국내수요는 활발해졌고 일본 경제는 52년에 2차 대전 전의 수준으로 회복되었다. 낙후된 기술수준을 만회하기 위한 일본 기업의 높은 투자의욕과 당시까지 억제되어왔던 소비수요가 소득증대에 따라서 해방된 것이 그 배경이었다. 부흥기에는 재벌의 해체, 농지개혁에 의한 자작농의 창출, 노동조합의 결성 등에 의한 지위향상 등 경제체제의 개혁이 단행되어 전후경제 발전을 위한 기틀이 정비되었다.

29.1.2. 전후 일본 경제의 부흥

2차 대전으로 혼란에 빠져 있던 일본 경제는 1947년쯤부터 급속하게 부흥기를 맞이하고 1955년쯤부터는 약 20년에 걸쳐 고도 성장이라고 불리는 지속적인 경제성장을 기록했다. 70년대에 2번의 석유위기를 거쳐 일본 경제는 안정 성장 시대에 들어가는데 80년대 후반에 땅값(치카地価)과 주가(카부카株価)가 급등하며 결국 그것은 거품이 되었고, 이 거품이 꺼지자(바브르가 하지케루バブルが弾ける), 급속한 엔고 현상(엔다카겐쇼오円高現象)으로 인해 90년대 초부터는 장기 불황(후쿄오不況)으로 빠지면서 21세기 현재에도 일본 경제는 디플레이션(데후레デフレ)에 빠져 돌파구가 전혀 보이지 않는 등 미래가 무척 불투명한 상태이다.

29.1.3. 고도 성장의 이유

고도 성장기라고 불리는 1955년부터 1973년까지 기간 동안 일본의 실질 경제성장률은 9.1%까지 올라가기도 했다. 같은 기간에 미국은 3% 전후, 유럽 주요 국가는 5~6%의 실질 성장률이었던 것을 감안한다면 일본의 성장률은 경이적인 것이었다.

수요면에서 보면 성장을 리드했던 것은 설비투자·소비·수출이었다. 설비투자는 이 기간에 연 16.5% 성장했고 규모는 15.7배가 되었다. 이처럼 높은 성장률을 이룩하게 된 것은 첫째로 신제품, 신기술이 눈부실 정도로 개발되고 이들을 생산으로 연결시키는 설비투자가 확대되었던 것이다. 둘째로 전후 부흥기에는 기존의 설비 가동률을 끌어올리는 것으로 끝났는데 이 시기에는 능력의 한계에 부딪혀 능력 확대를 위한 투자가 다른 투자를 부르는 투자 도미노 현상의 메커니즘이 생겨났다. 소비의 확대는 내구소비재의 급속한 보급에 힘입은 바 크다. 50년대에는 흑백 텔레비전, 세탁기, 냉장고가 3종의 신기(산슈노징기三種の神器)로 불리고, 60년대에는 컬러 텔레비전, 에어컨, 승용차가 3C로 불리며 수요가 확대되었다. 수출은 연 13.5%, 세계 무역의 1.6배의 속도로 증가했다. 수출의 높은 신장은 국내시장만으로는 불가능했던 거대 규모의 경제를 실현시켰고 설비의 근대화와 기술

혁신의 적극적인 도입에 의해서 일본 제품의 국제적인 경쟁력은 비약적으로 높아졌다.

공급 면에서 보면 인구의 증가율이 1.4%로 비교적 높았던 데다가 농업으로부터의 인구이동이 있었고 또한 높은 교육수준에 의한 질의 개선이 있었다. 높은 투자의 성장은 저축에 의해서 지탱되지 않으면 안되었는데 이 시기의 가계의 저축률이 20%를 초과할 정도로 국내 저축의 증가가 있었다. 기술면에서는 일본은 구미 여러 나라의 수준에 육박하는 과정에 있었고 왕성한 기술도입의 의욕이 기술진보를 뒷받침했다. 또한 평화로운 세계에서 자유무역 체제가 정비되어간 것이 일본의 수출 환경을 개선하게 했으며 에너지와 원료의 안정적인 확보를 가능하게 했던 것도 큰 영향이었다.

이런 고도의 성장은 안정 성장기로 이행하게 된다.

70년대에 두 번에 걸친 석유위기, 외국과의 통상마찰, 80년대의 엥화절상(키리아게切り上げ) 등의 진행으로 일본 경제는 고도 성장을 계속할 수가 없었다. 이로 인해 수출증가와 그로 인한 무역흑자의 대폭 확대는 곤란해졌고 기술수준도 구미를 이미 따라잡게 되면서 기술혁신의 스피드가 저하되었다. 또한 노동력의 신장도 둔화되고 농업으로부터의 인구이입도 거의 고갈되어 일본 경제는 안정성장으로 이행되었다. 80년대 후반에는 땅값과 주가 등의 자산가치가 폭등하고 90년대에는 거꾸로 급락했다. 소위 버블의 발생과 붕괴였다. 버블 발생기에 과잉투자했던 실물과 금융투자는 고스란히 불량자산으로 남아 일본을 기나긴 불황의 늪으로 빠져들게 하는 원인이 된다.

29.1.4. 버블의 발생과 붕괴

1990년대에는 일본 경제에 있어서 〈잃어버린 10년(우시나와레타 쥬우넹失われた10年)〉이라고 한다. 버블 붕괴 후, 불량 채권(후료오사이켕不良債權/융자받은 곳으로부터 금리의 지불이 늦거나 경영파탄으로 회수불능이 된 채권)의 처리가 늦어져 경제는 저성장하지 않을 수가 없었다. 불량 채권 처리는 21세기가 된 현시점에서도 아직 계속되고 있고 경기회복의 가능성마저 불투명하게 하고 있다.

버블의 발생은 일본 경제 구조에 원래부터 잠재하고 있었다. 주식이나 부동산에 대한 과다한 투자로 인해 본래의 이익배당이나 수익성 이상으로 가격이 부풀어 버블경제가 된 것이다.

80년대의 수출확대는 미국 등 무역 상대국과 격한 마찰을 불러일으켰다. 85년의 플라자 합의에서 엔고 현상(엔다카겐쇼오円高現象)이 급진전하자 수출주도의 경제성장은 난관에 부딪히고 금리를 인하하여 내수를 촉진시키는 방향으로 선회한다. 87년의 블랙 먼데이(미국의 주가 대폭락)의 영향을 피하려는 금리인하도 시행되어 국내에서의 자금공급이 확대되고 폭주하는 돈이 토지나 주식으로 몰려들기 시작했다. 지가상승을 배경으로 금융기관에서는 부동산담보 대출이 러시를 이루었다. 조달된 자금은 설비투자나 새로운 부동산 투자에 범람하기 시작했다. 주가의 상승은 개인의 소비를 활성화시켜 새로운 수요를 창출했다. 그러나 과도한 투자는 버블로 이어졌고 90년 초에는 버블 붕괴로 땅값과 주가가 완전히 곤두박질쳤다. 높은 값으로 산 부동산이나 설비가 이익은커녕 불량채권으로 돌아와 기업을 압박했다. 이 여세는 개인에게까지 영향을 미쳐 개인 소비의 위축을 부추기는 결과를 낳았다.

98년 GDP의 전년대비 증가율이 -0.6%로 마이너스 성장이 되었다. 99년에는 1.4%로 약간의 회복의 기운을 보이긴 했지만 개인소비는 여전히 회복되지 않았고 종래의 상품가치를 크게 밑도는 가격으로 판매하는 가격파괴가 진행되어 마침내는 디플레이션에 빠지고 말았다. 상품의 가격을 내리기 위하여 국내공장을 폐쇄하고 인건비가 싼 중국 등에서 생산하여 수출하거나 국내에 판매하는 기업이 늘고 산업의 공동화가 급속하게 진행되었다. 그 때문에 2001년 중반에는 실업률이 마침내 5%를 넘어섰다.

29.1.5. 제로금리 정책

일본은행의 제로금리 정책은 금융기관끼리 자금을 주고받는 단기금융 시장의 금리를 거의 제로에 가까운 수준으로 낮춤으로써 시장에 윤택한 자금을 흐르도록 하여 경기를 뒷받침하는 정책으로 99년 2월에 개시되었다. 이 때문에 개인의 예금과 저금의 금리는 거의 붙지 않게 되었고 이는 연금 생활자들에게 큰 영향을 끼쳤다. 일본은행은 2000년 8월에 제로 금리를 일단 해소했지만 경기 회복이 늦어지면서 2001년에 다시 제로금리로 돌아가지 않으면 안되었다.

29.1.6. 불량채권 처리

21세기에 들어서 일본 경제 재생의 최대의 포인트가 되고 있는 것은 불량채권의 처리이다. 전국 은행이 가지고 있는 불량채권의 잔고는 2000년도에 32조엔, 은행은 당시까지 8년 반 동안에 누계 68조엔에 달하는 불량채권을 처리해 왔는데 좀처럼 줄기는커녕 융자를 받은 기업의 도산·업적악화와 담보가치의 하락 등으로 늘어가는 경향이 지속되고 있다.

불량채권 처리의 재원은 은행업의 본업인 업무에 따른 순이익이나 보유 주식의 장부상의 이익분인데 전국 은행의 업무순익은 연간 5조엔 안팎으로 유가증권 이익도 감소하고 있는 추세여서 처리는 바라는 대로 이루어지지 않고 있는 실정이다. 불량채권은 발생하고 나서 2∼3년 내에 장부에서 분리시키는 것이 과제인데 은행은 결정을 유보(사키오쿠리先送り)하는 체질이 강해 문제해결이 늦어지고 있다. 이외에도 해외 기관투자가에게 불량채권을 싸게 사게 하는 방법이나 민사재생법이나 사회재생법에 의한 처리를 강구하고 있다.

29.1.7. 소비세〈쇼오히제에消費稅〉의 도입

일본의 세제는 소득세(쇼토쿠제에所得稅)·법인세(호오진제에法人稅) 등의 직접세가 주체가 되고 있다. 주세(슈제에酒稅), 휘발유세, 관세(칸제에関稅) 등의 간접세가 있었지만 소비세(쇼오히제에消費稅)가 도입된 것은 비교적 최근인 1989년에 일어난 일로 세율도 3%이던 것이 97년 4월부터는 5%로 상향조정되었다. 하지만 그것도 유럽 여러 나라에 비하면 낮은 편이라고 한다. 일본의 세제가 직접세 중심으로 편성된 것은 전통적인 세금제도 외에, 2차 대전 후의 점령기에 직접세 주체인 미국의 주도로 세제개혁이 행해졌기 때문이다. 세제의 기본적인 원칙은 공평주의를 우선으로 하고 있고 거기다가 신고납세가 바탕을 이루고 있다. 그러나 일본의 경우는 세를 걷기가 쉬운 원천징수(겐센 쵸오슈우源泉徵收)방식이 주류를 이루고 있다. 이 방식은 샐러리맨 등 근로자의 매월 월급에서 소득세를 원천공제하기 때문에 100%에 가까운 세금을 거둘 수가 있다. 한편 자영업 등은 자기 신고제로 되어있는데 신고를 하지 않는 사람도 있으며 신고 내용에도 필요경비 등의 재량을 발휘할 수가 있다. 이 때문에 자영업자의 경우는 절반정도, 농민의 경우는 30%정도 밖에는 세를 거둘 수 없는 것이 실정이다. 이것은 이른바 「토오고상10·5·3」이라고 불리며 불공평 세제의 대명사가 되고 있다. 이러한 이유 외에 일본은 누진세(루이신제에累進稅)때문에 고액소득이 되면 상당한 고액의 세율이 적용된다. 그리고 73년의 제1차석유위기 이후, 경기 후퇴에 의한 세수의 격감, 경기부양 대책 등에 의한 재정지출의 팽창 등 재정적자가 만성적으로 팽창일로에 있다.

국가의 세입에서 차지하는 세의 수입은 70%대가 계속되었다. 이 때문에 나머지 30%를 보전하기 위해 국채발행이 증대되었다. 게다가 70년대 후반의 경기대책의 일환인 공공사업의 추가에 경기후퇴에 따른 소득세의 감소가 고스란히 국채의 대량발행으로 이어졌다. 국채의 잔고는 90년도 말에는 166조엥이었던 것이 2001년 말에는 389조엥 정도가 되었다. 이 금액은 세수입의 약 7년분에 해당되는 거금이다. 여기에 광역단체인 토도오후켕都道府県이 발행한 공채를 포함한 장기채무잔액(쵸오키사이무 잔다카長期債務殘高)은 일본의 국내 총생산인 GDP를 훨씬 상회하는 666조엥에 달할 것으로 보고 있다. 국채 잔고는 줄어들 가망이 없어 2005년 말에는 491조엥에 달할 것으로 보고 있다. 국가의 예산에서 차지하는 국채이자 등의 〈국채비〉가 차지하는 비율이 높아지고 있고 재정이 경직화되어 신규 사업에의 지출이 점점 줄어들고 있다. 또한 고령화에 따른 의료·연금(넹킹후金) 등 사회보장비의 증대로 일본 재정은 악화일로를 치닫고 있다. 그래서 이제까지의 정부는 3%대의 소비세를 징수하고 있던 것을 5%로 상승시켰다. 앞으로도 재원은 소비세의 증세밖에는 없고 재정당국은 10~15%로 올리는 것을 목표로 하고 있다. 국민의 조세 저항이 일어날 것이란 것은 불 보듯 뻔한 일이고 이것이 앞으로 최대의 정치·경제의 과제가 될 것이다.

29.2. 일본 경제의 현상

29.2.1. 세계에서 가장 빠른 고령화

총인구 가운데 65세 이상의 고령자가 차지하는 비율은 서유럽 10개국의 평균으로 1960년의 11.4%에서 1995년 14.9%로 상승했다. 일본에서는 1960년에 5.7%로 서유럽의 절반 수준이었으나 1995년에는 14.9%가 되어 서유럽 수준을 따라 잡았다. 일본의 고령화는 EU의 2배, 미국에 비하면 3배의 스피드로 진행되어 왔으며 드디어 2000년에는 17.2%가 되었다.

구 후생성(큐우 코오세에쇼오旧厚生省)의 예측에 따르면 미국의 16.1%, 서유럽의 20.2%를 훨씬 상회할 것이라고 한다. 일본은 금세기에는 타의 추종을 불허하는 고령자대국이 될 것이다.

29.2.2. 늘어나는 수명 떨어지는 출생률

일본의 급속한 고령화는 평균수명이 연장되고 출생률이 떨어진 것에 기인한다. 일본인의 평균수명은 1947년에 남자가 50.06세, 여자가 53.96세였던 것이, 99년에는 남자가 77.10세, 여자가 83.99세까지 늘어났다. 인구가 일정한 수준을 확보하기 위해서는 한사람의 여성이 일생동안 2.09명의 자녀를 출산할 필요가 있지만 89년에는 이 지표가 1.57명까지 떨어져 〈1.57쇼크〉라고 표현될 정도였다. 그 배경에는 도시 여성의 고학력화・만혼화의 경향과 일과 자식 양육을 병행하기 어려운 사회환경 등을 꼽을 수 있다. 그리고 이 경향은 가속화되어 93년에는 1.46명까지 떨어졌고 99년에는 1.34명으로 떨어졌다. 구 후생성旧厚生省의 예측은 출생률이 1.53명까지 회복되는 것을 전제로 하고 있는데 현실은 그것보다 더욱 비관적이다.

29.2.3. 고령화에 대한 대책

경제학자들에 의하면 95년에는 한사람의 고령자(코오레에샤高齢者)의 생활을 15∼64세의 생산연령에 있는 4.8명이 벌어 먹인다는 계산이었는데, 2015년에는 그 반인 2.4명이 한 사람의 고령자를 벌어 먹이지 않으면 안된다고 한다. 15∼64세의 생산연령 인구는 이미 95년부터 감소하기 시작했다. 따라서 앞으로는 고령자 취업을 고양하는 제도가 필요하게 되었다. 또한 현역세대의 부담이 과중되지 않도록 연금을 수혜받기 시작하는 연령을 높이는 등의 조치가 필요하게 되었다. 또한 의료나 병간호 서비스(카이고 사아비스介護サービス) 등을 가장 필요로 하는 75세 이상의 고령자도 늘고 있기 때문에 이들 서비스 제공의 단가를 낮추거나 인원의 확보 등이 중요한 과제로 떠오르고 있다. 2000년 4월부터는 간호가 필요한 사람이 간호 서비스를 받을 수 있도록 하기 위한 병간호 보험법(카이고 호켕포오介護保険法)이 시작되었다.

29.2.4. 종신 고용제終身雇用制와 충성심忠誠心의 붕괴

일본에서는 일단 한번 기업에 채용되면 상사의 명령에 따르고 동료들과의 협조를 유지하며 별탈 없이 일을 하면 특별한 업적을 올리지 않아도 그 회사가 도산하지 않는 한 해고되지 않는다. 또한 다양한 부가 급부를 받을 수가 있는 것과 함께 신분, 생활 모두가 보장되었다. 회사가 정년까지 개인의 생활을 모두 부담하는 것이다. 이것은 급여와 그에 따르는 제 수당을 비롯해서 사택이라든가 단독 기숙사와 같은 주거의 제공에 다양한 복리후생 시설을 갖추는 등 기업규모가 크면 클수록 그 혜택은 크다. 취직해서 정년까지 완전하게 생활을 보장받는다는 것은 안심하고 일할 수 있다는 의미로 회사와 사원은 운명공동체인 셈이다. 즉 기업이 존속하고 발전과 성장을 거듭하는 것이 사원 스스로가 생활기반을 안정시키고 보다 풍요롭게 하기 위한 것과 궤를 같이 한다. 따라서 하나의 기업에 대해 노동자의 정착률이 높고 충성심이 강한 것도 당연한 것이다.

하지만 입사 후 종신고용, 연공서열을 근거로 일단 생활은 보장되지만 다른 한편으로는 회사의 명령에 대해 거부권, 혹은 선택권은 거의 없다고 해도 과언이 아니다. 우선 어떤 부서에 배치될지는 회사가 결정한다. 전근도 회사명령의 하나로 이를 따르지 않으면 안 된다. 특히 일본의 기업에서는 일정기간마다 순환근무를 실시하기 때문에 근무하고 있는 사이에 몇 번인가 전근을 경험하지 않으면 안 된다. 회사의 명령을 따르지 않으면 회사에서 상당히 불리한 상황으로 몰리기 때문이다. 전근은 비즈니스맨에게 있어서는 피할 수 없는 것으로 중년이후의 전근에는 가족동반이 아니고 단독으로 부임(탄싱후닝単身赴任)하는 경우가 많다. 이는 가족의 교육문제, 주택문제 등이 얽혀있기 때문이다. 언젠가 귀환될 것이라는 희망으로 참고 살지만 고통이 수반되는 것도 사실이어서 회사에서는 제도적으로 심각하게 이를 고려하고 있지만 뾰족한 해결책이 있는 것도 아니다. 현재는 종신고용제도 자체가 도마 위에 올라 이를 포기하는 회사가 늘고 있다.

29.2.5. 인사 전환〈하이치뎅킹配置転換〉·해고リストラ·단신 부임単身赴任

채용은 원칙적으로 새로 졸업한 사람을 대상으로 하는 연1회의 정기채용이다. 채용인원은 업적에 따라서 매년 바뀌지만 조직으로서 연대年代별 구성의 밸런스 등을 배려하여 계획적으로 어느 일정 수를 정기채용하고 있다. 입사 후는 회사가 필요로 하는 능력을 익히도록 하기 위해 교육훈련을 정기적으로 행하고 매년 재배치를 통해서 다방면의 업적을 쌓게 하고 그렇게 축적된 능력을 정년까지 장기간에 걸쳐서 활용하는 방식이 많다.

전근은 본사에 채용된 화이트 칼라 직원에 국한되는데 평생 2~3번의 전근은 거의 피할 수 없는 현실이다. 전근에는 영전도 있고 좌천도 있으므로 매년 인사이동 시즌이 되면 샐러리맨의 희비극이 연출된다. 젊은 독신사원에게는 즐거운 일이기도 하지만 연로한 부모를 어떻게 모실 것인가, 수험생의 자제를 어떻게 할 것인가, 모처럼 마련한 마이홈을 어떻게 할 것인가 하는 문제로 단신 부임하든가, 승진을 포기하고 전근을 사양하는 케이스도 생기고 있다.

이와 같은 고용관행은 1990년대 초부터 바뀌기 시작하여 채산악화 분야의 정리를 통한 종업원 삭감이나 성과형 임금의 도입 등으로 전직이나 중도채용으로 방향을 선회하는 기업이 늘고 있다. 또한 계약제나 파트타임, 인재파견의 형식으로 고용형태의 다양화를 꾀하는 기업도 많다. 일반적으로 여성의 노동력은 남성과 구별되어 일도 남성의 보조적 작업이 주를 이루었다. 최근에는 이것을 차별로 간주하고 개선의 움직임이 강화되어 1986년 4월에 남녀고용기회 균등법이 시행되었다. 현실적으

로는 몇년만에 이직하는 경우도 많지만 캐리어 우먼으로서의 길을 선택하는 여성도 늘어나고 있다.

29.2.6. 임금〈칭깅賃金〉

급여 소득자의 임금은 보통은 매달 지급되는 월급과 1년에 두 번(여름과 겨울) 지급되는 보너스가 있다. 보너스는 원래 회사의 업적에 의해서 지급되는 보장적 성격이 있어 일본에서도 약간 탄력적으로 지급되고는 있지만 연간 급여에서 중요한 일부로 편성되어 있다. 노동성 조사에 의하면 30인 이상의 업소의 99년 연간 급여 총액의 평균은 476만엥이었고 그 가운데 보너스는 108만엥이었다. 정기승급은 기업별로 임금체계 속에서 매년 한번 행해지는 데 최근에는 관리직을 중심으로 연봉제를 채용하는 곳도 나타나고 있다.

세대별의 수입면에서 본다면 노동자 세대의 99년 월평균 수입이 57만엥이었다. 거기서 세금·사회 보험료를 제한 가처분 소득은 48만엥으로 여기서 35만엥의 소비지출을 하고 저축율은 19.4%였다.

29.2.7. 짐무 경기〈짐무 케에키神武景気〉

고도 성장기의 개막이었던 1955년~1957년에 일본에서 발생한 폭발적인 호경기好景気를 일컫는 말이다. 일본 초대천황인 짐무 천황神武天皇이 즉위한 해인 기원전 660년 이래, 전인미답前人未踏의 호경기라는 의미로 이름이 붙여졌다. 이 호경기의 이면에는 뼈아픈 한국전쟁(1950년~1953년)이 있었다. 이 전쟁에 참가한 미군의 보급물자의 지원, 파손된 전차나 전투기의 수리 등을 모두 일본이 청부를 맡아서 한국 특수(쵸오센토쿠슈朝鮮特需)를 톡톡히 누린 덕분에 일본 경제가 비약적으로 발전한 것이다. 이 호경기로 일본 경제는 단숨에 2차 대전 전의 경제수준으로까지 회복되고 1956년 경제백서에서는 〈이미 전후를 벗어났다〉고 기록하고 있으며 이를 계기로 전후부흥戰後復興의 완료가 선언되었다.

또한 이 호경기의 영향에 의해 내구소비재 붐이 발생하여 3종의 신기(산슈노징기三種の神器/냉장고·세탁기·흑백TV)가 출현했다.

29.2.8. 이와토 경기〈이와토 케에키岩戸景気〉

1958년~1961년 12월까지 42개월간 계속된 호경기이다.

짐무 경기·이자나기 경기와 함께 전후 고도 성장 시대의 호경기의 하나이다. 호경기 확대기간이 42개월로 짐무의 31개월을 훨씬 상회하는 호경기였기 때문에 역사적으로 짐무 천황보다 한참 거슬러 올라가 아마테라스 오오미카미天照大神가 아마노 이와토天の岩戸에 숨어든 이래의 호경기라는 이름이 붙여졌다. 투자열기가 과잉될 정도로 기술이 뒷받침되며 설비투자가 경기를 주도하는 형식으로 순조롭게 발전했다. 말하자면 하나의 민간기업의 설비투자가 다른 설비투자를 부르는 이른바 〈투자가 투자를 부르는 형식〉으로 발전해간 것이다. 특수特需의 역할이 차지하는 비중은 짐무 경기보다 낮았지만 외국 자본의 유입이 급증하며 일본 자본의 해외유출 증가를 크게 상회함으로써 자본 거래면의 비중이 상승했다.

　　나베조코鍋底 불황(1957~1958)이라는 경기후퇴로 정체적인 경향이 강했던 석탄이나 해운산업과 경기 후퇴의 영향을 거의 받지 않았던 전기기계·정밀기계·자동차 등이나 혹은 영향을 받았지만 회복이 빨랐던 소위 성장산업(철강·화학·석유정제 등)과의 격차가 현저하게 나타났다. 이것은 기본적으로는 기술혁신에 의한 산업구조의 변혁기에 나타나는 현상이다.

29.2.9. 이자나기 경기〈이자나기 케에키いざなぎ景気〉

1966년~1970년에 걸쳐 계속된 호경기를 일컫는 말이다.

　　이자나기 경기라는 명칭에는 짐무 이래 최대의 호경기로 짐무 경기나 이와토 경기를 상회하는 호황이라는 의미가 담겨 있다. 이자나기란 일본신화 속에서 아마츠 카미天つ神의 명을 받아 일본열도를 만든 국토건설의 부부의 신인 이자나기노 미코토(伊邪那岐尊/남편)와 이자나미노 미코토(伊邪那美尊/부인) 중에서 남편이름의 이자나기라는 말을 따온 것이다. 그는 아마테라스 오오미카미天照大神와 스사노오노 미코토素素戔嗚尊의 아버지 신이기도하다. 당시 정부는 국채를 발행하여 경기회복을 꾀하는 한편, 기업의 국제경쟁력 제고를 위해 대규모 기업합병 등을 진행시키며 경기를 진작시키는데 성공을 거두었다. 이 시기에는 대중 차 발매에 의한 마이카 붐이 일어나고, 1964년 올림픽을 계기로 컬러TV의 보급이 급속도로 진행되었으며 거기에 소득 수준 향상에 따른 에어컨 구입으로 이른바 신3종의 신기(新3種의 神器/자동차Car·에어콘Cooler·컬러 텔레비젼ColorTV의 3C)의 소비확대도 호경기를 뒷받침했다.

　　이 이자나기 경기로 일본 경제는 크게 확대되고 세계 제2의 경제대국이 되었다.

　　이자나기 경기는 2차 대전 후 가장 오랜 기간 동안의 경기회복으로 여겨왔지만, 그 후 2002년 1월에 바닥을 거치면서 경기회복이 계속된 2006년 10월까지의 시점에서 이자나기 경기와 어깨를 나란히 하는 57개월의 경기회복 기간도 주목을 받고 있다. 정식명칭은 아니지만 이자나기 경기를 뛰어넘는 경기이므로 이 기간은 이자나미 경기라는 명명이 유력시되고 있다.

관련 키워드

3종의 신기(산슈노 징기三種의 神器)

　　천황을 상징하는 3종의 신기(황위의 상징으로 역대 천황이 계승해온 물건인 거울〈야타노 카가미八咫鏡〉·검〈쿠사나기노 츠루기草薙劍〉·옥〈야사카니노 마가타마八尺瓊勾玉〉의 세 가지를 가리킨다)에서 따온 호칭으로 일본의 전후에 한 때 신시대의 생활필수품으로 선전宣伝된 3종류의 내구소비재를 말하며 이들은 풍요로움과 동경의 상징이기도 했다. 그렇기 때문에 3종의 신기라는 말이 불리기 시작했을 당시에 지목된 제품들은 보급률은 그다지 높지 않았다.

1) 1950년대 ： 흑백 TV(방송개시 전에는 전기밥솥 혹은 청소기였다)·세탁기·냉장고

2) 고도 성장기 : 신3종의 신기(新3種의 神器) : 이자나기 경기의 호황의 특수를 뒷받침하는 3가지 소비재로 이른바 3C였다.

Color TV · 에어컨Cooler · 자동차Car가 바로 그것이다.

3) 매스컴 주도로 <헤에세에平成 신3종의 신기>가 제안되었지만 소지자들에게 어필하지 못하고 사라졌다.

4) 디지털 3종의 신기/ 2005년부터 급속하게 보급되기 시작한 디지털 가전의 디지털 카메라 · DVD레코더 · 액정TV이다.

5) 부엌 3종의 신기/2004년 마츠시타松下 전기 산업이 백색가전인 식기건조기 · 쿠킹 히터 · 쓰레기 처리기 등을 제창했다. 여기에 의류 건조기가 들어가는 경우도 있다.

6) 하류사회下流社会의 3종의 신기
한 때 저소득층이 집중해서 사들인 가전제품을 일컫는다. Personal Computer(퍼스널 컴퓨터), Pager(휴대전화), Play Station(가정용 TV게임기) 등으로 이른바 3P로 불렸다.

 당카이 세대団塊の世代

이 당카이 세대는 2차 대전 직후의 일본에서 1947년에서 1949년(1953년 또는 1955년생도 포함되는 경우도 있음)에 걸쳐 제1차 베이비붐 때에 태어난 세대로 약 800만명이다. 그들의 부친이 이 시기에 패전에 의해 귀향했기 때문에 자연히 혼인, 출생인구가 이 시기와 겹쳤다. 또한 1948년까지는 일부의 예외를 제외하고는 일반의 피임 · 중절 · 불임수술은 금지되었으나 1948년 우생보호법에 의해 제한적으로 용인되고 이듬해인 1949년 개정으로 <경제적인 이유>에서의 중절도 용인됨으로써 출생률 증대에 제동이 걸리고 1950년도 이후는 출생률이 급격히 감소했다. 작가인 사카이야 타이치(堺屋太一)가 1976년에 발표한 소설『당카이 세대団塊の世代』에서 광물학(鉱物学)의 한 덩어리 단위로 채굴되는 광물을 지칭하는 <노듈nodule>이라는 말의 번역어를 세대를 대표하는 말로 사용함으로써 등장하게 된 것이다. 당카이 세대団塊世代라고도 하며 그 자녀세대는 당카이 주니어라고 불린다. 이 현상은 일본뿐만 아니라 미국에서도 일어나 이를 미국에서는 베이비 부머라고 불린다.

<성향>

그중 일부 대학생이 신좌익의 영향을 받아 대학을 봉쇄하는 등의 학생운동이 격화되고 <전공투 세대>라 불리지만 원래 대학 진학률이 낮았기 때문에 학생운동에 가담한 것은 극히 일부분이고 가담했던 학생들도 졸업과 동시에 보수적 경향이 강하게 나타났다.

라이브도어에 의한 후지 텔레비전 매수소동이 벌어졌을 때에도 앙케이트 조사에서 당시의 사장이었던 호리에 타카후미(堀江貴文)를 지지한다고 대답했던 세대가 바로 이 당카이세대였다.

<가정에 대한 개념>

종래의 가족에 대한 개념이 희박해지고 핵가족에 의한 가정지향이 강하다. 맞선결혼과 연애결혼이 역전된 세대이다. 대개 결혼하여 두 사람 전후의 아이를 갖고 가족의 유대관계를 중시하지만 회사인간화(기업전사/샐러리맨 킨타로오)되어 가정을 소홀히 하는 아버지도 많다. 다른 세대에 비해 전업 주부가 가장 많고 <여성은 가정을 지킨다>는 보수적인 결혼관을 갖고 있다.

<학령기>

그들은 방대한 인구 때문에 어려서부터 학교는 한 학년 당 보통 두자리수의 학급이었고 학급당 교실은 50~60명의 콩나물시루를 연상케 하는 형편으로 곳곳에서 교실부족 사태를 야기했다. 그들은 좋든 싫든 학교를 주무대로 경쟁했다. 하지만 대학 진학률은 지금에 비해서 현저히 낮았으며 국공립대학은 수업료가 월액 1,000엔으로 인플레이션을 감안하더라도 현재의 1만엔 정도의 수업료로 학교를 다녔으며 국공립대학의 경쟁률은 높고 경제적으로 빈곤한 학생은 자신의 고장의 국공립대학으로 진학을 희망하는 경우가 많았다.

<청년기>

지방 농촌의 중학교를 졸업한 젊은이는 고도 경제성장 후기여서 일자리가 풍부했던 토오쿄오나 오오사카의 대도시로 집단 취직했다. 그들은 <황금알(킨노 타마고金の卵)>이라 불리며 공장이나 상점 등에 많이 고용되어 일본 경제의 저변을 떠받쳤다.

청년기에 고등학교나 대학으로 진학하여 도시부에 모였던 젊은이들은 기존사회에 대한 개혁심에 불타고 투철한 헝그리 정신과 강한 자기주장으로 소위 학생운동이라 불리는 대학개혁이나 베트남 전쟁 반대 등 반체제 운동에 몸을 던졌다.

일부 청년들은 전공투 운동 등으로 정부나 기존질서에 반발하며 과격한 활동을 했다. 그러나 1969년 동경대 분쟁이 패배로 끝나고 70년대 안보투쟁도 실패로 끝나자 많은 젊은이들은 운동에서 멀어지고 막다른 골목으로 몰린 일부 운동가의 폭력행위는 과격해져 갔다. 아사마 산장사건이나 당파의 분열에 따라 헤게모니를 쥐기 위한 내부폭력의 난무 등 반체제 조직에 대한 세상의 이목이 싸늘해지자 급속하게 냉각되어 1970년대 후반까지는 거의 모든 젊은이가 정치활동과 거리를 두게 된다.

문화적 측면에서 보면 패션이 침투하기 시작한 세대이고 남성은 청바지, 여성은 미니스커트를 즐겨 입고 레저나 드라이브를 즐기는 등 그 스타일은 현대 젊은이 문화의 기반을 형성하고 있다. 고도 경제성장을 이룩해낸 일본에서 최초로 청년기를 보낸 세대로서 그때까지 절대적인 것으로 여겨졌던 구미(주로 미국)와 동양문화의 대립을 상대화시키고 양쪽을 함께 즐기게 된 다문화 세대이다. 음악에서는 10대에 비틀즈나 그 영향 하에 나타난 그룹사운드의 세례를 받고 대학생은 재즈 다방이나 고고 다방을 아지트로 언더그라운드 극단을 즐기는 청춘이 되었다. 이 때문에 비틀즈 세대라고도 불린다.(하지만 거의 그룹 사운드를 들었고 실제로 비틀즈 사운드를 들었던 사람은 극히 일부에 불과하다)

〈가정을 가진 시기〉

이 당카이 세대가 부모로부터 독립하여 가정을 갖게 되자 주택이 턱없이 모자라게 된다. 해결책으로 대도시 근교에는 핵가족을 겨냥한 많은 근대적 단지가 조성되었다. 또한 대기업은 복리후생으로 집합주택 타입의 사택을 지었다. 그 주변에 생활물자를 파는 상점이 모이고 위성도시라 불리는 중소도시가 생겼다. 이에 따라 대도시를 둘러싼 도시권이 크게 형성되어 그에 따른 통근·통학을 위한 교통망의 정비가 가속화되어 철도의 수송능력 증강이나 새 노선의 건설과 도로의 신설과 확장이 거대하게 행해졌다. 도시팽창의 시대였던 것이다.

1971년부터 1974년에 걸쳐 제2차 베이비붐이 일어난다. 제2차 베이비붐에 태어난 아이를 당카이 쥬니어라고 부르는 일도 있지만 제2차 베이비붐에 태어난 아이에게는 당카이 이전세대의 부모를 둔 아이도 많다. 또한 실제로는 제2차 베이비붐 이후에 태어난 아이가 제2차 붐으로 태어난 아이보다 당카이의 부모를 갖는 비율이 높다. 이들은 진성眞性 당카이 쥬니어 眞性団塊ジュニア라고 부른다.

결혼해서 자식을 둔 후에는 뉴패밀리 세대라 불리고 가정에 대해서 그 이전의 가부장적인 가치관을 갖는 세대와는 다른 자유로운 가치관을 갖고 있다고 여겨지고 있다.

1986년부터 1991년까지의 버블 경기 시대는 40세전후의 한창 일할 나이로 사회의 중핵을 담당하여 기업전사로 과로사한 사람도 속출했다.

〈장년기〉

1990년대에 들어서 버블 경기가 계속되면서 당카이 세대는 장년기를 맞이한다. 그들이 소속된 일본형 연공서열 제도에 근거한 고임금은 기득권화되고 일본기업의 수익성을 낮추는 요인의 하나가 되었다. 또한 높은 노무비 부담은 1990년부터 2000년대 전반에 젊은 층의 대규모 취직난의 원인이 되었다는 지적도 받고 있다.

그러나 한편으로는 고도 성장을 견인한 세대로 평가받는 경우가 많은데 이 세대가 취직한 것은 중졸은 1962년~1964년, 고졸은 1965년~1967년, 대졸은 1967년 이후의 일이다. 중졸자가 노동력이 된 시대는 고도성장의 후반이고 대졸자가 취업한 시대는 고도경제성장 말기였으므로 이 세대가 고도경제성장을 견인했다는 견해는 적절하지 않다. 이 세대가 주축이 되어 지탱한 경제적 상황은 30대에 경험한 세계 기관차의 시대와 대미공세 시대, 40대에 시작된 버블경기이다.

2007년부터 2010년에 걸쳐서 당카이 세대가 일제히 정년퇴직을 맞이하기 때문에 연금제도를 비롯해서 사회에 큰 영향을 끼치고 있다. 일시의 대량 퇴직에 의한 베테랑 직원의 부족을 피하고 기능계승을 위하여 정년연장, 재고용 등으로 타개해 나가려는 기업이 있는가 하면 그들이 축적한 기술이나 능력, 인맥을 자사에서 살리기 위해 당카이 세대의 인재를 확보하려는 기업도 나타나고 있다. 이 세대가 끼치는 이런 영향을 〈2007년 문제〉라 부르고 있다. 이 문제에 대한 대책으로 당카이 세대가 긴 세월에 걸쳐서 축적해온 지식이나 기능을 어떻게 후진에게 전승시킬 것인가가 기업내부뿐만 아니라 사회전체의 과제로 부각되고 있다. 다만 그들이 사회인으로서 조직에서 살아남고 출세하기 위하여 자신의 경험이나 노하우를 자신내부에 꽁꽁 잠가두는 경우도 있어 경험의 전수는 쉽지만은 않은 것으로 되어 있다. 따라서 조직으로서 지식이나 기술의 전승을 꾀하기 위한 해결책을 검토하지 않으면 그들의 막대한 재산이 사장될 것이라는 우려가 많이 제기되고 있다. 퇴직 후의 당카이 세대는 아래와 같은 의미로 사회가 그들에게 거는 기대도 크다.

〈소비활동의 주체로서〉

퇴직금 등에 의한 일시적 소비나 건강하고 왕성한 소비의욕에 기대를 거는 움직임이 있다.

다만 이들을 부르는 단어로 실버 비즈니스라는 것이 있었는데 〈우리들은 아직 실버가 아니다〉라며 강한 반감을 나타내는 바람에 시장화에 실패한 경험도 있어 신중하다. 엘더elder라고 부르는 사람도 있지만 일본어로 정착하고 있다고는 볼 수 없다. 시니어는 실버보다는 젊은 인상을 주지만 그 말만으로는 일선에서 퇴직했다는 소외감을 아무래도 불식시킬 수 없기 때문에 네오 시니어로 부르거나 활동적인 측면을 강조하여(혹은 기대하여) 팩티브 시니어라고도 부르고 있다.

〈지역의 주체로서〉

2005년경부터 각 지방의 자치단체에서는 당카이 세대를 불러들이려는(u턴 시키려는) 움직임이 활발했다. 시마네현에서는 현지사의 이름으로 약 2만명의 출신자 등을 대상으로 귀향을 호소하는 편지를 보낸 것이 뉴스가 되었다. 이 외에 홋카이도오에서도 이주촉진 활동이 활발하게 행해졌다.

풍운아와 일본사회

일본의 실업가로 주식회사 라이브도어의 전 사장인 호리에 타카후미堀江貴文씨는 가장 짧은 기간에 천당과 지옥을 함께 경험한 사람이다. 가장 촉망받는 CEO, 가장 선망 받는 기업인이었던 그는 방송. 스포츠, 의원 등의 모든 분야에 의욕적으로 도전하며 때론 기존의 가치체계에 정면으로 맞서는 투사의 기질로, 또는 현대 일본인 누구나가 꿈꾸지만 아무도 실행하지 못하는 벼락출세의 가도를 질주하는 풍운아의 모습으로 그의 일거수일투족은 뭇시선의 표적이 되었다.

그는 모든 일을 능력과 실적으로 평가하는 초능력주의와 초실적주의를 표방했고 과연 그 가치가 일본에서도 통한다는 것을 한때 보여주기도 했다. 그러니까 일본이라는 풍토에서도 빌게이츠 같은 사람이 존재할 수 있는 가능성에 모든 사람이 주목했던 것이다. 그는 현대일본의 풍요와 번영과 과시의 상징인 롯폰기 힐즈의 초고층 사무실에서 천하를 호령하듯 세상 부러울 게 없는 지칠 줄 모르는 신형엔진으로 만인의 부러움을 한눈에 받다가 끝내는 증권거래법 위반혐의로 체포되어 수감되었다가 지금은 보석으로 풀려난 상태이다.

그러니까 그의 등장과 아슬아슬한 곡예는 처음에는 〈의아〉였고 곧 〈놀람〉에서 〈경이〉로 이어지다가 〈경악〉을 거쳐 끝내는 〈허탈〉로 마감하고 말았다.

그와 직접적으로 손해관계로 엮이지 않은 사람들 중에는 그의 현실에 대해서 고소하다고 생각하는 사람도, 불쌍하다고 생각하는 사람도 많지 않은 편이다. 그의 회사에 투자했던 많은 사람은 허탈감과 분노를 느끼기도 했다. 풍운아적인 그의 기질과 수완과 재능은 그를 전인미답의 출세가도로 끌어올렸지만 그것이 또한 아킬레스건이 되어 그를 추락시킬 것이라는 사실을 그는 꿈조차 꾸지 못했을지도 모른다. 그의 부침浮沈은 일본사회라는 풍토가 능력만이 만능키가 아니라는 사실을 상징한다.

그는 1972년 후쿠오카福岡의 평범한 샐러리맨 가정에서 태어났다. 그리고 동경대학의 인문학부 종교학과에 입학한다. 동경대학에 입학 후 기숙사 룸메이트였던 선배와 알게 되고 그로부터 학원 강사 아르바이트를 소개받는다. 그리고 그곳에서 회사를 공동설립할 멤버들과 만나게 되며 재학 중에 〈언더엣지〉라는 홈페이지를 제작·관리·운영하는 회사를 설립한다. 당시에는 인터넷이 보급되기 시작한 여명기로, 그 때 일류 레코드회사의 사이트를 수주받는 등 급속하게 성장하기 시작한다. 그리고 2002년에는 경영파탄 상태였던 〈구 라이브도어〉로부터 영업권을 넘겨받는다.

〈프로야구단 매수 사건〉

그가 2004년 경영난으로 오릭스 블루웨이브즈와의 합병이 결정된 오오사카 킨테츠 버펄로즈 매수에 나서자 단번에 매스컴의 주목을 받는다. 이때 비로소 호리에나 라이브도어라는 존재를 알게 된 사람이 많다. 매수가 거부당하자, 이번에는 동북지방에 신구단을 설립하는 계획을 발표, 구단명을 〈센다이 라이브도어 훼닉스〉로 하고 토마스 오마리를 초대감독으로 초빙하는 계획까지 발표한다. 본업에서의 경쟁회사이기도 한 라쿠텐楽天도 신청하여 경합하게 되는데 경영체력의 부족 등이 지적되었고 심사결과는 라쿠텡으로 결정되어 꿈을 이루지 못한다.

그 후에도 공영 경마 업무에 뛰어들 것도 모색하지만 결국 백지화가 되고 경영위기에 있던 J2리그 〈상가 토스鳥栖〉의 경영참가에도 뛰어들지만 실현되지 못한다. 그는 경주마 〈호리에몽〉을 소유하고 있었다.

2004년 10월에 〈베스트 지니스트 상〉 수상에 이어 2005년 3월에는 제 42회 〈골든 애로우 상〉을 수상한다. 후자는 그가 탤런트 활동도 겸하고 있었다고는 하지만 실업가의 수상은 이례적이었다.(비연예인의 수상은 이제까지 스포츠 선수와 작가가 있었을 뿐이다)

〈일본 방송 매수 사건〉

2005년 2월 라이브도어는 일본방송의 주식을 35% 획득하여 동사의 최대주주가 된다. 그 후 일본 방송 주식의 40.1%를 취득하는데 취득 직후부터 일본방송의 주인격인 후지 텔레비전의 출입이 금지되고 진행자로 활약하던 후지 텔레비전 교양 프로그램인 〈헤에세에 교육 2005 예비교〉에서 강판당하고 만다. 이 때 후지 텔레비전과 큰 소동이 일어나고 보도기관이 쇄도한다. 당시에 그의 말중 유명한 것이 〈상정 범위 내〉라는 말이다.

그러나 2005년 4월에는 라이브도어와 후지 텔레비전의 화해가 이루어진다. 라이브도어가 소유하고 있는 일본방송 주식의 모두를 후지 텔레비전이 취득한다고 발표한 것이다. 후지 텔레비전측이 라이브도어에 지불한 금액은 1400억엔 정도였다. 이 일로 2005년 후지 텔레비전 주주총회에서 주주들은 히에다 히사시日枝 久 회장 등의 경영진과 호리에 타카후미 사장에 대해 격렬하게 비난했다. 그리고 이 화해로 후지 텔레비전 출입금지가 해제되었다.

2005년 6월에는 자민당에서의 강연에 히에다 히사시 회장과 함께 초대되었지만 서로의 벽이 높음을 확인하는 강연이 되고 말았다. 2005년 7월 23일 후지네트워크 특별 프로그램인 〈FNS 25시간 텔레비전〉부터 후지 텔레비전 방송 출연 금지가 풀리고 호소키 카즈코細木数子와의 대담도 행해졌다. 이어 무슨 이유에서인지 롭퐁기에 있는 라이브도어 본사에서 오다이바お台場에 있는 후지 텔레비전 스튜디오까지 마라톤 모습으로 달린다. 그리고 오랜만에 〈상정 범위내〉라는 말이 사용되었다.

〈중의원 선거 입후보〉

2005년 8월 16일에 중의원 해산에 따른 총선거에서 자민당으로부터 후쿠오카 1구에 입후보를 타진해왔지만 출마할지 말지는 미정인 채로 끝난 채, 민주당의 당시대표인 오카다 카츠야岡田 克也와도 회담을 가지는데 민주당으로의 입후보도 보류되었다.

그러면서 자민당으로부터는 호리에를 옹립하는 것에 대한 비판이 끊이지 않고 또한 호리에가 자민당의 설득에 응하지 않은 채 라이브도어 사장도 사직하지 않는다고 표명한다. 호리에는 무소속으로 당시 코이즈미 수상의 우정성 개편을 반대하며 자민당을 탈당한 카메에 시즈카亀井静香의 선거구인 히로시마 6구에서 입후보한다고 발표했는데, 입후보 기자회견을 자민당 본부에서 행하고, 그 지역구에서는 자민당과 공명당은 후보를 내지 않았고 당시의 타케베 츠토무武部勤 자민당 간사장과 타케나카 헤에조오竹中平蔵 경제재정 정책담당 대신大臣 등 자민당 거물급 정치인이 호리에의 지원 유세를 위해 방문하자 자민당에 의한 카메에 시즈카 저격수로 입후보한 것이라고 인식되었다. 입후보 당사자이며 〈자객〉이란 말을 처음으로 사용했던 카메에 시즈카는 호리에에 대해서 〈자민당의 자객刺客이 자민당이라고 밝히지 않는다. 비밀첩모 무사(닌쟈忍者)인가〉라고 평했다.

2005년 8월 22일에 방송된 일본 텔레비전의 〈더 와이드〉의 생중계 인터뷰에서는 북한과 일본인 납치문제에 관한 질문에 대해서는 〈경제원조를 하여 북한이 자립할 수 있는 흐름을 만들어야 한다〉며 〈햇볕정책은 바람직하다〉고 밝히기도 했다.

2005년 9월 6일에는 동경 특파원협회 강연회에서 〈헌법이 천황은 일본의 상징이라고 하는 말로 시작되는 것은 분명히 심한 거부감을 느낀다〉, 〈역대수상, 내각, 의회가 바뀌려고 하지 않는 것은 아마 우익인사가 두렵기 때문〉, 〈인터넷의 보급으로 세상의 변화속도가 빨라졌으므로 리더가 강력한 권력을 갖는 대통령제가 바람직하다〉라며 천황제의 부정으로도 받아들여질 수 있는 취지의 발언으로 일부에서 물의를 일으켰다. 선거 특별방송에서도 카메에가 〈자민당이 천황제를 부정하는듯한 인물을 옹립해서는 안 된다〉고 말하며 당시 자민당 간사장 대리였던 에베 신조오 등에게 불만을 표출했다. 선거의 결과로서는 카메에 시즈카의 지반인 히로시마 6구에서 치열한 선거전이 되어 공명당 지지자로부터 표를 얻기 위하여 〈비례는 공명당에게〉라고 연호하며 종반에 밀어붙였지만 결국은 카메에에게 패하며 낙선한다. 투표 당일인 9월 11일에는 자신이 소유하고 있는 경주마인 호리에몽은 코오치高知 경마장에 나아가 멋지게 첫 승리를 거두었다.

〈애칭〉

호리에몽이라는 애칭은 원래 라이브도어 사내에서 사용된 것이었다. 호리에 사장의 호주머니에서 아이디어가 솟는다는 의미에서 붙여졌다. 2004년 8월 라이브도어의 캠페인으로 인터넷에서 호리에가 소유하는 경주마의 닉네임을 모집하여 명마 호리에몽으로 결정되어 이 명칭이 지명도를 높였다. 그 후 매스컴이 그 명칭을 주인인 호리에의 애칭으로 일본방송 매수 때에 사용하기 시작하여 단번에 퍼졌다.

〈증권거래법 위반〉

2006년 1월 16일 증권거래법 위반혐의로 롭퐁기 빌딩의 라이브 도어 본사와 호리에 타카후미 사장의 자택 등이 동경지검 특수부에 의해 가택수색이 행해진다. 이어 1월 23일에는 증권거래법 위반 혐의로 동경지검 특수부에 의해 체포된다. 3월 16일에는 호리에 피고의 보석 청구가 기각된다. 4월 26일에 3차 보석 청구에 대해 보석이 결정 되고 이 때 보석 보증금은 3억엔이었다. 호리에는 즉시 보석 보증금을 수표로 지불하지만 동경지검이 준항고를 했기 때문에 보석의 집행은 정지되었다.

4월 27일에 동경 지방재판소는 동경지검의 준항고를 기각하고 호리에의 보석을 인정한다. 같은 날 9시 40분쯤, 94일 만에 보석되어 그는 대중 앞에 모습을 나타내는데 수많은 보도진의 플래시 앞에서 보도진에게 가볍게 인사하며 〈라이브도어의 사원, 라이브도어 관계자나 사주 여러분께 심려를 끼쳤다〉고 말하며 차에 올랐다. 보석 후에는 자택인 롭퐁기 힐즈로 되돌아왔다. 당시의 모습은 머리는 3개월 동안 깎지 않은 채로 상당히 길었고 체중은 15kg이나 줄었다고 한다. 9월 4일에는 동경지방 재판에서 첫 공판이 열렸는데 그는 그 자리에서 〈기소장은 악의로 가득찬 채 쓰여있다〉, 〈그 같은 범죄도, 지시도 한 적이 없으며 기소된 것은 너무나 의외이다〉라며 기소사실을 전면적으로 부인하고 무죄를 주장하며 검찰 측과 전면적으로 대결하는 자세를 취했다. 12월 22일에 논고 구형에서 검찰은 〈조금도 반성의 여지가 보이지 않는다〉며 호리에를 통렬하게 비판하며 징역 4년을 구형하였다.

2007년 1월 26일 최종변론이 행해졌는데 호리에는 눈물 머금은 목소리로 〈조사도 없이 갑자기 체포되었다〉·〈망가뜨리겠다는 기세로 달려드니 이쪽은 비즈니스를 할 수 없다〉라는 말을 하며 검찰을 통렬하게 비판했다. 이어 3월 16일 동경지방 재판소에서 판결공판이 열리고 재판장은 〈상장기업의 책임자로서의 자각이 조금도 느껴지지 않는다〉는 말을 하고 징역 2년 6개월의 실형판결을 언도한다.

변호사측은 판결 후의 기자회견에서 〈매우 부당한 판결〉이라며 그날에 즉시 항소했다. 그리고 그는 보석금 2억엔을 추가 납부하고 재 보석되었다.

2008년 2월 22일에는 동경 고등재판에서의 항소심이 열렸지만 호리에 자신은 혼란의 우려가 있다며 출정하지 않았다. 2006년 1월 23일부터 4월 27일까지의 구류중에 호리에는 한국어 공부를 하거나 『사기』, 야마사키 토요코山崎豊子의 『지지 않는 태양』 등 문고판을 200권 이상 읽었다고 한다. 특히 『지지않는 태양』은 깊이 감명을 받아 보석 후 5월 21일에 일본항공 123편 추락 현장인 오스타카산御巣鷹山에 올라가 위령제를 지냈다. 보석 후에는 롭퐁기 힐즈에서 한걸음도 나오지 않고 홈쇼핑에서 구입한 식품으로 요리를 해서 먹든가 배달을 시켜 해결한다고 한다. 그는 〈TBS뉴스 23〉에 긴급 출연하여 판결이유에 대하여 〈재판은 공평했지만 주장은 인정해 주지 않고 어째서 그러한 사실인정이 되었는지 모르겠다〉고 대답했다. 실태를 크게 보이려고 한 건 아니냐는 질문에 대해서는 〈주주를 속이려는 일 따위는 생각하지 않았다〉, 반성의 뜻이 느껴지지 않는다는 비판이 있다는 말에 대해서는 〈무죄를 다투고 있어서 어쩔 수 없다〉고 대답했고, 앞으로의 계획에 대해서는 〈아직 생각해보지 않은 상태이다. 민사 쪽에서도 결론이 나지 않았고 정말로 새로운 기분으로 바꿀 수가 없다〉고 했다. 항소심에 대해서는 〈나도 일찍 끝내고 싶고 납득이 가는 모양새로 하고 싶다〉고 말했다.

〈모난 돌이 정 맞는다(데루쿠이와 우타레루出る杭は打たれる)〉는 일본어 속담이 있는데 바로 호리에 사장의 경우가 이에 해당된다고 볼 수 있다. 그는 이미 한번 돌을 맞았지만 그의 향후가 어떻게 될지는 속단할 수 없다. 그의 향후의 행보가 주목되는 것은 행보의 결과가 바로 일본 현대사회를 가름할 수 있는 척도가 될 수 있기 때문이다.

롭퐁기 힐즈 · 東京

일본 문학 part.30

30.1. 일본의 한자 전래

　일본에는 카나仮名 문자와 마나真名라고 불리는 한자가 있어 이들 문자를 조합해서 문장이 만들어진다. 그 가운데 한자는 5세기쯤 중국대륙에서 한반도에 이어 왕인王仁 박사에 의해 불교와 함께 일본으로 전래되었고 오늘도 활용되고 있다. 한자가 전래되기 전에는 일본에는 문자가 없었고 따라서 문헌적인 것도 보이지 않는다. 당시 민족 문화의 전승은 사람의 입에서 입으로 전해지고 있었다. 또한 한자가 전해지고 난 이후 카나仮名문자가 초안될 때까지 한동안은 한자에 의한 일본어 표기인 이른바 망요오가나万葉仮名가 사용되었다.

※ 히라가나〈平仮名〉모델 한자					※ 카타카나〈片仮名〉모델 한자				
あ〈安〉	い〈以〉	う〈宇〉	え〈衣〉	お〈於〉	ア〈阿〉	イ〈伊〉	ウ〈宇〉	エ〈江〉	オ〈於〉
か〈加〉	き〈幾〉	く〈久〉	け〈計〉	こ〈己〉	カ〈加〉	キ〈幾〉	ク〈久〉	ケ〈介〉	コ〈己〉
さ〈左〉	し〈之〉	す〈寸〉	せ〈世〉	そ〈曽〉	サ〈散〉	シ〈之〉	ス〈須〉	セ〈世〉	ソ〈曽〉
た〈太〉	ち〈知〉	つ〈川〉	て〈天〉	と〈止〉	タ〈多〉	チ〈千〉	ツ〈川〉	テ〈天〉	ト〈止〉
な〈奈〉	に〈仁〉	ぬ〈奴〉	ね〈祢〉	の〈乃〉	ナ〈奈〉	ニ〈仁〉	ヌ〈奴〉	ネ〈祢〉	ノ〈乃〉
は〈波〉	ひ〈比〉	ふ〈不〉	へ〈部〉	ほ〈保〉	ハ〈八〉	ヒ〈比〉	フ〈不〉	ヘ〈部〉	ホ〈保〉
ま〈末〉	み〈美〉	む〈武〉	め〈女〉	も〈毛〉	マ〈末〉	ミ〈三〉	ム〈牟〉	メ〈女〉	モ〈毛〉
や〈也〉		ゆ〈由〉		よ〈与〉	ヤ〈也〉		ユ〈由〉		ヨ〈与〉
ら〈良〉	り〈利〉	る〈留〉	れ〈礼〉	ろ〈呂〉	ラ〈良〉	リ〈利〉	ル〈流〉	レ〈礼〉	ロ〈呂〉
わ〈和〉	ゐ〈為〉		ゑ〈恵〉	を〈遠〉	ワ〈和〉	ヰ〈井〉		ヱ〈恵〉	ヲ〈乎〉
ん〈无〉					ン〈レ〉				

30.2. 상고 시대의 문학

30.2.1. 운문 문학

30.2.1.1. 망요오슈우〈万葉集〉

현존하는 최고 오래된 노래집으로 전 20권으로 되어 있다. 오오토모노 야카모치大伴家持가 중심이 되어 편찬했다. 8세기 중엽까지 위로는 천황에서 관리·승려·농민, 그리고 무명의 민중까지 장가長歌·단가短歌를 포함해서 약 4,500여수가 모아졌고 표기는 주로 망요오가나万葉仮名였다. 지역적으로는 야마토(大和/지금의 나라奈良)를 중심으로 관동지방인 동국에서 큐우슈우九州까지를 망라하고 있다. 흔히 망요오슈우에 수록된 노래의 가풍歌風이 〈마스라오부리益荒男振〉라고 일컬어지는데 그 말은 용감한 남자라는 의미이다. 노래가 남성적으로 기개가 넘치고 유유자적하는 모습을 담았다는 의미를 갖고 있다. 일본의 상대가요가 집단생활을 기본으로 하고 있었는데 개인으로서의 의식이 싹틈에

🐢 오오토모노 야카모치大伴家持(717~7

따라 스스로의 감정을 표현한 개인적인 노래가 만들어지게 되었다. 가체 중에 5음·7음을 중심으로 한 정형이 확립되었다.

30.2.1.1.1. 망요오가나〈万葉仮名〉

이때는 카나仮名가 없었기 때문에 한자로 일본어를 표기했다. 일본어로 〈천지天地〉란 말이 〈아메츠치〉였는데 이 말은 한자음을 빌려 〈아메츠치阿米都智〉라고 했으며 〈마음〉이란 말은 〈코코로〉인데 이것은 〈코코로許己呂〉라고 표기했다. 이것이 바로 차음借音의 형태이다. 그리고 〈그립다〉는 뜻의 일본어는 〈나츠카시〉였는데 그것은 〈나츠카시夏樫〉로 표현했고, 소나무는 〈마츠〉인데 〈마츠待〉로 표현했다. 이것이 한자음을 일본어 뜻으로 전용시킨 차훈借訓의 형태이다. 또한 한자어의 의미에 맞게 일본어를 표현한 〈싸락눈〉의 일본어인 〈아라레〉를 한자 〈丸雪〉로 표기했으며 겨울이란 일본어인 〈후유〉를 한자 〈寒〉으로 표기했고 〈기울다〉의 〈카타부쿠〉를 〈西没〉이라고 표현했다. 이것을 의훈義訓이라 한다. 이는 우리의 이두와 표기법이 비슷하다.

30.2.1.1.2. 망요오슈우 노래의 종류

이 망요오슈우는 장기간에 걸쳐 노래를 모아 여러 사람의 손을 거치다가 마지막으로 오오토모노 야카모치大伴家持가 현재의 형태로 편찬했다고 한다.

30.2.1.1.3. 노래의 내용상의 분류

①잡가〈조오카雜歌〉

천황의 외출을 노래한 교오코行幸, 여행의 감상을 노래한 키료羈旅, 연회를 노래한 엥카이宴会 등의 노래이다.

②상문〈조오몽相聞〉

광의로는 부자간, 형제간의 화답가를 포함하지만 주로 남녀 간의 사랑의 노래가 주종이다.

③만가〈방카挽歌〉

관을 둘러메는 노래라는 뜻으로 사람의 죽음을 슬퍼하는 노래이다.

30.2.1.1.4. 노래의 형식상의 분류

①편가〈카타우타片歌〉

노래글자가 577 혹은 575의 세 구의 노래를 문답형식의 둘로 나누어 부르는 노래이다.

②선두가〈세도오카旋頭歌〉

노래글자가 577, 577을 반복해서 카타우타 형식으로 부르는 노래로 아래 세 구의 노래가 앞의 세 구의 노래와 같은 형식으로 반복한다고 해서 이런 이름이 붙여졌다. 원래는 민요적인 노래가 많았다.

③장가〈쵸오카長歌〉

57, 57……77 노래 중의 57을 반복하고 끝맺을 때는 77로 하는 노래. 끝에는 장가의 뜻을 반복하거나 보충하는 노래인 반가反歌가 붙는다. 이 노래는 특히 망요오슈우에 많으며 그 뒤에는 쇠퇴하고 만다.

④단가〈탕카短歌〉

57, 57, 7 일본시가의 대표적인 형태. 고금을 통틀어 가장 애송되는 노래 형식으로 일본에서 보통 와카和歌라고 하면 이 형식을 말한다. 이 노래의 시원始原은 장가의 끝에 붙는 반가였다고 한다.

30.2.1.1.5. 노래의 시기상의 분류

망요오의 노래는 시대에 따라서 변천하므로 4기에 걸쳐서 흔히 나눈다.

▷제 1기/망요오의 여명기

672년 진싱壬申의 난까지로 이 시기는 흔히 집단의 유형화에서 탈피하여 개성적인 창작노래가 생기기 시작한다. 특히 단가에서 개인의 감정이 느긋하게 표현되었다. 평명소박(헤에메에 소보쿠平明素朴)한 노래가 많다. 이 시기에는 황실가인이 많이 활약했다. 그 중에서도 죠메에舒明천황, 아리마노 미코有間皇子, 누카타노 오오키미額田王の 노래가 유명하다.

❖집에서라면 식기에 담아 먹을 밥을 집 떠난 이 내 신세 메밀 잣 밤나무 잎에 먹는구나.

家にあれば笥(け)に盛(も)る飯(いひ)を草枕(くさまくら)にされば椎(しひ)の葉(は)に盛(も)る〈2권 142〉

아리마노 미코가 반역죄로 처형되기 직전에 세상을 하직하며 부른 노래인 지세에노우타辭世の歌이다.

🎴 아리마노 미코有間皇子

❋ 니키타츠에서 배를 타고 출발할 즈음 달뜨기를 기다리니 때마침 달도 뜨고 바다도 잔잔해졌도다. 자 배 떠나자.

熟田津(にきたつ)に船乗り(ふなのり)せむと月待てば潮(しほ)もかなひぬ今はこぎ出でな〈1권 8〉

신라 원정을 위해서 츠쿠시筑紫에 군을 진군시키며 머물렀을 때 이요(伊子/지금의 에히메현愛媛県)의 니키타츠에서 누카타노 오오키미額田王가 부른 노래이다.

🎴 누카타노 오오키미額田王

▷ 제 2기/망요오의 확립기

진신의 난이 끝나고 나서 헤에죠오쿄오平城京 천도까지 약 40년간으로 이 시기는 율령제 중앙집권국가가 확립되어 궁정은 번영하고 정치적으로 안정된 시기이다. 노래의 제재가 늘어나고 기교도 발달하여 장가·단가 형식이 완성되었다. 또한 이 시기에는 전문적인 궁정가인이 활약하여 마쿠라코토바枕詞·죠코토바序詞·츠이쿠對句 등의 수사기법이 발달하였다. 이 시대에는 주로 궁정가인들이 궁정찬가를 장가로 불렀다. 이 시대에는 장가의 완성자로 칭송되는 카키모토노 히토마로柿本人麻呂가 있었고 단가의 명수로는 타케치노 쿠로히토高市黑人가 뛰어난 노래를 남겼다.

🎴 카키모토노 히토마로柿本人麻

 수사법

▽ 마쿠라코토바枕詞

아래의 특정한 말을 끌어내기 위한 기교로 이것을 통해 목소리를 다듬기도 하고 여운을 남기기도 한다. 대개 5음절로 이루어져 있다.

(예/ひさかたの→光　たらちねの→母　あをによし→奈良　あしびきの→山　ちはやぶる→神)

▽ 죠코토바序詞

아래 있는 말을 끌어내기 위한 기교로 구체적인 이미지나 서정적인 기분을 첨가한다. 마쿠라코토바와 다른 점은 글자 수가 자유롭다는 점과 받는 말도 고정되어 있지 않고 독창성이 있다는 점이다. 이 죠 코토바에는 의미로 연결되는 우신노죠有心の序와 발음으로 연결되는 무신노죠無心の序가 있다.

❋ 가을이 당도하니 억새 위의 이슬처럼 사라질 나는 생각에 잠기노라.

秋づけば　尾花が上に　置く露の　消ぬべくも吾は　思ほゆるかも　　　(有心の序)

❋ 바람 부니 바다에 이는 흰 파도 龍田川가 흐르는 산길을 한밤에 그대가 넘겠지.

風吹けば　沖つ白波　たつた山　夜半にや君が　ひとり越ゆらむ　　　(無心の序)

🎴 카키모토노 히토마로柿本人麻

▽츠이쿠対句
수사법의 하나로 의미의 쌍을 이루는 둘 이상의 구를 반복해서 표현하는 수사법이다.

🎦 야마베노 아카히토山部赤人

▷제 3기/망요오의 성숙기

헤에쬬오쿄오平城京 천도 후부터 733년까지의 약 20년간이다. 이 시기는 불교나 노장老莊사상 등의 대륙사상이나 문화가 도입되었고 개성적인 가인도 많이 나타났으며 객관적인 태도로 청징한 서경가를 만든 야마베노 아카히토山部赤人, 자식에 대한 사랑이나 인생의 고뇌와 사회의 모순을 장가로 노래한 야마노우에노 오쿠라山上憶良, 풍류시인으로서 인생의 고뇌와 슬픔을 노래한 오오토모노 타비토大伴旅人와 각 지방에 전해지는 설화를 제재로 한 서사적 노래를 부른 타카하시노 무시마로高橋虫麻呂가 이 시기의 대표적인 가인이다.

🎦 야마노우에노 오쿠라의 구비句碑

✤참외를 먹노라니 자식이 생각난다. 밤을 먹으니 더욱 그리워진다. 도대체 아이들은 어디서 온 존재인가? 눈앞에 어른거려 잠을 이룰 수 없도다.
　瓜(うり) 食(は)めば 子供思(おも)ほゆ 栗(くり) 食めば まして偲(しの)はゆ 何処(いづく) より 来たりしものそ 眼交(まなかひ)に もとな懸(かか)りて 安眠(やすね)し 寝(な)さ ぬ。〈5권 802〉
야마노우에노 오쿠라가 자식에 대한 사랑을 노래한 구이다.

✤부질없는 생각하며 끙끙 앓느니 한 잔의 술이라도 마시며 번뇌를 잊는 편이 낫도다.
　験(しるし)なき 物を思はずは 一坏(ひとつき)の 濁れる酒を 飲むべくあるらし〈3권 338〉
인생의 고뇌를 노래한 오오토모노 타비토의 노래이다.

▷제 4기/망요오의 완숙기

734년부터 망요오슈우 마지막 작품이 만들어진 759년까지의 약 20년간을 말한다. 이 시대는 템표오 문화(天平文化/성당기盛唐期 문화를 거국적으로 받아들여 건축·회화·조각·공예의 대륙적, 불교적 색채가 강한 문화)가 최성기를 맞이하는 시기이지만 정권다툼에 의한 정정 불안으로 귀족사회가 동요하기 시작한다. 강건한 노래는 차차 자취를 감추고 우아하고 섬세한 노래나 옛날을 회상하는 감상적인 노래가 주류를 이룬다. 그리고 전기까지만 해도 주류를 이루었던 장가가 쇠퇴하고 단가가 주류를 이룬다. 이 시대는 감상적이고 섬세한 가풍을 장기로 하는 오오토모노 야카모치大伴家持가 유명하다.

✤봄 오는 들녘, 안개 자욱 끼니 내 마음 왠지 쓸쓸하구나. 이 저녁 어스름에 휘파람새 운다.

421

春の野に　霞(かすみ)たなびき　うら悲し　この夕かげに　鶯(うぐいす)鳴くも〈20권 4290〉

🎼 오오토모노 야카모치

30.2.1.1.6. 아즈마 우타〈東歌〉·사키모리 우타〈防人歌〉

망요오슈우에는 망요오 가인의 노래라고는 볼 수 없는 소박하고 순진한 서민의 노래가 많다. 그 중 동국 지방의 서민생활 속에서 생겨난 민요적인 노래 약 240수를 아즈마 우타東歌라고 한다. 또한 사키모리 우타防人歌는 키타큐우슈우北九州연안의 경비를 맡아 그곳으로 소집되어 가는 젊은이의 노래나 가족의 노래로 약 60수가 있다.

❋ 부모님이 머리 쓰다듬으며 〈무사하거라〉라고 한 말 어찌 잊을 수 있을까?

사키모리 우타防人歌

父母が　頭(かしら)かき撫(な)で　幸(さ)くあれて　いひし言葉(けとば)ぜ　忘れかねつる　丈部稲麻呂

30.2.1.2. 카이후우소오〈懐風藻〉

대부분이 5언시로 연회나 유람의 내용이 많다. 중국 6조시대의 시의 영향을 많이 받고 있다.

❋ 태양은 서쪽의 집을 비추고 때를 알리는 북소리는 단명을 재촉하누나. 죽으러 가는 길에는 오로지 나만 혼자 막 집을 나서 죽음을 향해 간다.

金烏臨西舎　鼓声催短命　泉路無宝主　此夕離家向

金烏(きんう)西舎(せいしゃ)に照(て)らひ　鼓声(こせい)短命(たんめい)を催(うなが)す

泉路(せんろ)宝主(ひんしゅ)無(な)し　　　此夕(このゆうへ)家を離(さか)りて向かふ。

오오츠노 미코大津皇子가 반역죄로 형장에 끌려가며 읊은 세상하직의 노래이다.

30.2.2. 산문 문학

30.2.2.1. 『코지키〈古事記〉』·『니혼쇼키〈日本書紀〉』

현존하는 최고의 역사서『코지키古事記』는 전 3권으로 되어 있으며 상권은 신의 계보와 신화, 중권은 짐무 천황神武天皇부터 오오진 천황応神天皇, 하권은 닌토쿠 천황仁德天皇부터 스이코 천황推古天皇까지의 기술이다. 템무 천황天武天皇의 명에 의해서 히에다노 아레稗田阿礼·오오노 야스마로太安万侶가 712년에 완성했다. 그리고 이어서 토네리 신노오舎人親王·오오노 야스마로 등에 의해 720년 일본서기(니혼쇼키日本書紀) 전 20권이 완성되었다. 신대(신다이神代)에서 지토오 천황持統天皇까지의 한문 편년체로 기록된 것으로 앞의 책과 마찬가지로 황실의 계보나 민족의 오랜 전승을 분명히 하기 위한 정치적 목적이 있는 책이다. 그 이후『쇼쿠니홍기統日本紀 797』·『코고슈우이古語拾遺 807』등이 편찬되었다.

30.2.2.2. 『후도키〈風土記〉』

713년 겜메에元明 천황의 칙명에 의해서 각 지방이 편찬한 것으로 그것에 실려 있는 신화·전설·설화는 지방이나 민간에 전해 내려오는 모습이 그대로 적혀 있어서 구전(코오쇼오口承)문화의 모습을 생생하게 간직하고 있다. 이것은 지리책자로 지금도 완전한 모습으로 남아있는 것은 『이즈모노 쿠니出雲国/시마네현島根県』·『히타치常陸/이바라키현茨城県』·『하리마播磨/효오고현兵庫県』·『히젱肥前/나가사키현長崎県』·『붕고豊後/오오이타현大分県』 등으로 일부가 누락된 채 전해지고 있다. 내용은 땅 이름 기원의 설화, 전설, 생활습관, 신앙과 행사, 산업과 특산물 등이 여러 분야에 걸쳐 기록되어 있다. 문체는 주로 한문체로 되어 있다.

30.3. 중고 시대의 문학

30.3.1. 운문 문학

30.3.1.1. 『코킹 와카슈우〈古今和歌集〉』

천황의 명령에 의해 최초로 만들어진 칙찬집(쵸쿠센슈우勅撰集)으로 이후에 많은 칙찬집을 탄생하게 하는 계기가 된 작품집이다. 905년에 다이고醍醐 천황의 칙명에 의해 키노 츠라유키紀貫之·키노 토모노리紀友則·오오시코오치노 미츠네凡河内躬恒·미부노 타다미네壬生忠岑 등 4명이 선자로서 만든 작품집이다. 여기에는 망요오슈우 이후의 1,100여수의 노래가 수록되어 있다. 이 노래집은 우아하고 섬세한 〈타오야메부리手弱女振り〉라는 가풍을 완성시켰다. 그리고 또 유명한 것은 와카의 본질을 꿰뚫은 최초의 문학론으로 카나로 된 카나죠仮名序와 한자로 된 마나죠真名序가 있는데 그 내용은 노래와 마음의 조화에서 찾으며 심상풍경을 중시하고 있다. 다음은 키노 츠라유키가 쓴 카나죠이다.

> **코킹 와카슈우의 카나죠仮名序**
>
> ❀와카는 사람의 마음의 움직임이 기본이 되어 여러 노래가 된 것이다. 세상 사람들은 하는 일이 많은지라 마음으로 품은 생각을, 보는 것과 듣는 것으로 빗대어 읊는 것이다.
> 〈やまとうたは、ひとのこころをたねとして、よろづのことの葉とぞなれりける。世の中にある人、ことわざしげきものなれば、心におもふことを、見るもの、きくものにつけて、いひいだせるなり。〉

📷 키노 츠라유키1紀貫之

30.3.1.1.1. 노래의 시대분류

▷ 제1기 가인미상의 시대〈歌人未詳の時代〉

시대는 849년쯤까지로 망요오슈우의 소박함이나 57조의 여운을 남기고 있으면서도 계절의 추이를 민감하게 포착한 새로운 가풍의 탄생이 보인다.

✤ 5월 되어 꽃 핀 귤 향기를 맡으니 옛 친구 소매향기가 나는구나 〈가인 미상〉

さつきまつ・花たちばなの・かをかげば・昔の人の・袖のかぞする 〈よみしらず 夏歌〉

▷ 제2기 6가선 시대〈6歌仙時代〉

850년부터 890년까지로 6명의 가선(카센歌仙)이 활약한 시기이며 75조의 노래가 많고 감동을 기교적으로 부르고 있다. 소오죠오 헨죠오(僧正遍昭/천황을 모시는 관리였으나 천황 사후에 출가)・아리와라노 나리히라(在原業平/황자의 아들로 노래가 대담하고 정열적인 사나이)・오노노 코마치(小野小町/뛰어난 미모로 많은 전설을 남긴 여인)・홍야노 야스히데文屋康秀・승려인 키셍喜撰・오오토모노 쿠로누시大伴黒主 등이 6명의 가선이다.

🎞 6가선歌仙

✤ 벚꽃의 색깔은 바래고 시들어 버렸구나. 오래 내린 비속에 하릴 없이 허송세월 보내는 사이에.

花の色は・うつりにけりな・いたづらに・我が身世にふる・ながめせしまに〈小野小町〉

순식간에 바래고 시들어 버린 벚꽃에서 자신의 늙어버린 모습을 발견하고 있는 오노노 코마치의 허무의 노래이다.

✤ 달은 옛날 달이 아니지 않는가, 봄도 옛날 봄이 아니지 않는가. 아니 모두 옛날 그대로이다. 그런데도 모든 것은 변하고 나만이 원래대로 남아 있는 느낌이어라.

月やあらぬ・春や昔の・春ならぬ・我が身一つは・もとの身にして〈在原業平〉

아리와라노 나리히라在原業平가 야야라는 반어를 사용하여 실연의 처절한 아픔을 노래한 것이다.

▷ 제 3기 선자들의 시대〈選者だちの時代〉

891년부터 905년까지 가장 코킨슈우다운 시풍을 확립한 시기이다. 이 시대의 노래는 우아하고 섬세하며 대상을 이지적으로 노래하고 또한 비유・카케코토바掛詞・엥고縁語 등을 구사하고 의문・반어・추량표현을 많이 사용하며 기교적으로 복잡한 표현을 하는 것이 특징이다.

✤햇살이 화창한 봄날에 어째서 차분한 마음준비조차 없이 꽃은 떨어지는 것일까?

ひさかたの・光のどけき・春の日に・しづこころなく・花が散るらむ。

의인법이나 추측을 사용한 키노 토모노리紀友則의 노래이다.

30.3.2. 산문 문학

30.3.2.1. 이야기소설 문학〈物語〉

30.3.2.1.1. 『타케토리 모노가타리〈竹取物語〉』

10세기쯤에 성립된 현존하는 최고最古의 이야기소설物語문학이다. 나무꾼 노인(타케토리노 오키나竹取の翁)에게 대나무 속에서 발견된 크기 겨우 9.03cm의 카구야히메かぐや姫가 아름답게 성장하여 5명의 귀공자와 천황의 구혼을 물리치고 달세계로 돌아간다는 이야기로 천상부인 설화·날개옷 설화·구혼 설화 등의 옛 전승 설화를 받아들여 전기성傳奇性이 강하게 나타나있다. 그리고 구혼의 장면에서는 귀족사회의 현실이라든가 인간의 욕망·심리 등이 사실적으로 묘사되어 있다. 이와 같이 비현실적인 제재를 다루면서 허구와 현실을 조화있게 통일시키며 사회실상과 인간심리에 접근하여 새롭게 창출해낸 허구 이야기 소설(츠쿠리 모노가타리作り物語)이다. 문체는 힘이 있고 간결하며 한문 훈독체의 어조를 취하고 있는 일문체和文体이다.

📷 타케토리 모노가타리竹取物語

30.3.2.1.2. 『이세 모노가타리〈伊勢物語〉』

최초의 노래 이야기소설(우타 모노가타리歌物語)이다. 와카 성립의 전후 사정을 곁들인 노래를 모아 완벽에 가까울 만큼 세련된 풍류로 〈미야비雅〉의 세계가 구축되어 있다. 아리와라노 나리히라在原業平825~880라고 추정되는 주인공의 일생을 125단으로 만들어진 일대기형식으로 그린 모노가타리이다. 그곳에는 주인공의 우아하고 사랑에 전념하는 모습이 서정적이고 아름답게 묘사되어 있다. 등장인물은 〈남〉과 〈여〉로 단순히 표기되고 있으며 심정과 심정의 표출인 행동이 극도로 단순화된 글로 묘사되어 있다.

이세 모노가타리伊勢物語는 널리 애독되어 중고의 모노가타리物語와 중세의 요오쿄쿠謠曲에도 상당한 영향을 끼쳤다.

여기에서 묘사되고 있는 나리히라의 모습은 당시의 청년으로서는 이상적인 인간상이었다. 귀족

출신으로 준수한 용모에 플레이보이 기질이 다분하며 또한 뛰어난 궁정시인으로서도 평판이 자자한 남자였다. 그는 숱한 노래·전설·모노가타리에 등장하며 수없이 다양한 캐릭터로 형상화되어 있지만 사랑의 화신으로서 정염을 불태우는 모습만은 한결같다. 이 희대의 가인은 이런 다양한 버전을 통해 풍류객의 이상상理想像으로 거듭나게 된 것이다.

첫단은 성인식을 맞이한 어떤 남자가 나라奈良의 카스가春日의 영지로 독수리 사냥을 나간다. 그곳에 절세의 미인자매가 살고 있었다. 이 남자는 숨어서 그 여인들의 자태를 보고는 옛 도읍지에 어울리지 않는 미모에 그만 신열에 들뜨고 만다. 결국은 자기가 입고 있던 사냥복의 소매를 찢어 〈사냥복에 새겨진 카스가春日 들판의 지치뿌리 무늬처럼 내 마음도 한없이 흔들리고 있소〉 라면서 파격적인 프로포즈의 노래를 한 수 적어 건네면서 사랑의 노래는 시작된다.

🎥 이세모노 가타리伊勢物語

30.3.2.1.3. 『야마토 모노가타리〈大和物語〉』

이세 모노가타리에 이어 만들어진 것으로 우타 모노가타리이며 와카의 성립에 관한 설화가 모아져 있다. 후반은 갈대베기 전설芦刈り伝説 등의 설화를 재료로 한 노래이야기를 모으고 있지만 설화적인 요소가 강하다.

이세 모노가타리의 통일성·서정성에 비해 세속적인 흥미를 쫓아 잡다하게 설화 이야기가 모아져있어 문학성이 떨어진다.

30.3.2.1.4. 『우츠호 모노가타리〈宇津保物語〉』

🎥 아리와라노 나리히라在原業

이 작품은 타케토리 모노가타리의 허구성을 이어받은 최초의 장편 모노가타리로 당나라에 가는 도중 하시코쿠에 표류한 키요하라 토시카게淸原俊蔭가 명금(메에킹名琴)과 비곡(히쿄쿠秘曲)을 얻고 부처님으로부터 자손번영을 약속받는다. 그가 일본에 돌아온 후에 4대에 걸쳐 거문고와 비곡을 전수한다는 내용에 전기성, 공상성이 풍부하다. 동시에 미녀에 대한 구혼이야기와 귀족의 정권다툼이 묘사되어 있어 사실성, 현실성도 갖고 있다. 문학성은 떨어지지만 겐지 모노가타리 등장의 과도기적인 작품으로 알려져 있다.

30.3.2.1.5. 『오치쿠보 모노가타리〈落窪物語〉』

계모가 전실 자식을 괴롭히는 전형적인 이야기소설이다. 츄우나공中納言의 딸 오치쿠보落窪는 계모(마마하하継母)에게 학대받고 있었는데 비밀히 만나고 있던 사콘노 쇼오쇼오左近少将와 결혼하여 저택으로 들어간다. 쇼오쇼오는 복수를 여러 번 시도하다가 결국은 화해를 하고 행복하게 산다. 비교적 어두운 이야기임에도 불구하고 유머러스한 장면도 많고 전기적인 장면은 거의 자취를 감추고 사실적이며 겐지 모노가타리의 문학성에 한층 접근한 작품이다.

30.3.2.1.6. 『겐지 모노가타리〈源氏物語〉』

11세기 초엽에 성립된 장편소설로 1001년경부터 집필을 시작하여 1008년에는 이미 작품의 일부가 읽혀지고 호평을 받고 있었는데 그 이후에 계속된 집필로 1021년까지 전 작품이 완성된 것으로 추정되고 있다. 분량은 54첩(帖/券)의 대 장편소설로 200자 원고지로 환산하면 4,000매의 장편이다.

시기와 기간은 천황(미카도帝)의 4대에 걸친 70년간의 이야기소설(모노가타리物語)로 작중인물이 자그마치 500여명이나 등장한다.

이 소설의 미적 이념은 〈모노노아와레ものの あはれ〉인데 여기서 〈모노〉는 객관적인 대상물을 나타내고 〈아와레〉는 주관적인 감정을 나타낸다. 즉 자연이나 인간만사 그대로의 다양한 모습과 거기에서 촉발되는 주관의 경지가 서로 조화를 이루며 합일되는 정취가 바로 모노노아와레이다. 이것은 모토오리 노리나가(本居宣長 에도 중기의 국학자 1730~1801)가 주장한 것으로 자연과 그곳에서 촉발되는 마음의 심연으로부터 우러나오는 인간의 정과 심리를 융합시키고 나아가 헤에안 시대의 이상인 중용·조화를 이루어나가는 우아한 정취인데 이런 미적 개념을 충분히 살려 집대성한 금자탑이 바로 이 소설인 것이다.

📷 무라사키노 우에를 보고 있는 겐지

한 그림을 내놓고 경쟁하는 놀이 · 絵合

겐지와 무라사키 · 若紫

스미須磨에서 京都를 사모하는 겐지 · 須磨

나카가와를 지나다가 거문고 소리를 듣고 있는 겐지 · 花散里

세게 사랑하는 여인을 향해 달려갈 것을 촉하는 겐지 · 明石

무라사키노 우에를 상실한 아픔에 노래를 짓고, 과거에 여인들에게 받은 편지를 태우는 겐지 · 幻

꽃 연회가 끝난 다음 코키뎅에서 흘러나오는 노래를 듣는 겐지 · 花の宴

겐지가 방으로 들어오려는 기색이 있자 겉옷을 벗고 달아난 우츠세미 · 空蟬

30.3.2.1.6.1. 작가 무라사키 시키부〈紫式部〉

작가는 무라사키 시키부紫式部로 그녀는 970년에 태어났다. 아버지는 학자이자 가인인 후지와라노 타메토키藤原爲時이다. 그녀는 29세에 후지와라노 노부타카藤原宣孝와 결혼(당시 정치실세였던 후지와라 가문은 일부다처가 흔했고 시키부는 후처로 들어갔다는 설도 있음)한다. 한편 그녀는 후지와라노 미치나가藤原道長에게 재능을 인정받아 미치나가의 딸인 이치조오一条천황의 중궁(쇼오시彰子)을 섬기면서 궁중에서 근무한다. 그리고 남편과의 사이에 아들 다이니노 삼미大弍三位를 낳지만 3년 뒤 봄에 남편이 급사하게 되고 그 해인 1001년 가을부터 소설 겐지 모노가타리를 쓰기 시작한 것으로 추측된다.

🎞 무라사키 시키부

30.3.2.1.6.2. 작품 구조

작품은 내용상 크게 3부로 나뉜다.

주인공인 히카루 겐지光源氏의 탄생·연애·부귀영화에서 만년에 이르기까지의 일생과 그가 죽은 후에 그의 자식인 카오루薫·니오오 미야匂宮를 중심으로 한 〈우지 쥬우죠오宇治十帖〉로 이어진다.

제1부는 1장인 〈키리츠보桐壺〉에서 33장인 〈후지노 우라바藤裏葉〉까지로 주인공의 태생부터 여성 편력이 주류를 이루고 있다. 천황과 신분이 낮은 키리츠보 코오이桐壺更衣사이에서 태어난 눈부시게 잘생긴 히카루 겐지가 수많은 여성과 연애를 계속하며 그의 영화는 극에 달한다. 그의 연애 상대는 황제 아버지의 처, 후지츠보 뇨고藤壺女御에서 10살 난 소녀인 무라사키노 우에紫上까지 다양하다.

제2부는 34장인 〈새싹/와카나若菜〉에서 41장인 〈환상/마보로시幻〉까지로 신하로서는 최고의 위치에 오르며 수많은 여성들과의 연애편력을 거친 히카루 겐지이지만 말년에는 질투, 오해가 실타래처럼 얽히며 사랑의 질곡에서 오는 인간관계로 번민하게 된다. 그리고 히카루 겐지의 만년의 고통과 죽음이 다루어진다. 〈마보로시〉 다음에 이어지는 〈쿠모가쿠레雲隠〉는 주인공의 죽음을 나타내는데 유일하게 본문은 없고 제목만 있다.

제3부는 주인공 겐지의 아들인 카오루가 겐지의 뒤를 이어 우지宇治 여성들과의 복잡한 관계와 그들의 어두운 운명을 묘사한다.

겐지 모노가타리에 등장하는 꽃이나 식물은 모두 114종에 달한다. 그 중에서도 가장 많이 등장하는 것이 싸리이고 이어 등장하는 것이 국화와 여랑화이다.

30.3.2.1.7. 『하마마츠 츄우나곰 모노가타리〈浜松中納言物語〉』·『요와노 네자메〈夜半の寝覚め〉』·『사고로모 모노가타리〈狭衣物語〉』·『토리카에바야 모노가타리〈とりかへばや物語〉』

모든 것이 다 겐지 모노가타리의 영향을 강력하게 받고는 있지만 각각 독특한 개성은 지니고 있다. 그 중 하마마츠는 꿈과 전생을 제재로 다루고 있고, 요와노는 여성의 심리를 정밀하게 묘사하고 있으며, 토리카에바야는 기발한 줄거리에 의한 기괴한 세계를 다루고 있다. 그리고 사고로모는 사랑의 한없는 질곡을 그렸는데 중세의 평론인 『무묘오조오시無名草子』에서는 이 작품을 겐지에 버금가는 작품으로 평가하고 있다. 이것은 중세의 산문 문학인 기코 모노가타리擬古物語와 오토기조오시お伽草子에도 영향을 주었다.

30.3.2.1.8. 『츠츠미 츄우나곤 모노가타리〈堤中納言物語〉』

10편의 단편을 모은 것인데 한편 한편의 형식이 모두 다르고 내용이 다채롭다. 현실을 직시하고 인생의 단편을 날카롭게 파헤치는 기지와 웃음이 풍부한 특이한 작품이다.

30.3.2.2. 역사 소설〈歷史物語〉

30.3.2.2.1. 『에에가 모노가타리〈栄華物語〉』

후지와라노 미치자네藤原道真를 중심으로 귀족사회의 역사를 편년체로 쓴 이야기소설이다.

미치자네의 영화를 찬미만 한 것으로 비판정신이 결여되어 있지만 역사소설이라는 새로운 장르를 창출한 점에 의의가 크다.

30.3.2.2.2. 『오오카가미〈大鏡〉』

『에에가 모노가타리』와 마찬가지로 후지와라노 미치자네藤原道真를 정점으로 하는 후지와라씨의 영화를 기전체로 쓴 역사이야기이다. 역사를 거울로 보는 관점에 찬미만이 아니라 비판정신도 보인다는 점에서 가치가 있다. 오오야케노 요츠기大宅世継・나츠야마노 시게키夏山繁樹라는 두 노인의 회화체에 의한 희곡적인 구성도 참신하다.

📷 오오 카가미大鏡

30.3.2.3. 설화〈説話〉

일본 중고 시대 초기의 불교설화집으로 『니혼 료오이키日本霊異記』가 성립되었고 중기에는 『삼포오에 코토바三宝絵詞』, 후기에는 『우치기키슈우打聞集』가 각각 성립되었는데 당시 서민들의 생활의식이 높아짐에 따라 불교설화와 세속설화를 집대성한 『콘쟈쿠 모노가타리슈우今昔物語集』가 성립되었다.

이것은 1,000여개의 설화를 31권에 집대성한 설화집으로 구성은 인도(텐치쿠天竺)・중국(신탄震旦)・일본(혼쵸오本朝)으로 나뉘며 혼쵸오는 불교설화와 세속설화로 나뉜다.

📷 콘쟈쿠 모노가타리・스즈카본鈴鹿本

문학적으로 뛰어난 것은 세속설화로 거기에는 귀족뿐만이 아니라 혼돈의 시대를 살아가는 무사나 서민 등의 생생한 모습이 리얼하게 묘사되어 있다.

30.3.2.4. 일기문학

일기는 원래 귀족 계급의 남성이 공무상 필요에 따라 적어 둔 비망록이며 행사 등이 한문으로 기록된 실용적인 것으로 문학과는 거리가 멀었다. 문학으로서의 일기는 키노 츠라유키紀貫之가 여성을 가장 해서 쓴『토사 일기土佐日記』에 의해서 성립되었다.

📷 키노 츠라유키2紀貫之

30.3.2.4.1. 『토사 일기〈土佐日記〉』

이것은 키노 츠라유키가 부임한 지금의 시코쿠四国지방인 토사土佐에서 임기를 마치고 나루토鳴門를 거쳐 쿄오토京都에 도착하기까지의 55일간의 여정으로 날짜별 기록이 있는데 허구성과 문학성이 곁들여 있다. 카나문학의 선구로서도 의의가 크다.

 『토사 일기土佐日記』 서두 부분

🔹남자도 쓴다는 일기를 여성인 나도 써보려고 쓴 것이다. 모某년 12월 20일 밤 8시쯤에 집을 나선다. 그 사정을 조금 종이에 쓴다.
〈をとこもすなる日記といふものを、をむなもしてみむとてするなり。それ のとしの　しはすの　はつかあまりひとひの　ひのいぬのときに、かどです。 そのよし、いささかにものにかきつく。〉

📷 토사일기土佐日記 내용의 한 장면

30.3.2.4.2. 『카게로오 일기〈蜻蛉日記〉』

권세가의 부인으로 21년간의 결혼생활과 고뇌를 자기응시를 통해 적나라하게 고백한 자서전적인 일기로 후대 일기문학에 지대한 영향을 끼쳤을 뿐만 아니라 치밀한 심리묘사는 겐지 모노가타리에도 큰 영향을 끼쳤다. 후지와라노 미치츠나藤原道綱의 어머니가 쓴 일기로 알려져 있다.

30.3.2.4.3. 『이즈미 시키부 일기〈和泉式部日記〉』

정열적이고 자유분방한 여류 가인歌人 이즈미 시키부가 아츠미치敦道 친왕과의 연애를 150수의 노래 주고받기로 쓴 우타 모노가타리歌物語식의 일기이다.

30.3.2.4.4. 『무라사키 시키부 일기〈紫式部日記〉』

일기로 자조문학의 특색을 잘 보여주는 작품으로 궁녀로서의 궁정생활을 상세하게 기록하고 있으며 후반에는 편지글(쇼오소쿠 부미消息文)이 등장하며 마쿠라노 소오시를 쓴 세에쇼오 나공 등의 궁녀를 평한 인물평이 나오는 등 예리한 관찰력과 고독하고 내성적인 성격이 일기에 현저하게 드러나 있다.

K : 일본 문학

30.3.2.4.5. 『사라시나 일기〈更級日記〉』

어릴 적부터 모노가타리를 동경하며 자란 스가와라노 타카스에菅原孝標의 딸이 각박한 현실생활에 꿈이 깨지고 마침내는 신앙생활에 귀의하려는 정신의 편력을 회상하여 자전적으로 쓴 일기이다. 이야기나 꿈의 세계의 실재를 믿었던 작자의 순정적이고 낭만적인 정신이 전편에 기록되어 있다.

30.3.2.5. 수필隨筆 · 『마쿠라노 소오시〈枕草子〉』

세에쇼오 나공清少納言이라는 츄우구우 테에시中宮定子를 모시고 있던 궁녀가 쓴 수필 풍의 작품으로 10세기 말엽에 성립되었다. 내용은 츄우구우 테에시를 중심으로 하는 화려한 궁중생활의 체험이라든가 자연이나 인간에 대한 감상 등을 자유롭게 쓴 것인데 보통사람들이 간과하기 쉬운 사물을 적확하게 포착하여 지금까지 발견하지 못했던 아름다움이나 생명을 발견하고 거기에서 얻어지는 마음의 풍요로움을 그대로 읊은 것이다. 전체가 약 300단으로 이루어졌으며 내용적으로는 비슷한 사물을 묶은 것, 일기적인 것, 수상隨想적인 것 등의 세 종류로 나뉜다. 이 작품의 미적 이념으로서는 〈오카시를かし〉를 드는데 이것은 밝은 지적 정신에 의한 명랑하고 순수한 감정의 표출이며 대상에 나타난 그대로에 대한 밝은 상찬을 그 특징으로 한다.

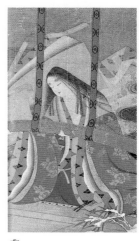
세에쇼오 나공清少納言

30.3.3. 중세 문학

30.3.3.1. 운문 문학

30.3.3.1.1. 『싱코킹 와카슈우〈新古今和歌集〉』

코토바後鳥羽 상황은 19세에 츠치미카도土御門 천황에게 자리를 물려주고 가인을 불러 모아 노래를 고르고 다듬으며 칙찬 와카집勅撰和歌集의 선정을 하는 와카도코로和歌所를 설치하였다. 그리고 이 노래집이 생겨나면서 와카는 황금시대를 맞이하게 된다. 이때는 무사들이 실세로 군림하며 권력을

코토바後鳥羽 상황

잡는데 그 때까지 귀족들의 세력에 밀려 뒷전에 있던 무사들이나 서민들이 무대로 등장하게 된다. 하지만 무사들은 권력을 잡은 뒤에도 귀족의 문화를 완전히 청산하지는 않는다. 특히 와카의 세계에서는 과거의 화려했던 귀족 생활을 동경하여 와카 창작에 힘쓰는 사람들이 많았다. 특히 중고 시대의 『코킹 와카슈우古今和歌集』를 본떠 이 노래집의 제목을 『싱코킹 와카슈우新古今和歌集』로 만든 것만 보아도 이 시대의 풍조가 과거 왕조시대를 동경했던 것을 짐작할 수가 있다. 그리고 홍카도리本歌取り라는 방법 면에서도 과거에 안주하고 싶은 면모를 엿볼 수 있다.

이 노래집은 코토바後鳥羽 상황의 명령에 의해서 미나모토노 미치토모源通具 · 후지와라노 아리이에藤原有家 · 후지와라노 사다이에藤原定家 · 후지와라노 이에타카藤

후지와라노 아리이에藤原有家

原家隆・후지와라노 마사츠네藤原雅経・쟈쿠렌寂蓮 등 6명을 선자로 해서 1205년에 성립했다. 성립 후에도 코토바 상황은 노래를 빼고 더하거나 수정을 가했다. 그것은 상황이 죠큐우의 난承久の乱에서 패해 오키隠岐로 유배될 때까지 계속되었다. 총 20권의 2,000수의 노래로 구성되어 있는데 노래를 만든 경위를 설명한 카나죠仮名序, 마나죠真名序를 갖고 있고 계절이나 내용별로 짜인 부다테部立구성 등은 거의 『코킹 와카슈우』를 견본으로 하고 있다. 상대부터의 노래가 수록되어 있는데 노래집에 주목할 만한 가인으로는 사이교오西行・토시나리俊成・요시츠네良経 등이다. 주목할 만한 경향으로는 〈싱코킹쵸오新古今調〉라고 불리는 것으로 초구 끊기初句切れ・삼구 끊기三句切れ・체언 종료体言止め・본 노래 삽입本歌取り 등이 있다.

후지와라노 사다이에藤原定家

그리고 이 시대에 유행했던 것으로 실제 대상을 보지 않고 제목만을 주고 그 제목에 의해서 부르는 다이에에題詠 기법을 주로 하는 노래방식이 있는데 이를 통해 여정미(요죠오비余情美)를 나타내려고 하는 가풍이었다. 주로 이미지가 아름답고 귀에 음감이 좋은 용어를 연속적으로 사용하여 화려・우미・섬세・몽환적인 여정미를 만들어 냈다.

본노래 삽입本歌取り

와카를 지을 때 의식적으로 과거작품의 용어나 어구를 사용해서 작품을 만들어 과거 노래의 이미지나 여정을 노래에 재현하는 방법이며 다음과 같은 예가 있다.

본 노래 괴롭게도 하염없이 비가 내리누나. 미와곶에. 사노 나루터에는 비그을 인가조차 없는데.
本歌 苦しくも 降り来る雨か 三輪の崎 狭野の渡りに 家もあらなくに
인용노래 말 세워 소매를 털 만한 그늘조차 없거늘 사노 나룻터에 하염없이 내리는 눈에 날은 저물고
引用歌 駒とめて 袖うちはらふ かげもなく 佐野の渡りの 雪の夕暮

사노 나룻터佐野〈狭野〉の渡り를 읊음으로써 원래 노래에 사용되었던 쓸쓸하고 하염없는 정경을 그대로 재현하며 고독을 한층 더 부각시키고 있다. 우리 같으면 표절시비에 휘말릴 우려가 있지만 여기서는 인용도 문학의 한 형태로 이용하고 있다.

✿ 봄밤의 아련한 꿈이 스쳤도다. 꿈 깨서 하늘 보니 봉우리에서 갈라져가는 구름 하늘
　　春の夜の 夢の浮橋 とだえして 峰に分かるる 横雲(よこぐも)の空 / 후지와라노 사다이에藤原定家 〈春歌 上〉

✿ 세상 등진 내게도 가을의 슬픔은 밀려오는구나. 도요새 날아오르는 저녁 무렵엔.
　　心なき 身にもあはれは 知られけり 鴫(しぎ)立つ沢の 秋の夕暮れ / 사이교오 보오시西行法師 〈秋歌 上〉

✿ 멀리 바라보니 아름다운 꽃도 단풍도 없구나. 포구의 초라한 오두막에 찾아드는 가을의 쓸쓸함이여.
　　見渡せば 花ももみぢも なかりけり 浦の苫屋(とまや)の 秋の夕暮れ / 후지와라노 사다이에藤原定家 〈秋歌 上〉

한 가지 특이한 것은 나중에 쇼오궁이 된 미나모토노 사네토모源実朝1192~1219는 멀리 카마쿠라鎌倉에서 14살에 자신이 지은 노래를 쿄오토京都에 살고 있는『싱코킹 와카슈우新古今和歌集』선자의 한사람인 후지와라노 사다이에藤原定家1162~1241에게 보내 노래 지도를 받고 있다. 나중에 코토바後鳥羽상황上皇으로부터 노래를 배운 3대 쇼오궁 미나모토노 사네토모는 가집『킹카이 와카슈우金槐和歌集』를 편찬했는데 킹金은 카마쿠라鎌의 金변이고 카이槐는 대신大臣의 의미로 카마쿠라 우대신의 노래집이라는 의미를 담고 있다. 그도 22세까지 700여수의 노래를 지음으로써 천재적 기질을 유감없이 발휘했다.

30.3.3.1.2. 연가K렝가連歌)

렝가는 와카和歌의 상구(카미노쿠上の句)인 575와 하구(시모노쿠下の句)인 77로 나누어 내용을 연이어 전개함으로써 처음에는 여흥(요기余技)으로 출발했지만 노래의 긴장이 더해지면서 문학적으로 발전을 거듭하며 중세 중기에는 와카를 완전히 압도한다.

처음에는 두 사람이 상구와 하구의 2구를 나누어 부르는 탄렝가短連歌의 형태가 중고 시대 중기부터 유행하기 시작했는데『킹요오슈우金葉集』에는 칙찬집勅撰集으로서는 처음으로 렝가부連歌部가 등장하기 시작한다. 그 뒤 상·하구의 노래를 여러 수 이어서 부르는 고리 연가(쿠사리 렝가鎖連歌), 혹은 장연가(쵸오렝가長連歌)가 행해지고 코토바잉後鳥羽院 시대에는 햐쿠잉(百韻/시작 노래인 혹쿠発句에서 마지막 구인 아게쿠挙句까지 100구의 노래)으로까지 발전했다. 카마쿠라 시대에 들어서자 코토바잉後鳥羽院1180~1239을 비롯해서 후지와라노 사다이에藤原定家1162~1241, 후지와라노 이에타카藤原家隆1158~1237 등이 고리연가를 애호했기 때문에 연가는 점차 문학성을 띠고 새로운 규칙이 생겨나기 시작한다. 햐쿠잉의 격식도 이 때 생겨난 산물이다. 그들은 렝가에도 와카적인 우아한 정서를 추구하는 유심 연가(우신렝가有心連歌)를 행했는데 한편으로는 언어유희적인 골계(콕케에滑稽)를 추구하는 무심 연가(무신렝가無心連歌)도 행해졌다. 이렇듯 카마쿠라 전기에는 유심파(有心派/카키모토슈우柿本衆)와 무심파(無心派/쿠리모토슈우栗本衆)의 두 경향으로 나뉘어졌으나 점차적으로 유심 연가가 주류를 이루어 가면서 카마쿠라 중기에는『켄지 신시키建治新式』등의 규칙이 정해지고 문예성이 확립되어 가는 방향으로 나아갔다. 또한 무사나 승려, 서민 등 지게(地下/일반 농민이나 서민)사이에서도 유행하게 되고 그들을 지도하는 직업적인 연가사(렝가시連歌師/전문적인 렝가 가인)도 나타나게 되었다.

남북조 시대가 되면서 연가는 비약적으로 발전하여 와카를 대신해서 시대를 대표하는 문예가 된다. 렝가는 당초에 서민에게 사랑받았는데 이 시대에는 섭관摂関이자 태정대신太政大臣인 니죠오 요시모토二条良基1320~1388가『오오안 신시키応安新式』를 저술하여 렝가의 규칙을 제정하는 한편『츠쿠바슈우菟玖波集』를 편찬한다. 여기에는 와카와 렝가를 동등하게 다루며 천황이하의 500명이나 되는 사람의 작품을 싣고 렝가의 지위를 높였다. 뒤이어 이이오 소오기飯尾宗祇1421~1502가 서민의 오락으로 발전한 렝가를 와카의 정서나 제재를 계승한 지적 유희를 통해 깊이 있는 예술로 승화시키는 정풍正風으로 확립하여 렝가를 섬세하고 깊이 있는 예술로 업그레이드시켰다. 소오기는 렝가를 무로마치 시대 중기의 렝가 작자 소오제宗砌나 싱케에心敬에게 배우고 전국을 돌며 렝가 보급에 힘썼다. 한편 렝가사 야마자키 소오캉山崎宗鑑1465~1553은 규칙에 얽매어 답답해진 렝가의 현실을 타개하기 위해 렝가는 원래 오락적인 것이라는 입장에서 골계滑稽를 강조하는 하이카이 렝가俳諧連歌를 만들고 널리 유행시켰다. 이어 그는 하이카이 렝가를 모은 노래집 『이누츠쿠바 슈우犬筑波集』를 편찬하며 서민성을 강조했다.

다음은 렝가의 최고 규범적인 노래의 일부인 『미나세 상깅 햐쿠잉水無瀬三吟百韻』 중 일부이다. 첫째 구는 반드시 계절어(키고季語)를 넣어야 하고 매듭 말(키레지切れ字/「や」・「けり」・「かな」 등의 감동을 나타내는 단어)을 넣는다.

❀ 눈 내리는 산언저리 안개 낀 저녁이구나
　雪ながら　山もとかすむ　夕べかな　　　　　　소오기宗祇(發句)
❀ 흘러가는 강물 멀리 매화향기 진동하는 마을
　行く水遠く　梅にほふ里　　　　　　　　　　쇼하쿠肖柏(脇句)
❀ 강바람 부는 버드나무 숲에 봄빛 완연하고
　川風に　一むら柳　春見えて　　　　　　　　소오쵸오宗長(第三句)
❀ 배 젓는 소리도 생생한 어스름 새벽 무렵
　船さす音も　しるきあけがた　　　　　　　　宗祇(第四句)
❀ 달은 여전히 안개 내리는 밤에 남아 있으리
　月や猶　霧渡る夜に　残るらん　　　　　　　肖柏(第五句)
❀ 서리내린 들판 가을은 깊어만 간다
　霜おく野はら　秋は暮れけり　　　　　　　　宗長(第六句)

이것을 셋이서 100구가 될 때까지 읊는다. 자연스럽게 흐르는 노래 속에 계절도 물처럼 흐르고 있다.

소오기 사망 후에 렝가는 규칙에 얽매어 매너리즘에 빠지고 하이카이 렝가俳諧連歌는 무심 연가의 기지와 재치를 받아들여 『이누 츠쿠바슈우犬筑波集』를 편찬한 야마자키 소오캉山崎宗鑑이나 『모리타케 셍쿠守武千句』를 만든 아라키타 모리타케荒木田守武1473~1549에 의해서 독립된 문예로 보급된다.

중세에는 세상을 등지고 산 속에 은거하며 수행이나 유유자적의 생활을 보내는 이른바 은자(인쟈隱者)들이 많이 등장하여 이들이 문학을 담당하는 담당자로서의 역할을 했다. 그리고 그들의 대표주자가 카모노 쵸오메에鴨長明이다.

30.3.3.2. 산문 문학
30.3.3.2.1. 수필〈隨筆〉
30.3.2.2.1.1. 『호오죠오키〈方丈記〉』

평민가인으로서 활약한 카모노 초오메에鴨長明1155~1216가 출가하여 은둔(톤세에遁世)하면서 쓴 작품이다. 자신을 예리하게 응시한 뛰어난 자조 문학自照文學으로 전반부에는 자신이 체험한 화재・지진 등의 재해나 사회변동의 모습이 극명하게 기록되어 있다. 그는 이런 재해에서 느낀 감상을 물 흐름에 비유하여 무상관無常観으로 읊었다. 후반에는 초암생활을 즐기는 모습이 묘사되어 있으면서도 그 자신의 모습에도 의문을 던지고 있다.

문체는 격조 높은 일본어와 한자가 섞인 와캉 콩고오붕和漢混合文에 댓구와 비유가 뛰어나다. 서문은 다음과 같이 시작되고 있다.

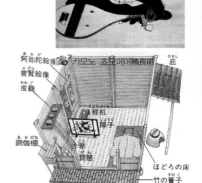

📖 『호오쬬오키』의 서두 부분

✦흐르는 물은 끊어지지 않으며 또한 물은 원래의 물이 아니로다. 여울에 떠오르는 물거품은 생겼다가는 사라지고 사라졌다가는 또다시 생기지만, 오랜 동안 머무는 법이 없다. 세상 사람들과 그들의 거처도 바로 이와 같도다.
　ゆく川の流れは絶えずして、しかも、もとの水にあらず。よどみに浮かぶ　うたかたは、かつ消えかつ結びて、久しくとどまりたるためしなし。世の中にある人とすみかと、またかくの如し。

30.3.2.2.1.2. 『츠레즈레구사徒然草』

작자 요시다 켕코오吉田兼好1283~1352는 뛰어난 와카和歌가인으로 당시 니쬬오二条파 4천왕(켕코오兼好・통아頓阿・케에웅慶運・쬬오벵浄弁의 4사람)의 한사람으로 분류되었다. 그는 황실이나 무가의 의식・관직・법령・풍속 등을 연구하는 유우소쿠 코지츠有職故実에도 밝았고 불교・유교・노장사상도 능통했다. 이와 같은 지식인으로서의 생각이 이 작품에 잘 드러나 자연・인사・설화・처세훈 등에서 그의 예리한 통찰력과 심오한 생각을 엿볼 수 있다. 총 243단의 본문에는 그의 경험과 교양으로 어우러진 무상관이 배어있다.

📷 카모노 쬬오메에鴨長明의 초암草庵

📷 츠레즈레구사徒然草　　📷 요시다 켕코오

 『츠레즈레구사』 서두 부분

✦딱히 할 일이 없어 하루 종일 벼루를 앞에 놓고 마음에 떠올랐다 사라져가는 일들을 두서없이 써가다 보면 묘하게도 마음이 아릇해지는 느낌이 든다.
　つれづれなるままに、日暮らし、硯に向ひて、心のうつりゆくよしなしごとを、そこはかとなく書きつくれば、あやしうこそものぐるほしけれ。(『徒然草』序段)

30.3.3.2.1. 이야기 소설〈모노가타리物語〉

30.3.3.2.1.1. 기코 모노가타리〈擬古物語〉

카마쿠라 시대에는 중고 후기에 이어 많은 모노가타리가 쓰였다. 이들은 한결같이 왕조 시대의 꿈을 버리지 못하는 귀족이 옛날을 그리워하며 왕조 시대의 모노가타리를 모방한 것으로 의고 모노가타리擬古物語라고 한다. 선행 작품을 패러디한 것이 많고 작중인물의 설정, 구상이나 주제, 장면묘사 등 흡사한 것이 많으며 불교를 추종하는 것이 많은 점이 특징이다.

대표적인 작품으로는 남녀 간의 비련이야기인 『아마노 카루모海女の苅藻』, 계모의 괴롭힘을 그린 『스미요시 모노가타리住吉物語』, 일본과 당나라를 배경으로 한 연애담인 『마츠우라 모노가타리松浦宮物語』 등이 있다.

30.3.3.2.1.2. 오토기조오시〈お伽草子〉

카마쿠라 시대의 의고 모노가타리의 흐름은 이윽고 쇠퇴기미를 보이며 통속적으로 흐르다가 무로마치 시대와 에도 초기에 걸쳐서 읽기 쉬운 단편 모노가타리 소오시物語草子가 생겨났다. 이것을 오토기조오시お伽草子라고 부른다. 그 숫자는 400편에서 500편에 이르며 무가나 귀족 등의 손으로 만들어졌다. 내용은 부녀자를 대상으로 한 교훈적·오락적인 것이 많고 문장도 치졸하고 문학적인 가치는 낮지만 당시 사람들의 기분 등을 잘 묘사하고 있으며 에도 초기의 카나 조오시로 가는 가교역할을 하는 점은 문학적인 가치로 인정된다.

30.3.3.2.1.3. 궁키 모노가타리〈軍記物語〉

중세를 대표하는 문학가운데 궁키軍記 모노가타리가 있다.

중고 시대 말기부터 계속된 전란 속에서 이들은 어느 것이나 무가의 전란이나 흥망을 주제로 한 것으로 무사라는 새로운 인간상의 출현이 특징인데 한편으로는 전쟁에 따른 비극 등이 묘사되어 있고 불교적인 무상관이나 인과응보 사상이 저류에 흐르고 있다.

▽『호오겜 모노가타리〈保元物語〉』·『헤에지 모노가타리〈平治物語〉』

호오겡保元의 난·헤에지平治의 난 등 쟁란기의 귀족과 무가武家의 대립이나 귀족·무가 각각의 내부대립 등을 전란의 원인에서 전개, 결말에 이르기까지 묘사하고 있다.

▽『기케에키〈義経記〉』·『소가 모노가타리〈曽我物語〉』

영웅전기 이야기 소설. 이것들은 주로 구용口誦에 의해서 전달되었기 때문에 보다 극적인 내용을 담고 있다. 따라서 사건을 극명하게 기록하려는 경향이 강해지면서 당초의 이야기 소설적인 구상이나 생생한 표현은 상실되어 갔다.

▽『헤에케 모노가타리〈平家物語〉』

이 작품은 단순히 중세 전쟁이야기를 대표하는 명작의 의미만 있는 것이 아니라 일본 문학을 대표하는 걸작이다. 헤에케平家가문의 흥망성쇠의 역사가 제행무상 성자필멸(쇼교오 무죠오諸行無常 죠오샤 힛스이盛者必衰)의 무상관이 저류에 흐르고 있다. 비파라는 악기에 맞추어 독특한 곡으로 노래되어지는 헤에쿄쿠平曲에 맞게 비파법사琵琶法師에 의해서 불리는 과정에서 개정증보판이 많이 발생했으며 『겜페에 죠오스이키源平盛衰記』와 같은 이본異本도 생겨났다.

헤에케 모노가타리平家物語

내용은 타이라 가문(헤에케平家)의 전성기부터 단노우라壇の浦전투에서의 패배와 사후처리까지로 전체 무상관·인과응보의 불교사상이 용해되어 있고, 키요모리清盛·토모모리知盛·노리츠네教経·요시나카義仲·요시츠네義経 등의 겜페에源平의 장수들뿐만 아니라, 기오오祇王·기죠祇女·호토케 고젱仏御前·코고오小督 등의 여성 등이 등장하면서 전란의 비극성까지 다루고 있다. 여기서도 전투장면의 웅장함을 나타내며 힘의 찬미가 보이지만 왕조의 품격도 보이며 강함과 우아함이 조화를 이루고 있다.

문체도 역동적인 장면은 한문체, 여성들의 슬픈 이야기는 카나체로 쓰였으며 내용에 따라 역할분담까지 시키고 있다.

 『헤에케 모노가타리』의 서두 부분

❖기온정사의 종소리에는 제행무상의 울림이 있다. 한 쌍의 바라목에 핀 꽃의 색깔은 한창 잘 나가는 사람도 반드시 멸망한다는 도리를 나타내고 있다. 권세가 뛰어난 사람도 오래 지속되지 않고 다만 봄밤의 꿈만 같도다. 용맹한 자도 결국에는 사라져간다. 바람 앞에 먼지처럼.

祇園精舍(ぎおんじょうしゃ)の鐘の声、諸行無常(しょぎょうむじょう)の響(ひび)きあり。沙羅双樹(しゃらそうじゅ)の花の色、盛者必衰(じょうしゃひっすい)のことわりをあらはす。おごれる人も久しからず、只(ただ)春の夜の夢のごとし。たけき者もつひには滅〈ほろ〉びぬ、ひとへに風の前の塵(ちり)に同じ。

▽『타이헤에키〈太平記〉』

남북조 시대의 내란을 축으로 변혁기의 혼미와 변전을 묘사하고 있다.

내용은 고다이고後醍醐 천황을 중심으로 닛타 요시사다新田義貞·쿠스노키 마사시게楠木正成·아시카가 타카우지足利尊氏 등에 의한 카마쿠라 막부 토벌을 필두로 남북조의 분리와 쟁란, 고다이고 천황의 사망, 그리고 남북조의 합일까지가 기록되어 있다. 유교적 윤리와 무사도, 근황정신의 상찬 등이 보이고 정치와 세상비판이 아울러 행해지고 있다.

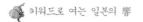

3.3.3.2.1.4. 설화 문학

중세에 들어서자 설화는 최성기를 맞이하며 많은 설화가 생겨났다. 작자는 대부분이 승려나 은둔자이고 독자층도 서민까지 확대되었으며 내용상으로 교훈적이고 계몽적 경향이 강하다.

▽『우지슈우이 모노가타리〈宇治拾遺物語〉』

장단 197단의 설화가 잡다하게 수록되어 있고『콘쟈쿠 모노가타리슈우〈今昔物語集〉』와 똑같은 설화가 83개나 실려 있다. 내용은 고승高僧의 덕을 기리는 불교설화가 주종인데 오히려 법사·성인의 골계담이라든가 〈혹부리 영감〉 등의 민화적인 설화가 중심으로 표현 내용 등 문학적 가치가 높은 설화도 많이 수록되어 있다. 〈혀 잘린 참새舌切り雀〉도 여기에 수록되어 있다.

▽『직킨쇼오〈十訓抄〉』

10개조의 덕목을 세워 각각의 덕목에 맞는 설화 약 280여개가 수록되어 있다. 교훈적·계몽적 의식을 기본으로 두고 구체적인 처세방향을 제시하고 있는 것이 특징이다.

▽『홋신슈우〈発心集〉』

불교의 신앙심을 불러일으키게 하는 이야기인 홋싱発心에 대한 이야기·세상을 등진 둔세(톤세에遁世)·왕생(오오죠오往生) 등의 이야기 등 승려의 사적만을 모은 102화가 모여 있다. 특징은 고승이나 불법의 고마움을 설파하기만 한 것이 아니고 신앙으로 살아가려는 사람의 내면의 갈등을 나타낸 점이다.

30.4. 근세 문학

30.4.1. 운문 문학

30.4.1.1. 하이카이〈俳諧〉
30.4.1.1.1. 테에몽 하이카이〈貞門の俳諧〉

근세에 들어서자 마츠나가 테에토쿠松永貞徳1571~1653가 문예로 독립시켰다. 그리고 테에토쿠 일파를 테에몽貞門이라 불렀다. 문하에는 키타무라 키깅北村季吟1624~1705이 있었다. 이들의 노래는 말의 유희를 목적으로 하며 와카적인 기교를 사용했다. 하지만 곧 용어나 형식에 얽매인 나머지 매너리즘에 빠지고 말았다.

🌸봄 안개 끼었구나. 호랑이 해라 봄 안개마저 반점으로 떠있는가?

　霞(かすみ)さへ　まだらに立つや　寅(とら)の年

　　　　　　　　　　　　　　　　　　　　　　　　　테에토쿠貞徳

❀영혼을 기리는 제사는 마치 조상이 눈앞에 재림하신 것 같구나.

まざまざと　いますがに如(ごと)し　魂(たま)祭り　　　　　　　키깅季吟

30.4.1.1.2. 탄링 하이카이〈談林の俳諧〉

테에몽 하이카이를 대신해서 오오사카를 중심으로 서민들이 자유자재로 생활감정을 노래한 하이카이가 나타났는데 이것이 니시야마 소오잉西山宗因1605~1682의 담림(탄림談林)파의 노래이다. 이들은 테에몽의 격식을 타파하고 새로운 하이카이를 만들려는 것으로 골계나 익살을 중시했으며 제재나 용어에 집착하지 않는 점이 서민들에게 어필했다. 문하로는 이하라 사이카쿠井原西鶴가 있다.

❀벚꽃을 온종일 바라다보니 목뼈가 뻐근해져 버렸다.

眺(なが)むとて　花にも痛し　頸(くび)の骨(ほね)　　　　소오잉宗因

❀옷 바꿔 입는 날 코소데를 서랍에 넣는다. 봄은 서랍에서 살아가고 있구만.

長持(ながもち)に春ぞ　暮(く)れゆく衣更へ(ころもがえ)　　　사이카쿠西鶴

30.4.1.1.3. 쇼오몽 하이카이〈蕉門の俳諧〉

탄링 하이카이의 자유분방함이 지나치자, 마츠오 바쇼오松尾芭蕉1644~1694는 독자의 하이카이풍을 만들어가며 그것을 예술의 경지로 승화시켰다. 그는 1644년에 이가(伊賀 현 미에현三重県)의 우에노上野에서 태어났다.

그는 처음에 쿄오토로 가서 키깅季吟에 사사하다가 나중에 에도로 가서 탄림파의 사람들과 교분을 가졌다. 그 후 문인들이 힘써서 에도의 후카가와深川에 바쇼오풍의 노래를 본격적으로 만드는 바쇼오앙芭蕉庵을 세워 착착 독자의 경지를 확보해 나갔다. 1684년 바쇼오는 『노자라시 기행野ざらし紀行』이란 여행을 떠난다. 그 여행중에서 『겨울의 날冬の日』을 완성시키며 바쇼오 풍의 노래를 확립한다. 그 뒤로 그는 자연과 일체가 되는 시심의 연마를 위하여 여행을 떠나기도 했다. 그가 쓴 기행문인 『오쿠노 호소미치奥の細道』는 쇼오풍의 완성을 보이는 것으로 정평이 나 있다.

🎥 마츠오 바쇼오松尾芭蕉의
나그네 차림

 『오쿠노 호소미치奥の細道』冒頭

❀달과 해는 영원한 나그네이며 왔다가는 가고, 갔다가는 또 오는 세월 또한 나그네이도다. 배 위에서 평생을 보내고 말 끌며 늙어 가는 사람, 매일 매일이 나그네길이며 여행 그 자체가 나중엔 거처가 된다.

月日は百代(はくたい)の過客(くわかく)にして、行かふ年も又旅人なり。舟の上に生涯を浮かべ、馬の口とらへて老をむかふる物は、日々旅にして旅を栖(すみか)とす。

인생을 나그네 길로 묘사한 격조 높은 바쇼오의
인생관, 세계관을 엿볼 수 있다. 그는 중세의 유현
(유우겡幽玄)을 하이카이의 통속성으로 살려 서민
적 문학형태를 예술적으로 완성시켜 나갔다. 그는
새로운 미적이념인 〈사비〉·〈시오리〉·〈호소
미〉 등을 『원숭이 우비(사루미노猿蓑)』에서 확립시
켰고 만년에는 『숯가마(스미다와라炭俵)』에서 〈카
로미軽み〉 등으로 승화, 발전시켜 나갔다. 바쇼오

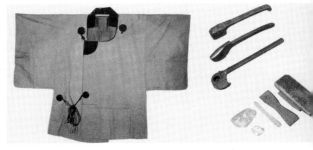
📷 마츠오 바쇼오의 봇짐에 있던 물건

는 그 후 오오미近江의 이시야마石山와 쿄오토의 사가노嵯峨野에 머물면서 『사가일기嵯峨日記』를 저술
했다.

30.4.1.1.4. 하이카이의 미적 이념〈俳諧の美的理念〉

▽사비〈寂び〉

바쇼오 하이카이의 근본적인 이념. 중세의 은둔적인 경지에 서서 자연과 일체가 되고, 고독에 철저
한 한적함과 그윽한 정취를 사모하는 마음이 저절로 노래 속으로 배어 나오는 미의식.

예를 들면 돌에 낀 이끼나 빛바랜 책자에서 느끼는 깊은 정취인데, 특히 이끼는 돌 표면에 낀
것이라는 일반적인 시각이 아니라 돌 내부에서 스며나온 존재로 파악하는 미의식이다.

▽시오리〈しをり〉

바쇼오 하이카이의 근본이념으로, 인간이나 자연을 애련哀憐의 시선으로 응시할 때 생기는 감상이
자연스럽게 노래 속에 내면화되어 나타나는 것. 거친 내용도 부드럽게, 두꺼운 것도 날씬하게 정돈된
느낌을 주는 노래를 지칭하기도 한다.

▽호소미〈細み〉

바쇼오 하이카이의 근본이념이다. 섬세한 감정으로 대상을 바라볼 때 생기는 노래의 경지로 내적
인 깊이를 말하는 이념. 유현의 경지까지 이르는 시적 깊이를 나타낸다.

▽카로미〈軽み〉

일상생활에서 취재한 평이한 내용을 시적으로 승화시킨 경지를 말한다. 바쇼오는 겐로크 때부터
그런 경향을 보이고 있었는데 만년에 그것을 지도이념으로까지 승화시킨 『숯가마』는 그 노래의 경지
를 나타내는 대표적인 선집이다.

30.4.1.2. 하이쿠〈俳句〉

일본 와카의 5 · 7 · 5 · 7 · 7의 31글자에서 앞의 5 · 7 · 5인 혹쿠発句가 발전한 것인데 이것에 계절어季語와 매듭말(키레지切字)을 써서 형식적으로 발전시킨 세계에서 가장 짧은 노래이다. 이어령 교수는 5 · 7 · 5의 혹쿠만을 노래하고 나머지 7 · 7의 츠케쿠付句를 노래하지 않은 것에 대해 혹쿠가 시인의 영역이고 츠케쿠가 신의 영역이라고 했다. 그는 이어 츠케쿠가 기다림의 텍스트이며 침묵의 공간이며 공백의 언어공간이기에 반대로 혹쿠는 상상력을 자아내게 하고 암시적인 것을 이끌어내게 하는 공간이라고 했으며 하이쿠는 결국 혹쿠가 발전한 것으로 반 이데올로기 문학이라고 결론짓고 있다.

애잔한 무형의 감동을 형태로 만들어서 남기는 것이 하이쿠인데 결정적인 순간이나 마음의 감동을 찍는 면에서는 카메라와 닮았다. 하지만 카메라와는 달리 시간과 공간을 초월해서 찍는다는 점에서 다르다. 이어 이 교수는 이 형태를 17글자에 우겨 담는 것이 아니라 오히려 하나의 포인트를 포착하여 그것을 17음으로 늘리는 것을 이상으로 하는 것이 하이쿠라고 정의를 내리고 있다.

하이징俳人은 애정의 시선으로 하이쿠라는 뜰채를 들고 자연 속으로 뛰어든다. 그 행위는 스스로가 자연의 일부가 되는 투신 행위이다. 자연의 일부가 되다보면 개안의 경지가 되고 마음의 눈으로 응시하다보면 그때까지 가리고 있던 장막이 순간적으로 걷히고 대상은 내밀한 모습과 의미를 드러내기도 한다. 섬광처럼 스쳐가는 순간의 생각을 하이징은 놓치지 않고 포착하여 그 곳에 혼을 담는다. 하지만 늘 그렇게 쉽게 대상이 내밀한 의미를 드러내지는 않는다. 따라서 하이징은 응시의 공간 앞에서 하이쿠적 어휘들을 산더미처럼 쌓아놓고 하릴없이 서성거리기도 하고, 기웃거리기도 하고 망설이기도 하며 하염없이 기다리기도 한다. 하이진들에게는 시시각각 변모하는 사계절 속에서 살아 있는 것에 대한 더할 나위 없는 기록을 만들거나 담아내기 위한 언어 포착의 순발력과 조탁의 장인정신과 사물에 대한 따스한 시선이 전제조건이다.

📷 키요스미 테에엥清澄庭園에 있는 구비句碑

📷 키요스미 테에엥清澄庭園의 연못

30.4.2.1. 명 하이쿠 감상〈名俳句の鑑賞〉

①고색창연한 연못이여, 개구리 뛰어드는 물소리.

　〈古池(ふるいけ)や 蛙(かわず) 飛込(とびこ)む 水(みず)の音(おと)〉마츠오 바쇼오松尾芭蕉

②고요함이여, 바위에 스며드는 매미소리.

　〈静(しずけ)さや 岩(いわ)に 染(しみ)入(い)る 蝉(せみ)の声(こえ)〉마츠오 바쇼오松尾芭蕉

소리로 정적을 읊고 순간으로 영원을 읊었고 관념적인 것으로 독창성을 만들었으며 한정된 시 · 공간으로 무한의 시 · 공간을 읊었다. 또한 정확한 묘사로 모호함을 노래했고 통속적인 소재로 고도의 예술성을 만들어 냈다는 평가를 받고

📷 바쇼오의 하이쿠와 릿샤쿠지 立石寺의 바위

있는 하이쿠의 최고 수작이다.

또한 유구한 자연과 덧없는 인생(悠久な自然と儚い人生)이라는 관점에서 보면 위의 두 하이쿠는 유구한 자연인 연못과 바위에 비해 한갓 순간의 의미를 갖는 개구리 뛰어드는 소리와 바위에 스며드는 매미소리는 바로 우리네 허무한 인생이다. 그런 의미에서 위의 하이쿠는 유구한 자연과 덧없는 인생을 읊고 있는 것이며 덧없음의 추상적인 모습을 구체적으로 형상화해서 보여주는 명구라고 할 수 있다.

③바위 턱이여, 여기에도 한 사람 달맞이 손님.

〈岩鼻(いわはな)や ここにもひとり 月(つき)の客(きゃく)〉　무카이 쿄라이向井去来

달빛이 너무 아름다워 구경 차 나갔더니 이미 다른 사람도 달빛의 아름다움에 취해 앉아 있었다는 해석이고, 한편으로는 바쇼오가 주장한 것으로 또한 사람이라는 것이 노래를 만든 사람 자신이라는 해석이다. 전자의 해석은 달빛에 취한 한 사람이 달빛을 찾아 나섰다가 자기보다 먼저 달빛에 취해 나와 있는 사람을 보고 놀람과 기쁨과 흥분을 감추지 못하고 하이쿠로 주워 담은 것이다. 따라서 이 하이쿠는 은은하고 정적인 달빛을 설렘으로 넘치는 역동적인 공간으로 만들고 있다. 그러나 후자의 해석으로 이 노래를 비춰보면 한 사람이 달에게 호소하는 형식으로 그 사람의 마음속에는 달빛을 즐기는 사람이 무한대로 존재하고 있다. 여기서 노래하는 사람은 달빛을 사랑하는 무수한 사람 중의 한사람이며 노래는 달빛을 사랑하

📷 달밤 전경

는 수없이 많은 풍류객을 담게 되어 짧은 하이쿠는 풍류객의 무한번식의 장이 된다.

이렇듯 상반된 해석은 완전히 상반된 풍류를 나타낸다. 하이쿠의 묘미는 바로 해석을 향해 열려있다는데 있다.

④아름다워라, 태풍이 휩쓴 뒤의 빨간 고추여.

〈美(うつく)しや　野分(のわき)のあとの　とうがらし〉 요사 부송与謝蕪村

죽음과 공포의 폭풍이 지난 다음 살아남은 자의 삶의 환희를 빨간 정열의 고추 색으로 진하게 나타내고 있다. 이런 선명한 댓구는 격언이나 경구 이상의 폭발적인 화력을 갖는다. 하이쿠가 짧다는 사실을 어느 노래보다 강하게 각인시켜주는 노래이다. 삶과 죽음의 경계선에서 느꼈을 공포와 전율의 모노가타리가 고추색깔 속에 숨어 있는 듯하며 삶에 대한 무한한 열정과 환희가 작은 고추에서 강렬하게 발산되고 있다.

⑤사람도 하나 파리도 하나 넓은 사랑방.

〈人一人(ひとひとり) 蠅(はえ)もひとつや 大座敷(おおざしき)〉 코바야시 잇사小林一茶

넓은 사랑방에서 사람과 파리가 하나의 숫자로 존재하고 있다. 이 노래에서 느껴지는 것은 시간과

공간의 드넓은 여백이다. 파리를 기피의 대상으로만 보는 인간의 인습에서의 탈피와 생활과 공간이 갖는 여백은 얼마나 멋진 것인가를 형상화한 노래이다. 생활 하이쿠의 달인 앞에서는 파리도 사람도 모두 똑같은 경지에서 각각 한가로움의 의미소이다.

⑥감을 먹으니 종소리 울리는 구나, 호오류우지.

〈柿(かき)くへば 鐘(かね)が鳴(な)るなり 法隆寺(ほうりゅうじ)〉

마사오카 시키正岡子規

📷 法隆寺

감을 먹는 한 순간과 수천년이나 계속되었을 호오류우지의 종소리의 영원성이 묘한 화음의 메아리로 울린다. 영원한 시간의 파수군인 종소리가 먹는 감의 한순간의 미각과 절에 흐르고 있는 잠자는 시각을 흔들어 깨우고 있다. 그 순간 인습의 미각과 시각이 화들짝 놀라 홰를 치며 비상한다. 호오류우지의 종소리는 하이쿠로 인해 전혀 다른 감각의 세계를 아우르는 한 폭의 사생화가 된다. 하이쿠는 이처럼 홀연히 다가오며, 하이쿠의 면모는 바로 여기에 있다.

⑦말 한마디 없는 손님과 주인과 하얀 국화와.

〈ものいはず 客(きゃく)と亭主(ていしゅ)と 白菊(しらぎく)と〉 오오시마 료오타大島蓼太

말이 필요 없이 국화향기만으로 모든 소통이 가능한 만추의 그윽함이 노래에 넘치도록 담겨 있다. 말이 없다는 대목이 오히려 수많은 하얀 언어를 쏟아낼 것 같은 느낌이며 국화향기에 취한 주인과 손님, 그리고 국화의 자태가 무언 속에서 완전한 소통을 이루고 있음을 묘사하고 있다. 이렇듯 하이쿠는 자연과 인간의 완전한 소통을 꿈꾸고 있는 문학양상을 보인다.

📷 白菊

⑧오월 장마여, 큰 강을 코앞에 둔 집이 두 채.

〈五月雨(さみだれ)や 大河(たいが)を前(まえ)に 家二軒(いえにけん)〉 요사 부송与謝蕪村

상황의 긴박감이 시적 긴장감으로 전이되어 팽팽하게 펼쳐져 있다. 꽤 많이 내리는 봄비에 갑자기 불은 강이 당장이라도 집을 삼켜버릴 듯한 기세로 아슬아슬하게 흐르고 있음을 나타내고 있다. 이런 일촉즉발의 위기를 나타내는 데는 간결함으로 승부하는 하이쿠에 필적할만한 것이 없다.

⑨하얀 이슬이여, 감자밭에 앉은 은하수.

〈白露(いらつゆ)や 芋(いも)の畑(はたけ)の 天の川(あまのがわ)〉 요사 부송与謝蕪村

감자 꽃잎에 아롱진 이슬방울에 빛나는 달빛을 은하수가 살짝 내려앉은 모습으로 표현했다. 이렇듯 하이쿠의 가인은 청징한 상상력과 우주적인 포용력으로 이미지를 빚어낸다.

이 노래는 청각을 통해 회화를 보게 하는 구조를 갖고 있다. 이를 통해 감정까지 정화되고 있다.

⑩유채꽃이여, 달은 동쪽 해는 서쪽에.

〈菜(な)の花(はな)や 月(つき)は東(ひがし)に 日(ひ)は西(にし)に〉 요사 부송与謝蕪村

해와 달과 그들이 만들어낸 공간에 유채꽃이 동시에 등장하는 순간을 스냅사진 찍듯이 아름답게 묘사한 서경시이긴 하지만 시간의 흐름이 흐르는 강물처럼 자연스럽게 묘사되면서 아름다운 모든 것은 변화할 수밖에 없다는 것을 암시하는 내재적인 의미를 상징하고 있다. 그러기에 순간의 미의 상징인 유채꽃은 더욱 처절하게 아름다울 수밖에 없다.

카이몬다케開聞岳와 유채 꽃밭·鹿児

30.4.1.3. 센류우川柳

하이카이가 보급됨에 따라 17세기 중반부터 잡파이雜俳라는 놀이 문학이 유행했다.

센류우는 그 잡파이 가운데 〈베고 싶기도 하고 베고 싶지 않기도 하다/切りたくもあり 切りたくもなし〉라는 7·7조의 앞의 노래에 〈도둑을 잡고 보니 내 자식이구나/盗人を 捕らへてみれば 我が子なり〉라는 5·7·5라는 붙임구가 독립한 것이다.

이것은 시작노래로 출제되는 77조의 노래에 예리한 순발력과 번득이는 재치로 575조 노래를 붙이는 것으로 이것을 마에쿠즈케前句付け라고 불렀는데 이것이 독립한 것이다.

18세기 중반에는 마에쿠즈케의 선자選者로 활약한 카라이 센류우柄井川柳1718~1790가 고른 노래를 고료오켕 아루베시吳陵軒可有가 편집해서 『하이후우 야나기다루俳風柳多留』라고 이름붙여 간행했다. 이것이 호평을 얻어 속편이 간행되고 이것이 창시자의 이름을 본떠 이 형식의 문학을 센류우라고 부르게 되었다. 센류우는 혹쿠(発句/하이쿠俳句)와는 달리 계절어季語·키레지切字에 제약이 없고 세태에 멋지게 파고들어 폭로(우가치穿ち)·웃음·풍자 등을 포함하고 있어서 경묘함을 즐기는 에도인들의 기질과 맞아서 널리 보급되었다.

✿공무원은 뇌물을 잘 쥐기 때문에 그 아이도 쥐는 데는 이력이 나 있다.

役人(やくにん)の 子(こ)はにぎにぎを 能(よ)く覚(おぼ)え 俳風柳多留

✿부모 죽어 슬프게 우는구나. 부모 유품 나누노라니, 울면서도 좋은 쪽을 집으려 하는구나.

なきなきも よい方(ほう)をとる かたみわけ 俳風柳多留

30.4.1.4. 쿄오카狂歌

쿄오카狂歌란 광체狂体의 와카和歌라는 뜻으로 형식은 탕카短歌와 같은 5·7·5·7·7이지만 속어를 사용하여 기지·골계 등을 노래로 부르는 일종의 놀이문학이다. 쿄오카의 역사는 오래되었지만 근세에 와서 크게 유행하였다. 근세의 쿄오카에는 오오사카를 중심으로 한 카미가타上方 쿄오카, 에도를 중심으로 한 에도 쿄오카의 두 흐름으로 나뉜다. 카미가타 쿄오카는 18세기 전반에 오오사카에서 유행했다. 그 중심은 유엔사이 테에류우由緣齋貞柳1654~1734로 그 문인은 3천명을 넘었다. 그러나 내용적으로는 와카의 흉내에 불과한 것이 많았다. 에도 쿄오카는 무사나 학자들을 중심으로 18세기후반부터 유행하기 시작하여 템메에(天明1781~1788)기에 전성기를 맞이하였으며 템메에쵸오天明調 쿄오카狂歌라고도 불리게 되었다. 카라코로모 킷슈우唐衣橘州1743~1802 · 요모모 아카라四方赤良1749~1823 · 아케라 캉코오朱樂菅江1738~1798 등이 대표적인 가인으로, 기발하고 참신한 작품을 남기고 있다.

✿풍경소리 링링 울리는 건 나를 우수의 화신으로 만들려는 밀고일까? 우리 집 처마 끝에 불어온 가을바람을 알고.

風鈴(ふうりん)の 音(おと)はりんきの つげ口(ぐち)か 我(わ)が軒(のき)の妻(つま)に 秋(あき)のかよふを。

唐衣橘州

✿살짝 술 취해 비틀비틀 세배 가는 사람 보니, 마치 그처럼 큰 길을 술 취한 걸음으로 비스듬히 새봄이 왔도다.

生醉(なまよい)の 礼者(れいしゃ)を見(み)れば 大道(おおみち)を よこすぢかひに 春(はる)は来(き)にけり。

四方赤良

30.4.2. 산문 문학

30.4.2.1. 카나 이야기소설〈카나조오시仮名草子〉

17세기초기부터 약 80년 간 쿄오토京都를 중심으로 해서 중세 소설 형태의 오토기 조오시의 흐름을 이어받은 카나조오시仮名草子가 쓰였다. 카나조오시란 주로 카나로 쓰인 평이한 읽을 거리란 뜻으로 귀족 · 승려 · 무사 등의 지식계급에 의해서 계몽 · 교훈 · 오락을 목적으로 해서 쓰인 것으로 이들은 인쇄기술의 발달에 의해서 대량의 값싼 책의 출판이 가능하게 되고 서민사이에 급속하게 확산되었다. 현세를 적극적으로 긍정하는 삶의 방식은 다음에 이어질 우키요조오시의 가교적 역할로 인정받고 있다.

대표적인 작품으로 교훈물인 『카쇼오키可笑記 · 죠 라이시如儡子작』 『니닌비쿠니二人比丘尼 · 스즈키 쇼오산鈴木正三작』, 번역물인 『이소보 모노가타리伊曾保物語 · 작자미상』, 괴담물인 『오토기 보오코お伽婢子 · 아사이 료오이浅井了意작』, 골계물의 『세에스이 쇼오醒すい笑 · 안라쿠안 사쿠뎅安楽庵策伝작』, 고전을 모방한 『니세 모노가타리仁勢物語 · 작자미상』 등이 있다.

30.4.2.2. 세상 이야기소설〈우키요조오시浮世草子〉

17세기말인 겐로쿠元禄시대 부터 약 100년 간 쿄오토京都 · 오오사카大坂를 본거지로 하는 카미가타上方를 중심으로 우키요조오시浮世草子가 출판되었다. 이것은 당시에 경제적으로 힘을 얻은 쵸오닝町

人계급에 의해서 만들어진 문학으로 쵸오닝 계급의 유흥생활과 돈벌이의 희비극의 현실을 묘사한 것이다. 여기서 〈우키요浮世〉라는 말은 광의로는 현세라는 말이고 협의로는 호색생활을 지칭한다.

서민들은 엄중한 봉건적 제도의 틀 속에서 속박을 받으며 살아 왔는데 경제적으로 여유가 생기면서 향락에 탐닉하는 것을 세상의 낙으로 삼으려 했다. 우키요조오시는 그런 쵸오닝 계급의 세태와 인정을 그린 소설이다. 이하라 사이카쿠井原西鶴가 쓴 호색물만을 우키요조오시라 하기도 하고 보통은 후속의 하치몬지야봉八文字屋本까지를 포함하는 경우도 있다.

▷ 이하라 사이카쿠〈井原西鶴1642~1693〉

1642년에 오오사카의 유복한 쵸오닝 가정에서 태어났다. 15세부터 테에몸貞門파에 들어가 하이카이俳諧를 즐기고 그 후에는 니시야마 소오잉西山宗因의 문하에 들어가 담림(탄링談林)의 가인으로서 활약한다. 그의 작풍은 참신한 자유풍으로 그는 하루사이에 얼마나 많이 노래를 짓는가를 겨루는 야카즈 하이카이矢数俳諧를 특기로, 하루사이에 23,500수를 지어 스스로 2만옹翁이라고 칭했다. 1682년에 스승인 니시야마가 죽자, 소설세계로 뛰어들어 첫 작품인『코오쇼쿠 이치다이오토코好色一代男』를 성공시키면서 우키요조오시의 작가로 변신한다. 이 작품은 요노스케世之介라는 호색의 남자의 생애를『겐지 모노가타리』

호색일대남好色一代男

의 형식과 내용을 패러디하여 54장으로 만들었으며 서민들의 유일한 해방구인 유곽을 무대로 인간의 호색행위를 리얼하게 묘사했다. 그는 연이어『쇼엥 오오카가미諸艶大鑑』·『코오쇼쿠 고닌노온나好色五人女』·『코오쇼쿠 이치다이온나好色一代女』등의 호색물을 잇달아 출판한다. 또한 그는 취재범위를 넓혀 무가사회로 시선을 돌려 적을 토벌한 이야기를 모은『부도오 덴라이키武道伝来記』, 의리로 살아가는 무사를 그린『부케기리 모노가타리武家義理物語』등의 무가물도 썼으며 전국의 기담을 모은『사이카쿠 쇼코쿠바나시西鶴諸国ばなし』, 불효자의 이야기를 모은『혼쵸오 니쥬우 후코오本朝二十不孝』등의 잡화물雜話物도 간행한다. 만년에 그는 경제생활에 눈을 뜬 쵸오님모노町人物를 쓰기 시작하여 부자가 된 사람의 이야기를 쓴『닙퐁 에에타이구라日本永代蔵』와 섣달그믐날의 빚 청산을 둘러싸고 그려지는 서민의 애환을 담은『세켐 무네상요오世間胸算用』등을 썼다. 그의 특징은 인간을 냉철한 눈으로 관찰하여 인간진실의 사실성을 포착하고 사실적으로 묘사하는 점과 뛰어난 회술과 하이카이적 수법을 살린 간결한 문체이다. 문학사적으로 우키요조오시라는 문학형태를 창시하고 쵸오닝이 쵸오닝을 묘사하는 진정한 쵸오님 문학을 창시한 사람이다.

이하라 사이카쿠井原西鶴

30.4.2.3. 하치몬지야봉〈八文字屋本〉

사이카쿠가 사망한 후에 사이카쿠를 모방한 작품이 많이 쏟아져 나왔는데 어느 것이나 현실을 보는 눈, 인간성의 추구, 표현력 등에서 사이카쿠에 훨씬 미치지 못했다. 그나마 주목할 만한 것은 에지마 키세키江島其磧1666~1735가 직업·연령·신분의 차이에서 생겨난 인간의 기질을 분석하여 묘사한 카타기 모노気質物인 『세켐 무스코 카타기世間息子気質』가 주목을 받을 정도였다. 이것은 쿄오토의 하치몬지야八文字屋에서 출판했기 때문에 이런 이름이 붙었다.

30.4.2.4. 글 이야기소설〈요미홍読本〉

그림을 중심으로 한 쿠사조오시草双紙에 대해 글을 주로 한 책이라고 해서 요미홍読本이라는 이름이 붙게 되었다. 우키요조오시가 쇠퇴한 18세기 후반에 쿄오토, 오오사카의 카미가타에서 성립하여 이후 에도로 퍼져 19세기에 대유행했다. 카미가타를 중심으로 한 시기를 전기 요미홍, 에도를 중심으로 한 시기를 후기 요미홍이라 한다. 그중 전기는 하치몬지야봉이 매너리즘에 빠졌을 때 카미가타의 지식인 사이에서는 중국의 구어체 소설인 백화소설이 유행했는데 이 영향을 받아서 오오사카의 유학자 츠가 테에쇼오都賀庭鐘가 중국의 소설을 번안한 『코킹 키당 하나부사 조오시古今奇談英草紙』를 썼다. 이것이 요미홍의 시초로 이후 다양한 요미홍이 쓰여졌다. 어느 것이나 괴이성·전기성이 풍부하고 낭만적 경향을 가진 단편이 많다. 전기의 대표적인 작품으로 우에다 아키나리上田秋成1734~1809의 『우게츠 모노가타리雨月物語』·『하루사메 모노가타리春雨物語』 등이 있는데 그 중 『우게츠 모노가타리』는 중국의 소설과 일본의 고전에서 제재를 얻은 괴이 소설집으로 신비적 분위기 묘사가 뛰어나다. 후기 요미홍은 어느 것이나 웅대한 구상과 복잡한 줄거리의 전개를 가진 장편으로 저변에 유교적인 권선징악과 불교적인 인과응보의 사상을 담고 있다. 대표작으로는 산토오 쿄오뎅山東京伝1761~1816의 문하생인 타키자와 바킹滝沢馬琴1767~1848의 『난소오 사토미 학켄뎅南総里見八犬伝』을 들 수가 있다.

30.4.2.5. 그림 이야기소설〈쿠사조오시草双紙〉

에도에서는 17세기 후반부터 카나가 들어간 평이한 그림책이 팔리고 있었다. 표지의 색깔로 아카홍赤本·쿠로홍黒本·아오홍青本·키뵤오시黄表紙 등으로 불리며 나중에 고오캉合巻과 함께 쿠사조오시草双紙라고 불리었다. 아카홍은 〈모모타로오桃太郎〉 등의 동화를 주로 한 그림책이었다. 쿠로홍·아오홍이 되면 줄거리도, 그림도 복잡하게 되고 약간은 성인 취향으로 바뀐다.

30.4.2.6. 노란색 표지 이야기소설〈키뵤오시黄表紙〉

처음에는 영웅 전설을 내용으로 한 어린이 취향의 소설이 많았는데 18세기 후반에 코이카와 하루마치恋川春町1744~1789의 『킹킨센세에 에에가노 유메金々先生栄華夢』가 나온 이래 성인취향으로 바뀌었다. 그리고 멋과 해학과 풍자를 내용으로 하며 그림도 뛰어나, 에도 성인들에게 인기가 있었다. 하루마치에 이어 산토오 쿄오뎅山東京伝이 『에도우마레 우와키노 카바야키江戸生艶気樺焼』를 쓰는 등 키뵤오시는 18세기 후반에 대유행했지만 막부가 풍기문란을 이유로 간섭하자 교훈물이나 적토물로 바뀌면서 고오캉合巻으로 바뀌어 갔다.

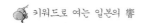

30.4.2.7. 그림 이야기소설 합권〈고오캉合卷〉

적토물이 유행되면서 내용이 복잡해지자 키뵤오시가 몇 권의 책으로 합해지면서 합책체제로 바뀐다. 이것은 19세기부터 유행했다. 대표작으로는 쇼오궁 이에나리家斉의 생활을 다루었다는 류우테에타네히코柳亭種彦1783~1842의『니세 무라사키 이나카 겐지偽紫田舎源氏』가 있다.

30.4.2.8. 풍류 이야기소설〈샤레봉洒落本〉

샤레봉은 유곽을 제재로 손님과 유녀가 노는 모습이나 유곽의 풍속을 담은 소설이다. 사이카쿠의 우키요조오시의 영향을 받은 것으로 키뵤오시와 병행해서 유행했다. 18세기 한문학자의 여흥에서 시작되었는데 1770년에 간행된 이나카로오진 타다노지이田舎老人多田爺의『유우시 호오겡遊子方言』에 의해서 사실적인 묘사라는 양식이 확립되었다. 뛰어난 작품으로는 산토오 쿄오뎅山東京伝의『츠으겐 소오마가키通言総籬』가 있다.

30.4.2.9. 근세 소설 문학의 미적 이념〈近世小説の美的理念〉

 「츠으〈通〉」・「이키〈意気〉」・「스이〈粋〉」

당시 일본 근세 문학의 이념으로 유곽의 사정이나 인정을 꿰고 있어 촌스럽지 않은 것을 츠으通라 하고 이것은 요즘의 매니어 등과도 통한다. 근세 후기의 키뵤오시黄表紙와 샤레봉洒落本의 미적 이념으로도 간주된다. 지금도 이것은 〈~츠으通〉라 해서 그 방면에 통달한 사람을 지칭하는 말로 쓰인다. 이 시대에 같이 쓰였던 〈이키意気〉가 있는데 이키가 미의식이라면 츠으는 행동원리에 해당한다. 츠으의 성립에 공헌한 것은 샤레봉의 유흥놀이가 지도서인데 거기에는 유곽의 내부사정에 정통하고 그 예법에 따라서 행동양식을 몸에 잘 익히는 츠으의 기본조건이 나와 있다. 에도 시대라는 폐쇄된 공간에서 유곽이라는 허구의 세계가 서민들의 최고의 관심사였기 때문이다.

에독코의 탄생과 함께 그의 성장과 병행해서 경제력을 장악하게 된 쵸오닌들은 검약령과 쇄국으로 단속이 심화된 숨막히는 무사의 도시 에도에서 자신들만의 세계를 개척하고 그 속에서 그들만의 문화를 창출해갔다. 그것은 무사세계에 대한 일종의 대항 형식이었다. 정계・무역・사상・종교 등의 공개적인 무대가 아닌, 유곽・요정・극장 등의 이른바 익명의 장소, 혹은 이면의 장소를 통한 반항이었던 것이며 그들만의 해방구의 추구였던 것이다.

이키란 에도 후기에 에도의 후카가와深川 쵸오닌町人들 사이에서 발생한 미의식이다. 몸차림이나 행동이 세련되어 있어서 멋지게 느껴지는 것, 또는 인정과도 통하며 유곽에서 노는 방법을 통달한다는 의미도 포함한다. 이키란 단순미의 지향 등 와비・사비 등의 일본의 미적 관념과의 공통부분도 있다. 다만 무상 등의 종교관념과 관련하는 와비, 사비가 난해하다고 여겨지는 것에 대해 산뜻함さっぱり, 말쑥함すっきり 등과 딱 부합되어 지금도 친숙하게 쓰이고 있다.

스이는 주로 우키요조오시浮世草子와 죠오루리浄瑠璃 등에서 보이는 정신으로『호색 일대남』의 주인공 요노스케世之介처럼 사교적으로 세련된 향락정신을 갖는 것을 이상으로 하는 것으로 촌스러움野暮의 반대의 뜻이다.

 「스이」와 「이키」의 표기

「이키」는 일반적으로는 「이키粋」로 표현되는 경우가 많은데 카미가타의 미의식인 「스이粋」와 구별하기 위하여 전문적으로는 「이키意気」라고 표현하기도 한다. 「이키」와 「스이」는 양쪽 모두 한자로는 같은 글자를 쓰는데 카미가타의 「스이」가 연애나 장식 등에 있어서 외곬으로 파고드는 나머지 신쥬우心中나 호화찬란한 후리소데의 키모노 등 글자 그대로 순수純粋의 수粋인데 반해, 에도에서의 「이키」는 외곬으로 파고드는 것도 아니고 그렇다고 방치하는 것도 아닌 상태를 지칭한다. 예를 들어 이성교제 등에서 긴장을 유지하기 위하여 적당하게 거리를 두는 것 등을 말한다.

30.4.2.10. 골계 이야기소설〈콕케에봉滑稽本〉

풍속문란을 이유로 금지 당한 샤레봉을 대신해서 나타난 소설로 무대가 일상생활로 바뀌고 웃음과 질펀한 해학과 서민의 유머를 담아 만든 책으로 시키테에 삼바式亭三馬1776~1822의 『우키요 부로浮世風呂』·『우키요 도코浮世床』 등이 있는데 서민의 사교의 장소였던 목욕탕, 이발소 등을 무대로 서민 남녀의 풍속과 세태를 가볍고 소탈한 필치로 유머를 섞어서 쓴 소설이다. 그리고 집펜샤 익쿠十返舍一九1765~1831의 『토오카이도오츄우 히자크리게東海道中膝栗毛』가 뛰어난 작품인데 에도의 쵸오닝인 야지로베에弥次郎兵衛·키타하치喜多八가 토오카이도오東海道를 통해 상경하는 도중에 생긴 기행·우행의 골계를 쿄오카狂歌를 섞어서 회화투로 엮은 책이다.

30.4.2.11. 인정 이야기소설〈닌죠오봉人情本〉

샤레봉이 금지된 후, 서민들의 일상생활을 무대로 서민들의 인정, 특히 연애나 정에 어두워 이성을 잃는 치정 등을 그린 작품이 나타났다. 이것을 닌죠오봉人情本이라고 하는데 대표작으로는 타메나가 슌스이爲永春水1790~1843의 미남 탄지로오丹次郎를 둘러싸고 게에샤藝者와 여염집 규수가 벌이는 사랑 싸움을 그린 『슌쇼쿠우메 고요미春色梅兒譽美』라는 작품이 인기를 얻었지만 나중에 작가는 풍속을 문란케 한 혐의로 50일간의 구류처분을 받는 등 이후 급속하게 쇠퇴 일로를 걷게 된다. 하지만 탄지로오는 메에지 시대까지 미남자의 대명사가 된다.

30.5. 근대 문학

30.5.1. 운문 문학

30.5.1.1. 근대시〈近代詩〉

30.5.1.1.1. 신체시〈新体詩〉

문명개화의 풍조 속에서 탕카短歌·하이쿠俳句·센류우川柳·한시 등의 종래의 전통적인 문예에 대해 새로운 시대의 사상이나 감정을 표현할 수 있는 새로운 시형을 창출하려는 기운이 싹트고 있었다. 1882년에 서양시를 견본으로 한 『신체시초新体詩抄』가 출판되어 새로운 시의 시대가 열린다. 이것은 시의 제재를 폭넓게 하고 평상의 언어를 사용하여 시를 짓는 것을 목적으로 하고 있다. 전통적인 7·5조의 운율에 내용면에서도 전통을 완전히 탈각했다고는 볼 수 없기 때문에 예술적인 가치가 구축되었다고 보기는 어렵지만 새로운 시의 개막이나 여명으로서의 역할은 생각할 수 있다.

30.5.1.1.2. 낭만시〈浪漫詩〉

신체시에 예술성과 낭만적 서정을 갖도록 자극한 것이 모리 오오가이森鷗外의 번역시집 『오모카게於

母影』이다. 뒤이어 1890년대에서 1900년대에 걸쳐서 서양사상을 받은 시가 만들어지게 된다. 특히 시마자키 토오송은 전통적인 7·5조의 시 형식을 지키면서 새로운 시정신을 담은 신체시 『새싹집(와카나슈우若菜集)』을 만들어 주목을 받았는데 이 시집은 찬송가의 형태를 빌어 메에지 청춘의 고뇌와 감정과 역동적인 젊음을 일본의 미의식과 서구 근대시의 형태를 융합시켜 7·5조의 애조를 띤 유려한 운율로 노래하고 있다.

🎞 새싹집 표지　　🎞 도이 반스이
　　　　　　　　　　(1871~1952)

도이 반스이土井晚翠는 토오송과 동시대에 활약한 시인으로 그의 한어적漢語的이고 남성적인 시풍은 토오송과 좋은 대조를 이루고 있다. 그는 또한 역사상의 영웅을 소재로 한 서사시집 『천지유정(텐치우죠오天地有情)』을 지어 일본낭만시의 화려한 개화를 이루어 냈다.

30.5.1.1.3. 상징시〈象徵詩〉

상징시의 대표시인으로는 스스키다 큐우킹薄田泣菫1877~1945이 있는데 그는 키이츠의 『소네트』라는 시에 자극을 받아 세련되고 우아한 고어를 사용하여 지적이고 청아한 시를 만들었다. 특히 상징적인 수법을 도입한 『백양궁(하쿠요오큐우白羊宮)』 등의 시집에서 예술성을 평가받아 고전적인 낭만시인으로 불린다. 그리고 로세티의 신비적인 사색과 표현방법을 익힌 캄바라 아리아케蒲原有明1875~1952는 명상적인 시인으로서 실력을 유감없이 발휘한 그의 작품 『도쿠겡아이카獨絃哀歌』는 신체시에서 근대시로 이행되는 과도기적인 작품으로 그 시속에 구현된 유현한 4·6조는 〈도쿠겐쵸오獨絃調〉라 불릴 정도였다. 그리고 『슌쵸오슈우春鳥集』·『아리아케슈우有明集』 등에서는 독자적인 상징적 표현의 완성이라는 평가를 받고 있다. 이 상징시의 흐름에 큰 영향을 끼친 것은 1905년에 간행된 우에다 빈上田敏의 번역시집 『해조음(카이쵸오응海潮音)』이다. 이 번역시는 창작에 필적할 정도로 명번역으로 평판이 높았다.

30.5.1.1.4. 구어 자유시〈口語自由詩〉

자연주의 문학은 시작 분야에도 영향을 끼쳐 구어자유시 운동을 생겨나게 했다. 카와지 류우코오川路柳虹나 소오마 교후우相馬御風 등은 전통적인 7·5조에 연연하지 않고 자유로운 형식과 평이한 구어에 의해서 일상의 생활실감을 표현하려 했다. 이시카와 타쿠보쿠石川啄木는 평론 〈살아가야 할 시(쿠라우베키 시食らふべき詩)〉에서 구어를 사용한 실생활에 뿌리내린 시를 만들 것을 주장했다.

🎞 이시카와 타
　(1886~1912,

30.5.1.1.5. 탐미파 시〈耽美派の詩〉

우에다 빈과 역시집 『산호집(상고슈우珊瑚集)』을 출판한 나가이 카후우의 영향을 받은 키타하라 하쿠슈우北原白秋·미키 로후우三木露風·키노시타 모쿠타로오木下杢太郎 등은 『스바루』라는 문예잡지를 창간하여 1910년대에 왕성한 창작활동을 했다. 특히 하쿠슈우는 반 자연주의를 표방한 청년문학자들

의 모임으로 문학과 미술의 교류를 꾀한 〈스바루〉의 멤버 중에 〈빵의 모임〉의 리더로 관능의 해방을 구하며 이단적인 상징시풍의 시집 『쟈슈우몽邪宗門』·『추억(오모이데思ひ出)』을 발표하며 남만南蠻취미와 금지된 세계에 대한 동경을 노래하고 있다. 로후우는 『흰 손의 사냥꾼(시로키테노 료오징白き手の猟人)』이라는 시집으로 격조 높은 상징시를 만들었다는 평가를 받고 있다. 모쿠타로오는 서양문화에 대한 강한 동경을 갖고 이국정서를 띤 남만시南蠻詩를 활짝 꽃피게 하고 『식후의 노래(쇼쿠고노 우타食後の唄)』로 에도정서를 탐미적 시풍으로 노래했다.

우에다 빈
(1874~1916)

키타하라 하쿠슈우
(1885~1942)

30.5.1.1.6. 이상주의 시〈理想主義の詩〉

1912년에 접어들어 시라카바파를 중심으로 한 인도주의적, 이상주의적 경향을 가진 시인이 두드러진 활약을 벌인다. 특기할만한 시인으로는 『서정 소곡집(죠죠오 쇼오쿄쿠슈우抒情小曲集)』의 무로오 사이세에室生犀星, 자연에 대한 사랑을 노래한 오자키 키하치尾崎喜八, 『봄과 수라(하루토 슈라春と修羅)』의 미야자와 켄지宮沢賢治 등을 들 수 있다. 대표적인 시인으로는 『묘오죠오明星』·『스바루』 등에서 활약한 타카무라 코오타로오高村光太郎가 있다. 그는 한 때 데카당스적인 경향으로 빠져들었지만 시라카바파로부터의 영향이나 나중에 부인이 된 나가누마 치에코長沼智恵子와의 만남을 통해서 이상주의적 경향으로 빠져들었다. 시집 『도정(도오테에道程)』의 후반에는 인도주의적 정열이 보인다. 그는 한편으로는 구어자유시 추진에도 큰 힘을 쏟았다.

타카무라 코오타로오
(1883~1956)

30.5.1.1.7. 민중파 시〈民衆派の詩〉

구어자유시 운동은 1차 대전 후의 데모크라시 사조를 배경으로 해서 시로토리 세에고白鳥省吾·모모타 소오지百田宗治 등의 소위 민중파 시인들에 의해서 계승되었다. 그들은 자유·평등·우애 등을 모토로 평이한 말로 자신들의 사상을 노래하며 젊은이들의 마음을 사로잡았다.

미야자와 켄지
(1896~1933)

30.5.1.1.8. 근대시의 완성〈近代詩の完成〉

이상주의 시인이나 민중파 시인들과 함께 예술지상주의적 입장에 서서 상징시의 흐름을 주도한 사람들은 『변신의 노래(텐신노쇼오轉身の頌)』의 히나츠 코오노스케日夏耿之介, 번역시집 『달 아래 한 무리(겍카노 이치궁月下の一群)』의 호리구치 다이가쿠堀口大学, 고전적인 문어정형시로 근대인의 심리를 노래한 『순정시집(쥰죠오 시슈우殉情詩集)』의 사토오 하루오佐藤春夫이다. 1916년에 무로오 사이세에와 둘이서 잡지 『감정(칸죠오感情)』을 창간하여 그것을 무대로 활약했던 하기와라 사쿠타로오萩原朔太郎는 시집 『달보고 짖는다月に吠える』에서 자신의 예민한 감수성으로 포착한 환상적인 이미지를 선보이고 있다. 계속 이어지는 『푸른 고양이(아오네코青猫)』에서는 특이한 감각과 존재의 불안을 잇는 새로운 영역을 개척했다. 그는 또한 언어가 갖는 음악성을 살린 구어자유시

하기와라 사쿠타로오
(1886~1942)

를 예술적으로 완성시켰다.

30.5.1.1.9. 현대시의 여명〈現代詩への動き〉

유럽의 전위예술운동의 영향을 받아 종래의 시형詩形·시정詩情을 파괴하고 변혁하려는 움직임이 있었는데 이것이 바로 〈일본 미래파선언 운동〉이다. 이 운동의 선구는 히라토 렝키치平戸廉吉였다. 이어 타카하시 싱키치高橋新吉와 하기와라 쿄오지로오萩原恭次郎는 시 잡지 『적과 흑』을 창간하였다. 한편 시집잡지 『亞』를 창간한 키타가와 후유히코北川冬彦·안자이 후유에安西冬衛 등은 민중파 시인의 산만함과 긴 사설조를 부정하고 이미지의 명확함을 추구하며 짧은 시를 창작했다. 이 운동은 『시와 시론詩と詩論』으로 계승되었다.

30.5.1.1.10. 프롤레타리아 시〈プロレタリアの詩〉

프롤레타리아 문학운동의 전개와 함께 종래의 서정이나 낭만성을 부정하고 농촌이나 공장 노동자의 생활을 노래하는 시가 만들어지게 되었다. 이들의 시는 혁명운동의 사상 선전을 위해 만들어져 미숙한 것이 많았는데 나카노 시게하루中野重治1902~1979의 시는 선열함과 뛰어난 말의 선택으로 풍부한 예술성을 보여주었다. 그밖의 시인으로서는 자유분방한 노래로 현실에 대해 저항한 오구마 히데오小熊英雄나 쿠보카와 츠루지로오窪川鶴次郎 등을 들 수 있다.

30.5.1.1.11. 모더니즘 시〈モダニズムの詩〉

매너리즘에 빠진 구 시단과 이데올로기 선전으로 추락한 프롤레타리아 시단에 대항하여 새로운 시의 형성과 방법론을 추구하는 운동이 일어났다. 이 신 운동의 거점이 된 것이 하루야마 유키오春山行夫가 창간한 『시와 시론詩と詩論』이었다. 이 운동을 통해 신 산문시·단시·쉬르리얼리즘시·주지시 등 새로운 형태의 시가 생겨났다. 이 운동의 가장 중심적인 존재는 니시와키 준자부로오西脇順三郎로 그는 독자의 초현실주의로 모더니즘 문학운동에 큰 영향을 끼쳤다. 초현실주의는 사상성이나 음악성을 배제하고 꿈과 이미지의 세계가 바로 시라고 생각하며 이미지의 예술적인 재구성에 의한 감각적인 세계를 표현하려 했다. 이에 반발한 키타가와 후유히코北川冬彦 등은 『시와 시론詩と詩論』에서 탈퇴하여 『시詩·현실現実』 등을 창간하였다.

30.5.1.1.12. 『사계파』 시〈四季派の詩〉

1933년 하기와라 사쿠타로오의 영향을 받은 호리 타츠오堀辰雄는 시잡지 『사계(시키四季)』를 창간했다. 이를 중심으로 모인 사계파는 모더니즘 운동이 쉬르리얼리즘 일색으로 치우쳐버린 것을 반성하고 음악성을 가진 서정시의 확립을 주요 과제로 했다. 주축이 된 시인으로는 14행의 소네트형식으로 섬세한 서정을 음악성 넘치게 표현한 타치하라 미치조오立原道造와 아름다운 일본어를 구사하며 굴절된 자아와 서정을 노래한 이토오 시즈오伊藤静雄가 있

나카하라 츄우야
(1907~1937)

다. 그들은 지성과 전통적인 감성의 조화를 바탕으로 새로운 서정성을 회복했다. 나카하라 츄우야中原中也는 다채로운 형식을 구사하며 일상적인 사랑의 고통과 슬픔을 삶의 깊은 권태와 혼의 희구라는 극단적으로 대비되는 노래로 부른 것으로 유명하다. 그는 또한 환각으로 허무감을 절묘하게 표현하며 새로운 서정의 경지를 열었다.

30.5.1.1.13. 『역정파』 시〈歷程派の詩〉

1935년에는 시 잡지 『역정(레키테에歷程)』이 창간되었다. 중심은 우주감각이나 서민에 대한 관심을 보인 쿠사노 심페에草野心平였으며 여기에서 활동한 시인들의 시풍을 하나로 묶을 수는 없지만 전체적으로 생명감이 넘치고 서민적인 감각이 돋보인다. 미야자와 켄지宮沢賢治나 야기 쥬우키치八木重吉의 작품도 여기에 실렸으며 날카로운 비판정신으로 반 권력을 노래한 카네코 미츠하루金子光晴 등도 여기를 무대로 활동했다.

쿠사노 심페에
(1903~1988)

30.5.1.1.14. 전후 시〈戰後の詩〉

2차 대전 중의 국가권력은 시인 탄압에 앞장섰다. 이른바 이 시적 암흑시대는 패전 때까지 계속되었다. 엘리어트의 〈현대는 황무지〉라는 인식을 근거로 황폐한 일본 현실을 인식하고 새로운 휴머니즘을 희구하며 문명비평적인 사고를 가진 시인들이 1947년에 시 잡지 『황무지(아레치荒地)』를 창간했다. 여기를 무대로 활동한 대표적인 시인으로는 아유카와 노부오鮎川信夫・타무라 류우이치田村隆一・쿠로다 사부로오黑田三郎, 시인의 전쟁 책임을 다룬 요시모토 타카아키吉本隆明 등이 있다. 이와 동시에 좌익계 시인들은 시 잡지 『열도(렛토오列島)』를 무대로 활동했다. 여기에 속한 시인으로는 세키네 히로시関根弘・하세가와 류우세에長谷川龍生가 있다. 그들은 프롤레타리아시의 예술적 가치가 낮은 점을 극복하려고 쉬르리얼리즘 방법을 도입했다. 뒤이어 시 잡지 『노(카이櫂)』에서 활동한 타니카와 슌타로오谷川俊太郎・카와사키 히로시川崎洋 등이 있으며 잡지 『악어(와니鰐)』 등에서 활약한 키요오카 타카유키清岡卓行・이이지마 코오이치飯島耕一 등이 있다.

30.5.1.2. 탕카〈短歌〉

30.5.1.2.1. 탕카 혁신운동〈短歌の革新運動〉

1880년대까지는 종래의 구파가 와카의 전통을 이어갔으며 케에엠파桂園派를 주류로 하는 오우타 도코로파御歌所派가 세력을 갖고 있었는데 여기에 대해서 1893년에는 오치아이 나오부미落合直文가 아사카샤浅香社를 결성하여 탕카 혁신운동을 일으켰으며 그 기운은 요사노 텍캉与謝野鉄幹・사사키 노부츠나佐々木信綱로 계승되었다.

마사오카 시키正岡子規는 1898년 『노래부르기에 부치는 글歌読みに与ふる書』을 저술하여 오우타 도코로파를 비판하고 대상을 그대로 묘사하는 사생(샤세에写生)의 방법을 주장했다.

마사오카 시키
(1867~1902)

30.5.1.2.2. 묘오죠오파 탕카〈明星派の短歌〉

오치아이의 문하에서 나온 요사노 텍캉1873~1935은 망요오슈우의 노래풍인 〈마스라 오부리〉의 웅장한 노래 풍을 받아들여 신시대의 노래를 지향했다. 1899년에는 신시샤新詩社를 결성하고 이듬해에는 기관지『묘오죠오明星』를 창간했다. 텍캉의 세에킨쵸오星調는 청년들의 마음을 사로잡았으며 낭만주의 탕카의 전성기를 맞이하는 계기가 되었다. 대표적인 가인은 열렬한 연애 끝에 텍캉과 연을 맺게 된 요사노 아키코与謝野晶子였다. 그녀는 인간으로서의 대담한 본능의 해방이나 연애찬미·청춘의 동경 등을 낭만적, 정열적으로 노래했다. 그녀의 제1가집인『헝클어 머리 결(미다레 가미みだれ髮)』은 우에다 빈上田敏에게 격찬받았으며 세상에 널리 알려지게 되었다.

요사노 아키코(1878~1942)

30.5.1.2.3. 네기시 탕카카이〈根岸短歌会〉

마사오카 시키正岡子規는 〈나〉를 떠난 단순 소박한 사생을 주장하고 그 실천의 장으로서 자신의 토오쿄오 집 시타야下屋의 네기시根岸에서 네기시 탕카카이根岸短歌会를 결성하여 활동에 들어갔다. 유명한 가인으로는 이토오 사치오伊藤左千夫·나가츠카 타카시長塚節 등이 있다.

30.5.1.2.4. 자연주의적 경향의 탕카〈自然主義的傾向の短歌〉

오치아이의 문하인 오노에 사이슈우尾上柴舟와 카네코 쿵엥金子薫園은 묘오죠오파의 일방적인 연애가 편중에 대항하여 자연주의의 영향을 받으면서 서경가 운동을 벌였다. 묘오죠오에서 낭만적인 가인으로 출발했던 이시카와 타쿠보쿠石川啄木는 나중에 자연주의적 경향을 보이며 구어적 발상의 3행쓰기와 사회로 시선을 고정시키며 일상생활에 밀착한 노래를 불렀다. 대표적인 가집으로는『한줌의 모래(이치아쿠노 스나一握の砂)』,『슬픈 완구(카나시키 강구悲しき玩具)』 등이 있다.

30.5.1.2.5. 탐미파 탕카〈耽美派の短歌〉

『묘오죠오』폐간 후 잡지『스바루』로 새롭게 출발한 요시이 이사무吉井勇·키타하라 하쿠슈우北原白秋·키노시타 모쿠타로오木下杢太郎 등은 자연주의의 영향을 받으면서도 이에 대항하여 향략적·퇴폐적인 미를 추구했다. 하쿠슈우는 근대적인 정서와 고풍의 에도정서, 이국에의 동경 등 이미지 넘치는 섬세한 노래를 불렀다. 가집으로는『오동나무 꽃(키리노 하나桐の花)』 등이 있다.

30.5.1.2.6. 아라라기파 탕카〈アララギ派の短歌〉

시키子規의 가론을 이어받은 이토오 사치오伊藤左千夫는 1908년에『아라라기』를 창간했다. 여기를 무대로 활동한 가인으로는 시마키 아카히코島木赤彦·사이토오 모키치斎藤茂吉·나카무라 켕키치中村憲吉·츠치야 붐메에土屋文明 등이 있다. 이들은 사치오가 죽은 후 아카히코와 켕키치의 합동 가집『감자꽃(바레에쇼노 하나馬鈴薯の花)』과 모키치의『적광(샤코오赤光)』의 간행으로 세상의 주목을 받고

1910년대 후반에 가단의 중심세력이 되었다. 이 가집은 강렬한 생명감과 풍요로운 감성을 망요오쵸오万葉調로 부른 근대서정 탕카短歌의 대표작이 되었다.

30.5.1.2.7. 반 아라라기파 탕카〈反アララギ派の短歌〉

오오타 미즈호太田水穗는 반 아라라기파의 입장을 선명히 하고 쿠보타 우츠호窪田空穗·키노시타 리겡木下利玄 등도 아라라기파와는 별도의 입장에서 활동했다. 1924년에 『햇살(닛코오日光)』이 창간되자, 여기서 주로 활동하던 가인들이 쇼오와昭和 탕카短歌의 원조가 되어 의의가 컸다.

30.5.1.2.8. 쇼오와 탕카〈昭和の短歌〉

1910년대부터 1920년대에 걸쳐 구어 자유율 탕카 운동이 전성기를 맞이하고 프롤레타리아 탕카 운동도 합세했다. 그리고 아라라기파의 츠치야 붐메에土屋文明도 산문화를 시도한다. 이런 가운데 키타하라 하쿠슈우北原白秋는 『타마多磨』를 창간했다. 하쿠슈우의 문하에는 키마타 오사무木俣修 등이 있었고 가단歌壇과는 관계없이 독자의 가풍을 보인 아이즈 야이치会津八一가 있다.

30.5.1.2.9. 전후 탕카〈戰後の短歌〉

다른 문학과 마찬가지로 전쟁체제에 의해서 탄압을 받았던 탕카의 활동도 패전에 의해서 새로운 전기를 맞이하기 시작한다. 문학자의 전쟁책임이 추궁되고 있는 가운데 우스이 요시미臼井吉見·쿠와바라 타케오桑原武夫 등의 탕카 부정론短歌否定論이 꼬리를 물고 나타났다. 이들의 부정론은 결과적으로 가인들의 분발을 촉구하게 되었고 키마타 오사무 등은 『야쿠모八雲』를 창간했으며 콘도오 요시미近藤芳美·츠카모토 쿠니오塚本邦雄·테라야마 슈우지寺山修司 등이 활약을 하게 된다.

📷 쿠와바라 타케오
(1904~1988)

30.5.1.2. 하이쿠〈俳句〉
30.5.1.2.1. 하이쿠 혁신 운동〈俳句の革新運動〉

하이쿠의 혁신 운동은 구파旧派의 하이카이俳諧를 진부한 츠키나미月並み라고 부르며 비판하고 순문학으로서 하이쿠를 추구한 마사오카 시키正岡子規에서 출발한다. 그는 1892년 하이쿠 개혁론인 『다츠사이 쇼오쿠 하이와獺祭書屋俳話』를 발표하며 구파의 하이카이를 부정했다. 『일본(니혼日本)』·『호토토기스』를 기반으로 활동하면서 『하이징 부송俳人蕪村』에서는 바쇼오보다 부송을 높이 평가했고 저속하고 진부한 츠키나미 하이쿠를 비판하고 본대로 느낀대로 표현하는 사생(샤세에写生)의 방법을 주장했다. 그의 주변에는 카와히가시 헤키고토오河東碧梧桐나 타카하마 쿄시高浜虚子1874~1959 등을 필두로 많은 문하생이 모였고 그들은 소위 일본파로 불리며 다른 파를 압도하면서 하이당俳壇의 주류를 이루었다.

30.5.1.2.2. 신경향 하이쿠〈新傾向の俳句〉

시키子規가 죽은 후에는 헤키고토오碧梧桐가 하이당俳壇을 이끌며 신경향 하이쿠운동을 전개해 나갔다. 그는 쿄시虛子의 보수적인 전통 하이쿠를 중시하는 태도를 비판하며 호토토기스와 결별했다. 새로운 하이풍을 추구하며 종래의 사실주의적인 태도를 철저히 견지하면서도 계절이나 정형에 구애받지 않고 자연보다는 인사를 생각하는 신경향 하이쿠를 전개해 나갔으며 그의 문하생인 오오스가 오츠지大須賀乙字는 『오츠지 하이론슈우乙字俳論集』로 이론적인 뒷받침을 했다.

🔖 카와히가시
헤키고토오
(1873~1937)

30.5.1.2.3. 호토토기스 파〈ホトトギス派〉

시키가 죽은 후에 『호토토기스』를 주재하던 타카마하 쿄시高浜虛子가 사생문이나 소설에 기울며 한때 하이쿠 문단을 떠났지만 신경향 하이쿠에 대항하여 1913년에 가단에 복귀한다. 그는 노래에는 계절과 정형이 있어야한다는 전통형식을 주장하면서 객관사생을 주장하고 하이쿠를 화조풍영花鳥諷詠의 문학으로 규정했다. 그러자 그의 문하에는 많은 하이징俳人, 특히 4S라 불리는 미즈하라 슈우오오시水原秋桜子・아와노 세에호阿波野青畝・야마구치 세에시山口誓子・타카노 스쥬우高野素十 등이 모이며 헤키고토오의 문하를 압도하며 1920년까지 세력을 확장해 나갔다.

30.5.1.2.4. 쇼오와 하이쿠〈昭和の俳句〉

1925년이 되자 호토토기스 파의 평범한 객관묘사에 비판적인 기운이 생겨나고 슈우오오시秋桜子와 세에시誓子 등은 호토토기스를 떠나 신흥 하이쿠운동을 전개했다. 특히 슈우오오시는 『아시비馬醉木』란 하이쿠 잡지에 〈자연의 미와 문예상의 미〉를 발표하여 쿄시의 가풍을 비판하고 〈개個〉의 해방과 서정성의 회복을 주장하며 신흥 하이쿠 운동의 도화선이 되었다. 세에시는 소재를 도회적인 사물이나 인공적인 면으로 확장하고 히노 소오죠오日野草城는 도회적인 센스와 신선한 노래풍을 선보였다.

30.5.1.2.5. 전후 하이쿠〈戰後の俳句〉

전쟁이 진척되자 하이쿠는 혼미를 거듭했지만 전후에는 쿠와바라 타케오桑原武夫의 『제2예술론』 등의 하이쿠 부정론이 일어나 그것이 오히려 하이징俳人의 분발을 촉구하는 계기가 되었다. 전후의 하이당俳壇은 『텐로오天狼』・『아시비馬醉木』 등이 중심이 되고 카네코 토오타金子兜太 등에 의해서 사회성을 띤 하이쿠와 전위적인 하이쿠가 시도되는 등 다양한 전개가 일어났다.

30.5.2. 산문 문학

30.5.2.1. 계몽 문학〈啓蒙文学〉

일본에서 계몽기라는 말이 한동안 유행했었는데 에도 시대의 기나긴 쇄국정책으로 뒤떨어진 나라의 무지몽매함을 깨우친다는 말로 사용한 것이 계기였다. 기간은 1867년부터 20년 동안을 계몽기로 보고 있다.

30.5.2.1.1. 게사쿠 문학〈戱作文学〉

에도 말기의 일련의 위안거리 놀이 문학 즉, 키뵤오시・요미홍・샤레봉・콕케에봉・닌죠오봉을 총칭하는 문학으로 그 문학을 그대로 이어 계승한 문학이다. 주제로는 권선징악을 기축으로 하는 표면적인 내용이 주류를 이루고 있지만 시대를 풍자하고 골계화한 점에서 의의를 찾을 수 있다. 대표작으로는 개화기의 풍속을 묘사한 카나가키 로붕假名垣魯文의 『아구라나베安愚楽鍋』를 들 수 있다.

30.5.2.1.2. 번역 소설〈翻訳小説〉

유신에 따른 서구문화의 유입으로 서양의 풍속・정치사상과 과학적 내용을 갖게 되었고 서양에 대한 관심의 증폭으로 큰 반향을 일으켰다.

대표작으로는 오다 중이치로오織田純一郎 번역의 리튼 원작인 『카류우슝와花柳春話』로 소년의 출세담에 연애를 곁들인 이야기로 선풍적인 인기를 끌었다.

30.5.2.1.3. 정치 소설〈政治小説〉

자유민권운동의 정치적 계몽・선전을 목적으로 전개되었다. 처음에는 프랑스 혁명을 다룬 번역소설이 주류를 이루었으나 야노 류우케에矢野龍渓의 『케에코쿠 비당經國美談』을 계기로 창작 소설이 속출했다. 이 소설은 그리스의 역사에서 전제정치를 무너뜨리고 민주주의를 실현하기까지의 과정을 그린 소설이다. 정치소설의 패턴은 주로 정치에 뜻을 둔 청년층이나 지식층의 마음을 다루었다. 헌법이 공포되고 의회가 개설되자 이 소설은 급격하게 쇠퇴하지만 스에히로 텟쵸오末広鉄腸의 『설중매(셋츄우바이雪中梅)』가 정치적인 화제에 풍속사실을 접목시켜 인기를 얻었다. 이것은 새로운 방향성으로 근대 문학에 기여했다는 점에서 의의가 있다.

📷 정치 소설

30.5.2.2. 사실주의 문학〈写実主義文学〉

여러 분야에서 문화개량의 분위기가 확산되는 가운데 소설 개량운동이 츠보우치 쇼오요오坪内逍遙에 의해 쓰인 소설론 『소설신수(쇼오세츠 신즈이小説神髄)』에 의해서 주창되었다. 그는 발자크나 플로베르에 의해 수립된 주관을 배제하고 사실을 있는 그대로 묘사하는 프랑스 사실주의와는 달리, 당시 유행하고 있던 게사쿠戱作문학에 대한 안티테제 성격을 나타냈다. 이것은 곧 켕유우샤硯友社문학으로 전승되며 후타바테에 시메에二葉亭四迷를 자극하여 그로 하여금 사실주의의 근거와 목적을 명확히 밝힌 『소설총론(쇼오세츠 소오롱小説総論)』을 쓰게 한다. 그들은 각각 자신의 문학론을 소설로 구현한 『요즘 서생기질(토오세에 쇼세에 카타기当世書生気質)』

📷 후타바테에 시메에
(1864~1909)

📷 츠보우치 쇼오요오
(1859~1935)

과 『뜬 구름(우키 구모浮雲)』을 써서 자신의 이론을 실험한다. 특히 『뜬 구름』은 메에지 개화의 전형적인 인물인 우츠미 분조오内海文三를 주인공으로 하여 명치사회의 양상을 사실적으로 파헤쳤는데 특히 주인공의 내면적인 고뇌를 추구한 심리묘사와 혁신적인 언문일치운동은 근대 문학의 기념비적 업적이라고 평가받고 있다.

30.5.2.3. 의 고전주의 문학〈擬古典主義文学〉

1885년 오자키 코오요오尾崎紅葉・야마다 비묘오山田美妙는 최초의 문학결사인 켕유우샤硯友社를 결성하고 그들의 기관지인 『가라쿠타 붕코我楽多文庫』를 발간, 사실적 경향으로 작품을 쓰며 문단의 중심세력이 된다. 그러나 그들은 에도 문학의 모방으로 기울었는데 특히 코오요오紅葉는 에도 시대 작가인 사이카쿠西鶴의 문체를 모방하여 왕조 문학의 우아한 문체와 당시의 속어체를 곁들여 아속 절충체(가조쿠 셋츄우타이雅俗折衷体)를 완성시켰다. 그는 세심한 심리묘사로 주목을 받았던 『다정다한(타죠오타콩多情多恨)』을 완성시키고 만년에는 우리나라의 『이수일과 심순애』로 유명한 『금색야차(콘지키야샤金色夜叉)』를

오자키 코오요오
(1867~1903)

코오다 로항
(1867~1947)

아속 절충체에 서구식 문맥을 섞은 미문조美文調의 문체로 써서 당시에 선풍적인 인기를 끌었다.

또한 코오다 로항幸田露伴도 사이카쿠西鶴의 영향을 받았지만 한학의 교양을 살려서 유교적・무사도적 정신과 불교적 체념을 정신세계로 한 작품을 남겼다. 특히 예도에 정진하는 남성의 이상상理想像을 그린 『한 자루의 검(익코오 켕一口剣)』, 인간의 의지와 힘을 긍정하는 로항의 이상주의와 예술의 영원성을 보여준 대표작 『오층탑(고쥬우노 토오五重塔)』 등의 작품을 남겼다. 특히 코오요오와 로항의 두 사람이 대활약한 시대를 코오로紅露시대라 한다.

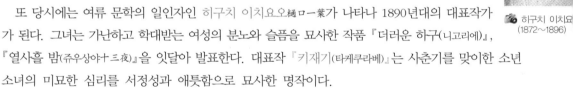

또 당시에는 여류 문학의 일인자인 히구치 이치요오樋口一葉가 나타나 1890년대의 대표작가가 된다. 그녀는 가난하고 학대받는 여성의 분노와 슬픔을 묘사한 작품 『더러운 하구(니고리에)』,

히구치 이치요오
(1872~1896)

『열사흘 밤(쥬우상야十三夜)』을 잇달아 발표한다. 대표작 『키재기(타케쿠라베)』는 사춘기를 맞이한 소년 소녀의 미묘한 심리를 서정성과 애틋함으로 묘사한 명작이다.

30.5.2.4. 낭만주의 문학〈ロマン主義文学〉

사실주의가 전개되고 있는 상황에서 세속적인 습관이나 봉건적 윤리에 얽매이지 않고 자아각성과 내면적 진실을 존중하는 낭만주의 운동이 일어났다. 대표주자는 독일 유학에서 돌아온 모리 오오가이森鷗外와 키타무라 토오코쿠北村透谷를 중심으로 한 문학계 동인들이었다.

오오가이는 독일에서 귀국하자마자 『무희(마이히메舞姫)』・『허무한 기록(우타카타노 키うたかたの記)』・『편지전달(후미즈카이文づかい)』 등의 청신한 낭만적 기풍을 가진 3작품을 발표하여 문단에 잔존하고 있던 게사쿠풍을 완전히 불식하는데 결정적인 공을 세웠다. 특히 『무희』는 자유로운 서양을 체험한 청년의 사랑의 고뇌를 그린 작품으로 당시에 크게 주목받았다. 또한 그는 안델센

키타무라 토오코쿠
(1868~1894)

의 원작 『즉흥 시인(속쿄오 시징即興詩人)』이라는 소설을 번역하여 원작을 능가하는 뛰어난 번역이라는 평을 받았으며 츠보우치 쇼오요오坪内逍遙와 〈몰이상 논쟁没理想論争〉을 벌여 청년들을 문학세계로 유인하는 역할을 했다.

이어 키타무라 토오코쿠北村透谷와 시마자키 토오송島崎藤村이 중심이 되어 문예잡지 『문학계(붕각카이文学界)』를 결성하였는데, 당시의 문학계의 주류를 이루고 있던 켕유우샤 문학의 반쯤은 봉건적인 문학에 대항하여 기독교적 인간관에 영향을 받아 인간성의 해방과 예술의 절대적 가치를 역설했다. 특히 토오코쿠는 『내부 생명론(나이부 세에메에론内部生命論)』 등의 평론에서 자아의 확립, 생명감의 충실이나 연애찬미 등을 외치며 일본 낭만주의의 선구자로 활약했다. 타카야마 쵸큐우高山樗牛는 국가주의 사상의 고양 가운데서 〈일본주의〉를 외치기도 하고, 니이체를 알고 난 다음부터는 극단적인 개인주의를 주장하기도 했다. 토쿠토미 로카德富蘆花는 기독교를 믿으며 봉건적인 가족제도의 불합리를 지적한 『두견새(호토토기스不如帰)』를 출세작으로, 자전적이고 진보적인 소설 『추억의 기록(오모이데노 키思い出の記)』을 발표하면서 독자의 소설세계를 구축했다.

모리 오오가이 1
(1862~1922)

쿠니키다 돕포国木田独歩1871~1908는 자연을 사랑하며 서정성 풍부한 『무사시노武蔵野』를 비롯하여 『잊을 수 없는 사람들(와스레에누 히토비토忘れ得ぬ人々)』・『소고기와 감자(규우니크토 바레에쇼牛肉と馬鈴薯)』 등 서정성 풍부한 작품을 남겼으며 만년에는 인간의 운명을 응시하는 자연주의적 경향을 띠어 갔다.

관념소설과 심각소설〈観念小説と深刻小説〉

청일전쟁후의 급격하게 대두된 사회불안을 배경으로 사회문제 의식을 명료하게 한 소설이 관념소설이다. 작가는 이즈미 쿄오카泉鏡花인데 그는 코오요오紅葉의 문하생으로 『야행 순사(야코오즌사夜行巡査)』를 발표하였고 『행려승(코오야히지리高野聖)』・『우타안동歌灯』 등의 낭만적 작풍의 소설로 신비적・환상적인 미적 세계를 구축하였다. 심각소설은 1895년과 이듬해에 유행한 인간의 죽음과 병고를 다룬 소설로 비참소설悲惨小説이라고도 한다.

이즈미 쿄오카
(1873~1939)

30.5.2.5. 자연주의 문학〈自然主義文学〉

자연주의 문학은 19세기에 프랑스를 중심으로 인간이나 사회의 현실을 체계적・과학적으로 추구하고 그것을 객관적으로 묘사함으로써 사회의 병폐를 폭로하려는 문학운동이었는데 일본의 자연주의는 그 중에서 객관적인 묘사방법을 채용하였다. 일본 자연주의의 시작은 코스기 텡가이小杉天外의 『유행가(하야리 우타はやり唄)』와 나가이 카후우永井荷風의 『지옥의 꽃(지고쿠노 하나地獄の花)』이었는데 본격적으로 자연주의 문학을 연 작품은 시마자키 토오송島崎藤村의 『파계(하카이破戒)』였다. 이 작품은 사회성과 자기 고백성을 통일시킨 본격적인 근대소설로 거기에는 명확한 허구가 구현되어 있다. 그러나 이듬해 작가 스스로가 자신의 치부를 고백한 타야마 카타이田山花袋의 『이불(후통蒲団)』이 공전의 히트를 기록하며 일본 자연주의는 『파계』 소설류의 사회성은 단절되고 『이불』 소설류의 작가 신변의 편협한 사실을 주로 천착하는 사소설,

시마자키 토오송
(1872~1943)

혹은 심경소설로 왜곡되어 갔다. 토오송의『파계』는 일본 자연주의 문학의 발족, 일본 근대소설의 출발을 나타내는 기념비적인 작품이라는 찬사를 받았음에도 불구하고 그는 자전적인 작품으로 선회했는데 메에지 시대의 봉건적인 가족제도 하에서 신음하는 인간의 모습과 멸망해 가는 가문의 양상을 자신의 가족을 모델로 그린『가문(이에家)』과 자신과 조카와의 불륜을 고백한『신생新生』이 있으며, 격동의 시대를 살아가는 지식인의 고뇌를 담은 소설『동트기전(요아케 마에夜明け前)』은 자신의 아버지를 모델로 삼았다.

감상적인 서정시인인 타야마 카타이田山花袋는 프랑스 자연주의작가 모파상의 영향을 받아 자신의 자전적 장편『생(세에生)』·『처(츠마妻)』·『인연(엥緣)』을 연달아 발표, 사소설 작가로서의 지위를 굳혔다.

오자키 코오요오의 문하생인 토쿠다 슈우세에德田秋声는『족적(아시아토足跡)』·『곰팡이(카비黴)』등의 작품을 발표, 이 작품을 통해 인생에 대한〈무이상無理想·무해결無解決〉의 태도를 견지하며 만년에는『가장 인물(카소오 짐부츠仮装人物)』·『축도(슈크즈縮図)』에 이르기까지 일관되고 냉철한 시선으로 일본 자연주의 문학을 완성시켰다는 평을 듣고 있다.『어디로(도코에何処へ)』라는 작품으로 자연주의 작가 대열에 오른 마사무네 하쿠쵸오正宗白鳥는 허무적·방관적 입장에 서서『진흙 인형(도로 닝교오泥人形)』·『우시베야 쿠사이牛部屋臭い』등으로 냉혹하게 인생의 어두움을 묘사했다. 그는 평론가로서도 합리적이고 예리한 비판정신을 보여 주었다.

타야마 카타이
(1871~1930)

토쿠다 슈우세에
(1871~1943)

30.5.2.6. 반 자연주의 문학〈反自然主義〉

본능적 사실편중의 고백문학으로 매진하는 자연주의 문학의 방향에 반기를 든 작가군이 있는데 이들을 이른바 반 자연주의라고 한다.

30.5.2.6.1. 고답파〈高踏派〉·여유파〈余裕派〉

일본 근대문학사에서 가장 탁월한 족적을 남긴 작가는 모리 오오가이森鷗外와 나츠메 소오세키夏目漱石이다. 한동안 문단을 떠났던 오오가이는 소오세키와 자연주의 작가의 활약에 자극받아 문단에 복귀, 잡지『스바르』를 만들며 왕성한 창작활동을 벌인다. 자신의 성적인 체험을 그려 자연주의에 비판을 가한『위타 섹스아리스』, 소오세키의『산시로오』에 자극을 받아 쓴『청년(세에넹青年)』, 그리고 자신의 정신형성 과정을 치밀하게 묘사한『망상(모오소오妄想)』등이 있으며 여주인공 오타마의 자아 눈뜸 과정을 적확한 심리묘사와 긴밀한 구성으로 쓴『기러기(강雁)』등 탁월한 작품을 남겼다. 노기 마레스케乃木希典의 메에지明治 천황의 죽음에 따른 순사殉死를 계기로 역사소설로 전환한 그는『아베 일족阿部一族』등의 탁월한 역사소설을 남겼다. 이 작품은 호소카와細川 번주인 타다토시忠利가 죽고 할복 풍습에 따른 부하들의 할복이 있었는데, 여러 부하 중에서 자신만이 할복 대열에서 제외된 아베 야이치에몽阿部弥一衛門이 고통을 견디지 못하고 허가 없이 순사 할복(오이바라追腹)을 하고 만다. 결국은 주군 집안과의 싸움으로 번져, 아베 일족은

모리 오오가이
(1862~1922)

멸망하게 된다. 순사라는 봉건적인 모럴이 부패하고 형해화形骸化된 점을 비판적으로 그리고 있는 작품이다. 그는 이어 〈안분지족〉과 〈안락사 문제〉를 다룬 『타카세 부네高瀬舟』 등 불후의 명작을 남겼다. 그는 역사소설을 쓸 때는 작가의 주관을 완전히 배제한 채 역사사실을 그대로 재현한 객관적인 역사소설을 쓰는 방법인 〈역사 그대로(레키시 소노마마歷史其侭)〉와, 역사를 제재로 하면서도 작가의 자유로운 상상력과 해석을 곁들이는 주관적인 역사소설 방법인 〈역사 이탈(레키시 바나레歷史離れ)〉 등의 역사소설 쓰기의 두 가지 입장을 정리해서 주장하였다. 그리고 후자는 아쿠타가와 류우노스케芥川龍之介의 역사소설에 큰 영향을 주었다. 그는 평생을 군의관으로 살면서 나중에는 군의감까지 승진했으며 청일전쟁 때는 부산에도 머물며 일기를 남겼다.

영문학자였던 나츠메 소오세키夏目漱石는 39세에 작가로 데뷔했다. 그는 타카하마 쿄시高浜虚子의 권유로 『나는 고양이외다我輩は猫である』라는 소설을 잡지 『호토토기스』에 발표, 일약 세상에 알려지게 되었다. 이 작품에는 런던 유학 경험으로 영국소설의 풍자적 성격을 살려 지식인의 생활태도와 사고방법, 근대일본의 성격을 날카롭게 비판한 것으로 독창적이고 참신한 문학의 지평을 새로 열었다는 평가를 받고 있다. 에히메현愛媛県의 마츠야마松山 중학교 교사시절의 경험을 살린 『도련님(봇챵坊っちゃん)』과 정서 넘치는 『풀 베개(쿠사 마쿠라草枕)』를 발표하며 세속적인 고통을 피하고 여유있는 기분으로 동양적인 시적 경지에서 여유를 즐기려는 이른바 저회취미(테에카이 슈미低徊趣味)로 자연주의와 대립하는 입장을 견지했다. 1907년 대학교수직을 사퇴하고 신문사에 입사한 소오세키는 본격적인 직업작가로서 활약을 펼치며 『개양귀비(구비진소오虞美人草)』를 발표한다. 이어 그는 전기 3부작이라고 일컫는 『산시로오三四郎』·『그리고 나서それから』·『문門』 등에 이르러 작풍이 일변하며, 연애와 사회를 통해서 인간의 근원적인 존재의 불안을 천착해 나갔다. 그리고 1910년 슈젠지修善寺에서의 큰 병환은 그의 인생관과 사생관에 영향을 끼쳤다. 이후 인간을 응시하는 시선이 점점 깊이를 더해가고 후기 3부작인 『히간스기마데彼岸過迄』에서는 자아의식의 과잉이 초래하는 고뇌를, 『행인(코오징行人)』에서는 자기를 과신하다가 빠져든 고독과 회의의 고통을, 『마음こころ』에서는 아집의 공포를 묘사했다.

나츠메 소오세키
(1867~1916)

만년에는 인생을 어떻게 살 것인가 하는 문제를 진지하게 생각하고 충실하게 살아가려는 주인공과 처와 친척 등과의 인간관계의 상극을 날카롭게 파헤친 유일한 자전소설 『미치쿠사道草』를 쓴다. 그는 만년에 아집을 버리고 하늘(자연)의 절대예지를 이상으로 하여 그에 따라 살아가는 칙천거사(소쿠텡 쿄시則天去私)를 기치로 내걸고 살았다.

30.5.2.6.2. 탐미파 문학〈眈美派文学〉

자연주의 문학이 추악한 현실폭로로 방향을 잡아가는 것에 대해 자유롭고 미적인 세계를 묘사하려고 한 것이 탐미파 작가들이다. 그들은 『스바르』의 창간과 나가이 카후우永井荷風가 주재한 『미타三田문학』을 주무대로 활동했다. 카후우는 처음에는 자연주의에 관심을 가졌다가 미국과 프랑스를 여행한 다음에 『아메리카 모노가타리』·『프랑스 모노가타리』를 썼다.

나가이 카후우
(1879~1959)

그는 메에지의 물질문명에 대한 비판을 강화하다가 결국은 에도 문화로 돌아갔다. 대역사건으로 문학자로서의 무력감을 느낀 그는 스스로를 에도 게사쿠샤江戸戯作者로 간주하며 화류계를 무대로『솜씨 겨루기(우데 쿠라베腕くらべ)』·『오카메자사おかめ笹』등의 탐미적, 향락적인 작품을 썼다.

타니자키 중이치로오谷崎潤一郎는 여성의 관능미를 철저하게 묘사했으며 그 자세는 평생을 견지했다. 도착적인 이상한 제재와 퇴폐적인 미를 즐겨 묘사한 초기의 작풍은 악마주의로 불렸으며 미적 감각이 풍부한 상상력과 현란한 문체로 그는 항상 탐미파 작가 중 일인자로 군림했다. 작품으로는『문신(시세에刺青)』·『기린(키링麒麟)』·『비밀(히미츠秘密)』·『악마(아쿠마悪魔)』등이 있으며 관동대지진 이후에는 그의 전기前期문학의 집대성이라는『바보의 사랑(치진노 아이痴人の愛)』을 쓰고 이후에는 서양적 취미에서 일본 문화에 대한 감화를 받은 작품성향으로 바뀌며 관능묘사도 부드러워졌다. 작품으로는『만지卍』·『여뀌 먹는 벌레(타데 쿠우 무시蓼食ふ虫)』등이 있다.

타니자키 중
(1886~1965)

30.5.2.6.3. 시라카바파 문학〈白樺派文学〉

1910년에 창간한 잡지『백화(시라카바白樺)』를 거점으로 활약한 작가를 시라카바파라고 한다. 그들은 현실의 어두움이나 인간성의 추함을 강조한 자연주의에 강하게 반발하고 이상적인 인도주의에 근거하여 개성의 존중과 자유를 강하게 주장했다.

시라카바파의 지도적 위치에 있던 무샤노코오지 사네아츠武者小路実篤는 스스로를 살리는 것이 인류의 보편적인 선과 연결된다는 자기긍정과 낙천적인 인간긍정을 문학의 모토로 삼았다. 그는 평이한 말과 무기교의 기교라 할만한 지극히 평이한 문체로 많은 독자를 확보했다. 대표작으로는『오메데타키 히토お目出たき人』·『행복자(코오후쿠샤幸福者)』·『우정(유우죠오友情)』이 있다. 또한 그는 톨스토이의 영향을 받아 인도주의를 제창하며 그 실천의 장으로『새마을(아타라시키 무라新しき村)』을 큐우수우九州의 미야자키현宮崎県에 창설했으며 회화와 서예에도 능통한 것으로 유명하다.

무샤노코오지
(1885~1976)

〈소설의 신(쇼오세츠노 카미사마小説の神様)〉이라고 불리며 강한 자아를 가지고 자기 감정의 움직임을 충실하게 살리는 자연스러움과 순수함을 가졌던 작가 시가 나오야志賀直哉는 투명하고 간결한 문체와 탁월한 리얼리즘의 기법에 의해서 주옥같은 단편을 많이 만들었다.

시가 나오야
(1883~1971)

『아바시리까지(아바시리마데網走まで)』·『키노사키에서(키노사키니테城の崎にて)』·『화해(와카이和解)』·『꼬마점원의 구세주(코조오노 카미사마小僧の神様)』등이 그것인데 그 중에『키노사키에서』는 교통사고로 머무르게 된 키노사키에서 우연히 만난 죽은 벌과 죽음에 이르는 쥐의 행적을 치밀하게 묘사하며 주인공의 사생관을 암시한 작품으로 삶과 죽음을 날카롭게 응시하는 작가 자신의 심경을 모티브로 쓴 심경소설이다. 그는 우치무라 칸조오内村鑑三의 영향에서 벗어나 자신과 타자 사이에서 생기는 위화감에 시선을 고정시키고 그 상극을 묘사하면서 그것을 초월하려고 노력했다. 그 결과 자연과의 합일을 향해서 나아간다는 내용의 유일한 장편소설이『암

아리시마 타케
(1878~1923)

야행로(앙야코오로暗夜行路)』이다.

열렬한 기독교 신자였던 아리시마 타케오有島武郎는 미국유학 중 신앙에 대해 비판적으로 바뀌면서 점차 무정부적인 사회주의에 관심을 갖게 된다. 귀국 후에 시라카바 동인으로 활약하며 『카인의 말예(카인노 마츠에에カインの末裔)』・『태생의 고통(우마레이즈르 나야미生まれ出づる悩み)』・『어떤 여인(아르온나或る女)』 등의 작품이 있는데 이들 작품은 사랑을 기조로 하는 이상주의 입장에서 자아와 본능의 발전과 확립을 지향하고 있다. 본능적인 생활에 진정한 자유가 있다고 설파한 『아낌없이 사랑은 쟁취한다(오시미나쿠 아이와 우바우惜しみなく愛は奪ふ)』라는 평론은 1910년대 작가의 인간론・인생론을 대표하는 평론으로 알려져 있다. 그가 만년에 행한 농장개방의 시도는 시라카바파 이상주의의 실천이었다.

사토미 통里見弴은 시라카바파 가운데서도 현실주의적인 경향이 강하며 『다정불심(타죠오붓싱多情仏心)』・『안죠오가의 형제들(안죠오케노 쿄오다이安城家の兄弟)』에서 뛰어난 심리묘사와 회화표현으로 관능적인 세계에 경도되면서도 윤리적인 태도를 견지하는 특색을 갖고 있었다. 소설가이자 지식인의 한 사람으로서 철학이나 종교에 깊은 관심을 갖고 있는 쿠라타 하쿠조오倉田百三는 희곡 『출가와 제자(슉케토 소노데시出家とその弟子)』와 평론집 『사랑과 인식의 출발(아이토 닌시키노 슙파츠愛と認識の出発)』 등을 통하여 일관된 구도자의 자세를 견지했다.

30.5.2.7. 신 현실주의 문학〈新現実主義文学〉

탐미파와 시라카바파 문학이 자칫 간과하기 쉬운 현실을 이지적으로 파악하여 기교적으로 표현하려고 한 것이 신현실주의 문학이다.

30.5.2.7.1. 신사조파 문학〈新思潮派文学〉

잡지 『신사조(신시쵸오新思潮)』를 거점으로 활동한 사람들을 신사조파라고 부르는데 그들은 냉정한 관찰에 의해 파악한 인생의 현실에 개성적인 해석을 가하여 이지적, 기교적으로 묘사했다.

테마소설로 유명한 키쿠치 캉菊池寛은 『무명작가의 일기(무메에삭카노 닉키無名作家の日記)』 등을 발표하여 문단의 주목을 받았고 무사도를 초월한 인간성을 그린 『은혜와 원수의 저편에(온슈우노 카나타니恩讐の彼方に)』외에 극작가로서도 많은 작품을 남겼으며 명작 『아버지 돌아오다(치치카에루父帰る)』를 남겼다. 또한 잡지 『문예춘추(붕게에순쥬우文芸春秋)』를 주재하고 문학상인 아쿠타가와상芥川賞・나오키상直木賞 등을 만들어 후진양성에 힘썼다. 『우유집의 형제(규우뉴우야노 쿄오다이牛乳屋の兄弟)』 등의 희곡으로 출발한 쿠메 마사오久米正雄1891~1952는 스스로의 실연失恋체험을 소재로 한 『수험생의 수기(쥬켄세에노 슈키受験生の手記)』・『파선』 등을 써서 인기를 얻었으며 나중에는 신문소설과 통속소설 등에서 활약했다.

🦜 키쿠치 캉
(1888~1948)

신사조파의 대표적 작가인 아쿠타가와 류우노스케芥川龍之介는 나츠메 소오세키가 격찬한 『코鼻』라는 소설로 문단에 데뷔했다. 그는 다채로운 양식・문체를 구사한 단편소설에 재능을 발휘했다. 초기에는 역사소설을 많이 썼는데 단순한 옛날의 재현을 목적으로 한 것이 아니고 역사적 사실에 근대적인 해석을 더하고 명확한 주제를 정해서 재구성한 테마소설이었다.

그의 역사소설은 제재에 의해서 분류한다. 왕조시대 설화집인 『콘쟈쿠 모노가타리슈우今昔物語集』・『우지슈우이 모노가타리슈우宇治拾遺物語集』 등에서 제재를 얻은 『라쇼오몽羅生門』・『코(하나鼻)』・『감자죽(이모 가유芋粥)』・『숲속(야부노 나카藪の中)』 등의 왕조물, 『게사쿠 삼매경(게사쿠 잠마이戲作三昧)』・『겨울 들판 이야기(카레노 쇼오枯野抄)』 등의 에도물, 『집행관의 죽음(부교오닌노 시奉教人の死)』 등의 기독교물, 메에지 초기를 제재로 한 『개화의 살인(카이카노 사츠징開化の殺人)』・『무도회(부토오카이舞踏会)』 등의 개화물이다. 또한 그 외에도 현대소설 『가을(아키秋)』・『토록코』, 인도・중국 등에서 취재한 동화 『거미줄(쿠모노 이토蜘蛛の糸)』・『두자춘(토시슌杜子春)』 등의 뛰어난 작품을 남기고 있다. 예술을 위해서라면 딸의 희생을 마다하지 않는 화가의 모습을 그린 『지옥변(지고쿠헹地獄変)』은 그의 예술지상주의를 잘 대변한 소설로 문학에 대한 강한 신념이 나타난 소설이다. 허구를 본질로 한 자신의 문학관에 한계를 느낀 아쿠타가와는 『야스키치의 수첩에서(야스키치노 테쵸오 카라保吉の手帳から)』 등으로 시작되는 일련의 사소설이나 반半자전적 소설 『다이도오지 신스케노 한세에大導寺信輔の半生』를 쓰면서 작풍의 전환을 꾀한다. 그러나 건강의 악화와 프롤레타리아 문학의 대두로 상징되는 격동의 시대 풍조 속에서 장래에 불안을 느낀 그는 결국 자살하고 만다. 『캅파河童』・『톱니 바퀴(하구루마歯車)』・『어느 바보의 일생(아르 아호오노 잇쇼오或阿呆の一生)』 등 만년의 작품에는 시대를 따를 수 없는 예민한 자아의식과 종교에의 희구를 갖는 아쿠타가와의 고뇌가 그려져 있다.

아쿠타가와 류우
(1892〜1927)

30.5.2.7.2. 기적파 문학〈奇蹟派文学〉

1912년에 창간된 『기적奇蹟』의 동인들을 기적파라 불렀고 그 동인들은 신 와세다파新早稲田派를 형성하여 후기 자연주의 혹은 신 현실주의 작가로서 문단에서는 주목받는 세대가 되었다. 대표작가로는 『신경병 시대(싱케에뵤오 지다이神経病時代)』・『죽은 아이를 안고(시지오 이다이테死児を抱いて)』 등으로 의지가 약하고 신경과민한 지식인을 성격 파산자라는 새로운 인간형으로 묘사한 히로츠 카즈오広津和郎를 들 수 있다. 그는 이어 『분노하는 톨스토이怒れるトルストイ』・『산문예술의 위치散文芸術の位置』 등 뛰어난 논문도 발표했다. 예술을 위하여 자신의 실생활을 철저하게 파괴하고 극도의 빈곤과 방랑의 생활을 보낸 카사이 젠조오葛西善蔵는 『불쌍한 아버지(카나시키 치치哀しき父)』・『자식을 데리고(코오 츠레테子をつれて)』 등의 작품을 발표하여 대표적인 파멸형 사소설작가가 되었다. 한편 히로츠 카즈오의 친구였던 우노 코오지宇野浩二는 『헛간 속(쿠라노 나카蔵の中)』・『고통의 세계(쿠노 세카이苦の世界)』 등을 발표하여 현실을 추구하면서도 가벼운 유머가 있는 독자의 작풍을 구축해나갔다.

우노 코오지
(1891〜1961)

30.5.2.8. 프롤레타리아 문학〈プロレタリア文学〉

일본의 프롤레타리아 문학운동은 1921년 창간된 『씨 뿌리는 사람(타네 마쿠 히토種蒔く人)』에서 시작

된다. 그러나 이것은 1923년 관동대지진과 그 후의 탄압 때문에 폐간되는데 1924년에는 옛 동인들이
모여『문예전선(붕게에센센文芸戦線)』을 발간하고 그것을 계기로 운동은 다시 활기를 띤다. 그
후 합종연횡을 거듭하면서『문예전선』은 1927년 사회민주주의계 노농 예술연맹労農芸術連盟
의 기관지가 되었다. 또한 공산주의를 지지하는 사람들은 1928년 전 일본무산자 예술연맹
(NAPF)을 결성하고 기관지『전기(센키戦旗)』를 거점으로 활동을 추진한다. 프롤레타리아 문학
은 근대 문학의 개인주의가 사소설로 편향되고 있을 때 나타나 문학에서의 사회성을 주장했
다. 〈전기〉파의 평론가 쿠라하라 코레히토蔵原惟人는 그 때까지의 리얼리즘이 개인적인 생활
을 너무 많이 묘사한 점을 비판해 계급적 시점에 선 프롤레타리아 리얼리즘 창작방법을 주장
하고 작가 코바야시 타키지小林多喜二의 이론적인 지주가 되었다. 이 작가들은 한때 문단에서
중요한 위치를 차지하고 있었지만 만주사변 이후 당국의 사상탄압이 격화되고 1933년 이후에
는 전향자가 속출하면서 1934년에는 완전히 와해되고 만다.

📷 코바야시 타키지
(1903~1933)

　〈문예전선〉파 작가로는 하야마 요시키葉山嘉樹가 있으며『시멘트 통 속의 편지セメント樽の中
の手紙』는 전기 프롤레타리아 문학의 걸작으로 꼽히고 있다. 〈센키〉파의 대표 작가였던 코바
야시 타키지는 쿠라하라 코레히토의 이론을 받아 정치이론을 우선한 작품을 썼다.『게 가공선
(카니코오센蟹工船)』은 가혹한 노동조건아래서 착취당하고 있는 구조를 깨달아 가는 노동자들의
군상을 날카로운 필치로 그리고 있다. 〈센키〉파의 다른 작가로는『태양이 없는 거리太陽のない
街』를 쓴 토쿠나가 스나오德永直가 있다.

📷 하야마 요시키
(1894~1945)

30.5.2.9. 예술파 문학〈芸術派文学〉

　프롤레타리아 문학과 쌍벽을 이루며 문학 활동을 전개한 것이 예술파이다. 이들은 작품내용을
어떻게 예술적으로 표현할 것인가 하는 등의 새로운 문체나 표현상의 수법을 추구했다.

30.5.2.9.1. 신감각파 문학〈新感覚派文学〉

　그들은 1924년『문예시대(붕게에 지다이文芸時代)』를 창간하여 〈종교시대보다 문예시대로〉라
는 이념으로 새로운 문학창조를 기치로 내걸었다. 그 때까지의 사실적 표현을 부정한 그들은
의인법이나 비유를 참신하게 구사하는 등의 표현기법으로 특히 감각면에서 선명한 이미지를
묘사했다. 신감각파를 대표하는 요코미츠 리이치橫光利一는『파리(하에蠅)』・『태양(니치린日輪)』
등의 새로운 감각적 표현방법에 의해서 신진작가로서의 위치를 굳혔다. 그는『상하이上海』를
마지막으로 신심리주의로 돌아서며『기계(키카이機械)』・『문장(몬쇼오紋章)』등에서 현대 지식인의
강렬한 자의식을 추구했다.

📷 요코미츠 리이치
(1898~1947)

　단편집『감정 장식(칸죠오 소오쇼쿠感情装飾)』에서 새로운 문체・구성의 작품을 만들어 낸 카와
바타 야스나리川端康成는 신감각파의 대표작가로 자리매김하게 된다. 그의 초기작인『이즈의 춤 소녀
(이즈노 오도리코伊豆の踊子)』는 춤추는 소녀의 순수한 인간성에 의해서 굴절된 주인공의 마음이 정화된

다는 소설로 불멸의 청춘문학으로 간주된다. 그는 이후 왕조 문학이나 불교 경전의 영향 하에서 허무적인 슬픔을 기조로 한 서정성 넘치는 작품『아사쿠사 홍단(아사쿠사 쿠레나이당浅草紅団)』·『금수(킨쥬우禽獣)』등을 거쳐 그의 문학의 미의식의 결정체라고 할 수 있는『설국(유키구니雪国)』을 발표, 1968년에는 노벨문학상을 수상한다. 그는 또한〈손바닥 소설(테노히라노 쇼오세츠掌の小説)〉이라는 단편소설군의 작품을 모아 선명한 필치로 인간의 심리와 인간상을 묘사하고 있다.

▲ノーベル賞授賞式

▲ノーベル文学賞の賞状

〈상〉 노벨상 수상식
〈하〉 노벨 문학상 상장

『雪国』を執筆した高半旅館

『설국』을 집필한 여관

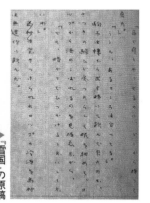
『雪国』の原稿

『설국(유키구니雪国)』친필 원고

30.5.2.9.2. 신흥 예술파〈新興芸術派〉

『문예시대』의 동인이나 신감각파의 영향을 받은 작가는 프롤레타리아 문학에 대항하여 신흥예술파를 결성했다. 이부세 마스지井伏鱒二는 독특한 유머를 갖고 있으면서도 방관자적으로 인생의 사건을 적확하게 묘사했다. 그의 명작『산쇼오우오山椒魚』는 바위 구멍에서 밖으로 나올 수 없는 산쇼오우오의 우스꽝스런 반응을 우화적으로 묘사한 소설이다.

예민한 감수성을 가진 카지이 모토지로오梶井基次郎는 청년의 우울을 산문시와 같은 투명감 넘치는 단편으로 결정結晶시켰다. 단편『레몽檸檬』은 화보집 위에서 레몬이 폭발하는 상상을 시적인 이미지로 구성한 소설이다.

30.5.2.9.3. 신 심리주의 문학〈新心理主義文学〉

신감각파의 흐름을 이어받으면서도 죠이스·라디게·프루스트 등의 영향을 받아 인물의 심층 심리를 예술적으로 표현하려고 한 작가군을 일컬어 신 심리주의라고 한다.

라디게·릴케 등의 서구문학 소개에 공적을 남긴 호리 타츠오堀辰雄는 창작에서도『성가족(세에 카조쿠聖家族)』·『아름다운 마을(우츠쿠시이 무라美しい村)』등의 작품을 섬세한 필치로 묘사했다. 『바람 일었다(카제 타치누風立ちぬ)』는 약혼자를 병으로 잃고 추억 속에서 살아가려는〈내〉가 릴케의 시에 자극을 받아서 새로운 삶을 추구하는 심경이 될 때까지의 과정을〈나〉라는 1인칭 화자

의 고백형으로 그린 소설이다. 처음에 시인으로서 출발한 이토오 세에伊藤整는 신 심리주의로 기울며 소설『유령의 거리(유우키노 마치幽鬼の街)』를 발표하고 평론집『신 심리주의 문학』·『소설의 방법』·『소설의 인식』 등의 연이은 평론으로 근대 일본 문학사의 새로운 지평을 열었다.

📷 이토오 세에
(1905~1969)

30.5.2.10. 1935년대〈쇼오와 10년대〉의 문학

만주사변 이후에 일본은 아시아 여러 나라를 침략하면서 언론과 사상에 대한 탄압을 강화한다. 따라서 전향문학이 생겨나고 전쟁을 고무·찬양하는 전쟁문학이나 국책문학이 등장한다.

30.5.2.10.1. 전향 문학〈転向文学〉

1933년 프롤레타리아 작가 코바야시 타키지의 학살, 공산당 최고지도자 사노 마나부佐野学 등의 전향을 계기로 프롤레타리아 문학은 전향하는 자가 속출하게 된다. 그 전향에 대한 작가의 고뇌 등, 작가의 체험을 고백한 문학이 전향문학이다.

1932년에 체포, 투옥된 나카노 시게하루中野重治는 당党활동은 하지 않겠다는 의미에서의 전향을 행하고 1934년에 출옥한다. 이후,『마을의 집(무라노 이에村の家)』·『소설을 쓸 수 없는 소설가(쇼오세츠오 카케누 쇼오세츠카小説を書けぬ小説家)』 등으로 자신의 삶의 방식을 철저하게 추구했다.

📷 나카노 시게하루
(1902~1979)

30.5.2.10.2. 기성작가의 활약

프롤레타리아 문학이 쇠퇴하자 기성작가들이 침묵을 깨고 다시 활동을 개시하는 이른바 문예부흥의 양상을 보인다. 나가이 카후우永井荷風는『장마의 전과 후(츠유노 아토사키つゆの後先)』, 타니자키 중이치로오谷崎潤一郎는『슝킨쇼오春琴抄』 등의 작품을 쓰고『겐지 모노가타리源氏物語』를 현대어역하는 등 활동을 계속했다. 시마자키 토오송島崎藤村은『동트기 전(요아케 마에夜明け前)』이라는 역사소설을 썼으며 토쿠타 슈우세에德田秋声는『가장 인물(카소오 짐부츠仮装人物)』, 무로오 사이세에室生犀星는『오누이』를 발표하고, 시가 나오야志賀直哉는 자신의 작품 중 유일한 장편인『암야행로(앙야 코오로暗夜行路)』를 완성시켰다.

30.5.2.10.3.『일본 낭만파 문학〈日本浪曼派文学〉』와『인민 문고 문학〈人民文庫文学〉』

프롤레타리아 문학의 붕괴, 작가의 전향을 배경으로 두 개의 대조적인 동인잡지가 생겨났다.『일본 낭만파』는 1935년에 야스다 요쥬우로오保田与重郎·카메에 카츠이치로오亀井勝一郎를 중심으로 창간되어 시대에 대한 아이러니로 가득 찬 시정신의 고양과 고전의 부흥을 기치로 내걸었다.『일본의 다리(니혼노 하시日本の橋)』에서 독특한 미의식과 문체를 보여준 요쥬우로오는 나중에 서양문화에 의한 일본 근대화에 이의를 호소하며, 일본의 고대로의 회귀를 주장하고 극단적인 일본중심의 사고방식에 빠졌다. 전향의 상처에서 재기를 구하며『전형기転形期

📷 카메에 카츠이치로오
(1907~1966)

의 문학』·『인간교육』을 저술한 카메에 카츠이치로오亀井勝一郎는 점차 전통적인 미와 윤리의 세계로 빠져 들어갔다.

『인민문고』는 타케다 린타로오武田麟太郎를 중심으로 전쟁체제에 협력하는 문학에 대항하기 위하여 만들어지고 리얼리즘 발전을 지향했는데 탄압에 의해 폐간되었다.

30.5.2.10.4. 전쟁 문학과 국책 문학〈戦争文学と国策文学〉

1937년 중일전쟁이 발발하자 당국은 글을 철저히 검열하고 문학자에 대한 탄압을 강화한다. 이시카와 타츠조오石川達三의 『살아있는 군대(이키테이루 헤에타이生きてゐる兵隊)』 등 전쟁에 비판적이거나 전쟁수행에 방해가 되는 것에 대해 차례차례 발매금지 처분을 내렸다. 그리고 히노 아시헤에火野葦平의 『보리와 군대(무기토 헤에타이麦と兵隊)』 등 국민의 전의를 높이는 것은 철저하게 이용해나갔다.

30.5.2.11. 전후의 문학

전쟁 중에 전쟁에 등을 돌리며 자기문학을 갈고 닦았던 작가들이 일제히 활동을 개시했다. 나가이 카후우는 전쟁 중에 써놓았던 『무녀(오도리코踊り子)』를 발표하고 타니자키 중이치로오谷崎潤一郎는 오오사카大阪 구가旧家의 4자매를 중심으로 『겐지 모노가타리』적인 왕조세계의 정서를 현대풍으로 묘사한 『사사메유키細雪』를 발표하여 인기를 얻었다.

30.5.2.11.1. 신 게사쿠파 문학〈新戯作派文学〉

전후의 혼란 속에서 기성의 모럴이나 문학의 권위에 반발한 작가들은 사소설적 요소를 허구에 도입하거나 전후의 풍속을 묘사하거나 하면서 안이하게 권위에 추종하는 세상을 비판하는 작품을 썼다.

🞬 다자이 오사무
(1909~1948)

츠가루津軽의 대지주의 아들로 태어난 다자이 오사무太宰治는 가정에서의 소외감과 엘리트 의식과의 사이에서 방황하다가 한 때 좌익운동에 가담하기도 한다. 거기서 좌절을 경험한 그는 어려서부터 간직하고 있던 존재의 죄를 의식하면서 자학적인 기분을 갖게 된다. 비교적 안정된 중기에는 『달려라 메로스走れメロス』·『츠가루津軽』 등의 밝은 작품을 썼는데 전후에는 다시 파멸적인 경향이 강해지면서 『사양(샤요오斜陽)』·『인간실격(닝겐 식카쿠人間失格)』 등을 썼다. 그는 무려 다섯 번이나 자살을 시도하다가 끝내는 성공을 한다. 그밖에도 사카구치 앙고坂口安吾·이시카와 준石川淳 등의 작가가 신 게사쿠파에 속한다.

30.5.2.11.2. 풍속소설〈風俗小説〉

이 시대의 특색을 보여주는 것으로 사회의 여러 면을 소재로 쓴 풍속소설이 있는데 이것은 소재는 신선했지만 인간묘사는 지극히 유형적이었다. 대표작가로는 니와 후미오丹羽文雄가 있으며 작품으로는 『괴롭힘의 연대(이야가라세노 넨레에厭がらせの年齢)』 등을 꼽을 수 있다.

30.5.2.11.3. 전후파 문학〈戰後派文学〉

1946년에 창간된 문학동인지 『근대 문학〈킨다이붕가쿠近代文学〉』은 프롤레타리아 문학의 영향을 받으면서도 근대사회 속의 개인과 문학의 주체성을 중시하여 〈전후파〉의 중심이 되었다. 노마 히로시野間宏의 『어두운 그림〈쿠라이 에暗い絵〉』 · 『진공 지대〈싱쿠우 치타이真空地帯〉』, 하니야 유타카 埴谷雄高의 『사령〈시레에死靈〉』, 시이나 린조오椎名麟三의 『심야의 주연〈싱야노 슈엥深夜の酒宴〉』, 우메 자키 하루오梅崎春生의 『사쿠라 지마桜島』 등이 있고 이외에 변신 등의 초현실적인 소재를 사용 하며 현대의 이솝이야기라고 할 만한 소설을 쓰는 아베 코보오安部公房는 『벽〈카베壁〉』 · 『모래의 여인〈스나노 온나砂の女〉』 · 『타인의 얼굴〈타닌노 카오他人の顔〉』 등의 많은 화제작을 발표했다.

📷 아베 코오보오
(1924~1993)

1970년 11월 25일에 자위대 옥상 건물에서 충격의 자살을 한 미시마 유키오三島由紀夫는 『가면 의 고백〈카멘노 코쿠하쿠仮面の告白〉』 · 『사랑의 목마름〈아이노 카와키愛の渇き〉』 · 『금색〈킨지키禁色〉』 · 『금각사〈킹카쿠지金閣寺〉』 등의 명작을 내놓으면서 일찌감치 작가적 지위를 확립했다. 그는 논리 적인 문체와 치밀한 구성을 특색으로 하는 픽션의 세계를 전개했다. 그는 전후의 작가로 출발했 지만 『근대 노오가쿠슈우近代能樂集』 등을 쓰면서 고전주의로 기울더니, 『유우코쿠憂国』 등을 쓰면서 극단적인 극우 작가가 된다. 결국은 그의 그런 사상적인 편향성이 자살의 실마리가 되고 만다. 그의 삶은 극적인 한편의 드라마였으며 그는 소설가이기에 앞서 자신이 각색한 서스펜스 드라마의 주연배우였다.

📷 미시마 유키오
(1925~1970)

1944년에 소집되어 필리핀 전선에 보내지고 그곳에서 미군의 포로가 된 경험을 살린 소설 『포로기〈후료키俘虜記〉』로 유명한 오오오카 쇼오헤에大岡昇平는 전쟁이라는 환경이 인간 개인에게 어떤 의미를 갖는가를 지적으로 추구하고 주도면밀한 고찰에 의해서 해명해나갔다. 그는 전쟁 전에는 프랑스작가 스탕달의 번역 및 연구로 명성을 날렸으며 거기서 얻은 심리적인 수법을 근간으로 작중인물의 움직임을 적확하고 치밀하게 분석 추구하여 『무사시노 부인武蔵野夫人』 등의 작품을 남겼다.

📷 오오오카 쇼오헤에
(1909~1988)

30.5.2.11.4. 신일본 문학파〈新日本文学派〉

전에 프롤레타리아 문학의 중추적 세력들이 진보적 경향을 띠며 작가로 모인 것이 『신일본 문학파』 이다. 작가 중에는 『반슈우 헤에야播州平野』의 미야모토 유리코宮本百合子, 『처여 잠들라〈츠마요 네무레妻 よねむれ〉』의 토쿠나가 스나오德永直, 『다섯 잔의 술〈고샤쿠노 사케5勺の酒〉』를 쓴 나카노 시게하루中野重治 등을 들 수 있다.

30.5.2.11.5. 전쟁 문학〈戰争文学〉 · 원폭 문학〈原爆文学〉

전쟁의 비인간성을 그린 문학 중에는 고미카와 쥼페에五味川純平의 『인간의 조건〈닝겐노 죠오켄人間の 条件〉』 등이 있고 원폭의 비참함을 그린 원폭문학에는 이부세 마스지井伏鱒二의 『검은 비〈쿠로이 아메黒 い雨〉』 등이 있다.

30.5.2.11.6. 제3의 신인〈第3の新人〉

전후파의 정치성·관념성에 대해 일상적인 세계를 그리는 작가들이 나타났다. 그들은 시민생활의 표리를 묘사하고 가정이란 단위 속의 생활 저변에 중대한 위기가 도래하고 있음을 묘사하고 있다. 대표작가로는 『소나기(슈우우驟雨)』의 요시유키 준노스케吉行淳之介, 『포옹 가족(호오요오 카조쿠抱擁家族)』의 코지마 노부오小島信夫, 『풀 사이드 풍경화プールサイド小景』의 쇼오노 준조오庄野潤三, 『침묵(침모쿠沈默)』·『바다와 독약(우미토 도쿠야쿠海と毒薬)』 등의 엔도오 슈우사쿠遠藤周作, 『봄의 성(하루노 시로春の城)』의 아가와 히로유키阿川弘之, 『먼데서 온 손님들(엔라이노 캬쿠타치遠来の客たち)』의 소노 아야코曾野綾子 등이 있다. 가장 주목받는 인물로 전쟁 중에 정신형성이 어쩔 수 없이 이루어진 야스오카 쇼오타로오安岡章太郎는 정치적·사상적 풍조와는 등을 지고 자신의 감정에 따라서 창작을 계속했다. 아쿠타가와 상 수상작인 『음산한 오락(잉키나 타노시미陰気な愉しみ)』은 약자의 시점에서 청춘을 묘사했으며 어머니의 죽음을 묘사한 『해변의 광경(카이헨노 코오케에海辺の光景)』에 의해서 사소설의 신경지를 개척하기도 했다.

30.5.2.12. 1950년대〈쇼오와 30년대〉

1950년대에는 사회성을 가진 젊은 작가가 등장하고 여류작가의 활동도 두드러졌다. 한편 매스컴의 영향으로 문화의 대중화 현상이 일어나 대중문학·추리소설 등이 순문학에도 영향을 끼쳤다.

히토츠 바시一橋대학 재학 중에 소설 『태양의 계절(타이요오노 키세츠太陽の季節)』이 아쿠타가와 상 수상작이 됨과 동시에 매스컴의 화려한 조명을 받고 등장한 이시하라 신타로오石原慎太郎는 기성도덕에 도전하면서 많은 젊은이의 공감을 불러일으켜 〈태양족〉의 출현까지 이어졌다. 그 후 정치판에 뛰어들어 미국에 복종하는 일본을 비판하는 글을 썼으며 토오쿄오 도지사는 무소속으로 출마해서 두 차례나 연속 당선이 되었고, 시장을 역임하면서도 아쿠타가와 상의 수상작 심사위원으로 활동하고 있으며, 일본에서 수상을 직선한다면 1위로 당선될 후보로 선정되는 등 자국내에서는 인기인이지만 대표적인 혐한파嫌韓派로 궤변을 일삼고 있다.

🎞 카이코오 타케시
(1930～1989)

관료기구의 부패나 인간의 욕망을 풍자한 『패닉』을 발표하고 『벌거숭이 임금님(하타카노 오오사마裸の王様)』으로 아쿠타가와 상을 수상한 카이코오 타케시開高健는 르포 작가로서도 활동하며 사회현실을 예리하게 비판했다.

🎞 오오에 켄자부로오
(1935)

소설 『죽은 자의 한턱(시샤노 오고리死者の奢り)』으로 등장하여 『사육(시이쿠飼育)』으로 아쿠타가와상을 수상한 오오에 켄자부로오大江健三郎는 항상 사회와 정치에 대해 예민한 감수성과 깊은 통찰력을 가지고 『망엥원년의 풋볼万延元年のフットボール』 등의 화제작을 잇달아 출간했다. 1994년 10월 13일에는 노벨상을 수상하며 〈애매한 일본속의 나あいまいな日本の私〉라는 기념강연을 했다.

📷 오오에 켄자부로오/ 노벨상 수상 장면

📓 문학의 대중화〈文学の大衆化〉

이 시기는 매스컴 시대가 도래함으로써 여러 타입의 대중문학이 나타난 결과 대중문학과 순문학의 구별이 모호해지고 순문학 변질논쟁이 생겨났으며 이 틈새에 대중문학·중간소설 등이 폭발적인 인기를 얻는다. 『싱 헤에케 모노가타리新平家物語』의 요시카와 에에지吉川英治, 『기러기의 절(간노테라雁の寺)』로 나오키直木상을 받고 사회파 추리소설인 『기아해협』 등을 쓴 미즈카미 츠토무水上勉, 『점과 선(텐토센点と線)』 등의 사회파 추리소설을 쓴 마츠모토 세에쵸오松本清張, 『전나무가 남았다樅の木が残った』의 야마모토 슈우고로오山本周五郎, 『투우(토오규우鬪牛)』, 『템표오의 기와지붕(템표오노 이라카天平の甍)』의 이노우에 야스시井上靖 외에 후카자와 시치로오深沢七郎는 『나라야마 부시코오楢山節考』로 토속적인 세계를 그렸다.

📷 (좌)이노우에 야스시(1907~1991)
(우)미즈카미 츠토무(1919~2004)

30.5.2.13. 현대 문학의 동향〈現代文学の動向〉

1960년대 이후의 문학상황은 정치성·사회성이 강한 작품과 그것과는 대조적인 일상성이 강한 작품의 양극으로 각각의 작품이 등장하고 있으며 매스컴의 영향이 이전보다 강해지고 문학상 수상자가 많이 등장하고 있다. 키타 모리오北杜夫는 『밤과 안개의 후미진 곳에서(요루토 키리노 스미데夜と霧の隅で)』에서 나치에 의한 유럽병원 지배를 묘사하여 아쿠타가와상을 수상했고 『여름의 강물(나츠노 나가레夏の流れ)』로 데뷔한 마루야마 켄지丸山

📷 키타 모리오(1927)   📷 마루야마 켄지(1943)

健二는 짧고 건조한 문체로 일상에 잠재하고 있는 위기를 묘사하고 있다. 그는 그 뒤 그의 소설에 방해가 되는 모든 일을 단연코 거부하며 제의해 오는 많은 문학상을 물리치고 나가노長野의 산촌에서 부인과 단둘이 살면서 소설 쓰기에 몰두하고 있으며 사무라이 소설가라는 닉네임을 얻고 있다.

1970년대에서 80년대 초엽에 소위 내향의 세대라 불리는 작가군이 나타나 활약한다. 그들은 정치

나 사회를 직접 소재로 취급하지 않고 도시에서 가족이나 인간관계 속에서 자기존재의 반응·불안을 찾아 묘사하는데 힘을 쏟았다. 대표작가 오가와 쿠니오小川国夫는 극도로 억제된 이미지로 명확한 문체를 구사하고 인생의 수수께끼를 깊이 추구하는 작품을 썼다. 그의 사실적인 표현 속에는 인간의 힘을 초월한 곳에 있다고 생각되어지는 삶의 어두운 면이 포착되어 있다. 작품으로는 『아폴론 섬ァボロンの島』·『은둔자(이츠밍逸民)』 등이 있다.

📷 오가와 쿠니오
(1927~2008)

1980년대에 이르면 전후의 신세대가 등장하여 일본 문학의 볼륨을 두텁게 한다. 또한 소설 이외의 르포·기행 등 논픽션이 유행하기도 한다. 이 시대의 선두주자로는 『곶(미사키岬)』과 『카레키나다枯木灘』를 쓴 나카가미 켄지中上健次, 일본의 본격적인 현대소설의 자궁 같은 존재라고 일컬어지는 『코인로커·베이비즈』를 썼으며『한없이 투명에 가까운 블루限りなく透明に近いブルー』 등으로 정열적인 작품 활동을 벌이고 있는 무라카미 류우村上龍가 있으며, 현대인의 원초적인 외로운 군상을 그린 『노르웨이의 숲』으로 400만부의 밀리언셀러 작가가 된 무라카미 하

📷 나카가미 켄지
(1946~1992)

루키村上春樹는 삶의 불가사의를 게임을 하듯 풀어가며 현대인의 고통과 번민도 달콤하게 묘사하는 매력을 갖고 있어 현대 일본작가의 단연 으뜸주자로 나서고 있다. 한편 『진흙의 강(도로노 가와泥の河)』·『반딧불 강(호타루 가와蛍川)』 등 서정성이 강한 작품을 쓰고 있는 미야모토 테루宮本輝 등 주목을 끄는 작가가 속속 등장하여 자신의 영토에서 자신만의 스펙트럼을 가지고 독자적인 소설세계를 구축하고 있다. 1980년대에도 나오키상 수상자나 대중문학작가는 매스컴을 타고 내용과 폭에서 괄목할만한 업적을 남기고 있다. 『반딧불 묘소(호타루노 하카火垂るの墓)』의 노사카 아키유키野坂昭如, 『청춘의 문青春の門』의 이츠키 히로유키五木寬之, 『빛과 그림자』·『추억의 트럼프』의 무코오다 쿠니코向田邦子, 『료오마가 간다龍馬が行く』 등의 역사소설로 일본인의 전폭적인 인기를 끌었던 시바 료오타로오司馬遼太郎 등이 있다. 그리고 유미리 등 재일교포 작가와 요시모토 바나나, 야마다 에에미山田詠美 등 여성작가의 활동도 두드러진다.

📷 무라마키 하루키(1949) 미야모토 테루(1947)　　　　무라카미 류우(1952)　　　　요시모토 바나나(1964)　　　　야마다 에에미(1959)

일본의 역사 ㄴ

일본의 시대별 역사 part.31

31.1. 즐문토기 시대〈繩文土器時代 1만년전～BC300〉

일본열도에는 홍적세 시대부터 사람이 살기 시작했는데 일본의 인종 및 일본어의 원형이 성립되었다고 추측되는 것은 대략 1만년 전부터 기원전 3세기쯤까지의 즐문 토기 시대이다. 당시 사람들은 수십 명이 한 채의 움막집에 기거하며 생활은 수렵·어로·채집에 의존하고 빈부 계급차가 없는 사회를 구성하고 있었는데 아오모리현靑森県 산나이三內 마루야마丸山유적에서는 장기간 살았던 대규모 취락이 발굴되어 더 깊은 연구의 필요성이 대두되고 있다.

31.2. 야요이 시대〈弥生時代 BC300～AD300〉

기원전 4세기쯤 조선에서 북 큐우슈우北九州로 벼농사와 금속기 사용기술이 도래 했다. 벼농사 기술은 생산을 증대시키고 빈부·신분의 차를 낳고 농촌 공동체를 정치 집단화시키는 등 획기적인 사회변화를 야기했다. 또한 농경에 따른 신앙, 의례, 풍습 등도 널리 전파되며 이 시대에 일본문화의 원형이 만들어졌다. 야요이 시대는 기원 후 4세기쯤까지 계속되고 후기에는 동북지방까지 아우른다.

31.3. 야마토 시대·고분 시대〈大和時代·古墳時代 AD300～AD710〉

기원 후 4세기쯤 난립하고 있던 작은 나라들이 야마토大和정권에 의해 통일되었다. 통일이 진전됨에 따라 전방후원분前方後円墳으로 대표되는 고분이 지방에 퍼졌다. 하지만 거대한 고분군으로 야마토 시대가 있었음을 추측하는 것뿐이며 야마토의 성립과정이나 초기의 모습을 추측할 수 있는 문건은 남아 있지 않아 초기의 야마토정권은 수수께끼에 쌓여있다. 따라서 많은 학자들이 그 시대를 추측하는데, 에가미 나미오江上波夫씨는 한반도에서 기마민족이 상륙하여 일본을 정복했으며 그 리더가 천황이 되었다는 주장을 펼치고 있다. 이 시대는 중국과 조선으로부터 많은 지식, 기술이 유입된 시대이다. 5세기경에는 한반도로부터 도래인(토라이징渡来人/조선·중국에서 바다건너 일본에 정착한 사람. 농업을 비롯한 선진기술과 다양한 문화를 가져왔으며 일본의 정치문화 발전에 큰 기여를 했음)이 철기 생산, 도자기 기술, 옷감직조 기술, 금속 공예, 토목 기술 등의 각종 기술을 전해주었다. 또한 중국의 글자인 한자도 조선의 왕인박사에 의해 전해지고 사용되기 시작했다. 6세기에 유교의 도입이 본격화되고 불교도 전래되었으며 7세기에 쇼오토쿠 태자聖德太子가 정치 제도의 쇄신을 꾀하고 타이카 개신을 계기로 천황을 중심으로 한 중앙집권 국가건설을 지향했다. 이 경우도 중국의 수, 당을 모델로 했는데 이 무렵부터 대륙문화섭취에 보다 적극적이 되고 9세기말까지는 켄즈이시(遣隋使/야마토 조정에서 수나라로 파견된 관리), 켄토오시(遣唐使/당나라로 파견된 관리)를 10여차례나 파견하게 된다.

📷 산나이山内 마루야마丸山 유적

📷 전방후원분前方後円墳

📝 **전방후원분前方後圓墳**

앞부분인 4각형 부분은 장례가 거행되던 장소이고, 뒷부분인 후원부는 고분 주인의 사체가 매장되어 있고, 꼭대기부분에는 원통형 하니와埴輪, 항아리형 하니와 등이 매장되었다.

31.3.1. 기마민족 정복 왕조론과 천황

미즈노 유우水野裕씨는 초기의 야마토 조정에서는 왕권교체가 두 번 있었다는 설을 주장하고 있다. 아무튼 여러 정황을 살펴볼 때 야마토 조정은 강력한 중앙집권은 아니었던 것이 확실하며 당시에 각 지방에는 안티 야마토 조정이 형성되어 있었던 것으로 추측된다. 그 중 대표적인 것이 큐우슈우九州의 쿠마소熊襲와 하야토隼人, 츄우고쿠中国지방의 이즈모出雲, 동북지방의 에미시蝦夷였다. 『코지키古事記』, 『니혼쇼키日本書紀』는 야마토 조정이 쓴 역사서이기 때문에 이들 안티 야마토 조정을 악당으로 묘사하고 있다. 일본정치에서는 특히 천황가가 형식상으로는 2000년 가까이 혁명을 당하지 않고 자리를 유지하고 있다. 이것은 일본 특유의 2인자 실권정책 때문이다. 천황이 최고 권위에 있을 때는 제2인자가 나타나 권력을 잡고 전권을 행사했으며 막부가 일인자였을 때도 식켕執權이나 칸레에管領, 로오쥬우老中 등이 전권을 행사했다. 지금도 파벌정치로 막후총리대신(카게노 소오리 다이징影の總理大臣) 등이 존재하며 자신은 무대에 나타나지 않고 뒤에서 정치를 조정하는 사람이 있다. 그 첫 단추를 끼운 사람이 쇼오토쿠 타이시聖德太子였다. 그는 천황이 될 수 있었음에도 불구하고 제2인자가 되어서 개혁을 했다. 이것이 정권이 실패해도 1인자인 천황에게 직접 불똥이 튀지 않았던 이유이다.

31.3.2. 불교의 전래〈仏教の伝来〉

불교가 일본에 전래 된 것은 538년이라고 되어 있는데 이 때 오오오미大臣라 는 직책의 소가노 이나메蘇我稲目는 찬성파였고, 군사와 제사의 리더였던 오오 무라지大連라는 직책의 모노노베노 오코시物部尾興는 반대파였다. 불교가 전해 지기 전에 일본에는 신토오神道가 있었다. 모노노베物部씨는 「외국의 가르침 따위를 받아들이면 신토오神道의 신이 노한다」며 극구 반대했다. 이에 대해 소 가蘇我씨는 「외국의 문물이라도 좋은 것은 들여와야 한다」라며 양보를 하지 않았다. 이것을 숭불논쟁(수우부츠 론소오崇仏論争)이라고 한다. 그때 천황은 신도 를 지지하면서도 「사적으로 불교를 믿는 것은 좋다」는 모호한 태도를 취하고 있었다. 당시 종교는 일본 정치체제와 관련이 있었다. 신토오를 중심으로 한 정권은 죽은 조상을 신으로 하는 각 호족들이 연합하여 정권을 만들고 있었으

📷 쇼오토쿠 타이시聖德太子와 두 왕자

며 그들의 정점은 천황이 아니라 조상신이었다. 이에 소가씨는 신토오나 조상신과는 전혀 관계가 없는 불교를 받아들여 천황중심의 중앙집권국가를 만들려고 노력했다. 이른바 모노노베씨는 보수파, 소가씨는 개혁파였던 것이다. 결국 이것은 전쟁으로 이어져 도래인(토라이징渡来人)을 등에 업은 소가 씨의 승리로 끝나면서 나라의 중앙집권화가 급물살을 탄다.

 오오오미大臣와 오오무라지大連

중앙의 유력한 호족에게 주어진 성(카바네姓)의 일종이었다. 이것으로 가문(이에가라家柄)이나 직업, 신분 등을 나타냈다. 지방의 호족에게는 키미君・아타에直・미야코造 등이 주어졌고, 도래인에게는 오비토首・후히토史・이미키忌寸 등이 주 어졌으며 자그마치 30개의 계급이 있었다.

31.3.3. 쇼오토쿠 타이시〈聖德太子〉와 그 후

쇼오토쿠 타이시는 593년 숙모인 스이코 천황推古天皇의 섭정으로 약관 19세에 정치무대에 데뷔한 다. 그의 후원자가 된 것은 소가노 우마코蘇我馬子였다. 스이코 천황은 우마코의 조카이고 소가씨와

쇼오토쿠 타이시는 친척관계였다. 소가씨는 쇼오토쿠를 섭정으로 앉히고 정치의 실권을 잡으려 했다. 그러나 쇼오토쿠는 천황 중심의 정치를 위한 개혁을 단행한다. 그 대표적인 것이 캉이 쥬우니카이冠位 12階로 그것은 가문이나 신분에 의해서가 아니라 재능이나 업적에 의해서 관위를 주는 제도로서 천황 주위에 우수한 인재가 몰리도록 한 배려였다. 그는 이어 헌법憲法 17조十七条를 만들어 공포하였다. 그것은 공인의 마음가짐을 불교의 교리에 의해 역설한 것으로 천황에게 복종하고 화합을 중시하며 각 호족의 힘을 누르고 천황에 의한 중앙집권을 목표로 한 것이었다. 그는 또한 켄즈이시로 오노노 이모코小野妹子를 수나라에 파견하면서 당시 수나라가 주변국가에게 갖고 있던 중심국가의 위신을 건드리는 서신을 수나라 황제인 양제(요오다이煬帝)에게 보낸다. 〈해가 뜨는 나라의 천자가 서신을 해가 지는 곳의 천자에게 보내노라/히 이즈르日出る 토코로노処の 텐시天子, 쇼오書を 히 봇스르日没する 토코로노 텐시니 이타스処の天子に致す〉라는 내용이 바로 그것인데 이에 수나라 황제가 격노했다고 한다.

그는 4살에 글을 깨우치고 6살에 불교 경전을 읽을 정도로 천재였다고 한다. 하지만 소가蘇我씨의 전횡을 막을 수 없었던 그는 「세상은 거짓과 위선 투성이로 허무하기 짝이 없다. 부처만이 진실하다」라는 말을 남기며 49세에 생을 마감한다.

📷 에미시蝦夷와의 싸움

쇼오토쿠 타이시의 죽음이후 소가蘇我씨의 권력다툼은 날로 심해지고 그들은 전횡을 일삼았다. 소가노 우마코의 아들인 소가노 에미시蘇我蝦夷와 그 아들 이루카入鹿는 쇼오토쿠 타이시의 아들에게 모반의 죄를 뒤집어씌워 자살케 한다. 소가씨의 너무나도 방약무인한 태도에 용서할 수 없다고 생각한 것이 죠메에舒明 천황의 아들인 나카노오오에노 오오지中大兄皇子와 중급호족인 나카토미노 카마타리中臣鎌足였다. 645년에 둘은 이루카를 아스카飛鳥에서 살해하고 다음날 에미시를 습격하자, 에미시는 자살하고 만다. 이 쿠데타는 성공하여 같은 해에 일련의 정치 개혁을 이루는데 이것이 바로 타이카의 개혁(大化の改新 645)이다. 하지만 이 사건이 처음부터 존재하지 않았던 것으로 보는 학자도 있다. 나카노오오에노 오오지는 23년 후에 즉위하는데 이 사람이 텐지 천황天智天皇이다. 당시에는 천황의 아들이 왕위를 계승한다는 룰이 없었기 때문에 그 뒤 천황의 후계자로는 동생인 오오아마노 오오지大海人皇子라고 알고 있었는데 텐지 천황은 자신의 아들인 오오토모노 오오지大友皇子에게 왕위를 계승하고 싶어 했다. 이에 자신의 처지에 위험을 느낀 오오아마는 출가를 하고 만다. 671년에 텐지 천황이 죽고, 오오아마가 그 때까지의 독재정치를 일삼고 있던 조정에 분노를 느낀 호족들과 연합하여 병사를 일으키자, 오오토모는 결국 자살하고 만다. 이것이 진싱의 난(壬申の乱 672)이다. 이 난 직후에 오오아마는 템무 천황天武天皇으로 즉위하는데 자신의 힘으로 정권을 쟁취했기 때문에 천황의 권력은 전례 없이 강해지기 시작했다.

31.4. 나라 시대의 정변〈奈良時代の政変〉

푸르름이 좋구나. 도읍지, 나라에 핀 꽃향기처럼 지금 번성하도다. (아오니 요시あをによし 나라노 미야코 와奈良の都は 사쿠 하나노咲く花の 니오우가 고토쿠匂うがごとく 이마 사카리 나리今盛りなり)

710년에 후지와라쿄오藤原京에서 천도한 헤에죠오쿄오(平城京/현, 나라奈良)는 망요오슈우万葉集에서도 노래되는 것처럼 꽃향기가 넘치는 곳이었지만 한편에서는 약 80년간에 피로 피를 씻는 격한 권력투쟁이 연속적으로 펼쳐지는 곳이기도 했다.

천도 당시의 권력자는 후지와라노 카마타리(藤原鎌足/나카토미中臣에서 성이 바뀜)의 아들인 후히토不比等였다. 후히토가 죽자 후지와라의 라이벌인 황족 중에서 템무 천황의 손자인 나가야노 오오키미長屋王가 정치의 실권을 잡는다. 정치복권을 노리던 후히토의 4명의 아들은 나가야노 오오키미에게 모반의 의심이 있다며 그를 그의 가족과 함께 자살시킨다. 이것이 나가야노 오오키미 사변長屋王の変이었다. 그들은 정권을 잡긴 했으나 당시에 유행하던 천연두에 걸려 4명 모두 사망한다. 그 뒤 황족인 타치바나노 모로에橘諸兄가 등장하는데 코오묘오光明 황후의 총애를 받고 있던 후지와라노 나카마로藤原仲麻呂에 의해 실각되어 후지와라씨가 재등장하게 된다. 그런데 퇴위가 되어 있을 코오켄 상황孝謙上皇이 도오쿄오道鏡라는 승려를 중용(두 사람이 가까워진 것은 상황의 병을 치료하기 위한 것이기는 하지만 상황이 여자인 점을 감안할 때 두 사람의 사랑이 있었던 것으로 추측된다)하기 시작함으로써 나카마로는 궁지에 몰린다. 마침내 나카마로는 반란을 일으켰으나 실패하고 도오쿄오는 법왕(호오오오法王)이 되어 군림하지만 후지와라노 모모카와藤原百川에 의해서 추방된다. 기나긴 치열한 전투 끝에 최후의 승리를 쟁취한 것은 후지와라씨藤原氏였다.

나라 시대에는 가뭄과 지진이 극심하여 기근과 역병이 끊임없이 찾아든 나머지, 민심이 흉흉해지고 사회불안이 지속되었으며 그런 와중에서 정변이 자주 일어났다. 이 시대의 서민들은 가난에 시달리면서 몹시 고통스런 생활을 해야 했지만 당시 나라

📷 후지와라노 카마타리藤原鎌足

시대의 고급관료는 연봉이 현재 금액으로 환산하면 2억원에서 3억원으로 초호화판 생활을 했다고 한다. 또한 나가야노 오오키미의 저택은 자그마치 그 부지가 토오쿄오 돔의 13배였고 조공으로 바친 각종 값진 물건이 그득했다고 한다.

「옷소매 붙잡고 우는 아이를 떼어놓고 여기 변방까지 왔도다. 엄마도 없는 아이를(카라 고로모韓衣 스소니 토리츠키裾に取り付き 나쿠 코라오泣く子らを 오키테조 키누야置きてぞ来ぬや 하하나시니 시테母なしにして)」이라는 사키모리노 우타防人歌는 엄마도 없는 아이를 떼어놓고 변방을 지키기 위하여 그곳까지 가지 않으면 안 되는 서민의 고달픔을 노래한 것이다. 귀족의 화려한 생활에 비해 서민들의 극도로 비참한 생활이 드러나 있는 노래이다.

31.5. 헤에안 천도〈平安京への遷都〉

캄무 천황桓武天皇은 784년에 갑자기 나라奈良의 헤에죠오쿄오平城京에서 쿄오토京都부근의 나가오카쿄오長岡京로의 천도를 선언한다. 이미 정치에 크게 관여하기 시작한 나라奈良의 토오다이지東大寺나 코오후쿠지興福寺 등의 불교세력을 끊어버리기 위한 조치였다. 천도에 드는 비용은 엄청나고 세월도 많이 요구되어 천도 후에도 건설은 계속되었다. 그러나 그는 천도한지 10년도 못 되는 794년에 다시 지금의 쿄오토京都에 세상의 평화가 찾아오도록 하는 염원을 담아 헤에앙쿄오平安京라고 이름짓고 그곳으로 천도를 한다. 그가 갑자기 천도한 이유는 785년에 일어난 사건에서 비롯되었다. 당시 나가오카쿄오의 조영造營 책임자였던 후지와라노 타네츠구藤原種継가 암살된다. 범인 그룹으로 사와라 친왕早良親王이 주목받았는데 그는 천황의 친동생이었다. 격노한 형이 관여하지 않았다고 강변하는 동생을 아와지섬淡路島으로 유배시키자, 동생은 항의 표시로 단식을 실시하다가 끝내는 죽고 만다. 우연히도 그 뒤에 불상사가 연달아 일어난다. 모친, 황후, 부인(측실)이 연이어 급사하고 황태자까지도 원인불명의 병으로 위독하게 된다. 또한 천연두가 유행하고 수도는 두 번의 대홍수가 강타한다. 이것은 죽은 동생의 저주라며 서둘러서 쿄오토京都로 천도를 하게 되면서 이름도 평안의 염원을 담았던 것이다. 그리고 이후 1869년 토오쿄오東京 천도까지 천황은 쿄오토에 살게 된다.

참고로 헤에앙쿄오平安京와 에도성江戸城은 음양도(응요오도오陰陽道)에서 말하는 동쪽의 강, 남쪽의 패인 땅, 서쪽의 대로, 북쪽에는 구릉지라는 사신상응(시진 소오오오四神相応)이 잘 들어맞는 땅에 있다고 한다.

헤에안 시대에도 두 번의 난이 있었는데 타이라노 마사카도平将門의 난과 후지와라노 스미토모藤原純友의 난이 그것이다. 특히 타이라노 마사카도는 전설상의 인물이다. 그는 독립국가를 목표(칸토오 도쿠리츠 셍겡関東独立宣言)로 싸웠지만 꿈을 이루지 못하고 940년에 죽고

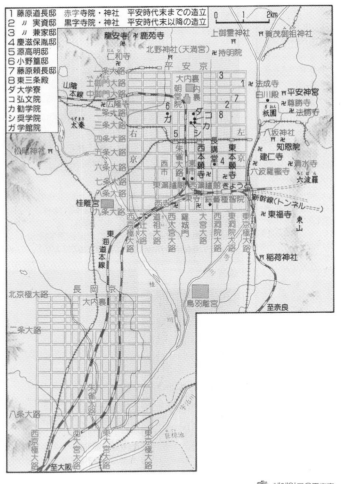

헤에앙쿄오平安京

만다. 하지만 우리나라의 임꺽정만큼이나 뒷이야기가 무성하고 관동지방에는 그를 모시는 진쟈神社가 상당히 많다. 그는 왼쪽 눈에는 눈동자가 두개 있어 그가 한번 노려보면 날아가는 새도 떨어지고 그에게는 6명의 똑같이 생긴 카게무샤影武者가 있었다고 하며 그의 몸은 쇠로 만들어져서 활이 그의 몸을 맞추면 튄다고 했다. 그의 엄청난 힘에 곤란을 겪던 후지와라노 히데사토藤原秀鄕는 타이라노 마사카도가 총애하는 여인을 유혹하여 마사카도의 약점으로 카게무샤는 그림자가 없고 진짜 본인은 관자놀이가 아킬레스건이라는 사실을 알아냈다고 한다. 결국 그는 살해되고 그의 목은 쿄오토의 장안에 내걸렸는데 언제까지고 생기를 잃지 않고 껄껄 웃고 있었으며 잘려진 동체를 찾아 마구 날아다녔다고 한다. 토오쿄오의 오오테마치大手町는 그의 목이 힘이 빠져 떨어졌다고 하는 장소이다. 또한 그의 목을 손상시키려고 할 때마다 병자와 죽는 사람이 속출했다고 한다. 귀족에게 착취당한 서민들의 아픔을 마사카도의 전설이 많이 짊어진 것으로 볼 수 있다.

31.5.1. 헤에안 시대의 미인상〈平安時代の美人像〉

색이 희고 얼굴은 크고 통통하고 흰하며 눈이 가늘고 입이 작은 여인이 미인이었다. 얼굴에는 새하얀 색을 칠하고 눈썹은 전부 뽑았으며 눈썹을 그렸다. 그리고 어른이 되면 치아를 까맣게 물들이고(오하구로お齒黒) 립스틱을 발랐다. 머리는 길수록 미인 취급을 받았기 때문에 걸을 때 머리가 질질 끌렸다.

31.5.2. 후지와라씨에 의한 섭정〈藤原氏のよる摂関政治〉

헤에안 시대는 곧 후지와라藤原의 시대라고 해도 과언이 아니다.

이 세상은 모두 생각한 대로 이루어지고 보름달처럼 기우는 일도 없도다(코노요오바この世をば 와가요토조 오모우我が世とぞ思ふ 보오게츠노望月の 카케타루 코토모欠けたることも 나시토 오모에바無しと思へば)

후지와라노 미치나가藤原道長는 자신의 영화의 절정을 이렇게 노래 불렀다. 후지와라씨는 다른 성을 배척하며 귀족이나 호족을 차례차례 물리치고 중요한 관직을 독점하게 된다.

31.5.2.1. 섭관정치〈摂関政治〉

당시의 후지와라藤原씨는 섭정 혹은 관백 정치를 했다.

섭정(셋쇼오摂政)은 천황이 어리거나 병약할 때 천황을 보좌하는 것이고, 관백(캄파쿠関白)은 성인이 된 천황을 보좌하는 것이다. 후지와라씨는 자신의 딸을 천황에게 시집보내고 그 아들을 천황으로 만들고 천황의 외조부가 됨으로써 정치의 실권을 잡으려 했다. 외척정치라는 방법으로 후지와라씨는 번영의 극을 달린다. 후지와라 가문은 미치나가道長 시대에 전성기를 맞이한다. 그는 억세게 행운아였다. 3남으로 태어났으면서도 두 형이 역병으로 죽었으며 덕분에 후지와라씨 가문을 이어받는 우지

쵸오자氏長者자리를 둘러싸고 치열하게 벌어진 암투를 이기고 최종승자가 되었다. 그는 5명의 딸을 천황의 황후로 보내 고이치조오後一条・고스자쿠後朱雀・고레에제에後冷泉라는 3사람의 천황의 외조부로서 30년에 걸친 권세와 영화를 만끽한다. 이 시대는 일부다처제가 보통으로 천황은 부인을 많이 거느리며 많은 왕자를 낳았다. 그리고 왕자는 보통 외가에서 자랐으며 왕자의 교육은 왕자의 외조부가 맡는 경우가 많았다.

이렇게 하려면 가장 우선되어야 할 것이 딸을 갖는 것이고 그 딸이 천황의 마음에 들도록 매력적으로 교육시키는 것이었다. 당시에 후지와라씨는 딸에게 와카和歌나 코토琴, 비파琵琶 등을 익히게 하고 아름답고 현명한 여인으로 키우기 위하여 가정교사를 고용하지 않으면 안 되었다. 세에쇼오 나공淸少納言, 무라사키 시키부紫式部와 같은 문학자도 딸 교육을 위해서 후지와라씨에게 고용되어 있던 가정교사와 같은 존재의 여인들이었다.

헤에안 시대의 귀족들은 사실상의 세습제였으며 중・하위 귀족들은 상위귀족이 될 수 없었다. 그들은 이른바 상급 국가공무원으로서 온갖 특혜를 다 누렸으며 부친의 계급에 따라서 귀족의 상하 등 모든 것이 결정되었다. 특히 이미 선포되었던 개간전답 사유재산법(콘뎅 에에넹 시자이호오墾田永年私財法/조건부로 개간한 땅을 영구사유로 하는 법)에 따라 개간한 사람들의 사유재산이 인정됨에 따라 지방의 호족이나 힘이 있는 농민들은 토지를 개간해서 사유지로 만드는데 혈안이 되는 한편, 세금을 줄이기 위해서 온갖 지혜를 짜냈다. 지방관리인 코쿠시国司보다 지위가 높은 귀족들의 이름을 빌리면 세금을 내지 않아도 되었기 때문에 키싱寄進이란 이름으로 앞 다투어 높은 귀족의 이름을 빌리려 하였다. 따라서 귀족은 이름만을 빌려주고 이익을 챙기며 장원을 넓혀갔다. 이 시대의 중・하위귀족은 코쿠시国司가 되어 지방에 내려가 4~6년의 임기동안 농민에게 가혹한 세금을 매겨 한탕 버는 것이 꿈이었다. 따라서 중・하위귀족들은 코쿠시가 되기 위하여 섭관가(셋캉케摂関家)에게 뇌물을 주는 것이 유행했다. 이로 인해 이른바 오직(오쇼쿠汚職)사건이 판치게 되는 결과를 낳게 된다. 이 오직으로 지방정치는 부패가 극에 달하고 치안은 악화되며 결국은 무사들이 횡행하는 결과를 낳았다. 또한 유력 귀족의 이름으로 된 장원은 세금을 거둘 수가 없어 나라의 재정이 거덜나고 율령제는 붕괴를 맞이하게 된다.

마침내 170년 동안 유지해온 후지와라의 영화가 막을 내리는 계기가 되는 결정적인 사건이 일어났다.

후지와라노 미치나가藤原道長의 아들인 요리미치頼通의 황실로 시집간 딸에게 왕자가 태어나지 않은 것이다. 1068년에 즉위한 고산조오 천황後三条天皇의 어머니는 황실출신이었다. 고산조오 천황은 섭관가의 간섭을 받지 않고 정치를 하려고 했다. 그는 장원 정리령(소오엔 세에리 레에荘園整理令)을 내리고 문란했던 장원을 정비해나갔다. 이 때문에 후지와라 씨의 재정기반이 서서히 붕괴되기 시작했다. 또한 그는 황위계승 문제로 복잡해질 것 같으므로 왕위를 아들인 시라카와 천황白河天皇에게 물려주고 상황(죠오코오上皇/천황에게 권리를 물려준 다음 얻는 존칭이고 호오오오法皇는 불가로 출가한 상황을 말한다)이 되어 원정(인세에院政/천황의 아버지나 할아버지가 실권을 쥐고 통치하는 것)을 실시하려고 하지만 곧 병으로 죽고 만다. 본격적인 원정이 확립된 시기는 시라카와 천황 때부터인데 그는 상황이 된 후, 3대 〈호리카와堀

河・토바鳥羽・스토쿠崇德) 천황의 원정으로서 43년간 실질적인 권력을 휘두른다. 그리고 이 원정은 그 후 약 100년 간 지속된다. 이것이 결국에는 무사들의 발호의 시발점이 된다. 상황의 경비를 맡을 사람이 필요했고 그들은 이면의 보이지 않는 곳에서 상황을 지키는 상황의 사적인 병사였다. 한편으로는 나라奈良의 코오후쿠지興福寺나 히에에장比叡山의 엔랴쿠지延曆寺에 승병이라 불리는 무장한 승려가 절을 지키고 있었으며 그들은 가끔 자신들의 요구를 관철시키기 위해 수도까지 쳐들어가 폭력을 휘둘렀다. 무소불위의 권력을 휘둘렀던 시라카와 천황白河天皇도 뜻대로 되지 않는 것 세 가지가 「카모가강의 물賀茂川の水, 스고로쿠双六의 사이采, 승병僧兵」이라고 했다.

 관련 키워드

※ 천황을 둘러싼 당시의 여러 정치 형태
▽섭관 정치(섹칸 세에지摂関政治)　어린 천황이나 병든 천황을 보좌하는 정치.
▽관백 정치(캄파쿠 세에지関白政治)　성인이 된 천황을 보좌하는 정치.
▽원정 정치(인세에 세에지院政政治)　상황 또는 법황이 국정을 쥐락펴락하는 정치.
▽친정(신세에親政)　천황이 직접 통치하는 정치.
▽칭제(쇼오세에称制)　천황이 부재인 채로 황태자가 하는 정치.
▽쵸오소重祚　일단 물러났던 천황이 다시 천황이 되는 것.

 스고로쿠双六

　두 사람이 대좌하여 두 개의 채(사이采)를 나무통에 넣고 흔들어서 나온 눈의 개수만큼 말판에 말을 전진시켜 빨리 적진에 들어가는 것을 승리로 하는 게임.

 사무라이侍의 대두

　시라카와 상황白河上皇의 아버지 고산조오 천황後三条天皇은 1069년의 장원정리령을 내려, 새 장원이나 서류가 미비된 장원을 인정하지 않으려 했다. 이에 대항하여 장원 영주인 엔랴쿠지延曆寺나 코오후쿠지興福寺는 나라 호오시奈良法師, 야마 호오시山法師라 불리는 승병을 연이어 파병하고 카스가 타이샤春日大社의 신목神木이나 히에 진쟈日吉神社의 미코시御輿를 앞세워 쿄오토京都의 시가지를 황폐화시켰다. 후지와라씨의 우지가미를 모신 카스가 진쟈와 조정이 있는 쿄오토를 지키는 히에에산의 신령이 깃든 신성한 물건들을 마구잡이로 끌어내는 데에는 나는 새도 떨어뜨린다는 상황도 묘수가 없었다. 이처럼 귀족들이 신불神仏을 무서워하고 악승들의 난폭한 폭거에 전율하고 있을 때 〈힘에는 힘으로〉라며 맞선 것이 무사들이었다. 악승들의 폭거에 견디다 못한 상황은 무사들의 무력에 호소하여 원院과 자신의 신변을 보호하게 한다. 무사들의 경호하는 장소가 원의 북쪽에 있었기 때문에 북면의 무사(호쿠멘노 부시北面の武士)라는 이름이 붙었다. 조정에서도 똑같이 무사들에게 경호를 맡겼다. 이들 신분이 높은 사람들을 모시는 행위를 사부라우(섬기다/모시다さぶらふ/仕える)라고 했으며 이 동사에서 명사 사무라이(侍)가 파생한 것이다. 원래는 중류귀족의 임무였던 경호업무가 이때부터 무사들의 몫이 되었다.

　이처럼 귀족들은 불교의 저주가 두려워 승병을 마음대로 못했지만 무사들은 그들을 잔혹하게 무찔렀다. 결국 상황의 권위는 강화되었지만 동시에 무사들의 세력이 귀족을 대신하게 되는 빌미를 제공하게 된다.

31.5.3. 호오겡의 난〈保元の乱〉

1156년 시라카와 법황白河法皇의 손자인 토바鳥羽 상황이 죽자, 스토쿠崇德 상황과 고시라카와後白河 천황 간의 알력이 무력충돌로 발전하였다. 이것이 호오겡保元의 난이었다. 이 난은 시라카와 법황白河法皇때문에 일어났다. 천하의 바람둥이인 그는 손자인 토바의 처와 불륜의 관계를 맺었고 그 때 태어난 것이 스토쿠崇德였다. 조부와 자신의 처 사이에서 태어난 스토쿠가 좋을 리 없는 토바는 스토쿠 상황에게 권력을 주지 않고 고시라카와만을 대우했다. 이것을 분하게 여긴 스토쿠가 고시라카와로부터 권력을 뺏으려고 결의한다. 마침 섭관가攝關家에서는 관백關白 후지와라노 타다미치藤原忠通와 그의 동생 요리나가頼長가 상속을 둘러싸고 한창 싸움 중이었고 타이라 가문(헤에케平家)에서는 숙부인 타이라노 타다마사平忠正와 조카인 타이라노 키요모리平淸盛의 집안싸움이 있었으며 미나모토 가문(미나모토케源家)에서는 아버지인 미나모토노 타메요시源爲義와 아들인 미나모토노 요시토모源義朝의 집안싸움이 있었다. 이 싸움은 결국 스토쿠 상황대 고시라카와 천황을 축으로 형과 동생, 숙부와 조카, 아버지와 아들이 양측으로 패가 나뉘어져 벌이는 싸움의 양상으로 전개되었고 고시라카와 천황 측이 완전한 승리를 거두게 된다.

결국 스토쿠 상황은 카가와현香川県의 사누키讚岐로 귀양가게 된다. 이 싸움은 처음으로 무사와 무사의 싸움이었다. 즉 귀족의 시대에서 무사의 시대로의 전이를 알리는 신호탄이었던 것이다.

31.5.4. 헤에지의 난〈平治の乱〉

위의 싸움에서 타이라노 키요모리平淸盛만이 중용된 것에 불만을 품은 미나모토노 요시토모源義朝는 1159년 후지와라노 신제에藤原信西와 싸우고 있던 후지와라노 노부요리藤原信頼와 결탁하여 키요모리의 부재중에 쿠데타를 일으켜 고시라카와後白河 상황과 니죠오二条 천황을 누르고 신제에의 목을 베는데 성공한다. 하지만 키요모리淸盛가 돌아오자 상황은 급변하여 요시토모는 동국으로 패주하던 중 살해당하고 만다. 이 싸움으로 미나모토 가문源家의 일족은 모조리 처형을 당하고 만다. 당시 요시토모의 아들 요리토모頼朝는 13살이었는데 키요모리의 계모 이케노 젠니池禅尼의 간청에 의하여 목숨을 건지고 이즈伊豆로 유배를 떠난다. 나중에 그가 타이라 가문平氏을 토벌하는 대장이 될 줄은 키요모리도 당시에는 꿈조차 꾸지 못했을 것이다. 난 평정 후에 키요모리는 무사로는 처음으로 공경(쿠교오公卿/公은 太政大臣및 左·右大臣이고 卿은 大·中納言, 参議 및 3위 이상의 朝官을 병칭한 말)에 임명되고 나중에는 태정대신(다이죠오 다이징太政大臣)까지 임명된다. 그가 이렇듯 고속 승진하게 된 것은 실은 그가 시라카와 상황의 숨겨진 자식이었기 때문이다. 키요모리는 딸인 토쿠코德子를 타카쿠라高倉 천황의 부인으로 앉히고 태어난 안토쿠安德 천황의 외할아버지로 외척정치를 하였다. 그리고 조정의 모든 자리를 오직 타이라 가문(헤에케 이치몽平家一門)으로만 독점하게 하고 다른 성을 배척하였다. 이것은 과거에 후지와라씨가

📷 타이라노 키요모리平淸盛

한 것과 똑같은 정치였다. 그는 한편으로는 무사를 양성하였다. 귀족정치에 무사정치를 가미한 형태의 정치를 한 것이다. 한편 1177년에 타이라씨 독주에 불만을 품은 고시라카와後白河 상황의 측근 신하들이 쿄오토의 시시가타니鹿が谷의 별장에서 타이라씨 타도를 모의하다가 내부변신자가 생겨 관계자 전원이 처벌을 받는 사건이 일어나고 1179년에는 키요모리의 아들 시게모리重盛와 후지와라 가문으로 시집가 있던 딸이 연달아 사망하자 고시라카와後白河 상황은 그들의 땅을 전부 몰수해 버린다. 이에 타이라노 키요모리는 군사를 이끌고 상황을 유폐시키고 원정을 폐지시킨다.

31.5.5. 겜페에의 난〈源平の乱〉

📷 단노우라壇の浦의 싸움

타이라 씨에 대한 불만이 날로 높아지는 가운데 1180년에 고시라카와 법황의 둘째 왕자인 모치히토 오오以仁王가 타이라씨 타도 명령을 전국에 내리며 미나모토노 요리마사源頼政와 군사를 일으킨다. 이것이 겜페에源平의 난이다. 그러나 그는 쿄오토의 우지宇治에서 참패하고 전사한다.

한편 이즈伊豆로 유배되었던 요리토모頼朝가 군사를 일으켜 이즈에서 싸우지만 이시바시야마石橋山 전투에서 패하고 바다건너 보오소오房総반도로 도망갔다가 카마쿠라鎌倉로 이동하여 동국東国무사들의 거점을 만든다. 한편 키소木曽에서는 미나모토노 요시나카源義仲도 거병, 쿄오토에 입성하여 고시라카와 법황과 손을 잡는다. 바로 이때 키요모리가 병사하며 타이라씨平氏는 서쪽으로 패주를 거듭한다. 요시나카는 처음에는 환영을 받지만 꾀가 많은 고시라카와 법황의 술책에 말리고 만다. 원정院政을 부활시키려는 고시라카와 법황은 요리토모에게 요시나카를 칠 것을 명한다. 이 때 맹위를 떨친 것이 요리토모의 동생 미나모토노 요시츠네源義経였는데 그는 요시나카를 토벌하고 서쪽으로 패주하던 타이라씨를 토벌한다. 결국 시모노세키下関의 단노우라壇の浦에서 안토쿠安徳 천황은 물에 빠져 죽고 타이라씨平氏는 완전히 섬멸된다. 이렇듯 요시츠네는 훌륭한 전과를 세우지만 형인 요리토모에게 쫓기다 4년 뒤 자살한다. 교묘한 고시라카와 법황의 이간술책이 근간이 되었다는 이야기가 정설이다.

📷 미나모토노 요시츠네

요시츠네는 요리토모의 배다른 동생이다. 그는 처음에는 쿠라마鞍馬절에 맡겨졌다가 각지를 전전하게 된다. 형의 거병소식을 듣고 달려가 함께 싸워 혁혁한 공을 세우지만 형과 여러모로 인간적으로 다른 점 등이 이유가 되어 31살의 짧은 생애를 마치게 된다. 이 둘 형제간에는 전설적인 인물이 많고 그들의 관계를 작품화시킨 것도 많다.

시즈카 고젱静御前이라는 전설적인 인물도 그 중 하나인데 그녀는 요리토모 앞에

📷 미나모토노 요리토모

483

키워드로 여는 일본의 響

서 요시츠네를 그리워하는 무용을 펼쳤다가 요리토모를 격분시키기도 했다. 승려 벵케에弁慶는 고죠五条의 다리에서 요시츠네와 건너기 시합을 하여 패함으로써 요시츠네에게 반하고 그의 부하가 되었으며 이후 평생동안 생사고락을 함께 했다.

한편, 요리토모는 이즈에 유배되었을 때 호오죠오 토키마사北条時政의 딸 마사코政子와 사랑에 빠졌는데 이를 달갑지 않게 여긴 토키마사가 서둘러 다른 남자와 결혼시키려하다 결혼당일 억수같이 쏟아지는 빗속을 달려 마사코는 요리토모에게로 갔으며 결국은 나중에 두 사람이 정식으로 결혼하게 되었다.

 옴묘오지/옹요오지〈陰陽師〉

헤에안 시대에는 음양오행설(옴묘 고교오세츠陰陽五行説)이 유행하여 가무를 삼가고 집에 머물며 심신을 깨끗이 하는 모노이미物忌み와 외출할 때에 손 타는 방향을 피하기 위해 한번 다른 방향으로 이동하는 행위인 카타타가에方違え 등이 귀족들 사이에서 많이 행해졌다. 이것을 어드바이스 하는 사람이 옴묘오지였는데 그 중에서 가장 유명한 사람이 아베노 세에메에安部晴明였다. 보통 옴묘오지는 별의 움직임에 따라서 길흉을 점치고 주술에 의해서 재난을 막고 사람의 마음속에 깃든 귀신이나 악귀(모노노케物の怪)를 진정시키는 기도사, 주술사 같은 것으로 그들은 국가 공무원으로 대우를 받으며 궁중에 근무했다. 당대 최고의 권력자인 후지와라노 미치나가藤原道長도 그를 절대 신뢰했다고 한다.

31.6. 카마쿠라 막부〈鎌倉幕府〉

1192년〈좋은 나라(이이쿠니1192) 만들자 카마쿠라 막부〉에 미나모토노 요리토모源頼朝가 정이대장군〈세에이타이쇼오군征夷大将軍/헤에안 시대에 에미시蝦夷 토벌 대장이었던 지위가 도중에 폐지되었다가 요리토모 이후 무사의 최고 권위자를 일컬음〉이 되어 카마쿠라에 막부〈바쿠후幕府/전투 때 주로 장군들이 작전회의를 하던 곳으로 진지에 막을 쳐서 사용했기에 장군의 상징공간으로 막부라 했다〉를 개설한 것이 시초이다.

하지만 일부 역사가들은 요리토모가 전국의 슈고〈守護/각 지방의 군사·경찰〉와 지토오〈地頭/지방의 토지관리·세금징수·치안유지〉의 임면권을 조정으로부터 이양받은 1185년을 시초라고 보는 견해도 있다. 여기서 지토오는 농민으로부터 세금을 받아 영주에게 바쳤는데 그는 중간에서 횡령하거나 농민들에게 가혹한 세금을 매기며 농민들과 그 처자의 귀를 자르고 코를 베거나 머리칼을 자르는 가혹행위를 서슴지 않았다. 그래서 〈우는 애와 지토오에게는 당해낼 재간이 없다〈나쿠코토 지토오니와 카테나이泣く子と地頭には勝てない〉〉는 속담마저 나왔다.

카마쿠라가 선택된 것은 그곳이 삼면이 산으로, 한 면이 바다로 둘러싸인 요새인데다가 전통적으로 미나모토 가문源家의 근거지였기 때문이다. 그리고 이미 그곳의 군대인 동국무사가 주축이 되어 조정을 물리쳤기 때문에 일거에 전국의 무사가 막부 휘하로 들어오게 되고 이들 중 특히 막부와 주종관계를 이룬 무사들을 고케닝御家人이라 하는데 이들은 일본 특유의 은혜와 충성관계〈고온토 호오코오ご恩と奉公〉라는 주종관계로 맺어지게 된다. 결국 고옹ご恩이라면 쇼오궁将軍으로부터 은사를 받거나 영지를

받는 것이고 호오코오奉公란 은사에 대한 댓가로 쇼오궁을 위해서 목숨을 바쳐 싸우는 것을 의미한다.

1199년에는 요리토모가 말에서 떨어져 돌연 사망한다. 2대 쇼오궁이 된 것은 그의 아들 요리이에頼家였는데 그는 자신의 장인인 히키比企씨를 중용하며 고케닝御家人을 멀리하고 독단전횡의 정치를 하려고 했다. 그러나 요리이에의 어머니 호오죠오 마사코北条政子가 친정아버지 토키마사時政와 짜고 요리이에를 정치로부터 격리시키며 유력 고케닝 13인에 의한 합의제를 도입한다. 이에 불만을 품은 요리이에는 히키씨와 호오조오씨 타도를 위해 병사를 일으키지만 패하고 자신은 이즈伊豆의 슈젠지修善寺에 유배되었다가, 1204년에 목욕 중에 암살된다. 그가 암살되기 전해에는 그의 동생 사네토모実朝가 3대 쇼오궁 자리에 앉게 되지만 1219년에 요리이에의 아들인 쿠교公暁에게 암살당하고 미나모토源씨는 3대에서 막을 내린다.

31.6.1. 죠오큐의 난〈承久の乱〉

조정의 코토바 상황後鳥羽上皇은 절호의 찬스라고 생각하고 당시 카마쿠라의 가장 유력한 실권자인 호오죠오 요시토키北条義時의 토벌을 결의한다. 이미 요리토모가 죽었으므로 고케닝이 자신의 편이라고 생각한 코토바 상황의 생각은, 요리토모의 부인 마사코가 고케닝 앞에서 행한 연설로 마음을 고쳐먹은 고케닝들의 동조로 수포로 돌아가고 참패하고 만다. 이 전쟁의 승리로 조정에 협력한 귀족公家이라든가 무사들의 장원을 몰수하여 막부에 협력한 무사들에게 재분배한다. 막부의 통치가 명실 공히 전국을 아우르는 상징적인 로쿠하라 탄다이(六波羅探題/조정과 막부의 교섭을 담당했다. 로쿠하라의 남과 북에 설치

📷 코토바 상황後鳥羽上皇

되었고 호오죠오北条 가문에서 각각 1명씩 파견되었다)가 설치되는데 이로써 서국의 무사들을 컨트롤하고 조정을 감시하게 되었다. 그리고 조정이 갖고 있던 다양한 권한이 막부로 이양되었는데 이중 황위계승에 관한 권한이양은 가장 큰 것이었다. 사실상 천황의 임면권한을 막부가 거머쥔 것이었다.

카마쿠라 막부의 총 140년 동안 미나모토 가문源家은 쇼오궁將軍이 겨우 3대로 30년에 불과하고 호오죠오 가문北条家이 식켕(執權/요리토모頼朝 시대에 토키마사時政가 초대에 임명된 쇼오궁 보좌기관의 우두머리. 2대부터는 사실상 카마쿠라의 최고 권위직이었다) 11대로 110년 동안 계속되었다. 그간의 역사는 다음과 같다.

1318년에는 고다이고後醍醐 천황이 즉위했다. 당시에는 다이카쿠지 토오大覚寺統와 지묘오인 토오持明院統의 두 파에서 천황황위 계승을 둘러싸고 다투고 있었는데 막부의 결정으로 양진영에서 교대로 천황이 배출되었다. 그때 이미 두 차례의 몽고 침입으로 고케닝의 불만은 커져 있었다. 내전이라면 전쟁승리로 협력한 고케닝에게 토지로 보상할 수 있었는데 외적의 침입은 전쟁을 이겨봤자 상처뿐인 영광이었다. 이를 간파한 고다이고 천황이 두 차례에 걸쳐 막부를 타도하는 계획을 세우지만 모두 사전에 발각되어 시마네현島根県의 오키隠岐로 유배된다. 그는 그곳에서도 아들 모리요시護良왕자의 명령으로 막부에 반대하는 전국 무사들의 궐기를 촉구하며 반격을 시도한다. 그리고 그는 악당(아쿠토

오惡党/유력농민, 상공업자, 금융업자, 유통업자들과 교류하는 무사들)이라 불리며 체제전복을 꿈꾸고 게릴라활동을 전개하던 무사들의 네트워크를 활용하여 오키로부터 탈출하여 본격적인 막부타도 활동을 벌인다. 한편 막부 측에서는 반란 진압을 위해 유력 슈고守護인 아시카가 타카우지足利高氏를 보내지만 막부열세를 간파한 타카우지는 천황 측으로 배신한다. 미나모토源씨의 피를 이어받은 타카우지는 타이라씨의 자손인 호오죠오씨에 대해 반발심을 갖고 있었던 것이다. 그의 배신을 계기로 많은 무사가 천황쪽으로 기울었으며 마지막으로는 닛타 요시사다新田義貞가 카마쿠라로 쳐들어가 11대 식켕인 호오죠오 타카토키北条高時를 자살시킴으로써 카마쿠라 막부는 멸망한다. 이때가 1333년이었다.

31.6.2. 카마쿠라 시대의 신불교〈鎌倉時代の新仏教〉

고대 불교는 이른바 귀족들만의 종교로 사치품이었는데 카마쿠라 시대에 접어들면서 잦은 전란과 천재지변(템펜치이天變地異), 그리고 이어지는 기근으로 급속하게 불교가 민중으로 파고든다. 그리고 이 시대는 유명한 종파가 나타난다.

31.6.2.1. 정토종〈죠오도슈우浄土宗〉
호오넹法然에 의해 열리고 「나무 아미다부츠南無阿弥陀仏」라고 소리내어 한마음으로 외치기만 하면 누구든지 극락정토에 갈 수 있다고 설파하였다.

31.6.2.2. 정토진종〈죠오도신슈우浄土真宗〉
호오넹의 제자 신랑親鸞은 단 한번이라도 「나무 아미다부츠」라고 외치면 반드시 구원받는다며 특히 자신이 악인이라고 생각되는 사람이야말로 아미타불은 우선적으로 구해준다고 하는 아쿠닝 쇼오키설惡人正機説을 주장했다.

31.6.2.3. 시종〈지슈우時宗〉
입펭一編이 개종하고, 「나무 아미다부츠」라고 춤추면서 염불을 외우면 모든 사람이 구제된다고 말하며 전국을 순회하며 포교 활동을 했다.

31.6.2.4. 일연종〈니치렌슈우日蓮宗〉
이 종교는 〈나무 묘오호오렝게쿄오南無妙法蓮華経〉라는 말을 하면, 사람은 살아있는 부처가 될 수 있다고 설법하였다. 니치렝日蓮은 〈다른 종교를 믿으면 지옥으로 간다〉면서 다른 종교를 격하게 비난했기 때문에 유배를 당하기도 했다.

31.6.2.5. 선종〈젠슈우禪宗〉

중국에서 전래된 젠슈우禪宗는 좌선(자젠坐禪)에 의해서 자신의 힘으로 깨달음의 세계에 도달하는 것을 목적으로 하고 있다. 자기 자신과 마주봄으로써 구제를 얻는다는 것이 무사의 기질과 맞아 막부를 중심으로 신자들을 늘려갔는데 이 선종에는 두개의 종파가 있다.

31.6.2.5.1. 임제종〈린자이슈우臨濟宗〉

중국의 송나라에서 수행을 쌓은 에에사이榮西에 의해서 열렸다. 좌선을 하면서 승려로부터 받은 어려운 질문을 풀어감으로써 스스로 득도한다는 것이다. 에에사이는 호오죠오 마사코北条政子의 마음에 들었기 때문에 린자이슈우는 막부의 보호를 받아 무사들 사이에 급속하게 퍼져갔다.

31.6.2.5.2. 조동종〈소오토오슈우曹洞宗〉

에에사이의 문하생 묘오젱明全의 제자인 도오겡道元에 의해서 열린 종교인데 그는 오직 좌선에 의해서만 깨달음에 도달할 수 있다고 설파하며 좌선을 중시했다.

좌선坐禪

결가부좌(켁카후자結跏趺坐)라는 독특하게 앉는 자세로 정좌靜座하여 정신을 갈고 닦는 불교의 수행법이다. 기원은 요가 등이 발원된 인도이지만 선종은 중국·일본에서 독자의 발전을 이룩한 불교형태로 특히 중세이후에 일본문화에 끼친 영향은 절대적이다. 좌선 자체가 일본인의 예절 및 극기정신의 원천의 하나라고 생각되어지고 있으며 스즈키 다이세츠鈴木大拙 등은 선禪을 일본문화의 핵으로 해외에 소개하고 있다. 궁지에 몰리거나 자신을 응시하거나 할 때 참선하는 것은 옛날부터 보통 행해지던 것으로 그것과 병행해서 1970년대 후반부터는 〈종교회귀〉의 풍조 속에서 신비적인 명상술로 재조명되고 있으며 80년대에는 건강 붐 속에서 스트레스 관리법이라든가 다이어트법의 하나로 인식되고 나아가 자기관리법, 집중력을 기르는 기술로 실용서에 취급되는 등 좌선은 여러 가지 형태의 다양한 버전이 있다.

31.7. 무로마치 막부〈室町幕府〉

교오토京都의 아시카가 타카우지(足利尊氏 전에는 타카우지高氏)가 정이대장군〈세에이 타이쇼오궁征夷大将軍〉이 되어 무로마치室町에 막부를 개설한 것이 무로마치 시대의 시작이며 이후 15대 쇼오궁인 아시카가 요시아키足利義昭가 오다 노부나가織田信長 타도를 위해 군사를 일으켰다가 패퇴하여 교오토에서 탈출하면서 막부가 멸망하기까지의 시기이다.

원래는 이때부터 무로마치 시대라는 말이 있던 것이 아니고 3대 아시카가 요시미츠足利義満가 교오토의 무로마치에 저택을 짓고 그곳에서 정치를 했기 때문에 후세의 역사가들이 붙인 이름이다. 타카우지 1대 쇼오궁 시대는 그 스스로가 동생 타다요시直義와 싸우고 있었고 왕조도 남북으로 갈리어 있었기 때문에 정권이 견고하지 않았다. 카마쿠라 막부를 타도하고 교오토로 돌아온 고다이고後醍醐 천황은 막부타도에 공을 세웠던 무사

📷 고다이고 천황後醍醐天皇

들은 등용을 배제한 채 아무런 공이 없던 귀족들을 중신에 등용하며 스스로 친정을 계획한다. 일등공신이었던 타카우지에게는 원래 천황이 되기 전 자신의 이름이던 〈타카하루尊治〉에서 타카尊를 쓰게 한 것뿐이었다. 이것도 명예라면 명예겠지만 타카우지의 목표는 자신이 장군(쇼오궁將軍)이 되어 무사정권을 세우는 일이었다. 두 사람의 목표는 전혀 달랐다. 그 무렵에는 조정에서도 다이카쿠지 토오大覚寺統의 고다이고後醍醐 천황과 지묘오인 토오持明院統의 코오곤光厳 상황간의 대립이 계속되고 있었다. 타카우지는 자신이 정복한 쿄오토에 불만이 극에 달한 무사들을 등에 업고 당시 지묘오인 토오의 코오묘오光明 천황을 옹립하며 정치의 기본방침인 켐무 시키모쿠建武式目를 제정한다. 이것이 북조(호쿠쵸오北朝)이며 사실상의 무로마치 막부의 시작이다. 한편 고다이고 천황은 타카우지와 강화조약을 맺긴 하지만 나라의 요시노吉野로 도망가서는 조정을 열고 3종의 신기≪산슈노 징기三種の神器/황위의 상징으로 역대 천황이 계승해온 물건인 거울〈야타노 카가미八咫鏡〉·검〈쿠사나기노 츠루기草薙剣〉·옥〈야사카니노 마가타마八尺瓊勾玉〉의 세가지를 가리킨다≫를 가진 자신이 정통의 천황이라고 주장한다. 이것이 남조(난쵸오南朝)이다.

아시카가 요시미츠足利義満

이 남·북조는 타카우지 형제의 싸움이 격화되면서 60년이나 지속된다. 결국은 3대 쇼오궁 아시카가 요시미츠足利義満에 의해서 북조와 남조가 교대로 천황을 내는 규칙인 료오토오 테츠리츠両統迭律를 남조의 천황인 고카메야마後亀山 천황에게 제시하여 3종의 신기는 북조 천황인 고고마츠後小松 천황에게로 돌아간다. 하지만 정치라는 것이 으레 그러하듯 애초에 요시미츠로서는 교대로 천황을 낼 마음은 전혀 없었고 북조의 천황으로의 단일화를 기획하고 있었다. 이에 분개한 고카메야마 천황은 일단은 법황이 되었다가 다시 요시노吉野로 가서 세력을 규합한다.

3대 쇼오궁 요시미츠義満는 화려함을 좋아했으며 그가 세운 저택을 하나노 고쇼花の御所라고 했다. 그는 킹카쿠지金閣寺로 대표되는 이른바 키타야마 붕카北山文化의 화려함을 즐겼다. 그는 중국의 명나라에 사자를 보내 스스로를 신하라고 격하하고는 조공무역을 건의하며 명의 황제에게 일본물품을

北山文化－킹카쿠지金閣寺　東山文化－깅카쿠지銀閣寺

헌상하고 이를 크게 기뻐한 명황제로부터 헌상품을 훨씬 상회하는 많은 물품을 하사 받는다. 이러한 그의 의지에 따라 무역도 활발했다. 중국으로부터는 생사, 견직물, 도자기, 서화, 약, 영락통보 등이 수입되었고, 일본으로부터는 말, 칼, 부채 등이 수출되었다.

이 시대의 통치는 카마쿠라와 비슷했지만 3대 쇼오궁을 절정으로 4대 쇼오궁인 요시모치義持 시대에는 이미 유력 슈고守護와 칸레에(管領/장군을 보좌하고 막부의 정무전체를 총괄하는 역할로 아시카가씨의 일족인 시바斯波·호소카와細川·하타케야마畠山 등의 3씨 성이 맡았다)에 의한 합의체로 운영될 만큼 이후 막부의 권력은 대폭 약화되었다.

31.8. 전국 시대의 개막과 일본 통일〈戦国時代の開幕と日本統一〉

31.8.1. 오오닝의 난〈応仁の乱〉

1467년 8대 쇼오궁 아시카가 요시마사足利義政 때에 막부와 슈고守護를 2분하는 난이 일어난다. 원인은 세가지로 분석된다. 그 첫 번째가 쇼오궁 가문將軍家 후계를 둘러싼 싸움이었다. 요시마사義政의 정실인 히노 토미코日野富子에게는 자식이 없었기 때문에 다음 쇼오궁으로 요시마사의 동생인 요시미義視가 예정되었다. 그런데 이렇게 정해지고 난 다음 토미코가 아들인 요시히사義尚를 낳게 되어 요시미와 토미코의 싸움이 발발된다. 두 번째가 칸레에管領 집안인 시바 가문과 하타케야마 가문에서 내분이 일어난다. 그리고 호소카와 카츠모토細川勝元와 야마나 소

🎞 오오닝의 난応仁の乱

오젱山名宗全이 각각 스스로가 막부에서 최고의 권위자라며 맹렬한 라이벌 의식을 불태우며 각각 호소카와는 요시미에게 붙고, 야마나는 요시히사쪽에 붙고, 지방의 슈고는 어느 쪽인가에 붙어서 이윽고 완전히 둘로 나뉘게 된다. 그리고 호소카와가 이끄는 동군과 야마나가 이끄는 서군은 각 지방의 슈고에 소집령을 내려 쿄오토에 집중하는데 동군 16만, 서군 11만이었다. 그들은 쿄오토의 절이나 숙소 등을 거점으로 자그마치 11년이나 싸우고 쿄오토는 불바다가 되어 이 불똥은 일본전역으로 확산된다. 1473년에 야마나와 호소카와는 각각 병사하는데 여전히 전투는 이어지고 1477년에 겨우 화의가 이루어진다. 기나긴 전란으로 막부와 쇼오궁의 권위는 완전히 붕괴되고 하위계급이 실력으로 상위계급을 지배하는 하극상(게코쿠죠오下剋上)풍조가 생기면서 전국(셍고쿠戦国)시대를 맞이한다. 이 시대는 150개가 넘는 셍고쿠 다이묘오戦国大名가 군웅할거 한다. 그들은 막부와는 아무런 상관없는 독립된 존재로 일국일성(익코쿠 이치죠오一国一城)의 주인이었다.

거의 100년이 넘게 전국 시대가 계속된 것은, 전국 시대의 다이묘오는 막부와 관계없이 독립된

법인체와 같았으므로 다이묘오는 항상 가신이 배신하지 않도록 충분한 보상을 해주어야 했고 가신들은 자기가 모시는 다이묘오가 번영해야 자신도 잘 살 수 있었기에 상대방의 영지를 빼앗기 위해 총력을 기울여 싸웠던 것이다.

31.8.2. 우에스기 켄싱〈上杉謙信〉과 타케다 싱겡〈武田信玄〉

에치고(越後/지금의 니이가타新潟)의 우에스기 켄싱上杉謙信과 시나노(信濃/지금의 나가노長野)의 타케다 싱겡武田信玄은 다섯 차례에 걸쳐서 둘의 경계선인 카와나카지마川中島에서 1553년부터 1564년까지 무려 11년 동안이나 싸웠다. 발단은 싱겡이 영토 확장의 야심을 품고 시나노의 북쪽을 침범하자 그쪽의 영주들이 켄싱에게 달려가서 도움을 청한 것이 도화선이었다. 이른바 싱겡의 야심과 켄싱의 정의감이 부딪힌 싸움이었던 것이다. 그 둘은 양자 간의 치열한 싸움 때문에 천하를 손에 쥐는 전쟁에는 뒤처지고 말았다.

31.8.3. 오다 노부나가의 대두〈織田信長の台頭〉

「울지 않으면 죽여 버려라 두견새鳴かぬなら/殺してしまへ/ホトトギス」라는 센류우川柳로 대변되듯 격한 성격으로 알려진 오다 노부나가織田信長는 1534년 오와리(尾張/지금의 아이치현愛知県의 서부)의 서남부 성주 오다 노부히데織田信秀의 아들로 태어났다. 그는 어렸을 때 여장을 하거나 이상한 몸차림으로 머리가 빈 정신이상자라고 불리기도 했다. 그러나 아버지의 뒤를 이어 성주가 되자 차례차례로 라이벌을 물리치고 무장으로서 뛰어난 재능을 발휘하기 시작한다. 그가 전국에 등장한 것은 1560년 스루가駿河의 이마가와 요시모토今川義元를 물리친 오케하자마 전투桶狭間の戦い에서였다. 장대비가 억수같이 쏟아지는 날, 이마가와의 30,000명의 군대를 맞아 겨우 3,000명의 노부나가의 군대가 그냥 맞서 싸우는 것은

📷 오다 노부나가織田信長

거의 불가능했다. 그는 이마가와 요시모토가 있는 본진의 수비가 허술한 틈을 노려 기습공격으로 단번에 이마가와 요시모토의 목을 베는데 성공한다. 그 이후 승승장구하여 불과 20년 만에 일본전국의 반에 해당하는 일본중부를 완전히 장악하는 전국 시대의 패자로서 우뚝 서게 된다. 그는 아이디어맨으로서 비즈니스 마인드의 소유자로도 유명하다. 불화살을 맞아도 불타지 않는 철갑의 배를 만들기도 하고 당시에 제조 초기단계의 철포를 대량생산하여 철포대를 3열로 정렬시켜 연달아 발사하게 함으로써 연발의 효과를 나타내는 〈삼단격장전법/산당우치 소오텡호오三段擊裝填法〉이 위력을 발휘하여 1575년 나가시노長篠・시타라가하라設楽原 전투에서 당시 최강이라던 타케다 싱겡의 기마군단을 격파한다. 그는 꿈을 크게 가지며 전국 시대의 종지부를 찍겠다는 강한 신념을 갖고 있었다. 또한 그는 텡카후부天下布武 라는 말을 자주하고 다녔는데 그것은 귀족이나 사찰세력을 배제하고 무가가

중심이 되어 정치를 하고 싶다는 평소의 꿈을 대변한 말이다.

그는 아시카가 요시아키足利義昭를 15대 쇼오궁으로 옹립하며 쿄오토에 입성하는데 요시아키가 기뻐서 노부나가를 부 쇼오궁으로 임명하려 하지만 고사한다. 이후 막부재건에 안간힘을 쏟던 요시아키가 타케다 싱겡으로 하여금 노부나가를 치게하지만 싱겡은 병사하고 요시아키는 추방당한다. 이로써 무로마치 막부는 완전히 멸망한다. 이것이 1573년이다. 그는 이어 이시야마 홍간지石山本願寺가 이끄는 전국 네트워크를 가진 승려들의 소동인 익코오익키一向一揆를 철저하게 궤멸시킨다.

1488년에는 카가(加賀/지금의 카나자와金沢)에서 익코오 익키에 의해서 카가 슈고 다이묘오守護大名가 자살하고 〈홍간지 몬토本願寺門徒공화국〉이 세워진다.

이들은 사찰에 의한 전국 통일을 꿈꾸며 싸우다 죽으면 극락정토에 간다고 믿고 결사항전의 태세로 싸웠기 때문에 11년에 걸친 소탕작전에서는 10만명이 넘는 몬토(浄土真宗의 신자들)가 죽었다.

31.8.4. 혼노오지의 변〈本能寺の変〉

1582년 6월 2일 새벽 전국통일을 눈앞에 두고 있던 오다 노부나가는 새벽에 가신인 아케치 미츠히데明智光秀의 반란(무흥모반)에 의해 불 속에서 자살하고 만다. 그는 츄우고쿠中国지방에서 모오리毛利와 싸우고 있던 히데요시秀吉를 격려하러 가는 도중에 하룻밤을 부하 몇 명을 데리고 혼노오지本能寺라는 절에서 숙박하고 있었다. 당시 미츠히데의 병력은 13,000명이었다. 그는 측근무사 모리 람마루森蘭丸 등과 방어했지만 역부족으로 절에 불을 질러, 그 속에서 자살한다. 이때 그의 나이 49세였다.

31.8.4.1. 혼노오지의 모반을 일으킨 이유

아케치 미츠히데明智光秀가 혼노오지의 모반을 일으킨 이유로서 가장 설득력이 있는 것이 하타노 형제의 참수사건이다. 1578년 가을 오다織田세력이 모오리毛利 세력과 치열한 공방전을 벌이고 있을 때 오다케織田家에 속해있던 야가미八上성의 하타노 히데하루波多秀治가 모오리 세력으로 배신(네가에리寝返り)해간다. 이에 하타노국波多の国 제압의 임무를 맡은 것이 미츠히데였다. 미츠히데는 우선 성 주위에 해자를 파서 성과 밖의 왕래를 막는 공격법인 효오로오 제메兵糧攻め방법을 썼다. 하지만 야가미성은 의외로 완강히 버텨 다음해 여름까지 항복을 받아내지 못하고 있었다. 한편 히카미氷上성도 야가미성처럼 배신했지만 노부나가가 미츠히데 응원겸 해서 보낸 니와 나가히데丹羽長秀는 가볍게 성을 함락시킨다. 조수助手격인 나가히데는 간단하게 임무를 완수했는데 주전격인 미츠히데는 이 일을 성사시키지 못해 애를 태우고 있었다. 결국 미츠히데는 자신의 어머니를 야가미성에 인질로 보내 휴전교섭을 한다. 하타는 미츠히데의 어머니를 인질로 잡고 노부나가와 화의를 하기 위해 노부나가를 찾아 아즈치安土성으로 간다. 노부나가는 노발대발하며 성을 함락시키라 했지 화의를 하라고 했냐며 하타波多를 참수시켜 버린다. 야가미八上성에서는 속았다며 미츠히데의 어머니를 죽이고 성문을 닫아 버린다. 성을 함락시켜 공을 얻기는커녕 어머니를 잃은 그는 마음으로 복수의 칼을 갈았던 것이다. 그리고 다른 이유도 있는데 그는 자신의 영지인 니와丹羽와 오오미近江지방의 일부를 갑자기 몰수당하고 적의 수중에 있는 토지 이즈모出雲와 이와미石見를 받았던 것이다. 미츠히데 쪽에서는 어이가 없었을 것이다. 그리고 한번은 작은 말실수를 하여 노부나가가 잔을 집어던지는 바람에 이마에 피가 흐르도록 상처를 입었던 일도 있었다. 이런저런 일들이 누적되어 모반에까지 이르게 된 것이다. 마지막으로 또 하나 지적되고 있는 것이 조정 흑막설이다. 당시에는 조정과 노부나가의 채널 역할을 미츠히데가 했었다. 그때 노부나가는 쇼오궁이 되길 원했고 조정에서도 그를 쇼오궁으로 만들려는 움직임까지 있었으나 조정이 확답을 하기 바로 전에 죽었기 때문에 조정이 미츠히데를 조정해서 모반을 일으키지 않았나 하는 것이다. 그리고 이제까지 쇼오궁은 미나모토씨源氏혈통을 이어받은 가문에서 나오는 것이 상식이었는데 평상시에 타이라씨平氏계열을 자처해온 노부나가를 쇼오궁으로 만들 수는 없다고 미츠히데가 생각했는지도 모른다. 그리고 결정적인 것은 하극상의 시대에 노부나가를 물리치면 스스로가 일인자가 되지 않을까 하고 착각했는지도 모른다. 또 절대절명의 순간에 노부나가가 간질을 일으켰다는 설도 있다. 혼노오지 1만 5천평의 부지에 동서 약 150m, 남북 약 320m의 광대한 절에 주위는 해자가 둘러지고 해자 안쪽에는 높이 3m에 가까운 토담이 있었으며 토담과 해자 사이에는 해자를 만들기 위하여 파낸 흙을 이용하여 둑을 쌓았다고 한다. 이것은 거의 성과 맞먹는 구조이다. 미츠히데 군은 서쪽으로 공격해 왔다. 나머지 삼면은 노부나가의 군대가 삼엄하게 경비를 하고 있었다고 한다. 분명히 도망갈 수도 있었는데 바로 이 순간에 지병인 간질이 발작했다는 이야기도 설득력 있게 대두되고 있다.

31.8.5. 토요토미 히데요시〈豊臣秀吉〉

하시바 히데요시羽柴秀吉, 나중에 토요토미 히데요시豊臣秀吉는 오와리국(尾張国 현재의 아이치현愛知県 서부) 나카무라中村의 빈농에서 태어났다. 어린 시절, 절에 맡겨졌으나 절을 뛰쳐나와 노부나가의 휘하로 들어가기까지 38번이나 여러 직종을 전전했으며 그 무렵에 상술을 익혔다고 한다. 노부나가의 잡용직부터 출발한 그는 놀라운 상술을 발휘하여 수직상승을 계속한다. 이것은 신분에 관계없이 능력 위주로 인재를 등용하는 노부나가의 인사철학에 의해서 가능하기도 했다. 그가 노부나가의 죽음을 접한 것은 빗츄우(備中/현재 오카야마현岡山県서부)의 타카마츠성高松城에 물 공격(미즈 제메水攻め)을 한창 하던 때였다. 주군 오다 노부나가의 소식을  접하자, 그는 즉시 공격을 멈추고 타카마츠 성주를 할복시킨 다음(위험천만하게도 그냥 등을 돌렸다는 설도 있다) 쿄오토京都로 달려간다. 그곳의 야마자키山崎 전투에서 미츠히데는 살해되고 주군의 원수를 갚게 된다. 혼노오지의 변이 일어난지 11일째 되는 날이었다. 미츠히데를 물리치자 그는 노부나가의 후계자로 급부상한다. 그는 이듬해 최대 라이벌인 시바타 카츠이에柴田勝家를 시즈가 타케賎が岳 전투에서 물리치고 이것을 필두로 적극적인 군사정벌에 나서 전국을 평정해간다. 그리

토요토미 히데요시豊臣秀吉

고 마침내 토쿠가와 이에야스까지 굴복시키고 천하통일의 꿈을 완성시킨다. 이때가 1590년이다.

그는 무사로서의 재능은 뛰어났지만 워낙 천출이라 쇼오궁將軍은 못되고 조정으로부터 캄파쿠關白와 다이죠오 다이징太政大臣이란 지위를 얻어 정치의 실권을 잡는다.

빈농의 아들로 태어나 천하를 거머쥔 그는 하극상 시대에 밑에서부터 치고 정상까지 등극한 가장 전형적인 입지전적 인물이며 그는 곧 시대를 상징하는 인물이었다. 하지만 자신을 쓰러뜨리는 자가 나타나지 않을까 하는 불안에 빠진다. 1588년 그는 전국에 칼 수거령(카타나 가리레에刀狩令)을 내려 전국의 무기를 모두 수거한다. 표면상으로는 대불大仏건립을 위해 못이 필요하다고 했지만 실제 이유는 그동안 농민과 승려의 분규로 애를 먹었던 그가 분규를 박멸하기 위해 내린 조처였다. 그와 동시에 그가 추진한 대표적인 정책이 타이코오 켄치太閤検地였다. 그는 오다 노부나가 시대의 자율신고제 때에는 전국에 측량단위가 가지각색이었는데 켄치샤쿠検地尺라는 통일된 자를 마련한다. 그리고 자신이 임명한 행정담당관인 부교오奉行가 농지에 직접 가서 그 자로 측량하고 면적, 등급, 경작자 등의 데이터를 토지대장(켄치쵸오検地帳)에 기입해 간다. 그리고 그는 농민을 연공 납입 책임자로 선정하고 농민이 토지를 소유하게 만들었다. 그것은 농민을 토지에 묶어두는 역할을 하기도 했다. 그리고 그는 농민, 무사, 상인의 신분제도를 철저하게 고정시켰는데 이로써 자신과 같이 벼락출세하는 사람을 원천적으로 철저하게 봉쇄시킨 것이다.

그는 일본에서는 전대미문의 불세출의 영웅이지만 우리나라에서는 이토오 히로부미伊藤博文 등과 함께 가장 극악무도한 사람중의 하나이다. 다름 아닌 두 차례에 걸친 조선침략 때문이다.

그는 천하를 거머쥐자, 함께 공을 세웠던 다이묘오大名들에게 은상으로 토지를 많이 주어야 한다는 망상에 사로잡혔다. 그리고 조선을 정복하여 그 토지를 다이묘오에게 나누어 주려고 생각했던 것이다. 그 첫 번째가 1592년의 임진왜란인데 일본인들은 분로쿠노 에키(文禄の役/1592년이 분로쿠 원년이다)라고 한다. 그는 당시 큐우슈우九州의 나고야名護屋에서 전쟁을 직접 지휘했다. 당시에는 15만 명이나 되는 병사가 파죽지세로 조선을 침략, 순식간에 당시의 서울인 한성을 함락시킨다. 하지만 조선 농민들의 조직적인 항쟁과 명나라 원군이 가세함으로써 4년만에 화의하며 전쟁이 끝나는 듯 했으나 그 뒤 계속된 명나라와의 강화교섭 속에서 히데요시의 무리한 요구가 이어지다가 망상에 빠진 히데요시는 재차 조선을 침략한다. 이것이 소위 1597년의 케오쵸오노 에키慶長の役이다. 이때는 이순신 장군의 눈부신 활약으로 보급로가 막히고 일본군은 곳곳에서 호되게 당하다가 히데요시의 죽음으로 1598년에 일본군은 철수하고 만다.

7년에 걸친 전쟁으로 조선은 전 국토가 폐허가 되었고 많은 양민들이 죽었다. 일본군들은 전쟁의 성과를 보고하기 위하여 사람들의 귀와 코를 베어서 소금에 절여 독에 담아서 히데요시에게 보고했다고 하는데 심지어는 살아 있는 사람들의 귀와 코도 쫓아가서 베었다고 한다. 지금 쿄오토의 동쪽 키요미즈데라清水寺 근처에는 토요토미를 신으로 받들고 있는 토요쿠니 진쟈豊国神社가 있는데 그 진쟈 맞은 편에 귀 무덤(미미즈카耳塚)이 있다. 성역화하길 좋아하는 일본인이지만 그곳은 초라하게 거의 버려진 상태로 존재하고 있다. 그래도 양심 있는 일본의 어느 초등학교 교사가 수학 여행지를 쿄오토로 잡아 자신들의 조상이 나쁜 짓을 했다는 사실을 아동들에게 가르쳐주어 그들에게 천 마리의 종이학(셈바즈루千羽鶴)을 접어서 그곳에 방문할 때 걸어 놓게 한 것을 필자가 그곳에 들렀을 때 확인했다. 일본인이 진정 평화를 원한다면 군국주의의 망령들이 잠들어 있는 야스쿠니 진쟈靖国神社 등에 대한 참배가 아니라 이런 곳을 참배하여 사죄를 하며 평화를 기원해야하지 않을까? 또한 당시에는 우리의 도공들을 납치하여 큐우슈우 지방에서 도자기를 굽게 했는데 그것이 유명한 카라츠야키唐津焼와 아리타야키有田焼이다. 심수관은 슈우메에(襲名/부모 혹은 스승의 이름을 잇게 하여 장인정신을 발전 · 계승시키

📷 귀 무덤(미미즈카耳塚)

는 것)로 지금까지 이어온다. 당시에 조선에서 약탈한 조선의 찻잔 등은 이들에게 매우 귀중한 보물로 여겨졌다.

한편 히데요시는 전투가 치열했음에도 불구하고 전쟁에 참가한 다이묘오들에게 은전을 베풀지 못하고 전쟁에 의한 토요토미가의 재산은 거덜 나 쇠퇴가 빨리 앞당겨지는 결과가 되었다.

31.8.6. 토쿠가와 이에야스의 야심〈德川家康の野心〉

〈오다가 찧고 하시바가 빚은 천하라는 이름의 떡, 가만히 앉아서 먹는 것은 토쿠가와(오다 츠키織田がつき 하시바가 코네시羽柴がこねし 텡카모치天下餅 스와리시 마마니座りしままに 쿠우와 토쿠가와食うは德川)〉 이것은 에도 시대 후기에 만들어진 쿄오카(狂歌/해학, 골계를 부른 비속한 탕카)였다. 다시 말해서 노부나가가 모든 재료를 준비하고 그 재료로 히데요시가 요리를 완성시키자 이에야스가 그것을 덥석 집어먹었다는 내용이다. 이에야스는 너구리라는 별명처럼 감정을 드러내지 않고 묵묵히 기다림의 미학을 실천하며 그 덕으로 일본 천하를 최종적으로 접수한 사람이다. 그는 노부나가와 히데요시가 천하통일을 하는 과정을 지켜보며 자신의 차례가 오기를 조용히 지켜보고 있었던 것이다.

31.8.7. 세키가하라 전투〈関が原の戦い〉

전국戦国 시대를 완전히 마감하는 전투인 세키가하라 전투는 이시다 미츠나리石田三成와 토쿠가와 이에야스德川家康의 싸움이었다. 히데요시는 죽으면서 이에야스에게 자신과 요도도노淀殿사이에 생겨난 6살 난 아들 히데요리秀頼를 부탁한다고 유언으로 남겼고 배신을 하지 않겠다는 혈서까지 쓰게 했다. 이에야스는 울먹이면서 유언을 지키겠다는 맹세의 표시로 고개를 끄덕였다고 하지만 결국은 그 약속을 지키지 않았다. 그는 생각이 달랐던 것이다. 자신보다 위인 히데요시에게는 고개를 숙이고 기꺼이 그의 수하에 들어갔지만 그의 아들에게까지 그럴 필요는 없다

📷 세키가하라 전투関が原の戦い

고 결론을 내리고 다음 세대는 자신의 것이라고 생각한 것이다. 그는 아직 전국 시대가 끝나지 않은 진행형이라고 생각했다. 이에 대해 미츠나리는 일본의 전국통일은 이미 히데요시가 이루어 낸 완료형이고 자신은 히데요리를 보필해야 한다고 생각했다. 이 생각 차이에서 전쟁은 일어난 것이다. 이에야스는 미츠나리를 물리쳐 히데요리를 벌거벗은 주군으로 만들 생각이었다. 이시다 미츠나리는 상당히 고지식한 성격으로 어느 날 모오리 테루모토毛利輝元가 제철이 아닌 복숭아를 히데요시에게 헌상하자, 주군께서 배탈이라도 나면 큰일이라고 반려했다고 한다. 그는 자로 잰 듯한 성격에 융통성이 전혀 없어 많은 적을 만들었다.

싸움은 이에야스가 이끄는 동군(토쿠가와 이에야스, 카토오 키요마사加藤清正, 후쿠시마 마사노리福島正則 등이 지휘하는 7만명)과 서군(이시다 미츠나리, 모오리 테루모토毛利輝元, 코니시 유키나가小西行長 등이 지휘하는 8만명)의 싸움이었다.

딱 한 나절 만에 결판이 나고만 이 전투는 처음에는 동군이 포진이나 군세면에서 절대적으로 불리한 위치에 있었다. 하지만 사전교섭의 명수, 밀약의 프로였던 이에야스는 필승을 확신하고 뛰어든 전투였다. 그는 이미 싸움 시작 전 적군장수 80여명에게 180통 이상의 편지를 보내서 자기편으로 투항할 것을 권했다. 싸움초기에는 호각지세였으나 코바야카와 히데아키小早川秀秋의 배반으로 전세가 결정적으로 역전된 것이다. 처음에는 히데아키가 밀약대로 행하지 않고 관망하며 좀처럼 움직이지 않자, 그는 히데아키의 진지에 포를 쏘대며 약속대로 빨리 돌아서라고 종용한다. 히데아키가 어쩔 수 없이 배신에 가담하자 전쟁은 쉽게 결판이 났다. 이것은 동일본의 쌀 중심의 경제와 서일본의 은銀중심의 경제가 부딪힌 전쟁으로도 유명하다. 결국은 농업중심의 경제가 패권을 쥐고 일본을 다스리게 된 것이다.

세키가하라 전투 승리 3년 후에 이에야스는 쇼오궁將軍이 되어 막부를 개설한다. 그리고는 단 2년만에 그 지위를 아들 히데타다秀忠에게 물려준다. 이 때 히데타다의 나이가 겨우 27세였다. 이는 〈토쿠가와 정권은 한시적인 것으로 히데요리가 성장하면 정권은 토요토미 가문으로 온다〉고 믿고 있는 오오사카성 토요토미 측의 소박한 믿음을 단번에 불식시키고 토쿠가와 정권은 토쿠가와가 세습한다는 새로운 룰을 세상에 보여준 것이다.

토요토미 측으로서는 상당한 쇼크였다.

1611년 쿄오토의 니죠오성二条城에서 히데요리를 접견한 이에야스는 그의 훌륭하게 성장한 모습을 보고 질린다. 이대로 두었다가는 히데요시의 은공을 잊지 않고 있는 다이묘오들이 언제 히데요리를 추대할지 모른

🔘 토쿠가와 이에야스德川家康

다며 자신이 살아생전에 토요토미 정권을 궤멸시키지 않으면 안 된다고 마음을 굳힌다. 당시 그의 나이 70세였다. 3년 뒤인 1614년 오오사카성大阪城 겨울전쟁에서는 히데요리가 재건한 호오코오지方広寺의 종에 새겨진 글자인 〈国家安康〉이라는 말속에 이에야스를 저주하는 문자가 있다고 트집을

잡으면서 호오코오지 종명 사건方広寺鐘銘事件이 일어난다. 결국은 이 사건이 빌미가 되어 전쟁이 시작되었다. 이에야스는 또한 관리 임면권이 조정에서 자신에게만 주어졌는데 히데요리가 마음대로 자신의 가신을 관리로 고용했다고 주장했다.

결국은 오오사카를 포위한 이에야스가 성을 둘러싸고 있는 바깥 해자(소토보리外堀)만을 메우기로 합의했지만 이에야스는 안쪽 해자(우치보리内堀)까지 메워 성을 벌거벗겨 놓았다. 다음해 여름의 오오사카성 여름전쟁은 이에야스가 재차 성을 포로 공격하여 난공불락의 성이 함락되고 화염에 쌓인 성에서 요도도노와 히데요리가 자살함으로써 토요토미 가문은 멸망한다.

31.8.8. 노부나가와 히데요시와 이에야스의 3人3色

31.8.8.1. 오다 노부나가織田信長

노부나가의 아버지 노부히데信秀가 있었던 오와리尾張는 동쪽으로 마츠다이라 히로타다松平広忠, 토오토 우미遠江와 스루가駿河의 이마가와 요시모토今川義元, 미노美濃의 사이토오 도오상斎藤道三 등 강력한 다이묘오大名로 둘러싸여 있었다.

이런 지형 상의 이유 때문에 노부히데는 항상 영지를 돌며 침입해오는 적과 싸우지 않으면 안되었다. 그런 노부히데에게 3번째 아기가 태어났고 그 아기는 키츠보오시吉法師라고 이름지어졌다. 그는 어려서부터 과격한 성격으로 젖이 잘 나오지 않는 유모의 젖꼭지를 물어뜯어 잘랐다고 한다. 어려서 아버지를 흉내내며 활과 목마 등을 장난감으로 하고 장래에 전장에서 대장으로 활약하기 위해서 승마나 검술로 몸을 단련하고 전투하는 방법도 익혔다. 13살 때에는 성인식(겜부쿠元服)을 치루고 노부나가信長로 개명하게 된다. 그 다음 해인 14살에 대장으로 첫 출전(우이징初陣)을 하게 된다. 그 후에 아버지는 미노에서 사이토오 도오상과 싸웠지만 패하고 만다. 결국, 도오상과 화해를 하고 그의 딸 노오히메濃姫를 노부나가의 처로 맞아들인다. 그는 어렸을 적 긴 머리를 질끈 동여매고 짧은 하카마를 걸치고 빨간 칼집에 긴 칼을 허리에 차고 항상 표주박을 치렁거리며 말 위에서 감이나 주먹밥을 우물거리거나 걸으면서 떡을 먹기도 했다. 그 때문에 보통사람들에게 노부나가는 도저히 성주의 아들로 보이지 않았다. 가정교사인 히라테 마사히데平手政秀가 몇 번이고 주청을 했지만 그 때마다 묵살당했다고 한다. 1551년 아버지 노부히데가 유행병으로 돌연 사망하자, 장례식을 치르는 자리에 노부나가는 예의 그 차림으로 나타나 아무 말 없이 향을 집어서 위패에 던지고는 사라졌다고 한다. 사람들이 얼간이라고 혀를 차며 수군댔지만 독경 차 온 한 승려는 〈저 사람이야말로 대단히 훌륭한 성주가 될 분이다〉라고 예견했다고 한다. 노부나가의 행동을 끝까지 이해 못했던 가정교사 마사히데는 결국 유서를 남기고 할복하고 만다.

살모사라는 별명으로 악명 높은 장인인 도오상이 자신의 사위가 실제 얼간이인가 시험하기 위해서 쇼오토쿠지聖徳寺에서 만나기로 했다. 사위가 오는 길목에서 몰래 그를 지켜보는데 그는 많은 병사를 이끌고 500개의 활과 철포, 6m이상의 긴 창을 병사들에게 들게 하여 창의 숲처럼 보였지만 기묘한 차림은 여전했다. 이 모습을 본 도오상은 혀를 차며 진짜 얼간이라고 아연실색했는데 나중에 쇼오토 쿠지의 넓은 방의 회견 장소에는 그가 멋진 하카마에 정장을 하고 앉아 있었으므로 그 훌륭한 자태에 놀라며 〈노부나가는 예사의 인물이 아니다, 언젠가 우리아이들도 노부나가의 수하가 될 것이다〉라며 감탄했다고 한다.

　노부나가는 아버지가 죽은 다음 나고야(那古野/현 名古屋)의 성주로서 오와리 서부를 지배하고 있었다. 그 무렵 동부 쪽은 조카가 지배하고 있었고 주변에는 호시탐탐 모반을 노리는 가신들이 많았다. 그는 본보기로 조카 노부토모信友를 멸망시키고 그가 있던 키요스성淸洲城으로 옮겨간다. 이듬해 그의 장인은 자신의 아들인 요시타츠義龍의 모반으로 아들에게 살해되고, 노부나가는 동생 노부유키信行와 어머니가 합세하여 꾀한 2차례에 걸친 모반을 물리치고 오와리의 전 국토를 장악한다. 노부나가는 이어 오케하자마 전투桶狹間 이후 승승장구하는데 전투에 나가기 전에는 제아미世阿弥 작품의 하나인 노오能, 아츠모리敦盛의 춤을 꼭 추었다고 한다. 노부나가는 이어 북 오오미北近江의 아자이(아사이라고 도 함) 나가마사淺井長政와 자신의 여동생 오이치お市를 결혼시켜 동맹을 맺는 한편, 이에야스와 동맹을 강화하기 위하여 9살 난 이에야스의 아들 노부야스信康와 9살 난 자신의 딸 토쿠히메德姬를 결혼시키며 천하통일의 꿈을 착착 실현해간다.

　한편 쿄오토에서는 미요시 산닌슈우三好三人衆에게 살해당한 쇼오궁 아시카가 요시테루足利義輝의 뒤를 이어 쇼오궁 자리를 노리며 요시아키義昭가 도움을 청해오자, 쿄오토에 입성하여 평정시키고 요시아키가 오오기마치正親町 천황으로부터 정이대장군征夷大將軍으로 임명되도록 한다. 이어 노부나가는 쇼오궁의 거처로 니죠오성二條城을 짓기 시작한다. 그는 당시 군의 규율을 강화하기 위하여 여자의 얼굴을 들춰보며 추행을 하는 자신의 부하를 단칼로 목을 베기도 했다.

　이어 그는 이에야스와 합세하여 배신을 한 아자이 나가마사와 아사쿠라 요시카게朝倉義景를 상대로 아네가와姉川를 사이에 두고 격전을 벌인 끝에 승리를 쟁취한다. 패퇴한 나가마사와 요시카게는 전력을 추스리고 히에에장比叡山이라는 산에 자리 잡은 엔랴쿠지延曆寺의 승병들과 손잡고 노부나가를 위협하자, 노부나가는 승병들에게 자기편이 되면 오오미近江나 이세伊勢에 있는 영지를 주겠다고 회유했으나 듣지 않자, 산 전체와 건물에 불을 지르고 도망쳐 나오는 승려와 부녀자, 어린이까지 3,000여명을 살해했다고 한다. 이어 자신의 도움으로 쇼오궁이 된 요시아키가 배반을 하고, 타케다 싱겡이 군사를 수합하여 공격해오자, 최대의 위기를 맞는다. 하지만 쿄오토 시내를 불태우며 요시아키가 숨어든 마키시마성槇島城을 에워싸자, 결국 쇼오궁 요시아키는 항복을 하고 만다. 이 때 최대의 강적 타케다 싱겡이 지병이던 폐결핵 악화로 갑자기 죽는다.

　1573년에는 숙적을 물리치는데, 적의 수장인 아사쿠라 요시카게는 할복하고 자신의 매제인 아자이 나가마사는 부인과 3명의 딸인 챠챠(나중에 히데요시의 측실인 요도도노가 되어 히데요리를 낳는다), 하츠, 오코오(나중에 토쿠가 2대 쇼오궁 히데타다秀忠의 처)를 노부나가에게 보내고 역시 할복한다. 다음해 정월 기후성岐阜城의 연회에서는 그들의 해골どくろ이 잔칫상 앞에 전시된다.

　1576년 노부나가는 츄우부中部·호쿠리쿠北陸·킹키近畿의 넓은 지역을 지배 하에 넣자, 비와琵琶호수가 바라다 보이는 아즈치安土산에 새로운 성을 건립하기 시작한다. 아즈치는 미노나 오와리에서 쿄오토에 이르는 길목에 있었으며 호쿠리쿠나 오오미(지금의 시가현滋賀県)의 정세를 살필 수 있는 곳이었다. 성은 자신의 지배하에 있던 다이묘오들에게 목수나 돈을 징발해서 3년에 걸쳐 완성한다. 이 때 각지의 성이 부서지고 큰 돌이 아즈치산으로 운반되었는데 쟈이시蛇石라는 큰 돌은 연인원 1만명이 아즈치산으로 날랐다고 한다. 그는 아즈치 성 아래에 라쿠이치楽市・라쿠자楽座를 열어서 자유롭게 상업이 번성하도록 했고 성 아래 죠오카마치城下町에는 각처에서 상인들이 몰려들었다고 한다. 그는 마지막까지 남은 모오리毛利 가문과 오오사카의 이시야마 홍간지石山本願寺를 옥죄면서 서양의 선교사를 접견하여 그들의

아즈치성의 화려한 내부광경

요구대로 아즈치성의 죠오카마치에 기독교 학교인 세미나리오를 설치하고 신학, 수학, 음악 등을 가르쳤으며 사냥에서 돌아오는 길에 학교에 들러 음악연주도 듣곤 했다. 또한 씨름 관람도 즐겨하여 우승자를 부하로 채용하기도 했다. 1581년에는 오오기 천황이 지켜보는 가운데 각처에서 모인 다이묘오들의 명마 퍼레이드를 펼치는 한편, 7월의 오봉 때에는 도시의 불을 전부 끄게 하고 아즈치성의 천수각과 산 위의 소오켄지摠見寺에 많은 제등을 달게 했으며 성주변의 해자堀에는 햇불을 단 배를 띄웠다. 꿈처럼 아름다운 성의 화려함의 극치가 바로 노부나가의 영화의 극치를 상징하는 것이었으며 많은 사람들이 감탄하며 관람했다고 한다.

1582년 노부나가는 아케치 미츠히데明智光秀의 군 1만3천명을 하시바 히데요시의 원군으로 보낸 다음 쿄오토의 혼노오지本能寺에서 이마이 소오큐우今井宗久를 초청하여 다회를 베풀고는 잠자리에 들었다가 새벽에 아케치의 모반으로 〈적에게 자신의 목을 건네지 말 것〉을 당부하면서 화염에 휩싸인 혼노오지에서 할복한다.

아즈치성의 모형

그는 자신의 불같은 성격만큼이나 격렬하게 살다 불같이 사라졌다. 하지만 그는 비즈니스 정신에 뛰어나 경영관리는 물론 부의 축적과 그 축적한 부를 무기구입이나 병력증강에 재투자하는 등 자기휘하의 군을 비즈니스 마인드로 훌륭하게 이끌어 갔던 뛰어난 명장이었던 것만은 분명하다.

31.8.8.2. 토요토미 히데요시豊臣秀吉

탐스럽게 익은 벼나 야채를 짓밟는 등 도저히 손을 쓸 수 없었던 히요시 마루日吉丸는 못된 개구쟁이였다. 부모는 7살이 되자, 그를 절에 맡겼다. 하지만 절에서도 그는 전쟁놀이에 날 새는 줄 몰랐다. 그는 〈농민은 애써 농사지어봤댔자, 전쟁이나 장마가 지면 하루아침에 거지가 된다, 이런 농민이 되는 것은 싫다, 훌륭한 주군을 모시는 무사가 되어야 한다〉며 15살 때 아버지가 죽으면서 남긴 동전을 원금으로 바늘장사를 하며 오와리尾張, 미카와三河, 토오토우미遠江를 전전한다. 전전하던 중

그는 토오카이東海지방 최고의 다이묘오인 이마가와 요시모토今川義元의 가신인 마츠시타 카헤에松下加兵衛의 눈에 들어 잡급직 사환으로 채용되며 이름도 토오 키치로오藤吉郎로 바꾼다. 카헤에는 머리가 좋은 토오 키치로오에게 학문이나 무예를 배우게 했다. 그곳에서 그는 승진을 거듭했지만 주변사람의 질투로 괴로워한다. 이 때 오와리에서 새로 생산된 갑옷과 투구를 사오라는 명령을 받고 떠나는 중에 한창 명성을 날리던 오다 노부나가의 소문을 듣는다. 그는 오와리의 마에노무라前野村에서 기름집을 경영하는 이코마 이에나가生駒家長의 집에 머물고 있었는데 그곳은 마침 전국 각처에서 떠돌이 무사들이나 승려가 와서 머물기도 했다. 이른바 미래에 대한 정보가 넘치는 살롱이었던 것이다. 그곳에는 가끔 노부나가도 수행무사 5,6명을 데리고 왔다. 바로 이때를 놓치지 않고 〈토오 키치로오라고 합니다. 노부나가 나으리의 천하통일에 저도 보탬이 되게 해주십시오〉라고 간청을 한다. 이리하여 그는 노부나가의 신발을 정리하는 사환으로 키요스성淸洲城에 발탁된다. 그는 그곳에서 노부나가보다 3시간이나 빨리 일어나 추운 아침에는, 품에 노부나가의 신발을 따뜻하게 품었다가 내놓기도 했다. 그리고 노부나가가 갑자기 외출이나 사냥을 떠나려고 할 때에는 미리 말을 준비해 놓고 있었다.

어느 날 지진으로 키요스성의 토담이 100m 정도 훼손되었다. 노부나가가 즉시 담을 고칠 것을 부하에게 명령했으나 20일이 지나도 완성되지 않았다. 〈이런 식으로는 이 전국 시대에 적의 공습을 받으면 잠시도 버틸 수 없지〉라며 일부러 노부나가가 들리도록 이야기했다. 이 말을 들은 노부나가는 토오 키치로오에게 수리를 명했는데 토오 키치로오는 인원수를 두 배로 늘리고 식사와 술을 충분히 준 다음 두 패로 나누어 상금을 걸며 경쟁을 시켰다. 그 결과 3일 만에 끝났다. 노부나가는 이를 보고 감탄했다고 한다.

오케하자마桶狹間 전투에서 이마가와 요시모토가 이끄는 3만 대군과 싸우게 된 3천 대군의 노부나가는 승산이 없자, 적의 측면을 치는 기습공격으로 요시모토의 목을 노리는 전법을 구사했다. 행진하고 있는 이마가와군의 요소요소에 닌자忍者들을 배치하고 그들의 동태를 낱낱이 토오 키치로오에게 보고하도록 명령을 해놓았던 터였다. 결국은 억수같이 쏟아지는 빗속에서 토오 키치로오에게 〈이마가와 요시모토의 본진이 지금 뎅가쿠하자마田樂狹間에서 휴식 중〉이라는 결정적인 정보가 입수되어 기습으로 요시모토의 목은 베어지고 전투는 노부나가의 완승으로 끝난다.

오케하자마 전투에서 노부나가로부터 실력을 인정받은 토오 키치로오는 아시가루足輕로 발탁되고 아사노 나가카츠淺野長勝의 양녀 네네와 결혼하고 이름도 키노시타 토오 키치로오 히데요시木下藤吉郎秀吉로 개명한다. 이름을 바꾸고 시작한 것이 미노(美濃, 현 기후현岐阜県 남부)공격의 발판을 마련하는 것이었다. 그의 군대는 벌목꾼과 농민을 가장하여 이나바산稻葉山에 들어가 마구 벌목을 자행, 100여 군데에 장작더미 산을 만들었다. 또 다른 군대는 나그네를 가장하여 이노쿠치井口에 들어가 민가에 불을 지름과 동시에 산에도 일제히 불을 질렀다. 민가와 성 아래 마을이 순식간에 불바다로 변하자, 갑자기 이나바야마성은 대혼란에 빠진다. 이를 틈타 성안으로 잠입한 군대는 화약고에 불을 질러 대승리를 거두며 미노 공격에의 발판을 마련한다.

1568년에는 노부나가가 허수아비 쇼오궁 아시카가 요시아키足利義昭를 대동하고 쿄오토에 입성하려 하였으나 도중에 칸논지성觀音寺城과 미츠쿠리성箕作城이 떡 가로막고 버티고 서있었다. 칸논지성은 노부나가가 맡고 히데요시는 미츠쿠리성을 맡았는데 그는 부하들에게 수백개의 횃불을 준비시키고 산기슭과 중턱의 50군데에 군대를 대기시켜 일제히 불을 켜들었다. 그리고 하급무사인 아시가루들에게 횃불을 흔들며 성 쪽으로 향하게 했다. 미츠쿠리성을 지키고 있던 군대는 혼비백산하며 성을 비우고 도망쳤다. 이로써 3일 만에 두 성의 장애물을 제거한 노부나가는 마침내 쿄오토에 입성한다. 노부나가는 입성하자마자, 천황의 거처인 고쇼御所의 개축을 명하고 쇼오궁의 거처로 니죠오성二条城을 결정한다. 그리고 히데요시를 쿄오토의 조정이나 쇼오궁을 보좌하는 역할인 쿄오토 부교오京都奉行에 임명한다. 그는 곧 노부나가에 반대하는 군대가 쿄오토로 입성하는 것을 막기 위해 쿄오토 주변에 군대를 배치하는 한편 고쇼와 니죠오성을 엄중하게 경비하고 황폐해진 쿄오토 시내의 민가와 시장의 재건에 힘썼다. 1570년 노부나가가 에치젱越前의 아사쿠라 요시카게朝倉義景를 공격하기 위해 2만의 군사를 이끌고 공격할 때 자신의 여동생인 오이치お市의 남편, 아자이 나가마사浅井長政가 아사쿠라와의 오랜 관계를 고려한 나머지 노부나가를 배후에서 공격해 왔다. 즉시 노부나가는 철수명령을 내리는 한편 히데요시에게는 뎅군(殿軍·싱가리)역할을 맡긴다. 이 싱가리 역은 철수하는 군대의 맨 후미에서 필사적으로 공격해오는 군대를 막는 어려운 역할이었다. 그는 이 역할도 능숙하게 해낸다.

요코야마성橫山城을 지키는 히데요시秀吉는 노부나가의 중신인 시바타 카츠이에柴田勝家와 니와 나가히데丹羽長秀의 이름에서 각각 한자씩 따서 하시바 히데요시羽柴秀吉라고 개명한다.

1573년 노부나가의 아자이·아사쿠라 총공격 때 히데요시는 아자이가 숨어 있던 오다니小谷성을 공격하는데 이때 아자이 나가마사는 부인인 오이치お市와 챠챠(茶々 나중의 요도도노)를 히데요시에게 넘기고 할복한다. 이 전투에서 아자이 가문의 영지를 대부분 물려받은 히데요시는 나가하마성長浜城을 세우고 처음으로 어엿한 성주가 된다. 무명의 농가 아들로 태어나 성주가 된 것이 그의 나이 37세 때이다. 이어 일본최고의 기마병인 타케다 싱겡의 아들 카츠요리勝頼와의 싸움에서는 3중의 통나무 방책을 만들어 승리에 결정적인 역할을 한다. 미키성三木城과의 전투에서는 성의 주변을 차단하여 2년 반 동안 쥐 한 마리, 쌀 한 톨 들어갈 수 없게 막고는 고사 작전(히고로시 사쿠셍干殺作戰)을 펼친다. 이 작전으로 성안의 군사들은 말이나 개는 물론 뱀과 개구리마저 잡아먹었다고 한다. 마침내 성주 벳쇼 나가하루別所長治가 할복함으로써 전투는 끝나고 기나긴 피로에 젖었던 히데요시는 효오고현兵庫県의 아리마有聞온천에서 꼬박 48시간이나 잤다고 한다.

그는 또한 톳토리성 주변에 자신의 부하를 상인으로 변장시켜 성 주변의 쌀을 보통 값의 3배 이상으로 쳐서 몽땅 사들인 다음 성 공격을 시작했다. 금방 쌀이 바닥난 군사들은 적의 총에 맞아 죽은 군사의 시체까지 먹었다고 한다. 결국 성을 지키던 대장인 키츠카와 츠네요시吉川経家가 할복함으로써 전투는 끝났는데 이것이 군량미 공격(효오로오 제메兵糧攻め)의 전형이다.

타카마츠성高松城 공격 때는 근처를 흐르는 아시모리강足守川에 길이 3㎞, 높이 7m의 긴 둑 방을 쌓아 성을 호수로 만드는 물 공격(미즈 제메水攻め)을 택했다. 이 공격을 하던 1582년 6월 3일에 길을 헤매던 밀사가 병사들에게 잡혔다. 밀서의 내용은 〈아케치 미츠히데明智光秀 모반, 노부나가 혼노오지

本能寺에서 자결)이었다. 히데요시는 선상에서 타카마츠성의 성주 시미즈 무네하루淸水宗治가 할복한 것을 본 다음(할복시키지 않고 그대로 방치한 채 위험천만의 철군을 했다는 설도 있음) 즉시 히메지성으로 달려가, 그 곳에 있던 금·은을 병사들에게 나누어주고 주군의 원수를 갚자고 제의한다. 그리하여 사기가 오른 군사들을 이끌고 쿄오토로 향한다. 생각보다 빨리 도착한 히데요시 군대를 맞아 아케치 미츠히데는 야마자키山崎 전투에서 싸우지만 변변한 대항도 못하고 쫓기다가 우지宇治의 산 속에서 농민의 죽창에 찔려 죽는다. 그리고 히데요시가 아즈치성에 도착했을 때, 그 화려한 성은 화염에 쌓여 있다. 노부나가의 생애와 함께 했던 성의 화려한 마감이었다.

노부나가의 장례식은 무려 7일 동안 다이토쿠지大德寺에서 벌어졌는데 참배객이 수만 명이나 모였으며 경을 읽는 승려가 천명이었다고 한다. 장례식에는 히데요시가 노부나가의 후계자로 지목한 3살박이의 노부나가의 손자 히데노부秀信를 안고 나타났다. 이어 시바타 카츠이에柴田勝家를 물리치고 천하를 거머쥔 히데요시는 지하 1층, 지상 7층의 거대한 오오사카성을 짓는다. 방은 한결같이 넓고 벽은 모두 금박을 했다. 히데요시의 힘의 과시였다. 그는 이어 시코쿠를 차례로 정복하고 결국에는 최고의 지위를 얻는다.

그는 이에야스를 회유하기 위하여 자신의 여동생인 아사히 히메朝日姬를 이에야스와 결혼시키고 어머니까지 인질로 맡기면서 오오사카성으로 이에야스를 불러들이는 계획에 성공하자, 회견하기 전날 밤에 이에야스의 숙소로 직접 찾아가 이에야스에게 무릎까지 꿇었다고 한다. 그는 이어 큐우슈우를 정복하고 쿄오토와 오오사카 사이에 쥬라크다이聚落第를 세웠는데 그곳에 당시의 천황인 고요오제에後陽成 천황과 이에야스를 비롯한 전국의 다이묘오를 초대해서 초호화판의 의식을 베풀었다.

그리고 그는 천황과 오다 노부카츠, 토쿠가와 이에야스 등 다이묘오에게 각각 황금 천량과 은 만량씩을 쾌척했다고 한다. 그가 53세 되던 해 요도도노(淀殿/일본최초의 여성성주였으므로 도노란 이름이 붙었다)가 출산을 한다. 그는 아들의 건강과 장생을 기원하며 이름을 츠르마츠鶴松라고 지었다. 이어 그는 관동과 동북 정벌에 나섰는데 오다와라성小田原城공격 때는 많은 수군水軍으로 사가미만相模湾을 봉쇄하여 개미 한 마리 얼씬 못하게 해놓고 부인과 다인茶人 센노 리큐우千利休를 대동하고 연회를 열면서 항복을 기다리고 있었다. 그 와중에 동북지방의 다테 마사무네伊達政宗가 항복을 해오는 데 둘이 같이 전장을 시찰하는 여유까지 보인다. 그리하여 마침내는 29세의 성주 호오죠오 우지나오北条氏直가 항복하며 할복하겠다고 하자, 그의 목숨은 구해주었다. 하지만 그의 아버지인 호오죠오 우지마사北条氏政는 할복했다.

오오사카성大阪城

1591년에는 그가 가장 아끼는 정치적 상담자이자 동생인 히데나가秀長가 죽자, 무척 슬퍼한다. 이어 그는 차 스승이자 비밀의 상담역이던 센노 리큐우千利休를 할복시킨다. 다이토쿠지大德寺의 새로 생긴 문에 자신의 목상을 걸었다는 이유에서였다. 그리고 약 7개월 후 아끼던 외아들 츠르마츠가 죽는다. 겨우 3살이었다. 이에 그는 슬픔을 이기지 못하고 상투까지 자르고 키요미즈데라淸水寺에 가서 슬픔을 달랬다고 한다. 그는 이어 조선침략을 감행하기 위해 카토오 키요마사加藤淸正에게 히젱(현 사가현佐賀県)이라는 곳에 전진기지를 만들도록 한다.

그리고 이어 조카 히데츠구秀次를 양아들로 삼아 캄파쿠關白라는 직책을 그에게 이양하고 자신은 그보다 높은 위치인 타이코오太閤에 오른다. 이어 아들 히데요리가 탄생하자 그는 기쁨을 감추지 못한다. 아들에게 토요토미 가문을 물려주려는 계획을 세우면서 자신은 건축 중인 후시미성伏見城에 가서 본격적인 성 만들기에 착수하는 한편, 아리마 온천을 즐기고 쿄오토와 요시노산吉野山에서 다회와 꽃놀이를 즐기는데 이 와중에 조카가 모반을 일으킨다는 소식을 듣고 그를 할복시킴과 동시에 그의 처자를 모두 참살한다. 두 차례에 걸친 그의 조선침략은 이순신 장군과 의병들의 눈부신 활약으로 참담한 실패로 끝난다. 그는 마치 전쟁을 위해서 태어난 사람처럼 수많은 전쟁에서 기발하고 튀는 아이디어로 연전연승했으며 전쟁은 그에게서 삶의 의미이자 보람이었으며 생의 전부였다. 그러던 그가 내전에 거의 종지부를 찍자, 새로운 삶의 의미를 찾아 조선까지 침범하는 만행을 저지른 것이다. 하지만 결국은 그 전쟁으로 말미암아 자신의 종말을 앞당기게 된다. 인생의 아이러니는 그에게서도 극명하게 나타난다.

1598년 그는 키타노 만도코로(北政所/네네)와 요도도노淀殿를 데리고 쿄오토의 다이고지醍醐寺에서 성대한 꽃 잔치를 베푼다. 그는 또한 그 날을 위해 준비한 8칸 짜리의 챠야茶屋를 히데요리의 손을 잡고 의기양양하게 걷는다. 그때 돌에 걸려 휘청대며 넘어지고는 그대로 일어나지 못하고 병석에서 정치를 하다가 8월 18일에 죽는다. 그의 나이 62세였다.

그가 죽으면서 읊었던 지세에노 코토바(辭世の言葉/임종 직전에 부르는 노래)인 와카和歌는 다음과 같다.

이슬로 떨어져 이슬로 사라지는 내 신세인가? 오오사카에서 천하를 호령하던 일도 한갓 일장춘몽이었던가?(つゆとをち つゆときへにし わが身かな 難波のことも ゆめのまたゆめ)

울지 않으면 울게 해보자, 두견새(鳴かぬなら 鳴かせてみしょう ほととぎす)라는 센류우로도 유명한 그는 아주 못생겨서 원숭이(사루猿)라는 별명에 천출로 태어났지만 천하를 호령하며 거의 불가능을 가능의 세계로 만든 장본인이었다. 하지만 죽음 앞에서는 그도 어쩔 수 없었다.

31.8.8.3. 토쿠가와 이에야스德川家康

1542년 토쿠가와는 미카와국(三河国/현 아이치현愛知県)에서 아버지 마츠다이라 히로타다松平広忠와 어머니 오다이於大의 장남으로 태어났다. 어렸을 적 그는 타케치요竹千代로 불렸다. 그는 겨우 3살 때 어머니와 생이별을 하게 된다. 외할아버지인 미즈노水野 가문이 오다織田 가문과 손을 잡았으므로 아버지가 오다 가문과 적수인 이마가와 가문今川家과의 관계를 고려해서 어머니를 친정으로 돌려보냈던 것이다. 그 후 오다 가문의 잦은 침공으로 이마가와 가문에 도움을 청하자, 이마가와 가문은 타케치요를 인질로 요구해왔다. 타케치요는 슴푸(駿府/현 시즈오카현静岡県)로 호송되는 도중, 타와라田原성주에게 속아, 오다 가문으로 일천 관에 팔리는 신세가 된다. 결국 오다 가문의 인질이 되어 나고야(那古野, 현 名古屋)로 호송된다. 겨우 6살에 시작된 기나긴 인질생활은 어머니가 많은 것을 보내오고 있어서 그나마 위안이 되었다. 8살 때 아버지가 적의 야습을 받아 죽게 되지만 그는 단지 인질의 몸으로 슬퍼만 할 뿐이었다. 한편 이마가와 가문에서는 갑자기 미카와국이 성주를 잃고 방황하는 군사들에게 불안을 느낀 나머지, 안죠오安祥성을 공략하여 노부나가의 형 노부히로信広를 생포한 다음 오다 가문에 타케치요와의 인질교환을 요구한다. 결국에는 인질교환이 이루어지며 우여곡절 끝에 자신의 성으로 돌아오자, 그는 곧 아버지 묘로 성묘를 가서 소나무를 한 그루 심는다. 그리고 그는 〈우리 마츠다이라 가문이 잘 나가면 소나무는 동쪽으로 푸른 가지를 펼치며 푸르게 자랄 것이다〉라고 예언했다. 젊은 성주의 귀환을 기뻐한 것도 잠시, 그는 다시 이마가와의 슴푸성으로 새로운 인질이 되어 가지 않으면 안 되었다. 이 때 농민들이 올려 보내는 연공미는 모두 이마가와 가문에서 중간에 가로채고 쌀도 돈도 없는 무사들은 피폐할 대로 피폐해져 있었지만 이마가와 가문에 대해서 불평 한마디 못하고 있었다. 혹시 젊은 주군에게 누가 될까 해서였다. 타케치요는 14세가 되던 1555년에 인질의 몸으로 슴푸에서 성인식을 올리고 이름을 모토노부元信라고 개명한다. 그는 1558년 첫 출전인 미카와의 테라베성寺部城 공격을 승리로 장식하면서 자신의 이름을 모토야스元康로 개칭하고 이마가와 가문의 선봉대로 대활약을 한다. 그러던 중 이마가와 가문의 성주인 요시모토義元가 오다 노부나가에게 급습을 당하고 참살되었다는 소식과 이마가와 가문이 패주를 거듭하여 오카자키岡崎성을 버리고 달아났다는 소식을 접한다. 결국 그는 6살부터 시작된 인질생활 13년이라는 세월에 종지부를 찍고 자신이 태어난 오카자키성岡崎城을 접수하는 행운을 얻는다. 그리고 그는 곧바로 이마가와 가문과 오다 가문에 대한 정보수집에 들어간다. 마침내 이마가와 요시모토의 아들인 우지자네는 아버지의 원수를 갚을 그릇이 못되지만, 오다 노부나가는 승승장구하며 전술이 탁월하다는 결론을 내리고 모토야스는 주저없이 오다 가문과 동맹을 맺는다. 이에 격분한 우지자네가 슴푸에 인질로 있던 모토야스의 처와 자식인 노부야스를 죽이겠다고 협박해 온다. 이에 모토야스는 우지자네의 여동생의 남편인 우도노 나가테루鵜殿長照를 공격하여 죽이고는 두 아이를 생포하여 우지자네에게 인질교환을 제의하고 마침내 처자를 데려오는데 성공한다.

1563년 모토야스는 오다 노부나가와 동맹을 심화하기 위해 자신의 장남인 노부야스信康와 노부나가의 딸인 토쿠히메德姫를 결혼시킨다. 그리고 이름을 이에야스로 개명한다. 그의 나이 22살로 이미 어엿한 성주가 되어 있었다. 이어 그는 승승장구하며 미카와 통일에 나선다. 이 때 익코오슈우一向宗의 신자였던 농민, 상인, 무사들의 분규인 익코오익키一向一揆가 발생한다. 그들은 〈앞으로 진군하는 자는 극락, 뒤로 패퇴하는 자는 지옥〉이라는 깃발을 걸고 이에야스를 괴롭힌다. 그는 그 와중에 다리에 두발의 총탄을 맞는 위기도 겪게 된다. 결국 그는 익코오슈우라는 종교를 인정하고 자국내의 영민을 다스리는 어려움을 터득한다. 한편 그는 전쟁만 잘 하는 것이 아니라 상대를 충분히 연구하고 회유책을 쓰며 적의 분열을 꾀해나가면서 토오카이東海지방 최고의 다이묘오로 성장해 나간다. 그는 또한 걸림돌이 되는 칸논지성観音寺城을 물리쳐 노부나가가 쿄오토로 입성하는데 결정적인 역할을 한다.

타케다 싱겡武田信玄과의 전투에서는 타케다와의 숙적인 우에스기 켄싱上杉謙信과 비밀리에 동맹을 맺고 싱겐의 배후를 위협함과 동시에 경비를 철저히 하지만 3만 대군을 이끌고 쳐들어온 타케다 군에게 밀려 하마마츠성浜松城으로 피해 들어가 버티지만 주변의 성이 모두 함락되며 최대의 위기에 몰린다. 그러나 폐결핵에 의한 타케다의 갑작스런 죽음으로 구사일생으로 살아 남게 된다. 이어 이에 야스는 1575년 나가시노성長篠城 전투에서 배후를 급습하여 타케다 싱겐의 아들 타케다 카츠요리武田 勝頼를 궤멸시킨다.

바로 그 때 노부나가로부터 이에야스에게 편지 한통이 전달된다. 처와 장남을 죽이라는 내용이었 다. 이마가와 출신의 자신의 부인 츠키야마 도노築山殿와 장남인 노부야스가 노부나가의 딸이자, 노부 야스의 처인 토쿠히메를 내쫓고 타케다와 내통하고 있다는 사실이었다. 그는 고민 끝에 자식에게 할복을 명하고 부인은 암살한다. 1581년에 천하통일을 눈앞에 둔 노부나가가 새로 지은 아즈치성安土 城을 방문하여 승리를 축하한 다음 쿄오토의 사카이堺에서 시장구경을 하고 있던 중에 노부나가가 부하의 모반에 살해당하고 쿄오토는 치안이 엉망이라는 사실을 통보받는다. 이에야스는 가신을 무장 시켜서 이가伊賀의 산중을 넘어 이세伊勢의 항구로 발길을 재촉한다. 도중에 여러 번 도적을 만나고 목숨이 위태로웠지만 그때마다 닌쟈忍者의 도움으로 간신히 위기를 극복한다. 그는 하마마츠성으로 돌아와 쿄오토를 칠 준비에 착수하지만 이미 하시바 히데요시羽柴秀吉가 난을 평정했다는 소식을 접 하고는 동국지방 지배를 강화한다.

그 후 히데요시와 이에야스는 사사건건 대립하게 된다. 이때 처음부터 이에야스를 도와온 이시카 와 카즈마사石川數正가 처자를 데리고 히데요시에게로 배신해 간다. 이에 이에야스는 군조직과 군단 의 비밀을 서둘러 바꾸게 된다. 이시카와가 군의 비밀을 히데요시에게 갖고 갔기 때문이다. 히데요시 는 천황으로부터 캄파쿠關白라는 최고위 호칭을 하사 받고 명실공히 일본의 최고 실력자가 된다. 이어 히데요시는 오오사카성으로 이에야스를 부르지만 계속해서 거부하는 이에야스와 자신의 여동생 아사히 히메旭姫를 결혼시키고 자신의 생모 오오만도코로大政所를 인질로 맡긴 다음 이에야스를 오오 사카성으로 불러 자기 휘하에 넣는데 성공한다. 1590년 히데요시는 이에야스에게 호오죠오北条씨의 지배하에 있던 관동지방으로의 이주를 명한다. 이에야스는 자신이 그동안 공을 들인 토오카이東海지 방을 뒤로 한 채 에도江戸로 갔다. 천하를 움켜쥔 히데요시는 조선을 침략하고 명나라를 공격하려 하지만 엄청난 피해만을 안은 채 이에야스 등 5대로大老에게 자기 가문을 맡기고 죽는다. 1600년 9월 15일 전국의 무장들은 이에야스가 이끄는 7만 9천명의 동군과 이시다 미츠나리石田三成가 이끄는 8만 2천명의 서군으로 갈려서 가랑비가 내리는 아침 8시에 전투를 시작한다. 이것이 세키가하라의 전투였다. 치열한 전투가 오전 내내 계속되자, 이에야스는 손톱을 깨물며 초조함을 감추지 않았다. 그 때 미리 내통하고 있던 서군의 코바야카와 히데아키小早川秀秋가 배신을 하여 적인 서군의 측면공 격을 감행하자 동군의 완전한 승리로 끝나고 이시다 미츠나리와 코니시 유키나가小西行長는 처형된다.

이에야스는 자신인 쇼오궁을 정점으로 〈심팡親藩・후다이譜代・토자마外樣〉다이묘오大名 등을 내 세워 전국을 지배함과 동시에 로오쥬우老中 등의 직책을 통해 부교오세에奉行制를 도입하는 등의 정치 제도를 만들었고 쿄오토에는 쇼시다이所司代를 두고 천황과 귀족을 감시했다. 그는 1603년에 정이대장군이 되고 에도에 막부를 개설한다. 그리고 자신의 손녀 딸인 셍히메千姬와 히데요리를 결혼시킨다.

그러나 토요토미 가문에 돈이 있으므로 무적無籍무사인 로오닝이 꼬이는 것을 방지하기 위하여 이에야스는 토요토미 가문의 돈을 탕진케 하는 전략을 들고 나온다. 그는 토요토미 가문에 호오코오지方広寺의 대불전을 세우게 하고 아츠타熱田 징구우神宮를 수리하게 한다.

호오코오지의 종에 새긴 글자인〈国家安康 君臣豊楽〉을 가지고 그 8글자 중에서 이에야스家康란 글자를 파내면 나라国가 편안安하고 군신君臣이 풍락豊楽하게 된다는 의미를 담고 있다고 트집을 잡는다. 이에야스는 히데요시의 아들 히데요리나 부인 요도도노가 인질로 에도에 오든가 오오사카성을 비우든가 하라고 다그친다. 히데요리측이 거절하자, 사태는 이에야스 20만 병력과 히데요리 10만 병력에 의한 1614년 11월 19일의 겨울전쟁으로 번지고 만다. 쉽게 공략 당할 것 같은 전쟁은 잠깐의 화평으로 이어지지만 이듬해 토요토미 가문은 멸망하고 엄청난 재화는 토쿠가와 가문으로 귀속된다. 이에야스는 1616년 도미로 만든 튀김을 먹고 식중독을 일으켜 죽고 만다. 그는 정보전쟁의 귀재였다. 전쟁을 치루기에 앞서 광범위하게 정보를 수집한 다음 치밀한 분석을 거쳐 적을 회유하거나 전쟁을 유리한 방향으로 이끌어 가는데 비상한 재주를 지녔고 그 덕분에 연전연승을 하며 마침내는 천하를 수중에 넣는데 성공한다. 그리고 자신의 이 철학이 에도 막부에 그대로 수혈되어 대대로 이어지길 원했으며 에도 막부는 264년간이나 롱런하게 된다.

울지 않으면 올 때까지 기다려라 두견새(鳴かぬなら 鳴くまで待とう ほととぎす)라는 센류우처럼 그는 기다림의 미학을 실천하고 성공을 거둔 사람이다.

31.9. 에도 시대의 정치〈江戸時代の政治〉

에도 시대는 1603년부터 1867년까지 264년간 계속되었고 쇼오궁은 15대까지였다. 하나의 정권이 이토록 길게 이어진 것은 세계사에서도 유례가 드문 일이다. 전국 시대에는 전쟁의 승리로 땅을 많이 확보했다. 이른바 버블에 의한 고성장이었다. 천하통일을 한 다음에 토요토미豊臣도 이 버블을 계속 유지하고 싶어 조선을 침략했고 그것이 실패하자 망하게 된 것이다. 이에 비해 에도 시대 정치의 큰 특징은 전국戦国시대에 비하여 저성장 시대라고 할 수 있다.

에도 시대는 다이묘오(大名/에도 시대 쌀 1만석 이상의 땅을 지배하고 있던 영주)들을 조직적이고 효과적으로 관리했다. 풍요로운 경제력과 전국의 다이묘오를 교묘하게 컨트롤하기 위한 체제가 바로 막번 체제(바쿠한 타이세에幕藩体制)였다. 세키가하라関が原 전투의 승리로 에도 막부는 토요토미가豊臣家와 그의 가신의 땅을 몰수하여 자기편의 다이묘오에게 마음껏 나누어주고도 남았고 전국 토지의 1/4이 에도 막부의 직할령이었다. 이어 막부는 전국의 다이묘오를 철저하게 통제하기 시작한다. 일국일성 명령(익코쿠 이치죠오 레이一国一城令)을 내려 각 다이묘오에게 본성 이외의 성을 모조리 헐어버릴 것을 명했다. 그리고 다이묘오끼리 동맹을 맺거나 허가 없이 성을 수리해도 안되었으며 사적인 군사력은 모조리 몰수했다. 이것이 무가 제법도(부케쇼핫토武家諸法度)였다. 그는 또한 참근 교대(상킨코오타이參勤交代) 제도를 도입하여 다이묘오에게 격년제로 에도에 거주케 했으며 격년에 한 번씩 반드시 에도江戸와 영지를 왕복하게 했으며 그 인원수까지 영지의 크기에 의해 할당하였다. 이것은 엄청난 비용이 들어 다이묘오의 경제권을 박탈하는 효과를 발휘하게 되었다. 그리고 다이묘오의 처자는 에도에 살도록 했다. 당연히 인질로 잡아두려는 속셈이었던 것이다. 그리고 막부는 조정과 귀족들에게는 궁중 및 귀족 제법도(킨츄우 나라비니 쿠게쇼핫토/禁中並公家諸法度)를, 절이나 진쟈에는 사원법도(지잉핫토寺院法度)를 만들어 귀족과 절과 진쟈를 엄하게 통제하였다.

전국 시대에는 대개 카리스마의 1대가 지나면 그 뒤로는 몰락해버리며 당대에서 끝나는 것이 허다 했는데 에도 시대에는 3대 쇼오궁 이에미츠家光 때부터 생긴 룰이 확립되어 15대까지 이어지게 되었 다. 2대 쇼오궁 히데타다秀忠의 장남이 죽어서 차남인 이에미츠가 대신 자리를 잇게 되었는데 당시에 는 3남이 영리해서 실력주의를 우선으로 하는 전국 시대의 룰에 의해서 3남을 쇼오궁으로 밀자는 이야기가 나왔지만 이에야스가 태어난 순으로 하는 것이 문제의 소지가 적다며 이에미츠를 밀었다. 나중에 이에미츠는 그러한 할아버지에 대한 보답으로 닉코오日光에 토오쇼오구우東照宮를 지어 이에 야스에게 보답한다. 이것을 계기로 이때부터 천하는 실력 있는 자의 것(天下は実力のある者の回り持ち)이 라는 명제에 종지부를 찍고 장남이 후계자가 되는 것이 룰로 확립되었다. 그리고 이 시대에는 〈무명 이외는 입어서는 안 된다〉·〈아침부터 밤까지 일할 것〉·〈술이나 차는 마시지 말 것〉 등의 엄격한 룰로 막부는 농민을 심하게 통제했다. 심지어는 〈농민과 깨는 짜면 짤수록 나온다〉는 막부관리의 말까지 있을 정도였다. 하지만 농민은 막부를 지탱시켜주는 중요한 존재이기에 농민을 함부로 죽여 서는 안되는 법까지 등장했다. 한마디로 〈살리지 않고 죽이지도 않는 정책〉으로 일관한 것이다. 당시의 농민은 수확의 40~50%를 세금으로 착취당했다. 이 시대는 농업이 급속도로 발전하여 무로마 치 시대의 3배까지 급상승했지만 농민들의 생활은 가렴주구로 고통이 끊이질 않았다.

한편 신분은 하극상 풍조가 일어나지 않도록 고정화가 이루어졌다. 따라서 신분고정에 불만을 품은 서민들에게는 이른바 히데요시의 전기인 『타이코오키太閤記』가 유행했다. 에도 막부는 이를 못마땅히 여겨 판매금지 조처까지 내린다. 그래서 출판 쪽에서는 하시바 히데요시羽柴秀吉를 마시바 히사요시真柴久吉로, 아케치 미츠히데明智光秀를 타케치 미츠히데武地光秀로 바꾸어서 출판하기도 했다.

한편 에도 시대에 막부는 슈인셍朱印船이라는 배를 이용하여 초기에 막대한 무역이익을 챙겼다. 슈인셍은 막부가 무역을 허가하는 무역허가장인 주인장(슈인죠오朱印状)을 가진 무역선을 말한다.

이 시대는 무역선이 자주 왕래하는 등 무역이 활발하게 행해졌다. 나중에는 무역에 의해 커다란 이익을 얻고 있는 큐우슈우의 다이묘오를 경계하기 위하여 1639년에 포르투갈선의 왕래를 금하고 전면적인 쇄국정책을 쓰기 시작한다. 막부가 무역을 독점하기 위해서였다. 또한 네덜란드는 일본과 의 무역을 독점하기 위하여, 스페인과 포르투갈이 기독교에 의해서 일본을 접수하려 한다는 헛소문을 퍼뜨리기도 했다.

31.9.1. 동물 보호령〈生類憐れみの令〉

개띠 태생(이누도시 우마레戌年生まれ/1680년 생)인 5대 쇼오궁 토쿠가와 츠나요시德川綱吉가 동물보호명령(쇼오루이 아와레미노 레이生類憐れみの令)을 내렸다.

〈병든 말을 버리지 말 것〉이라는 규제를 시작으로 약 23년간 계속된 이 명령은 원래 생명을 존중하는 자비의 정신에서 시작되었다. 무사가 칼이 잘 드는가를 시험하거나 무술을 연마하기 위하여 가두에서 왕래하는 사람을 베는 행위인 츠지기리辻斬り 등의 풍조가 강했던 전국 시대가 오래 전에 막을 내렸어도 생명경시의 풍조는 계속되고 있었다. 처음에는 〈어린이를 함부로 버리지 마라, 쓰러진 사람을 구해줘라〉는 등 시작은 좋았으나 점점 기묘한 방향으로 변모되었다. 당시에는 쌀을 먹지 못하는 농민도 부지기수였는데 에도의 오오쿠보大久保라든가 나카노中野 등에는 개 보호소가 있어 개 한 마리 당 하루에 쌀 3홉과 된장, 말린 멸치 등이 제공되었다고 한다. 게다가 막부는 한 술 더 떠서 제비를 죽이면 사형, 모기를 때려잡으면 유배까지 당했다고 한다. 첫 단추는 잘 끼웠으나 결국은 서민을 몰아세우는 법으로 전락하고 만 것이다.

31.9.2. 에도 시대의 3대 개혁

31.9.2.1. 쿄오호오 개혁〈享保の改革/1716~1745〉

8대 쇼오궁 토쿠가와 요시무네德川吉宗에 의해서 이루어진 개혁으로 막부는 정치를 개혁하고 무예를 진흥시키며 검약령을 내려 사치를 금하고 신분이 낮아도 유능한 사람은 공무원으로 등용했다. 또한 상킹코오타이参勤交代 기간을 축소하고 그 대신에 세금을 더 내게 했으며 풍작·흉작에 관계없이 연공의 액수를 정했다. 사실상의 세금인상이었다.

31.9.2.2. 칸세에 개혁〈寛政の改革/1787~1793〉

로오쥬우(老中/쇼오궁의 직속기관으로 조정과 다이묘오를 다스렸다) 마츠다이라 사다노부松平定信에 의해서 행해진 개혁으로 전임자가 장려한 상업주의를 부정하고 농업을 중심으로 한 세상을 만들려고 했다. 도시의 치안유지를 위해서 전과자 등에게 직업훈련을 하는 갱생시설을 만들기도 하고 무사들의 차입금을 삭감해주는 키엔레에棄捐令를 발표하기도 했다.

31.9.2.3. 템포오 개혁〈天保の改革/1842~1844〉

로오쥬우 미즈노 타다쿠니水野忠邦에 의해서 이루어진 개혁으로 농촌을 부흥시키기 위해서 에도에 유입된 농민을 귀농시켰다. 근검·절약을 장려하고 풍속을 바로 잡았으며 모든 도매상을 해산하고 물가를 낮출 것을 명했다. 또한 막부의 권위회복과 재정재건을 위하여 에도나 오오사카의 영지를 막부의 직할령으로 하려했지만 방법이 과격하고 다이묘오들의 맹 반대에 부딪혀 좌절하고 말았다.

31.9.3. 에도 시대 문화〈江戸時代の文化〉

18세기 세계 최대의 도시는 인구 100만의 에도江戸였다고 한다. 에도에는 우선 남자가 2대 1정도로 압도적으로 많았다. 이유는 상킹코오타이 때문에 단신부임하는 한시(藩士/지방영주에 소속된 무사)가 있었고 출세를 위하여 단독으로 에도로 향하는 사람도 부지기수였기 때문이다. 따라서 창녀촌인 유곽도 발달하였는데 1617년에는 유곽의 대명사인 요시와라(吉原/ 처음에는 요시〈갈대/葭〉가 우거진 벌판이라는 말에서 요시하라라고 했는데 1657년 메에레키明暦 대화재로 이전함)가 막부의 공인을 얻어 출범한다. 또한 에도 남자들이 유곽을 이용한 이유는 당시 주 서민층인 쵸오닝町人들은 나가야長屋라는 좁은 연립주택에 살며 가족 전체가 한 방을 쓰기 때문에 아이들이 크면 섹스를 할 수가 없었고, 부인은 사랑의 상대가 아니라 아이를 낳는 상대로 아이가 생기면 부인과 거의 관계를 갖지 않았으며 피임법이 확립되지 않아서 임신이 두려웠기 때문이라고 한다.

당시에는 에독코江戸っ子문화가 발달했다. 에독코 사이에는 〈돈은 저녁을 넘겨서 갖지 않는다〉(요이고시노 카네와 모타나이宵越しの金は持たない)는 말이 유행하였다. 당시에 화재가 자주 일어났으므로 어차피 타 없어질테니까 집이나 가재도구를 소유해봤자 소용없다는 말로 대변되듯, 그들은 먼 미래를 대비하기보다는 카부키歌舞伎·스모오相撲·불꽃놀이花火·우키요에浮世絵·소설草紙·유곽遊里 등 오락에 탕진해버리는 것을 미덕으로 알았다. 기분 좋게 돈을 쓰는 기질을 지금도 에독코 기질로 보고 있다.

당시에 에도江戸·오오사카大阪·쿄오토京都의 3도시는 상업이 발달하여 다이묘오를 뛰어넘는 부호가 탄생했고 특히 오오사카는 특산품이나 연공미가 운반되고 경제 금융의 중심지로 〈천하의 부엌〉이라는 별호를 얻기도 했다. 에도에는 에치고야越後屋라는 현재의 미츠코시 백화점의 전신인 대형상점이 3개소에 들어서 고용인만 해도 1,000명이 넘었으며 하루에 2,000량 이상의 이익을 냈다. 이 돈은 5,000명 이상의 농민이 1년 동안 고생해서 납부하는 연공미에 해당하는 금액이었다.

31.9.4. 에도 시대의 3대 기근〈江戸時代の3大飢饉〉

에도 시대에는 흉년에 의한 대기근(다이키킹大飢饉)이 세 번 〈쿄오호오享保 대기근 1732년·템메에天明 대기근 1782~1788·템포오天保 대기근 1833~1839〉이나 찾아와 많은 사람들이 굶어 죽었다. 이에 8대 쇼오궁 토쿠가와 요시무네德川吉宗는 고구마 재배를 장려하였으나 불만이 여기저기서 속출하여 소작농과 지주사이에서 일어난 분쟁인 무라카타 소오도오村方騒動가 각처에서 일어났다. 이것은 지주 농민이 영주나 공무원의 부정을 적발하려는 것이었다. 적발을 하기 위해서는 연공의 계산이나 밭과 논의 계측, 고소장의 작성을 위해서 산술이나 글자를 쓰는 능력이 필요했는데 이 교육은 서당(테라코야寺子屋)이 담당했다. 대개 이 서당은 8~9세의 아동이 다녔으며 과목은 「읽기·쓰기·주산」 등을 공부했고 2년이면 졸업을 했다. 그리고 선생은 절의 승려나 칸누시(神主/신에게 제사지낼 때 중심이 되어 제사를 주도하는 사람), 유복한 쵸오닝町人, 그리고 로오닝(浪人/주군으로부터 쫓겨나 적籍을 두고 있지 않은 무사) 등이었다.

31.9.5. 일본의 개국〈日本の開国〉

잇단 경제 개혁의 실패 속에서 갈 길을 타개 할 수 없던 막부는 외국배들의 잦은 통상요구에 골머리를 앓게 된다. 당시 쇄국정책을 견지하던 막부는 이국선 격퇴 명령(이코쿠센 우치하라이 레에異国船打払令)를 내리며 〈일본에 입항하려는 배는 모조리 무력으로 물리칠 것〉을 명한다. 그러던 중 1837년 미국 배 모리슨 호가 표류하고 있던 일본인을 구출하여 실어다 주었는데 그 배를 대포로 포격하여 쫓아버리는 사건이 일어난다. 이것에 대해 일부 학자들이 막부를 비판하자 막부는 학자들을 투옥하고 처벌한다. 이것이 반샤노고쿠蛮社の獄였다. 이 때 마침 중국의 청나라가 아편전쟁에 패하는 사건이 터지면서 막부는 커다란 충격에 휩싸인다. 따라서 외국 배에 연료와 식량을 공급하는 장작·물 급여 명령(신스이 큐우요 레에薪水給与令)을 다급하게 발동한다. 1853년 6월에는 페리제독이 미국 대통령의 국서를 막부에 접수시키는데 페리의 쿠로부네黒船가 나타나자 막부의 무력함이 여지없이 드러나기 시작한다.

📷 페리 함대 내항

〈편안한 잠을 깨는구나. 죠오키 센 겨우 넉 잔으로. 밤도 지새며〉(타이헤에노泰平の 네무리오 사마스 眠りをさます 죠오키센上喜撰 탓타 시하이데たった4はいで 요루모 네무레즈夜も眠れず) 이것은 당시 일본을 풍자한 쿄오카狂歌이다. 여기서 죠오키센上喜撰이란 당시에 유행하던 차茶의 종류인데 그 차 속에는 카페인이 들어있어서 잠들기 전에 마시니 잠이 안 온다는 표면상의 뜻이다. 그러나 행간에 압축된 속뜻은 증기선(죠오키셍蒸気船)으로 미국 페리제독이 타고 온 겨우 네 척의 배 때문에 일본은 밤을 지새울 만큼 큰 소란이 일어났다는 것을 풍자하고 있다. 이 배 때문에 정치권은 힘겨웠지만 일반 서민들은 도시락을 지참하고 구경했으며 일부는 배를 몰고 군함까지 가서 장사를 하기도 했다고 한다. 그리고 다음 해 1월에 다시 페리가 내항하여 회답하지 않을 수 없었던 막부는 마침내 미·일 화친조약을 맺게 된다. 이 조약은 상대국에 대해 압도적으로 불리한 불평등 조약이었다. 이것을 계기로 일본은 영국, 러시아, 네덜란드 등과 봇물처럼 터지는 자국이 불리한 불평등조약의 홍수를 겪지 않으면 안 되었다.

18세기에 거의 모든 나라가 구미열강의 식민지가 되는 속에서 일본이 그 화를 모면하게 된 것은 미국에서는 남북전쟁, 러시아는 크리미아 전쟁의 패배, 영국은 중국에서 태평천국의 난, 인도에서 세포이 난이 일어나 각각 그 처리에 바빴기 때문이다. 일본이 국력을 키우도록 시간 벌기 환경이 자연히 조성되었던 것이다.

한편 일본에서는 일방적으로 몰려 계약을 하게 된 것에 강하게 반발, 모든 외부세력을 물리쳐야 한다는 양이(죠오이攘夷)사상이 대두하게 되었고 막부를 비판하며 천황을 옹호해야 한다는 존황(손노오尊皇)사상이 대두되었는데 처음에는 둘이 별개의 사상으로 존재하다가 마침 코오메에孝明 천황이 외국에 대한 혐오증이 있어 존황양이(손노오 죠오이尊皇攘夷)사상이 탄생하게 되었다. 1858년에 새로 타이로오(大老/에도 막부에서 쇼오궁을 보좌하는 최상위 직책)에 취임한 이이 나오스케井伊直弼는 천황의 칙허를 받지 않고 미·일 수호통상조약을 맺었다. 그리고 이어 네덜란드·러시아·영국·프랑스 등과도 조약을 맺었다. 당시 막부가 안고 있는 문제는 내부에도 있었다. 13대 쇼오궁 이에사다家定의 후계를 놓고 키이紀伊의 영주(한슈藩主) 토쿠가와 요시토미(德川慶福/나중에 이에모치家茂로 개명)를 추천하는 키이파紀伊派와 히토츠바시一橋 가문의 히토츠바시 요시노부一橋慶喜를 추천하는 히토츠바시파一橋派의 두 갈래로 나뉘어 있었던 것이다. 이에 이이 나오스케는 독단으로 요시토미를 쇼오궁으로 추대한다. 이러한 나오스케의 독단정치에 미토항水戶藩을 중심으로 한 존황양이파가 집단으로 반발하자, 그는 안세에 대투옥安政の大獄이라고 불리는 반대파에 대한 강경한 탄압으로 선회한다. 이 탄압으로 요시다 쇼오잉吉田松陰 등 8명이 사형을 당하게 된다. 그러나 이 공포정치는 적을 많이 생산하게 되어, 결국 나오스케 자신도 1860년 3월 3일에 미토항의 무사들에 의하여 죽음을 맞이한다. 이것이 사쿠라다 문밖 사변(사쿠라다몽가이노 헹桜田門外の変)이다. 이 사건으로 막부는 급격하게 권력을 잃고 만다. 막부의 정치력이 쇠퇴하고 있을 때 지방의 힘 있는 항이 나타나 국정에 의견을 내기 시작한다. 이 힘있는 지방번을 웅번(유우항雄藩)이라고 하는데 사츠마항(薩摩藩/카고시마현鹿児島県의 서부지방), 쵸오슈우항(長州藩/야마구치현山口県의 서부지방)을 비롯해 토사항(土佐藩/코오치현高知県의 일부), 히젱항(肥前藩/사가현佐賀県과 나가사키현長崎県의 일부) 등이 그들이다. 그들은 이른바 삿쵸오도히(薩長土肥/웅번으로 불리며 후에 메에지 유신을 추진하여 메에지 정부에 주요관직에 인재를 공급했다)로 총칭되었다. 그들은 재정재건에 성공하여 경제력, 군사력, 공업력을 갖추게 되었다.

한편 막부는 권위를 회복하기 위해서 안간힘을 쏟는데 그 하나가 조정의 힘을 비는 코오부갓타이公武合体였다. 취지는 귀족과 무사가 하나가 된다는 것이었다. 그래서 이루어진 것이 막부와 조정이 친척으로 맺어지는 것이었다. 이 프로젝트의 일환으로 코오메에孝明 천황의 여동생인 카즈노미야 공주和宮内親王를 쇼오궁 이에모치家茂에게 시집보내는 정략결혼을 계획하여 성공한다. 하지만 쇼오궁 이에모치와 코오메에 천황이 죽자 그 효과는 없어지고 만다.

한편 경제정책에 성공하고 서양식군비를 갖추며 힘을 키운 유우항 중의 하나인 쵸오슈우항은 단독으로 구미의 연합함대와 싸우다 패배하고 만다. 이것이 시모노세키下関전쟁이다. 그리고 사츠마항은 나마무기무라(生麦村/지금의 요코하마橫浜)에서 영국인을 살해했다가 이듬해 영국함대에 포격을 당한 사츠에에薩英 전쟁을 통해서 두 개의 항은 일본의 무력함을 뼈저리게 느낀다.

이 사건을 계기로 그동안 견원지간이었던 사츠마항과 쵸오슈우항이 손을 잡게 되는데

사카모토 료오마坂本龍馬

그러기까지는 우여곡절이 많았다. 우선 1863년에 일어난 〈8월 18일 정변〉이 그것이다. 이 때 사츠마 항과 아이즈항(会津藩/현 후쿠시마福島현 서부)은 코오부갓타이公武合体파의 귀족들과 공모하여 조정으로 부터 존황양이파를 축출하는 쿠데타를 일으킨다. 당시 쵸오슈우항은 존황양이를 주장하였기 때문에 쵸오슈우항의 유력자들이 모두 축출당하고 만다. 이를 만회하기 위하여 쵸오슈우항이 쿄오토京都를 반격하다가 또 패배하고 만다. 이것이 하마구리고몽의 정변始御門の変이다. 이 사건으로 쵸오슈우항은 사츠마항을 원수로 생각하게 된다. 이에 막부측은 쵸오슈우 정벌에 나서고 쵸오슈우는 막부에게 복 종할 것을 다짐하지만 타카스기 신사쿠高杉晋作는 이에 반발, 쿠데타를 일으킨다. 이 때 탁월한 외교 수완으로 쵸오슈우항과 사츠마항을 하나로 묶은 사람이 바로 토사항土佐藩 출신의 사카모토 료오마坂 本龍馬였다. 당시 쵸오슈우항에서는 막부의 쵸오슈우에 대한 2차 정벌이 예상되어 무기와 탄약이 필 요하였고 사츠마항에서는 천재지변으로 쌀이 태부족하였다. 이 때 료오마는 「사츠마 명의로 무기를 구입하여 쵸오슈우에 보내고 그 대신 쵸오슈우는 쌀을 사츠마에 보낸다」는 제안을 하였다. 결국 이 사츠마항과 쵸오슈우항의 삿쵸오薩長회담은 1866년에 이루어지고 두 항은 동맹까지 맺는다. 이 회담에는 쵸오슈우항에서 키도 타카요시木戸孝允, 사츠마측에서 사이고오 타카모리西郷隆盛, 오오쿠보 토시미치大久保利通 등이 참가하였다.

31.9.6. 사카모토 료오마〈坂本龍馬〉

1836년에 태어나 1867년에 암살당하고 만다. 어렸을 적에 울보였다고 하는데 누나인 오토메乙女에 게 검도와 수영을 배우고 몸을 단련하여 건장한 남아로 성장했다. 19세 때 검도의 수행을 위하여 에도로 상경하여 검도의 일파인 호쿠싱잇토오北辰一刀류의 도장에 들어간다. 그리고 28세에 막부의 신하 카츠 카이슈우勝海舟의 제자가 된다. 이후 그는 막부 말기에 일본의 개혁을 위하여 동분서주한 다. 그리고 사츠마항과 쵸오슈우항의 동맹의 다리역할을 한다. 또한 막부가 조정에 정권을 반환한 대정봉환(타이세에 호오캉大政奉還/1867년 11월 9일)의 근본이 된 센츄우핫사쿠船中八策를 고안해내는 등 그 가 일본의 막부말기에 끼친 영향은 실로 크다.

31.9.6.1. 센츄우 핫사쿠〈船中八策〉

1. 정권을 조정에 반환하고 대정봉환大政奉還을 할 것.
2. 의회를 열어야 한다.
3. 유능한 인재에게 관위를 주어야 한다.
4. 나라를 개방하고 외국과 좋은 관계를 유지해야 한다.
5. 헌법을 제정해야 한다.
6. 군을 정비해야 한다.
7. 군대를 두고 수도를 지켜야 한다.
8. 외국과 협의하여 물가를 결정해야 한다.

31.9.6.2. 사카모토 료오마의 암살설

료오마가 암살된 것을 둘러싸고 여러 가지 흑막설이 제기되고 있는데 누가 흑막설의 주인공이냐에 따라서 살해 동기는 전혀 달라진다.

1) 막부幕府 흑막설

료오마의 아이디어에 의해서 대정봉환大政奉還이 이루어지고 결국은 막부가 멸망하게 되어 이에 앙심을 품은 자들의 소행이라는 설이다. 테라다야寺田屋에서 시도했다가 한번 기회를 놓친 적도 있어 이 가능성이 가장 크다.

2) 사츠마항薩摩藩 흑막설

무력으로 일본을 바꾸려는 사츠마항에게 평화적으로 일본을 개조하려는 료오마가 방해가 되었다는 설.

3) 키슈우항紀州藩 흑막설

료오마가 거느리고 있는 카이엔타이(海援隊/료오마가 나가사키에 설립한 무역상사)의 배와 키슈우항의 배가 부딪쳐서 카이엔타이의 배가 침몰하는 사건이 터지자 거액의 배상금을 지불하지 않으면 안 되었던 키슈우항(현 와카야마현과 미에현 남부)의 앙심 때문에 일어났다는 설.

4) 토사항土佐藩 흑막설

료오마의 셋츄우 핫사쿠에 의해서 대정봉환을 성공시킨 토사항이 그 공을 혼자서 독점하려했다는 설.

> **지화자 좋구나ええじゃないか**
>
> 에도 시대 말기인 1867년 7월부터 1868년 4월까지 토오카이도오東海道와 키나이畿內를 중심으로 일어났다가 에도江戶와 시코쿠四国지방까지 확산된 민중운동이다.
>
> 남자가 여자로, 여자가 남자로, 노모老母가 딸로 변장하는 등 가장을 하고 장단의 말인 〈지화자 좋구나ええじゃないか〉등을 연호하면서 그중 일부는 술에 취한 채 밤낮을 가리지 않고 집단으로 거리를 돌며 꽹과리와 북을 치며 춤을 추었다. 쿄오토에서는 진쟈神社의 부적(심푸神符)이 뿌려지며 얼씨구 절씨구(요이쟈나이카, 에이쟈나이카)를 연호했다고 한다.
>
> 변장하는 등의 이유는 주인과 고용인, 부모와 자식, 남자와 여자라는 고정관념을 전도시키려는 행위로 보고 있다.
>
> 연호했던 〈지화자 좋구나〉의 기원은 이세징구우 참배 때 60년을 주기로 대규모로 참가하는 참배(300만명)인 오카게마이리お陰参り라는 설과 오오사카 개항을 축하하는 데서 비롯되었다는 설이 있다.
>
> 12월 9일 왕정복고 발령에 이르러 사라진 대중소동이었다.

31.10. 메에지 정부의 출범〈明治政府の出帆〉

1866년 제2차 쵸오슈우항 정벌 중에 쇼오궁 이에모치家茂가 사망하고 히토츠바시 요시노부一橋慶喜가 15대 쇼오궁이 된다. 그는 코오부갓타이파 코오메에孝明 천황과도 같은 생각이었으므로 일은 잘

될 것 같았지만 천황은 곧 사망에 이르게 된다. 이어 등극한 메에지明治 천황은 너무 어려 조정의 권력을 쥔 것은 귀족公家인 이와쿠라 토모미岩倉具視와 사츠마항·쵸오슈우항의 토막파(토오바쿠하倒幕派)였다. 이런 상황에서 요시노부慶喜는 막부의 존속이 어렵다는 사실을 알고 토사 한슈土佐藩主 야마노우치 요오도오山内容堂가 보여준 제안을 받아들여 정권을 조정에 반납하고 별도의 방식으로 정치에 관여하려 하였다. 이것이 대정봉환(타이세에 호오캉大政奉還)이었다. 막부측은 쇼오궁을 타이쿵大君이라는 이름으로 바꾸고 조정안에서 실권을 거머쥘 것을 생각하고 있었다. 이 아이디어도 실은 료오마가 고안한 〈센츄우 핫사쿠船中八策〉라는 정치구상에 근거한 것이다. 한편, 조정의 토막파는 대정봉환이 되자 무력으로 막부를 물리칠 기회를 놓치고 만다. 그래서 대정봉환 바로 전날 밤 천황을 조정하여 막부토벌 비밀칙령(토오마쿠노 밋쵸쿠討幕の密勅/막부를 처벌하는 천황의 비밀명령)을 받지만 간발의 차로 대정봉환이 행해진 것이다. 대정봉환을 맞은 이와쿠라 토모미 등의 토막파는 초조해졌다. 우선 이와쿠라는 〈토쿠가와 가문德川家과 정치를 해나가자〉는 조정의 친 토쿠가와파를 처벌하기 위하여 사츠마항의 사이고오 타카모리西郷隆盛를 동원하여 군을 쿄오토로 향하게 한다. 쵸오슈우군도 합세하여 군이 천황이 머무르고 있는 고쇼(御所/쿄오토의 천황이 거주하는 곳)를 포위하자 고쇼는 토막파에 의해서 점령당하고 만다. 그 후 이와쿠라 일파는 메에지 천황에게 왕정복고(오오세에 훅코오王政復古)의 대호령大号令을 내리게 한다. 막부의 완전폐지와 천황중심의 친 정권수립의 선언인 것이다. 대호령이 내려진 첫날 밤 고쇼안에서는 신정부 첫 회의(코고쇼 카이기小御所会議)가 열린다. 그리고 이 회의에서 전前 쇼오궁将軍 요시노부慶喜의 모든 관위에서의 사직을 뜻하는 지캉辞官과 모든 영지의 반환을 뜻하는 노오치納地를 결정하는 것이 토막파의 목표로, 이에 대해서 토사 한슈土佐藩主의 야마노우치山内는 극력 반대했지만 토막파의 강경한 자세 앞에서 어쩔 수가 없었다. 회의는 토막파의 의도대로 진행되고 요시노부는 신정부로 부터 쫓겨나게 되었다. 왕정복고의 쿠데타가 있었던 날 요시노부는 니죠오성二条城에 머물며 회의에는 참석도 못하고 궐석재판의 형태로 처분을 당한 꼴이 되었다.

신정부로부터 쫓겨난 요시노부는 회의내용의 철회를 요구하며 교묘한 반격을 시도한다. 그것을 본 토막파가 구 막부군을 무력으로 쳐서 숨통을 끊으려하자 에도江戸에서 산발적으로 도발을 감행하고 있던 막부 신하들은 마침내 폭발하여 쿄오토를 향해서 병사를 일으킨다. 1868년 1월 토바鳥羽·후시미伏見에서 구 막부군과 신 정부군이 격돌한다. 이 해가 바로 무신(보신戊辰)년이었기에 보신 센소오戊辰戦争라고도 한다. 토바·후시미 전쟁에서 신 정부군의 세력은 구 막부군 세력의 1/3 수준밖에 안되었다. 그러나 사이고오 타카모리가 지휘하는 신 정부군은 군비면이나 군 사기면에서 이미 구 막부군을 압도하고 있었다. 이 전쟁에서 승리한 신 정부군은 구 막부군을 조정의 적이라고 몰아붙이며 공격을 감행한다. 이윽고 요시노부慶喜가 에도성江戸城으로 피신하자 신 정부군은 에도를 향해 진격을 한다. 결국은 사이고오 타카모리와 막부의 신하인 카츠 카이슈우勝海舟와의 협의에 의해 에도성은 피 흘림 없이 개방된다. 이에 극력 반발한 쇼오기타이(彰義隊/막부의 신하들이 에도에서 결성한 부대로 가장 많을 때는 2,000명이 넘었다)가 5월에 우에노산上野山으로 들어가 반항하지만 신 정부군에 의해서 하루 만에 진압된다. 전투는 동북지방으로 이동하면서 계속되었다. 동북지방에서는 신 정부군에게 반발하는 여러 항이 오오우에츠 렙팡奥羽越列藩동맹을 맺어 저항하는데 격렬한 전투 끝에 아이즈항会津藩이 항복하면서 종결된다. 마지막에는 구 막부군이 함대를 이끌고 혹카이도오北海道에 상륙, 하코타테箱館의 고료오카쿠五稜郭에 거점을 두고 있던 에노모토 타케아키榎元武揚군과 싸우는데 1869년에 신 정부군의 총공격으로 함락, 결국 보신전쟁은 막을 내린다. 에노모토는 한 때 〈에조토오蝦夷島 공화국〉을 수립하여 스스로 총재가 되었고 외국으로부터 독립국가로서 인정을 받기도 했는데 신 정부군의 공격에 멸망하고 말았다.

신셍구미新選組

코오부갓타이公武合体의 교섭을 위해 쇼오궁将軍 이에모치家茂가 쿄오토에 가려고 할 때 쿄오토의 치안은 상당히 문란해 있었다. 존황양이尊皇攘夷의 지사들이 테러리스트화하고 약탈이나 폭행을 반복하고 있었다. 쇼오궁의 신변안전을 꾀하고 싶은 막부는 치안유지를 위해서 쿄오토 슈고직守護職을 두고 쇼오궁의 경호를 담당하는 로오시구미浪士組라는 조직을 만들었다. 그러나 그 후 얼마 되지 않아 로오시구미는 내부의 분쟁으로 인해 해산되어 많은 사람들이 쿄오토를 떠난다. 그 때 세리자와 카모芹沢鴨, 콘도오 이사미近藤勇, 히지카타 토시조오土方歳三 등이 쿄오토에 남아 쿄오토 슈고직의 지배하에 들어간다. 본거지였던 쿄오토의 미부무라壬生村의 이름을 본 따서 「미부 로오시구미壬生浪士組」라고 칭하던 그들은 8월 18일 쿠데타에서 고쇼御所 경비의 임무 능력을 인정받아 신셍구미新選組라고 칭하는 것을 허락 받는다. 이것이 바로 신셍구미의 데뷔였다. 신셍구미는 쿄오토의 시내를 경계하는 것이 임무였다. 한마디로 지금의 경찰이었는데 그들은 막부나 항藩소속이 아니라 이른바 용병부대였다. 그들은 무사시노쿠니武蔵国 타마多摩의 농가에서 태어난 콘도오나 히지카타를 비롯해서 무사출신이 아닌 사람이 태반을 이루었다.

이 신셍구미가 유명하게 된 것은 존황양이파의 테러를 미연에 방지한 이케다야池田屋사건이었다. 1864년 쵸오슈우長州·토사土佐·히고肥後 등 각 번藩의 존황양이파 지사 약 20명이 쿄오토京都 산조오三条의 숙소 이케다야에 모여 모의를 하던 중, 신셍구미에 습격당하여, 미야베 테에조오宮部鼎蔵, 요시다 토시마로吉田稔麿 등의 많은 사상자를 낸 사건이다. 이 사건은 쵸오슈우항長州藩의 격분을 사, 하마구리고몽의 정변(蛤御門の変/1864년 7월 쵸오슈우항長州藩이 형세 만회를 위해 쿄오토에 출병, 쿄오토 슈고직 마츠타이라 카타모리松平容保가 이끄는 여러 항의 병사와 궁성문 근처에서 싸우다가 패한 사건)의 동기가 된다. 그 후 5년에 걸쳐 신셍구미는 존황양이파의 움직임을 견제하는 벽이 된다.

히지카타 토시조오土方歳三 　　콘도오 이사미近藤勇

31.10.1. 메에지 정부의 정치 개혁〈明治政府の政治改革〉

1868년 3월 정부는 천황이 신들에게 맹세하는 형태로 5개조 서문(고카죠오노 고세에몽五箇条の御誓文)을 공포한다.

1. 널리 의회를 열고 천하의 정치는 사람들의 의견에 의해서 결정한다.
2. 신분 상하에 관계없이 마음을 합쳐 나라를 다스린다.
3. 모든 신분의 사람들이 생각한대로 행동하고 사람들의 마음을 질리게 하지 않는 것이 필요하다.
4. 지금까지의 악습을 버리고 국제법에 따라서 가지 않으면 안된다.

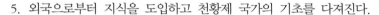

5. 외국으로부터 지식을 도입하고 천황제 국가의 기초를 다져진다.

그리고 연호를 메에지明治로 바꾸고 에도江戶는 토오쿄오東京라고 개칭한다. 이름뿐만이 아니라 내용의 대개혁을 이룬 것이 한세키호오캉版籍奉還이다. 다이묘오들에게 토지나 사람들의 지배권을 일단 조정에 반환하게 했지만 치한지知藩事라고 이름을 바꾼 각 지방의 영주인 한슈藩主들은 그대로 계속 자리를 유지하며 변화가 없었다. 그래서 하이한치켕廢藩置縣을 실시하여 항을 폐지하고 그 대신 설치된 현에 정부가 임명한 부지사(후치지府知事)나 켄레에縣令를 파견했다. 명실공히 지방 다이묘오가 영지를 지배하는 막번체제에서 정부가 전국을 통치하는 중앙 집권국가로 탈바꿈한 것이다. 실은 정부에서는 각 지방의 반발을 예상하여 무력으로 해결하기 위하여 병력을 준비했다. 그러나 재정난에 허덕이던 치한지들은 저항할 힘이 없었으므로 이에 동의하는 바람에 계획은 별문제 없이 진행되었다. 신분제도에도 개혁을 가해 이제까지의 무사를 시조쿠士族, 그 외의 사람들을 평민으로 하고 평민도 성을 쓰고 직업이나 결혼, 거주의 자유가 인정되었다. 이것이 모든 계층 즉 사농공상(시노오코오쇼오士農工商)이 평등하다는 사민평등(시민뵤오도오四民平等)이다. 하지만 천황일족을 황족(코오조쿠皇族), 귀족이나 다이묘오를 화족(카조쿠華族)으로 하는 제도가 만들어져 모두가 평등하게 된 것만은 아니었다. 그리고 중앙정부는 막부를 토벌하는데 앞장선 4개의 웅번(사츠마薩摩·쵸오슈우長州·히젠肥前·토사土佐)이 정치에서 실권을 잡는 함바츠藩閥정치가 행해졌다.

메에지 정부는 구미열강에 뒤지지 않기 위하여 부국강병(후코쿠쿄오헤에富国強兵)의 정치슬로건을 내걸고 여러 가지 개혁을 했다.

31.10.1.1. 교육 개혁

1872년 정부는 학제를 발포하고 자녀에게 교육을 받게 하기 위한 것을 국민의 의무로 하고 전국에 초등학교를 만들었다. 의무교육기간도 처음에는 4년이었으나 나중에는 6년으로 바뀌고 초기에는 교육비의 부담 때문에 취학률이 좀처럼 오르지 않았지만 교육칙어 발포 후에는 조금씩 오르기 시작했다. 이 때 과목중의 하나인 슈우싱修身은 남자가 주인이고, 여자는 그것을 보조하는 역할이라는 의미였는데 이 영향으로 현모양처(료오사이켐보良妻賢母)라는 말이 유행하게 되었다.

31.10.1.2. 군사 개혁

1873년에는 징병령이 내려진다. 메에지 유신에 의해서 소멸된 무사대신에 국민에 의한 군대가 만들어지고 20세 이상의 남자에게는 병역의 의무가 부과되고 군사훈련을 받게 되었다.

31.10.1.3. 세제 개혁

정부에게는 안정된 세수입이 필요했다. 그래서 행해진 것이 지조개정(치소 카이세에地租改正)이다. 에도 막부로부터 물려받은 방법은 세수입이 고작해야 농민으로부터 받는 연공이 전부로 예산을 세우기 어려웠고 불안정했다. 이 개정에서는 토지의 면적을 조사하고 지가를 결정한 다음, 토지의 소유권이나 매매권을 인정하고 지권(치켕 地券/토지소유권을 증명한 증권)을 발행했다. 과세의 기준을 당시까지의 수확량 기준에서 땅값 기준으로 바꾸고 그 3%를 현금으로 납부하게 한 것이다. 이에 정부의 수입은 안정되었지만 농민의 부담은 가중되었다. 나라를 부강하게 하기 위해서는 돈이 필요했던 것이다. 정부는 돈을 벌기 위해서 구미의 기술을 도입하며 근대산업 육성을 위해 매진했다. 이것을 식산흥업(쇼크상 코오교오殖産興業)이라고 한다. 이 사업의 일환으로 제사製糸나 방적, 조선 등 정부직영의 관영공장이 전국각지에 설립되었다. 당시 일본의 주요 수출품의 하나가 생사(키이토生糸)였는데 이 산업은 일본의 자본주의 확립에 열쇠가 되었다. 일본은 당시 이 산업이 급격히 발달하였는데에도 시대에 이미 공장제 수공업이란 제도가 있어서 자본산업을 위한 기본기가 워밍업 되어 있는 상태였다. 이때 방적공장이나 제사공장에는 가혹한 조건 속에 헐값의 노동을 하는 여성들이 많았는데 하루에 17~18시간의 중노동에 시달려야했고 기숙사에는 한사람 당 타타미 한 장 크기의 좁은 방에서 지내야했기에 결핵 등으로 죽는 사람이 속출했다.

31.10.2. 문명 개화〈文明開化〉

일본은 구미에게 문화가 뒤졌다고 생각했다. 그래서 물불 안 가리고 서양의 문화를 받아들이기 시작했다. 1872년에 달력은 음력(타이인레키太陰暦)에서 양력(타이요오레키太陽暦)으로 바뀌었다.

하루가 24시간이고 일주일은 7일이 되고 일요일은 휴일로 하는 것이 결정되었다. 식생활도 육식이 일반화되고, 스키야키牛鍋가 생겨났으며, 양복 등의 패션도 급속하게 보급되었다. 재미있는 특징은 상투를 잘라도 문명, 고기를 먹어도 문명, 우산을 써도 문명이라는 말이 유행하였는데 구두만은 좀처럼 보급되지 않아 조오리草履나 게타下駄를 신고 다니는 사람뿐만 아니라 맨발로 다니는 사람도 적지 않았다.

이 때 구미에서 한창 유행하던 〈권리〉·〈자유〉와 같은 사고방식은 후쿠자와 유키치福沢諭吉 등에 의해서 소개되었는데 그의 저작 『학문의 권장(가쿠몬노 스스메学問のすゝめ)』은 베스트 셀러로 당시 사람들에게 큰 영향을 끼쳤다. 그리고 신문과 잡지가 속속 발행되고 서양문학을 번역한 책도 출판되었으며 그가 설립한 케에오오 기쥬쿠慶応義塾를 비롯해서 각종 사립학교의 설립 붐이 일어났다. 그리고 종교에서도 일대 변혁의 바람이 불었다. 당시까지만 해도 신·불습합이라고 해서 신도와 불교가 달콤한 동거를 계속했지만 메에지 정부의 신토오를 국교화하고 불교를 폐지하는 정책인 폐불훼석(하이부츠 키샤쿠廃仏毀釈 /이때 파괴된 불상 중, 최근에 발견되는 것 가운데는 목이 잘린 쿠비 지조오首地蔵 등도 나타났다. 목 잘린 불상이

 개혁의 상징인 로오고쿠 바시両国橋

회사에서 쫓겨난首이 된 사람에게 효험이 있다며 선전하는 바람에 목 잘린 불상 앞에 재취업을 기원하는 백수가 많다고 한다) 운동으로 많은 절이 파괴되고 불상이나 미술품이 헐값으로 팔리는 등 해외로도 많이 빠져나갔 다. 메에지 정부는 처음에는 기독교도 금지시켰는데 정부 스스로가 서구문화를 이해하고 있다는 것 을 어필하기 위해서 나중에는 금지를 풀었다. 그리고 전국각지에 교회가 건립되고 가톨릭뿐만 아니 라 신교(프로테스탄토プロテスタント)의 포교도 시작되었다.

31.10.3. 세에난 전쟁〈西南戦争〉/최대 최후의 사족〈士族〉의 반란

메에지 정부의 개혁에 가장 큰 불만세력은 다름 아닌 무사로 불리어지던 사족士族 세력이었다. 그들은 하이한치켕廃藩置県으로 거점인 항藩을 잃고 일시금으로 받은 급여도 동이 나고 말았던 것이 다. 또한 사민평등四民平等으로 성(묘오지苗字)을 독점하는 특권도 잃고 게다가 폐도령(하이토오레에廃刀令) 의 발동으로 자신들의 마지막 자존심인 칼마저 빼앗기고 말았다. 불만이 고조에 달했던 사족들은 속속 반란을 일으켰다. 최초로 1874년에 〈사가佐賀의 난〉이 일어나는데 반란군은 정부군에 진압되고 리더였던 에토오 심페에江藤新平는 처형된다. 그 뒤 쿠마모토熊本에서 〈심푸우렝神風連의 난〉, 후쿠오 카福岡에서 〈아키즈키秋月의 난〉, 야마구치山口에서 〈하기萩의 난〉 등이 연달아 일어나지만 모두 정부 군의 승리로 끝난다. 근대적인 군비를 갖춘 정부군에게 사족들은 이미 적이 아니었던 것이다.

그리고 역시 마지막 최대의 반란이라고 한다면 세에난西南전쟁이다. 이 전쟁의 리더는 사이고오 타카모리西郷隆盛였다. 그는 원래 정부쪽의 인물이었는데 〈한국을 무력으로 지배하자〉는 정한론征韓 論을 펼쳤다. 정한론은 한국을 지배함으로써 실의에 빠진 사족들을 달래자는 내용이었다. 역사적으로 볼 때 그들은 자신들의 내부불만을 한국을 정복함으로써 벗어나려고 했다. 일본인들의 이런 생각은 아직도 그들의 가슴속에 살아 숨쉬고 있는지도 모른다. 아무튼 정한론이 시기가 좋지 않다 하여 거부되자 낙향한 그는 카고시마현鹿児島県의 사족들의 반정부 리더로서 추천 된다. 이 무렵 카고시마에는 사학교(시각코오私学校)라는 사족 교육기관이 설립되고 그들 멤버가 현県정부의 실권을 장악하고 있었다. 자신들의 지시를 꼬박꼬박 무시하는 카고 시마현에 위기감을 느낀 메에지 정부는 밀정을 보내지만 그는 사학교의 학생들에게 잡히고 만다. 이 결정적인 계기로 중앙정부는 사이고오를 제거하려는 계획을 세우며 이에 분개한 사족들이 군사를 일으킨다. 이 전쟁은 4만 명의 사족이 분규하여 8개월이 나 끌게 되었는데 결국은 정부군의 승리로 끝나고 사이고오는 자살로 마감한다. 최근 에는 이 전쟁이 당시 중앙정부에서 경찰력을 쥐고 있던 오오쿠보 토시미치大久保利通가 파놓은 함정이었다는 역사적 견해가 설득력을 얻고 있다. 그 견해에 의하면 전국의 사족들을 완전히 섬멸하기 위하여 중앙정부와 사족들의 대결구도를 만들어 불만을 품 은 사족들을 모조리 자연스럽게 규합시킨 것이고 그것을 섬멸한 것이라고 한다.

📷 사이고오 타카모리西郷隆盛

31.10.4. 일본 전체가 들끓었던 자유 민권 운동

한편 사이고오와 함께 정한론을 주장하다가 정부를 떠났던 이타가키 타이스케板垣退助는 언론을 통한 싸움을 전개했다. 그는 함바츠藩閥 정치를 비판하며 1874년에 의회를 만들고 의회를 통한 정치를 펼 것을 주장하는 민선의원 설립 건백서(민셍기인 세츠리츠 켐파쿠쇼民選議院設立建白書)를 제출한다. 그는 릿시샤立志社라는 정치단체를 설립하고 언론에 의해서 정부와 투쟁을 하려고 했다. 이것이 소위 일본 자유민권운동의 시초였다. 이 운동은 전국으로 퍼져 대표들이 모이는 국회 기성동맹(콕카이 키세에 도오메에国会期成同盟)이 만들어지고 국회개설의 청원서가 정부에 제출된다. 이후 이타가키는 자유당을, 오오쿠마 시게노부大隈重信는 입헌개진당立憲改進党을 만들고 본격적인 정치활동을 시작한다.

31.10.5. 독일이 견본이 되었던 아시아 최초의 헌법

국회의 개설을 결정한 정부는 헌법제정 준비에 착수한다. 자유민주운동가의 손이 아니라 일본정부 스스로가 국제적으로 어필하기 위해서 헌법제정이 필요했던 것이다. 당시 정 3품의 관위에 해당되었던 태정관(다이죠오캉太政官)의 상기(参議/국가 중요회의에 참여했던 관직)였던 이토오 히로부미伊藤博文는 유럽을 방문하여 각국의 헌법을 연구하고 귀국 후에 헌법 초안을 작성한다. 그 후 이토오는 정부의 권한강화를 위한 내각제를 만들고 초대 총리대신総理大臣이 된다. 이와 동시에 자유민권운동가들은 각각의 이상을 담아 나름대로 초안을 작성하는데 그 중에서도 가장 유명한 것은 우에키 에모리植木枝盛의 〈일본국 국헌안(니홍코쿠 콕켕앙日本国 国憲案)〉으로 그들은 모두 강력한 국회의 권한을 담고 있으며 인권을 존중하는 것이었다. 그러나 정부가 원하는 것은 국민을 위한 헌법이 아니라 천황의 힘을 강력하게 하기 위한 헌법이었다. 구미제국의 헌법을 연구한 후 마침내 메에지 정부는 독일헌법을 견본으로 하기로 결정한다. 천황의 힘을 강하게 반영하고 있는 독일헌법이 일본에게는 딱 들어맞았던 것이다. 그래서 이토오 히로부미의 초안에 의한 일본헌법이 1889년에 발포된다. 이 헌법에서는 천황이 최고 권력자가 되고 국민은 신민(심민臣民)이 되지만 언론·출판·집회·결사의 자유는 허용되었다. 국민의 자유가 상당히 제약을 받는 헌법임에도 불구하고 당시에는 이렇다 할 반발은 없었다. 이미 천황에 대한 충의를 중시한 학교교육의 성과가 드러난 것이었다.

제1조 대일본제국은 만세일계의 천황이 이를 통치한다.

〈第1条　大日本帝国は万世一系の天皇これを統治す〉

제28조 일본신민은 안녕 질서를 방해하지 않고 신민으로서의 의무를 외면하지 않는 한 종교와 신앙의 자유를 갖는다.

〈第28条　日本臣民は安寧秩序を妨げずおよび臣民たるの義務にそむかざる限りにおいて信教の自由を有す〉

제29조 일본신민은 법률 범위 내에서 언론·저작·출판·집회·결사의 자유를 갖는다.

〈第29条　日本臣民は法律の範囲内において言論・著作・出版・集会および結社の自由を有す〉

　헌법이 공포되자, 곧 의회가 개원되었다. 제국의회는 귀족원・중의원의 이원제였다. 귀족원은 황족이나 화족, 그리고 천황에 의해서 임명된 의원으로 이루어지고 중의원 의원은 국민에 의해서 선출되었는데 당시에 선거권・참정권은 직접 국세를 15엥 이상 납부하는 25세 이상의 남자에 국한되었다. 유권자는 지주나 유복한 도시인들로 국민의 약 1%에 불과했다. 여성은 지방의 현縣의회 등의 선거에서만 선거권이 인정되었다.

관련 키워드

▽화족(카조쿠華族) : 1869년 황족의 아래 사족의 위 계급으로 만들어진 칭호. 처음에는 공경(쿠교오公卿)・다이묘오大名 등을 일컫는 호칭에 불과했지만 1884년 화족령에 의해 메에지 유신의 공신들과 실업가들에게 적용되어 공・후・백・자・남(코오公・코오候・하쿠佰・시子・당男)의 작위가 수여되고 특권을 동반하는 사회적 신분이 되었다. 하지만 1947년 신헌법에 의해서 폐지되었다.

31.10.6. 청일 전쟁의 승리로 제국주의 국가 대열에 합류

　국력을 키운 일본은 항상 그렇듯 한반도에 대한 침략의 야욕을 불태웠다. 중국의 청나라도 한반도를 세력범위에 두려는 야심을 갖고 있었다. 두 야심은 자연히 충돌이 불가피하게 된다. 그러던 중 조선에서는 1894년에 갑오농민개혁이 일어난다. 농민들을 중심으로 한 반란세력은 증세반대와 외세척결을 슬로건으로 내걸고 싸웠다. 이때 다급해진 조정이 청나라에 구원을 요청한다. 이에 청이 군대를 파견한다면 우리도 파견한다며 핑계 좋게 일본군도 참여하게 되었다. 농민군은 진압되었지만 야욕을 불태우는 두 집단은 지금의 아산만인 풍도豊島 앞바다에서 전쟁을 벌여, 결과는 군대의 근대화를 일찌감치 달성한 일본의 압승으로 끝난다. 이듬해에 맺어진 시모노세키下関조약에서는 한반도에서 청나라가 물러가고 일본은 요동반도와 대만을 할양 받고 당시 일본 예산의 3.6배에 달하는 거금을 전쟁보상금으로 챙긴다. 그러나 러시아가 나타나서 일본을 경계하며 프랑스・독일과 합세하여 요동반도를 청나라에게 되돌려 줄 것을 요구한다. 일본은 강대국의 요구에 마지못해 되돌려주지만 나중에 러시아가 요동반도를 조차租借한 사실을 알고 분노한다. 그 후 러시아는 시베리아 철도를 건설하고 만주에 군대를 두는 등 아시아 쪽으로 남하를 꾀하며 한반도에도 세력을 확장시켜가고 있었다. 이것을 저지하고 있던 일본과 청나라에서의 권익을 보호하고 싶은 영국이 1902년에 영일동맹을 맺게 되는데 그 결과 러시아와 첨예한 대립을 하게 된다. 영일동맹에 반발한 러시아는 프랑스와 동맹을 강화하고 만주에 병력을 증강시킨다. 러시아가 더 남하하여 조선에 세력을 확장하는 것을 경계한 일본은 1903년에 러시아의 만주지배와 일본의 조선지배를 교화조건으로 하는 러일협상(니치로 쿄오쇼오日露協商)을 제안하지만 교섭은 이루어지지 않고 끝난다. 일본에서는 러시아와의 전쟁이 불가피하다는 여론이 비등하기 시작한다. 방송에서도 이를 부추기고 신문에서는 대서특필하였다. 만약에 이를 반대하기라도 하면 매국노의 오명을 쓰는 분위기였다. 이런 와중에서도 크리스챤인 우치무라 칸조오內村鑑三나 사회주의자인 코오토쿠 슈우스이幸德秋水, 가인歌人 요사노 아키코与謝野晶子 등은 전쟁의 반대를 부르짖었다. 그러나 압도적인 개전론 속에서 이 소리는 묻히고 1904년 일본은 러시아에 선전 포고를 하면서 러일전쟁은 시작된다. 전쟁은 일본이 러시아의 자랑거리이자 자존심인 발틱 함대를 전멸시키는 등 일본의 우세로 계속된다. 이 소식이 전해질 때마다 일본에서는 환성을 울리고 곳곳에 서는 기념식수까지 했다. 전쟁이 오래 지속되자, 병력, 물자, 자금 등이 부족한 일본은 미국에게 중재를 요청하게 된다. 한편, 국내에서도 혁명이 일어나면서 전쟁을 더 이상 계속할 수 없었던 러시아는 마침내 교섭에 응하게 된다. 이윽고 1905년에 포츠담 강화조약이 이루어진다. 간신히 승리한 일본에게 전쟁보상금은 한 푼도 없었고 조선에서의 우월권 행사와 중국의 장춘·여순 간의 철도, 여순과 대련의 조차권, 카라후토의 일본 이양 등을 보상으로 받았다.

이 소식을 들은 국민들은 조약이 조인되는 날인 9월 5일에 토오쿄오의 히비야日比谷공원에서 조약 파기를 호소하는 대규모 집회를 가졌고, 성난 군중들은 폭도로 변하여 히비야 파출소를 불태우는 등 군대까지 출동하였다.

31.10.7. 한국 침략 합병

청일전쟁에서 중국을, 러일전쟁에서 러시아를 조선에서 축출한 일본은 조선에서 주도권을 잡고 한국을 식민지로 하기 위한 야욕을 노골적으로 드러내기 시작한다. 일본은 그동안 구미열강에게 당한 불평등조약을 그대로 한국에 강요하여 1904년에는 한일 의정서교환과 제1차 한일협약을 맺는다. 이 조약으로 일본은 한반도 내에서 일본군의 자유와 한국정부 내에서의 권한을 획득하게 된다. 1905년에 벌어진 2차 한일협약에서는 한국의 독립국으로서의 외교권을 박탈하고 통감부를 설치하고 초대 통감에 이토오 히로부미伊藤博文를 파견한다. 1907년에 열린 3차 협약에서는 한국의 군대를 해산시키고 황제를 퇴위시키는 등 완전히 내정권도 박탈한다. 이러한 일본의 침략행위에 러시아는 패전국으로서 할 말을 못했고 미국은 필리핀을, 영국은 인도를 식민지로 하는 등의 식민정책에 몰두하고 있었으므로 일본의 한국지배를 인정할테니까, 자신들의 식민지배는 참견말라는 묵계가 서로 있었던 것이다. 이런 사정 때문에 네덜란드 헤이그에서 열린 만국 박람회에서 한국 황제가 아무리 호소해도 어느 하나 귀를 기울이는 나라가 없었다. 한편 강제로 해산당한 군대의 병사와 농민들이 의병을 만들어 전국 각처에서 치열한 무력투쟁을 벌였다. 그 와중에 1909년 침략의 원흉인 이토오 히로부미가 중국 하얼빈에서 안중근의사에게 살해당한다. 그러나 이듬해 한일합방조약이 강제로 맺어지고 한국은 일본의 완전한 식민지가 되었다. 일본의 지배하에 놓인 한국국민에게 진쟈참배라든가 창씨개명에, 일본어 습득을 강요하는 등 내선일체(나이셍 잇타이内鮮一体)라는 이름으로 일본은 한국인을 일본인으로 개조하려고 광분한다. 태평양전쟁에서는 많은 한국인이 전쟁에 징발되거나 강제노역을 당하고 심지어는 종군위안부라는 이름으로 여성들을 전쟁의 성적 노리개로 이용하였다.

31.10.8. 5 · 15사건

1932년 5월 15일에 일어난 해군 급진파의 청년 장교들을 중심으로 하는 반란사건이다. 무장한 해군의 청년 장교들이 수상관저에 난입하여 당시 호헌 운동의 기수라고 할 수 있는 이누카이 츠요시 犬養毅 총리総理를 암살한 것이다. 이 사건에 의해서 일본의 정당정치는 쇠퇴일로를 걷게 된다.

31.10.9. 2 · 26사건

1936년 2월 26일부터 29일 사이에 일본에서 육군 황도파의 영향을 받은 청년장교들이 1,483명의 장병을 이끌고 〈쇼오와 유신단행, 손노오 토오캉尊皇討奸/간신배를 척살하고 천황중심의 정치가 이루어져야 한다〉을 기치로 내건 미증유의 쿠데타 미수사건이다. 사건 후 한동안은 이 사건이 〈후쇼오不祥사건〉·〈테에토 후쇼오帝都不祥사건〉으로 불렸다.

사건의 개요는 다음과 같다.

이 무렵 군인의 정치운동은 신 관료와 결탁하여 〈고도 국방국가〉의 건설을 목표로 하는 통제파와 원로, 정당, 재벌 등 기성지배계급을 타도하고 천황친정을 목표로 하는 황도파로 분열되었다.

육군 파벌의 하나인 황도파의 영향을 받은 일부의 청년 장교(20대의 대위에서 소위 중심)들은 농업공황과 천황기관설(天皇機関説/통치권은 법인인 국가에게 있고 천황은 하나의 최고의 기관이라는 학설)등에 위기를 느낀 나머지, 〈쇼오와 유신단행, 존황 토간尊皇討奸〉이라는 슬로건 아래 무력으로써 원로중신을 살해하면 천황의 친정이 실현되고 부패가 수습될 것이라고 생각하고 있었다. 그들은 1936년 2월 26일 새벽에 궐기하여 근위보병 3연대, 보병 제1연대, 보병 제3연대, 야전 중포병 제7연대 부대를 지휘하여 내각 총리대신内閣総理大臣 오카다 케에스케岡田啓介 등을 살해하려는 행동에 들어갔다. 결국에는 내대신内大臣 사이토오 마코토斎藤実, 오오쿠라대신大蔵大臣 타카하시 코레키요高橋是清, 육군교육총감인 와타나베 죠오타로오渡辺錠太郎 등을 살해하고 시종장인 스즈키 칸타로오鈴木貫太郎에게는 중상을 입힌다. 당초 그들은 오카다 총리도 살해했다고 발표했으나 오인으로 밝혀졌다. 그런 다음에 그들은 군 수뇌부를 경유하여 쇼오와 천황에게 쇼오와 유신을 호소했다. 그러나 군과 정부는 그들을 반란군으로 규정하고 무력진압을 결의, 포위하며 투항을 권고한다. 반란군 장교들은 하사관과 병을 원대 복귀시키고 일부는 자결했지만 대부분의 장교들은 투항하여 법정투쟁을 기도했다.

습격결의의 배경은 다음과 같다.

혁명적인 국가 사회주의자 키타 익키北一輝가 쓴 『일본 개조 법안대강日本改造法案大綱』 안에 밝힌 「쿤소쿠노 캉君側の奸」이라는 사상 아래, 천황을 자기편으로 끌어들이고 방해인물을 살육하여 황도파가 주권을 잡아야한다는 내용의 「쇼오와 유신昭和維新」·「존황토간尊皇討奸」에서 영향을 받았다. 이 영향을 받은 안도오 테루조오安藤輝三 등을 중심으로 하는 황도파의 청년장교의 일부는 정치가와 재벌계 대기업과의 유착으로 대표되는 정치부패와 대공황에서 비롯된 심각한 불황 등의 현상을 타파할 필요성을 소리 높여 외치고 있었다. 이것을 위험하게 본 육군 중추부가 육군사관학교 사건에서 이소베 아사이치磯部浅一와 무라나카 타카지村中孝次를 면직한 것도 그들의 상관에 대한 불신감을 낳는 계기가 되었다. 육군 중추부에서는〈위험사상이 존재한다〉라고 판단하고 장기에 걸쳐 헌병을 통해 청년장교들의 동향을 감시하고 있었다. 황도파와 통제파의 반목은 점점 심각해지고 통제파의 수뇌였던 나가타 테츠장永田鉄山 육군성 군무국장陸軍省軍務局長을 1935년 8월 12일 백주에 아이자와 사부로오相沢三郎 중좌中佐가 참살하는 사건마저 일으켰다.

1932年에 일어난 5·15사건五·一五事件으로 이누카이 츠요시犬養毅총리를 살해한 해군청년 장교들이 15년 이하의 형밖에 받지 않았던 것도 일부의 황도파 청년 장교들에게 영향을 주었다고 볼 수 있다. 다만 5·15사건은 코가 키요시古賀清志 해군중위海軍中尉 등의 독단에 의한 행동이었고 천황에게 위임받은 병졸들을 동원해서 사건을 일으킨 것은 아니었다. 당시 행동의 자금원은, 미츠이 재벌三井財閥이 이런 때를 위해 마련해둔 비자금이었으며 인편을 통해 안도오安藤 등에게 건네졌다. 이 때문에 미츠이는 습격 대상에서 제외되었다고 한다.

이들 청년장교들은 주로 동경주둔의 근위보병 1연대 및 보병 3연대에 속하고 있었는데 제1사단의 만주滿州파견이 내정되어 있었으므로 그들은 이것을 자기들이 추구하고 있는「쇼오와 유신昭和維新」방해공작으로 알고 1사단이 만주로 가기 전에 궐기를 감행한다. 한편으로는 내부에서 신중론도 있었다. 야마구치 이치타로오山口一太郎대위나, 민간인인 키타北와 키타의 제자였던 니시다 미츠기西田税 등은 시기상조라고 주장했지만 강경론이 압도한다. 궐기의 서한은 노나카의 명의로 되어있지만 노나카가 쓴 문장을 키타가 대폭 수정했다고 한다.

사건경과는 다음과 같다.

반란군은 습격대상 관저의 저항을 진압하기 위해 전날 심야부터 다음날 새벽까지 연대의 무기를 탈취하고 육군장교의 지휘로 부대는 출동했다. 보병 1연대의 주번사령인 야마구치 대위는 이것을 묵인하고 또한 보병 3연대의 주번사령 안도오 대위는 자신이 지휘했다. 습격시간 전후에는 눈이 내리지 않았지만 사건 당일에는 눈이 내렸다. 반란군은 압도적인 병력과 기관총을 보유

🎦 나가타쵸오永田町 일대를 점거한 병사들

하고 있었고 대부분 저항을 받지 않고 습격에 성공했다. 다만 총리관저, 와타나베 대장관저, 타카하시 재무상관저 및 마키노 백작이 머무는 곳에서는 경비를 맡은 경찰관 및 헌병의 심한 저항을 받고 이들을 살해, 혹은 심한 부상을 입힌다. 그리고 와타나베 자신도 권총으로 응전을 한다.

그들의 최대목표는 천황의 대권을 방해하는 오카다 총리(예비역 육군 대장)로 당연히 그가 제1호의 습격의 대상이 된다.

전체의 지휘는 쿠리하라 중위栗原中尉가 하고 제1소대는 쿠리하라 중위자신이, 제2소대는 이케다소위池田少尉가, 제3소대는 하야시 소위林少尉가, 기관총 소대는 오시마 상사尾島曹長가 이끌었다. 반란소대가 총리관저에 난입했을 때 관저 경비를 맡았던 무라카미村上 정문 순사부장衛門巡査部長은 관저

내에서 살해당하고 도이土井순사 등 4명의 경찰관이 권총으로 과감하게 응전하지만 습격부대의 압도적인 병력 앞에 저항은 허무하게 끝나고 살해된다. 그러나 경찰관이 응전하는 사이에 오카다 총리는 장롱 속에 숨을 수가 있었다. 그 사이에 오카다 총리의 처남으로 총리 비서관 겸 신변 경호역을 하고 있던 마츠오 덴조오松尾伝蔵는 반란 장교들 앞으로 스스로 달려가서 총살된다. 오카다를 구하기 위해서였다. 장교들은 오카다와 용모가 비슷한 마츠오를 총리로 오인, 목적을 달성했다고 믿었다. 한편 총리의 생존을 확인한 후쿠다 총리비서관과 사코미즈迫水 총리비서관総理秘書官 등은 코오지마치麹町의 헌병분대의 변사 등과 기막힌 묘책을 마련하여 다음 날인 27일에 오카다와 동년배의 조문객을 여럿 끌어들여 변장시킨 오카다를 조문을 마치고 나오는 조문객들과 섞어서 기묘하게 탈출시키고 있다.

결국 이 반란으로 반란군이 4일 동안 수상관저와 의사당 등을 점거하게 되지만 곧 진압되고 그 이후에는 통제파가 육군의 주도권을 잡게 된다. 사건 직후, 히로타 코오키廣田弘毅 내각이 출범하게 되자, 그들은 각료인사에 노골적으로 간섭하기 시작한다.

히로타 내각은 군부대신의 현역現役 무관제武官制(육군대신, 해군대신의 보직 자격을 군 현역에게만 부여하는 제도)를 부활하고 자주 적극외교의 일환으로 독·일 방공防共협정(나치정권과 국제공산당의 활동에 대항할 목적으로 만든 것으로 나중에 뭇솔리니의 파시즘정권도 가입하여 3국동맹이 되었다)을 체결하고 군사비 약 14억엥을 포함한 방대한 예산을 편성하는 등 정치체제의 군국주의화, 파시즘화를 가속화시켜 나간다.

▷중요한 연호

타이카(大化)	645~650	겐로크(元禄)	1688~1704
템표오(天平)	729~749	쿄오호오(享保)	1716~1736
엥기(延喜)	901~923	칸세에(寬政)	1789~1801
호오겡(保元)	1156~1159	템포오(天保)	1830~1844
헤에지(平治)	1159~1160	안세에(安政)	1854~1860
붕에이(文永)	1264~1275	케에오오(慶応)	1865~1868
텐쇼오(天正)	1573~1592	메에지(明治)	1868~1912
케에쵸오(慶長)	1596~1615	타이쇼오(大正)	1912~1926
겐나(元和)	1615~1624	쇼오와(昭和)	1926~1989
캉에에(寬永)	1624~1644	헤에세에(平成)	1989~

서기와 중요한 연호 계산법

① <1867＋明治年度> 例)明治33年=1867＋33＝1900 ● 明治는 45년까지인 1912년이 끝이고
② <1911＋大正年度> 例)大正 5年=1911＋5＝1916 ● 大正는 15년까지인 1926년이 끝이고
③ <1925＋昭和年度> 例)昭和30年=1925＋30＝1955 ● 昭和는 64년까지인 1989년이 끝이다.
④ <1988＋平成年度> 例)平成 7年=1988＋7＝1995

집단의 아름다움 集団の美─한 개의 개체가 모이고 모이다보면 낱개일 때는 상상도 못했던 엄청난 조화의 힘과 미美가 창출된다. 일본인은 이런 집단의 매력을 통감하고 있다.

①카츠라 리큐우桂離宮·京都
②떨어져 흐르는 벚꽃이 집단으로 산화散華하는 사무라이를 연상케 한다.
③산쥬우 상켄도오三十三間堂·京都
④키요미즈데라清水寺·京都
⑤코오야산高野山·和歌山県
⑥산자마츠리三社祭·東京
⑦자연과 인공의 조화 꽃의 군무群舞·北海道
⑧사가노嵯峨野 대나무 군락·京都

① ② ③

④ ⑤ ⑥

⑦ ⑧

일본의 정치 · 외교

 일본의 천황제

천황에게 마력이 있다고 일본 사람들은 믿어왔다. 그래서 일단 천황에게 칼을 들이대면 반드시 저주를 받을 것이라고 생각한다. 엄청난 군대를 지휘하는 뛰어난 무장조차도 천황의 저주를 두려워하여 승산이 있다해도 그대로 항복할 정도로 그 위력은 대단하다.

카마쿠라鎌倉막부(바쿠후幕府) 3대 쇼오궁 미나모토노 사네토모源實朝가 형인 2대 쇼오궁 미나모토노 요리이에源賴家의 아들인 쿠교公曉에게 암살되자 조정과 막부의 대립은 심화되고 결국 코토바後鳥羽 상황(죠오코오上皇)은 당시 카마쿠라의 가장 유력한 실권자인 호오죠오 요시토키北条義時의 토벌을 결의한다. 이에 대해 카마쿠라 막부는 19만명이라는 상상을 초월하는 대군으로 저항하여 조정의 계획은 단번에 분쇄되고 만다. 그 때 만약 조정 측이 니시키노 미하타(錦の御旗/관군을 나타내는 빨간색 바탕의 비단천에 해와 달을 금과 은으로 자수 해넣은 깃발)를 들고 진군해왔다면 막부는 무조건 항복할 생각이었다고 한다. 결과는 깃발은 올려지지 않았고 전쟁은 막부의 승리로 끝났으나 천황의 저주공포는 그 직후에 현실로 나타났다. 오키隱岐로 유배된 코토바

📷 황거皇居/ 니쥬우바시 마에二重橋前

상황은 막부를 저주하다 10년 후에 죽었고 그 해부터 막부의 중요인물이 줄줄이 변사한다. 미우라 요시무라三浦義村・호오죠오 토키후사北条時房가 먼저 급사하고 3년 후에는 막부를 지배하고 있던 식켕(執権/카마쿠라鎌倉시대에 쇼오궁将軍을 보좌하고 정무를 총괄한 직책으로 사실상 실권을 쥔 최고직) 호오죠오 야스토키北条泰時가 발광하여 급사한다. 이 때 사태가 여기에 이르자 천마봉기(템마호오키天魔蜂起)라는 소문이 퍼져 사람들을 전율케 한다. 이런 이유로 근대 일본이 탄생하려고 할 때에도 에도막부江戸幕府의 마지막 쇼오궁 토쿠가와

니시키노 미하타錦の御旗

요시노부徳川慶喜가 니시키노 미하타錦の御旗에 떨며 항복을 하고 정권을 천황에게 바치는 타이세에호오캉大政奉還을 단행하고 만다.

역사를 살펴보면 천황의 권력과 제도는 어디까지나 정치권력을 잡은 자에 의해서 만들어진 환상幻想이었다. 사람의 손으로 만들어진 것은 사람의 손에 의해 파괴된다. 하물며 형태가 없는 권위라면 언젠가 그 위광威光이 없어질 때가 오는 것이 인지상정이다. 그럼에도 불구하고 천황에 한해서만 예외가 존재하는 것은 왜일까. 아무튼 지금까지 일본에서의 천황의 권위는 그를 둘러싼 정치세력의 노력에 의해서 만들어져온 가공架空의 산물이라고 해도 불가해한 점도 없지는 않다. 그러기에 역사 속에서 천황제는 정치세력의 기묘한 역학 관계 속에서 특유의 불가사의함을 생존논리로 지금까지 버티어 왔다. 여기에 때로는 고도의 정치적 계산 속에서 천황의 권력은 지배 혹은 탄압의 논리로 이용되어 온 적이 많다. 그 중 2차 대전 중인 1940년의 수 년 전부터 현상타파・세계 신질서 건설의 정신적 지주를 키키(記紀/『코지키古事記 710』의 키記와 『니혼쇼키日本書紀 720』의 키紀를 함께 부르는 병칭)에서 찾으려는 태도가 정부에서 생겨났다. 당시 문부성(몸부쇼오文部省)의 교학국(교오가쿠쿄쿠教学局)은 『국체의 본의(코쿠타이노 홍기国体の本義)』・『신민의 길(심민노 미치臣民の道)』을 국민 교과서로 출판하고, 천손강림(텐송 코오린天孫降臨)땅으로 되어있는 큐우슈우九州의 타카치호高千穂산의 봉우리에는 학코오이치우(八紘一宇/여기서 宇는 지붕의 뜻으로 세계를 하나의 지붕으로 한다는 의미로 태평양전쟁 때에 일본의 해외진출을 정당화하기 위하여 사용된 표어로 천황을 거의 신처럼 간주하고 있다)의 석탑을 건립하였다.

1938년에는 외무성 신 관료그룹인 나카가와 토오루中川融, 우시바 노부히코牛場信彦 등 8명은 당시의 외무장관인 우가키 카즈시게宇垣一成에게 천황의 선정을 세계에 알리는 신성한 업무의 전위에 선 외무관료로서 황도외교라는 명칭에 걸 맞는 일련의 근본정책을 갖고 있다고 제언한다. 당시의 관료까지 나서서 천황의 권위 확산을 위해 앞잡이 노릇했던 것을 알 수 있다.

이 시대에 동시다발로 회자되었던 것이 「일본은 신이 기초를 다지고 신의 가호를 받는 국가이다(日本は神国)」・「신의 국가는 멸망하지 않는다(神州不滅)」・「천황의 군대는 패하지 않는다(皇軍不敗)」・「카미카제(神風/신의 위력에 의해서 일어나는 바람. 특히 원나라 침입 때 원나라의 군함을 침몰시킨 큰 바람. 2차 대전 당시 자살특공대의 호칭으로 쓰이기도 했다)」・「아라히토가미現人神」・「교육칙어(교오이쿠 쵸쿠고教育勅語)」였다.

아라히토가미란 말은 신은 원래 숨어있는 존재이지만 이 세상에 나타난 신이란 이름으로 천황을 칭한다. 사람의 모습을 갖춘 신, 천황을 존경해서 말하는 호칭으로 아키츠가미現つ神라는 말도 썼다.

천황을 지칭하는 말의 하나로 천황은 현신現神으로 이 세상에 나타난 신이라는 관념에 근거하여 천황의 신성함을 기리며 이것을 외경하는 의미를 가진 호칭이다. 그 근거로 『니혼쇼키日本書紀』의 〈景行天皇 40년 是歲条〉에 일본 무존日本武尊의 말로서 〈짐은 현인신의 자손이다吾是現人神之子也〉라고 되어 있다고 주장하고 있다. 다음이 교육칙어(교오이쿠 쵸쿠고敎育勅語)이다.

일본인을 근대 천황제라는 주형에 밀어 넣은 것이 교육칙어로 내용으로는 「항상 황실전범 및 헌법을 비롯해 모든 법령을 준수하고 만일 국가의 안위가 위협을 받을 때에는 대의명분에 근거해서 용기를 앞세워 황실국가를 위하여 몸을 바칠 것. 이렇게 함으로써 아마테라스 오오미카미天照大神가 말씀하신 대로 하늘과 땅이 멸망하지 않고 〈중략〉 이렇게 하는 것은 단지 짐에게만 충성을 다하는 훌륭한 신민이 되는 것뿐만 아니라 그대들의 선조가 남긴 미풍을 확실히 하는 것이다. 〈중략〉 이 덕목은 고금을 통해 영원불변이며 우리나라는 물론이고 외국에서도 바른 길이다. 짐은 그대 신민과 함께 이 길을 소중히 지키고 모두 이 길을 체득 실천할 것을 절실히 바라노라」라는 내용으로 되어 있다. 각급 학교에 이 복사본이 배부되어 교장은 독특한 억양으로 봉독하는 것을 가장 중요한 업무로 생각했다. 이 칙어에 배례를 거부하여 우치무라 칸조오內村鑑三는 면직처분을 받았으며 1946년 6월에야 국회에서 그 배제 실효에 관한 결의가 가결되어 등본이 회수되었다.

2차 대전이 끝난 다음 일본을 점령한 GHQ는 〈다이토오아 센소오大東亞戰爭〉·〈학코오 이치우八紘一宇〉·〈에에레에英靈〉라는 말의 사용을 엄격한 검열로 금지시키긴 했지만 이처럼 천황제는 신의 체계의 지원을 받아 정권의 시녀노릇을 하며 많은 폐해를 낳기도 하였다. 이 모든 것은 일본인의 신에 대한 관념이 빌미를 제공한 것으로 볼 수 있다. 지금은 잠재되어 있지만 신과 천황의 결탁은 항상 가능성으로 열려있다.

일본의 통치의 구조는 〈천황〉을 빼놓고는 언급할 수 없다. 일본이 국가로 탄생한 이래, 국가의 상징으로서 지위를 계속 유지해온 것은 천황이다. 다만, 천황이 직접 구체적으로 국가를 통치한 것은 고대를 제외하고는 거의 없고 현실 정치를 행한 것은 귀족이나 무가를 중심으로 한 막부였다. 근대가 되어, 소위 「메에지 헌법」이 시행되어 천황이 헌법의 시행자가 되었지만 정치 제도는 「의원내각제」가 되어 정치의 책임은 정부에게 있었다.

2차 대전에서는 일본이 패배하고 맥아더 사령부의 주도로 헌법이 개정되어 1947년 5월3일에 신헌법이 시행되었다. 이 신헌법에서는 주권자가 천황에서 국민으로 바뀌었다. 그러나 헌법 제1조는 천황은 일본국의 상징이고 일본 국민통합의 상징이라고 되어 있고 헌법 제6조에서는 수상을 임명하고 대법원장을 임명하고 제7조에는 천황의 국사행위에 관한 것이 명시되어 있다. ①헌법개정, 법률·조약의 공포 ②국회의 소집 ③중의원 해산 ④선거의 공시 ⑤국무대신 등의 임면과 인증 ⑥대사면의 실시 ⑦영전의 수여 ⑧비준서·외교 문서의 인증 ⑨외국 대·공사의 접수 ⑩의식의 집행 등이 있는데 어느 것이나 내각의 조언·승인에 의해서 행하는 것으로 실체적으로는 천황에게는 아무런 권한이 없으며 본래의 전통적인 천황제로 돌아간 것이나 다름없다. 이것은 「권위(천황)」와 「권력(정부)」을 병립해서 기능하고 있는 일본 통치의 구조이다. 이른바 황금분할인 것이다.

일본에는 돈·권력·명예의 균분등식이 있다. 천황은 명예(권위)만 갖고 총리는 권력만 갖는다. 기업은 권력과 명예는 없지만 돈을 갖는다. 그런 식으로 일본 사람들 개개인이 갖고 있는 돈과 권력과 명예를 합산해 셋으로 나누면 대충 비슷하다는 얘기이다. 타케우치 히로시竹内宏라는 평론가는 이 같은 균분(킴붕均分)등식을 일본 사회를 안정시키는 합리적인 묵계라고 지적했다. 돈과 권력과 명예의 균분등식은 일본 역사에서 오랜 기간 사회적 불문율로 이어져왔다. 에도 막부 시대에도 천황은 명예를, 쇼오궁은 권력을, 상인은 돈을 나누어 가졌다. 일본 재계에서 경영의 신으로 불리는 마츠시타 그룹 창업자 마츠시타 코오노스케松下幸之助는 생전에 정계진출을 한사코 뿌리쳤다. 그는 자신이 정계에 나가는 대신 사재를 털어 젊고 유능한 정치 지망생들을 키우는 마츠시타 정경숙(세에케에쥬크政経塾)을 만들었다. 기업인은 돈과 권력을 동시에 탐해서는 안 된다는 생각 때문이었다. 이것도 결국은 균분의 형식에 의한 것이었다.

32.1. 만세 일계〈반세에익케에万世一系〉

일본인들은 『코지키古事記』·『니혼쇼키日本書紀』에 의한 주장으로 현재의 천황은 오로지 한 가문으로서 만세 일계의 125대라고 말하고 있다. 고대국가의 성립 이래로 일본을 지배하고 있던 천황가, 즉 황실은 정치적 권력자라기보다는 종교적·문화적인 지주로서 역할을 해오기도 했고 때로는 실질적으로 권력에 이용되면서 역사상 존속되어 왔다. 무사의 시대에는 천황은 그저 명맥만을 유지하는 존재였지만 하급무사가 혁명을 일으킨 메에지 시대에는 강력한 힘으로 부활하기도 했다. 천황이란 존재는 역사 속에서 부침을 거듭하며 권력이나 권위의 정도가 강해지기도하고 약해지기도 했지만 그 본질은 종교적인 기원과 관계가 있다.

32.2. 천황과 문화 유산〈天皇と文化遺産〉

일본인의 종교관이 다신교라는 점은 이미 언급한 바 있다. 일본에는 수많은 신 야오요로즈노 카미八百万の神가 있고 그 중심에는 일본 천황가의 선조라는 아마테라스 오오미카미天照大神가 존재하고 있다. 천황의 신격화는 여기에 뿌리를 두고 있다. 2차 대전 당시 천황은 아라히토 가미現人神라고 불리며 일본 종교인 신토오神道의 상징이었는데 패전 후에는 천황 스스로가 인간 선언(닝겐셍겡人間宣言)을 하며 그 신격화를 부정했다. 신격화의 이면에는 메에지 유신을 일

📷 황거皇居 내의 정원

528

으켰던 하층 무사, 또는 군부가 자신들의 권위를 유지하기 위하여 천황을 이용한 것으로 서민들은 「텐노오상天皇さん」이라며 친숙함을 가지고 천황을 불렀다. 다만 옛날부터 일본의 신에게 제사지내는 사이시祭司로서의 역할, 나라奈良 쇼오소오잉正倉院이 상징하는 문화유산의 계승자로서 가회 · 아악 · 카미고토 등 일본의 옛부터 전해오는 예술문화가 지금도 천황가에 계승되고 있다. 현재의 천황도 황거에 있는 논에서 벼의 모심기나 벼베기 등을 궁중의 신에게 제사행위로서 행하고 있다. 일본이 2차 대전에서 연합국에 항복했을 때 당시 일본정부가 가장 신경을 썼던 것은 국체의 유지, 즉 천황제의 유지였다. 점령사령부GHQ도 입헌군주제로 할 것인가, 공화제로 할 것인가 가장 논점이 되었었는데 천황제를 폐지하면 일본전체가 혼란에 빠지고 공산화 될 수도 있으며 점령은 실패한다는 미국 정부의 판단에 따라 천황제가 유지되었다. 그러나 구헌법에서는 주권이 천황에게 있었지만 신헌법에서 주권은 국민에게 돌아갔다.

32.2.1. 지배 이데올로기로서 신격화된 천황

일본인의 신으로서의 또 하나의 축이 천황이다. 이것은 제정일치 사회에서부터 신과 천황은 불가분의 관계에 있는 것처럼 인식되어 왔고 이 둘은 서로 보완관계에 있으며 전자는 천황의 존재근거를 마련해주는 사상적 이데올로기로서 사용되었고, 후자는 통치 이데올로기로서 사용되었으며 실제로도 그 둘의 관계는 거의 근대까지 이어지며 큰 힘을 발휘하였다. 이것은 모두 신화적인 발상이다. 이러한 신화적인 발상은 묘한 역학관계를 낳았고 이 역학관계의 교묘한 운용을 통해 필요한 때에 필요한 방식으로 가공해서 쓰고 지배의 사상적 에너지로 이용하여 왔다. 이것도 현실적인 요인이 큰 몫을 했음은 두말할 나위도 없다.

이런 배경으로 천황은 정신적 통합자로서의 위치가 확고하다.

신화 속에서 옛날 일본인은 세계를 셋으로 나누었는데 신들이 사는 타카마노 하라高天原와 인간과 생물들이 사는 나캇 쿠니中っ国, 그리고 악령이 사는 요미노 쿠니死見の国가 바로 그것이다. 여기서 한 가지 주목할 만한 사실은 인간과 신이 서로 신분이 다르기 때문에 인간은 살아서나 죽어서나 나캇 쿠니를 벗어날 수 없으나 신은 타카마노 하라가 생사의 세계였다는 것이다. 일본의 일상생활에서의 신과 인간과의 관계와는 판이하게 신화적 발상은 신과 인간의 세계를 완전히 구분하고 있다. 이것은 곧 천황제 이데올로기의 근간을 이루게 된다. 즉 천황과 인간은 같은 존재가 아니라 서로 다른 세계에 존재하는 전혀 별개의 존재라는 사실이다. 바로 여기서 천황숭배와 천황제가 출발한다. 천황제는 신화적인 상상력에서 출발하여 종교적인 숭배로 이어지고 그것이 곧 고정관념으로 고착되어 전환기의 역사 때마다 역사를 리드하는 구심점으로 중대한 역할을 한다.

이 신화적인 상상력의 출발은 어느 나라에서나 그렇듯 건국신화에 그 연원을 갖고 있다.

일본의 건국신화도 기독교의 창세기처럼 무에서 창조가 이루어진다. 물론 이 건국신화의 목표는 천황과 신과의 동일시이다. 『코지키』에 등장하는 신화에는 그것이 잘 나타나 있다.

천황가

황태자의 결혼식

그 신화에 의하면 스사노오노 미코토는 천상의 나라에서는 온 갖 악행을 저지르는 악역의 대명사이지만 이즈모의 나라에서는 악역을 퇴치하는 영웅신으로 등장한다. 이것은 전혀 별개의 두 신을 하나로 급조한 것으로 당시에 떠돌던 민간의 신화를 채집하여 야마토 조정이 건국 신화로 만든 것으로 생각되어지고 있는데 인간과는 전혀 다른 세계의 천상의 신도 여염집 인간처럼 죽기도하고 악행을 저지르기도 하며 분노를 느끼기도 한다. 이것은 당

공주의 결혼식. 결혼 후에는 왕족의 신분에 서 벗어나 평민이 된다.

시의 이즈모에 대립하며 타카마노 하라高天原를 지배했던 아마츠 카미天つ神의 오오 야시마大八州통치 유래와 그 정통성을 주장하는 정치적 의도가 강하게 숨어있다고 보는 견해가 지배적이다. 결국 천황이 하늘로부터 내려왔다는 천손강림 신화(아마쿠다리 싱와天下り神話/텐송 코오링天孫降臨)에 의해서 지탱되는 신화의 발상은 인간과는 차별화된 존재로 천황이 자연스럽게 부각되고 있다. 인간처럼 희로애락

을 가지고 있어서 친근감을 느끼게도 하지만 감히 범접할 수 없는 하늘의 자손이라는 다소 황당함이 천황가 존재의 이론적 배경이었던 것이다. 초대 천황인 짐무神武 천황의 즉위로부터 지금까지 한번도 단절된 적이 없다는 반세에잇케에万世一系라는 말이 그 사상을 담고 있다. 이것은 15세기에서 18세기까지 서구 유럽의 절대주의국가에서 중요한 사상적 역할을 했던 왕권신수설과 그 맥을 같이 하는 것이다. 이렇게 연원을 둔 천황에 대한 절대적인 상상력은 그 후에는 거의 미신적인 상상력으로 윤색되고 만다.

천황가의 오랜 염원이었던 남자아기가 둘째 황태자에게 태어났다.

📷 황태자 성인식

32.2.1.1. 천황의 연호제

연호라는 것은 원래 황제가 시간을 지배한다는 의미를 담아 기원전 140년에 중국 한무제가 〈건원建元〉이라고 사용한 것이 시초였다. 일본에서는 서기 645년에 타이카大化라고 부른 것이 기원이다. 중국에서는 청나라가 멸망하면서 자취를 감추었는데 일본은 21세기가 되어도 여전히 연호(넹고오年号)를 연호連呼하며 열심히 쓰고 있다. 현재의 헤에세에平成 천황이 125대이고 현재까지 247개의 연호가 사용되어 왔으니까, 한 천황 재위 중에도 2개 이상의 연호가 사용되었던 것을 알 수 있다.

이 연호는 천황이 제정권을 갖고 있으며 옛날에는 신유辛酉·갑자甲子년 외에 천황이 즉위하거나 상서로운 일이 생기면 그것을 기념하고 기리기 위하여 연호를 바꾸었고 천재지변 등이 일어나면 심기일전하기 위하여 연호를 바꾸었다. 와도오(和銅 708-714)라는 연호는 무사시노 쿠니武蔵国의 치치부秩父에서 제련할 필요가 없는 천연의 구리가 산출된 것을 기념하여 제정되었고, 하쿠치(白雉 650-654)라는 연호는 코오토쿠孝德 천황이 아나토穴戸(현재 감몬関門 해협)의 지방관国司으로부터 흰 꿩을 선사받고 상서로운 징조라 하여 그 연호를 사용하기 시작했다. 전국 시대 60년 동안은 천황이 남북조로 나뉘어져 있었으므로 2개의 연호가 동시에 사용되기도 하였다. 그러던 것이 메에지 시대 이후에는 잇세에 이치겐노 세에一世一元の制가 실시되는데 이는 하나의 천황이 한 개의 연호만을 사용하는 제도이다.

연호와 천황을 합일시켜 이른바 천황이 일본의 국토와 시간을 지배한다는 대전제에 권위를 불어넣기 위함이었다. 일본인은 천황제라는 골격과 연호와 일본이라는 국명이 폐지되거나 바뀌지 않은 것이 대해 굉장한 프라이드를 갖고 있다.

2차 대전 후에 GHQ는 천황을 현인신으로 받드는 황실전범에서 연호 사용행위의 법적 근거를 실효失効시켰다. 따라서 당시 쇼오와昭和라는 연호사용은 〈법적 근거〉라는 당당한 지위에서 〈관습적 사용〉이라는 형태로 전락한다. 이에 우익단체들은 〈연호법제화 실현 총궐기 국민대회〉를 잇달아 개최하는 등 GHQ의 연호사용 실효행위 자체를 실효시키려 하였다. 이에 대하여 국제화 시대에 사용

에 번거롭다는 학계나 평화단체가 중
심이 된 연호법 제정 저지 움직임도 만
만치 않게 전개되었지만 마침내는
1979년 6월 연호법이 공포, 시행되었
으며 우익단체들은 이 법에 의해 쇼오
와 천황의 사망 다음날인 1989년 1월
8일에 헤에세에平成라는 연호를 거침
없이 쓴다. 그들은 쇼오와 천황을 보내
는 대신 연호를 당당하게 사용하는 기

📷 토오쿄오 역의 상공에서 본 황거〈코오쿄皇居〉

회를 꽉 잡은 것이다. 덕분에 일본 국민들은 세계공통어인 서기라는 편리한 제도를 제쳐놓고 거추장
스럽기 짝이 없는 연호에 매달리지 않으면 안되게 되었다.

32.2.1.2. 기나긴 동면을 깬 천황의 등장

에도 시대에 천황은 허울상으로는 최고의 지위였지만 정치적으로는 식물인간, 위상으로는 작은
영주였으며, 아무도 돌보지 않은 채 유기되어 버린 추상적인 존재에 불과했다. 하지만 추상같은 위력
으로 버티고 있던 막부가 무너지고 왕정복고가 이루어지자 메에지 유신의 지도자들은 자신들의 정치
적인 야심을 은폐하고 야욕을 채우는 도구로 천황제를 이용하면서 처치곤란의 고목가구나 애물단지
같이 방치되었던 천황제가 하루아침에 권력의 정점으로 화려한 부활을 하게 된다.

메에지明治 천황의 토오쿄오 입성은 3,000여명의 장엄한 행렬을 이루었으며 그 천황은 1876년부터
5년간에 걸쳐서 전국을 순회하기에 이른다. 천황이 방문하는 곳곳마다 예외없이 성대한 환영행사가
열렸고 이런 쇼를 통해 일본은 천황의 국가이고 일본인은 천황의 자랑스런 신민匝民이라는 천황교가
속속 국민들에게 세뇌되어 녹아들어갔다. 환영행사를 나왔던 사람들 중에는 앞 다투어 행렬이 밟고
지나간 도로에 깔린 자갈을 주워 집으로 갔으며 이것은 곧 가내평안과 오곡풍년을 약속하는 부적이
되었다. 여자들은 천황이 머물렀던 숙소의 기둥을 껴안고 무병과 순산을 기원했으며 천황가가 사용
한 목욕물이 만병통치약〈노코리 유노 싱코오残り湯の信仰〉으로 사용되었다. 천황에 대한 이런 민간의 신앙
으로 인하여 천황은 자연스럽게 현인신으로 숭앙받게 된 것이다.

그동안 〈절대 신〉의 자리에서 군림했던 쇼오와昭和 천황은 1946년 새해 아침에 뜬금없이 스스로
가 자신의 신성神性을 일체 무화無化시키고 인간선언을 하게 된다. 신이 선언 한마디로 간단하게
인간으로 변신하는 것도 웃기는 일이지만, 그 선언의 이면에는 일본국가 신도 이데올로기와 연루된
현인신을 불식시키려는 GHQ의 생각이 절대적으로 작용하고 있었다.

인간 천황은 1946년부터 3만㎞에 이르는 대장정에 오른다. 군복대신에 양복을 입고 폐허 더미와
패배의식과 절대적인 절망의 도탄에 빠진 과거에 신민匝民이었던 백성들에게 희망을 수혈하는 전도
사역을 한 것이다. 이른바 천황의 두 번째 장정이었던 것이다. 서현섭은 〈일본인과 천황〉에서 메에지

천황의 첫 번째 장정이 신격화의 세레모니였다면 쇼오와 천황의 두 번째 장정은 서민친화적인 인간화 의식이라고 분석하고 있다.

그 장정 도중 1951년 11월에 쿄오토대학京都大学을 방문했을 때는 〈신이었던 귀하 때문에 우리의 선배들이 전장에서 죽었다. 더 이상 신이 되는 것을 포기하기를!〉이란 현수막을 걸고 격렬한 시위를 벌였다. 이 사태로 학교는 여론의 뭇매를 맞으며 8명의 주동자를 제명처분하고 만다. 전국순회였지만 마지막 격전지였던 오키나와沖縄는 천황도 갈 수 없는 땅이었다. 그곳에서의 전투는 2차 대전 중 일본 국내에서 벌어진 유일한 전투였으며 항복을 전제로 하는 일본이 연합국 측에 천황제 등의 국체 유지 보장을 받아내기 위한 거래를 위한 전투였기 때문에 자그마치 11만명의 군인과 15만명의 양민이 희생되었다. 본토를 위한 총알받이역이었던 오키나와는 여전히 아픔과 분노가 치유되지 않은 채 상존하고 있었으므로 어떤 사태가 일어날지 장담할 수 없었기 때문이다. 2007년에는 오키나와 전투에서 일본군이 양민에게 집단자결을 강제했다는 역사적 기술의 삭제와 수정을 가한 고교 교과서 검정철회를 요구하며 4만여명이 거세게 데모를 하기도 했다. 한편 오키나와는 1945년 6월 이래 미군의 점령통치하에 있다가 1972년에 통치권이 반환되었지만 그곳 총면적의 11%가 미군기지로 사용되어 왔으며 일본주둔 미군기지의 75%가 이곳에 있다. 미군병사에 의한 소녀 성폭행 등의 말썽때문에 바다매립지를 만들어 그곳으로의 이전 등으로 가닥을 잡아가고 있다.

32.2.1.3. 메에지明治 천황

역대 천황 중 천황이란 지위에 걸 맞는 진정한 천황은 메에지 천황이라는데 이의를 다는 일본인은 없을 것이다. 1867년 약관 16세의 나이에 즉위하여 1912년 사망할 때까지 45년 재위기간동안에 일본은 보잘것없는 무명의 섬나라에서 세계열강의 반열에 올라섰다. 이 시기에 일본은 청일전쟁과 러일전쟁에서 연승하여 얻은 자신감과 서양열강들의 외국 식민지 사냥을 모방하여 대한제국을 식민지로 만들었으며 이른바 백인에 대한 콤플렉스도 많이 극복했다.

📷 메에지 천황

메에지 천황은 1852년에 아버지 코오메에孝明 천황의 후궁의 몸에서 2번째 왕자로 출생했다. 메에지 천황의 조부인 닝코오仁孝 천황은 아들 7, 딸 8명을 얻었으나 그중 12명이 3살도 되기 전에 세상을 떴다. 아버지인 코오메에 천황도 위로 3명의 형이 있었지만 그들 모두 태어난 이듬 해에 세상을 떠났기 때문에 황위에 올랐다. 그도 어려서 잦은 병치레로 궁의 관계자들이 초긴장 상태였지만 왕족으로서는 비교적 큰 키인 167cm의 성인으로 성장하여 일본 천황역사에 가장 큰 업적을 남기는 천황이 된다.

1867년 1월 아버지 코오메에 천황이 36세의 나이에 갑자기 사망하자(지병인 치질에 천연두가 원인이라는 설도 있고 독살설도 있음), 122대 메에지 천황으로 즉위한다. 당시는 260년간이나 지속되어온 막번체제(바쿠한 타이세에幕藩体制)가 마지막 숨을 거두기 일보직전의 어수선한 정국이었다. 마침내 1868년 토막양이(토오바쿠 죠오이倒幕攘夷)의 상징으로서 메에지 천황은 군신을 모아놓고 구래의 누습을 타파하고 천지의 공도에 따르며 전 세계에서 지식을 구하여 일본을 진흥시킨다는 5개조의 서약문을 발표한다. 그 해 9월에는 3,000명의 수행원을 거느리고 1100여년이나 본거지였던 쿄오토京都를 떠나 에도로 향한다.

상당히 술을 좋아했던 그는 흔한 일본인들의 음주 습관인 청주를 접시같은 잔에 따라 마시는 홀짝 홀짝형이 아니라 큰 잔으로 들이키는 벌컥벌컥형이었다고 한다. 그는 밤이 이슥하도록 측근과 술을 마시며 삼국지에 대해서 이야기를 나누기를 좋아하며 호방한 장비를 높이 평가했다고 한다. 청일 전쟁 때에는 일본군이 평양을 장악하자 〈평양대첩〉이라는 군가를 손수 지었고 러일 전쟁 때에는 고생에 동참한다고 겨울에도 하복차림으로 지냈다고 한다. 그는 1912년 7월 61세로 생을 마감하는데 원인은 당뇨병이었다.

메에지 천황 사후에 정부에서는 천황을 추모하는 거국적인 운동을 벌인 결과 100만여명의 봉사 단원들이 근대 천황제의 기념비적 존재인 메에지 징구우明治神宮 건설에 참여했다. 모금은 건설비를 상회하는 훨씬 600만엥(약9,000억원)이나 되었으며 전국에서 10만주에 달하는 관상목이 헌상되어 현재 는 그것이 거대한 숲의 군락을 이루어 현재에도 수도 동경의 허파역할을 하고 있다.

32.2.1.4. 타이쇼오大正 천황

일본이 근대국가로 출범한 이래, 천황은 4대를 맞이하고 있다.

그중 일본을 부국강병의 근대국가로 탈바꿈시킨 메에지 천황은 국민의 절대적인 신뢰를 얻고 있다. 하지만 그의 정실에게는 자식이 없었고 궁녀사이에 낳은 자녀는 황태자 5명, 공주 10명을 두었지만 이중 10명은 2명의 사산死産을 포함해 2년을 넘기지 못했고 황태자 중 유일하게 성장한 사람이 바로 타이쇼오大正 천황이다. 하지만 그는 움직이는 종합병동이 었다. 어려서는 중증의 백일해, 장티프스, 흉막염 등으로 생사를 넘나들었으며 그로 인해

🐦 타이쇼오 천황

심신의 발달이 더뎠다. 따라서 황태자의 양육 기본지침으로 〈학문3, 체력7〉을 급조하여 소양교육 보다는 육체건강을 우선했다. 그는 황태자로서 18세의 성년을 맞이했을 때도 성년식조차 갖지 못할 만큼 허약했다. 즉위하자마자 그는 천황가의 오랜 관행으로 여겨지던 측실제도를 폐기하고 일부일처 제를 새로운 황실의 모델로 만들었다. 이것은 자신이 측실소생으로서 피해의식의 발로였을 가능성도 있다. 매스컴은 당시 사회에 만연하고 있던 측실제도를 비판하며 천황의 용단에 열광했다.

1912년 7월에는 타이쇼오 천황이 즉위하는데 그 시대 초기에는 한국통치를 위해 2개 사단의 증설 을 요구하고 나선 군부에 의해 내각이 발족되지 불과 53일 만에 무너지고 헌정옹호 국민운동이 일어 났으며 결과 엉뚱하게도 타이쇼오 시대의 데모크라시가 천황제 파시즘으로 발전되고 만다.

타이쇼오 천황은 상식이하의 행동으로 주위를 곤혹스럽게 하기도 했다. 국회 개원식에 참석하여 개회사를 낭독한 후에는 연설문을 망원경처럼 둘둘 말은 다음 그것으로 단상 아래를 보았다고 한다. 외국 고위층의 예방을 받는 자리에서는 그 사람이 원숭이처럼 생겼다고 언급하여 통역을 당황스럽게 했는가 하면, 일본을 방문한 영국의 왕족이 다리를 끌며 걷는 모습을 보고 뒤에서 그것을 흉내내기도

했다고 한다. 당시에 현인신이었던 그가 정신적인 장애가 있었다는 기막힌 현실상황과 그것을 은폐해야하는 과제 사이에서 그 주변관리들은 숨막히도록 신경이 곤두선 채 기막힌 줄타기를 했을 것이고 항간에서는 이것이 때로는 웃음거리가, 때로는 기묘한 상상거리가 되었을 것이다.

결국에는 1921년 11월 일본정부는 히로히토 태자를 섭정으로 한다는 취지와 함께 〈천황폐하 용체서〉라는 애매한 문서를 발표한다. 천황이 언어장애가 있어 의사표현에 어려움이 있다는 요지였는데 태양의 자손인 현인신에게 정신이상이 있다는 소문을 궁내청이 팩트로 확인해준 모양새가 되고 말았다. 그는 그후 5년간의 요양 끝에 1926년 48세의 나이로 생을 마감한다. 천황 자신은 재위 15년 동안 정치력을 제대로 발휘하지 못했지만 천황제라는 제도는 한 치의 오차도 없이 가동되고 있었다. 천황개인의 능력과는 관계없이 천황을 신적 존재로 받치고 있는 제도의 힘이었던 것이다

타이쇼오 천황은 건강상의 이유로 인하여 부실한 천황의 이미지이긴 하지만 건강한 아들을 4명이나 두는 천황가의 혈통을 유지하는 공로는 있었다.

32.2.1.5. 카미카제神風 특공대特攻隊

일본은 2차 대전 당시 팔굉일우(학코오 이치우八紘一宇)라는 구호를 외쳐댔다. 세계가 하나의 지붕아래 현인신인 천황을 정점으로 하여 일본의 주도하에 세계를 하나로 통일한다는 세계정복 야욕을 드러낸 말이며 대동아 공영권은 그 말의 하나의 지분인 셈이다. 신이 통치한다는 믿음을 갖고 있는 신국神國 일본은 13세기말에 고려와 원나라의 연합군을 물리친 후로는 카미카제 사상으로까지 발전한다. 이 내습 때는 때마침 폭풍우가 밀어닥쳐 도움을 주었다. 일본인들은 이를 신의 가호라 믿고 〈신의 가호의 바람〉이란 뜻으로 카미카제神風란 이름을 붙였다. 지리특성상 가을철에 빈번하게 발생하는 지극히 흔한 자연현상인 계절풍을 그들은 신의 뜻으로 해석하고 있는 것이다. 그리고 2차 대전 말기에는 미국 항공모함에 궤멸적인 피해를 입자, 이를 물리치기위한 수법으로 소형 비행기 자체가 폭탄이 되는 자살특공대를 조직했다. 계란으로 바위를 치는 무모하기 짝이 없는 전술의 일환이지만 일본 군부는 거기에 〈카미카제 특공대〉라는 이름으로 덧칠을 한다. 그들을 일종의 자기최면의 굴레속으로 밀어 넣으려는 시도였던 것이다. 따라서 이들이 출격할 때는 기름도 왕복이 아니라 항공모함까지 가는 편도만 제공되었다. 그리고 모두가 일천한 훈련으로 비행기를 탔으므로 스스로가 폭탄이 되는 이 비행기들은 미항공모함을 겨냥해서 떨어졌지만 조종미숙으로 대부분이 바닷물로 속속 꽂혀버렸다고 한다. 이와 함께 자주 회자되던 말이 신주불멸(신슈우 후메츠神州不滅)이었다. 천황이 일본을 다스리는 것은 신의 뜻이며 신의 나라인 일본은 결코 망하지 않는다는 뜻이다. 신인 천황아래서 신민이었던 일본인은 신의 국가를 지킨다는 성스러운 명분으로 전쟁에 임했을 것이다. 평화로운 시기인 일본에서 카미카제라는 말은 자취를 감추었지만 그것이 언제, 어떤 얼굴로, 무슨 분장을 하고 또다시 역사의 전면에 등장할지는 아무도 모른다.

32.2.1.6. 천황의 신하와 군대

769년에는 오오이타현大分県 우사 하치망구우宇佐八幡宮에서 〈도쿄오道鏡를 천황으로 하라〉는 신탁神託이 내려왔다며 당시의 세도가였던 승려 도쿄오가 천황까지 되려고 하지만 와케노 키요마로和気清麻呂가 〈역의 신탁逆の信託〉을 얻었다며 이를 저지했기 때문에 이른바 도쿄오 천황은 탄생하지 않았다. 이에 키요마로는 도쿄오와 연인관계였다는 쇼오토쿠称德 천황의 노여움을 사, 카고시마鹿児島로 귀양가고 말지만 나중에 복권되어 화려한 정치활동을 재개한다.

📷 쿠스노키 마사시게 동상 · 皇居 앞

14세기에는 무사의 대표적 존재로 쿠스노키 마사시게楠木正成가 등장하는데 그는 천황을 위하여 영웅적인 패배의 길을 선택하고 죽지만 그를 물리쳤던 아시카가 타카우지足利尊氏보다도 더 많은 국민적인 사랑을 받고 있다. 그의 좌우명으로 깃발에 새기고 다녔다는 비리법권천(히리호오켄텡非理法権天)이 있는데 비리는 이론을 못 당하고 이론은 법에 못 당하고 법은 권세에, 권세는 천황을 당하지 못한다는 뜻이다. 천황을 최고의 가치로 여기고 충성을 다했던 것이다.

이런 역사적 사실 때문에 천황가에서는 키요마로와 마사시게의 공덕을 기리고 있으며 그들의 전신 동상이 각각 황거 앞과 기상청 앞에 있다. 이런 행위와 정신들이 천황제의 근간을 이루고 있다.

1870년대 초에 일본은 당장 한국을 정벌하자는 정한파와 정한은 시기상조이며 내치에 우선하자는 내치파가 대립하다가 결국 내치파의 주장이 받아들여지고 정한파의 선봉장이었던 사이고오 타카모리西郷隆盛는 고향인 카고시마鹿児島로 낙향하여 1877년 서남전쟁을 일으킨다. 거기에서 패한 그는 할복자살하고 만다.

1878년에는 토오쿄오 타케바시竹橋에 주둔하고 있던 근위 포병부대 260여명이 서남西南전쟁 농공행상에서 공적이 누락되고 은급이 삭감된 것에 불만을 품고 폭동을 일으켰다. 이 사건은 하루만에 진압되어 53명의 주모자가 처형되

📷 사이고오 타카모리 동상 · 上野

면서 신속하게 사태가 수습되었다. 이른바 〈타케바시竹橋 사건〉인데 문제는 천황이 기거하는 황거의 근위병이 일으킨 사건이라는 점이 충격적이었다. 이 때문에 1882년 메에지 천황이 군인칙유를 발표한다. 이를 계기로 일본의 군대는 천황의 군대이고 그들이 벌이는 전쟁은 성전聖戦이 된다. 그들은 살을 에는 추위도 아랑곳하지 않고 시베리아 포로수용소에서도 천황이 있는 쪽인 동쪽을 향해서 큰 절을 한 다음 군인칙유를 목청껏 외쳐댔다. 그들은 자신의 목숨을 천황이 소유한다고 생각했고 효보다는 충을 더 중시했다. 충의 최정점은 물론 천황이다.

이 군인칙유의 산증인들이 연달아 등장하는 3막극의 기막힌 사건이 일본에서 일어났다.

그 1막이 1972년 패전 후 28년 동안 괌도의 정글에서 혼자 숨어 살던 요코이 쇼오이치橫井庄一라는 일본 육군하사의 거짓말같은 등장이다. 이 한사람의 기괴한 행위로 일본열도는 단번에 감동의 도가니가 된다. 일본열도를 밟으면서 말한 첫 목소리가 〈부끄럽지만 살아서 돌아왔습니다〉였다. 이 사건

으로 요코이를 흉내내며 동굴생활을 하던 어린이 4명이 생매장되어 죽은 사건이 일어났고 〈부끄럽지만〉이라는 말은 한 시대를 풍미하는 유행어가 되었다. 그는 〈내일에의 길〉이라는 자서전을 출간하고 결혼도 하며 조용히 살더니 느닷없이 참의원 선거에 출마하기도 하고 〈로빈슨 쿠루소〉라는 별명으로 내핍생활의 강사가 되어 〈쓰지말고, 입지말고, 먹지말자〉는 강연을 하며 전국을 누볐다.

🎙 요코이 쇼오이치

요코이의 신선도가 약발이 다할 무렵인 1974년 2월에는 필리핀의 루방섬에서 오노다 히로오 小野田寬郞육군소위가 발견되는 제2막에 일본열도는 다시 흥분한다. 그는 패전은 이미 알고 있었지만 임무해제 명령이 없어 30년간 특무소위로 혼자서 전쟁을 고독하게 수행했다는 것이다. 점입가경이다. 당시만 해도 전에 발견되었던 요코이는 양복점 점원 출신이어서 〈대 일본 제국 천황폐하〉의 군인상과는 어딘가 걸맞지 않는다고 느껴 개운치 않았지만 이번의 오노다 야말로 진품(홈모노本物)이며 명품이었던 것이다. 오노다는 현지 군인에게 발견되어 투항을 권고 받자, 〈나는 군인이기에 상관의 명령 없이는 투항할 수 없다〉고 완강히 버티는 바람에 과거 상관이었던 사람을 수소문하여 그가 현지로 날아가서 하산명령을 하는 해프닝이 있은 다음 귀환하여 일본인으로부터 열광적인 갈채를 받았다. 그는 제1막의 요코이와는 판이하게 달랐다. 요코이는 의무적으로 징집된 병사였는데 비해, 오노다 소위는 일본의 정보원 양성기관인 나카노中野학교에서 고정 첩자 훈련을 받은 정예군인이었다. 요코이는 일본의 현실에 적응하자 자기의 전생이 바보 같은 노릇이었다고 한탄하였으나 오노다는 후회없었다고 단호하게 말했다. 그것을 반영하기라도 하듯 요코이의 총은 녹이 슬어있는데 반해서 오노다가 소지한 총은 번쩍번쩍 빛이 나도록 관리가 잘 되어 있었다고 한다. 어느 신문사에서 두 사람간의 간담회를 주선하려 했지만 오노다가 천황폐하로부터 받은 무기를 녹슬게 한 어설픈 병사와

🎙 (상) 발견 당시의 오노다
(하) 민간인 오노다

는 자리를 같이 할 수 없다고 일언지하에 거절하여 둘의 만남은 성사되지 않았다고 한다. 천황이 토오쿄오 황실에서 외교단을 초청하는 원유회에는 요코이는 1991년 봄에, 오노다는 1992년 가을에 가각 초청되었다. 이후 오노다는 일본 군국주의의 상징적인 인물이며 군인직유의 화신으로 평가 받았다. 그는 1996년, 22년 만에 제2의 고향이 된 필리핀의 루방 섬을 방문하여 당시의 라모스 대통령도 만나 삶의 행복을 만끽했다. 이야기가 여기서 끝났으면 해피엔딩이었을 텐데 사족蛇足처럼 제3의 사나이가 1974년에 등장한 것이다. 이것이 일본으로서는 비극의 제3막이다. 나카무라 테루오가 오노다 소위와 같은 조건에서 인도네시아의 모로타 섬에서 고군분투하다가 거의 30년만에 생환했던 것이다. 그러나 일본인과 언론은 거의 무관심 일변도였다. 그가 대만출신으로 일본인만이 가능했다는 신화에 난데없이 끼어들어 성역을 오염시켰다고 생각했는지도 모른다.

그리고 천황의 군인정신의 상징으로는 노기 마레스케 장군을 들 수가 있다. 1913년 9월 13일은 죽은 메에지 천황의 장례식이 거행되던 날이다. 바로 그 날 육군 대장 출신인 노기 마레스케乃木希典 부부가 천황을 추모하는 유서를 남기고 동반자살하여 일본을 또 다른 충격에 빠뜨린다. 정치에 관여한 다른 장군들과는 달리 그는 군에만 정진했으며 그의 군사적 능력에는 회의론이 많다. 큐우슈우九

州지방에서 일어난 세에난西南전쟁에서 연대기를 탈취당한 수모를 겪으며 그로 인한 충격으로 할복을 시도하기도 했다. 두 아들과 참전한 러일전쟁 때에는 3개의 관을 준비했던 일화로도 유명한데 결국 그는 그 전쟁으로 두 아들을 잃고 말았다. 동 전쟁에서는 여순항을 함락시킨 전과를 올렸지만 일본 군인을 자그마치 55,000여명이나 희생시켜 지휘관으로서의 자질이 도마 위에 오르기도 했다. 그러나 메에지 천황에게 청렴하고 강직한 군인으로 인정되어 승승장구했다.

📷 노기 마레스케

결국 노기장군은 순사를 함으로써 일본 무사정신의 근대적인 화신이며 군인정신의 극치로 군신軍神으로 격상되는 주인공이 되었다. 하지만 한편에서는 그의 죽음이 봉건 시대유습의 시대착오적이고 야만적인 행위로 폄하하는 사람도 많았다.

📷 노기 진쟈

32.2.1.7. 맥아더와 쇼오와昭和 천황

1945년 9월 27일에는 역사적인 장면이 연출되었다.

오전 9시 50분경에 현인신인 일본 쇼오와 천황은 정장차림을 한 채 다소 굳은 표정으로 검은색 승용차에 몸을 싣고 황급히 황거를 빠져 나와 미국 대사관을 향하고 있었다. 천황제가 존폐라는 풍전등화의 기로에 서있었고 그 중심에 열쇠를 쥐고 있는 맥아더를 만나러 가는 길이었다. 당시 미국의 갤럽여론 조사에서는 33%가 천황을 극형에 처해야 하고 일본의 천황제를 폐지하여 공화국으로 해야 한다는 여론이 비등했으며 상원의원에서는 천황을 전쟁 범죄인으로 재판에 회부해야 한다는 결의안을 채택했다.

천황이 모닝코트에 줄무늬 바지, 그리고 톱 해트까지 차려 쓴 정장 차림이었지만 현인신을 맞이하는 맥아더 사령관은 넥타이도 매지 않은 채였다. 승전국과 패전국이 두 사람의 차림으로도 극명하게 갈려 있었던 것이다.

맥아더는 나중에 밝힌 자신의 회상록에서, 천황이 느꼈을 굴욕감을 생각하여 가능한 한 천황이 편한 마음을 갖도록 배려했지만 자신이 담뱃불을 권했을 때 천황의 손은 가볍게 떨고 있었다고 증언했다. 천황은 그 자리에서 〈전쟁 수행 중 일본 국민이 정치·군사 양면에서 행한 모든 결정과 행동에 대하여 유일한 책임자로서 나 자신을 연합국의 재판에 맡기기 위하여 왔다〉고 말한 것으로 밝히고 있다. 맥아더는 죽음까지도 각오하는 책임감과 용기에 감동받았다고 회상하고 있으며 37분간의 면담이었다고 한다. 면담은 역사적인 사건의 중량감에 비하면 비교적 평이하게 마무리가 되었는데 사건은 맥아더가 회견을 한 다음인 이틀 뒤에 터졌다. 두 사람이 함께 찍은 사진 한 장이 신문에 실렸는데 그것은 인간 맥아더의 여유와 권위 그리고 신인 쇼오와 천황의 굳은 표정과 초조함이 극단적인 대조를 이루고 있는 사진이었다. 카키복 셔츠에 손을 허리에 올리고 여유있는 자세를 취하고 있는 늘씬한 사령관 옆에 정장차림의 왜소한 차렷 자세의 천황의 잔뜩 긴장된 모습은 마치 어른 앞에서 잘못한 행동으로 얼차려를 받고 있는 아이를 연상케 하는 것이었다. 가뜩이나 자존심이 땅바닥으로 떨어진 일본인에게 이 한 장의 사진은 대공습으로 궤멸된 동경의 현장보다도 더 처절한 절망감을 안겼을지도 모른다. 일본 내무성은 즉각 판매금지 처분을 내렸지만 GHQ의 지시로 이 처분을 취소하는 촌극까지 빚어진다. 미국 측이 이 사진을 공개한 것은 천황의 종속을 만천하에 알리려는 고도의 정치적 계산이 었다. 1945년 8월 30일에 일본에 도착한 이래 맥아더는 일본 황궁이 한눈에 내려다보이는 히비야日比谷의 제일생명 빌딩 맨 꼭대기 층에 사무실을 설치했다. 천황의 방문에 대한 예의 답방을 기대했지만 그 후 5년 7개월의 11번에 걸친 천황의 방문에도 맥아더는 단 한번도 천황을 방문하지 않았다. 승전국과 패전국의 엄연한 구별이었는지도 모른다.

1951년 4월 16일 오전 6시 30분 맥아더 사령관이 임무를 마치고 귀국길에 올랐다. 새벽 댓바람에도 연도에는 20만 명의 시민들이 성조기를 흔들며 〈또 오십시오. 맥아더 장군 만세!〉를 연호하며 그를 환송했다. 하네다羽田 공항에는 요시다吉田 수상, 중·참 양원의장, 여야 당대표 등 150여명의 고위 인사들이 출영을 나와 있었다. 〈장군 행진곡〉이 연주되고 19발의 예포가 터지고 하늘에서는 제트기 편대가 선회하고 있었다. 맥아더는 탑승시간에 맞추어 천황의 출영을 기다렸지만 천황은 끝내 나타나지 않았다.

쇼오와 천황은 사령관의 사후 11년이 지난 1975년 가을, 미국 공식방문에 올라 보름동안 농장, 해양연구소, 디즈니랜드 등을 둘러보았다. 천황이 버지니아 주 윌리엄스파크에서 이틀간 머물렀을 때 자동차로 두 시간 거리 밖에 안 되는 맥아더 기념관 측에서 천황이 그곳에 들러 헌화해줄 것을 바랐지만 일정상 곤란하다는 이유로 거절했다. 과거에 천황의 전범 재판회부라는 비등한 여론을 잠재우고 천황제의 존치에 결정적인 역할을 했던 맥아더 묘소에 헌화를 할 법한데 끝내 거절했다. 기념관 관계자가 방명록을 가져가서 서명을 받는 방법도 제의했지만 이마저 거절당했다. 천황측은 너무 했다싶었던지 수행원을 시켜 묘소에 헌화케하고 천황자신은 뉴욕에서 맥아더 부인을 잠깐 접견했다. 이것이 바로 의리와 인정을 생활철학으로 신봉하는 일본인의 또 하나의 단면이다.

32.2.1.8. 포로가 된 마사코

1996년 6월 3일에 미국의 뉴스위크는 오와다 마사코小和田雅子의 결혼 3주년 특집기사를 실었다. 〈사라진 일본의 태자비〉라는 기사와 함께 초현대적인 그녀가 궁중의 전통에 포로가 되어버린 것은 아닌가하는 애정 어린 우려가 기사의 내용이었다. 〈금박 새장 안에 갇힌 태자비〉인 그녀가 천황가의 전통을 이어갈 남자아이 생산이라는 엄청난 중압감에 시달리고 있을 것이라고 토를 달았다. 옛날에는 황태자비로 간택되면 본인은 물론 가문의 영광이지만 요즘은 매스컴에 태자비의 가능성이 회자되면 당사자는 기겁을 하고 몸을

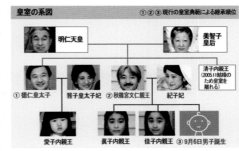
🔍 황실의 계도

숨기고 만다. 재색을 겸비한 현대여성이 평생 동안 자기 남편을 〈전하〉라고 부르며 천년전통의 황실 법도를 지켜야하는 버거운 역할이 선뜻 나설만한 역할은 아닐 것이다.

황태자비의 조건으로는, 지적이고 매력적이며 순수한 일본여성으로 과거에 남자친구와 사귄 경험이 전혀 없는 요조숙녀여야 한다. 이런 조건을 충족시킬만한 인물을 찾는 것은 지극히 어려운 일이어서 지금의 황태자인 나루히토는 역대 황태자 중에서 가장 결혼을 늦게 하는 기록을 세웠다. 1960년생인 그가 1993년에 결혼했으므로 34살의 만혼이었던 것이다. 1963년에 태어난 신부역시 가장 늦게 결혼한 태자비로서의 기록을 갖고 있다. 나루히토 태자가 마사코를 처음 만난 것은 1986년 스페인의 엘레나 공주가 일본을 방문했을 때였다. 그가 주최한 파티에 마사코는 외무부의 사무관 자격으로 참석했던 것이다. 그로부터 결혼에 골인하기까지에는 장장 7년의 세월이 흘렀다. 마사코가 그의 청혼을 3번이나 거절했기 때문이다. 그녀는 재색을 겸비한 팔방미인이며 강렬한 개성을 지녔다고 알려져 있다. 하버드 대학을 졸업한 다음 동경 대학에 학사 편입하여 재학 중에 어려운 외무고시를 합격하였으며 〈부녀 외교관의 신화〉를 이루어낸 재원이다. 그녀의 부친인 오와다 히사시小和田恒는 외교관 학자로서 하버드 대학에서 객원교수를 역임했으며 외무차관과 유엔대사로도 활약했다.

2대에 걸쳐서 평민출신의 태자비가 등장하자 이에 불만을 가진 측에서는 여러 가지로 트집을 잡았다. 외국생활 경험이 너무 많아 서양화되었을 뿐만 아니라 나이도 많고 키도 태자보다 크다는 등의 지적이 그것이었다. 일본 황실에서 태자의 결혼은 당사자들의 의사만으로는 결혼이 성립되지 않는다. 황실회의란 것이 있어 황족 2명, 중·참 양의원 의장과 부의장 4명, 총리, 궁내청 장관, 최고재판소 장관및 재판관 모두 10명으로 구성된다. 이 회의에서 마사코의 경우는 만장일치였다고 한다.

1993년 1월 약혼 발표 후 이들이 공동 기자회견을 가졌는데 마사코는 거침없는 달변으로 태자보다 많은 9분 37초나 이야기했다고 한다. 우익 보수주의자들은 이 사태를 해괴하다고 보았을 정도였다고 한다.

1993년 6월 3일 거행된 이들의 결혼식은 엄청난 경비가 소요되었지만 일본주식회사가 하루아침에 이루어진 졸부가 아니고 오랜 전통을 가진 문화국가라는 측면과 두 사람이 각각 옥스퍼드와 하버드에서 수학했다는 사실도 일본을 업그레이드시키는데 큰 몫을 다했다. 일본 매스컴에서는 그녀가 황실에 새로운 바람을 일으킬 것이라고 호들갑을 떨었지만 그녀는 황실의 거대한 힘 앞에서 표준화된 규격품이 되기를 거부하며 미운 오리새끼와 같은 존재가 되어 가고 있다.

 # 일본국 헌법 part.33

신 헌법과 구 헌법과의 차이는 주권이 천황에서 국민으로 이전되었다는 사실 외에 기본적인 인권의 존중이 강하게 반영되어 있다는 점과 〈전쟁의 포기〉가 명시되어 있다는 점이다. 또한 행정, 입법, 사법의 3권 분립이 명확하게 구분되어 있고 입법부로서의 국회는 국민의 선거에 의해서 정족수 480명의 중의원(슈우기잉衆議院), 정족수 242명의 참의원(상기잉參議院)의 2원제로 국회의원 가운데서 수상을 지명하는 의원 내각제(기인 나이카쿠세에議院内閣制)를 취하고 있다. 수상은 각 부처(쇼오쵸오省庁)의 장長인 국무대신을 임명하고 국회의원을 과반수로 하는 내각을 조직한다. 사법부인 재판소는 지방(또는 간이), 고등, 최고의 3심제를 채택하고 있다. 국민의 정치 참여는 투표에 의해서 국회의원을 선출하는 일, 최고재판소의 재판관에 대한 국민심사, 지방자치단체의 수장 · 의회의원의 선거 · 파면 그리고 헌법개정 때의 국민투표 참가(중의원 2/3이상, 국민의 과반수) 등을 할 수 있다.

일본 정치의 특색 part.34

34.1. 「안보」투쟁과 자민당의 장기 집권

미국은 한국 전쟁과 소련과의 냉전을 계기로 일본의 자위력인 군대를 갖는 것을 인정하는 등 점령 정책을 조금씩 변경하면서 그 정책의 비중도 〈혁신〉에서 〈보수〉로 전환하였다. 1951년 강화조약이 체결되었지만 구 소련권 여러 나라가 조인을 하지 않았기 때문에 좌익세력이 강화조약에 반대하고 보수세력과의 대립이 격화되었다. 이 강화조약 영향으로 사회당이 좌우로 분열되었는데 결국은 합일로 수습이 가닥을 잡았다. 이 수습과 동서 냉전의 격화로 보수계열의 정당인 자유당과 민주당이 합동한 결과로 자유민주당(자민당/지민토오自民党)이 탄생되었다. 1960년에는 미일 안보조약 개정을 둘러싸고 여 · 야당이 격렬하게 대립하여 국론도 분열되고 국회는 매일같이 「안보 반대」데모에 휩싸였다. 자민당에 의해서 이 조약은 국회를 통과해 소득을 배로 증가하는 계획을 세우고 그 후에 있었던 석유위기도 잘 넘겨 38년에 걸친 장기 집권의 기초를 다졌다. 그러나 리크루트 사건 등의 오직(오쇼크汚職), 소비세의 도입 문제, 농산물 자유화 문제로 국민의 비판을 받아 자민당은 1989년 참의원 선거에서 패배한다. 또한 정치개혁을 둘러싼 당내 대립으로 분열되어 1993년에는 중의원 선거에서도 패배, 자민당에 의한 일당지배체제는 종지부가 찍혀지고 마침내는 연립정권시대에 들어선다. 일단 자민당은 정권에서 물러났지만 비 자민당에 의한 연립정권의 내부 분열로 다시 정권에 복귀하여 1996년에는 자민당 단독정권이 부활되었다가, 자민당, 공명당의 2당 연립정권이 여당을 이루었다.

34.2. 총리대신의 선출과 내각 구성

대신(다이징大臣)이라는 말은 천황의 큰 신하라는 말이다. 일본은 의원내각제를 채택하고 있다. 일본 국 헌법에 의하면 「총리대신(소오리 다이징総理大臣/슈쇼오首相)과 그 외의 국무대신은 문민이 아니면 안된다」라는 문민우위의 원칙이 정해져 있다. 이것은 군국주의 부활을 우려한 점령군의 의사가 반영된 것이다. 또한 총리대신은 「국회의원 중에서 국회의결로 지명」되고 총리대신은 국무대신을 임명하는 데 그 「과반수는 국회의원에서 선출되지 않으면 안 된다」라고 헌법에 명시되어 있다. 총리대신 이외의 각료의 자리는 총무대신 · 법무대신 · 외무대신 · 재무대신 · 문부과학대신 · 후생노동대신 · 농림수산대신 · 경제산업대신 · 국토교통대신 · 환경대신 · 방위대신 · 내각관방장관 등이다. 2001년 1월부터 1부21성청(이치후 니쥬우이치 쇼오쵸오1府21省庁)이 1부12성청(이치후 쥬우니 쇼오쵸오1府12省庁)으로 재편되었다. 동시에 정무장관을 폐지하고 대신에 부府대신이나 대신정무관을 신설하여 종래 관료주도에 의한 정책결정에서 정치주도로 바뀌었다.

1955년 보수정당의 통합으로 자유민주당이 탄생, 1993년까지 자민당 단독정권이 유지되지만 이 자민당 단독정권 시대에는 각료 자리는 자민당 내의 각 파벌의 크기에 따라서 배분되고 있었다. 따라서 적재적소에 인재를 각료로 등용하기보다는 파벌내의 연공서열에 의해서 나누어 먹기식이라는 비난이 많았는데 거기에 한 술 더 떠 1년만에 로테이션 되는 방식이 많았다.

1993년에 자민당 단독 정권이 끝나고 호소카와 모리히로細川護熙를 총리로 하는 반 자민 연립내각이 출범했지만 1년 만에 깨지고, 다시 자민당과 공명당을 중심으로 한 연립내각이 출범하게 된다. 연립 여당에서는 내각이 각 당의 의석수에 따라서 배분된다.

▽ 총리부〈소오리후総理府〉

🏫 총리대신 관저総理大臣官邸

총리부 본부는 총리부의 각종 기능 가운데 총리직할 기능과 통합조정기능을 갖고 내각 총리대신 직속기관으로서 사무의 성격상, 총리 스스로가 직할해야 할 나라의 기본에 관계된 사무, 그때그때의 정치판단에 따라 총리 스스로가 직할해야 한다고 판단된 사무를 소장하는 등 총리직할 기능의 중심적 역할을 담당함과 동시에 내각관방(나이카쿠 캄보오/内閣官房/내각의 보조기관임과 동시에 내각의 수장인 내각총리대신을 직접 보좌, 지원하는 기관이다. 구체적으로는 내각의 서무, 내각의 중요정책 기획입안, 통합조정, 정보수집 · 조사 등을 담당한다. 보통 총리관저에 그 조직이 있기에 수상관저首相官邸 혹은 관저官邸 라고 불리기도 한다)과 일체가 되어 통합기능을 발휘하는 점에서 다른 성省과 판이한 성격을 갖고 있다.

▽ 총무성〈소오무쇼오総務省〉

2001년에 총리부 외국外局의 총무청과 우정성, 자치성을 통합하여 창설하였다.

수상 다음의 서열이며 크게 행정의 기본적인 제도 관리 및 운영을 통한 행정의 효율적인 실시의 확보라는 행정관리의 업무, 지방자치단체의 본지本旨의 실현 및 민주정치의 기본 확립 자립적인 지역

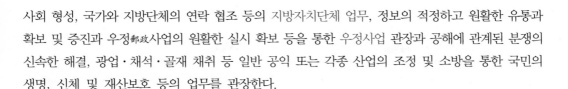

사회 형성, 국가와 지방단체의 연락 협조 등의 지방자치단체 업무, 정보의 적정하고 원활한 유통과 확보 및 증진과 우정郵政사업의 원활한 실시 확보 등을 통한 우정사업 관장과 공해에 관계된 분쟁의 신속한 해결, 광업 · 채석 · 골재 채취 등 일반 공익 또는 각종 산업의 조정 및 소방을 통한 국민의 생명, 신체 및 재산보호 등의 업무를 관장한다.

▽ 법무성〈호오무쇼오法務省〉

기본법제(민법, 형법, 상법, 민사소송법, 형사소송법 등)의 유지 및 정비, 법질서의 유지, 국민의 권리 옹호, 국가의 이해와 관계된 소송의 통일적이고 적정한 처리 및 출입국의 공정한 관리를 꾀하는 것을 임무로 하며 검찰, 행형, 은사 · 갱생보호, 국적 · 호적 · 등기 · 공탁 · 인권옹호 · 외국인 등록 등의 법무에 관여하는 행정기관.

▽ 외무성〈가이무쇼오外務省〉

평화롭고 안전한 국제사회 유지에 기여하는 한편, 국제사회에서 일본 및 일본국민의 이익증진을 꾀하는 것을 임무로 하며 외교정책 · 통상항해 · 외교사절 · 조약 기타 대외관계 사무에 관여하는 행정기관. 1885년 내각제도 창설 이래, 한 번도 명칭을 바꾼 적이 없는 유일한 성이다.

▽ 재무성〈자이무쇼오財務省〉

2001년 중앙 성청 재편에 따라 대장성(오오쿠라쇼오大蔵省)의 폐지로 그 후속기관으로 신설되었다. 국가의 예산 · 세제 · 통화 · 국채 등에 관한 사무를 관장한다. 구 대장성이 관할하고 있던 담배사업과 주류관련제조 판매사업 등도 관할하고 있다. 또한 재무성은 일본 유일의 담배제조 메이커인 일본 담배산업의 최대주주가 되는 것을 의무로 규정하고 있으며, 소금의 제조 판매사업도 관할하고 있다.

▽ 문부 과학성〈몸부 카가쿠쇼오文部科学省〉

교육, 과학기술, 학술, 문화 및 스포츠 진흥을 관할하는 행정기관. 2001년 중앙 성청 개편에 따라 학술 · 교육 · 학교 등에 관계된 행정기관이었던 구 문부성과 과학기술행정을 종합적으로 추진했던 구 총리부의 외국外局의 하나였던 과학기술청과 통합되어 탄생했다.

▽ 후생 노동성〈코오세에 로오도오쇼오厚生労働省〉

사회복지 · 사회보장 · 공중위생 · 노동복지 · 직업 확보 등의 업무를 담당하는 기관.

▽ 농림 수산성(노오린 스이산쇼오農林水産省)

원래는 농림성이었는데 200해리 수역 문제 등으로 수산행정의 중요성이 고조된 1987년 현재의 이름으로 개명되었다. 식품의 안전에 관해서는 내각부 식품안전위원회, 후생노동성의 의약식품국에

서도 관할하고 있다. 경마(케에바競馬)의 감독청이기도 하다.

▽ **경제 산업성**〈케에자이 상교오쇼오経済産業省〉

통상 산업성 폐지에 따라 그 후속기관으로 신설되었다. 산업정책·통상정책·산업기술·무역 등을 소관한다. 전신인 통상 산업성은 과거에는 일본경제 및 〈일본주식회사〉의 총사령탑으로 일본의 고도성장을 주도했다. 해외에서도 〈notorious MITI〉, 혹은 〈mighty MITI〉라는 호칭으로 일본관료의 우수성의 대명사로 불렸다.

▽ **국토 교통성**〈코쿠도 코오츠으쇼오国土交通省〉

국토의 종합적이고 체계적인 이용, 개발 및 보전, 그를 위한 사회자본의 정합整合적인 정비·교통정책을 추진함에 있어서 업무의 건전한 발달과 해상 안전 및 치안의 확보를 도모하는 것을 임무로 한다. 이 사업은 국토계획의 기획·입안과 하천·도시·주택·도로·항만·관청의 영선營繕 등 건설·유지관리와 같은 하드웨어적인 측면과 교통·관광 정책·기상업무·방재대책·일본국 관할의 배의 치안·안전 등의 소프트웨어 대책까지 사회자본 정비의 중핵 등을 담당한다. 과거의 운수성, 건설성, 혹카이도오 개발청, 국토청이 통합되어 탄생되었다.

▽ **환경성**〈캉교오쇼오環境省〉

지구 환경보전, 공해의 방지, 자연환경의 보호 및 정비 그 밖의 환경보전을 꾀하는 것을 임무로 하는 중앙 성청의 한 기관.

▽ **방위성**〈보오에에쇼오防衛省〉

1954년 총리부의 외국外局으로 설립된 방위청으로 2007년 1월 9일에 성省으로 승격되었다.

일본의 평화와 독립을 지키고 국가의 안전을 지키기 위한 것을 목적으로 설립되었다. 이를 위해 육상자위대, 해상자위대 및 항공자위대를 관리, 운영하고 이 일에 관한 사무를 행하는 것을 임무로 하고 있다. 이외에 미국과 맺어진 상호방위 원조협정의 규정에 따른 미국정부의 일본 내에서의 책무수행에 따른 사무가운데 다른 기관이 소장하지 않은 부분을 적정하게 행하는 것도 임무로 하고 있다.

▽ **국가공안 위원회**〈콕카코오앙 이잉카이国家公安委員会〉

국가공안에 관계되는 경찰 운영을 관장하고, 경찰교양·경찰통신·정보기술의 해석·범죄감식·범죄통계 및 경찰 장비에 관한 사항을 통괄하며 경찰행정에 관한 조정을 행함으로써 개인의 권리와 자유를 보호하고 공공의 안전과 질서를 유지하는 것을 임무로 한다. 성省보다 아래인 청庁급이다.

이 위원회는 경찰의 민주적인 운영과 정치적인 중립성을 목적으로 조직되었으며 반체제적 운동이나 조직을 단속하기 위해 조직된 것은 아니다. 경찰의 정치적 중립성 확보와 치안에 대한 내각의 행정 책임이라는 2개의 요청의 조화를 꾀하고 있다. 이 위원회는 반드시 국무대신이 임명하는 위원장과 위원 5명을 합쳐 6인으로 구성되고 경찰청을 관리한다.

내각의 구성 1부府 12성청省庁

중앙 성청 재편中央省庁再編은 일본 행정기관의 기능과 조직의 재통합을 의미한다. 특히 중앙 성청 등 개혁기본법(1988년 법률 제103호)에 의거하여 2001년에 시행된, 중앙 성청의 재편통합에 따른 명칭변경을 가리킨다.

중앙 성청 재편의 목적에는 조직이 상하관계를 중심으로 운영되어 횡적인 연락이 없는 폐해를 없애고 내각기능의 강화, 사무 및 사업의 감량, 효율화 등을 꾀하는 데 있다. 그 때까지의 1부 22성청은, 1부 12성청으로 재편되었다. 또한 법령 및 정부의 공문서에서는 〈중앙 성청 재편〉이 아니고 〈중앙 성청 등 개혁〉이라는 표기가 정식으로 사용되었다.

▷1부 22성에서 1부 12성청으로

여기에서 말하는 부성청府省庁에는 총리부 및 내각부의 외국外局가운데 기관의 장(위원장, 장관)을 국무대신으로 충당하는 위원회와 청(보통 대신청 등)을 포함한다. 그 이외의 위원회·청(각성의 외국)은 포함하지 않는다.

▷개혁 전〈중앙 성청 재편 전의 1부 22성청〉

부(1) : 총리부総理府

성(12) : 법무성法務省, 외무성外務省, 대장성大蔵省, 문부성文部省, 후생성厚生省, 농림 수산성農林水産省, 통상 산업성通商産業省, 운수성運輸省, 우정성郵政省, 노동성労働省, 건설성建設省, 자치성自治省

위원회(2) : 국가공안 위원회国家公安委員会, 금융재생 위원회金融再生委員会

청(8) : 총무청総務庁, 홋카이도오 개발청北海道開発庁, 방위청防衛庁, 경제 기획청経済企画庁, 과학 기술청科学技術庁, 환경청環境庁, 오키나와 개발청沖縄開発庁, 국토청国土庁

▷1차 개혁 후〈중앙 성청 재편 후의 1부 12성청〉(2001년 1월 시점)

부(1) : 내각부内閣府

성(10) : 총무성総務省, 법무성法務省, 외무성外務省, 재무성財務省, 문부 과학성文部科学省, 후생 노동성厚生労働省, 농림 수산성農林水産省, 경제 산업성経済産業省, 국토 교통성国土交通省, 환경성環境省

위원회(1) : 국가공안 위원회

청(1) : 방위청防衛庁

▷2차 개혁 후〈중앙 성청 재편 후의 1부 12성청〉(2007년 1월 시점)

국가공안 위원회는 경찰청을 관리하기 위한 청으로 간주한다. 또한 방위청은 2007년 1월 9일부터 방위성으로 개칭했다. 이에 따라 1부 11성 1청이 되어 내용은 변화했지만 현재도 큰 틀인 1부 12성청 체제는 변함없다.

부(1) : 내각부内閣府

성(11) : 총무성総務省, 법무성法務省, 외무성外務省, 재무성財務省, 문부 과학성文部科学省, 후생 노동성厚生労働省, 농림 수산성農林水産省, 경제 산업성経済産業省, 국토 교통성国土交通省, 환경성環境省, 방위성防衛省

위원회(청)(1) : 국가공안 위원회国家公安委員会

34.3. 내각의 운영

일본에는 전통적으로 관료조직이 지나치게 강한데다가 정당이 정책입안 능력을 관료에 의존하고 있기 때문에 정당정치라고는 하지만 이제까지 정당주도의 정치가 행해지지 않았던 것이 실상이다. 이 경향은 연립내각 시대에 들어서 각 정당이 정책을 서로 견제하고 타협을 거듭하는 바람에 오히려 더 강해졌다. 매주 화요일과 금요일의 두 차례에 걸쳐서 정부는 각료회의를 여는데 그 전날 열리는 사무차관회의에서 각의(가쿠기閣議)의 내용이 이미 결정되어 버린다. 이런 이유로 〈정치주도〉의 정책을 만들어내기 위해 내각의 기능, 특히 수상관저의 기능강화를 꾀하는 것이 검토되고 있다. 게다가 대장성, 후생성 등의 오직(오쇼크汚職) 사건 등이 꼬리를 물고 이어지면서 국민사이에서도 관료비판의 목소리가 높아지고 행정계획과 규제완화를 추진하고 관료정치를 타파하여 정치가의 리더십에 의한 정치실현이 각 정당의 정치과제로 남아 있다.

34.4. 55년 체제의 해소

1955년부터 1993년까지의 38년간 자유민주당에 의한 정권이 계속되었다. 이 시기는 자유민주당, 일본사회당, 공명당, 사회당 우파를 모체로 한 민사당, 일본공산당의 5당이 주요정당이었으며 자민당이 정권여당으로 과반수를 유지하고 나머지 당들이 소수야당이었다. 이 가운데 사회당은 항상 제1야당의 지위를 확보하고 그 결과 국회운영은 자민·사회양당을 축으로 행해졌다. 이 사이의 정치체제를 특히 「55년 체제」라고 부르고 있다.

1990년대에 들어서자 자민당에 의한 장기집권에서 정치의 정체나 오직汚職 사건으로 「자민당 장기집권의 타파 55년 체제의 해소」를 기치로 내건 정치개혁 운동이 일어난다. 92년~93년에는 자민당에서 분열된 2당을 포함하는 보수계의 3신당이 생겨난다. 그 결과 93년 7월의 총선거에서 자민당이 중의원 의석수의 과반수가 깨지고 사회당의 의석수가 반으로 줄었다. 같은 해 자민당·공산당을 제외한 8당의 연립정권이 생겨나고 「55년 체제」가 붕괴되었다. 이 시대부터 정당의 분열·합동이 빈번하게 행해지고 있다. 2007년 7월 29일에 행해진 참의원 선거에서는 야당인 민주당의 압승과 기타 야당의 몰락현상이 두드러졌다. 앞으로 자민당과 민주당의 양당체로의 재편이 조심스럽게 읽혀지는 대목이다.

34.5. 국회의 양원제와 선거제도

선거는 국정선거와 지방선거 등 크게 둘로 나뉜다. 국정선거는 중의원 선거와 참의원선거, 지방선거는 都·道·府·県·市·町·村·区 등의 단체장선거와 그 지방의 의회선거이다.

34.5.1. 참의원 의원과 통상선거

이 선거는 전국규모의 선거이지만 참의원 전원을 일제히 선출하는 것이 아니고 과반수만을 선출하기 때문에 총선거라 부르지 않고 통상선거(츠으쬬오 셍쿄通常選擧)라 부른다. 참의원 의원의 임기는 6년으로 3년에 반씩 개선한다. 선거권은 20세 이상이고 참의원의 피선거권은 30세 이상이다. 의원정수는 242명으로 지역구 146석과 비례대표 96석으로 나뉜다. 각 지역구는 지역에 따라 1명을 선출하는 소선거구와 2명에서 5명을 뽑는 중선거구 형식을 병행하며 비례대표는 선호하는 정당이나 선호하는 의원을 투표용지에 자필로 기입하는 형식을 취한다.

2007년 7월 29일에 행해진 참의원 의원 선거에서는 여당의 참패로 끝났다. 우정성 개혁문제, 사라진 연금기록 문제, 연이은 내각의 불상사에 따른 사퇴 등이 무당파의 지지를 이끌어 내는데 실패했기 때문으로 분석되고 있다.

선거결과 자민당은 37석의 획득에 머물렀지만, 야당인 민주당은 60석을 획득하여 참의원 제1당이 되었으며, 공명당은 캐스팅보트를 쥐는 데 실패했다. 한 가지 특징적인 사건은 자민당의 몰락과 민주당을 제외한 다른 야당의 동반몰락이다. 한쪽에서는 이 결과를 양당제의 신호탄으로 조심스럽게 점치는 정치평론가도 있다. 2009년 현재 비개선의 의석수를 합친 자민당과 민주당의 의석수를 보면 자민당이 83석, 민주당이 109석이다. 이 때문에 자민당의 제90대 아베安部수상은 물러나고 말았다.

34.5.2. 중의원 의원과 총선거

의원 정수는 480명이다. 1994년에 선거법이 개정되어 오랫동안 계속된 중선거구제가 바뀌어 전국 각지에서 300명을 선출하는 소선거구제와 11블럭의 비례대표구에서 180명을 선출하는 비례대표제를 병행한다.

중의원 의원을 선출하기 위한 일본의 선거를 총선거(소오셍쿄総選挙)라고 한다. 중의원 해산및 임기(4년)만료에 의한 선거만을 지칭하고 특정 선거구에서의 재선거 및 보궐선거는 총선거에 포함되지 않는다.

중의원을 해산한 경우는 중의원 해산일부터 40일 이내에 총선거를 행한다. 임기만료에 의한 총선거는 임기만료일부터 30일 이내에 행한다.

선거권은 20세 이상, 피선거권은 25세 이상의 일본국민에게 주어진다.

 중의원 우월주의

중의원의 임기는 4년이며 참의원 임기인 6년보다 짧고 중의원은 임기도중에 해산될 수가 있기 때문에 보다 충실하게 민의를 반영할 수가 있다. 이 때문에 중의원은 참의원에 대해 우월적 지위를 갖고 있다. 중의원 우월을 예로 들면 다음과 같다.

1. 중의원에서 가결되고 참의원에서 이와 다른 의결이 된 법률안은 재차 중의원에서 출석의원 2/3이상의 다수로 가결되면 법률로 확정된다.
2. 내각총리의 지명, 예산의 의결, 조약의 승인에 대해서 참의원과 중의원이 다른 의결을 한 경우에는 일단 양원 합의회를 열고 거기에서도 의견일치가 되지 않을 경우, 다시 참의원이 중의원 의결로부터 일정기간 내에 의결하지 않을 때는 중의원의 의결을 국회의 의결로 한다.

34.6. 정당 조성금

선거법 개정목표의 하나는 너무 많이 드는 선거비용을 어떻게 줄이느냐에 있다. 이를 위해서 정당에게 나라에서 「정당 조성금」이 보조되게 되었다. 2001년부터 총액 313억엥의 교부자격은 국회의원이 5인 이상이나 최근의 국정선거에서 2%이상의 수를 득표할 것 중 어느 하나에 해당되는 요건을 갖춘 정당이 대상이 된다. 이것으로 각 의원의 정치자금은 경감될 것이라고 생각되어 왔지만 그후 선거에서도 여전히 개인의 정치자금은 줄지 않고 오히려 많아졌다.

그러나 앞으로 정치자금이 당으로 집약되기 위해서 선거는 어디까지나 당중심으로 치르는 선거의 색채를 강하게 띨 것으로 예상되며 따라서 정치자금을 쥔 당집행부의 권한이 강화될 것으로 예상된다.

34.7. 의원의 임기

의원의 임기는 참의원이 6년이고 다른 의원은 4년이다. 지방의회 의원은 리콜 등에 의한 것 외에는 임기만료까지 보장된다. 다만, 중의원 선거는 임기만료인 4년에 해산되는 경우는 극히 예외이고 평균 2년 반 만에 해산되고 선거가 행해진다. 선거 시기는 해산이 있는 중의원을 제외하면 참의원이 3년에 정족수의 반을 개선하고 시기는 7월이다. 지방 선거는 4년마다 4~5월에 집중적으로 실시된다. 이것을 통일지방 선거(토오이츠 치호오셍쿄統一地方選拳)라고 부르고 있다. 투표율은 모든 선거에 예외 없이 젊은이들 사이에 선거이탈 행위가 반영되어 해마다 감소경향을 보이고 있는데 평균 60% 정도로, 이 가운데 도시는 50% 전후로 낮고 농촌은 그에 비해 다소 높은 편이다.

중·참의원은 일부를 제외하고 정당에 소속되어 있는데 지방의원은 소속정당을 명확히 밝히는 것을 꺼리는 경향이 나타나고 있다. 선거에 출마한 후보자는 무소속이 거의 압도적이다. 그것은 그 지방을 위한다는 「현민당縣民黨」·「시민당市民黨」이라고 외치는 것이 폭넓은 지지를 얻는데 유리하기 때문이다. 그러나 대다수는 자유민주당계의 보스파이고 야당은 많지 않지만 최근에는 그 경향이 바뀌고 있다.

34.8. 파벌〈하바츠派閥〉

일본에서는 3명이 모이면 파벌이 생긴다고 한다. 파벌을 통해 동료를 만들고 특정의 이익을 추구하는 것이다. 동료를 만드는 경우, 출신지·출신교·인척관계 등에 의한 케이스가 많고 그것은 각각 번벌(함바츠藩閥), 학벌(가쿠바츠學閥), 문벌(몸바츠門閥) 등으로 불리고 있다. 그 중에 번벌과 문벌은 거의 없어지고 있지만 학벌은 아직 남아 있다. 예컨대 각 쇼오쵸오省庁의 고급 관료들은 대부분이 토오쿄오 대학 출신자이기 때문에 그들 그룹은 토오다이 바츠東大閥라고 불리고 있다. 그러나 현재 일본에서는 파벌이라고 하면 자민당 내의 그룹을 지칭하는 경우가 많다.

자민당의 장기집권이 계속되었기 때문에 정권유지를 목적으로 결집한 의원 가운데에는 상반된 생각을 갖고 있는 사람도 있고 선거의 당선을 위해서 뜻을 같이하는 사람이 당내에서 그룹화되어 가기도 했다. 그러나 파벌의 장長의 사망·은퇴나 정치자금법의 개정 등으로 종래대로 파벌유지가 곤란하게 되고, 그 결과 결속력이 약해지고 있다. 현재 자민당 내에는 여러 파벌이 있지만 정책을 중심으로 한「정책집단」으로 재편이 가속화되고 있다.

자민당 내에서 파벌이 생긴 이유로 일본 선거구제를 드는 사람이 많다. 선거구의 정원이 1명인 구미제국과는 달리 이제까지 일본에서는 2~6명의 중선거구제를 채택하고 있었다. 따라서 항상 과반수를 목표로 하는 자민당에서는 동일 선거구에서 같은 당 소속의 후보를 복수 추천하거나 선거구에 따라서 당선인원과 같은 인원을 추천하는 경우도 있었다. 이 때문에 필연적으로 같은 당원이라도 라이벌이 생기고 격렬한 선거전에 돌입하는 경우도 많았다. 그래서 당수를 목표로 하는 당내 실력자는 자신의 세력을 확대하기 위해서 계열화하고 계열에 들어간 후보자에게 자금원조 등으로 지원한다. 후보자는 당선되면 그 파벌의 소속의원으로서 파벌 총수의 정권실현을 위해서 노력한다. 당내 실력자와 계열소속의 의원 사이에 공생관계가 형성되는 것이다. 의원이 파벌에 들어가면 선거자금을 원조 받는 것 외에 정무차관이나 대신의 자리를 얻는데 유리한 고지를 선점할 수가 있다. 이것은 자민당 내각이 파벌연합에 의한 내각이고 각료자리는 그 파벌의 크기에 따라서 배분되기 때문이다. 따라서 현 정치구조상 파벌에 소속되지 않은 의원이 각료가 되는 것은 매우 어렵다. 그러나 2001년에 출범한 코이즈미 준이치로오小泉純一郎 내각은 파벌과 관계없이 각료선임을 해서 선풍적인 인기를 끌기도 했었다.

34.9. 관료 제도

일본에서는 관료라고 하는 경우는 중앙 성청(쇼오쵸오省廳)의 고급 공무원, 국가 공무원 채용시험 I종·외교관 시험을 통과한 행정 테크노크라트(テクノクラート)를 지칭하는 것이 보통이다.

일본 관료제도는 상당히 뿌리가 깊다. 천 몇백년전 야마토大和조정이 중국에서 도입한 율령제가 시대와 함께 정비되어 그에 따라서 관료도 성장해 왔다. 특히 에도 시대에는 전란이 없는 평화로운 시대가 260여년이나 지속되었기 때문에 무사들은 점점 테크노크라트가 되고 관료제도는 한층 성숙해 갔다. 메에지가 되어 일본은 구미의 사상과 기술을 적극적으로 도입하고 급속도로 근대화되었는데 그 원동력이 되었던 것은 무사출신의 행정관들이었다. 그들은 이제까지의 관료조직을 기초로 구미의 행정조직을 능숙하게 도입하는 한편 국립대학을 설립, 관료양성을 꾀했다. 특히 중앙 성청의 고급관리 양성을 목적으로 한 토오쿄오 대학에는 전국에서 우수한 학생들이 몰려들어 이 같은 전통이 계속

되고 있다. 지금도 중앙 성청에는 토오쿄오 대학 출신이 많다.

관료라고 하면 어느 나라에서든 융통성 없는 생원(샤쿠시죠오기杓子定規)이나 냉정한 이미지가 있다. 일본에서도 예외 없이 「관료적」이라고 하면 형식적이고 독선적인 것과 동의어로서 사용되고 있다. 그러나 일본 관료의 경우 그 능력이 높게 평가되고 있다. 미국이나 유럽에서 행한 일본 연구에서는 일본의 고도성장의 이면에 존재하는 것이 관료와 관료제도의 공적이었다고 지적하고 있다. 그러나 1990년대에 들어서 일본 경제가 정체됨과 동시에 규제완화의 목소리가 높아지게 되었다. 그리고 신규산업이 생기지 않는 이유로서 관료에 의한 규제가 지적되었다. 또한 대장성大蔵省의 행정지도의 실패로 주택 금융전문회사(생략해서 쥬우셍住専이라고 한다)의 파탄, 에이즈 약의 해악에 대한 후생성厚生省과 제약회사와의 관계 등 관료가 갖는 규제와 권한이 남용된 사례가 자주 회자되고 업계와 관료의 유착 및 부패로 관료 비판의 목소리가 급속히 비등하게 되었다. 2001년에는 외무성 직원이 기밀비를 횡령한 혐의로 체포되는 등 외무성 관련 부패사건이 연달아 터지고 그것이 또한 사실로 드러나자, 국민의 관료 비판의 목소리가 전에 없이 들끓고 있다. 2001년 1월부터는 그때까지 1府21省에서 1府12 省으로 재편되었다. 경직화된 행정조직의 효율화가 목적인데 〈숫자가 줄었다고 해서 내용이 바뀌는 것은 아니다〉라는 비판도 거세게 일고 있다.

34.10. 점령군 GHQ(General Headquarters)의 개입과 요시다〈吉田〉 내각의 탄생

일본을 점령한 미군의 점령정책은 전쟁 전의 일본을 부정하는 것에서부터 시작되었다.

미국의 목표는 일본이 또다시 세계에 위협을 가하지 않도록 하는데 있었고 이를 위해서 비군사화, 미국식 민주주의의 도입 등을 최우선 정책으로 정하였다. 우선적으로 행한 것이 극동 국제군사재판으로 토오죠오 히데키東条英機 수상 등의 처형을 필두로, 전시 중의 지도자의 책임추궁 등을 통하여 일본의 전쟁 전의 가치를 악으로 단죄함과 동시에 헌법 개정에 착수, 비무장 중립 사상을 주입시키려 했다. 구체적인 정책으로는 구 일본의 해체·천황 신격화의 부정·사상범의 석방·대지주로부터의 농지 해방 등을 일본 정부를 통해서 실시하게 했다.

미국 정부는 당초 일본사회당의 육성을 목표로 했으므로 사회당 정권이 실현되긴 했지만 정권담당 능력이 부족한 데다가 오직汚職사건이 일어나 붕괴되고 말았다. 그 대타 격으로 등장한 것이 요시다시게루吉田茂가 이끄는 보수계의 자유민주당의 전신인 자유당이었다. 요시다는 외교관 출신으로 전시 중 전쟁을 비판했기 때문에 체포당한 경력이 있다. 이러한 경력으로 총사령관인 맥아더 원수의 신뢰를 얻은 요시다는 능숙한 정치수완을 발휘하여 일본 정치의 지도적 위치를 확립해갔다.

34.11. 일본의 외교

패전 후 일본의 외교가 본격적으로 시작된 것은 1951년 샌프란시스코에서 강화조약이 조인되고 나서부터이다. 강화조약을 체결할 때 소련권을 포함해, 관계제국 모두와 체결하는 전면 강화론과 우선 구미제국과만 강화를 하는 다수 강화론이 격렬하게 대립, 국론도 둘로 나뉘었다. 당시의 요시다 내각은 다수 강화론을 선택했는데 현재도 이것이 외교의 중추를 이루고 있다. 즉 일본 외교의 가장 기본적인 기축을 이루고 있는 것은 〈미일우호〉이고 구미 민주주의 제국과 협조를 하면서 외교를 전개하는 것이다. 현재의 외교방침은 이 때 이미 기초가 마련된 것이다.

34.11.1. 미일 관계

미일 관계는 이제까지 큰 마찰 없이 계속되어 왔는데 최근 미국의 대일 무역적자가 확대됨에 따라, 자동차 · 철강 · 농산물을 중심으로 한 무역마찰과 일본의 방위력 정비가 미국의 희망대로 나아가지 않는 방위문제 등 미일 간에 마찰이 일어나고 있다. 그러나 일본 외교 가운데에서 미일간의 우호는 최우선으로, 매년 밝혀지는 일본외교의 청서에서는 〈미일안보조약에 기초를 두고 미국과의 우호협력 관계는 일본외교의 기축이고 정치 · 경제 · 방위를 비롯해 광범위한 분야에 걸쳐서 미국은 일본의 중요한 파트너이다〉라고 강조하고 있다.

34.11.2. 아시아 제국과의 관계

미일과의 관계와 함께 일본이 중요시하고 있는 것은 한국 · 중국 · ASEAN제국과의 관계이다. 특히 인접국인 한국과는 아직도 역사 청산이 완전히 안된 상태에서 위안부 문제, 야스쿠니 진쟈靖国神社 참배 문제 등 산적한 문제를 두고 있고 북한과의 관계도 납치의혹 문제, 납치자 가족 문제, 핵개발 문제 등이 북일교섭 재개의 걸림돌이 되어 있는 등 변수가 상당히 많다.

34.11.3. 러일 관계

러일관계에 있어서는 아직도 평화조약이 체결되어 있지 않은 상태에 있다. 이것은 아직 북방영토 4개섬인 에토로후択捉 · 쿠나시리国後 · 하보마이齒舞 · 시코탄色丹의 반환문제가 처리되어 있지 않기 때문이다. 일본의 방침은 〈경제, 문화의 교류를 유지하면서 끈기있게 북방영토의 반환을 요구한다〉는 것이다.

34.11.4. 국제연합

일본 외교의 큰 기둥의 하나는 국제연합 외교이다. 국제연합 분담금은 안보이사회의 상임이사국보다 많다. 상임이사국이 아니기 때문에 발언권을 행사할 수 없다는 이유에서 상임이사국 진입을 큰 목표로 하고 있다. 그러나 일본국내에서는 〈상임이사국이 되면 해외 파병의 의무를 진다〉라는 소극적인 의견도 있으나 국민의 다수의견은 상임이사국이 되는 것을 희망하고 있다.

34.12. 전수방위專守防衛와 안전보장 조약

일본의 방위정책은 타국에 비해서 상당히 큰 제약을 받고 있다. 헌법 제9조는 전쟁포기, 전력의 불 보유·교전권 부정에 규정이 있고, 핵에 관해서는 〈보유하지 않고·만들지 않고·반입하게 하지 않는다(모타즈持たず·츠쿠라즈作らず·모치코마세즈持ち込ませず)〉라는 비핵 3원칙(히카쿠 상겐소쿠非核3原則)이 있기 때문이다. 따라서 일본의 방위는 전수방위(센슈보오에에專守防衛)를 기본적인 방침으로 하여 자위대의 창설과 정비를 추진하고 그 운영을 모색해왔다. 전수방위에 대한 확정된 정의는 없지만 〈(1)상대방으로부터 무력 공격을 받았을 때 비로소 방위력을 행사한다. 2)그 행사는 필요 최소한에 국한한다. 3)장비도 공격적인 것이 아니고 자위적인 무기에 국한 한다〉는 등의 수동적인 전략이라고 일본정부는 설명하고 있다. 구체적으로는 성능 상, 상대방의 국토에 궤멸적인 피해를 입히기 위해서만 사용되는 병기인 ICBM이나 장거리 전략 폭격기 등은 보유할 수 없다. 이런 문제 때문에 전투행위를 동반하는 해외파병은 불가능하다. 정부는 후방지원의 UN평화 감시부대의 일원이라면 자위대의 파견은 허가한다고 해석, 캄보디아·골란고원·동티모르·이라크 등에 PKO요원으로서 자위대를 파견했다. 그러나 단순한 평화유지를 위한 군대라도 그들의 안위를 위해서는 무기소지와 발포를 할 수 있는가의 여부로 논란이 많으며 정부는 〈집단적인 자위권은 헌법에 위배된다〉는 헌법해석의 입장을 취하고 있다. 이 집단적인 자위권(슈우단테키 지에에켕集団的自衛權)은 UN헌장 51조에서 UN가맹국으로 인정을 받은 어느 국가가 무력공격을 받을 경우, 밀접한 관계에 있는 다른 나라가 그 무력공격을 협동해서 배제할 수 있는 권리를 말한다. 그럼에도 불구하고 일본은 다방면에 제약을 갖고 있는 일본 방위력을 보완하기 위하여 미국과 안전보장조약을 체결하고 있다. 정부의 헌법해석과 미일 안보조약은 정면으로 모순되고 있다. 이런 헌법해석으로는 미국만이 일본의 방위에 의무를 짊어지는 일방적인 상황이 야기되는 것을 피할 수 없고 〈이대로라면 일본방위의 기본인 미일동맹에 금이 가기 쉽다〉며 미일 양국에서 이런 헌법해석에 변경을 요구하는 우익의 목소리도 높다. 일본은 해석과

현실의 이율배반 속에서 교묘하게 줄타기를 하듯 묘기를 부려왔는데 그것이 언제까지 통용될지는 의문이다.

34.13. 자위대와 방위력의 확대

자위대의 규모는 육상이 8개 사단, 6개 여단, 1개 기갑사단, 1개 공정단空挺団, 대형 항공기 · 낙하산 · 글라이더 등을 사용하여 적의 후방요충을 침투하는 부대 대원은 14만 6천명이고 해군은 4개 호위대군 등을 기축으로 호위함 50척, 잠수함 16척, 작전용 항공기 170대, 대원 4만 3천명이며, 하늘은 17 비행대를 중핵으로 약 400기(그 가운데 전투기는 약 300대), 대원은 4만 4천명이다. 이에 대해 미국은 일본의 방위력은 아직 불충분하다며 더욱 정비를 갖출 것을 요구하고 있다. 방위력을 정비함에 있어서 일본 정부는 〈방위계획 대망〉을 만들고 거기에 근거하여 충실을 꾀하고 있는데 그 상한선은 GNP의 1%선을 기준으로 하고 있다. 그러나 장비비, 인건비의 상승으로 1%를 유지하는 것은 무리이다. 1987년에는 예산에서 1%를 넘었으나 1995년에 만들어진 〈신 방위 대망〉에 의하면 일본의 방위비는 앞으로도 GNP의 1%가 될 전망이다.

34.14. 일본의 지방자체단체

일본의 지방자치단체는 주로 다음과 같은 종류로 나뉜다.
①都〈토오쿄오토東京都〉 · 道〈혹카이도오北海道〉 · 府〈오오사카후大阪府 · 쿄오토후京都府〉 · 県〈43켕県〉
②市 · 町〈쵸오 · 마치〉 · 村〈송 · 무라〉
③特別区〈東京의 23区〉

34.15. 일본 지방자치단체 「30% 자치」

국가와 지방의 관계는 메에지 이후 행정시스템이 구축되어 왔다. 양자의 입장은 「주종(슈쥬우±従) · 상하(죠오게上下)」의 관계에 있었는데 지방자치의 이념이 일본에 도입된 것은 일본국 헌법에 조항이 담겨진 전후가 되고 나서부터였다. 그러나 실질적으로는 국가의 기관 위임 업무가 80%를 점하는 데다가 그 지방에서 세입이 차지하는 비율 중에 지방세가 30%에 불과하므로 「30% 자치」라는 야유가 터져 나오고 있는 실정이다.

34.16. 「주종主從 · 상하上下」관계에서 「대등対等 · 협력協力」관계로

1990년대의 기나긴 불황으로 지방자치단체의 세입감소가 계속되고 지방경제 되살리기를 목표로 한 공공사업 투입에 따른 지방채의 폭발적인 발행은 자치단체를 심각한 재정난으로 몰고 가 건전한 재정상황의 회복이 급선무로 떠오르고 있다. 2000년 4월에 시행된 지방분권 일괄법은 국가와 지방자 치단체의 관계를 대등·협력(対等·協力)관계로 바꾸는 것이 목표였다. 이 지방분권 일괄법에 의해 기관 위임사무의 약 55%는 자치단체가 책임을 가지고 행하는 〈자치사무〉로 편입되었다. 나머지 약 45%에 해당하는 부분은 국가가 자치단체에 위탁시키는 〈법정 수탁사무〉로 되었다. 새로운 권한이양 에 의해서 학교의 자유 선택제나 소인수 학급편성 등 유연한 기능을 발휘하는 자치단체가 출범하기 시작했다. 자치단체가 자립하기 위한 방법의 하나는 과세자유권이다. 이시하라 신타로오石原慎太郎 토오쿄오 도지사가 도입한 은행외형에 의한 표준과세 도입은 각 자치단체의 독자재원 창출의 동기가 되고 있다. 이 움직임도 종래에는 법으로 정한 것 외의 보통세 신설이나 변경은 자치대신의 허가가 필요했지만 「동의를 요하는 협의」로 바뀌어 법정 외의 목적세도 가능하게 된 것에 그 배경이 있다. 자치단체는 다양한 과세를 검토대상으로 하고 있고 국가에 의존하는 재정체질에서의 탈피를 목표로 한 움직임이 서서히 시작되고 있다. 또한 자치단체의 효율성을 추구하기 위하여 시쵸오송市町村의 합병이 가속화되고 있다.

일본의 사법제도

일본의 사법제도는 패전 후 가장 많이 변한 것 중의 하나이다. 전쟁 전에는 천황의 재판소였는데 전후에는 국민의 재판소로서 행정, 입법과 함께 3권의 하나로서의 지위를 확립했다. 일본의 사법은 전쟁 전까지 「독일법」의 영향이 강했는데 전후에는 「영·미법」의 제도가 도입되었다. 그러나 영미재판 제도의 특징인 배심원 제도는 채택되지 않았다. 한편, 일본에서는 배심원 제도와는 약간 다른 재판원 제도인 〈재판원이 참가하는 형사재판에 관한 법률〉이 2004년 5월에 성립 공포되어 2009년 5월부터 성립되게 되었다. 이 제도의 성립으로 법률전문가가 아닌 일반시민의 감각이 재판에서 효력을 발휘하게 되었고 국민의 사법에 대한 이해와 신뢰를 심화할 수가 있게 되었다. 또한 재판의 수속이나 재판에서 사용되는 말이 지금보다 알기 쉽게 되고 재판이 보다 신속하게 이루어질 수 있게 되었다.

재판원 제도의 대상이 되는 주된 사건은 〈살인〉·〈강도 치상〉·〈상해 치사〉·〈위험 운전 치사〉·〈방화〉·〈유괴〉 등의 중대 사건이다.

한편 배심원 제도는 일본에서도 전쟁 전 한 때 도입된 시기도 있었으나 당시에 재판관은 배심원이 낸 결론에 구속받는 경우는 없었다. 1929년에는 143건의 배심재판이 이루어졌는데 이후에는 서서히 감소하여 1938년 이후 5년간은 연간 4건 내지 1건밖에 행해지지 않았으며 1943년 4월에 배심법은 그 효력이 정지되었다.

〈재판원 제도〉와 〈배심원 제도〉의 큰 차이는 재판원 제도가 시민과 재판원이 함께 유죄·무죄, 나아가 형량까지 결정하는데 대해서 배심원 제도는 시민이 유죄·무죄를 결정하고 재판관이 양형을 결정하는 제도이다.

35.1. 사법의 조직

재판소는 최고 재판소, 고등 재판소, 지방 재판소, 가정 재판소, 간이 재판소가 있다. 우리의 〈법원〉이란 말 대신 〈재판소〉라는 말이 쓰이고 있는 것이다. 재판은 3심제로 지방 재판소가 1심, 고등 재판소가 2심, 최고 재판소가 최종심을 맡고 있다. 가정 재판소는 이혼 등의 재판, 간이 재판소는 지방 재판소의 하부기관으로 교통위반 등의 경범죄를 다룬다. 최고 재판소는 우리나라의 대법원에 해당되는데 판사와 장관을 포함해 15명으로 구성되어 있으며 구성원 전원의 판사가 재판하는 대법정과 3명의 판사로 구성되는 소법정이 있다. 통상은 소법정에서 재판이 진행되는데 사안이 큰 문제는 대법정에서 열린다. 최고 재판소는 이러한 재판 외에 재판관의 인사문제 등 모든 재판소의 사법행정 사무를 관장하는 최고기관이다. 고등 재판소는 전국에 8개소가 있고 지방 재판소는 전국에 50개소가 있으며 각각 형사·민사의 재판을 행한다.

35.2. 재판의 방법

우선 재판은 1심을 담당하는 지방 재판소에서 이루어진다. 형사범죄의 예를 들면 검찰관이 기소, 불기소를 정하고 기소가 결정되면 재판이 행해진다. 통상의 경우, 지방·고등 재판소의 재판은 재판장과 배석판사 2명의 합계 3명의 재판관과 검사, 변호인으로 구성된다. 증거 조사 후에 검사의 구형이 있고 변호인의 최종 변론이 있은 다음에 재판관의 합의로 판결이 내려진다. 견해가 갈릴 때에는 다수결로 결정되지만 소수 의견은 공개되지 않는다.

고등 재판소의 재판은 1심 재판에 불만을 가진 피고인, 혹은 검찰관의 공소에 의해서 행해진다. 재판의 방법은 1심과 같은데 서면심사의 비중이 커진다.

최고 재판소는 헌법에 관계된 문제와 중대한 사실 오인이 밝혀졌을 때 법정이 열린다.

현재는 「국민에 의해 열려진 사법을」이라는 캐치프레이즈를 걸고 국민의 소리를 경청하며 사법제도를 개혁하려는 움직임도 강해지고 있다. 배심 제도의 도입이 검토되고 있는가하면 사법시험 합격자수의 확대 등이 제언되고 있다. 범죄 피해자 측의 인권보호가 방치되고 있는 문제도 대책이 시급한 실정이다.

최고재판소(사이코오 사이반쇼最高裁判所)·東京

범죄 피해자의 인권보호 문제와 미성년 범죄

〈사건1〉

1969년 4월 23일, 화사한 봄날 오후였다.

일본 카와사키시川崎市의 한 미션계 고등학교 교정으로 이 학교 1학년 A군이 피투성이가 된 채 다급하게 뛰어 들어왔다. 그는 남자 2, 3명이 일본도를 들고 덮쳤으며 지금 친구 카가미 히로시加賀美洋가 위험하니 도와 달라고 비명을 질렀다. 그러나 이미 히로시의 사체는 50m 터널 건너편 철쭉 꽃밭에 온몸이 피투성이가 된 채 버려져 있었고 이미 파리와 구더기가 끼어 있었으며 더욱 처참한 것은 목이 몸통에서 10여cm나 떨어진 밭두렁에 나뒹굴고 있었던 것이다.

조사해본 결과 가슴, 머리, 등, 얼굴에 모두 47군데나 찔린 후 즉사한 상태였다.

3일 만에 범인은 A군으로 밝혀졌다. 히로시가 평소 자기를 괴롭혔으며 그날도 자기가 칼을 자랑하자 샘이 난 표정으로 "넌 돼지 같이 생겼다"고 놀려서 홧김에 칼을 휘둘렀다고 진술했다. 하지만 친구들은 히로시가 A를 괴롭히는 것을 본 일이 없다고 진술했다. A는 소년범으로 가정법원에 송치되었고 그는 기억 저편으로 사라졌다.

가해자와 그 가족은 범인이 단지 미성년자라는 이유만으로 이 사건과 무관한 방향으로 사라져갔지만 피해자와 그 가족에게 이 사건은 처참한 죽음과 풍비박산난 가정파탄과 기나긴 질곡의 서곡이었다.

히로시의 부검결과 위에서 딸기가 나왔고 아침에 도시락으로 닭튀김과 딸기를 싸주었던 엄마는 30년이 지나서도 그 일을 딸기로 기억하고 있었다. 한편 입학 기념으로 아버지가 사준 시계는 피투성이로 팔목에 채워져 있었다. 오열하며 피를 닦아냈던 아버지는 그 후 20년 뒤 암으로 세상을 떠날 때까지 그 시계를 몸에 지니고 있었다. 세 살 아래의 여동생은 부모님의 사랑을 독차지했던 오빠가 죽을 것이 아니라 자신이 죽었어야 했다는 죄책감을 천형天刑처럼 안고 살아왔기에 사사건건 부모와 불화했고 오빠무덤에서 밤을 새우기도 하고 손목을 긋는 자해를 시도하기도 했다. 오빠의 죽음에 얽힌 사건을 자신의 딸들에게 털어놓자 아이들이 소리를 지르며 울어댔다. 함께 울던 그녀는 30년 만에 자신이 처음으로 다른 사람 앞에서 눈물을 보이고 말았다는 사실을 깨달았다.

자칫 묻혀버릴 이 사건은 1997년 취재를 시작한 프리랜서 기자 오쿠노 슈우지奥野修司가 쓴 『마음에 칼을 숨기고心にナイフをしのばせて』라는 책에 의해서 밝혀진다. 같은 해 봄 코오베神戸에서 일어난 사카키 바라酒鬼薔薇사건이 계기였다. 14세 된 중학생이 초등학생의 목을 잘라 학교 교문 앞에 투기한 엽기적인 사건이었다. 자신을 〈투명한 존재〉라고 부른 사카키바라 소년은 의무 교육과 의무 교육을 낳은 사회에 대한 복수로 살인 게임을 벌이고 있다고 주장했다. 오쿠노는 두 사건의 범인이 자신을 〈투명한 존재〉로 밝힌 공통점이 있음을 알아냈던 것이다.

히로시 사건의 범인인 A는 뉘우치기는커녕 〈절망에 빠지지 말자〉고 스스로를 격려했다

오쿠노의 취재는 월간 〈문예춘추〉 1997년 12월호에 실렸으며 오쿠노는 보도 이후 본격적으로 피해자 가족을 만나기 시작한다. 그리고 그는 30여년이 지난 이 사건이 가해자에게는 완전히 끝난 과거완료형 사건이었지만 피해자에게는 여전히 현재 진행형이라는 사실을 통감한다.

히로시의 엄마는 사건 후 1년 동안 수면제로 버텼으며 자기가 걷고 있으면 지하에 있는 히로시의 발이 자기 발바닥에 딱 붙어 땅 아래를 거꾸로 걷고 있다며 심한 피해망상에 시달렸다. 과묵한 회사원이었던 아빠는 퇴근 길 집 앞의 파칭코에 앉아 번민으로 가득 차오르는 머리를 텅 비워내는 것이 일과였으며 아들이 좋아하던 외삼촌 집에 가서 하염없이 울고 오는 것이 그가 할 수 있는 것의 전부였다. 딸은 학교에서 돌아오면 수면제에 취해 자고 있는 엄마에게로 다가가 〈살아있음을〉 확인하는 것이 습관이 되고 말았다. 이들의 삶은 망가질 대로 망가져서 결코 사건 이전으로는 돌아갈 수 없었다.

오쿠노의 관심은 히로시의 가족들이 얼마나 고통스러웠는지를 재구성해내는 데 그치지 않는다. 가해자의 삶을 찾아 나선 것이다.

가해자 A는 사건 직후 〈정신 분열증 기질의 정신 장애자〉로 판정받고 의료 소년원으로 보내졌다. 그곳에선 정신질환 치료와 교과 학습을 통해 소년범의 갱생을 지원했다. 그의 인권을 보장한 소년법의 보호아래 그의 전력은 말끔히 지워졌고, 이름조차 공개가 금지되었다. 오쿠노가 A에 대해 묻자 그의 엄마는 〈뜻밖의〉 말을 했다. 〈끔찍한 사건을 저질렀으니 평범한 직업을 갖기는 어렵겠죠. 하루 벌어 하루 먹고 살겠구나 하면 가여운 마음도 듭니다. 가만히 놔두고 싶습니다.〉 소년원에서 나온 A는 아버지의 첩이었던 B의 양자로 입적돼 새로운 성과 이름을 얻고 명문 대학에 입학했다. 어렵게 찾아낸 주소로 찾아간 오쿠노는 그의 새 이름이 붙은 사무실을 발견한다. 과거의 A는 변호사가 되어 있었다. 사건 후 33년 만인 2002년 처음 히로시의 엄마와 통화한 그는 〈나쁜 일을 저질렀다고 생각하지 않는다〉고 했다.

과거의 A는 기묘한 법의 비호와 보호아래 살인 사건과는 전혀 연루되지 않은 인간으로 탈바꿈할 수 있었던 것이다. 그러나 같은 법 아래에서 피해자 가족은 방치되고 아무도 돌보지 않는다. 가해자의 사죄나 피해 배상 의무도 없었다. 피해자 가족에 대한 상담 치료라든가, 외상 후 스트레스장애(PTSD)라는 말은 존재하지도 않던 시절이었다.

오쿠노는 〈일본 정부가 가해자를 갱생하는데 연 466억엔(2004년 기준)을 쓰는데 비해 피해자를 위한 예산은 11억엔뿐〉이라고 말한다. 가해자의 인권을 배려하는 것에 비해 피해자(유족)에게는 아무런 지원도, 치유 시스템도 없는 것이 제대로 된 문명사회냐는 뼈아픈 질문과 함께 사카키 바라 소년조차 26세에 의료소년원을 나오게 되어있는 일본 소년법이 지나치게 이상주의적인 것이 아니냐고 따져 묻는다.

〈사건2〉

1999년 4월 14일 오후 2시 반경 일본 야마구치현山口県 히카리시光市에서 결혼한 지 2년이 채 안된 신혼부부의 아파트에서 남편이 출근하여 11개월 된 딸과 함께 집을 지키던 23살의 새 신부가 목숨을 잃었다. 수도검침을 나왔다면서 침입한 18세의 소년이 새색시를 성폭행하려다 심하게 반항하자 목 졸라 살해한 뒤 사체를 간음하였고, 무서워 울던 간난아이를 땅바닥에 여러 번 내동댕이치고 목을 졸라 살해한 뒤 새색시의 주머니에 있던 돈을 훔쳐 도망갔다가 나흘 뒤 게임방에서 오락을 마치고 친구 집에서 잠을 자다가 체포된 것이다.

이 사건에 대해서 2000년에 1심, 2002년에 2심이 있었고, 검찰은 사형을 구형하였지만 법원은 범행 당시 범인이 미성년자였다는 이유로 무기징역을 선고하였다. 졸지에 사랑하는 아내와 엄마, 아빠를 막 불러대기 시작하던 어린 딸을 잃어버린 평범한 샐러리맨 새신랑은 법정에서 〈가해자를 사형에 처하지 않으면 내가 죽이겠다. 나의 살인을 막기 위해서라도 사형을 언도하라〉고 절규하였다. 하지만 받아들여지지 않았다.

일본의 경우, 살인범이 미성년자라면 피살자가 4명 이상인 경우에만 사형을 선고할 수 있다는 소위 〈나가야마永山의 양형기준〉이 있었는데 법원이 이 원칙을 그대로 지켰기 때문이다.

지금은 많이 개선되었지만, 이 당시만 하더라도 일본도 한국과 마찬가지로 범죄의 피해자는 수사절차나 공판절차에 관여할 수 없었으므로 신랑은 범죄 피해자의 모임을 만들어 전국을 다니면서 죄 지은 사람의 인권을 지켜주는 법 규정은 많지만 피해자의 권리를 보장하는 법은 어디에도 없다면서 억울함을 호소하였다. 그는 범인이 교도소에서 여러 차례 반성문을 보내왔지만, 죽을 때까지 그것을 읽지 않겠다면서 오로지 피고인에 대한 사형선고만이 사회악에 대한 정당한 심판임을 역설하였다. 많은 시민들과 언론이 그의 절규에 호응하여 2004년 일본 국회는 국가가 피해자의 피해 회복을 지원하고 형사재판 절차에 피해자가 당사자로 참여할 수 있도록 하는 〈범죄 피해자 등 기본법〉을 제정하였고, 2006년 일본의 최고재판소는 검찰의 상고를 받아들여 고법에 재심리할 사정이 있다면서 파기환송을 하였으며, 일본 정부도 2007년부터 10명의 사형수에 대한 사형을 집행하였다.

사건이 일어난지 9년째인 2008년 4월 22일 일본의 히로시마 고등 법원은 일본의 모든 TV 방송국이 아침부터 법원 앞에서 생중계를 하고, 4,000명이 넘는 방청 신청자가 기다리는 가운데 마침내 피고인에게 사형을 선고하였다. 법원 앞에 있던 시민 수백 명이 박수를 치고, 눈물을 흘리면서 감격하였지만, 남편은 올바른 판결을 내린 법원에 감사하면서 9년간의 노력을 통해 피해자의 권리를 비로소 인정받게 되었음을 기뻐하였다.

위의 두 사건이 연동되어 범죄 피해자나 그 가족의 인권보호와 피해보상, 그리고 미성년 범죄에 대한 법조항의 많은 개혁이 뒤따를 것으로 예상된다. 거대하고도 기묘한 법체계와 맞서며 한 르포 기자의 집요한 천착과 피해자 남편의 눈물겨운 투혼이 이끌어낸 변화이다.

일본의
스포츠

큰 씨름〈오오즈모오大相撲〉   part.36

36.1. 씨름판 규정〈도효오 키테에土俵規定〉

36.1.1. 씨름판〈도효오土俵〉

스모오 경기에서 경기장을 「도효오土俵」라고 하며 도효오에는 본 경기용과 훈련용 (케에코오요오稽古用)이 있다. 에도 시대 도효오는 직경 3m 94cm였다. 그러던 것이 1931년 천황이 씨름을 관람하면서 현재의 직경 4m 55cm의 도효오가 되었다. 도효오를 넓힌 이유는 씨름의 묘미(다이고미醍醐味)를 조금이라도 더 즐기기기 위해서였다고 한다.

도효오는 시코四股를 밟아도 발자국이 찍히지 않도록 견고하고 단단하게 모래를 다져서 넣은 모래가마니가 쓰인다. 그중 작은 가마니인 코뵤오小俵는 60%를 땅속에 묻고 40%를 지상으로 드러나게 한다. 바깥 둘레의 4각형의 한 변에 카쿠 다와라角俵가 각각 7가마, 각 모퉁이에 한 개씩의 아게 다와라上げ俵 4가마를 묻는다. 따라서 바깥 둘레의 모래가마의 숫자는 도합 32가마가 된다.

그리고 한가운데에 직경 4m 55cm의 경기 경계선을 표시하는 원을 그리고 토쿠 다와라德俵 4가마와 그사이에 쇼오부 다와라勝負俵 4가마씩 합계 20가마를 묻는다. 승부의 경계선은 이 둥근 타와라俵의 바깥 선이므로 이것을 승부 가마〈쇼오부 다와라 勝負俵〉라고도 한다.

그리고 도효오로 올라가는 오름단 가마(아가리당 후미 다와라上がり段踏み俵) 10개,

土俵俯瞰図

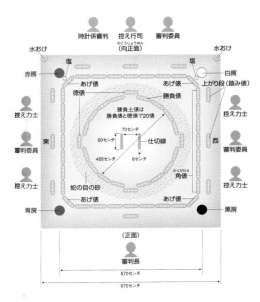

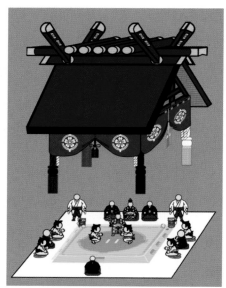

 도효오土俵의 구성과 명칭

그리고 약간 작은 미즈오케 다와라水桶俵 4개 등, 6종류의 66개가 사용된다. 선을 넘거나(후미코시踏み越し), 선을 밟거나(후미키리踏み切り)하는 것을 판명하기 쉽도록 원의 코뵤오小俵 바깥쪽에 25cm 정도의 폭으로 모래를 깐다. 이 부분을 뱀의 눈(쟈노메蛇の目)이라고 한다.

자세를 취하는 선(시키리셍仕切り線)은 중앙에 70cm 간격으로 흰 선을 두 줄 긋는다.

정면에서 도효오를 향해 왼쪽은 동東, 오른쪽은 서西로 하고 동·서를 씨름선수의 대기석(히카에 다메控え溜)이, 정면의 맞은 편은 씨름 심판의 좌석(교오지 다메行司溜)이 차지하고 있다. 도효오에는 물과 종이, 소금을 준비한다. 도효오는 건축이 완성되면 도효오제(도효오 마츠리土俵祭)를 올린다.

관련 키워드

▽시코四股 : 선수가 도효오 위에서 하는 준비운동. 발을 벌리고 자세를 취하여 좌우로 번갈아 높이 쳐들고 손을 무릎에 모아 힘을 실어 땅을 밟는 것. 시코오 후무(四股を踏む)라는 말도 쓴다.

36.1.2. 오름단의 흙 가마(아가리단노 타와라上がり段の俵)

도효오의 경사면을 파고 정면에 한 개, 정면의 맞은 편·동·서에 각 3개씩 카쿠 다와라角俵와 평행으로 모두 10가마를 묻는다. 대기선수는 도효오에 오를 때 이것을 발판으로 한다. 선수가 오르고

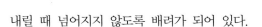

내릴 때 넘어지지 않도록 배려가 되어 있다.

36.1.3. 뱀눈 모래〈쟈노메노 스나蛇の目の砂〉

도효오의 원의 바깥 쪽을 따라서 약 25cm의 폭으로 모래를 깐다. 1931년까지 사용되고 있었던 이중二重의 도효오가 있던 흔적으로 도효오의 원이 이중으로 되어있기 때문에 뱀의 눈이라는 이름이 붙었다. 그 사이에 깔린 모래를 뱀눈 모래라 하며 나중에 안쪽의 원이 제거되면서 뱀눈 모래는 원 밖으로 밀려났다. 승부가 도효오 경계선까지 밀려갔을 때 선 넘기(후미코시踏み越し)와 선 밟기(후미키리 踏み切り)의 판정을 명확하게 하기 위한 것이다.

36.1.4. 도효오〈土俵〉만들기 과정

옛날에는 1개의 쌀가마니를 3개로 나누어 가늘고 긴 가마니를 만들어 썼다. 현재에는 쌀가마니가 없어졌으므로 치수(슴포오寸法)를 지정해서 업자에게 주문한다. 가마니 속에는 흙과 모래, 그리고 자갈을 섞어서 다지기 막대(츠키보오つき棒)로 찔러서 가마니 구석구석까지 골고루 꽉 채워 넣고 굵은 새끼줄(아라나와荒繩)로 단단히 묶는다. 그리고 맥주 빈 병으로 두들겨서 형태를 만들기도 하고 새끼매듭(나와메繩目)을 완전히 속으로 들어가게 한다. 이 도효오 만들기는 모두 시름판의 호출역인 요비다시呼出의 일인데 요비다시 전원이 일에 매달려 3일정도 걸려 만들며 대개 본 경기 5~6일전에 완성한다. 토오쿄오東京 료오고쿠兩国 국기관(코쿠기캉国技館)의 경우, 표면 부분만을 깎아내서 새 흙을 바꾸어 넣고 다시 만든다. 토대가 없는 지방의 순회처는 치수를 재고 말뚝을 박아 새롭게 만든다. 도효오에 들어가는 흙은 벽으로 쓰는 점토질의 흙이 가장 좋은데 과거에는 아라카와荒川 연안의 흙이 사용되었으나, 도시개발로 지금은 치바현의 와가마고시我が孫子市의 흙이 주로 사용된다. 이 도효오 만들기는 기계를 하나도 쓰지 않고 전부 사람 손에 의해 흙으로 만든다. 국기관의 토대는 10톤 트럭 넉 대분, 표면은 10톤 트럭 한 대분이 들어간다고 한다.

36.1.5. 덕 가마〈토쿠 다와라德俵〉

동서남북 사방의 한 가운데에 가마니를 승부 가마(쇼오부 다와라勝負俵)의 둥근 선보다 가마니 하나의 폭만큼 바깥 쪽으로 물러서 묻는다. 그만큼 도효오가 넓어지고 소극적으로 도효오를 도는 선수는 이득을 보기 때문에 덕 가마(토쿠 다와라德俵)라고 부르고 있다. 원래는 스모오가 야외에서 벌어졌던 시대에 도효오에 고인 빗물을 빼내기 위해서 밖으로 내려 만든 흔적이다.

36.1.6. 츠리야네〈吊屋根〉

도효오 위의 천정에서 줄로 매달아진 지붕으로 단순히 야네屋根라고도 한다.

1952년 9월 가을대회(아키바쇼秋場所)가 열리기 전의 이사회에서 그때까지 있던 4개의 기둥의 폐지가 결정되었다. 그 대신 기둥 위에 얹혀 있던 지붕의 형태가 같은 장소의 매달린 지붕으로 바뀌었다. 이것은 이세 징구우伊勢神宮의 본전 양식을 본떠 만든 것으로 뼈대는 알루미늄 경합금속으로 만들어져 있다. 이 지붕에는 4구석에 두께 70cm, 길이 230cm의 검은 실타래(쿠로부사黒房)·푸른 실타래(아오부사青房)·붉은 실타래(아카부사赤房)·흰 실타래(시로부사白房)가 드리워져 횡단막水引幕을 칠 수가 있는데 이것은 원래 기둥이 있었던 자리의 흔적이다. 외장은 느

📷 만원사례 현수막이 붙은 츠리야네吊屋根

티나무, 편백나무(히노키檜) 등의 목재를 사용하고 가로, 세로 각 10m에 높이가 8.6m이다. 문장(몬쇼오紋章)이나 중요부분은 순금 도금을 사용하고 있고 총 중량은 6.2t 정도이다. 약 40m가 되는 천정에서 두개의 와이어로 매달려 있으며 올리거나 내릴 수 있게 되어있다. 와이어의 두께는 22mm이고 한 줄이 30t을 버틸 수 있기 때문에 60t을 버텨낼 수 있어서 문제는 없다고 한다. 스모오 이외의 행사 때에는 천장 꼭대기로 당겨져서 보관되는데 당겨지는 시간은 12분이다.

36.1.7. 미즈히키 마쿠〈水引幕〉

츠리야네 밑에 둘러쳐진 보라색 막. 폭 120cm로 스모오 협회의 벚꽃 문장을 하얗게 만들고 나머지를 보라색으로 물들인다. 그 어원은 동군, 서군의 선수가 정력을 다해 승부를 겨루면 열기가 넘치기 때문에 물을 나타내는 막을 쳐서 도효오를 식힌다는 의미에서 미즈히키 마쿠라 했다고 전해진다. 또한 물은 부정의 먼지를 털어 내고 그 원천이 청정이기 때문에 천·지·인을 깨끗하게 한다고 한다. 따라서 물의 원천인 북쪽의 기둥에서 감아 북쪽의 기둥에서 끝난다. 이것은 또한 태양의 움직임과 계절의 변화를 따라 나타낸 것이다.

36.1.8. 시부사〈四房〉

츠리야네의 네 귀퉁이를 장식하는 4가지 색깔의 실로 꼬아 만든 술. 각각의 색깔이 4계절과 하늘의 4신과 동물(시신쥬우4神獸)을 나타내며 오곡풍양(고코쿠 호오죠오五穀豊穣)을 기원하는 의미를 가지고 있다.

그 네 가지는 다음과 같이 나타낸다.

▽정면 동쪽(동북)	푸른 자수 동방의 수호신	세에류우신青龍神	청룡	봄
▽맞은편 정면 동쪽(동남)	빨간 자수 남방의 수호신	스자쿠신朱雀神	빨간 새	여름
▽맞은편 정면 서쪽(서남)	흰색 자수 서방의 수호신	뱌코신白虎神	흰 호랑이	가을
▽정면 서쪽(서북)	검은 자수 북방의 수호신	겜부신玄武神	검정 거북	겨울

모두 하늘의 도효오를 지킨다는 의미로 네 구석에 모셔지고 있다. 4색의 자수는 실크로 만들어진 자수실로 꼬아서 만든다. 한 가닥의 길이가 230cm이고 굵기는 70cm, 무게는 25kg이다. 도효오에서 자수의 끝까지는 305cm이다.

36.1.9. 물

선수가 입을 양치질하고 몸을 깨끗이 하기 위한 물로 전력을 다하는 물과 잔으로 통하고 있다. 「치카라미즈力水」・「케쇼오스이化粧水」・「키요메노미즈清めの水」라고도 하며 1부 리그급의 쥬우료오 十兩이상의 대진표에 참석하지 않으면 사용할 수 없다. 한마디로 마이너리그급 선수는 사용할 수 없다는 이야기이다. 에도 시대에 붉은 칠을 한 큰 잔 대신에 1941년 1월 바쇼場所에서부터 국자(히샤쿠 柄杓)가 사용되게 되었다.

36.1.10. 종이

선수가 입 언저리를 닦거나 몸을 깨끗이 하기 위하여 사용된다. 세로 25cm 가로 33cm 정도의 종이를 반쯤 접은 것으로 물통 위에 준비하고 있다. 치카라가미力紙, 케쇼오가미化粧紙라고도 하고 씨름 한 경기 당 2,000장 정도가 준비된다.

36.1.11. 소금

도효오의 잡기를 털어 없애 깨끗이 하며 신에게 기원하는 의미로 뿌리는 소금은 키요메노 시오清め の塩라 하고 대나무 소쿠리에 넣어 동쪽과 서쪽에 각각 놓는다. 하루에 45kg, 15일에 650kg 이상의 소금이 준비된다.

36.2. 씨름선수의 규정〈리키시 키테에力士規定〉

📷 장충 체육관에서 벌어진 씨름선수의 의식

씨름선수는 마와시(훈도시褌의 시메코미締込)이외에는 아무것도 몸에 걸쳐서는 안 되는데 부상자가 몸에 두르는 서포터라든가 붕대, 흰 버선 등은 허용된다. 그리고 상대에게 위해를 준다고 생각되는 것은 일체 금지되고 있다. 반지 등의 장식품은 물론 붕대를 고정시키는 고정쇠 등의 금속도 사용이 일체 금지된다.

쥬우료오十両계급 이상의 선수는 출장할 때는 머리모양을 큰 은행나무 잎(오오이쵸오大銀杏)모양으로 묶고 훈도시는 감색, 보라색 계통의 공단(슈스繻子)과 샅바장식(사가리下がり)은 같은 색깔의 실크를 사용한다. 훈련 중의 쥬우료오의 선수는 하얀색 훈도시를 사용한다. 마이너리그 선수격인 마쿠시타幕下이하의 선수는 무명의 검정색이나 보라색 계통의 훈도시와 샅바장식을 사용한다.

대전을 앞둔 선수는 도효오 다마리土俵溜り에 앉아서 승부판정에 이의가 제기되었을 때 의견을 말할 수 있고 선수로서의 책임을 진다. 또한 그는 도효오에 올라 있는 선수에게 예의를 표하며 물을 준다.

호출의 소리를 듣고 도효오에 오르면 시코 밟는 행위를 하고 물로 양치질을 한 다음 종이로 닦고 도효오에 소금을 뿌려 잡티를 제거한다. 도효오에 오르면 심판의 지시에 따르고 승부가 끝나면 서로 예를 표하고 이긴 선수는 승리선언을 받고 패한 선수는 그대로 물러간다.

36.3. 승부 규정〈쇼오부 키테에勝負規定〉

▷제한시간은 씨름판의 호출자(요비다시呼出)가 동서의 씨름선수의 이름을 부르고 나서 부터 계산한다. 제한시간은 다음과 같다.

▷마쿠우치幕内 :4分, 쥬우마이메十枚目 :3分, 마쿠시타幕下이하 :2分이내.

▷호출자와 심판(교오지行司)은 심판위원인 시계 담당자로부터 지시를 받아 제한시간에 의한 시간이 다 되었고 〈타임걸기 없음(맛타나시待ったなし)〉을 씨름선수에게 확실히 전한다.

▷제한 시간 후의 격돌(타치아이立合)로 손을 내렸을 때 타임(맛타待った)을 인정하지 않는다.

▷도효오 안에서 발바닥 이외의 몸의 일부가 먼저 흙에 닿은 사람이 경기에서 패한 사람이 된다.

▷도효오 밖의 흙에 몸의 일부가 먼저 닿은 사람을 패한 사람으로 한다. 단 상대의 샅바를 잡고 상대를 들어 상대의 양다리가 바닥에서 들어 올려진 상태로 상대방을 도효오 밖으로 내보냈을 경우에 자신의 다리가 상대보다 먼저 도효오 밖으로 내딛었다 하더라도 오쿠리아시送り足가 되어 패하지 않는다.

▷들어 올려서 상대방의 양다리가 바닥에서 떠도 후퇴하며 발뒤꿈치부터 밖으로 나가면 패하게 된다.

▷두발이 도효오 밖의 땅에 닿으면 지는 것으로 한다. 그러나 상대방을 넘어뜨리면서 순간적으로 먼저 머리가 땅에 닿았을 경우에는 패가 아니다.

▷도효오 밖에서는 아무리 높이 들어 올려도 이기지 않는다.

▷훈도시 앞의 늘어진 장식이 땅에 닿아도 패가 되지 않는다.

▷상대의 몸을 안거나 훈도시를 잡아당겨 함께 넘어지든가 또는 손이 먼저 닿아도 상대의 몸이 중심을 잃었을 때 즉, 몸이 늘어져 있을 때는 카바이테庇い手가 되어 패가 아니다.

▷몸의 기능 고장의 경우 이외에 경기 중에 심판 혹은 심판 위원의 지시 없이 경기를 스스로 중지할 수는 없다.

▷마에타테미츠(前立褌/허리띠의 음부를 가린 부분)가 벗겨져서 떨어진 경우는 패하게 된다.

▷승패가 결정이 안 나고 물을 마시고 쉬고 난 다음에 재 격돌시에 전과 다를 경우는 자신의 의견을 말할 수 있다.

36.4. 심판 규칙〈심팡 키소쿠審判規則〉·심판(교오지行司)

심판은 심판에 나설 때 규정의 복장(쇼오조쿠裝束, 히타타레直垂, 에보시烏帽子) 등을 착용하고 굼바이軍配를 사용한다.

幕下以下行司

十枚目行司

幕内行司

三役行司

📷 계급별 심판

▷두 씨름선수가 도효오에 올라오고 나서 경기를 마치고 도효오를 내려
 갈 때까지의 일체의 주도적인 입장이고 경기의 진행 및 승부의 판정을
 내린다.

▷승부의 판정에서는 어떤 경우에도 동서 어느 쪽이든 굼바이를 올리지
 않으면 안 된다.

▷경기를 원활하게 진행시키고 두 씨름선수가 공평하게 씨름을 시작할
 수 있도록 지도와 조언을 한다.

▷두 씨름선수의 손이 경계선(시키리생仕切り線)을 넘지 않도록 주의를 준다.

▷두 선수가 맞붙고 나서 노콧타殘った라는 구령을 붙여준다. 두 선수가
 대치만 하고 수를 쓰지 않을 때는 학키요이ハッキョイ라는 말로 싸우도
 록 한다.

▷심판위원에 의해서 제한시간이 알려질 때 명료하게 양 선수에게 전달
 하고 맞붙게 한다.

▷경기 중에 선수가 부상을 당했을 때 씨름선수의 움직임을 정지시키고
 부상정도를 심판위원과 합의한 다음에 경기중지를 발표한다.

▷경기가 오래가고 양선수의 피로가 인정될 때 심판위원의 동의를 얻어
 휴식을 취하게 할 수 있다. 휴식 취하기는 미즈이레水入れ라고 한다.

▷휴식을 취하고 나서 다시 시작할 때 선수, 심판위원의 이의가 없음을
 확인하고 나서 소리를 내어 경기를 개시시킨다.

▷휴식을 취하고 나서 그래도 승부가 가려지지 않을 때에는 심판위원의
 지시에 의해서 경기를 중지시킬 수가 있다.

▷경기 중 선수의 샅바가 느슨해졌을 때 경기를 중지시키고 다시 매게 할 수가 있다.

📷 경기전 의식 도효오 이리土俵入り

▷심판 역할 외에 도효오제土俵祭의 제주가 되기도 하고 도효오 이리 때에는 그 유도 역할을 하기도 한다. 도효오 이리土俵入り는 선수가 대전에 앞서 도효오에서 행하는 의식으로 1부 리그급의 마쿠우치幕内나 쥬우료오十両계급의 전선수가 케쇼오마와시(化粧回し/씨름선수가 전면에 아름다운 그림이나 무늬를 자수로 수놓은 앞치마)를 두르고 원형으로 정렬하는 것과, 요코즈나가 타치모치(太刀持/요코즈나가 입장할 때 큰 칼을

 교오지의 호출　　요비다시呼出　　교오지의 선언

차고 뒤에서 호위하는 선수)・츠유하라이(露払い/요코즈나가 입장할 때 앞에서 길을 트는 역할을 하는 선수. 요코즈나와 같은 방 소속의 마쿠우치 선수가 한다) 등을 거느리고 단독으로 행하는 것이 있는데 데즈이리手数入り라고 하며 치리쵸오즈塵手水・산당 가마에三段構・시코四股 등으로 이루어진다.

시라누이 가타不知火型와 운류우 가타雲龍型가 있다.

▷계급에 따라서 복장의 색깔이 바뀐다.

▷대기 심판(히카에 교오지控え行司)은 심판에게 사고가 있는 경우, 그 대행을 한다.

관련 키워드

▽치리쵸오즈塵手水 : 대전하기 전에 행하는 재계의식으로 토쿠 다와라德俵에서 웅크리고 앉아(송쿄蹲踞), 박수를 친 다음 양손을 좌우로 벌려 손바닥(타나고코로掌)을 위로 뒤집는 행위.

▽산당 가마에三段構 : 씨름의 최고위 역사 두 명이 도효오 위에서 기본자세를 연출하는 행위로, 가장 기본이 되는 죠오단노 카마에上段の構와 공격자세의 츄우단노 카마에中段の構, 수비자세의 게단노 카마에下段の構가 있다.

▽시라누이 가타不知火型 : 요코즈나가 도효오에 들어 설 때 양손을 좌우로 쫙 벌리는 형태이다. 이것은 적극적으로 공격하겠다는 의미를 나타내는 것이다. 허리에 두른 밧줄의 잔등이에는 두 개의 원이 매듭지어져 있다.

▽운류우 가타雲龍型 : 요코즈나가 도효오에 들어 설 때 완손 끝을 옆구리에 대고 오른손은 약간 비스듬히 앞으로 뻗는다. 이것은 공격과 수비를 동시에 나타내는 상징이다. 허리에 두른 밧줄의 잔등이에는 한 개의 원이 매듭지어져 있다.

 심판복장

▽굼바이軍配 : 심판이 도효오 위에서 승부의 판정을 명확하게 보여주기 위해서 사용하는 부채 형태의 용구. 재질은 느티나무, 떡갈나무 등이고 무게가 750g에서 1kg이다. 옻칠이 되어 있으며 양면에 가문이나 해와 달, 국화 등의 문양과 한시 등이 쓰여 있다. 원래는 전국 시대에 장수가 지휘하기 위하여 사용했던 것이 에도 시대에 들어와 심판이 사용하게 된

것이다. 옛날에는 〈스모오 우치와相撲団扇〉, 〈굼바이 우치와軍配団扇〉 등으로 불리었다. 한 때는 가운데가 잘록한 굼바이가 사용되기도 했는데 지금은 달걀형의 굼바이가 사용되고 있다. 씨름에서 승부가 나면 심판은 이긴 선수 쪽을 향해 굼바이를 쭉 뻗어 승자를 표시한다.

▽히타타레直垂 : 심판이 착용하는 옷이다. 이것은 원래 서민의 옷이었는데 카마쿠라 시대 이후에 무가에서 입었고 에도 시대에는 무사들의 예복이었다. 소재는 쥬우마이메 이상의 심판은 실크, 마쿠시타 이하는 면으로 되어 있다.

▽에보시烏帽子 : 심판이 쓰는 검은 색 두건이다.

36.5. 심판위원〈심팡이잉審判委員〉

▷다섯 명의 심판위원은 소정의 위치에서 씨름 승부의 판정에 가담한다.

▷도효오의 동, 서에 각 한 명씩 2명, 심판석에 2명, 정면에 한사람 앉고 그 가운데 동쪽 심판위원이 시계를 재는 담당자가 된다.

▷승부의 판정은 바르고 공정하게 결정할 책임이 있기 때문에 심판의 판정에 이의를 느꼈을 때 재빨리 〈이의가 있다〉고 의사 표시를 하고 협의에 들어간다.

▷자신이 잘 보이지 않는 위치에서 승부가 결정 났을 때는 협의를 기권할 수가 있다.

▷대기석 선수로부터 이의가 제기되었을 때 이것을 받아들여 협의하지 않으면 안 된다.

▷승부의 판정뿐만 아니라 도효오 위의 모든 경기 진행에 유의하여 씨름경기 규정에 위반하지 않도록 한다.

▷도효오에 출장 할 때에는 가문 문양이 들어간 복장과 흰 버선을 착용하지 않으면 안 된다.

▷휴식을 취한 다음에 다시 대진 할 때에는 만족할 때까지 심판에 주의를 기울이지 않으면 안 된다.

▷무승부라고 인정하지 않으면 안 될 승부에 대해서는 도효오 위에서 결정한다.

▷심판장은 이의에 대한 협의 때 최종적으로 결정한다.

36.6. 대기석 선수〈히카에 리키시控え力士〉

▷자신이 출전할 2번 전부터 소정의 선수석(도효오 다마리土俵溜)에 도착하지 않으면 안 된다. 도효오에 오른 선수에게 물을 준다.

▷휴식 때에도 물(치카라 미즈力水)을 주고 샅바를 고쳐 맬 때 조수가 된다.

▷승부 판정에 이의가 있을 때에는 이의를 제기할 수 있지만 결정권은 없다.

36.7. 금지기술 반칙〈킨지테 한소쿠禁手反則〉

스모오 경기에서 다음의 기술을 사용할 때는 반칙패가 된다.

▷주먹으로 때릴 때.

▷두발을 고의로 잡을 때.

▷눈 또는 명치(미즈오치水月) 등의 급소를 찌를 때.

▷양쪽 귀를 동시에 양손으로 잡아당기는 행위.

▷음부를 가리는 훈도시 부분인 마에타테미츠前立褌를 잡거나 또는 옆에서 손가락을 넣어서 당기는 행위.

▷목을 잡는 행위.

▷가슴이나 배를 차는 행위.

▷한 손가락 또는 두 손가락을 꺾는 행위.

36.8. 스모오 지식

36.8.1. 심판 이야기〈교오지 모노가타리行司物語〉

도효오에서 선수가 맞서면 심판은 여러 가지 기합소리를 외쳐댄다. 「준비!/카마에테構えて!」·「마주보고!/미아와세테見合わせて!」·「방심말고 마주봐!/유단나쿠 미앗테油断なく見合って!」·「아직 아직!/まだまだ!」 등으로 외치며 제한시간이 되면 「시간입니다!/時間です! 준비하고!/테오츠이테手をついて!」·「무르기 없다!/맛타나시待ったなし!」라며 목소리를 높이고 양 선수의 정신을 집중시킨다. 양 선수가 접전을 위해 일어남과 동시에 심판이 굼바이를 든다. 이 때 심판은 「학키요이ハッキョイ!」라고 기합을 넣는다. 「ハッキョイ」라는 말은 「発気揚揚」의 준 말로 〈기분을 높여서 활기차게 전력을 다해 승부하라!〉는 의미이다. 또한 「노콧타ノコッタ!」는 「남았다!」는 의미로 〈두 선수 모두 도효오에 남아있다, 승부는 아직 이루어지지 않았다〉라고 알려주는 것이다. 확실하게 접전을 벌이지 않으면 「학키요이ハッキョイ!」, 기술을 걸고 있는 경우에는 「노콧타ノコッタ!」라는 소리를 낸다.

요비다시의 선수 호출

36.8.2. 씨름의 계급

스모오에 입문하여 기본적인 기량을 인정받으면 최하급 선수인 리키시力士가 되는데 이 단계를 조노쿠치序の口라고 한다. 여기서 성적을 올리면 조니단序二段으로 승진하게 된다. 다음이 산담메三段目, 그리고 그 위가 마쿠시타幕下인데 이 계급까지는 월급이 없고 도효오에 소금도 뿌리지 않는다. 그리고 여기서 승진하면 쥬우료오十両로, 이 계급부터 월급이 있으며 말하자면 씨름계의 1부리그 소속이 되어 세키토리関取라는 경칭이 붙게 된다. 그 다음 계급이 마에가시라前頭이며 여기부터가 최상위로의 승진을 위한 발판을 마련하게 된다. 특히 상야쿠三役라고 불리는 코무스비小結, 세키와케関脇, 오오제키大関는 도효오에 오를 때 따로 의식을 하며 랭킹표라 할 수 있는 반즈케番付에 큰 이름으로 쓰이고 많은 인기를 끈다.

▷ 요코즈나〈橫綱〉

📷 도효오 이리士俵人り

요코즈나 타카노하나貴乃花

요코즈나 아케보노曙

원래 에도 시대에는 요코즈나라는 명칭은 없고 오오제키가 최고였다. 오오제키의 최강자를 요코즈나라고 부르게 된 것은 18세기 후반이었다. 초대 요코즈나는 「아카시 시가노스케明石志賀之助」라는 선수였으며 타카노 하나貴乃花는 65대 요코즈나였다. 요코즈나는 일종의 명예직으로 수입도 거기에 따라서 대폭 늘어난다. 1994년 11월 26일자 아사히朝日 신문에 소개된 타카노 하나의 경우는 월급이 210만 7,000엥, 출전수당이 20만엥, 계산해보면 연봉이 2,600만엥이 되고 그리고 대전에 거는 현상금 후원회로부터의 격려금과 우승했을 때의 여러 축의금 등을 합하면 엄청남 액수가 된다. 요코즈나는 말 그대로 천하의 요코즈나이지만 반면 엄격한 자리이기도 하다. 다른 씨름선수와는 달리, 병이나 부상으로 결장했을 경우 일반 씨름선수는 마케코시(負越し/15전을 싸워 패가 많은 경우)가 되어 씨름계급이 강등되지만 요코즈나는 성적에 영향을 받지 않는다. 그러나 휴장이 많아지거나 요코즈나로서 불명예스러운 성적이 계속될 경우에는 아무리 어려도 은퇴하지 않으면 안 된다. 요코즈나의 명예와 권위에 누가 되지 않도록 하기 위함이다. 요코즈나에게는 은퇴 후 씨름선수의 그 이름으로 토시요리(年寄/씨름협회에 등록되어 각종 이사직을 맡고 제자를 키운다)의 자격이 주어진다.

요코즈나는 최고위로 랭킹표의 가장 높은 자리에 위치한다. 현재 요코즈나로의 승진은 오오제키로 두 번 연속 우승하든가 거기에 준하는 성적을 올리고 씨름선수로서의 품격, 역량이 발군이라고 평가

되는 경우에 홈바쇼 종료 후 3일 이내에 개최되는 랭킹표 편성위원회에서 준거되어 이사회에서 만장일치의 찬성을 거쳐 결정된다. 또한 그 사이에 씨름 마지막 날부터 랭킹편성회의 전까지 개최되는 요코즈나 심의위원회에 자문을 구해서 위원회의 2/3이상의 찬성을 얻지 않으면 안 된다.

36.8.3. 씨름의 역사

요코즈나 치요노 후지千代の富士

씨름은 단순한 힘겨루기(치카라 쿠라베カ比べ)나 오락이 아니고 원래 농업의 길흉을 점치고 신의 생각을 헤아리는 제사용(카미고토・신지神事)스모오였다. 그리고 이것이 나라 시대(奈良時代710~784)가 되면 궁정의 중요한 의식으로 발전한다. 천황이 전국에서 스모오 선수를 차출하도록 칙령을 내리고 칠월칠석 마츠리의 여흥으로 천황 앞에서 씨름을 하게 했다. 이 여흥 씨름이 헤에안 시대(平安時代794~1192)에는 점점 성대하게 되어 궁정의식에 씨름연회(스마이노 세치에相撲の節会)라는 독립된 행사가 된다. 헤에안 시대 400년 동안에 신사씨름에서 호화찬란한 씨름연회의 국가적 행사로 바뀌었다. 카마쿠라 시대(鎌倉時代1192~1333)에서 무로마치 시대(室町時代1336~1573)시대에 걸쳐서는 그 때까지 지배계급이 유지해온 의식 중심의 스모오는 지양되어 무로마치 후기에는 쿄오토京都 후시미伏見에 반半직업적인 스모오 집단이 생겨나 지방을 순회하면서 씨름을 했다. 이것은 나중에 기부모금 씨름(칸진 즈모오勧進相撲)의 원조가 된다. 칸진이란 진쟈神社・불각仏閣의 건립・수리 등을 할 때 기부를 받는 행위이다. 칸진 즈모오는 원래는 진쟈의 경내에서 기부를 받기 위해서 행해졌지만 나중에는 칸징의 본래의 의미는 상실되고 영리의 목적으로 행하게 되었다. 이 기부 모금 씨름은 에도 시대 후기인 18세기 중엽에 직업 씨름으로서 조직이 완비되었다. 1791년에는 에도성에서 쇼오궁將軍 토쿠가와 이에나리德川家斉가 직접 보는 죠오란 즈모오上覧相撲가 행해지면서 유례없는 번영을 구가한다. 이때는 1월부터 4월 사이에 행해지는 봄 경기(하루 바쇼春場所), 10월부터 11월에 행해지는 겨울 경기(후유 바쇼冬場所) 등 연 2회 열렸다. 그리고 한 경기(히토 바쇼一場所)당 10일씩 열렸으므로 씨름 선수(스모오 토리相撲取)는 「일년을 20일로 사는 편한 남자一年を二十日で暮すいい男」라는 말을 들었다. 이 씨름은 메에지 이후 여러 번의 우여곡절을 겪긴 했지만 스모오의 인기는 여전히 계속되었다.

36.8.4. 스모오〈相撲〉 홈바쇼〈本場所〉

📷 국기관国技館 · 東京

현재 큰 씨름(오오 스모오大相撲)는 재단법인「일본 씨름협회(니혼 스모오 쿄오카이日本相撲協会)」가 운영하고 있고 1년 홀수 달에 6경기場所가 열리며 명칭과 흥행 장소는 다음과 같다. 스모오는 흥행하는 곳과 기간을「바쇼場所」라고 한다. 한 바쇼에 15일간씩 행해진다.

▽ 1월 경기〈이치가츠 바쇼/一月場所〉　 　: 하츠 바쇼初場所/토오쿄오東京
▽ 3월 경기〈상가츠 바쇼 /三月場所〉　 　: 하루 바쇼春場所/오오사카大阪
▽ 5월 경기〈고가츠 바쇼/五月場所〉　 　 : 나츠 바쇼夏場所/ 토오쿄오東京
▽ 7월 경기〈시치가츠 바쇼/七月場所〉　 : 나고야 바쇼名古屋場所/나고야名古屋
▽ 9월 경기〈쿠가츠 바쇼/九月場所〉　 　 : 아키 바쇼秋場所/토오쿄오東京
▽11월 경기〈쥬우이치가츠 바쇼/十一月場所〉 : 큐우슈우 바쇼九州場所/후쿠오카福岡

36.8.5. 씨름선수〈리키시力士〉

씨름선수가 되기 위해서는 의무교육을 수료한 건강한 남자로 키 173cm이상, 체중 75kg이상의 체격에 보통 사람은 23세미만, 일본 스모오협회가 지정한 사회인이라든가 대학의 아마추어 대회에서 일정의 성적을 남긴 사람에 대해서는 만 20세에서 25세 미만까지 허용된다. 소속하고 싶은 방의 스승이 되는 토시요리(年寄/스모오에서 흥행에 참가하는 사람이며 일본스모오협회 평의원으로 선수나 심판이 은퇴한 후 주식을 사서 토시요리라는 이름을 잇는 풍습이 있다), 혹은 오야카타親方를 통해서 씨름협회에 규정된 필요한 서류를 첨부해서 선수 검사 신고서를 제출한다. 또한 씨름협회가 지정한 의사의 건강진단 및 신제자 검사에 합격하면 등록이 되어 비로소 선수로서 인정받는다. 스모오 교습소는 햇병아리 선수가 공부하는 곳으로 1957년 국기관 내에 개설되었다. 신제자 검사에 합격한 신제자는 본무대인 도효오에 오름과 동시에 스모오 교습생으로서 6개월간 교육을 받는다. 그곳에서는 기본동작, 실기의 습득, 체력을 기르고 기력을 충실히 하는 방법을 배운다. 실기는 오야카타와 마쿠시타幕下급의 씨름선수가 담당한다. 그리고 교양강좌는 스모오의 역사, 운동의학, 스포츠 생리학, 일반사회, 국어(서예), 시 낭송 (시깅詩吟) 등 매일 한 과목씩을 수강한다. 강사는 대학교수 등 각계의 전문가가 담당한다.

신제자의 첫 출전은 씨름 2일 째 이후에 행해지는 오픈게임 형식의 마에 즈모오前相撲로 치러진다. 3승 이상을 올리면 출세라고 해서 「슛세 히로오出世披露」를 열어 준다. 이것은 본 씨름 산담메三段目 대진 후반에 행해진다.

36.8.6. 오야카타〈親方〉

봉건적인 주종관계에서 케라이家来, 호오코오닝奉公人, 쇼쿠닝職人, 데시弟子 등을 지배·보호하고 또는 기능을 지도하는 사람. 중세 유럽의 길드조직에서 보인다. 분가(봉케分家)에서 보면 본가(홍케本家) 의 주인을 나타낸다. 유명한 씨름선수가 은퇴 후, 오야카타가 되기 위해서는 토시요리 카부年寄株라는 주식을 취득하지 않으면 안되는데 이것을 취득하면 재단법인 일본씨름협회에 소속하게 되고 급여를 받고 운영에도 참가할 수가 있다. 2001년 8월 현재, 주식을 소유한 사람은 총 103명이고 그 가운데 1대 토시요리 1명, 준 토시요리 2명, 주식의 매매 값은 자그마치 1억 6천만엥 에서 1억 8천만엥에 이른다고 한다.

📷 선수 이름이 쓰여진 깃발〈노보리幟〉

36.8.7. 세키토리〈関取〉

쥬우료오十両이상 선수의 경칭.

36.8.8. 씨름 랭킹〈스모오 반즈케相撲番付〉

스모 랭킹番付은 선수의 성적에 따라서 주어지는 지위이다. 오른쪽을 「東」, 왼쪽을 「西」로 한다. 반즈케의 최고위는 요코즈나横綱이다. 그리고 그 아래가 오오제키大関·세키와케関脇·코무스비小結· 마에가시라前頭로 계속된다. 여기까지를 「마쿠우치幕内」라고 부른다. 마쿠우치 아래에 쥬우료오十 両·마쿠시타幕下·산담메三段目·죠니단序二段·죠노쿠치序の口로 계속된다. 씨름선수는 보통 죠노쿠 치부터 시작하여 각고의 노력으로 출세를 지향한다. 쥬우료오十両이상의 선수는 씨름이 열리는 한

씨름(히토바쇼一場所)마다 15번 씨름을 하고 8승 이상이 되면 「카치코시勝ち越し」가 되어 지위가 오른다. 거꾸로 8패 이상이 되면 「마케코시負け越し」가 되어 지위가 내려간다. 지위가 내려가면 당연히 급료도 떨어진다. 마쿠시타幕下이하의 씨름선수는 한 씨름一場所당 7번의 씨름을 하고 4승이 경계가 된다. 마쿠시타 이하의 선수는 우선 쥬우료오十兩를 향해서 뛴다. 쥬우료오가 되면 급료가 지급되고 「세키토리關取」로서 당당한 선수가 되기 때문이다. 마쿠시타 이하의 씨름선수는 자신이 소속한 방(헤야部屋)의 감독인 오야카타親方의 지도와 교육 하에 훈련(케에코稽古)에 힘쓴다. 그들에게는 급료가 없다. 그들의 생활은 방이 책임진다. 그리고 마쿠우치·쥬우료오 등 각 등급에서 최고의 성적을 올린 선수가 우승을 하게 된다.

🎥 계급별 랭킹/반즈케番付

36.8.9. 유미토리시키〈弓取式〉

그 날의 마지막 씨름이 끝나고 활을 잡기로 되어 있는 씨름선수가 심판으로부터 활을 받아 지정된 연기로 활을 흔드는 의식이다. 보통은 마쿠시타 급의 선수가 행한다. 여기에는 엄격한 의식이 있으며 잘못하여 활을 떨어뜨리면 손으로 집어서는 안 된다. 이 의식은 원래 승리한 선수를 대신해서 행하는 것이기 때문에 도효오에는 절대 손을 대지 않고 떨어진 활은 발등에 얹어서 튀어 올려 손으로 잡는다. 또한 도효오 밖으로 활을 던져버린 경우에는 요비다시가 주어 도효오에 놓고 선수는 발로 튀어 올려 유미토리 의식을 계속한다.

📷 유미토리시키弓取式

36.8.10. 별〈호시星〉

승부의 총칭. 승리는 시로보시白星라고 해서 경기 성적표(호시토리 효오星取表)에 ○표가 표시되고 패하면 쿠로보시黑星라고 해서 ●표가 표시된다. 그리고 킴보시金星라고 해서 히라마쿠平幕급의 선수가 요코즈나橫綱를 물리친 경우를 특히 일컫는다.

15전 중에서 8승 이상을 올리면 카치코시勝越し가 되고 8패 이상이면 마케코시負け越し가 된다. 씨름계에서는 별이 여성, 혹은 연인을 나타낸다.

36.8.11. 승리의 수상 동작〈테가타나오 키르手刀を切る〉

씨름선수가 승리했다는 소리를 들으면서 손으로 다섯 손가락을 쭉 펴고 칼 모양을 지으면서 한쪽 손을 굼바이 앞에서 좌우로 흔드는 동작. 굼바이를 향해 왼쪽이 카미 무스비노 카미神産巢日神, 오른쪽이 타카미 무스비노 카미高御産巢日神, 가운데가 아마노미 나카무시노 카미天御中主神 등의 5곡을 지키는 3신에게 감사의 예의를 표하는 것이다. 이것은 1966년 7월 경기부터 정식으로 스모오의 규칙으로 실시되기 시작하였다.

 승부조작〈야오쵸오八百長〉

에도막부 말기부터 메이지 초기에 야채상(야오야八百屋)인 쵸오헤에長兵衛라는 스모오의 광적인 팬이 오야카타와 친하게 지내며 토시요리年寄인 이세노우미 고다유우伊勢ノ海五太夫에게 바둑을 두어 고의로 패해준 사건이 있었는데 이때부터 승부조작을 야오쵸오八百長라고 부르게 되었다고 한다. 그러나 여기에는 여러 가지 설이 있고 이름이 쵸오헤에가 아니고 쵸오조오長造였다든가, 바둑이 아니고 자신이 하나 스모오에 뛰어들어 친척들이 지켜보는 가운데에 이겨 보이기 위해서 수를 썼다고 하는 설도 있다. 하지만 어느 것이나 모두 설에 그치고 있다.

1980년 5월에는 정식으로 승부조작의 문제가 제기된다. 동기는 그 전해에 가을 씨름에서 7승7패로 마지막 날을 맞이한 여섯 명의 씨름선수 전원이 이겨 승리가 많은 카치코시勝越し를 이루어낸 진기한 현상에 의문을 품었기 때문이다.

실명 고발은, 전 쥬우료오十両 출신인 시키노 하나四季の花의 승부조작 박멸 캠페인으로 시작 된 이래, 2001년 1월 일본 주재 외국특파원 협회에서 고발 회견을 가져 국내외를 깜짝 놀라게 한 전 코무스비小結 이타이板井에 의한 충격 캠페인에까지 계속되며 〈나카봉中盆〉이라고 불리는 승부조작을 주선하는 중개인들의 체험 고백을 중심으로 한 주간 포스트라는 잡지의 관련기사는 총 440회의 1,500여건에 이른다. 이 연재는 큰 반향을 일으키는데 1996년 4월 14일에는 이 연재 도중에 중요한 증언자였던 전 오야카타 오오나루토大鳴戸가 급사한다. 같은 날 같은 병원에서 또 다른 증언자이면서 씨름 후원자였던 하시모토 세에이치로오橋本成一郎도 급사한다. 그것도 병명이 같은 폐렴이었다. 우연치고는 기막힌 우연이었다. 이들은 캠페인의 일환으로 계획된 강연을 일주일 정도 남기고 있었다. 두 사람의 돌연사로부터 1개월 후 일본씨름협회는 연재기사의 일부를 명예훼손으로 고발했다. 1998년 3월 26일 토오쿄오 지검은 주간 포스트에 대한 불기소 처분을 내렸다. 그러나 의혹은 하나도 해결이 안 되고 미스테리로 남은 채 미봉되고 말았다.

36.8.12. 흥행 마지막 날〈센슈우라쿠千秋楽〉

스모오 흥행의 마지막 날을 일컫는다. 우승 선수에게 상을 수여하는 등의 행사가 행해진다.

라쿠비楽日, 혹은 라쿠楽라고 약칭하기도 한다. 일반적으로 연극에서도 이 말을 쓴다. 에도 씨름에서는 마지막 날에는 마쿠우치 선수는 출전하지 않고 거의 마쿠시타 선수만이 출장했었다. 따라서 이 날은 보통날의 1/4 수준의 관객밖에 모이지 않았다고 한다. 1887년에는 5월 경기에서부터 오오제키 이하 모든 선수가 출장하기로 발표되었지만 제대로 실행되지 않았고 본격적으로 요코즈나 이하의 모든 선수가 참여한 것은 1909년부터라고 한다.

이것은 법회法会 등의 마지막 날에 센슈우라쿠를 연주했기 때문에 이런 이름이 붙었다고 한다. 씨름은 요세다이코寄世太鼓라는 북을 쳐서 선수를 불러 모으고 씨름 종료도 역시 북소리로 알린다.

36.8.14. 씨름의 승부기술

▽요리 키리寄り切り : 상대에게 몸을 밀어붙여 상대의 발이 도효오 밖으로 나가게 하는 기술.

▽오시 다시押し出し : 손으로 상대방을 도효오 밖으로 밀어내서 이기는 기술.

▽하타키 코미叩き込み : 상대의 나오는 기세를 이용해서 목이나 어깨를 쳐서 앞으로 넘어뜨리는 기술.

▽카타 스카시肩透かし : 맞잡은 손을 급히 놓고 상대의 힘을 딴 데로 돌린 후, 한쪽 팔을 걸어 몸을 휙 빼면서 상대의 어깨를 잡아당겨 넘어뜨리는 수.

▽이 조리居反 : 몸을 웅크려 공격해오는 상대방의 가랑이 속으로 머리를 박고 상대방 무릎을 잡아 몸을 뒤로 젖히며 넘기는 기술.

▽츠키 다시突き出し : 손바닥으로 상대의 가슴을 힘차게 밀어서 씨름판 밖으로 떼미는 기술.

▽츠키 오토시突き落し : 상대방이 내민 팔을 껴안듯이 하고 양손으로 상대의 몸을 비틀면서 옆에서 아래로 밀어서 쓰러뜨리는 기술.

▽마키 오토시巻落とし : 상대방의 겨드랑이에 손을 넣고 껴안듯이 몸을 열면서 비틀어 넘어뜨리는 기술.

大相撲
相撲のきまり手

여러가지 승부수

▽소토 무소오外無双 : 상대방 허벅다리에 한쪽 손을 대고 넘어뜨리는 수법으로 허벅지의 바깥쪽에 손을 걸어 메어치기 ↔ 우치무소오内無双 : 허벅지의 안쪽에 손을 걸어 메어치기

▽톳타리 : 두 손으로 상대방의 한쪽 팔을 잡아채서 넘기는 기술.

▽아미 우치網打ち : 상대방의 팔을 잡고 뒤로 젖혀 넘어뜨리는 기술.

▽히키 오토시引き落とし : 상대의 손끝이나 팔을 잡고 몸을 앞으로 당겨, 쓰러뜨리는 기술.

▽츠리 다시釣り出し : 상대의 샅바를 들어서 도효오 밖으로 밀어내는 기술.

▽우와테 나게上手投げ : 상대방이 내민 팔위로 상대방 샅바를 잡아 번쩍 들어던지는 기술.

▽우와테 히네리上手捻り : 상대방이 내민 팔위로 상대방 샅바를 잡고 비틀어서 넘기는 기술.

▽우와테 다시나게上手出し投げ : 상대 팔위로 잡은 샅바를 당겨 질질 끌 듯 쓰러뜨리는 기술.

▽시타테 나게下手投げ : 상대방 팔 밑으로 손을 찔러 넣어 샅바를 잡고 들어 던지는 기술.

▽시타테 히네리下手捻り : 상대방 팔 밑으로 손을 넣어 샅바를 잡고 비틀어서 넘기는 기술.

▽스쿠이 나게掬い投げ : 샅바를 안 잡고 겨드랑이에 손을 넣어 움켜 올리듯 넘어뜨리는 기술.

▽쿠비 나게首投げ : 상대방 목에 팔로 감고 허리로 들어서 던지는 기술.

▽코테 나게小手投げ : 샅바를 잡은 상대 손을 위에서 휘감아 잡고 집어던지는 기술.

▽야구라 (나게)櫓(投げ) : 상대방의 사타구니에 자기의 한 쪽 넓적다리를 넣어 몸을 번쩍 들어서 던지는 기술.

▽카케 나게掛け投げ : 발을 상대 발 안쪽에 걸고 그 발을 올려 상대방을 넘기는 기술.

▽웃챠리 : 도효오 가장자리까지 밀린 선수가 역습으로 상대방을 도효오 밖으로 내동댕이치는 기술.

▽오쿠리 다시送り出し : 상대방의 뒤로 돌아 상대를 도효오 밖으로 밀어내는 기술.

▽사바 오리鯖折り : 양손으로 상대의 샅바를 끌어 당겨 턱을 상대의 어깨에 대고 상체와 체중을 이용하여 확 끌어당겨 앞으로 넘어지게 하는 기술.

▽우치 가케内掛け : 상대방의 몸에 자기 몸을 맡기듯이 밀고 가다가 다리를 상대방 다리 안쪽에 넣어 걸어서 넘어뜨리는 기술. 안다리 걸기.

▽소토 가케外掛け : 상대방의 다리의 바깥쪽으로 다리를 걸어 넘어뜨리는 기술.

▽키리 카에시切り返し : 상대방의 무릎바깥쪽에 자신의 무릎안쪽을 대고 뒤로 넘기는 기술.

▽케타 구리蹴手繰り : 상대방 다리를 차는 동시에 그 몸을 끌어당겨 넘어뜨리는 수.

▽와타시 코미渡し込み : 상대의 한쪽 다리를 바깥쪽에서 감싸듯 하면서 한 손으로 상대의 상체를 밀어 넘기는 기술.

▽니쵸오나게二丁投げ : 자신의 다리를 상대편의 반대쪽 다리 바깥쪽 무릎에 대고 밀어 올려 넘기는 기술.

▽니마이 게리二枚蹴り : 상대방 겨드랑이 밑으로 뻗어 샅바를 잡은 쪽의 발바닥으로 상대의 복숭아뼈를 발로 차며 샅바로 비틀 듯이 하며 상대를 넘기는 기술.

▽아시 도리足取り : 상대방의 발을 잡아 쓰러뜨리는 기술. 일명 싯슨 조리라고도 한다.

유도〈쥬우도오柔道〉 part. 37

유도〈쥬우도오柔道〉는 1882년 카노오 지고로오嘉納治五郎가 코오도오캉講道館유도를 창시한 것에서 유래되었다. 전통으로 내려오던 유술柔術에 정신수양 요소를 가미하여 도道로 승격시킨 것이다. 국제유도연맹 제1조에 〈국제유도연맹은 카노오 지고로오에 의해 창설된 것을 유도로 인정한다〉라고 명기되어 있을 정도이다. 유술은 상고 시대에는 힘겨루기, 즉 씨름相撲이었고 무사들의 대두와 함께 실전에 도움이 되는 대련 겨루기의 기예가 매우 존중되었다. 전국 시대가 되자, 농민을 하급무사인 아시가루足輕로 편입시키게 되고 이 때 필요한 것이 무술 교육이었다. 무술의 스승은 본인이 무예에 뛰어나는 것만으로는 부족하고 가능한 한 빨리 당당한 무사가 되도록 도와주는 기술이 필요했다. 이를 반영하여 교수 내용이 점차로 정리되어갔으며 여러 유파도 생겨났다. 메에지 유신으로 전통적인 유술이 괴멸적인 피해를 입었지만 유술에는 카노오 지고로오가 있었다. 어렸을 적부터 신체가 약했던 그는 튼튼해지려고 유술을 익혔다. 동경대 재학 중에 굳히기(카

📷 2003 세계 유도선수권 포스터

타메 와자固め技)와 찌르기(아테 와자当て技)가 뛰어난 〈텐진싱요오류우天神真楊流〉, 던지기(나게 와자投げ技)가 뛰어난 〈키토오류우起倒流〉파를 집중해서 배우며 다른 유파에 대한 연구를 거듭해, 〈카노오류우嘉納流〉라는 유술로 발전시켜 나갔다. 그는 대학 졸업 후 하숙하고 있던 절의 서원에 사숙을 열었고 1882년에는 절의 경내에 도장을 건설하여 단순히 무술을 가르치는 것이 아니라 인간의 길을 가르친다는 의미로 코오도오캉講道館이라는 이름을 붙였다. 1888년에는 경시청 무도 대회에 참가하여 경시청 세를 압도하고 우승함으로써 명성을 날렸다.

1915년에는 〈유도는 심신의 힘을 가장 유효하게 사용하는 도이다〉라는 유도 최종목표를 완성했다. 유도를 장려하기 위해 그가 창안한 것이 띠의 색깔이었다. 당시로는 획기적인 조치로 초보자는 흰 띠, 초단 이상은 검은 띠로 일목요연하게 분류했다.

그는 해외의 보급에도 적극적으로 노력하였다. 당시에는 시합장의 크기도 정해진 바가 없었고 시합시간의 제한도 없었다. 규정이 생긴 것은 쇼오와昭和시대인 1925년 이후이다. 처음에는 승패를 결정하는 스포츠라기보다 정신수양 쪽에 무게가 있었던 셈이다. 유술은 공격의 방법과 방어의 방법에 의해, 그리고 유파에 의해, 다양한 기술의 이름이 붙여졌는데 코오도오캉講道館 유도에서는 〈던지기〉·〈굳히기〉·〈급소 찌르기〉 등이 있다.

1964년 동경 올림픽에서 올림픽 정식종목으로 채택되었다. 그 때 무제한급에서는 네덜란드 선수가 우승하여 일본 유도계를 경악시켰다. 1984년 LA올림픽 이후부터는 무제한급이 없어지고 8체급이 되었으며 1992년 바르셀로나 올림픽에서는 여자종목이 채택되기 시작했다.

승부판정은 다음과 같다.

▽ 한판〈잇퐁一本〉 : 상대방에게 기술을 걸어 넘어뜨리거나 상대방의 기술을 피해 상대방을 넘어뜨렸을 때, 굳히기 기술에서는 상대방의 항복(마잇다参った)을 받아 내거나, 기술을 당하는 상대방이 마루를 두 번 두드리거나 30초 이상 누르기 기술이 계속 되었을 때 내리는 판정이다.

▽ 절반〈와자 아리技あり〉 : 쓰러뜨리기 기술과 누르기 기술이 조금 더 지속되면 한판 승부가 될 때 내리는 판정이다. 이 같은 기술이 두 번 반복되면 한판이 된다. 누르기 기술은 20초 이상 계속되었을 때 내리는 판정이다.

▽ 유효〈유우코오有効〉 : 한판, 절반 등에는 못 미치지만 쓰러뜨리기(나게 와자投げ技)・찌르기(突き技츠키와자)・차기(케리 와자蹴り技)・때리기(우치 와자打ち技) 등 기술의 호칭이다.

▽ 효과〈코오카効果〉 : 유효보다 낮은 기술로 엉덩방아 정도의 기술과 누르기의 10초 이상, 15초미만의 경우에 판정하는 기술. 한편 소극적인 공격일 때는 지도를 받는다. 지도를 받으면 상대방이 효과 점수를 딴 것과 동일하게 취급한다.

공수도〈카라테도오空手道〉 part.38

호신술로 오키나와沖縄에서 특히 발달한 카라테는 처음에는 카라테唐手라 썼으며 기술 가운데 중국명이 많은 걸로 보아 소림사 권법을 비롯해 중국 권법의 영향을 강하게 받은 것으로 보인다. 14세기 중엽에 중국의 명나라 시대 무렵에는 당수 권법으로 대성되었다.

1429년에 류우큐우(琉球/오키나와의 옛 이름)왕국은 쇼오하시尚巴志에 의해서 통일되고 3대 쇼오싱왕尚真王은 등극하자마자 안지按司라고 부르는 제후들의 칼 수거령을 내린다. 그리고 모든 제후들을 당시의 수도였던 슈리首里에 살게 한다. 탄압이 토쿠가와 막부의 상킹코오타이参勤交代보다 훨씬 철저했다. 그러던 중 1607년에는 사츠마薩摩・시마즈島津 두 항의 침략이 있었다. 무기의 휴대는 물론 일체의 무기 수입이 금지되어 있던 오키나와 주민이 자신의 몸을 보호하는 유일한 방법은 중국으로부터 받아들인 카라테였다.

📷 카라테 교범

본토에 선을 보인 것은 1922년 당시 오키나와 상무회 회장이었던 후나코시 기칭船越義珍이라는 사람이 문부성 주최 체육전람회에 초대되어 연무演武해서 보여준 것이 계기가 된다. 이어 각 대학의 서클 활동으로 확산되었으며 그 뒤, 카라테唐手라는 글자를 선禅의 이념에 근거해서 카라空라는 글자로 바꾸고 〈도道〉자를 더해 공수도(카라테도오空手道)가 되었다.

2차 대전 패전 후에는 한 때 쇠퇴했었는데 점령군 사령부인 GHQ와 문부성에 의해 스포츠로 부활되어 1964년에는 각 유파가 통합된 〈전일본공수도연맹〉이 결성되었다.

공수도의 최대 특징은 스피드이다. 최단시간 내에 최대한의 힘을 집중시키는 것, 바로 이것을 키메極め라고 한다. 또한 찌르기와 차기는 타이밍을 중요하게 여긴다. 그리고 손목과 손끝, 팔, 팔꿈치, 발가락 끝, 발바닥, 무릎, 이마, 뒷머리, 엉덩이 등 전신이 무기가 되도록 단련한다. 그것 때문에 고안해낸 독습법이 형(카타치型)으로 사방팔방에 복수의 적을 상정해서 수비기술, 공격기술을 합리적으로 조합해서 만든다. 일격필살의 기술인만큼 시합의 경우에서도 상대방의 머리, 얼굴, 목, 가슴, 배 등, 결정된 부위에 손을 대기 직전에 멈추며 이것을 슨토메寸止め라고 한다. 두 선수가 동시에 형을 연기하고 심판의 채점으로 판정하는 시합도 있다.

합기도 〈아이키도오合気道〉 part.39

거의 순간적으로 기술이 걸려, 누르지도 않았는데 상대방이 꼼짝 못하는 것을 보면 짜고 하는 것(나레아이なれ合い)이 아닐까 하는 것이 합기도의 특징이다. 초보자보다 다른 무술을 익힌 사람들에게 기술을 걸기가 쉽다든가, 공격해오는 상대방의 힘을 역이용하여 공격하는 것이 합기도의 요체이다. 원래 시초는 고무도古武道・유술柔術・궁마弓馬의 달인으로 알려진 미나모토 노 요시미츠源義光를 시조로 하고 무로마치 시대 카이甲斐의 타케다 가문武田家이 아이즈会津로 이주하면서 대대로 그 곳에 전해져 왔다. 요시미츠가 살고 있던 다이토오칸大東館에서 따온 이름이 바로 다이토오류우大東流이다. 우에시바 모리헤에植芝盛平가 1922년에 데구치 오니사부로오出口王仁三郎의 오오모토쿄오大本教의 교의 등을 받아들여 〈아이키 부도오合気武道〉라고 이름지었다. 나중에는 〈합기도〉라는 이름으로 바뀐다. 여기서 〈아이合〉라는 말은 서로 기세나 박자가 맞는다는 의미이고 〈기気〉는 한 순간의 타이밍을 말한다.

히로시마 대학 합기도부

기술은 유도의 관절기술, 급소기술이 중심이다. 누르는 기술도 있지만, 쓰러뜨리고, 던지고 하는 것도 상대방의 손목이나 팔 관절의 약점을 이용하는 것이다. 그리고 이것은 공격해오는 상대방을 막는 호신술이 기본이지만 주먹뿐만 아니라 칼, 창, 봉 등을 이용하여 공격에 대비할 수가 있어서 살상력도 물론 있다.

메에지 시대가 되어 관절 기술 12가지, 급소 치기 기술 5가지가 제정, 확립되어 경기의 체제가 성립되게 된다. 이 합기도를 세계에 알리게 된 계기는 미국 배우 스티븐 시걸인데 그의 영화를 보고 합기도를 배우겠다는 미국인이나 유럽인이 줄을 섰다고 한다.

검도〈켄도오劍道〉 part.40

📷 검도劍道

문헌에 처음으로 등장한 것은 『니혼쇼키日本書紀』인데 그 속에 타치카키擊刀·多知加佐·타치우치多知宇知 등의 표현이 나오고 나라奈良 시대에는 타치우치擊刀·擊劍라는 표현이 등장한다. 헤에안平安 시대에는 무사가 등장하면서 타치우치太刀打라고 읽는 표현이 나타난다. 무로마치室町 시대 말부터 전국 시대에는 병법(효오호오兵法), 에도 시대에는 검술(켄쥬츠劍術)이란 표현이 가장 많았고 〈검법劍法·도법刀法·검기劍技〉란 말이 등장한다. 메에지 시대에는 격검(겍켕擊劍)이란 말이 나타나고 타이쇼오大正 시대에 들어서야 켄도오劍道라는 말이 등장하게 된다. 1926년에는 처음으로 공식문서인 〈학교체조 교수요목〉에 등장한다. 그 이후로 검도라는 말만 사용하게 된다.

칼이 고분 시대에도 출토되지만 당시에는 무기라기보다 권력이나 명예의 상징이었다. 헤에안 시대 말기부터 카마쿠라 시대에 걸쳐 무사계급의 대두와 함께 부러지거나 구부러지지 않고 날이 잘 선 검 제작의 기술이 눈부시게 발전하는데 그와 발맞추어 칼 다루는 기법도 발전한다. 그리고 무로마치 시대 중반에는 총포가 전래되고 말을 타고 화살을 쏘는 스타일에서 전법이 완전히 바뀌며 칼을 무기로 하는 도보전徒步戰과 창과 철포를 주로 하는 집단전集團戰이 중심을 이룬다. 이에 따라 검술의 명인 천재가 등장하여 비법으로 제자에게 전하는 소위 명 유파도 등장하게 된다. 이이자사 쵸오사이飯篠長威斎의 텐신신토오류우天真神道流, 아이스 이코오愛州移香의 카게류우陰流, 나카죠오 효오고노스케中条兵庫助의 나카죠오노류우中条流 등의 3유파가 그 선봉이었다.

전국 시대 말기에 걸쳐서는 각각 유파를 이어받는 사람들이 하나의 유파를 확립해나간다.

츠카하라 보쿠뎅塚原卜伝의 카시마신토오류우鹿島新当流, 야규우 타지마노카미 무네요시柳生但馬守宗嚴의 싱카게류우新陰流, 이토오 잇토오사이伊藤一刀斎의 잇토오류우一刀流 등을 비롯해 수 없이 많은 유파가 등장한다. 그리고 당시의 유파는 실전적인 것이어서 검 외에 창이나 봉, 유술 등 다양한 무술을 포함하고 있었기 때문에 검도는 소위 무예 18반(부게에 쥬우합팡武芸十八般)의 필두였다.

에도 시대에 들어서자, 유학이나 선禪사상을 도입하여 검의 수양에 정신적인 수양의 의미를 포함시켰다. 특히 야규우 무네노리柳生宗矩의 『병법 가전서/효오호오 카덴쇼오法家伝書』나 미야모토 무사시宮本武蔵의 『오륜서/고린쇼오五輪書』 등의 이론서는 현재 검도에도 상당한 영향을 끼치고 있다.

평화 시대가 도래하자 각 유파는 다른 유파와 시합을 금지하는 등 보수화가 두드러졌다.

18세기 후반에 등장한 지키싱카게류우直心影流, 신토오무넨류우神道無念流와 같은 유파는 죽도 등으로 연습하며 기술을 연마해갔다. 메에지 유신으로 무사들은 모두 실업자로 전락하고 1876년에는 칼 수거령(하이토오레에廢刀令)으로 정체성 상실의 위기에 직면하게 된다.

청일 전쟁 때는 국가주의적인 경향이 대두하여 쿄오토에 일본 무덕회(니홈 부토쿠카이日本武德会)가 설립되어 무술의 부흥과 보급에 힘썼다. 또한 유파의 통일이 이루어져 검술은 유술과 함께 크게 융성하기 시작했다. 호칭은 유술이 코오도오칸의 유도로 거듭난 것을 참고로 1899년에 무술 부흥을 위해 설립한 일본 무덕회가 에도 시대 이래의 검술이나 격검을 학교 체육에 채용할 수 있도록 훈련법을 개정하고 일본혼(검도는 신의 가르침의 길이며 일본정신을 연마하는 기술이라는 타마노 사부로오의 노래가 있음) 등의 주입을 통한 전신수행으로 하기 위해 1919년쯤 검도로 부른 기록이 남아 있다.

이어 1931년에는 중학교의 필수과목으로 등장하게 되고 검도란 명칭이 정착하게 된 것은 그 후의 일이다. 2차 대전의 패전으로 검도는 학교에서 추방되고 쇠퇴일로를 걷게 된다. 1952년에는 〈전일본 검도연맹〉이 조직되어 경기규칙이나 심판규정을 제정하며 검도는 본격적인 스포츠로서의 길을 걷기 시작한다.

현재 검도의 기술은 준비(카마에構え), 찌르기(다토츠打突), 되받아 찌르기(우치카에시打ち返し) 등의 기본 기술과 상대방과 시합할 때 걸기 기술(시카케 와자仕掛けワザ), 대응 기술(오오지 와자応じワザ) 등으로 분류된다. 걸기 기술은 상대가 동작에 옮기기 전에 이쪽에서 찌르기를 하는 기술이며 상대방의 죽도를 떨쳐버리며 자세를 흐트러뜨림과 동시에 찌르는 떨치기 기술(하라이 와자払いワザ)과 상대가 공격해오는 순간을 놓치지 않고 역공으로 공격하는 데바나 와자出ばなワザ가 있다. 그리고 상대방의 공격을 받고 역으로 찌르기를 하는 오오지 와자応じワザ 등이 있다. 또한 공격해오는 상대방의 죽도를 쳐 올리며 공격하는 스리아게 와자すりあげワザ, 공격하는 상대의 목도를 쳐서 떨어뜨리고 순간을 공격하는 우치 오토시 와자打ち落としワザ 등이 있다.

죽도는 연령에 따라 길이와 무게가 정해져 있으며 대학생·일반이 길이 118cm 이내 500g 이상으로 정해져 있다.

승부는 3판이 일반적이며 실력은 초단부터 10단까지이며 실력에 지도능력이나 인격까지 포함한 평가로 뽑히는 것이 〈렌시錬士〉·〈쿄오시教士〉·〈한시範士〉이며 한시範士는 최고의 명예이다.

이 검도에서 이아이居合라는 말이 있는데 자신이 있던 그 자리에서 칼을 뽑아 상대방을 찌르는 기술로 주로 앉아있을 때 칼을 뽑아 상대방을 치는 기술이다. 이 검법의 시조는 심메에무소오류우神明夢想流의 하야시자키 시게노부林崎重信이다. 그는 아버지의 원수를 갚기 위해 하야시자키 메에징林崎明神에게 1,000일 기도를 올리는 피눈물 나는 노력 끝에 기술을 터득하고 이 기술을 널리 알렸다고 한다.

📷 검도의 보오구防具

검도에서는 〈칼은 간단히 뽑는 것이 아니다〉라는 말에서 〈칼집 속의 칼〉이라는 말이 생겨날 정도로 칼을 뽑는 순간을 매우 중요하게 여긴다.

에도 시대는 앉아서 칼을 뽑는 이아이 누키居合抜き를 시연해서 관객을 끌어 모으는 대도예大道芸까지 생겨났다고 한다.

마술〈마쥬츠馬術〉 part.41

일본에서 말은 4～5세기쯤에 수입된 귀중한 수입품이었다. 그 후 무사에게는 병구兵具로 꼭 필요한 것이었고 농민에게는 노동력으로 매우 중요한 존재였다. 에도 시대에는 말의 무병장수를 기원하며 축사의 악귀를 쫓으며 도는 사루마와시猿回し가 막부로부터 녹봉을 받을 정도였다. 기마의 풍습은 말과 함께 전해져 6세기쯤에 일본 전국에 퍼졌다고 한다. 일본에서는 특히 기마가 활을 쏘는 풍습과 함께 발전했다. 헤이안 시대에는 황족이나 귀족 사이에 말을 타고 활을 쏘는 키샤騎射가 크게 유행했다. 각 지방의 목장에서 공물로 헌상된 말을 검사하여 조정에 있는 말의 축사인 메료오馬寮에 넣거나 대신大臣에게 주기도 하는 코마히키駒牽의 의식이 매년 8월 중순에 행해졌다. 정월 7일에는 좌우의 말 축사에서 백말을 정원으로 끌어내서 보여주고 그 뒤에 연회를 행하는 아오우마 세치에白馬節會가 행해졌다. 이것은 정월에 백마를 보면 일년내내 사악한 마귀를 쫓을 수 있다는 중국 고사에서 온 의식이다.

5월에는 카모진쟈賀茂神社에서 행하는 카모 쿠라베우마賀茂競馬로 일종의 경마 행사가 있었다. 『마쿠라노 소오시枕草子』에 〈가슴 졸이게 하는 것은 경마 보는 것〉이라고 하는 말은 유명하다. 겜페에源平시대에는 실전적인 마술이 발달했다. 『헤에케 모노가타리平家物語』에는 말이 좋아야 전쟁에서 기선을 잡을 수 있다고 기술하고 있다. 말이 무사의 명예를 가름하는 하나의 요인이 되기도 한 것이다. 카마쿠라鎌倉 시대에 미나모토노 요리토모源賴朝는 궁마의 도를 중시하고 부하 무사들에게도 마술을 장려했다. 카마쿠라 무사들 사이에는 야부사메流鏑馬・카사가케傘懸・이누오오모노노犬追物・키샤미츠모노騎射三物 등이 상당히 인기를 끌었다. 무로마치室町 시대에는 실전적 마술의 체계화가 이루어졌다. 처음으로 등장한 것이 마술 예법으로 유명한 오가사와라小笠原가문이었다. 궁마의 명수로 알려진 미나모토노 요시미츠源義光의 자손인 나가키요長清를 시조로 하고 7대 째인 사다무네貞宗는 고다이고後醍醐천황의 명에 의해 대대로 전해지는 궁마의 의식이나 예법 등을 정리했다. 그리고 그의 아들인 마사나가政長는 무로마치 막부의 고우마야 부교오御厩奉行에 임명되고 이어 토쿠가와 막부 시대에도 변함없이 오가사와라 대대로 막부의 예법과 궁마술의 사범으로 막부 말기까지 봉사했다.

토쿠가와 이에야스는 말 타기의 명수로 막부를 개설할 때부터 마술을 장려하고 각 지방영주들도 앞 다투어 마술 사범을 초청하여 부하들에게 장려하였기 때문에 여러 유파가 정착하게 되었다. 이후 5대 쇼오궁 츠나요시綱吉 때는 얼굴에 붙은 모기를 때려 죽여도 귀양을 가는 쇼오루이 아와레미노레에生類憐れみの令로 20년이나 침체되지만, 8대 쇼오궁 요시무네吉宗 때는 무도 장려로 재흥기를 맞이한다.

관련 키워드

▽**야부사메**流鏑馬 : 말을 탄 채로 활을 쏘는 키샤騎射의 일종. 마장을 따라서 일정한 간격의 목표물을 세우고 말을 달리게 하면서 쏘아 맞히는 마술로 현재도 카마쿠라鎌倉의 츠르오카 하치망구우鶴岡八幡宮이나 메에지 징구우明治神宮 등에서 연례행사로 벌어진다. 어원은 야부사메矢伏射馬라 하기도 하고 야바세메矢馳馬에서 왔다고도 한다.

📷 야부사메流鏑馬

킴메에欽明천황이 우사 하치망구우宇佐八幡宮에서 천하태평, 오곡풍작을 기원하여 세 개의 타깃을 쏘게 한 것이 시초라는 설이다. 헤에안 시대에는 왕성하게 행해진 키샤라는 행사에 귀족뿐만 아니라 경비를 담당했던 즈이징隨身 등도 참가했다. 나중에 이들은 무사계급의 주축을 이룬다. 1096년에는 시라카와白河 상황이 토바뎅鳥羽殿의 마장에서 야부사메를 보았다는 기록이 있다. 『헤에지 모노가타리平治物語』에는 타이라노 키요모리平淸盛가 쿠마노熊野의 이나리 진쟈稻荷宮에서 야부사메를 개최했다는 기록이 있으며 이 시대에는 무사계급 전체로 확산되고 있음을 알 수 있다. 카마쿠라 시대에는 유폐된 무사들이 형편없는 말을 타고도 묘기를 연출하면 방면되었다는 이야기도 있다. 그 후에는 전란 속에서 많이 쇠퇴하고 키샤의 세 장르 중에 야부사메는 경기적 성격이 강한 다른 두 장르와는 달리 신과 연결된 신사神事적인 성격이 강해서 계속 연면되었다.

이 야부사메의 일반적인 복장은 무사의 대표적인 복장인 히타타레直垂에 어깨부터 손목까지 이고테射寵手로 두르고 이카바키 등 허리에서 발까지 덮는 모피를 두르고 아야이가사綾藺笠를 쓴다. 그리고 큰칼과 활, 에비라服라고 하는 화살통을 등에 멘다. 방식은 말을 달리게 해서 우선 하나의 타깃에 활을 쏘고 화살통에 들은 화살을 뽑아 두 번째의 활을 쏘고 같은 방식으로 세 번째 활을 쏜다. 이것을 세 번 반복한다. 타깃 뒤에 사계절의 꽃을 장식하는 것은 화살을 명중시키지 못하면 할복당해야 했으므로 타깃에는 맞지 않아도 꽃에 맞으면 명중이라고 했기 때문이다. 요즘도 외국인 원수가 방문하면 시연하는 데 가장 큰 문제는 말이다. 토종말보다 서양말이 빠르기 때문에 빠른 스피드에서 과녁을 맞히기는 무척 힘든 일이라고 한다.

▽**카사가케**笠懸 : 달리는 말 위에서 멀리 떨어진 과녁을 맞히는 경기로 처음에는 갓을 걸어놓고 과녁으로 했기 때문에 그런 이름이 붙었다고 한다. 나중에 과녁은 노송나무에 소가죽을 씌워 가죽과 판 사이에 솜을 넣고 한 가운데 원을 그려 넣었다. 보통 과녁과 말 사이의 거리로 구분하는데 보통은 18m가 기준이다.

▽**개 쫓기**犬追い : 보통 대나무 울타리로 둘러싸인 마장에 개를 풀어놓고 그것을 쫓아 활을 쏘는 것으로 개에게 상처를 주지 않기 위하여 뭉툭한 활을 쓴다. 보통은 12사람이 한 조가 되어 3조로 나누고 신호에 의해서 개시한다. 흰 개 154마리를 14마리씩 11회에 걸쳐 풀어놓고 행해지며 채점은 승마법과 화살 쏘는 법에 의해 양쪽 모두를 참고로 한다.

인술〈닌쥬츠忍術〉 part.42

적지나 적진에 숨어들어 정세나 기밀을 탐지해내고 기습이나 암살 등을 행하기 위한 특수 기술을 말한다. 닌쟈忍者는 여러 가지 이름으로도 유명하다. 칸쟈間者·랍파亂波·습파透波·닥코오奪口·쿠사草·카마리屇·후세카마리·옴미츠隱密 등이 그것이다.

닌쟈忍者

닌쟈忍者가 실제로 무대에 등장하는 것은 겜페에源平의 난 이후의 일이다. 특히 남북조 이후에는 전투의 규모가 커졌기 때문에 상대를 탐색하기 위한 수단이 불가피했다. 예컨대 쿠스노키 마사시게楠木正成는 닌쟈忍者의 본거지인 이가伊賀의 닌쟈忍者 48명을 고용하여 16명씩 3조로 나누어 쿄오토京都에 보내 정세를 탐지했다고 한다. 전국 시대에는 다이묘오들이 닌쟈忍者를 고용하게 되고 기술은 날로 늘어났다. 특히 타케다 싱겡武田信玄이 거느렸던 아이미間見·미와케見分·메츠케目付 등이 유명했고 우에스기 켄싱上杉謙信의 노키자루鷺猿 등이 저명한 닌쟈忍者군단이었다.

가장 유명한 것은 이가(伊賀/현재의 미에현三重県)와 코오가(甲賀/현재의 시가현滋賀県)의 토착 무사(지자무라이地侍)·농업 무사(고오시鄕士)들이었다.

역사상 닌쟈忍者의 가치를 가장 잘 이해한 사람이 토쿠가와였다. 1582년 혼노오지本能寺변란 당시 사카이堺에 있었던 그는 우선 미카와三河로 돌아가서 전열을 재정비하는 것이었다. 그러기 위해서는 이가伊賀의 산중을 넘어서 이세伊勢에서 배를 타지 않으면 안 되었는데 이 때 가장 위험했던 곳이 농업 무사들이 분규를 일으키며 기다리고 있던 이가伊賀의 산중턱이었다. 이 때 이에야스 부하였던 핫토리 한조오服部半蔵가 마침 이가의 닌쟈忍者 200명, 코오가의 닌쟈忍者 100명을 앞세워 토쿠가와는 구사일생으로 구출되었다. 그리고 혼노오지 사변의 장본인인 아케치 미츠히데明智光秀는 오구루스(小栗栖/현재 쿄오토京都의 후시미伏見)에서 농민의 죽창에 찔려 죽었다. 이에야스는 1600년 세키가하라 전투 전초전에 닌쟈忍者를 투입하여 성공을 거두지만 이때 100명 중에 70명의 닌쟈忍者가 사망한다. 이 전투에 대비해 이에야스는 코오가 닌자 100인조를 결성하여 그들에게 요리키与力라는 지위를 부여하고 있다. 에도막부 성립당시는 토자마外樣다이묘오 등 각 번에 닌쟈忍者를 은밀히 파견하여 동태를 살핀 적도 있지만 체제가 안정됨에 따라 닌쟈忍者는 존재의의를 상실하게 되고 쇠퇴의 길을 걷는다. 17세기 중반에 핫토리 한조오服部半蔵가문에 전해지는 전승과 은폐법의 도구를 정리한『님비뎅忍秘伝』·『반센슈우카이万川集海』·『쇼오닝키正忍記』 등이 연이어 집필된다.

그 책에 의하면 닝忍에는 요오닝陽忍과 인닝陰忍의 두 가지가 있는데 전자는 작전을 수행하기 위해서 몸을 드러내놓고 전진에 들어가는 행위이며, 후자는 모습을 감추고 독특한 도구나 장치를 이용하여 적진에 잠입하거나 눈속임을 하여 도망을 하기도 한다. 일반적으로 닌쟈忍者라 함은 후자를 가리킨다. 그리고 이른바〈오둔(고통五通)의 은신술〉이라 하여 목둔술(모쿠톤노 쥬츠木通の術), 화둔술(카톤노

🎥 수리검(슈리켕手裏劍)

쥬츠火遁の術), 토둔술(도톤노 쥬츠土遁の術), 금둔술(킨톤노 쥬츠金遁の術), 수둔술(스이톤노 쥬츠水遁の術) 등이 있는데 이는 은신술에 각 물질을 이용하는 것을 말한다.

은신술은 다섯 개뿐만 아니라 동물이나 물고기, 해와 달의 움직임, 비나 바람, 안개와 같은 자연현상까지 모든 것을 임기응변으로 이용할 수 없다면 닌쟈忍者라고 할 수 없다고 했다. 또한 빨리 걷는 법, 뛰어 오르고 물속에 잠입하는 등의 다양한 훈련이 필요했다. 닌쟈忍者의 복장은 검은 복면에 검은 옷이었다. 낮에는 겉이 옅은 갈색, 안이 쥐색으로 서로 보호색이었다.

변장에는 허무승(코무소오虛無僧)・출가(슈케出家)・노숙 승려(야마부시山伏)・상인・호오카시(放下師/요술과 곡예를 보여주며 전국을 도는 사람)・사루가쿠猿樂・평상복(츠네노 나리常のなり) 등이었다.

그리고 닌쟈忍者들이 사용하는 도구로는 등기登器・수기水器・개기開器・화기火器 등의 4개로 분류되고 각각 사다리나 밧줄, 잠수도구, 물을 건너는 도구, 열쇠 여는 도구, 조명용구, 화약류도 있다. 물 위를 건너는 도구로는 접어 갤 수 있는 미즈구모水蜘蛛가 편리하고 도구 중에서 가장 발달한 것이 손바닥에 넣어서 찰나의 순간, 상대방에 던져 공격하는 슈리켕手裏劍이 있는데 이 말을 사용하기 시작한 것이 무로마치室町 말기였다.

고교야구 코오시엔〈甲子園〉대회　part.43

일본의 고교 야구선수들에게 코오시엔甲子園 대회는 꿈의 무대이다. 코오시엥甲子園구장은 프로야구 오오사카大阪와 코오베神戶를 근거지로 하는 한신阪神타이거즈의 홈구장으로 효고현兵庫県 니시노미야시西宮에 있으며 두 지역의 중간에 위치하고 있다. 바로 이 구장에서 대회가 열리기 때문에 코오시엔甲子園대회라는 이름이 붙여졌다.

봄과 여름, 일년에 두 차례 벌어지는 이 대회의 정식명칭은 3월에 열리는 봄 대회가 〈선발 고교 야구대회/셈바츠 코오코오 야큐우 타이카이 選抜高校野球大会〉이고, 여름 대회는 〈전국 고교 야구 선수권 대회/젱코쿠 코오코오 야큐우 센슈

🎥 고교야구 코오시엔 대회

587

켄 타이카이全国高校野球選手権大会)이다. 봄 대회는 전년도 가을에 열린 각 지구별 대회의 성적을 토대로 추천을 받은 팀이 본선에 오르고, 여름 대회는 일본 전역에서 각 토도오후켄都道府県별로 토너먼트로 예선을 거친 49~50개 지역 대표가 본선에 진출하게 된다.

여름 대회는 1915년, 봄 대회는 1924년에 각각 시작됐으니 1936년에 출범한 일본 프로야구보다 역사가 깊다. 원래 여름대회는 오오사카大阪의 토요나카豊中구장에서 시작됐으나 1924년부터 코오시엥 구장으로 장소를 옮겨 오늘에 이르고 있다. 이 구장은 1924년 수용인원 5만명의 당시로는 동양 최대구장으로 문을 열었으며, 이 해가 갑자년甲子年이었기 때문에 코오시엥甲子園구장으로 불리고 있다.

여름 대회가 열리면 한신 타이거스는 본거지인 코오시엥 구장을 고교선수들에게 내주고 버스나 신칸센新幹線을 이용해 힘겨운 원정길에 올라야 한다. 한신의 성적이 늘 부진에 허덕이는 것은 체력이 달리는 한여름의 긴 원정 때문이라는 분석도 있지만 불평의 목소리는 내지 않는다. 여름 대회가 열리는 때면 일본열도는 고교야구의 뜨거운 화제로 도배질한다. 코오시엥 구장은 초만원을 이루고, 일본의 공영방송인 NHK는 거의 전 경기를 생중계 한다. 신문들도 연일 대서특필하고, 스포츠 신문들은 1면 머리기사로 다루기도 한다. 이 같은 열기 속에 탄생한 코오시엥甲子園스타는 부와 명예를 함께 보장받으면서 화려한 프로의 길을 걷거나 대학으로 진학하게 된다.

시합 방식은 지역 예선을 거친 팀이 꿈의 무대이며 일본야구의 성지인 코오시엥에서 14일간 토너먼트로 우승을 가리게 된다. 지역 예선에 출전한 팀 수는 보통 4,100여개 팀으로 경쟁률은 84대1. 전국에서 10만 명이 훨씬 넘는 고교선수들이 코오시엥甲子園구장을 밟기 위해 흘린 땀과 눈물을 떠올리면 이 대회의 무게를 쉽게 짐작할 수 있다. 이같이 치열한 경쟁 때문에 본선 진출 자체만으로도 영광으로 여긴다. 본선에서 패한 선수들이 눈물을 흘리면서 그라운드의 흙을 주머니에 담아 가는 것은 그만큼 본선무대를 밟기 어렵기 때문에 생긴 전통이다. 이 대회는 전 국민이 관심을 갖고 보며 한여름의 무더위와 함께 일본열도는 고교야구 열기로 후끈 달아오른다. 하지만 대회 진행은 고교생의 교육이라는 관점에서 매우 치밀하고 용의주도하다. 대회선언과 진행을 고교생 스스로가 하고 꽉 찬 스케줄 속에서 대회는 시간 낭비 없이 일사불란하고 매끄럽게 진행된다. 그리고 인상적인 것은 승리한 팀에게만 스포트라이트가 비추어지는 것이 아니고, 패한 팀에도 똑같은 인터뷰 시간이 할애되고 승자, 패자를 모두 승자로 만드는 훌륭한 인터뷰가 행해진다. 일본에서는 학생 선수가 모든 수업을 정상적으로 받는 것은 불문율이다. 거기에다 감독 교사도 순수한 아마추어로서, 일반 과목 담당 교사도 많이 차지한다. 또한 각 지방은 이 대회를 통해서 결속을 다져나가고 애향심을 북돋우는 절호의 기회로 이용한다. 프로야구의 젖줄은 아마야구이고, 아마야구의 핵은 고교야구이다.

📷 코시엥甲子園 구장球場

일본 프로야구   part.44

44.1. 일본 프로야구 센트럴 리그 각 팀 프로필〈창단 순서〉

번호	팀명	창단연도	2002년까지 우승횟수	2000년까지 승패 수	팀 명 유래	홈구장
1	요미우리読売 자이언츠	1934년 12월 26일	재팬시리즈20회 세트럴리그 30회	3,769승 2,689패 219무 승률 0.584	교징巨人	Tokyo Dome 5만명 수용
2	한신阪神 타이거즈	1935년 12월 10일	재팬시리즈 1회 센트럴리그 3회	3,227승 3,253패 209무 승률 0.498	자매도시인 미국 디트로이트 타이거즈에서 따옴	한신코시엥구장 阪神甲子園球場 5만5천명 수용
3	츄우니치中日 드래건스	1936년 1월 15일	재팬시리즈 1회 센트럴리그 5회	3,390승 3,061패 228무 승률 0.525	구단주인 杉山가 태어난 해가 용띠였기 때문	Nagoya Dome 4만5천명 수용
4	요코하마橫浜 베이스타즈	1949년 11월 22일	재팬시리즈 2회 센트럴리그 2회	2,933승 3,520패 224무 승률 0.455	해양도시 Bay湾, 스타즈stars 의 합성어	Yokohama Stadium 3만명 수용
5	히로시마広島 東洋 카프스	1949년 11월 28일	재팬시리즈 3회 센트럴리그 6회	3,076승 3,326패 270무, 승률 0.480	Carp는 잉어라는 뜻으로 히로시마성城 상징	히로시마 시민구장 3만2천 수용
6	東京야쿠르트 스왈로스	1950년 1월 25일	재팬시리즈 5회 센트럴리그 6회	2,962승 3,481패 233무, 승률 0.460	Swallows 1950년대 초반 제일 빠른 기차 츠바메燕에서 따옴,	메에지징구우 구장明治神宮球場 3만8천 수용

44.2. 일본 프로야구 퍼시픽 리그 각 팀 프로필〈창단 순서〉

번호	팀명	창단연도	2002년까지 우승횟수	2000년까지 승패 수	팀 명 유래	홈구장
1	오릭스 버펄로즈	1936년 1월 23일	재팬시리즈 4회 퍼시픽리그 16회	3,451승 3,007패 247무 승률 0.534	2004년 오릭스와 버펄로즈의 합병. 1999년 명감독이었던 치바감독의 별명에서 유래	Osaka 京セラ-Dome 3만6천명 수용
2	후쿠오카 福岡 소프트방크 호크스	1938년 12월 20일 2005년 개칭	재팬시리즈 3회 퍼시픽리그 13회	3,413승 3,581패 289무 승률 0.488	Hawks 매들의 팀	Hukuoka 야후재팬 Dome 4만8천명 수용
3	혹카이도오北海道 니혼햄 파이터즈	1945년 11월 6일	재팬시리즈 1회 퍼시픽리그 2회	3,037승 3,401패 276무 승률 0.472	Fighters 74년 팬들에게 공모하여 결정	Sapporo Dome 4만5천명 수용
4	치바千葉롯데 마린스	1949년 9월 21일	재팬시리즈 2회 퍼시픽리그 4회	3,255승 3,184패 300무, 승률 0.506	Marines는 해변대원이란 의미로 92년 팬들의 공모로 개명	Chiba-Marine Stadium 3만명 수용
5	사이타마埼玉 세에부西武 라이온즈	1949년 11월 26일	재팬시리즈 11회 퍼시픽리그 19회	3,416승 3,028패 308무, 승률 0.530	모체였던 크라운 라이온즈부터 사용	Seibu Dome 3만7천명 수용
6	토오호쿠東北 라쿠텡楽天 골든 이글스	2004년11월 2일	재팬시리즈 0회 퍼시픽리그 0회	152승 264패 승률 0.369	킨테츠 버펄로스의 후신	크리넥스 스타디움 미야기현 센다이시

*단 라쿠텡 골덴 이글스의 승패수는 2005년도 이후의 성적임.

일본 프로축구 1.2부 리그　　　　　　　　part.45

지역구분	J클럽	홈타운	팀명의 유래
혹카이도오北海道	콘사도-레 삽포로札幌	삽포로시札幌市	도상코를 거꾸로 읽고+라틴어<오레>
동북<토오호쿠東北>	베가르타 센다이仙台	센다이시仙台市	견우와 직녀=현민, 시민의 융합=꿈 실현
	몬테디오 야마가타山形	야마가타시山形市	月山+湯殿山+羽黒山의 산신령
관동<칸토오關東>	카시마鹿嶋 안토라즈	카시마鹿嶋市	사슴뿔로 친숙함+용맹+이바라키 상징
	미토水戸 호-리-호크	미토시水戸市	미토시의 상징 접시꽃/친숙함+강한 의지
	우라와浦和 렛즈	사이타마시	붉은 다이아몬드+팀 컬러인 붉은색
	오오미야大宮 아르디-쟈	사이타마시	다람쥐=스피디+페어 플레이+감동
	제프유나이티드 이치하라市原	이치하라시市原市	아키타 견=팀의 협조+연대감
	카시와柏 레에솔	카시와시柏市	왕(레이)+태양(솔)=위대함+상냥함+친숙함
	FC 토오쿄오東京	토오쿄오東京都	친숙함
	토오쿄오東京 베르디1969	토오쿄오東京都	베르디(녹색/폴투갈어)
	카와사키川崎 후론타레	카와사키시川崎市	프런티어 정신+정정당당
	요코하마F 마리노스	요코하마시横浜市	배타기(마리노스)/7대 바다를 향한 기상
	요코하마 FC	요코하마시横浜市	지역에 밀착된 친숙함과 기억하기 쉬움
	쇼오남湘南 베르마레	오다와라시小田原市	아름다움(베라드)+바다(마레)
	반포오-레 코오후甲府	코오후시甲府市	風林火山(武田信玄)깃발 형상
	쟈스파 쿠사츠草津	쿠사츠쵸오草津町	쿠사츠 온천(스파/영어)의 상징
호쿠싱에츠北信越	아르비렉스 니이가타	니이가타시新潟市	축구계의 왕자
동해<토오카이東海>	시미즈清水 에스펄스	시즈오카시静岡市	삭카+시미즈+시즈오카=심장의 鼓動
	쥬비로 이와타磐田	이와타시磐田市	감동과 기쁨을 환희(주비로/폴투갈어)로
	나고야名古屋 그람파스에이트	나고야시名古屋市	범고래+부채
	FC 기후岐阜	기후시岐阜市	축구를 기후의 심볼로 만들자
관서<칸사이關西>	쿄오토京都 퍼-플상가	쿄오토시京都市	古都+Football+Fun+Future=Club
	감바 오오사카大阪	스이타시吹田市	발(감바)+혼신의 노력(감바레)
	세렛소 오오사카大阪	오오사카시大阪市	벚꽃(세렛소·스페인어)처럼 오오사카를 일본의 대표로!
	빗셀 코오베神戸	코오베시神戸市	승리의 배(시민의 염원을 담은)
중국<츄우고쿠中国>	산후렛체 히로시마広島	히로시마시広島市	3개의 활시위(毛利元就의 고사/팬에게 상냥, 적에게 포효
시코쿠四国	토쿠시마徳島 보르티스	이타노쵸오板野町	파워+스피드+결속력으로 관객을 흥분의 도가니로!
	에히메愛媛 FC	마츠야마시松山市	현민에게 꿈+감동+희망을 주자!
큐우슈우九州	아비스파 후쿠오카福岡	후쿠오카시福岡市	벌(아비스파)의 집단성과 민첩성으로 승부하자.
	사강 토스鳥栖	토스시鳥栖市	모래알이 사람을 만들듯이 힘을 모아 도전하자.
	오오이타 토리니타	오오이타시大分市	현민+기업+행정의 트라이 앵글
	로앗소 쿠마모토熊本	쿠마모토시熊本市	유일한 에이스의 붉은 정열로 축구 일본 1위를!

 J리그 백년구상이란？

　1993년 J리그가 출범할 당시 이들은 100년 구상이라는 것을 세웠다.
　당시에는 10개의 클럽으로 출범하였는데 2006년에는 31개의 클럽이 참가하고 있으며 성적에 따라 업다운제를 실시하고 있다.
　그들이 100년 구상으로 구체적으로 내걸고 있는 캐치프레이즈는 다음과 같다.
1. 당신이 살고 있는 도시에 푸른 잔디광장이나 스포츠 시설을 만든다.
2. 축구뿐만아니라 당신이 즐길 수 있는 스포츠 클럽을 만든다.
3. 〈본다観る〉·〈한다する〉·〈참가한다参加する〉 스포츠를 통해서 세대를 초월하는 화합의 고리를 넓힌다.

기호/숫자

10간	208	계절어	441
12대 모리타 캉야	134	고답파	460
12지	208	고령화	407
1부 12성청	545	고로아와세	60
3대 기근	508	고미	36
3대 나카무라 우타에몽	133	고미카와 줌페에	469
3대 정원	247	고반 닝교오	221
3이라는 매직넘버	181	고사 작전	500
3종의 신기	357, 488	고쇼 닝교오	224
3LDK	80	고엥	141
55년 체제	546	고오캉	448
5개조 서문	514	고온토 호오코오	484
5단 구성	168	고잔노 오쿠리비	189
6가선 시대	424	고카야마	84
7대 단쥬우로오	133	고케닝	484
11월 대형연휴 프로젝트	186	고텡	234
J리그 백년구상	590	고헤에	89
		고호오	251
(ㄱ)		고호오렝	36
가면의 고백	469	공구 죠오도	258
가쿠레키헨쵸오 샤카이	327	과학의 신	316
가쿠야	126	관념소설	358
간지	208	관용구	459
간지츠	184, 187	광산 금속 가공의 신	304
간탕	187	교오지	356
갓쇼오즈쿠리	84	교쿠로	565
강구로	339	교쿠사이	76
개 쫓기	585	구어 자유시	318
갸르	337	국가 신토오	450
갸르모지	339	국가공안 위원회	343
건축의 신	355	국경일 일정	544
검은 비	469	국책 문학	184
게 가공선	465	국토 교통성	468
게다츠	118	군량미 공격	544
게사쿠 문학	457	굼마켕	500
게에므콩	105	굼바이	369
겐지 모노가타리	427	궁키 모노가타리	567
젬마이차	57	귀족 제법도	436
젬페에의 난	483	규우동	506
결혼관련 키워드	105	균분 등식	52
경제 산업성	544	금각사	528
계몽 문학	456		469

기다유우	162		
기러기	460		
기리닌죠오	320		
기옴 마츠리	255		
기옹 고료에	256		
기적	464		
기적파 문학	464		
기케에키	436		
기코 모노가타리	436		
기후켕	374		
길상 글자	210		
(ㄴ)			
나가노켕	372		
나가사키켕	384		
나가시노성 전투	504		
나가야	508		
나가야노 오오키미의 변	477		
나가이 카후우	461		
나가츠키	199		
나가토	395		
나고야 바쇼	572		
나노리	173		
나노리자	159		
나는 고양이외다	461		
나니와부시	180		
나라켕	378		
나리히라모치	161		
나오라이	251, 268		
나와 세에자에몽	179		
나와바리	227, 228		
나조토키	174		
나츠 바쇼	572		
나츠메 소오세키	460		
나츠메	73		
나카가미 켄지	472		
나카노 시게하루	452, 467		
나카노 오오에노 오오지	476		
나카다치	71		
나카무라 시캉	126		
나카무라 우타에몽	126		
나카센도오	398		

나카야마 심페에 281
나카토미노 카마타리 476
나카하라 츄우야 453
나캇 쿠니 529
나코오도 87, 99
난소오 사토미 학켄뎅 447
낫토오 60
낭만주의 문학 458
내부 생명론 459
내향의 세대 471
네기시 탕카카이 454
네기토로동 35
네마와시 310
네마키 31
네부타 마츠리 260
네오갸르 339
네항 118
넹카이 쿠요오 115, 117
넹카이 키 115
노구치 우죠오 281
노기 마레스케 534
노도키 170
노렌다이 288
노렝 와케 288
노렝 287
노로마 닝교오 221
노리토 253, 351
노마 히로시 469
노무라 만조오 151
노사카 아키유키 472
노시 부쿠로 213
노시 88, 213
노오 감상의 난해함 147
노오 멩 150
노오 코츠 116
노오 141
노오치 513
노오캉 110
노콧타 566
노토 390
농림 수산성 543
농업의 신 355
누레바 133
누리에 278
뉴 하프족 334
니노마루 230
니노마츠 150
니마이메 132

니시노 마루 230
니시야마 소오잉 439
니시와키 준자부로오 452
니시키노 미하타 525
니시키타마고 39
니와 나가히데 491
니이가타켕 372
니아봉 116, 191
니죠오 성 497
니죠오 요시모토 433
니지리구치 70
니치렝 486
니혼쇼키 422
닉코오 원숭이 216
닉코오 카이도오 398
닌쟈 504, 586
닌죠오봉 449
닌쥬츠 586
닛쇼오키 363
닛타 요시사다 486
닝교오 죠오루리 125

(ㄷ)
다도의 미학 55, 56
다비 114
다시모노 180
다유우 162
다이도오 게이닝 219
다이리 비나 221
다이코쿠텡 202
다자이 오사무 468
다쟈레 180
다정다한 458
다츠에바 114
다테 39
다토츠 583
단노 우라 483
단신 부임 409
단치 조쿠 329
달마 209
달보고 짖는다 451
당기쿠 126
당카 세에도 119
당카이 세대 412
당키리 174
대등·협력 관계 554
대정봉환 511
대형연휴 프로젝트 186

데다치노 기레에 96
데와 389
데즈이리 567
뎅가쿠 142, 143
도구시 170
도라에몽 292
도련님 461
도루이 235
도미 208
도빙 73
도소오 120
도오겡 487
도오지 조쿠 329
도요오 56
도쿄오 113
도테라 30
도효오 다마리 564
도효오 마츠리 560
도효오 이리 567
도효오 559
독쿄오 114
돈도야키 187
돈스 22
돈쵸오 128, 129
돔부리 52
동물보호 명령 507
등식 528

(ㄹ)
라면 55
라쇼오몽 464
라쿠고 176
라쿠고와 코오당의 차이 179
라쿠이치 498
란쥬쿠 지다이 327
레몽 466
레에엥 116
레에지 118
레에큐우샤 114
레키시 바나레 461
레키시 소노마마 461
렌사이 114
로 26
로오진노 나게키 174
로오징 151
로오쿄쿠 180
로지 70, 243
로쿠요오 99

로템 부로 282
롭포오 131
료오부 신토오 342
루스타쿠 가카리 114
류우 216
류우스이 213
릭카 카이 266
릭카 265
린네 110
린셍 249
린쥬우 108
린즈 62
릿시샤 518

(ㅁ)

마고 지로오 151
마나이타 아라이 97
마네키 네코 209
마도기와 조쿠 332
마루야마 켄지 471
마사무네 하쿠쵸오 460
마사오카 시키 453, 454, 455
마사코 484, 539
마세와 168
마스가타 234
마스라오부리 418
마스세키 123
마에 즈모오 573
마에타테 미츠 565
마와리 부타이 129
마와시 564
마우치 178
마음 461
마이 코츠 116
마이소오 120
마츠고노 미즈 108
마츠나가 테에토쿠 438
마츠오 바쇼오 125, 439, 441
마츠우라 250
마츠우오 료오 89
마치이리 노오 145
마케코시 570, 574
마쿠노우치 벤토오 128
마쿠라 176
마쿠라 교오 110
마쿠라 카자리 109
마쿠라 코토바 420
마쿠라노 소오시 431

마쿠시타 565
마쿠우치 565
마키 즈시 45
마키 52
만세 일계 528
만자이 179
맘바 339
맛챠 76
맛타 565
맛타나시 565
망년회 268
망상 460
망엥원년의 풋볼 470
망요오가나 417
망요오슈우 418
매듭말 441
매실공양 58
맥아더와 쇼오와 천황 538
메 159
메시모리 온나 399
메에지 천황 533
메츠케 바시라 150
면종백배 310
모노가타리 173
모노노 아와레 427
모노노베 오코시 475
모노노베노 모리야 344
모더니즘시 452
모도리 173
모래의 여인 469
모리 오오가이 460
모모노 섹쿠 194
모모타로오 294
모미지 가리 277
모미지 젠셍 277
모치요리 112
모치히토 오오 483
모후쿠 30
몬시타 167
몬토 491
몰이상 논쟁 459
몽이쇼오 22
몽환의 세계 141
묘오죠오파 탕카 454
무가 제법도 506
무겐노오 151
무라 하치부 312
무라사키 시키부 일기 430

무라사키 시키부 428, 480
무라카미 류우 472
무라카미 하루키 472
무라카타 소오도오 508
무로마치 막부 487
무사도 316
무사도와 죽음의 미학 317
무사시 391
무사시노 459
무상관 435
무샤노코오지 사네아츠 462
무샤노코오지 셍케 69
무스메 170
무심 연가 433
무이상 460
무츠 389
무츠키 199
무카에비 116
무카이 쿄라이 442
무코오다 쿠니코 472
무코이리 콩 96
무해결 460
무희 458
문부 과학성 543
문신 462
문예부흥기 125
문예전선 465
문예춘추 463
문자 417
문학계 459
물 공격 500
미가와리 173
미나모토노 미치토모 431
미나모토노 사네토모 433
미나모토노 요리마사 483
미나모토노 요리토모 484
미나모토노 요시나카 483
미나모토노 요시츠네 137
미나모토노 요시토모 482
미나모토노 토오루 241
미나세 상깅 햐쿠잉 434
미나즈키 199
미노 390
미다레 가미 454
미도리 168
미도리노 히 184
미마사카 394
미세모노 코야 219

미세모노	127	보다이지	108	사가미	391
미소라 히바리	281	보물선	205	사가켕	383
미시마 유키오	469	보석의 신	357	사계	176
미야 마이리	121	보신 센소오	513	사계파	452
미야기켕	368	보오바나	399	사기류우	157
미야모토 유리코	469	보오소오 조쿠	330	사기쵸오	187
미야모토 테루	472	보카시	274	사네토모	485
미야자와 켄지	451	보케	180	사누키	395
미야자키 하야오	294	복케몽	385	사도	390
미야자키켕	385	본사이	267	사라시나 일기	431
미야코지 붕고노 죠오	133	봄마와시	128	사랑과 인식의 출발	463
미에	128, 225	봉납	141	사루	215
미에켕	375	봉춤	189	사루가쿠	142
미유키	330	봉케에	267	사법의 조직	556
미즈 제메	237	부교오세에	504	사법제도	555
미즈구모	587	부다테	432	사비	440
미즈노 타다쿠니	507	부스	162	사사메 유키	468
미즈사시	73	부적	348	사생	453
미즈오케 다와라	560	부젱	396	사소설	459
미즈이레	566	부츠 데시	118	사시누키	148
미즈카미 츠토무	471	부츠당	348	사시미	58
미즈히키 마쿠	562	부츠메츠	99	사실주의 문학	457
미즈히키	88	부타이	149	사양	468
미츠오레 닝교오	223	부타이 게타	170	사원법도	506
미치유키	25	북방영토 4개섬	551	사육	470
미카와	392	북카에리	128, 132	사이고오 타카모리	513, 517
미타 문학	461	분라쿠	162	사이교오	432
미토리	132, 135	분라쿠의 특징	164	사이당 아토카자리	114
민중파의 시	451	분라쿠켕	164	사이온지 킹히라	267
		분로쿠노 에키	493	사이조오	180
(ㅂ)		분시치	171	사이코패스 살인	340
바쇼오앙	439	불교에서 죽음의 의미	118	사이타마켕	369
바이샤쿠닝	99	붓샤리	115	사이토오 사네모리	359
바쿠	206	붕고	396	사자	217
반 아라라기파 탕카	455	붕카노 히	185	사지키	123
반도오 미츠고로오	133	붕킹 타카시마다	96	사지키 세키	129
반샤노 고쿠	509	비리법권천	535	사츠마	397
반세에 익케에	530	비샤몬텡	203	사츠에에 전쟁	510
반즈케	172, 570	비젱	394	사츠키	199
반챠	76	비참소설	459	사카 바야시	356
방위성	544	비핵 3원칙	552	사카구치 앙고	468
백화	462	빈자사라	258	사카모토 료오마	511
번교	308	빗츄우	395	사카사미즈	109
번역 소설	457	빙고	395	사카키	251
범죄 피해자의 인권보호	556			사카타 토오쥬우로오	125, 131
법무성	543	(ㅅ)		사쿠라 소오고	359
벤자이텡	203	사가고류	266	사쿠라 젠셍	277
벵케에	484	사가리	564	사쿠라다 문밖 사변	510

사키모리 우타	422	세키가하라 전투	494	쇼오우	108, 110
사토리	118	세키쇼	399	쇼오웅	213
사토미 통	463	세키테에	239, 242	쇼오조쿠	147
사토오 하루오	451	센님바리	278	쇼오징 오토시	115
산노마루	230	센류우	444	쇼오징 요리	25, 112
산노마츠	150	센쇼오	99	쇼오츠키 메에니치	116
산당 가마에	567	센슈우라쿠	576	쇼오코오	111, 113
산당고조쿠	334	센챠	76	쇼토쿠 타이시	475
산사이노 칵카	267	센츄우 핫사쿠	511	쇼오히제에	406
산쇼쿠동	35	센터가이	339	쇼인 즈쿠리	84
산슈노 징기	411	센토오	286	수우부츠 론소오	475
삼고탕	284	센트럴 리그	589	순	17
삼마이메	132	셈바즈루	211, 278	슈고	484
삼포오 카자리	129	셈부	99	슈기 부쿠로	213
삿갓 보살	295	셉푸쿠	173, 313	슈라노오	147
삿쵸오 회담	511	셋타이 가카리	112	슈리켕	587
삿쵸오도히	510	셍고쿠 다이묘오	489	슈부츠 쥬우싱	343
상유우테에 킴바	178	셍키	465	슈우메에 히로오	135
상징시	450	셍히메	505	슈우메에	129, 135
상캉	400	소가 모노가타리	436	슈우분노 히	185
상코츠	119	소가 형제	359	슈우코츠	115
상쿄쿠	271	소가노 우마코	344, 475	슈우탐바	174
샤레	157	소가노 이나메	475	슈인셍	506
샤레봉	448	소네자키 신쥬우	136, 165	슈쿠	157
샤미셍	162	소년 점프	291	슈쿠바	399
샤미셍	162, 169, 269	소노 아야코	470	슈쿠지츠	183
샤요오조쿠	328	소설신수	457	슌노모노	43
샤치호코	218	소설총론	457	슘분노 히	184
샤쿠 하치	270	소에다 아젬보오	280	슘프테에 류우쿄오	178
샤쿠다이	179	소오기	113	슛세 카게키요	174
샥케이	240	소오조쿠 제에	115	슛세 히로오	573
샥쿠	99	소오죠오사이	118	슝킨쇼오	467
선종	487	소토바	117	스가와라 덴쥬 테나라이 카가미	133,
설국	466	속담	303		139
섭정	476	쇼나노카	116	스가와라노미치자네	257, 360
성인식의 의미	122	쇼시다이	504	스노모노	44
세가와 키쿠노죠오	126	쇼오공	112	스루가	392
세가키에	190	쇼오기타이	513	스모오 반즈케	573
세리	128, 129	쇼오노 준조오	470	스모오 토리	571
세슈	118	쇼오몽 하이카이	439	스바루	450
세에난 전쟁	517	쇼오묘오	269	스스키다 큐우킹	450
세에랴쿠 켁공	101	쇼오부 다와라	559	스시	46
세에쇼오 나공	431, 480	쇼오부 키테에	565	스에히로	89, 212
세에스이쇼오	177	쇼오부노 섹쿠	195	스에히로가리	160
세에진노 히	184	쇼오와 유신	522	스오오	395
세와모노	127, 131	쇼오와 탕카	455	스이	448
세와쿄오겡	136	쇼오와 하이쿠	456	스이코 천황	475
세켄 테에	323	쇼오와노 히	184	스죠오루리	168

스케고오	400	시치고상	121, 345	(ㅇ)	
스키야 즈쿠리	84	시치나노카	116	오오이리 부쿠로	211
스키야	83	시치상	130	아가리단노 타와라	560
스키야키	45	시치세키	197	아가와 히로유키	470
습풍	129	시카미	152	아게마쿠	150
시 케쇼오	109	시코	559, 560	아게마키	128
시가 나오야	462	시코오 후무	560	아네사마 인형	223
시가켕	376	시키가쿠	145	아라고토	125, 131
시게야마 츄우자부로오	158	시키리 셍	560	아라라기파 탕카	454
시구사	157	시키테에 삼바	449	아라히토 가미	528
시나노	389	시테바시라	150	아리시마 타케오	463
시나츠 히코노 카미	354	시호오하이	187	아리와라노 나리히라	153, 156, 161,
시노비 테	118	식산흥업	516	424	
시니 쇼오조쿠	109	식켕	485	아리타 야키	494
시다레 자쿠라	277	신 게사쿠파 문학	468	아마테라스 오오미카미	354
시다시	112	신 심리주의 문학	466	아메노 키쿠마리노 카미	353
시데	41	신 와세다파	464	아무러족	337
시라누이가타	567	신 현실주의 문학	463	아베 일족	318
시라카바파 문학	462	신감각파 문학	465	아베 코보오	469
시라카와고오	84	신경향 하이쿠	456	아사기마쿠	128
시로 제메	236	신년회	268	아사카샤	453
시로보시	575	신랑	486	아사히노 하타	363
시루시 한텡	28	신민	518	아시 아라이	257
시마	392	신사조	463	아시부키	85
시마네켕	379	신사조파 문학	463	아시비	456
시마자키 토오송	459	신선설	246	아시즈카이	169
시메나와	41	신셍	251	아시카가 요시미츠	143, 488
시모노세키 전쟁	510	신셍구미	514	아시카가 타카우지	486
시모노세키 조약	519	신소오사이	118	아악	269
시모오사	391	신일본 문학파	469	아야메 연기	126
시모츠케	389	신주불멸	536	아오 네코	451
시모츠키	200	신쥬우	174	아오모리켕	367
시바 료오타로오	472	신쥬우 모노	131	아와	391, 395
시바이 바나시	176	신지	349	아와지	395
시바타 카츠이에	492	신징 고오이츠	253	아유카와 노부오	453
시부사	562	신징 유우고오	349	아이사츠	301
시시가타니	483	신체시초	449	아이즈치	322
시시마이	217	신카부키	135	아이치켕	375
시오리	440	신토미 극장	134	아이키도오	581
시와 시론	452	신토오	342	아즈마 우타	422
시와스	200	신흥 예술파	466	아즈마야	248
시우	108, 110	심각소설	459	아케치 미츠히데	491
시이나 린조오	469	심부츠 도오타이 세츠	343	아쿠닌 쇼오키설	486
시종	486	심부츠 슈우고오	342	아쿠바	126
시즈가 타케	492	심부츠 콩코오	342	아쿠타가와 류우노스케	463
시즈오카켕	374	심부츠노 마네	132	아키 바쇼	572
시즈카 고젱	483	싱코킹 와카슈우	431	아키	395
시진소오오오	478	씨름의 승부기술	576	아키타켕	368

아타리야쿠	126	에노모토 타케아키	514	오도리	253
아테지	124	에도 게사쿠샤	462	오리가미	278
아토자	149	에도 코바나시	177	오마츠리 사와기	254
악당	485	에도마에	29	오메데타 콩	105
안논	332	에독코 기질	370	오모즈카이	169
안라쿠 안사쿠뎅	176	에독코	508	오모테 셍케	50
안세에 타이고쿠	510	에마	215, 348	오미아이 켁콩	100
안토쿠 천황	482, 483	에바 모요오	62	오미야 마이리	345
암마리 족	105	에보시	121, 568	오미쿠지	348
암야행로	467	에비동	35	오미키	268
앙고	191	에비스	202	오봉	188
애니메이션	292	에샤쿠	303	오비	59
야구라	227, 233	에에가 모노가타리	429	오비구루와	230
야구라오 아게루	130	에에사이	487	오사메노 시키	114
야규우 무네노리	582	에치고	390	오세에보	192
야나가와후우동	35	에치고야	508	오세지	320
야노 류우케에	457	에치젱	390	오세치 요리	18
야로오 카부키	125	에호오 마이리	188	오섹쿠	187
야마 보코 순례	256	에히메켕	382	오쇼오가츠	186
야마가타켕	368	엔니치	219	오시구마	131
야마나시켕	372	엔당	87	오시에	207, 225
야마노우에노 오쿠라	421	엔도오 슈우사쿠	470	오야마	126
야마다 에에미	472	엔리 에도	316	오야붕	319
야마모토 슈우고로오	471	엣츄우	390	오야카타	572, 573
야마모토 토오지로오	158	엥	83, 219	오야코동	33, 35
야마베노 아카히토	421	엥기모노	201	오오닝의 난	489
야마자키 소오캉	434	엥카	280	오오미	390
야마토 모노가타리	426	엥쿄쿠 효오겡	322	오오세	174
야맘바	338	엥키리 데라	220	오오소오지	18, 187
야부노 나카	464	엥키리	174	오오슈우 카이도오	399
야부사메	585	여유파	460	오오스미	397
야스다 요쥬우로오	467	연가	433	오오시마 료오타	443
야스오카 쇼오타로오	470	연중행사와 숫자유희	211	오오아마노 오오지	476
야오요로즈노 카미	343	연하장	205	오오야마 츠미노 카미	354
야오쵸오	575	연호환산	523	오오에 켄자부로오	470
야요이 시대	473	염주	110	오오오카 쇼오헤에	469
야요이	199	예능의 신	357	오오우에츠 렙팡 동맹	514
야카즈 하이카이	446	예술파 문학	465	오오이쵸오	564
야쿠가라	131	오가와 쿠니오	472	오오이타켕	385
야쿠도시	207	오갸르	339	오오카가미	429
야쿠바라이	207	오구라 햐쿠닝 잇슈	268	오오쿠라 야에몽	158
야쿠요케	207	오노노 코마치	424	오오쿠라류우	157
야쿠이시	249	오노다 히로오	537	오오쿠마 시게노부	518
야쿠자	319	오노에 바이코오	126	오오쿠보 토시미치	517
야키에	207	오니가와라	218	오오토모노 야카모치	418, 421
야키우치	237	오다 노부나가	359, 490, 496	오오토모노 오오지	476
야타이 쿠즈시	130	오다 노부히데	490	오오토모노 타비토	421
어업의 신	355	오다 이치로오	457	오와리	392

오자키 공에몽	165	와자 오기	341	요코미츠 리이치	465
오자키 코오요오	458	와자 우타	341	요코야	232
오젠료오	112	와쥬우	374	요코이 쇼오이치	537
오츄우겡	191	와카레 바나	114	욤밤메 노오	147
오층탑	458	와카미즈	187	우게츠 모노가타리	447
오치	176	와카사	391	우나동	52
오치쿠보 모노가타리	426	와카슈 구미	312	우노 코오지	464
오카다 케에스케	521	와카슈우 카부키	124	우라 셍케	69
오카메	210	와카야마켕	378	우라봉 에	191
오카야마켕	380	와카오토코	172	우라봉	190
오케하자마 전투	490	와카온나	151	우라시마 타로오 상태	298
오코노미야키	63	와캉 콩고오붕	435	우라시마 타로오	297
오쿠노 호소미치	439	와키 노오	147	우마 다시	231
오쿠리 마쿠	129	와키 바시라	149	우메보시	55
오쿠리 아시	565	와키자	159	우메와카 로쿠로오	145
오쿤치	259	와타 보오시	107	우메젠셍	277
오키	394	왕정복고	513	우미노 히	185
오키나	151, 212	외무성	543	우부가미	120
오키나멩	151	요다키이	385	우브스나 가미	348
오타쿠	325, 335	요리마시	251	우사기코야	82
오토기 조오시	436	요리시로	251, 265, 350	우에다 빈	450
오토기슈우	176	요리의 신	356	우에다 아키나리	447
오토소	188	요리키	586	우에스기 켄싱	490
오토시 다마	187, 205, 213	요메이리 콩	96	우에키 에모리	518
오토시 바나시	176, 177	요모모 아카라	445	우우론챠	76
오하구로	479	요미노 쿠니	529	우즈키	199
오하쇼리	21	요미홍	447	우지가미	343, 348
오하츠	136	요비다시	561	우지류우	165
오하카 마이리	120	요비요세	350	우지슈우이 모노가타리	438
오후다	348	요사 부송	442	우츠와	36
오후레가키	274	요사노 아키코	520	우츠호 모노가타리	426
오후세	109, 115	요사노 텍캉	453, 454	우치무라 칸조오	520
온나가타	126	요세계에	176	우치미와 사시미	40
온나멘	151	요세모지	210	우치미즈	248
온나멩	152	요시다 내각	550	우치카에시	583
온료오	151, 152	요시다 시게루	550	우치카케	22
옴묘오도오	248	요시다 켕코오	435	우치토 소토	322
옴묘오지	484	요시모토 바나나	472	우케츠케 가카리	112
옹아미	144	요시모토 코오교오	179	우키요	272
옹요오세키	247	요시와라	508	우키요에	271
와가시 장인의 신	357	요시이 이사무	454	우키요조오시	445
와고야	84	요시자와 아야메	126	우테에 엠바	177
와고토	125, 131	요시츠네 셈본 자쿠라	133, 137	운류우가타	567
와라부키	85	요시카와 신토오	342	원숭이와 게의 싸움	296
와비	49, 249	요시카와 에에지	471	원폭 문학	469
와비차	65	요오닝	586	유랑극단	220
와자 비토	341	요오쿄쿠	144, 146	유미토리 시키	574
와자 아리	580	요오타이	148	유비와	89

유심 연가	433	이시카와 타쿠보쿠	450, 454	인닝	586
유엔사이 테에류우	445	이시카와켕	373	인도오	113
유우구레 조쿠	332	이시하라 신타로오	470	인민 문고 문학	467
유우소쿠 코지츠	435	이에모토	50	일본 낭만파 문학	467
유우죠 카부키	124	이에모토 제도	265	일본 프로야구	589
유우죠노 코이	174	이와미	394	일본의 공간의 미학	244
유우죠오	462	이와사카	238, 239, 248, 252	일본의 세시풍속1,2	86, 186
유우죠토 뇨오보오	174	이와쿠라	238, 239, 248, 252	일본인의 수치의식과 속죄의식	307
유우코오	580	이와테켕	367	일연종	486
유이	85	이와토 케에키	410	임업의 신	355
유이노오 가에시	90	이요	396	임제종	487
유이노오	88	이이 나오스케	510	입펭	486
유이이레	88	이이오 소오기	433	입퐁	580
유카타 비라	31	이이이레	88	입푸쿠	70
유카타	70	이즈	392	잇세에 이치겐노 세에	531
유카홍	169	이즈모	394	잇쇼 켐메에	313
유캉	109	이즈미 류우	157	잇쇼오 켐메에	313
윤색	168	이즈미 시키부 일기	430	잇씀보오시	298
윤회전생(린네 텐세에)	110, 118	이즈미 쿄오카	459	잇테코이	129
의 고전주의 문학	458	이즈의 춤 소녀	465		
의복의 신	358	이즈츠	248	(ㅈ)	
의훈	418	이지메	324	자리쟁탈전	276
이가	392	이츠키 히로유키	472	자시키	77, 82
이공	115	이치고 이치에	311	자연주의적 탕카	454
이나리 즈시	50	이치노 마츠	150	자조 문학	434
이나부키	85	이치님마에	121, 311	자츠케	166
이노우에 야스시	471	이치류우사이 테에장	179	장기리모노	133
이누바리코	217	이치리즈카	400	재무성	543
이누카이 츠요시 총리	521	이치마츠 닝교오	225	쟈노메	560
이로마치	174	이치무라 우자에몽	127	쟈노메노 스나	561
이로모후쿠	30	이치카와 단쥬우로오	126, 131	쟈비셍	162
이로무지	24	이케노 젠니	482	쟈슈우몽	451
이마가와 요시모토	490	이케니와	248	저급 유희	134
이미코토바	351	이케다야 사건	514	저회취미	461
이바라키켕	369	이케바나	54, 265	전수방위	552
이방	274	이쿠라동	54	전자기타	331
이부세 마스지	466, 469	이키	397, 448	전쟁 문학	468, 469
이불	459	이타가키 타이스케	518	전향 문학	467
이상주의의 시	451	이타노마	142	전후 탕카	455
이세	392	이타부키	85	전후 하이쿠	456
이세 모노가타리	425	이토오 세에	467	정치 소설	457
이세 신토오	342	이토오 시즈오	452	정토종	486
이시 도오로오	248	이토오 히로부미	518, 520	정토진종	486
이시가키	235	이하라 사이카쿠	125, 446	제3의 신인	470
이시구미	248	익코오익키	491	제아미	143
이시바시	248	익코쿠 이치죠오	489	제아미와 후우시카뎅	146
이시카와 준	468	인간실격	468	젠자	178
이시카와 타츠조오	468	인간의 조건	469	조동종	487

조오아미	143	(ㅊ)		츠이젠	129
좌선	487	차음	418	츠이젱 에코오	351
죠노마이	156	차훈	418	츠이쿠	420
죠오노멩	152	참근 교대	506	츠지 바나시	177
죠오란 즈모오	571	참의원	546	츠츠미 츄우나곰 모노가타리	429
죠오루리	163	챠리바	168	츠케	128, 159
죠오몽	233	챠샤쿠	73	츠케사게	66
죠오시	194	챠셍	73	츠쿠리 모노	142
죠오시키 마쿠	128, 129	챠왕	73	츠쿠바이	51, 249
죠오큐의 난	485	챠이레	73	츠쿠요미노 미코토	354
죠오키센	509	챠카부키	67	츠키 메에니치	116
죠코토바	420	챠테에	243	츠키나미	455
주조의 신	356	천마봉기	526	츠키야마 린센 정원	240
중간표정	152	天守閣	227	측코미	180
중의원 우월주의	547	천황의 군대	536	치라시 즈시	31
중의원	547	천황제	525	치리 쵸오즈	567
쥬라크다이	501	청일 전쟁	519	치리멘	62
쥬로오징	203	초밥전문용어	50	치마키	197
쥬우니 히토에	65	초밥타네	32	치미	219
쥬우니단 조오시	167	총리대신	541	치바켕	370
쥬우도오	579	총리부	542	치비마루코쨩	293
쥬우마이메	565	총무성	542	치요가미	278
쥬우삼 마이리	121	총선거	547	치카고로 카와라노 다테히키	175
쥬카이	113, 118	쵸오뎅	113	치카라가미	563
즐문토기 시대	473	쵸오요오	198	치카라미즈	563
지	169	쵸오즈 바치	249	치카마츠 몬자에몽 125, 132, 165,	
지다이 모노	130	쵸오켕	148	166	
지붕의 종류	85	츄우싱구라	317	치쿠고	396
지사츠	327	츄우우	108, 110	치쿠젱	396
지세에노 우타	420	츄우잉 쿠요오	116	칙천거사	461
지세에노 코토바	502	츄우잉 호오요오	116	친쥬노가미	348
지옥변	464	츄우죠오	153	칠복신	202
지우타이자	149	츄우카동	35		
지지츠콩	105	츄우케에	148	(ㅋ)	
지캉	513	츠라네	131	카가	390
지쿵	95	츠레즈레구사	435	카가미 비라키	41
지토오	484	츠루야 남보쿠	133	카가미 이타	149
지화자 좋구나	512	츠리야네	562	카가와켕	382
직킨쇼오	438	츠메노마루	230	카게노 소오리 다이징	475
진싱의 난	476	츠무기	67	카게로오 일기	430
진쟈 신토오	342	츠보우치 쇼오요오	457	카게무샤	479
진지츠	193	츠시마	397	카게바라	173
짐무 케에키	410	츠야 도쿄오	111	카고시마켕	385
집단의 아름다움	524	츠야 쿠요오 셋토	112	카구야 히메	299
집단주의	318	츠야	110	카규우	161
집펜샤 익쿠	449	츠유하라이	567	카나 조오시	445
징쿠	250	츠으	448	카나	417
		츠이니시키	142	카나가와켕	371

카나데혼 츄우싱구라	133	카요이콩	96	칸진쵸오	133
카네코 미츠하루	453	카이	391	칸테에류우 글자	173
카노오 지고로오	579	카이담 바나시	176	칸테에류우	210
카도마츠	18, 187, 350	카이라이시	163	칸토오 마츠리	261
카도오	266	카이라쿠엥	247	캄메 아라타메쇼	399
카도즈케	163	카이묘오	118	캄무리	148
카라오케	282	카이붕	206	캄무천황	478
카라이 센류우	444	카이샤쿠	170	캄바라 아리아케	450
카라츠 야키	494	카이세키 요리	41	캅파	29
카라코로모 킷슈우	445	카이유우 시키	245, 248	캅포오 요리	45
카라쿠리 인형	222	카이카동	54	캉아미 키요츠구	143
카라쿠리	165	카이케에 가카리	112	캉코츠 에코오	115
카라테도오	580	카이코오 타케시	470	케	349
카레 산스이 정원	242	카인의 말예	463	케렝	133
카로미	440	카즈노코	38	케비이시	171
카루구치	177	카즈라노오	147	케쇼오 가미	563
카루구치 바나시	177	카즈사	391	케쇼오 마와시	567
카류우 슝와	457	카지이 모토지로오	466	케에고토	168
카리기누	148	카츠기	253	케에로오노 히	185
카리코야	252	카츠동	54	케에샤세에산	403
카마	73	카츠라 분라쿠	178	케에세에 가이	125
카마도가미	218	카츠레키 운동	134	케에코	309
카마에	583	카츠시키	153	케에코쿠 비당	457
카마쿠라 막부	484	카치구리	38	케오쵸오노 에키	493
카메에 카스이치로오	467	카치카치 야마	299	켁콤방크	87
카모노 쵸오메에	434	카치코시	574	켄도오	582
카무쿠라	252	카케아이	168	켄로쿠엥	247
카미 다나	348	카케코토바	53	켐무 시키모쿠	488
카미 오쿠리	253	카케후쿠	272	켐포오 키넴비	184
카미시모	208	카쿠사 콩	105	켕에오오	114
카바이테	565	카키노모토노 히토마로	358	켕유우샤	457, 458
카베	236	카키모토노 히토마로	420	켕코쿠 키넨노 히	184
카부키 18번 목록	133	카키조메	187	코가 마사오	281
카부키	123	카키츠바타	156	코가키	145
카사 가케	585	카타미 와케	115	코갸르	338
카사이 젠조오	464	카타키 야쿠	132	코구치	230
카소오	114	카타하다 누기	132	코다와리	376
카시와 데	118	카타하다	128	코도모노 히	185
카시와모치	197	카테에 나이 보오료쿠	326	코마이누	217
카야노 히메 카미	354	카토쿠	135	코몽	66
카야부키	85	칸나즈키	200	코바야시 잇사	442
카에루	215	칸다 마츠리	254	코바야시 타키지	465
카와라모노	134	칸레에	489	코바야카와 히데아키	495
카와라부키	85	칸세에 개혁	507	코붕	319
카와바타카와바타 야스나리	465	칸소오 시키	245	코소데료오	89
카와스지 키시츠	383	칸제다유우 마사모리	157	코시오비	148
카와타케 모쿠아미	133	칸진 노오	145	코시카케 마치아이	51
카와히가시 헤키고토오	455	칸진 즈모오	571	코오	83

코오고오	54	콤파루 젠치쿠	143	키리즈마 스쿠리 지붕	84
코오노모노	25	쿄오	83	키메	581
코오다 로한	458	쿄오 카타비라	109	키메코미 인형	222, 226
코오당	178	쿄오가노 코무스메 도오죠오지	135	키모노	17
코오덴쵸오	111	쿄오겡	156	키뵤오시	447
코오뎅	112	쿄오겡키고	156	키사라기	199
코오뎅가에시	115	쿄오카	444	키싱	480
코오도오캉	579	쿄오토후	376	키아케	114, 117
코오라쿠엥	247	쿄오하 신토오	342	키엔레에	507
코오레에샤	408	쿄호오 개혁	507	키와 후쿠	111
코오로 시대	458	쿠게	265	키요메노시오	563
코오메에	171	쿠교	485	키이	395
코오모테	151	쿠구츠 마와시	163	키제와모노	131
코오부 갓타이	510	쿠구츠메	163	키지야키동	54
코오샤쿠	179	쿠니키다 돕포	459	키짐멩	152
코오슈우 카이도오	398	쿠도키	174	키징	151
코오죠오	135	쿠라	234	키치에몽 극단	135
코오즈케	389	쿠라타 햐쿠조오	463	키칭야도	399
코오지키	112	쿠라하라 코레히토	465	키쿠고로오 극단	135
코오챠	77	쿠로고	129	키쿠노섹쿠	198
코오치켕	382	쿠로마메	19	키쿠치 캉	463
코오카	580	쿠로마쿠	128	키키신화	343
코오켄 상황	477	쿠로보시	575	키타 모리오	471
코오토쿠 슈우스이	520	쿠로부네	509	키타 익키	521
코오하쿠 나마스	39	쿠리킨통	39	키타가와 후유히코	452
코오하쿠 카마보코	39	쿠마데	214	키타무라 토오코쿠	459
코우타이	145	쿠마도리	131	키타하라 하쿠슈우	450
코조오노 카미사마	462	쿠마모토켕	384	키텡	118
코지마 노부오	470	쿠메 마사오	463	키토쿠	107
코지키	422	쿠비	170	킨로오 칸샤노 히	185
코츠 무카에	115	쿠비 지조오	516	킨지테 한소쿠	569
코츠아게	115	쿠비직켕	173	킴보시	575
코츠츠보	114, 115	쿠사노 심페에	453		
코케라부키	85	쿠사조오시	447	(ㅌ)	
코케시 인형	222	쿠와바라 타케오	455	타나바타	197
코콘테에 신쇼오	178	큐우슈우 바쇼	572	타나바타 마츠리	259
코쿠베츠 시키	113	큐우스	73	타네 마쿠 히토	464
코쿠셍야 캇셍	132	크게	111	타누키	216
코쿠시	480	크리스탈족	333	타로오 카쟈	159
코킹 와카슈우	423	크모츠 쵸오	111	타르툐오	89
코토	271	크이조메	121	타마동	54
코토다마 신앙	351	키	128	타메나가 스이	449
코토바 상황	431	키노 츠라유키	423	타야마 카타이	459
코토바	169	키노사키 니테	462	타오야메부리	423
코토부키 소가노 타이멩	135	키누타	154	타와고토	156
콕케에봉	449	키다유우	164	타유우	180
콘쟈쿠 모노가타리슈우	429	키리	168	타이	39
콤부	19, 89	키리노오	147	타이라노 마사카도	358

타이라노 마사카도의 난 478
타이라노 키요모리 482
타이세에 호오캉 526
타이쇼오 천황 534
타이앙 89, 99
타이요오 조쿠 329
타이이쿠노 히 185
타이카의 개혁 476
타이코오 켄치 493
타이헤에키 437
타인의 얼굴 469
타즈쿠리 38
타지마 393
타츠 216
타치 야쿠 132
타치모치 567
타치아이 565
타치야쿠 126
타치이 후루마이 35
타치쵸오즈 바치 248
타치하라 미치조오 452
타카라 즈쿠시 212
타카라이 바킹 179
타카마노 하라 529
타카무라 코오타로오 451
타카사고 89
타카세 부네 461
타카스기 신사쿠 511
타카쿠라 천황 482
타카하마 쿄시 455
타카하시 싱키치 452
타카하시노 무시마로 421
타케 쿠라베 458
타케·토요의 시대 167
타케나와 277
타케노코 조쿠 332
타케다 린타로오 468
타케다 싱겡 490
타케다 인형 225
타케모토 기다유우 125, 163
타케모토 쇼오베에 165
타케미 카즈치노 오노 카미 354
타케우마 케에자이 404
타케토리 모노가타리 425
타쿠셍 253
타키기 노오 141
타키자와 바킹 447
타타미 81

타테마에 309
타테바 400
타테이시 248
탄링 하이카이 439
탄젱 30
탐미파 문학 461
탐미파 탕카 454
탐바 393
탕고 195, 394
태양의 계절 470
테가타 400
테가타나오 키르 575
테나라이 198
테라코야 140, 308, 508
테마리 226
테에카 155
테오이 173
테즈마 닝교오 221
테즈마 165
테즈카 오사무 290, 292
테키도오시노 코이 174
텍카동 33
텍코오 캬항 109
텐동 54
텐랑게키 134
텐슈구루와 230
텐슈카쿠 232
텐지 천황 476
텐진 사마 214, 360
텐짐 마츠리 257
템무 천황 476
템포오 개혁 507
텡구 218
텡카후부 490
토라히로 봉 158
토리노이치 214
토리데 227
토메소데 23
토모비키 99, 111
토모시라가 89
토무라이 113
토비이시 249
토사 396
토사 일기 430
토시요리 570
토시요리 카부 573
토시코시 소바 187
토야마켕 373

토오고오 헤에하치로오 360
토오다이 바츠 549
토오쇼오구우 506
토오시 쿄오겡 168
토오시 113, 132
토오카이도오 397
토오쿄오토 370
토오토오미 392
토요토미 히데요시 359, 492, 498
토이야바 399
토치기켕 369
토코노마 82, 89
토쿠 다와라 559, 561
토쿠가와 이에야스 361, 494
토쿠가와 츠나요시 507
토쿠나가 스나오 465
토쿠다 슈우세에 460
토쿠베에 136
토쿠시마켕 381
토쿠토미 로카 459
톳토리켕 379
통상선거 546
통제파 521
팀머 336

(ㅍ)
파계 459
파리 465
파소콩 105
파칭코 278
퍼시픽 리그 589
평곡 167
폐불훼석 516
폴 베개 461
풍속소설 468
풍운아와 일본사회 414
프로축구 1.2부 590
프롤레타리아 문학 464
프롤레타리아시 452

(ㅎ)
하 가쿠레 316
하고이타 206
하극상 풍조 489
하기와라 사쿠타로오 451
하나노고쇼 488
하나미 275
하나미치 128, 129

하나비 타이카이	275	함바츠 정치	515
하나요메 이쇼오	107	합피	148
하나이레	73	핫승	44
하네츠키	207	항기리	148
하니야 스비코노 카미	353	해고	409
하레	349	해골	497
하레와 케	200	해조음	450
하루 바쇼	572	행정 테크노크라트	549
하루야마 유키오	452	햐쿠닝 잇슈	268
하리마	394	햐쿠잉	433
하리셍	179	햑카니치	116
하리코 인형	223	헌법 제9조	552
하마구리고몽 정변	511	헌법	540
하마구치 고헤에	346	헤에	236
하마야	187	헤에앙쿄오	478
하마유미	206	헤에죠오쿄오	477
하바	168	헤에지 모노가타리	436
하시	234	헤에케 모노가타리	437
하시가카리	142, 150	헨로	109
하시리모노	43	호도코스	118
하야가와리	133	호리	235
하야마 요시키	465	호리 타츠오	452, 466
하야시	342	호리구치 다이가쿠	451
하오루	28	호소미	440
하오리	28	호시 마츠리	197
하이요세	115	호오가쿠	269
하이치 뎅캉	409	호오겜 모노가타리	436
하이카이 렝가	434	호오겡의 난	482
하이쿠 혁신 운동	455	호오넹	486
하이쿠	441	호오라쿠	141
하이한 치켕	515	호오메에 쵸오	111
하자마	236	호오몽기	25
하즈키	199	호오요오	116, 117
하츠 바쇼	572	호오죠오 마사코	485
하츠모오데	187, 345	호오죠오 요시토키	485
하츠봉	191	호오죠오 토키마사	484
하치몬지야 봉	446	호오죠오키	434
하카마	26	호오지챠	76
하타고야	399	호오코오지의 종	505
하타아게	166	호오키	394
학	211	호코라	348
학문의 권장	516	호쿠멘노 부시	481
학의 은혜 갚기	297	호테에	204
학코오이치우	526	호토토기스	459
학기요이	566	호토토기스 파	456
한세키 호오캉	515	혹부리 영감	296
한텡	28	혹카이도오	366
할복과 무사도	314	혼네	309
혼노오지의 변	491		
혼누	108, 110		
혼젱 요리	26		
혼지 스이쟈쿠	342		
혼징	399		
홈마루	227, 230		
홋신슈우	438		
홍에	290		
화족	519		
환경성	544		
환상열석	238		
황도파	521		
효오고켕	377		
효오로오 제메	237, 491		
효오시기	128		
후도오묘오오오	218		
후도키	423		
후로시키	286		
후료오 사이켕	405		
후료키	469		
후리소데	63		
후미즈키	199		
후미코시	560		
후생 노동성	543		
후슈우기 부쿠로	112		
후시	169		
후시키 조오	151		
후싱	227		
후에 바시라	149		
후지와라노 모모카와	477		
후지와라노 미치나가	479		
후지와라노 사다이에	155, 268, 431		
후지와라노 스미토모의 난	478		
후지와라노 아리이에	431		
후지와라노 카마타리	477		
후지와라노 타네츠구	478		
후카자와 시치로오	471		
후케 오야마	170		
후쿠로오	216		
후쿠로쿠쥬	203		
후쿠사	73		
후쿠스케	208		
후쿠시마켕	368		
후쿠오카켕	383		
후쿠이켕	373		
후쿠자와 유키치	516		
후키나가시	222		
훈도시	121		

휴우가	396	히다리 즈카이	169	히키	253
흐르는 강물처럼	282	히라 하타고야	399	히키누키	128, 132
히 제메	237	히라토 렝키치	452	히키다시 모노	99
히강	351	히로시마켕	380	히키셍	170
히고 목코스	384	히로오엥	88, 97	히키코모리	339
히고	396	히로츠 카즈오	464	히타멩	153
히구치 이치요오	458	히와다부키	85	히타치	391
히나 마츠리	194	히이키	129	히타타레	568
히노 아시헤에	468	히젱	396	히토가타	220
히노마루	363, 364	히카에 다메	560	히토리즈카이	169
히노카구 츠치노 카미	353	히카에리키시	568	히피	331
히다	389	히캬쿠	400	히후	22

키워드로 여는 일본의 響
참고문헌

李御寧、『하이쿠 문학의 연구』、弘盛社、1986
서현섭、『일본인과 천황』、고려원、1997
石川弘義외 9인、『大衆文化事典』、弘文堂、1992
相原力외、『THE　日本』、講談社、1986
水谷修외、『日本事情ハンドブック』1995
大林太良、『エッセイで楽しむ日本の歴史 上・下』、文芸春秋、1993
鈴木日出男、『王朝の雅源氏の物語の世界』、平凡社、2006
日本史新聞編纂委員会、『日本史新聞』、日本文芸社、2007
株式会社三越、『日本を楽しむ年中行事』、かんき出版、2005
小林保治、『能楽ハンドブック』、三省堂、1993
集英社編集部、『クッキング基本大百科』、集英社、2001
藤田洋、『歌舞伎ハンドブック』、三省堂、1994
油谷光雄、『狂言ハンドブック』、三省堂、1995
藤田洋、『文楽ハンドブック』、三省堂、2002
田中仙翁、『茶道入門ハンドブック』、三省堂、2001
三橋健、『目からウロコの日本の神々と神道』、学習研究社、2006
池田万助、『日本の御人形』淡交社、2001
菊地明、『図解雑学　忠臣蔵』、メツ社、2002
村井康彦、『日本の文化』、岩波書店、2002
板坂元、『日本人の論理構造』、講談社、1971
山本克夫、『楽しく始める川柳』、金園社、2002
学研辞典編集部編、『年中行事・記念日事典』、学習研究社、2005
萩原秀三郎、『日本の祭』、主婦の友社、1995
石井研士、『日本人の一年と一生』、春秋社、2005
柳田聖山、『禅と日本文化』、講談社、2003
柄谷行人、『日本精神分析』、講談社、2007
加藤典洋、『日本の無思想』、平凡社新書、2001
新渡戸稲造、『武士道』、三笠書房、1995
松浦玲、『新選組』、実業之日本社、2002
中山良昭、『日本百名城』、朝日新聞社、2004
大久保喬木、『日本文化論の系譜』、中公新書、2008
加藤周一、『日本人とは何か』、講談社、1987
長谷川正安、『日本の憲法』、岩波書店、1960
風巻絃一、『坂本竜馬すべてがわかる本』、三笠書房、1995
岡田晋、『日本人のイメージ構造』、中公新書、1974
猪野健治、『日本の右翼』、ちくま文庫、2005
家永三郎、『日本の文化史』、岩波書店、1987
中村真一郎、『色好みの構造』、岩波新書、1985
佐伯順子、『遊女の文化史』、中公新書、1987
日本の論点編集部編、『常識日本の論点』、2002
松田浩、『NHK』、岩波新書、2005

大石慎三郎、『江戸時代』、中公新書、1977
共同通信社会部、『新世紀の皇室』、共同通信、2001
講談社、『伝統和風住宅』、講談社、2001
水野克比古、『京都名庭園』、光村推古書院株式会社、2003
大橋治三、『日本の庭　上・下』、株式会社クレオ、2003
稲垣進一、『浮世絵入門』、河出書房新社、2000
今津次朗、『日本縁起物絵図帳』、MPG、2002
中沢智子、『家庭画報のお正月しきたりと料理』、正解文化社、2007
黒木純、『そば』、フード・ビジネス、1999
鈴木和可子、『飾り寿司』、成美堂出版、1998
永瀬正人、『すし』、旭屋出版、2001
主婦と生活社編集部、『大江戸ものしり図鑑』、主婦と生活社、2001
中沢伸弘、『日本の文化』、株式会社ナツメ社、2002
小林拝晃、『日本の風水』、主婦と生活社、2000
インデックス編集部、『家紋から日本の歴史をさぐる』、ごま書房、2008
金指基、『相撲大事典』、財団法人相撲協会、2002
清水満郎、『国宝の旅』、講談社、2001
大丸伸章、『日本名城集』、学研、2001
森田知都子、『ふろしきに親しむ』、淡交社、2001
石川貴之、『きものに強くなる』、世界文化社、2001
土屋衛、『抹茶のすべて』、世界文化社、1984
平井聖、『日本の城を復元する』、学習研究社、2002
小山賢太郎、『名作　狂言50』、桧書店、2005
三浦裕子、『始めての能・狂言』、小学館、1999
和田久士、『日本の家』、講談社、2002
倉斗宗覚、『茶の美』、淡交社、1999
内藤忠行、『日本の庭』、世界文化社、2007
増田正造、『能入門：鑑賞へのいざない』、淡交社、1999
山と渓谷社、『日本列島』、山と渓谷社、1997
鎌倉恵子、『歌舞伎名作ガイド』、成美堂出版、2006
産経新聞社　写真報道局、『日本の美と形』、東方出版、2004
大蔵舜二、『歌舞伎：kabuki today :The art and tradition』、講談社、2001
青木保、『異文化理解』、岩波書店、2002
網野善彦、『日本論の視座』、小学館、1998
金森和子、『義経千本桜：歌舞伎の名舞台』、淡交社、1998
http://www.google.co.jp/

저자약력   김용안

　　　서울교육대학 국어교육과 졸업
　　　한국외국어대학교 동양어대학 일본어과 졸업
　　　한국외국어대학교 대학원 일본어과 졸업 문학박사
　　　한양여자대학 일어통역과 교수
　　　저서『일본어』동아출판사, 1993
　　　　　『나츠메소세키에서 하루키까지』 공저, 글로세움, 2003
　　　번역 재일동포작가 소설 김학영의『흙의 슬픔(土の悲しみ)』문예중앙, 1996, 봄호
　　　　　『日本小說 名人·名作 散策』제이앤씨, 2006
　　　　　『일본 문학 속의 여성』공저, 제이앤씨, 2006
　　　　　『日本語の旅』제이앤씨, 2006 외 다수

新개정판

키워드로 여는 일본의 響

초판1쇄 인쇄 2009년 3월 14일
초판1쇄 발행 2009년 3월 26일

저자 김용안
발행 제이앤씨
등록번호 제7-220

주소 서울시 도봉구 창동 624-1 현대홈시티 102-1206
전화 (02) 992 / 3253
팩스 (02) 991 / 1285
홈페이지 http://www.jncbook.co.kr / 제이앤씨북
전자우편 jncbook@hanmail.net
책임편집 조성희

ⓒ 김용안 2009 All rights reserved. Printed in KOREA

ISBN 978-89-5668-699-8 03730　　　　　**정가** 50,000원

본 서는 2008년도 한양여자대학 교내학술지원연구비에 의해 출간되었음.